WITHDRAWN

HARVARD LIBRARY

WITHDRAWN

Hebraistik − Hermeneutik − Homiletik

Historia Hermeneutica
Series Studia

Herausgegeben von
Lutz Danneberg

Wissenschaftlicher Beirat
Christoph Bultmann · Fernando Domínguez Reboiras
Anthony Grafton · Wilhelm Kühlmann · Ian Maclean
Reimund Sdzuj · Jan Schröder · Johann Anselm Steiger
Theo Verbeek

10

De Gruyter

Hebraistik — Hermeneutik — Homiletik

Die „Philologia Sacra"
im frühneuzeitlichen Bibelstudium

Herausgegeben von
Christoph Bultmann und Lutz Danneberg

De Gruyter

ISBN 978-3-11-025944-5
e-ISBN 978-3-11-025945-2

Bibliografische Information der Deutschen Nationalbibliothek

Die Deutsche Nationalbibliothek verzeichnet diese Publikation in der Deutschen Nationalbibliografie; detaillierte bibliografische Daten sind im Internet über http://dnb.d-nb.de abrufbar.

© 2011 Walter de Gruyter GmbH & Co. KG, Berlin/Boston

Druck: Hubert & Co. GmbH und Co. KG, Göttingen

∞ Gedruckt auf säurefreiem Papier

Printed in Germany

www.degruyter.com

Vorwort

Der Ausgangspunkt für den vorliegenden Band war eine Tagung an der Forschungsbibliothek in Gotha im Oktober 2006. Die Tagung war in erster Linie der *Philologia Sacra* des lutherischen Theologen Salomon Glassius (1593–1656) gewidmet, einem Werk, das schon durch seine Publikationsgeschichte auffällt: In einzelnen Teilen zuerst 1623, 1634 und 1636 erschienen, sind zwischen 1653 und 1743 insgesamt zehn Nachdrucke nachzuweisen. Mit Fug und Recht lässt sich also Glassius' *Philologia Sacra* als ein Standardwerk der lutherischen biblischen Hermeneutik in der Frühen Neuzeit bezeichnen, und entsprechend konnte sich das Werk als ein Bezugspunkt für Untersuchungen zu Fragen der Rezeption der Bibel unter dem Vorzeichen der positionellen Lehrdefinitionen der Reformationszeit empfehlen.

Der vorliegende Band enthält drei Textgruppen: Einige Beiträge erscheinen mehr oder weniger in der Form, in der sie bei der Tagung zur Diskussion gestellt wurden, einige Beiträge liegen in gründlich überarbeiteter oder auch substantiell erweiterter Form vor, und einige Beiträge sind im Anschluss an die Tagung zur Ergänzung des Themenspektrums entstanden. Die Herausgeber danken allen Beteiligten für ihre Mitwirkung und für ihre Geduld mit einem aus verschiedenen Gründen verzögerten Publikationsprozess. Die Sammlung der Aufsätze und Abhandlungen soll in ihrer jetzt erreichten Gestalt einen Bogen von der philologischen Wissenschaft und hermeneutischen Theoriebildung bis zur staatsrechtlichen Debatte und kirchlichen Predigtpraxis schlagen und vielfältige Zugänge zur Geschichte, zu den Ansprüchen und Aporien der biblischen Hermeneutik in der Frühen Neuzeit eröffnen.

Erfurt und Berlin, im Juli 2011
Christoph Bultmann
Lutz Danneberg

Inhalt

Einleitung 1

Lutz Danneberg
Grammatica, *rhetorica* und *logica sacra* vor, in und nach Glassius' Philologia Sacra – mit Blicken auf die Rolle der Hermeneutik in der Beziehung von Verstehen, Glauben und Wahrheit der Glaubensmysterien bei Leibniz . 11

Fernando Domínguez Reboiras
Kontroversen um die *hebraica veritas* im frühneuzeitlichen Spanien . . . 299

Thomas Dietrich
Schriftverständnis und Schriftauslegung
bei Robert Bellarmin (1542–1621) 341

Christoph Bultmann
Einfacher und doppelter Literalismus.
Biblische Geschichte und biblische Prophetie in
Salomon Glassius' Traktat »De Scripturae sensu dignoscendo« 357

Ernst Koch
Arbor vitae. Salomon Glass als Erbauungsschriftsteller 373

Johann Anselm Steiger
Salomon Glassius' Hermeneutik des *sensus mysticus*.
Dargestellt anhand seiner Predigten über die Jona-Erzählung 383

Torbjörn Johansson
Die Vernunft vor den Mysterien der Heiligen Schrift.
Anthropologische Erwägungen zur Bibelhermeneutik
der evangelisch-lutherischen Theologie des 17. Jahrhunderts
und der Bibelhermeneutik Spinozas. 413

Stephen G. Burnett
Lutheran Christian Hebraism in the time of
Solomon Glassius (1593–1656) 441

VIII

Scott Mandelbrote
›Bondage in Babylon‹.
The Bible, freedom of conscience, and ideas of civil liberty
in England, c. 1640 – c. 1750 469

Reimar Lindauer-Huber
Genuinae interpretationis ratio.
Bedingungen der wahren Interpretation in der profanen
Hermeneutiktheorie des 17. Jahrhunderts an den Universitäten
Helmstedt und Leipzig. 499

Sascha Müller
Grammatik und Wahrheit. Salomon Glassius (1593–1656)
und Richard Simon (1638–1712) im Gespräch 515

Wilhelm Kühlmann
Aporien der biblischen Urgeschichte –
Bemerkungen zu Johannes Lassenius' (1636–1692) populärem Handbuch
von 1700 über die »scheindunklen Örter« in Genesis 1–11 im Horizont
der älteren Kommentartradition (D. Pareus, R. Bellarmin) 535

Denis Thouard
His temporibus accommodata.
Über die Grenzen der Anbequemung der *Philologia sacra*
des Glassius in der Aufklärung 557

Einleitung

Die »Philologia Sacra« als Wissenschaft der Beschreibung, Übersetzung und Auslegung des biblischen Textes hat die Rezeption der Bibel seit der Antike begleitet. In der Frühen Neuzeit wurde sie aufgrund von Lehrdefinitionen im reformatorischen und gegenreformatorischen Diskursfeld zu einer Schlüsseldisziplin, denn theologische Wahrheitsansprüche und kirchenpolitische Autoritätsansprüche hingen direkt von der als unhintergehbare Norm verstandenen Bibel ab. Deren Normativität war jedoch nur durch einen hermeneutischen Prozess zu erschließen. Die Konsequenz daraus waren Kontroversen über biblische Hermeneutik.

Der lutherische Theologe Salomon Glassius (1593–1656), der zunächst im Umkreis des Theologen Johann Gerhard (1582–1637) an der Philosophischen Fakultät der Universität Jena arbeitete, wirkte in der Grafschaft Sondershausen (1625–1638) bzw. im Herzogtum Sachsen-Gotha (1640–1656) als Hofprediger und oberster Geistlicher des jeweiligen Territoriums. 1628 für die Besetzung einer theologischen Professur in Leipzig vorgeschlagen und 1638 für kurze Zeit als Nachfolger von Johann Gerhard nach Jena berufen, steht Glassius mit seinen kirchlichen Funktionen theologiegeschichtlich im Schatten seiner Zeitgenossen, die – um nur vom deutschen Sprachraum zu sprechen – an evangelischen/lutherischen theologischen Fakultäten wie Wittenberg, Leipzig, Jena, Marburg, Helmstedt, Rostock, Tübingen oder evangelischen/reformierten Fakultäten wie Heidelberg, Straßburg, Basel eine theologische Professur innehatten. Das ändert jedoch nichts daran, dass Glassius mit seiner zunächst einem starken kontroverstheologischen Impuls verpflichteten *Philologia Sacra* (Bd. 1, 1623) und deren Fortsetzung mit einer *Grammatica Sacra* (1634) sowie einer *Rhetorica Sacra* (1636) ein mustergültiges Werk aus lutherischer Perspektive zur Hermeneutik der Bibel vorgelegt hat. Seit 1653 insgesamt unter dem Titel *Philologia Sacra* zusammengefasst, erschien das voluminöse Werk bis 1743 in zahlreichen Auflagen, seit 1705 um das Manuskript einer *Logica Sacra* erweitert und seit 1713 mit einer ausführlichen Abhandlung von Johann Franz Buddeus (1667–1729) eingeleitet. Buddeus weiß das Werk auch in seiner *Isagoge Historico-Theologica ad Theologiam Universam Singulasque eius Partes* (2. Aufl. 1730) mit positivem Urteil vorzustellen und Glassius seinen Platz in der Geschichte der lutherischen Hermeneutik neben Matthias Flacius (1520–1575) und Wolfgang Franz (1564–1628) anzuweisen: »Non erravero, si dixerim, triumviros hosce […] in hocce doctrinae genere principatum tenere, & cuncta ita exhausisse, ut, qui post eos hancce viam ingressi sunt, pauca dicere potuerint, quae ab iis dicta non sint.« (S. 1244) Obwohl Buddeus auch die *Institutiones Hermeneuticae Sacrae* seines Schülers Johann

Jakob Rambach (1693–1735) auszeichnet, bleibt es Johann Gottfried Herder (1744–1803) überlassen, in einer Diskussion von Robert Lowth's *De Sacra Poesi Hebraeorum* von 1753 gegen eine Rezension von Johann August Ernesti (1707–1781) mit der Bemerkung zu polemisieren, er sei »gar nicht auf der Seite derer, die in ihrem Glassius alles zu finden glauben, was in ihm [Lowth] steht«, und eine neue Entwicklungsrichtung der biblischen Hermeneutik zu diagnostizieren (*Briefe, das Studium der Theologie betreffend*, 1780, 3. Brief).

Die *Philologia Sacra* des Salomon Glassius war für mehr als ein Jahrhundert als eine gültige Zusammenfassung des Wissens über die Bibel im Kontext der lutherischen Theologie akzeptiert. Der Text, die Sprache, der Stil und die Sinndimensionen des Alten und Neuen Testament wurden hier in einer wissenschaftlichen Darstellung dem Verständnis erschlossen und näher gebracht. In konfessionsspezifischer Abgrenzung besonders gegenüber der durch Robert Bellarmin (1542–1621) und andere repräsentierten römisch-katholischen Lehrautorität wurde die Bibel als Maßstab für Theologie und Kirche vorgestellt, und die Behauptung ihrer Sakralität und Normativität verband sich mit einer Anleitung zum Verstehen der Texte. Dabei stand die kirchenpolitische Aktualität nicht im Gegensatz zu einem bis zu Augustins Grundlagenwerk *De doctrina christiana* zurückreichenden Traditionsbewusstsein.

Im Beitrag von *Lutz Danneberg* spielen Traditionsbezüge innerhalb der Entwicklungsgeschichte der biblischen Hermeneutik eine wesentliche Rolle. Während Teil 7 (»Hermeneutische Themen der *Philologia Sacra*«) konkret das Werk von Glassius in den Blick nimmt, geht es in den Teilen 1-5 zunächst um die Ordnung von »grammatica«, »rhetorica« und »dialectica« in den Artes liberales und um den Begriff der »philologia« als einen übergreifenden Disziplinenbegriff im Hinblick auf die Erschließung von sprachlich verfasstem Wissen. Aus dem Kontext einer philosophisch-enzyklopädischen Orientierung heraus stellt sich dann in Teil 6 die Frage nach der biblischen Hermeneutik als einer »philologia *sacra*«, einer bibel- und offenbarungsbezogenen Philologie. Schon Teil 5.3 ist insofern spezifisch dem Studientext der Bibel gewidmet, als das Problem einer »hebraica veritas« und damit das Problem einer in Zusammenarbeit mit jüdischen Gelehrten zu gewinnenden Sprachkompetenz im Hebräischen zum Thema wird. Die für das Verhältnis von Altem und Neuem Testament in der christlichen Tradition entscheidende Frage nach Sinnebenen eines Textes, die als »sensus literalis« und als »sensus mysticus« beschrieben wurden, erörtert Danneberg besonders aus der Perspektive der Diskussion über eine »allegorische« oder »symbolische« Deutung der Einsetzungsworte des Abendmahls, die in der Regel strikt nach Matthäus 26,26-28 interpretiert wurden, weniger nach Lukas 22,19-20. Die lutherische Theologie ist an dieser Stelle durch

Luthers Kontroverse mit Zwingli und Oekolampad geprägt, doch liegen auch Luthers frühere Auseinandersetzungen mit Latomus und Erasmus über »tropologische« hermeneutische Strategien in diesem Problemfeld, das ein entsprechend weit ausgreifendes hermeneutikgeschichtliches Interesse verdient. Ein selbständiger Schlussteil, Teil 9, weitet die mit dem Begriff einer »logica sacra« angesprochene epistemologische Herausforderung auf Gottfried Wilhelm Leibniz und dessen Reflexionen über das Verstehen von Glaubenswahrheiten und -mysterien aus. Damit führt die Abhandlung, die starke Kontinuitätslinien aus dem Mittelalter zu Glassius zieht, von Glassius bis an die Schwelle ins 18. Jahrhundert.

Der folgende Beitrag nähert sich dem Thema der frühneuzeitlichen biblischen Hermeneutik wiederum von der Seite der umstrittenen »hebraica veritas«. *Fernando Domínguez Reboiras* beginnt mit religionsphänomenologischen Überlegungen zu heiligen Texten, zur Übersetzung solcher Texte und zum Paradox einer faktisch auf einen (kirchlich: den lateinischen) Übersetzungstext bezogenen Inspirationstheorie. »Die Religion bleibt [...] allen Risiken der Auslegung und in fröhlicher ›Hausgemeinschaft‹ mit der Philologie unabänderlich ausgesetzt.« Im Spanien der Frühen Neuzeit war durch Kardinal Francisco Ximénez de Cisneros (1436–1517) ein neuer Ton von biblischer Wissenschaft angeklungen, doch sollte dann selbst einer der wichtigsten Repräsentanten der biblischen Philologie, Antonio de Nebrija (1442–1522), inquisitorische Verfolgung erfahren. Das Dekret des Tridentinischen Konzils über die »Authentizität« der Vulgata (1546) wird von Domingo Báñez (1528–1604) in einer Theorie über »die völlige Unabhängigkeit des Theologen gegenüber der *hebraica veritas*« weitergeführt, und Inquisitionsdekrete von 1554 und 1559 verhängen Verbote über alles, was die Vollkommenheit der Vulgata in Frage stellen könnte. In der Folge wird in Salamanca Fray Luis de León (1528–1591) wegen eines volkssprachlichen, spanischen Kommentars zum Hohenlied angeklagt, in dem der Autor über diese im Mittelalter zu einem allegorischen Haupttext der Bibel gewordene Dichtung auf der Basis des hebräischen Textes meditiert. Ein zweiter Fall ist der Prozess gegen Martín Martínez de Cantalapiedra (1518–1579), der aufgrund ergiebiger Prozessakten ein umfassendes Bild der Zeit ergibt. Martínez' *Hypotyposeis theologicae sive regulae ad intelligendum scripturas sacras* (1565) bleibt als Hermeneutiktraktat neu zu entdecken.

Unter der Voraussetzung der Beschlüsse des Tridentinischen Konzils von 1546 arbeitete auch Robert Bellarmin (1542–1621), der nach einer Lehrtätigkeit an der Universität in Löwen ab 1576 am Collegio Romano in Rom einen Lehrauftrag »de controversiis« wahrnimmt und seine entsprechenden »disputationes« 1586–93 publiziert. *Thomas Dietrich* stellt das Werk, das »über Jahrhunderte hinweg ein apologetisches Kompendium der katholischen Lehre« gewesen sei, mit der Eröffnung des Teils »De ecclesia« durch die Kontroversabhandlung »De verbo Dei scripto et non scripto« vor. In seiner Antrittsvorlesung bzw. dann in der Praefatio seines Werks gibt Bellarmin eine konzise Beschreibung des gleichermaßen hermeneutischen wie institutionellen Problems: »[...] convenit autem inter nos et omnes omnino haereticos, verbum Dei esse regulam fidei, ex qua de dogmatibus iudicandum sit [...]. Tamen de isto communi principio multae quaestiones sunt. [...] alii scripturam clarissimam esse per se, alii obscuram, et interprete indigere contendunt [...].« Bellarmin sieht hier eine unverzichtbare Funktion für die Kirche, nicht zuletzt im Vergleich zu den innerprotestantischen Konflikten, die er dank einer Ausnahmegenehmigung für die Lektüre protestantischer Schriften kennt. Dass sich die Debatte über die Klarheit der Schrift de facto schon auf einen Konsens über die Funktion einer pluralisierten Kirche zubewegte, blieb in der Orientierung an einer exklusiv konzipierten Kirche, »de qua dubium esse non potest, quin habeat Spiritum Dei, et filios suos sine errore doceat«, unerkannt.

Mit engem Bezug auf Glassius' *Philologia Sacra* (I, 1623) versucht sich *Christoph Bultmann* an einer Nachzeichnung der neutestamentlich inspirierten hermeneutischen Gewissheiten, die die lutherische Bibelrezeption im Gegenüber zur kirchlichen Vereinnahmung des biblischen Offenbarungstextes auf römisch-katholischer Seite auszeichneten. Der Text der Bibel konnte als »Stimme« Gottes in Analogie zum direkten Reden der »Propheten und Apostel« als der »viva vox« betrachtet und in ein entsprechendes Modell eines Kommunikationsgeschehens hineinkonstruiert werden, bei dem es vor allem um die Wirksamkeit (»efficacia«) der Schrift ging. Die theologische Fokussierung auf den Glaubensbegriff und dessen christologisches Komplement zog im Hinblick auf das Alte Testament eine eingehende Diskussion des Phänomens der Allegorie nach sich, um die Dialektik von Zeitlosigkeit und Zeitgebundenheit der Präsenz Christi zu verstehen. Was aus der Sicht heutiger biblischer Hermeneutik als reine Manipulation der Texte des Alten Testaments durch die Theorie eines »sensus spiritualis seu mysticus« verstanden werden muss, bleibt in seiner religionsphilosophischen und theologischen Bedeutung weiterhin zu diskutieren.

Erklärt Glassius in der *Philologia Sacra* für eine wissenschaftliche Leserschaft, inwiefern die biblische Hermeneutik durch den Gesichtspunkt geleitet sein müsse, dass Christus »sol et nucleus« der ganzen Bibel sei, so zeigt er, wie *Ernst Koch* in seinem Beitrag herausarbeitet, in dem Werk *Arbor Vitae: Der Baum des Lebens, Jesus Christus* (1629) »für Lesende außerhalb des gelehrten Publikums«, dass die Bibel für »Trost aus Gottes Wort und Stärkung und Gründung in der wahren Gottseligkeit« in einer »christologisch-soteriologischen Lektüre« gelesen werden kann. Das Buch, das aus Predigten in der Hofkirche von Sondershausen hervorgegangen ist, führt in den Bestand allegorischer Deutungen alttestamentlicher Texte ein, die Glassius als Prediger verantwortbar und homiletisch sinnvoll schienen. Dabei geht es unter anderem um Bezugstexte in Gen 2-3 ebenso wie in Apk 22, aber auch in Num 17, wo in Vers 5 (Vulg.; 17,20 MT) der Erwählungsgedanke als ein Hinweis auf Christus gedeutet wird (»[...] quem ex his elegero germinabit virga eius«). Methodisch unterscheidet Glassius hier zwischen »typoi«, die »illustriores, fein klar«, und anderen, die »obscuriores, etwas dunckel« sind, und ermahnt zum fleißigen Forschen, Erwägen und Vergleichen. Die hermeneutische Theorie über den »sensus spiritualis seu mysticus« setzt eine ausgreifend imaginative homiletische Rhetorik frei.

Ein zweites Beispiel der in ihrer »Bildsprachlichkeit und Bildhaftigkeit« beeindruckenden Predigtweise Glassius' erläutert *Johann Anselm Steiger* mit der Vorstellung einer Gruppe von Osterpredigten, die in einer Postilla zu den kirchlichen Festtagslesungen aus dem Alten Testament enthalten sind (*Prophetischer Spruch-Postill* [I], 1642). Steiger entwickelt für Glassius' *Philologia Sacra* in Teil 1 und Teil 3 seines Beitrags, nicht zuletzt im Rückgriff auf Johann Georg Hamann, eine positive theologische Würdigung der typologischen Exegese, in der alttestamentliche »typoi« ihre neutestamentliche Entsprechung in Christus stets nur in einem dialektischen Sinne einer wechselseitigen Auslegung fänden. Eine – etwa mit Bezug auf Kol 1,15 – »von der christologischen Kondeszendenz her gedachte Hermeneutik der Akkommodation« soll auch schon das Alte Testament als »Manifestation und Ergebnis göttlicher Kondeszendenz in das menschlich fassbare Wort« erkennen. Die »Veteris Testamenti meditatio« als eine »cum Christo nucleo collatio« nach Glassius hebe die bleibende Bedeutung der alttestamentlichen Vorabbildungen Christi nicht auf; »Kern« und »Schale« behielten ihre Bedeutung. In dieser Perspektive wird in Teil 2 die durch Matthäus 12,38-40 bzw. Mt 12,41 und Lk 11,29-30.32 autorisierte typologische Auslegung der alttestamentlichen Erzählung vom Geschick und Gesang des Jona vorgestellt, bei der Glassius direkt an Luthers Auslegung von 1526 anknüpft. Es ergibt sich ein komplexes Bild intertextueller Bedeutungsverschiebungen, für die Steiger nicht zuletzt den Aspekt einer eschatologischen Offenheit des hermeneutischen Prozesses der Bibellektüre anmahnt.

Das bei Danneberg unter dem Begriff einer »logica sacra« angezeigte hermeneutische Problem wird von *Torbjörn Johansson* noch direkter mit einem Bezug auf die evangelisch-lutherische Theologie im 17. Jahrhundert untersucht. Mit spezifischer Aufmerksamkeit darauf, wie etwa im 1./2. Korintherbrief und, schärfer noch, im Epheserbrief die Seite der Rezipienten von Offenbarungsrede beschrieben wird, zeigt Johansson für Autoren wie Johann Gerhard (1582–1637) und Balthasar Meisner (1587–1626), was für ein Verständnis der Vernunft in der theologischen Anthropologie entworfen wird und was für eine Apologie offenbarter »Mysterien« des Glaubens sich daraus ergibt. Für die Hermeneutikgeschichte ist hier der auch von Glassius aufgenommene Begriff der »illuminatio«, der »irradiatio Spiritus Sancti« oder »irradiatio divini luminis«, zentral, mit dessen Hilfe ein traditionelles Motiv der Deutung des Zum-Glauben-Kommens formuliert wird. Geht es dabei einerseits um Glaubenswahrheiten, geht es andererseits auch darum, wie das Herz »berührt, bewegt, erleuchtet, zum Guten angezündet« wird (so nach Glassius' *Dissertationes super Augustanam Confessionem* [I], 1641). Zur schärferen Profilierung dieser Linie theologischer Epistemologie kontrastiert Johansson die lutherischen Theologen mit Spinoza, um festzustellen, dass Spinozas »Sichtweise der Anthropologie [...] von Spannungslosigkeit in der Beziehung von Vernunft und Glaube gekennzeichnet« sci. Gelte doch bei Spinoza das Prinzip, »interpretandi [...] norma nihil debet esse praeter lumen naturale omnibus commune«. Abschließende Ausblicke gelten der Frage der Naturwissenschaft im Kontext lutherischer Bibelrezeption und der Hermeneutik des Pietismus, für den, wie die Schriften von Philipp Jakob Spener (1635–1705) zeigen, die Metapher der Erleuchtung neben der der Wiedergeburt steht.

Auf die Frage, wer eigentlich in der lutherischen Universitätswelt des 17. Jahrhunderts die prinzipiellen hermeneutischen Postulate mit wirklicher Kenntnis des Hebräischen verbinden konnte, gibt *Stephen Burnett* mit seiner Untersuchung zu Lutherischen Hebraisten eine Antwort. Eine exakte Bestandsaufnahme der Lehrpositionen und Buchproduktionen ergibt für die Zeit von Salomon Glassius das ambivalente Bild: »Hebrew scholarship flourished in Lutheran Germany« / »Lutheran Germany was not an innovative center of Hebrew scholarship«. Die Leipziger Buchmesse war ein bedeutender Markt auch für Werke der hebräischen Philologie, und Stichproben zu Gelehrtenbibliotheken und Universitätsbibliotheken ergeben fallweise Zahlen von deutlich über 100 Titeln. Neben dem biblischen Hebräisch gewannen auch rabbinisches Hebräisch, Aramäisch, Syrisch und Arabisch veständte Aufmerksamkeit. Theologisch blieb das philologische Wissen ganz dem Bekenntnisgrundsatz der Entdeckung von Weissagungen auf Christus im Alten Testament verhaftet, so dass generell der Übergang von hebraistischen Studien zu antijüdischer Polemik fließend war, bis hin zur Steigerungsform einer Polemik gegen »blasphemischen« jüdischen Gottesdienst.

Für das nachreformatorische, kirchlich zerrissene England verfolgt *Scott Mandelbrote* die politischen Dimensionen von Positionsbezügen in der Bibelauslegung. Ausgehend von Edward Burrough (1633–1663) und Samuel Fisher (1605–1665) als zwei Autoren aus dem Milieu der frühen Quaker wird einerseits der charakteristische Grad von Freiheit im Umgang mit der Schrift gezeigt (»'Faith was before the Scripture was'«), andererseits die Inspirationskraft biblischer Typologie in der Applikation auf die eigenen Zeitverhältnisse: »Kings of Babylon, whether supposed to be Nimrod, the first founder of cities, or Nebuchadnezzar and his line, were bywords for tyranny. The best defence against that tyranny was freedom of interpretation and liberty of conscience. Such freedom limited the power of the clergy or of those who would aspire to clerical status.« Im Horizont der Gelehrtenwelt wird die Frage, welche politischen Verhältnisse sich konkret durch Berufung auf die Bibel legitimieren lassen, in ein Diskursfeld eingespannt, in dem es um Textkritik, Philologie, Antiquarianismus und Religionsgeschichte geht. Brian Walton (1600–1661) als Herausgeber der Londoner Polyglotte, Thomas Hobbes (1588–1679) als politischer Philosoph, Edward Stillingfleet (1635–1699) als »the author of one of the most important English works of comparative biblical criticism« und konfessionspolitischer Polemiker stehen neben zahlreichen weiteren Zeitgenossen für Entwicklungen einer kritisch differenzierten Sicht der Bibel, die ihre politische Vereinnahmung zur Verfolgung Andersgläubiger immer fragwürdiger werden lässt. Stellt Mandelbrote einerseits fest, »Taken literally, the Bible offered little in the way of an argument for the freedom of conscience«, ist andererseits doch zu notieren, »New critical approaches provided for different historical understandings of the problem of religious plurality and of the role of the state in controlling it«. Auf dem Weg liegen nicht zuletzt religionsphilosophische Reflexionen über »natural religion« und hermeneutische Reflexionen über das »argument from analogy«.

Konkret in die akademische Welt führt der Beitrag von *Reimar Lindauer-Huber* mit Studien zu Bildungsprogrammatik und Lehrpraxis am Beispiel einiger Professoren der Universitäten Leipzig und Helmstedt zurück. Neben den Theologen beschäftigen sich ja die Mitglieder der Juristischen Fakultät mit Textauslegung, wie auch an der Philosophischen Fakultät Philologen, Philosophen oder Professores Poeseos. Aus solcher interdisziplinären Nachbarschaft kann es dann schon einmal heißen: »Saepe miratus sum, quare non majorem diligentiam adhibuerint Studiosi Theologiae & Juris in investiganda aliqua solidiori scientia Interpretandi [...]«. Lindauer-Huber verweist etwa auf den Horaz-Kommentar (1675) von Friedrich Rappolt (1615–1676), der sich mit seinen hermeneutischen Idealen auf Angelo Poliziano (1454–1494) zurück bezieht, auf ein als praktisches Unterrichtsmittel gemeintes *Compendium hermeneuticae profanae* (1699) von Johann Heinrich Ernesti (1652–1729), in dem Hermeneutik als eine »virtus intellectualis« vorgestellt wird, oder den monumentalen *Tractatus de scientia interpretandi* (1689) des juristischen Privatgelehrten Johann von Felde (1614–1690), den seine zitierte Verwunderung über die mangelnde »diligentia« in hermeneutischen Fragen zu besonderer Gründlichkeit motivierte. Im akademischen Kontext geht es dabei nicht nur um Theorieelemente wie »mens / intentio / ratio legislatoris«, sondern auch um die »polyhistoristische« Forderung nach einer

Berücksichtigung aller verfügbaren »adminicula /subsidia / praesidia interpretationis«, d.h. umfassender antiquarischer und historischer Kenntnisse.

Die Suche nach gültigen hermeneutischen Prinzipien, für die sich Glassius auf lutherischer Seite engagiert, konfrontiert *Sascha Müller* mit einer vergleichbaren Suche durch Richard Simon (1638–1712), der in seiner Zeit wie kein zweiter mit der Tradition der Bibelauslegung vertraut war. Auf der wissenschaftspraktischen Ebene kann Simon das vergebliche Bemühen von Glassius, die »integritas et puritas« der Überlieferungsgestalt des biblischen Textes zu beweisen, leicht wegschieben, indem er philologische Kritik als »la Critique en elle même« oder auch als »les subtilitez de la Grammaire & de la Critique« akzeptiert. Diese Kritik wird von der Theologie unterschieden – so radikal, dass Simon sogar die philologischen Leistungen von Fausto Sozzini (1539–1604) würdigen kann –, und dann geht es um die rechte Zuordnung von Theologie und Kritik. Für die Theologie bezieht sich Simon positiv auf die kirchliche Tradition, indem er offenbar eine Art hermeneutische Evidenz für die Metaphorik in 1Tim 3,15 (»[...] ut scias quomodo oporteat te in domo Dei conversari, quae est ecclesia Dei vivi, columna et firmamentum veritatis«) annimmt, darüber hinaus ist es »der Konnex von Gotteserfahrungen und -begegnungen, der für Simon zum Maßstab für die Einordnung der Philologie in die Theologie wird«. Für dessen Deutung verteidigt Simon die »Lehre vom geistigen Schriftsinn«, und Müller weist in seinem Vergleich darauf hin, dass auch Glassius sagen kann, »mysticus [sensus] [...] literali prior est dignitate«. Bei der »Philologia Sacra« geht es stets auch um einen »Dialog der Philologie mit der Philosophie und Theologie«, um Ekklesiologie und Offenbarung, um die »immer durch Zeitumstände geprägte Vernunft«, ja überhaupt um eine theologisch verstandene Ermächtigung des Menschen zur sprachlichen Auslegung der Welt.

Kritik und Theologie in ihrem Verhältnis zueinander zu bestimmen, ist auch der Hintergrund für die Problemkonstellation, die *Wilhelm Kühlmann* anhand eines spektakulären Beispiels retardierter Apologetik schildert. Johannes Lassenius (1636–1692), seit 1676 der Lutherische Hauptpastor der deutschen Gemeinde in Kopenhagen, verfasste einen umfangreichen Katalog bibelkritischer Fragen, die die biblische Urgeschichte in Genesis 1-11 im Licht ebenso theologischer wie theologiekritischer Erkenntnisansprüche zeigen; das Spektrum reicht von einer Frage wie »Ob dieses Ebenbild [nach Gen 1,26] so gänzlich bey uns verlohren, daß nichts mehr davon übrig?« bis zu einer Frage wie »Weil Eva [nach Gen 2,21f.] aus der Ribbe des Adams gebildet? Ob dan Adam eine Ribbe damahls zu viel gehabt? und hernach eine zu wenig?«. Lassenius weiß zu jedem Einwand eine Antwort und »präsentiert ein dialogisch motiviertes Ergebnis aktueller literarischer Seelsorge«, um auf populärer Ebene die Resistenz gegen »Repräsentanten des bibelkritischen Rationalismus« zu stärken. Die Tradition der Apologetik für die biblische Urgeschichte, auch in der spezifischen Form der Beantwortung von »quaestiones«, reicht, wie Kühlmann betont, mindestens bis auf Augustin zurück. Für einen direkten Vergleich mit Lassenius lässt sich nicht zuletzt der Genesiskommentar des Heidelberger Theologen David Pareus (1548–1622) heranziehen, der die Erinnerung an Kaiser Julian (331–363; 355 »Caesar«, 361 »Augustus«) als einen »blasphemus apostata« wach hielt, der Genesis 3 für eine mythische Erzählung gehalten habe (»historiam divinam hanc quasi fabulam irridens«). Die Wucht der apologetischen Sicherheit wird in beeindruckender Weise als ein Faktor der Hermeneutikgeschichte greifbar.

Einen Ausblick auf das Ansehen von Glassius' *Philologia Sacra* in der Wissenschaftskultur des späten 18. Jahrhunderts gibt *Denis Thouard* mit seiner Untersuchung zu dem Projekt des Leipziger Verlegers Weygand, der an einer Neuausgabe des bewährten Werkes interessiert war. Während es die Orientalisten/Theologen Johann Ernst Faber (1745–1774) und Johann August Dathe (1731–1791) für möglich hielten, die Grammatica Sacra (1634) und Rhetorica Sacra (1636) zu revidieren und wieder herauszugeben (1776), erklärte Dathe die Teile des ersten Bandes (1623) über die »integritas et puritas« des biblischen Textes bzw. den »sensus literalis / sensus spiritualis seu mysticus« für unbrauchbar. Erst Georg Lorenz Bauer (1755–1806) ließ sich dafür gewinnen, die »Critica« und »Hermeneutica« in eine neue Fassung zu bringen. Thouard zeigt, wie nicht nur die Textkritik neu bestimmt wird (»de integritate et corruptione textus«), sondern die Hermeneutik als »interpretatio grammatica« und »interpretatio historica« neu entworfen wird. In der »bona et vera interpretatio Veteris Testamenti« geht es nicht mehr um die christologisch ausgerichtete Allegorese und Typologie, sondern um die Sprache, die kulturelle Situation und die Absichten eines jeweiligen Autors und seiner historisch ersten Hörer-/Leserschaft. Aus dieser Sicht versteht es sich dann von selbst, dass etwa die biblische Urgeschichte eine mythologische Erzählung der Art ist, wie sie auch andere antike Völker kennen. Allerdings sieht Thouard die biblische Hermeneutik bei Bauer noch immer »in den Bahnen der von ihm übernommenen Gattung, der *Philologia sacra*«: »Die konsequente Abhängigkeit der *Hermeneutica sacra* von der *Hermeneutica generalis* wird bei ihm relativiert [...]«. Mit Blick auf Kant wird angedeutet, dass nicht nur das Verhältnis von Hermeneutik und Theologie, sondern auch das von Hermeneutik und Religionsphilosophie zu reflektieren ist.

Das frühneuzeitliche Bibelstudium erscheint im ideengeschichtlichen Rückblick als ein Diskursfeld, in dem es um theologische und erbauliche Erkenntnis- und Gewissheitsansprüche der verschiedensten Art ging, aber ebenso auch um kirchliche und gesellschaftliche Geltungsansprüche. Der Grundton der Gelehrsamkeit konkurriert mit dem Grundton des Traditionsbewusstseins und der Normativität, und ein Ton der Akzeptanz von Pluralität ist selten zu hören. Ingolf U. Dalferth notiert in einer Rezension zur lutherischen Theologie des 17. Jahrhunderts: »[...] dass die orthodoxe Verhältnisbestimmung von Glaube und Theologie, Schrift und Glaube und Schrift und Theologie tiefe Spannungen überdeckt, die in der aufkommenden Moderne zum Auseinanderbrechen von Glaube und Theologie, zur Intellektualisierung (und Moralisierung) des Glaubens und zur Historisierung und Säkularisierung der Theologie führen«. Für die biblische Hermeneutik bleibe die Frage, »Wie kann eine Schrift, die ganz aus ihrer Funktion in der Glaubenspraxis heraus verstanden wird, noch als Norm der Theologie und kritisches Gegenüber der Glaubenspraxis fungieren?« (Theologische Literaturzeitung 136, 2011, Sp. 805). Aus theologischer Sicht scheinen sich die Fragen einer »Philologia Sacra« noch nicht erledigt zu haben.

Lutz Danneberg

Grammatica, rhetorica und *logica sacra* vor, in und nach Glassius' Philologia Sacra – mit Blicken auf die Rolle der Hermeneutik in der Beziehung von Verstehen, Glauben und Wahrheit der Glaubensmysterien bei Leibniz[1]

1. Der Aufbau der *philologia sacra* des Glassius als Problem (12)
2. Zur Tradition der Anordnungen des Triviums (18)
3. Teil-Ganze-Ambiguität in der Verwendung von *philologia* (24)
4. Wandlungen beim Gebrauch des *philologia*-Ausdrucks (29)
5. Der Ausdruck *sacra* in Verbindung mit *grammatica, rhetorica* und *logica*. (42)
5.1 *Artificialis, naturalis* und die normierende Kraft des Gebrauchs (42)
5.2 Die Anwendung auf die *scriptura sacra* (51)
5.3 Wissenskonkurrenz: *grammaticus* versus *theologus* (63)
6. *Logica sacra, logica theologica* sowie der Regelaufbau der *hermeneutica sacra* (88)
6.1 *Usus* und *abusus* der *logica* (89)
6.2 *Logica fidei* und die Grenzen der *applicatio* der *logica* (92)
6.3 Die anhaltende Ambivalenz in der Wertschätzung der *dialectica vetus* und die *dialectica nova* (105)
6.4 Die *logica sacra* als *logica theologica* und als *logica naturalis* sowie die Rechtfertigung hermeneutischer Regeln (130)
7. Hermeneutische Themen der *Philologia Sacra* (147)
7.1 Die Behebung von Interpretationsdifferenzen und die Priorität des *sensus literalis* (147)
7.2 Der Bedeutungsübergang vom *sensus primarius* zum *sensus figuratus* oder *mysticus* (157)
7.3 Die Allegationen des Neuen Testaments (164)
7.4 Die Dignität des *sensus mysticus* und die Kriterien für einen *defectus litterae* (177)
8. *Herodes est vulpes* und *Hoc est Corpus meum*: Komplexe Bedeutungsübergänge (192)
9. Das Verstehen und Glauben von Mysterien – Leibniz' Lösung (206)
9.1 Die *Priorität* des *sensus literalis* und die Grenzen der *ratio* (206)
9.2 *Praesumtio*: Die Umverteilung der Beweislast (*onus probandi*) (222)
9.3 Ein striktes *necessitas*-Kriterium des Bedeutungsübergangs (232)
9.4 Leibniz hermeneutische Lösungsidee: Ambiguität und das Verstehen als graduell (241)
10. Literaturverzeichnis (261)

---

[1] Wesentliche Teile dieser Untersuchung sind während meines Aufenthalts am FRIAS (Freiburg Institute for Advanced Studies) entstanden.

1. Der Aufbau der *philologia sacra* als Problem

Das, was bei einem kursorischen Blick in die *Philologia sacra* auffällt, sind offensichtliche Ungereimtheiten ihrer Einteilung in *Philologia sacra*, *Grammatica sacra*, *Rhetorica sacra* und *Logica sacra*.² Das *erste* Buch des ersten Teils – *philologia* – handelt in vier Traktaten vom Stil der Schrift (»De scripturae sacrae Stylo«). Der *integritas* und *puritas* des Alten und Neuen Testaments widmen sich dabei die ersten beiden Traktate. Der dritte, »De reliquis literaturae sanctae virtutibus in genere«, erörtert *certitudo et claritas*, *simplicitas*, *efficacia*, *evidentia*, *plenitudo*, *brevitas*, *cohaerentia*, *verecundia* und *proprietas* der Heiligen Schrift, also ihre, wie man in der Zeit sagte, *affectiones*.

Mit *evidentia* meint Glassius angesichts seiner Illustrationen offenbar mehreres,³ das aber mitreinander zusammenhängt: Zunächst ist zwischen dem *Ad-oculos*-Stellen, wobei es sich sowohl um das *physische* wie das *geistige Auge* handeln kann⁴ – *oculi carnis* und *oculi mentis*⁵ –, und der *cognitio intuitiva* zu unterscheiden. Vereinfacht gesagt: Die *cognitio intuitiva* ist (in der Zeit) epistemologisch konzipiert und *kann* zugleich ein rhetorisches Moment besitzen; das *Ad-oculos*-Stellen ist rhetorisch konzipiert – sowohl *energeia* (ἐνέργεια) als Anschaulichkeit (*evidentia*) und Veranschaulichung (*illustratio*), als das »Vor-Augen-Stellen« (*sub oculos subiectio*),⁶ als auch *energeia* (ἐνέργεια) als das »Vor-Augen-Führen« (πρὸ ὀμμάτων ποιεῖν) als Verwendung einer dynamischen Metaphorik (als *actus*, *motus*, *actio* oder *animus*)⁷ – und *kann* zugleich ein epistemisches Moment mit sich führen; wenn es beispielsweise dazu führt, dass man eher *meine* zu sehen als zu lesen,⁸ doch begleitet das rhetori-

---

2   Salomon Glassius: Philologia Sacra [...1623] Adiecta svb finem hvivs operis est eivsdem B. Glassii Logica Sacra, provt eandem ex MSTO [...1705] Edidit Johannes Gothofredvs Olearivs [...] Editio Novissima [...] Accedit Praefatio Jo. Francisci Bvddei. Lipsiae 1743.
3   Vgl. ebd., lib. I, tract. III, sectio IV, Sp. 287–292.
4   Augustinus unterscheidet drei Arten des Sehens: mit den leiblichen Augen, den geistigen Augen und den Augen der Seele, vgl. Id., De Genesi ad litteram libri duodecim [401–414], lib. XII, 1–30 (PL 34, Sp. 246–466, hier Sp. 453–480). Zum oculus triplex: des sinnlichen Erfahrens, des rationalen Denkens sowie des Kontemplierens (oculus contemplationis) beispielsweise Hugo von St. Viktor: De Sacramentis Christianae Fidei [1134], I, 10, 2 (PL 176, Sp. 183–617, hier Sp. 329C–331B), sowie Id, Commentariorum in Hierarchiam coelestem S. Dionysii Areopagitae libri X [um 1130], III (PL 175, Sp. 923–1154, hier Sp. 975–976).
5   Bereits Virgilius Maro Grammaticus (7. Jh.) hatte erwogen, ob angesichts der systematischen Mehrdeutigkeit von Sehen nicht ein neuer Ausdruck zu kreieren sei, nämlich vidare: »vido refers to the eyes of the mind, video to the physical eyes«, zitiert nach Law (1995), S. 18.
6   Vgl. Quintilian: Inst Or, IV, 2, 63; VI, 2, 32, sowie IX, 2, 40. Vgl. auch R. Meijering (1987), S. 29–62.
7   Vgl. Aristoteles: Rhet, II, 11 (1411b24–31) – zu beachten ist, dass es Aristoteles, nicht zuletzt im Zusammenhang mit der angeführten Passage, allein um metahporischen Sprachgebrauch geht; ferner Quintilian: Inst Or , VIII, 3, 89. Vgl. Lausberg (1960), S. 810ff.
8   Vgl. Quintilian: Inst Or, IX, 2, 40. – In der diese Stelle aufnehmenden Formulierung von Erasmus: De duplici copia verborum ac rerum [1512]. In: Id., Opera Omnia [...] Tomvs Primus. Lvgdvni Batavorvm 1703, Sp. 1–95, hier Sp. 66, heißt es, wobei hier tabula schlicht

sche ein epistemisches Moment dabei erst dann, wenn zugleich abgehoben wird auf die unterschiedliche epistemische Autorität, die das Sehen (Augenzeuge) gegenüber dem Hören (Ohrenzeuge) zugesprochen erhält; *evidentia – evidens probatio* – dann als das Versetzen des Redners und seiner Adressaten in die Situation des Quasi-Sehenden, aber deshalb noch nicht in die des Augen*zeugen* – mehr, aber auch nicht weniger bildet dann die Grundlage für Konzepte, die man mit virtueller Zeugenschaft umschreibt.[9]

Im vierten Teil behandelt Glassius dann den speziellen Stil der Propheten sowie den des Neuen Testaments im Allgemeinen, den des Johannes und des Paulus im Besonderen. In den einschlägigen Abschnitten behandelt Glassius sowohl Fragen der Überlieferung hinsichtlich ihrer verschiedenen textuellen Träger, aber auch Fragen der Reinheit der sprachlichen Gestaltung der Texte der Heiligen Schrift. Die Erörterung des Stiles ist spätestens seit Matthias Flacius Illyricus' (Matias Vlacic 1520–1575) *Clavis Scripturae* nichts ungewöhnliches mehr: Flacius behandelt Aspekte des Themas in einem außerordentlichen Kapitel »De Stylo S. Literarum« zu den Stileigentümlichkeiten der neutestamentlichen Schriftsteller. Dieses Kapitel gehört zu den auffallendsten Teilen seiner Hermeneutik, da der Kenner der hebräischen und griechischen Sprache sensibel ist für die Unterschiede und ausführlich auf stilistische Eigentümlichkeiten der biblischen Schriftsteller eingeht.[10] Hieran wird man erst sehr viel später im 17. Jahrhundert anknüpfen. Allerdings dominiert selbst dann noch geraume Zeit eine für die Untersuchungen eher hinderliche denn förderliche Besorgnis. Sie resultiert aus dem Vorbehalt, stilistische Befunde ebenso wie Barbarismen und Solözismen könnten die Dignität und Würde der Heiligen Schrift mindern, genau hierin werden die Eigenschaften gesehen, die sie als sichere Quelle theologischer Wissensansprüche auszeichnet.

›Bild‹ meint: »Ea vtemvr qvoties [...] rem non simpliciter exponemvs, sed cev coloribvs expressá[m] in tabvla spectandvm proponemvs, vt nos depinxisse, nó[n] narrasse, lector spectasse, non legisse vidatvr.« – Angesprochen findet sich das in recht unterschiedlichen Zusammenhängen, nicht zuletzt in dem (eher persönlichen) Genre des Briefes, so heißt es bei Seneca: Epist Mora, 67, 2, dass ihm durch dessen Brief die Person des Freundes leibhaftig vor Augen geführt werden würde und er die Korrespondenz als Gespräch empfinde (Si quando intervenerunt epistulae tuae, tecum esse mihi videor et sic adficior animo, tamquam tibi non rescribam, sed respondeam); der Bief als ›Gespräch‹ ist ein verbreiteter Topos, dazu u.a. Koskenniemi (1956) sowie Thraede (1970).

9   In der Übersetzung des Averroes der Poetik des Aristoteles heißt es für die Güte der poetischen Darstellung (»bonitas narrationis poetice«), dass sie dann gegeben sei, wenn der Leser das, was erzählt werde, so überzeugend dargestellt findet, als würde es vor seinen Augen sein (»Quasi ante oculos«) und wie etwas Gesehenes wirke (»quasi ex visu habeat«) vgl.: Expositio media Averrois sive ›poetria‹ Hermanno Alemanno interprete. Ed. L. Minio-Paluella. Bruxelles/Paris 1953 (AL 33), S. 62 und S. 56.

10 Vgl. Matthias Flacius: Altera Pars Clavis Scripturae, seu de Sermone Sacrarum literarum plurimas generales Regulas continens. Basilae 1567, tract. V, auch Id., Clavis Scripturae Sacrae [...] Quarum Prior Singularum Vocum, Atque Locutionum Sacrae Scripturae Usum Ac Rationem Ordine Alphabetico Explicat [...1567]. Francofurti et Lipsiae 1719, Sp. 459–532.

In der Zeit des Glassius hat das mitunter dazu geführt, wie etwa bei Theodor Thumm (1586–1630, seit 1618 ist er Professor für Theologie), dass solche stilistischen Unterschiede für vergleichsweise irrelevant gehalten wurden. Die Grundlage hierfür bildet zumeist eine Annahme über die enge Beziehung zwischen der prinzipiellen und der instrumentellen Ursache als der *causa efficiens (prima)* sowie der *causa instrumentalis (secunda – auctores secundarii)*. In seinem *locus de scripturae sacrae* folgert Thumm aus dieser engen Beziehung, dass es keine stilistischen Unterschiede zwischen den Verfassern der Heiligen Bücher gebe, respektive geben könne.[11] Das ist zudem zu sehen vor dem Hintergrund, dass der Hinweis auf stilistische Verschiedenheit als Argument seit alters zum Repertoire der Identifikation der Verfasserschaft einer Schrift gehörte. So wurde schon früh auf ein Konzept des sprachlichen Stils (*modus scribendi, genus dicendi*) im Rahmen der Echtheitskritik zurückgegriffen – etwa bei dem Kirchenvater Hieronymus. Nicht selten unterscheidet er Stileigentümlichkeiten und verschiedene ›Stile‹ der Propheten: Jeremias etwa sei *rusticior* als die anderen.[12] Unterschiede im Stil der biblischen Schriftsteller erörtert er ausführlicher in seiner *Ep.* 53, wo es über die Stilunterschiede im *Hiob*-Buch heißt: Es beginne mit Prosa, gleite dann zum Vers, ende in Prosa und erfülle dabei alle Gesetze der Dialektik: »prosa incipit [sermo eius], versu labitur, pedestri sermone finitur: omnesque leges dialecticae, propositione, assumptione, confirmatione, conclusione determinat«.[13] Aber nicht immer bilden Stileigentümlichkeiten den zentralen Identifikator für die Zuweisung einer Schrift an einen Verfasser. Das belegt etwa Augustin, bei dem es zur Zuordnung der Schriften an Salomon heißen konnte: »Zwei andere, das eine ›Weisheit‹, das andere ›Ecclesiasticus‹ (Jesus Sirach) betitelt, schreibt das Herkommen wegen einer gewissen Ähnlichkeit des Stils ebenfalls Salomo zu, doch steht es für die Gelehrteren fest, daß sie nicht von ihm herrühren.«[14] Nach Luthers, wenn auch recht verstreuten Hinweisen lassen sich zumindest einige der einzelnen Heiligen Schriftsteller aus ihrer Sprech- und Redeweise (*modus loquendi*) erkennen – in diesem Fall Johannes: nämlich wie die Nachtigall an ihrem Gesang.[15] Das bedeutet zum einen, dass wahrgenommenen stilistischen Unterschieden keine besondere *Signifikanz* zugesprochen werden musste, zum anderen, dass unklar war, welche *Konsequenzen* solche stilistischen Unterschiede ange-

---

11 Vgl. Thumm : Synopsis praecipvorvm articvlorvm fidei, nostro secvlo maximè controuersorvm fvndamenta nostrae fidei contra Ivdaeos, Photinianos, papanos, calvinianos [...] ponvntvr, & argvmenta contaria potiora diluuntur [...1621]. Editio secunda [...]. Tubingae 1626.
12 Vgl. Hieronymus: Prol Jer, 2–3.
13 Hieroynmus: Ep. 53, 8, 3 (ca. 395).
14 Vgl. Augustinus: Vom Gottesstaat [De civitate Dei, 413–26]. Eingeleitet und kommentiert von Carl Andresen. München (1955) 1985, XVII, 20 (S. 409).
15 Vgl. Luther: Ein Predigt auf das Evangelium des Sonntags Jubilate [1542] (Werke 49. Bd., S. 255–394, hier S. 380): »Ist sonderlich S. Iohannis sprach. Ut man die Nachtigal, sic erkennet man Johannes bey den worten.«

sichts der in der Schrift vorgetragenen theologischen Lehrstücke besaßen. Entscheidend ist nicht, dass (stilistische) Unterschiede nicht wahrgenommen wurden oder nicht wahrgenommen werden konnten etwa aufgrund einer bestimmten theoretischen Rahmung – auch nicht der Aspekt ihrer Signifikanz. Zentral sind vielmehr die *Konsequenzen*, die bei einem solchen Befund gesehen, imaginiert oder unterstellt werden. Zugleich zeigen sich hieran zwei gegenläufige, aber parallel verlaufende Bewegungen in der Entwicklung der (protestantischen) Dogmatik.

Noch im 17. Jahrhundert hatte man keinen leichten Stand, wenn man zu nachdrücklich auf den nichtklassischen Charakter des Griechischen von Teilen des Neuen Testaments hinwies. Das Beispiel des Joachim Jungius (1587–1657) mag genügen. Er beschließt mit dem *Auctarium praesidis* und der Frage »An novum testamentum barbarismis scateat« eine 1637 veröffentlichte Disputation.[16] Obwohl er später klarstellt, dass er nur meine, das Neue Testament sei nicht in einem *klassischen* Griechisch, sondern in einer Sonderform, einem hellenistischen Griechisch abgefasst,[17] war die Empörung über diese Zweifel an der *perfectio* der Schrift groß.[18] Gleichwohl verband sich mit dem Schutz des Normgegenstandes der fortwährend präsente Gedanke, dass sich Gott durch die Wahl der menschlichen Sprache als Vermittlerin gegenüber dem Menschen akkommodiert habe (*Scriptura humane loquitur*), so dass sie in nur unvollkommener Weise das göttliche ›Wort‹ ausdrücke und daher die herkömmliche, die *grammatica profana*, ein nur eingeschränkt taugliches Mittel zur Ermittlung der Heiligen Bedeutung sei, die auch *contra grammaticam* ausgedrückt sein könne. Das heißt, dass die Schrift selbst in ihrer als sicher angenommenen vermittelten Gestalt die Norm für ihre Bedeutung bildet, nicht die an profanen Texten orientierte Grammatik.

Das *zweite* Buch des ersten Teils der *Philologia Sacra* des Glassius handelt von der Bedeutung der Heiligen Schrift und zerfällt in zwei Teile (*partes*).

---

16 Vgl. Jungius: De probationibus eminentibus Disquisitio Quam Sub Praesidio [...] Ioachimi Ivngii [...] Publicae discußioni subjicit Johannes Seldener [...1637]. In: Id., Disputationes Hamburgenses. Kritische Edition. Hg. von Clemens Müller-Glauser. Göttingen 1988 (Veröffentlichungen der Joachim-Jungius-Gesellschaft der Wissenschaften Hamburg 59), S. 239–252, hier Nr. 11 (S. 252).

17 Hierzu die lange verschollene Verteidigungsschrift von Jungius, vgl. Id., Verantwortung wegen desjenigen was neulich vor und in den Pfingsten wegen des griechischen Neuen Testaments und anderer Schulsachen von öffentlicher Kanzel fürgebracht [1637]. In: Johannes Geffcken (1804–1864): Joachim Jungius, Ueber die Originalsprache des neuen Testamentes vom Jahre 1637. In: Zeitschrift des Vereines für hamburgische Geschichte 5/N.F. 2 (1866), S. 157–185, Text: S. 164–183; zum Hintergrund, wenn auch in vielfacher Hinsicht ungenügend, Guhrauer (1850), S. 112–120. In Reaktion auf die Kritik scheint Jungius 1639 anonym eine unkommentierte Sammlung von Belegstellen alter und neuerer Autoren unter dem Titel De stilo sacrarum literarum et praesertim Novi Testamenti Graeci nec non de Hellenistis et Hellenistica dialecto Doctissimorum quorundam doctorum tam veteris quam recentioris aevi scriptorum sententia veröffentlicht zu haben, die sich allerdings nicht mehr auffinden lässt; vgl. auch Schmidt (1957).

18 Zur anhaltenden Diskussion dieser Frage auch die Hinweise bei de Jonge (1980a).

Zunächst in den Teil der Unterscheidung der Bedeutungen im Allgemeinen (*De Scripturae sensu dignoscendo*), und dieser handelt dann von den *Arten* der Bedeutung. Glassius kennt fünf *sensus scripturae*: den wörtlichen, den mystischen, den allegorischen, den typologischen und ferner den parabolischen Sinn. Die Muster der Behandlung der verschiedenen *sensus scripturae* folgen durchgängig demselben Aufbau: Zunächst werden die Arten in Gestalt von Artikeln charakterisiert, dann werden für sie *canones* formuliert und im Stil von *quaestiones* abgehandelt. Der zweite Teil des zweiten Buches der *philologia* widmet sich dem Erkennen der Bedeutung der Heiligen Schrift (*De scripturae sensu eruendo*). Dieser zweite Teil ist vergleichsweise kurz, denn er umfasst nicht die hermeneutischen Regeln im engeren Sinn, die unter den *canones* der verschiedenen Arten der Bedeutung abhandelt wurden, sondern allgemeine Richtlinien: Zum einen bezieht sich das auf den *Text* der Heiligen Schrift selbst, bei dem immer auf die Quelle zurückzugehen sei; zum anderen auf das *Lesen* der Heiligen Schrift. Hier unterscheidet Glassius zwischen *allgemeinen* Regeln, bei denen er sich damit begnügt, auf die *Einführung in das theologische Studium* seines Lehrers Johann Gerhard (1582–1637) hinzuweisen,[19] und den *speziellen* Regeln, bei denen er die *entfernteren* von den *näheren* unterscheidet. *Entfernter* bedeutet dabei nichts anderes als in Rücksicht auf den sachlichen Zusammenhang der *ganzen* Schrift. Hier ist es dann die *interpretatio secundum analogiam fidei*, von der gleichsam der gesamte Text umspannt wird und die im Laufe der Zeit zur zentralen hermeneutischen Regel der protestantischen *hermeneutica sacra* avanciert. Sinnfällig findet das seinen Ausdruck bereits darin, dass die seit Philipp Melanchthon für diese *analogia* gedeutete Beweisstelle *Röm* 6, 12 als Motto das Titelblatt von Gerhards Hermeneutik schmückt.[20] Die näheren Regeln beziehen sich im Wesentlichen auf Eigenschaften der direkten Umgebung der zu interpretierenden Stelle, indem sie dazu dienen, ihre Bedeutung zu ermitteln oder einzuschränken. Den Abschluss bildet ein Exkurs, eine *Oratio*, über die Notwendigkeit und den Nutzen der hebräischen Sprachkenntnisse für die Interpretation des Alten Testaments.

---

19 Vgl. Glassius: Philologia sacra [1623, 1705] (Anm. 2), lib. II, pars II, sectio II, Sp. 498; dazu Gerhard: Methodus Studii Theologici, Publicis praelectionibus Academia Jenensi Anno 1617 esposita. […1620, 1622]. Editio novissima. Lipsiae 1654, (Praefatio von Johann Ernestus Gerhard von 1654), pars tertia, insb. C. 4 und 5, S. 143–158. Zur Wertschätzung Gerhards durch seinen »Lieblingsschüler« auch Johann Anselm Steiger: Salomon Glassius' Hermeneutik des sensus mysticus. Dargestellt anhand seiner Predigten über die Jona-Erzählung, in diesem Band.

20 Vgl. Johann Gerhard: Tractatus De Legitima Scripturae Sacrae Interpretatione […]. Jenae 1610; im Text dann §§ 61–62, S. 40–41, sowie § 130, S. 91–92; vgl. die ausgezeichnete Edition Id., Tractatus de legitima Scripturae Sacrae (1610). Lateinisch – deutsch. Kritisch hrsg., kommentiert und mit einem Nachwort versehen von Johann Anselm Steiger. Stuttgart/Bad Cannstatt 2007.

Nach der *philologia* umfasst der zweite Teil des gesamten Werks die *grammatica sacra*. Anders als der erste Teil ist er intern nicht weiter hierarchisiert, sondern orientiert sich an der Abfolge im wesentlichen gleichgestellter grammatischer Kategorien. Diesen Teil beschließt ein Appendix zu drei strittigen Fragen sowie eine *disputatio* im Rahmen der Auseinandersetzung mit dem Jesuiten Jacob Gordon Huntley (James Gordon, 1541–1620) angesichts der Deutung von *Gen* 3, 15.[21] Der dritte Teil des Gesamtwerks enthält die *rhetorica sacra* und gliedert sich in traditioneller Weise in Tropen und Figuren: *Tropen* bezeichnen den aus einem Einzelwort bestehenden Redeschmuck (τρόποι), *Figuren* den aus mehreren Wörtern bestehenden Redeschmuck (σχήματα), bei dem Sinnfiguren (*figurae sententiarum*, σχήματα διανοίας) und Wortfiguren (*figurae verborum*, σχήματα λέξεως) unterschieden werden. Nicht zuletzt diesen Teil der *Philologia Sacra* wusste man bis in die Mitte des 17. Jahrhunderts zu schätzen: So schreibt Johann August Ernesti (1707–1781) in seiner ausführlichen Besprechung von Robert Lowths (1710–1787) *De Sacra Poesi Hebraeorum*, dass in diesem Werk nicht »so viel neues gesagt ist, als ihm die Bewunderer desselben Schuld gegeben haben«, und er fährt fort: »Wir gedenken der Rhetoricae S. des Glasii in seiner Philologia nicht. Wie viel von der Schreibart der hebräischen Poeten bey Hr. L. vorkommen, was dort nicht stehe?«[22]

Zum Abschluss der *rhetorica sacra* findet sich wiederum eine polemische Zugabe. Sie ist gerichtet gegen Barthold Nihusius (1589–1657), ein in der Zeit bekannter, vom Protestantismus zum Katholizismus konvertierter Streittheologe,[23] der sich in heftige Auseinandersetzungen mit den Helmstedtischen Theologen und Philosophen, insbesondere mit seinen ehemaligen Lehrern Cornelius Martini (1568–1621), Georg Calixt (1586–1656) sowie Georg Hornejus (1590–1649) begeben hat.[24] Diese Zugabe (*mantissa*) philologischer Erläuterungen zu einem speziellen Streitpunkt findet sich erst in der dritten, aber noch von Glassius selbst besorgten Ausgabe der *Philologia sacra* von 1653.[25] Der Anlass ist freilich nicht die Verteidigung der

---

21 Hierbei handelt es sich nicht um einen Teil des ursprünglichen Werkes von 1623, sondern um eine spätere Hinzufügung einer Disputation des Glassius: vgl. Id., Disputatio Elenchtike, in qua dictum Jehovae Gen. 3. v. 15 [...] à Jacobi Gordoni Huntlaei Jesuitae Scoti phlyariais et interpretamentis vindicatur et verus ejus sensus ostenditur [...]. Jenae 1625.
22 Vgl. (Ernesti) Roberthi Lowth [...]. In: Neue Theologische Bibliothek 3 (1762), S. 134–154 und S. 205–225, hier S. 224.
23 Zu ersten Informationen vgl. Stillig (1999).
24 Vgl. Nihusius: Hypodigma, Quo diluuntur non nulla, contra catholicos disputata in Cornelii Martini Tractatu de analysi logica, Impertitum ejus libelli commentatoribus, Georgio Calixto, Conrado Horneio, caetrisque. [...]. Coloniae Agrippinae 1648; Nihusius hat dabei auch mehrfach Johann Gerhard kritisch zu fassen (sect. VI–VIII, S. 39–89), gelegentlich Glassius selbst (sect. XV, S. 126–146) sowie beide (sect. XXXVIII, S. 231–252, zudem die Ergänzung zu dieser Sektion (S. 338–344).
25 Vgl. Glassius: Philologiae Sacrae, Qua Totius Sacrosanctae, Veteris et Novi Testamenti Scripturae, Tum Stylus et Literatura, tum sensus & genuinae interpretationis ratio expenditur; Li-

genannten Helmstedtischen Theologen, sondern allein der direkte Angriff auf Glassius selbst.[26] In mustergültiger kontroverstheologischer Manier wird die Kontroverse aufgelöst in einzelne Behauptungen, deren (philologische) *refutationes* allerdings – nicht ungewöhnlich in der Zeit – die *mantissa* auf ein Mehrfaches der Kritik des Nihusius anschwellen lassen. Den abschließenden vierten Teil bildet die *logica sacra*, die mit nur drei Kapiteln auch angesichts der Seitenzahl im Vergleich mit den anderen Teilen überaus kurz ausfällt und erst aus dem Nachlass des Glassius hinzugefügt wurde.

Nach dem Urteil der Späteren handelt es sich bei der *Philologia sacra* um ein Buch, das überaus präsent gewesen zu sein scheint. So nimmt beispielsweise Leonhard Christoph Sturms (1669–1719) *Mathematischer Beweiß Von dem Heil. Abendmahl*, das eine Flut von Gegenschriften auf lutherischer Seite ausgelöst hat, Glassius' Autorität mit folgenden Worten in Anspruch und zeugt zugleich von der Verbreitung des Werks:

> Es ist aber diese Sache nichts ganz neues sondern ein weltberühmter Lutherischer Lehrer Salomon Glassius, hat in seiner *Philologia Sacra* (einem Buch das allen Lutherischen *Theologis* biß auf den geringsten Dorff-Priester bekannt ist/ ja das wohl tausend Theologi fast auswendig gelernt haben) schon vor sechzig und mehr Jahren/ ohne Widerspruch biß auf diese Stunde öffentlich gelehret [...] daß das *Pronomen demonstrativum* in Ebräischen und Griechischen offtmahls/ auch so gar mit einem sonderlichen Nachdruck/ so viel heiße als *dergleichen* (Tale).[27]

2. Zur Tradition der Anordnungen des Triviums

Wenn ich es richtig sehe, gibt es vor Glassius keine *hermeneutica sacra*, die einen solchen Aufbau wie die *Philologia sacra* besitzt, und der Aufbau eines mit *philologia sacra* betitelten Werks erscheint auf den ersten Blick als verwirrend. *Grammatica, rhetorica* und *logica* stellen die traditionellen Fächer des Triviums dar. Aufschlussreich könnte sein, dass die *Abfolge* dieser drei Fächer im Mittelalter in signifikanter Weise variieren konnte. Das ist im Einzelnen

---

bri Quinque: quorum I. II. Generalia de Scripturae Sacrae stylo & sensu; III. IV. Grammatica Sacra; V. Rhetorica Sacra, Comprehensa. Editio tertia, prioribus auctior. Francofurti 1653.

26 Vgl. Nihusius: Hypodigma [1648] (Anm. 24), sect. XI, S. 136ff. Nihusius leitet seine Kritik ein mit den Worten (S. 136): »Principi Ernesto adest Gothaen Salomon Glassius: mihi quondam haud incognitissimus.«

27 Sturm: Mathematischer Beweiß Von dem heil. Abendmahl, Daß I. Die Worte der Einsetzung nie recht aus dem Griechischen übersetzet worden. II. An der Art/ wie es von den Lutheranern gehalten wird/ viele Puncte nicht so indiffernt, als man bißhero vorgegeben/ sondern höchst schädlich und gefährlich seyn. Durchgehends mit solchen Gründen ausgeführt/ die er nicht aus Reformirten Schrifften genommen/ deren er keins von dieser Sache gelesen hat/ sondern aufs neue also abgefasset/ daß es unmöglich seyn wird/ etwas dawider zu bringen. Franckfurt/Leipzig 1714, S. 10.

recht kompliziert, denn dabei konnten sich verschiedene Ordnungsmuster überlagern und außerdem wird dabei oftmals nicht sonderlich deutlich, ob der *ordo artium* des Triviums einem *ordo discendi, docendi, cognitionis* oder *intelligendi* folgt. Die Fächer konnten aber ebenso nach einem *ordo naturae, quoad nos, temporum*, zudem nach ihrer jeweiligen *eminentia, dignitas* oder *nobilitas* angeordnet sein. Im vorliegenden Zusammenhang bedarf es nur weniger ausgewählter Beispiele zur Veranschaulichung der hier angezielten Pointe bei den differierenden Anordnungsmustern des Triviums.

In einem *Tractatus de grammatica*, der wohl fälschlich Robert Grosseteste (ca. 1168–1253) zugeschrieben wurde, dienen die im vorangesetzten Abschnitt *De divisione philosophiae* gebotenen philosophischen Annahmen zur *Begründung* einer bestimmten Reihung der drei Fächer des Triviums. Im Einzelnen wird dafür auf die Trias von *congruitas, veritas* und *honestas* zurückgegriffen.[28] Bei letzterem ist das auf das Gute gerichtete Wollen gemeint, und nach antiker Tradition gilt das im höchsten Maß Gute auch als das im höchsten Maß Schöne. Dies führt dann zu einer *Zielbestimmung* für das jeweilige Teilstück des Triviums.[29] Die *Abfolge* der *artes grammatica, logica* und *rhetorica* ergebe sich nach der ›Natur‹.[30] Nach weithin tradierter Auffassung gilt die Grammatik als *fons et origo* allen Wissens, wobei die Formulierungen variieren konnten.[31] Allerdings erwägt der Verfasser des *Tractatus de grammatica* noch eine zweite Möglichkeit der Anordnung: Es ist nicht die Anordnung *secundum ordinem naturae*, sondern *ad nos*.[32] Das führt zu einer veränderten Abfolge von Logik, Rhetorik und Grammatik. Vermuten lässt sich, dass hinter dieser Gegenläufigkeit die (aristotelische) Unterscheidung zwischen *priora natura, ordo naturae* und *priora nobis* (*ordo quoad nos*) steht. Dass die Logik den Anfang bildet, rührt aus Vorstellungen, denen zufolge der *logica* (*natura-*

---

28 [Ps.] Grosseteste: Tractatus de grammatica [um 1250, Jh.]. Eine fälschlich Robert Grosseteste zugeschriebene spekulative Grammatik hg. mit einem Kommentar von Karl Reichl. München 1976, S. 12: »Cum igitur convenienciam habeant nature vocis et intellectus, proprocionare vocem et intellectum sermocinando loqui est congrue. Similiter intellectus ad res adequacionem habent que veritas dicitur. Res vero ad operaciones nostras convenienciam habent que honestas dicitur.« Zum Vergleich auch Grosseteste: De artibus liberalibus. In: Id., Die philosophischen Werke [...]. Hg. von Ludwig Baur. Münster 1912, S. 1–7.
29 [Ps.] Grosseteste: Tractatus de grammatica [um 1250], S. 12: »Igitur finis grammatice in quantum ars est loqui congrue, finis logice vero perfici, finis rhetorice honesto dotari.«
30 Ebd.: »Quantum ad naturam prima arcium est ars lingue, deinde ars ad verum, ultimo ars ad honestum; [...].«
31 So heißt es z.B. bei Johannes von Salisbury: Metalogicon [1159], I, 23 (PL 199, Sp. 823–946, hier Sp. 853B): »At lectio, doctrina et meditatio scientiam pariunt. Unde constat quod grammatica, quae istorum fundamentum est et radix, quodammodo sementem iacit quasi in sulcis naturae, gratia tamen praeeunte.« Nur wenig später heißt es I, 24 (Sp. 856): »Ex quo contigit ut qui omnes artes tam liberales quam mecanicas profitentur, nec primam noverint, sine qua frustra quis progreditur ad reliquas.« Zur Bedeutung der Grammatik ferner Sp. 850, Sp. 866–69 und Sp. 874–76.
32 Ebd.: »[...]; quantum ad nos prima logica, secunda rhetorica, tercia grammatica. Sic ordinantur intencio, sermo et opus.«

lis) im Sinn des Wissenserwerbs (im *ordo cognitionis*) Priorität zukomme: Erst *Denken*, dann *recte loquendi*, dann *bene loquendi*. Das Erwerben der Grammatik setzt die Logik als eine Art natürliches Vermögen des Unterscheidens und Verbindens voraus. So verbleibt bei der Mittelstellung der Grammatik allein die Kombinationsmöglichkeit mit der Rhetorik am Ende. Das würde bedeuten, dass sowohl *grammatica* als auch *logica*, wenn auch nach unterschiedlichen Ordnungen, in dem Sinn als fundamental erscheinen, dass sie den Anfang bilden können; nach keiner Ordnung aber ist das bei der *rhetorica* der Fall. Nach meinen Erkundungen ist es in der Tat so, dass es im Blick auf die sechs Möglichkeiten der Kombination bei der Abfolge von *grammatica*, *rhetorica* und *dialectica* zwei Varianten zu geben scheint, die *keine* Realisierung gefunden haben, und das sind genau die beiden Varianten, bei der die Rhetorik am Anfang steht.

Nicht ungewöhnlich bestand das Ziel der grammatischen Beschäftigung mit Literatur in einer ethischen *aedificatio* derjenigen, die mit diesem Gegenstand beschäftigt wurden.[33] So heißt es in Bernhards von Chartres (bis 1124/30) *declinationes*, dass die Themen behandelt würden, um den Glauben aufzubauen sowie die Moral zu stärken und den Wunsch nach guten Taten zu fördern – »proponebatur materia, quae fidem aedificaret, et mores, et unde qui convenerant, quasi collatione quadam, animarentur ad bonum.«[34] Dabei zeichnet sich zugleich eine Begründung für die Abfolge der Bestandteile des Triviums ab. Die Positionierung der Rhetorik als drittes Fach zum Abschluss des Triviums erhält ihre Begründung, indem sie als Vermittlerin ›richtigen Handelns‹ aufgefasst wird, wie es sich später ganz ähnlich auch bei den ›Humanisten‹ der Renaissance darbietet.

Bemerkenswert ist zudem, dass sich schon früh Aufzählungen finden lassen, bei denen die Grammatik am Ende der Reihung ihren Platz erhält. Das ist der Fall bereits bei dem unbekannten Scholiasten der *Ars Grammatica* des Thrax (2. H. 2. Jh. v. Chr.).[35] Gleiches bietet das lange Zeit Hugo von St. Viktor (um 1096–1141) zugeschriebene, aber wohl von Richard von St. Viktor (bis 1173) stammende Werk *Excerptionum priorum lib.10*.[36] Nicht sel-

---

33 Vgl. u.a. Delhaye (1949), auch (1959) und (1947).
34 Johannes von Salisbury: Metalogicon [1159], (Anm. 31), I, 24 (Sp. 855A).
35 Vgl. (Anonym), Scholia in Donysii Thracis artem grammaticam. (Anecdota Graeca, ed. Bekker, Vol. II, S. 645–972, hier S. 658), wonach sich alle drei – Dialektik, Rhetorik und Grammatik – mit Sätzen beschäftigen: Die Dialektik suche die Wahrheit, die Rhetorik die Überzeugung, die Grammatik das Verständnis, was der Satz bedeutet, wie er seine Bedeutung hat und durch welche Teile sie verwirklicht ist: τῆς μὲν γὰρ διαλεκτικῆς τἀληθές, τῆς δὲ ῥητορικῆς τὸ πείθειν, τῆς δὲ γραμματικῆς τέλος ἐστὶν ἡ κατάληψις τοῦ λόγου, τουτέστι τὸ διδάσκειν τί σημαίνει καὶ πῶς σημαίνει, οἷον διὰ ποίων μερῶν ὁ λόγος δηλοῦται.
36 Vgl. Richard von St. Viktor: Excerptionum priorum lib. 10, lib. 2, cap. 4 (PL 177, Sp. 191–284, hier Sp. 205): »Sub eo igitur sensu, qui inter voces et res versatur, continetur historia, et ei subserviunt tres scientiae, dialectica, rhetorica, grammatica. Et sub eo sensu, qui inter res et facta mystica versatur, continetur allegoria. Et sub illo, qui est inter res et facienda mystica,

ten wird die mehr oder weniger traditionelle Ordnung geboten: Sie beginnt mit der *grammatica*, aber gelegentlich fügt man hinzu, es gebühre eigentlich der Logik die ›natürliche‹ Priorität (*natura prior*).[37] Das Muster von *priora natura, ordo naturae* und *priora nobis* (*ordo quoad nos*) bildet einen (wenn man so will) vollständigen *ordo inversus*[38] – gleiches gilt für die Anordnungen der Trias des Triviums mit der Grammatik zum einen am Ende, zum anderen am Anfang. Nur erwähnt sei, dass die oftmals auf Platon zurückgeführte Dreiteilung in *Physik, Ethik* und *Logik* hinsichtlich ihrer Reihenfolge ebenfalls instabil war:[39] So konnte die Ethik etwa auch am Anfang stehen, und zwar aufgrund der Vorstellung, dem Wissenserwerb ginge eine ›Reinigung‹ der Seele voraus.[40]

Zwei Anordnungsmuster stechen beim Trivium freilich hinsichtlich ihrer etwa gleichen Häufigkeit bis ins 16. Jahrhundert hervor. Es ist die Abfolge von *grammatica, logica* und *rhetorica* auf der einen, von *grammatica, rhetorica, logica* auf der anderen Seite – *logica* und *rhetorica* tauschen also die Plätze. Wenn auch nicht immer, etwa weil die Abfolgen nur übernommen wurden, ohne dass dabei auf den *Sinn* ihrer Anordnung geachtet wurde, so gibt es für beide Muster mitunter vergleichsweise klar ausgesprochene Deutungen, die ihre in bestimmter Weise gegenläufige Anordnung motivieren. Keine Frage ist, dass solche Deutungen *nicht immer* bei der gebotenen Abfolge zum Tragen kommen, da sie sich *nicht allein* an der dargebotenen Abfolge ablesen lassen. Gemeint ist, dass sich in der Vertauschung der Plätze von Rhetorik und Dialektik (Logik) die Gegenläufigkeit der differierenden Perspektiven des *Produzierens* und *Interpretierens* spiegeln: Für den Produzenten ergibt sich

---

continetur tropologia. Et his duabus subserviunt arithmetica, musica, geometria et physica.« In der Patrologia Latina wird es den Werken Hugos zugerechnet; zur Verfasserschaft nicht Hugos, sondern Richards vgl. Palémon Glorieux: Pour revaloriser Migne. Tables rectificatives. Lille 1952, S. 69. Bei Hugo von St. Viktor, De Sacramentis Christianae Fidei [1134], Prologus, cap. VI (PL 186, Sp. 183–617, hier Sp. 185) findet sich in einem ähnlichen Zusammenhang zudem eine andere Reihenfolge: »Sub eo igitur sensu qui est in significatione vocum ad res, continetur historia; cui famulantur tres scientiae sicut dictum est, id est grammatica, dialectica, rhetorica.«

37 So z.B. im Manuskript eines Poems aus dem 12. Jh., vgl. Odon Lottin: ›Grammatica‹ et ›Ethica‹ au XIIe siècle. In: Recherches de Théologie ancienne et médiévale 25 (1958), S. 59–110, hier S. 63: »prima sedis fundamento praesidens grammatica,/ [...] Huic secunda sociatur ciuilis retorica [...].« Bei der zu erwartenden und auch tatsächlich auftretenden dialectica heißt es dann: »Cujus genere communis hinc est dialectica, / Quae natura prior extat etiam grammatica, Dum cunctas ligat et soluit, peruideri nescia:/ Haec diffinit et discernit, diuidit et asserit./ Rationari potens, uincens inuincibilis,/ Quam lampas clarificauit Manliani luminis.«

38 Zum ordo inversus als univerellem Ordnungs- und Strukturierungsmuster vgl. Danneberg (2010a).

39 Zu dieser Einteilung auch Hadot (1979).

40 Sie findet sich bei Cicero: Ac I, 19, 22, 30, bei Seneca: Ep Mor, 99, 9, aber auch z.B. bei dem neuplatonischen Aristoteleskommentator, über den kaum etwas bekannt ist, Elias (2. H. 6. Jh.), In Aristotelis Categorias commentarium. In: Id., In Porphyrii Isagogen et Aristotelis Categorias Commentaria (CAG 18, 1, ed. Busse, S. 105–255, hier S. 117/18).

die Abfolge von Grammatik, Dialektik und Rhetorik (oder von Dialektik, Grammatik und Rhetorik),[41] für den Interpreten die von Grammatik, Rhetorik und Dialektik. Das Produzieren ist dabei nicht zu verwechseln mit dem *ordo discendi* oder *docendi*; es hat auch nichts zu tun mit der Unterscheidung zwischen *priora natura, ordo naturae* und *priora nobis* (*ordo quoad nos*).

Ein Hinweis, der bei der dargebotenen Abfolge in die Richtung des *Verstehens* weist, lässt sich bereits dem *commentum* des [Ps.-]Bernhardus Silvestris (Bernhard von Tours, um 1100–1160) zu Vergils *Aeneis* entnehmen.[42] In diesem stark allegorisierenden Kommentar erscheinen Grammatik, Dialektik und Rhetorik als Abfolge aus der Sicht des Produzenten: Um sich sprachlich ausdrücken zu können, nicht zuletzt um Solözismen und Barbarismen zu vermeiden, also die grammatischen *vitia*, seien Sprachkenntnisse erforderlich, also *grammatica*. Zudem müsse man beim Sprechen wahr und falsch unterscheiden können, das führe die *dialectica* ein. Schließlich müsse die Rede überzeugen, also sei die *rhetorica* erforderlich.[43] Vielleicht noch deutlicher wird der Zusammenhang zum Interpreten bei den Überlegungen Wilhelms von Auvergne (Guillaume d'Auvergne, um 1180–1249) in seiner Homiletik *De faciebus mundi*, die bei ihrem ersten Druck unter dem Titel *De arte intelligendi docendi et praedicandi res spirituales et invisibiles per res corporales et visibiles et e converso pulcra et utilissima* noch als Werk des Albertus Magnus (um 1200–1280) galt.[44] Wilhelm bestimmt die allegorische Deutung nach sieben Aspekten: *proprietates innatae et illatae, generatio, corruptio, mixtio, compositio, oppositio* und *usus*. Diese werden von ihm als *loci* bezeichnet und entstammen vermutlich auch der Topik, wie es bei den Predigtlehren nicht unüblich ist. Aufschlussreicher als die Verwendung spezieller *loci* für die (allegorische)

---

41 Explizit z.B. in einem Manuskript, das aus der Zeit zwischen 1458 und 1485 stammt und sich ediert findet in Linne R. Moore: A Middle English Text on the Seven Liberal Arts. In: Speculum 68 (1993), S. 1027–1052, Textedition S. 1037–1052, z.B. S. 1038 oder S. 1041. Nur ein einziges späteres Beispiel: Thomas Wilson (um 1525–1581): The Arte of Rhetorique. London 1553, fol. 63v: »Therefore, I wishe that every manne should desire and seke to have his Logique perfect, before he looke to profite in Rhetorique, considering the grounde and confirmation of causes, is for the moste part gathered out of Logicke.«

42 Zur Frage der Verfasserschaft neben Stock (1972), S. 36, Anm. 42, auch Gersh (1992), insb. S. 577–580, ferner Smits (1984), Baswell (1985), J. Jones (1989).

43 [Ps-]Bernardus Silvestris: Commentum [...] super sex libros Eneidos Virgilii. Nunc primum edidit Guilielmus Riedel. Gryphiswaldae 1924, VI, S. 31: »Eloquentia est scientia formans suum lectorem ad congruam cognitorum prolationem. Haec autem Trivia dicitur quia [a] tribus artibus quasi tribus viis ad eam incedimus. Ut autem perfecte habeatur eloquentia, primo oportet scire loqui absque solecismo et barbarismo quod per grammaticam habetur. Deinde sic loquendo oportet scire aliquid probare vel improbare quod fit per dialecticam. Adhuc neccessarium [oportet] persuadere vel dissuadere: possunt enim auditores grammatica oratione aliquid intelligere, dialectica probatione de eodem certi esse et tamen illud nolle: ideo necessaria rhetorica persuasio. Itaque est grammatica initium eloquentiae, dialectica dicitur provectus, rhetorica perfectio.«

44 Ich habe keine Ausgabe dieses Werkes einsehen können und stütze mich auf Roth (1956), S. 44–54, sowie auf Meier (1974), S. 404/05. Zum Hintergrund auch O'Donnell (1976), S. 323–33, zudem Lutz (1984).

Interpretation ist im vorliegenden Zusammenhang, dass Wilhelm zwei ›Wege‹ unterscheidet: Der eine führe vom bezeichnenden Ausdruck zu seinen (allegorischen) Bedeutungen, der andere von den Bedeutungen zu den (in diesem Fall) *res significantes*. Der eine entspricht nach Wilhelm von Auvergne der Perspektive des Zuhörers, respektive des Lesers des bezeichnenden Ausdrucks, der andere der des Predigers, respektive des Lehrers.[45] In seinen Ausführungen konzentriert sich Wilhelm dann vornehmlich auf den zweiten Weg, also auf den des Predigers.[46] Gleichwohl sind es zwei *gegenläufige* Richtungen, die er anspricht und die sich als Umkehrungen auffassen lassen. Hugo von St. Viktor (um 1096–1141) kennt zwar auch die Reihenfolge, bei der die Dialektik vor der Rhetorik steht, und in seinem *Fons Philosophiae* schreibt Godefrey von St. Viktor (12. Jh.), dass er zunächst Grammatik, dann Dialektik und dann Rhetorik erlernt habe.[47] Dennoch setzt Hugo die Rhetorik in Verbindung mit der Grammatik auch an die zweite Stelle, und zwar mit dem Hinweis darauf, dass die Dialektik die subtile *Interpretation* der Ausdrücke vollziehe.[48] Die Abfolge von Grammatik, Rhetorik und Dialektik stellt sich mithin in dieser Sicht als der *textinterpretierende* Weg dar, der dann auch mit dem endet, worum es in der Textbetrachtung im Mittelalter und seit dem 16. Jahrhundert nahezu immer geht: den Wissensanspruch eines Textes zu ermitteln.

Sieht man einmal von den differierenden Motiven der konkreten Reihung ab – etwa unterschiedlichen Logik-Konzeptionen, mit denen man sich angesichts der Überlieferung konfrontiert sah (man kann etwa an Platons Sicht der Dialektik als *Schlussstein* – θριγχός – der Philosophie denken[49]) –, dann beschreibt die Ordnung *Grammatik, Dialektik, Rhetorik* den gleichsam textproduzierenden Weg, an dem sich die Abfolge der drei *artes* des Trivium ausrichtet. Der Weg von der Grammatik über die Dialektik zur Rhetorik

---

45 Vgl.: »Docentes vtique a sentenciis incipiunt et tendunt ad signa. Legentes vero a signis incipiunt et ad sentencias spirituales tendunt [...] Est autem maxime commune pertinens ad hoc negocium inuentio similitudinem spiritualium ad visibilia: et visibilium ad spiritualia. Similitudo enim est via communis per quam legentes peruenient a visibilibus ad spiritualia: et docentes a spiritualibus ad visibilia«, zitiert nach Meier (1974), S. 405, Anm. 76.
46 Hierzu auch Roth (1956), S. 45ff.
47 Vgl. Godfrey von St. Viktor: Fons philosophiae. The Fountain of Philosophy. A Translation of the Twelfth-Century. Translated by Edward A. Synan. Toronto 1972, S. 49.
48 Hugo von St. Viktor: Epitome Dindimi in philosophiam [um 1130]. In: Id., Opera propaedeutica. Ed. Roger Baron. Notre Dame 1966, S. 166–208, IV (S. 205, dazu auch Anm. 48, und S. 242–44): »Vie enim sunt quia ducunt profectibus ad id quod sequitur consummatum; in quibus primam iudicio omnium grammaticam esse constat. Post quam alii dialecticam, alii rhetoricam secundum ponendam estimarunt. Illi: quasi post grammaticam, que de sola pronuntiatione uocum tractat, uire dialectica sequi debeat, que solam inuestigat significationem, nouissime rhetorica constituta, que utramque considerat. Isti autem: uelut cognatam grammatice, adhuc in sermonibus herentem, rhetoricam parumque ad ea que in sententiarum subtilitate constant promouentem, secundo loco ordinandam, post quam nouissime dialecticam quasi totam in intellectuum acumine subleuatam et rationi intentam collocari«
49 Vgl. Platon: Politeia, 534e.

erscheint nicht allein als der Weg des Produzierens, sondern auch als Abfolge der Lehre, *modus discendi* und *ordo docendi*. Der Weg von der Grammatik über die Rhetorik zur Dialektik bietet den *ordo exegeticus* und die Reihung bei Anfangsstellung der Dialektik den *ordo cognoscendi*. Der Positionswechsel von Rhetorik und Dialektik – zum einen aus der Sicht des Produzenten, zum anderen aus der des Interpreten – bildet *in nuce* zusammen einen *ordo inversus*. Auch wenn solche Umkehrungen hinsichtlich des Aussprechens und des Aufnehmens des Ausgesprochenen sich schon in der Antike finden, nicht zuletzt bei den Kirchenvätern, explizit beispielsweise bei Augustin,[50] avanciert diese Deutung der beiden Wege für die Interpretation (die Hermeneutik) seit dem 16. Jahrhundert zum dominierenden Modell des Verständnisses des Verstehens überhaupt.[51] Der Verstehensprozess erscheint explizit als Umkehrung des Erzeugungsprozesses: Der *Interpret* bedarf der grammatischen Kenntnisse, um die Sprache des Textes zu beherrschen; er bedarf der rhetorischen, um die sprachlichen ›Abweichungen‹ zu erkennen und zu deuten; er bedarf schließlich der Dialektik, um die im Texte enthaltenen Wissensansprüche zu analysieren, zu beurteilen und fachgerecht darzulegen.

3. Teil-Ganze-Ambiguität der *philologia sacra*

Vor diesem Hintergrund nun würde die *philologia sacra* des Glassius dem *ordo exegeticus* folgen – und das könnte als eine zufriedenstellende Lösung ihres *ordo*-Problems erscheinen. Dem jedoch widerstreitet ein Kuriosum: Das *ganze* Werk trägt den Titel *philologia sacra*, aber auch sein erster, aus zwei Büchern bestehender Teil. Es handelt sich, wenn man so will, um eine Teil-Ganze-Ambiguität im Gebrauch des Ausdrucks *philologia*. Eigentümlicherweise korrespondiert diese Ambiguität mit einer eben solchen beim Gebrauch des Ausdrucks *logica* (respektive seiner Synonyma). Nur ein herausgegriffenes Beispiel: Wie für viele andere in der Zeit auch ist nach Johannes von Salisbury (1115/20–1180) die Logik für denjenigen unerlässlich, der Bücher mit Gewinn lesen will;[52] er hebt sogar den Nutzen der Lehre

---

50 So heißt es etwa bei Augustinus: Sermones, sermo 288, 4 (PL 38, Sp. 1306), im Blick auf den Sprechenden und den Verstehenden resümierend: »Praecessit ergo verbum vocem meam, et in me prius est verbum, posterior vox: ad te autem, ut intelligas, prior venit vox auri tuae, ut verbum insinuetur mento tuae.«
51 Hierzu auch Danneberg (2009c).
52 Vgl. u.a. Johannes von Salisbury: Metalogicon [1159] (Anm. 31), II, 3 (Sp. 859C): »Inchoantibus enim philosophiam praelegenda est, eo quod vocum et intellectuum interpres est, sine quibus nullus philosophiae articulus recte procedit in lucem. Qui vero sine logica philoso-

vom Syllogismus für die Erläuterung der Heiligen Schrift hervor.[53] Das gelte für die *artes liberales* überhaupt, da sie nicht allein die *lectio* unterstützten – und zwar als Verstehen von Texten ohne fremde Hilfe,[54] und so wollte bereits Augustin im *Prolog* seine Darlegungen zum Verstehen der Heiligen Schrift in *De Doctrina christiana* verstanden wissen[55] –, sondern sich mit ihrer Hilfe nach Johannes alle Streitfragen *auflösen, entknoten* ließen.[56]

Johannes verwendet einerseits einen weiten Begriff der Logik als *ratio loquendi et disserendi*, andererseits erstreckt sich der Ausdruck in einem engeren Verständnis allein auf das zweite, also die *ratio disserendi*. Im weiten Sinn wäre dann die *grammatica* Teil der *logica*; im engen steht die Grammatik als Disziplin außerhalb der Logik.[57] Aufgrund der Doppeldeutigkeit von λόγος (als *sermo* oder *ratio*[58]) ließ sich die Logik als Teil des Triviums ansehen und als das, was dieses Ganze umfasst:[59] *Logica* ist zum einen der Begriff, der die drei Fächer des Triviums umgreift, zum anderen benennt er eines dieser Fächer selbst. Seit dem 12. Jahrhundert wird die *scientia sermocinalis* im Unterschied zur *scientia realis* in *grammatica, rhetorica* und *logica* unterteilt: Erstere bildet die *scientia linguae*, die beiden Letzteren die *scientia rationalis*. Gelegentlich fungiert »Dialektik« als Oberbegriff und »Logik« nur als Un-

---

phiam doceri putat, idem a sapientiae cultu omnium rerum exterminet rationes, quoniam eis logica praesidit.«
53 Vgl. ebd., IV, 3 (Sp. 917/18).
54 Vgl. ebd., I, 22 (Sp. 852D): »Disciplinas liberales tantae utilitatis esse tradit antiquitas, ut quicumque eas plene norint, libros omnes et, quaecumque scripta sunt, possint intelligere etiam sine doctore.«
55 Dieser Prolog dürfte allerdings erst von Petrarca wiederentdeckt worden sein, hierzu Rice (1958), S. 34.
56 Vgl. ebd., I, 12 (Sp. 839C): »Et tantam dicuntur obtinuisse efficaciam apud maiores, qui eis diligenter institerant, ut omnem aperirent lectionem, ad omnia intellectum erigerent et omnium quaestionum, quae probari possunt, difficultatem enodare.« Sowie ebd. (Sp. 839C/D): »Neque enim doctore egebant in aperiendis libris aut quaestionibus dissolvendis hi, quibus aut ratio trivii omnium vim sermonum aut quadrivii lex totius naturae secreta exponebat.«
57 Vgl. ebd., II, Prolog (Sp. 857B): »Sit an non sit grammatica pars logices, non contendo; constat enim, quod in sermonibus vertitur eosque ministrat, etsi non omnes sermonum examinat rationes.«
58 Vgl. Hugo von St. Viktor: Didascalicon. De studio legendi [vor 1130]. Studienbuch. Übersetzt und eingeleitet von Thilo Offergeld. Freiburg/Basel/Wien 1997, lib. I, cap. XI, S. 148–50: »Logica dicitur a Graeco vocabulo logos quod nomen geminam habet interpretationem. Dicitur enim logos sermo sive ratio, et inde logica sermotionalis sive rationalis scientia dici potest. Logica rationalis, quae dissertiva dicitur, continet dialecticam et rhetoricam. Logica sermotionalis genus est ad grammaticam, dialecticam atque rhetoricam, et continet sub se dissertivam.«
59 Vgl. Johannes von Salisbury: Metalogicon [1159] (Anm. 31), I, 10 (Sp. 837B/C): »Est itaque logica, (ut nominis significatio latissime pateat), loquendi vel disserendi ratio. Contrahitur enim interdum et duntaxat circa disserendi rationes, vis nominis coarctatur.« Sowie: »Duplicitatem vero hujus significationis, nomen a Graeca quidem origine contrahit, quoniam ibi λόγος nunc sermonem, nunc rationem significat.« Auch I, 13 (Sp. 840), sowie II, 1 (Sp. 857C): »Ut itaque nominis significatio contrahatur, logica est ratio disserendi, per quam totius prudentiae agitatio solidatur.«

terbegriff.[60] Allerdings scheint bei der frühen Rezeption derjenigen (aristotelischen) logischen Werke, die als *logica vetus* firmierten, nicht zwischen Logik und Dialektik unterschieden worden zu sein – so aber nicht bei Petrus Abaelardus (1079–1142)[61] sowie nicht in dem so überaus einflussreichen Logikwerk des Petrus Hispanus (Pedro Juliao, um 1210–1277).[62] Der *synonyme* Gebrauch beider Ausdrücke scheint allerdings bereits früher gegeben zu sein,[63] und dieser Gebrauch reicht oftmals noch bis in die erste Hälfte des 17. Jahrhunderts.[64] Spätestens seit dem 16. Jahrhundert überlagert diesen zweifachen Gebrauch des Logik-Ausdrucks im Blick auf das Trivium eine interne Gliederung der Logik selbst in *dialectica* (*topica, logica probabilis*) und *analytica* (*demonstratio*).

Mithin kennt Johannes von Salisbury die *Logik* sowohl als ein Fach des Triviums, als auch als etwas, das außerhalb des Triviums steht und es zugleich übergreift[65] – und aus seiner Sicht ist das die bedeutungsvollere Stellung der Logik.[66] Genau das erlaubt nun, die Logik als *Methode* zu identifizieren: nämlich verstanden als ihre *Anwendung*.[67] Als solche durchziehe sie alle Disziplinen.[68] Wirkungsvoll vorgebildet ist das bei dem weithin zu-

---

60 Zur älteren Geschichte ihres Gebrauchs u.a. Risse (1964), S. 239ff, oder Michaud-Quantin (1969), S. 855–862.
61 Vgl. Abaelard: Dialectica [1117]. First complete edition of the Parisian manuscript with an introduction by L.M. de Rijk. Second revised edition. Assen (1956) 1970, Tract. IV, I, Prologus, S. 470: »H[a]ec autem est Dialectica, cui quidem omnis veritatis seu falsitatis discretio ita subiecta est, ut omnis philosophi[a]e principatum dux univers[a]e doctrin[a]e atque regimen possideat.«
62 Vgl. Petrus Hispanus: Tractatus, called afterwards Summule Logicales [zwischen 1230 und 1245]. First Critical Edition from the Manuscript with an Introduction by L. M. de Rijk. Assen 1972, De Introductionibus, Tract. I, n. 1, S. 1 (und passim): »Dialectica est ars ad omnium methodorum principia viam habens.« Mit anschließender etymologischer Erläuterung des Ausdrucks. Vgl. ferner Grabmann (1937a).
63 Dazu auch Pfligersdorffer (1953).
64 Vom Anfang des 17. Jhs.: Clemens Timpler (1563/64–1624): Logicae Systema Methodicvm Libris V. Comprehensvm [...]. Hanoviae 1612, lib. I, cap. primvm, Praecepta, unpag.: »Logica est ars liberalis, quae modum tradit de quolibet themate bene disserendi ad acquirendam rerum cognitionem. Eodemq[ue] sensu dicitur Dialectica«, vom Ende: Johann Clericus: Logica, sive ars ratiocinandi [1692]. In: Id., Opera Philosophica in quatuor Volumina digesta. Editio Quarta auctior & emendatior. Amstelodami 1710, S. 1–244, hier Praefatio, § 1, S. 1.
65 Vgl. Johannes von Salisbury: Metalogicon [1159] (Anm. 31), II, 5 (Sp. 861A): »Inter ceteras itaque philosophiae partes privilegio duplici insignata est, quia et principalis membri decoratur honore et in toto philosophiae corpore efficacis instrumenti exercet officium. Physicus enim et ethicus in suis assertionibus non procedunt, nisi probationibus in logico mutuatis. Nemo eorum recte definit aut dividit, nisi eis artis suae logicus gratiam faciat: alioquin aucessus eorum non scientia sed casus promovet.«
66 Vgl. ebd., IV, 28 (Sp. 932B): »Fere enim inutilis est logica, si sit sola, tunc demum eminet, cum adiunctarum virtute splendescit.«
67 Vgl. ebd., II, 13 (Sp. 870C): »Quaerunt ergo singulae et, licet suis muniatur principiis, eis tamen logica methodos suas compendii scilicet rationes communiter subministrat.«
68 Ebd., II, 6 (Sp. 862B): »Et sic philosophiae pars insignis est, ut per omnia membra eius quadam spiritus vice discurrat: iners enim est omnis philosophia, quae ad logicam non disponitur.«

gänglichen Cicero, wenn er sagt, dass die Rechtskenntnis erst zu einer *ars*, zu einer Disziplin mittels der Dialektik werde, die unter anderem lehre »habere regulam, qua vera et falsa iudicarentur.«[69] Dahinter lässt sich die seit alters geführte Diskussion vermuten, inwiefern die Logik *Instrument* oder *Teil* der Philosophie sei. Boethius (ca. 480–524) hat in ihr beides gesehen – Instrument wie Teil:[70] Ebenso wie die Hand Teil des Körpers sei, sei sie auch eines seiner Hilfsmittel.[71] Den Anfang, so halten die alten Kommentatoren immer wieder fest, bilde die Logik, insofern sie als Instrument (ὄργανον δια-κριτκόν) für das Studium aller anderen Gebiete des Wissens diene.[72] Nach dem *ordo temporum*, also dem des Entstehens, gilt die Logik freilich immer wieder als das im Entstehen zeitlich letzte Fach des Triviums.[73] Demgegenüber sei sie hinsichtlich ihrer Bedeutung (als ›Methode‹) die erste der Disziplinen.[74] Sowohl dann, wenn sie am Ende, etwa in der Deutung der Abfolge der Disziplinen im Trivium nach dem *ordo exegeticus*, als auch dann, wenn sie am Anfang steht, etwa nach dem *ordo cognitionis*, kann die Logik gedeutet sein als so etwas wie eine *angewandte* Logik, als eine Methode, eine Methodenlehre, die überall zur Anwendung gelange.

Auch dieses zweifache Verständnis der Logik erscheint wirkungsvoll bei Cicero vorgeprägt: λογική latinisiert er als *ratio disserendi*, διαλεκτική als *dialectica*.[75] An anderer Stelle allerdings scheint das Gespräch (*disputare*) sowohl nach der Logik (*dialectica*) als auch nach der Rhetorik (*rhetorica*) einge-

---

69 Cicero: Brutus, 152.
70 Vgl. Alexander Aphrodisias (2./3. Jh. n. Chr.): In Aristotelis Analytica Priora Commentaria (CAG 11, 1, ed. Wallies), der gleich am Beginn die wohl ausführlichste Erörterung der μέρος-These bietet und der dafür argumentiert, dass die Logik nur ein Instrument sei.
71 Vgl. Boethius: In Isagogen Porphyrii commenta [504/05 und vor 510] (CSEL 38, ed. Brandt, editio prima: S. 1–132, editio secunda, S. 133–348), hier ed. sec., I, 2–3 (S. 138–143); vgl. auch Ammonius (Hermeniae, vor 445–517/526): In Aristotelis Analyticorum priorum librum I commentarium (CAG 4, 4, ed. Wallies), S. 11. – Dominicus Gundissalinus (um 1150–nach 1181): De Divisione Philosophiae [um 1150]. Hg. und philosophiegeschichtlich untersucht von Ludwig Baur [...]. Münster 1903, S. 1–144, S. 18, ist nicht mehr als ein Echo, wenn es bei ihm heißt: »Sed pars et instrumentum simul est logica.« – Ein paar Hinweise auch bei Hadot (1990), S. 183–188.
72 Vgl. Philoponus (Ende 5. Jh.): In Aristotelis Categorias commentarium (CAG 13, 1, ed. Busse), S. 5, oder Elias, In Aristotelis Categorias [2. H. 6. Jh.] (Anm. 40), S. 117.
73 In einer bei Iamblich vorliegenden Stelle, die zumeist dem Protreptikos des Aristoteles zugewiesen wird (Fr. 8, ed. Walzer), heißt es, dass unter allen menschlichen Betätigungen die Philosophie als letzte entstanden sei; der Grund liege darin, dass der Mensch sich der Philosophie erst dann widmen konnte, wenn für seine Notdurft wie für die Bequemlichkeit seines Lebens gesorgt sei; die immensen Fortschritte, die die Philosophie gleichwohl gemacht habe, zeuge davon, dass sie die ehrwürdigste der Disziplinen sei. Cicero schließt offenbar hier an, wenn er sagt (Tusc Disp 3, 69), dass daher die Vollendung der Philosophie in Kürze zu erwarten sei.
74 Vgl. Johannes von Salisbury: Metalogicon [1159] (Anm. 31), II, 3 (Sp. 859C): »Aliis philosophicis disciplinis posterior tempore sed ordine prima.«
75 Vgl. Cicero: *Ac*, I, 19, sowie u.a. I, 25.

richtet sein zu können[76] – *ratio disserendi* gleich *disputare*?[77] Der Hintergrund dürfte darin zu sehen sein, dass die Logik, respektive die Philosophie traditionell als *disciplina disciplinarum* (als *ars artium* oder als *scientia scientiarum*[78]) gesehen wurde. Einige der Kommentatoren führen eine solche Formulierung explizit auf Aristoteles zurück.[79] Inspirierend dafür dürfte eine Passage gewesen sein, die sich in seiner überlieferten Metaphysik findet.[80] In ihr wird der Vorrang derjenigen Wissenschaft herausgestellt, die die größte Autorität besitzt, der gegenüber die anderen sich nur als dienstbar erweisen und die so als *mater artium* erscheint. Eine Formel wie τέχνη τεχνῶν καὶ ἐπιστήμη ἐπιστημῶν findet sich in den aristotelischen Schriften aber wohl nicht explizit, so dass die Zuschreibung bei einigen Kommentatoren auf einen Textverlust hinweisen könnte. In den neoplatonischen Lehrbüchern scheint τέχνη τεχνῶν καὶ ἐπιστήμη ἐπιστημῶν als Formel für die Philosophie beliebt gewesen zu sein. Dahinter lässt sich wohl auch die Vorstellung vermuten, dass nicht nur die wissenschaftlichen, sondern auch die handwerklichen Disziplinen der Philosophie bedürfen.[81] Wie auch immer vermittelt, versteht auch Augustin die Logik als »disciplina disputandi« oder als »bene disputandi scientia«. Erst sie verhelfe den Fächern zur wahren Wissenschaft;[82] an anderer Stelle sieht er in ihr die ›Mutter aller Künste‹.[83] Im Mittelalter werden *ars artium* respektive *scientia scientiarum* zu stehenden Formeln für die *dialectica* oder *logica*.[84] Die gleiche Formel wird mitunter auch für die *philosophia* verwendet,[85] und gelegentlich tritt bei den

---

76 Vgl. Cicero: *Fin* II, 17, sowie *Orat* 32, 113/114.
77 Bei Quintilian: *Inst Orat*, II, 20, 7, findet sich *disputatoria* für *dialectica*.
78 Sie erscheint als direkte Übersetzung in der griechischen Wendung ἐπιστήμη ἐπιστημῶν eine Entsprechung zu besitzen, vgl. Themistios (317–388): *Sophist*, 299d: εὖ οὖν λέγεται ἐπιστήμη εἶναι ἐπιστημῶν. Die Benennung von σοφία als τέχνη τεχνῶν findet sich bei Philo von Alexandrien (25 v. Chr. – 40 n. Chr.): *De ebrietate*, 88.
79 Vgl. z.B. Ammonius (445–515/26): In Porphyrii Isagogen sive V Voces [um 517] (CAG 4, 3, ed. Busse), S. 6: φιλοσοφία ἐστὶ τέχνη τεχνῶν καὶ ἐπιστήμη ἐπιστημῶν; oder Elias: Commentaria In Porphyrii Isagogen [2. H. 6. Jh.] (AG 18, 1, ed. Busse, S. 1–104), zu cap. 8, S. 20: τέχνη τεχνῶν καὶ ἐπιστήμη ἐπιστημῶν. Ein weiteres Beispiel bietet Asclepius (6. Jh.): Commentaria in Aristotelis Metaphysicorum libros A – Z (CAG 6, 2, ed. Hayduck), zu A 9 (990b8), S. 74: τέχνη τεχνῶν καὶ ἐπιστήμη ἐπιστημῶν.
80 Aristoteles: *Metaph*, I, 2 (982^{b}4 – 982^{b}8).
81 Vgl. z.B. Ammonius: In Porphyrii Isagogen sive V Voces [um 517] (Anm. 79), S. 7/8.
82 Augustinus: Soliloquia [386/87], II, 18, 32 (PL 32, Sp. 869–904, hier Sp. 901): »erit disputandi disciplina veritas, qua omnes verae sunt disciplinae.«
83 Augustinus: De ordine [386], II, 13, 38 (PL 32, Sp. 977–1021, hier Sp. 1013: »[...] vim, qua peperit artem [...] ipsam disciplinam disciplinarum, quam dialecticam vocant.«
84 Hierzu auch Jacobi (1994).
85 So etwa bei Dominicus Gundissalinus: De Divisione [um 1150] (Anm. 71), S. 15: »Philosophia est ars arcium et disciplina disciplinarum.« Oder wörtlich hiermit übereinstimmend Cassiodor: Institutiones [zw. 551–562]. Ed. R. A. B. Mynors. Oxford 1937, II, 3, 5, S. 110, der nebeneinander gereiht mehrere der überlieferten Bestimmungen der Philosophie bietet, Isidor von Sevilla (Isidor Hispalensis ca. 560–636): Etymologiarvm sive originvm libri XX [636]. Recognovit breviqve adnotatione critica instrvxit Wallace M. Lindsay [1858–1937].

Aufzählungen der Fächer des Triviums an die Stelle der *dialectica* sogar die *philosophia*. Zumindest gelegentlich könnte man darin ein Echo des Zusammenrückens von Dialektik und Philosophie bei Platon sehen. Ist diese Ambiguität erhellend für die strukturell gleiche der Verwendung von *philologia* in der *Philologia sacra* des Glassius?

Was nun meint *philologia sacra* bei Glassius – das Ganze, also einschließlich der grammatischen, rhetorischen und logischen Analyse, oder nur den ersten Teil? Und in welchem Sinn könnte *philologia* beides meinen? Einen Hinweis dafür, dass *nicht* das Ganze gemeint sei, könnte die Entstehungsgeschichte des Werks nahe legen. Der erste Teil, also die *philologia sacra*, erscheint 1623, darauf folgt 1634 die Erweiterung durch die *grammatica sacra*, 1636 durch die *rhetorica sacra* – und erst 1705 findet das Werk mit der Hinzunahme der *logica sacra* in der Ausgabe von Johann Gottfried Olearius (1635–1711) aus dem Nachlass ihren vierteiligen Abschluss.[86] Diese Vervollständigung aus dem Nachlass würde auch erklären, dass nur sehr wenige Aspekte in der *logica sacra* abgehandelt werden, die sich daher als unvollständig erweist und mehr oder weniger durch den Herausgeber so belassen oder geformt wurde. Die Erklärung wäre dann, dass gleichsam am Beginn der Entstehungsgeschichte des Werks der Titel *philologia* passte. Die sukzessive hinzugekommenen Teile führten dann zu keiner Änderung des Leittitels, obwohl die Erweiterungen in den sukzessiven Ausgaben im Untertitel angekündigt werden und in den späteren Ausgaben dann diese Ankündigungen wieder entfallen – im übrigen bleibt der *Philologia-sacra*-Teil des gesamten Werkes von seiner ersten Auflage 1623 bis zur letzten 1743, die ich mir daraufhin angesehen habe, seiten-, offenbar auch satz- und wortidentisch.

4. Wandlungen beim Gebrauch des *philologia*-Ausdrucks

Eine Erklärung des Titels der *Philologia sacra* aufgrund ihrer Entstehungsgeschichte erscheint selbst dann als unbefriedigend, wenn sie sich durch buchmarktorientierte Motive flankieren ließe. Offen lassen will ich dabei, inwieweit dies bei Glassius von Beginn an so intendiert war. Aber einiges ist in der Zeit der Arbeit an der *philologia sacra* in Bewegung gewesen. Diese

---

Vol. I. Oxford (1911) 1987, II, 24, 9 (unpag.) oder Hugo von St. Viktor: Didascalicon [vor 1130] (Anm. 58), II, 1 (S. 154).

86 Bei der Ausgabe »Amstelaedami 1711« fehlt der Hinweis auf die *logica sacra* auf dem Titelblatt, aber auch diese Edition enthält sie. – Zur letzten, stark veränderten Ausgabe von 1795 vgl. Denis Thouard: *His temporibus accommodata*. Über die Grenzen der Anbequemung der *Philologia sacra* des Glassius in der Aufklärung, in diesem Band.

Bewegung, so lässt sich vermuten, spiegelt sich unter anderem im Gebrauch des *philologia*-Begriffs. Wenn ich es richtig sehe, gibt es keine Studie, die dem Gebrauch dieses Ausdrucks im 17. Jahrhundert nachgeht, und auch für frühere Zeiten, die Antike ausgenommen,[87] gibt es nur wenige. Vermutlich hat das auch etwas mit der marginalen Rolle des *philologia*-Begriffs im Mittelalter bis ins 16. Jahrhundert hinein zu tun. So scheint er auch im Zusammenhang mit den *studia humanitatis* weder von Petrarca (1304–1374) noch von Poliziano (Angelo Ambrogini, 1454–1494) verwendet worden zu sein[88] und schon gar nicht anstelle von *grammatica* oder *ars critica* (oder *ars corrigendi*).[89] Nach Thomas Morus (1478–1535) ist es nicht der *philologus*, sondern der *homo grammaticus*, den er in seinem Brief von 1515 an Maarten van Dorp (Martinus Dorpius 1485–1525) gegen dessen Kritik an Erasmus herausstreicht: *grammaticus* bedeute dasselbe wie »litteratus«, der *alle* Arten von Literatur, *alle* Disziplinen behandle, und keiner sollte »litteratus« genannt werden, der nicht *alle Wissenschaften* gründlich untersucht habe (»nisi qui omnes omnino scientias excusserit«).[90] Hinter dieser Sprachverwendung könnte Quintilian (ca. 35–ca. 100) stehen, der den griechischen Ausdruck Grammatik mit *litteratura* ins Lateinische überträgt.[91] Nach alter Tradition wäre das der *Extension* nach aber auch der *philologus*.

1532 erscheint die als Dialog mit König Franz I. angelegte Schrift *De philologia* (*De studio litterarum*). In ihr entfaltet Guillaume Budé (Buddeus, 1467–1540)[92] – den Zeitgenossen gilt er als *restaurateur des études grecques en France* und *vir omnino egregius et magnae auctoritatis* – sein Programm der *philotheoria* als Kulmination von Theologie und Philosophie. Bei der *philotheoria* handle es sich um das Konzept einer auf die Praxis bezogenen Universalwissenschaft – *orbicularis ipsa doctrina*[93] –, die alle Disziplinen umfasse, »quam Graeci Paideian, nomine parum ambitioso, nos literarum scientiam vocamus«, und die in Konkurrenz zur spekulativen oder theoretischen Philosophie

---

87 Zum antiken und frühchristlichen Verständnis – etwa ›den Λόγος, das *göttliche* Wort, liebend‹ – Nuchelmans (1950) und für das Mittelalter bis zum Ausgang des 12. Jh. Id. (1957), ferner Kuch (1965a) sowie (1965b), auch Pfeiffer (1978), S. 196–200.
88 Hierzu auch Scaglione (1961).
89 Hierzu jetzt Vanek (2007).
90 Vgl. Morus: Letter to Martin Dorp [1515] (*Works*, Vol. 15, ed. Kinney, 1–127). – Zu diesem Brief Holeczek (1975), S. 138–65, und zur Auseinandersetzung mit Erasmus zudem Mesnard (1963).
91 Vgl. Quintilian: *Inst Orat*, II, 1, 4, sowie 14, 3.
92 Zu seiner Bedeutung McNeill (1975).
93 Vgl. Budé: De Philologia libri II. de studio litterarum recte & commode instituendo [1530]. Parisiis 1532 (ND 1964), lib. posterior, S. LXVIII^r: »[…] quàm illam à nobis saepe dictam orbicularem doctrinam, humaniorú[m] disciplinarum choro […].« Vgl. auch August Buck: Einleitung. In: Budé, ebd., S. 5–23, hier S. 19: »Auf die Philologie als ein enzyklopädische Wissenschaft […] sind alle übrigen Wissenschaften hingeordnet, denn die philologische Interpretation erschließt die schriftlichen Quellen aller Wissenschaften und bildet somit das sie einende Band.« Vor allem jetzt Lebel (1991), auch Gueudet (1982).

tritt. Hier fungiert Philologie als Orientierung auf eine bestimmte Praxis im Umgang mit Wissen und als Gegenbegriff zur spekulativen Philosophie.[94] Im weiteren will ich mich auf vier Konzepte der Philologie beschränken: Das erste ist vor der *philologia sacra* des Glassius und fällt in die Zeit von Budés *De philologia*, das zweite ist siebzig Jahre später, aber immer noch vor der *Philologia sacra*, das dritte fällt genau in die Zeit ihrer Bearbeitung, das vierte liegt kurz nach Abschluss der von Glassius selbst noch vollzogenen Erweiterungen der *Philologia sacra* um die *grammatica sacra* und *rhetorica sacra*.

Seit der Antike unterschied man zwischen *grammatica methodica* und *grammatica historica* oder *exegetica*: Das eine ist, vereinfacht gesagt, die Sprachlehre, das andere die Deutung der Schriften. Im Mittelalter erlangt die *grammatica methodica*, gedeutet in großer Nähe zur Logik als *grammatica speculativa* oder *universalis*, eine weitaus gewichtigere Stellung als das, was unter *grammatica exegetica* figurierte. Sicherlich ändert sich das im 16. Jahrhundert, doch geschieht das alles andere als einheitlich hinsichtlich der Ordnung der Disziplinen.[95] Das erste ausgewählte Beispiel findet sich in *De tradendis disciplinis* von 1531, in dem Juan Luis Vives (1492–1540) eine Abfolge der Bestandteile des Triviums bietet. Er beginnt mit der Grammatik, die sich auf die Regeln der (lateinischen) Sprache beziehe. Die Vorschriften, die dem Ziel dienen, die Rede etwa den Umständen oder den Adressaten anzupassen, finden sich in der Rhetorik. Das dritte Glied in der Abfolge ist nun wider Erwarten nicht die Logik, sondern die Philologie, *philologia*. Sie bestehe in der Untersuchung des Gehalts und der Sprache der alten Schriftsteller als *observatio* und *annotatio*.[96]

---

94 In Budé: De transitu Hellenismi in Christianismum [1534]. In. Id., Opera Omnia [...]. Tom. I. Basileae 1557 (ND 1966), S. 212–240, unterscheidet er zwischen einer *philologia minor*, verstanden etwa als Untersuchungen über die Eloquenz, die im Dienst einer *philologia maior* als bezogen auf die christliche Philosophie und den ewigen Werten stehe, die sich in der Heiligen Schrift finde; in Id., De Studio literarum recte et commode instituendo. Parisii 1532 (ND 1964), S. 16ᵛ, feiert er die Liebe zur Kontemplation, die sich nicht zuletzt bei der Lektüre der Heiligen Schrift entzünde, die sich anagogisch zum höchsten Punkt aufschwinge, der vom menschlichen Geist erreichbar sei – dabei greift er zum gängigen Bild der Bergbesteigung: »Eius porro montius [...] ea quae editor est specula anagoge vocatur: in quam philotheria, quae culmen est columenque philosophiae, interdum scandens, ad summum humani captus fastigium sublimis et tanquam volucris attolitur.« Zuvor findet er das Bild der im Kreis tanzenden Musen, S. 5: »Etenim ipsarum chori auios in montes abstrusi a vatibus, & veluti per manus reste data conserti, nihil aliud potius quam scientiarum consensum, cognationumq[ue] studiorum significant, & manifeste ostendunt: adeo unam et alteram sine reliquis mancas esse censebant, & destitutas necessariis adminculis.«
95 Hierzu Danneberg (2005b).
96 Vives: De tradendis disciplinis [1531], lib. primus, cap. V (*Opera omnia* VI, ed. Majansio, S. 243–437, hier S. 265): »[...] scrutatio illa et rerum, et verborum, et auctorum veteris memoriae, observatio atque annotatio eorum diligens [...], *philologia* nominatur, et qui eam praestat, *philologus*: [...].«

Wenn es in den weiteren Darlegungen heißt, »quae grammaticae est coniuncta«, dann ist das zwar noch ein Echo der zweifachen Aufgabenstellung der *grammatica* als *methodica* und *exegetica*, doch unübersehbar ist die Separierung des einen Teils unter dem Namen der *philologia* sowie die Platzierung just an der Stelle des Triviums, die herkömmlich von der Dialektik/Logik besetzt wird. Deutlich wird dadurch zudem, wie die *grammatica historica* oder *exegetica*, später dann die *hermeneutica*, ihren Platz im Gefüge der Disziplinen sucht und (vorübergehend) findet. Obwohl Vives mit *Medicina, Ethica, Oeconomica/Politica, Prudentia vel Polyhistoria, Geometria, Poëtica, Musica*, auch mit der Theologie sowie der Metaphysik, die *prima philosophia*, eine Vielzahl von Disziplinen anspricht, fehlt die Logik. Gefasst von ihm als »censura veri«, behandelt er sie erst nach dem Studium der Sprache, obwohl auch er der Ansicht ist, dass beide eng miteinander verbunden seien.[97] Stattdessen folgen zunächst die Überlegungen zur Darstellungsweise[98] – zehn Jahre später wird daraus dann der (mitunter separate) *ordo*- oder *methodus*-Teil in den Logiken. Anschließend erörtert Vives die *imitatio*, der eine eingehende ›Analyse‹ des Textes voran zu gehen habe.[99] Zur Charakterisierung seiner Auffassung von Logik bietet er einen Durchlauf durch das aristotelische *Organon*. Die Logik sei ein festes, ein für die Wissenschaft ›eisernes Werkzeug‹ (»ferramentum«)[100] – dieser auf den ersten Blick etwas merkwürdig scheinende Ausdruck erklärt sich als Echo der Bestimmung der Logik durch Boethius.[101]

Doch die Ähnlichkeit mit dem aristotelischen *Organon* täuscht.[102] Erkennbar wird dies, sobald man den zweigeteilten Aufbau der Logik bei Vives betrachtet: *De ratione inveniendi* enthält *argumentum inventionis* einerseits, andererseits *judicium* (»veri censura«).[103] Trotz einer solchen Verbannung an nachgeordneter Stelle bleibt der vehemente Kritiker der scholastischen Logik in seinem Werk *In Pseudodialecticos* noch misstrauisch: Man dürfe die Logik ebenso wenig wie ein Schwert in die Hände eines Rasenden geben.[104] Es

---

97 Vgl. ebd., lib. quartus, cap. I (S. 345): »[...] studio sermonis finitim est ratio examinandi instrumentum veri et falsi per enuntiata simplicia et composita, quae censurae veri nuncupatur.«
98 Vgl. ebd., cap. III (S. 356–361).
99 Vgl. ebd., cap. IV (S. 361–368).
100 Vives: De tradendis [1531] (Anm. 96), S. 246: »[...] in hac sive arte, sive artium ferramento atque organo, primum es vocabula exlicabuntur, quae hujus tractationis sunt propria, hinc de *simplicibus effatis*, tum *compositis*, postremo loco de *argumentationum formalis*, eaque Dialectica κριτικε nominatur, id est, *iudicio argumentationis* [...].«
101 Vgl. Boethius: In Isagogen [504/05 und vor 510] (Anm. 71), I, 4 (S. 9/10), wo es heißt: »Graeci λογικήν, nos rationalem possumus dicere [...] quam quidem artem quidam partem philosophiae, quidam non partem, sed ferramentum et quodammodo supellectilem iudicarunt.«
102 Zu seiner Aristoteleskritik auch die Hinweise bei Margolin (1976).
103 Vgl. Vives: De tradendis [1531] (Anm. 96), cap. II, (S. 354).
104 Vgl. ebd., S. 355.

handelt sich um eine gelehrte Anspielung auf Cicero, auch wenn dieser den Vergleich mit Blick auf eine den Tugenden nicht verpflichtete Anwendung der *Rhetorik* bringt.[105] Das, was Vives unter Logik versteht, sind »instrumenta probabilitatis« und ihre Aufgabe sieht er »ad investigationem probabilitatis«. Er empfiehlt hierfür nicht Aristoteles, sondern die Topik Ciceros,[106] der noch am Ende des Jahrhunderts gelegentlich als Logiker angesehen und behandelt wurde.[107] Wenn man so will, dann handelt es sich bei Vives um eine Logik der Wahrscheinlichkeit, keine der demonstrativen Gewissheit. Das, was man als apodiktische Logik, als *analytica*, in der Zeit ebenso wie später anzusprechen pflegte, findet bei Vives keinen Ort. Wichtiger aber ist, dass die Logik in ihrer (nichtscholastischen) Form zwar noch einen Platz in der Ausbildung besitzt; nimmt man jedoch das Trivium als Muster, so findet sich bei Vives an ihrem Platz die *philologia*. So tritt der *philologus* in Konkurrenz zum *dialecticus*, aber auch zum *rhetoricus*, harmonisiert dann in der Gestalt des ›klugen Polyhistors‹.

Das, was Vives und spätere unter *philologia* verstehen, wird deutlich, zieht man Johannes Wowers (1574/75–1612) *Tractatio de polymathia* heran.[108] In der *Polymathia* dieses Schülers Joseph Justus Scaligers (1540–1609) gliedern sich die *artes liberales* oder ἐγκυκλιοπαιδεία neben denen des Quadriviums mit *arithmetica, musica, geometria* und *astromomia* beim Trivium nach der Variante *grammatica, dialectica* und *rhetorica*. Der hier interessierende Teil – *grammatica in se ipsa* – zerfällt in drei Teile: neben τεχνική sive μεθοδική[109] und κριτική[110] bildet ἐξηγητική *quae interpretatur obscuritatem sitam* den dritten Part, bei dem wiederum zwei Teile, *iudicium* und *emendatio*, unterschieden werden.[111] Bei dieser Deutung der *grammatica exegetica* geht es mithin um die erhellende Erläuterung dunkler, dem Verständnis nicht sogleich zugänglicher Stellen und Anspielungen.[112] Hierbei nun wiederum sondert Wower *ob-*

---

105 Vgl. Cicero: *De orat*, III, 55.
106 Ausführlicher ist Vives in zwei separaten Schriften zur Logik, vgl. Id., De censura veri [1531] (*Opera omnia* III, ed. Majansio, S. 142–184), ein Werk, das thematisch in zwei Teile zerfällt: *De censura veri enuntiatione* (S. 142–163) und *in argumentatione* (S. 163–184), sowie Id., De instrumento probabilitate [1531] (ebd., S. 82–120).
107 Vgl. z.B. Friedrich Beurhusius (1536–1609): M.T. Ciceronis, Dialecticae Libri Dvo. Ex Ipsivs Topicis, aliisque Libris Collecti, ex Aristotele verò Boetioque vspiam completi, & propriis ipsius exemplis illustrati. Additis etiam Brevibus explicationum collationumq[ue] notis. Coloniae 1593.
108 Zu einer prägnanten Darstellung einiger Aspekte dieser *philologia*-Auffassung, ohne dabei auf den hier beleuchteten Hintergrund einzugehen, Deitz (1995).
109 Vgl. Wower: De Polymathia Tractatio: Integri Operis De Studiis Veterum Apospasmátion [...1603]. Editio nova, cum Praefatione M. Jacobi Thomasii. Accesserunt præterèa Autoris Vita & Elogia. In Polymathiam item Tabellæ synopticæ, cum indice rerum ac verborum. Lipsiae 1665, cap. VIII, S. 64–71.
110 Vgl. ebd., cap. IX, S. 71–81.
111 Vgl. ebd., cap. XVI, S. 158–174, sowie cap. XVII, S. 175–188.
112 Vgl. ebd., cap. IX, S. 71–81: »De primo ejus subjecto, obscuritate, quae in verbis«, sowie cap. X, S. 81–102: »De altero exegeticae subjecto, obscuritate, quae in rebus.«

scuritas in verbis und *obscuritas in rebus*. Während er beim ersten nur knapp die Unterscheidung von *proprie* und *figurate* abhandelt, umfasst das zweite die eigentliche Aufgabenstellung des Philologen, es ist die *grammatica historica*.

Sie erfährt ihre Bestimmung als *studium historiarum et variae eruditiones*,[113] und Wower untergliedert sie dreifach – je nach der Güte und dem Charakter des Textes: Er kann *vera* sein, dies angesichts des zu vermittelnden Wissens hinsichtlich *personas, res* und *locos*;[114] er kann *quasi vera* sein, untergliedert in *commoedia* und *tragoedia*;[115] er kann *mythica seu fabularis* sein, mit einer erneuten dreifachen Unterteilung.[116] Offenkundig folgt Wower mit Abwandlungen der seit Cicero anhaltenden Tradition der Aufgliederung in *narratio* (*genus narrationis*), *argumentum* (*non verum sed verisimile*) und *fabula* (*neque verum neque verisimile*)[117] oder der Gattungseinteilung (*narrationum species*) Quintilians.[118] Das erste, die *narratio*, auch als *historia* bezeichnet, biete einen als wahr intendierten Bericht vergangener Ereignisse; das *argumentum*[119] (auch *plasma*[120]) verwende erfundene, fiktive Ereignisse, respektive nichtwahre Beschreibungen, die aber plausibel erscheinen; die *fabula* (auch *mythos*) biete Ereignisse, die vollständig imaginär seien. Hierzu bedarf es keiner weiteren Erkundungen; denn wichtig ist allein, dass sich zumindest konzeptionell Wowers Auffassung der Philologie schon bei Vives findet, etwa wenn der Spanier über das Erlernen der Grammatik bei Knaben handelt, die dann zu den schwereren lateinischen Autoren (»graviores latinae linguae auctores«) geführt werden, die ihnen durch die *Philologia* erschlossen werden würden; denn diese umfasse die Kenntnisse der Sachen, von Orten und Zeiten, der realen und der fiktiven Geschichten, der Sprichwörter, der Sentenzen und Apophthegmata, des häuslichen Lebens der Alten wie ihres Landlebens, der Einrichtungen des zivilen wie des öffentlichen Lebens – alles das bringe dem Verstand das erforderliche Licht.[121]

---

113 Vgl. ebd., cap. XV, S. 148, zur Unterscheidung von grammatica historia und philologia; S. 149 heißt es: »Hanc Grammatica ἱστορικὴ, proprie φιλολογία appellarunt.«
114 Vgl. ebd., cap. XII–XIII, S. 119–145.
115 Vgl. ebd., cap. XIV, S. 146–148.
116 Vgl. ebd., cap. XI, S. 102–119.
117 Vgl. Cicero: *De inv*, I, 19, 27–31, 30, oder *Rhet ad Herennium*, I, 8, 13.
118 Vgl. Quintilian: *Inst orat*, II, 4,2.
119 Vgl. *Rhet ad Herennium*, I, 8, 13: »Argumentum est ficta res, quae tamen fieri potuit, vel argumenta comoediarum.«
120 Das πλάσματικόν, gleichbedeutend mit *argumentum*, umschreibt das Erfundene und dabei noch Wahrscheinliche, vgl. Cicero: *De inv*, I, 19, 27. Cicero führt als Beispiele Komödie und Tragödie an, vgl. Id., Rhet, I, 17. Nach Quintilian: *Inst orat*, II, 4, 2, gehört die Komödie dem *argumentum* an, die Tragödie der *fabula*. Πλάσμα wird auch synonym mit μῦθος gebraucht, vgl. auch Dahlmann (1953), S. 42/43, Anm. 4, aber auch S. 48/49, Anm. 1. Zu der Dreiteilung auch Sextus Empiricus (2. H. 2. Jh. n. Chr.): *Adv math*, I, 263. Stellen für πλάσματα finden sich auch bei Schmid (1994).
121 Vgl. Vives: De tradendis [1531] (Anm. 96), lib. tertius, cap. I, (S. 303/304); weitere Hinweise auf die ›Realienkenntnisse‹ für die Interpretation ebd., cap. II (S. 308), ferner cap. VIII (S. 337–340).

Die *Polymathie*, also das, was den *philologia*-Begriff als universaler Dachbegriff verschiedener Künste und Wissenschaften ersetzt, bestimmt Wower dementsprechend weit.[122] Während dem Grammatiker oder Philologen der Zugang zur Philosophie nicht leicht falle,[123] habe der Philosoph die Polymathie schon in sich.[124] Wie nicht unüblich führt Wower Eratosthenes als Beispiel an, der bekanntlich für sich den Titel des φιλόλογος in Anspruch genommen hat; freilich ist man sich über die Gründe und Absichten dieser Inanspruchnahme nicht einig.[125] Die Polymathie stelle letztlich die Verbindung zwischen Philologie und Philosophie dar: »Inter hos medius πολυμαθής.«[126] Dem, was bei Wower der *Polymath* heißt, entspricht bei Vives der ›kluge Polyhistor‹, der *prudentia vel polyhistoria* besitzt, und im Anschluss an den *philologus* heißt es bei Vives: »usus vitae, exempla majorum, cognitio praesentium, facit eum, qui Graeca voce *polyhistor* dicitur, quasi *multiscius*.«[127] In beiden Fällen handelt es sich um einen Vielwisser, und beiden gemeinsam ist, dass die Philologie vor allem hinsichtlich des Umfangs des materialen Wissens charakterisiert wird. Obwohl beide die Philologie ähnlich bestimmen, nimmt sie bei Vives im Trivium-Gefüge den Platz der *logica* ein, bei Wower hingegen erscheint sie wieder traditionell hinter der *grammatica* – die Ablehnung der Logik ist längst geschwunden. Damit ist allerdings die Irrfahrt der *philologia* in der Welt der Disziplinen mitnichten am Ende. Hier ist es der übergreifende Begriff der *philologia*, der in der Antike angelegt ist, freilich schon in ihr in dieser Hinsicht mitunter despektierlich kolportiert wurde, und ein gelehrtes Haupt wie Wower hat das gewusst.

Doch die material ausweitende Verwendung des Ausdrucks *philologia* mündet im 17. Jahrhundert noch in einen anderen Gebrauch. An die Stelle der übergreifenden, ihr Spezifikum durch die Menge materialen Wissens erlangenden Verwendung des Ausdrucks tritt ein zwar ebenfalls übergreifendes, aber anders ausgerichtetes Konzept. Es bezieht sich nicht mehr direkt

---

122 Wower: De Polymathia [1603, 1665] (Anm. 109), cap. II, S. 22: »Non est ergo ipsa Philosophia, sed quam proxime ad illam accedit. Verum ut aertius haec ostendam, πολυμαθής medius est inter philosophantem et illum qui philosophari non audet. Nam immigrat ad Philosophiam, sive eruditionis sive animi causa, ut etiam philosophari videatur.«
123 Vgl. ebd.: »[…] nam in rerum naturalium investigatione satis est Philologo grammatico leviter et externo quodam modo rem nosse; philosophi enim est arcana naturae et earum causas scrutari.«
124 Vgl. ebd.: »πολυμαθής pene Philosophus; at philosophus πολυμαθής.«
125 Es könnte der Versuch sein, sich von den Grammatikern und Schulleuten zu unterscheiden, so bereits die Deutung bei Birt (1913), S. 3. Möglich ist aber, wie jüngst zu plausibilisieren versucht wurde (vgl. Dihle [1985], insb. S. 198ff.), dass er sich hinsichtlich der Bezeichnung φιλόσοφος distanzieren wollte, die ihm im Sinn eines Fachmanns der ars vitae von Amts wegen als am Museion in Alexandria angestellter Gelehrter zukam.
126 Wower: De Polymathia [1603, 1665] (Anm. 109), S. 23.
127 Vives: De tradendis [1531] (Anm. 96), lib. primus, cap. V (S. 265); auch lib. tertius, cap. VIII (S. 337): »Sunt in his duabus linguis auctores quidam misti, qui simul et historias, et fabulas, et vocum significatus, et oratoria, et philosophica attingunt; quorum appellatio vera est et maxime propria *philologi*; […].«

auf Wissensmengen, sondern auf *Disziplinen.* Bei Johann Heinrich Alsted (1588–1638) scheint dieser Bedeutungsstrang des Ausdruck *philologia* in seiner *Enzyklopädie* abgeschlossen und kodifiziert zu sein:[128] Die *philologia* wird zum Dachbegriff für das gesamte Trivium.[129] Alsted sind die unterschiedlichen Bestimmungen von *philosophia* und *philologia* ebenso vertraut wie das weite und enge Verständnis der *philologia*.[130] Der Aufbau seiner *Enzyklopädie* folgt im Einleitungskapitel der sich seit 1600 durchsetzenden Gewohnheit, die Voraussetzungen allgemeinster Art zu den einzelnen Disziplinen, die *Praecognita disciplinarum*, voranzusetzen; darauf folgen *philologia* mit *Lexica, Grammatica, Rhetorica, Logica, Oratoria* und *Poëtica*,[131] dann *philosophia theoretica* sowie *practica*. Es schließen sich die *tres superiores facultates* (Theologie, Medizin und Jurisprudenz) an, ferner die *Artes mechanicae* und schließlich ein verbliebener Rest unter der Bezeichnung *Farragines disciplinarum*. In dieser offenen Aufzählung der *disciplinae compositae* finden sich neben *Tabacologia* unter den fünfunddreißig, in seiner *Enzyklopädie* behandelten Disziplinen, auch *Critica, Ars disputandi* und *Analytica.*

Vereinfacht gesagt: Der Ausdruck *philologia* ersetzt bei Alsted einen Ausdruck wie *scientia sermocinalis* (im Unterschied zur *scientia realis*) als Gruppenbezeichnung für *grammatica, rhetorica* und *dialectica*. Die *philologia* selbst ist bei ihm nur das Dach, das dementsprechend in seiner *Enzyklopädie* keinen eigenen Abschnitt erhält. Es gibt für die *philologia* kein materiales Wissen, das außerhalb der Disziplinen ist, die der Ausdruck *philologia* umgreift. Das heißt nun aber: Es gibt mithin einen Gebrauch des Ausdrucks *philologia* in der Zeit des Glassius, der so übergreifend ist, dass er für das ganze Werk, bestehend aus *grammatica sacra, rhetorica sacra* und *logica sacra*, als Titel dienen konnte. Doch das kann noch nicht die Lösung sein; denn bei Glassius erscheint die *philologia* nicht nur als uneigenständiger Dachbegriff, sondern bezeichnet auch eine eigenständige Sammlung von Lehrstücken, die sich mitnichten als solche einer *grammatica historica* verstehen lassen.

Ich komme zum vierten und letzten Beispiel der Wandlungen des *philologia*-Konzepts: zunächst zur Grammatik-, dann zur Philologieauffassung des Gerhard Johannes Vossius (1577–1649).[132] Seine Grammatikauffassung

---

128 Auf Alsted, wenn auch in einem anderen Zusammenhang, beruft sich Glassius: Philologia sacra [1623, 1705] (Anm. 2), Logica sacra, cap. II, Sp. 2130 (die Register der von mir eingesehenen Ausgaben haben keine Namensregister).
129 Vgl. Alsted: Encyclopaedia septem tomis distincta. Herbornae 1630 (ND 1990), lib. II, cap. 4, IV, S. 66: »*Philologia* est systema artium liberalium, quae certis instrumentis excolunt orationem & rationem: Philosophia est systema scientiarum & prudentiarú[m], quas lumine naturae homo potest assequi.«
130 Vgl. ebd., V: »Philologia nunc opponitur, nunc est ipsius pars«, sowie VI: »Philologiae vox sumitur latè, vel strictè«.
131 Auch ebd., S. 231.
132 Zum Hintergrund neben Rademaker (1981), Wickenden (1993). Seine Darlegungen zur Grammatik sind häufiger behandelt worden, allerdings nicht unter dem hier leitenden Ge-

hat er bereits 1635 formuliert; sie ist dann seitenidentisch in seinen so erfolgreichen *Aristarchus* übernommen worden. Nachdem Vossius in erwartet gelehrter Weise die Tradition der *divisio* der Grammatik in *grammatica methodica* und *exegetica* darlegt, verweist er auf Quintilian als Gewährsmann.[133] Im anschließenden Kapitel, das sich der *grammatica methodica* zuwendet, heißt es unmissverständlich zur Abtrennung der *grammatica historica* aus dem Verbund der *grammatica* »Ἐξεγετικὴν, quatenus scriptorum omnium enarrationem spondet, non esse partem Grammatices.«[134] Der in seiner ebenfalls überaus erfolgreichen *Schulgrammatik* – sie dürfte bis ins 19. Jahrhundert im Gebrauch gewesen sein und erlebte 1827 eine letzte Auflage – erwähnte exegetische Teil wird nur als Teil der Grammatik im *Allgemeinen* angesprochen, indes nicht behandelt in der ausgeführten eigentlichen *ars grammatica*, die allein aus Regeln bestehe.[135] Vossius führt in seiner *ars grammatica* auch den ›neuen‹ dritten Teil der Grammatik an, also die Kritik: »Criticen credi tertiam Grammatices partem. Criticorum duplex esse munus iudiciú[m], & emendationem.«[136] Doch auch angesichts dieses Teils heißt es erneut: »Κριτικὴν *non esse Grammatices partem*«.[137]

Zur Begründung führt Vossius ein Aristoteles-Diktum an. Dieses Diktum folgt auf die immer wieder zitierte Auffassung des Aristoteles, dass in dem jeweils untersuchten Bereich allein so viel an Genauigkeit erwartet werden dürfe, wie es die ›Natur des Gegenstandes‹ erlaube. Daran schließt sich direkt das von Vossius zur Begründung gebotene Zitat an: »bene unusquisque judicat de iis, quae novit, ac bonus est eorum judex« – also: »Jeder beurteilt dasjenige richtig, was er kennt, und ist darin ein guter Richter.«[138] Das, was die *Kritik* von der *grammatica methodica* wie der *grammatica exegetica* abhebt, ist ihr spezieller Gebrauch des Iudiciums. Zwar kennt auch Vossius drei Teile, aber sie sind nicht mehr der Grammatik unterstellt. Seine

---

sichtspunkt, vgl. (auch mit weiteren Hinweisen auf die Forschung) Leonhardt (2001) oder Rademaker (1988), zudem Deitz (2001).
133 Vossius: De Arte Grammatica Libri Septem. Amstelodami 1635, cap. IV, S. 12: »Qvia, quid Grammatice sit, & quomodo à Γραμματιστκή differat, deque ejus uitiliate, ac inventione dictum est, ad divisionem Grammatices accedemus. Partes ejus plerique faciunt duas, μεθοδικήν seu ἱριστικὴν, & ἡστορικὴν, seu ἐξεγετικὴν. Μεθοδικὴν consistere volunt in artis praeceptis: ἐξεγετικὴν in intellectu & enarratione auctorum.«
134 Ebd., cap. V, S. 18.
135 Vgl. Vossius: Latina grammatica, in usum scholarum Hollandia et West-Frisiae [1626, 1648]. Amstelodami 1710, S. 1: »Sed exegetice quidem pars et Grammaticae ἁπλῶς ita dictae: at non artis Grammaticae; quia ars tota in praecepetis consistit.«
136 Vossius: De Arte Grammatica [1635] (Anm. 133), cap. VI, S. 23.
137 Vgl. ebd., S. 27: »[…] non esse tertiam Grammatices partem: […]. Imè, ut Critice esset pars Grammatices, non tamen tertia pars esset, si ἐξεγετικὴ enarrationem auctorum comprehendit, ut iidem volunt. Nam quomodo interpretem aget, qui non videt, utrùm locus sit sanus, an corruptus; utrùm quid ab auctore sit assertum, ab alio insertum? Atqui haec duo pertinent ad emendatam lectionem, & judicium; quae Critices faciunt partes.« Vgl. ebd., S. 26: »Kr…sij verò ista, quae de proprio subjecto est, non potest esse distincta artis pars; […].«
138 Vgl. Aristoteles: *Nik Eth*, I, 1 (Übersetzung Olof Gigon); Vossius gibt »I, 3« an.

Ausführungen dürften wohl nicht überinterpretiert sein, wenn man sie als Reaktion auf Wowers *Tractatio de polymathia* sieht, in dem genau diese drei Teile der *grammatica* zugewiesen werden, oder auf das Werk *De arte critica Diatriba* des Petrus Scriverius (1576–1660) von 1595 mit seiner Bestimmung der Aufgaben der *grammatici* als τεχνικοί, ἱστορικοί und κριτικοί.[139]

Am Ende des einschlägigen Kapitels bemerkt Vossius, dass die Grammatik auch den Namen *Philologia* und *Polymathia* trage. Dieser Ausdruck ist zentral in einer weiteren Schrift, die Vossius etwa zehn Jahre nach seiner Grammatik unter dem Titel *De Qvatvor Artibvs Popvlaribvs, de Philologia [...]* erscheinen lässt. Die vier, im Haupttitel angesprochenen *artes* sind *grammatica, gymnastica, musica* sowie *pictoria*[140] – eine Zusammenstellung, die von einer Passage der *Poetik* des Aristoteles inspiriert sein dürfte.[141] In diesem Werk nun definiert Vossius: »Grammatistice est legendi, scribendique scientia.«[142] Auf die Darstellung der *grammatica methodica* folgt hier die Philologie, die als Teil der *Polymathia* neben Mathematik und Logik erscheint[143] – »una est Philologia, quae aliter Grammatice vocatur.«[144] Allerdings führt das zu einer *Dreiteilung* der *grammatica: grammatisticen, technicen sive methodicen, exegeticen*. Das stellt keine Innovation dar und ist nicht wirklich eine Abweichung von der Zweiteilung, was deutlich wird, betrachtet man Quintilian und die antike Tradition als Vorlage.

Bei Quintilian deutet sich ein dreifach gegliederter Aufbau des Unterrichts an, den die Römer in dieser Weise von den Griechen übernommen haben. Er nimmt seinen Anfang, indem die (begüterten) Schüler (vermut-

---

139 Nach Jaumann (1995), S. 160.
140 Vossius: De Qvatvor Artibvs Popvlaribvs, De Philologia, et Scientiis Mathematicis, cui Operi subjungitur, Chronologia Mathematicorum libri tres [1644]. Amstelodami 1660. Die einzelnen Bücher zu den vier *artes* sind separat paginiert. Die *epistola dedicatoria* des Exemplars, aus dem ich zitiere, ist zwar bereits von 1640, aber ich habe keine frühere Ausgabe als die von 1644 gesehen.
141 Vgl. Aristoteles: *Poet*, 8, 3 (1337^{b}23ff).
142 Vossius: De Qvatvor Artibvs [1644, 1660] (Anm. 140), cap. II, *De Grammaticae*, § 2, S. 5.
143 Vgl. ebd., *De Philologia liber*, (mit seperatem Titelblatt), cap. III, S. 20: »Hactenus generalia sumus prosecuti. Imò quae proximè de studiorum ordine dicebamus, non ad Philosophiam minùs, quàm Polymathiam, sive disciplinae orbem, pertinent. Deinceps, ut pareat, quae artes utroque vocabulo contineantur, divisionem ejus orbis instituere animus est. Sunt verò Πολυμαθείας partes tres: una est *Philologia*, quae aliter *Grammatica* vocatur; altera est Mathesis: tertia autem *Logica* dicitur.« Das Werk enthält entsprechend auch eine Darstellung der *Mathematik*, nicht indes der Logik (die Vossius allerdings in einer anderen Publikation abgehandelt hat). – In einem Werk, das wohl erst posthum 1650 erscheint, vgl. Vossius: De artium et scientarum natura ac constitutione libri quinque antehac diversis titulis editi [1650]. In: Id., Operum in sex tomus divisa [...] tomus tertius Philologicus [...]. Amstelodami 1696, S. 1–279, unterscheidet er nach den *artes vulgares* die *artes populares* mit *Grammatice, Gymnastice, Musice* und *Graphice* – hier ist *Grammatice* die elementare Grammatik; dann folgt die *polymathia*, unterteilt in *Philologia, Mathesis* und *Logica*; die *Philologia* wird untergliedert in sprachliche und historische, die sprachliche wiederum in Grammatik, Rhetorik und Metrik, und hier erfolgt dann die Unterscheidung der Grammatik in methodische und exegetische.
144 Vossius: De Qvatvor Artibvs [1644, 1660] (Anm. 140), *De Philologia liber*, cap. III, S. 20.

lich zwischen 7 und 11/12 Jahren) das Alphabet und elementare Formen des Lesens, Schreibens und Zählens beim γραμματιστής, also beim *ludi magister*, erlernen. Darauf folgt (zwischen 11/12 und 15) beim γραμματικός das Erlernen des korrekten Gebrauchs der Sprache, *recte loquendi*, sowie das Verstehen von Texten, schließlich folgt (ab 15) der Erwerb rhetorischer (sowie philosophischer wie juristischer) Fähigkeiten zum guten Reden, *bene loquendi*, beim *rhetor* (ῥήτωρ oder σοφιστής).[145] Das, was Vossius integriert, ist der Erwerb elementaren grammatischen Wissens. Augustin, wenn er darüber spricht, dass er das Lateinische lieb gewonnen habe (»adamaveram enim latinas«), präzisiert, es sei nicht der Eingangs-Unterricht (»primi magistri«), der ihn angezogen habe, sondern der Unterricht, den die sogenannten *grammatici* abgehalten haben (»sed quas docent qui grammatici vocantur«).[146] Mit *grammatici* dürfte zweifellos der Literatur-Unterricht, also die Dichter-Erklärung, gemeint sein, denn Augustinus scheint an dieser Stelle auf die erwähnte Unterscheidung zurückzugreifen zwischen γραμματιστής, der die elementare *grammatica* unterrichtet und auch als *ludi (litterarii) magister* bezeichnet wird, und γραμματικός, der die *grammatica exegetica* (oder *methodica*) betreibt.[147] Wenn von der Grammatik als *fons et origo* gesprochen wird, dann dürfte oftmals genau dieses Elementarwissen gemeint sein, das am Beginn des Triviums steht.

Des Weiteren heißt es bei Vossius: »Philologiam occupari circa Sermonis curam, & Historiam: priorem dividi in Grammaticen, Rhetoricam artem & Metricam: Grammaticen in Methodicen, & Exegeticen, quarum Methodice tradat artis praecepta.«[148] Dieser Aufbau stellt eine weitgehende Transformation des Triviums dar. Die erste Unterscheidung ist die zwischen *circa sermonis curam* und *circa historiam*. Die *philologia*, die sich mit der Rede befasst, umgreift *grammatica*, *rhetorica* und *metrica*. Diese Abfolge dürfte, ohne dass Vossius darauf explizit eingeht, einem Muster der Voraussetzungsordnung folgen: Wer *korrekt* sprechen will, muss grammatische Kenntnisse besitzen, aber keine rhetorischen oder metrischen; wer *gut* sprechen will, muss darüber hinaus über rhetorische Kenntnisse verfügen, wer zudem ein Gedicht verfassen will, über metrische. Wenn man so will, dann tritt an die Stelle der

---

145 Zum Umfeld die materialreichen Standardstudien von Marrou (1957), insb. 235–57 sowie S. 401–12, und Id. (1982), zudem Gwynn (1926) und Bonner (1977), S. 212–276.
146 Augustinus: *Conf*, I, 13, 20.
147 Allerdings scheinen die beiden Bezeichnungen nicht immer so klar geschieden gebraucht worden zu sein, hierzu neben P. Wolf (1951), S. 31–35, Kaster (1988), *Appendix* 2, S. 447–452.
148 Vossius: De Qvatvor Artibvs [1644, 1660] (Anm. 140), cap. IV, S. 22. – Vossius fügt erläuternd hinzu: »Veteribus aliter Grammatice dicitur: unde est, quòd videas, à veterum perisque historiarum, fabularumque peritiam, statui partem Grammatices: ubi nec Grammatistice intelligenda, quae contenta est docere artem legendi, & literas formandi: nec sola Grammatice technice, quae praecepta artis methodicè tradit, quae praeter artis praecepta vocum significationes docet: sed ea, quam Philologiam aliter dicimus: quae, praeter curam sermonis, veras, fictasque historias comprehendit.« Es folgt ein Hinweis auf Senecas *Ep moral* 88.

logica die *metrica*. In seiner überaus knappen Darstellung der Logik (und Rhetorik), die am Aufbaumuster des aristotelischen *Organon* entlang gleitet, bietet Vossius zwar ein Kapitel zum Nutzen der Logik. Ihn sieht er zuvörderst bei den philosophischen Disziplinen;[149] dabei schenkt er den größten Raum der erwähnten alten Frage, ob die Logik Teil oder Instrument der Philosophie sei.[150] Ihren Nutzen sieht er aber auch für Medizin, Jurisprudenz, Theologie – bei Letzterer beruft er sich als Autoritäten noch immer auf die Kirchenväter Augustin und Hieronymus[151] – sowie »imo utilitatem ejus se quoq[ue] extendere ad sermonis disciplinas, atq[ue] adeo artes, quas vocant illiberales«.[152] Die Logik scheint bei Vossius hauptsächlich ihre Aufgaben im Aufbau und in der Darstellung des disziplinären Wissens zu finden. Die in der Zeit gängige *analysis logica* als wesentlichen Bestandteil der Interpretation von Texten lässt er dabei unberücksichtigt.

Die entscheidende Differenz liegt darin, dass *philologia* und *dialectica* sich in *einem* unterscheiden, nämlich im Ziel des *iudicium*: Sie liegt nicht in erster Linie in der Arbeit am Text zur Ermittlung von Wissensansprüchen, das unternimmt auch die *philologia*, sondern sie liegt darin, die ermittelten Wissensansprüche auch zu prüfen, sie in mehr oder weniger systematischer Weise aufeinander zu beziehen und (auf diese Weise) zu begründen. Zugleich bildet das eines der Muster, die im 17. Jahrhundert die Beziehung zwischen Logik und Hermeneutik prägen: Beide bleiben zwar getrennt, aber werden auf einander bezogen. So kann die *analytica logica* in *analytica hermeneutica* und *analytica stricte dicta* zerfallen. Der übergreifende Ausdruck ist *analytica*, der selbst wiederum einen Teil der *logica* (oder *dialectica*) bezeichnet, wenn Lehrstücke der *genetica* über die Bildung des Gedankens (*logica genetica*) im *sermo interior* und über das Aussprechen, respektive Formulieren (*hermeneutica genetica*) im *sermo exterior* vorausgehen. Die *hermeneutica* erscheint so als Teil der Logik, indem sie ihren vorgängigen Ort im Rahmen einer Idealgenese des Erzeugens wie Urteilens über Wissensansprüche zugewiesen erhält.[153] *Analytica* und *hermeneutica* gemeinsam ist danach die Suche der Wahrheit: Im ersten Fall handelt es sich um die Sachwahrheit (*veritas objectiva oder interna*), im zweiten um die Wahrheit der Interpretation (*veritas exegetica, formalis veritas sermonis, sensus hermeneutice verus, interpretatio vera, sensus verus, interpretatio recta*) – die eine erschließe das Wahre, die andere die wahre Bedeutung, sei die Aussage nun wahr oder falsch.[154]

---

149 Vossius: De Logices et Rhetorices Natura & Constitutione Libri II. Hagae Comitis 1658, cap. V, S. 13–15.
150 Vgl. ebd., cap. VI, S. 15–22.
151 Ebd., cap. VII, S. 25.
152 Ebd., cap. VII, S. 22.
153 Hierzu Danneberg (1997) sowie (2001).
154 Vgl. z.B. Johann Conrad Dannhauer: Idea Boni Interpretis et Malitiosi Calvmniatoris Quae Obscvritate Dispvlsa, Vervm Sensvm a falso discernere in omnibus auctorum scriptis ac orationibus docet, & plene respondet ad quaestionem Unde scis hunc esse sensum, non alium?

Diese Unterscheidung ist allerdings älter. So unterscheidet Elias, ein kaum zu identifizierender Autor, der wohl in Alexandria lehrte, vermutlich zur Schule des Olympiodoros (5. Jh.) gehörte und womöglich Christ gewesen ist, im *Prooemium* seines Kommentars zu den aristotelischen Kategorien, explizit den *Kommentator* vom *Gelehrten* hinsichtlich der Art ihres Umgangs mit dem Text. Anhand von zwei Maximen charakterisiert Elias ihre Tätigkeit.[155] Auf beide Maximen wird explizit und implizit immer wieder zurückgegriffen. Die Aufgabe des Kommentators bestehe darin, schwierige Stellen zu entwirren, die Aufgabe des Gelehrten im Urteilen nicht zuletzt darüber, welche Wissensansprüche des Textes wahr oder falsch seien. Allerdings soll sich der *Gelehrte* gegenüber den Autoren nicht so verhalten, wie es Schauspieler auf der Bühne tun, die mit ihren Masken verschiedene Charaktere verkörpern. So muss er kein Aristoteliker werden und Aristoteles verehren, wenn er ihn erklärt. Er darf dem Text nicht in der Weise Gewalt antun, dass der erklärte Autor in allen Dingen unbedingt recht behält. Elias bietet dann die von ihm aus Aristoteles wohl selbst gezogene Maxime, die sich nicht zuletzt im 16. und 17. Jahrhundert überaus großer Beliebtheit erfreuen wird: Zwar sei der Autor ein Freund, aber das sei auch die Wahrheit, und wenn man zwischen beiden zu wählen habe, dann sei die Wahrheit der bessere Freund.[156] Für den *Kommentator* gelte, dass er das gesamte Werk des zu kommentierenden Autors kenne, damit er, nachdem gezeigt worden sei, dass sich der Autor nicht widerspreche, sein Werk durch ihn selbst erklären kann, und das dürfte eine Reminiszenz der berühmten Maxime sein, Homer aus Homer zu erklären.[157]

[...1630]. Argentorati 1642, partis primae, sectionis primae prooemialis, art. II, S. 12: »Habet autem hermenevtica cum parte logicae analyticâ commune, quod ad veritatem utraq[ue] collinet, falsitatem refellere doceat: [...] haec veritatem conclusionis è principiis verissimis deducat. Illa circa sensum versatur, haec circa conclusionem inde nascentem.«

155 Vgl. Elias: In Aristotelis categorias Commentarium [ca. 5./6. Jh.], in: Commentaria in Aristotelem Graecae XVIII, 1–3, Berolini 1910, 105–300, hier S. 122/123: Ὁ δὲ ἐξηγητὴς ἔστω ἅμα ἐξηγητὴς καὶ ἐπιστήμων. ἔστι δὲ ἐξηγητοῦ μὲν ἔργον ἡ ἀνάπτυξις τῶν ἀσαφῶν ἐν τῇ λέξει, ἐπιστήμονος δὲ ἡ κρίσις τοῦ ἀληθοῦς καὶ τοῦ ψεύδους, ἤτοι ἀνεμίων καὶ γονίμων. δεῖ αὐτὸν μὴ συμμεταβάλλεσθαι οἷς ἂν ἐξηγῆται δί κην τῶν ἐν σκηνῇ ὄντων καὶ διάφορα πρόσωπα ὑποδυομένων διὰ τὸ μιμεῖσθαι διάφορα ἤθη, καὶ Ἀριστοτελικὸν μεν γίνεσθαι τὰ τοῦ Ἀριστοτέλους ἐξηγούμενον καὶ λέγειν ὅτι οὐκ ἐγένετο φιλόσοφος τοιοῦτος, Πλατωνικὰ δε ἐξηγούμενον Πλατωνικὸν γίνεσθαι καὶ λέγειν ὅτι οὐκ ἐγένετο κατὰ Πλάτωνα φιλόσοφος. δεῖ αὐτὸν μὴ ἐκ παντὸς Τρόπου βιάζεσθαι καὶ λέγειν ὅτι πάντα ἀληθεύει ὁ ἀρχαῖος ὅν ἐξηγεῖται, ἀλλὰ πανταχοῦ ἐπιλέγειν ›φίλος ὁ ἀνήρ, φίλη δὲ καὶ ἡ ἀλήθεια, ἀμφοῖν δε φίλοιν προκειμένοιν φιλαιτέρα ἡ ἀλήθεια‹. [...] δεῖ αὐτὸν πάντα εἰδέναι τὰ Ἀριστοτέλους, ἵνα σύμφωνον δείξας τὸν Ἀριστοτέλην ἑαυτῷ τὰ Ἀριστοτέλους διὰ τῶν Ἀριστοτέλους ἐξηγήσηται.

156 Zu der Formel *Amicus Plato, amicus Aristoteles, sed magis amica veritas* Danneberg (2003a), Kap. VI.

157 Vgl. hierzu auch Danneberg (2003b).

Was sich im Blick auf das *philologia*-Konzept bei Vossius vollzieht, lässt sich vereinfacht so umschreiben: Die traditionellen Teile – *grammatica methodica* und *historica* oder *exegetica* samt *critica* – werden separiert, aber unter einem gemeinsamen Namen geführt, nämlich unter dem der *philologia*. Sie umfasst darüber hinaus Rhetorik und Metrik[158] und steht unter dem Dach der *polymathia*. In diesem Gefüge erscheint sie als gleichgeordnet zu Mathematik und Logik. Dieser Aufbau der beteiligten Disziplinen stellt eine weitgehende Transformation des Triviums dar: Bei klarer interner Differenzierung erscheinen zugleich als eng benachbart *grammatica methodica*, *grammatica exegetica*, *critica* sowie Rhetorik und Poesie. Zusammengehalten wird das Ganze durch das Konzept der Philologie. Erst auf dieser Ordnungsebene tritt dann die Logik auf.

Im Blick auf Glassius heißt das, dass auch bei Vossius der weite Philologie-Begriff vorliegt und die Philologie im engeren Sinn die *grammatica exegetica* bildet, die – wie bereits Wower festhält – auch als *philologia* bezeichnet wird und sich bei Vossius, im Unterschied zu Wower, nicht mehr unter dem Dach der *grammatica*, sondern, von der *grammatica methodica* separiert, unter dem der *philologia* findet. Das legt die folgende Lösung für Glassius' Gebrauch des Ausdrucks *philologia* nahe: Die *philologia sacra* als erster Teil seines Werks entspricht der *philologia* als *grammatica exegetica* und die *grammatica sacra* in seinem Werk ist die *grammatica methodica*. Davon zu unterscheiden ist der *philologia*-Ausdruck, der dem ganzen Werk den Titel gibt. Er gehört zu den *formal* übergreifenden Konzepten, wie sie sich etwa bei Alsted oder Vossius finden. Bevor allerdings dieser Lösung weiter nachgegangen werden soll, ist die Frage zu verfolgen, in welchem Sinn sich *grammatica, rhetorica, logica* in der *Philologia sacra* des Glassius als *sacra* begreifen lassen.

5. Der Ausdruck *sacra* in Verbindung mit *grammatica, rhetorica* und *logica*.

5.1 *Artificialis, naturalis* und die normierende Kraft des Gebrauchs

Um sich der Frage zu nähern, worin der *sacra*-Charakter der drei Disziplinen, also *grammatica, rhetorica* und *logica* besteht, ist zunächst eine für jede der drei Disziplinen fundamentale Unterscheidung zwischen *artificialis* und *naturalis* zu erwähnen. Zwar ist die Unterscheidung zwischen *logica naturalis* und *logica artificiosa* in der Sache wesentlich älter, und bereits Petrus Ramus (1515–1572) bietet Passagen, die eine solche Unterscheidung nahe legen

---

158 Vgl. Vossius: De Logices [1658] (Anm.149), cap. VIII, *De arte rhetorica*, S. 45–48, sowie cap. IX, *De arte metrica*, S. 48–51.

und die ebenfalls gewirkt haben.[159] Aber wirkungsvoll exponiert sie erst der aristotelische Logiker Jacopo Zabarella (1533–1589) in dem weithin rezipierten Werk *De natura Logicae Libri Duo*.[160] Gleiches gilt sowohl für die *grammatica*, auch wenn Zabarella nicht explizit von *grammatica naturalis* spricht,[161] als auch für die Rhetorik, bei der er diese Unterscheidung explizit vollzieht.[162] Dabei entwirft Zabarella ein Szenario der Entwicklung und Ausbildung der Künste, insonderheit der Logik, das seine Vorläufer bereits in der Antike besitzt; auf die Übertragbarkeit auf andere Künste weist er zudem explizit hin.[163] In der Zeit des Glassius gehört die Unterscheidung zwischen natürlicher und artifizieller Logik zum Allgemeingut[164] – teilweise überschneidet sie sich mit der zwischen *logica utens* und *docens*, die sich unter anderem bei Thomas von Aquin findet,[165] und der Unterscheidung Hugos von St. Viktor zwischen ›über etwas Handeln‹ und ›mit etwas Handeln‹: »erstens, wie man die Wissenschaft selbst betreiben soll; zweitens, wie man diese Wissenschaft auf andere Bereiche anwenden soll.« Das eine sei ein Handeln über Wissenschaft (»agere de arte«), das andere ein Handeln gemäß einer Wissenschaft (»agere per artem«, *ex arte*)[166]: »Handeln über eine Wissenschaft ist beispielsweise das Behandeln der Grammatik, handeln

---

159 Hierzu auch Bruyère[-Robinet] (1984): Dialectique naturelle et dialectique artificielle, S. 205ff.
160 Vgl. Zabarella: De natura Logicae Libri dvo [1578]. In: Id., Opera logica: Quorum argumentum, seriem & vtilitatem ostendet tum versa pagina, tum affixa Praefatio Ioannis Lvdovici Havvenrevteri [...1582]. Editio Tertia. Coloniae 1597 (ND 1966), Sp. 2–102, hier I, cap. XII, Sp. 27B–C: »Eivs, qui naturam logicae sit declaraturus, non parum interest de ejusdem origine verba facere. Sciendum est igitur duplicem esse logicá[m]; vnam naturalem, alteram artificiosam; logica naturalis est quidam naturalis instinctus, & vis quaedam nullo humano studio comparata, qua homines etiam penitùs indocti, syllogismos & argumentationes faciunt, sine vlla notitia artis argumentandi; hac logica naturali vsi sunt in philosophando prisci sapientes; antequam enim aliquis logicam artem scripsisset, vel docuisset, ipsi naturali instinctu ducti in rerum contemplatione methodum quandam seruabant, & quibusdam notis principiis constitutis ad ignota progrediebantur. Posteriores autem Philosophi eorum scripta legentes, non modò philosophiam, verùm etiam logicam modo quodam didicerunt: nam philosophandi rationem ac methodum expendé[n]tes, eam ad regulas, & ad artem redegerunt, & logicam, quae artificiosa dicitur, composuerunt.«
161 Vgl. Zabarella: De natura Logicae [1578] (Anm. 160), I, cap. X, Sp. 22C–24A. – Verburg (1981), hier S. 208, sieht bei Vossius die Unterscheidung zwischen *grammatica naturalis* und artificialis in dem Sinn, dass erstere alle Sprachen, letztere die Einzelsprachen betreffe. Seit der stoischen Grammatik scheinen *artificiose* und *compendiose* verwendet worden zu sein, vgl. u.a. Pohlenz (1965), auch H. E. Müller (1943).
162 Vgl. ebd., I, cap. XII, Sp. 27E. – Diese Unterscheidung im Blick auf die *memoria* bietet bereits *Rhet ad Herennium* III, 28: *duae memoriae, una naturalis, altera artificiosa*.
163 Vgl. ebd., I, XII: *De duplici logica & eius origine*.
164 Hinweise etwa in: Dissertationem Logicam de Divisione inter logicam docentem, et vtentem praemissam Exercitationibus publici in Institutiones Logicae Sacrae [...] Pavli Henstreiti [...] Praeside M. Io. Simon Pvrgold submittet eruditorum examini Io. David Heydenreich [...]. Jenae 1699.
165 Hierzu auch Wallace (1988).
166 Vgl. Hugo von St. Viktor: Didascalicon [vor 1130] (Anm. 58), 3, 5 (S. 237).

gemäß einer Wissenschaft ist, eine Sache in grammatikalischer Weise zu behandeln.« Erläuternd fährt Hugo fort: »Über die Grammatik handelt, wer sich mit den Regeln für die Wörter und damit den dieser Wissenschaft eigenen Lehrsätzen befasst. Grammatikalisch aber handelt jeder, der regelgerecht spricht oder schreibt.«[167]

In der Zeit des Glassius konnte man die Unterscheidung zwischen *docens* und *utens* prominent zum Beispiel bei Alsted finden: So zerfallen alle Disziplinen, auch die *grammatica*, in *utens* und *docens*. Christian Wolff (1679–1754) überträgt die Unterscheidung von *docens* und *utens* dann auch auf die *logica naturalis*[168]: die *logica naturalis docens* als *notitia confusa dirigendi facultatem cognoscitivam in veritate cognoscenda* und die *logica naturalis utens* als *habitus sive ars dirigendi facultatem cognoscitivam in cognitione veritatis solo usu acquisitus*,[169] also die Erlangung der Fertigkeiten zur Ausübung der logischen Regeln ohne Kenntnis der *logica artificialis*.

Ein einziges Beispiel mag für die Unterscheidung zwischen *logica naturalis* und *artificialis* in der Zeit des Glassius genügen. In seinen *Institutiones Logicae* bestimmt Johannes Scharfius (1595–1660) die *logica* als einen *habitus*[170] und er unterscheidet *logica naturalis, usualis* und *artificialis*, wobei er die *logica naturalis* als *potentia ratiocinandi* sieht, die jedem Menschen aufgrund seiner *physis* zukomme.[171] Die *logica artificialis* erfährt hingegen ihre Bestimmung über die Anwendung expliziter *praecepta*.[172] Der Grundgedanke besteht darin, dass mit *artificialis* jeweils der Status als explizite Regellehre ausgedrückt wird. Wenn auch nicht unbedingt mit dieser Terminologie entspricht dem auch das Verständnis der sich ausbildenden Hermeneutik: Angestrebt wird der Aufbau einer *hermeneutica artificalis*, die auf einer *hermeneutica naturalis* aufruht. Nie war man beispielsweise der Ansicht, eine hermeneutische Kunst-

---

167 Ebd.
168 Vgl. Alsted: Encyclopaedia [630] (Anm. 129), z.B. *tabula septima*, S. 6. Bei *utens* treten dann, wie nicht anders zu erwarten, die prozeduralen Stichwörter *genesis* und *analysis* auf.
169 Vgl. Wolff: Philosophia rationalis Sive Logica [...1728]. Editio Tertia emendatior [...]. Francofurti & Lipsiae 1740 (Gesammelte Werke, II. Abt. Bd. 1–3. Hildesheim 1983, *Logicae prolegomena*, § 8 (S. 111) sowie § 9 (S. 111/112).
170 Vgl. Scharfius: Institutiones logicae, Cum Praxi & Paedia Logica [1632]. Editio Quarta Auctior & Correctior. Wittebergae s.a. [Praefatio von 1648], Prooemium, S. 41/42: »tradens odum benè discurrendi de re quavis«.
171 Das erscheint als Echo des Aristoteles, der in Rhet, I, 1 (1355a16) schreibt, dass die Menschen für das Wahre von Natur aus hinlänglich begabt seien (ἅμα δὲ καὶ οἱ ἄνθρωποι πρὸς τὸ ἀληθὲς πεφύκασιν ἱκανῶς καὶ τὰ πλείω τυγχάνουσι τῆς ἀληθείας).
172 Vgl. Scharfius, ebd.: »Naturalis logica dicitur potentia ratiocinandi, quae φύσει connascitur omnibus hominibus. Hinc homo dicitur ζῷον λογικὸν. Usualis Logica vocatur, quae & usu & consuetudine paratur fine praeceptis. [...] Artificialis Logica est, quae ex certis praeceptis comparatur, & fundamentis discurrendi innititur. Haec est illa ars rationis, quae pertractanda atque enucleanda venit. Hanc definimus per habitum, eumque intellectualem & instrumentalem.« – Ein anderes Beispiel bietet Thomas Spencer (fl. 1628–1629): The Art of Logick, Delivered in the Precepts of Aristotele and Ramvs [...]. London 1628 (ND English Linguistics 1500–1800, No. 245, 1970), *To the Reader*, unpag. (A 3v), sowie first part, cap. I, S. 2/3.

lehre sei notwendig, um überhaupt erst ein richtiges Verstehen von Texten zu ermöglichen. So hat denn auch bei der im 18. Jahrhundert sich entwikkelnden Ästhetik ihr Begründer sogleich explizit zwischen *asthetica naturalis* und *artificialis* in Anlehnung an die Logik unterschieden.[173]

Als Kunstlehren beziehen sich Grammatik, Rhetorik und Logik auf eine vorgängige Praxis sowie auf gegebene ›natürliche‹ Fähigkeiten; zugleich überwölbt dabei jene diese normativ. Allerdings ist nicht sicher, ob immer dieselbe Unterscheidung vorliegt; denn oft scheint nicht sonderlich genau bestimmt gewesen zu sein, was in diesem Zusammenhang eine Charakterisierung als *natürlich* meint. Unter natürlicher oder angeborener Kraft (*vis nativa*) versteht beispielsweise Spinoza (1632–1677) das, was im Menschen durch keine äußeren Ursachen (»causis externis«) verursacht werde. Durch diese Kraft bilden sich die geistigen Werkzeuge (*instrumenta intellectualia*), durch die wiederum der Mensch weitere Kräfte zur Gestaltung zusätzlicher Instrumente erlange.[174] ›Angeboren‹ oder ›natürlich‹ meint in diesem Fall die Sicherung der (vorgängigen) Voraussetzungen für das *Beginnen* menschlicher Erkenntnis, die nicht selbst erworben sind. Wie dem im Einzelnen auch sein mag: Oftmals war man sich nicht sonderlich im Klaren über die Beziehung zwischen *naturalis* und *artificialis*. Das führte immer wieder zu der Frage, worin überhaupt der Nutzen der Kunstlehren liege. Nahe lag der Zweifel nicht zuletzt schon deshalb, weil nach den Vorstellungen der Entstehung der *artes* die Kunstlehren nicht am Anfang stehen konnten.

So wurde die Erfindung der Rhetorik als τέχνη sowie das methodische Erlernen persuasiven Sprechens gemeinhin in der voraristotelischen Zeit bei Korax und Teisias vermutet, auch wenn beide nicht sonderlich greifbar sind,[175] und bekanntlich hat sich Aristoteles die Erfindung (von Teilen)

---

173 Vgl. Baumgarten: Aesthetica. Frankfurt 1750 (ND Hildesheim/New York 1970), *Prolegomena*, § 2 S. 1, oder: Nachschrift einer Vorlesung A.G. Baumgartens über Ästhetik. In: Bernhard Poppe: A. G. Baumgarten. Seine Bedeutung und Stellung in der Leibniz-Wolffschen Philosophie und seine Beziehung zu Kant. Nebst Veröffentlichung einer bisher unbekannten Handschrift der Ästhetik Baumgartens. Borna/Leipzig 1907, S. 59–258, hier S. 72: »Wir machen hier eine Einteilung wie in der Logik. Ein jeder brachte ein natürliches Vermögen zu schließen mit auf die Welt, das er durch Regeln der Kunst verbesserte. Ein jeder bringt auch ein natürliches Vermögen schön zu denken mit auf die Welt, das eben wie jenes in der Logik durch Regeln verbessert werden kann; und wir können hier das Verhältnis setzen: Wie sich die künstliche Logik zur natürlichen verhält, so verhält sich die künstliche Ästhetik zur natürlichen.«
174 Vgl. Spinoza: Tractatus de intellectus emendatione [1677]/Abhandlung über die Verbesserung des Verstandes. Neu übersetzt, hg., mit Einleitung und Anmerkungen versehen von Wolfgang Bartuschat. Hamburg 1993, S. 28.
175 Vgl. u.a. Hamberger (1914), Hinks (1940), Wilcox (1943), G. Kennedy (1959) sowie (1963), S. 58–61. Allerdings ist nicht klar, wie diese Lehrbücher ausgesehen haben und inwiefern sie nicht allein aus Beispielen aufgebaut sind, so die Vermutung bei Gercke (1897). – Aristoteles: *Soph El*, 34 (183^{b}27–184^{a}8), unterscheidet zwei Traditionen: eine technisch-regelorientierte und eine, die allein auf der Grundlage von Beispielen gelehrt werde.

der Logik (*logica artificialis*) selber zugeschrieben.[176] Wie selbstverständlich knüpft man daran im Mittelalter an, und zwar im Hinblick auf jede der Disziplinen.[177] Dass die ›Theorie‹ erst später entstanden ist als die jeweilige Praxis, lässt sich zu einem Argument gegen ihren Nutzen wenden: Demnach wäre sie auch nicht entscheidend für den Erwerb grammatischer, rhetorischer oder logischer Kompetenzen. Quintilian sieht sich denn auch genötigt, diesem Argument entgegenzutreten und für den Nutzen der *ars rhetorica* eigens zu argumentieren. Zwar unterscheidet er die natürlichen kunstlosen Anfänge von der bewussten kunstvollen Ausübung,[178] doch lässt er es dann bewenden mit dem Diktum: *Initium ergo dicendi dedita natura, initium artis observatio* – also den Anfang der Rede schafft die Natur, den Anfang der Kunst die Beobachtung (die Erfahrung).[179] Allerdings ist nicht sonderlich klar, wie Quintilian das verstanden wissen wollte,[180] und nicht anders als die Späteren gibt er keine Analyse des komplexen Vorgangs, wie sich durch menschliche Beobachtungen (einschließlich der *ratio*) aus der naturgegründeten menschlichen Praxis etwa die *ars rhetorica* zu bilden vermochte.

Bei dem über die Zeit allgegenwärtigen Dreierschema von (1) *natura* (*ingenium*, φύσις, auch δύναμις sowie in den alten Dichtungstheorien ἐνθουσιασμός), wobei man (mitunter) zwischen *ingenium* und *docilis natura* unterschied, (2) *ars* (*disciplina, cura et diligentia*, auch μάθησις – Lernen, τέχνη, λόγος), wobei *ars* immer ein Allgemeines oder ein Regelwissen meinte, und (3) *exercitatio* (*studium, industria* – Fleiß,[181] *usus* – Erfahrung,[182] *labor* – Mühe[183], *consuetudo*, ἄσκησις, μελέτη, auch ἔθος – ›Gewöhnung‹[184]), war immer das Gewichten der drei Komponenten strittig, und das mitunter selbst bei ein und derselben Autorität.[185] Zudem scheint man nie der An-

---

176 Vgl. Aristoteles: *Soph El*, 34; allerdings ist nicht unstrittig, was er sich genau zuschreibt, hierzu Dorion (2002).
177 Vgl. u.a. Hugo von St. Viktor: *Didascalicon* [vor 1130] (Anm. 58), I, 11 (S. 150–152): »Alle Wissenschaftsbereiche bestanden nämlich zuerst in der praktischen Anwendung, bevor sie zu Wissenschaften wurden. [...] Bevor es Grammatik gab, haben die Menschen geschrieben und gesprochen; bevor es die Dialektik gab, haben sie durch logische Überlegungen Wahr und Falsch unterschieden; bevor es eine Rhetorik gab, haben sie über Rechtsfälle verhandelt.«
178 Vgl. Quintilian: *Inst Orat*, II, 17, 10.
179 Ebd., III, 2, 3.
180 Vgl. auch Varwig (1976), ergänzend Fantham (1995).
181 Z.B. Cicero: *Cael*, 45.
182 Z.B. Cicero: *Balb*, 45, Id., *De orat*, II, 11, 162, Qunitilian, *Inst Orat*, V, 7, 28.
183 Z.B. Quintilian: *Inst Orat*, II, 12, 12.
184 So bei Aristoteles: *Eth Nic*, 9, 10 (1179^{b}20), Pol, 7, 13 (1332^{a}39), sowie 7, 15 (1334^{b}6).
185 So betont Cicero z.B. vornehmlich *natura atque ingenium* – »sic igitur sentio, naturam primum atque ingenium ad dicendum vim adferre maximam«, in Id., *De orat*, I, 113. Kritisch gegenüber der bisherigen *exercitatio*-Praxis ist er ebd., I, 148ff. Er beklagt, dass die Rhetoren zumeist zu großen Wert auf die Regelkenntnis der Theorie legten (I, 110, sowie III, 121). Das ist allerdings nur in Abgrenzung zu zeitgenössischen Lehrmeinungen zu deuten, denn ohne Zweifel hält Cicero die Regelkenntnis (das Studium der *ars*) für wichtig (für den guten Redner): »non est ea quidem [scil. ars] neglegenda« (I, 109) oder: »[omnis istorum artificium

sicht gewesen zu sein, dass die praktischen Vollzüge sich durch eine ausgearbeitete Kunstlehre vollständig *erklären* oder *rekonstruieren* lassen. So haben denn die entstehungsgeschichtlichen Annahmen wie gesehen immer auch nahe gelegt,[186] dass es für eine erfolgreiche Praxis nicht unbedingt expliziter Kenntnisse der Kunstlehren bedürfe. Bei Augustin heißt es, dass derjenige, der einen ›gesunden Menschenverstand‹, also *dialectica naturalis*, besitze, die Richtigkeit eines Schlusses auch ohne Dialektik, also ohne *dialectica artificialis*, begreife – mithin wäre die Kenntnis der dialektischen Regeln auch nicht unbedingt notwendig für das Verständnis der Heiligen Schrift.[187] In seinem Sendschreiben an den Papst Leo X von 1520 heißt es bei Luther, eventuell in eine solche Richtung zielend: »Das ich aber solt widderruffen meyne lere, da wirt nichts auß, darffs yhm auch niemant furnehmen, er wolt denn die sach noch yn eyn grosser gewyrre treybenn, da tzu mag ich nit leyden regel oder masse, die schrifft außzulegen. Die weyl das wort gottis, das alle freyheyt leret, nit soll noch muß gefangen seyn.«[188]

Wenn man so will, dann verleihen die entstehungsgeschichtlichen Annahmen den Kunstlehren einen empirischen Bezug; sie können dabei, einmal gebildet, nicht nur für den Erwerb der jeweiligen Fertigkeiten hilfreich sein, sondern vor allem auf die Praxis selber *normierend* und *korrigierend* einwirken. Gleiches kann aber auch umgekehrt angesichts als vorbildlich geltender Muster der Fall sein. Die Beziehung zu solchen vorbildlichen Mustern ist überaus verwickelt, nicht zuletzt dann, wenn sie selber in besonderer Weise am Erwerb der Fertigkeiten und Kenntnisse der Regeln einer Kunstlehre beteiligt sind. Zudem konnte ihr Praxisbezug in dem Sinn rückbezüglich sein, dass er auf die erstellten Produkte bezogen werden konnte, die als vorbildliche Muster galten. Bei diesen vorbildlichen Mustern, wenn man sie so deutete, dass sie von einem ›natürlichen‹ Vermögen zeugten, musste gerade nicht angenommen werden, dass sie selber unter expliziter Befolgung der Kunstlehren entstanden sind – sehr viel später bringt Herder diese Vorstellung, wenn auch mit der ihm eigenen Zuspitzung, limpide zum Ausdruck: »Ein Sophokles dachte an keine Regel des Aristoteles; liegt aber nicht mehr, als der ganze Aristoteles in ihm?«[189] Solche Muster konnten

---

doctrina] quam ego si nihil dicam adiuvare, mentiar. Habet enim quaedam quasi ad commendum oratorem, quo quidque referat et quo intuens ab eo, quodcumque sibi proposuerit, minus aberret« (I, 145). Gleichwohl scheint sich Cicero hinsichtlich der Gewichtung der einzelnen Komponenten nicht sicher zu sein, so dass sich in seinen rhetorischen Schriften nicht immer untereinander übereinstimmende Äußerungen zum Thema finden.
186 Allgemein hierzu Schöpskau (1969), auch (1994).
187 Vgl. Augustinus: De doctrina christiana [396/7 und 425/6] II, 37, 55 (CSEL 32, S. 70/71).
188 Luther: Sendschreiben an den Papst Leo X [1520] (*Werke* 7. Bd., S. 3–11, hier S. 9).
189 Herder: Kritische Wälder. Oder Betrachtungen über die Wissenschaft und Kunst des Schönen [1769] Viertes Wäldchen (*Sämmtliche Werke* IV, ed. Suphan, S. 3–197, hier S. 19). Vgl. auch Hamann: Sokratische Denkwürdigkeiten [1759] (Sämtliche Werke II, ed. Nadler, S. 57–82, hier S. 75): »Was ersetzt bey Homer die Unwissenheit der Kunstregeln, die ein Aristoteles nach ihm erdachte, und was bey einem Shakespeare die Unwissenheit oder Übertretung

aber auch die autoritative Grundlage bilden, auf der man versuchte, die Erneuerung überlieferter Kunstlehren zu unternehmen. So findet sich bei Ramus das Programm formuliert, die ›natürlichen Gesetze des Denkens‹, die den ›artifiziellen‹ des Aristoteles überlegen seien, in den Meisterwerken nicht allein der Logiker zu suchen, sondern auch in den Werken der Poeten, Redner und Philosophen. Über diese sei dann allerdings wieder hinauszugehen:[190] Denn es sei zwar nützlich, die Alten zu imitieren, aber erforderlich sei, letztlich selbst zu denken, ohne auf ihre Autorität zurückzugreifen.[191]

Das, was Ramus dabei allerdings völlig ausspart, ist die Heilige Schrift: Anders als es vor ihm und nach ihm lange üblich war, finden sich in seinen Lehrbüchern wie denen zur Logik bewusst keine biblischen Exempel. Auch wenn sich der Gebrauch der Exempel im Zuge seiner immer wieder überarbeiteten Logiklehrbücher wandelt, wählt er nicht die traditionellen Beispielsätze der scholastischen Logiker, sondern entnimmt seine Illustrationen oftmals antiker oder sogar zeitgenössischer Literatur.[192] Nicht wenige seiner Anhänger sind ihm dabei gefolgt, auch wenn die Zahl derer wohl größer ist, die durch die Wahl biblischer Beispiel den anstößigen, weil zu wenig frommen Charakter zu korrigieren suchten: »Exemplis Sacr. litterarum paßim illustratae«, so der sprechende Untertitel bei einem der rührigsten Ramisten seiner Zeit, dem reformierten Theologen Johannes Piscator (1546–1625).[193] Freilich finden sich auch Werke, die mit Ankündigungen wie »Exemplis omnium artium & scientiarum illustrati, non solúm Divinis, sed etiam Mysticis, Mathematicis, Physicis, Medicis, Juridicis, Poëticis & Oratoriis« bereits im Titel aufwarten.[194] Allerdings war Ramus nicht der erste, bei dem die Beispielwahl eine besondere Rolle spielt, und auch nicht der erste, der das explizit reflektiert. So verteidigt der Herausgeber Johann Matthaeus Phrissemus (bis 1533) der postum edierten Logik *De Inventione*

---

jener kritischen Gesetze? Das Genie ist die einmüthige Antwort. Sokrates hatte also freylich gut unwissend seyn; er hatte ein Genius, auf dessen Wissenschaft er sich verlassen konnte, [...]«

190 Ramus: Dialectique (1555). Edition critique avec introduction, notes et commentaires de Michel Dassonville. Genève 1964, *second livre* (S. 154): »Ainsi, pour avoir le vray loy de Logique n'est pas assez scavoir caqueter en l'eschole des reigles d'icelles, mais il les fault exercer et practiquer ès poëtes, orateurs, philosophes, c'est-à-dire en toute espèce d'esprit(s) en considérant et examinant leurs vertus et vices, en imitant premièrement par escripture et par voix leur bonne invention et disposition, et puis en taschant les esgaller, voire surmonter en traictant et disputant de toutes choses par soy-mesme, et sans plus avoir esgard à leurs disputes.«

191 Vgl. auch Ramus, ebd. *Préface* (S. 53): Nicht solle man der Meinung oder der Autorität eines Philosophen folgen, sondern den Prinzipien (»ces principes«), die sich in seinem Denken ausdrücken.

192 Hierzu auch Dassonville (1963).

193 Johann Piscator: In P. Rami Dialecticam Animaduersiones [...]. Francofurti 1580.

194 Vgl. Roland MacIlmaine (Makilmanaeus): P. Rami [...] Dialecticae libri Duo [...1574]. Francofurdi 1594.

dialecticae des Rudolf Agricola (1444–1485) dieses Werk gegenüber einem anonymen Kritiker und dessen Ansicht, Petrus Hispanus würde im fünften Traktat der *Summulae* dieselben Lehrstücke, aber in besserer Weise darbieten, just mit der Güte der Beispielwahl.[195]

Auch wenn Ramus Cicero als *Theoretiker* der Rhetorik nicht sonderlich schätzte und ihn mitunter sogar heftig kritisierte,[196] findet sich bei Ramus die für den Orator schmeichelhafte, nicht ohne Bissigkeit gegen die Philosophen vorgetragene Bemerkung: Ciceros *Reden* seien mit mehr Syllogismen gestaltet als die Schriften Platos oder die des Aristoteles.[197] Nach Ramus dürfen die Texte, an denen beispielsweise die Grammatik ihr Regelwerk gewinne, nicht willkürlich, sondern müssten »ex idoneis authoribus« gewählt werden[198] – *idonei (et firmi) auctores* ist dabei eine stehende Wendung bei den antiken Grammatikern in gleicher Funktion.[199] Zugleich konnte man bemerken, dass die antiken Texte der Autoritäten wie die Ciceros auch hinsichtlich der Anwendung der Regeln defizitär sind.[200] Letztlich ist es aus

---

195 Agricola: De Inuentione dialectica libri tres, cum scholijs Matthaei Phrissemij [1479, 1515]. s.l. [Coloniae] 1528 (ND 1976 mit einem Vorwort von Wilhelm Risse), *Praefatio*, unpag. (a4v): »Wie steht es denn damit, daß bei diesem [= Agricola] alles dergestalt angefüllt ist mit Beispielen aus Dichtern, Historikern und Rednern, daß es nicht eine einzige Seite gibt, die nicht gerade aus den besten Autoren höchst abgelegene und anspruchsvolle Stellen anführt? Wie oft bringt er nicht mustergültige Stellen bald aus Vergil, bald aus Cicero, bald aus irgendeinem anderen Autor bei und zeigt auf, welcher Kunstverstand, welche Geisteskraft darin steckt [»et quid illic artis, quid ingenii insit«]! [...] Wie oft wendet er einmal Beispiele auf Lehrsätze, ein andermal wiederum Lehrsätze auf Beispiele an! [...] falls jemand glaubt, er könne sich irgend etwas von diesen Dingen bei Petrus Hispanus holen, dann mag er im gleichen Zuge auch vom Esel Wolle und vom Bimsstein Wasser verlangen!«, Übersetzung nach Mundt (1994), Anm. 29 und 30, S. 121/22.
196 Vgl. Ramus: Brutinae Quaestiones [1547, 1549]. In: Peter Ramus's Attack on Cicero. Text and Translation of Ramus's *Brutinae Quaestiones*. Edited with an Introduction by James J. Murphy. Translation by Carole Newlands. Davis 1992.
197 Ramus: M.T. Ciceronis De lege agraria [...] orationes tres. P. Rami [...] praelectionibvs illvstratae [1552]. Parisiis 1561, S. 131: »Logicam in oratoribvs esse negativum, cvm topicae inuentionibvs exempla in his orationibvs, non dico crebra, sed perpetva & continva, cvm syllogismos plenos tam freqventes, qvam in Platonis uel Aristotelis dispvtationibvs agnosces.« Vgl. auch programmatisch in seiner Antrittsvorlesung in Id., Oratio initio suae professionis habita [1551]. In: Id und Audomarus Talaeus, Collectaneae Praefationes, Epistolae, Orationes [1577]. Marpurgi 1599 (ND 1969), S. 323–342, hier S. 342: »Orationem Ciceronis brevé[m], sed Rhetorica & Dialectica praestantem selegimus, in qua primò coniunctos utriusq[ue] artis fructus degustemus: [...].«
198 Vgl. Ramus: Scholarum Grammaticarum Libri XX [1559]. In: Id., Scholae in liberales artes [...]. Basileae 1569 (ND 1970), sep. pag., lib. I (Sp. 6): »Pleriq[ue] feré omnes có[m]menticis exé[m]plis & á sese confictis sunt có[n]tenti, exemplorum ex idoneis authoribus demó[n]strationem nullam adferunt. Ac si qui attulerint, é sacris literis aut é profanis nihilo elegantioribus petiverunt: qui diligentiores fuerunt, é poëtis feré sumpserunt, qui tamen [...] lineas impuné trá[n]siliunt, quosq[ue] ideó Antonius apud Ciceronem nó[n] attingit, ut aliena lingua locutos.«
199 Vgl. z.B. Quintilian: *Inst orat*, I, 4, 20; auch Kastner (1978).
200 So. z.B. seine Bemerkung zur dritten *Catalinischen Rede* Ciceros, dass bei ihr die logische Disposition nicht sonderlich ausgeprägt sei, sich in ihr keine klare Gliederung finde und eine

der Sicht des Ramus besser, den Gebrauch einer Kunst zu haben ohne ihr Regelwerk, als das Regelwerk ohne Anwendungen.[201] Erfahrung gebäre die Künste, Unerfahrenheit führe zu Unbesonnenheit.[202]

Im gleichen Atemzug betont Ramus in seinen *Scholae Metaphysicae*, dass keine Regeln in das Wissen Aufnahme finden dürften, die nicht beobachtet und entlehnt seien aus dem Gebrauch und der Erfahrung wahrer Exempel.[203] In ähnlicher Weise wie die Rhetorik und Grammatik scheint man schon geraume Zeit früher versucht zu haben, selbst die Logik an die Autorität des (Sprach-)Gebrauchs zu binden[204] – wie es programmatisch bei Laurenzo Valla (1406–1457) in seinen *Dialecticae Disputationes* geschieht.[205] Seine Kritik an der bisherigen Logik gründet sich denn auch wesentlich auf *consuetudo* oder *communis usus* (*communem loquendi consuetudinem*).[206] Die Logik soll einfacher und besser angepasst sein an den natürlichen Sinn sowie an den Sprachgebrauch.[207] Dabei geht es ihm zugleich um die Wiederherstellung sprachlicher Kompetenz (*latinitas et elegantia*) durch die (grammatische wie stilistische) Normierung eines bestimmten, historisch gegebenen Sprachgebrauchs (*usus, consuetudo*), der mit ausgezeichneten Belegautoren (*exempla autorum*) identifiziert wird: Nicht gegenwärtige Muster, sondern die besten (lateinischen) Autoren bilden die *auctoritates* für die sprachliche *consuetudo*[208] – für die *elegantia linguae Latinae* hat Valla beispielsweise im wesentlichen Cicero und Quintilian im Auge.

Vernachlässigung der Methode vorliege, vgl. Ramus, In Ciceronis orationes & scripta nonnulla omnes quae hactenus haberi potuerunt praelectiones [...]. Francofvrti 1582, unpag (X6ʳ⁻ᵛ): »Methodi vero & posterioris Analyseos ars non magna est. Quaestio supplicationis magis est indicata quam expressa initio; deinde perpetuis argumentis sine partitionis aperta distinctione disputata & tandem conclusa.«

201 Ramus: Dialectique [1555] (Anm. 190) (S. 153):»[...] non pas l'art seullet mais beaucoup plus l'exercice d'icelluy et la practique faict l'artisant.«
202 Zum allgemeinen Hintergrund Danneberg (2010b).
203 Ramus: Scholarum Metaphysicarum [1566]. In: Id., Scholae in liberales artes [1569] (Anm. 198), Sp. 829–996, hier cap. I, Sp. 830.
204 Hierzu auch Vasoli (1968), S. 214–246. Vgl. auch Bäck (1993).
205 Valla: Dialecticae Disputationes [1447/48, 1540]. In: Id., Opera omnia. Con una premessa di Eugenio Garin. Tomus prior. Scripta in editione Basilensi anno MDXL collecta. Torino (Monumenta politica et philosophica, I.5), S. 645–761, hier lib. I, cap. 3 (S. 651): »[...] philosophia ac dialectica non solent, ac ne debent quidem, recedere ab usitatissima loquendi consuetudine, et quasi a via vulgo trita et scilicibus strata.«
206 Vgl. ebd., lib. I, cap. 17, S. 685, und als Orientierung: »Respondeat populus penes se esse arbitrium ac normam loquendi.«
207 Vgl. ebd., I, 2, S. 649: »[...] simplicius et ad naturalem sensum usumque communem accommodatius.«
208 Hierzu auch Tavoni (1984), insb. S. 144–147, vor allem Camporeale (1972), S. 149–171. Ferner, allerdings heftig umstritten in seiner zentralen These, Waswo (1987), zu Valla insb. S. 88ff, auch Id. (1979), dazu die Auseinandersetzung zwischen Monfasani (1989), und Waswo sowie Gravelle im Journal of the History of Ideas 50 (1989), S. 324–326, ferner Trinkaus (1988).

5.2. Anwendung auf die *scriptura sacra*

Dieses wechselseitige Autorisieren zwischen *artes* und vorbildlichen *exempla* kann konfligieren mit der Wahrnehmung von Werken, die unabhängig von den *artes* eine Auszeichnung als vorbildlich erfahren haben: Wie man sich auch immer gegenüber der umgebenden antiken Kultur situierte, die frühen Christen haben in der *Scriptura Sacra* ein eigenes vorbildliches Muster gesehen, und zwar vorbildlich nicht in der einen oder anderen Hinsicht, sondern als *ganzes* Werk, und das meint auch hinsichtlich jeder ihrer Eigenschaften. Dies hat dazu geführt, dass die *Anwendung* der überlieferten Kunstlehren auf die *Scriptura sacra* immer dann als problematisch gesehen werden konnte, wenn sie im Vergleich zu den Normierungen, nicht zuletzt angesichts anderer Musterbeispiele, die Heilige Schrift als mangelhaft auswies.

Wie schwer man sich mitunter tat, davon zeugt eine Fülle von Ein- und-Umkehr-Träumen, beginnend mit dem wirkungsmächtigen und als authentisch aufgefassten Traum des Kirchenvaters Hieronymus, dem träumte, gegeißelt zu werden, weil er sich zu sehr der Lektüre weltlicher Autoren hingegeben habe, und ihm dies den Vorwurf eintrug, Ciceronianer, nicht Christ zu sein. Zwar sind in späterer Zeit immer wieder Zweifel aufgekommen, inwieweit die rhetorisch ausgeklügelten selbstbeschreibenden Berichte des Hieronymus als *conversio* authentisch sind, nicht zuletzt aufgrund der Identifikation mit vorgängigen Mustern einer literarischen Tradition. Doch das *allein* stellt noch keine hinreichende Grundlage für einen solche Zweifel dar.[209] Zudem ist für die Rezeptions- und Prägungsgeschichte des Träumens im Mittelalter die Frage seiner Authentizität unerheblich, und Hieronymus' Traum scheint durchgängig denn auch als authentisch aufgefasst worden zu sein.[210] Im Mittelalter werden solche Träume epidemisch – neben Rupert von Deutz[211] quälen sie Ermenrich von Ellwangen (Ermenicus Elwangensis, um 814–874),[212] Otloh von St. Emmeram (von Regensburg, um 1010–

---

209 Zu den älteren Zweifeln, die wohl nicht älter als hundert Jahre sind, Burzacchini (1975), insb. S. 69–71; jüngst noch einmal zur Frage der Authentizität, mitunter allerdings in methodisch problematischer Weise, Feichtinger (1997), auch Ead., (1991). Ein ›fiktionales‹ oder ›satirisches‹ Element findet Wiesen (1966) in zahlreichen weiteren Texten, hierzu auch Lössl (1998).
210 Zur Wirkungsgeschichte dieses Traums Antin (1968), Adkin (1984).
211 Hierzu Engelbert (1995).
212 Vgl. Ermenicus Elwangensis: Epistola ad Grimaldum abbatum. In: Monumenta Germaniae Historica. Epistolae Karolini aev. Tom. 3. Berlin 1899, S. 536–579, hier S. 561–63, wo es heißt, dass die Lektüre paganer Autoren deshalb wertvoll sei, weil sie helfen, die göttlich Eloquenz zu verstehen (»[...] multum tamen adiuuant ad percipiendum diuinum eloquium«); zu Ermenrich, von dem noch vieles im Dunkeln ist, Dümmler (1873) sowie Burr (1954), Forke (1969).

nach 1079),²¹³ Caesarius von Arles (470/71–543),²¹⁴ Vilgard aus Ravenna (2. Hälfte des 10. Jh.)²¹⁵ und viele andere mehr.²¹⁶ Es handelt sich dabei um Alpträume, bei denen oftmals die *grammatica*, die *litteratura*, die Lektüre eine wesentliche Rolle spielt, auch wenn ein solches Wissen zum Teil bereits im Ausbildungsbetrieb fest etabliert war.²¹⁷ Solche Träume finden sich aber auch noch in der Frühen Neuzeit.²¹⁸

Durchweg ist es der Konflikt der Autorisierung, der zu den kritischen Bekundungen gegenüber *grammatica*, *rhetorica* und *logica* seit den *patres ecclesiae* führte; dabei handelte es sich nicht selten um die Ablehnung eines Wissens, mit dem man selbst intensiv sozialisiert wurde. Entsprechende Äußerungen lassen sich bei Hieronymus ebenso finden wie bei Augustin; zusammen mit Gregors des Großen (ca. 540–604) Kritik am ›Donatus‹ (310?–380?) sind sie im Mittelalter in Gestalt autoritativer Zitationen immerfort präsent, wenn es um die Gefahren der Anwendung von *grammatica*, *rhetorica* und *logica* sowohl auf die Heilige Schrift als auch im Rahmen der theologischen Argumentation geht.²¹⁹ Die Kontinuität der Argumentation einschließlich der autoritativen Zeugnisse ist verblüffend. Das zeigt sich nicht nur an der Nutzung der Argumente, die man bei Hieronymus oder Augustinus zu finden vermochte, sondern auch an der ausgiebigen Rezeption der dem Thema der Nutzung paganen Wissens gewidmeten Schrift *Ad adolescentes* des Basilius Magnus (um 330–379), die bis ins 17. Jahrhundert ihren Dienst in der Diskussion erfüllt, denn auch dieser Text bot gleichermaßen Anknüpfungsmöglichkeiten für die Empfehlung paganen Wissens wie für die Warnung vor ihm.²²⁰ Noch Jacobus Perez von Valencia (bis 1499) geißelt in seinem Psalmenkommentar die Vernachlässigung der *divina scientia* und ihre Ersetzung durch Cicero, Quintilian und Vergil.²²¹

Wenn Gregor Donatus als *auctoritas humana* der *auctoritas divina* der Heiligen Schrift entgegenstellt, dann geht es in erster Linie um die Frage der

---

213 Hierzu neben Liebeschütz (1926), S. 11/12, vor allem Abt (1935), ferner Röckelein (1987), vor allem S. 21–99. Zu seiner Stellung gegenüber den *artes* auch Schauwecker (1965), Evans (1977b), Resnick (1987).
214 Vgl. Caesar von Arles: Vita Caesarii [erste Hälfte 6. Jhs.]. Hg. von Bruno Krusch. Berlin 1896 (MGH. SRM III), 8 und 9 (S. 460), der sich außerhalb der Klostermauern als *grammaticus* ausbilden ließ und daraufhin von einem Angsttraum gequält wurde.
215 Vgl. Rodulf Glaber (um 985–um 1047): Historiarvm libri qvinqve. The Five Books of Histories [um 1046]. Edited and translated by John France [...]. Oxford 1989, S. 1–253, II, 12 (S. 92/93).
216 Vgl. neben Schauwecker (1965), S. 193–199, Kottje (1969), S. 161.
217 Vgl. z.B. Chenu (1935/36).
218 Vgl. u.a. Goertz (1989).
219 Bereits früh wurde vor zu harmonisierender Sicht der Ablehung des paganen Wissens durch die (frühen) Kirchenvätern gewarnt, vgl. bereits Laistner (1950).
220 Hierzu die ertragreichen Studien von Schucan (1973), sowie Backus (1991), ferner Beiträge in Fedwick (1981), E. Klein (1997), ferner zu der Schrift selbst Fortin (1981), sowie Lamberz (1979), Bräutigam (2003).
221 Vgl. Werbeck (1959), S. 110, Anm. 2.

Hierarchie der Autoritäten im Konflikt.²²² Erst das erhellt, wofür *Donatus* als *pars pro toto* steht, und lässt die Motive erkennen, welche die Ablehnung bestimmen – Gregor ist selbstverständlich der Grammatik und Rhetorik der Zeit gefolgt, sogar die pagane Etymologie hat er nicht verschmäht, wenn auch in ›christianisierter‹ Gestalt.²²³ Seine Kritik verhinderte zudem nicht, dass die *ars minor* und *maior* nebst der *Ianua* des Donatus zu den erfolgreichsten Lehrbüchern für den Grammatikunterricht im Mittelalter wurden.²²⁴ Hinzu kommt, dass Hieronymus Donatus nicht nur anerkennend als seinen Lehrer (*praeceptor meus*) bezeichnen konnte, sondern sich bei der Exegese dieses Kirchenvaters immer wieder Spuren der Vorgaben eines *grammaticus* finden ließen.²²⁵

Ablehnend gegenüber einem solchen, nicht zuletzt sprachlichen Wissen ist man etwa dann, wenn es um die *emendatio* des Textes der Heiligen Schrift geht und dadurch die Vorstellung der *caelestium verborum puritas* bedroht erscheint.²²⁶ So sollen nach Cassiodor (ca. 490–583) nicht unbesehen und nicht allein die paganen Schriftsteller als Autoritäten für den (korrekten) sprachlichen Gebrauch gelten, sondern »et maxime legis divinae auctoritate firmantur«.²²⁷ Die stilistische, aber auch die grammatische Korrektur der Heiligen Schrift als dem vorbildlichen Text gilt als undenkbar, und erst dann erscheint eine solche Korrektur als legitim, wenn sie sich als Wiederaufnahme des authentischen Textbestandes zu rechtfertigen vermag, als Linderung einer Korruption der ursprünglichen Gestalt des göttlichen Wortes, die letztlich immer allein auf Menschenhand zurückgehe: Nicht die Heilige Schrift selbst, sondern nur die Defizite des menschlichen Tradierens sind emendationswürdig – und das ist denn auch bereits früh geschehen wie in den *Correctoria Biblica*. Von diesen *Correctoria Biblica* hat man zwar schon seit geraumer Zeit gewusst, so bereits zusammenfassend Johann Georg Rosenmüller (1736–1815).²²⁸ Aber erst seit Heinrich Denifle (1844–1905) hat man sich mit ihnen intensiver beschäftigt.²²⁹ Dabei findet sich auch die Legende,

---

222 Die Deutung ist im Einzelnen allerdings nicht unstrittig – balancierend de Lubac (1960), auch Id. (1959–1964), II.1, S. 53–77, ferner Richè (1976), S. 145–157, Scivoletto (1964), jüngst Weissengruber (1991) sowie Kessler (1995), S. 142–158.
223 Vgl. Bartelink (1984). Zum Hintergrund auch Opelt (1959).
224 Hierzu neben Holtz (1981), auch Bursill-Hall (1981), W. Schmitt (1969).
225 Hierzu u.a. Siniscalco (1988) sowie Milazzo (1995) sowie (1994).
226 Vgl. auch Weissengruber (1969).
227 Cassiodor: Institutiones [zw. 551–562], II, 1, 2 (ed. Mynors, S. 96).
228 Vgl. Rosenmüller: Historia interpretationis librorvm Sacrorvm In Ecclesia Christiana. Pars Qvinta et vltima, continens historiam interpretationis in ecclesia Latina, ab Avgvstino ad literarvm instavrationem. Lipsiae 1814, S. 236–248.
229 Vgl. Denifle (1888), vgl. auch de Lubac (1959–1964), II, 1, S. 238–271; zu den frühen Revisionen des Bibeltextes in der karolingischen Zeit Fischer (1968), sowie McKitterick (1977), S. 115–154, Dahan (1992), (1997), (1998), auch Power (1924), Peri (1977); ferner zu den Bibelkorrekturen auch die Hinweise bei Loewe (1969), Light (1984).

dass Karl der Große an seinem Lebensende mit Griechen und Syrern die Verbesserung der Bibelübersetzung erörtert habe.[230]

Wenn auch nicht unbestritten, so wurde das Problem der Anwendung eines solchen durch das Trivium bereitgestellten Wissens in der Weise zu lösen versucht, wie es sich bei Augustin ankündigt, nämlich durch die Unterscheidung zwischen *usus* und *abusus*. Zwar greift er in *Contra Cresconium*, wenn er den Missbrauch der Beredsamkeit kritisiert, auf die Stelle »Wer wie ein Sophist spricht, ist verhaßt« (*Sir* 37, 23 Vulg.; 37,20 LXX) zurück, doch zugleich verteidigt er sie als *nützlich*.[231] Gerechtfertigt erscheint diese Nützlichkeit durch die Formel: *ad usum meliorem*.[232] So finden sich auch die beiden im Mittelalter immer wieder angeführten Bilder durch die *auctoritas Augustini* sanktioniert: Mit der Rhetorik verhalte es sich wie mit den Waffen, deren sich sowohl der Soldat als auch der Rebell bedienen könne,[233] oder wie mit den Heilmitteln, die entweder heilen oder vergiften.[234] In *De doctrina christiana* betont Augustin, dass nicht die Fähigkeit der Rede als solche schuld sei, sondern die Verkehrtheit derjenigen, die sie schlecht gebrauchten.[235] Seit Cicero war der Gebrauch der Rhetorik immer auch daran gebunden, dass das, was in dieser Weise effektiv gesagt werde, auch wahr, Weisheit sei. Eine solche Anforderung an den vollkommenen (christlichen) Redner weist zurück auf Ciceros rhetorisches Ideal *vir bonus dicendi peritus* oder auf Formulierungen wie *sapiens et eloquens* aus *De Inventione*.[236] Augustin lehnt die pagane Rhetorik dann ab, wenn ihr Gebrauch indifferent oder unvereinbar gegenüber den moralischen (christlichen) Werten sei.[237] An späterer Stelle nimmt Augustin das Thema wieder auf, wenn er schreibt, dass die Eloquenz ›in der Mitte liege‹, also vor ihrem Gebrauch neutral sei.[238] Das hilft den Wider-

---

230 Vgl. Thegan: Das Leben Kaiser Ludwigs (Thegani Vita Hludowici imperatoris). In: Quellen zur karolinischen Reichsgeschichte. I. Bearbeitet von Reinhold Rau. Darmstadt 1955, S. 213–253, hier S. 220; zu den Forschungen Bullough (1970).
231 Vgl. Augustinus: Contra Cresconium Grammaticum Partis Donati Libri quatuor [405/06], I, 2, 3 (PL 43, Sp. 445–594, hier Sp. 448).
232 So z.B. ebd., II, 2, 3 (Sp. 448).
233 Dieser Vergleich ist älter, und Augustin dürfte ihn übernommen haben: Quintilian: *Inst orat*, XII, 2, 2, die Beredsamkeit als »arma« sowohl für den Straßenräuber (»latro«) wie für den Soldaten (»milito«), auch Cicero: *De Orat*, 3, 14, 55. Die Rhetorik könne Wunden schlagen, aber auch heilen, auch 1, 7, 32 sowie 2, 20. 84.
234 Vgl. Augustinus: Contra Cresconium [405/06] (Anm. 231), I, 1, 2 (Sp 447/48), und er fährt fort: »Quis enim nescit, sicuti est [medicina utilis vel inutilis] aut fuerint [utilia vel inutilia] ea quae quaeruntur; ita eloquentiam, hoc est, peritiam facultatemque dicendi sic esse utilem vel inutilem, ut fuerint utilia vel inutilia quae quaeruntur?«
235 Vgl. Augustinus: De doctrina christiana [396/7 und 425/6] (Anm. 187), II, 36, 54 (S. 70): »non facultas ipsa culpabilis, sed ea male utentium peruersitas«.
236 Vgl. Cicero: *De Inv*, I, 1. – Aus der Vielzahl von Untersuchungen zur Beziehung zwischen *sapientia* und *eloquentia* bei Cicero, auch im Blick auf Augustin Döpp (1982).
237 Vgl. Augustinus: De doctrina christiana [396/7 und 425/6] (Anm. 187), IV, 2, 1–6.
238 Vgl. ebd., IV, 2, 3 (S. 117): »Cum ergo sit in medio posita facultas eloquii, quae ad persuadanda seu praua seu recta ualet plurimum, […]«.

streit zu schlichten, der in dem Umstand liegt, ein Wissen zu erwerben, bei dem man zugleich weiß, dass es dazu dienen konnte, christliche Wahrheiten zu unterminieren. Dass die Heilige Schrift mit den überlieferten grammatischen, rhetorischen und dialektischen Regeln in Konflikt geraten und sie sogar brechen kann, ist daher nicht ungewöhnlich, ist vielmehr allgegenwärtig, und wird mit der Besonderheit der Sprache selbst erklärt, die eben Ausdruck des göttlichen Willens sei.[239]

Deutlich wird bei Augustin, dass die Unterscheidung zwischen *usus* und *abusus* von der speziellen zwischen *uti* und *frui* überlagert wird. Die Seligkeit besteht nach ihm in der Erkenntnis der Wahrheit (*sapientia*), die letztlich mit Gott identisch sei. Zu dieser Erkenntnis bahnt die *scientia* dann den Weg. Das nun fügt sich in das für Augustins Denken zentrale *uti-(propter aliud deligere)-frui-(propter se ipsum deligere)*-Schema. Den historischen Kontext bilden die philosophische Güterlehre, in deren Rahmen sich *frui* als die Beziehung zum *summum bonum* darbietet, und das Problem der Ausweitung der Wertbestimmung der Güter auf die *adiaphora*.[240] Es ist das Lieben um seiner selbst willen, und das Beziehen auf ein Ziel (*referre ad*).[241] Jedes Erkennen soll zur *vita beata* führen, die allein in der Verehrung Gottes erlangt werde. Jede andere kognitive Beschäftigung erscheint so als überflüssig, als Pflege der *curiositas* oder als *vanitas*.[242] Genau diese Zweck-Mittel-Ordnung ist es, die nach Augustin alles ausrichten soll: Alles besitze seinen Nutzen und seinen Wert nur *propter Deum*, und das gilt *a fortiori* auch für die Grammatik, die Rhetorik und Dialektik.

---

239 So heißt es zusammenfassend im Blick auf Alanus ab Insulis (um 1125/30–1203) bei Evans (1983), S. 33/34: »This is a principle on which Alan builds a very great deal, here and elsewhere in his writings. If it is theological language which is normal and correct, then it sets the standard of normal usage, even when it appears to break the rules of grammar and dialectic. That is not to say that the rules of these and of the other arts have no force. Theological language breaks the rules by transcending them, by setting an altogether higher standard of ›propriety‹, and in this way it turns them into new, higher rules.« Sowie (S. 35): »This probe, he [scil. Alanus] feels, is bound to arise where human language, a created thing, is used to speak of the Creator. Words have a tendency to wander from their ›proper‹ senses and to take on strange and novel meanings under such pressure. If God has come down to meet human understanding in framing the text of the Holy Scripture, however, we must take that he himself has adapted them for their special purpose. We must, therefore, treat their strange meanings with respect and revise our notion of what is ›proper‹. Scripture's figurative sayings are not mere images. They are God's own usages, and that is why they are truly ›proper‹.«
240 Hierzu Lorenz (1952/53), Haußleiter (1959) und (1972), sowie Boeder (1970), Pfligersdorffer (1971).
241 Vgl. Augustinus: De doctrina Christiana [396/97 und 425/26] (Anm. 187), I, 4, 4 (S. 8): »Frui est enim amore inhaerere alicui rei propter se ipsam. Vti autem, quod in usum uenerit, ad id, quod amas obtinendum referre, si tamen amandum est.« – Augustin bestimmt allerdings frui in unterschiedlicher Weise, hierzu Lorenz (1950/51), O'Donovan (1982), ferner Brechtken (1975) sowie di Giovanni (1965).
242 Vgl. auch Augustinus: De libero Arbitrio [388/391–95], II, 19, 53 (PL 32, Sp. 1221–1310, hier Sp. 1269): »[…] atque ita homo superbus, et curiosus et lascivus effectus, excipitur ab alia vita, […].«

Doch löste das noch nicht das immer wahrgenommene Problem, dass die Heilige Schrift als Ganze eine Darstellungsweise der Wahrheit pflegt, die bestimmten tradierten Erwartungen und Idealen nicht entsprach – geradezu als Urszene dieses Problems kann Augustins Geständnis in den *Confessiones* gelten, wenn ihm die Lektüre der Heiligen Schrift als unwürdig (»indigna«) erscheint, verglichen mit der Würde (»dignitati«) der ciceronischen Schriften.[243] Seine Ansicht hat Augustin allerdings radikal geändert, nicht zuletzt angesichts der Möglichkeit der allegorischen Interpretation der Heiligen Schrift – es ist die zweifache Bedeutung, die die Schrift zum einen allen zugänglich mache, zum anderen dabei die Würde ihres Geheimnisses (»secreti sui dignitatem«) bewahre.[244] In *De Doctrina Christiana* sieht er bei den Paulinischen Briefen eine besondere literarische Qualität als gegeben an. Bonaventura (1217–1274) spricht von den neuen Theologen, denen die Heilige Schrift unsicher und ungeordnet erscheint wie ein finsterer Wald.[245] Wie es sich auch immmer mit den neuen Theologen verhalten mag, aufgrund der leitenden Annahmen war das ein erklärungsheischendes intrikates Problem. Nicht wenige Erklärungen sind hierfür beigebracht worden – zumal da man aufgrund der (gegebenen) epistemischen Situation diesen Sachverhalt nicht einfach zu leugnen vermochte: Seit alters etwa durch die Annahme, dies diene ihrem Schutz gegenüber pietätlosen Lesern oder fördere die Intensivierung der Anstrengungen bei ihrem Studium und führe so zu einer größeren Wertschätzung der Heiligen Schrift. Bei Bonaventura mangelt es diesen neue Theologen an bestimmten Voraussetzungen, die er ihnen mit seinem *Breviloquium* bieten will. Doch erscheinen solche Erklärungen als nicht mehr denn didaktische Motivierungen, die, weil als kontingent erscheinend, bestimmte Rechfertigungsleistungen gerade nicht zu erbringen vermögen. Es haben sich bei den unterschiedlichen Argumentationen *Muster* ausgebildet, mit denen man gerade in *nicht* kontingenter Weise versuchte, die besondere Art und Weise der Heiligen Schrift im Blick auf das Ideal wahrheitsvermittelnder Texte zu erklären und auf diese Weise ihre besondere Gestalt zu *rechtfertigen*.

Ein wirkungsmächtiges Beispiel bietet Thomas von Aquin. Für ihn ist die *poetica* »infirma inter omnes doctrinas«.[246] Der Grund liege letztlich in ih-

---

243 Augustinus: Confessiones [um 397–400]. Bekenntnisse. Lateinisch-deutsch. Eingeleitet, übersetzt und erläutert von Joseph Bernhart. München (1955) 1966, III, 5, 9 (S. 108). Auch Id., De Trinitate [399–419] (PL 42, Sp. 817–1098), XIV, 9, 12 (Sp. 1045/46) sowie 19, 26 (Sp. 1056–58).
244 Vgl. Augustinus: Confessiones [um 397–400] (Anm. 243), VI, 5, 8 (S. 260).
245 Vgl. Bonaventura: Breviloquium [1254–57], Prologus, § 6, n. 5 (Opera Omnia VII, S. 248): »[...] propter quod etiam novi theologi frequenter ipsam Scripturam sacram exhorrent tanquam incertam et inordinatam, et tanquam quamdam silvam opacam.«
246 Vgl. Thomas von Aquin: Summa Theologica [...1266–73]. Editio [...] Josepho Pecci [...]. Editio Tertia. Roma 1925, I–I, q. 1 a. 9, ob. 1 (S. 20/21): »Procedere autem per similitudines varias et repraesentationes, est proprium poeticae, quae est infima inter omnes doctrinas.«

rer Darstellungsform: Sie bediene sich einer Bildersprache (»similitudines« und »repraesentationes«). Drei Methoden (*modi*) der Theologie kennt der Aquinate: Argumente, Autoritäten und Vergleiche.[247] Doch im Unterschied zu anderen, wie etwa auch seinem Lehrer Albertus Magnus, wertet er die dritte Methode, die Tragfähigkeit des vergleichbaren Falls, überhaupt die Ähnlichkeit, so weitgehend ab, dass sie bei ihm kaum mehr eine Beweismethode darstellt.[248] Die Poesie befasse sich mit Dingen, die sich aufgrund des Fehlens von Wahrheit nicht von der Vernunft begreifen lassen; die Vernunft werde daher durch Ähnlichkeiten getäuscht. Die Theologie behandle Dinge, die über der menschlichen Vernunft seien. Beiden, der Poesie wie der Heiligen Schrift, sei trotz dieser Unterschiede – das Nichtrationale auf der einen, das Überrationale auf der anderen Seite – die ›symbolische‹ Darstellungsweise (*modus symbolicus*) gemeinsam.[249] Gleichwohl sei die Poesie als Erkenntnismittel (*poetica scientia*) Teil der rationalen Philosophie, indem sie (fiktionale) tugendhafte Handlungen als tugendhaft darstelle und so den Leser zu solchen Handlungen animiere, auch wenn sie im Vergleich (etwa) zur Theologie nur ein *minimum veritatis* biete.[250] Gleichwohl bleibt das Problem, dass die Heilige Schrift nicht weniger als die Poesie auf der Ebene der *Darstellung* durch *similitudines* und *repraesentationes* zu charakterisieren sei und damit für sie letztlich das gleiche Urteil drohe wie für die Poesie.

Das zentrale Muster, das zur Lösung dieses Problems ausgebildet wurde, lässt sich allgemein formulieren: Von den Eigenschaften der Darstellung ist zu einem differierenden Merkmal des Textes der Heiligen Schrift überzugehen, das zwar wesentlich sei, sich aber nicht an der Oberfläche der Darstellung manifestieren muss. Auch der Aquinate kennt ein solches: Es ist das *Ziel*, auf das er die Darstellungsweise eines Textes bezieht. Dieses Ziel nun sei bei literarischen und biblischen Texten vollkommen verschieden: Die einen erzeugen Anschaulichkeit und ergötzen auf diese Weise, bei den anderen sei dieselbe Darstellungsform diktiert durch Notwendigkeit und Nützlichkeit.[251] Der *doctor angelicus* sieht das in einem grundsätzlichen Zusammenhang mit der Erkenntnis göttlicher Wahrheit, die der Mensch

---

247 Vgl. Thomas: Scriptum super libros Sententiarum [1252–56], *prol.* q. 1, a. 5 (*Opera Omnia* VII/1, ed. Vivés, S. 10): »[…] et ideo oportet modum huius scientiae esse quandoque argumentativum, tum per auctoritas, tum etiam per rationes et similitudines naturales.«
248 Vgl. ebd.: »[...] ex similitudinariis locutionibus non potest sumi argumentatio.«
249 Vgl. ebd.: »Ad tertium dicendum, quod poetica scientia est de his quae propter defectum veritatis non possunt a ratione capi; unde oportet quod quasi quibusdam similitudinibus ratio seducatur; theologia autem est de his quae sunt supra rationem; et ideo, modus symbolicus utrique communis est, cum natura ratione proportionetur.«
250 Vgl. ebd.: »Poetica, quae minimum continet veritatis, maxime differt ab ista scientia, quae est verissima.«
251 Thomas: Summa Theologica [1266–73] (Anm. 246), I–I, q. 1 a. 9, ob. 1, ad 1 (S. 21): »[…] dicendum quod poeta utitur metaphoris propter repraesentationem: repraesentatio enim naturaliter homini delectabilis est. Sed sacra doctrina utitur metaphoris propter necessitatem et utilitatem […].«

nicht direkt auffassen könne, sondern nur – auf ein Dionysius-Zitat zurückgreifend – »sub aliquibus sensibilibus figuris«.[252] Wenn auch verstreut, sind bei ihm zudem alle Hinweise aus der Tradition zur Rechtfertigung dieser spröden Oberfläche der Heiligen Schrift versammelt: Sie verhindere Trägheit im Umgang mit der Heiligen Schrift und sporne den Eifer an; den Interpreten bewahre sie vor der Selbsttäuschung, im vollständigen Besitz der Bedeutung des Textes zu sein, und die Verborgenheit schütze die niedergelegten Wahrheiten vor den Missgriffen der Ungläubigen.[253] Schließlich entspreche die Dignität ihres Gegenstandes der aufzuwendenden Mühe, um ihn zu erkennen.[254]

Zwar bleiben die Mängel des Versuchs, einen sublimen Gehalt im *stilus humilis* darzubieten, er verliert aber aufgrund der *dignitas* des vermittelten religiösen Gehalts als *salubris et utilis* seine Anfechtbarkeit.[255] Entscheidend jedoch ist das Argument aus der *Sache* heraus, auch wenn die Argumentationen variieren konnten.[256] Es beruht auf einer (situativen) *Notwendigkeit* dafür, dass die Schrift nicht anders eingerichtet sein könne, als sie eingerichtet ist: Die Literatur sei bildlich aus *Mangel* an Wahrheit, die Heilige Schrift hingegen aus einer *Überfülle*.[257] Bereits Augustin konnte seine Überlegungen zu einem Höhepunkt führen, wenn er festhält, dass jeder, der das, was die Heiligen Schriften zu sagen haben, *richtig* verstehe, zugleich auch wahrnehme, dass ihre Verfasser nicht anders sprechen konnten, als sie es taten.[258]

---

252 Ebd., I–II, q. 101, a. 2, resp. (S. 481).
253 Vgl. Thomas: Quaestiones quodlibetales [1256–59; 1269–72]. Cura et studio Raymundi Spiazzi. Torino 1956, 7, 14, ad 2, sowie Id., De veritate [1256–59]. In: Id., Quaestiones disputatae. Vol. I. Cura et studio Raymundi Spiazzi. Romae 1964, I, 5, sowie IV, 1.
254 Vgl. Thomas: Summa Theologica [1266–73] (Anm. 246), II–II, q. 1, a. 9, ad 1 (S. 19): »[...] veritas fidei in sacra Scripturae diffuse continetur, et variis modis, et in quibusdam obscure; ita quod ad eliciendum fidei veritatem ex sacra Scriptura requiritur longum studium et exercitium, ad quod non possunt pervenire omnes illi quibus necessarium est cognoscere fidei veritatem: quorum plerique aliis negotiis occupati studio vacare non possunt.«
255 Vorgebildet bei Augustinus: De doctrina christiana [396/97 und 425/26] (Anm. 187), IV, 8, 22 (S. 131/32).
256 So unterscheidet auch Robert Kilwardby (1215–1279): De naturae theologiae. Hg. von Friedrich Stegmüller. Münster 1935, drei *modi* der Darstellungsweise der *scientia*. Die Heilige Schrift folge keinem dieser *modi*, sondern sie verfahre durchweg erzählend: »Primum videtur, cum non sit hic modus divisivus, definitivus et collectivus, sed narrativus tantum, historicus. Parabolicus et juiusmodi, qui non pertinent ad scientiam.« Und das ist auch erforderlich, geradezu notwendig, denn die Heilige Schrift ziele nicht allein auf die Vermittlung von Wissen im Sinn der *scientia*, sondern auf die Anleitung zum guten Handeln (S. 29): »Et ideo modus sacrae Scripturae partim est praeceptivus, partim exhortativus, partim orativus et huiusmodi, quia talibus praeparatur et accenditur affectus. Est igitur hic modus artis, quamvis non talis qualis in scientiis philosophicis.«
257 Vgl. Thomas: Summa Theologica [1266–73] (Anm. 246), I–I, q. 1, a. 9 (S. 21): »Convenit etiam sacrae Scripturae, quae communiter omnibus proponitur [...], ut spritualia sub similitudinibus corporalium proponantur; ut saltem vel sic rudes eam capiant, qui ad intelligibilia secundum se capienda non sunt idonei.«
258 Augustinus: De doctrina christiana (Anm. 187), IV, 6, 9 (S. 122): »Et audeo dicere, omnes qui recte intelligunt quod illi loquuntur, simul intelligere non eos aliter loqui debuisse.«

Dies hält sich durch bis zu den Erörterungen im 16. und 17. Jahrhundert der Akkommodation der Heiligen Schriftsteller an ihre Leser oder Zuhörer, um beispielsweise die Wissenskonflikte im Zuge eines wörtlichen Verständnisses von Partien des Alten Testaments und den neuen kosmologischen Ansichten zu schlichten.[259]

Freilich dürfen solche Kontinuitäten nicht die Veränderungen überdekken, die im Laufe der Zeit eintreten. So erscheint der Vorteil einer Lösung (wie sie etwa Thomas von Aquin entwirft) in der gegebenen epistemischen Situation zweifach: Sie belässt dem überlieferten Wissen (trotz der Konflikte mit der Heiligen Schrift) seine Autorität und verhindert, dass das Darstellungsmuster der Heiligen Schrift zum übergreifenden Ideal wird – man habe ihm selbst also nicht unbedingt zu folgen. Schon Augustin unterscheidet in *De doctrina christiana* strikt zwischen den stilistischen Eigentümlichkeiten, die der Heiligen Schrift zukämen, aber nicht den Vermittlungstexten der Interpreten zuständen – in dem einen Fall ist die *obscuritas* gerechtfertigt, in dem anderen die *perspicuitas* gefordert.[260] Bei veränderter epistemischer Situation bleibt zwar das Problem des nichtkontingenten Charakters der Heiligen Schrift bestehen, aber die spezielle Lösung mag nicht mehr als attraktiv erscheinen – etwa dann, wenn der Blick auf die bisherige (theologische) Wissenserzeugung fällt und man gegen einen (scholastischen) *modus loquendi philosophicus* einen ebenso neuen wie alten *modus loquendi theologicus*, *modus loquendi Apostoli* setzt. In seinem *Encomion sancti Thomae* – vermutlich sein letztes Werk, eine Rede, die er von der Kanzel der Hauptkirche des Ordens der Dominikaner in Rom gehalten hat und die erst gegen Ende des 19. Jahrhunderts veröffentlicht wurde –, hält zum Beispiel Valla fest, es sei der »verus et germanus theologandi modus« des Paulus, der die wahre Orientierung für das Sprechen und Schreiben biete und der diejenigen, die ihm folgen, zur besten Art und Weise des Theologisierens führe.[261] Paulus sei nicht nur ein exzellenter Rhetor, sondern er habe auch eine neue *institutio theologica* gestiftet, an welche die Kirchenväter angeknüpft hätten.[262] Die Konfrontation dieser beiden *modi* der Rede bedeutet, dass man sich eher

---

259 Vgl. Danneberg (2010d).
260 Vgl. Augustinus: De doctrina christiana [396/97 und 425/26] (Anm. 187), IV, 9, 23–13, 29 (S. 132–137).
261 Valla, Encomion sancti Thomae [1457, posthum 1886]. In: Id., Opera omnia (Anm. 205), S. 346–352, hier S. 350: »Hic [scil. Paulus] est verus et, ut dicitur, germanus theologandi modus, haec vera dicendi et scribendi lex, quam qui sectantur, ii profecto optimum dicendi genus theologandique sectantur. Quare non est ut illis veteribus, vere Pauli discipulis hoc nomine quod ab iis philosophia theologiae non admisceatur, aut detrahunt aut noster Thomas sit praeponendus.« Zu diesem Werk informativ Camporeale (1976), auch Gray (1965).
262 Vgl. zusammenfassend Camporeale (1972), S. 47: »L'apostolo Paolo, non è soltanto l'oratore per eccellenza, […] ma anche il retore che replica in ambito teologico, la polemica anti->filosofica‹, che un tempo era strata di isocrat, e verrà poi ripresa da Quintiliano. Per il Valla, paolo è il retore cristiano che fonda la nuova *institutio theologica*, compresa e quindi consapevolmente assimilata dai maggiori Padri latini e greci.«

an der exzessiven Redeweise des Apostels Paulus oder des Kirchenvaters Augustin zu orientieren dachte als an der technischen der Theologie und Philosophie der ›Scholastik‹.²⁶³

Das Problem der Kontingenz in der Gestaltung der Heiligen Schrift bleibt zwar auch im 17. Jahrhundert weithin unverändert, doch wird seine Lösung wesentlich aufwändiger, wenn man sich mit dem zunehmenden Wissen zur textuellen Überlieferung und zum Text der Heiligen Schrift konfrontiert sieht. Immer weniger genügen allgemeine Notwendigkeitserwägungen, auch wenn noch lange Zeit die Sicherheit der Überlieferung durch die *providentia Dei* als Bestandteil der epistemischen Situation den abgesteckten Rahmen bildete und so die Lösung des Kontingenzproblems *prinzipiell* gewährleistete – aber eben nicht mehr. Es wird zunehmend zu einem *philologischen* Problem. Das am Beginn der *Philologia Sacra* des Glassius behandelte Anliegen bezeugt genau dies in eindrucksvoller Weise: Es geht darum, die *integritas* und *puritas* des hebräischen Textes des Alten wie des griechischen des Neuen Testaments zu verteidigen. Aber nicht allein das ist bemerkenswert, sondern die Pointe zeigt sich an der Gewichtung in den jeweiligen Traktaten: In beiden Fällen ist die Erörterung speziellerer, philologisch problematisch erscheinender Fragen doppelt so umfangreich wie die einleitenden theoretischen Überlegungen zur *hermeneutica sacra*.²⁶⁴ Der Grund dafür, dass es immer schwerer fällt, die Authentizität der Überlieferung aufzuzeigen, liegt nicht zuletzt darin, dass die Überlieferungsrelation, die es fortwährend zu sichern galt, damit dem Text der Heiligen Schrift *veritas* und *auctoritas* zukomme, sukzessive komplizierter und komplexer wird – und das wiederum lag nicht zuletzt an einer stärkeren *Gewichtung* der immer schon vorhandenen (*grammatischen*) Kontext-Verknüpfungen im Blick auf die Überlieferung des *Textes* der Heiligen Schrift.

Bereits Augustin hat in *De doctrina christiana* auf das Erfordernis der Kenntnis rhetorischer Figuren für das Verständnis der Heiligen Schrift hingewiesen. Im Anschluss hieran verfasst Beda Venerabilis (673–735) sein Jugendwerk *Liber de schematibus et tropis* (*Sacrae Scripturae*).²⁶⁵ Es handelt sich um eine Adaptation der Tropen und Figuren des Donatus als Anhang zu *De Arte metrica*.²⁶⁶ An Stelle der paganen Illustrationen der siebzehn Schemata

---

263 Vgl. z.B. etwa Luther: Diui Pauli apostoli ad Romanos Epistola [1515–16], *Die Scholien*, 7, 1 (*Werke* 56. Bd., S. 3–528, hier S. 334): »Modus loquendi Apostoli et modus loquendi metaphysicus seu moralis sunt contrarii. Quia Apostolus loquitur, vt significet sonet hominem potius aufferri peccato remanente velut relicto et hominem expurgari a peccato potius quam econtra. [...] Sed Apostoli sensus optime proprius et perfectus diuinus est.«
264 Vgl. Glassius: Philologia Sacra [1623, 1705] (Anm. 2), I. de integritate & puritate Hebraei V.T. Codicis, Sp. 1–174, davon Sp. 65–174, die Erörterung von Stellen; II. De integritate & puritate Graeci N.T. Codicis, Sp. 175–260, davon Erörterung von Stellen Sp. 202–259.
265 Hierzu Isola (1976), ferner Schindel (1968), auch King (1979), Clausi (1990) – zu einer Aufnahme Elder (1947).
266 Vgl. auch Luiselli (1976).

entlehnt Beda seine 122 Beispiele aus der Heiligen Schrift – eine Ausnahme bildet der christliche Poet Sedulius (5. Jh.). Zudem wird die rhetorische Kunstgemäßheit der Heiligen Schrift (*praeeminet positione dicendi*) mit der Identifizierung von siebzehn *schemata* und dreizehn *tropi* belegt.[267] Zugleich betont er den zeitlichen Vorrang der *rhetorica sacra* gegenüber der *rhetorica profana*. Obwohl nicht zuletzt damit die *rhetorica* zu einer der Hilfswissenschaften der Beschäftigung mit der Heiligen Schrift avanciert, kommt es doch wohl erst im Zuge der Betonung des rhetorischen Charakters neutestamentlicher Schriften bei Melanchthon und im Anschluss an ihn zur Ausbildung einer eigenen *rhetorica sacra,* auch wenn es bereits bei Erasmus heißt, dass die Schriften der Propheten von poetischen Figuren und Wendungen überquellen und Augustin »es keineswegs für eine kindische Mühe« gehalten habe, »in den Propheten und den Paulinischen Briefen die Figuren der Rhetorik, die Einschnitte der Rede und ihre Perioden anzugeben«, und das in einem Buch, nämlich *De doctrina christiana*, das nicht die *artes* behandle, sondern die Theologie.[268]

Konsequent ist Melanchthon, wenn er in seinen *Lehrbüchern* zur Rhetorik *und* zur Dialektik auf biblische Beispiele zurückgreift,[269] auch wenn unklar ist, in welchem Sinn er in der Rhetorik hierbei singulär ist: So weist bereits die *Margarita eloquentiae castigatae* von 1478, auch unter dem Titel *Nova rhetorica*, des Franziskaners Lorenzo Guglielmo Traversagnis (1425–1505) zahlreiche biblische Beispiele auf, doch handelt es sich um eine Art Homiletik;[270] auch das zweite und dritte Buch des *Ecclesiastes* des Erasmus' enthält nahezu ausschließlich christliche, vor allem biblische Beispiele.[271] Obwohl es als »the great watershed in the history of sacred rhetoric« gilt,[272] ist die Aufmerksamkeit, die es selbst und seine Wirkung als Predigtlehre im Unterschied zu anderen Werken des Erasmus gefunden haben, vergleichsweise gering, und es wird kaum unter dem hier gewählten Gesichtspunkt behandelt.[273] Das erste der vier Bücher von *De Ratione Concionandi* entfaltet Elemente einer Logos-Philosophie – Christus als λόγος ist als Wort Gottes

---

267 Vgl. Beda: De schematibus et tropis [701/702]. In: Carolus Halm (Hg.): Rhetorices latini minores. Lipsiae 1863, S. 607–618.
268 Erasmus: Ratio seu Methodus compendio perveniendi ad veram Theologiam [1518]. In: Id., Ausgewählte Schriften. Lateinisch und deutsch. 3. Bd. Übersetzt, eingeleitet und mit Anmerkungen versehen von Gerhard B. Winkler. Darmstadt (1967) 1990, S. 117–495, hier S. 161.
269 Zu Exemplifikationen aus der Heiligen Schrift als Beispiele für einen guten rhetorischen Gebrauch auch die Hinweise bei J. R. Schneider (1990), insb. S. 80–86. Nachdrücklich hierauf hingewiesen hat Classen (1998).
270 Hierzu Murphy (1989/90), auch Martin/Mortimer (1971).
271 Vgl. Erasmus: Ecclesiastes sive de Ratione Concionandi Libri Quatuor [...1535] (*Opera* V, ed. Clericus, Sp. 796A–1100C).
272 Vgl. O'Malley (1985), hier S. 13, und S. 29: »Its only rival is the *De doctrina christiana* of Augustine.«
273 Vgl. u.a. Warners (1971), Weiss (1974), Kleinhans (1978), Chomarat (1981), II, S. 1053–1146, Bené (1969), S. 372–425, Godin (1972).

selbst der höchste Prediger. Erasmus behandelt dann die Eigenschaften, die ein Prediger haben sollte, und bietet hierfür eine Art Tugendlehre. Das zweite und dritte Buch sind Handreichungen zu den Regeln der antiken Rhetorik, darunter auch zur Hermeneutik einschließlich einer Erörterung der sieben tychonischen Regeln aus *De doctrina christiana*.[274] Diese Regeln wurden über das ganze Mittelalter erörtert und tradiert, wohl immer unter dem Eindruck der Darstellung und Kritik, die sie bei Augustin gefunden haben, zumal er für lange Zeit die einzige Quelle für diese Regeln gewesen sein dürfte.

Im vierten Buch bietet der *Ecclesiastes* – als *Elenchis* betitelt – schließlich die christlichen Lehrstücke nach dem Muster von *loci theologici*, und zwar aufbereitet für den Prediger, dabei das vierte Buch von *De doctrina christiana* zum Muster nehmend, auch wenn Erasmus in der *Praefatio* einräumt, der augustinische Text sei kein sonderlich gut disponiertes Werk (es sei eine *rudis indigestaque silva*). Beim *Ecclesiastes* des Erasmus handelt es sich zusammengefasst um eine *rhetorica sacra* in der Gestalt einer Homiletik, als Anleitung für den *concionator evangelicus*, die durchweg mit biblischen Beispielen illustriert wird. Von der Wahl der Beispiele aus der Heiligen Schrift zu einer *rhetorica sacra* in dem Sinn, dass sie sich zuvörderst ihr zuwendet und ihren Namen daher erhält, ist der Unterschied denn auch gleitend. Zu den ersten, die im Zuge der Reformation eine solche *biblische* Bilder- oder Tropenlehre vorgelegt haben, scheint Johann Toltz' (bis 1523) mit *Der heiligen schrifft art, weiß un gebrauch* oder *Tropi biblici* zu gehören, das in kurzer Zeit mehrere Auflagen erlebte.[275] Ein anderes frühes Beispiel bietet Bartholomaeus Westhemerus (1499–1570) in seinem mehrfach erweiterten Werk *Tropi insigniores ueteris atque noui testamenti*,[276] ein weiteres der Vertraute Melanchthons Joachim Camerarius (1500–1574) mit *Notatio figvrarvm sermonis in libris quatuor euangeliorvm*.[277]

Nach den vorbereitenden Darlegungen ist es denn auch nicht unerwartet, dass auch Glassius die Frage der Anwendung des rhetorischen Wissens auf die Heilige Schrift (»An praecepta Rhetorices ad sacras literas applicanda«) erörtert. Bezeichnenderweise geschieht das allerdings nicht im Hauptteil, sondern vorab in der *Praefatio* seiner *rhetorica sacra*.[278] Dabei erscheint

---

274 Vgl. Erasmus: Ecclesiastes [1535, 1703] (Anm. 271) (Sp. 1012–1062).
275 Vgl. Toltz: Der heiligen schrifft art, weiß un gebrauch: Tropi bibliaci. Ein kurtz handtbüchlin für junge Christen so vil in zu wissen vonn noten. Wittenberg s.a.; die Vorrede von Johannes Bugenhagen (1485–1558) ist auf 1525 datiert.
276 Vgl. Westhemerus: Tropi insigniores ueteris atque noui testamenti […1527]. Basileae 1528. Es gibt von diesem Werk zahlreiche weitere Auflagen, allerdings offenbar immer mit unterschiedlichen Titeln.
277 Zu späteren Beispielen, auch als Homiletik, vgl. Steiger (1995).
278 Vgl. u.a. Glassius: Philologia Sacra [1623] (Anm. 2), Epistola ΕΙΣΑΓΩΓΙΚΗ de Eloqventia sacrosanctae Scriptvrae in genere, S 25: »Media via qui & hic ambulat, recto incedit pede, & ad optatam agnoscendae admirandaeque sapientiae in scriptis sacrosanctis eloquentissimae,

auch ihm die *sacrosancta eloquentia* als nicht minderwertiger denn die profane. Nicht die methodischen Konzeptionen selber, also die zumeist in *grammatica, rhetorica* und *logica* dreigeteilte *analysis textus*, bildet das Spezifikum der *Philologia sacra*. So geht denn Glassius an keiner Stelle im Haupttext auf die Beschreibung oder Rechtfertigung etwa der *rhetorica, grammatica* oder *logica analysis* ein. Der Grund dürfte darin liegen, dass es sich in der Zeit bereits um mehr oder weniger unproblematisches Gemeingut handelt. Die logische Analyse, die Dialectica, spricht er nur dann an, wenn es um den *ordo* der abfolgenden Rede geht,[279] und das ist in der Zeit in Gestalt der *analysis logica* völlig unauffällig.

Die Philologia sacra des Glassius bietet in dieser Hinsicht eher eine enzyklopädische Ansammlung von Wissen – der grammatica, rhetorica und logica –, das zur Analyse der Heiligen Schrift als relevant erscheint und dessen Relevanz durch Illustrationen aus der Heiligen Schrift aufgezeigt wird. Spezifisch bei Glassius sind allerdings die Anordnung der Wissensbestände, der Reichtum der Illustrationen sowie vor allem die einzelnen Darlegungen zu zahlreichen ›schwierigen‹ oder ›strittigen‹ Stellen der Heiligen Schrift. Was die rhetorica sacra betrifft, findet das zweihundert Jahre später einen Höhepunkt in der rhetorica sacra Christian Gottlob Wilkes (1786–1854). In Erinnerung geblieben ist er aufgrund seines zeitgleich mit Carl Lachmann (1793–1851) und Christian Hermann Weiße (1801–1866) unternommenen Versuchs, die Vermutung der Priorität des Markus-Evangeliums zu begründen in Abgrenzung zu der in der Zeit dominierenden Auffassung der Priorität des Matthäus als ›Urevangelisten‹.[280] Freilich hat sich die Zielsetzung im Lauf der Zeit grundlegend gewandelt: Nun, wie Wilke im Vorwort sagt, dient seine wahrhaft gigantische neutestamentliche Rhetorik dem Ziel, »Individualität und die geistige Verschiedenheit« der Evangelien darzulegen und das »noch mehr zu erhärten und noch fester zu begründen«.[281]

5.3 Wissenskonkurrenz – *grammaticus* versus *theologus*

Der *philologische* Griff des *grammaticus* auf die Texte wird im Lauf der Zeit gleichsam zur *conditio sine qua non* jeder Ermittlung und Sicherung (theologischer) Wissensansprüche, und dabei kommt es immer wieder zu Konflikten zwischen dem *grammaticus* und dem *theologus*.[282] In der Widmungsvorrede

---

& eloquentiae sapientissimae metam tuto pervenit: qui & primarius conscripti hujus libri finis ac scopus est.«

279 Ebd., lib. II, pars II, section, Sp. 500: »*Ordo* continet Dialecticam observationem membrorum orationis.«
280 Hierzu u.a. Meijboom (1993), insb. S. 20ff., Stoldt (1977), S. 28ff., auch Palmer (1966/67).
281 Christian Gottlob Wilke: Die neutestamentliche Rhetorik, ein Seitenstück zur Grammatik des neutestamentlichen Sprachidioms. Dresden/Leipzig 1843, Vorrede, S. XII.
282 Hierzu auch Fernando Domínguez Reboiras: Kontroversen um die *hebraica veritas* im frühneuzeitlichen Spanien, in diesem Band.

zu seiner Edition der *Collatio* oder *Adnotationes* Vallas, die er aufgefunden hatte und dessen Vulgata-Kritik ihn faszinierte, schreibt Erasmus programmatisch: Es sei doch wohl Sache des *grammaticus*, die Heilige Schrift zu übersetzen.[283] Zuvor hat er auf die Autorität des Nicolaus von Lyra (1270–1349) hingewiesen, der, wenn er die Bedeutung eines Wortes erkunde, es nicht als Theologe, sondern als Grammatiker tue. Zwar beschäftigen sich die Grammatiker in gewisser Hinsicht mit *nugae*, aber diese hätten folgenschwere Konsequenzen – das schreibt derselbe, der die *Adnotationes* Vallas 1505 ediert, die stärker als Frühere die *theologischen Konsequenzen* bestimmter Übersetzungen betonen. In seinem Verteidigungsschreiben an Maarten van Dorp von 1515 betont Erasmus, dass das Verständnis des Hebräischen und Griechischen so wichtig für das Verständnis der Heiligen Schrift sei, dass keiner, der nicht beide kenne, ein Theologe genannt werden könne.[284] Zugleich weist er darauf hin, dass Valla mehr mit *rhetorica* als mit *theologia* beschäftigt gewesen sei.[285] In dieser Auseinandersetzung geht es letztlich um den Vorrang eines bestimmten Wissens: um die Stellung der *grammatica* und der *dialectica*.[286] Hermeneutisch gesehen wichtiger noch ist eine Bemerkung bereits in einem Schreiben von 1501, in dem Erasmus festhält, dass man den zentralen Teil der Theologie, der von den Mysterien handle, nicht einmal berühren könne, wenn man des Griechischen nicht hinreichend mächtig sei. Entscheidend ist der Grund, den er hierfür angibt: Würden doch die Übersetzer die *Graecas figuras* in der Weise wiedergeben, dass nicht einmal der *erste* Sinn der Schrift, den die Theologen den *literalen* nennten, sich ohne ein Beherrschen des Griechischen verstehen lasse[287] – also: Ohne entsprechende Sprachkenntnis würde man nicht einmal den *sensus literalis* oder *primarius* sicher erkennen können, in dem sich das Mysterium niedergelegt findet. Nur erwähnt sei in diesem Zusammenhang, dass Hieronymus sich für die wörtliche Bedeutung des Textes, wenn erreichbar, auf die *veritas Hebraica* zu stützen scheint, hingegen beim *sensus spiritualis* auf die Septuaginta.[288]

---

283 Erasmus: Opus Epistolarvm. Tom. I. 1484–1514. Denvo recognitvm et avctvm per P.S. Allen et H. Allen. Oxonii 1906, *Ep*. 182, S. 406–412, hier S. 410: »[...] imo totum hoc, diuinas vertere scripturas, grammatici videlicet partes sunt«.

284 Erasmus: Opus Epistolarvm. Tom. II. 1515–1517. Denvo recognitvm et avctvm per P.S. Allen et H. Allen. Oxonii 1910, *Ep*. 337, S. 90–114, hier S. 106.

285 Vgl. ebd., S. 112.

286 Hierzu u.a. Kinney (1981); zum Hintergrund auch Marc'Hadour (1980), Baumann (1982).

287 Vgl. Erasmus: Opus Epistolarvm. Tom. I (Anm. 283), *Ep*. 149, S. 351–353, hier S. 352: »Video dementiam esse extremam, theologiae partem quae de mysteriis est praecipua digitulo attingere, nisi quis Graecanica etiam sit instructus supellectile, cum ii qui diuinos vertere libros, religione transferendi ita Graecas reddant figuras, vt ne primarius quidem ille, quem nostratas theologi literalem nominant, sensus percipiatur ab iis qui Graece nesciunt.«

288 An Beispielen arbeitet das heraus Dines (1998). Ein ähnlicher Fall, nun allerdings im Blick auf die griechische Version, liegt bei Hilarius von Poitiers (ca. 315–367) vor, der das Griechische weniger wegen möglicher Korrekturen der ihm vorliegenden Version konsultiert, sondern wegen spezifischer spiritueller Bedeutungszüge; hierzu Milhau (1990).

Valla selbst gibt auf die Frage, was die Heilige Schrift sei, die Antwort: Sie sei das, was die Heiligen selber in Hebräisch oder Griechisch geschrieben haben.[289] Eine nähere Bestimmung erfährt dieser *grammaticus* als *vir trilinguis, in triplici lingua eruditus, Latina, Hebraica, Graeca,* für den Hieronymus immer wieder als Prototyp angeführt wurde.[290]

Aus der Sicht der Kritiker erscheinen Bekundungen der besonderen Betonung sprachlicher Kenntnisse als Versuche, eine durch Grammatik fundierte, gleichwohl unprofessionelle Laien-Theologie zu installieren – und mitunter stand der *grammaticus* tendenziell unter dem Verdacht des *haereticus*: »graece loquuntur, de rebus divinis impie sentiunt«,[291] oder: »Graecum aliquid nosse [...] suspectum, hebraice autem prope haereticum«.[292] Wenn auch formal korrekt, ist es vor diesem Hintergrund bezeichnend, wenn Johannes Eck (1486–1543) in einer Streitschrift gegen Melanchthon ihn als Wittenberger Grammatiker anspricht: *Excusatio ad ea quae falso sibi Philippus Melanchton grammaticus Wittenbergensis super theologica disputatione Lipsica adscripsit,* der vielleicht etwas von den *humanae litterae,* den *mundanae litterae,* verstehe, nicht aber von den *divinae litterae.*[293] Aus der Sicht der traditionellen, scholastischen Theologen handelt es sich bei der Betonung des *grammaticus* um eine Kompetenzüberschreitung, die Lefèvre d'Étaples (Faber Stapulensis, ca. 1455–1536) und Erasmus die abfällige Bezeichnung des Natalis Beda (Noël Bédier, bis 1536) *humanistae theologizantes* eingetragen hat.[294] Die Zen-

---

289 Vgl. Valla: Antidotum primum. La prima apologia contro Poggio Bracciolini. Edizione critica con introduzione e note. Proefschrift [...] Ari Wesseling. Amsterdam 1978, S. 112: »Et si proprie Scriptura Sancta sit ea que sancti ipsi vel Hebraice vel Grece scripersunt, nam Latinum nihil tale est.«

290 Er selbst beschrieb sich so, vgl. Hieronymus: Contra Rufinum, II, 6 (CCSL 79, S. 79): Er gelte als Hebraist, Gräzist, Latinist, als dreisprachig. – Zu den Hebräisch-Kenntnissen des Hieronymus abwägend Barr (1967), noch abwägender Rebenich (1993), mit Beispielen abrundend D. Brown (1992), wo es resümierend heißt (S. 80): »The knowledge of Hebrew which Jerome portrays is on a quite different level from that of either Philo or Origen. Whereas their knowledge of the language is slight and superficial, Jerome has a much more extensive and profound knowledge.« Zusammenfassend Sparks (1970), sowie vor allem jetzt die spezielle Untersuchung von Kamesar (1993); zu Zweifeln an seiner selbstständigen Nutzungen des hebräischen Textes auch Estin (1984).

291 So in: Der Briefwechsel des Conradus Mutianus. Gesammelt und bearbeitet von Karl Gillert. Bd. I. Halle 1890, S. 132. Zu weiteren Beispielen Newman (1925/1966), S. 24, sowie an anderen Stellen, etwa S. 617/18.

292 Zitiert nach Johann Gottlob Walther: Ergänzte und verbesserte Nachrichten von den letzten Thaten [....] Luthers. Jena 1749, S. 104.

293 In einem Schreiben an Gasparo Contarini (1483–1542) vom 13. März 1540 findet sich der gegen Erasmus und Luther gerichtete Vorwurf, sie betrieben die Theologie wie die *bonae literae,* vgl. Walter Friedensburg (Hg.): Beiträge zum Briefwechsel der katholischen Gelehrten Deutschlands der Reformationszeit. In: Zeitschrift für Kirchengeschichte 19 (1899), S. 211–264, hier S. 256.

294 Vgl. auch Rice (1962), S. 136, ferner Barnaud (1936), Wiriath (1949), Mesnard (1963). Vgl. auch die Klage des Erasmus in seinem Schreiben an Beda von 1525, vgl. Id., Opus Epistolarvm. Tom. VI. 1525–1527. Denvo recognitvm et avctvm per P.S. Allen et H. Allen. Oxonii 1926, *Ep.* 1581, S. 87–107, vor allem S. 99–101.

surierung durch die theologische Fakultät in Paris konfrontiert Erasmus mit dem Vorwurf, dass die Kenntnis des Griechischen und Hebräischen nicht bereits zur Theologie befähige, und diejenigen, die keine theologische Ausbildung besäßen, nicht mehr als *grammatici* seien.[295] Wichtiger noch ist die fragile Geltung, die den sprachlichen Kenntnissen in der theologischen Deutung zuerkannt wurde; denn es ist nicht unbedingt Unkenntnis, die zur Abwehr eines bestimmten Wissens führt: So hatte derselbe Johannes Eck, der den Wert der hebräischen Sprache für die *Auslegung* bezweifelte,[296] Hebräisch bei Johannes Reuchlin (1455–1522) studiert, setzte seine Studien in Rom bei dem in vielfacher Hinsicht bedeutenden Hebraisten Elias Levita (1469–1549) fort[297] und zeigte sich mit dem einschlägigen sprachlichen Wissen durchaus vertraut.[298]

Entscheidend ist mithin das sich einstellende Problem, wie sich in Situationen des Widerstreits ein bestimmtes, in diesem Fall sprachliches Wissen gegenüber einem anderen und tradierten Wissen durchzusetzen vermag, indem ihm ein bestimmter *Vorrang* zugesprochen wird – also: Welches Wissen in bestimmten Konstellationen letztlich als der *veritatis a falsitate discretor* erscheint. Das gilt generell – und so denn auch für die Reformatoren: Allein sprachliche Fähigkeiten machten auch in ihrer Sicht aus niemandem allein schon einen *weisen* Christen (*christianus vere sapiens*).[299] So sei die *Deutsche Theologie* Johannes Taulers (um 1300–1361) jeder aus der *graecitas*, *hebraitas* wie *latinitas* gewonnenen Theologie überlegen,[300] denn sie sei von Gott inspiriert. Luther konnte daher nicht nur schreiben: »Ich habe mehr Ebräisch gelernt, wenn ich im Lesen einen Ort und Spruch gegen den andern gehalten habe [...]. Ich bin kein Ebräer nach der Grammatica und Regeln«. Er konnte auch fortsetzen: »denn ich lasse mich nirgends binden, sondern ich geh frei hindurch,« sowie dann ebenso wie die traditionellen Kritiker behaupten: »Die Sprachen machen fur sich selbs keinen Theologen, sondern sind nur eine Hülfe. Denn, soll einer von einem Dinge reden, so muß er die Sache zuvor wissen und verstehen.«[301] So wichtig die *verba* auch sein mögen,

---

295 Erasmus: Ad Censuras Facultatis Theologiae Parisiensis (*Opera Omnia* IX, ed. Clericus, Sp. 813–928, hier Sp. 922C–D).
296 Vgl. Bäumer (1983), S. 272.
297 Zu ihm Weil (1963), zudem mit vielen Informationen zu seinen sprachwissenschaftlichen Ansichten und philologischen Funden Bacher (1889).
298 Vgl. Bernhard Walde: Einleitung. In: Eck, Explanatio Psalmi Vicesimi (1538) (CC 13, S. XIX–LXIV), ferner Smolinsky (2000); 1526 stritten sich Eck und Zwingli darüber, wer über ausgedehntere Kenntnisse des Hebräischen verfügte, hierzu Newman (1925/1966), S. 471–473.
299 So in einem Brief an Johannes Lang (1488–1548) in Luther: Briefwechsel [1501–20]. In: Id., Werke. [...]. 1. Bd. Weimar 1930, Br. 35, S. 90.
300 So in einem Schreiben an Georg Spalatin (1480–1545), ebd., Br. 36, S. 96.
301 Luther: Tischreden. 1. Bd. Weimar 1912, S. 524/25; es gibt eine Reihe ähnlicher Stelle, so auch Luther: In epistolam S. Pauli ad Galatas Commentarius ex praelectione D. Martini Lutheri (1531) collectus 1535 (*Werke* 40/II. Bd., S. 1–184, hier S. 170).

um einen *Zugang* zu erlangen, sind doch die *res* entscheidend: »Grammatica est, quid nominis [sit]. Quid rei muss man erstlich lernen [...] Grammatica tantum verba tradit, que sunt signa rerum.«[302] *Sed prius grammatica videamus, verum ea Theologica*: Zuerst soll das Sprachliche betrachtet werden, doch dieses Sprachliche *als* Theologisches.[303] Die *res* erlerne man aber nicht allein in der *grammatica*. Die *res* ist dann auch der rechte »Prüfstein« für die Apostolizität, um »alle Bücher zu tadeln, wenn man nicht sieht, ob sie Christum treiben oder nicht, sintemal alle Schrift Christum zeigt [...]. Was Christum nicht lehret, das ist nicht apostolisch, wenn's gleich S. Petrus oder S. Paulus lehrete. Widerum, was Christum predigt, das ist apostolisch, wenn's gleich Judas, Pilatus und Herodes täte.«[304] Die Juden kennten zwar die Grammatik – *quid nominis* –, aber nichts von der Sache – *quid rei*.[305]

Diese Bedenken gegenüber der Relevanz grammatischen Wissens meint keine Ablehnung *allgemein*, sondern ein Abwägen verschiedener Wissensmengen bei einer interpretatorischen Entscheidung (in einer gegebenen epistemischen Situation).[306] Es meint indes auch nicht Bindungslosigkeit, so es denn um ein Wissen der behandelten Sache geht und sich *dieses* Wissen in zugänglicher Weise gerade nicht mittels der hebräischen *grammatica* finden lässt, sondern im Neuen Testament. So konnte Luther im jungen Alter der (masoretischen) »Puncte« des hebräischen Textes des Alten Testaments sogar einen »Vorteil« sehen, und zwar gerade in der Unsicherheit, die den ›Buchstaben‹ erfasse.[307] Sie lasse sich für die theologische Deutung mittels des neutestamentlichen *spiritus* gegen jüdische Auslegungen nutzen, um den

---

302 Wiedergegeben in Conrad Cordatus (1480–1546): Tagebuch über Dr. Martin Luther geführt 1537. Hg. von H. Wrampelmeyer. Halle 1885, Nr. 488, S. 159.
303 Zum allgemeinen Komplex Raeder (1977). – Das schließt allerdings nicht aus, dass Luther mitunter sogar eine Deutung, die auf Christus zielt, aufgrund des *textus hebraeus* aufgibt, so z.B. in Id., Operationes in Psalmos [1518–21] (*Werke* 5. Bd., S. 56).
304 Luther: Vorrede [1522] (*Werke Deutsche Bibel* 7. Bd., S. 384).
305 Luther: [Vorlesungen über 1. Mose von 1535–45], Kap. 15, 1 (*Werke* 42. Bd., S. 597): »Ita si rem habeas bene notam, facilis est grammatica: sicut Horatius quoque monet, verba non invita sequi, ubi res bene praevisa, cognita et mediata sit, ubi autem notitia, quid rei, non est, ibi notitia, quid nominis, frustra est.«
306 Zu religiösen Skupeln gegenüber dem überlieferten (antiken) Wissen auch die Hinweise bei Leclerq (1957), insb. S. 187–201.
307 Vgl. u.a. Luther: Vom Schem Hamphoras und vom Geschlecht Christi [1543] (*Werke* 53. Bd., S. 579–648, hier S. 647/48): »Mit dieser weise künd man der Jüden verstand jnn der Biblia fein schwechen, Und ist das vorteil da, das Mose und die Propheten nicht haben mit puncten geschrieben, welches ein new menschen fündlin, nach ihrer zeit auffbracht, Darumb nicht not ist, dieselben so steiff zu halten, als die Jüden gerne wolten, Sonderlich, wo sie dem newen Testament zu wider gebraucht werden. [...] Die Jüden haben doch lust, all ir Ding zweifelhafftig und nichts gewisses zu machen.« Oder z.B. Id., [Vorlesungen über 1. Mose von 1535–45] (*Werke* 44. Bd., S. 683): »Tempore Hieronymi nondum sane videtur fuisse usus punctorum, sed absque illis tota Biblia lecta sunt. Recentiores vero Hebraeos, qui iudicium de vero sensu et intellectu linguae sibi sumunt, qui tamen non amici, sed hostes scripturae sunt, non recipio. Ideo saepe contra puncta pronuncio, nisi congruat prior sententia cum novo testamento. Ex punctis enim nihil aliud relinquitur, quam merae divinationes: [...].«

›eigentlichen‹ Sinn des von den Juden verzerrten Texts zu restituieren. Das geschieht nach der Maxime *Christus finis omnium et centrum*[308] und mit dem christologischen Sinn als *sensus literalis* sowie unter Maßgabe der *interpretatio secundum analogiam fidei* (»Analogia des Glaubens«[309]). Der *sensus de Christo* ist für Luther denn auch das, was er mitunter als *sensus principalis* bezeichnet.[310]

Entscheidend ist, dass sich sowohl das Wissen selbst als auch die Gewichtung und der Einsatz der verschiedenen, bei der Interpretation beteiligten Wissenskomponenten im Lauf der Zeit wandeln. Die Hinweise sollen zeigen, dass spezifische Sprachkenntnisse nicht selbstverständlich als relevant für die Erzeugung bestimmter Wissensansprüche aus Texten angenommen werden können oder sich ihre Priorität gar von selbst versteht. Es geht nie und auch nicht im 16. Jahrhundert um den trivialen Umstand, dass die Heilige Schrift sprachlich verfasst ist. Es geht vielmehr um die Veränderung der Hierarchien von Wissen samt der drohenden Entwertung akkumulierter Wissensbestände bei tendenziell zugleich bedrohter Professionalität (etwa als Theologe). Was bedeutet beispielsweise noch die *theologische* Autorität eines Thomas von Aquin im Rahmen eines *argumentum ab auctoritate*, wenn dieser kein Hebräisch, nicht einmal Griechisch beherrschte und er aus Sicht einiger Humanisten seine Gedanken in einem barbarischen Latein vorgetragen hat? Pointiert macht das Problem der Wissenskonkurrenz eine Anekdote deutlich, die Vives über einen seiner Lehrer, dem nicht zuletzt als Logiker hervorgetretenen Johann Dullaert (Dullardus, bis 1518), erzählt: Mehrfach will er von ihm zugerufen bekommen haben: »quanto eris melior grammaticus, tanto pejor dialecticus *et theologus*« – eben auch »theologus«.[311]

---

308 Vgl. z.B. Luther: Dictata super Psalterium Ps. I–LXXXIII (LXXXIV) [1513–16] (*Werke* 3. Bd., S. 368): »Quia omnia opera creationis et veteris legis signa sunt operum dei, que in Christo et suis sanctis facit et faciet, et ideo in Christo illa pacta tanquam signa omnia implentur: nam omnia illa sunt transitoria, significantia ea, que sunt eterna et permanentia: et hec sunt opera veritatis, illa autem omnia umbra et opera figurationis: Ideo Christus finis omnium et centrum, in quem omnia respiciunt et monstrant, ac si dicerent: Ecce iste est, qui est, nos autem non sumus, sed significamus tantum […]: quia tunc perfecte intelligitur signum, quando res ipsa signi videtur. Unde et nos omnes modo in Ecclesia intelligimus (i.e. intellectualiter et spiritualiter accipimus) facta dei, olim scilicet in lege et natura facta, Iudei autem eadem facta non intelligunt, sed sentiunt tantum usque in hodiernum diem.« Auch ebd., S. 375: Christus ist »[…] finis omnium et res significata per omnes res".
309 Den Ausdruck verwendet Luther: Vom Schem Hamphoras [1543] (Anm. 307), S. 647.
310 Vgl. Luther: Dictata super Psalterium Ps. LXXXIV (LXXXXV) – CL [1513–16] (Werke 4. Bd. [1886], S. 1–462, hier S. 379, Ps 40 zitierend: »In capite libri scriptum est de me‹, id est in principali sensu et literali, qui semper Christum monstrat.«
311 Vives: De causis corruptarum artium [1531]/ Über die Gründe des Verfalls der Künste. Lateinisch-deutsche Ausgabe. Übersetzt von Wilhelm Sendner […]. Hg., kommentiert und eingeleitet […] von Emilio Hidalgo-Serna. München 1990, II, 2 (S. 280). Nach einer anderen Überlieferung ist zwar auch Dullardus beteiligt, aber Vives erzählt es früher und dem Rektor der Universität von Paris, vgl. Charles Thurot: De Alexandri de Villa-Dei doctrinati ejusque fortuna, thesim proponebat facultati litterarum Parisiensi. Paris 1850, S. 61.

In der *Praefatio* zur *Grammatica sacra* von 1634, also hundert Jahre später, greift Glassius direkt auf diese Anekdote zurück und leitet durch sie seine Rechtfertigung der *grammatica sacra* ein – sicherlich bei gewandelter Konstellation der Verächter des Nutzens der *grammatica* und wohl auch gegenüber solchen aus den eigenen Reihen, die allerdings ungenannt bleiben. Glassius führt indes nicht an, dass Vives dem Erlernen des Hebräischen keinen besonderen Stellenwert zuweist. Die Frage nach den Künsten, die wert seien, betrieben zu werden, beantwortet Vives mit dem Hinweis, dass es sich dabei um solche handle, deren Ziele für die Notwendigkeiten des endlichen wie des ewigen Lebens nützlich seien und die zudem die Frömmigkeit beförderten. Er fügt dann erläuternd hinzu, dass er unter *pietas* und *necessitas* sowohl die eigene als die anderer Menschen verstehe: »artes vero ac peritiae quaenam erunt? quaenam aliae, nisi quae ad finem pertinent vel huic vitae, vel sempiternae necessarium? Nempe, quae vel pietatem excolant, vel vitae necessitatibus succurrant, vel certe utilitatibus, quae a necessitate non multum discedunt; *pietatem porro, vel nostram ipsorum dico, vel alienam, quemadmodum etiam necessitates*: [...]."[312] Dabei gelte es zuvörderst, alle die Aspekte aus den tradierten Wissenschaften auszuschließen, welche die (christliche) Tugend gefährden: »[...] nunc autem, quae artes Christianis congruant, salva pietatis suae custodia, sotendamus. Nam haec quod saepe diximus, saepe est enim dicendum, prima semper debet ante oculos observari, nec ab illa mentis intentione dimovendum«[313] – kurz: »pietas est quo referuntur omnia«,[314] aber auch streng und bestimmt: »doctrina enim, cui non respondet vita, res est perniciosa ac turpis«[315] – und die so auch gegen die Wahrheit stehen. So dies nicht möglich ist[316] und die Bücher nicht verboten werden können,[317] so sei dies zu kompensieren durch einen besonderen ›Moralunterricht‹.[318] In jedem Fall soll die Tugend *regina et princeps* sein, alles andere habe ihr zu

---

312 Vgl. Vives: De Tradendis [1531] (Anm. 96), lib. primus, cap. IV, S. 261 (Hervorhung von mir).
313 Ebd.; auch ebd., lib. prim., cap. II, S. 248: »[...] sola utique *pietas* via est perficiendi hominis; *quare haec una est rerum omnium necessaria*: sine ceteris expleri potest homo [...], sine hac non potest; [...].«
314 Ebd., lib. sec., cap. IV, S. 296.
315 Ebd., cap. I, S. 276; allgemeiner ebd., lib. prim., cap. IV, S. 259: »[...] velut inquisitio rerum naturae, rerum reconditarum, quae vel locis secretis occultantur vel temporibus venturis involvuntur, quas Dominus sibi uni reservavit [...] libri [...] in quibus contra veritatem se armat ingenium [...]. [...] tum multa in poëtis, pleraque omnia in *cantiunculis*, ac libris vulgaribus linguis *conscriptis*; [...].«
316 Eigentlich sollte der Lektüre-Kanon nach Vives ausschließlich aus christlichen Schriftstellern bestehen, vgl. ebd., lib. prim., cap. VI, S. 271: »[...] itaque nemini bono viro arbitror in dubium venturum, quin praestat vel a *Christianis* accipi doctrinam *Christianam christianae* traditam, vel ex *monimentis* impiorum, *resectis iis* quae integritati *bonorum morum* possent officere; [...].«
317 Zum Bücherverbot Vives: Introductio ad sapientiam [1524], 6, 131 und 132 (*Opera omnia* I, ed. Majansio, S. 1–48, hier S. 12).
318 Vgl. Vives: De tradendis [1531] (Anm. 96), lib. tert., cap. VI, S. 330: »[...] sed quicunque auctores enarrabuntur, semel atque iterum per hebdomades singulas de moribus audient non-

dienen.³¹⁹ Fliehen sollte man aber auch vor ganzen Wissenskomplexen, den ›mantischen Künsten‹, die keinen guten christlichen Leumund besitzen, da sie der Tugend widerstreiten – »igitur fugiendae artes omnes, quae cum virtute pugnant, quales sunt divinatrices omnes [...] ut chiromantia, pyromantia, necromantia, hydromantia, etiam astrologia.«³²⁰

In diesem Zusammenhang empfiehlt Vives das Studium des Hebräischen nur dann, wenn andere Studien dadurch keinen Schaden nehmen. Nicht zuletzt scheint er deshalb so zurückhaltend zu sein, weil aus seiner Sicht die jüdische Überlieferung nicht zuverlässig ist und die jüdischen Gelehrten in ihrem Urteil nicht einig sind.³²¹ Obwohl er jüdischer Abstammung gewesen sein dürfte,³²² räumt Vives freimütig ein, dass er beim Hebräischen auf Hilfe angewiesen sei.³²³ Auf ein solches Sprachwissen kann Vives umso eher verzichten, je weniger er von einer korrekteren Deutung der Worte der Heiligen Schrift die Hinführung zweifelnder Christen oder Nichtchristen zum Glauben erwartet, sondern allein auf die natürliche Vernunft, die *ratio naturalis*, setzt,³²⁴ die allen gleichermaßen gegeben sei und sie verbinde.³²⁵ Die Vernunft vermag freilich nicht den Glauben zu ersetzen, aber zu ihm hinzuführen.³²⁶ Abschließend kann Vives sagen, welche Gründe auch immer die einzelnen Gruppen für sich anführen, wenn man sein *iudicium* einsetze, dann sei es leicht (nach der Lektüre seines Werkes),

---

nulla, quae vitiis auditorum medeantur, vel ut pellantur, vel ut ne invadant atque invalescant: [...].«
319 Vgl. Vives: Introductio ad sapientiam [1524, 1785], 3, 17, S. 3: »[...] regina et princeps rerum omnium praestantissima est [...] virtus; cui reliqua omnia, si suo velint officio defungi, ancillari oportet.«
320 Ebd., 6, 124, S. 11.
321 Vgl. Vives: De tradendis [1531] (Anm. 96), lib. tert., cap. I, S. 301: »[...] si quis propter vetus Testamentum Hebraeum velit cum his conjungere, nihil impedio, his legibus: *Si satis putat fore temporis ad omniam, si se incorrupte eam accepturum confidit*, nam audio multa esse a Judaeis in suis codicibus depravata [...]: certe si duos Hebraeos de eodem loco consulas raro consentient: [...].« Vgl. auch Reinhardt (1995a).
322 Hierzu u.a. Noreña (1970), S. 19–22; zu Vives religiöser Überzeugung Comparot (1983).
323 So in Vives: De veritate fidei christianae [1543] (*Opera omnia* VIII, ed. Majansio, S. 1–458, hier S. 271).
324 Zur Bedeutung und Beziehung von *ratio* und *auctoritates* in den Polemiken zwischen Christen und Juden vgl. Dahan (1990), S. 423–471.
325 Vgl. Vives: De veritate fidei christianae [1543] (Anm. 323), S. 13, auch S. 248: »[...] qui cedat apertae rationi et homo cum homine humana ratione ac judicio desceptante contendat.« Auch ebd., S. 269: »Ad rem maximum [scil. pertinent haec omnia], ut ratione et explanatione verisimili adhibeta legantur tractenturque sacrae litterae, non rudi ali intelligentia verborum, qua nihil potest fieri absurdius: et haec fuit causa cur nec vos nec patres vestri agnoscitis Messiam, quia non vultis erigere vos ad considerationem rationis spiritalis, sed haerere crassitae litterae puerilis ac ineptae, contra id quod decet hominem ac Deum.«
326 Vgl. ebd. (S. 18): »Nam divinis solum disseremus mysteriis, quorum cognitione, ac fide salus nostra continetur, tum ex luce, quam Dominus noster attulit suis, cujus illustratione omnia redduntur perspicua et certissima; nec postulabimus ut canon et norma fidei sit nostra ratio, sed tantùm introductio quaedam exteris, et quibusdam nostrorum stabilimentum.«

das Wahrscheinlichste herauszufinden.[327] Deutlich wird, dass eines der Kriterien im Widerstreit das der Zugänglichkeit ist: Die *ratio naturalis* ist allen zugänglich, nicht aber die Sprachkenntnisse.

Gewiss ist die *veritas hebraica* als Orientierungswissen in der vorreformatorischen Zeit nicht unbekannt,[328] und im *Decretum Gratiani* heißt es immerhin: »Ut veterum librorum fides de Hebraicis voluminibus examinanda, ita novorum Veritas Graeci sermonis normam desiderat.«[329] Es finden sich denn auch im frühen Mittelalter Hebräisch-Kenntnisse, und mitunter wird das sprachliche Wissen auch zum besseren Verständnis der Heiligen Schrift genutzt,[330] selbst wenn die Formel *triusque Linguae peritus* nicht selten nur floskelhaften Charakter besitzt.[331] Immerhin stellt Roger Bacon (ca. 1219–ca. 1292) die ›Notwendigkeit der Kenntnis der Sprachen‹ noch vor die der Mathematik.[332] Das Griechische,[333] besonders das Hebräische exponiert er und rügt fehlendes Interesse und mangelnde Kenntnisse[334] – ebenso wie im übrigen bei der Mathematik.[335] Bacon moniert denn auch die Unzulänglichkeit der Bibel-Übersetzungen; darüber hinaus sei die Heilige Schrift im Originaltext zu studieren, und in diesem Zusammenhang fordert er das Studium der originalen Sprachen.[336] Nach Roger Bacon gilt das aber auch für das Werk des Aristoteles, in dem die *fundamenta totius studii sapientiae* niedergelegt seien. Den Hintergrund für dieses Interesse am

---

327 Vgl. ebd. (S. 430): »[...]; et si judicium volueris adhibere, non erit operosum profectò quid verissimilimum sit invenire, [...].«
328 Neben älteren Untersuchungen Berger (1893), Walde (1916), Altaner (1933c), Thiel (1969); für die spätere Zeit dann die Hinweise bei Kluge (1931/1932).
329 *Corpus Iuris Canonici* I, dist. IX, 6.
330 Hierzu aus der neueren Forschung mit zahlreichen weiteren Hinweisen Dahan (1985), (1990), insb. S. 239–270, ferner (1993), (1996), auch Id./Rosier/Valente (1995), ferner Signer (2004) mit der Unterscheidung derjenigen, die auf jüdische Gewährsleute zurückgreifen (»cultural‹ hebraism«) und derjenigen, die (darüber hinaus) einen unabhängigen Zugang zur jüdischen Exegese haben (»lexical‹ Hebraism«).
331 Vgl. McNally (1958), Ciens (1958).
332 Vgl. Roger Bacon: Opus tertium [1266/67], cap. XXIX (Opera Quaedam Hactenus Inedita, ed. Brewer, S. 1–310, hier S. 105: »Et ideo post linguarum necessitatem pono mathematicam esse in secundo loco necessarium, ad hoc ut sciamus quae scienda sunt; [...].«
333 Vgl. Nolan/Hirsch (1902), Heiberg (1900), Hovdaugen (1990), auch Vandewalle (1929), u.a. S. 101–121.
334 In seinem *Opus majus* findet sich denn auch ein Kapitel »De utilitate grammaticae«, vgl. Id., The ›Opus majus‹ [1267]. Edited with Introduction and Analytical Table by John Henry Bridges. [Vol. I]. Oxford 1897, pars III (S. 66–96), in der verbesserten Edition in Id., The ›Opus Majus‹ [...1267]. Supplementary Volume: Containing revised Text of the first three parts; [...]. Oxford 1900, pars tertia (S. 80–125).
335 Vgl. Roger Bacon: Opus tertium [1266/67] (Anm. 332), cap. VI (S. 21): »[...]; sic est quod isti qui ignorant uitilitatem alicujus scientiae, ut sit geometriae, statim, nisi sint pueri qui coguntur per virgam, resiliunt et tepescunt, et vix volunt tres vel quatuor propositiones scire.«
336 Vgl. Roger Bacon: The Greek Grammar (Anm. 333); der allerdings einräumt, Arabisch nicßt schreiben zu können, vgl. Id., Opus tertium [1266/67] (Anm. 332), cap. XXV (S. 88). Im Blick auf seine Hebräischkenntnisse und die Empfehlung von Sprachstudien u.a. Flügel (1902), Hirsch (1905) und (1914), Smalley (1964), S. 331ff., ferner Vandewalle (1928/1929).

sprachlichen Wissen bilden zum einen die verschiedenen kursierenden Übersetzungen der aristotelischen Werke,[337] zum anderen die Vermittlung des Aristoteles durch den gerade erst bekannt gewordenen Averroes (Ibn Ruschd, 1126–1198), der Aristoteles nicht zuletzt aus der arabischen Überlieferung heraus kommentierte und dabei aus theologischer Sicht zu recht umstrittenen Ausführungen gelangte.

Hinzu kommt eine weiteres zentrales Motiv für das sprachliche Wissen – es findet sich auch bei Roger Bacon[338]: es ist das der Mission.[339] So sind im 16. Jahrhundert auch die Bemühungen Guillaume Postels (1510–1581) zu verstehen[340] wie zuvor die Initiative des Raymundus Lullus (ca. 1235–1315) zur Förderung der Sprachkenntnisse, der sich der Missionierung in der arabischen Welt verschrieben hat:[341] Dieses sprachliche Wissen sollte eher der Vermittlung dienen, nicht aber so sehr bei den (theologischen) Differenzen zu einem besseren Argumentieren aus den ›Quellen‹ führen.[342] Lullus setzte sein Vertrauen allein auf die Kraft der *rationes necessariae*,[343] die auf der Grundlage der jeweils als autoritativ angesehenen Texte nach der Maxime *credere non revincitur per credere, sed per intelligere* überzeugen. Allerdings scheint sich zudem seine Haltung gegenüber Andersgläubigen im Zuge der Kontaktnahmen von einem eher nachsichtigen Zwie- zu einem eher intransigenten Streitgespräch gewandelt zu haben.[344]

Einer der Hintergründe dürfte in einer pragmatischen *beweistheoretischen* Annahme zu suchen sein. Seit den frühen Auseinandersetzungen finden sich Hinweise darauf, dass man seine Beweise zur Überzeugung des anderen nicht darauf gründen sollte, was für den anderen nicht als beweistauglich galt, und dabei wurde das Geteilte (*ponendum*) von der Differenz (*probandum*) geschieden[345] – und diese Scheidung war nicht von vornherein gegeben, sondern galt es jedes Mal neu zu bestimmen. Die pragmatische Beweiskon-

---

337 Hierzu Hackett (2005), ferner Lemay (1997).
338 Vgl. in der revidierten Edition im Rahmen der Aufzählung weiterer Nutzungsmöglichkeiten Roger Bacon, The ›Opus Majus‹ [1267] (Anm. 334), III, 11–14, S. 125–125.
339 Hierzu auch Altaner (1933a), auch Berthier (1932); zum hierfür einschlägigen Werke des Petrus Negri (Peter Schwartz, ca. 1434–ca. 1483) Walde (1916), S. 70–152.
340 Hierzu u.a. W. P. Klein (2001), auch die Hinweise bei Chazan (1989), insb. S. 14–16.
341 Hierzu u.a. Altaner (1933b), auch Lohr (1984), Beattie (1995), sowie Johnston (1995), Raeder (1996), da Costa (2002), Pardo Pastor (2005). Lullus gründete 1276 zudem eine Schule auf Mallorca zur arabischen Sprachausbildung, hierzu Garcías Palou (1977), S. 268ff, sowie (1981), S. 107–140.
342 Hierzu auch Reinhardt (1995b).
343 Vgl. neben Altaner (1928), u.a. Domínguez (1999), sowie zur Analyse auch Bauzà (1967), insb. S. 215–224
344 So Colomer (1984).
345 So z.B. schon u.a. bei Fulbert von Chartres (um 950–1028): Tractatus contra Judaeos (PL 141, Sp. 308): »Ipsi ergo nobis catholicis in eo se consentire dicunt, quod unum Dominum colimus, omnium creatorem. Dissentiunt autem in his, quod Trinitatem personarum in unitate Deitatis non agnoscunt et quod Christum negant Deum esse et quod eum nondum venisse dicunt.«

stellation sollte *ex aequo* gestaltet, also auf gleicher Ebene sein. Diejenigen Beweise seien dabei die überzeugendsten, die direkt aus denjenigen Quellen geführt werden, die von dem Kontrahenten als glaubwürdig anerkannt sind. Eine solche Maxime findet sich bereits bei Anselm von Canterbury (1033–1109).[346] Wenn man – Thomas spricht hier aus der Perspektive der *sacra doctrina* – Irrtümer aufdecken wolle, dann greife man auf die Aussagen derjenigen zurück, die es zu widerlegen gelte; denn das Argument, das man vom Gegner übernehme, um ihn selbst zu widerlegen, sei wirkungsvoller.[347] Häretiker und Juden anerkennen einen Teil der Heiligen Schrift, Mohammedaner und Heiden nichts davon. Was dann verbleibt (wie etwa auch bei Vives), ist allein die *natürliche* Vernunft – so will bereits die *Summa Contra Gentiles*, auch überliefert unter dem Titel *Liber de veritate catholicae fidei contra errores infidelium*, des Aquinaten »ad naturalem rationem recurrere.«[348] Diese Vernunft ist in dem Sinn *natürlich*, dass jeder Mensch über sie verfügt und ihre Wahrheiten für ihn aus sich selbst einsichtig (*per se nota*) seien.

Zu unterscheiden sind also zwei Bedeutungen von *sola ratione* (als *sine scripturae auctoritate*): eine grundsätzlich exkludierende *beweistheoretische* und eine nur *situativ* exkludierende *beweispragmatische*. Im ersten Fall hält man grundsätzlich bestimmte Beweismittel für beweisunfähig. Im zweiten Fall handelt es sich nur um einen *hypothetischen* Verzicht auf bestimmte Beweismittel *ex concessis*. Selbst das berüchtigte *sola ratione* eines Anselm dürfte sich nur als beweispragmatische Strategie verstehen.[349] Die dabei mitunter angeführten Schriftstellen haben dann nur die Funktion der Illustration oder des Aufweises, dass die Heilige Schrift mit der Vernunft in Einklang ist. Sprachliches Wissen ist in solchen Situationen nur in der Hinsicht relevant, dass man mit ihm Zweifeln begegnen kann, ob sich Bestimmtes in den Schriften etwa der Christen findet. Hinzu kommt die Konstellation, in der die Heilige Schrift in Teilen oder im Gesamten als Autorität von den Beteiligten zwar anerkannt wird, sie sich hinsichtlich der strittigen Fragen aber deshalb nicht effektiv verwenden lässt, weil die interpretatorischen Mittel nicht ausrei-

---

346 Vgl. Anselm: De processione spiritus sancti contra errores Graecorum [1102], cap. II (*Opera omnia* II, ed. Schmitt, S. 77).
347 Thomas von Aquin: In Boetium de Trinitate et de Hebdomadibus expositio [1258–59]. In: Id., Opuscula Theologica. Vol. II. [...]. Romae 1954, S. 313–408, q. 2, a. 3, ad oct.: »[...] quia testimonium adversarii efficacius est.«
348 Thomas von Aquin: Summa contra gentiles [1259–64]. Ediderunt, transtulerunt, adnotationibus instruxerunt Karl Albert et Paulus Engelhardt cooperavit Leo Dümpelmann. Darmstadt 2001, I, 2 (S. 6). Freilich ist unklar, inwiefern dieses Werk in erster Linie als Handreichung für Missionare zu verstehen ist, wie lange Zeit angenommen wurde, oder der Aquinate mit ihm weitere oder andere Ziele verfolgte, hierzu neben Corbin (1974) aus jüngerer Zeit M. D. Jordan (1986), ferner Te Velde (1994) sowie Hoping (1997), S. 33–48.
349 Zu dieser ›Methode‹ aus einer Vielzahl von Deutungsversuchen u.a. F. Schmitt (1959), ausführlich Hammer (1967), S. 39–113, Kohlenberger (1972), Evans (1977a), Dalferth (1984), Christe (1985), Corbin (1988), S. 15–163, Gäde (1998).

chen, um den diesbezüglichen Dissens durch die *richtige* Interpretation zu schlichten.

Das bedeutet nun aber nicht, dass es nicht Überschneidungen gibt: *Zum einen* kann etwas offenbart sein, das sich auch durch die natürliche Vernunft erkennen lässt, und dies führt immer wieder zu zwei Problemen: *Einerseits* gilt es, die Abundanz der Beweismittel zu erklären, mithin eine Erklärung dafür zu finden, weshalb sich der Gehalt der Heiligen Schrift *nicht* auf die Offenbarungswahrheiten beschränkt[350] – und das umfasst nicht allein die geoffenbarten *praeambula fidei*, die als beweisbar gelten und die den unbeweisbaren *articuli fidei* vorausgehen. *Andererseits* besteht immer die Möglichkeit des Konfliktes mit den aus anderen ›Quellen‹ – sei es die *ratio* oder die *sensus* – geschöpften, sich vor allem dabei wandelnden Wissensansprüchen. *Zum anderen* kann in der beweispragmatischen Konstellation der Erörterung von Glaubenssätzen die *ratio* in mehrfacher Hinsicht relevant sein: erstens als *judizierender* Gebrauch, dabei *einerseits* im Zuge des Nachweises, dass Glaubenssätze *contra rationem*, also widersprüchlich sind, *andererseits*, dass sie *supra rationem* in dem Sinn sind, dass sie zwar wahr sind, sich aber von der ›Vernunft‹ nicht nachvollziehen lassen, zweitens als *verteidigender* Gebrauch, indem die *ratio* die gegen Glaubenssätze gerichteten Angriffe als unbegründet oder nicht zwingend zurückweist; drittens als *plausibilisierender* Gebrauch, bei dem die Vernunftargumente (*argumenta extranea et probabilia* – etwa auch Analogien) den Glaubensaussagen eine gewisse Plausibilität verleihen. Argumentieren lässt sich mithin in *bestimmten* Situationen nicht mit dem, was jede Fähigkeit menschlicher Vernunft übersteigt[351] – und das sind die Glaubensmysterien.

Die zentrale Grundannahme für den Vernunftgebrauch ist, dass die offenbarten Wahrheiten des Glaubens den natürlichen, dem Menschen ebenfalls von Gott gegebenen Wahrheiten nicht widerstreiten,[352] die Vernunft in der Hinsicht der Verteidigung des Glaubens dient, indem sie kritische Einwände entkräftet oder durch Analyse auflöst. Dahinter steht das *principium contradictionis*, das nach Aristoteles als das sicherste Prinzip überhaupt anzusehen und bei dem keine Täuschung möglich sei.[353] Nach Aristoteles sagt

---

350 Nur ein Beispiel: Thomas von Aquin versucht wiederholt, vgl. Id., De veritate [1256–59]. In: Id., Quaestiones disputatae. Vol. II [...]. Parmae 1859, S. 5–548, hier q. 14, a 10 (S. 242–244), vor allem in Id., In Boetium de Trinitate [1258–59] (Anm. 347), q. 3, a 1 (S. 341–343), Id., Summa contra gentiles [1259–64] (Anm. 348), I, 4 (S. 12–17), und verschiedentlich in Id., Summa Theologica [1266–73] (Anm. 246), etwa I, q 1, a, 1 (S. 13–15), zu zeigen, dass es geradezu *notwendig* gewesen sei, dass von Gott selbst das offenbart worden sei, was die natürliche Vernunft ohne seinen Beistand zu erkennen vermag, was aber nur wenigen Menschen direkt und ohne Anstrengung zugänglich sei, hierzu auch Synave (1930), S. 327–370.
351 Vgl. Thomas von Aquin: Summa contra gentiles [1259–64] (Anm. 348), I, 3 (S. 8): »quae omnem facultatem humanae rationis excedunt.«
352 Vgl. ebd., I, 9 (S. 28): »cum veritati fidei ratio naturalis contraria esse non possit.«
353 Vgl. Aristoteles: *Metaph*, IV, 3 (1005^{b}5ff); Übersetzung Hermann Bonitz: »[...] das sicherste unter allen Prinzipien ist dasjenige, bei welchem Täuschung unmöglich ist; [...] welches aber

derjenige, der dieses Prinzip nicht anerkennt, nichts Bestimmtes,[354] und derjenige, der es leugne, anerkenne es bereits.[355] Oder wie es Platon formuliert: Wer den Satz des Widerspruchs bestreite, vernäht allen Gegnern den Mund – aber freundlicherweise auch sich selbst.[356] Im Mittelalter steht das (aristotelische) *Prinzip der Konsonanz* der Wahrheit im Hintergrund – *omne verum omni vero consonat* (oder *omne verum veri non dissonat* – beide Formeln gehen auf Aristoteles zurück.[357] Diese Maxime und das Widerspruchsprinzip scheinen sich bei den mittelalterlichen Philosophen und Theologen mehr oder weniger unter der Hand zu einer generellen Maxime entwickelt zu haben, die nicht zuletzt bei der Beziehung zwischen Theologie und Philosophie greift. In der christlichen Metaphysik wird das *principium contradictionis* zum Existenzprinzip schlechthin, auch wenn es immer wieder mit der *potentia absoluta* Gottes zu konfligieren schien. Aus diesem *principium* im Verbund mit der Annahme, dass sich der (christliche) Glaube auf unfehlbare Wahrheiten stütze,[358] folgt, dass das Entgegengesetzte sich nicht beweisen lasse,[359] und daraus wiederum, dass alle gegen den Glauben gerichteten *probationes* keine *demonstrationes* sein können, sondern immer nur solche, die sich mittels der Vernunft auflösen ließen (*argumenta solubilia*), aber schließlich auch, dass Glaubensansprüche, die der natürlichen Vernunft widerstreiten, nicht von Gott sein können.[360]

Das andere wesentliche Motiv des Erwerbs besonderer Sprachkenntnisse und Rabbinica-Studien folgt ebenfalls der *pragmatischen beweistheoretischen* Annahme. Es bestand darin, die jüdischen Auffassungen auf der Grundlage solcher Schriften zu widerlegen, die sie selbst, aber allein anerkennen – etwa Midrash und Talmud.[361] In ihnen suchte man Stellen, in denen sich etwa die christlichen messianischen Deutungen belegen ließen. Vor allem im Talmud suchte man im Rahmen der antijüdischen Polemik aber auch nach ›Häresien‹ und ›Blasphemien‹;[362] zudem galt er als Zeugnis

---

dies nun ist, wollen wir nun angeben: daß nämlich dasselbe demselben und in derselben Beziehung [...] unmöglich zugleich zukommen und nicht zukommen kann.« Hierzu u.a. Seddon (1981), Code (1986), S. Cohen (1986), Furth (1986), Hutchison (1988), Rapp (1993), Wedin (2003) und (2004), auch Thom (1999).
354 Vgl. Aristoteles: *Metaph*, IV, 4 (1006^{a}11ff sowie 1007^{b}26ff).
355 Ebd, VI, 4 (1008b7ff) sowie IV, 5 (1010^{b}9ff).
356 Vgl. Platon: *Euthydemos*, 303e.
357 Zur zweiten vgl. Aristoteles: *Nic Eth* 1, 8 (1098^{b}10–11), die erste findet sich in den aristotelischen Florilegien des Mittelalters, vgl.: Les auctoritates Aristotelis. Un florilège médiéval, étude historique et édition critique par Jacqueline Hamesse. Louvain/Paris 1974, S. 233.
358 Vgl. Thomas: Summa Theologica [1266–73] (Anm. 246), I, 1, 8 resp. (S. 20): »cum enim fides infallibili veritati innitatur«.
359 Vgl. Thomas: Summa contra gentiles [1559–64] (Anm. 348), I, 7 (S. 24): »[…] impossibile est illis principiis quae ratio naturaliter cognoscit, praedictam veritatem fidei contrarium esse.«
360 Vgl. ebd.: »Non igitur a Deo esse potest.«
361 Zur Behandlung insb. des Talmuds bei akademischen Orientalisten des 17. und 18. Jahrhunderts Wilke (2000).
362 Hierzu auch Burnett (1994).

für die vermeintliche Abweichung der Juden von der mosaischen Religion.³⁶³ 1700 erscheint das Monumentalwerk von Johann Andreas Eisenmenger (1654–1704) *Entdecktes Judentum*,³⁶⁴ das dann immer wieder mehr oder weniger ausgeschrieben wurde. Allerdings handelt es sich um alles andere als um eine einheitliche Sicht des Judentums. So übergibt zeitgleich 1681 beispielsweise Johann Christoph Wagenseil (1633–1705) seine »Brandpfeile Satans« – *Tela ignea Satanae. Hoc est: Arcani, et horribiles Judaeorum adversus Christum Deum, et Christianam Religionem libri anekdotoi* – der Öffentlichkeit. Es handelt sich um eine Anleitung zu missionarischen Bemühungen um die Juden. Jedes gewaltsame Mittel zur Bekehrung wird dabei nachdrücklich abgelehnt; noch deutlicher geschieht das in seiner *Benachrichtigung wegen einiger die judenschafft angehenden wichtigen sachen* von 1705.³⁶⁵

Nicht zuletzt aber versuchte man durch die *Hebräische* Bibel die christliche Wahrheit zu beweisen (*ex Iudaeis contra Iudaeos*). Angesichts der Begegnung mit dem christlichen Kabbalisten Knorr von Rosenroth (1636–1689) und seiner *Kabbalah Denudata* war auch Leibniz nicht frei von solchen Hoffungen, die er aber wohl allein in seiner Korrespondenz zum Ausdruck gebracht hat.³⁶⁶ Klar allerdings war, dass sich zentrale christliche Glaubensmysterien im Alten Testament nicht im *sensus litteralis* als *sensus explicitus* finden. So hat man beispielsweise zum Nachweis des *articulus trinitatis* auf das *dreifache sanctus* in *Sanctus, Sanctus, Sanctus Jehova*, wie es *Jes* 6, 3 heißt, zurückgegriffen.³⁶⁷

Auch Glassius spricht diese Stelle in seiner *Philologia sacra* an, und zwar in der *grammatica sacra* in dem Abschnitt *de nomine*, allerdings als Beispiel für superlativisch zu deutende formelhafte Wendungen (»per continuum adjectivi repetitionem«).³⁶⁸ Stellen, die aus dem Alten Testament als *dicta probantia* für Aspekte des *articulus trinitatis* herangezogen wurden, waren beispielsweise *Iob* 19, 25–27, *Ps* 2, 7; 45, 6/7, *Jes* 9, 6/7; 11; 35, 4; 40, 45, *Jer* 23, 14/15, *Mich* 5, 2, *Hag* 2, 5, *Sach* 2, 9; 12, 10, *Mal* 3, 1. Nur wenige Theologen im

---

363 Vgl. Schubert (1991), J. Cohen (1999), insb. S. 317–334, J. M. Rosenthal (1956/57), Rembaum (1982), Stow (1991), Resnick (2002).
364 Vgl. u.a. Niewöhner (2002), Rohrbacher (2005). Zum Hintergrund der zeitgenössischen Auseinandersetzung G. Wolf (1869), Löwenstein (1891).
365 Hierzu knappe Informationen bei Schreckenberg (1994), S. 680–691; neben Bobzin (2002), vor allem Blastenbrei (2004) und (2008), Aring (1992).
366 Vgl. u.a. in einem Schreiben vom 10./20 Januar 1687 an Ernst von Hessen-Rheinfels (*Sämtliche Schriften* I/5, S. 43), wo es über Knoor von Rosenroth (1636–1689) heißt: »[…] il a touvé des choses tres excellentes touchant le Messie que les Juifs modernes ignorent, ou tachent de supprimer ou de detourner de leur veritable sens.« Oder in einem Schreiben vom 24. (?) April 1688 an Gerhardt Molanus (1633–1722) (ebd., S. 109): »Multa ex libro Zoar excerpta edi curavit, quibus Christiana etiam veritas comprobatur.« Und er fährt, wenn auch vorsichtig, fort: »Apparet enim traditiones veterum Christo testimonium perhibere.« Zum Hintergrund seiner Beschäftigung mit der Kabbala auch Coudert (1995) und (1998) sowie (1996).
367 Zu weiteren Hinweisen Danneberg (2006).
368 Vgl. Glassius: Philologia sacra [1623, 1705] (Anm. 2), lib. III, canon XVI, Sp. 584/85.

16., 17. und beginnenden 18. Jahrhundert vermochten bei den genannten alttestamentlichen Stellen keine Belege für die Trinität zu sehen. Zu unterscheiden ist dabei allerdings, ob eine solche trinitarische Bedeutungszuweisung als (semantisch) möglich gilt und inwiefern den so gedeuteten Stellen zudem der Status eines Beweismittels, also als *dicta probantia* oder *classica*, zuerkannt werden konnte. Das erste musste nicht automatisch zum zweiten führen.

In der Mitte des 17. Jahrhunderts ist es zum Beispiel Georg Calixt, der Erasmus hinsichtlich eines mehr oder weniger generellen Zweifels an einem Schriftbeweis für dieses Dogma folgt. Die Trinität bildet demnach auch für ihn keinen *Glaubenssatz* im Alten Testament: So auch nicht der über dem Wasser schwebende Geist von *Gen* 1, 2, der durchweg als der Heilige Geist gedeutet wurde.[369] Unter anderem weist er jede Form der Pluralnamen im Alten Testament als stichhaltige Beweise für die Trinität zurück; ebenso geschieht es mit zahlreichen Stellen, aus denen herkömmlich die Gottheit Christi gefolgert wird. Eine Ausnahme bildet für Calixt in gewisser Hinsicht nur *Ps* 33, 6, wo er Andeutungen der Trinität findet, aber auch *Jes* 6, 3, indes nicht als Nachweis eines Glaubenssatzes, sondern allein dafür, dass die Trinität den Propheten durch Offenbarung bekannt gewesen sei.[370] Dies ist aber noch längst keine allgemeine Ansicht, und so trifft Calixt denn auch der heftige Protest seiner Zeitgenossen, gegen die er sich vielfach verteidigt.[371] Wenige Beispiele des Rückgriffes bei der *probatio theologica* der Trinität auf das Alte Testament zur Zeit des Glassius und danach mögen genügen.

Zu nennen ist auf reformierter Seite die *Synopsis purioris theologiae*, bei der es sich um eine systematische angelegte Sammlung von Disputationen der Leidener Theologen Johannes Polyander van Kerckhoven (1568–1646), Andreas Rivetus (1572–1651), Antonius Thysius (1565–1640) und Antonius Walaeus (Antoine de Waele, 1573–1639) und um eine Festschreibung

---

369 Vgl. z.B. Luther: Predigten des Jahres 1523 (*Werke* 12. Bd., S. 400–702, hier S. 446): »In der Hebraischen sprache yst wind und geist gleich ein nam, und magst es hie nennen, wy du wilt, [...].«

370 Zum Thema neben Calixt: De Praecipuis Christianae Religionis capitibus Disputationes XV. Anno MDCXI in Illustri Juliâ habitae: anno MDCXIII recusae: [1610, 1613] nunc anno MDCLIIX tertiùm editae. A Frederico Ulrico Calixto [...]. Helmstadii 1658, *Disp*. I, S. 1–13, sowie *Disp*. II, S. 14–36, auch Id., Epitome Theologiae [...1619]. Noviβime huic editioni, reliquis longé accuratiori, praeter dudum adjectam de pincipio Theologico Disputationem, Accessit Qvorvndam Epitomes Hvivs Locorum Declaratio Priore Auctior et Correctior Avtore Gerhardo Titio. Helmstadii 1661, S. 44ff, vor allem Id., De Qvaestionibvs nvm Mysterivm sanctissimae trinitatis e solivs Veteris Testamenti Libris possit demonstrari, et nvm eivs temporis patribvs filivs Dei in propria sva Hypostasi apparverit, Dissertatio [1649]. Helmstadi 1650 [*Dedicatio* von 1649].

371 Vgl. etwa Calixt: Ad svam Qvaestionibvs Nvm Mysterivm S. Trinitatis [...], Dissertationum Appendix; Programma programmati Scharfiano oppositvm cvm notis; et ad Academiam VVittebergensem Epistola. Helmstadi 1649. Hier findet sich jeweils unpaginiert zum einen ein *Appendix*, zum anderen ein *Programma*, das sich gegen einen seiner vehementesten Kritiker, den Logiker und Theologen Scharfius, richtet.

der reformierten Orthodoxie nach der Dordrechter Synode handelt.[372] In der einschlägigen Disputation wird ausgiebig auf alttestamentliche Stellen zurückgegriffen.[373] In acht durchgehend paginierten Disputationen über einen Zeitraum von acht Jahren mit wechselnden Respondenten – die ersten drei erschienen 1703, die fünfte, sechste und siebte 1709 – traktiert Christian Walther (1655–1717), Theologieprofessor in Königsberg, auf nahezu zweihundert Seiten das Thema allein im Blick auf Gen. 1, 26.[374] Des Themas nimmt sich auch ein in seiner Zeit berühmter, mit seinen Hebräisch-Lehrbüchern und ihren (Fremd-)Bearbeitungen überaus erfolgreicher Hebraist wie Johann Andreas Danz (1654–1727) an;[375] er hat zudem eine komprimierte, kaum fünfzig Seiten umfassende, an Glassius orientierte rhetorica sacra für exegetische Übungen herausgebracht.[376] Eines der Probleme von Ausdeutungen alttestamentlicher Stellen im Sinn der Trinität liegt auch hier nicht zuletzt darin, dass selbst dann, wenn man den Plural bei einigen Verwendungen als Verweis auf mehrere Bezugseinheiten deuten kann, daraus noch nicht folgt, dass es sich um drei Personen handelt, auch nicht um Personen und nicht um Eigenschaften. Man muss also die Trinität im Alten Testament über andere Stellen beweisen.

Johann Meyer (1651–1725), Professor für orientalische Sprachen im niederländischen Harderwick, gründet in seiner *Dissertatio theologica de mysterio S.S. Trinitatis* die »demonstratio« der Dreifaltigkeit nicht nur auf das Alte Testament, dabei vor allem auf die dreifache Erwähnung Gottes im Deuteronomium (gemeint ist 5 *Mose* 6, 4), und er fügt noch weitere Stellen hinzu; er sucht das Problem vielmehr zu lösen, indem er einen gleichsam nichtchristlichen Rezeptionskontext gestaltet und das Hauptgewicht auf rabbinische und kabbalistische Quellen legt, die – nach eigenem Bekunden – »rarissim[a] monument[a]« seien.[377] Mit ähnlichem Ziel, aber bescheidener

---

372 Vgl. Polyander et al.: Synopsis purioris theologiae disputationibus quinquaginta duabus comprehensa ac conscripta [...1625]. Editio Sexta. Curavit et praefatus est Dr. H. Bavinck. Lugduni Batavorum 1881. – Zu diesem Werk, zu seiner Bedeutung und auch zu seinen Verfassern van Itterzon (1930).

373 Vgl. Polyander et al.: Synopsis [1625], *Disp. VII*, th. 40 (S. 65/66): »Prima classis est eorum, in quibus Elohim cum Jehova conjungitur. In illis enim, Jehova unam essentiam, Elohim plures personas in ea distinctas indicat, maxime quod voci plurali Elohim adjectiva et verba singularia saepius adjungatur.« Ferner th. 46: »Quarta [scil. Classis] est eorum, in quibus Deus tribus appellationibus sibi propriis ornatur [...].«

374 Vgl. Walther: Disputationum Theologicarum Prima [....Octava] de Pluralitate Personarum in Divinis ex Gen. 1, 26 [...]. Publicae disquistioni submittit Christianus Walther [...]. Respondente [...]. Regiomonti 1703/1708/1709/1711.

375 Vgl. u.a. Danz: Dissertatio Praeliminaris Sistens Pluralitatem Personarum Divinarum in Consultatione Dei de primo creando Homine Gen. I.26 descripta [...] Joh. Andr. Danz [...]. Jenae s.a. [1710].

376 Vgl. Danz: Rhetoricae Sacrae B. Salom. Glassii nucleus: Ad J. A. Danzii interpretis formam accommodatus in usum collegiorum exegeticorum. Altdorf 1714.

377 Vgl. Meyer: Dissertatio theologica de mysterio S.S. Trinitatis ex solivs V.T. libris demonstrato, atque ex uetervm & recentiorvm Rabbinorvm, praesertim Cabbalistarvm rarissimis

in den Ausführungen und den Quellen, findet sich vier Jahre später eine Disputation in Wittenberg zum Thema.[378] Nach einer ersten »observatio«, die festhält: »Moses totius Pentateuchi Auctor est«, heißt es in der siebenten »observatio« nach dem Hinweis auf philologische Befunde und Erörterungen der hebräischen Sprachform nur mehr lapidar: »indicat Pluralitatem Personarum divinarum«.[379]

Solche und andere Schwierigkeiten haben zudem zu hermeneutischen Überlegungen geführt, in denen sich das Problem allgemein spiegelt. Hingewiesen sei nur auf Luthers Unterscheidung zwischen *sensus legitimus* und *sensus verus*. Wie er sagt, suche er nach dem legitimen (»legitimum«), jenem eigentlichen (»proprium«) und leibhaftigen (»germanum«) Sinn, der sowohl erlaube, im Glauben zu kämpfen, als auch zur Unterrichtung des Glaubens tauge.[380] Es ist ein Sinn, mit dem man beweisen (*probare*) könne. Ein anderer Sinn sei zwar nicht von vornherein falsch, aber mit ihm ließe sich nur schmücken und preisen (*ornare*). Dabei teilt Luther das *probare* und das *ornare* explizit als Aufgaben zwei Disziplinen zu: der Dialektik zum einen, der Rhetorik zum anderen.[381] Der schmückende Sinn muss nicht *eo ipso* ein falscher Sinn sein, sondern er ist nur kein legitimer. Die Pointe liegt darin, dass sich der *legitime Sinn*, gleichgültig welcher Art, an der normativen Kraft der Auslegungs*praxis* im Neuen Testament bemisst: »tum quod in novo testamento non allegatur hic psalmus quemadmodum caeteri.«[382] Die Regel, die sich hieraus extrapolieren lässt, lautet: Wenn eine Stelle aus dem Alten Testament im Neuen eine allegorische oder christologische Ausdeutung erhalten hat, dann kann das der wahre Sinn (*sensus verus*) sein, selbst wenn er sich vom literalen Sinn weit entferne – wie nach Ansicht Luthers bei den Kirchenvätern hinsichtlich der Psalmenexegese.[383] Entscheidend ist, dass die Auslegung als ›fromm‹ erscheint, also letztlich der Glaubensanalogie

---

monvmentis illvstrata […]. Harderovici 1712.
378 Vgl. Christian Bernard Bücher: Observationes Critico-Philologicae in Genes. I.1 [...]. Praeside M. Christiano Bernardo Bvchero [...] Respondens Avctor Johannes Henricus Schneider […]. Vitembergae 1716. – Obwohl Moses zugestandenermaßen geschwiegen hat zur Frage der Unsterblichkeit der menschlichen Seele, versucht Ehrenfried Christian Colberg (1729–1804) noch Mitte des 18. Jhs. als »Avtor« einer Disputation unter Leitung von Johann David Michaelis (1717–1791) gleichwohl ›Argumente‹ beizubringen: Argvmenta Immortalitatis Animorvm Hvmanorvm et Fvtvri Secvli ex Mose Collecta [...]. Gottingae 1752.
379 Bücher: Observationes Critico-Philologicae [1716], S. 30ff.
380 Vgl. Luther: Operationes in Psalmos [1518–21] (Anm. 303), S. 75: »Ad allegorias non facilis sum, praesertim quando legitimum et proprium illum germanumque sensum quaero, qui in contentione pugnet et fidei eruditionem stabilat.«
381 Luther: [Vorlesungen über 1. Mose von 1535–45] (*Werke* 43. Bd., S. 14): »Recte igitur patres hoc loco sunt usi. Aliud enim est probare, aliud ornare. Rhetorica argumenta non semper probant, sed vehementer ornant et persuadent, quae dialectica probavit.«
382 Luther: Operationes in Psalmos [1518–21] (Anm. 303), S. 580.
383 Ebd., S. 22: »Nam et omnia, quae B. Augustinus, Hieronymus, Athanasius, Hilarius, Cassiodorus et alii super psalterium contulerunt, verissima sunt, sed a sensu litterae quandoque remotissima.«

nicht widerstreitet. Aber nicht jeder wahre (allegorische) Sinn – »verum et proprium sensum figurata locutione«[384] – muss ein solches Fundament im Neuen Testament besitzen. Wenn er das tut, dann ist der *wahre* Sinn auch ein *legitimer*. So kann dann Luther sagen, dass er nicht wisse, ob er den *sensus legitimus* der Psalmen erfasst habe, aber nicht daran zweifle, dass es das wahre Verständnis sei.[385] Das, was einer christologischen Ausdeutung des Psalms entgegenstehe, sei zum einen, allegorische Deutung zu vermeiden, zum anderen aber, dass sich für diesen Psalm keine Allegation im Neuen Testament findet;[386] es sich also nicht um einen *sensus legitimus* handle, es aber ein *sensus verus* sein könne.

Für den *sensus legitimus* erscheint dann auch nicht mehr ein sprachliches und kontextuelles Wissen als entscheidend, also gründlichere Kenntnisse des Hebräischen oder Griechischen, die bei den Psalmen beispielsweise etwa christologischen Deutungen oder Übersetzungen widerstreiten.[387] So ist Luther der Ansicht, dass bereits bei Moses die Lehre von der einen Gottheit und den unterschiedenen ›Personen‹ so offenkundig sei, dass derjenige, der das nicht sehen wolle, »die helle schrift leugnen« müsse. Nach Luther handelt es sich um »die recht guldene fundgrube, darauß genommen ist alß, was von der gottheytt Christi ym newen testament geschriben ist«.[388] Ebenso spreche Moses von der ›dritten Person‹, dem Heiligen Geist, »aber diße spruch sind noch nit ßo geerbeytet, alß die den ßon anzeygen, drumb gleyssen sie noch nit ßo hell«.[389] Mit anderen Worten, es findet sich dort zwar ein entsprechender Sinn, aber zu Beweiszwecken taugt die Stelle gleichwohl nicht. Die allgemeine Rechtfertigung hierfür wird wiederum aus der Heiligen Schrift, und zwar aus dem Neuen Testament geführt. Es die immer wieder als *interpretatio authentica* aufgefasste Selbstbekundung des Herrn (*Joh* 5, 46/47 in Luthers Übersetzung): »Wenn ihr Moses glaubet, so glaubet ihr auch mir, denn er hat von mir geschrieben«. An anderer Stelle räumt Luther ein, Moses habe das ewige Wort des Vaters nicht »nach der Grammatica«, so doch der Sache nach.[390] Solchen Stellen lassen sich zwar bestimmte Bedeutungen (*sensus implicitus*) zuschreiben, aber nicht in

---

384 Ebd., S. 51.
385 Vgl. ebd., S. 22: »Quocirca ingenue confiteri me oportet me ignorare, legitimam habeam nec ne intelligentiam psalmorum, etsi veram esse non dubitem, quam trado.«
386 Vgl,. ebd., S. 580: »Nihil enim obstat mihi, quominus de Christo exponam, nisi quod allegoriam vitare propositum est, quantum fieri potest, tum quod in novo testamento non allegatur hic psalmus quemadmodum caeteri.«
387 Hierzu u.a. Hahn (1934/35).
388 Luther: Kirchenpostille [1522] (*Werke* 10. Bd., Erste Abt., 1. Hälfte, S. 180–247, hier S. 185).
389 Ebd. (S. 186). Vgl. z. B. auch Luther: [Vorlesungen über 1. Mose 1535–45] (Anm. 305), S. 185–186, was er auf die Formel »Deus dixit, fecit, vidit« (S. 35) bringt.
390 Vgl. Luther: Von den letzten Worten Davids [1543] (*Werke* 54. Bd., S. 16–100, hier S. 67): »Ob nu Mose nicht nennet den Son oder Christum nach der Grammatica, So nennet und bekennet er doch den spruch oder wort, durch welchs alles gemacht ist, damit er anzeigt, das in Gott Ein ander ist, der do spricht, un ein ander, der das Wort ist, und doch ein einiger

der Weise, dass sie sich als *dicta probantia* verwenden lassen. Demgegenüber sieht Luther im *Ps* 72, 4 einen Schriftbeweis für die Menschwerdung Christi.[391]

Zu erwähnen ist, dass sich auch im Neuen Testament keine Stelle findet, die in einem strengen Sinn, also im *sensus litteralis* und dabei als *sensus explicitus*, für die Trinität stehen kann, insonderheit nicht nach der philologischen Strittigkeit der Echtheit des *Comma Ioanneum*.[392] Aufgrund der Überlieferungslage der griechischen Handschriften, aber auch des Umstandes, dass es sich auch in keinen Zitationen der Kirchenväter findet und das *Comma Ioanneum* beispielsweise bei Augustinus als Bibeltext nicht belegt ist, auch nicht in *De Trinitate* (allerdings finden sich mitunter Stellen bei den Kirchenvätern, die sich als Anspielungen auffassen ließen), verzichtet Erasmus in der zweiten Auflage seiner Edition des Neuen Testaments auf diese Stelle und sieht in ihr eine spätere Interpolation der lateinischen Manuskripte. Unter dem Einspruch seiner (katholischen) Kritiker – Edward Lee (ca. 1482–1544) ist in diesem Fall der hauptsächliche Opponent[393] – hat Erasmus als Falsifikationsbedingung für seine philologische Hypothese formuliert: Er würde das Komma – »comma« ist in der antiken Grammatik das kleinste Element der Periode (κόμμα, auch *caesum, incisum* oder *articulus*[394]) –, also die fragliche Stelle aufnehmen, sofern es zumindest eine ältere (griechische) Handschrift gebe, in dem es sich zweifelsfrei finde. Nachdem ihm der Fund einer solchen Handschrift angezeigt worden war – vermutlich handelt es sich auch dabei um eine Adaptation an den Vulgata-Text –, nahm Erasmus in der späteren Auflage diese Stelle in der Tat wieder auf.[395] Trotz solcher philologischen Bedenken hat Erasmus die kirchliche Trinitäts-Lehre weitgehend akzeptiert. Glassius sind die Probleme mit dieser Stelle klar,[396] doch erörtert er sie nicht, sondern beruft sich bei den Schwierigkeiten auf

---

Schepffer aller Creaturen ist, Denn es muste dem newen Testament auch ettwas furbehalten bleiben, darin der Vater, und der Sohn, und der Heilige geist klerlicher gennent wurde.«

391 Vgl. Luther: Dictata super Psalterium [1513–16] (Anm. 308), S. 458.
392 Zur frühen Auseinandersetzung um das *Comma Ioanneum* neben der umfangreichen Sammlung bei Johann Salomo Semler: Historische und kritische Sammlungen über die so genannten Beweisstellen in der Dogmatik. Erstes Stück über 1 Joh. 5, 7. Halle/Helmstedt 1764, noch immer Bludau (1902), (1903), (1904), (1919a/b), (1920), (1921), Fickermann (1934); zudem Künstle (1905), Thiele (1959).
393 Weit über diesen Aspekt hinaus geht die grundsätzliche Untersuchung zur ›Subversion‹ der Theologie durch die Grammatik am Beispiel der Auseinandersetzung zwischen Erasmus und Lee bei Asso (1993), ferner Coogan (1992).
394 *Incisum* für *comma* scheint sich zuerst bei Cicero, *Or*, 65, 211, zu finden.
395 Zu Erasmus in diesem Zusammenhang auch de Jonge (1980b), mit der Korrektur einiger Vermutungen über die Gründe, die Erasmus für die Aufnahme des Kommas – etwa aufgrund der Kritik von Jacobus Lopis Stunica (Zuniga, bis 1530) – in der dritten Auflage seiner Edition des Neuen Testaments bewogen haben, ferner Levine (1997).
396 Vgl. Glassius: Philologia Sacra [1623, 1705] (Anm. 2), lib. I, tract. II, Sp. 187 sowie Sp. 189; die Disputation, auf die Glassius dabei wohl anspielt, ist recht erfolgreich gewesen, denn sie findet noch gegen Mitte des 18. Jhs. eine Auflage, vgl. Gerhard: Commentatio qva dictvm

die hierzu einschlägige Dissertation seines Lehrers Johann Gerhard.[397] Das ist in zweifacher Hinsicht typisch für die *Philologia sacra*: Zum einen wird nicht der Anspruch erhoben, bei den Illustrationen zur Anwendung der grammatischen oder rhetorischen Lehrstücke alle damit einhergehenden Probleme etwa sprachlicher und überlieferungsgeschichtlicher Art zu lösen, zum anderen zeugt es von der überragenden Autorität, die Glassius seinem Lehrer Gerhardus einräumt.

Wichtig ist zudem noch das Problem der Glaubwürdigkeit, das Vives ebenfalls bei seiner nur geringen Wertschätzung der Hebräisch-Kenntnisse anspricht. Es rührt daher, dass durchweg das relevante Wissen allein von Gewährsleuten übernommen werden musste, und selbständige Sprachkenntnisse lange Zeit eher jüdischen Konvertiten vorbehalten blieben – wie etwa Ramón Marti (Raymond Martin, um 1220–1284),[398] dessen ›Glaubensdolch‹(Anspielung auf die Tat Judiths), besser ›Verteidigung des Glaubens‹, *Pugio fidei adversus Mauros et Iudaeos*, über Jahrhunderte als wichtige Quelle des Wissens bei den Christen diente und noch 1687 eine neue Auflage fand.[399] Aufgrund der besonderen Situation im Blick auf die maurischen und jüdischen Bevölkerungsgruppen finden sich Ausnahmen in erster Linie in Spanien.[400] *Veritas Hebraica* meinte oftmals den hebräischen Grundtext der Bibel – *secundum veritatem Hebraicam* konnte dann den ›wörtlichen Sinn‹ meinen, der durch die Übersetzung nicht bewahrt wurde (*non recte translationis veritas*) –, konnte aber auch ein bestimmtes, von Juden tradiertes Wissen umschreiben, nicht zuletzt die jüdische Auslegungstradition. Fraglos galt die Berufung auf einen zumeist nicht namentlich genannten jüdischen Gelehrten angesichts der Textdeutung bei den Kirchenvätern und im Mittelalter als autoritatives Zeugnis, allerdings nur dann, wenn es sich mit den christlichen Vorstellungen harmonieren ließ. So erklärt sich denn auch der Umstand, dass man sich auf eine jüdische Quelle berief, wobei ein christlicher Autor die eigentliche Quelle war. Das scheint bereits bei Hieronymus der Fall gewesen zu sein, der sich bisweilen auf hebräische Gewährsleute beruft, während seine Quelle wohl tatsächlich christlich, nämlich Origenes, war.[401]

Iohannevm de tribvs testibvs in coelo siue Von den dreyen Zeugen im Himmel, I. Epistol. V. 7 fuse enarrantur atque explicatur [...1621]. Editio V. correctior & emendatior. Ienae 1747.

397 Die erste Auflage habe ich nicht ermitteln können; sie dürfte 1621 erschienen sein; vgl. auch Gerhard: Disputationum Theologicarum [...] pars prima. Jenae 1625, *Disputatio Quinta*, S. 197–266; eine zweite Auflage ist von 1647.
398 Vgl. Berthier (1936), ferner Beitia (1970).
399 Zur Analyse dieses Werks Willi (1980), ferner Wiersma (2009), sowie zur Frage seiner Abhängigkeit vom Aquinaten Robles Carcedo (1974) und (1975).
400 Hierzu u.a. Sarna (1971), ferner Hinweise bei Domínguez Reboiras (1998).
401 Hierzu Bardy (1934), ferner Klostermann (1897), S. 76–83, Opelt (1988); zum Einfluss aber auch Ginzberg (1935), aber auch zu den Hinweisen, dass Hieronymus hebräische Handschriften aus dem 4. Jh. herangezogen hat, Miletto (1993). Zugleich konnte Hieronymus

Zum einen führt der Rückgriff auf ein solches Wissen im 16. Jahrhundert nicht selten zum Vorwurf des *Judaisierens*,[402] sowohl dann, wenn man die tradierten, etwa trinitarischen Deutungen von Stellen des Alten Testaments nicht teilte, und das meinte im wesentlichen dann, bei solchen Stellen (unberechtigterweise) am *sensus literalis* als am *sensus carnalis* festzuhalten,[403] als auch dann, wenn man den rabbinischen Gewährsleuten und ihren Informationen zu sehr zu vertrauen schien.[404] Dies betrifft beispielsweise auch den ersten von Anfang November 1518 bis Ende Januar 1519 an der Universität Wittenberg tätigen Lehrer für das Hebräische, Johann Böschenstein (1472–1540),[405] nach dessen Verlassen Wittenbergs Luther schreibt: »[...] ille noster Böschenstein, nomine Christianus, re vera Judaissimus, ad nostrae Universitatis ignominiam recessit.«[406] Unzufrieden war er auch mit Matthäus Adrianus (ca. 1501–nach 1521), einem weiteren Lehrer des Hebräischen, der ihn offenbar kritisiert hatte[407] und der ebenfalls nicht lange in Wittenberg blieb. Der Ausdruck des Judaisierens ist – wie zahlreiche andere, die für die Sprache der kritischen Auseinandersetzung gewählt werden – biblischen Ursprungs: Bei *Gal* 2, 15 heißt es in der *Vulgata*: *iudaizare*, in der *Itala*: *iudaeisare* (bei den Kirchenvätern findet sich *iudaisare*) und in der griechischen Fassung steht: ἐξουδαΐζειν, was so viel bedeutet, wie *jüdisch sprechen* oder *gesinnt* sein. Allerdings ist die Verwendung dieses Ausdrucks (ebenso wie der des *sensus judaicus*) im Zuge der Auseinandersetzungen so unbestimmt und in seinem christlichen Gebrauch so negativ konnotiert, dass sich bei ihm allgemein zur Bestimmung kaum mehr fassen lässt als eine mit seiner Verwendung einhergehende polemische Ablehnungsgeste: »This term [scil. Judaisieren] was often used as a catch all epithet to describe the religious views of all opponents no matter how incongrous the charge.«[408]

Beim *sensus judaicus* zeigt sich diese Unbestimmtheit daran, dass zumeist synonym der Ausdruck *sensus carnalis* verwendet wurde, der zugleich zur kritischen Charakterisierung der Schriftauffassung von Christen dienen konnte. Das verdeutlicht dann auch der *hermeneutisch-theologische* Bezug solcher

---

auch die jüdische Exegese wegen ihres Literalismus kritisieren, vgl. Hagemann (1970), S. 205ff.
402 Zur Geschichte dieser Bezeichnung auch Dán (1982).
403 Zu dem Vorwurf von Aegidius Hunnius (1550–1603) an Calvin und der geführten Auseinandersetzung Steinmetz (1999).
404 Hierzu u.a. Hobbs (1980); zu Pellikan (1478–1556) als Hebraist Zürcher (1975), ferner Willi (1979), Friedman (1979); – zu Münster (1488–1552) noch immer Burmeister (1963), Rosenthal (1942/1971) –, ferner Oberman (1992), die Hinweise bei Burnett (2004) sowie (2000), zudem Rashkow (1990).
405 Hierzu auch Bauch (1904), ferner Zobel (1957/58).
406 In einem Brief an Johannes Lang vom 13. April 1519, in: Luther: Briefwechsel [1501–20] (Anm. 299), S. 360.
407 Vgl. Luther: Briefwechsel [1520–1522]. In: Id., Werke. [...]. 2. Bd. Weimar 1931, Br. Nr. 340, S. S.192, sowie Br. 351, S. 211.
408 Friedman (1983), S. 182.

Zuweisungen, und wenn es speziell die jüdischen Exegeten betraf, dann war es – so weit ich sehe – durchweg darauf bezogen, dass man *bestimmten* literalen Deutungen widerstritt, nicht aber, dass man meinte, die (mittelalterliche) jüdische Hermeneutik kenne allein den Wortsinn des Bibeltextes und keinen anderen.[409] Untersuchungen haben gezeigt, dass die Schrifterklärung des rabbinischen Judentums keineswegs nur literal war,[410] dass sich im 12. und 13. Jahrhundert auch bei der jüdischen Exegese das Konzept eines mehrfachen Schriftsinns ausbildete: *Peschat, Derasch, Remes, Sôd*, nach den Anfangsbuchstaben als Mnemonikon *Pardes* zusammengefasst,[411] auch wenn die Gewichtungen dabei strittig sind.[412] Wenn die jüdische Auslegung Kritik erfährt, dann dürfte oftmals die Exegese des auch auf Christen, nicht zuletzt auf Lyra,[413] wirkenden Raschi (1040–1105) und die in seiner Schule gepflegte literale Auslegung (*peshat, iuxta litteram*) gemeint sein. Explizit auf Raschi bezogen ist beispielsweise die Kritik von Vives, wenn er den Juden vorwirft, das wörtliche Verständnis der Bibel in den Glossen des berühmten Raschi kanonisiert zu haben.[414] Würde den Juden ein (christlich) geistiges Verständnis bestimmter Stellen nahe gebracht,[415] dann würden sich die Juden wie von selbst zu Christus bekehren.[416] Doch auch bei Raschi dürfte es sich auf Kenntnis einiger, für Christen nicht akzeptabler Ausdeutungen beschränken. Das im 19. Jahrhundert durchweg entworfene Bild eines allein dem Wortsinn verpflichteten jüdischen Gelehrten ist denn auch in jüngeren Untersuchungen korrigiert worden.[417]

---

409 Vgl. Bacher (1893) sowie (1894), S. 237–339, passim, auch (1885), S. 80ff.
410 Hierzu u.a. Weiss Halivni (1991).
411 Vgl. Loewe (1957) und (1964), Rosenthal (1964), Greenstein (1984), Touitou (1988), Teshima (2004); wertvoll aufgrund der zahlreichen Quellenwiedergaben auch die ältere Darstellung von A. Levy (1873), ferner Goetschel (1987). Zur *philosophischen* bzw. *rationalistischen* jüdischen Exegese auch Bacher (1894) passim, sowie Talmage (1968), insb. S. 205ff.
412 So zur jüdischen Allegoristik die bahnbrechenden Untersuchungen von Heinemann (1936), (1950/51), (1952) – hierzu indes auch kritisch die Bemerkung bei Talmage (1968), S. 211, Anm. 174: »Heinemann's discussion is largely academic. As he himself stated, there was no specific Hebrew term for allegory. Allegoria and the Hebrew equivalent of *spirtualiter* (*ruhanith*) were known and used by Kimhi himself, but these terms were applied exclusively to christian allegory, a type of exegesis apparently considered *sui generis*. [...] The lack of precise terminology makes it seem highly unlikely that Heinemann's distinctions can be maintained.«
413 Vgl. neben Maschkowski (1891), Neumann (1893–94), Michalski (1915–16), (1921), vor allem Hailperin (1941), (1963), (1974), Merrill (1975), ferner die Auflistung der Stellen der Berufung auf die jüdische Tradition bei Lyra in Bunte (1994); nur am Rande kommt dieser Einfluß zur Sprache in Schwendinger (1929). – Zum weiteren Einfluss Rashis Rosenthal (1940), sowie Agus (1966).
414 Vgl. Vives: De veritate fidei christianae [1543] (Anm. 323) (S. 162, S. 166/67, S. 252–254, S. 269/70).
415 Vgl. auch Monsegú (1954/55).
416 Vives: De veritate fidei christianae [1543] (Anm. 323), III (S. 247–263).
417 Neben Sheresshevsky (1974) vor allem Gelles (1974), sowie van der Heide (1984) und (1990/91).

Zum anderen besteht das Problem, dass die Vermittlung des sprachlichen wie kontextuellen Wissens an Wissensträger gebunden blieb, denen man nicht unbedingt vertraute. Dieses Misstrauen konnte man zudem auf eine Passage im Neuen Testament stützen (2 *Kor*, 3, 14) – so geschieht es denn auch bei Luther. Da Paulus schreibt, »das Moses angesicht den Juden verdeckt« sei, was meine, »das sie der schrifft meinung sonderlich jnn den Propheten wenig und selten treffen«, sei »uns Christen verboten, bey verlust Goettlicher gnaden und ewigen lebens, der Rabinen verstand und glosen jnn der Schrifft zu gleuben oder fur recht zu halten.«[418] Allerdings nimmt Luther von diesem Verdikt zumindest an dieser Stelle die hebräische Sprache und ihre Grammatik aus: Ebenso wie die Juden die fremden Sprachen erlernten, »aber unsern glauben und verstand der Schrifft« nicht »lernen«, solle es der Christ halten.[419] In einem Atemzug kann Luther an anderer Stelle den Rabbinen nicht allein recht begrenzte sprachliche Kompetenz zuschreiben, sondern auch interpretatorische Verfälschungen.[420]

Zu lösen versuchte man dieses Problem des Misstrauens, von dem zudem auch die nichtchristliche Überlieferung der Philosophie betroffen war, beispielsweise durch die strikte Trennung von denjenigen, die etwas überliefern, und dem Wissen selbst. Zwar hat Jacobus Martini (1570–1648), ein in der Zeit des Glassius namhafter Neo-Aristoteliker und lange Zeit Inhaber einer Theologieprofessur in Wittenberg, vornehmlich die aristotelische Philosophie und ihre lutherischen Kritiker im Auge, aber um die Unterscheidung zwischen dem *personalen Träger* des Wissens und dem *Wissen* zu illustrieren, wählt er ein Beispiel, was für die meisten christlichen Hebraisten der Zeit und danach Alltag war: So hat der namhafte Hebraist Johannes Coccejus (1603–1669) nach seinem sehr fachkundigen Unterricht am illustren Gymnasium in Bremen seine Studien bei keinem geringeren als Sixtinus Amama (1593–1629) in Leiden fortsetzen können.[421] Gleichwohl hatte er einen jüdischen Tutor aus Hamburg.[422] Martini nun meint, es komme nach dieser Unterscheidung nicht auf die »Mittelperson« an, wenn einer Hebräisch von »GOTteslesterlichen Jüden« lerne.[423] Man konnte danach Zeugen eines Wissens vertrauen, von denen man im 17. Jahrhundert als *hostes fidei nostrae* oft genug meinte, sie hätten die Überlieferung des Alten Testaments in ihrem Sinne purifiziert und dabei nicht nur die Hinweise

---

418 Luther: Vom Schem Hamphoras [1543] (Anm. 307), S. 644.
419 Ebd., S. 646.
420 Vgl. Luther: Praelectiones in Prophetas Minores [1524–26] (WA 13, S. 97): »Iudaeis in hac re nihil est fidendum, qui linguam hebraeam integram iam non habent apud se.«
421 Zu ihm u.a. Platt (1985).
422 Vgl. van Asselt (2001), S. 25.
423 Martini: Vernunfftspiegel, Das ist Gründlicher vnnd vnwidertreiblicher Bericht was die Vernunfft sampt derselbigen perfection, Philosophia genandt, sey, wie weit sie sich erstreckt und fürnehmlich was für einen Gebrauch sie habe in Religions Sachen, [...]. Wittebergae 1618, Buch II, Das XXIV. Capitel, S. 919.

auf die christlichen Gottesvorstellungen geleugnet, indem sie zu sehr dem *sensus literalis* folgten (*sensus carnalis, judaicus*), sondern die deutlicheren sogar getilgt, insbesondere solche, welche prophetisch die Identität von Jesus Christus mit dem Messias zeigten.[424]

Hierin drückt sich letztlich ein *allgemeiner anhaltender* Zwiespalt aus[425]: *Zum einen* der Versuch, allein aus autochthonen christlichen Quellen zu schöpfen, *zum anderen* damit einhergehend, die anhaltend wahrgenommene Insuffizienz einer solchen Beschränkung. So sagt Vives explizit, er habe sein Werk *De tradendis Disciplinis* nicht zuletzt deshalb verfasst, um (sich und andere) von den heidnischen Schriften unabhängig zu machen[426] und damit von den Gefahren, die ihre Lektüre zeitige: »eam ad rem nos tentavimus opus scribere, ne haberemus gentilicia consectari tanto detrimento religionis, aut certe discrimine.«[427] Christus wird letztlich der Lehrer in allem – »quem postius magistrum imitabimur quam illum ipsum Christum, quem pater ad erudiendum humanum genus coelitus demisit?«[428] Ziel sei die *contemplatio* und die *admiratio* der göttlichen Schöpfung,[429] und selbstverständlich sei bereits den Knaben die Achtung vor der Autorität der Heiligen Schrift einzuprägen – »Auctoritas sanctarum literarum magna cum maiestate in auditorum pectora imprimatur, ut quam ex eis aliquid audient, deum

---

424 Nur ein einziges Beispiel: Bei Ps 22, 17 will Calvin eine Emendation hinsichtlich von Verfälschungen vollziehen, ohne freilich dabei Chancen zu sehen, die ›verstockten jüdischen Gelehrten‹ davon überzeugen zu können, vgl. Id., Commentarius in librum Psalmorum pars posterior [1557] (CR 60, Sp. 228/29). Der Ansicht der Verfälschungen ist man auch später noch; das findet sich ebenso bei Isaac Newton (1642–1726) wie bei Leibniz: so in einem Schreiben an Antoine Verjus (1632–1706), vgl. Leibniz (*Sämtliche Schriften* I/18, S. 273).

425 Hinzu kommt, dass Augustinus ein beweispragmatisches Argument vorgetragen hat, dass mit der Verfälschungsannahme nicht harmoniert: Nach seiner Ansicht besitzen die Juden ein Existenzrecht wegen ihres *indirekten* Christuszeugnisses; denn, so seine Überlegung, die Heiden könnten den Christen keine Schriftverfälschungen in ihrem Sinn vorwerfen, wenn sie den Weissagungstext aus den Händen der Juden erhalten – und Augustin muss dann davon ausgehen, dass die Texte unverfälscht sind, vgl. Id., Enarrationes in Psalmos [392–420], ad Ps 56, 9. (PL 36, Sp. 67–1028, hier Sp. 666): »Propterea autem adhuc Judaei sunt, ut libros nostros portent ad confusionem suam. Quando enim volumus ostendere prophetatum Christum, proferimus Paganis istas litteras […]. Proferimus codices ab inimicis, ut confundamus alios inimicos.«

426 Es gab auf jüdischer Seite auch Vorbehalte der Unterrichtung von Nicht-Juden und man scheute eine Weitergabe des Wissens aufgrund des Verbotes, die Torah an Nicht-Juden zu lehren, hierzu Kaufman (1897), ferner die Hinweise bei Zimmer (1980/81), S. 70/71, Anm. 8.

427 Vives: De tradendis [1531] (Anm. 96), lib. quart., cap. 2 (S. 351). Zur letzten Orientierung, nämlich der Wiederherstellung des im Zuge des Sündenfalls entstellten Menschen durch das Christentum, vgl. seine Karl V. gewidmete Schrift *De concordia et discordia* von 1529 (*Opera omnia* V, ed. Majansio, S. 187–403).

428 Vives: De Vita et Moribus Eruditi [1531], 5, 2 (*Opera Omnia* IV, ed. Majansio, S. 416–437, hier S. 426).

429 Vgl. Vives: De tradendis [1531] (Anm. 96), lib. prim., cap. VI (S. 268): »Contemplatio naturae […] vel ad vitae commoda, vel ad suspectum atque admirationem auctoris [traducatur].«

ipsum praepotentem audire sese arbitrentur.«[430] Allerdings merkt auch er die Grenzen dieser Betrachtungsweise an, wenn er konzediert, dass sie nicht Wissenschaft (im aristotelischen Sinn) sei: weder biete sie Beweise noch werde alles einer Erklärung zugeführt.[431]

Kurz zuvor motivierte Johannes Reuchlin seine hebräische Grammatik just mit dem Argument spezifischer Unabhängigkeit, nämlich die Lehrenden ohne jüdische Lehrer in dieser Sprache auskommen zu lassen.[432] Zugleich kann er mehrfach beklagen, dass aufgrund der benachteiligenden Situation der Juden ihre Sprache für die Christen verloren zu gehen drohe.[433] Allerdings scheint seine Grammatik kein Verkaufserfolg gewesen zu sein – von den 1500 gedruckten Exemplaren blieben 700 unverkauft.[434] Er selbst hat die hebräische Grammatik – wie noch viele nach ihm – mit Hilfe des Lehrbuchs David Kimchis (um 1160–1235) *Sepher Mikhlol* erlernt,[435] und seine Hebräisch-Kenntnisse dürften sich in beträchtlichen Teilen jüdischen Lehrern verdanken, nicht zuletzt Jacob ben Jehiel Loans (bis ca. 1506), dem Leibarzt Friedrichs III., sowie dem Bibelkommentator R. Obadiah Sforno (1475–1550).[436] Keine Frage ist, dass das sprachliche Wissen, das Wissen um die jüdischen Auslegungstraditionen sowie die der *antiquitates* im 16. und vor allem dann im 17. Jahrhundert bei Christen immens zunimmt[437] – und auch davon zeugt in vielfacher Weise die *Philologia sacra* des Glassius. Dass eines der ihr mitgegebenen Widmungsgedichte hebräisch verfasst ist, ist

---

430 Ebd., lib. sec., cap. 4 (S. 297).
431 Vgl. ebd., lib. quint., cap. I (S. 347/48): »In naturae contemplatione, ac ventilatione, primum sit praeceptum, ut quandoquidem scientiam ex his parare nullam possumus, ne nimium indulgeamus nobis iis scrutandis et exquirendis, ad quae non quimus pervenire, sed studia nostra omnia ad vitae necessitates, ad usum aliquem corporis aut animi, ad cultum et incrementa pietatis conferamus, siquidem intenta et accurata diligentia nihil assequimur aliud quam [...] afflictionem [...] in omni philosophia quae est de natura, illud praedicetur iuveni, ea illum modo auditurum, quae imaginem habeant veri [...] nam quod nos verum esse pro certo possimus confirmare, rarum est.«
432 Vgl. Reuchlin: De rudimentis Hebraicis [...]. Pforzheim 1506 (ND 1974), lib. III, S. 620/21.
433 Vgl. Ludwig Geiger: Johann Reuchlins Briefwechsel. Stuttgart 1875 (ND Hildesheim 1962), Nr. 95, S. 92: »Sani recordatus miseros nostra aetate Judaeorum casus, qui non tam ex Hispaniae, quam etiam Germaniae nostrae [...] quo futurum est, ut tandem hebraica lingua cum sacrarum litterarum magna pernicie penes nos posset desinere atque evanescere."
434 Vgl. Widmann (1964).
435 Vgl. Geiger (1871), S. 112/13, Greive (1978), S. 409.
436 Geiger (1871), S. 105/06. Zu seinen Hebräischlehrern zudem neben dem Hinweis bei Baron (1964), Vol. XIII, S. 406, Anm. 24, Willi (2004), insb. S. 26–31, sowie Willi (1974), S. 111–113, Campanini (1999). – Pico della Mirandola (1463–1494) war beim Erlernen des Hebräischen angewiesen auf Elijah del Medigo (ca. 1458–ca. 1498) und Johann Alemano (ca. 1435–1504), vgl. Kieszkowski (1964), Lelli (1994); als weiterer Lehrer Picos gilt Flavius Wilhelmus Raimundus Mithridates (2. H. 15. Jh.), hierzu Campanini (2005), ferner Wirszubski (1989) passim; zu Mithridates zudem Worstbrock (1987), insb. S. 257–260. Mehrere später namhafte Schüler hatte Èlie Lévita, so, wie erwähnt, neben Johannes Eck, auch u.a. Egidio de Viterbo (1465–1532), Paul Fagius (1504–1549) oder Sebastian Münster (1489–1552).
437 Hierzu Steiger (2000), sowie der Beitrag von Stephen G. Burnett: Lutheran Christian Hebraism in the Time of Solomon Glassius (1593–1656), in diesem Band.

längst nicht mehr ungewöhnlich, auch bei Werken anderen Zuschnitts.[438] Entscheidend ist jedoch, dass das sprachliche Wissen nicht nur *fallweise*, sondern für theologische Konflikte *durchgängig* relevant wird: Es ändert sich, wenn man so will, Grundlegendes im Argumentationshaushalt, und zwar vor dem Hintergrund, dass nicht wenige der mehr oder weniger tradierten theologischen Lehrmeinungen nicht mehr geteilt wurden. Man hat allerdings aufgrund der zunehmenden Sprachkenntnisse auch eine Art Krise des Hebräischen im 17. Jahrhundert diagnostiziert, die damit zusammenhänge, dass diese Sprache ihre einzigartige Stellung aufgrund der Kenntnisse des Syrischen, Koptischen, Arabischen oder Persischen zunehmend einbüsse.[439]

Wie dem auch sei: Das sukzessive und exorbitant zunehmende sprachliche Wissen bot neue Möglichkeiten des begründenden Argumentierens sowie des Kritisierens bisheriger theologischer Ansichten. Neben dem der Relevanz und dem der Hierarchie von Wissensbereichen stellte sich zudem das Problem der *Begründung* des Wissens für das Verstehen der Heiligen Schrift. Die Leitdifferenz ist die Vorstellung von einem Wissen, das sich in der Heiligen Schrift selber findet, und einem solchen, bei dem das nicht der Fall ist. Genau das zielt auf den zentralen Aspekt des zuvor behandelten Konflikts zwischen *grammaticus* und *theologus*: Das Problem besteht weniger darin, dass neben der Heiligen Schrift weitere ›Wissensquellen‹ vorausgesetzt werden mussten, sondern es entsteht dann, wenn man dieses *außerhalb* der Heiligen Schrift gewonnene Wissen zu ihrer Interpretation verwenden wollte. So wurde denn auch fortwährend um die Frage gestritten, was *in* der Heiligen Schrift sei, in ihrem *sensus explicitus* oder wenigstens in dem ihr zuschreibbaren *sensus implicitus*. Es handelt sich dabei sowohl um ein hermeneutisches als auch um ein theologisches Problem und genau das äußert sich unter anderem in einer Mehrdeutigkeit des Ausdrucks *sacra*.

6. *Logica sacra* und der Regelaufbau der *hermeneutica sacra*

Wie bereits erwähnt, findet sich die *logica sacra* noch nicht in den von Glassius betreuten Ausgaben der *Philologia sacra*, sondern ist eine spätere Zutat aus dem Nachlass. Dieser Umstand könnte die Vermutung veranlassen,

---

438 Vgl. Glassius: Philologia sacra [1623, 1705] (Anm. 2), S. 15, dort von Hugo Schunk, von dem ich keine Lebensdaten ermitteln konnte; der unterschreibt als »Archidiacon« aus Sondershausen, dem Geburtsort des Glassius: der dort 1625 Superintendent wurde. Hilfen für hebräische Carmina boten Johannes Buxtorf (1564–1629): *Thesaurus Grammaticus Linguae Sanctae Hebraeae*, zuerst erschienen 1609, mit einem Kapitel zu Hinweisen auf Metrik und Prosodie, oder etwas später Hieronymus Avianus (bis 1629): [...] *Clavis Poeseos Sacrae* [...]. Lipsiae 1628.
439 Vgl. Droixhe (1992), auch Miller (2001a).

Ausdruck einer mangelnden Wertschätzung der Logik überhaupt zu sein, zumindest hinsichtlich ihrer Relevanz für die Interpretation der Heiligen Schrift. Doch dieser Eindruck täuscht im Allgemeinen wie im Besonderen. Wie gesehen war die Wertschätzung von *grammatica* und *rhetorica* im Blick auf die Heilige Schrift ambivalent; dies gilt auch für die *logica*, wohl sogar noch ein wenig mehr. Die besonderen Gründe hierfür hängen nicht zuletzt mit der besonderen Stellung der Logik zusammen, nämlich als *dem* Instrument der Unterscheidung von wahr und falsch. Das Problem besitzt eine lange Vorgeschichte, auf die hier, wenn auch nur ausschnittweise, einzugehen ist, damit die Besonderheiten der Ablehnung wie der Wertschätzung der Logik deutlich werden. Hinzu kommt, dass der Ausdruck *logica* systematisch mehrdeutig verwendet wurde.

6.1 *Usus* und *abusus* der *logica*

Ein Beispiel zur Veranschaulichung mag den Anfang bilden. Es ist auf die Einsetzungsworte bezogen und es illustriert den anhaltenden Streit um die Rolle der Logik in der Theologie. Den Ausgangspunkt bildet eine Formulierung des Berengar von Tours (Berengarius Turonensis, um 1000–1088) abgenötigten Glaubensbekenntnisses, der *confessio Berengarii* von 1059. In ihm bestätigt er, dass nach der Konsekration der Leib und das Blut des Herrn sinnfällig, nicht nur zeichenhaft, in Wirklichkeit ›von den Händen der Priester erfasst und gebrochen und durch die Zähne der Gläubigen zermalmt werde‹. Diese Formulierung wird zum wiederkehrenden Reibungspunkt der vielfältigen Problemlagen im Blick auf die *veritas corporis Domini* (*vere caro et sanguis*), der Wirklichkeit des Herrenleibes, seiner Realpräsenz in den Realkategorien, im Unterschied zu den verschiedenen Auffassungen der figürlichen ›Repräsentation‹, der Unterscheidung des eucharistischen Leibes von der historischen Leiblichkeit bei substantieller, wesentlicher und naturhafter Identität mit dem Leib des jungfräulich geborenen Herrn, der trotz Zerbrechen (*fractio corporis*) und Zermalmen unversehrt und unversehrbar bleibe.[440] Dieses Problem samt der Positionierung der *ratio* gegenüber der *interpretatio* sowie der *ratio* gegenüber der *auctoritas* erbt das 16. und 17. Jahrhundert ebenso wie die hermeneutischen Probleme bei der Auslegung der Einsetzungsworte. Nach Berengars logischer Analyse der Ausdrücke *signum, mysterium, figura, species* und *sacramentum* erscheinen sie ihm nur als eine Art Beziehungsbegriffe, bei denen sowohl Bezeichnendes als auch Bezeichnetes als zwei real geschiedene Dinge vorausgesetzt seien; das bedeutet zugleich, dass keine Identität von Zeichen und Bezeichnetem (logisch) möglich sei: Wenn die Eucharistie als Zeichen des Leibes Christi fungiere, dann könne das Sakrament nicht zugleich auch der Herrenleib sein.

---

440 Hinweise zu dieser Diskussion u.a. bei Hödl (1962).

In seinem *De sacra coena* schreibt Berengar überaus euphorisch über den Nutzen der Dialektik: Um sich der Vernunft zu bedienen, müsse man zur Dialektik greifen. Greife man zu ihr, so begebe man sich in den Bann der *ratio*. Es gelte als Zeichen eines großen Geistes, sich in allem der Dialektik anzuvertrauen. Derjenige, der das abweise, verleugne seine Menschenwürde, denn die Vernunft sei gerade das, was Gottes *imago* sei.[441] Lanfrank von Bec (1010–1089), Erzbischof von Canterbury, gehörte zu den schärfsten Kritikern Berengars. Er wirft ihm unumwunden vor, die Dialektik der Autorität der Väter vorzuziehen.[442] Das Glaubensmysterium sei zu glauben, nicht aber zu erforschen.[443] Lanfrank selbst hat eine Dialektik verfasst, die allerdings verloren zu sein scheint.[444] Von ihm wird zudem berichtet, er habe bei seiner Kommentierung der Paulinischen Briefe immer wieder die Dialektik verwendet.[445] In der Tat ordnet Lanfrank an nicht wenigen Stellen im Rahmen seiner Erläuterungen das gegebene Wortmaterial in syllogistischer Weise.[446] Ein herausgegriffenes Beispiel ist die Kommentierung der Passage 1. *Kor* 13, 8–11. Bei dieser Schriftstelle heißt es unter anderem, dass die Prophetengaben, die Sprachengaben wie die Wissenschaften aufhörten, die Liebe aber nie: *Caritas numquam excidit: sive prophetiae evacuabuntur, sive linguae cessabunt, sive scientia destruetur.* Das erfährt bei Lanfrank die folgende Analyse:

> *Charitas patiens est*, etc. usque ad, *nunquam excidit*. Nam et scientia et prophetia evacuabuntur: omne enim imperfectum perfecto superveniente, evacuatur: atqui prophetia et scientia sunt imperfecta; ergo evacuabuntur. Quod autem dicit: *Cum essem parvulus*, probat omne imperfectum perfecto superveniente evacuari.[447]

---

441 Vgl. Berengar: De sacra coena adversus Lanfrancum [zw. 1063 und 1069]. Ed. W.H. Beekenkamp. 's-Gravenhage 1941, XXIII (S. 47): »Maximi plane cordis est per omnia ad dialecticam confugere, quia confugere ad eam ad rationem est confugere, quo qui non confugit, cum secundum rationem sit factus ad imaginem dei, suum honorem reliquit, ne potest renouari de die in die ad imaginem dei.«
442 Vgl. Lanfrank: De corpore et sanguine Domini adversus Berengarium Turonensem [1062] (PL 150, Sp. 407–442, hier Sp. 416): »Relictis sacris autoritatibus, ad dialecticam confugium facis.«
443 Vgl. ebd. (Sp.421): »Mysterium fide credi salubriter potest, vestigari utiliter non potest.«
444 Vgl. Gibson (1979), S. 241.
445 Vgl. Sigebert von Gembloux (ca. 1030–1112): De scriptoribus ecclesiasticis [1100–12]. In: Robert Witte: Catalogus Sigeberti Gemblacensis monarchi de Viris Illustribus. Kritische Ausgabe. Bern/Frankfurt/M. 1974 (Lateinische Sprache und Literatur des Mittelalters 1), cap. 156 (S. 97): »Lanfrancus dialecticus et Cantuariensis archiepiscopus Paulum Apostolum exposuit et, ubicunque opportunitas locorum occurrit, secundum leges dialecticae proponit, assumit, concludit.«
446 Vgl. u.a. Lanfrank: In Omnes Pauli Epistolas Commentarii [1055–60], *Epist. ad Rom.*(PL 150, Sp. 101–407, hier Sp. 147A, 150A/B), *Epist. I ad Cor.* (Sp. 166A, 168, 178A/B, 182B/C, 194A, 198B–199A, 201B–202A, 207B–208B), *Epist. ad Galat.* (Sp. 266B, 271A/B, 273B).
– Bei Gibson (1971) sowie (1979), S. 56/57, werden Lanfranks Ansätze zu syllogistischen Rekonstruktionen kaum beachtet. Holopainen (1996), S. 44–76, behandelt im wesentlichen nur seinen Gebrauch der Dialektik in der theologischen Argumentation.
447 Lanfrank, ebd., 1. *Cor* 12 (Sp. 199A).

Lanfrank ist in der Hinsicht typisch, dass er eine Ambivalenz illustriert, indem er sowohl den Nutzen der Logik illustriert, als auch vor ihrem *abusus* warnt. Sein Kommentar des Korinther-Briefes macht die Kritik am Missbrauch der Dialektik beispielhaft deutlich. Bei dem Wort des Apostels (1. *Kor* 1, 17), er sei von Christus gesandt worden, das Evangelium zu verkündigen, doch »non in sapientia verbi« – eine Stelle, die den Freunden der Logik, respektive Philosophie in der Theologie noch lange Kopfzerbrechen bereiten wird –, deutet Lanfrank diese Kautele als »non syllogistice probando, qui sic potius posset improbari«.[448] Zwar scheine ein bestimmter Gebrauch der Dialektik die christlichen Dogmen zu erschüttern; doch handle es sich nach Lanfrank (allein) um ihren *Missbrauch*.[449] Die richtig verwendete Dialektik diene – wie es an anderer Stelle heißt – zur Stützung der Lehrsätze bei der Schriftauslegung.[450] Gleichwohl sei er, wie Lanfrank in seiner Schrift gegen Berengar betont, auch in Fällen des *guten* Gebrauchs mit dem dialektischen Instrumentarium unauffällig umgegangen – etwa durch die Wahl bestimmter anderer, aber gleichwertiger Sätze (*per aequipollentias propositionum tegere artem*) –, um nicht den Eindruck falscher Autorität zu wecken, wo doch die Autorität und Wahrheit bei den Heiligen Vätern liege.

Mithin läuft es auch hier auf die Frage nach der *Hierarchie* der *Autoritäten* im Konflikt hinaus. Lanfrank wolle eher auf die ›heiligen Autoritäten‹ als auf ›dialektische Gründe‹ hören. Daher wolle er nur mit größtem Widerstreben sich der ›Sprache‹ Berengars bedienen, wenn er dessen *argumentorum loci* und die Möglichkeiten erörtere, wie ein vorgetragenes Argument eine zweifelhafte Sache sicher mache (*dubie rei fidem facere*). Zugleich notiert er, ihm sei Augustins Lob des Nutzens der Dialektik *in theologicis* nicht unbekannt.[451] Die Auseinandersetzung um das zwischen Lanfrank und Berengar strittige Thema wurde nicht selten als wichtige Etappe des sich verändern-

---

448 Lanfrank, ebd., *Epistola B. Pauli Apostoli ad Corinthios Prima, cum glossula interjecta* (Sp. 157C); er fährt fort: »Vel si syllogistice convicti et crederent, non prodesset eis.«

449 Vgl. Lanfrank, ebd. (Sp. 323B): »*In sublimitate* [scil. *sermonum*], id est in altitudine verborum, et syllogismorum, et aliorum generum disputantium; non artem disputandi vituperat, sed perversum disputantium usum.«

450 Vgl. Lanfrank, ebd., 1. *Cor* 1 (Sp. 157C): »Per quam (dialecticam) crux i.e. mors Christi eam simpliciter intelligentibus evacuari videtur, quia deus immortalis, Christus autem deus; Christus igitur immortalis. Si autem immortalis, mori non potuit. Sic de partu Virginis et quibusdam aliis sacramentis. Perspicaciter tamen intuentibus dialectica sacramenta dei non impugnat, sed cum res exigit, si rectissime teneatur, astruit et confirmat.«

451 Vgl. Lanfrank: De corpore et sanguine Domini [1062] (Anm. 442), VII, Sp. 417A: »Sed testis mihi deus est, et conscientia mea, quia in tractatu divinarum litterarum, nec proponere, nec ad propositas respondere cuperem dialecticas quaestiones vel earum solutiones. Etsi quando materia disputandi talis est, ut [per] hujus artis regulas valeat enucleatius explicari, in quantum possum, per aequipollentias propositionum tego artem, ne videar magis arte quam veritate sanctorumque Patrum auctoritate confidere, quamvis beatus Augustinus [...] hanc disciplinam amplissime laudet [...].«

den Wissenschaftsverständnisses im frühen Mittelalter wahrgenommen,[452] die letztlich auf die Frage zielt, wie es zu verstehen sei, dass das Brot des Herrn Leib und der Inhalt des Kelches sein Blut ist, also um die Probleme des Verständnisses der Einsetzungsworte. Hier manifestiert sich die Verbindung von grammatischer und logisch-philosophischer Analyse: einerseits der *ratio* gegenüber der *lectio*, andererseits der *ratio* gegenüber der *auctoritas* im Blick auf die Interpretation als Wissensquellen ausgezeichneter Texte.[453] Berengar stellt der Wesensverwandlung die Ansicht entgegen, dass Brot und Wein der Substanz nach das bleiben, was sie waren. Sie seien (nur) *figura* und *similitudo* des Leibes und des Blutes des Herren. Damit einher geht eine strikte Trennung zwischen *signum* und *signatum*: auf der einen Seite die *res sacramenti* (Leib und Blut), auf der anderen das *sacramentum*. Demgegenüber entwickelt Lanfrank Vorstellungen einer Verwandlung der Substanz.[454] Neben der Hierarchisierung der Autorität von Argumenten kommt die immer wieder hervorgehobene Bedrohung durch die Logik angesichts der sophistischen Fehlschlüsse – selbst ein Anselm konnte in *De incarnatione Verbi* betonen, dass er sich durch die dialektischen Täuschungen aufgrund von *sophismata*, aber auch durch die Gaukeleien der Rhetorik nicht irre machen lassen wolle bei der Rechtgläubigkeit seiner Auffassungen.[455] Gemeint ist hierbei weder die Dialektik oder die Rhetorik als solche, sondern ihr Missbrauch, der von der Wahrheit wegführe.

6.2 *Logica fidei* und die Grenzen der *applicatio* der *logica*

Nicht nur lassen sich die Glaubensmysterien nicht ›beweisen‹, sondern sie widerstreiten bei ihrer Rekonstruktion und beim Sprechen über sie offenbar überlieferten logischen Normen. Das Trinitätsmysterium gehört zu denjenigen Glaubenslehren, die seit den ersten Anfängen seiner Erörterung, vor

---

452 Zu dieser Auseinandersetzung neben Gibson (1979), S. 63–97, und Holopainen (1996), S. 77–118, Southern (1948), Huygens (1966), de Montclos (1971), Cantin (1974b) und (1977), Somerville (1972), Macy (1984), S. 35–43, Chadwick (1989), Hödl (1990), Schrimpf (1982), insb. S. 9–16, ferner auch zum Hintergrund Radding (2003).

453 Zur Formulierung des *Problems* de Lubac (1949/1969), S. 180: »Je mehr sich Berengar an alte Formeln klammerte, um so stärker wird unter dieser scheinbaren Starre das, was sie ausdrükken sollen, [...] unmerklich verbogen [...]. Wieder einmal (und es war nicht das letzte Mal) spürte man unter dem Deckmantel wörtlicher Treue eine gefährliche Neuerung um sich greifen, während der überlieferte Glauben, um sich selbst treu zu bleiben, seine Gesichtspunkte ändern und zum Teil seine Sprache erneuern mußte.«

454 Vgl. Lanfrank: De corpore [1072] (Anm. 442), Sp. 430: ›Credimus [...] terrenas substantias [.....] converti in essentiam Dominici corporis.« Allerdings spricht er noch nicht von Transsubstantiation.

455 Vgl. Anselm: Epistola De incarnatione Verbi [1092 und 1094](*Opera* I, ed. F.-S. Schmitt, S. 281–290, hier S. 282, aus der ersten Version): »[...] nescio nec credo quod aliquis mihi hoc dialecticis sophismatibus possit concludere; sed certus sum bullum hoc rhetoricis coloribus mihi posse persuadere [...].«

allem aber im Mittelalter gleichermaßen die Grenzen des vernunftgemäßen Verstehens wie die Grenzen der Logik illustrierte.[456] Nach Bruno de Segni (1049–1123) ist es ›Torheit und Wahnsinn, mit platonischen Syllogismen und Argumenten des Aristoteles über die Trinitätslehre disputieren zu wollen‹: »Stulti et per omnia insani, qui Platonicis syllogismis et argumentis Aristotelicis de summa et omnipotenti Trinitate disputare conantur.«[457] Im wesentlichen spielen sich die Reaktionen im Rahmen von zwei Optionen ab: Der Idee einer speziellen Logik einerseits, der Idee der eingeschränkten Anwendbarkeit der überlieferten (aristotelischen) Logik, respektive einiger ihrer Lehrstücke andererseits; beide Optionen lassen sich in den konkreten Fällen mitunter nicht immer klar unterscheiden.

Die erste Option führte zu der *Idee*, wenn auch nicht Ausgestaltung einer speziellen *Logik des Glaubens*, die gegen die Unzulänglichkeiten der traditionellen Logik gesetzt wird, nicht zuletzt in ihrer Anwendung auf die Glaubensgeheimnisse. Es handelt sich um eine spezielle *logica fidei*, die das Ziehen bestimmter Schlüsse aus (scheinbaren) Widersprüchen nicht erlauben sollte – so vermutlich bei Robert Holcot (um 1290–1349), für den bestimmte Glaubensannahmen nicht *supra*, sondern *contra rationem* erscheinen und das heißt: unvereinbar mit der aristotelischen Logik seien.[458] John Wyclif (ca. 1328–1384) wollte oder hatte vielleicht sogar begonnen, wie er selbst bekundet, eine Logik der Heiligen Schrift (*logica Scripturae*) zu verfassen.[459] Worum es sich dabei gehandelt hat, lässt sich wohl nicht mehr sagen. An anderer Stelle sagt er, dass die Christen eine neue Logik und Grammatik erlernen müssten – ebenso wie es die Heiligen tun mussten, wenn sie die neue Bedeutung von Ausdrücken darzulegen versuchten, die man nicht in den Grammatik-Büchern finden konnte; in diesem Zusammenhang finden sich dann auch die obligatorischen Hinweise auf Gregor den Großen.[460]

---

456 Zur Diskussion im Mittelalter neben Boehner (1944/1958), ferner die ausgezeichnete Untersuchung von Gelber (1974), Maierù (1981), (1984), (1985), (1986), (1988), (1991), Knuuttila (1993), (1997), (1999), Hoenen (2001), Hallamaa (2003), zudem Auer (1957), Ebbesen (1987), Bäck (1998).
457 Vgl. Bruno von Segni, Sententiae, IV, 1 (PL 165, Sp. 977).
458 Vgl. Hoffmann (1972), S. 23ff, zuvor bereits Id. (1963), sowie L. Kennedy (1993), S. 188ff, Gelber (1983), Oberman (1962), Knuuttila (1993).
459 Vgl. Wyclif: Tractatus de logica. Now first Edited from the Vienna and Prague Mss. by Michael Henry Dziewicki. Vol. I. London 1893, S. 1: »[...] certum tractatum ad declarandum logicam sacre scripture compilare.«
460 Wyclif: De veritate sacrae scripturae [ca. 1377/78], lib. I, cap. 3 (ed. Buddensieg. Vol. I, S. 42): »[...] cum oportet in scripturam sacram exponendo vel intelligendo adiscere novam grammaticam ac novam logicam, sicut patet per beatum Gregorium et alios sanctos, quo exponunt autoritate scripture novos sensus terminorum scripture, qui nusquam originantur ex libris grammatice.«

Zudem betont Wyclif, dass die Heilige Schrift in allen ihren Teilen wahr sei, allerdings müsse man *ihrer* Logik und Redeweise folgen.[461]

Luther ist in dieser Hinsicht nur ein Echo, wenn es bei ihm heißt, dass sich auf göttliche Termini keine syllogistischen Schlüsse anwenden ließen, und dass die Behauptung, ein *Theologus*, der kein *Logicus* ist, sei ein monströser Häretiker, selber als eine monströse Redeweise erscheint.[462] Ebenfalls aus seinen Anfängen ist die Bemerkung überliefert, dass die *excercitationes dialecticae* zwar für die Heranwachsenden zur Ausbildung ihres Iudiciums vorteilhaft wären, aber nicht bei der Anwendung auf die *sacr[ae] litter[ae]*.[463] Erasmus bietet am Beginn des 16. Jahrhunderts eines der wirksamen Muster der Kritik am *syllogistischen* Traktieren theologischer Fragen in seiner Einleitungsschrift *Paraclesis* von 1516, wenn es bündig heißt: »Is mihi vere theologus est, qui non syllogismis arte contortis, sed affectu [...]«,[464] und er im Blick auf die *philosophia Christi* sagen kann: »Hoc philosophiae genus in affectibus situm verius quam in syllogismis, vita magis est quam disputatio, afflatus potius quam eruditio, transformatio magis quam ratio.«[465] In der im selben Jahr erscheinenden Schrift *Methodus* variiert er das Thema: »Et quoniam professio theologica magis constat affectibus quam argutiis [...]«.[466] Bereits in seiner *Stultitiae laus* hat er das mit bissigen Kommentaren bedacht.[467] Wenn es im *Lob der Torheit* im Blick auf die Dialektiker und Sophisten – beide behandelt Erasmus getrennt von den Philosophen – heißt: »So aber streiten sie sich bis aufs Messer um des Kaisers Bart, und im Eifer des Gefechts verlieren sie meistens die Wahrheit aus den Augen. Doch beglückt von ihrer Selbstgefälligkeit, und mit einer handvoll [*tribus*] Syllogismen bewaffnet, fordern sie ohne Besinnen jeden zum Kampf um jede Behauptung in die Schranken«,[468] dann denkt Erasmus vermutlich nicht

---

461 Vgl. ebd., I, 1 (S. 2): »Primo igitur arguitur multipliciter contra veritatem et consequenciam scripture sacre, de qua dixi sepius, quod ista vera de virtute sermonis secundum quamlibet eius partem et quod professores scripture sacre debent sequi eam in modo loquendi quoad eloquenciam et logicam plus quam aliquam alienam scripturam gentilium.«

462 Vgl. Luther: Disputatio contra scholasticam theologicam [1517], Th. 45 (*Werke* 1. Bd., S. 221–228, hier S. 226): »Theologus non logicus est monstrosus haereticus. Est monstrosa et haeretica oratio.«

463 Vgl. Luther: Briefwechsel [1501–1520] (Anm. 299), Br. Nr. 61 (S. 149): »Esto quod sit forte utilis iuvenilium ingeniorum lusus vel exercitatio. Sed in sacris litteris, ubi mera fides & superna expectatura illustratio, foris reliquendus universus syllogismus.«

464 Erasmus: Paraclesis [1516]. In: Id., Ausgewählte Schriften. Lateinisch und deutsch. Hg. von Werner Welzig. 3. Bd. Übersetzt, eingeleitet und mit Anmerkungen versehen von Gerhard B. Winkler. Darmstadt (1967) 1990, 1–37, hier S. 16.

465 Ebd., S. 23; auch S. 27.

466 Erasmus: Ratio [1516] (Anm. 268), S. 50; vgl. dazu aber auch im Anschluss an Augustinus die Ausführungen ebd., S. 48.

467 Zu Aspekten dieses Werks, die hier nicht angesprochen werden können und die nicht weniger spitz in der Formulierung sind, vor allem Boyle (1985).

468 Vgl. Erasmus: ΜΩΡΙΑΣ ΕΓΚΩΜΙΟΝ sive laus stultitiae [1515]. Id., Ausgewählte Schriften. 2. Bd. Deutsche Übersetzung von Alfred Hartmann [...]. Eingeleitet und mit Anmerkungen

zuletzt an die berüchtigten, im späten Mittelalter verbreiteten *disputationes quodlibeticae*, bei denen ein Quodlibetar bestimmt wurde, jede der behandelten *quaestiones* zu widerlegen. Es ist bekannt, dass sich hierunter auch die eine oder andere Scherzrede (*quaestiones minus principales*) befunden hat.[469] Da es Erasmus vornehmlich um den Missbrauch der Logik in der Theologie geht, ist nicht sonderlich klar, wen er mit den Sophisten im Allgemeinen oder auch im Besonderen meint; die *sophismata*-Literatur der vorangegangenen Zeit scheint wohl nur selten theologische Fragen betroffen zu haben.[470] Gemeint sein dürfte weniger die *logica*, wie sie in den überlieferten Schriften des Aristoteles oder des Boethius in Erscheinung tritt, sondern eher Neuerungen im Rahmen der *logica moderna*.

Vermutlich bezieht sich die generelle Bezeichnung als *Sophist* auf den letzten Teil des aristotelischen *Organon*, also den der sophistischen Fehlschlüsse. Der Ausdruck gehörte dann zum gängigen Vokabular mit immer negativer Konnotierung und wird in der Zeit nicht selten in Verbindung mit Ausdrücken wie »scholastici« oder »sorbonici« verwendet: In dieser Sprache formulieren ihre Gegnerschaft sowohl Erasmus als auch Luther, ebenso wie Melanchthon und Calvin, der neben »sophistae«[471] auch die Ausdrücke »scholasticae sophistae«,[472] »Sophistes et Sorbonistes« oder »Sorbonici sophistae« verwendet.[473] Nach Calvin ist die scholastische Theologie eine teuflische Streitkunst (»diabolica ista ars litigandi«),[474] eine streitsüchtige Wissenschaft (»litigiosa scientia«).[475] Es sind »quaestionarii« und »nugatores«.[476] Oft findet sich der undifferenzierte Gebrauch solcher Charakterisierungen (»tota scholastica theologia«),[477] der aber nicht darüber hinwegtäuschen darf, dass mitunter einige Autoren besonders exponiert, aber auch einige gelegentlich von dem allgemeinen Verdikt ausgenommen werden. Die Kri-

---

versehen von Wendelin Schmidt-Dengler. Darmstadt (1975) 1995, S. 1–211, hier § 51, S. 129.
469 Zur Bedeutung der *disputationes quodlibeticae* Wippel (1985); zum Niedergang des *quodlibet* J. Leff (1968), S. 249. – Zu Beispielen der Satire auch Hess (1971), S. 177ff. (»Quaestiones fabulosae«), Kleinschmidt (1977), Mehl (1981), auch den Hinweis bei Gilman (1974), S. 28/29.
470 Vgl. z.B. Ebbesen (1997).
471 Vgl. z.B. Calvin: Institutio Christiane Religionis 1559 libros I et II continens, I, 16, 3 (*Opera selecta* III, ed. Barth, S. 190).
472 Vgl. Calvin: Institutio Christiane Religionis 1559 librum III continens, III, 4, 1 (*Opera selecta* IV, ed. Barth, S. 84).
473 Vgl. Calvin: Commentarius in Epistolam Secundam ad Corinthios [1546], 13, 5 (CR 78, Sp. 297–830, hier Sp. 151).
474 Vgl. Calvin: Commentarius in Epistolam ad Timotheum I [1556], zu 1, 4 (CR 80, Sp. 245–336, hier Sp. 252), sowie Id., Commentarius in Epistolam ad Timotheum II [1556], zu 2, 24 (CR 80, Sp. 337–396, hier Sp. 374).
475 Vgl. ebd., zu 2, 14 (Sp. 366).
476 Vgl. Calvin: Commentarius in Epistolam Thimotheum I [1556] (Anm. 474), zu 1, 5–11 (Sp. 253).
477 Vgl. Calvin: Commentarius in Epistolam Pauli ad Titum [1550], zu 1, 9, 10 (CR 80, Sp. 397–436, hier Sp. 413); auch Id., Commentariaus in Epistolam Thimotheum II [1556] (Anm. 474), zu 1, 13 (Sp. 357): »omnes scholasticoum libri«.

tik an der Erörterung frivoler häretischer Erörterungen durchzieht allerdings bereits das ganze Mittelalter.[478]

Ein Beispiel der Syllogismus-Kritik, das nicht weniger charakteristisch als das des Erasmus ist, stellt Johannes Reuchlins dezidierte Feststellung dar, die er in seiner Verteidigungsschrift »contra calumniatores Colonienses« von 1513 trifft: »Dialectici, ait & Aristoteles qui Princeps est solent argumentationum retia tendere, & vagam rhetoricae libertatem in syllogismorum spineta concludere«.[479] Vier Jahre später in *De arte cabbalistica* betont er nicht nur, dass man zur Gotteserkenntnis nicht auf dem Wege der *demonstratio* oder der Wissenschaft gelange, sondern dass der Syllogismus ein Feind jeglicher Erkenntnis des Allmächtigen sei.[480] Der Kanzler der Pariser Universität Jean Gerson (Charlier, 1363–1429) lässt bei seiner Erörterung des ›Geheimnisses‹, das sich in *Joh* 1, 1–14, niedergelegt finde, die einzelnen Disziplinen aufmarschieren, darunter auch die Dialektik, mit dem Ergebnis, dass keine zu einer Klärung in der Lage ist, denn dieses Geheimnis sei »supra naturalem investigationis modum«.[481] In seinen programmatischen Darlegungen in *De sensu litterali sacrae scripturae* am Beginn des 15. Jahrhunderts heißt es angesichts der Interpretation der Heiligen Schrift explizit in der *propositio secunda* zumindest auf den ersten Blick ein wenig überraschend

> Sensus litteralis Sacrae Scripturae accipiendus est non secundum vim logicae seu dialecticae, sed potius juxta locutiones in rhetorices sermonibus usitatas et juxta tropos et figuratas locutiones quas communis usus committit, cum consideratione circumstantiarum litterae ex praecedentibus et posterius appositis. Habet enim Scriptura Sacra, sicut et moralis et historialis scientia, suam logicam propriam, quam rhetoricam appellamus; unde Augustinus super hac re librum perutilem et elegantem composuit quem intitulavit De Doctrina Christiana [...].[482]

Der Literalsinn sei nach der Grammatik und der Rhetorik, samt der rhetorischen Figuren und Tropen, aber gerade nicht nach der Logik oder Dialektik auszulegen. Bereits in dieser Passage findet sich nicht weniges von dem versammelt, was dann später eine Rolle spielen wird: Von der Anrufung des Augustinus mit seiner nützlichen und gründlichen Schrift *De doctrina christiana*, über die Beachtung der *circumstantiae* sowie der kotextuellen *antecedentia* und *consequentia*, zusammengefasst in der Betonung der Rhetorik, hin zur Ablehnung der Logik bei der Interpretation der Heiligen Schrift – hinzu

---

478 Vgl. z.B. Damiani: De divinia omnipotentia [um 1067] (PL 145, Sp. 595–622, hier Sp. 604): »Frivolae quaestionis obloquium non modo gentui.«
479 Zitiert nach James H. Overfield: A New Look at the Reuchlin Affair. In: Studies in Medieval and Renaissance History 8 (1971), S. 167–207, hier S. 182.
480 Vgl. Reuchlin: De arte cabalistica libri tres [...]. Hagenau 1517 (ND 1964), fol. XXIV D/E.
481 Vgl. Gerson: In Natali Domini: Verbum caro factum est [1391]. In: Id., Œuvres complètes. Vol. V: L'Œuvre oratoire. Paris/Tournai/Rome/New York 1963, S. 597–604, hier S. 600.
482 Gerson: De sensu litterali Sacrae Scripturae [1413/14]. In: Id., Œuvres complètes. Vol. III: L'Œuvre magistrale. Paris 1962, S. 333–340, hier S. 334.

kommt schließlich auch die Unterscheidung zwischen einer Logik der Heiligen Schrift und einer des spekulativen Denkens.[483]

An anderer Stelle sagt Gerson zudem: Nicht nur könne man die Heilige Schrift nicht nach der Logik erklären, die dem spekulativen Denken diene, sondern sie habe ihre eigene Logik und Grammatik ebenso wie die Moralwissenschaft, die die Rhetorik als ihre ›Logik‹ habe: »Apparet denique quod Sacra Scriptura non est exponenda secundum vim logicae seu dialecticae quae deservit scientiis speculativis. Sic facientes sophistae se turpiter decipiunt. Sed habet Scriptura sacra suam propriam logicam et grammaticam, quemadmodum scientiae morales habent pro logica rhetoricam.«[484] Programmatisch betitelt Gerson 1401 eine seiner Abhandlungen De duplici logica. Bereits in ihr unterscheidet er zwischen zwei Logiken: Die eine diene den spekulativen Wissenschaften, die andere – wieder die Rhetorik – den praktischen Disziplinen.[485] Die Logik, die sich gerade nicht auf die Bereiche anwenden lasse, welche die Heilige Schrift behandelt, umschreibt Gerson unter explizitem Hinweis auf die Logik des Petrus Hispanus: »[...] quaedam subserviens scientiis naturalibus ac pure speculativis, quae usitato nomine et quasi atonomomastice ›logica‹ nominatur et quae ad omnium methodorum viam habere describitur ab Hispano; quae sermocinalis a quibusdam nominatur.«[486] Insonderheit sei diese Logik nicht auf Bereiche wie die historisch erzählenden Partien der Heiligen Schrift sowie auf ihre moralischen Vorschriften anzuwenden. Wichtig ist, dass es sich zunächst nur um einen Vergleich der Heiligen Schrift mit den Moralwissenschaften handelt.

Für die Aristoteliker des 16. Jahrhunderts ist eine solche Zuordnung mehr oder weniger selbstverständlich – so etwa bei Jacopo Zabarellas Erörterung der einzelnen Bestandteile des *Organon*. In das Organon vermag er nicht nur die *historia* zu integrieren, sondern auch die (aristotelische) Rhetorik und Poetik. Ihm sind hierbei allerdings die arabischen Bearbeiter des *Organon* vorausgegangen.[487] Obwohl die griechischen Kommentatoren von Alexandria davon wussten,[488] hat sich dies im ›Westen‹ nie durchgesetzt. Zabarella nimmt die Unterscheidung des Aristoteles aus dem Buch E der *Metaphysik* auf,[489] wonach sich die praktischen Disziplinen auf solche Ob-

---

483 Zum Zusammenhang mit der Verurteilung von Jan Hus (1369–1415) auf dem Konstanzer Konzil und zum Hintergrund auch Burrows (1991), ferner vor allem Kaluza (1984).
484 Vgl. auch Gerson: Réponse à la consultation des maitres [1415]. In: Id., Œuvres complètes. Vol. X: L'Œuvre polémique. Paris 1973, S. 232–253, hier S. 241.
485 Gerson: De duplici logica [ca. 1401]. In: Id., Œuvres III (Anm. 482), S. 57–63, hier S. 58.
486 Vgl. ebd.
487 Zur Poetik in der arabischen Überlieferung des Organon neben den Hinweisen bei Wolfson (1925/1973), S. 535/36, Hein (1985), S. 378ff., Hackett (1997), Kemal (1991), vor allem Black (1990).
488 Vgl. Black (1990), S. 17–51.
489 Vgl. Aristoteles: *Metaph* 1025^b20; zu *spekulativ* und *praktisch* ebd., $993^b20/21$, Id., *De Anima*, $433^a14/15$. – Die Zweiteilung ist bei den frühen Kommentatoren offenbar die Standarddeutung; eine andere ist die Dreiteilung: Die theoretische Wissenschaft zielt auf das Wissen

jekte beziehen, die von uns abhängen (*res contingentes*), die theoretischen auf solche, bei denen das nicht der Fall ist. Er unterscheidet zwischen der Logik im engeren Sinn als Analytik, als *demonstratio*, und der Dialektik im engeren Sinn als Lehre des wahrscheinlichen Schließens.[490] Dabei erstreckt sich der Anwendungsbereich der *demonstratio* auf die spekulativen, respektive theoretischen, der der Dialektik auf die praktischen, respektive ethischen Disziplinen, worunter dann entsprechend der Ausgangsbestimmung solche Disziplinen verstanden werden, die eine ›mögliche‹ oder ›wahrscheinliche‹, eine veränderliche und veränderbare Wirklichkeit behandeln, und bei denen *per definitionem* keine Demonstrationen möglich seien.[491] Zabarella besteht darauf, dass der Auftrag der Logik (*analytica*) darin liege, zwischen *wahr* und *falsch*, nicht indes zwischen dem *Guten* und dem *Schlechten* zu unterscheiden.[492] Für die moralischen Disziplinen, dem Erkennen von Gut und Böse, seien Dialektik (und Sophistik) die logischen Instrumente.[493] Rhetorik wie Poetik haben nun hiermit wiederum nichts zu tun: Sie seien »solius ciuilis disciplinae instrumenta«:[494] Beide dienten dazu, das zwischenmenschliche Verhalten so zu beeinflussen, dass man sich in den lebenspraktischen Umständen richtig verhalte:[495] »*Finis Rhetoricae est bonum persuadere; Finis Poeticae est morum correctio et affectionum purgatio.*«[496]

Bei Gerson kommt neben solcher Bereichsbegrenzung der Anwendung der Logik noch ein weiteres Moment hinzu. Die *logica modernorum*, wenn sie auf die ›eigentliche‹ Bedeutung der Wörter oder Rede (*virtus sermonis*) angewandt werde, ziehe desaströse Konsequenzen nach sich: »Et hoc est quod quidam non irrationaliter dicunt quod theologia suam habet logicam et modum loquendi proprium et quod in ea nihil esse falsum de virtute sermo-

---

(θεωρεῖν), die praktische auf das Handeln (πράττειν) und die poietische Philosophie auf das äußere Werk (ποιεῖν), zum letzteres u.a. Aristoteles, *Topica*, VI, 6 (145ᵃ15/16), ebd. VIII, 1 (157ᵃ10), *Nik Eth*, VI, 2 (1139ᵃ2), vor allem *Metaph*, V, 1 (1025ᵇ) und 25 (1064ᵇ1).
490 Zum weiteren Zabarella: De Natura Logicae Libri Duo [1578] (Anm. 160), lib. II, cap. XIV, Sp. 79D–82B.
491 Ebd., Sp. 80C/D: »[...] eaq[ue] potest vocari ratio Dialectica, si subjectam materiá[m] respiciamus, quae quum necessaria non sit, sed variablis, firmam demonstrationem non recipit; [...].«
492 Vgl. ebd., Sp. 32D.
493 Ebd., Sp. 80E: »Doctrinam igitur, & cognitionem moralis disciplinae spectando, ea nullo alio eget instrumento logico, quàm arte sophistica, & Dialectica: [...].«
494 Vgl. ebd., cap. XV, Sp. 82D/E: »[...] actio hominis ciuilis ab actione, oralis in eo differt: quòd moralis ipse est, qui bene agit, ciuilis verò facit, vt alij bene agá[n]t: moralis enim vult seipsum bonum reddere: ciuilis autem alios; quemadmodum igitur cognitio facultatis moralis principium est bonarum actionú[m] in ipsomet cognoscente; ita cognitio facultatis ciuilis, quae in ciuili homine est, & ciuitatem regente, principium est actionum bonarum in ciuibus [...].«
495 Vgl. ebd., Sp. 82F: »Sunt igitur Rhetorica atq[ue] Poetica facultates instrumentales, quibus homo ciuilis ad agendum vtitur, id est ad ciues bonos efficiendos: cum hoc tamen discrimine, quòd arte Rhetorica per semetipsum vtitur; Poetica verò per alios: ipse enim artificiosa oratione persuadet ciuib. vt boni sint: [...].«
496 Ebd., Sp. 83E–84D.

nis debet admitti; immo dictum hujusmodi tamquam irreligiosum, impium, et blasphemum auribus rejici congruit.«[497] Den Hintergrund dürfte bei Gerson im Allgemeinen das Verbot der sogenannten *errores Ockamicorum* bilden und im Besonderen die durch vermeintlich zu ›strikte Wörtlichkeit‹ entstehenden Häresien.[498] Dies richtet sich gegen die Annahme, dass Äußerungen *immer* in strikter ›Wörtlichkeit‹ (*virtus sermonis, vis sermonis – ex virtute sermonis*) zu deuten seien.[499] Entgegen gesetzt wurde dem eine an *voluntas* oder *intentio* des Autors ausgerichtete Bedeutungsauffassung: »Kein Magister [...] möge sich unterstehen, einen bekannten Satz eines Autors, über dessen Buch er Vorlesungen hält, für schlechthin falsch [*simpliciter falsa*] oder für wörtlich genommen falsch [*de virtute sermonis falsa*] zu erklären, wenn er glaubt, daß der Autor beim Aufstellen dieses Satzes das Richtige meinte [*habuerit verum intellectum*]. Vielmehr soll er diesen Satz anerkennen oder die richtige und die falsche Bedeutung unterscheiden, denn mit der gleichen Begründung müßten sonst Sätze der Bibel dem reinen Wortlaut nach [*absoluto sermone*] für falsch erklärt werden und das ist gefährlich.«[500] Sowie: »Desgleichen soll niemand behaupten, man dürfe keinen Satz anerkennen, der nicht in seinem eigentlichen Sinn [*sensu proprio*] richtig sei. Das führt zu den genannten Irrtümern, denn die Bibel und die Autoren verwenden die Worte nicht immer nach ihrer eigentlichen Bedeutung.«[501]

Gegen wen sich das auch immer richten mochte, das einzige angeführte Beispiel ist, wie die Stellen zeigen, die Heilige Schrift, bei der eine so eingeschränkte Bedeutungskonzeption die Gefahr beinhalte, ihr falsche Behauptungen zuzuweisen. Zwar laufen die Irrtümer unter der Bezeichnung

---

497 Vgl. Gerson: De duplici logica [ca. 1401] (Anm. 485), S. 59/60.
498 Vgl. z. B. Jean Gerson: Octo regulae super stylo theologico [1416]. In: Id., Oeuvres complètes. Ed. P. Glorieux. Tom. X. Paris 1973, S. 256–269, hier S. 259: »Et ideo si una assertio habeat unum sensum erroneum, scandalosum aut piarum aurium offensivum, potest rationabiliter condemnari, non obstante quod de virtute sermonis grammaticalis aut ex vi vocis logicalis, ipsa habere posset aliquem sensum verum.« Auch bereits Id., Sermon prosperum iter [1415]. In: Id., ebd., Tom. V. Paris 1963, S. 471–480, hier S. 476: »Tertia directio [scil. salutaris in via catholicae veritatis]. Concilium generale potest damnare propositiones multas cum suis auctoribus licet habere glossas aliquas vel expositiones vel sensus logicales veros possint. Hoc practicatum est in hoc concilio de multis articulis Wiclef et Joannis Hus, quorum aliqui poterant vel de vi logicae vel qui loquuntur de possibilitate [...].« Die *vis vocis logicalis* habe dem *communis modus intellegiendi* zu weichen. Dazu auch Kaluza (1984), dort auch in dieser Hinsicht zu Petrus Alliacus (Pierre d'Ailly um 1350–1420); ferner Hoenen (2001).
499 Hierzu Courtenay (1984), auch Id. und Tachau (1982). Zudem bereits Moody (1947), S. 126: »What is forbidden [scil. in the Paris decree of 1340] is obviously not the practice of distinguishing between the literal meaning of a sentence and the meaning intended by the author, but rather the practice of failing to take any account of this distinction, and of judging the truth of the sentence by the literal criterion alone.« Zudem Thijssen (1990) und (1997), Kaluza (1994).
500 Zitiert nach Ruprecht Paqué: Das Pariser Nominalistenstatut: Zur Entstehung des Realitätsbegriffs der neuzeitlichen Naturwissenschaft (Occam, Buridan und Petrus Hispanus, Nikolaus von Autrecourt und Gregor von Rimini). Berlin 1970, S. 9.
501 Ebd., S. 11.

errores Ockamicorum, doch Ockham (um 1280–1349) selber weist mitunter darauf hin, dass bei den Autoritäten der Sinn ihrer Schriften nicht unmittelbar im Sinn der *virtus sermonis* gegeben sei, sondern sie der Interpretation bedürften, und es finden sich bei ihm nicht wenige Hinweise, nach denen eine Maxime ›strikter Wörtlichkeit‹ zu inakzeptablen Bedeutungszuschreibungen führe, weil sie dem Text lächerliche Unwahrheiten zuweise.[502] Auch wenn nicht sonderlich klar wird – das gilt bei ähnlichen späteren Auffassungen zumeist auch –, was Gerson mit der von ihm abgelehnten Logik meint, ist vermutlich nicht die Logik als solche gemeint, sondern entweder ihre Anwendung in bestimmten Bereichen oder ein bestimmter identifizierbarer Schulgebrauch, respektive eine Gruppe spezifischer Lehrstücke. Denn diese Ablehnung lässt sich mit Gersons *tritum iter* verbinden – vorbei an den von ihm pejorativ titulierten *formalizantes*.[503] Gerichtet ist dies insbesondere gegen die Verwendung der *distinctio formalis* oder der *non-identitas formalis* zur Analyse der göttlichen Attribute, die hierdurch im Unterschied zum göttlichen Wesen gesehen wurden.[504] Die *distinctio Scotistica*, die *non identitas formalis a parte rei*,[505] steht neben der Realdistinktion, als *distinctio realis* zwischen Sein und Wesen, und der Virtualdistinktion. Ähnlich wie die Formaldistinktion versteht sie Sein (*esse*) und Wesen (*essentia*) nicht als real konstitutive Prinzipien (wie als Akt und Potenz), sondern nur als einen gedanklich-begrifflichen Aspekt, unter dem sich das Seiende auffassen lasse.

Immer wieder legt die Kritik an der (aristotelischen) Logik angesichts der Glaubensmysterien die Idee einer *bereichseingeschränkten* Geltung logischer Regeln nahe. Bei Luther etwa heißt es in diesem Sinn lakonisch, dass der Syllogismus bei »den Glaubensgeheimnissen nicht zulässig sei«,[506] und: »Nulla forma syllogistica tenet in terminis divinis«.[507] Meinen dürfte er den *syllogismus communis* sowie den *syllogismus expositorius*, die bei einigen

---

502 Vgl. Ockham: Expositio in libros Physicorum Aristotelis, I, 1, § 2 (Opera philosophica, IV, S. 28) sowie III, 4, § 6 (S. 475), Id., Scriptum in librum primum sententiarum ordinatio distinctiones XIX–XLVI, d. 30. 2 (Opera Theologica IV, S. 332): »[…] a philosophicis Sanctis et autoritatibus conceduntur multae propositiones sub uno intellectu quae tamen de virtute sermonis sunt falsae […].«

503 Vgl. z.B. Gerson: Super doctrinam Raymundi Lulli [1423]. In: Id., Œuvres X (Anm. 484), S. 121–128, hier S. 127: »Et ita logici quos alli vocant terministas seu nominales, magis vadunt ad res quam formalizantes suo modo.« Oder Id., Contra curiositatem studentium, lectione duae [1402]. In: Id., Œuvres III (Anm. 482), S. 224–249, hier S. 241–243. – Hoenen (2002) ist der Ansicht, dass bei der Kritik an den »formalizantes« (auch) Platoniker gemeint seien.

504 Ich folge hier Kaluza (1988), u.a. S. 52–60; zur *distinctio rationis* und *a parte rei* M. J. Jordan (1985).

505 Zum Hintergrund Wölfel (1965), insb. S. 7–31, Wetter (1967), insb. S. 58–74, sowie Wolter (1965).

506 Luther: Die Disputation de sententia Verbum caro factum est (Joh. 1, 14) [1539] (*Werke* 39. Bd./ II. Abt., S. 3–30, hier S. 12): »Syllogismus non admittitur in mysteriis fidei et theologiae.«

507 Luther: Disputatio contra scholasticam theologicam [1517] (*Werke* 1. Bd., S. 221–228, hier S. 226). – Vgl. zu einigen Aspekten auch Työrinoja (1986).

Trinitätsargumenten zur Anwendungen gelangen. Bei Syllogismusfiguren, die als Subjektterm einen singulären Ausdruck aufweisen, handelt es sich freilich um Erweiterungen der aristotelischen Syllogistik. Auch im 16. und 17. Jahrhundert hat es Stimmen gegeben, die nicht zuletzt angesichts der Glaubensmysterien der Ansicht waren, dass die *logica divina* nichts zu tun habe mit der *logica humana*. Zur gleichen Zeit wird dies auch immer wieder zurückgewiesen. Ein Beispiel bietet der am Ende des 16. und am Beginn des 17. Jahrhunderts auch als Logiker hervorgetretene Reformierte Rudolf Goclenius (1547–1628), wenn er vehement bestreitet, dass es einer gesonderten Logik bedarf, einer *logica divina*, die mit der menschlichen nichts oder wenig gemein habe.[508]

Luther löst den Konflikt durch seine Vorstellung der ›Sphärenscheidung‹ (»sua sphaera et loco«) bei (anscheinend) widerstreitenden Wissensansprüchen – allgemein: Die natürliche Erkenntnis sei nicht an sich falsch; sie werde es aber, wenn sie als die eigentliche Wahrheit gelten will. Diese sei nicht ohne *intellectus fidei* erkennbar; ohne *intellectus fidei* erscheint uns die Weisheit Gottes nur als Torheit:[509] Zwar konzediert Luther den Widerspruch zwischen Theologie und Philosophie (Mathematik) in Fragen der Trinität, doch die Passage lässt sich so deuten, als nehme er als Voraussetzung für das Auftreten von Widersprüchen an, dass sie nur in gemeinsamen ›Sphären‹ auftreten können – das heißt: nur *in* der jeweiligen Art oder Sprache, nicht *zwischen* unterschiedlichen ›Wissens-Ordnungen‹: »Quare contrarietas debet fieri et esse in eodem genere et in eadem propositione. Deus est homo. In philosophia est falsa, quod sit Deus et homo. Ideo in creatura ita longissime separamus has sphaeras, ut philosophus dicit«;[510] zudem scheint Luther

---

508 Vgl. Goclenius: Institutionum logicorum de Inventione Liber unus [...]. Marpurgi 1598, S. 5/6: »Antitrinitarius dicit, unú[m] esse deum, non trinum, quòd haec involvant contradictionem. In hoc refellendo utor terminis logicis, dicens, unum quidem & tres esse opposita, nec simul consistere: Unum verò & trinum non esse opposita: quòd unus de essentia, trinus verò de personas in unitate essentiae dicatur: Qui respectus diversorum est, quae, consentire possunt. Neq[ue] verò logicè disserere de verbis sacris est logicam cum Theologia permiscere. Cùm enim Theologus logicus lumé[n] infert in sacra, nó[n] magis sacra profanis aut profana sacris micet, quam cùm demonstrationem Theologicam grammaticorú[m] canonibus congruentem facit, & ad rectú[m] laudabilemq[ue] usum conformat, ut sit pura, emendataque & soloecismis vacet (quod congruè loqui vulgò dicunt) ne audiat fortè istud: Theologus, sed malus Granmaticus. III. *Falsum igitur est quod attexitur probationi, logicam Dei prorsus nihil commune habere cum nostra logica.*«
509 Vgl. Luther: Dictata super Psalterium [1513–16] (Anm. 308), S. 367/58.
510 Vgl. Luther: Die Disputation de Sententia [1539] (Anm. 506), Arg. 9 (S. 16); auch ebd.: »Deus homo et Deus non homo sunt contraria non in eodem ordine« (dabei den Theologen der Sorbonne, des universitären Zentrums katholischen Lehrentscheidung, hier Äquivokation vorwerfend) sowie, wenn auch nicht leicht zu verstehen, aber in der Richtung wohl klar: »Deus et homo sunt 2 propositiones, in philosophia falsum, in theologia verum. Si essent ambae in theologia, tum consisteret argumentum.«

dies nicht allein für die Philosophie im engeren Sinne anzunehmen.[511] In zeitlichen Dingen, denen des menschlichen Alltags und der praktischen Lebensbewältigung, komme die Vernunft uneingeschränkt zu ihrem Recht.[512]

In demselben Zusammenhang findet sich bei Luther die Aufnahme der seit dem Mittelalter gängigen Formel: *diversa*, aber nicht *adversa*:[513] »Philosophia et theologia habent diversum subiectum. Ergo non pugnat inter se. R. Sunt diversa, non contraria«.[514] Wenn die ›Wahrheiten‹, die theologischen wie die philosophischen (mathematischen), aus einer ›Quelle‹ fließen, können sie nicht *adversa*, sondern nur *diversa* sein.[515] Luthers Lösung des Konflikts erinnert an eine – wenn man so will – metalogische Maxime, nämlich an den alten Grundsatz, dass zur Vermeidung von Trugschlüssen die *divisio vocis* anzuwenden sei: Wird ein Wort in zwei Sätzen nicht im gleichen Sinn verstanden, so dürfe aus ihnen kein Syllogismus mit diesem Ausdruck als Mittelbegriff gebildet werden (*quaternio terminorum*). Mithin entfällt eine der Voraussetzungen für den Nachweis eines (formalen) Widerspruchs. An anderer Stelle spricht Luther die Sphärenvermischung im Blick auf einen neuen gegenüber dem alten Gebrauch der Ausdrücke explizit an, und zwar als *ambiguitas in vocabulo*, als *aequivocatio*.[516] Das auf Aristoteles zurückgehende Standardbeispiel war der Ausdruck ›Hund‹ (als Tier und Sternbild). [517]

---

511 Vgl. z.B. Luther: Die Promotionsdisputation von Palladius und Tilemann [1537] (*Werke* 39. Bd. I. Abt., S. 198–256, hier S. 229): »Scitis, quod physica semper attulit et affert aliquid mali et incommodi theologiae, propterea, quia una quaeque ars habet suos terminos et sua vocabula, quibus utitur, et ea vocabula valent in suis materiis. Iuristae sua habent, medici sua, physici sua. Haec si transferre ex suo foro et loco in aliud volueris, erit confusio nullo modo ferenda. Nam tandem obscurat omnia.«

512 Vgl. z.B. Luther: Kirchenpostille [1522], Epistel am Tage der Heiligen Drei Könige. Jes 60, 1–6 (*Werke* 10. Bd. 1. Abt., 1, S. 531): »inn tzeytlichen dingen und die den menschen angehen, da ist der mensch vornunfftig genug, da darff er keyniß andern liechts denn der vornunfft. Darum lehret auch gott ynn der schrifft nit, wie man hewßer bawen, kleyder machen, heyratten, kriegen, schiffen oder dergleychen thun soll, das sie geschehen; denn da ist das natürlich liecht genugsam tzu. Aber ynn gottlichen dingen, das ist: ynn den, die gott angehen, das man alßo thue, das es gott angenehm sey und damit selig werde, da ist die natur doch stock star und gar blind, das sie nitt mag eyn harbreytt antzeygen, wilch dieselbigen dinge sind.«

513 Hierzu u.a. Sylvestre (1964), sowie de Lubac (1951/52), wobei es allerdings nicht zuletzt um die Frage geht, wer dieser Sentenz zuerst zu einer Formulierungen verholfen hat, also entweder Anselm von Laon oder ein früherer wie Origenes oder Augustinus.

514 Vgl. Luther: Die Disputation de Sententia [1539] (Anm. 506), Arg. 25 (S. 26).

515 Ein Beispiel von zahllosen: Johann Heinrich Alsted: Criticus de infinitio Harmonico, id est tractatus brevis et perspicuus de Harmonia Philosophiae Aristotelicae, Lullianae et Ramaea. Herborn 1610, S. 42: »Dona Dei diversa sunt, non adversa.«

516 Vgl. Luther: Die Disputation de Sententia [1539] (Anm. 506), S. 11: »Nego minorem, quia homo est aequivocum et fiunt quatuor termini. Aliter in maiore aliter in minore sumitur. In maiore significat hominem physicum, in minore alium in et divinum et incarnatum Deum. Itaque ipsi concedunt, quod maior est falsa. Et aequivocorum et univocorum distinctionem excogitarunt, ut philosophia et theologia concordaret.«

517 Vgl. Aristoteles: *Soph. Elen*, 4 (166ᵃ14–19); aufgenommen in der Abhandlung zu den Fehlschlüssen etwa bei Galen: De Captionibus [Περὶ τῶν παρὰ τὴν λέξιν σοφισμάτων]. In: Robert Blair Edlow: Galen on Language and Ambiguity. An English Translation of Galen's

Zum Versuch, den göttlichen Geist analog zum menschlichen zu sehen, der scheitern müsse, heißt es bei Spinoza: »[...]; denn Verstand und Wille, welche das Wesen Gottes ausmachten, müssten von unserem Verstande und Willen himmelweit verschieden seyn und könnten nur dem Namen nach damit übereinstimmen und damit übereinkommen, nicht anders nämlich, als der Hund, das himmlische Sternbild, und der Hund, das bellende Thier, mit einander übereinkommen.«[518] Die Pointe bei Spinoza wird sichtbar durch die knappe Ergänzung, die der Rückgriff auf dieses Beispiel in den *Cogitata metaphysica* erfährt, die Spinozas *Renati Des Cartes Principiorum Philosophiae Pars I & II, More geometrico demonstratae* angehängt sind. Dort heißt es im Abschnitt »Über die Mitwirkung Gottes«: »Denn die Wissenschaft Gottes stimmt ebensowenig mit der Wissenschaft des Menschen überein, wie das Sternbild des Hundes mit dem Hund als bellendem Tier, *ja vielleicht ist der Unterschied noch größer*.«[519] Thomas von Aquin wählt dieses Beispiel just, um zu zeigen, in welchem Sinn das zwar äquivoke Sprechen über die göttlichen Attribute nicht äquivok ist, nämlich nicht *omnina aequivoce* als *casu*[520] oder in der *Summa theologica* als *pure aequivoce*[521] – *pure aequivoce* sei nicht wie das Tier und sein Bild,[522] sondern wie der lebende Hund und das gleichnamigen Sternbild,[523] und in *diesem* Sinn von äquivok dürfen die göttlichen Attribute nicht verstanden werden.

An anderer Stelle heißt es lapidar bei Luther, dass die Äquivokation die Mutter aller Irrtümer sei: »Caro significat ibi in Paulo concupiscentiam. Est aequivocatio. Omnis aequivocatio mater errorum.«[524] Erst dann, wenn die Mehrdeutigkeit in eine Eindeutigkeit verwandelt sei, könne man sicher sein,

---

De Captionibus (On fallacies) with Introduction, Text, and Commentary. Leiden 1977, cap. I, S. 89 (griechischer Text und Übersetzung S. 85–112).

518 Vgl. Spinoza: Ethica/Ethik [1675, 1677]. In: Id., Opera – Werke. Lateinisch und Deutsch. 2. Bd. Hg. von Konrad Blumenstock. Darmstadt (1967) 1989, S. 84–557, I, Lehrsatz 17, Anm., S. 119.
519 Vgl. Spinoza: Descartes' Prinzipien der Philosophie auf geometrische Weise begründet. Anhang enthaltend metaphysische Gedanken [Renati Des Cartes Principiorum Philosophiae Pars I et I, More geometrico demonstratae {...}. Accesserunt Ejusdem Cogitata Metaphysica {...}, 1663]. Übersetzung von Artur Buchenau. Einleitung und Anmerkungen von Wolfgang Bartuschat. Hamburg 1987, Teil II, Kap. 11, S. 157; Hervorhebung von mir.
520 Vgl. Thomas von Aquin: Compendium theologiae ad fratrem Reginaldum socium suum [1269–73]. In: Id., Opuscula Theologica. Vol. I. Cura et studio Raymundi A. Verardo. Taurini/Romae 1954, S. 13–138, hier I, 27.
521 Vgl. Thomas: Summa Theologica [1266–73] (Anm. 246), I–I, q. 13, a. 5, resp. (S. 79).
522 Vgl. ebd., a. 10, ad quartum (S. 85).
523 Vgl. Thomas: Sententia super Physicam [1269–70]. In: Id., Opera Omnia. Tom. 18. Parisiis 1865, S. S. 292–709, hier lect. VIII, No.8, sowie Id., In duodecim libros Metaphysicorum Aristotelis expositio [1269–72]. Editio iam a M.-R. Cathala exarata retractatur cura et studio Fr. Raymundi M. Spiazzi [...]. Taurini/Romae (1950, 1964) 21971, IV, lect. 1, 535 (S. 151).
524 Vgl. Luther: Die Disputation de Sententia [1539] (Anm. 506), S. 28; vgl. auch Luther: Die Disputation De divinitate [1540] (Werke 39. Bd./II. Abt., S. 92–121), Arg. VIII (S. 105): »Haec pugnantia non fit inter aequivoca, sed inter univoca. Est enim duplex creaturae significatio.«

wovon die Rede ist.⁵²⁵ Die *aequivocatio* als *mater erroris* zu sehen, entspricht nicht allein der mittelalterlichen Sprachphilosophie in ihrer Erörterung von *aequivocatio* und *analogia* bei Termini mit der Annahme, die *equivocatio* (*analogia*) eines Ausdrucks verhindere korrekte syllogistische Argumentationen.⁵²⁶ Anders jedoch als bei Luther wurde die *equivocatio* oder *analogia* als Eigenschaft einzelner Terme aufgefasst und nicht als Eigenschaft im jeweiligen Satzzusammenhang.⁵²⁷ Ähnliches gilt nach Luther aber nicht allein für die Philosophie, sondern etwa auch für die Astrologie und ihre Prognosen: »Astrologia est ars aequivocationis, aequivocatio autem est mater erroris, ergo astrologia est erronea. Maior ex eo constat, quia semper duos planetas faciunt concurrere, nescientes, utri maiorem virtutem ascribere debeant ante eventum.«⁵²⁸

In der Heidelberger Disputation spricht Luther von *Theologica paradoxa*.⁵²⁹ Bevor man zu mehr oder weniger weitreichenden Ausdeutungen übergeht, wäre zunächst zu klären, in welchem Sinn Luther den Ausdruck *Paradoxie* verwendet.⁵³⁰ *Paradoxa* meinte seit der Antike und noch im Sprachgebrauch des 18. Jahrhunderts: Nicht landläufige, sondern ›neue‹ Ansichten, und zwar solche, die nicht ›in sich‹ paradox sind – in diesem Sinn von *paradox* wären wohl eher die Sophismata anzusprechen als *orationes deceptoriae* oder als *insolubilia*, bei denen sie selbst und ihre Negation sich beweisen lasse⁵³¹ –, sondern allein gegenüber den herkömmlichen Auffassungen;⁵³² dabei konnte der Ausdruck sowohl negativ als auch positiv konnotiert sein.⁵³³ Gleiches drückte mitunter auch der Ausdruck *absurd* aus, der aber wohl immer negativ konnotiert war. Die *paradoxa* mussten mithin weder der Logik noch der Vernunft widersprechen.

Luthers Kritik an der Logik betrifft ihre Anwendung, und zwar genauer die Nichtberücksichtigung einer Maxime, nach der die Bedeutung der Ausdrücke, ihr ›Vokabular‹, gleich zu sein habe oder als gleich zu behandeln sei,

---

525 Vgl. Luther: Tischreden, 4. Bd. Weimar 1916, Nr 5082b, S. 647: »Erroris mater est aequivocatio semper. Cum igitur ex aequivocatio fit univorcum, tunc certi sumus, de qua se fit sermo.«
526 Vgl. auch Rosier (1988), Rivero (1975).
527 Vgl. u.a. Ashworth (1991a), (1991b), (1992).
528 Luther: Tischreden. Bd. 1 (Anm. 301), Nr. 857.
529 Vgl. Luther: Disputatio Heidelbergae habita [1518] (*Werke* 1. Bd., S. 350–374, hier S. 353).
530 Nicht geschieht das beispielsweise bei Janz (1998).
531 Vgl. u.a. Spade (1973), (1976), (1987) sowie (1975), Martin (1993).
532 Vgl. auch Leibniz in einem Brief an Heinrich Oldenburg (ca. 1617/20–1677) vom 18./28. 12. 1676, wo es zu Descartes' *Meditationes* heißt (*Sämtliche Schriften* II/5, S. 9/10): »[...] aliquae in illis sunt meditationes egregiae et solidae; eae tamen quae maxime paradoxae et a Communibus sententiis remotae sunt, mihi non ita liquido demonstratae videntur, imo sunt nisi fallor, in quibus aliter sentenidendum est [...].«
533 Vgl. z.B. noch Johann Martin Chladenius (1710–1759): Nova Philosophia Definitiva ultra trecentas definitiones emendatas perpolitas maiori ex parte in usum sanctioris omnisque humanioris doctrinae recens constitutas complectens. Lipsiae 1750, S. 32: »*Paradoxon* est propositio iudiciis vulgo receptis repugnans.«

wenn es zu widersprüchlichen Wissensansprüchen kommen soll.[534] Nach Aristoteles sind zwei Sätze nur dann kontradiktorisch, wenn sie dasselbe Prädikat und dasselbe Subjekt haben, also ohne Äquivokation der Ausdrücke.[535] Darauf wird zurückzukommen sein, wenn es um die intrikaten Probleme des wörtlichen Verständnisses der *verba institutionis* geht. Explizit begründet Glassius die Eindeutigkeit des im *sensus literalis* Ausgedrückten anhand von vier Annahmen,[536] von denen keine in diesem Zusammenhang neu ist, und der Widerlegung von gegenteiligen Ansichten;[537] dabei lautet die dritte Annahme, dass ansonsten die Heilige Schrift ungewiss werde (»a Scripturae sacrae certitudine«).[538]

6.3 Die anhaltende Ambivalenz in der Wertschätzung der *dialectica vetus* und die *dialectica nova*

Mitunter tat man sich überaus schwer mit dem übernommenen paganen Wissen, nicht zuletzt auch bei der Logik. Die ablehnenden Urteile halten sich durch die Zeiten. Von Ambrosius (334/339–397) ist das Wort: »Sed non in dialectica conplacuit Deo salvum facere populum suum«, überliefert, dabei *Mt* 1, 21 zitierend.[539] Ähnlich klang es im Blick auf die Dialektik des Aristoteles bereits bei Tertullian (ca. 160–ca. 220).[540] Es finden sich zeitgleich aber auch andere Stimmen wie etwa die des Clemens von Alexandria (um 150–215): »Manche, die sich für besonders gescheit halten, verlangen, daß man sich weder mit Philosophie noch mit Dialektik beschäftige, ja nicht einmal von der Naturwissenschaft etwas erlerne; sie fordern, daß man sich mit dem Glauben allein begnüge. Das ist gerade so, als wenn man, ohne irgendetwas für die Pflege des Weinstocks zu tun, gleich von Anfang an die Trauben ernten wollte.«[541] Erst jüngst sind die Kenntnisse der stoischen Logik und ihre Verwendung bei der Auslegung bei Origenes näher untersucht worden;[542] das schloss nicht aus, dass sich der Kirchenvater hinsichtlich der Predigt kritisch über die Verwendung von Rhetorik und Dialektik aussprechen konnte. Sicherlich gehörte zu den Stimmen, die die Logik wohlwollend sehen, Augustin, auch wenn seine Äußerungen, nicht zuletzt angesichts der

---

534 Vgl. Luther: Die Disputation de Sententia [1539] (Anm. 506), Arg. 4 (S. 10): »Hic enim fit novum vocabulum significans personam [naturam?] divinam sustentantem nostram humanam, ut albus significat hominem sustentantem albedinem.«
535 Aristoteles: *De int*, 6 (17ᵃ34–35).
536 Vgl. Glassius: Philologia sacra [1623, 1705] (Anm. 2), lib. II, pars I, tract. II, section I, »Theseos confirmatio«, Sp. 375–376.
537 Vgl. ebd., »Antitheseos refutatio«, Sp. 376–389.
538 Vgl. Ebd., Sp. 375.
539 Ambrosius: De fide, 1, 5, 42 (*CSEL* 78, S. 17/18).
540 Vgl. Tertullian: De praescriptione haereticorum 8, 6 (*CCL* 1, S. 192).
541 Clemens von Alexandria: Stromateis I, 9, 43 (Übersetzung von Otto Stählin, Des Clemens von Alexandria Teppiche. München 1936, S. 45); hierzu auch Pépin (1972), Osborn (1987).
542 Vgl. Heine (1993), oder O'Cleirig (1995).

jeweiligen Situation und Themenstellung, ungleichmäßig ausfallen – und, wie sich zeigt, ist dies auch später noch sowohl bei den lobenden wie den tadelnden Urteilen über die Logik bis zu Glassius zu beachten. Augustin verwendet in seiner (unvollendeten) stoisch-ciceronischen Dialektik den Begriff *dialectica* nicht nur übergreifend, sondern er bestimmt sie zudem (stoisch-ciceronisch) als »bene disputandi scientia«[543] – also die wörtliche Übersetzung einer stoischen Definition: διαλεκτικὴ δε ἐπιστήμη τοῦ εὖ διαλέγεσθαι. Er kann die Logik verteidigen und als unentbehrlich darstellen, wenn man sie zu verbannen sucht und ihn selbst abfällig als *homo dialecticus* apostrophiert – nicht zuletzt mit dem Standard-Argument, die Kritiker der *dialectica* verwendeten bei ihrer Kritik die Dialektik selbst (wie etwa in seinem Werk *Contra Cresonium*); aber Augustinus kann die Logik auch kritisieren, um diejenigen, die sie in bestimmter Weise zu verwenden gedenken, in ihre Schranken zu weisen (wie in seinem Werk *Contra Julianum*[544]). Die Anwendung der Logik in der theologischen Argumentation ist das eine, ihre Anwendung zum Verständnis der Heiligen Schrift durchaus etwas anderes. Dabei kann mitunter sogar das zweite eingeräumt werden, während man das erste nur für sehr begrenzt hält.

Rupert von Deutz (1070–1129), um nur ein Beispiel vom Beginn des Jahrtausends zu nehmen, gesteht ein, erst spät mit der Logik vertraut geworden zu sein;[545] zugleich aber ist er der Ansicht, dass die Heilige Schrift voller vollständiger und unvollständiger Syllogismen sei, deren Kürze aufgrund ihres enthymematischen Charakters insbesondere die Rhetoren erfreue: »Plena est diuinae Scripturae pagina tam perfectis syllogismis, quibus et dialectici et rhetores utuntur, quam et enthymematibus, id est imperfectis syllogismis, quorum breuitate maxime rhetores delectantur.«[546] Rupert findet sogar zu der Behauptung, die Heilige Schrift enthalte eine bessere Auflistung der Kategorien und Prädikamente als Aristoteles und Porphyrius.[547] Entscheidend nun ist, dass eine solche Sicht der Heiligen Schrift

---

543 Augustinus: De Dialectica [ca. 387]. Translated with Introduction and Notes by B. Darrell Jackson from the Text newly edited by Jan Pinborg. Dordrecht/Boston 1975, S. 82–121, hier S. 84. Hierzu auch Pinborg (1962); Pépin (1976). Aber nicht nur seine Logik-Werk ist aufschlussreich für sein Verständnis der Logik, sondern es sind auch Partien in *De doctrina christiana* (insb. II, 31–39), zu spezifischen Aspekten auch Bucher (1982).
544 Vgl. Augustinus: Contra Iulianum opus imperfectum I–III [423] (*PL* 45, S. 1337–1608).
545 Vgl. Rupert von Deutz: De omnipotentia Dei [1117] (*PL* 170, Sp. 453–478), XXIII, Sp. 473B: »[...] me absente, me interdum praesente irridentes dicebant sero me ad studium venisse artis dialecticae [...]. Verum etsi hanc non novimus, [...].«
546 Rupert von Deutz: De Sancta Trinitate et Operibvs Eivs [1117], XL, VII, § 13 (*CCCM* 21–24, S. 2066); zuvor heißt es: »Huius artis utilitas et virtus tota ostenditur in syllogismis, quorum conclusio plurimum lectorem adiuvat ad veritatem investigandam [...]. Quis autem omnium saeculorum ita ut haec sancta Scriptura fortiter ac suaviter novit aut potuit nodosum texere aut stringere syllogismum?«
547 Vgl. ebd., § 12 (S. 2060/61): »Arbitramur enim non minus ad hanc Scripturam, quam ad eam quae est apud Aristotelem, praedicamentorum doctrinam esse necessariam, quid sit genus et

als vereinbar erscheinen konnte mit der Warnung vor einer *ratio*, die sich über die Verständnisgrenzen der *theologia revelata* zu erheben versucht – so wenn Rupert das bohrende dialektische Nachfragen kritisiert, die *quaestiones* eines Anselmus Cantuarensis, die dazu dienen sollten, auf rationalem Wege Einsichten in den Glaubensinhalt zu finden und vom Glauben zu den *fidei rationes* zu gelangen.[548]

Von der dialektischen Kunst (»ars dialecticae«) kann Rupert dann auch sagen, dass er weder die Profession übernommen habe, diese Kunst zu lehren, noch sie praktiziert habe. Er unterstreicht seine Distanz durch eine kontrafaktische Imagination: Wenn er sie kennen gelernt hätte, dann hätte er sie nie angewendet, es sei denn, man hätte ihn dazu gezwungen.[549] Dahinter steht letztlich die Auffassung bei Rupert und bei anderen, dass im Unterschied zu den Werken der Philosophen die Bibel zur Lektüre des einfachen Menschen gedacht sei: »[...] Scripturae sacrae recte dicuntur Scripturae populorum quia videlicet populos, id est simplices, a suimet lectione non repellunt, at saltem litteralem sensum et moralem quoque facile capiunt intellectum.«[550] Er halte die einfachen Worte von Fischern und Hirten für wertvoller als die Worte der Philosophen; freilich sei es bei dem erforderlichen Kampf gegen die Lüge unentbehrlich, dass die Dialektik der einfachen Gotteswahrheit zur Hilfe komme.[551] Hier dürfte die *logica artificialis* gemeint sein, und Ablehnung erfährt damit nicht auch die *logica naturalis*. Gegenüber diesem entfernteren Hintergrund scheint der nähere in einer Auseinandersetzung zu suchen zu sein, die Rupert mit Schülern des Anselm von Laon (Laudunensis, um 1050–1117) und Wilhelm von Champeaux (Guilelmus de Campellis, um 1070–1122) geführt hat, die vermutlich explizit seine Auffassungen in *De voluntate Dei* kritisiert und ihm dabei wohl

---

quid differentia, quid species et quid proprium et quid accidens [...]. [M]ulto melius, multo rectius secundum hanc Scripturam dignissimam genera ac species siue differentiae subordinantur, quam ordinauerit Porphyrius [...].«

548 Vgl. ebd., *In Regnum*, cap. XVI, sowie Id., De victoria Verbi Dei [1124], cap. XI (*PL* 169, Sp. 1215–1258, hier Sp. 1252).

549 Vgl. Rupert von Deutz: De omnipotentia Dei [1117] (Anm. 545), XXIII, Sp. 473: »Ego Domini mei tam vobis quam omnibus, qui haec legere vel audisse dignantur, fateor quia neque professionem suscepi neque ostentionem egi huiusce artis [scil. dialecticae], et si illam cognoscerem, nequaquam dignarer illam accersire nisi coactus [...].«

550 Rupert von Deutz: De glorificatione Trinitatis et processione sancti Spiritus (*PL* 169, Sp. 13–201, hier Sp. 15); der vorangehende Satz gibt die abgrenzende Orientierung: »Quod ut diceret non fuisset necessarium, nisi essent quaedam Scripturae sive quaedam scripta, quae non sunt populorum, verbi gratia, scripta Platonicorum, scripta Aristotelicorum.«

551 Rupert von Deutz: De omnipotentia Dei [1117] (Anm. 545), XXIII, Sp. 473: »[…] facere solet apud sapientes dominae suae divinae sapient ultronea comes, ad suffragandum sive opitulandum sanctae et simplici veritate Dei dum illi contra argumentum mendacium pugna est. Valentiora quippe esse censeo verba simplicia pistorum et piscatorum, cum quibus locutus est Deus quam argumenta philosophorum vel sapientium.« Die Einfachheit der *rusticani* und *piscatores* – gemeint sind damit die Jünger – ist eine stehendes Argument in diesem Zusammenhang, vgl. Hagendahl (1959), sowie Bambeck (1983).

auch Unkenntnis der Dialektik vorgeworfen haben. Hierauf respondiert Rupert in De omnipotentia Dei ungehalten hinsichtlich der Anwendung der Dialektik auf göttliche Dinge:

> Haec ubi relegerunt illorum quibus haec scripsimus magistrorum discipuli, ingentem statum fumum exciaverunt apud turbas auditorum eatenus rem penitus ignorantium, summam mihi monacho facientes invidiam, qui in tanto tamque divinae rei negotio dialecticae artis tendiculas usurparem inscius artis ejusdem, quippe qui ab infantia sub monachico conclusus silentio, numquam magistros audissem.

Der Vorwurf, dem Rupert in dieser Weise begegnet, dürfte nicht zuletzt daraus resultieren, dass den Mönchen nicht nur das Studium der heidnischen Schriften und der der Philosophen nur bei Dispens erlaubt war und dann nur »ad hora inspiciant«, also man solche Werke nur zeitweilig ansehen durfte, sondern es galt zudem für die Werke der *artes liberales*, also auch für die Rhetorik und Dialektik.[552]

Rupert fährt fort mit einem Horaz-Zitat und einem Wort aus der Apokalypse: »Quasi aut in monasteriis omnino desint, qui scientiam habeant, aut *penes* homines solos *arbitrium* sit et jus et norma loquendi« – Horaz *Ars poetica*, 72 – , »et aliqui hominum ita clavim scientiae tollere possint, ut nihil absque illis agere possitis, de quo scriptum est: *Qui habet clavem David, qui aperit, et nemo claudit, claudit, et nemo aperit.*«[553] – *Off* 3, 7. In diesem Zusammenhang kann Rupert denn auch stolz auf seine Unkenntnis der Dialektik sein:

> [M]e absente, me interdum praesente irridentes dicebant sero me ad studium venisse artis dialecticae, qui nescirem contrariorum quaedam mediata, quaedam immediata esse. […] Ego […], fateor quia neque professionem suscepi, neque ostentationem egi hujusce artis, et si illam cognoscerem, nequaquam dignarer illam accersire, nisi coactus, […].[554]

Die angeführten Beispiele werfen auch ein Licht auf die oft unternommene Entgegensetzung von Dialektikern und Antidialektikern im Mittelalter; denn diese kann nie mit der Konsequenz gemeint sein, dass die Antidialektiker die Dialektik vollkommen ablehnten – das gilt denn auch für den immer wieder herangezogenen Petrus Damiani (1007–1072),[555] der wie andere Kritiker in der Dialektik, der *ars disserendi*, unterrichtet wurde und diese auch anzuwenden wusste. Gemeint ist bei der Entgegensetzung wohl immer nur

---

552 So in der Konstitution der Dominikaner von 1228, wo es heißt – vgl. Heinrich Denifle: Die Constitutionen des Predigtordens vom J. 1228. In: Archiv für Litteratur- und Kirchengeschichte des Mittelalters 1 (1885), S. 222, Nr. 28 –: »In libris gentilium et philosophorum non studeant, etsi ad horam inspiciant. Saeculares scientias non addiscant, nec etiam artes, quas liberales vocant, nisi aliquando circa aliquos magister ordinis vel capitulum generale voluerit aliter dispensare; sed tantum libros theologicos tam juvenes quam alii legant.« – Vgl. auch Koperska (1914), ferner Frank (1967).
553 Rupert von Deutz: De omnipoentia Dei [1117] (Anm. 545), XXII (Sp. 472A/B).
554 Ebd. XXIII (Sp. 473B).
555 Hierzu jetzt die Untersuchungen von Cantin (1972), (1974a), (1975a), (1975b), ferner Bori (1994) und Gonsette (1956).

der *Gebrauch* der Dialektik, ihr *abusus in theologicis* und, wenn auch nicht damit zusammen fallend, bei der *interpretatio scripturae sacrae*. Das musste allerdings nicht bereits eine elaborierte Handhabung der Logik bedeuten;[556] später ist ein Abaelard ungleich versierter gewesen: Die in den Argumentationen verwendeten Schlussregeln sind oft sehr elementar, und man darf diesen Gebrauch nicht an späteren Maßstäben für logische Strenge messen. Wohl immer findet sich ein sehr weiter Begriff von *Beweis*, und in die so bezeichneten sprachlichen Gebilde gehen dann oftmals stillschweigend recht weitreichende Prämissen ein. Wie dem auch sei: An der Ambivalenz hinsichtlich der Wertschätzung wie der Verwendung der Logik hat sich im Zuge der Reformation nichts Grundlegendes geändert. Das heißt zum einen, dass die alten Bedenken geblieben sind, zum anderen, dass die Dialektik hinsichtlich ihres Nutzens als unersetzbar erachtet wird.

In seinem Kommentar zum Galater-Brief schreibt Luther zur Beziehung von Dialektik und Rhetorik, von *doctrina* und *rhetorica*, im ersten Fall bezogen auf die Gewissheit stiftende *fides*, im zweiten auf die Hoffnung, *spes*: »Sic traho fidem ad dialecticam, spem ad Rhetoricam, quae amplificat rem ad Exhortationem et persuasionem, ut non recedat a spe concepta et rhetorica et dialectica non *weit voneinander*. Si rhetor non habet dialecticam, tum est *wesscher*, Si simplex dialecticus, nihil monet. Sed Rhetor habens dialecticam, *der kans treiben, das* [dass es] *lebt*.«[557] Rhetorik und Dialektik seien zwar unterschiedliche Disziplinen, aber doch so miteinander verbunden, dass sie nicht getrennt werden könnten: Zwar seien Dialektik und Rhetorik unterschiedliche *artes*, aber beiden könnten (in der Anwendung) nicht getrennt werden. Ohne Dialektik könne der Rhetor nichts Sicheres lehren, ohne Rhetorik könne der Dialektiker nicht überzeugen. Allein in der Verbindung beider bestehe das Lehren und Überzeugen.[558] Das deckt sich mit den Ansichten, die Melanchthon zur Beziehung von Dialektik und Rhetorik vorgetragen hat. Unter der Überschrift »Discrimen dialecticae et rhetoricae« kommt er in seinem Rhetorik-Lehrbuch auf die Beziehung und Unterscheidung beider zu sprechen. Seine Überlegungen zur Beziehung beider eröffnet der Hinweis, es sei nur schwer möglich, einen Unterschied zwischen beiden festzuhalten. Rhetorik und Dialektik gehen nach Melanchthon Hand in Hand, und ihre Untrennbarkeit bestätigt der Hinweis, dass die Rhetorik nicht auf bestimmte Bereiche zu beschränken sei. Dann jedoch, so Melanchthon, ließe sie sich von der Dialektik nicht trennen und bleibe

---

556 Hierzu die pointierte Untersuchung von Bucher (1989).
557 Luther: In epistolam S. Pauli ad Galatas (Anm. 301), S. 27; zuvor heißt es (S. 26): »[...] fides est quasi dialectica et pertinet ad doctrinam, et spes a Rhetorica; et fidei officium discernere, iudicare de dogmatibus, distinguit inter hereses et orthodoxam doctrinam [...].«
558 Vgl. ebd., S. 28: »Sicut autem Dialectica et Rhetorica distinctae artes sunt et tamen adeo inter se cognatae sunt, ut altera ab altera separari non possit, Quin Rhetor sine Dialectica nihil firmi doere posset, Et contra Dialecticus sine Rhetorica non afficit auditores, Qui vero utramque coniungit, is docet et persuadet.«

vor allem immer von dieser abhängig, denn die Dialektik sei die Methode *(ratio)* der vollkommenen Unterrichtung.[559] Nach Aristoteles bedarf die Rhetorik der ›Dialektik‹: »Die Theorie der Beredsamkeit ist das korrespondierende Gegenstück oder Seitenstück (ἀντίστροφος) zur Dialektik.«[560] Es gibt allerdings eine nicht enden wollende Diskussion über die Bedeutung des Schlüsselausdrucks ἀντίστροφος. Vielleicht wollte Aristoteles – in seiner vergleichsweise recht spät rezipierten Rhetorik – die Beziehung beider in Anspielung auf Platon[561] und verstanden als eine Analogisierung zum Ausdruck bringen.[562]

Allerdings gibt Melanchthon[563] sich dann mit der alten, auf Cicero zurückgehenden Bestimmung zufrieden, die mit der Metaphorik der ›nackten‹ Aussage und des ›sprachlichen Gewandes‹ den Unterschied zu fassen sucht. Dieses in der Zeit gängige Bild[564] ist aber auch anfällig für den Vorwurf an die Rhetorik, anstelle der nackten Wahrheit die verkleidete Falschheit zu bieten.[565] Wie dem auch sei: In der Ordnung des Triviums hat dies unter anderem dazu geführt, dass die Rhetorik hinter die Dialektik platziert wurde. Zumindest für den frühen Melanchthon[566] ist die Rhetorik ein Teil der

---

559 Melanchthon: Erotemata dialectices, continentiae fere integram artem, ita scripta, ut iuventuti utiliter proponi possint [1547, 1580] (CR XIII, Sp. 511–752), Sp. 514/15.
560 Aristoteles: *Rhet.*, I, I (1354ᵃ1) (Übersetzung F.G. Sieveke).
561 Vgl. Platon: *Gorgias*, 465d (Übersetzung Schleiermacher): »Was ich nun meine, daß die Redekunst sei, hast du gehört, nämlich das Gegenstück zur Kochkunst, für die Seele, was diese für den Leib.«
562 Hierzu Green (1990), auch Brunswig (1996).
563 Vgl. Melanchthon: Elementorum Rhetorices libri II [1531, 1542], lib. I (CR 13, Sp. 417–506, hier Sp. 420): »Verum hoc interesse [scil. zwischen Dialektik und Rhetorik] dicunt, quod dialectica res nudas proponit. Rhetorica vero addit elocutionem quasi vestitum. Hoc discrimen etsi nonnulli reprehendunt, ego tamen non repudio, quia et captum adolescentium facit, et ostendit, quid rhetorica maxime proprium habeta, videlicet elocutionem, a quia ipsum rhetorices nomen factum est. […] Si enim rhetorica non tantum versatur circa forenses et suasorias materias, sed in genere circa omnes materias, de quibus dicendum est. nullo modo poterit ab ea divelli dialectica, quae est ratio perfecte docendi.« Sowie Sp. 429/21: »Ita admixta dialectica rhetoricae, non potest ab ea prorsus divelli, etiam cum rhetoricae tantum forenses et suasoriae materiae, et laudationes tribuuntur.« Vgl. auch Id., Erotemata dialectics [1547, 1580] (Anm. 559), Sp. 515: »Etsi alii alias differentias quaerunt, tamen hoc discrimen illustre et verum est: Viciae artes sunt, sed ita, Dialectica circa omnes materias versatur, et rerum summas propriis verbis nude proponit […], sed Rhetorica addit oratum in his materiis, quae orationis copia et splendore illustrari et varie pingi possunt.«
564 Vgl. z.B. Valla: Dialecticae Disputationes [1447/48, 1540] (Anm. 205), S. 693.
565 Vgl. z.B. Wilhelm von Conches (um 1080–1154): Philosophia [zw. 1120–1140]. Hg., übersetzt und kommentiert von Gregor Maurach. Pretoria 1980, Prologus, 1, 73: »Maluimus enim praetendere nudam veritatem quam palliatam falsitatem.«
566 Vgl. Melanchthon: De artibus [1518] (CR 11, Sp. 5–14, hier Sp. 10): »Quis vero illa [scil. rhetorica]? pars dialecticae, quosdam argumentorum locos popularitater instruens.« Vgl. auch Id., De corrigendis adolescentiae studiis [1518] (*Werke* I, ed. Stupperich, S. 29–42, hier S. 34): »hae partes illius sunt, quam nos dialecticam, alii rhetoricam: Nominibus enim variant auctores, cum ars eadem est.«

Logik (*pars dialecticae*), auch das ließ sich mit Aristoteles autorisieren.[567] Nicht ohne Konsequenz ist, wenn er auch die Dialektik als Teil der Rhetorik sieht, und zwar durch die Kreierung eines eigenen *genus*, nämlich des *genus didascalicon*. In den früheren Fassungen seines Rhetorik-Lehrbuches firmiert es als *genus didacticum* oder auch als *genus dialecticum* und wird noch nicht als eigenständig exponiert.[568] Auf diese Eigenleistung war Melanchthon nicht wenig stolz[569] – und sie hat gewirkt, sogar auch auf die katholischen Leser; wohl jede protestantische Homiletik kennt ein solches *genus*.

Nach Luther erscheint das Trivium als triadisch strukturiert, und der Platz, den die Dialektik erhält, besteht in der Parallelisierung mit Jesus Christus (wie in der Tradition nicht ungewöhnlich über den *logos*-Begriff):

> Der Vater ist in göttlichen Dingen und Sachen die Grammatica, denn er gibt die Wort und ist die Bronnquelle, daraus gute, feine, reine Wort, so man reden soll, fließen. Der Sohn ist die Dialectica, denn er gibt die Disposition, wie man ein Ding fein ordentlich nach einander setzen soll, daß es gewiß schließe und auf einander folge. Der heilige Geist aber ist die Rhetorica, der Redner, so es fein fürträgt, bläset und treibet, macht lebendig und kräftig, daß es nachdruckt und die Herzen einnimmt.[570]

Offenbar erfolgt in diesem Fall bei Luther die Reihung nicht nach dem *ordo exegeticus*, sondern nach einem *ordo generationis*. Kurz gesagt: ohne Dialektik gibt es auch bei Luther keinen sicheren Wissensanspruch, ohne Rhetorik keine Affizierung der Adressaten.[571] Die Rhetorik diene zwar der *persuasio* – und hier gilt denn auch das Vorbild der Heiligen Schrift mit den Gleichnisreden Jesu oder den Bildreden der Propheten[572] –, doch finde das eine Grenze angesichts der theologischen Gegner. Hier bedarf es nach Luther des ›Schwertes‹ der Dialektik.[573] Es reiche nicht aus, nur ein Rhetor zu sein,

---

567 Nach seiner ersten, oben angeführten Bestimmung der Beziehung, sagt Aristoteles kurz darauf, *Rhet*. I, 2 (1356a30/31), die Rhetorik sei *Teil* der Dialektik.
568 Vgl. Melanchthon: De Rhetorica libri tres. VVitebergae 1519, S. 13, wo er beim *genus demonstrativum* zwischen »genus didacticon seu dialecticum« und »genus laudatorium uituperatoriumque« unterscheidet.
569 Vgl. Melanchthon: Elementorum Rhetorices libri II [1531] (Anm. 563), Sp. 421: ebd. »Ego addendum censeo genus διδασκαλικόν, quod si ad Dialecticam pertinet [...] non est praetermittendum«
570 Luther: Tischreden. 1. Bd. (Anm. 301), S. 564.
571 Vgl. Luther: In Epistolam S. Pauli ad Galatas [1531/35] (Anm. 301), S. 28: »[...], Quin Rhetor sine Dialectica nihil firmi docere posset, Et econtra Dialecticus sine Rhetorica non afficit auditores, Qui vero utramque coniungit, is docet et persuadet.«
572 Vgl. z.B. Luther: Praelectiones in prophetas minores [1524–1526] (*Werke* 13, S. 528): »Ideo utitur novis verbis, exemplis, figuris, adfectibus, ut facit verus praedicator.« Dazu Steiger (2002).
573 Luther: [Vorlesungen über 1. Mose, 1535–45] (Anm. 305, 43. Bd.), S. 12: »Alia igitur res est docere, alia exhortari, Rhetorica, quae ad exhortationem facit, ludit saepe, saepe praetendit lignum, quod tu putes gladium esse. Dialectica autem belligeratur, et agit res serias, igitur non ligna, sed ferrum ostendit adversario. [...] Sic Paulus, postquam doctrinam fidei, dialectice, et tanquam in acie asseruit gladio, addit postea de Sara et Hagar allegoriam, quae etsi in acie minus valet, nam discedit ab historico sensu, tamen lumen addit causae, et ornat eam.«

sondern auch ein Dialektiker müsse man sein – wichtig nicht zuletzt für die *probatio theologica* –, der zwischen gewissen und nur wahrscheinlichen Argumenten unterscheiden könne.[574] Die Rhetorik komme erst dann ins Spiel, wenn die Fundamente (vom Dialektiker) richtig gelegt worden seien[575] – denn: »Das Corpus, der Leib, ist die Dialectica; Allegoria aber ist die Rhetorica. Nu taug die Rhetorica [...] nichts, ohne die Dialectica, so eine Sache kurz und rund faßt. Wenn man rhetorisirt und viel Wort machet ohn Fundament, da nichts hinter ist, so ists nur ein geschmückt Ding, und geschnitzter und gemalter Götze.«[576] Auch wenn man eine solche Formulierung Luthers nicht zu stark gewichten sollte, scheint hier doch eine Parallelisierung zwischen *dialectica* und dem *sensus literalis*, der (allein) als beweistauglich gilt, sowie zwischen *rhetorica* und dem *sensus allegoricus* vorzuliegen. Vielleicht hat zur Bestärkung der Zurückweisung des figürlichen *sensus* für die *probatio* auch der in Wittenberg sehr geschätzte Quintilian eine Rolle gespielt. Sein Werk findet als Schullektüre zur rhetorischen Ausbildung seine Institutionalisierung,[577] und von Melanchthon stammt zudem ein Kommentar. Immerhin an zwei Stellen spricht Quintilian in seiner *Institutio* von der Anwendung der Figuren, um die wahre Gesinnung zu verbergen.[578] An anderer Stelle ist zu viel Redeschmuck dem Wahrheitsgehalt einer Rede abträglich.[579] Aber das bietet noch keine Erklärung für die durchweg geteilte Ansicht, die *probatio theologica* müsse sich auf den *sensus literalis* gründen.

Im Blick auf die Unterscheidung zwischen göttlichem und menschlichem Wort, bei denen die *artes* Verstehenshilfen bieten, kann Luther sich sowohl gegenüber dem Teufel als auch gegenüber dem Papst abgrenzen: »Sed diabolus odit grammaticam, dialecticam et omnes artes. Nu wir mogen erbeiten und got bitten, ut unterscheide halte inter verbum suum et humanum«,[580] sowie »Sic sub Papa ne unus quidem erat, qui grammaticam, dialecticam, Rhetoricam hette kund.«[581] So überraschend es auf den ersten Blick sein mag, Luther als Freund der Dialektik zu sehen, verliert sich dieser Eindruck auf den zweiten – allein schon angesichts des Umstandes,

---

574 Vgl. ebd., S. 27: »Non igitur sufficit rhetorem esse. Rhetor oportet ut sit dialecticus, ut iudicet inter dignitates seu axiomata (ita enim vocant firmas, certas et veras sententias) et εἕκαια.«
575 Ebd. S. 14: »Ubi enim fundamenta recte sunt iacta, Rhetorica, etsi minus firma sunt, tamen utilia sunt et iucunda. Ne carent suo fructu.« Auch ebd.: »Aliud enim est probare, aliud ornare. Rhetorica argumenta non semper probant, sed vehementer ornant, et persuadent ea, quae dialectica probavit«
576 Luther: Tischreden, 1. Bd. (Anm. 301), Nr. 1219, S. 607; parallel S. 606: »Corpus est dialectica, allegoria autem rhetorica. Rhetorica sine dialectica nihil valet. Quando rhetoricamus solum sine corpore et fundamento, ists nur ein geschmuckt tokken [Ding] [...].«
577 Vgl. zur Mühlen (1990); zu Luthers Wertschätzung Quintilians auch Junghans (1985), S. 81–83.
578 Vgl. Quintilian: *Inst Orat*, VII, 4, 28, sowie IX, 2, 64–93.
579 Vgl. ebd., VIII, pr. 23, XII, 10, 40.
580 Luther: Predigten [1541] (*Werke* 49. Bd., S. 161–254, hier S. 224).
581 Luther: Predigten [1532] (*Werke* 36. Bd., S. 352).

dass sich die Auseinandersetzung mit der alten Kirche wie mit den neuen ›Schwärmern‹ zunächst in Disputationen vollzog. Nach dem Niedergang des Disputationswesens in Wittenberg versuchte nicht zuletzt Melanchthon seit 1523 mit Erfolg diese Entwicklung umzukehren.[582] Immer wieder wird Luthers Rolle als Disputator hervorgehoben,[583] und das ließ sich kaum bewerkstelligen, ohne eine wirkungsvolle dialektische ›scharfe Klinge‹ zu führen.[584] Nicht ohne Stolz nennt Luther Ockham seinen Lehrer und schätzt ihn als Logiker höchster Fähigkeit.[585] Das schloss indes nicht aus, dass Luther scholastische Errungenschaften wie etwa die Unterscheidung zwischen *necessitas consequentis* und *necessitas consequentiae* nicht nachzuvollziehen oder nicht zu akzeptieren vermochte.[586] Immerhin wollte er vermutlich noch 1540 für einen seiner Söhne die Grundzüge der Dialektik darstellen.[587] Vertraut ist Luther nicht nur mit einer der zentralen Regeln des Beweisens; er bringt sie zudem einem seiner Kritiker in Erinnerung: »Hatt nit Aristoteles geleret, das nit recht sey, probanda per probanda probare vnn petere principia?«[588] Hinzu tritt die Formulierung: »Es musz yhe die heilige schrifft klerer leichter vnnd gewisser sein den aller anderer schrifft [...], szo mag yhe

---

582 Hierzu auch E. Wolf (1952).
583 So schreibt Lohse (1963), S. 109: »Luther hat aus den mittelalterlichen Disputationen, die sich nur zu oft im Formalen erschöpften, eine scharfe Waffe gemacht, mit der er in der Frühzeit die römische Kirche angriff und die ihm in der Spätzeit für die Polemik und Apologetik gegenüber schwerwiegenden Mißverständnissen der reformatorischen Theologie diente.« Allerdings waren auch hier Luthers Auffassungen ambivalent oder doch zumindest Wandlungen unterworfen, so heißt es in Id., Tischreden, 1. Bd. (Anm. 301), Nr. 584, S. 272: »Bernhardus ist uber all doctores in ecclesia, quando praedicat, sed in disputationibus wurds gar ein ander man [...]. Ergo disputare in ecclesia est malum.« Zum Hintergrund von Luther als Disputator auch Gerber (1970), S. 197ff.
584 Zur Ausbildung Luthers heißt es bei Boehmer (1925/1962), S. 31/32: »Diesen Zweck [scil. dem methodisch-logischen Denken] sollten nicht nur Lehrkurse über die alte und neue Logik dienen, sondern auch die grammatischen und rhetorischen Übungen und vor allem die jede Woche stattfindenden Disputationen, auf die man in der Regel mehr Wert legte als auf die Vorlesungen. Er meint zwar später, daß in ihnen meist nur leeres Stroh gedroschen worden sei. Aber das Disputieren an sich hielt er zeit seines Lebens für das beste Mittel zur Ausbildung der logischen Fähigkeiten. Und bei ihm selbst hat dies Mittel ganz den erwünschten Erfolg gehabt. Wenn er schon damals unter seinen Studiengenossen als scharfer Dialektiker und schlagfertiger Disputator berühmt war und von ihnen daher den Spitznamen der ›Philosoph‹ erhielt, so beweist das, daß sein junger Geist nicht vergeblich vier Jahre hindurch solchergestalt nach allen Richtungen hin trainiert worden ist [...].« Vor allem jetzt die Untersuchung von White (1994); das Werk ist ein wenig irreführend betitelt, denn es bietet mehr als nur eine Untersuchung von Luther als Disputator.
585 Vgl. Luther: Tischreden. 2. Bd. Weimar 1913, S. 516: »Occam, magister meus, summus fuit dialecticus.« Auch Id., Tischreden. 4. Bd. (Anm. 525), Sp. 679.
586 Hierzu sehr streng Bucher (1995); etwas wohlwollender McSorley (1969).
587 Vgl. Luther: Tischreden, 4. Bd. (Anm. 525), Nr. 4082b, S. 647–49.
588 Luther: Auf das überchristlich, übergeistlich und über-künstlich Buch Bocks Emsers zu Leipzig Antwort. [...] [1521] (*Werke* 7. Bd, S. 621–688, hier S. 637).

niemand ein tunckel rede durch ein mehr tunckel rede beweissen: [...].«[589] Deutlich wird, dass hier Klarheit als eine epistemische Eigenschaft bei der Argumentation für die Interpretation einer Stelle gemeint ist, respektive für die *probatio theologica,* und dass der Sinn der Regel letztlich auf die Vermeidung eines *circulus in probando* zielt. Besonders deutlich zeigt sich das an dem relativen Charakter: *leichter und gewisser.* Die Heilige Schrift genießt epistemisch Priorität: Sie gilt als »lehenherr und meister uber alle schrifft unnd lere auff erden«,[590] und Luther sieht sich hierbei nicht als Neuerer, sondern beruft sich auf die Autorität der Kirchenväter, aber auch auf die des Aristoteles.[591] Seine Formulierung zeigt aber auch, dass diese Regel des Verstehens nur einen Sonderfall einer allgemeineren Maxime des Begründens darstellt. Da es in der Zeit zum selbstverständlichen Wissen gehört, fehlen nähere Erläuterungen zur Herkunft. Die *allgemeinere* Regel geht auf Aristoteles zurück.[592] Ganz abgesehen von den logischen Lehrwerken dürfte zu ihrer Verbreitung eine entsprechende Formulierung in Quintilians *Institutio Oratoria* beigetragen haben, die wiederum eine (wenn auch wesentlich stringentere) Paraphrase der Ausführungen Ciceros in *De Inventione* darstellt.[593] Sie bildet in der Folgezeit immer wieder die Grundlage für die Versuche, einen (hermeneutischen) Zirkel des Beweisens zu vermeiden, aufgefasst als ein Beweisen *idem per idem* oder *obscurum per aeque obscurum interpretari.*[594]

Zugleich gilt Luther der Teufel als gewandter *artifex* und Feind Christi, als Dialektiker, als Rhetor und als Philosoph.[595] Vermutlich dürften Luthers ungleichmäßige Äußerungen – in diesem Fall betrifft es nicht die Lehren selber, sondern ihre Anwendung – nicht zuletzt den jeweils gegebenen Konstellationen der Auseinandersetzungen in Wittenberg selbst geschuldet sein, und sicherlich *führt* die Dialektik nicht zu theologischen Basissätzen – Gott sei weder der Vernunft noch Syllogismen unterworfen, sondern Zugang erfahre man allein durch sein Wort und den Glauben[596] –, schon gar

---

589 Luther: Grund und Ursach aller Aerikel D. Martin Luther: so durch römische Bulle unrechtlich verdammt sind [1521] (*Werke* 7. Bd., S. 299–457, hier S. 317).
590 Ebd.
591 Luther: Assertio omnium articulorum M. Lvtheri per Bullam Leonis X. novissimam damnatorum [1520] (*Werke* 7. Bd., S. 91–151, hier S. 98): »[…] cur Augustinus et sancti patres, quoties vel pugnant vel docent, ad sacras literas ceu prima principia veritatis recurrunt et sua vel obscura vel infirma illarum luce et firmitate illustrant et confirmant? quo exemplo utique docent, verba divina esse apertiora et certiora omnium hominum, etiam suis propriis verbis, ut quae non per hominum verba, sed hominum verba per ipsa doceantur, pobentur, aperiantur et firmentur. Nisi enim ea apertiora et certiora ducerent, ridicule sua obscura per obscuriora dei probare praesumerent, cum et Aristoteles istorum universusque naturae sensus id monstrent, quod ignota per notiora et obscura per manifesta demonstrari oporteat.«
592 Vgl. Aristoteles: *Post Anal,* I, 3 (72^{b}25ff), dazu auch I, 2 (71^{b}33ff).
593 Vgl. Quintilian: *Inst Orat,* V, 10, 11–12, sowie Cicero, *De Inv* I, 44–48.
594 Vgl. auch Danneberg (2005c).
595 Vgl. Luther: Die dritte Disputation gegen die Antinomer [1538] (*Werke* 39./I. Abt., S. 486–584, hier S. 546): »Nam credite mihi, diabolus est dialecticus, rhetor, philosophus [...].«
596 Vgl. Luther: Die Disputation de Sententia [1539] (Anm. 506), S. 8.

nicht sei sie *domina*, sondern *ancilla* und *serva*, aber doch die ›schönste Dienerin‹, die das Definieren und das Teilen lehre.[597] Das konnte sich steigern zum Lob der Vernunft als einer außerordentlichen Gabe Gottes[598] – die *logica*, die *ratio* als *Donum Dei* ist eine gängige Redeweise zuvor, in der Zeit sowie später.[599] Mitunter wird die Ebenbildlichkeit (*imago Dei*) des Menschen gerade darin gesehen, dass er über Vernunft verfüge, die allerdings mit dem *lapsus* als eingeschränkt gilt: Die Einbußen betreffen vollständig die Gotteserkenntnis, aber mehr oder weniger eingeschränkt sind auch die Fähigkeiten der vernünftigen (Natur-)Erkenntnis.

Die scheinbare Widersprüchlichkeit hinsichtlich der Wertschätzung der Logik löst sich bei Luther auf,[600] wenn man zunächst die jeweilige Stoßrichtung seiner kritischen Äußerungen beachtet. So argumentiert er beispielsweise gegen die *alte* Logik, die frei von jeglicher praktischer Anwendung sei: »Meo tempore nullus erat dialectices usus in scholis. Tradebant universalia et praedicamenta; de eis pugnabant, sed nullum eorum tradebant usum«,[601] aber nicht gegen die *neue*. Deutlicher wird diese Entgegensetzung von *vetus* und *nova Dialectica* noch in einer seiner späteren Tischreden: »Vetus dialectica nihil aliud est quam docere, ut vocabulum bene et proprie intelligatur, ne simus dubii de re significata; affert definitionem nominis et rei, utrum menta, sit univocum, aequivocum, denominativum. Eo pertinent praedicabilia, praedicamenta, antepraedicamenta.« Gemeint ist die Kategorienlogik[602] – und ihr setzt Luther die nova dialectica als schließende und lehrende Logik entgegen: »*Nova dialectica* est consequentialis, quae concludit et digerit consequentias. Ut si haec mulier est mater tua, sequitur, quod ipsa te gestaverit, lactaverit educaverit; si haec non fecit, non est mater tua.«[603] Geradezu

---
597 Vgl. ebd., S. 24: »Non ut domina, sed ut ancilla et serva et pulcherrima ministra, quae docet definire et dividere«
598 Vgl. Luther: Disputatio de Homine [1536], Th. 4 (*Werke* 29. Bd/I. Abt., S. 175–189, hier S. 175): »Et sane verum est, quod ratio omnium rerum res et caput et prae caeteris rebus huius vitae optimum et divinum quiddam sit.« Dann an mehreren Stellen wiederholt.
599 Vgl. Danneberg (2005a).
600 Von den zahlreichen, zum Teil bereits angesprochenen oder dargebotenen negativen Urteilen über die Logik, die ihre Grenze betrifft, sofern sie Wissensansprüche über Gott formulieren will sowie im Blick auf die Versuche der ›Logiker‹, die Unendlichkeit Gottes zu fassen, noch Luther: Zu den Sentenzen des Petrus Lombardus [1510/11] (*Werke* 9. Bd., S. 28–94, hier, S. 47): »Sicut rancidae logicorum regulae somniant et puncto nulleitatis suae: infinitam deitatis latitudinem metiuntur.«
601 Luther: Tischreden, 1. Bd. (Anm. 301), Nr. 1057, S. 533.
602 Vgl. auch Luther: Zu Augustini Opuscula [1509] (*Werke* 9. Bd., S. 2–14, hier S. 6): »Non bene exclusisti deum [...]. Multum alia est impossibilitas elocutionis de deo quam praedicamentorum et logicae.« – Ein Moment ist auch hierbei die Trinitätslehre und die Verteidigung Augustins, vgl. Luther: Zu den Sentenzen des Petrus Lombardus [1510/11] (Anm. 600), S. 45: »Contra Porphyrium« sowie »Ex ista ratione Augustini sequitur, quod universale in re non est quid unum, sed est collectivum sive collectio omnium specie similium, quia unum animal non est genus nec habet species: igitur solum modo multum animal (per oppositum) habet species quod verum est.«
603 Luther: Tischreden, 4. Bd. (Anm. 525), Nr. 4570, S. 383.

schwärmerisch äußert er sich wenig später über diese logica nova, nämlich mit ihrer inventio und ihrem methodischen iudicium, die dazu verhelfen, über alle Dinge besser zu urteilen, zu sprechen und sie zu ordnen – mithin wie dies traditionell gesehen wurde: Die Logik umfasst sowohl die Urteilsfindung als auch die Urteilsdarstellung: »Nam ipsa dialectica inventionem et iudicium habet methodicum, ut de omnibus rebus propositis melius iudicare et disserere possimus, ut si illa propositio est defendenda«.[604] Nun ist es auch nicht mehr allein die Grammatik, die in den Vordergrund gerückt wird, sondern es bedarf einer neuen Grammatik und Logik (nova grammatica et dialectica) im Rahmen einer neuen Weise des Erkennens (nova cogitatio et sapientia), um über Jesus Christus zu sprechen. Es ist zugleich die Vorstellung einer Erneuerung des universitären Lehrbetriebes durch ein aus dem Licht des Evangeliums renoviertes Trivium aus Grammatik, Dialektik und Rhetorik.[605]

Luthers Matrimonium-Traktat erschien noch zu seinen Lebzeiten in der von Johann Lonicerus (1499–1569), Professor des Griechischen, später der Theologie in Marburg, besorgten lateinischen Übersetzung unter dem Titel *Duorum de Matrimonio Thematum Analytica*. Eine Kleinigkeit, wenn auch eine aufschlussreiche, besteht darin, dass dieser Traktat den dritten Teil einer Abfolge bildet, die demonstrativ ihren Status durch die gewählte Gattungsbezeichnung anzeigt: zunächst »In septimum primae ad Corinthios caput, *Exegesis*«, so dann »De Matrimonio *Sermo*«, schließlich »Duorum de Matrimonio *Thematum Analytica*«.[606] Wie Luther bei einer seiner Tischreden sagt, wenn er einen Bauern unterweisen wolle, definiere er zunächst mit Hilfe der Dialektik sein Leben, seine Arbeit und was zur ›Substanz‹ (*substantia*) seines Lebens gehöre, danach überrede er ihn und rate ihm zu einem anderen Lebenswandel.[607] Kurzum: Ein Prediger hat aus der Sicht Luthers ein

---

604 Luther: Tischreden, 5. Bd. Weimar 1919, Nr. 6243, S. 556. Auch ebd., Nr. 6244: »Dialecticae usus non tantum in scholis est necessarius, sed in consistoriis et ecclesiis maxime necessarius. Nam saepe exiguum argumentum offundit nebulam; si autem partes excutiuntur, facile cavetur error, [...]. Ideo opus est dialectica, et disputationes afferunt magnum usum addiscentibus.« Ferner Nr. 6245, S. 556: »Distinctio duplex est apud dialecticos, realis et rationis. Realis est, qua accidens a substantia abicitur vel admittitur, ut in corvo nigredo, qui potest esse absque nigredine. Ita filius a patre alia persona distinguitur realiter, non essentialiter.«

605 Vgl. Luther: Vorlesung über das Hohelied [1530/31] (*Werke* 31. Bd./II. Abt., S. 586–770, hier S. 613): »Similiter ante datam Evangelii lucem artis usus recte ostensus aut cognitus fuit? clarum id est in puerilibus disciplinis. Nec grammaticae neque dialecticae nec rhetoricae usus patebat, tantum aberat, ut recte doceri possent.«

606 Vgl. Luther: I In septimum primae ad Corinthos caput, Exegesis, II De Matrimonio Sermo, III Duorum de Matrimonio Thematum Analytica, nuper latina facta per Ioan. Lonicerum. Argentorati 1525.

607 Vgl. Luther: Tischreden, 2. Bd. (Anm. 585) Nr. 2629a, S. 434: »Ut si rusticum docere vellem, definirem dialectice vitam eius, labores, domum, fructus et quidquid est de substantia vitae suae; deinde per rhetoricam hebt ich sein leben alßo an zu loben, quod sit quitissima, opulentissima [...] et adhortarer ad eam suadendo et dissuadendo dehortarer eum a reliquis vitae generibus; si vituperare volo, damno vitia eorum et ruditatem exaggero.« Was Luther

Dialektiker zur Lehre, ein Rhetor zur Ermahnung zu sein. Zunächst habe er das, was er lehren wolle, thematisch abzugrenzen, danach zu definieren, als drittes entsprechende (theologische) *loci* aus der Heiligen Schrift hinzuzufügen, viertens das Gesagte mit Beispielen aus der heiligen Schrift oder anderen zu illustrieren, fünftens seine Worte mit Vergleichen oder Gleichnissen zu erweitern und sechstens entsprechend den Gegebenheiten zu tadeln.[608]

Die Dialektik lehre,[609] die Rhetorik bewege, jene ziele auf den Verstand, diese auf den Willen, und beide machen die Predigt aus. Vielleicht rührt das Beispiel des Bauern auch aus dem Umstand, dass es nicht allein um die Gebildeten, sondern auch um die Vermittlung an die Ungebildeten geht (*non solum litterati sed etiam illiterati*), und seit Anbeginn gehörte zu den Leistungen der Rhetorik, an alle Menschen vermitteln zu können. Gestützt wird dies durch den Römer-Brief.[610] In einer späteren Tischrede von 1540, lang und breit seinen Plan unterbreitend, selber eine Logik zu verfassen,[611] wendet sich Luther der Rhetorik zu und kommt dabei ebenfalls auf den Römer-Brief zu sprechen:

  an dieser Stelle mit ›Substanz‹ meint, ist nicht leicht zu sagen. In seiner Meditation zu *Röm* 8, 19 (»nam expectatio Creaturae«) sagt er, dass das Wesen einer Sache nicht dadurch bestimmt sei, was sie sei (*quidditates* und *qualitates*), sondern wohin sie strebe, vgl. Id., Vorlesung über den Römerbrief [1515/1516] (*Werke* 56. Bd., S. 371/72). An anderer Stelle heißt es, dass der biblische Ausdruck »Substanz« nicht das eigenständige Wesen einer Sache meine, sondern es bezieht sich auf das, was darunter stehe und es unterstütze. Die Substanz einer menschlichen Person sei danach durch den Grund bestimmt, auf dem sie ruhe, vgl. Id., Dictata super Psalterium 1513–16] (Anm. 308), S. 419.
608 Vgl. Luther: Tischreden, 2. Bd. (Anm. 585), Nr. 2216, S. 368: »Praedicatorem oportet esse dialecticum et rhetorem, id est, docere eum oportet et exhortari. Docturus autem de aliquo themate distinguat illud primo, deinde definiat, tertio afferat de hoc locos scripturae, quarto illustret illud exemplis scripturae vel aliunde, quinto coronet illa sua verba similibus, sexto corripat malos et immodicos, pigros etc.«
609 Das ist die gängige Auffassung, vgl. etwa Melanchthon: Erotemata dialectices [1547, 1580] (Anm. 559), Sp. 514), wo es von der Dialectica heißt, sie werde im Deutschen als »unterredkunst, vel unterrichtskunst« bezeichnet, »quia est ars recte docendi alium […].«
610 Vgl. u.a. auch Luther: Tischreden, 2. Bd. (Anm. 585), S. 359: »Dialectica docet, rhetorica movet. Illa ad intellectum pertinet, haec ad voluntatem. Quas utrasque Paulus complexus est Rom 12, quando dixit: Qui docet in doctrina, qui exhortatur in exhortando.«
611 Luther: Tischreden, 4. Bd. (Anm. 525), Nr. 5082b, S. 647: »*Filio suo Martinus scripsit hanc Dialecticam 1540.* Plures hodie scribunt dialecticas, sed unus Philippus scripsit dialecticam, ex quo fonte reliqui omnes hauriunt sua, et nemo tamen assequitur Philippum, nedum ut superent eum. Ego aliquando pro filio meo scribam breve compendium, nam uno atque altero praecepto potest haec ars tradi. Nobis pueris nemo intellexit. Ego cum essem Magister, incidi Boetium; ibi vidi usum mearum rerum. Nam tota dialectica versatur in divisione, definitione et argumentatione, quam nos collectionem vocamus. Divisio videt, ne vox sit ambigua. Erroris mater est aequivocatio semper. Cum igitur ex aequivocatio, tunc certi sumus, de qua re fit sermo. Rustici hoc etiam colligunt, si simpliciter de hac re admoneantur. Divisionem sequitur definitio. Ea indicat, qui rei sit id, de quo sermo instituitur. Contexitur autem bona definitio ex quatuor causis. Rustici id quoque intelligunt. Was ist fur ein Ding? Haec est materia. Wie ists? Forma. Wann kumpts? Effectus. Wozu dients? Finis. Hae igitur causae constituunt bonam definitionem. Postea sequitur bona argumentatio. Ea colligit et bona definitione et certe concludit secundum regulas consequentiarum, quae negari non possunt.«

Paulus utramque in Rom. habet; qui docet, in doctrina, qui exhortatur, in exhortatione. Da steht dialectica vnd rhetorica! Sed nobis pueris et nostris praeceptoribus nemo persuasisset dialecticam et rhetoricam esse in epistola ad Romanos aut in Cicerone. Wir meinten: Plato currit, homo loquitur, das were die dialectica. Man kans aber einem am aller besten an exempeln weißen vnd in einem Buch, als *in oratione Ciceronis* oder *epistola ad Romanos*. So versteht man die regeln leichtlich.[612]

Der Rückgriff bei der Lehre auf die Bibelstellen, Exempel, Gleichnisse wie jeder Schmuck der Rede falle denn auch in den Bereich der Rhetorik, die auf die Zuhörer einwirke, damit sie den Worten glauben und gehorchen.[613] Die Rhetorik überredet und schmückt die Predigt.[614] Noch aufschlussreicher ist vielleicht, dass Luther dieses Vorgehen, diese Zweiteiligkeit der Predigt, mit einem biblischen Beispiel illustriert. Es ist das vierte Kapitel des Römerbriefes. Hier nun sagt Luther, das ganze Kapitel sei durch und durch rhetorisch in der Darstellungsweise, mit Ausnahme eines einzigen *locus* (»est totum rhetoricum uno tantum excepto loco«). Dort werde definiert (»definit«), was Glaube und Rechtfertigung sei.[615] Man kann den Schluss wagen, dass Luther Paulus nicht nur für einen *rhetoricus* – im Heiligen Geist sieht Luther sowieso den besten Redner überhaupt, der die Dinge *apte, proprie, aperte* und *plene* darlegen könne[616] –, sondern auch für einen *dialecticus* hält und somit zur Darstellung dieser Stelle auch die Dialektik zum Verständnis beiträgt.

Wichtiger als Luthers allgemeine Ausführungen erscheinen denn auch seine Rückgriffe auf dieses ›Hilfsmittel‹ im Rahmen der konkreten Interpretation. So werden beispielsweise mit Hilfe logischer Lehrstücke in der Heiligen Schrift Argumentationen identifiziert. Angesichts der Gedankenführung von 1. *Kor* 15, 12ff, also der Beweisführung im Blick auf das Phänomen der Auferstehung des Herrn, klassifiziert Luther die Argumentation als eine schwache Form der *dialectica*: als *probare negatum per negatum* und als *petere principium*,[617] letztlich als wenig überzeugend, denn es sei ein Schluss *a*

---

612 Ebd., S. 648.
613 Vgl. Luther: Tischreden, 2. Bd. (Anm. 585), Nr. 2199, S. 359, und dabei unter Rückgriff auf *Röm* 12, 7/8 als Belegstelle: »Dialectica docet, rhetorica movet. Illa ad intellectum pertinet, haec ad voluntatem […]. Et haec duo conficiunt modum praedicandi […]. Accedit autem et tertium, illustrans praedicationem, quod et ipsum est rhetorum; fit autem hoc locis scripturae, exemplis, similibus et id genus aliis floribus orationis, quibus trahi possunt auditores ad credendum et oboediendum verbo tuo, quod praedicas. […] Caput 4 ad Rom. Est totum rhetoricum uno tantum excepto loco, ubi definit, quid sit fides et iustificatio.«
614 Vgl. auch Luther: Tischreden, 4. Bd. (Anm. 525) Nr. 5082b, S. 648: »Cum igitur dialectica suo muneri satisfecit, tum advenit rhetorica. Ea ornat et suadet: […].«
615 Luther: Tischreden, 2. Bd. (Anm. 585), Nr. 2199, S. 359.
616 So in Luther: Operationes in Psalmos, Psalm 1 bis 10 [1519]. Hg. und bearbeitet von Gerhard Hammer und Manfred Biersack. Weimar 1991 (Archiv zur Weimarer Ausgabe der Werke Martin Luthers 2), S. 574, sowie Id., Operationes in Psalmos [1518–21] (Anm. 303), S. 329.
617 Vgl. Luther: Predigten [1532] (Anm. 581), S. 525: »Es scheinet aber ein schwache Dialectica odder beweisung sein bey Heiden und ungleubigen, welche leugnen nicht allein den Artikel,

particulari ad universale. Luther sieht auch, dass es sich um eine Art *argumentum ad hominem* handelt, das eine bestimmte, gruppenbezogene Akzeptanz von Wissensansprüchen voraussetzt: »Hoc argumentum schwach apud gentiles, quando probatur negatum per negatum [...]«; und er identifiziert auch die Verwendung des *syllogismus per impossibile* bei Paulus.[618] Selbstverständlich impliziert dies keine Kritik an Paulus und seinem schlechten ›dialektischen Beweis‹. Nur erwähnt sei, dass es in diesem wie in anderen Fällen nicht einfach ist, durch Analyse die logische Argumentationsstruktur zu ermitteln. Zum einen gilt das für die Schluss- und Interpretationsregeln, die im Neuen Testament selbst präsent zu sein scheinen. Das läßt sich an der Diskussion der Deutung der Schriftbelege in *Gal* 3, 11–12, *Röm* 10, 5–10, aber auch in 2 *Kor* 3, 7–18 ablesen.[619] Ein Teil der Forschung vermutet an den ersten beiden Stellen die Behandlung *hermeneutischer Antinomien*, die Paulus anhand der *dreizehnten Midda* des Rabbi Jischmael ben Elisha traktiere[620] – »wenn zwei Verse sich widersprechen, so suche man einen dritten, um den Widerspruch zu beseitigen«. Die Deutung ist umstritten: So wird mitunter zwar anerkannt, dass es sich in der Tat um eine aufzulösende hermeneutische Antinomie handle, doch erfolge ihre Auflösung durch »Distinktion«[621]. Aber selbst der antinomische Charakter der Passagen ist bezweifelt worden.[622] Überlagert wird das schließlich von der allgemeineren Frage, ob und inwieweit sich das hermeneutische Vorgehen des Paulus gegenüber den jüdischen Konzepten der Auslegung in der Zeit abgrenzen lässt.[623] Allgemein liegen die Schwierigkeiten der Identifizierung des Schlusscharakters einer Passage zum einen an der nicht eindeutigen Bedeutungszuweisung, zum anderen aber auch daran, dass nicht klar ist, was alles zu dem zu rekonstruierenden Argument

---

so er furnimpt, zu beweisen, sondern auch, das alles, das er anzeucht zu des selben Beweisung. Und heissens probare negatum per negatum und petere principium.«
618 Vgl. ebd., S. 523–33.
619 Zur letzten Passage Stockhausen (1989).
620 Vgl. u.a. Schoeps (1959), S. 185/86; Siegert (1985), S. 149/50.
621 Vgl. Dahl (1971), insb. S. 3/4: »Normalerweise wird ein scheinbarer Widerspruch durch eine exegetische Unterscheidung aufgehoben. Man nimmt an, die beiden sich widersprechenden Aussagen beziehen sich auf ungleiche Dinge, oder sie gelten unter ungleichen Bedingungen. Nur ausnahmsweise wird man eine dritte Aussage einführen, um den Konflikt zu lösen.« Zur Auflösung vermeintlicher Widersprüche im Rahmen der frühen jüdischen Hermeneutik Weiss Halivni (1997), vgl. noch immer Schwarz (1913).
622 Vgl. u.a. Betz (1970), Anm. 8, S. 138, hieran anschließend Räisänen (1983), Anm. 20, S. 96; Hays (1981), S. 395ff.
623 Hierzu u.a. Bonsirven (1939), Davies (1958), Bläser (1952), Daube (1953), (1956), (1977), Doeve (1953), Ellis (1955/56), (1957/1985), (1978), (1988), Pépin (1958), S. 215–259, Dietzfelbinger (1961), Barrett (1976), Koch (1986), S. 221ff., sowie Hays (1989). – Insbesondere: inwieweit Paulus von den sieben hermeneutischen Regeln (Maßstab, *Middoth*), die Hillel (ca. 20 v. Chr.–15. n. Chr.) zusammen geführt hat – hierzu u.a. Zeitlin (1963/64), sowie Colafemmina (1991) – beinflusst ist – hierzu Jeremias (1969), Haacker (1971/72) –, und nicht zuletzt den *kal-wachomer*-Schluss gebraucht hat – hierzu u.a. Maurer (1960), H. Müller (1967), Cohn-Sherbok (1982), insb. S. 126ff., dort auch zum Analogieschluss, ferner Plag (1994).

gehört: Nimmt man etwa nur 1 *Kor* 15, 13–20, dann kann unter Umständen und anders als Luther meint ein *modus tollens* vorliegen; nimmt man 1 *Kor* 15, 12 hinzu, eher ein *modus ponens* oder eine *probatio per absurdum*.[624] Luther kann sogar an anderer Stelle Paulus für seine Art des Verstehens und Sprechens (»modum intelligendi et loquendi«) loben, der ohne *distinctiones* auskäme, gleichwohl dabei überzeugend und klar sei.[625] Dies erklärt sich daraus, dass es, vereinfacht gesagt, hier für Luther nichts zu beweisen gibt. Die Auferstehung gehört schlicht zu den *principia*: »das sind unser principia, gründe und heubtstück, darauff die gantze Christliche lere stehet. [...] Also hat S. Paulus aus den rechten und sterckesten principijs diesen Artikel [scil. die allgemeine Auferstehung von den Toten] erstritten, das, wer die aufferstehung der todten will leugnen, der mus auch leugnen, das Christus auferstanden ist.«[626]

Wie ehedem wird auch nach der Reformation bemerkt, dass die Heilige Schrift bestimmten Erwartungen an die Darstellungsweise nicht folgt. So kann es bei Flacius heißen, dass die theologischen Lehrstücke in der Heiligen Schrift an keiner Stelle *methodisch* abgehandelt werden[627] – *methodisch* zielt auf bestimmte Muster und Normen der Darstellungsweise und *methodus* wird im 16. Jahrhundert zum Lieblingswort auch der Theologen. Die Heilige Schrift erleidet dadurch aber keine Kritik, sondern Generationen von Theologen unternehmen es, eine methodisch aufbereitete konzise Darstellung der wesentlichen Gehalte der Heiligen Schrift oder eines ihrer Bücher zu geben. Vermutlich unter Einfluss der Methodenschrift des Erasmus hat Melanchthon den *methodus*-Ausdruck in den Vorarbeiten zu seiner *Loci*-Lehre benutzt – und so spricht er denn auch von *loci Methodici*. In der *Praefatio* seines Römerbrief-Kommentars von 1520 heißt es zur Methode: »Vulgo methodis quibusdam omnium artium genera comprehendi solent, quibus per compendium et quantam satis esse videtur, loci quidam communes in hoc instruuntur, ut summa rerum, quae tractantur, in promptu et velut in numerato habeatur. Atque hac ratione plurimum iuvari studiosis, in confesso est.«[628] Das dreiteilige Schema »Sünde«, »Gesetz« und »Gnade« sei der Schlüssel zur Schrift, die »Methodus Pauli«. Das methodische Vorgehen zeichne Aristoteles gegenüber Platon aus, der diesem gegenüber in der Moral- und Naturphilosophie vorzuziehen sei. In der Medizin sei Avicenna (Ibn Sinas, 980–1037) wegen seiner Methode vorzuziehen und in

---

624 Vgl. hierzu mit ausgiebigen Hinweisen auf die Forschungsliteratur Vos (1999a), (1999b), (2002).
625 Vgl. Luther: Rationis Latomianae confutatio [1521] (*Werke* 8. Bd., S. 43–128, hier S. 107): »[...] sine ulla difficultate capitur, nullis distinctionibus indiget et miro modo blandus apertusque est et totam scripturam aperit.«
626 Luther: Predigten [1532] (Anm. 581), S. 527.
627 Vgl. Flacius: Clavis Scripturae [1567] (Anm. 10), 34, S. 18: »Nusquam fermè uno loco ita plenè prolixeq[ue] res materiaeúe integra methodo pertractantur, ut nihil planè desideres praeterea«
628 Melanchthon: Praefatio [1520] (*CR* 1, Sp. 276).

der Theologie Paulus' Brief an die Römer.⁶²⁹ Melanchthon schließt seine Beispielreihe mit der allgemeinen Sentenz ab, dass es nichts gebe, was man grundlegend verstehen könne, wenn nicht der eigene Verstand methodisch angeleitet sei, wenn er über etwas nachdenke, erforsche oder erkläre: »Nulla res est enim, qvae penitvs perspici possit, nisi animvs noster Methodvm sibi qvandam informet, qvam in eivs rei cogitatione, inqvisitione, & explicatione seqvatvr«⁶³⁰ – wie es in Melanchthons vorletzter Version seines dialektischen Lehrwerks heißt. Das haben freilich nicht alle so gesehen; Erasmus sieht in Melanchthons Ausdeutungen eher eine Torquierung des Textes.⁶³¹

Flacius ist offenbar besonders angetan von der dreifachen Methodenunterteilung in *synthetica, analytica* und *definitiva*, der er einen besonderen Exkurs widmet: »Declaratio Tabvlae Trium methodorum Theologiae«,⁶³² ein Text, der auch separat erschienen ist.⁶³³ Besonderes Gewicht legt er dabei auf die *methodus definitiva*. Motiviert sein könnte dies unter anderem dadurch, dass diese drei Methoden bei Andreas Gerhard Hyperius (Andreas Gheeraerdts, 1511–1564), auf den er immer wieder zurückgreift, in anderer Gewichtung dargeboten werden. Flacius hat nicht Weniges aus Hyperius entlehnt, so folgen beispielsweise seine zusammenfassenden Darlegungen zum hermeneutischen Vorgehen auf Ausführungen,⁶³⁴ die eine wörtliche Übernahme aus dem Kapitel *de varia sacrarvm scripturarum expositione* aus Hyperius' *De theologo seu de ratione studii theologici libri IIII* darstellen.⁶³⁵ Mitunter

---

629 Vgl. Melanchthon: De dialectica libri quatuor [...]. Vvitebergae 1531, L3ᵛ: »Vtilior est Aristoteles discentibus moralem aut natvralem Philosophiam, qvam Plato, qvia Plato non obseruauit ivstam Methodum tametsi is hoc nomine exagitet Gorgias et similes, qvod non satis periti sint dialectices. In Medicina amatur ab omnibus Avicenna, propter Methodum. [...] In sacris literis Methodus est Epistola Pauli ad Romanos.«
630 Ebd., L4ʳ·
631 Vgl. Erasmus in einem Brief vom Oktober 1534 an Jacques (Giacomo) Sadoleto (1477–1547), vgl. Erasmus: Epistolarvm. Tom. XI. 1534–1536. Denvo recognitvm et avctvm per P.S. Allen [...]. Oxonii 1947, S. 45: »Miseram Commentarios Melanchthonis, non vt illos immitareris (nec enim alibi magis torquet scripturam, vtcumque miram professus simplicitatem), sed quum illic commemorantur variae multorum opiniones, sciebam tuam prudentiam illinc excerpturam quod ad mentis Paulinae faceret cognitionem.« Sowie an Bonifacius Amerbach (1494–1562) vom Juni 1533, vgl. Erasmus: Epistolarvm. Tom. X. 1532–1534. Denvo recognitvm et avctvm per P.S. Allen [...]. Oxonii 1941, S. 244/45: »Venditur istic commentarius nouus Philippi Melanchthonis in Epistolam ad Romanos in quo sibi placet – et multa praeclare dicta fateor. Sed in multis displicet. Torquet multa arroganter reiicit Origenem et Augustinum, non pauca transilit. Legi quarterniones aliquot.«
632 Vgl. Flacius: Clavis Scripturae [1567] (Anm. 10), S. 42–49.
633 Vgl. Flacius: Declaratio tabulae trium methodorum theologiae. s.l. s.a. [ca. 1567]. – Es handelt sich dabei um ein anhaltendes Thema, vgl. u.a. Johann Georg Walch (1693–1775): Dissertatio De Variis Theologiam Tradendi Methodis [...] Praeside Ioanne Georgio Walchio [...] Pvblico Ervditorvm Examini Svbiiciet Avctor Theodorvs Gottlieb Edeling [...]. Ienae 1737.
634 Vgl. Flacius: Clavis Scripturae [1567] (Anm. 10), S. 53–63., vgl. Id., Clavis Scripturae [1567, 1719] (Anm. 10), Sp. 70–82.
635 Vgl. Hyperius: De Theologo, sev de ratione stvdii theologici libri IIII [1556]. Argentina 1562, lib. II, cap. XXXV, S. 351ff.

erweckt dies zwar den Eindruck eines Plagiats,[636] aber man sollte dabei nicht die Gepflogenheiten der Zeit außer acht lassen; zudem ist die Übernahme gekennzeichnet: Der Abschnitt beginnt mit »Denique Hyperius« und endet mit »Hactenus ille.« Während dieser Abschnitt mit wenigen Ausnahmen in der Auflage von 1719 kursiviert ist, ist er in der Erstauflage nicht weiter kenntlich gemacht.

Die Beziehung zwischen Philosophie und Theologie parallelisiert Hyperius in gängiger Weise mit der Rolle Agars und Sarahs aus der Stelle des Paulus im Galater-Brief (*Gal* 4, 21–31).[637] Zum Nutzen der Dialektik äußert er sich vergleichsweise zurückhaltend.[638] Für die Anwendung der Dialektik hat Hyperius allerdings ein eigenes Werk verfasst, seine *Topica theologica*. Das, was sich bei ihm wie bei Flacius findet, ist die Aufnahme der galenischen Methodentrias und seine explizite Absicht wie Empfehlung, sie für die Theologie zu nutzen.[639] In traditioneller Weise weist Hyperius dabei *resolutio*, *compositio* und *definitio* unterschiedliche Aufgaben zu.[640] Bei der Behandlung dieser Methoden beruft er sich nicht nur auf Galen, sondern auch auf Aristoteles, für ihn *methodi magister*.[641] Im Unterschied zu Flacius präferiert

---

636 Vgl. auch Fatio (1978), ferner Keller (1984), mit der Zusammenstellung S. 146–148; das war indes schon früher bekannt, vgl. K. F. Müller (1895), S. 13/14.
637 Hyperius: De Theologo [1556] (Anm. 635), lib. I, S. 48ff.
638 Vgl. ebd., lib. I, S. 50: »Dialecticum verò, qui prorsus Aristotelicus sit, non expetimus. Suffecerit, qui definitiones, diuisiones, argumentationes, apte num sint, an secus, possit examinare, atque expeditam inueniendi iudicandiq[ue] uiam teneat, qua cum docere alios uolet, uel thema quodpiam excutere, ingrediatur; deniq[ue] qui cauere queat ne ab aduersarijs, uerosimilia pro ueris subinde adferentibus capiatur.« Vgl. auch Id., Topica Theologica, conscripta a clarissimo viro gravissimoque theologo [...1564]. Edidit Christopherus Froschoverus. VVitebergae 1565, fol. 2; Hyperius plante neben den *topica theologica* auch eine (separate?) *kritika theologica* zu verfassen, vgl. ebd. die undatierte *Epistola dedicatoria* von Christoph Froschauer (1521–1564); daneben ist von ihm eine Vorlesungsmitschrift zur Dialektik und Rhetorik veröffentlicht worden, vgl. Hyperius: De Dialectica liber unus. Item ejusdem alius De arte Rhetorica liber alter. S.l. [Tuguri] s.a., siehe auch »Epistola Typographvs Lectori S.« Da sich auf dem Titelblatt keine Jahreszahl befindet, ist es unklar, ob das Werk postum ediert wurde; 1581 kommt es zu einem Nachdruck.
639 Vgl. Hyperius: De Theologo [1556] (Anm. 635), lib. II, cap. 38, S. 421: »Tradit porrò dialecticorú[m] natio, omnem] docendi rationém ad triplicem methodum ab ipsis proditá[m], reuocare: nempe [...] resolutariá[m]: [...] com]positiuam: [...] definitiuam. In quarum prima, à fine ad causas &t principia descenditur, dum uidelicet finis resoluitur, usque dú[m] ad unú[m] aliquod plura[q]ue], quae ad eum finé[m] conducunt, peruentum sit. Secunda autem prorsus contraria est: utpote in qua, retrograda progressione à principijs & causis ad finem ascenditur. Tertia ex utraque nata, à definitione omnes partes continente, pergit ad explicandas partes singulas: quas deinde, si opus sit, rursus secat, donec exponantur omnia artis membra.«
640 Ebd.: »Quód si dialecticus quispiam rogat, qua methodi forma utantur Theologi in ea interpretandi ratione, quam descripsimus, procliue est huic respondere. Qua parte uerba fecimus de scripturarum continuata interpretatione resolutoria potissimum methodus adhibetur: qua parte egimus de locis có[m]munibus & quaestionibus separatim explicandis, animaduerti potest locú[m] ibi habere methodú[m] modò definitiuam, modò compositiuam«
641 Ebd., lib. II, cap. 38, S. 421/22.

Hyperius eher die »methodus« *systatiké* bzw. *synthetiké*, »id est Constitutiua seu compositiua: in qua uidelicet à primis principijs paulatim per formas ac differentias ad finem usque sit progressus«,[642] und dem entspricht, dass er zugleich betont, der Aufbau seiner Dogmatik folge der synthetischen, respektive der kompositorischen Methode.

Bei Flacius heißt es hinsichtlich des Ideals der methodischen Darstellung, das der Text der Heiligen Schrift mitunter nicht erfülle, dass die verschiedenen *argumenta* und *rationes* in ihr nicht immer klar voneinander unterschieden behandelt würden;[643] schließlich räumt er sogar ein, dass falsche Ursachen mitunter als wahre angenommen und nicht immer mit den richtigen Wirkungen verbunden würden.[644] Zudem müsse man genau darauf achten, worüber geredet, was behauptet und verneint werde; dazu sei es erforderlich, über genaue *definitiones* oder *circumscriptiones* zu verfügen.[645] Wie bei Melanchthon vorgebildet, erfährt die Anwendung der Dialektik, der *analysis logica*, durch 2 *Tim* 2, 15 ihre Rechtfertigung aus der Schrift selbst, es ist das *secare*[646] – und Flacius greift dann immer wieder auf das Bild des Anatomisierens des Körpers der Heiligen Schrift zurück.[647] Derjenige, der sich mit dem Verständnis der Heiligen Schrift als Rede der Wahrheit bemühe, sei es als Lehrer oder als Schüler, müsse, wie Paulus hervorhebt, richtig

---

642 Hyperius: Methodi Theologiae, siue praecipuorum Christianae religionis *Locorvm commvnium* Libri tres, iam demum diligenter recogniti [...1567]. Basileae 1574, *Praefatio*, S. 15; auch Id., De Theologio [1556] (Anm. 635), lib III, cap. 2, S. 462/63: »[...] quomodo hi loci inter se connexi sint, atq[ue] unus ex altero deducatur, sicut invicé[m] có[n]sequi causae & effectus solent, abundè est à nobis, cú[m] ad singula capita rationé[m] ordinis redderemus, expositú[m]. Passim namq[ue] ostendimus, nó[n] modò generalia illa capita, uerùm etiam ordiné[m] & collationem eorundé[m], apertè in sacra Scriptura exponi. In eodem porrò ordine Methodus systatike, siue synthetike, si quis studiose obseruet, deprehenditur. Definiunt namq[ue] method[m] systatike, in qua à primis principijs paulatim fit progressus per formas ac differentias ad finem usq[ue].«

643 Vgl. Flacius: Clavis Scripturae [1567] (Anm. 10), 39, S. 4: »Argumenta aut rationes non semper perspicuè distinguuntur: aliquando miscentur uel inter se, uel cum alijs rebus adiunctis.«

644 Vgl. ebd., 43, S. 4: »Causae non uerae, ut uerae saepe ponuntur, aut certè non cùm suis effectibus coniunguntur; [...]«

645 Vgl. ebd., »Regvlae cognoscendi Sacras literas, ex ipse sumptae«, 19, S. 10.

646 Zahlreiche Beispiel in Danneberg (2003a), Kap. VIII; zudem u.a. Finckhius: Clavis Scripturae sacrae sive De ratione scrutandi, legendi, interpretandi, tractandi, aestimandi, memoriâ facilè comprehendendi universam Scripturam sacram Libri Sex. Jenae 1618, Regula VI, S. 54: »Interpretatio Scripturae debet esse ex scopo antecedentibus & consequentibus ex ordine & analysi textus. Hoc enim requirit Apostolicum illud ὀρθοτομεῖν, 2. *Tim. 2, 15*, ubi magnum usum habet cognitio Logices.«

647 Vgl. Flacius: Clavis Scripturae [1567] (Anm. 10), 20, S. 10. Schon in den Darlegungen zur Arbeitsweise der Erarbeitung der Kirchengeschichte, die Flacius leitete, – vgl.: De ecclesiastica historia: quae Magdeburgi contexitur, vera narratio, contra quorundam diffamationes, a gubernatoribus et operariis eius historiae aedita. Magdeburgi 1558, Aiiij^v – heißt es, dass man aus den Texten der betreffenden Autoren Exzerpte nehme, und zwar nach der ›Methode‹, die verfolgt werden würde: »quasi Anatomiam autorem faciunt«.

und genau sowohl die Sprache als auch die Sachen abteilen.[648] Zur Aufgabe gehört zudem, Sophismen zu widerlegen.[649]

Alles das führt dazu, dass bei den *regulae* auch die logische Analyse, die *dialectica*, erforderlich wird: Sowohl zum Verständnis der Schrift als auch zur Weitergabe dieses Verständnisses, und dazu gehöre »tota doctrina Logices«, aber auch »Grammatica, Dialectica & Rhetorica« sowie eine gewisse natürliche Veranlagung (»naturali dexteritate«).[650] Es fällt dabei auf, dass Flacius hier der Variante der Tradition folgt, die das Trivium übergreifend als *logica* bezeichnet und ein Teilfach als *dialectica* sowie die Abfolge der einzelnen Fächer des Triviums nicht in der Perspektive des *ordo exegeticus*, sondern nach dem *ordo docendi* beschreibt. Flacius formuliert dann sogar das »argumentum aut summam totius scripti cognoscendi« in der Gestalt von zwei ausführlich dargelegten und formgerecht gebauten Syllogismen.[651] Das *argumentum* oder die *summa* zu kennen, sei für den Beginn des Verständnis eines jeden Textes hilfreich. Flacius vergleicht dies mit einer visuellen Darbietung einer Weltdarstellung, bei der es ratsam sei, das gesamte Bild (»universalem typum«) vor sich zu haben, bevor man die Teile (»partiales«) oder Teil-Abbildungen (»partiales tabulas«) betrachte, denn das halte das Ganze bei der Betrachtung seiner Teile immer vor Augen (»ac veluti in conspectu oculisq[ue] semper habet«) und erleichtere das weitere Verständnis der Teile.[652]

Aber nicht allein bei der konzisen und methodischen Darstellung des Gehalts der Heiligen Schrift ist die Logik unentbehrlich. Nicht zuletzt in den heftig geführten Auseinandersetzungen um die Deutung der Einsetzungsworte greift Luther immer wieder auf die Logik zurück, nicht als Richterin über die Glaubensmysterien, sondern als Instrument der eigenen Argumentation sowie zur Verteidigung seiner Ansichten gegen kritische Einwände. So zeigt er sich angesichts der Deutung der Abendmahlsworte mit Huldrych Zwingli (1484–1531) recht ungeduldig, was dessen Kenntnisse der Logik betrifft: So wüssten schon die Kinder in der Schule »das partibus ex puris sequitur nil atque negatis. Noch ist unser geisster die höheste kunst ynn solchen hohen artickeln des glaubens, solch argumenta on schrifft ex particularibus zu machen.«[653] Luther schwingt sich auf zur Formulierung allgemeiner Aussagen über den Sprachgebrauch, die sich grundsätzlich widerle-

---

648 Vgl. Flacius: Clavis Scripturae [1567] (Anm. 10), 20, S. 10: »Oportet igitur, docentè[m] & discenté[m] sacras literas, aut sermonem ueritatis, ut hic Paulus uocat, rectè & solerter tú[m] sermonem, tú[m] & res, secare [...]«
649 Vgl. 21, S. 10.
650 Er selbst hat ein logisches Lehrwerk verfasst, vgl. Flacius: Paralipomena Dialectices Libellus lectu dignissimus, & ad Dialecticam Demonstrationem certius cognoscendam, cuius etiam in Praefatione prima quaedam principia proponuntur, apprime utilis. Basileae 1558.
651 Vgl. Flacius: Clavis Scripturae [1567] (Anm. 10), 11, S. 7/8.
652 Ebd., S. 8.
653 Luther: Daß diese Worte Christi »Das ist mein Leib« noch fest stehen, wider die Schwärmgeister [1527] (*Werke* 23. Bd., S. 65–283), S. 101, auch S. 281/82.

gen lassen, und sogar zu allgemeinen hermeneutischen Regeln. Denn den Hintergrund seiner Schelte bildet die Deutung des *est* in *Hoc est corpus meum* als »significat«. Dem hält er die Interpretationsregel entgegen, der zufolge eine solche Deutung voraussetze, dass *alle* Verwendungen des »est« in der Heiligen Schrift synonym mit »significat« seien. Da dies – zugestandenermaßen – nicht der Fall ist, erscheint eine solche Interpretation aus Luthers Sicht an einer ›partikulären‹ Stelle als unzulässig.

Luther geht sogar so weit zu behaupten, dass niemals, in keiner Sprache sich das *est* durch ein *significat* ersetzen lasse, und er unternimmt (ähnlich wie Erasmus beim *Comma Ioanneum*) eine explizite Formulierung einer Falsifikationsbedingung, deren Verwirklichung er allerdings als unwahrscheinlich ansieht: »Wenn di schwermer ynn allen sprachen, so auff erden sind, einen spruch bringen, darynenn ›ist‹ so viel gelte als deutet, so sollen sie gewonnen haben. Aber sie solens wol lassen.«[654] Luther scheint anzunehmen, dass *est* nach dem allgemeinen Sprachgebrauch immer nur in einer ›Wesensaussage‹ Verwendung findet.[655] Eine andere Regel, die Luther in der Auseinandersetzung mit Jacobus Latomus (Jacques Masson, ca. 1475–1544) formuliert, betrifft die Deutung eines sprachlichen Gebrauchs als Synekdoche: Immer dann, wenn in der Heiligen Schrift eine universale Aussage gemacht und dabei eine Synekdoche ausgeschlossen sei, werde nicht allein eine bejahende Aussage formuliert, sondern die universale Aussage trete noch als Verneinung hinzu.[656]

Wenn Luther in einem Brief an seinen ehemaligen Lehrer, Jodocus Trutvetter (ca. 1460–1519), der ihn zwischen 1501 und 1505 an der philosophischen Fakultät auch in Logik unterrichtet haben dürfte,[657] auf dessen Ansicht zu sprechen kommt, dass er kein Logiker sei, dann räumt Luther dies zwar ein, aber nicht ohne zu bemerken, dass er bei der Verteidigung seiner Überzeugungen keine Logik fürchte.[658] Offenbar war Luther (später)

---

654 Luther: Vom abendmal Christi [1528] (*Werke* 26. Bd., S. 241–509, S. 271, auch S. 382): »Wo er [scil. Oekolampad] mir aber ein exempel seines tropus in der schrifft kund zeigen, so solt er gewonnen haben, und ich wolt yhm ynn allen stucken zu fallen.«

655 Ebd., S. 383: »Denn das ist eine gewisse regel ynn allen sprachen: Wo das wörtlin ›Ist‹ ynn einer rede gefurt wird, da redet man gewislich vom wesen des selbigen dinges und nicht von seim deuten.«

656 Vgl. mit einigen biblischen Beispielen Luther: Rationis Latomianae [1521] (Anm. 625), S. 64: »Accedit ad haec, ne figura ista locum hic habeat, et alia ratio: Quod regulare sit in scripturis, ubi simpliciter et perfectissime universalem absque omni scrupulo exclusa Synecdoche seu particularitate (ut sic dicam) statuit, non contenta est posuisse universalem et affirmativam, adiicit et universalem et negativam.« – Allerdings dürfte Luther selbst nicht immer dieser Regel gefolgt sein, vgl. dazu Krause (1962), S. 208ff.

657 Trutvetter hatte zwar eine Lehrstuhl für Theologie, hat aber wohl ausschließlich Schriften zur Philosophie veröffentlicht. Die philosophische Fakultät bat ihn 1515 und 1516, Aristoteles zu interpretieren, vgl. Kleineidam (1969/1992), S. 205/06; zu ihm auch Pilvousek (2002).

658 Vgl. Luther: Briefwechsel [1501–20] (Anm. 299), Br. 74, S. 170, vom 9. Mai 1518; dieser Passage geht voraus, dass Luther der Ansicht ist, es sei unmöglich, die Kirche zu reformieren, es sei denn Kanones, Dekretalen, die scholastische Theologie, die Philosophie und die Logik,

von seinen eigenen logischen Fähigkeiten durchaus überzeugt: »Wens da hin kompt, so geht's ut Karlstadt, Munzer, ratione contra rationem, nichts ist so scharff, ich will da widder bellen.«[659] Und seine Rüge mangelnder logischer Kenntnisse bei seinen Opponenten ist denn auch kein Einzelfall: Johannes Oekolampad (1482–1531) erfährt in gleicher Sache einen Rüffel: »es mangelt Ecolampad und diesem geist an der puerili Dialectica, das er ex difficultate vel obscuritate intelligendi in re infert obscuritatem significandi in vocabulis, Hoc est male dividere, terziam partem scilicet Dialectice ignorare.«[660] So sieht denn Luther in der *divisio*, im *bene dividere*, ein wirksames Mittel, um Äquivokationen (Ambiguiäten) als die Mutter aller Irrtümer aufzudecken und zu beheben: »ne vox sit ambigua. Erroris mater est aequivocatio semper. Cum igitur ex aequivoco fit univocum, tunc certi sumus, de qua re fit sermo.«[661] So vermag er Caspar Schwenckfeld (1490–1561) in der Argumentation die Verwendung der *fallacia compositionis et divisionis* vorzuwerfen.[662]

Im Hintergrund steht immer wieder die bekämpfte Auffassung, dass der Gebrauch der Einsetzungsworte figürlich sei, wohingegen Luther diese wörtlich, aber die Sache figürlich auffassen will. Die Worte selber haben nur *eine* Bedeutung und diese sei *klar*: »Es mangelt hie abermal dem Ecolampad an der puerili Dialectica, die da leret bene dividere, das ist unterschiedlich reden, Denn das sacrament odder geschicht und die wort, so man von sacrament redet, sind zweyerley, Das sacrament odder geschicht sol wol ein zeichen odder gleichnis sein eins andern dinges, Aber die wort sollen einfeltiglich nichts anders deuten, denn sie lauten.«[663] An anderer Stelle wirft er den ›Schwärmern‹ vor, dass, wenn sie nicht so »ungelehrte logici« wären, sie die *praedicatio identica de diversis* in ihrer Anwendung auf die Analyse der Einsetzungsworte begreifen würden.[664] Latomus rügt er, dass er die Dialektik des Aristoteles vollständig missverstanden habe und nicht in der Lage sei,

---

wie man sie gegenwärtig habe, würden vollständig getilgt und durch andere Studien ersetzt werden; er bete jeden Tag dafür, dass dies so schnell wie möglich geschehe und die reinsten Studien der Heiligen Schrift und der Väter (»Bibliae et St. Patrum purissima studia«) zurückgerufen würden. Offenbar hat Luther Trutvetter noch einmal gesprochen, allerdings konnte er ihn nicht überzeugen; in diesem Zusammenhang lehnt er auch solche *distinctiunculas* ab, für die die Heilige Schrift keine Grundlage biete, vgl. Brief an Georg Spalatin vom 18. Mai 1518, Br. 75.

659 Luther: Predigten [1532] (Anm. 581), S. 408. – Bei Trutvetter, aber auch bei Luthers anderem Lehrer Bartolomäus Arnoldi aus Usingen (um 1465–1535) finden sich kritische Ausstellungen zu Aristoteles, allerdings ist das, anders als man mitunter meint, nicht wirklich selten, vgl. Zumkeller (1963); zu Luthers früher Kritik an Aristoteles die ausgezeichnete Untersuchung von Dieter (2001), auch Andreatta (1996).
660 Luther: Predigten [1532] (Anm. 581), S. 407.
661 Luther: Tischreden, 4. Bd. (Anm. 525), S. 647.
662 Luther: Die Disputation De divinitate [1540] (Anm. 524), S. 99.
663 Luther: Vom abendmal Christi [1528] (Anm. 654), S. 410.
664 Ebd., S. 439.

dessen Definitionslehre zu handhaben, und zwar angesichts des Wissens darum, was ›Substanz‹ und was ›Akzidenz‹ sei. Beherzige man dies vollständig, dann sei Sünde zu definieren: »Peccatum enim [...] dico praedicatione perseitatis inesse operi bono,« und man erhalte auch die korrekten Folgerungen: »Homo bene facit, ergo peccat.«[665] Gegen die vierfache Unterscheidung von Bedeutungen des Sündenbegriffs wendet Luther gegen Latomus nicht nur ein, dass danach der Sündenbegriff ambiguin ist, was aber bei der Interpretation zu vermeiden sei, sondern er unternimmt selbst eine Analyse nach der traditionellen Kategorienlehre,[666] in der er ein wirkungsvolles Hilfsmittel sieht: »Nam hic de praedicamentis intellectus meo iudicio ad eloquentiam, ad memoriam, ad intellectum, ad cognitionem rerum utilissimus foret.«[667] Allerdings bevorzugt er beim Substanzbegriff die Darstellung Quintilians gegenüber der des Aristoteles.[668] Er scheint (fälschlicherweise) – wie wohl von Beginn an auch Melanchthon[669] – der Ansicht gewesen zu sein, dass Aristoteles οὐσία als Antwort auf die Frage *an sit* versteht und nicht wie die Scholastiker als *quidditas*. Wenn eine direkte Verletzung eines logischen Lehrstücks nicht erkennbar war, dann versucht Luther mitunter die Fehler, die er bei der Deutung der *verba institutionis* als *locutio figurativa* auszumachen meint, mit der Verletzung grundlegender logischer Unterscheidung zu *parallelisieren* – so etwa mit der zwischen *propositio Hypothecia* und *Cathegorica*.[670]

Mitunter scheint Luther der *grammatica* gegenüber der *dialectica* den Vorrang zu geben. Doch wohl immer sind solche Stellen in der Weise zu deuten, dass die *grammatica* beim *Verstehen* des Textes vorangeht und dabei aber im wesentlichen zeitliche Priorität besitzt, so dass sich darin kein *ordo dignitatis* ausdrückt.[671] Kritisiert wird, wenn die Logik »unzeitig« zum Einsatz komme: »Es hat den spitzen Vigleph [Wyclif] und die Sophisten betrogen die unzeitige Logica, das ist, sie haben die Grammatica odder rede kunst nicht zuvor angesehen, Denn wo man will Logica wissen, ehe man die Grammatica kann, und ehe leren denn hören, ehe richten denn reden, da sol nichts rechts ausfolgen.«[672] Bei demjenigen, der spricht, ist die Rhetorik bei Luther (wie auch nach Augustin) fest an die Kenntnis der Sachen ge-

---

665 Vgl. Luther: Rationis Latomianae confutatio [1521] (Anm. 625), S. 75–77; dort weist er auch auf das im Mittelalter, wie gesehen, oft erörterte Prinzip *ex impossibili quidlibet sequitur* hin.
666 Vgl. ebd., S. 88–99.
667 Ebd., S. 88.
668 Vgl. Quintilian: *Inst orat*, II, 6, 80.
669 So auch in Melanchthon: Erotemata dialectices [1547, 1580] (Anm. 559), Sp. 527.
670 Luther: Vom abendmal Christi [1528] (Anm. 654), S. 383.
671 Vgl. bereits in der Psalmenvorlesung vom Frühjahr 1519, Luther: Operationes in Psalmos, Psalm 1 bis 10 [1519] (Anm. 616), S. 27: »Sed primum grammatica videamus, verum ea theologica.«
672 Luther: Vom abendmal Christi [1528] (Anm. 654), S. 443: »Die Logica leret recht, Das Brod und leib, taube und geist, Gott und mensch unterschiedliche naturn seien.« Auch Id., Das IV. und XV. Kapitel S. Johannis geprediget und ausgelegt [1538] (*Werke* 45. Bd., S. 465–733,

bunden, letztlich an die Gewissheit des vorgetragenen Wissensanspruchs: »Rhetores Oratorem vocant, qui non in sermone solum est copiosus, sed in cognitione rerum.«[673] Ähnlich dürfte Luther es auch sehen, wenn an die Stelle der *dialectica* im Blick auf die *grammatica* die Theologie tritt.[674] Kaum ein Unterschied besteht dabei zu Melanchthon, wenn es bei diesem beispielsweise heißt: »Eloquentia facultas est sapienter et ornate dicendi. Nam ad bene dicendum in primis requiritur perfecta earum rerum cognitio, de quibus oratio instituitur. Insania est enim, non eloquentia, de rebus ignotis et incompertis dicere. Cum autem rerum cognitio ad dicendum necessaria sit, oportebit oratorem harum artium, quae rerum scientiam continent, non esse rudem.«[675]

Das, was Luther mit der ›rechten logica‹ der ›spitzen logica‹ entgegenstellt, erscheint nicht so sehr als die Bezweifelung bestimmter überlieferter Lehrstücke der Logik, sondern es scheint sich im wesentlichen um ein Problem der *voreiligen Anwendung* logischer Lehrstücke auf Aussagen der Heiligen Schrift zu handeln, also bevor die Schrift eine richtige Interpretation erfahren hat: »Die logica leret recht, Das brod und leib, taube und geist, Gott und mensch unterschiedlicher naturen sind, Aber si solt zwar auch die Grammatica hoeren zu huelfe, welche leret [...] Das Wo zwey unterschiedliche ynn ein wesen kommen, da fasset sie auch solche zwey wesen ynn einerley rede, und wie sie die einickeit beider Wesen ansihet, so redet sie auch von beiden in einer Rede.«[676] Auch wenn Luther den Ausdruck nicht verwendet, so fordert er damit die Einhaltung des *ordo exegeticus*. Die andere Option ist die, sich gegebenenfalls des logischen Schließens überhaupt zu enthalten: Die *grammatica* sollte der *dialectica* im *ordo exegeticus* vorangehen, wohingegen die *dialectica* der *rhetorica* im *ordo docendi* (*praedicandi*) vorangehe. Bestimmte theologische Fragen (wie Inkarnation) dürften denn auch nicht in der Weise der Grammatiker behandelt werden, wie er in einer Disputation sagen lässt.[677] Dialektik und Rhetorik seien aber auch erforderlich, wenn man nicht bei der Grammatik stehen bleiben wolle.[678] Entscheidend ist hier wiederum der *Gebrauch*, den man von *grammatica*, *rhetorica* und *dialectica* macht.

---

hier S. 559/560). – Zu Wyclifs Auffassung u.a. G. Leff (1987), Keen (1985), Catto (1985), Hübener (1990b), Hankey (1995), I. Levy (1999).
673 Luther: [Vorlesungen über 1. Mose von 1535–45] (Anm. 305), S. 600.
674 Vgl. Luther: Operationes in Psalmos [1518–21] (Anm. 303), S. 27: »Sed primo grammatica videamus, verum ea Theologica.«
675 Vgl. Melanchthon: Elementorum Rhetorices libri II [1531, 1542] (Anm. 563), lib. I (Sp. 418).
676 Luther: Vom abendmal Christi [1528] (Anm. 654), S. 443.
677 Vgl. Luther: Die Promotionsdisputation von Petrus Hegemon [1545] (*Werke* 39. Bd., II. Abt., S. 337–401, hier S. 374): »[...] ergo non disputemus secundum grammaticos.«
678 Vgl. Luther: [Vorlesungen über 1. Mose von 1535–45] (*Werke* 43. Bd., S. 445): »Si non possumus fieri Dialectici et Rhetorici perfecti, simus interea Alphabetarii aut Donatistae, donec veniam ad Dialecticam et Rhetoricam.«

Nach wie vor wird vor dem *abusus* gewarnt, und diese Warnung kann alle drei Wissensbereiche treffen. Entscheidend ist allerdings, dass die Anwendung der Regeln der *grammatica*, *rhetorica* und *logica* deshalb als gerechtfertigt erscheint, weil sie zur *natürlichen* Ausstattung des Menschen gehören. Explizit findet sich dies unter anderem bei Flacius: Entsprungen aus den *post lapsum* verbliebenen Resten des dem Menschen verliehenen natürlichen Lichtes entsprechen sie den von Gott in die Dinge gelegten Gesetzen. Sie könnten dem Verständnis der Heiligen Schrift nicht zuletzt deshalb nützlich sein, weil sie ebenso wie diese Schrift dem menschlichen Verstand angepasst seien. Dabei vergisst Flacius gleichwohl nicht vor dem *abusus* zu warnen: Ihre Anwendung müsse überaus vorsichtig erfolgen.[679] Allerdings gibt es nicht wenige Passagen in seiner *Clavis*, die den Nutzen des Wissens der Fächer des Triviums ohne jeglichen Vorbehalt herausstellen. Das, was man immer wieder als *abusus* monierte, war der Rückgriff auf ein solches (philosophisches) Wissen beim Deuten der Heiligen Schrift, das ihr selbst nicht entnommen wurde. An der *logica naturalis* partizipiert der die Heilige Schrift Lesende wie ihre menschlichen Verfasser. Anders sieht es aus, wenn es um die *logica artificialis* geht oder wenn aus der aristotelischen Philosophie die Bedeutungen (»significationes«) entlehnt und dann den in der Heiligen Schrift verwendeten theologischen Ausdrücken zugewiesen werden.[680] Es ist entweder die Anwendung in Bereichen, die hierzu als untauglich erscheinen, oder aber es sind spezielle Lehrstücke der *logica*, die in Verdacht geraten; im letzteren Fall ist es immer die *logica artificialis* als menschliche Erfindung, oder in den Worten Luthers: Das sündige Fleisch habe eine eigentümliche Dialektik und Rhetorik erfunden, wenn es los gelassen war von der Hand Gottes.[681]

---

679 Vgl. Flacius: Clavis Scripturae [1567] (Anm. 10), *Praecepta de ratione legendi Sacris literas, nostro arbitrio collecta aut exogitata*, S. 18: »Profuerit quoque plurimùm in examinando aliquo obscuriore loco, aut etiam integro scripto, adhibere ad id Lydium lapidem Regularum Logicarum, siue Grammatices, siue Rhetorices, siue deniq[ue] Dialectices, Quoniam enim istae artes Dei beneficio patefactae sunt, ex naturali lumine quod adhuc super est accensae, praeterea sese ad rerum naturam, eiusq[ue] ordinem, diuinitus illis inditum conformarunt, & deniq[ue] quoniam sese ad captum humani ingenij (ut & ipsae Sacrae litterae) accommdant [sic], necessariò magnum nobis usum in sacris etiam literis illustrandis, si piè cauteque adhibeantur, praestare possunt.«
680 Vgl. ebd., S. 3: »Quae enim posset obsecro perniciosior inuersio sensus Sacrarum literarum excogitari, quàm quod praecipuorum uocabulorum, aut rerum potius (ut peccati, iustitiae, justificationis, fidei, gratiae, carnis, spiritus, & similium) planè philosophicas & Aristotelicas significationes in sacras literas inuexerunt. Easqu[ue] adeò planè inuerterú[n]t, […].«
681 Vgl. Luther: [Vorlesungen über 1. Mose von 1535–45] (Anm. 305), Kap. 15, 1 (S. 555): »Caro enim, subtrahente Deo manum, mirabilem dialecticam et rhetoricam sibi fingit.«

6.4 Die *logica sacra* als *logica theologica* und als *logica naturalis* sowie die Rechtfertigung hermeneutischer Regeln

Als *generelle* hermeneutische Maxime wird unabhängig von den philosophischen Interpretamenten formuliert, dass die Interpretation mit dem auszulegenden Text übereinstimmen soll (»propria conveniensq[ue]«) und nicht mit dem, was der Interpret zuvor annimmt. So schreibt Flacius in der *Epistola dedicatoria* seiner Glosse zum Neuen Testament:

> ut non meas opiniones in Scripturas inueherem, sed eius genuina sensa illustrarem, cognoscendaq[ue] lectori proponerem: quandoquidem rectissime a D. Hilario dicitur: Optimus ille Scripturae lector est, qui dictorum intelligentiam expectat ex dictis potius quam imponat, et retulerit magis quam attulerit: neque cogat id videri dictis continieri, quod ante lectionem praesumpserit intelligendum.[682]

Durchweg findet sich bei dieser hermeneutischen Maxime der Hinweis auf *De Trinitate* von Hilarius von Poitiers (ca. 315–367).[683] So bietet denn auch Flacius in dem Traktat »Sententiae ac Regvlae Patrvm de Ratione Discendi Sacras Scripturas« seiner *Clavis Scripturae* längere Ausschnitte aus Hilarius' Werk *De Trinitate*.[684] Zu den zahlreichen späteren Beispielen, die sich bei einer entsprechenden Maxime auf diesen Kirchenvater berufen, gehört auch Johann Gerhard: »Animo discendi & ex Scripturis sensum dictorum hauriendi, non autem praeconceptas opiniones illis inferendi. Hilar. 1. de Trinit. fol. 7. *Optimus Scripturae lector est, qui dictorum intelligentiam expectat ex dictis potiùs quàm importet & retulerit magis, quàm attulerit, nec cogat id videri dictis continieri, quod ante lectionem praesumerit intelligendum.*«[685] Im Laufe der Zeit formt sich das

---

682 Flacius: Τηϛ του υιου θεου καινηϛ διαθηκηϛ απαντα Novvm Testamentvm Jesv Christi Filii Dei, ex uersione Erasmi, invmeris in locis ad Graecam ueritatem, genvinvmque sensvm emendata. Glossa compendiaria [...]. Basileae 1570, Praefatio, S. 12.

683 Vgl. Hilarius: De Trinitate, 1, 18: »Optimus enim lector est, qui dictorum intelligentiam expectet ex dictis potius quam imponat, et retulerit magis quam attulerit, neque cogat id videri dictis continieri, quod ante lectionem praesumpserit intelligendum«; vgl. auch ebd., 7, 33. – Früh greift hierauf auch Heinrich Bullinger (1504–1575) zurück, vgl. Id., De scripturae negotio [1523]. In: Id., Theologische Schriften. Bd. 2: Unveröffentlichte Werke der Keppeler Zeit. Theologica. Zürich 1991, S. 19–31; hier S. 24, weist er darauf hin mit den Worten »sensum e scripturis refere vult, non ad scripturas«; indirekt auch Luther: Assertio [1520] (Anm. 591), S. 99: »Optimus interpres hic est, qui sensum e scriptura potius retulerit quam attulerit, nec cogat hoc in dictis contentum videri, quod ante intelligentiam docere praesumpserit.«

684 Vgl. Flacius: Clavis Scripturae Sacrae [1567] (Anm. 10), tract. II, S. 99–103; die hier angeführte Stelle wird gesondert aufgeführt (S. 107).

685 Gerhard: Methodus Studii Theologici [1620, 1622] (Anm. 19), pars tert. sect. prima, cap. 2, S. 140; z.B. auch Caspar Finckhius: Clavis Scripturae Sacrae [1618] (Anm. 646), cap. VIII, *De Scripturae S. Interpretatione*, Regula I., S. 52: »Scriptura per Scripturam est explicanda. Optimus Scripturae lector est, *inquit Hilar. lib. I, de Trinitate*, qui dictorum intelligentiam expectat ex dictis potiùs quàm imponat, & retulerit potiùs quàm attulerit, neq[ue] cogat id videri dictis continieri, quam ante lectionem resumserit intelligendum«

dann zu der einprägsamen Formel *sensus non est inferendus, sed efferendus (nihil in textum inferat, sed omnia ex textu eruat et efferat).*[686]

Handelt es sich zum einen um die Beschränkung der Logik in ihrer Anwendung auf Glaubensdinge, so findet sich zum anderen auch eine konstruktive *logica sacra* (respektive *logica theologica*) konzipiert. Das scheint eine Entwicklung erst des 17. Jahrhunderts zu sein, und vielleicht bietet Johann Heinrich Alsteds *Logica Theologica* von 1625 das erste Beispiel einer in sich geschlossenen Darstellung des Themas.[687] Nach Alsted expliziert die *logica theologica* das korrekte Argumentieren in der Theologie.[688] Es werden 48 allgemeine Regeln zur Vermeidung von Fehlschlüssen, wenn auch sehr knapp, formuliert. Der Aufbau ist an *loci*, an theologischen Themen orientiert, denen Regeln und Hinweise zur Vermeidung fehlerhafter Schlüsse beigefügt werden. Diese Regeln selbst erfahren im einzelnen keine Begründung. Sie ergeben sich nicht allein aus logischen oder philosophischen Annahmen, sondern beruhen mitunter ganz wesentlich auf den Wissensansprüchen der *theologia revelata* – so handelt das zweite Kapitel »de theologiâ«, das dritte »de scripturâ sacrâ«. Die fortlaufenden Kapitel mit ihren Regeln sind dann in eine mehr oder weniger systematische Abfolge gebracht: vom Kapitel »de Deo« über »de actionibus Dei in genere«, »de decretis Dei in genere«, »de decreto providentiae« und »de decreto praedestinationis« geht es zu »de creatione«, »de providentiâ« und »de angelis« – das bildet nur den Anfang

---

686 Vgl. etwa Luther: Acta Augustana [1518] (*Werke* 2. Bd, S. 1–26, hier S. 17): »[...] Ecclesia, ne quis proprio ingenio scripturas interpretetur, et iuxta Hilarium non afferendas sed referendas esse ex sacris literis intelligentias.« – Zu einer der zahlreichen späteren Formulierungen dieser Regel etwa Heinrich Opitz (1642–1712): Theologia Exegetica Methodo Analytica proposita & Tabulis X. succinctè comprehensa. In usum suorum auditorum imprimis edita. Kiloni 1704, *Tabulae VII*, I, S. 9: »Sensus in Scripturam non inferendus, sed ex eadem efferendus est [...].«

687 Vgl. Alsted: Logica Theologica Ostendens Modum argumentandi in S.S. Theologiâ, tum in genere, tum in specie per singulos locos communes [...]. Francofvrti 1625. – Die Untersuchung mit dem Titel *Logica pontificiorum alogos* von Johann Friedrich Mayer (1650–1712): Päpstliche Vernunfftlose Schluß-Kunst [Logica pontificorum alogos, 1695]. Aus dem Lateinischen ins Teutsche übersetzt [...]. Hamburg 1696, handelt nicht von der *logica pontificorum* als einer konfessionellen Abwandlung der Logik, sondern wie der Titel schon ausdrückt, geht es in ihr um eine »Vernunfftlose Schluß-Kunst«, die an zahlreichen Beispielen, nicht aber durch logische Analyse versucht, die Verletzung logischer Regeln aufzuzeigen, die mitunter auch ein wenig groteske Auffassungen aufspießt. Sie bietet damit weitaus weniger als etwa die Darlegungen zu den sophistischen Fehlschlüssen, deren eigentliches Ziel sich in der Wahl der *theologischen* Beispiele zeigt. Beispiele für die kritische Analyse durch die Identifikation mit einem Set von Fehlschlüssen sind etwa der lutherische Theologe Christian Matthiae (ca. 1584–1655): Sophistica sive Doctrina modum fallacias artificiose solvendi docens; exemplis theologicis illustrata [...]. Hamburgi 1659, oder der Dresdner Schuldirektor Johann Bohem (1628–1673): Ratio soluendi sophistica. Breuiter per exempla maximè theologica demonstrata [...]. Dresdae 1663.

688 Alsted: Logica Theologica [1625] (Anm. 687), cap. I, S. 1: »Logica theologica explicat modum rectè argumentandi in sacrâ theologiâ.«

von dreißig weiteren theologischen Themen, für die Regeln zur Vermeidung *logischer* Fehlschlüsse geboten werden.

Die Schwierigkeit, eine solche *logica theologica* zu installieren, zeigt sich in dem Abschnitt »de Coenâ Domini« zur realen Gegenwart Christi beim Abendmahl, deren Strittigkeit als Lehrstück zwischen Lutheranern und Calvinisten nur mit dem Streit über die strenge Lehre der Prädestination vergleichbar gewesen ist. Nicht zuletzt rührt die Leidenschaftlichkeit dieses Streits aus den ebenso weitreichenden wie unerwünschten theologischen Konsequenzen, die bei der jeweiligen Beantwortung der Frage für die einen oder die anderen zu drohen schienen. Vereinfacht gesagt: Alsteds Hinweise auf Regeln zur Vermeidung logischer Fehlschlüsse sind von materialen theologischen Annahmen abhängig, und bestimmte Regeln zur Schlichtung reichen nur so weit, wie diese Annahmen geteilt werden. Bei dieser Verwendung des Ausdrucks *logica sacra* lassen sich drei verschiedene Momente unterscheiden, die auch gemeinsam auftreten können. Das erste, das *prospektive*, dient – wie gesehen – der Schlichtung aktueller theologischer Streitfragen. Es ist ein besonderer *Nutzen*, den man in der Logik für die Verteidigung des Glaubens sieht; so gründet beispielsweise denn auch Honorius Augustodiensis aus der ersten Hälfte des 12. Jahrhunderts seine Wertschätzung der *artes liberales* auf ihren Nutzen als Instrumente zur Verteidigung der richtigen Lehre der Heiligen Schrift gegen Häretiker.[689]

Das zweite Moment, das *hermeneutische*, verwendet das logische Rüstzeug zur Analyse und Interpretation der Heiligen Schrift. Aufgefächert *zum einen*, wie am Ende des 17. Jahrhunderts etwa bei August Hermann Francke (1663–1727), umgreift die Logik *Exegetica, Dogmatica, Porismatica* sowie *Practica seu Usualis*. Sie folgt auf die *Historica, De Lectione Historica*, sowie auf die *Grammatica seu Philologica*, wobei es dann bei Francke heißt, der sich mehrfach auf Glassius als Autorität beruft: »Methodum Philologiam sacram Glassii tractandi aliam alii praescribunt.«[690] *Zum anderen*, auch das findet sich in Franckes *Manuductio Ad Lectionem Scripturae Sacrae*, erhält die *analysis textus* einen festen Platz im *ordo exegeticus*: Bei Francke steht die *Lectio Analytica* vor der *Lectio Exegetica*: »*Lectio Analytica* Scripturae S. est, qua Analysin Logicam instituimus, structuram, cohaerentiam & ordinem cum integrorum librorum, tum textuum particularium V. & N.T. consideramus, ut in sua principia quasi resoluta Oratio tanto facilius à nobis intelligatur.«[691] Erst im Rahmen der *lectio exegetica*, die auf die Erkundung des intendierten *sensus*

---

689 Honorius Augustodunensis: Expositio in Cantica canticorum, Tractatus primus, cap. I (*PL* 172, Sp. 347–494, hier Sp. 362): »Liberalis quippe artes sunt utiles, quia sunt instrumenta sacrae Scripturae, ut mallei fabro et arma contra haereticos. Sed tamen meliora sunt sacrae Scripturae testimonia, per auctoritatem prolata, [...]«
690 Vgl. Francke: Manuductio Ad Lectionem Scripturae Sacrae [1693]. In: Id., Schriften zur Biblischen Hermeneutik I. Hg. von Erhard Peschke [...]. Berlin/New York 2003, S. 27–86, hier S. 53.
691 Ebd., S. 55.

literalis gerichtet ist, erörtert Francke dann auch eine Reihe hermeneutischer Regeln im engeren Sinn. Sowohl die prospektive als auch die hermeneutische sind in der Sicht des 17., aber auch noch des 18. Jahrhunderts nicht nur durchweg zulässige, sondern unabdingbare Verwendungsweisen (*usus*) der Logik (der *ratio*).

Das dritte Moment des Vernunftgebrauchs im Rahmen der *logica sacra* schließlich, das *justifizierende*, richtet sich auf die Heilige Schrift, und versucht die logischen Regeln anhand von Exempeln in ihr zu begründen. Auch das findet sich bei Alsted, wenn auch nicht in seiner *Logica Theologica*. In seinem *Triumphus Bibliorum Sacrorum* bemüht er sich, *allen* Disziplinen ihre Grundlagen aus der Heiligen Schrift zu sichern, und so geschieht es denn auch mit den Fundamenten der Logik.[692] Das findet sich noch am Ende des Jahrhunderts, wenn August Pfeiffer (1640–1698) aus dem ersten Buck des Alten Testaments alle Wissensbestände, dabei auch alle christlichen Glaubensartikel ziehen zu können meint.[693] Nur erwähnt sei, dass bereits im 17. Jahrhundert Versuche strittig waren, die *arcana* und *virtutes occultae* einer *physica sacra* (auch *Mosaica* oder *Christiana*) aus der Heiligen Schrift zu gewinnen.[694]

Man konnte nicht allein der Ansicht sein, dass die Heilige Schrift in ihren Sprachverwendungen grammatische Eigenarten aufweist, die sich mit paganen Beispielen nicht belegen ließen und die so ihre Besonderheit zeigten, sondern auch, wie für alle anderen *artes*, dass die *grammatica*, die *rhetorica* oder die *logica* sich in der Heiligen Schrift selbst finden lassen, zumindest hinsichtlich ihres Fundaments (*quasi totius eruditionis fons*). Die neutestamentlichen Schriftsteller galten zwar durchweg als *rusticani* oder *piscatores* und damit ohne Kenntnis der *artes*. Doch ihre *simplicitas*, verstanden als Schlichtheit, Einfalt, Offenheit, Gradheit der Ausdrucks, wurde schon früh gegenüber den Kritikern des Christentums in der alten Kirche als Beglaubigung ihrer Wahrhaftigkeit vorgebracht: Nach verbreiteter Ansicht verhindere das *Fehlen* von Wissen, ihnen ein so kompliziertes Unternehmen wie Sichverstellen und Lügen zuzutrauen. Doch musste ihre *simplicitas* nicht bedeuten, dass die Heiligen Schriftsteller über keine bewunderungswürdige *logica na-*

---

692 Vgl. Alsted: Triumphus Bibliorum Sacrorum Seu Encyclopaedia Biblica Exhibens Triumphum philosophiae, iurisprudentiae, & medicinae sacrae itemq[ue] sacrosanctae theologiae, quatenus illarum fundamenta ex Scriptura V. & N. T. colliguntur [...]. Francofurti 1625, cap. XXV, S. 230–249.

693 Vgl. Pfeiffer: Pansophia Mosaica e Genesi Delineata, Das ist/ Der Grund-Riß aller Weißheit: Darinnen aus dem Ersten Buch Mosis Alle Glaubens-Articul, die Widerlegung der Atheisten/ Heyden/ Jüden/ Türken und aller Ketzer; alle Disciplinen in allen Facultäten; der Ursprung aller Sprachen; der Extract von allen Historien/ Antiquitäten und Curiositäten; alle Professiones, Handwercke und Handthierungen; alle Tugenden und Laster; aller Trost/ kurtz und deutlich gewiesen werden [...]. Leipzig 1685.

694 Nicht mehr als erste Hinweise bieten Ahrbeck (1958), sowie Blair (2000), wo unter anderem nicht bemerkt wird, dass solche Versuche einer *physica sacra* im 17. Jh. auf heftige Kritik gestoßen sind, hierzu Danneberg (2010d).

turalis bei der Abfassung ihrer Schriften verfügten, und daher erscheint es immer wieder als gerechtfertigt, eine gleichsam unter der Oberfläche des Textes der Heiligen Schrift verborgene logische Struktur zu suchen und zu entschlüsseln.

Schon Augustinus erscheint die gesamte Heilige Schrift durchzogen von Lehrstücken der Dialektik (»ratione disputandi«), gleichsam wie ein Nervensystem (»per totam textum scripturarum colligata est neruorum uice«).[695] Nicht zuletzt in Paulus konnte Augustin einen *dialecticus* sehen: So versichert er sich im Zusammenhang mit seiner Schrift zur Verteidigung insbesondere der Rhetorik – *Contra Cresconium Grammaticum Partis Donati Libri quatuor* vom ersten Jahrzehnt des 5. Jahrhunderts – als Zeugen für den Nutzen der Dialektik des Apostels Paulus: »[...] si et Paulus dialecticus erat [...], jam cave cuiquam dialecticam pro crimine objeceris [...].«[696] Allerdings fasst er, wie gesehen, die Dialektik als *disciplina disputandi*,[697] als *sollertia disputandi*,[698] als *scientia bonae disputationis* auf;[699] denn er ist der Ansicht, das lateinische Wort für Dialektik sei *disputatoria*, ebenso wie *disputatio* den Ausdruck διαλογή oder διάλεξις wiedergebe.[700] Dies bedeutet aber auch, dass immer da, wo in der Heiligen Schrift der Ausdruck *disputare* im Zusammenhang mit Paulus verwendet wird, dieser die *dialectica* ausübe.[701] Ebenso sei Christus selber ein Dialektiker, da er eine bestimmte Frage (*Mt* 22, 21; *Lk* 20, 25) mit Hilfe einer Distinktion beantwortet habe.[702] Augustins stoische *dialectica* vermochte im Mittelalter zu wirken,[703] mehr allerdings noch ein ihm fälschlich zugeschriebenes Werk *Categoriae decem*, bei dem man vom 8. bis ins 17. Jahrhundert meinte, eine augustinische Schrift vor sich zu haben. Mittlerweile schreibt man dieses Werk Themistius (ca. 317–388/89) zu.[704]

So wie bei anderen Wissensbereichen auch, ist die *Anwendung* entscheidend, und vor diesem Hintergrund kann Augustinus den wahren vom falschen Dialektiker trennen.[705] Nach der Bestimmung der Dialektik, die Augustinus teilt, müssten die christlichen Vorstellungen die Dialektik auch

---

695 Augustinus: De doctrina christiana [396/7 und 425/6] (Anm. 187), II, 39, 59 (S. 73).
696 Vgl. Augustinus: Contra Cresconium [405/06] (Anm. 231), I, 14, 17 (Sp. 456).
697 Augustinus: ebd., II, 2, 3 (Sp. 469)
698 Vgl. Augustinus: De Civitate Dei [413–26], VIII, 7 (*PL* 41, Sp. 13–804).
699 Vgl. Augustinus: De ordine [386] (Anm. 83), II, 18, 48.
700 Vgl. Augustinus: Contra Cresconium [405/06] (Anm. 231), I, 14, 17.
701 Vgl. ebd., I, 12, 15, I, 14, 17, und I, 14, 18,
702 Vgl. ebd., I, 17, 21.
703 Hierzu die Hinweise bei D'Onofrio (1987); an einem Beispiel Rosier (1995), insb. S. 145–191, zur diesbezüglichen Augustinus-Rezeption bei Heinrich von Gent auch Machen (1992).
704 Zu ihm A. Jones et al. (1971), S. 889–894, hierzu auch Pfligersdorffer (1950/51). Das Werk des Themistius entfaltete sogar noch größere Wirkung als die beiden genuin aristotelischen Werke *Categoriae* und *De interpretatione*; hierzu Minio-Paluello (1945), (1962), auch zur komplizierten Überlieferungsgeschichte Id. (1972); zur Rezeption ferner Marenbon (1981), S. 51/52, S. 75, S. 111, S. 121–23, S. 181–206.
705 Vgl. ebd., I, 15, 19.

nicht fürchten, da sie nur Wahrheit und Falschheit unterscheide und zeige, dass aus wahren Prämissen wahre Folgerungen und aus falschen falsche folgen.[706] Das Letzte scheint ein logischer Schnitzer zu sein. An anderer Stelle weiß Augustin es denn auch besser, wenn er festhält, dass aus einer falschen Konsequenz auf die Falschheit des Antezedenz geschlossen werden könne, dass hingegen nicht allein durch die Ablehnung des Obersatzes die Schlussfolgerung hinfällig werde.[707] Wenig früher hebt er hervor, dass die Geltung eines logischen Schlusses unabhängig sei von der Wahrheit oder Falschheit der Prämissen. Er scheint dort mithin das Prinzip *ex veris nihil nisi verum, ex falsis autem interdum verum* zu kennen. Wie dem auch sei: Die logischen Regeln seien lern- und lehrbar, denn sie ruhten seit ewig in der Vernunft der Dinge und hätten ihren Ursprung in Gott.[708]

Ähnlicher Ansicht wie Augustin ist beispielsweise Melanchthon in seinem Kommentar zum Brief an die Kolosser, wenn er sich selber die Frage stellt, ob es nicht unangemessen (*ineptus*) sei, wenn er die Reden des Paulus mit rhetorischen »praecepta« zusammenführe, und er diesem Bedenken entgegenhält, dass er denke, eine Paulinische Rede könne besser verstanden werden, wenn »series et dispositio« aller Teile berücksichtigt werden. Der Grund ist die Unterstellung, Paulus habe niemals etwas »nullo ordine aut ratione« geschrieben, was wiederum der in Augenschein genommene Brief zeige.[709] Nicht zuletzt befolge der Römer-Brief eine methodische Ordnung[710] – Paulus sei ein methodischer Denker, ein *dialecticus*, ein »sum-

---

706 Vgl. ebd., I, 20, 25 sowie I, 14, 19.
707 Vgl. Augustinus: De doctrina christiana [396/97 und 425/26] (Anm. 187), II, 33, 51 (S. 67): »Non enim, sicut ablato consequenti aufertur necessario quod praecedit, ita etiam ablato praecedenti aufertur necessario quod consequitur.« Es ist unklar, woher Augustinus das hat – eine Möglichkeit ist Aristoteles, *Top*, VIII, 11 (162a). Eine recht präzise Formulierung bietet Johannes von Salisbury, Polycraticus [1159] (PL 199 , Sp. 379–823), II, 22 (Sp. 448D): »At ut ex vero falsum sequatur, nemo sapiens aduiescit. Verum siquidem ex falso sequitur et vero, sed ex vero non nisi verum.«
708 Vgl. Augustinus: De doctrina christiana [396/97 und 425/26] (Anm. 187), II, 32, 50 (S. 67). In seinem Frühdialog *Contra Academicos* setzt Augustin in seiner Argumentation gegen den Skeptizismus die *uneingeschränkte* Gültigkeit der Logik voraus, vgl. Id., Contra Academicos [386], III, 13, 29 (PL 32), Sp. 905–958, hier Sp. 949), hierzu auch Buscher (1987); sie sind nicht nur wahr, sondern seien von ›unverändlicher Geltung‹, vgl. z.B. Id., De immortalitate [387], II, 2 (PL 32, Sp. 1021–1034); allerdings mit einem mathematischen Beispiel; es handelt sich um Wahrheiten, die selbst dann noch Bestand haben, wenn die Welt untergeht, vgl. Id., De ordine [386] (Anm. 83), II, 19, 50: »Sed unum ad duo vel duo ad quattuor verissima ratio est [...] nec, si omnis iste mundus concidat, poterit ista ratio non esse.«
709 Vgl. Melanchthon: Scholia in Epistolam Pauli ad Colossenes [1527] (*Werke* IV. Bd., ed. Stupperich. S. 209–303, hier S. 214/15): »Videar fortassis ineptus, si Pauli sermonem ad rhetorica praecepta conferam. Ego tamen sic existimo intelligi melius posse orationem Paulinam, si series et dispositio omnium partium consideretur. Neque enim omnino nullo ordine aut nulla ratione scripsit Paulus, id quod res ipsa ostendit.«
710 So heißt es im Widmungsschreiben zu den ersten zwölf Auflagen seiner *Loci*: »Ad haec Paulus quasi methodum quandam informat in Romanis accuratissime disputans de causa peccati, de usu legis de beneficio Christi, quod sit proprium Christi beneficium, quomodo

mus artifex methodi«.⁷¹¹ Melanchthon unterstreicht das zudem mit seiner Ansicht, dass ein guter Theologe und Interpret der Heiligen Schrift zwar zunächst ein *grammaticus*, dann aber auch ein *dialecticus* sein müsse:⁷¹² Es ist die Definition des wahren Theologen, die Martin Mylius (1542–1611) in seiner *Chronologia Scriptorum Philippi Melanchthonis* von 1582 übermittelt hat: »Theologus [...] esse debet primum Grammaticus, deinde Dialecticus, denique testis.«⁷¹³ Freilich befasse sich dieser *dialecticus* nicht mehr mit den scholastischen Subtilitäten.⁷¹⁴

Die prononcierte Sicht des Paulus als *dialecticus* und als *rhetoricus* beschränkt sich in der Zeit keineswegs auf Melanchthon. Der humanistisch ausgebildete Veranstalter der ersten Ausgabe der Dialektik des Agricola, Maarten van Dorp, unter dem Einfluss der Theologie in Louvain zunächst einer der Kritiker des Erasmus,⁷¹⁵ eröffnet dann jedoch seine 1519 erschienene *Oratio in praelectionem epistolarum divi Pauli* mit einer umfangreichen Darlegung des Nutzens, den die Beschäftigung mit der Eloquenz (*eloquentia*) und den *bonae litterae* erbringe.⁷¹⁶ Seine Studenten forderte er auf, die Heilige Schrift *de ipso fonte ut bibant* zu studieren, und er hielt die griechische Version für wichtig zur Korrektur der Vulgata.⁷¹⁷ Diese Rede sei, wie Dorp mitteilt, bereits drei Jahre zuvor gehalten worden und ihre Veröffentlichung in Basel scheint auf Erasmus selbst zurückzugehen.⁷¹⁸ Die Briefe des Paulus sind nach ihm nicht nur zentral für das Verständnis der Heiligen Schrift,

---

consequamur remissionem peccatorum et reconciliationem.« Noch stärker gefasst in dem zur 13. Auflage, vgl. Id., Loci communes theologici recens collecti et recogniti [1536] (CR 21, Sp. 331–560, hier Sp. 341): »Res ostendit optimam Methodum esse Libros ipsos Propheticos et Apostelicos. Hi concionantur ordine de Dei natura [...]. Et Paulus eruditissime discernit legem et promissionem gratiae propriam Evangelii, Iustitiam fidei et operum, Vetus et novum Testamentum. Historiae vero omnium locorum exempla proponunt. Extat igitur Methodus in Propheticis et Apostolicis scriptis, et quidem aptissima oeconomia et mira arte distributa.«

711 Vgl. Melanchthon: Loci Communes [1536] (Anm. 710), Sp. 349: »[...] Paulus plane artifex est, et methodum adhibet in disputando [...].« Auch Id., Loci Praecipui theologici [1531, 1549] (*CR* 21, Sp. 561–1110, hier Sp. 606).

712 Vgl. Melanchthon: Regulae quaedam hermeneuticae ex scriptis Melanchthonis hinc inde excerptae (*CR* XX, Sp. 789–792, hier Sp. 789/90): »Non potest Scriptura intelligi theologice, nisi ante intellecta sit grammatice.«

713 Ebd.

714 Vgl. ebd.: »Melius res expeditur grammatica ex graecismo aut hebraismo explicatione, quam subtilitate philosophandi scholastica.«

715 Hierzu mit aller Ausführlichkeit de Vocht (1934), S. 63–348; ferner Mesnard (1963).

716 Ein ausführliches Lob aller Künste findet sich in Dorpius: Oratio in lavdem omnivm Artivm [1520]. In: Id., Orationes IV. Cvm Apologia et Litteris Adnexis. Edidit Iosephvs Ijsewijn. Leipzig 1986, S. 27–60.

717 Vgl. de Vocht (1951–55), Tom. II, S. 503.

718 Vgl. die Briefe Dorps an Beatus Rhenanus (1487–1547), vgl. (Rhenanus), Briefwechsel [...]. Hg. von Adalbert Horawitz und Karl Hartfelder. Leipzig 1886, 3. 8. 1519, S. 169/70, sowie vom 28. 11. 1519, S. 175/76; am 23, 8. 1517 heißt es bereits über Dorp in einem Schreiben des Erasmus an Rhenanus (S. 96): »Cum Dorpio [...] summa mihi necessitudo est neque ficta, ut opinor.«

die Apostel seien zudem *doctissimus* und *eloquentissimus*.[719] Wenn Dorp auf die Dialektik und ihre Verächter zu sprechen kommt, hebt er gemäß der Tradition hervor, allein dialektische Spitzfindigkeiten seien zu vermeiden, nicht hingegen lehne er die ehrliche Dialektik (»sincera dialectica«) ab, die sich bei Cicero, Hieronymus und Augustinus finde und die auch die Apostel und Christus gebraucht hätten.[720] Zuvor bereits hat Dorpius eine Lobrede auf Aristoteles gehalten,[721] in der er sich mit der Dialektik-Auffassung auseinandersetzt, die er in Lefèvre d'Étaples' Annotationen zu dessen Aristotelesausgabe gefunden hat, und er selbst gibt dem einen Kommentar der Ausgabe von Johannes Buridans (vor 1300–nach 1338) *Summulae de dialectica* bei. 1515 bringt er dann die *editio princeps* von Agricolas *De inventione Dialectica* heraus.

Den sophistischen Gebrauch illustriert Dorp mit einem Beispiel aus Senecas 48. Brief an Lucilius. Auch wenn vier Jahre vor seiner *Oratio* die Seneca-Ausgabe *Lucubrationes* des Erasmus erschien,[722] gehört dieser Brief im Unterschied zu anderen Briefen zu denjenigen, die auch im frühen Mittelalter bekannt waren. Die *Epistulae morales* wurden in zwei Teile aufgeteilt überliefert: der erste umfasst die Briefe bis zum 88. und scheint wesentlich häufiger kopiert worden zu sein als der zweite mit den restlichen Briefen bis zum 124.[723] Die Ablehnung der *artes liberales* durch Seneca wegen ihrer mangelnden ethischen Zielrichtung, so vor allem im 88. Brief, braucht in diesem Zusammenhang nur erwähnt zu werden. Das Beispiel aus dem 48. Brief lautet: Maus ist eine Silbe, eine Maus nagt am Käse, also nagt eine Silbe am Käse.[724] Offenbar hat dieses Beispiel schon im Mittelalter ein von der ihm bei Seneca verliehenen textuellen Gestalt unabhängiges Leben geführt. So soll Gualo (»sophista potens«) nach einem Bericht Wibalds von Stablo an Manegold von Lautenbach (1030/45–nach 1103), der *modernorum magister magistrorum*, als Urheber des folgenden Sophismus bezeichnet worden sein: Maus ist eine Silbe. Eine Silbe aber frisst keinen Käse. Also frisst die Maus keinen Käse.[725] Über diesen Gualon scheint nichts Näheres bekannt zu sein; allerdings ist vermutet worden, dass mit Gualo der sophistische »Cornificius« aus Salisburys *Metalogicon* gemeint sei[726] – obwohl einiges dafür spricht,

---

719 Vgl. Dorpius: Oratio in Praelectionem Epistolarum Divi Pauli [1519]. In: Id., Orationes (Anm. 716), S. 63–90, hier S. 63–74.
720 Vgl. Dorpius, ebd., S. 75, wo er fortfährt: »bona est, utilis est, adde etiam necessaria est sincera dialectica. quis neget? [...] non damno dialectica, sed nolim illam in studiis utranque paginam facere solam; [...].«
721 Vgl. Dorpius, Oratio in laudem Aristotelis [1510]. In: Id., Orationes (Anm. 716), S. 18–24.
722 Hierzu Trillitzsch (1965).
723 Vgl. Reynolds (1965).
724 Vgl. Dorpius: Oratio in Praelectionem [1519] (Anm. 721), S. 76.
725 Vgl. Mandonnet (1899), S. 122ff.
726 Vgl. de Rijk (1966), S. 5–8; ferner Ward (1972), insb. S. 221ff.; Tacchella (1980). Zum Hintergrund auch Sturlese (1993), S. 200–204 – etwa zu der Frage Köng Konrads III an Wibald, ob man beweisen könne, dass der Mensch ein Esel sei, was nur unter der Voraussetzung bejaht

dass *Cornificius* eine Art Kollektivperson bezeichnet, könnte das passen, zumindest, wenn man berücksichtigt, dass die Kritik im *Metalogicon* an einem spitzfindigen, sophistischen Dialektiker (*novus Cornificius*) geübt wird.

Bevor Dorp auf die erforderlichen griechischen Sprachkenntnisse zu sprechen kommt,[727] bildet den Höhepunkt seiner Rede die Charakterisierung des Paulus: »hic est doctor plusquam angelicus«, »vere subtilis«, »vere seraphicus«, »vere mellifluus«, »vere gloriosus«, »vere magister sententiarum«.[728] Das Gewicht dieser Zuschreibung lässt sich ermessen, wenn man die Verweise berücksichtigt, die durch diese ehrenden Namensgebungen beabsichtigt sind: *angelicus* – mithin Thomas von Aquin, *subtilis* – mithin Johannes Scotus (Eriugena, um 810–um 870), *seraphicus* – mithin Bonaventura (1217–1274), *mellifluus* (honigfließend) – mithin Bernhard von Clairvaux (1090–1153),[729] schließlich *magister sententiarum* – mithin Petrus Lombardus (um 1095–1160).[730]

Was die Kritik an der Logik betrifft, sind es insbesondere die *Parva logicalia*, die immer wieder das Unverständnis der Gelehrten des 16. Jahrhunderts herausfordern. Eines von zahlreichen Beispielen bietet Thomas Morus in *De Optimo reip. Statv, deqve noua insula Vtopia*. Es ist ein überaus erfolgreiches Werk.[731] In dem nach wie vor recht unterschiedlich gedeuteten Text heißt es über die Bewohner:

> Von allen den Philosophen, deren Namen in dieser uns bekannten Welt berühmt sind, war vor meiner Ankunft nicht ein einziger auch nur vom Hörensagen bekannt. Und doch haben sie in der Musik, in der Dialektik [»dialecticaque«] und in der Wissenschaft des Zählens und Messens ungefähr dasselbe herausgefunden wie unsere alten Denker. Wenn sie indessen den Alten in fast allen Dingen gleichkommen, so stehen sie doch hinter den Erfindungen der modernen Dialektiker [»dialecticorum«] weit zurück. Denn sie haben keine einzige der scharfsinnig ausgetüftelten Regeln über die Restriktionen, Amplifikationen und Suppositionen erfunden, die bei uns überall schon die Schulkinder aus den ›Kleinen Logikalien‹ auswendig lernen [»Nam ne ullam quidam regulam inuenerunt earum, quas de restrictionibus, amplificationibus, ac suppositionibus acutissime excogitatis in paruis logicalibus passim hic ediscunt pueri.«].[732]

---

wird, dass man falsche Prämissen zulasse, und Wibald dem ein wenig begriffsstutzigen König seinen Hinweis dadurch demonstrierte, dass er beweist, dass der König drei Augen habe.
727 Vgl. Dorpius: Oratio in Praelectionem [1519] (Anm. 721), S. 81ff.
728 Ebd., S. 80.
729 Vgl. aber auch die Charakterisierung von Hugo von St. Viktor bei Jakob von Vitry (ca. 1255–1308), zitiert bei Grabmann (1911), Anm. 2, S. 230.
730 »Doctor gloriosus« habe ich als *spezifische* Bezeichnung nicht identifizieren können, es scheint eine für Gelehrte wie Heilige gleichermaßen übliche Bezeichnung gewesen zu sein; zu den Ehrentiteln Ehrle (1919), ferner Lehmann (1929), dort (S. 228) findet sich nach einer alten Liste Albertus Magnus als »Dr. ammirabilis et gloriosus« angeführt. Die verschiedenen Listen stimmen mitunter nicht in der Zuweisung der Ehrennamen überein.
731 Zur Rezeption u.a. Honke (1982).
732 Morus: Utopia [De optimo reipvblicae statv Deque, deqve noua insula Vtopia, 1515]. In: Der Utopische Staat [...]. Übersetzt und mit einem Essay [...] hg. von Klaus J. Heinisch. Reinbek

In dem bereits erwähnten Schreiben an Dorpius hat Morus aus Anlass der Verteidigung des Erasmus ausgiebig das Thema erörtert: den *usus* der Dialektik, vor allem aber ihren *abusus*. Die monierten Beispiele sind ähnlich zu denjenigen, die Erasmus in seinem *Lob der Torheit* wählt, und auch Morus lehnt die Dialektik nicht als solche ab, sondern nur ihre modernen Varianten, die über die nützliche Lehre des Aristoteles hinausgingen.[733] Vives kann sich in seiner Kritik an den scholastischen Dialektikern nicht versagen, die fortwährende Anrufung des Augustinus für den Nutzen der Dialektik zu einem satirischen Spiel zu nutzen:

> One of these [scil. Logicians] had learned by hearsay that Saint Augustine was a great logician [»dialecticum«]; when some little book of Augustine's [scil. vermutlich seine *Dialectica*] came into his hands, he read it avidly, hoping to come upon some ›hypothesis‹, some ›instants‹ [»aliquem inde casum, aliquam instantiam«]. They say he was amazed that in so logical [»logico«] a man there was no slightest mention of ›donkeys‹ [»asinis«], and ›the one, the other‹ [»alter alius«], nothing of ›instants‹ [»instantiis«] or of, ›hypothesis‹ [»casibus«], nothing of reduplicates [»reduplicativis«] or exclusives [»exclusivis«] or any of those other things that are taught in the poor or *parva logicalia* [»parum seu parvis logicalibus«]. How was it that that most subtle man and sharp disputer, when he discussed the Trinity, made no mention of complete and incomplete distribution [»distributione«], of particulisation [»particularizatione«], complete and incomplete singularisation [»singularizatione«], of mediate and immediate suppositions, which make up those divine syllogisms without which heretics would long ago have destroyed our sacred faith in the Trinity?[734]

Noch in einem Brief vom Februar 1531 sieht Melanchthon in den *Parva logicalia* schlicht eine von ihm strikt abgelehnte Vermischung von Dialektik und Grammatik. Die scholastische Logik erfährt dabei den Vorwurf: »[...] per lusum confundebant artes, Dialecticen in Grammatica tradebant, in Dialectica Grammaticen. Nam parva Logicalia quae sic vocant, nihil sunt aliud, nisi varietates significationis, quas Grammatici ex figuris facile diiudicant.«[735] Nicht zuletzt identifiziert Melanchthon in seiner *apologia pro Luthero* schließlich den schlechten Gebrauch der Logik mit derjenigen Theologie, die unter anderem von Petrus Tartaretus (bis ca. 1522) und John Major (Mair, 1467–1550) an der Pariser Universität gelehrt werde: »His temporibus non

---

Bei Hamburg (1960) 1970, S. 7–110, II, S. 69; lateinischer Text nach Id., De optimo reipvblicae statv Deqve noua insula Vtopia [1516]. In: Id., The Complete Works [...]. Vol. 4. Edited by Edward Surtz and J. H. Hexter. New Haven/London 1965, II, S. 158. Vgl auch Wooden (1977), allerdings ohne auf Details einzugehen.
733 Vgl. Morus: Letter [1515], (Anm. 90), S. 22–27.
734 Vives: Adversus Pseudodialecticos [1520]/Against the Pseudodialeticians/ A Humanist Attack on Medieval Logic [...]. The Texts, with Translation, Introduction, and Notes by Rita Guerlac. Dordrecht/Boston/London 1979, S. 44–153, hier S. 80–83.
735 Vgl. Melanchthon: Briefe (CR 2, Sp. 483).

jam philosophatur sed nugatur tantum de parvis logicalibus«, und die ihn zu dem Ausruf veranlasst: »Bone Deus, quae plaustra nugarum!«[736]

Gemeint sind die logischen Darlegungen, deren Kernstück die Abhandlung *De proprietatibus terminorum* des Petrus Hispanus ist. Seine *Summulae logicales*, die dem zweijährigen Logik-Studium in Paris zugrundegelegt wurde und dabei dort den Unterricht nach dem aristotelischen *Organon* ablöst, enthalten in ihren ersten sechs Büchern den Stand der *logica nova et vetus* (*de introductionibus, de praedicabilibus, de praedicamentis, de syllogismis, de locis, de fallaciis*), allerdings bleibt die *Analytica posteriora* unberücksichtigt. Der siebte Traktat – *parva logicalia* – fügt die Abschnitte *de suppositionibus, de relativis, de ampliationibus, de appellationibus, de restrictionibus, de distributionibus* zusammen mit den *consequentiae* hinzu. In der dritten Version seiner Dialektik, im wesentlichen 1547 dargeboten, fügt Melanchthon einen kleinen Abschnitt hinzu,[737] in dem er sich mit diesen *Parva logicalia* auseinandersetzt. Neben der Wiederholung des Vorwurfs der Vermischung von Dialektik und Grammatik sowie den üblichen kritischen Hinweisen, etwa hinsichtlich eines zu großen Ballastes an Regeln,[738] räumt Melanchthon nun jedoch ein, dass der Sinn, in dem ein Ausdruck jeweils verwendet wird, genau zu beachten sei (im Sinne der Suppositionslehre). Doch bedarf es ihm zufolge hierfür keines spitzfindigen Regelwerks. Es genüge, die in der Schule erworbenen (grammatischen) Kenntnisse richtig anzuwenden, um beispielsweise zu erkennen, ob ein Ausdruck literal oder figurativ verwendet werde.[739] Dies wird im Laufe der Zeit anders gesehen: aus der explizit grammatischen Frage wird gegen Ende des Jahrhunderts eine der *Rhetorik*, dann eine der *Hermeneutik*.

---

736 Vgl. Melanchthon: Adversus Rhadinum pro Luthero oratio [1521] (CR 1, Sp. 286–358, hier Sp. 400): »[…] his temporibus non jam philosophatur sed nugatur tantum de parvis logicalibus. Quid est nugatius *Versore, Tartareto* et reliquis huius farinae scriptoribus, quales hoc seculo paene innumerabiles tulit *Lutetia*? Vidi *Ioannis Maioris* commentarios (de moribus hominis non iudico) in sententias Longobardicas [sic], quem nunc inter *Lutetiae* Theologos regnare aiunt: Bone Deus, quae plaustra nugarum? Quot paginis disputat, utrum ad equitandum requiratur equus? num salsum mare a deo conditum sit? ut interim praeteream, quam multa impie scripserit de voluntatis libertate […].«

737 Der Abschnitt fehlt z.B. in Melanchthon: De Dialectica Libri Quatvor Recogniti et Avcti. Vitebergae 1541, oder Id., De Dialectica libri quatuor, postremo recogniti & aucti. Acesserunt enim caeteris aeditionibus praeter Regulas consequentiarum […1538, 1542]. Argentorati 1545. In dieser Ausgabe findet sich am Ende ein Abschnitt »De Distinctionibus«, S. 234–236.

738 Vgl. Melanchthon: Erotemata Dialectices [1547, 1580] (Anm. 559), Sp. 750; der Abschnitt beginnt: »Addita est Aristotelis Dialecticae, doctrina verius Grammatica quam Dialectica, quam nominarunt Parva logicalia, in qua dum praecepta immodice cumularunt, et labyrinthos inextricabiles, sine aliqua utilitate finxerunt, ut: Nullus it nemo mordet se in sacco, etiam illas admonitiones, quarum aliquis est usus, tenebris involverunt.«

739 Der Abschnitt beginnt (ebd., Sp. 750ff): »Haec fuit doctrina suppositionum, ut vocarunt. Sed satis est mondere iuniores, ut observent diversos modos significandi, ac videant, quando species, quando individua significentur.«

Hieronymus vermochte *omnes leges dialecticae, propositione, assumptione, confirmatione conclusione* im Buch Hiob zu entdecken. Der Kirchenvater lässt die Bemerkungen, dass im Buch Hiob alle *leges dialecticae* angewandt seien, in einem Brief aus dem Jahre 395/96 fallen, der unter der Überschrift *De optimo genere interpretandi* sich insbesondere mit Fragen der Übersetzung beschäftigt[740] und der offenbar viel gelesen wurde. In einem anderen Brief heißt es im Blick auf die paganen Wissenschaften, dass Moses »in saecularibus eruditus fuerit disciplinis«.[741] Gleichwohl verwendet Hieronymus den Syllogismus-Begriff zur gleichen Zeit auch pejorativ.[742] Wohl im Blick auf den Überbringer eines früheren Briefes nur ironisch verweist er aber auch auf den Nutzen: wenn es dort im Hinblick auf den angesprochenen Inhalt heißt: »Si libet exercere ingenium, trade te Grammaticis atque Rhetoribus, disce Dialecticam, sectis instruere philosophorum, [...]«.[743] Bei diesem pejorativen Gebrauch meint Hieronymus wohl immer eine bestimmte subtile Argumentationsweise der Häretiker, vor der er warnt:

> [...] dialectici, quorum Aristoteles princeps est, solent argumentationum retia tendere et vagam rhetoricae libertatem in syllogismorum spineta concludere. hi ergo qui in eos totos dies et noctes terunt, ut vel interrogent vel respondeant vel dent propositionem vel accipiant, assumant, confirment atque concludant, quosdam contentiosos vocant, qui ut libet non ratione sed stomacho disputent litigantium.[744]

Vermutlich auch bei ihm dürfte das seinen Hintergrund in der Befürchtung finden, der dialektische Zugriff könne die offenbarten Glaubensmysterien zerstören. Ein sophistischer Fehlschluss scheint es ihm besonders angetan zu haben. Es ist der sogenannte *syllogismus cornutus*, der »Hornschluss«[745]: Was du nicht verloren hast, das hast du noch. Nun hast du Hörner nicht verloren. Also hast du Hörner.[746] In seinem Matthäus-Kommentar heißt es bei ihm von Jesus und den Schriftgelehrten, diese hätten jenen bei der Frage, ob man sich scheiden lassen dürfe, in einen solchen Schluss verstricken wollen: »ut quasi cornuto eum teneant syllogismo«.[747] Der von Hieronymus erwähnte Chrysippos (ca. 281–208) galt als berühmter Dialektiker;[748] allerdings war er auch als Initiator von Fehlschlüssen berüchtigt.[749] Von sich selber sagt der Kirchenvater, dass er Dialektik studiert habe. Die Ambivalenz

---

740   Vgl. Hieronymus: Epistulae (PL 22, Sp. 325–1191), *Ep.* 53, 8 (Sp. 545).
741   Ebd., *Ep.* 18, 15 (Sp. 371), auch 9 (Sp. 367).
742   Ebd., *Ep.* 57, 12 (Sp. 579).
743   Ebd., *Ep.* 61, 4 (Sp. 605).
744   So in seinem Tituskommentar, vgl. Hieronymus: Commentariorum in Epistolam ad Titum liber unus [um 387] (*PL* 26, Sp. 589–636), I, Sp. 596).
745   Vgl. Hieronymus: Epistulae (Anm. 740), *Ep.* 69, 2 (Sp. 655): »Sustinui Romae a viro eloquentissimo cornutum, ut dicitur, syllogismum, ut quocumque me verterem strictius tenerer«
746   Vgl. Prantl (1855/1997), S. 53; davon berichtet *Diog Laert*, VII, 187.
747   Hieronymus: In Evangelium Matthaei [398] (PL 26, Sp. 15–218), hier 19, 1 (Sp. 133).
748   Vgl. *Diog Laert*, VII, 180.
749   Zu ihm Prantl (1855/1997), S. 404ff. sowie S. 488ff.

jedoch liegt darin, dass er zugleich demonstrativ betont, seitdem nie wieder etwas darüber gelesen zu haben.[750]

Ohne dies hier im Einzelnen belegen zu müssen, hält sich über die Zeit die Vorstellung, dass die Darstellung der Heiligen Schrift zwar nicht auf ihrer Oberfläche den Regeln der Logik folgt, dafür aber in ihrer verborgenen subkutanen Strukturierung: Anschaulich zum Ausdruck gebracht beispielsweise von Honorius, wenn es in seiner Psalmenerklärung heißt: Die Syllogismen seien in der Heiligen Schrift verborgen wie der Fisch im tiefen Wasser und wie der Fisch aus dem Wasser, so müssten die Syllogismen zum Nutzen der Menschen aus der Heiligen Schrift hervorgezogen werden.[751] Überboten wird dies noch von Luther: Die Psalmen, die uns das Vertrauen in Gottes Barmherzigkeit lehren, seien nichts anderes als *syllogismi ex primo praecepto*: »David [...] ist poeta und orator ex Mose worden und kann die lieblichsten Psälmlin daraus machen. *Nam totum psalterium nihil aliud est quam syllogismi ex primo praecepto. Minor*, die heißt *fides*; *maior* heißt *verbum dei*; *conclusio*, die ist *factum et executio. Maior: Deus respicit miseros; minor: Ego sum miser; conclusio: Ergo deus me quoque respiciet. De minore dubitat homo*.«[752] Für ihn ist David sowohl Dialektiker als auch Rhetor.[753]

Es ist die Annahme eines *natürlichen* Vermögens, die den *hermeneutischen* Gebrauch eines bestimmten Wissens rechtfertigt. Beispielhaft trägt dies Melanchthon vor: Die ›Natur‹ sei es, die dem Menschen aufgrund seiner Begabung *via* und *ratio* zu lehren vermöge.[754] Vergleichbares hinsichtlich der Begabung lasse sich nicht nur bei Paulus annehmen. Mit dieser Annahme im Hintergrund kann Melanchthon dann behaupten, derjenige verstehe erst angemessen, der den Psalm »Dixit dominus« (*Ps* 110) so auffasse, dass seine einzelnen Bestandteile *dialektische* Bestimmungen seien:[755] Allein

---

750 Vgl. Hieronymus: Apologia Adversus Libros Rufini [402] (PL 23, Sp. 415–514) hier I, 30 (Sp. 441): »Septem modos conclusionum dialectica me elementa docuerunt; [...]. Jurare possum me postquam egressus de schola sum, haec numquam omnino legisse.«
751 Honorius Augustodunensis: Expositio psalmorum selectorum (PL 172, Sp. 269–310, hier Sp. 279): »Syllogismi latent in sacra Scriptura, ut piscis in profunde aquae: et sicut de aqua piscis in usum hominis extrahitur, ita syllogismus de Scriptura ad utilitatem elicitur.«
752 Luther: Tischreden 1. Bd. (Anm. 301), Nr. 369, S. 160.
753 Vgl. Luther: Vorlesung über die Stufenpsalmen, 1532/33, 1540 (Werke 40. Bd. III, S. 1–476, hier S. 139): »Sed hic David se ostendit Rhetorem quoque esse. Dialectice dicit esse Deo agendas gratias pro conservatione et defensione huius regni. Nunc Rhetorice amplificat periculum, cum dicit: Homines insurgunt contra nos. Est enim Emphasis in vocabulo ›Homines‹, quasi dictat: Nos Iudaei sumus quasi ultima fex orbis et minima hominum portio. Insurgent autem contra nos homines, hoc est Reges, Principes, Divites, Sapientes et quicquid in hoc seculo potens et magnum est, [...].«
754 Vgl. Melanchthon: Elementorum Rhetorices [1531, 1542] (Anm. 563), lib. I (Sp. 417): »Docet enim natura homines viam quandam atque rationem, magnas et obscuras causas explicandi, quam homines magna quadam vi ingenii praediti, partim beneficio naturae animadvertere, partim usu deprehendere solent.«
755 Vgl. ebd. (Sp. 422): »Si quis hoc modo animadverterit Psalmum esse descriptionem Christi, et singulas partes ad definitiones dialecticas sciat referendas esse, is plane intelliget Psalmum,

schon deshalb müsse man die rhetorischen ebenso wie die dialektischen Regeln bei der *enarratio* des Textes in Anschlag bringen. Das Vorgehen entspreche der Intention und den natürlichen, gottgegebenen Fähigkeiten des Autors[756] – also der Annahme einer *rhetorica* und *logica naturalis*. Einen Höhepunkt erreicht dies 200 Jahre später in der *Logica Paullina* Karl Ludwig Bauers (1730–1799), einem Schüler Johann August Ernestis (1707–1781), mit einem 230 Seiten starken Teil allein zu *De enuntiatione*. Diese Untersuchung von 1774 schließt mit einem Abschnitt *Methodus Paullina*.[757] Jahre später legt derselbe Verfasser eine ebenso umfangreiche Schrift zur Rhetorik des Paulus vor.[758]

Alles Wissen, dessen Anwendung man in der Heiligen Schrift zu entdecken und zu identifizieren vermochte, erschien allein durch diesen ›Ort‹ als gerechtfertigt, und das gilt auch für das Regelwerk der *hermeneutica sacra*. Beispielhaft eingeführt in der *Clavis Scripturae Sacrae* des Flacius. Der erste Traktat – »De Ratione Cognoscendi Sacras Literas« – beginnt mit 51 durchnummerierten »causae difficvltatis« der Auslegung der Heiligen Schrift. Hierauf folgen die empfohlenen »remedia«, sodann 58 »regulae cognoscendi sacras literas, ex ipsis desumtae« – in der Ausgabe von 1719 sind es aufgrund der Nummerierung des verbliebenen Textes 60 Regeln. Es schließen sich 27 »praecepta de ratione legendi Sacras literas, nostro arbitrio collecta aut excogitata« an.[759] Der Aufbau ist geordnet, wenn auch nicht *systematisch*: Die *remedia*, *regulae* und *praecepta* lassen sich zwar auf die von Flacius aufgewiesenen interpretatorischen Probleme beziehen, aber sie werden nicht im einzelnen durch eine Untersuchung dieser Schwierigkeiten und der Art ihrer Hilfestellung begründet. Oftmals stellt sich der Eindruck ein, zumindest teilweise folge die Anordnung des Regelwerkes einer *pragmatischen Ordnung*, wenn zumindest in Ausschnitten Handlungsfolgen unter jeweils eintreten-

---

et cum erit opus [...].«
756 Vgl. Melanchthon: Epistola nuncupatoria [in *Dispositio orationis in epistola Pauli ad Romanos*, 1529] (*CR* I, Sp. 1043–1045, hier Sp. 1044): »Ac desiderari iure diligentia non tantum in recentioribus, sed etiam in veteribus potest, qui cum in enarratione huius epistolae non attenderint orationis dispositionem, alicubi tanquam via lapsi a voluntate auctoris aberrarunt.«
757 Vgl. Karl Ludwig Bauer: Logica Pavllina vel notatio rationis, qva vtatvr Pavllvs apostolvs in verbis adhibendis, interpretando, definiendo, envntiando, argvmementando, et methodo vniversa: in vsvm exegeseos et doctrinae sacrae [...]. Halae Magdebvrgicae 1774. – Freilich ist dem im 18. Jh. sukzessive in verschiedener Weise vorgearbeitet worden – so, um nur eine Beispiel zu nehmen, von Erhard Andreas Frommann (1722–1774) in einer Vielzahl von Studien, beginnend mit Id., Dispvtatio Inavgvralis Theologica, Qva Topices Pavlli Ap. In Fide Salvifica Ex V. T. Probanda Specimen. Altorfii 1762; hier greift Frommann auch die Ansicht auf, Paulus habe beim Rückgriff auf das Alte Testament zu Beweiszwecken Gebrauch gemacht von jüdischen (Auslegungs-)Regeln, den 13, die Jischmael ben Elischa (bis ca. 135), oder den 32, die Eliezer ben Jose Ha-Gelili (Mitte des 2. Jhs.) zugeschrieben werden.
758 Vgl. Karl Ludwig Bauer: Rhetoricae Pavllinae, sive, quid oratorium sit in oratione Pavlli [...]. Halae 1782.
759 Vgl. Flacius: Clavis Scripturae [1567] (Anm. 10), tract. primvs, S. 1–5, 5–6, 6–16, und 16–20; sowie Id., Clavis Scripturae Sacrae [1567, 1719] (Anm. 10), Sp. 1–6, 6–7, 7–21, 21–26.

den Bedingungen und Gegebenheiten bei der Interpretation der Heiligen Schrift festgehalten zu werden scheinen. Den Versuch einer *philosophischen* oder *rationalen* Begründung der Regeln in einem engeren Sinne, wie dies spätere Hermeneutiken unternehmen – etwa unter Vorgabe eines analytischen Aufbaus als praktische Disziplin und orientiert an der finalen Analyse –, sucht man freilich bei Flacius vergebens.

Vergleicht man die beiden ersten Gruppen von Regeln, also die *regulae* und *praecepta*, so lässt sich über ihre darstellungstechnische Anordnung hinaus ein grundsätzlicher Unterschied festhalten. Die *regulae* enthalten solche Hinweise, die den speziellen Charakter des auszulegenden Textes, also der Heiligen Schrift, betreffen und deren Beachtung vermeiden soll, diesen Charakter, mithin seine angenommene (theologische) Besonderheit, zu verfehlen. Die *praecepta* bieten demgegenüber zumeist mehr oder weniger praktisch ausgerichtete Interpretationsanweisungen, die auch unabhängig vom speziellen Gegenstand als beachtenswert erscheinen. Wenn man so will, lässt sich bei Flacius, freilich ohne die theoretische Intention dieser Unterscheidung, *in nuce* die Untergliederung zwischen *hermeneutica specialis* und *generalis* sehen – sofern der Unterschied zwischen beiden sich über den zu erkennenden Gegenstand bestimmt und die *hermeneutica specialis* immer das Regelwerk der allgemeinen Auslegungslehre voraussetzt. Der weitere Aufbau der Überlegungen in der *Clavis* beruht auf Spezifikation. Nach dem Aufweis der allgemeinen Schwierigkeiten der Auslegung, den *remedia* mit den *regulae* und *praecepta* zu ihrer Vermeidung, erörtert Flacius besondere Probleme, die sich bei der interpretatorischen Arbeit ergeben. Der Abschnitt trägt entsprechend die Überschrift »De variis difficvltatibvs in uerbo, phrasi, sententia, aut toto habitu orationis«.[760] Auch wenn, wie gesehen, Glassius eine andere Anordnung des hermeneutischen Regelwerks wählt, genügt dieser Aufriss des Aufbaus der *hermeneutica sacra*, um den Unterschied grundsätzlicher Art zwischen den *regulae* und den *praecepta* bei Flacius deutlich zu machen. An ihm zeichnet sich das Herzstück der Begründung hermeneutischer Auslegungsregeln in der *Clavis Scripturae Sacrae* ab: Die *regulae* sind der Heiligen Schrift selbst entnommen, die *praecepta* hingegen anderen Quellen entlehnt, insbesondere den *patres ecclesiae*, oder aber ersonnen.

Doch nicht allein über die natürliche Ausstattung und Inspiration der Heiligen Schriftsteller und auch nicht allein über Exemplifikation, sondern aufgrund von Passagen der Heiligen Schrift selbst hat man Grundsätzliches über die Relevanz und Anwendung eines *logischen* Wissens für das Verständnis der Heiligen Schriften zu folgern vermocht. Dies führte dazu, dass man im Rahmen der *analysis textus* entsprechend der Dreiteilung des Triviums (zumindest) die *analysis grammatica*, die *analysis rhetorica* sowie die *analysis logica*

---

760 Vgl. Flacius: Clavis Scripturae [1567] (Anm. 10), tract. prim., S. 20–29 ([1719], Sp. 26–38).

unterschied.⁷⁶¹ Und auch das Letztere hat im 16. und 17. Jahrhundert bei der Heiligen Schrift (aber auch bei anderen Texten) durchgängig Einsatz gefunden.⁷⁶² Ohne das hier ausführlicher darlegen zu können, erhielt zumindest für die protestantischen Theologen und Interpreten der Heiligen Schrift eine Stelle in diesem Zusammenhang eine zentrale Bedeutung: 2 *Tim* 2, 15, dabei vor allem der Passus: ὀρθοτομοῦντα τὸν λόγον τῆς ἀληθεας. Die lateinische Version übersetzt scheinbar farblos: *recte tractantem verbum veritatis* – deshalb vermutlich, weil *tractare* in der antiken Rhetorik ein geläufiger Ausdruck ist.⁷⁶³ Wohl nicht zuletzt aufgrund dieser Passage gehörte *tractare* auch zum hermeneutischen Vokabular Augustins, und *Tractatus* ist eine gängige Bezeichnung für homiletische Bibelkommentare. Bei Melanchthon wird für den griechischen Ausdruck nicht *tractare*, sondern *secare*, also Zerschneiden, Zerteilen geboten. Vermutlich dürfte er der erste gewesen sein, der dieses sprachliche Wissen (*grammatica*) nutzt, um hieraus eine Rechtfertigung für die *logische Analyse* abzuleiten – danach wurde diese Begründung gleichermaßen zum Gemeingut bei Lutheranern und Calvinisten.⁷⁶⁴

Wie man sich auch immer nach der Reformation über einzelnen Lehrstücke streiten und wie sehr die jeweilige Konzeption der Logik, die Konkurrenz zwischen der aristotelischen, melanchthonischen und ramistischen, voneinander abweichen mochten und strittig waren, in einem war man sich noch lange über Glassius hinaus weitgehend einig: die Relevanz der Logik als dem, wenn auch Wenigen, was dem Menschen *post lapsum* verblieben sei. Die allgemein betriebene »Logische Analyse« besteht nach dem Reformierten Johannes Piscator in der *Anwendung* logischer Regeln – und er hat alle Bücher der Heiligen Schrift diesem Prozedere unterzogen.⁷⁶⁵ Aufschlussreich für die Frage nach dem Eintritt der Hermeneutik in die Logik sind beispielsweise Piscators Überlegungen zu den Voraussetzungen der *applicatio* der Logik auf die Heilige Schrift: Die logischen Regeln ließen sich deshalb auch auf die Heilige Schrift (»ad res spirituales ac divinas, quam ad

---

761 Hierzu u.a. Danneberg (1998).
762 Zum Anerkennungsverlust der *analysis textus* im 18. Jh. Danneberg (2004).
763 Vgl. u.a. Cicero: *De inv.* II, 49, *De Oratore*, II, 41, 177, III, 23, 86 und 52, 200, *De part*, 5, 17; Quintilian: *Inst Orat*, IV, 5, 6, VII, 6, 12 und weitere Stellen, auch *Auctor ad Herennium*, II, 27; zur technisch-rhetorischen Bedeutung von *tractatio* auch Barwick (1922), insb. S. 51ff. In seiner erhellenden Untersuchung, die auch dem rhetorischen Hintergrund der Verwendung von *tractatio* in Augustins *De doctrina christiana* nachgeht, scheint Press (1980), insb. S. 107–118, den Bibelbezug dieses Ausdrucks übersehen zu haben; zum Gebrauch dieses Ausdrucks in der Patristik zudem Bardy (1946), ferner zu Augustin auch Milewski (2002).
764 Hierzu Danneberg (2003a), insb. Kap. VIII: *De Orthotomia*, S. 204–225.
765 Vgl. Piscator: Analysis Logica Epistolarum Pauli [...1589]. Unà cum Scholiis & observationibus locorum doctrinae. Londini 1590 (*Epistola dedicatoria* 1589), *Praefatio*, unpag (A 4): »Verum enimvero, ne quis vocabulo isto *Analyseos Logicae* offendatur, quasi eo significetur, sacras literas iudicio rationis humanae à nobis subiici: [...] observandum est: nos per *Analysin Logicam* nihil aliud intelligere, quám applicationem praeceptorum artis Logicae seu Dialecticae: [...].«

humanas et profanas«) anwenden, weil die Dialektik eine *allgemeine* Disziplin (»ars generalis«) sei.⁷⁶⁶ William Perkins (1558–1602), einer der einflussreichsten Theologen der Insel und begeisterter Anhänger des Ramus, schreibt in seinem Kommentar zur Offenbarung, und zwar zu *Offb* 1, 19 (»Schreibe, was du gesehen hast, und was da ist, und was geschehen soll«), dem Heiligen Geist selbst den Gebrauch der *ars logica* zu und wendet das gegen alle Verächter ihres Gebrauchs (bei der Interpretation der Heiligen Schrift).⁷⁶⁷ Anders ausgedrückt: Die logischen Regeln sind allgemein – als ebenso so allgemein erscheinen hermeneutische Regeln, die daher, wie noch zu sehen sein wird, Aufnahme in die Logik finden können.

So überrascht es denn auch nicht, bei Glassius diese Stelle erörtert zu finden, selbstverständlich – wie es sich mittlerweile durchgesetzt hat – mit dem Ausdruck *secare* anstatt *tractare*. Doch der zweite Blick ist dann eher überraschend: Die Passage findet ihre Erörterung in der *rhetorica sacra* und dabei *nicht* zur Begründung der Anwendung irgendeines Wissens im Rahmen seiner Ausführungen, sondern zum metaphorischen Sprachgebrauch und seiner Exemplifikation in der Heiligen Schrift. Es handelt sich um einen Gebrauch in der Heiligen Schrift, bei dem eine Übertragung von menschlichen Tätigkeiten stattfindet.⁷⁶⁸ Dies macht schlagartig, wenn auch nur einen Teil des Anliegens deutlich, das Glassius mit seiner *Philologia sacra* verfolgt, wenn er die *grammatica*, *rhetorica* und *logica* als *sacra* bezeichnet: Solche Darlegungen dienen weder explizit noch implizit der Begründung des zum Einsatz gelangenden Wissens, das als solches keiner Begründung mehr bedarf, sondern sie stellen mehr oder weniger systematische Beobachtungen zum Sprachgebrauch der Heiligen Schrift an auswählten Passagen dar.

---

766 Vgl ebd., direkt im Anschluss: »[...] quae quum ars generalis sit, tam ad res spirituales ac divinas, quám ad humanas & profanas applicari potest. Quod quum sit: non propterea res divinae iudicio humano subiiciuntur [...] tantum rerum spiritualium doctrina, de cuius veritate iam per Spiritum Dei persuasi sumus, erudite ac scienter atque artificiose explicatur.«

767 Perkins: Pia et docta expositio in tria prima Apocalypseos capita [1598]. In: Id., Opera Theologica [...Tomus II]. Genevae 1619, (dritte Paginierung), lib. I, cap. 92, S. 92: »Hinc logicae artis necessitatem animaduerte, concessum in theologia diuidere (secus Spiritus Sanctus non vsus fuisset) atque ita analogos alia argumenta ratiocinandi, ac proinde ars quae canones ac regulas diuisionis tradit, & argumentandi recte legitima & approbata à Spiritu Dei: plurimum ergo hallucinantur homines qui logicè & rhetoricè artis regulas superfluas dicunt & illegitimas, ita simulant ac condemnant praxim Spiritus Sancti hoc loco.«

768 Glassius: Philologia Sacra [1623, 1705] (Anm. 2), lib. V, tract. I, cap. XII, Sp. 1837.

7. Hermeneutische Themen der *Philologia sacra*

7.1 Die Behebung von Interpretationsdifferenzen und die Priorität des *sensus literalis*

Die Art und Weise der Behandlung der *grammatica* sowie der *rhetorica* in der *Philologia sacra* – und das trifft auch für das Fragment der *logica* zu – lässt sich allgemein so charakterisieren: In ihr werden nach sehr knappen, durchweg entproblematisierten Einführungen der entsprechenden Kategorien Beispiele aus der Heiligen Schrift angeführt, die entweder nur illustrierend oder aber solche sind, die mehr oder weniger gravierende Interpretationsprobleme aufgeben, die sich dann durch die Subsumierung unter einer grammatischen, rhetorischen oder logischen Kategorie mehr oder weniger entscheiden lassen: Nicht selten jedoch verbinden sich mit diesen Entscheidungen kontroverstheologische Auseinandersetzungen – das ist denn auch nicht wirklich erstaunlich in der *Philologia Sacra*; begleitet es doch die *philologia*- und *hermeneutica*-Diskussion seit Beginn des 16. Jahrhunderts: Immer wieder verspricht man sich durch eine bestimme Art und Weise der Einrichtung der *hermeneutica* nicht allein die Lösung diffiziler Interpretationsprobleme, sondern vor allem die Schlichtung der dabei auftretenden kontroverstheologischen Differenzen.

So gelangt, um nur ein Beispiel zu geben, die *hermeneutica* 1600 zum ersten Mal als Sammlung *allgemeiner* Regeln in ein logisches Lehrwerk, und der Hintergrund dafür liegt nicht zuletzt in der Lutheraner wie Calvinisten wie kaum eine andere Frage bewegenden Deutung der Einsetzungsworte: Hatte man zunächst die Lösung dieser Frage als eine solche der Grammatik aufgefasst, dann seit den siebziger Jahren des 16. Jahrhunderts eine Antwort von der Rhetorik erwartet, soll sie schließlich ihren Ort in der Logik finden, und zwar als Frage, wie man über die Richtigkeit von Interpretationen entscheidet.[769] Mitnichten war damit das konkrete Interpretationsproblem selbst gelöst. *Zum einen* wurde eine Lösung im 17. Jahrhundert außerhalb der Hermeneutik durch eine veränderte Autorisierung gesucht: Ein Beispiel gerade zur Bannung interkonfessioneller Konflikte mit der fortwährenden Bürgerkriegsgefahr bietet Thomas Hobbes' Identifikation der *summa auctoritas* mit der *summa potestas*, zum anderen innerhalb der Hermeneutik selbst durch eine Verbesserung des hermeneutischen Regelwerks selbst.[770] Auch die *Philologia sacra* des Glassius lässt sich als eine Art Reglement zur (Auf-) Lösung theologischer Konflikte sehen. Doch erfolgt dies weder durch das Versprechen neuer hermeneutischer Regeln des Schlichtens noch durch die

---
[769] Hierzu Danneberg (2005a).
[770] Hierzu zum ersten wie zum letzten Danneberg (2011a), weitere Hinweise in Danneberg (2001).

Zuweisung der Entscheidungsbefugnis an eine äußere Instanz. Wenn man so will, ist Glassius altmodisch und neumodisch zugleich. Er versucht die Schlichtung direkt vorzuführen: Die Heilige Schrift wird neben aller stupender Gelehrsamkeit, die sich in seinem Werk ausspricht, erst durch die (richtige) Anwendung von Lehrstücken der *grammatica, rhetorica* und *logica* samt der hermeneutischen Regeln zum *judex controversiarum theologicarum* und als eine solche befestigt. Das ist aber nicht alles: Hinzu kommt der Vollzug an konkreten Exempeln. So weit ich das zu beurteilen vermag, sind zumindest einige der Exempel, und zwar sowohl solche, die zur Illustration der Anwendung der Lehrstücke dienen, als auch solche, die im Zuge dieser Anwendung analysiert werden, hinsichtlich ihres kontroverstheologischen Gehalts nicht nur voraussetzungsreich, sondern überaus brisant. Das markiert zugleich einen Unterschied der *Philologia sacra* zu den kontroverstheologischen Texten. Denn solche kontroverstheologischen Momente bilden nicht das zentrale Moment der *Philologia sacra*, sie bleiben eher *en passant*. Dabei ist es in Lehrbüchern der Zeit, selbst auch solchen der Logik, alles andere als ungewöhnlich, zu *Illustrationen* zu greifen, die *theologisch* überaus kontrovers sind. So sehr wie das vermittelte Lehrwissen auch entproblematisiert sein mochte, gilt das mitunter gerade nicht für die gewählten Beispiele.

Zur Veranschaulichung mag eines der strittigsten Beispiele überhaupt dienen, nämlich die Deutung der Einsetzungsworte. In der *Philologia sacra* finden sich drei einschlägige Stellen, in denen Glassius auf sie zu sprechen kommt. Zwar stehen sie im Kontext von drei verschiedenen Problemstellungen, sind aber jeweils mit der Konsequenz verknüpft, dass er die von Lutheranern vertretene *wörtliche* Deutung im Zuge der jeweiligen Analyse annimmt. Zunächst erfolgt das eher am Rande in der Rhetorik, im Besonderen in der Figurenlehre (*figurae dictionis*), und zwar bei der Antanaclasis, also der Wortwiederholung bei veränderter Bedeutung: etwa in metaphorischer oder in wörtlicher Bedeutung. Der theologische Konflikt drückt sich hier in dem Verweis auf eine Auffassung eines Reformierten aus, in diesem Fall auf den in der Zeit überaus rührigen Rudolf Goclenius, der bei *Matth* 26, 26ff. beides als gegeben ansieht.[771] Goclenius hat auch, wie es nicht unüblich war, in seinen viel gelesenen logischen Lehrschriften immer wieder auch logische Lehrstücke zur Entscheidung kontroverstheologischer Fragen verwendet. Glassius argumentiert nun nicht für seine Ansicht, dass dies fälschlicherweise geschieht, sondern konstatiert, dass es sich um ein Exempel für eine Antanaclasis handelt. Dieses Beispiel zeigt darüber hinaus, dass sich die von Glassius durchweg definitorisch eingeführten Kategorien mitunter nicht bedeutungsunabhängig *anwenden* lassen respektive angewendet werden.

---

771 Glassius: Philolgia sacra [1623, 1743] (Anm. 2), lib. V, tract. II, cap. II, Sp. 2008.

Der zweite Rückgriff auf die Einsetzungsworte erfolgt bei Glassius ebenfalls in der *rhetorica sacra*, und zwar bei der Behandlung der Metonymien. Bei der letzten von ihm in diesem Zusammenhang unterschiedenen Art (»signatum pro signo ponitur«) finden sich erneut ausführlichere Darlegungen hinsichtlich der Irrtümlichkeit einer solchen Identifikation bei den *verba institutionis*. Dabei greift seine Argumentation darauf zurück, dass an dieser Stelle eine bestimmte hermeneutische Regel gerade nicht zum Tragen komme; denn würde sie angewandt, führe das zu inakzeptablen Konsequenzen. Der Grund ist, dass sie sich nicht an die grundlegende Maxime der Ausrichtung an der Intention des Heiligen Geistes und der klaren Worte in ihrem eigentlichen Sinn halte.[772] Nur angemerkt sei, dass Luther ein ähnliches Argument im gleichen Zusammenhang der Deutung der Einsetzungsworte als *locutio figurativa* gegen die ›Schweizer‹ formuliert hatte,[773] worauf Glassius allerdings (wie an anderen Stellen auch) nicht eigens hinweist.

Die dritte Erwähnung schließlich findet sich bei Glassius in der Bedeutungslehre und enthält gerade keine Hinweise auf die Strittigkeit des Beispiels, sondern die Einsetzungsworte werden wie selbstverständlich zur Illustration einer Unterscheidung beim *sensus literalis* in *proprius* und *figuratus* angeführt. Es ist vor dem 16. Jahrhundert alles andere als ungewöhnlich, den figurativen Sinn dem *sensus literalis* zuzurechnen und in *diesem* Sinn denn auch von einem *duplex sensus literalis* zu sprechen. Zudem dürfte das konfessionell unabhängiges Gemeingut in der *hermeneutica sacra* gewesen sein.[774] Beim eigentlichen wörtlichen Sinn lautet Glassius' Bestimmung: »*Sensus literalis proprius est*, qui oritur ex verbis in propria & nativa significatione acceptis.« Beim figürlichen hält er demgegenüber fest, wobei er auf die alte Un-

---

772 Vgl. ebd., lib. V, tract. I, cap. III, Sp. 1477: »Atque haec quidem recte se habent, sed mala fit a Calvinianis ad rem Eucharisticam accommodatio, ac si in verbis institutionis Sacrae coenae substantialibus: *Hoc est corpus meum, hoc est sanguis meus & c. similis inesset tropus, sensu eo, quod corpus & sanguinem Christi esse*, idem sit, ac esse signum ac symbolum corporis & sanguinis Christi, quae Oecolampadii & aliorum est detorsio. At vero de sensu verborum illorum Testam. Christi Salvatoris, non ex analogia exemplorum quorundam (in tanto hoc mysterio plane alienorum) sed ex ipsa intentione & verbis instituentis claris & perspicuis, captivata ratione sub obsequium fidei, faciendum est judicium: cumque absurditas revera nulla sit (erroneo vero rationis humanae judicio quid non in mysteriis Dei absurdum?) proprio sensu, sine ulla tropica translatione & detorsione, ea accipienda & interpretanda: [...].« usw.

773 Vgl. Luther: Vom abendmal Christi [1528] (Anm. 654): dort zu Zwinglis »significat« (S. 271ff.) sowie zu Oekolampads »Tropus« (S. 379ff.).

774 So z.B. der Reformierte Hieroynmus Zanchi: De sacra scriptvra tractatvs integer. Controuersias eius argumenti omnes, ex ipsis sacris fontibus, & Orthodoxorum Patrum authoritatibus accuratissima tractatione & methodo explicans [ca. 1568, 1593, 1598]. In: Id., Opervm Theologicorvm. Tomvs VIII [...]. Genevae 1619, Sp. 319–452, hier S. 428: »Est igitur literalis sensus duplex: alius proprius & simplex: alius figuratus: verbi gratia, vt horum verborum, Qui credit in me, habet vitam aeternam, sensus est proprius & literalis, quem immediatè verba sonant [...] Ergo [...] ille esse verus literalis sensus [...], qui ex figurata locutione colligitur iuxta mentem Spiritus S. de eadem semper re. Hic sensus literalis semper in primis, & ante omnia quaerendus est, & solus valet ad dogmata probanda.« Das Werk Zanchis lässt sich nur schwer datieren; dürfte wohl aus seiner Heidelberger Zeit stammen.

terscheidung ῥητὸν καὶ διάνοια, *scriptum et voluntas* anspielt: »*Sensus literalis figuratus* est, qui nascitur ex verbis tropice & modificate acceptis, cum nempe in litera seu textu Scripturae, qui explicandus est, tropus aliquis occurrit, & tum dicitur quaeri apta & concinna διάνοια, sicut in textu, cujus sensus literalis est proprius, dicitur spectari τὸ ῥητόν.« Für die erste Bestimmung, also für den *sensus literalis proprius*, führt Glassius nun die Einsetzungsworte als Beispiel an: »*Accipite & comedite. Hoc est corpus meum*: sensus literalis proprius est, quia nulla hic occurrit vox modificata seu tropo affecta.« Darauf hin geht er die einzelnen Wörter durch und hält fest, dass keines von ihnen tropisch verwendet werde. Der sensus literalis ist immer der vom göttlichen Autor intendierte Sinn (*sensus intentus*); er unterscheidet sich – wenn auch nicht immer begrifflich so gefasst – vom sprachlichen Sinn *sensus litterae* oder *sensus grammaticus*. Dieser folgt (allein) den Regeln der Sprache und kann daher auch mehrdeutig sein; der *sensus literalis* hingegen ist (nach protestantischer Ansicht sowie der des Glassius) in der Heiligen Schrift eindeutig, da er der Intention des primären Autors (*auctor principalis*) folgt.[775] Das deckt sich in etwa mit der älteren Unterscheidung zwischen *scriptum* und *voluntas*; sie findet ihren Ort neben *ambiguitas* und *contentio legum contrarium* in den Kontroversfragen der Juristen (*quaestiones legales*)[776] und führt mitunter dazu, dass auch der *sensus mysticus* oder *propheticus* als *sensus literalis* bezeichnet wird; dann meint *sensus literalis* den *sensus*, der der *intentio auctoris* entspricht – und das konnte auch ein *sensus mysticus* sein. Am Ende des Jahrhunderts, allerdings noch nicht bei Glassius, findet sich die Bezeichnung *sensus logicus*. Mit dieser Benennung sollte nicht zum Ausdruck gebracht werden, dass dieser Sinn in irgendeiner exzeptionellen oder prägnanten Weise ein *logischer* Sinn sei, der unter Einsatz subtiler logischer Instrumente aufgedeckt werde oder dass die *interpretatio logica* in irgendeiner Weise einen ›logischen Gehalt‹ eines Textes eruiere. Vielmehr ist es der Sinn, der orientiert an einem autorintentionalen Bedeutungskonzept ermittelt wird. Der *sensus logicus* filtert damit die Sinnmöglichkeiten, die der *sensus grammaticus* eröffnet, und gleicht in dieser Hinsicht dem *sensus litteralis*. Die Wahl des Ausdrucks *sensus logicus* erklärt sich aus dem disziplinären Bereich, durch den er ermittelt wird: Bei dem *sensus grammaticus* ist es die Grammatik, beim *sensus logicus* ist es die Logik, respektive die Vernunftlehre.[777] Erst diese Unterscheidung zwischen

---

775 Vgl. Glassius: Philologia sacra [1623, 1705] (Anm. 2), lib. II. pars I. tract. II. sectio I. art. II, Sp. 370f.; vgl. lib. I. tract. III, sectio I, membrvm I, Sp. 264 mit der Unterscheidung zwischen *respectu Dei* und *respectu hominum*.
776 So auch bei Augustinus: De rhetorica (Rhetores Latines minores, ed. Halm), cap. 11 (S. 143).
777 Christian Thomasius (1655–1728) beipielsweise führt den Ausdruck *interpretatio logica* und *grammatica* zwar nicht explizit ein, vgl. Id., Ausübung der Vernunfft-Lehre/ Oder: Kurtze/ deutliche und wohlgegründete Handgriffe/ wie man in seinen Kopffe aufräumen und sich zur Erforschung der Wahrheit geschickt machen; andere verstehen und auslegen; von anderer ihren Meinungen urtheilen/ und die Irrthümer geschicklich wiederlegen solle [...]. Nebst einer Vorrede [...]. Halle 1691, III. Hauptst., § 34, S. 166, aber bei ihm wird der Unterschied

sensus literalis und sensus litterae macht aus den Ausführungen des Glassius Sinn, wenn es bei ihm heißt: »[...] sensus scripturae literalis [...] a litera Scripturae non sit separandus [...].«[778]

Als Beispiel für den *sensus literalis figuratus* bietet Glassius *Joh* VI (53, 56, 58):

> Sic quando Joh. VI. Christus de *pane vitae comedendo* concionatur, sensus literalis est tropicus, neque enim *panis* proprie dictus, sed caro Christi vivifica, quae metaphorice panis dicitur; neque *comestio* proprie dicta, & quae ore corporis fit, sed spiritualis, quae fideli corde expeditur, seu quod idem est, ipsa in Christum fides intelligitur. Vtrumque ex Christi scopo, contextus συναφεία & Scripturae ἀναλογία, abunde comprobatum dari potest, de quo alibi fusius.[779]

Herangezogen werden dabei traditionelle hermeneutische Konzepte wie der *scopus*.[780] Dabei gilt für Glassius: *Omnium scopus totius Scripturae Sacrae Christus est, quomodo intelligendum* und er behandelt diese Maxime entsprechend in dem Teil der *Philologia sacra*, in dem sich die Ausführungen *De scripturae sensv ervendo* finden.[781] Hier ist es das Konzept des *contextus*, das er zusammen mit dem *scopus* einführt, und zwar unter dem Titel: »De altero interpretationis Scripturae medio, quod est rerum ipsarum & contextuum consideratio«. Dann kommt er auf spezielle Aspekte, die er anhand der gängigen Bezeichnungen *antecedentia* und *consequentia* anspricht.[782] Zudem erwähnt er in diesem Zusammenhang dann noch die *analogia (fidei)*, die er allerdings nur kurz anspricht, für die er sich, wie bereits erwähnt, auf die Ausführungen seines Lehrers Johann Gerhard in *De Legitima Scripturae Sacrae Interpretatione* beruft.[783]

Das, was sich bei Glassius *nicht* findet, ist die spezielle Erörterung der kontroverstheologischen Momente; wenn man so will, dann erscheinen sie

---

in der Sache klar: »Dannhero siehstu alsbald/ daß ein anders sey die Worte erklären ohne Ansehung der Gedancken; ein anderes eine Meynung eines menschen aus andern Umbständen als aus denen dunckelen Worten erklären. Jenes ist ein Werck menschlicher Gedächtniß/ und gehöret für die *Grammatic*, dieses aber gehöret zu der menschlichen *Vernunfft*/ und also zur Vernunfft-Lehre.« Später, ebd., § 58, S. 175, sagt er dann »diese *interpretatio*, die wir oben *Logicam* genennet«, und er kann sich damit nur auf diese zuvor angeführte Stelle beziehen; im Zusammenhang mit der Übersetzung heißt es bei ihm z.B.: »daß eine Uebersetzung keine schlechte Interpretatio Grammatica sey/ sondern vielmehr ad Interpretationem Logicam gehöre« (§ 95, S. 201, auch § 97, S. 202, § 109, S. 207, sowie § 112, S. 209).

778 Glassius: Philologia sacra [1623, 1705] (Anm. 2), lib. II, pars I, Tract. II, sectio I, canon IV, Sp. 395.
779 Glassius: ebd., lib. II, pars I, tract. II, sectio I, art. II, Sp. 371.
780 Hierzu Danneberg (2011b).
781 Vgl. Glassius: ebd., lib. II, pars II, sectio 2, 2: »Scopus«, Sp. 501–502, dort auch die Unterscheidung zwischen *generales* und *speciales*; zuvor taucht er bereits als »Canon IV« auf zur Bestimmung beim *sensus parabolicus* (pars I, tract II, secti. IV, Sp. 488): »In explicatione & applicatione parabolarum legitime instituenda primo omnium attendendus est dicentis scopus«. Vgl. auch Christoph Bultmann: Einfacher und doppelter Literalismus. Biblische Geschichte und biblische Prophetie in Glassius' Traktat *De Scripturae sensu dignoscendo*, in diesem Band.
782 Vgl. ebd., lib. II, pars II, sectio II, Sp. 498/489.
783 Vgl. ebd., Sp. 499.

als entproblematisiert. Auch wenn die Rezeption der *Philologia sacra* sehr viel weiter gestreut ist, so scheinen doch ihre Adressaten solche Leser zu sein, für die die kontroverstheologischen Momente in der Tat entproblematisiert sein können. Ganz abgesehen davon, dass philologische Beobachtungen in der *Philologia sacra* geboten werden, auf die sich in Kontroversen zurückgreifen ließ, mit denen sich Glassius überhaupt nicht beschäftigte, obwohl sie zu seiner Zeit aktuell waren – hierfür nur ein Beispiel: Bei der Frage der Deutung der für die kosmologischen Auseinandersetzungen so wichtigen Josua-Stelle greift zum Beispiel Samuel Christian Hollmann (1696–1787) in seiner Dissertation, in der auch einige andere der einschlägigen Stellen der Heiligen Schrift behandelt werden, explizit auf eine philologische Bemerkung des Glassius zu einem hebräischen Ausdruck zu dieser Stelle bei seiner Deutung zurück.[784] Aber es zeigt sich noch mehr: Die ersten beiden Anführungen desselben Beispiels der *verba institutionis* zeigen bei Glassius, wenn auch nur indirekt, dass rhetorische Kategorien und Lehrstücke allein nicht ausreichen, um Fragen der *richtigen* Bedeutung zu entscheiden. Bei der hier als dritte erwähnte Anführung, die in der Abfolge in der *Philologia sacra* die erste darstellt, kann die herangezogene Stelle erst dann als Illustration dienen, wenn ihre Bedeutung schon festgestellt ist. Darin zeigt sich ein *Bestimmungsproblem* hinsichtlich des disziplinären Kontextes, in dem Fragen der Richtigkeit einer Bedeutungszuweisung zu entscheiden sind. Dieses Problem spricht Glassius nicht explizit an. Noch zur Zeit der ersten Version seiner *Philologia sacra* war die Frage überaus strittig. Zur Zeit der letzten von Glassius noch selbst besorgten Auflage der *Philologia Sacra* hat sich dies insofern geändert, als es explizit im Rahmen der Darlegungen zur *hermeneutica generalis* erörtert wird. Ich greife ein Beispiel heraus, weil er hierfür just dasselbe Beispiel, nämlich die Einsetzungsworte zur Illustration verwendet.

1654 erscheint die *Logica vetus & nova* des als Theologe wie Philosoph ausgebildeten und an der neuen cartesianischen Philosophie orientierten Johann Clauberg (1622–1665).[785] Sie enthält eine umfangreiche *hermeneutica generalis*. Nur oberflächlich gesehen, ist das gesamte Werk als Dialog gestaltet; denn Clauberg folgt der für Lehrbücher so beliebten katechismusartigen *Magister-cum-discipulo*-Darstellungsweise als Abfolge von Frage und Antwort. An *einer* Stelle kommt es allerdings im Rahmen der Einführung der hermeneutischen Lehrstücke zu einer Nachfrage, die den Magister zur Ergänzung und Präzisierung seiner Ausführungen veranlasst. Dass dies

---

784 Vgl.: Dissertatio Philosophica Prior de Obligatione Astronomi Christiani erga Scrpitvram S [...] Praeside Samvel Christ. Hollmanno [...] Defendet Johannes Philippus Groß [...]. Vitenbergae 1725, sowie: Dissertatio Philosophica Posterior de Obligatione Astronomi Christiani erga Scriptvram S [...] Praeside Samvel Christ. Hollmanno [...] Respondente Joanne Alberto Elers [...].Vitenbergae 1725, hier sect. III. »Quae Loca Scripturae Sacrae A Copernicanorvm, inprimis recentissimi cvivsdam scriptoris exceptionibvs vindicat", S. 79.
785 Zu ihm Danneberg (2008), (2009a).

nicht hinter dem Rücken des Verfassers der *Logica vetus & nova* geschieht, zeigt sich allein schon daran, dass es im Darstellungsablauf singulär ist und zugleich ein besonders exponierter Streitpunkt zwischen Lutheranern und Reformierten aufgenommen wird.[786] Im Fortgang der Darlegungen zu den allgemeinen hermeneutischen Hilfsmitteln zum Verständnis eines Textes lässt Clauberg fragen, inwieweit hierfür auch die Rhetorik von Belang sei. Die Rhetorik lehre – so die Antwort –, die übertragene Bedeutung von der eigentlichen zu unterscheiden. Diese Antwort ist weder im Allgemeinen noch im Besonderen auffällig. Bei dieser Lehre im Rahmen der Rhetorik, so fährt der Magister in Claubergs Logik präzisierend fort, seien drei verschiedene Fragen zu unterscheiden: (1) Erkennen soll man, ob in einer Rede überhaupt ein Tropus vorliege, (2) in welchem Wort er enthalten sei und (3) um was für einen Tropus es sich handle.[787] Clauberg veranschaulicht alle drei bei der Ermittlung einer übertragenen Bedeutung möglichen Fehler mit einem einzigen Beispiel: Also einem Satz eine wörtliche Bedeutung zuzuweisen, während er eine übertragene besitzt (oder umgekehrt), die nicht-wörtliche Bedeutung dem falschen Ausdruck in diesem Satz zuzuerkennen, den nichtwörtlichen Charakter nicht richtig zu klassifizieren. Das Beispiel überrascht nicht: Es sind die Einsetzungsworte – und daraus, dass es zur Illustration aller *drei* Fehler dienen kann, lässt sich sicher auf Claubergs Konfession schließen.

Nicht nur unterscheiden sich die Protestanten in der Antwort auf die erste Frage, sondern auch hinsichtlich der auf die zweite. Während man sich in der scholastischen Theologie kaum um die Frage kümmerte, wo denn gegebenenfalls der Ort des uneigentlich zu verstehenden Ausdrucks in den Einsetzungsworten sei, kann grundsätzlich der Tropus im Subjekt, im Prädikat, in der Kopula oder in der gesamten Prädikation gesehen werden: So hat Johannes Oekolampad das im *corpus meum* gesehen, gedeutet als *figura corporis mei*, als *signum corporis*.[788] Zwingli hingegen identifiziert den Tropus im *est*, gedeutet als *significat* – Calvin sieht zumindest in seinem Kommentar zu *Matth* 26, 16 eine Metonymie vorliegen.[789] Nur erwähnt zu werden braucht, dass die Deutung des *est* als *significat* eine andere Bedeutung

---

786 Vgl. Glassius: Philologia scara [1623, 1705] (Anm. 2), lib. II, tract. 1, S. 675/676.
787 Vgl. Clauberg: Logica vetus & nova. Modum inveniendae ac tradendae veritatis, In Genesi simul & Analysi, facili methodo exhibens [1654, 1658]. In: Id., Opera omnia philosophica [...]. Cura Joh. Theod. Schalbruchii [...]. Amstelodami 1691, S. 765–910, hier pars III, cap. V, § 29, S. 850: »Quid ad propositum finem juvat *Rhetorica? Resp.* Haec docet tropicam vocis acceptionem à propria discernere, ut scias, an in oratione aliqua sit tropus, *in qua* voce sit, *quis* sit, sive ad quam classem pertineat, [...].«
788 Zu Oekolampads Abendmahlslehre und zum Streit um sie zu seinen Lebzeiten Staehelin (1939), S. 267–330; zur Verwendung von Väterargumenten, die in diesem Zusammenhang eine nicht unwichtige Rolle gespielt haben, Quere (1977), S. 176–195.
789 Vgl. Calvin: Commentarius in Evangelium secundum Matthaeum [1555] (CR 73, Sp. 706); vgl. ebd., ad Matt 3, 16 (Sp. 127), wo eine metaphorische Deutung zurückgewiesen wird, da es nicht nur ›symbolisch‹ sei.

nahe legt als die Ersetzung durch *similis est*, und ebenfalls nur erwähnt sei, dass Jesus vermutlich (in der Forschung ist das strittig) aramäisch (*chaldaica lingua* in der Bezeichnung des 16. und 17. Jahrhunderts[790]) oder einen hebräischen Dialekt gesprochen hat. In beiden findet sich das Hilfszeitwort zwar nicht gesetzt, aber das sagt kaum etwas darüber aus, welche der strittigen Deutungen korrekt oder korrekter ist. So ist für Luther die Beobachtung, dass in einer Version das *verbum substantivum* ἐστί fehlt, nur ein Hinweis darauf, dass es noch deutlicher das Mysterium der Präsenz ausdrücke.[791] Bei der dritten Frage greift beispielsweise Zwingli zur *alloiosis (alleosis)*,[792] wohingegen Luther polemisch bemerkt: »hüt dich, Hüt dich, sage ich, fur der Alleosi, sie ist des teuffels larven.«[793] Und generell: »[...] wenn man spricht: Gott ist mensch odder mensch ist Gott. Hie kann ia kein Alleosis, ia auch kein Synekdoche odder einiger tropus sein. Denn da mus Gott für Gott, mensch für mensch genomen werden.«[794] Zwingli sieht hier einen wesentlichen Unterschied zur lutherischen *communicatio idiomatum* als einer *eigentlichen* Redeweise, also hinsichtlich der Christologie, die immer wieder bei den Fragen der Deutung der Einsetzungsworte und den jeweiligen theologischen Konsequenzen zentral ist. Die *alloiosis* erlaube nach Zwingli, dass das, was von Christus ausgesagt werde, auf die eine *oder* andere seiner zwei Naturen zu beschränken sei.[795] Von Luther hingegen wird die Vereinigung von Christi Leib und Blut mit Brot und Wein als *unio sacramentalis* strikt parallel zur *unio personalis* von göttlicher und menschlicher Natur in Christus aufgefasst.

Freilich zeigt sich der Fragende in der *Logica vetus & nova* mit dieser Antwort noch nicht zufrieden. Ihm sei wohl klar, dass er ›Ort‹ und ›Art‹ des Tropus aus der Rhetorik lerne, wissen wolle er jedoch, *wann* eine übertragene Bedeutung eines Wortes anzunehmen sei (und wann nicht) – also die Antwort auf die erste Frage. Und allein an dieser Stelle des Buches zur Hermeneutik schlüpft der Fragende aus seiner Rolle heraus und wird zum *Kommentator*, indem er bemerkt, dass zur Beantwortung *dieser* Frage die rhetorischen Vorschriften als nicht ausreichend erscheinen.[796] Die Antwort konzediert das und hält unter Berufung auf eine Augustin zugeschriebene

---

790 Vgl. Burnett (2005).
791 Vgl. Luther: Vom abendmal Christi [1528] (Anm. 654), S. 474: »So ists doch deudlicher und gewisser von der gegenwertickeit des leibs gered, [...].«
792 Vgl. u.a. Stephens (1992), S. 101–103, sowie Cross (1996).
793 Luther: Vom abendmal Christi [1528] (Anm. 654), S. 319; sowie: »Summa, es ist unsaglich, was der teuffel mit der Alleosi sucht.«
794 Ebd., S. 326; auch: »Drumb kann widder Alleosis noch Synecdoche myr solchs umbstossen. Denn Wesen ist wesen, ein iglichs fur sich, keins fur das ander. Und wer mirs will umbstossen, der mus nicht Alleoses, Synecdochen oder tropos bringen. Sie schaffen hier nichts [...].«
795 Zu Hintergrund der Auseinandersetzungen neben Locher (1971) vor allem Köhler (1924, 1953).
796 Vgl. Clauberg: Logica vetus & nova [1654, 1691] (Anm. 787), § 30, S. 850: »*Sedem & classem tropi* ex ipsis Rhetoricis addiscendam arbitror, hîc solùm rogo; *quando tropus in voce statuendus*, quando non, neque enim ad hoc judicandum praecepta Rhetorica videntur sufficere?«

Sentenz fest, dass von ›Natur‹ aus der eigentliche Sinn dem übertragenen vorausgehe. Zwar genieße er nach der Natur Priorität gegenüber dem übertragenen, doch müssten wir nur so lange an ihm festhalten, bis uns eine »Notwendigkeit« (*necessitas*) zwinge, einen übertragenen Sinn anzunehmen – und so habe auch der Heilige Augustinus gesagt: ›Die eigentliche Bedeutung der Wörter muss immer beibehalten werden, wenn nicht irgendeine wohlbegründete Überlegung die Annahme der übertragenen Bedeutung nahe legt‹. Diese Aussage stimme mit jenem Grundsatz der Juristen überein, in dem es heißt, dass von der eigentlichen Bedeutung der Wörter nur dann abgewichen werden darf, wenn eine triftige Interpretation dies nahe lege.[797]

Die *Feststellung*, ob ein wörtlicher und übertragener Sinn vorliegt, gehört nach Clauberg in die *logica*, genauer in die *hermeneutica analytica*. Es handelt sich dabei zunächst gerade *nicht* um eine *hermeneutica sacra*, sondern um eine *hermeneutica generalis*, die beispielsweise für die Unterscheidung von Bedeutungsarten wie allegorisch oder typologisch im Rahmen eines *sensus mysticus*, in dem gewöhnlichen Sinn des *verborgenen* Sinns, denn auch keinen Ort vorsieht. Die in der Zeit im Fächerverbund herumirrende *hermeneutica* (respektive *grammatica historica* oder *exegetica*)[798] sei weder als Teil der Grammatik noch als Teil der Rhetorik aufzufassen,[799] noch könne sie den speziellen Darlegungen der Theologen oder der Juristen überlassen bleiben.[800] Viele der hermeneutischen Regeln seien *allgemein*, sie seien also nicht allein auf die Interpretation der Heiligen Schrift oder juristischer Texte beschränkt. Da es sich um Regeln für das Verstehen *beliebiger* Texte handle, sei ihr angemessener Ort die Logik; denn jedes *allgemeine* Verfahren, das zur Erkenntnis anleite, sei Teil der Logik, die Aristoteles eine Methode der Erkenntnis nenne.[801] Clauberg meint hier τρόπον ἐπιστήμης.[802] Freilich ist dieser Rück-

---

797 Ebd.: »*Resp.* Cùm sensus orationis proprius naturâ sit prior tropico, tam diu in illo persistendum est, donec ad hunc amplectendum adigat necessitas. Et sic S. Augustinus: semper verborum proprietatem retinendam esse, nisi quaedam bona *ratio tropum suadet*. Quod convenit cum illo Jurisconsultorum, quo negant, a verborum proprietate recedendum esse, nisi justa interpretatio id suadeat.«
798 Hierzu Danneberg (2005b).
799 Vgl. Clauberg: Logica vetus & nova [1654, 1691] (Anm. 787), *Logicae Prolegomenae*, cap. VI, § 122, S. 781: »Neque credendum est interpretandi modum ad Lexicam, Grammaticam & Rhetoricam, non ad Logicam pertinere. Nam verum orationis obscurae sensum interpretari & à falso vindicare Grammatica & Lexica nusquam docet.«
800 Vgl. ebd., § 123, S. 781: »Quamvis Theologi in loco de Scriptura sacra de ejus interpretatione soleant agere, quamvis etiam Jurisperiti de Legum interpretatione tractent, non tamen inde licet concludere, rectam interpretandi methodum ad singulas potius disciplinas, quam ad logicam spectare.«
801 Ebd.: »Non possunt autem communes isti interpretandi canones alibi tradi quam in Logica, qui modus interpretandi est modus verum alicujus dicti cognoscendi. Omnis autem ad cognitionem veri perveniendi modus pars est Logicae [...].«
802 Aristoteles: *Top*, I, 1 (100a), sagt zum Ziel seiner Untersuchung, dass es ihre Aufgabe sei, eine (die) Methode zu finden, mit deren Hilfe man über jedes dargebotene Problem aus wahrscheinlichen Sätzen Schlüsse bilden könne.

griff keineswegs neu.[803] Das, worauf gezielt wird, ist nicht die Unterscheidung von *proprius* und *figuratus* als zwei Arten des *sensus literalis*, sondern, in welcher regelgestützten Weise sich feststellen lässt, dass das eine oder das andere vorliegt.

Die *Philologia sacra* des Glassius als *hermeneutica sacra* kennt demgegenüber verschiedene nichtliterale Bedeutungsarten (*sensus scripturae*) und führt sie auch an – seine *Thesis generalis* lautet: »*Scripturae sacrosanctae sensus duplex est: Literalis & spiritualis seu mysticus.*«[804] Dann zur Bestimmung beider Arten der Bedeutung:

> Scripturae sensus […] est id, *quod DEVS Scripturarum autor in Scripturis, & per Scripturas hominibus cognoscendum atque intelligendum exhibet*. […] *Brevius*: quod ipse Spiritus Sanctus intendit & intelligit in Scripturae textibus, id sine omni dubitatione est illorum textuum sensus, uti constat. At praeter literam seu historiam ipsam, mysterium saepe Spiritus Sanctus intendit & intelligit in Scripturae textibus.

Und er unterstreicht das noch einmal: »E. non solum historia, sed & per historiam illam insinuatum mysterium Scripturae sensus sit, necessum est.«[805] Die Zulässigkeit und Legitimität eines verborgenen Sinns, respektive eines *sensus spiritualis* (dann mit spezifisch christlicher, paulinischer Konnotation) ist selbstverständlich bei allen protestantischen wie katholischen Auslegungslehren davor und noch lange nach Glassius gegeben, auch wenn das in der älteren, mitunter noch in der protestantischen Geschichtsschreibung der Hermeneutik übergangen wird. Ebenfalls überhaupt nicht ungewöhnlich ist, dass diese Bedeutungsarten bei Glassius unter dem Oberbegriff des *sensus mysticus*, dem verborgenen Sinn, verhandelt werden. So fügt Luther in seinen Auslegungen des Deuteronomiums den Kapiteln einen Abschnitt *De mysteriis huius capituli* hinzu. Zwar betont er – wie zu erwarten, »quod alias monui saepe«, dass der christliche Leser zunächst den *sensus literalis* aufzusuchen habe, »qui in tribulatione et tentatione solus subsistit«, und obwohl er zum Status der Analogie des *sensus mysticus* sagt, sie sei »saepius incerta ad fulciendam fidem infidelis et minima tuta, ut quae saepius pendeat ab humana coniectura et opinione«,[806] hält er einen solchen *sensus*

---

803 Vgl. z.B. Matthias Flacius Jr. (1547–1593), ein Sohn des bekannteren Flacius Sr., in Id., Opus logicum in Organon Aristotelis [...] constans libris XIII, nempe Logicae generalis lib. VI, Apodictes lib. IIII, Dialectices lib. IIII. Francofurti 1593, I, S. 20: »Hoc ipso enim Logica differt ab omnibus aliis artibus & scientiis, quod non tradit τὸ ἐπιστητόν, id est, cognitionem rerum; sed τρόπον ἐπιστήμης, id est, modum cognoscendi & considerandi res omnes. Qui modus consistit in distinguenda rerum varietate & consecutione aimadvertenda. Distinguuntur quidem per conceptus secundos: consecutio autem deprehenditur per syllogismus. Logica igitur servit omnibus disciplinibus, tanquam instrumentum omnis cognitionis & doctrinae.«

804 Glassius: Philologia Sacra [1623, 1705] (Anm. 2), lib. II, De Scripturae Sacrosanctae Sensu, pars I, tract. I, sect. I, Sp. 348.

805 Ebd., Sp. 350.

806 Vgl. Luther: Deuteronomion Mosi cum annotationibus [1525] (*Werke* 14, S. 489–753, hier S. 560).

nicht für illegitim, sondern fügt ihn sogar Vers für Vers hinzu. Noch lange nach Glassius geht es in den protestantischen Hermeneutiken nicht darum, einen *sensus mysticus* zu verdammen, sondern eher versucht man, Kriterien zu entwickeln, wie sich ein *legitimer* von einem *illegitimen* verborgenen Sinn unterscheiden lässt. Dabei bestanden keinerlei Zweifel, dass sich ein solcher Sinn nicht nur im Alten, sondern auch im Neuen Testament findet.[807] Die Andeutung einer solchen Unterscheidung – *allegoria innata* versus *allegoria illata* – bietet denn auch Glassius.[808] Entsprechend der Tradition der protestantischen Auslegungslehren finden die in die Schrift hineingetragenen Allegorien (»ab interpretibus infertur«) ihren zulässigen Ort (allein) in der Predigt, so sie mit dem Glauben kompatibel sind.

7.2 Der Bedeutungsübergang vom *sensus primarius* zum *sensus figuratus* oder *mysticus*

Neben dem Bedeutungsübergang von *proprius* zu *figuratus*, kennen Glassius und die protestantische Hermeneutik mithin noch einen weiteren Übergang, nämlich den vom *sensus literalis* zum *sensus mysticus* – der *sensus mysticus* meint einen in bestimmter Weise verborgenen Sinn, nicht beispielsweise schon ein Glaubensmysterium,[809] die nach Vorstellungen der Lutheraner gerade im nichtfigürlichen *sensus literalis* geboten werden. Das macht die Relationierung in der *hermeneutica sacra* komplexer: Die Prioritätsordnung bleibt wie in der *hermeneutica generalis*, aber sie verdoppelt sich in der *hermeneutica sacra* im Blick auf den *sensus literalis* und *mysticus*. Ebenso wichtig ist, dass eine weitere Ordnungsrelation hinzukommt. Zwar weicht die einschlägige Auffassung des Glassius, wenn ich es richtig sehe, in dieser Hinsicht in keinem wesentlichen Punkt von der Tradition ab, doch gibt er der Sache eine prägnante Formulierung, die später gern zitiert wird: »Sensus literalis prior est mystico *natura* & *ordine*; Mysticus autem literali prior est *dignitate*.«[810]

---

807 So heißt es bei Johann Jakob Rambach programmatisch, vgl. Id., Commentatio Hermenevtica Sensvs Mystici Criteriis ex Genvinis Principiis Dedvcta [... 1722]. Editio Secvnda. Ienae 1731, § IV, S. 10/11: »Sensum mysticum non tantum in veteris testamenti tabulis, sed etiam in libris noui instrumenti, quamquam hic rarius, reperiri putamus. In his enim non solum mystica significatio multarum veteris testamenti partium per Christum eiusque apostolos detegitur, & arcana spiritus inspirantis intentio in lucem protrahitur; sed nonnulla etiam tradvntur, quibus mysticum aliquem respectum inuolutum esse, haud immerito quidam suspicantur.« Anschließend werden zwölf sedes classicae als unbezweifelbare Passagen der Heiligen Schrift zusammengestellt (ebd. § 5, S. 11–24), welche dann die Basis zur Explikation der criteria interna und externa bilden.
808 Vgl. Glassius: Philologia sacra [1623, 1705] (Anm. 2), lib. II, pars I, tract. II, sectio II, art. I, Sp. 408, mit der Unterscheidung zwischen ἔγγραφος und ἄγραφος, sowie art. II, Sp. 410: »Allegoria duplex est: *Innata* & *illata*.«
809 Vgl. ebd., Sp. 406: »Per *mysticum* vero *sensum* non intelligimus in genere *fidei Christianae mysteria*, quae ex sensu literali in suis sedibus & primariis Scripturae dictis eruuntur, [...].«
810 Glassius: ebd., lib. II, pars I, tract. II, Sp. 407.

Der wörtliche Sinn besitzt Priorität der *Natur* und der *Ordnung* nach; der mystische nach der *Dignität*. Das lässt sich, wenn auch sehr verkürzt, wie folgt deuten.[811] Dabei muss hier verzichtet werden auf die ähnlich strukturierte, aber nicht deckungsgleiche Unterscheidung zwischen dem inneren und dem äußeren Wort (*verbum interius* und *exterius*), wenn es beispielsweise so bestimmt wird, dass das äußere Wort uns näher liegt und bekannter sei, das innere dem äußeren aber ›natürlicherweise‹ vorausgeht, nicht zuletzt deshalb, weil es als dessen *causa efficiens et finalis* zu gelten habe.[812]

Der wörtliche Sinn besitzt nach der *Natur* der menschlichen Erkenntnis *Priorität*; der Mensch beginnt mit einer wörtlichen, mit einer ersten Bedeutung und geht dann unter Umständen zu einer zweiten über, die mit der ersten vereinbar oder unvereinbar sein kann. *Ordo* bezieht sich auf die *probatio theologica*: Der *sensus literalis* bildet das Fundament des Beweises aus der Schrift und besitzt in *dieser* Hinsicht Priorität. Glassius erörtert ausgiebig die für die *probatio theologica* klassische Auffassung *figura non probat*,[813] die zwischen Protestanten und Katholiken durchweg unstrittig war: Beispiel ist das *symbolica theologica non est argumentativa* des Aquinaten, und nach Roberto Bellarmino (1542–1621) sei man mit den theologischen Gegnern einig, dass wirksame theologische *Argumentationen* aus dem *wörtlichen* Sinn (*sensus literalis*) zu führen seien.[814] So argumentiert neben vielen anderen auch Johann Gerhard: Nach seiner Auffassung lassen sich allein aus dem *sensus literalis*

---

811 Beides wird in der Tradition metaphorisch mit *fundamentum* ausgedrückt, so auch bei Glassius: ebd., lib. II, pars I, tract. II, sectio I, canon III, Sp. 389: »Quilibet Scripturae locus sensum literalem admittit. Patet Canonis ratio exinde: Quod sensus mystici, sicubi occurrit, fundamentum & fulcrum est sensus literalis, qui etiam primo & proxime in verbis Scripturae spectatur.«

812 Vgl. Thomas von Aquin: Quaestiones disputatae. De Veritate [1256–59] (Opera omnia. IX, ed. Parmae, S. 5–458), q. 4, a 1 (S. 64): »Et ideo, quia verbum exterius, cum sit sensibile, est magis notum nobis quam interius secundum nominis impositionem, per prius vocale verbum dicitur verbum exterius quam verbum interius, quamvis verbum interius naturaliter sit prius, utpote, exterioris causa efficiens et finalis.«

813 Luther: Rationis Latomianae confutatio [1521] (Anm. 625), auch Id., Vorlesungen über 1. Mose von 1535–45 (Werke 44. Bd., S. 109): »Ac pulchre dixit Augustinus: […]«, auch Id., Tischreden. 6. Bd. Weimar 1921, Nr. 6989 (S. 308): »St. Augustinus hat eine Regel gegeben, *quod figura et allegoria nihil probet, sed historia, verba et grammatica*, die thuns. *Figura* die thut nichts uberall.«

814 Vgl. Bellarmino: Disputationes de controversis christianae fidei adversus hujus temporis haereticos [1586/1588/1593], Tomus Primus. Paris 1870 (Opera *Omnia* I. ND 1965), lib. III, cap. IV (S. 175): »His ita constitutis, convenit inter nos et adversarios, ex solo litterali sensu peti debere argumenta efficacia: nam eum sensum, qui ex verbis immediate colligitur, certum est nunquam esse Spiritus sancti. At sensus mystici et spirituales varii sunt, et licet aedificent cum non sunt contra Fidem, aut bonos mores, tamen non semper constat, ae sint a Spiritu sancto intenti.« Das ist immer auch bei den Protestanten in Erinnerung geblieben – nur ein Beispiel Valentin Alberti (1635–1697): Διπλοῦν Κάππα Quod est Cartesianismus et Coccejanismus Belgio hodie molesti, nobis suspecti […] adducati, et qua Errores, nostraeque Ecclesiae Interesse examinati. Wittebergae 1708, cap. II, § 24, S. 41: »Tametsi enim Recentiores Papistae, convicti scilicet à nobis, ad sensum literalem, nisi aliud textus & contextus requirat, respiciendum esse, nobiscum statuunt«, darauf folgt dann das Bellarmin-Zitat; zu

»firma & efficacia in Theologicis quaestionibus argumenta« bilden.[815] Dies ist gleichbedeutend damit, dass jeder theologische Lehrsatz seine *probatio* an einer gewissen und eigentlichen Stelle (»certa & propria sedes«) der Heiligen Schrift finde.[816] Oftmals – und nicht nur von Clauberg, sondern auch von Luther – wurde diese Maxime direkt auf die *Auctoritas Augustini* zurückgeführt, bei dem sie sich zur *probatio theologica* allerdings nur sinngemäß findet, wenn auch an mehreren Stellen.[817] Nach dem in Gießen lehrenden Theologen Caspar Finckhius (1578–1631) ist man beim wörtlichen Sinn gewiss, dass der Heilige Geist selbst spricht: »Scripturae explicatio debet esse propria. Hoc est, ex propria & nativa verborum significatione petita. Nam ille sensus, qui ex verbis immediatè colligitur, extra omnem dubitationem est Spiritus sancti. Unde nata sunt illa Axiomata diligenti consideratione dignissima.« Er zieht aus diesem Grundsatz acht Folgerungen für die Grundlegung der *probatio theologica*:

»1. Ex solo litterali sensu petuntur argumenta Apodictica. 2. Theologia allegorica non est argumentativa. 3. Sensus literalis fundamentum est omnium aliarum inter retationum [sic]. 4. Nullum dogma est, quod non alicubi in Scriptura S. verbis propriis & perspicuis proponatur. 5. Sine effatis elementariis reliqua intelligi non possunt. 6. Cujusq[ue] loci unus est germanus, proprius & nativus sensus. 7. Recurrendum est ad fontes. […]. 8. Ne propriam locutionem, quasi figuratam velimus accipere, ut monet *August. lib 3. de doctr. Christian. c. 10*, ubi tamen hoc notandum. Explicationem debere esse propriam, nisi Scriptura aliud jubeat & sensus literalis sive Grammaticus absurditatem aliquam pariat, vel, ut iterum utar verbis Augustini ex dicto loco, quando nec ad morum honestatem, nec ad fidei veritatem referri potest; vel ut loquitur idem *cap. 16*. si flagitium aut facinus videtur jubere, tunc enim à litera discedere licitum est.«[818]

Hinzu kommt nach alter, auf Ps-Dionysius zurückgeführter Vorstellung, dass Aussagen *per negationem* keine figurativen Aussagen seien. Allerdings lassen sich leicht Kontexte imaginieren, in denen das nicht der Fall ist und eine Negation metaphorische Bedeutung besitzt.

Das heißt nicht, dass nicht auch mit Hilfe nichtwörtlicher Deutungen argumentiert wurde – die Devise *allegoria non probat* gilt immer nur als eine

---

Bellarmin auch Thomas Dietrich: Schriftverständnis und Schriftauslegung bei Robert Bellarmin (1542–1621), in diesem Band.

815 Gerhard: Confessio Catholica, In qua Doctrina Catholica et Evangelica, Quam Ecclesiae Augustanae Confessioni addictae profitentur, ex Romano-Catholicorum Scriptorum Suffragiis confirmatur, In Quatuor Tomos distributa […1634–1637]. Francofurti 1679, lib. II, art. I, cap. III, S. 413.

816 Gerhard: Tractatus de legitima Scripturae Sacrae [1610] (Anm. 20), § 212, S. 165.

817 So z.B. Augustinus: Epistolae. Classis secunda [396–410], Ep. 93 (ad Vincentium), 8, 24 (PL 33, Sp. 121–472, hier Sp. 334): »Quis autem non impudentissime nitatur aliquid in allegoria positum pro se interpetari, nisi habeat et manifesta testimonia, quorum lumine illustrentur obscura?« Eine andere Stelle lässt sich in Id., Epistola ad Catholicos Contra Donatistas, vulgo De unitate ecclesiae liber unus [405], V, 9 (PL 43, Sp. 391–444, hier Sp. 397), anführen.

818 Finckhius: Clavis Scripturae Sacrae [1618] (Anm. 646), cap. VIII, *De Scripturae S. Interpretatione*, Regula V, S. 53/54.

Norm, auf die man sich berufen konnte. Wieviel Zündstoff eine solche Norm enthält, zeigt sich bei Wilhelms von Ockham Kritik an der Zwei-Schwerter-Theorie im Rahmen des Nachweises der Oberherrschaft des Papstes, welche die Papalisten aus der Schrift zu beweisen suchten. Zu Beweisstellen werden die herangezogenen Schriftpassagen, so Ockham, aber erst durch allegorische bzw. mystische Auslegung. Für die Heranziehung eines *sensus mysticus* habe aber zu gelten, dass er unabhängig sich auf andere Autoritäten stützen können müsse oder aber auf evidente Vernunftgründe.[819] Es ist in der Regel nicht leicht, die Begründung der Priorität des *sensus literalis* für die *probatio theologica* im Einzelnen zu erkennen und zu rekonstruieren, vor allem gilt das für die Schlussfolgerungen, die daraus gezogen werden und die sich offenkundig nicht allein aus einem solchen Grundsatz bilden lassen. Einer, wenn auch nur einer von vielen Gründen, dürfte dabei seit alters – wie auch von Clauberg angedeutet wird – in der Lehre der Auslegung von Gesetzen liegen, also in der *hermeneutica iuris*. Es lassen sich hierzu drei einschlägige *leges* erörtern. Die ersten beiden betreffen den *relativen* methodologischen Vorrang der wörtlichen Bedeutung: (*i*) bei eindeutigem Wortlaut darf keine Interpretation stattfinden (also: *Ubi verba non sunt ambigua, non est locus interpretationis,* oder *Cum in verbis nulla ambiguitas est, non debet admitti voluntatis quaestio*) – immer ist dabei gedacht, dass das Fehlen der Ambiguität von Ausdrücken relativiert ist, etwa auf den durch den allgemeinen Sprachgebrauch festgelegten Wortsinn (*consuetudo communis sensus*). Ferner: (*ii*) der Wortlaut des Gesetzes ist nach der ihm eigenen Bedeutung aufzufassen, es sei denn, der Gesetzgeber habe etwas anders gemeint (also: *Verba legis sunt intelligenda secundum proprium significationem, nisi aliud constet sensisse legislatorem*). Beide Regeln markieren die Priorität des *sensus literalis* im *ordo investigationis*, also im Rahmen der Interpretationskonzeption. Die dritte betrifft die Bedeutungskonzeption, wenn man so will, den *ordo eminentiae*, angesichts der *voluntas* oder *mens auctoris*: (*iii*) stehe der Wille des Gesetzgebers fest, so sei das Gesetz eher nach der *mens* als nach den *verba* auszulegen (also: *Si de mente legislatoris constet, interpretatio est facienda poties secundum ipsum quam secundum legis verba,* oder stärker noch: *Scire leges non hoc est verba earum tenere, sed vim ac potestatem*).

Auch wenn sich Parallelen in dieser Hinsicht zwischen *hermeneutica iuris* und *hermeneutica sacra* finden, gibt die juristische Auslegungslehre jedoch nicht wirklich Hinweise für eine *Begründung* der Priorität des *sensus literalis* für die Gesetzesauslegung und so denn auch nicht für eine Begründung der Priorität im Fall der *probatio theologica*, auch wenn es mitunter so scheint, als werde das Interpretieren der Heiligen Schrift in eine Art juristischen Rah-

---

819 Vgl. Wilhelm von Ockham: Breviloquium de principatu tyrannico [1338]. In: Richard Scholz (Hg.): Wilhelm von Ockham als politischer Denker [...]. Leipzig 1944, S. 39–207, hier 5/6, S. 177 und S. 17; zu Aspekten von Ockhams hermeneutischen Überlegungen Schlageter (1975).

men gestellt[820] und obwohl nicht wenige der frühen Theologen eine juristische Ausbildung genossen haben.[821] So verwendet Luther den Ausdruck *Testament*, wenn er die Einsetzungsworte deutet: Es handle sich um eine letztwillige Verfügung Christi. Das »testament an ym selbs« seien die Einsetzungsworte, und das Sakrament besiegle die Gültigkeit des Testaments: »brot vn weyn/ darunter sein warer leyb vnd blut«.[822] Wenn ich es richtig sehe, wählt Luther den Ausdruck *Testament* in seinen späteren Schriften, in denen er die Einsetzungsworte erörtert, nicht sonderlich häufig; vor allem nutzt er den Ausdruck nicht bei der Begründung der Priorität des *sensus literalis* im Allgemeinen. Allerdings findet sich das bei Johann Gerhard, wenn er darauf hinweist, dass die beiden Werke der Christen durchweg als *Testamente* bezeichnet werden, und wie man von den Juristen wisse, bedeute dies, dass man von dem eigentlichen Sinn der dort gewählten Worte nicht abweichen dürfe.[823] Hinzu kommt, dass man *Hb* 9, 16, so deutete, dass die Heilige Schrift den Regeln des juristischen Testaments folgt.

Ohne das im Einzelnen weiter verfolgen zu können, könnte daneben ein Mixtum aus (traditionellen) philosophischen Gründen ausschlaggebend gewesen sein oder zumindest hinzu kommen. Auf den ersten Blick könnte nahe liegen, die Maxime *entia non sunt multiplicanda praeter necessitatem* damit in Verbindung zu bringen. Zwar scheint sich diese Formulierung erst im 17. Jahrhundert zu finden,[824] wie denn auch ihre Zuschreibung an Ockham in seinen Texten kein sprachliches Pendant findet. Er bietet verschiedene Formulierungen, darunter auch solche, die auf alte, aristotelische Vorstellungen zurückgreifen[825] (*natura nihil agit frustra, natura simplicitatem amat, semper agit per vias brevissimas, non agit per ambages difficiles, nil facit frustra*), und er beruft sich denn auch mehrfach auf Aristoteles: »Frustra fit per plura quod fieri potest per pauciora«.[826] Die *äußere* Bestimmtheit basiert auf einem Axiom, das denn auch in Aristoteles seinen autoritativen Gewährsmann findet – in

---

820 Vgl. auch Hermann Strack und Paul Billerbeck: Kommentar zum Neuen Testament aus Talmud und Midrasch. Bd. II., München 1924, S. 392, wo die 26. Midda des Eliezer ben Jose Ha-Gelili angeführt wird, in der es heißt: »Bei den Worten der Tora«, also bei den Gesetzesbestimmungen, »darfst du die gleichnishafte Auslegung nicht anwenden.«
821 Vgl. auch die Hinweise bei Strohm (2003), insb. S. 142/143.
822 Luther: Sermon von dem Neuen Testament [1520] (Werke 6. Bd., S. 353–378, insb. S. 357).
823 Vgl. Gerhard: Tractatus de Legitima Scripturae Sacrae Interpretatione [1610] (Anm. 20), § 148, S. 108: »Libri Prophetici § Apostolici per totam Ecclesiam inscribuntur V. & N. Testamentum, jam verò notae sunt gravissimae admonitiones Jctorum, quibus prohibent à verbis Testamentorum propriè acceptis discedere.«
824 Hierzu Hübener (1983).
825 Vgl. Aristoteles: *Gen animal*, II, 4 (739b20): τὸ δ'οὕτω γίγνεσθαι περίεργον, ἡ δε φύσις οὐδὲν ποιεῖ περίεργον; auch Id., *De part animal*, III, 1 (661b23/24), ferner Id., *De incessu animal*, 704b15, Id., *De caelo*, 271a33: Die Gottheit und die Natur machen nichts planlos; zu einer Ökonomieannahme auch Id., *Phy*. I, 4 (188a17–18): »Melius est ponere principia finita quam infinita, ex quo habetur quod peccatum est fieri per plura quod potest fieri per pauciora.«
826 Wilhelm von Ockham: Summa logicae [1323], pars I, c. 12 (Opera philosophica I, S. 43).

den Worten Augustins: Gott, der mit Wissen schafft, schaffe dabei kein Blatt überflüssig.[827] Es ist ein im 16. und 17. Jahrhundert faktisch unumstrittener Grundsatz und tritt nicht zuletzt in der Vorliebe beider Jahrhunderte für die Methode (*via*) zu Tage als dem kürzesten Weg in Korrespondenz zu der Vorstellung, die Natur lasse ihre Werke auf kürzestem Wege (*vias brevissimas*) entstehen. Dennoch habe ich keine Hinweise auf *diese* Maxime zur Begründung der Priorität des *sensus literalis* gefunden. Anders mag es sich mit speziellen philosophischen Überlegungen verhalten.

Konzentriert auf engstem Raum finden sich eine solche in Dantes (1265–1321) *Convivio* vom Beginn des 14. Jahrhunderts. Nach der Präsentation der bekannten vier *sensus scripturae*, nach denen er seine eigenen Gedichte im *Canzoniere* auszudeuten gedenkt, heißt es:

> Bei der Erklärung muß jedoch immer der buchstäbliche Sinn vorangehen, denn er schließt alle anderen in sich. Ohne ihn wäre es auch unmöglich und unvernünftig, die andern zu verstehen, besonders den allegorischen. Die Unmöglichkeit besteht darin, daß man überall da, wo ein Inneres und Äußeres vorhanden ist, schlechterdings nicht zum Innern kommt, ohne durch die äußere Hülle gegangen zu sein. Wenn nun bei den Schriften der Wortsinn die äußere Hülle ist, kann man unmöglich die anderen Bedeutungen, insbesondere die Allegorie erreichen, ohne zuvor den Wortsinn berücksichtigt zu haben. Die Unmöglichkeit liegt auch noch darin, daß man bei allen Naturdingen und Kunstwerken unmöglich zur Form vordringt, wenn nicht zuvor das Substrat, in dem die Form ruhen soll, disponiert ist. So gelangt man unmöglich zur Form des Goldes, wenn nicht die Materie, das heißt ihr Substrat, zuvor in Ordnung und zubereitet ist. So erzielt man auch nie die Form des Kastens, wenn nicht der Stoff, das heißt das Holz, zuvor in Ordnung und zubereitet ist. So ist auch der Wortsinn immer das Substrat und der Stoff der andern, besonders der Allegorie. Unmöglich gelangt man zu einem Verständnis der andern, ohne ihn zuvor berücksichtigt zu haben. Eine weitere Unmöglichkeit besteht darin, daß bei allen Naturdingen und Kunstwerken ein Fortschritt unmöglich ist, wenn nicht zuvor das Fundament gelegt ist. Das ist der Fall beim Hausbau, aber auch beim Studium. Beweisführungen aber sind in den Wissenschaften ein Hausbau. So muß auch der buchstäbliche Beweis das Fundament der andern sein, insbesondere der Allegorie.[828]

Für die Priorität des *sensus literalis* spricht danach ein Einschlussargument, ein Verstehensargument, ein Zugangsargument (von Außen nach Innen) sowie ein Fundierungsargument. Alle vier Argumente des *poetus docta*, geschöpft aus der Parallelisierung von Naturdingen und Texten, beruhen darauf, dass nach der Ansicht des Aristoteles man bei jeder Erkenntnis in der »rechten Ordnung« vorzugehen habe: »das heißt, von dem, was wir besser kennen, zu dem fortschreiten, was wir nicht so gut erkennen. Dies ist eine Forderung der Natur, insofern dieses Erkenntnisverfahren uns von Natur

---

827 Vgl. Augustinus: De libero arbitrio [388/391–95], III, 23, 66 (PL 32, Sp. 1221–1310, hier Sp. 1303).
828 Dante: Gastmahl [Convivio, zw. 1304 und 1308]. Vollständige Ausgabe. Aus dem Italienischen übertragen und kommentiert von Constantin Sauer. München 1965, II, 1, S. 52.

angeboren ist.«[829] Für Dante ist Aristoteles zwar »il maestro di color che sanno«, »Aristotile è maestro e duca de la ragione umana«,[830] *il mio maestro, somma e altissima autoritade, maestro e duca della ragione umana*,[831] und es ist keine Frage, dass Dante hier aristotelische Ansichten rezipiert, die nicht zuletzt durch den Aquinaten vermittelt sein dürften, auch wenn zahlreiche weitere Einflüsse hinzutreten.[832] Der Aquinate ist denn auch als derjenige identifiziert worden, der aufgrund der Aristoteles-Rezeption die besondere Stellung des *sensus literalis* hervorgehoben habe:[833] Zu ergänzen ist, dass sich Ähnliches durchaus auch im Rückgriff auf Aristoteles bei Albertus Magnus findet: Der Interpret beginne zunächst mit dem historischen Sinn (wie auch im Blick auf die empirische Wirklichkeit, in dieser Hinsicht genießt er Priorität), deute dann aufgrund des Umstandes, dass der Glaube die Heilige Schrift bestimme, den *sensus allegoricus*, hinsichtlich der praktischen Interessen des Menschen gelange er zum *sensus moralis*, schließlich hinsichtlich seines letzten Ziels zum *sensus anagogicus*.[834] Dahinter lässt sich die Aristoteles oft zugeschriebene Sentenz *nihil est in intellectu quod non prius fuerit in sensu* vermuten, die sich allerdings bei ihm in dieser *Formulierung* nicht findet.[835]

---

829 Dante: *Convivio*, II, 1, S. 53.
830 Ebd., IV, 6, 8.
831 Dante: *Divina Commedia*, Inferno, IV, 131.
832 Vgl. auch Moore (1896), Gilson (1939/1953), der sich nicht allein kritisch mit Madonnets *Dante le Théologien* von 1935 auseinandersetzt, wo auch deutlich wird, dass Dante seinen Aristoteles nicht selten aus dem Aquinaten geschöpft hat, der ihn aber gegenüber der älteren Forschung nicht als einen Thomisten sieht; auf weitere Einflüsse verweist Nardi (1942), und zwar in einigen der dort versammelten Aufsätze; von Roon-Bassermann (1956), Minio-Paluello (1980), Corti (1981), zum Hintergrund Grabmann (1941).
833 So werden die einschlägigen Untersuchungen Beryl Smalleys von Southern (1985), S. 12, zusammengefasst: »[...] she found a new respect for the literal meaning of the text. And, in finding the fact, she suggested the explanation: the metaphysical and scientific works of Aristotle, with their doctrine that the hidden substance of things would be known only from their manifestation to the senses, drove out the more exaggerated forms of allegorical interpretation and directed attention to the letter, to the matter of fact in the Bible.«
834 Albertus: I Sent, d. I. A, Proemium, a. 5: »De modis exponendi sacram Scripturam« (ed. Borgnet, Tom. 25, S. 19–20): »Primo occurrit sensus ostendus historiam, et ideo historicus sensus est in intellectu, secundum quod reflecitur ad sensum. Circumstant autem adhuc tria intellectum, scilicet habitus illuminans, qui est fides, ei sic in ipso est allegoricus sensus, qui aedificat fidem, sicut dicit Gregorius. Circumstat etiam ipsum intellectus practicus, et sic in ipso per reflexionem ad praxim sive opus est sensus moralis. Tertium, quod circumstat ipsum, est finis beatificans, et sic in ipso per conversionem ad ipsum, est sensus anagogicus. Cum autem non plura circumstent intellectum, non sunt plures sensus Scripturae.« Vgl. auch Id., Summa I, tr. I, q. 5, c. 4: »De quattuor modis expositionis sacrae scripturae« (ed. Colon. Tom. 34/I, S. 20–22). Auch Albert unterscheidet dann, dass der *sensus historicus* vom menschlichen Autor intendiert sei, der *sensus spiritualis* vom Heiligen Geist, entweder im Blick auf den *status viae* oder den *status patriae* des Menschen (ebd., S. 20): »Scriptura potest attendi penes intentum a scribente vel penes intentum a Spiritu inspirante et illuminante. Si primo modo, sic est sensus historicus. Si secundo modo, intentum Spiritus aut est respectu viae, aut respectu patriae.«
835 Vgl. z. B. Aristoteles: De sensu et sensato, 6 (445b16/17); hierzu auch Cranefield (1970). Thomas: In Boetium de Trinitate et de Hebdomadibus expositio [1258–59] (Anm. 347), III,

Schließlich ist zu beachten, dass bei der Betonung des *sensus literalis* nicht allein die *hermeneutica sacra*, sondern vor allem die *probatio theologica* angesprochen ist, und dies wiederum bedeutet, dass es genauerer Untersuchungen des jeweiligen Problemhintergrundes bedarf – vereinfacht gesagt: Gegen wen und gegen welche Auffassung wird auf die Anforderung, dass der beweistaugliche Sinn allein der *sensus literalis* ist, zurückgegriffen. Das bleibt oftmals von der Frage zu unterscheiden, aus welchen Gründen dem *sensus literalis* Priorität eingeräumt wird, und welche Aufgaben den anderen *sensus* zugeschrieben erhalten.

7.3 Die Allegationen des Neuen Testaments

Die Allegationen, also die nur anspielenden oder die durch explizite *formulae quotationis* eingeführten Zitationen und Deutungen des Alten *im* Neuen Testament, bilden lange vor und noch lange nach der *Philologia sacra* des Glassius eine der wesentlichen Grundlagen der *hermeneutica sacra*.[836] Aufgrund der gängigen Ansicht, dass sich dabei der Heiligen Geist selbst kundtut und er so eine *interpretatio authentica* auch im Fall der Zuschreibung eines *sensus mysticus* bietet, werden solche Allegationen zur *norma normans*: Es ist die *unitas Scripturae* auf der Grundlage der Einheit des Autors (*unicus est author omnium Sacrorum librorum*) mit dem *Spiritus Sanctus* als *inspirator scripturae*, der so auch zum besten Ausleger seiner eigenen Worte wird.[837] Allerdings heißt dies nicht, dass man dieser Praxis stets streng folgen musste. Calvin liefert ein Beispiel, wenn er den neutestamentlichen Vorgaben zur Deutung von *Ps* 8 und 16 nur zögerlich und mit Vorbehalten folgt.[838] Wenn Calvin in der Apostelgeschichte (*Apg* 7, 16) einen Widerspruch zu dem sieht, was in 2 *Mose* 13, 18 gesagt wird, dann überlegt er, ob es sich dabei um eine Synekdoche handelt, aber der Vers muss entsprechend korrigiert werden (*corrigenda est*).[839] Die Auslegungspraxis der neutestamentlichen Schriftsteller enthält – wie bei Flacius gesehen – auch die (hermeneutischen) Regeln: Immer wieder wird für die Rechfertigung der Zuweisung eines *sensus allegoricus* das Vorgehen in *Gal* 4, 22–24 angeführt. Die Vulgata hat: »Quae sunt per allegoriam dicta«, die griechische Version bietet: ἅτινά ἐστιν ἀλληγορούμενα. Luther übersetzt: »Die Worte bedeuten etwas.« Diese allegori-

---

q 6, a 2, corp. art., formuliert: »[...] in naturalibus per sensum, a quo nostra cognitio incipit«; sowie ebd., resp.: »Principium igitur cuiuslibet nostrae cognitionis est in sensu [...]«, wobei er sich auf *De anima* des Aristoteles beruft.
836 Zu Origenes die Hinweise bei Goegler (1963), S. 101ff.
837 Vgl. z.B. Luther: Operationes in Psalmos [1519] (Anm. 616), S. 13: »[...] multo magis ipse spiritus sanctus solus omnium suorum verborum intelligentiam habet.« Ähnlich in Id., Operationes in Psalmos [1518–21] (Anm. 303), S. 22.
838 Hierzu Pak (2006); vgl. auch Pitkin (1993).
839 Vgl. Moehn (2006), S. 208.

sche Deutung ist es denn auch, mitunter gestützt noch durch *Spr* 9, 3: »[Sapientia] misit ancillas suas vocare ad arcem«,[840] die sich später in der Formel *philosophia ancilla theologiae* festschreibt, also die Theologie gesehen als *domina scientiarum*,[841] und die nicht nur im Mittelalter verbreitet war,[842] sondern bis in die Zeit des Glassius weithin unangefochten blieb.[843] Auch hier kann eine solche Auszeichnung zudem als gesichert gesehen werden durch die *auctoritas Augustini*, da sich der Kirchenvater mehrfach bei der allegorischen Interpretation explizit auf diese Stelle beruft.[844] Obwohl Calvin sich bemüht zeigt, die allegorische Deutung des Paulus vom Missbrauch des Allegorisierens eines Origenes zu unterscheiden, akzeptiert auch er diese Deutung.[845] Origenes steht für die Reformatoren nicht selten für den Missbrauch der Allegorese.[846] Nicht indes bei Erasmus, der über ihn sagen konnte: »tractandis allegoriis felicissimus artifex«[847] Schon früh hat die allegorische Exegesepraxis des Origenes den Anschein von Willkür geweckt. So wendet der Bischof von Antiochien, Eustathius (gest. nach 330), in *Contra Origenem de engastrimytho* ein, dass Origenes die Schöpfungsgeschichte, insbesondere die Paradieserzählung allegorisiere, doch gerade bei der Geschichte der ›Hexe von Endor‹ (1 *Sam* 28) dies nicht geschehe. Sie nehme Origenes weitgehend wörtlich, während just hier die Voraussetzungen für einen Bedeutungsübergang zu einer nichtwörtlichen Bedeutung gegeben seien.[848] Mit seiner wörtlichen Deutung von 1 *Sam* 28 steht Origenes indes nicht allein. Eine solche Interpretation findet sich beispielsweise, wenn auch aus anderen Gründen bei Augustinus.[849] Obwohl er diese Stelle nicht anspricht, gilt die allegorische Praxis des Origenes für Glassius als inakzeptabel. [850]

---

840 Vgl. Thomas von Aquin: Summa Theologica [1266–73], (Anm. 246), I, q. I, a. V (S. 17).
841 Hierzu noch immer Clemens (1856), Gilson (1921), Baudoux (1937), de Ghellinck (1914/1948), S. 94–95, S. Brown (1990), Seckler (1991); zur frühchristlichen Interpretation der Stelle auch Henrichs (1968).
842 Vgl. Freytag (1975) und (1982), ferner Clausi (1991), Corsani (1991).
843 Vgl. z.B. Flacius: Clavis Scripturae Sacrae [1567] (Anm. 10), Tract. Primus, S. 14: »Sit igitur in domo iuxta Theologiam, ueluti iuxta matrem familias Saram, etiam Agar Philosophia gentili: sed seruiat ac ancilletur, & non dominetur: non architectonica, sed famula: [...].«
844 Vgl. z.B. Augustinus: De diversis Quaestionibus LXXXII [388–95], LXV (PL 40, Sp. 11–100, hier Sp. 59), oder Id., De civitate Dei [413–26] (Anm. 698), XV, 2 (Sp. 439): »Haec forma intelligendi de apostolica auctoritate descendens locum nobis aperit, quemadmodum Scripturas duorum Testamentorum, Veteris et Novi accipere debeamus.« usw.
845 Vgl. Calvin: Commentarii in quinque libros Mosis [1554] (*Commentarii in quinque libros Mosis* [1554], zu *Gen* 2, 8 (CR 51, Sp. 1–622), zu *Gen* 21, 12 (Sp. 302).
846 In seiner Schrift *Contra Celsum* rechtfertigt er das allegorische Interpretieren ebenfalls mit der Praxis im Neuen Testament, vgl. auch McCartney (1986).
847 Erasmus: Ratio [1518] (Anm. 268), S. 430/31
848 Vgl. Eustathius: Contra Originem de engastrimytho [um 330] (PG 18, Sp. 613–678). Hierzu auch P. Cox (1984), sowie Young (1989).
849 Zu einer Zusammenfassung der jüdischen und christlichen Deutungen Smelik (1977).
850 Vgl. Glassius: Philologia sacra [1623, 1705] (Anm. 2), lib. II, pars I, tract. II, sectio III, art. V, Sp. 420: »*Intolerabilis* est Origenis Adamantii, vetusti illius Scripturarum Interpretis, audacia, qui omnia omnino, quantumlibet simpliciter dicta, in allegorias mutavit.«

Nicht weniger wichtig war allerdings der Umstand, dass man unter Bezugnahme auf *Ex* 34, 29–35, sowie 2 *Kor* 3, 7–18, annehmen konnte, dass bestimmte Wahrheiten im Alten Testament nicht direkt dargeboten worden sind, sondern nur in ›verborgener‹, ›verschleierter‹ Weise (das berühmte *velamen Mosis*). Diese seien allein durch den Rückgriff auf den *sensus literalis*, der in diesem Fall zum *sensus carnalis* wird, nicht zugänglich.[851]

Nach Nikolaus von Lyras Konzeption eines *duplex sensus literalis* handelt es sich bei den vollzogenen allegorischen oder typologischen Deutungen der neutestamentlichen Autoren (*expositio Christi* oder die *expositio ex scriptura*) um eine *literale* Bedeutungszuweisung.[852] Einen *duplex sensus literalis* exponiert auch Faber Stapulensis,[853] der in seinem *Quintuplex Psalterium* das Werk Lyras immer griffbereit hatte.[854] Luther wiederum hatte Faber immer griffbereit etwa bei seiner Psalmen-Exegese.[855] Besondere Beachtung hat Faber denn auch mitunter wegen seiner vermeintlichen, aber strittigen Vorläuferschaft zu Luther gefunden.[856] Wichtiger ist hier, dass der *sensus duplex* bei Faber motiviert ist durch Erfahrungen, die er beim Besuch von Klöstern gemacht hat, wo er mitunter die Mönche ein wenig verwirrt und ratlos angesichts des *sensus literalis* als naheliegendem Erstsinn der Heiligen Schrift angetroffen habe.[857] Seine Unterscheidung ist auf solche im *sensus literalis* schwierigen Stellen bezogen, und so gesehen ergibt sich bei ihm eine dreifache Unterscheidung des *sensus literalis*: Neben einem unbedenklichen, kennt er einen bedenklichen karnalen Sinn (»carnaliter possibiliterque videntium« als einen *sensus literalis improprius*), der allein den ›Blinden‹ zugänglich sei, sowie bei den bedenklichen einen ›spiritualen‹, der allein den ›Sehenden‹ zugänglich sei. Letzterer verwandle den *sensus literalis improprius* in einen *sensus literalis proprius*.[858] Es ist der Heilige Geist, der spreche – *pro-*

---

851 Die Stelle findet sich auch bei Glassius: ebd., lib. II, pars I, tract. II, sectio III, art. II, Sp. 410, bei der Unterscheidung zwischen *allegoria innata* und *illata* herangezogen.
852 Vgl. Nikolaus von Lyra: Prologus secundus. De Intentione autoris et modo procedendi (PL 113, Sp. 29–33); neben diesem Prolog zu seiner Postillenauslegung finden sich Ausführungen an verschiedenen Stellen seines Kommentars, hierzu auch Preus (1969), S. 67–71.
853 Vgl. u.a. Bedouelle (1976) und (1978).
854 Vgl. Bedouelle (1979), S. 96.
855 Von Luther sind Marginalien zu Fabers *Quincuplex Psalterium* erhalten geblieben, vgl. Id. (*Werke* 4. Bd., S. 463–526).
856 Vgl. Hahn (1938), Bedouelle (1979), insb. S. 134–166 sowie S. 223–243, Id. (1983), Cameron (1969) und (1970), Farge (1985), insb. Kap. IV, auch Rice (1962), sowie Heller (1972).
857 Vgl. Jacques Faber: Quincuplex Psalterium [1509]. Facsimilé de l'édition de 1513. Genève 1979, *Praefatio*, unpag.
858 Vgl. u.a. ebd., *Praefatio*, unpag [A.ijv]: »Quapropter *duplicem* crediderim *sensum litteralem hunc improprium* caecutientium & non videntiú[um] qui diuina solú[m] carnaliter passibiliterq[ue] intelligunt: *illum vero propriú*[m] videntiú[m] & illuminatorú[m]. Hunc humano sensu fictum, illum diuino spiritu infusú[m]. hunc deprimentem, illum vero mentem sursum attollentem. Vt non iniuria questi illi religiosi videantur, quoties in expositionem literalem incidissent, moestos se relinqui & mente consternatos, & non secus omnem devotionem repente collabi & penitus deficere, quam si igni gelidam superfuderis aquam.«

pheta in spiritu loquitur ⁸⁵⁹ –, und nur die durch diesen Geist Erleuchteten erkennen diesen *sensus proprius*, der sowohl aufgrund zeitlicher *Priorität* als auch hinsichtlich seiner *Dignität* als der *sensus primarius* gilt. Als gerechtfertigt erscheint die Bezeichnung *duplex sensus literalis* sowohl bei Lyra als auch bei Faber im Rahmen der nicht zuletzt durch Thomas von Aquin autorisierten Auffassung, dass es – grob gesagt – zwei *sensus literales* als *sensus scripturae* gebe: zum einen bestimmt nach dem *ordo quoad nos*, zum anderen nach dem *ordo originis*. Der erste ist der für den Menschen mehr oder weniger nach der Grammatik und seinen kognitiven Vermögen zugängliche Sinn, der zweite ist der vom Heiligen Geist intendierte, der nach dem *spiritus sanctus* ein wörtlicher ist, aber unter Umständen für den Menschen einen nichtwörtlichen, ›mystischen‹, verborgenen Sinn darstellt – so heißt es denn auch bei Faber limpide: »[...] eum sensum litera vocemus qui cum spiritu concordat et quem spiritus sanctus monstrat.«⁸⁶⁰ Bei Luther tritt dieser Sinn zumindest in den *Dictata super Psalterium* gelegentlich als *litera spiritualis* auf.

Bei Faber Stapulensis wie bei anderen vor und nach ihm erscheint diese Auffassung durch die Heilige Schrift selbst gerechtfertigt, insonderheit durch die exegetische *Praxis* der Apostel im Neuen Testament.⁸⁶¹ So erörtert denn auch Glassius nicht nur die Priorität des *sensus literalis* für die *probatio theologica* und nicht allein spezielle Maximen, die den Vorrang des *sensus literalis proprius* bei der *probatio theologica* im Blick auf den *sensus literalis figuratus* regeln,⁸⁶² sondern er analysiert die von der allgemeinen Maxime abweichenden Fälle, in denen bei der *probatio theologica* auf den *sensus mysticus* zurückgegriffen werde und dies auch gerechtfertigt sei. Zumindest der Möglichkeit nach sei mit einem solchen Rückgriff *immer* zu rechnen – »Sensus literalis praecipue est argumentativus, non tamen excluso mystico«.⁸⁶³ Neben der Bestimmung des *sensus* der Heiligen Schrift, auf die noch zurückzukommen sein wird und wonach auch der sensus mysticus das Wort Gottes, mithin von ihm intendiert sei,⁸⁶⁴ liegt auch für Glassius mit der Tradition der entscheidende Grund darin, dass sich dafür im Neuen Testa-

---

859 Vgl. ebd., unpag. [A.ijr]: »[...] & videor michi alium videre sensum, qui scilicet est intentionis prophetae & spiritus sancti in eo loquentis & hunc litteralem appello, sed qui cum spiritu coincidit: neq[ue] prophetae neq[ue] aliú[m] litera pretendit.
860 Ebd.
861 Vgl. ebd.: »[...] me contuli ad primos duces nostros apostolos dico euangelistas & prophetas qui primi animarum nostrarum sulcis divina mandarunt semina & literalem sacrarum scripturarum aperuerunt ianuam, & videor michi alium videre sensum qui sc. est intentionis prophetiae & spiritus sancti in eo loquentis.«
862 Vgl. Glassius: Philologia Sacra [1623, 1705] (Anm. 2), lib. II, pars I, tract. II, sectio I, art. IV, Sp. 399–406.
863 Ebd., canon V, Sp. 396–399.
864 Vgl. ebd., Sp. 398: »Negari tamen non potest, ex mystico sensu (quem Scriptura INTENDIT & explicat) non minus dogmatum peti posse confirmationes. Ex omni enim VERBO DEI argumenta firmiter desumi posse, constat.«

ment selbst ein autorisierendes Vorbild findet.⁸⁶⁵ Allerdings teilt Glassius, wie es gängig war, die Ansicht, dass Glauben immer in der Schrift (auch) in einer Formulierung geboten wird, die strikt wörtlich ist,⁸⁶⁶ und Glassius verwendet dabei auch die alte Formel τὸ ῥητόν. Wie gesehen, ist das in Luthers Sicht der *sensus legitimus* der Heiligen Schrift, der immer auch der *sensus verus* ist, und seine Legitimation erhält er durch die normierende Kraft der Auslegungs*praxis* im Neuen Testament: »tum quod in novo testamento non allegatur hic psalmus quaemadmodum caeteri.«⁸⁶⁷ In seiner Vorlesung zum Hebräerbrief eröffnet Luthers Scholion zu *Hb* 9, 17 mit der Feststellung, dass der Apostel hier die allegorische Deutung (»plane aperit allegoricam intelligentiam«) der Gesetze des Moses klar offen lege.⁸⁶⁸ Nur erwähnt sei, dass Paulus als Verfasser des Hebräerbriefes zumindest bis zu Erasmus weithin unstritig war⁸⁶⁹ sowie dass Luther hier einen Ausdruck (»aperit«) wählt, der ein biblisches Fundament besitzt und zu einem *terminus technicus* im Laufe der christlichen Auslegungsgeschichte avanciert, aber auch verwendet wird, wenn es um den Nutzen der Anwendung der Logik geht – so beispielsweise in dem überschwenglichen Lob der Dialektik des Rabanus Maurus (um 780–856),⁸⁷⁰ aber auch bei Augustinus.⁸⁷¹ Der Ausdruck gehört zum hermeneutischen Vokabular, auch noch später.⁸⁷² So heißt es beispielsweise über Jesus bei Beda, er sei Sinn und Mitte der Schrift und er habe den Jüngern das wahre Verständnis der Bibel vermittelt: » [...] discipulis suis [...]

---

865 Vgl. ebd., Sp. 398, mit Verweis auf Röm 9 und Gal 4.
866 Vgl. ebd., »Canon II«, Sp. 402: »Praesertim ubicunque fidei articulus ex professo traditur, ibi urgendus est sensus literalis proprius sive τὸ ῥητόν.«
867 Luther: Operationes in Psalmos [1518–21] (Anm. 303), S. 580. An anderer Stelle heißt es, vgl. Luther: Auf das überchristlich, übergeistlich und über-künstlich Buch [1521] (Anm. 588), S. 650: der geistliche-allegorische Sinn gelte nur dann, wenn »der geyst selb auffs new anderß aus lege, wilchs als denn eynn new schriftlich synn ist, wie St. Paulus zu den Hebreern auß Aaron Christus macht.«
868 Vgl. Luther: *Werke* 57. Bd, S. 211 (zu Hebr 9, 17): »Iste locus Apostoli plane aperit allegoricam intelligentiam legis Moysi, qua cognoscimus omnia illius legis de Christo et in Christo promissa figurataque fuisse, ideoque (ut superius visum est) sub nomine testamenti et promissionis olim definitam fuisse mortem eius, qui verus esset Deus et verus homo.«
869 Zu den komplizierten Gründen, die Erasmus zu Zweifeln an der Verfasserschaft geführt haben, vgl. Hagen (1981), S. 4–8.
870 Hrabanus Maurus: De Institutione clericorum libri tres [819]. Textum recensuit, adnotationibus criticis et exegeticis illustravit, introductionem addidit Aloysius Knoepler. Monachii 1900, S. 235: »Haec ergo disciplina disciplinarum est, haec docet docere, haec docet discere: in hac ipsa ratio demonstrat atque aperit, quae sit, quid velit, qui valeat. Scire sola et scientes facere non vult, sed etiam potest.«
871 In Id., De ordine [386] (PL 32 Sp. 977–1021), II, 13, 38, schreibt Augustinus: dass es die Dialektik sei, die sowohl lehre als auch das Lernen lehre; in ihr zeige sich die Vernunft selbst und sie decke vor sich selbst das auf (*aperit*), was sie ist, was sie will und was sie zu leisten vermag: *»Haec [scil. dialectica] docet docere, haec docet discere, in hac ipsa ratio demonstrat atque aperit quae sit quid velit, quid valeat.«
872 Nur ein Beispiel – so heißt es bei Oekolampadius programmatisch, vgl. Id., Iesaiam Prophetam Hypomnematon Hoc est, Commentariorum [...] libri VI. s.l. 1525, fol. 2a: »Nvllis enim aperitvr, sensus scriptvrae, nisi iis qvi & Christvm qvaervnt, & qvibvs se Christvs reuelat."

aperuit sensum, ut intelligerent Scripturas.«[873] In der zweiten Version seines *De-Interpretatione*-Kommentars schreibt Boethius über sein eigenes kommentierendes Vorgehen: »[...] quare recte mihi consilium fuit subtilissimas Aristotelis sententias gemino ordine commentationes aperire.«[874] Für ihn sei der beste Plan so zu verfahren, eine zweifache Abfolge des Kommentars zu verfassen, um die subtilen Bedeutungen des Aristoteles zu ›öffnen‹ und zugänglich zu machen. Zudem besitzt der Ausdruck seine biblische Fundierung in *Off* 3, 7: *Qui habet clavem David, qui aperit, et nemo claudit, claudit, et nemo aperit.*

Eine solche Rechtfertigung eines *sensus allegoricus* ist im Mittelalter verbreitet und findet sich selbstverständlich am Beginn des 16. Jahrhunderts etwa bei Erasmus.[875] Ausführlich legt Cajetan (Thomaso de Vio, 1469–1534) in der *Praefatio* zu seinem Psalmenkommentar die Auslegung *ex auctoritate sacrae scripturae* (*ex scriptura canonica* und *ex regula apostolica*) dar.[876] Auf *Gal* 4 beruft sich im gleichen Zusammenhang und mit demselben Ziel denn auch Glassius.[877] Für ihn wie für die älteren Theoretiker des Bedeutungssinns der Heiligen Schrift gilt, dass die allegorischen wie die typologischen Ausdeutungen durch die Forderung eingeschränkt werden,[878] dass jede dieser Deutungen auf dem *richtigen sensus literalis* zu beruhen habe – dies ist Gemeingut und wird denn auch von dem vom katholischen zum reformierten Glauben konvertierten italienischen Emigranten Hieronymus Zanchi (1516–1590) geteilt.[879] Zum einen beruhe die allegorische Deutung auf einer Ähnlichkeit in der Sache – in diesem Fall etwa als *sensus typologicus*[880] –, zum anderen sei sie in den Worten angelegt.[881] Den ersten Fall verdeutlicht Zanchi wie-

---

873 Beda: Expositionis allegoricae in Samuelem prophetam libri quattuor (*PL* 91, Sp. 499–714, hier Sp. 614/15).
874 Boethius: In Categorias. (*PL* 64, Sp. 159–294, ed. sec., S. 186 (ad III, 9).
875 Vgl. Erasmus: Ecclesiastes [1535, 1704] (Anm. 271) (Sp. 1034D): »Rhetores, ut ante diximus, Allegoriam definiunt perpetuam Metaphoram, verum in sacris litteris, & apud Doctores Ecclesiasticos ea vox latius usurpatur, interdum pro quovis tropo. Nonnumquam & pro typo; velut Apostolus ad Galatas IV quae Genesis narrat de Sara & Agar, deque Isaac & Ismaele, vocat allegoriam, quum constet in narratione nullum esse tropum, sed in ipsis rebus gestis subest altioris sententiae significatio.«
876 Zu Cajetans hermeneutischen Überlegungen sowie zu ihm als Ausleger der Schrift u.a. Vosté (1934) und (1935), Allgeier (1934/35), Beumer (1964).
877 Vgl. Glassius: Philologia sacra [1623,1705] (Anm. 2), lib. II, pars I, tarct II, Sectio III, Sp. 408.
878 Zu Beispielen des *sensus typologicus* auch Ernst Koch: *Arbor vitae*. Salomon Glass als Erbauungsschriftsteller, in diesem Band.
879 Zanchi: De sacra scriptvra tractatvs integer [ca. 1568, 1593, 1598] (Anm. 774), Sp. 428: »Allegoricus est, qui ex vero & pio literali sensu, postea per quandam similitudinem & consensionem colligitur, siue ad dogmata pertinens, siue ad mores. Est enim propriè allegoria, cum praeter id quod verè dicitur & fit, aliud etiam significatur, vel ad dogmata, vel ad mores pertinens. [Hier als Beispiel Gal 4, 21ff.] Ideo allegoricus semper ex literali vero & pio, colligendus est, per similitudinem: Habet enim allegoria fundamentum in literali vero sensu.«
880 Zu Zanchis Exegese, insb. zu seiner Typologese, auch Farthing (1993).
881 Vgl. Zanchi: De sacra scriptvra tractatvs integer [ca. 1568, 1593, 1598] (Anm. 774): »Est & hic duplex: vnus qui colligitur ex literali sensu verarum historiarum, rerumque verè gestarum:

derum am Galater-Beispiel;⁸⁸² den zweiten an den (nicht mehr geltenden) Vorschriften des Alten Testaments.⁸⁸³ Sein Resümee richtet sich dann gegen die alleinige Berücksichtigung des *sensus litterae*,⁸⁸⁴ verstanden als karnaler (jüdischer) Sinn.

Auf der einen Seite bietet der Blick auf Allegationen die Rechtfertigung für ein bestimmtes interpretatorischen Vorgehen, auf der anderen Seite kommt aber auch noch mehr in den Blick – Hinweise auf die Probleme bei den Allegationen finden sich bereits bei Hieronymus in *De optimo genere interpretandi* und am Ende des 16. Jahrhunderts im Rahmen des umfassenden Vergleichs des Franciscus Junius (1545–1602) in *Sacrarum Parallelorum Libri Tres, id est, Comparatio locorum Scripturae sacrae, qui ex Testamento Vetere in Novo adducuntur* von 1588:⁸⁸⁵ Die Probleme entzünden sich an Namensverwechslungen, an einem freien Zitieren im Anschluss an die Formel »In lege scriptum est« (so in 1 *Kor* 14, 21 in Bezug auf *Jes* 28, 11) oder an Unstimmigkeiten bei der Genealogie Jesu Christi (*Matth* 1, 16). Würde man heute solche Probleme durch die Annahme menschlicher Unachtsamkeit lindern, bieten die Allegationen in der Zeit des Glassius nicht allein eine Rechtfertigung der Zuschreibung eines nichtwörtlichen Sinns, sondern stellen selbst mitunter überaus schwierige Probleme für die Interpretation dar – nur ein Beispiel: Wenn Erasmus bei einer Paulus-Stelle, in der aus der *Genesis* zitiert wird, darauf hinweist, dass die zitierte Passage in der *Genesis* etwas anderes bedeute als bei ihrer Zitation durch Paulus,⁸⁸⁶ dann erfährt das den energi-

---

alius qui colligitur ex vero sensu literali verborum, siue proprio, siue figurato.«

882 Vgl. ebd.: »Exemplum primi, vt allegoria quae est in Gal. 4. Item, vt ille, qui ex historia Ionae colligitur à Christo, de se futurum in corde terrae tribus diebus. Primum historia est vera, & res verè gesta: Deinde ex illo literali sensu, per similitudiem quandam colligitur sensus allegoricus.«

883 Vgl. ebd.: »Exemplum secundi: vt ex verbis & praecepto circumcidendo puero, literalis sensus colligitur, verè praeputium carnis fuisse circumcidendum Hebraeis. Hic sensus est vere literalis: quia sonant hunc verba, & est iuxta mentem Spiritus S. Sed ex hoc alius colligitur allegoricus, isque etiam iuxta mentem Spiritus S. nempe circumcidendum esse cordis praeputium. Praecepti de mactá[n]dis hostis sensus literalis est, oues fuisse mactandas. Sed hinc allegoricus & spiritualis, debere mortificare nos ipsos, & offerte Deo hostiam sanctam, &c. Hic sensus ad dogmata probanda per sese nil valet, sed potius ad probata iam confirmanda & exornanda, sicut & Apostolus fact ad Gal. 4.«

884 Vgl. ebd.: »Tenenda igitur haec regula ad veram intelligentiám scripturarum necessaria: Non semper inhaerendum nudae literae, sed & verum literalem sensum esse eruendum, qui aliquando proprius est, aliquando figuratus: saepe etiam allegoricum esse quaerendum.«

885 Vgl. Junius: Sacorum parallelorum [...1588]. In: Id., Opera Theologica [...]. Tom. I. Ed. Postrema [...]. Genevae (1607) 1613, S. 1367–1654; zugleich ein weitaus weniger erschöpfendes Werk stellt in dieser Hinsicht Johannes Drusius (1550–1616): [...] Parallela Sacra: Hoc est, Locorum veteris Testamenti cum ijs, quae in novo citantur, coniuncta commemoratio, Ebraicè & Graecè. I. Drusius transscripsit: convertit in Latinum, & notas adiecit. Franekerae 1588, dar.

886 Vgl. Erasmus: Über den freien Willen/De libero arbitrio [1524]. In: Id., Ausgewählte Schriften. Lateinisch und deutsch. Übersetzt, eingel. und mit Anm. versehen von Winfried Lesowsky. 4. Bd. Darmstadt 1969, S. 1–196, hier S. 107.

schen Widerspruch Luthers.[887] Es wurden denn auch verschiedene Überlegungen angestellt, um diese durch Allegationen entstehenden Probleme des Textbezugs innerhalb der Heiligen Schrift zu schlichten – erneut nur ein Beispiel: In seinem Kommentar zu einer Allegation des Paulus schreibt Calvin, dass dieser die Zitate aus dem Alten Testament ein wenig verändert habe, um sie seiner Argumentation zu *akkommodieren*. Bösartige Christen hätten ihm vorgeworfen, die Schrift missbraucht zu haben; die Juden seien noch weiter gegangen, indem sie die eigentliche Bedeutung der Stelle bei Paulus verdreht hätten. Calvin bietet dann eine Interpretation, nach der die Deutung des Paulus mit der christologischen Deutung der zitierten Passage übereinstimmt, und insoweit liegt nach Calvin denn auch kein Grund vor, Paulus den Vorwurf zu machen, die Stelle verdreht zu haben.[888] In dieser Passage verwendet Calvin den Ausdruck *akkommodieren* in dem Sinn, dass der Ausdruck die Anpassung eines mehr oder weniger klaren wörtlichen Verständnisses an die eigentliche, hier die christologische Bedeutung, bezeichnet.[889]

Mit zunehmender philologischer Kenntnis des hebräischen Textes wird eine Art Eigenleistung der neutestamentlichen Schriftsteller immer deutlicher – so erörtert Glassius an mehreren Stellen in seiner *Philologia sacra* explizit und sehr ausführlich einige der Probleme anhand von Unterscheidungen, die er einführt: So etwa mit der Unterscheidung zwischen den Bezügen *forma interna* und *forma externa* und mit zahlreichen weiteren Differenzierungen, wobei er sich auch ausgiebig mit bislang vorgetragenen Ansichten auseinandersetzt.[890] Im Teil zur *logica sacra* nimmt Glassius das Thema erneut auf unter der Überschrift »Scripturae locorum e V.T. in N.T. allegatio« und stellt zur Lösung (einiger) der Probleme sowohl *canones generales* als auch *canones speciales* auf.[891] Aber es wird nach Glassius noch lange dauern, bis man den *allegata* den Status interpretatorischer Autorität überhaupt abspricht: Obwohl solche Probleme auch der älteren *hermeneutica sacra* nicht verborgen geblieben sind, sei es bei Flacius,[892] sei es bei Johann Conrad Dannhauer

---

887 Vgl. Luther: De servo arbitrio [1525] (*Werke* 18. Bd., S. 551–787, hier S. 723).
888 Vgl. Calvin: Commentarius in Epistolam Pauli ad Ephesios [...1548], cap. IV, § 8 (*CR* 79, Sp. 1–240, hier Sp. 193): »Quia nonnihil a genuino sensu hoc testimonium detorsit Paulus ut proposito suo accommodaret; impii eum criminantur, quasi scriptura abusus fuerit. Quin etiam Iudaei, quo plus habeant coloris ad maledicendum, naturalem ipsum sensum calumniose depravant: quod de Deo praedicatur, ad Davidem vel ad populum transferendo.« usw.
889 Zu anderen Verwendungsweisen bei Calvin vgl. Danneberg (2010d).
890 Vgl. Glassius: Philologia sacra [1623, 1705] (Anm. 2), lib. V, tract II, cap. VII, De aliis sententiarvm et amplificationvm schematibvs, unter der Überschrift »Ex testimonio desumta schemata«, Sp. 2056–2076.
891 Vgl. ebd., cap. II, 1, II, Sp. 2118–2131.
892 Vgl. Flacius: Clavis Scripturae [1567] (Anm. 10), tract. I, »De prophetia«, Sp. 92–97.

(1603–1661),[893] die beide gleichsam die *Philologia sacra* rahmen,[894] scheinen sich erste Anzeichen zu einer Revision im wesentlichen erst am Beginn des 18. Jahrhunderts abzuzeichnen – etwa bei Willem Surenhusius (Surenhuys, 1666–1729)[895] oder bei LeClerc (Clericus, 1657–1736).

In seiner Bibelauslegung *A Paraphrase and Notes on the Epistles of St Paul to the Galatians, 1 and 2 Corinthians, Romans, Ephesians*, die zwischen 1705 und 1707 erscheint und die nach 1750 so überaus wirkungsvoll im deutschen Sprachraum war, heißt es bei John Locke (1632–1704) sehr bestimmt: Wenn bei Paulus, das Alte Testament zitierend, die Bedeutung der betreffenden alttestamentlichen Stelle nicht zu seinem argumentativen Zusammenhang passe, dann sei diese Bedeutung zu missachten. Denn Paulus sei »a close reasoner« und daher »it will be an ill rule for interpreting St. Paul, to tie up his use of any text he brings out of the Old Testament, to that which is taken to be the meaning of it there. We need go no farther for an example than the 6th, 7th, and 8th verses of this chapter, which I desire any one to read as they stand, Deut. xxx. 11–14, and see whether St. Paul uses them here in the same sense.«[896] Obwohl es bereits in Jean-Alphonse Turretinis (1671–1737) Hermeneutik *De Sacrae scripturae interpretatione* von 1728, sie erscheint erweitert 1776, zusammenfassend heißt: »Haec igitur ostendunt, optime posse quaedam V.T. loca aliis aptari rebus, quam iis, ad quas proxime referuntur, sive per meram accommodationem, sive quod vis vocum id requirat, sive ut inde consequentiae a minori ad maius eliciantur«,[897] bleibt die Frage der Autorität der Allegationen im nachfolgenden 18. Jahrhundert noch überaus strittig.[898]

---

893 Vgl. Dannhauer: Hermenevtica sacra sive Methodus exponendarum S. Literarum proposita & vindicata [...]. Argentorati 1654, art. II, § 15, S. 43/44: Da auch die Schriftsteller des Neuen Testaments direkt inspiriert seien, würden sie gleichsam interpretierend zitieren.

894 Allerdings heißt bei Friedrich Balduin (1575–1627) in seiner Kritik am sozinianischen Katechismus, Id., Ausführliche unnd Gründliche Widerlegung des Deutzschen Arianischen Catechismi welcher zu Rackow in Polen anno 1608 gedruckt [...]. Wittenberg 1619, S. 505: »[...] ist also nicht von nöhten/ dass die Prophetischen Weissagungen alleweg also verstanden werden/ wie sie im Newen Testament angezogen sind/ sondern da ist alle weg auff den context der Propheten zu sehen/ vnnd nicht auff den/ der die Weissagung allegirt/ die weil derselbe aus gewissen vrsachen offt nur alludiret auff solche Weissagungen/ bisweilen sonst auff seine mass di application zu seinen vorhaben machet.«

895 Vgl. Surenhusius: βίβλος καταλαγῆς, in quo secundum veterum Theologorum Hebraeorum formulas allegandi & modus interpretandi conciliantur loca ex V. in N.T. allegata. Amstelaedami 1713, insb. S. 59–70.

896 Locke: A Paraphrase and Notes on the Epistles of St Paul to the Galalatins 1 and 2 Corinthians, Romans, Ephesians [...zwischen 1705 und 1707]. In: Id., Works. A New Edition, Corrected. Vol. 8. London 1823 (ND 1963), S. 348/49.

897 Turretini: De Sacrae scripturae interpretatione [1728]. Tractatus bipartitus restitutus varieque auctus per Guil. Abraham Teller. Francofurti 1776, cap. IV, II, S. 138.

898 Vgl. u.a. Theodor Praetorius: Prolvsio Hermenevtica de Accommodationibvs Qvas Vocant [...]. Cobvrgi s.a. [1764] (die Datierung folgt dem letzten Satz: »Scrips. Cobugri d. 11. Mai [...] CCIXIIII«). Georg Christoph Pisanski (1725–1790): Adversaria de accommodationibvs Veteris Testamenti in Novo Obviis. Gedani 1781. Von den älteren Untersuchungen ist die

Strittig ist sie nicht zuletzt deshalb, weil es dabei immer wieder um die Rechtfertigung von Deutungen geht, die den alttestamentlichen Passagen einen *sensus mysticus* zuweisen. Der erste Schritt besteht darin, die nichtwörtlichen Deutungen auf solche Fälle zu beschränken, die durch die Heilige Schrift selber als gerechtfertigt gelten können. Der wohl bedeutenste Theoretiker der *hermeneutica sacra* in der ersten Hälfte des 18. Jahrhunderts, Johann Jacob Rambach (1693–1735), ist der »Meinung, daß man den *Sensum mysticum* allein in denen *locis* suchen müsse, darinnen er im N.T. entdecket ist, [...] freylich die *Sicherste*, und kann man am allerwenigsten dabey irren. Von denselben *locis* können wir am *Gewissesten* versichert seyn, daß sie einen *sensum mysticum* haben, die der heil. Geist selbst im N.T. *mystice* erkläret hat.«[899] Und er fügt hinzu, dass diese Erklärungen des Heiligen Geistes keineswegs *pro nudis accommodationibus*, sondern *pro vera intentione Spiritus Sancti* zu sehen seien. Obwohl es die sicherste Form der Zuschreibung eines *sensus mysticus* ist, will Rambach ihn in einem weiteren Sinne verstanden haben: »Daher erwehlen wir lieber die [...] Meynung, daß zwar nicht alle, aber doch die meisten Personen, Sachen und Geschichte des alten Testament mystische Bedeutungen haben, wenn sie auch nicht ausdrücklich im neuen Testament erkläret wären, wenn man nur sonst gewisse Spuren findet von dem *sensu mystico*.«[900]

Noch Christian Friedrich Bauer (1696–1752) versucht uneingeschränkt bei nahezu allen Stellen, die im Neuen Testament herangezogen werden, zu zeigen, dass die *hypothesis* einer akkommodierenden und gewaltsamen Interpretation solcher Stellen in keinem Fall berechtigt sei, wenn man den Kontext der jeweiligen Stelle aufsuche und entsprechend berücksichtige.[901]

---

von Johannes Major (1564–1654) und Andreas Kesler (1595–1643) – letzterer der Verfasser der Dedikation – erwähnenswert: Dissertatio theologica de dictorum Veteris Testamenti in Novo allegatione [...]. Jenae 1627, die noch 1663, 1718 und 1727 Auflagen erlebt, wo am Beginn der (Thesis I, A 3) der zentrale Grundsatz angesprochen wird: »*Prima est autoris principalis identitas*« und dieser Autor sei der Heilige Geist, ferner Johannes Melchior (1646–1689): Parallelismus locorum V.T. in Novo citatorum. In: Id., Opera omnia theologica, exegetica, didactica, polemica Duobus Tomis Absoluta quibus Veteris ac Novi Testamenti libri conferuntur, explicantur, illustrantur. Veritas religionis Christianae argumentis validissimis asseritur, defenditur. Herbornae Nassoviorum 1693, Tom. I, S. 395–500, Martin Frisius (1688–1750): Demonstratio Exegetica De Nonnullis valde notatu dignis Modis Quibus Vetus Testamentum in Novo allegatur pariterque Graeca LXX. Interpretum Versione, Quatenus in Novo Foedere interdum citatur [...]. Hamburgi 1730.

899 Rambach: Erläuterung über seine eigene Institvtiones Hermeneuticae Sacrae aus der eignen Handschrift des seligen Verfassers mit Anmerckungen und einer Vorrede von der Vortreflichkeit der Rambachischen Hermenevtic ans Licht gestellt von D. Ernst Friedrich Neubauer [...Erster und Anderer Theil]. Giessen 1738, lib. I, cap. III, § 12, S. 278, vgl. auch Id., Institvtiones Hermenevticae Sacrae, variis observationibvs copiosissimisqve exemplis Biblicis illvstratae [1723]. Editio qvarta denvo recognita. Cum praefatione Ioannis Francisci Bvddei. Ienae 1732, lib. I. Cap. III, § 12,S. 73–78.
900 Rambach: Erläuterung [1738] (Anm.), S. 278.
901 Vgl. Christian Friedrich Bauer:, Decas dispvtationvm theologicarvm, qvas pro veritate allegationvm Christi contra hypothesin, qvasi textvs V.T. ab ipso in N.T. pro sese allegati nec

Die Hauptvertreter dieser *hypothesis*: »Qvasi Textus V.T. ab ipso [scil. Christo] in N.T. pro se allegati, nec possent, nec deberent de eodem toti intelligi, obstante uerborvm ac rervm tortvra«, sieht Bauer in Hugo Grotius (1583–1645), vor allem in LeClerc – und im Hintergrund steht der »Wertheimer«, also Johann Lorenz Schmidt (1702–1749). Zu Wort gemeldet haben sich in dieser Frage so angesehene Theologen wie Franz Woken (Franciscus Wokenius, 1685–1734), der als Theologe und Philosoph in Wittenberg und als Konrektor des Gymnasiums in Stettin wirkte und der den wohl umfangreichsten Beitrag unter dem bezeichnenden Titel *Moses Harmonicvs* allein zu den Büchern Moses geliefert hat.[902] Immer wieder setzt er sich dabei kritisch mit den Auffassungen LeClercs auseinander. Noch mehr als dreißig Jahre später nimmt sich des allgemeinen Themas Carl Friedrich Bahrdt (1713–1775) an.[903] Christian August Crusius (1715–1775) will zwar das exegetische Vorgehen der biblischen Schriftsteller samt ihrer Deutungen billigen, es zugleich aber für *uns* verwerfen.[904] Selbst von Hermann Samuel Reimarus (1694–1768) ist eine umfangreiche, allerdings erst posthum veröffentlichte Vorlesung erhalten geblieben, die eine weitgehend auf traditionellen Auffassungen der protestantischen Lehrmeinung aufruhende Verteidigung, eine *Vindicatio*, der Allegationen beinhaltet.[905] Siegmund Jacob Baumgarten (1706–1757) ist mitnichten der Letzte, der »die Auslegungsregeln« durch die interpretatorische Praxis der »Schrift bestimmt und darin begründet« sieht, und der dies dann mit der Maxime der sich selbsterklärenden Schrift verbindet: »so mag die heilige Schrift sich selbst erklären«.[906] Selbst dem frühen Johann Salomo Semler (1725–1791) gehen Turretinis kritische Ausführungen zum Thema zu weit. Nicht alle Allegationen im Neuen Testament

---

possent nec de eodem toti intelligi, obstante uerbvm ac rervm tortvra [...]. Vitembergae 1742. Zu späteren Verteidigungen u.a. Christian August Krigel (ca. 1732–1803) und Christian Elieser Gensel (1735–1797), Disputatio Philologica de Locis Veteris Testamenti in N.T. recte lavdatis [...] Defendet M. Christianvs Avgvstvs Krigel [...] et Christianvs Elieser Gensel [...]. Lipsiae 1756.

902 Vgl. Wokenius: Moses Harmonicvs Sive Harmoniae V. et N.T. Qvoad Dicta ex illo in Hoc Citata Pars Prima [… Pars Secunda … Pars Tertia]. Lipsiae et Lavbae 1730 und 1731, die ersten beiden durchpaginierten Teile bieten bereits 400 Seiten. Ich habe *pars tertia* der Untersuchung nicht einsehen können. Vgl. auch: Observativncvlae Miscellaneae Philologicae Ad Qvaedam Vet. et Nov. Test. Dicta […] Praeside Francisco Wokenii […] exponit Johannes Godofredvs Hoffmann. Lipsiae 1726.

903 Vgl.: Dissertatio philologica de locorum Veteris Testamenti in Novo accommodatione orthodoxa [...] Praeside Carolo Frid. Bahrdtio [...] defendet autor Samuel Fridericus Unselt [...]. Lipsia 1766.

904 Vgl. Crusius: Beytrag zum richtigen Verstande der heiligen Schrift, insonderheit des Prophetischen Theils des göttlichen Wortes. Erster Theil [...]. Leipzig 1772.

905 Vgl. Reimarus: Vindicatio dictorum Veteris Testamento in Novo [1731, posthum]. Texte der pars I und Conspectus der Pars II. Hg., eingeleitet und mit Anmerkungen versehen von Peter Stemmer. Göttingen 1983.

906 Baumgarten: Unterricht von Auslegung der heiligen Schrift für seine Zuhörer ausgefertigt [1742]. Dritte vermehrte Aufl. Halle 1751, § 10, S. 8. Zu Baumgartens Hermeneutik vgl. Danneberg (1994b).

seien Akkommodationen, einige bieten den mystischen Sinn, der im Neuen Testament durch Jesus und die Apostel gegeben werde.[907]

Die Zurückhaltung bei der Behandlung der Allegationen ist leicht nachvollziehbar: An ihnen hängt ganz wesentlich die Gültigkeit des Weissagungsbeweises, und damit neben dem Wunderbeweis die Messianität Jesu Christi. Das dürfte denn auch eine Erklärung dafür sein, dass die philologischen Probleme der Allegationen *innerhalb* des Alten Testaments, wenn ich es richtig sehe, wesentlich geringere Aufmerksamkeit gefunden haben.[908] Aufsehen erregte ein 1778 erschienenes Werk von dem Professor der Heiligen Schrift und der Orientalischen Sprachen in Mainz Johann Lorenz Isenbiehl (1744–1818), in dem bezweifelt wird, dass sich Jesaja mit seiner Weissagung (*Jes* 7, 14) auf Maria und Jesus bezieht.[909] Dies hat dazu geführt, dass das Buch verboten wurde, sein Verfasser seine Stelle verloren hat, vorübergehend in verschiedene Gefängtnisse verbracht wurde und er widerrief. Der zentrale Stein des Anstoßes war die eindeutige Stelle in *Matth* 1, 22, die just den geleugneten *sensus propheticus* autorisiert.[910]

An den Allegationen zeigt sich *en miniature* das, was sich in der Bibelhermeneutik im Großen vollzieht: eine sukzessive Entwicklung weg von der Vorstellung des *sensus legitimus* als eines authentischen Sinns zur Erklärung des – zumindest bei einigen Stellen seit den Kirchvätern immer bemerkten – Dissenses zwischen dem Wortlaut der alttestamentlichen Stelle und ihrer Aufnahme im Neuen Testament bis hin zur Wahrnehmung desselben Sinns als eines *sensus accommodatus*, dessen Beweggründe man zwar erkennt und auch nachvollziehen kann, der aber gleichwohl eine *falsche* und keine authentische Bedeutungszuweisung bietet. Hier besteht ein eminenter Unterschied zu Glassius, wenn dieser beim *sensus mysticus* ebenfalls darauf zu sprechen kommt, dass es sich um Akkommodationen handle. Hier hat dieser Ausdruck noch nicht die Bedeutung der falschen Bedeutungszuweisung, sondern es beschreibt Verfahren der Bedeutungszuweisung, die selber durch die Heilige Schrift bekräftigt werden, und zwar im Wesenlichen unter Rückgriff auf 2. *Tim* 3, 16/17 – in der Vulgata heißt es: *Omnis scriptura divinitus inspirata utilis est ad docendum, ad arguendum, ad corrigendum, ad erudiendum*

---

907 Vgl. Semler: Vorbereitung zur theologischen Hermeneutik, zu weiterer Beförderung des Fleisses angehender Gottesgelehrten. Halle 1760, S. 69–74.
908 Ein Beispiel bietet Jonas Conrad Schrammius (1675–1739) und Christopherus Wilhelm Göden: Disputatio theologica exegetica de dictis Veteris Testamenti in Veteri Testamento repetitis […]. Helmstadii 1728.
909 Isenbiehl: Neuer Versuch über die Weissagung von Emmanuel. s. l. 1778.
910 Vgl. Catholische Betrachtungen über die zu Mainz, Heidelberg und Straßburg wider den Isenbiehlischen Versuch vom Emmanuel ausgebrachten theologischen Censuren. Nebst einem Salzburger Gutachten. Frankfurt und Leipzig 1778, zudem Johann Jung (1727–1793), Ausführliche Rechtfertigung der Gründe für die Erklärung der Stelle Isaiae VII, Kap. 14 auf Jesum und Mariam […]. Heidelberg 1778. Jung hat dann ein Gespräch zwischen ihm und Isenbiehl im Gefängnis imaginiert, vgl. Id., Widerlegung des Gesprächs zwischen Isenbiehl und Jung […]. Heidelberg 1779.

in justitia, ut perfectus sit homo Dei, ad omne opus bonum instructus. Eine zentrale Rolle ist dieser Stelle zugewachsen im Rahmen der Homiletik seit Andreas Gerhard Hyperius' *De formandis Concionibus sacris, seu de interpretatione Scripturarum populari, Libri II* von 1553 und der Zergliederung des gesamten Inhalts der Heiligen Schrift nach dieser Stelle (unter Hinzunahme von *Röm* 15, 4) in fünf Hauptstücke (*fines sive capita*): Lehre (*doctrina*), Strafe (*redargutio*), Besserung (*institutio*), Züchtigung (*correctio*) und Trost (*consolatio*), wonach sich dann die verschiedenen Genera der Predigt ableiteten.[911] Kaum eine der protestantischen Homiletiken greift hierauf nicht zurück. Bei Glassius sind es genau diese fünf Arten, nach denen sich die verschiedenen Weisen der Akkommodation unterscheiden, dabei neben den lateinischen auch die griechischen Ausdrücke bietend.[912]

Einen relativen Abschluss findet die Diskusssion der Allegationen mit der Untersuchung von Johann Christian Carl Döpke (1806–1830) zur Hermeneutik der neutestamentlichen Schriftsteller: Die Allegationen erscheinen nur mehr als Akkommodationen oder als »Nutzanwendungen«, die nicht hermeneutisch verbindlich seien, weder in ihrem Sinngehalt noch nach dem Verfahren, denn es war »niemals die Absicht Christi und der Apostel gewesen [...], Vorschriften über das Verständniss der heiligen Schrift zu geben«.[913] Johann Jacob Griesbach (1745–1812) hält lakonisch fest: »Ihre [scil. der »Apostel«] Hermeneutik verpflichtet uns nicht, sie wollten ja keine Hermeneutik lehren.«[914] Ein Echo findet sich bei August Tholuck (1799–1877), der annimmt, Jesus Christus sei nicht gekommen, um uns über die Heilige Schrift wissenschaftliche Vorschriften zu machen.[915] Eine Untersuchung zu den Zitationen des Alten im Neuen Testament, die vielleicht von Johann Gottfried Eichhorn (1752–1827) stammt, hält nach knappen Auskünften, dass sich die Apostel und Juden durch den Nachweis des Zusammenhangs mit der »alten Mosaischen Religion« zu dieser »Forderung der Juden« herabließen, fest:

> und räumten dadurch das Vorurtheil der Neuheit, und der Neuerung, diesen gefährlichen Feind, mit welchem fast immer jeder neue Lehrsatz lange zu kämpfen hat, glücklich aus dem Wege. Billig befolgten sie dabey die Erklärungs-Art, die unter ihren Zeitgenossen herrschend war, weil sie dadurch am ersten Ueberzeugung wirken konnten, und sie keine andre Behandlungs-Art des A.T. wählen durften,

---

911 Vgl. u.a. Schian (1896, 1897), sowie Kawerau (1960).
912 Vgl. Glassius: Philologia sacra [1623, 1705] (Anm. 2), lib II, pars I, tract. I, sectio II, Sp. 352.
913 Vgl. Döpke: Hermeneutik der neutestamentlichen Schriftsteller. Erster Theil. Leipzig 1829, IV. Abschnitt, S. 89; dort heißt es auch: »dass sie [scil. die Apostel] die Auslegung derselben niemals als einen Theil ihres Lehrgeschäfts betrachtet haben«.
914 Griesbach: Vorlesungen über die Hermeneutik des N.T. mit Anwendung auf die Leidens- und Auferstehungsgeschichte Christi [gehalten vor 1809]. Hrg. von Johann Carl Samuel Steiner. Nürnberg 1815, III. Abschnitt, S. 175.
915 Vgl. Tholuck: Über die Citate des Alten Testaments im Neuen Testament. In: Id., Das Alte Testament im Neuen Testament. [...1836]. Sechste Auflage. Hamburg 1868, S. 1–60, hier S. 60.

wenn sie nicht sich selbst entgegenarbeiten und ihrer eigenen guten Sache und ihrem Eingang schädlich werden wollten.⁹¹⁶
Die Schriftsteller des Neuen Testaments werden wie andere auch behandelt, deshalb gilt für sie die Gleichbehandlungsmaxime:⁹¹⁷ Sie besitzen keine *hermeneutische* Autorität, und man kann sich dann solchen philologischen Fragen zuwenden, aus welchen überlieferten Quellen die Zitationen stammen könnten; allerdings hieß dies nicht, dass ihnen nicht weiterhin ein besonderer Status einzuräumen versucht wurde.⁹¹⁸

7.4 Die Dignität des *sensus mysticus* und die Kriterien für einen *defectus litterae*

Den *sensus mysticus* anhand der sich in den entsprechenden Allegationen ausdrückenden *interpretatio authentica* des Heiligen Geistes, wie es bei Glassius geschieht, zu rechtfertigen, bietet allerdings für seine Wertschätzung nur ein sekundäres Argument. Seine eigentliche Rechtfertigung findet die Existenz des *sensus mysticus* im Rahmen der Bedeutungslehre der *hermeneutica sacra*. Nach Glassius ist die Heilige Schrift, hinsichtlich der Ausdrücke wie der dargestellten Dinge, das Abbild (ἀπεικόνισμα) der göttlichen *mens*.⁹¹⁹ Der *sensus literalis* beruht allein auf dem, was die Wörter im übertragenen oder nichtübertragenen Sinn bedeuten, der *sensus mysticus* zudem auf dem, was

---

916 (Eichhorn): Ueber die Citationen des Alten Testaments in den Evangelien und der Apostelgeschichte. In: Allgemeine Bibliothek der biblischen Litteratur 2 (1789), S. 947–1019. Henry Owen (1716–1795), The Modes of Quotations Used by the Evangelical Writers. London 1789, bietet eine zeitgenössische englische Stimme.
917 Zu dieser Maxime Danneberg (2007).
918 Um nur ein Beispiel herauszugreifen: Erich Haupt (1841–1910): Die Alttestamentlichen Citate in den vier Evangelien erörtert. Colberg 1871, versucht zunächst strikt zwischen zwei Arten zu unterscheiden: Das Alte Testament (S. 5–204) »im Munde Jesu« sowie (S. 207–343) »im Munde der Evangelisten« (das erscheint mitunter als nicht sonderlich trennscharf). Haupt kommt zu dem Ergebnis, der Umstand, dass Jesus sich nicht mittels der »historisch-kritischen Methode« des Alten Testaments angenommen, sondern seinen eigenen Sinn hineingetragen habe, bedeute gleichwohl nicht, dass Jesus seinen ›tieferen Sinn‹ nicht in Anknüpfung an die historische Bedeutung einer Stelle ausgesprochen habe. Allerdings könnten wir von Jesus nicht lernen, wie das geschieht, denn er habe diesen Sinn des Alten Testaments nicht »nach hermeneutischen Regeln erklärt, sondern von einer höheren Einsicht aus«. Wer ebenso wie Jesus das »vollste Verständnis des göttlichen Heilsrathschlusses« hätte, der »würde von selbst wie er das AT. verstehen, aber nachmachen, nachbilden lässt sich seine Art nicht«. Auch bei den Evangelisten sieht Haupt eine »höhere Wahrheit« bei den Allegationen gegeben – allerdings: Ihre »Citate haben höhere Wahrheit, als sie selbst sich bewusst geworden« seien.
919 Vgl. Glassius: Philologia sacra [1623–1705] (Anm. 2), lib. II., pars I, Sp. 347: »Scripturae igitur sacrae sensus nihil aliud est, quam id, quod DEVS ipse *Scripturarum autor in Scripturis, & per Scripturas* (intelligo autem Scripturas tam quoad verba, quam quoad res contentas) *tanquam per expressissimum divinae mentis* ἀπεικόνισμα *hominibus cognoscendum atque intelligendum exhibit.*«

die Dinge bedeuten.⁹²⁰ Der *sensus mysticus* ist allein schon deshalb ein genuiner Sinn der Heiligen Schrift nach Glassius, weil er wie der *sensus literalis* darauf zurückgeführt wird, dass ihn Gott als Autor der Schrift ausdrücken will und der Mensch ihn erkennen und verstehen soll.⁹²¹ Dass es in der Heiligen Schrift selber Beispiele der expliziten Deutung eines *sensus mysticus* gibt, ist dann nicht mehr als ein Bestätigung.⁹²²

Die *Dignität* des *sensus mysticus* in der *hermeneutica sacra* beruht dabei auf einer ganz anderen Relation als die Auszeichnung des *sensus literalis*. Diese Auszeichnung ist nicht auf den Menschen, sondern auf Gott gerichtet. Erneut vereinfacht formuliert: So er in der Schrift ist, ist dieser *sensus mysticus* Gott näher – und dass ein solcher in ihr ist, ist die einhellige Ansicht der unterschiedlichen Konfessionen (zu diesem Zeitpunkt) allein schon, wie bereits gezeigt, aufgrund der Deutungen der unfehlbaren, weil von Gott inspirierten Interpreten des Alten im Neuen Testament selbst. Nicht nur die Bestimmung der Priorität, sondern auch die der Dignität scheint bei Glassius keine irgendwie ungewöhnliche Auffassung. Sie findet sich beispielsweise ebenso beim Aquinaten sowie bei vielen anderen. Wie erklärt sich aber die Gegenläufigkeit von *ordo* und *dignitas*? Sie erklärt sich aus einem epistemischen Moment der Zugänglichkeit – wieder vereinfacht formuliert: Der irrtumbehaftete Mensch besitzt hinsichtlich des *sensus literalis* der Schrift eine größere Chance, zu gewissen Einsichten in die Aussagen der Heiligen Schrift zu gelangen, als im Blick auf ihren verborgenen Sinn, ihren *sensus mysticus*. Daher komme dem *sensus literalis*, wie er dem Menschen allein gegeben ist, die Priorität zumindest beim theologischen *Beweis* zu, da er keinen direkten Zugang zum *sensus mysticus* als *intentio auctoris* hat. Die gängigen Maximen wie *figura non probat* beziehen sich immer nur auf den in seinen Erkenntnisfähigkeiten eingeschränkten Menschen. So findet sich denn auch bei Glassius keine Leugnung der Möglichkeit des Erkennens eines *sensus mysticus* oder gar die Leugnung seiner Existenz in der Heiligen Schrift. Diesen *sensus scripturae* unterteilt Glassius in *allegoricus*, *typicus* und *parabolicus* und seine Ausführungen hierzu sind mehr als doppelt so umfangreich wie die zum *sensus literalis*.⁹²³

Ein zweites Moment ergibt sich aus der *natura*-Relation: Es sind die *hermeneutischen* Bedingungen, unter denen ein Bedeutungsübergang vom *sensus literalis proprius* entweder zum *sensus literalis figuratus* oder zu einem der drei *sensus scripturae* als erforderlich erscheint. Wenn auch sprachlich unterschied-

---

920 Vgl. ebd., Sp. 349/50 »Est enim *Sensus literalis is, qui proxime & immediate per ipsa verba, sive sint propria, sive modificata, significatur* [...]. *Sensus mysticus est, qui non significatur proxime per ipsa verba, sed per rem ipsis verbis significatam.*«
921 Glassius: ebd., Sp. 350.
922 Glassius exemplifiziert den Unterschied anhand der Jona-Deutung, hierzu auch Johann Anselm Steiger: Salomon Glassius' Hermeneutik des *sensus mysticus*. Dargestellt anhand seiner Predigten über die Jona-Erzählung, in diesem Band.
923 Glassius: ebd., lib. II, pars I, tract. II, sectio II–V, Sp. 406–491.

lich gefasst, findet sich bereits bei den Kirchenvätern immer wieder die Forderung, dass für diesen Übergang vom *sensus literalis proprius* zum *sensus literalis figuratus* eine Art von Notwendigkeit gegeben sein müsse. Allerdings stellt die bei Clauberg angeführte Augustinus-Stelle kein wörtliches Zitat dar, und im Bereich der Jurisprudenz ist diese Regel zwar ebenfalls traditionell, aber ihre Herkunft nicht leicht zu ermitteln. Im 17. Jahrhundert lautet die entsprechende Regel in der *hermeneutica generalis* Dannhauers: »Nunquam veniendum est ad sensum orationis tropicum nisi cogat neceßitas.«[924] Dannhauer beruft sich hierbei nicht auf die Kirchenväter, sondern auf eine nicht sonderlich bekannte Stelle, nämlich Senecas Diktum, dass es von größter Unsinnigkeit zeuge, eine Rede verdrehen zu wollen, die als richtig belassen bleiben kann.[925] Die beiden anderen Autoritäten sind gegenwärtige: zum einen aus Johann Gerhards *Loci Theologici*, zum anderen aus Bellarmins Eucharistie-Traktat. Dort heißt es zunächst, von Dannhauer nicht paraphrasiert: »Primo, quia sensus proprius, et litteralis semper est eligendus, nisi evidenter probetur contrarium.«[926]

Das, was Dannhauer dann wiedergibt, ist die Plausibilisierung, die Bellarmin mit Hilfe eines Vergleichs unternimmt: Die Präferenz des *sensus literalis* sei gegenüber den Gegnern nicht eigens zu begründen, denn das wäre so, als würde man Reisende fragen, weshalb sie zum Tor und nicht zum Fenster hinein kämen. Dann bietet Bellarmin allerdings auch ein Argument, das – wie zu erwarten und wie auch bei Glassius – über den *ordo naturae* argumentiert: Was nach der Natur einem anderen vorausgeht, besitzt Priorität; demnach folge die übertragene Bedeutung auf die wörtliche. Dannhauer gestaltet daraus dann den Syllogismus: »Quicunque sensus naturâ posterior est, is in interpretatione quoque cogitationes nostras eò deducit, ubi prior obtinere nequit. Sensus tropicus natura posterior est. Curvum enim praesupponit rectum, versum id quod simplex est. Ergò.«[927] Ebenso wie das Krumme und das Gebogene das Gerade voraussetze. Dannhauer erörtert

---

924 Dannhauer: Idea Boni Interpretis et Malitiosi Calvmniatoris [...1630]. Argentorati 1642, Partis primae, sectio III, art II, § 51 (S. 85).
925 Seneca: Controversiarvm liber primvs, Praefatio (Ed. L. Hakanson, S. 7): »summam quidem esse dementiam detroquere orationem, cui esse rectam liceret.«
926 Hier verweist Dannhauer auf »lib. I, cap. XII«; hier erörtert Bellarmin konkrete Einwände gegen ein wörtliches Verständnis der Einsetzungsworte; allerdings finden sich auch Formulierungen wie, vgl. Id., Disputationes de controversiis christianae fidei adversus hujus temporis haereticos [1586/1588/1593]. Tomus Quartus. Paris 1870 (Opera Omnia IV: ND 1965), *Controversiarum De Sacramento Eucharistae*, lib. I, cap. XII, S. 47. In cap. IX werden vier Entscheidungsmomente angeführt: »Primo in universum demonstrabimus, non esse probabile, Dominum figurate loqui voluisse. Deinde expendemus singula verba institutionis, ac simul refellemus haereticorum opiniones. Primum igitur non esse probabile, Dominum loqui voluisse figurate, probamus argumentis ductis a materia, de qua agitur. Deinde a personis, cum quibus Dominus loquebatur, a loco, et tempore, in quo loquebatur. Tertio e consensu Patrum. Quarto ex regula interpretandi Scripturas.«
927 Dannhauer, ebd.

anschließend, in welchem Sinn diese Notwendigkeit allerdings nicht zu verstehen sei: Weder sei eine *utilitas* gemeint, ein Gedanke, den Dannhauer auf Hyperius zurückführt, ohne allerdings eine Stelle anzuführen, noch die katholischen Vorstellungen des einhelligen Urteils der Kirchenväter und der Kirche (»communis totius Ecclesiae explicatio & Doctorum omnium consensus«). Auch sei nicht die schlichte Übereinstimmung mit anderen Stellen (»non est analogia & collatio aliorum locorum nuda«) gemeint; denn es sei kein korrekter Schluss, wollte man aus dem Umstand, dass ein Ausdruck von einem Autor an anderer Stelle figürlich verwendet werde, schließen, es müsste auch an der besagten Stelle der Fall sein.[928]

Schließlich sei das Kriterium auch nicht die einfache Unvereinbarkeit mit der *ratio*: »*Rationis absurditas quaevis*, quia fieri potest ut 1. absurdum aliquid sit, non tamen falsum, ut in idea superiori exempli demonstravimus 2. ut absurditas sit apparens, non vera.«[929] Wie nicht anders zu erwarten, illustriert Dannhauer dies in seiner Entgegnung auf die Auffassung der Calvinisten, die Realpräsenz im Abendmahl würde einen Widerspruch einschließen, sie sei somit vernunftwidrig und gebe *daher* notwendig Anlass für den Bedeutungsübergang.[930] Er begegnet dem im Wesentlichen mit einer auch für die Kritiker der Realpräsenz inakzeptablen Konsequenz, nämlich der, dass das dann auch für die Trinität gelten würde.[931] Daran schließen sich Ausführungen an, in welchem Sinn keine wirkliche Kontradiktion bei der lutherischen Vorstellung der Realpräsenz gegeben sei.[932] Dannhauers Formel für das Kriterium der Notwendigkeit lautet, dass es sich um einen manifesten Widerspruch handle, der sich nicht anders als durch Bedeutungsübergang schlichten lässt; mithin ist der Bedeutungsübergang nur dann gerechtfertigt, wenn alle anderen Mittel der Schlichtung und der Zulässigkeit ausgeschöpft seien.[933] Ein solches Kriterium hat zumindest zur Konsequenz, dass sich faktisch nie ein *definitiver* Nachweis der Notwendigkeit eines Bedeutungsübergangs erbringen lässt; denn das erfordert die Begründung einer Es-gibt-nicht-Behauptung. Wenn man so will, dann ist der Bedeutungsübergang immer relativiert auf einen bestimmten Wissensstand. Später wurden solche scheinbaren und nicht manifesten Widersprüche als *Enantiophanien* oder *apparenter pugnantia* bezeichnet.

---

928 Vgl. ebd., S. 86.
929 Vgl. ebd., S. 87.
930 Vgl. ebd., § 53, S. 88.
931 Vgl. ebd.: »[...] sed cur 1. non item metuunt in mysterio SS Trinitatis? Magisne sibi opponuntur corpus in coelo esse & esse in sacramento, quam unam essentiam esse Trinam?
932 Vgl. ebd., S. 88–90
933 Vgl. ebd., § 54, S. 91: »[...] Hactenus falsas necessitatis causas recensuimus, nunc afferemus etiam veras, vera igitur causa cogens tropicam explicationem est 1. contradictio manifesta in extremum discrimen adducta, quae nulla alia ratione potest conciliari. Est enim explicatio per tropum remedium extremum.«

Nicht weniger wichtig für die Autorisierung des Kriteriums einer Notwendigkeit beim Bedeutungsübergang in den lutherischen Hermeneutiken ist, dass es sich wörtlich bei Luther findet,[934] auch in der Version, dass keine Notwendigkeit bestehe, dem wörtlich Gesagten zu folgen.[935] Nicht selten wird jedoch der Notwendigkeitsausdruck nicht explizit verwendet, sondern nur sinnentsprechend umschrieben – so auch bei Luther. Das Kriterium selbst drückt sich bei ihm zudem in der Forderung aus, dass es nicht ausreiche, gezeigt zu haben, dass etwas in der Heiligen Schrift figurativ verstanden werden *könne,* sondern es so verstanden werden *müsse*; eine Art ›Zwang‹ müsse für den Bedeutungsübergang gegeben sein: »man sol ynn der schrifft di wort lassen gelten, was sie lauten, nach yhrer art und kein ander deutung geben, es zwinge denn ein öffentlicher articket des glaubens. [...] Weil denn diese wort ›Das ist mein leib‹ nach art und laut aller sprachen nicht brod odder leibs zeichen, sondern Christus leib heisse, so sol man sie lassen da bey bleiben und nichts anders deuten, es zwinge denn die schrifft.«[936] Oder an anderer Stelle: »Eyn iglich wortt soll man lassen stehen ynn seyner natürlichen bedeuttung und nicht davon lassen, es zwinge denn der glawbe davon.«[937] Dieses ›Zwingen‹ scheint Luther mitunter als sehr massiv anzusehen (zu erleben), wenn es bei ihm zu Paulus etwa heißt, dass »sein beweisung« so »stark« sei, »das ers zwinget zu gleuben«.[938] Luther sieht in der Ignorierung dieses Kriteriums der *necessitas* die Gefahr der Beliebigkeit und Willkür beim Interpretieren;[939] das heißt, dass keine Gründe angegeben werden können: »mera libidine, nulla adducta ratione«.[940] Um einer Babylonischen Sprachverwirrung entgegen zu wirken, sei (zunächst) ein *sensus figurativus* zu vermeiden, »et simplici purae primariaeque verborum

---

934 Vgl. z. B. Luther: Rationis Latomianae [1521] (Anm. 625), S. 64: »[...], non patior figuram, quam diu non docuerit absurditatem aut circumstantiae neccessitatem, [...].« Auch Id., De servo arbitrio [1525] (Anm. 887), S. 702: »Nobis inquam, non est satis, si dixeris: potest hic tropus esse, sed quaeritur, an debeat et oportet tropum hic esse. Quod si non monstraris, nessario inesse tropum, nihil prorsus effeceris.«

935 So heißt es bei Luther: Operationes in Psalmos [1518–21] (Anm. 303), S. 75, dass keine *Notwendigkeit* bestehe, dem Titulus des Ps 3, 1 wonach er sich auf David bezieht, zu folgen: »[...] ubicumque titulus psalmi historiam indicat, non semper esse necessarium historiam in psalmo cantari, sed historiam intellegi occasionem fuisse, qua futura prophetae spiritu illustrante monstrata intelligerent.«

936 Luther: Wider die himmlichen Propheten, von den Bildern und Sakrament [1525] (*Werke* 18. Bd., S. 62–214, hier S. 147).

937 Luther: Vom Anbeten des Sakramentes des heiligen Leichnams [1523] (*Werke* 11. Bd., S. 431–456, hier S. 436); auch ebd. (S. 437), so »soll man das worttlin ›Ist‹ lassen stehen ynn seynem eygen natürlichen bedeutten«. Auch Id., Fastenpostille [1525] (*Werke* 17. Bd., II. Abt., S. 1–247, hier S. 76/77), Id., Wider die himmlichen Propheten [1525] (Anm. 936), S. 147 und S. 180, Id., In Genesin Mosi librum sanctissimum Declamationes [1527] (*Werke*, 24. Bd., S. 19–20), Id., Vom abendmal Christi [1528] (Anm. 654), u.a. S. 403.

938 Luther: Daß diese Worte Christi [1527] (Anm. 653), S. 180.

939 Vgl. z.B. Luther: Rationis Latomianae [1521] (Anm. 625), S. 62: »Non erat Latomi tanti Theologi officium asserere, quid possit sic dici, sed quid debeat sic dici.«

940 Ebd., S. 62.

significationi nitendum est.«⁹⁴¹ Konzise heißt es dann bei Francke: »Simplicissimus sensus verissimus« und selbstverständlich: »Sensus literalis praeferendus figurato.«⁹⁴²

Es geht hierbei um eine *hermeneutische* Frage und nicht in erster Linie um eine *Kritik* am bildlichen Sprachgebrauch überhaupt. Auch wenn die Deutung von *Is* 64 als Synekdoche aus seiner Sicht falsch ist, handelt es sich um eine von Luther überaus geschätzte sprachliche Figur: »Est quidem synekdoche dulcissima et necessaria figura et charitatis misericordiaeque dei symbolum«. Mitunter verwendet Luther für die willkürliche Bedeutungszuschreibung auch die Bezeichnung *sensus proprius*,⁹⁴³ und eine seiner zahlreichen Umschreibungen lautet: »Die natürliche Sprache ist fraw Keyserin, die geh uber alle subtile, spitzige, sophistische tichtunge, Von der mus man nicht weychen, Es zwingen denn eyn offenbehrliche artickel des glaubens.«⁹⁴⁴ Wenn auch nicht immer von ihm so deutlich formuliert, spielt nach Luther für das Notwendigkeitskriterium des Bedeutungsübergangs der Konflikt mit der Vernunft keine maßgebliche Rolle, sondern allein der Konflikt mit den (angenommenen) Glaubensartikeln.

Das *erste* Kriterium des Bedeutungsübergangs ist, wenn man so will, die *analogia fidei*. Erst *dieser* Konflikt lasse den Bedeutungsübergang zu einer Notwendigkeit werden;⁹⁴⁵ unbedingt zu vermeiden sei er hingegen, wenn *nulla necessitas* vorliege.⁹⁴⁶ An anderer Stelle spricht Luther von einer »manifesta auctoritas«, die den Bedeutungsübergang erforderlich mache⁹⁴⁷ – nur ein einziges *Beispiel*: Bei der Deutung von *Mt* 16, 18 sowie von 1 *Kor* 10, 4 muss nach Luther *petra* einen geistlichen Felsen meinen. Das fordere nach seiner Ansicht aber nicht die ›Vernunft‹, sondern, »der glaube leydts nicht, das Christus, der eyn mensch ist, eyn natürlich steyn sey.«⁹⁴⁸ Allerdings meint dies nicht – wie Luther angesichts des *est* in den *verba institutionis* bemerkt –, dass bei der Aussage »Christus ist der fels«, »das worttlin ›Ist‹ nicht ßo viel heyssen« kann »als: *Christum* bedeutet der fels, sondern er ists warhafftig selbs.«⁹⁴⁹

---

941 Ebd., S. 64.
942 Francke: Manuductio Ad Lectionem Scripturae Sacrae [1693] (Anm. 690), S. 67.
943 Hierzu auch Wabel (2003), wo das Thema allerdings nicht ausgeschöpft wird.
944 Luther: Wider die himmlichen Propheten [1525] (Anm. 936), S. 137.
945 Vgl. Luther: De servo arbitrio [1525] (Anm. 887), S. 707: »Absurditas itaque una est principalium causarum, ne verba Mosi et Pauli simpliciter accipiantur. Sed ea absurditas in quem peccat articulum fidei? aut quis illa offenditur? ratio humana offenditur, quae, cum in omnibus verbis et operibus Dei caeca, surda, stulta, impia et sacrilega est, hoc loco adducitur iudex verborum et operum Dei. Eodem argumento negabis omnes articulos fidei, quod longe absurdissimum sit.«
946 Luther: Erste Vorrede zum schwäbischen Syngramm [1526] (*Werke* 19. Bd., S. 457–461, hier S. 461).
947 Luther: Rationis Latomianae [1521] (Anm. 625), S. 83.
948 Luther: Vom Anbeten [1523] (Anm. 937), S. 436.
949 Ebd.

Als *zweites* Kriterium, das einen Bedeutungsübergang notwendig macht, kommt seit alters der Zusammenhang der Worte, *circumstantia verborum*, infrage. Luther beispielsweise verwendet in diesem Zusammenhang die Ausdrücke *consequentia* und *praecedentia*.[950] Es handelt sich um eine alte hermeneutische Regel, die mindestens auf Cicero zurückgehen dürfte, auch wenn er die Ausdrücke *praecedentia* und *antecedentia* oder *consequentia* nicht verwendet, sondern *inferiore* und *superiore*.[951] Diese Regel dürfte Augustinus dann wohl von Cicero übernommen haben, und vermutlich ist es der Kirchenvater, der die später gängigen Ausdrücke eingeführt und vermittelt hat.[952] Ein Ausdruck, der im frühen Mittelalter hierfür ebenfalls verwendet wurde, ist der der *circumstantia* einer Stelle.[953] Der Ausdruck *circumstantia* findet sich in diesem Zusammenhang ebenfalls bei Augustin.[954] Dies hängt mit einer Regel zusammen, nach der die innere (logische) stimmige Abfolge eines Textes aufzusuchen sei, und gebräuchlich sind bei den frühen Christen im Rahmen ihrer Exegese Ausdrücke wie ἀκολουθία und τάξις.[955] Glassius verwendet auch den Ausdruck *contextus*, der in der Tradition ebenso geläufig ist. Quintilian verwendet diesen Ausdruck mehrfach, wenn es um die Ordnung und Verbindung der Wörter (»rerum ac verborum contextum sequi«) oder eine Abfolge verbundener Wörter (»verborum contextus«) oder um eine zuammenhängende Rede (»in contextu sermonis«) geht.[956] Ciceros Verwendung erfolgt hingegen durch ein *quasi* distanziert. [957]

In der Sprache der Kirchenväter erscheint der Bedeutungsübergang notwendig zur Vermeidung einer (offenkundigen) Absurdität – *absurditas* ist ein Ausdruck, den auch Luther verwendet[958] und den er bei den Kir-

---

950 Vgl. Luther: De servo arbitrio [1525] (Anm. 887), S. 748: »[...] nihil cogitans de ipso textu, de sequentibus et praecedentibus, unde petenda est intelligentia.«
951 Vgl. Cicero: *De inv.* II, 40, 117, wo es als zweite Regel bei der Ambiguität heißt: »Deinde ex superiore et ex inferiore scriptura docendum id, quod quaeratur, fieri perspicuum. Quare si ipsa separatim ex se verba considerentur, omnia aut pleraque ambigua visum iri: quae autem ex omni considerata scriptura perspicua fiant, haec ambigua non oportere existimare.«
952 Vgl. Augustinus: De doctrina christiana [397–426] (Anm. 187), III, 2, 2 (S. 78): »Quod si ambae uel etiam omnes, si plures fuerint partes, ambiguitatem secundum fidem sonuerint, textus ipse sermonis a praecedentibus et consequentibus partibus, quae ambiguitatem illam in medio posuerunt, restat consulendus, ut uideamus, cuinam sententiae de pluribus, quae se ostendunt, ferat suffragium eamque sibi contexi patiatur.«
953 Bei Thomas: De potentia [1265/66], IV, 1 (*Opera Omnia*, ed. Parma, Tom. VIII, S. 1–218, hier S. 79), findet sich der Ausdruck »salva circumstantia litterae«.
954 Vgl. Augustinus: De diversis Quaestionibus LXXXII [388–95] (*PL* 40, S. 11–100, hier Sp. 75): »Solet circumstantia Scripturae illuminare sententiam, cum ea quae circa scripta sunt, praesentem quaestionem contigentia diligenti discussione tractantur.«
955 Hinweise bei Danneberg (2011b).
956 Vgl. Quintilian: *Inst Orat*, XI, 2, 2, XI, 2, 24 und VIII, 3, 38.
957 Vgl. Cicero: *De Part Orat* 23, 82: *quasi contextu orationi*.
958 Vgl. Luther: Rationis Latomianae [1521] (Anm. 625), S. 63: »In nulla enim scriptura, nedum divina, figuras captare licet pro mera libidine, sed vitari debent et simplici purae primariaeque verborum significationi nitendum est, donec ipsa circumstantia aut evidens absurditas cogat figuram agnoscere.« Auch Id., De servo arbitrio [1525] (Anm. 887), S. 700: »Sic potius sen-

chenvätern in gleichem Zusammenhang lesen konnte. Allerdings findet sich bei ihnen eine Vielzahl von Ausdrücken – bei Origenes etwa »offendicula«, »intercapedines«, »impossibilia«[959] (jeder Ausdruck findet in der biblischen Sprache eine Verwendung: *Röm* 9, 33; 14, 13; 8, 3) –, mit denen das *Fixierte* bezeichnet wurde, auf den sich der Abweichungsgedanke (*defectus litterae*) bezieht.[960] Das *Variable* bildet die Portionen von Wissen, die geteilt und zur Geltung gebracht werden, um Dissens oder Konsens entstehen zu lassen oder festzustellen. Es ist daher zumindest missverständlich, wenn man dieses Abweichungsmodell etwa bei Origenes oder Augustinus *durchweg* als *Absurditätskriterium* aufgefasst hat.[961] Nach einer bestimmten Deutung für *absurd*, nämlich dass (allein) solche Sätze *absurd* seien, die mit den *gewissesten* Wissensansprüchen konfligieren – und *dieses* Verständnis von »absurd« ist nicht nur in der Antike gegeben, sondern reicht noch bis in die Sprache, die etwa zur Verurteilung (von Teilen) der kopernikanischen Theorie gewählt wird[962] –, erscheint das *Absurditäts*kriterium als zu einschränkend, um die Vielfalt der recht unterschiedlichen Bestimmungen der Abweichung in der Geschichte der Hermeneutik zu fassen.[963] Denn es war umstritten, wie sich das Vorliegen eines offenkundigen Widersinns *allgemein* bestimmen lässt. Das, was durchweg geboten wurde, sind *Beispiele*, in denen das Gemeinte sich in ›offenkundiger‹ Weise zeige. Sie zeigen streng genommen aber nur, dass für die Heilige Schrift *in toto* die hermeneutische oder theologische Maxime der wörtlichen Bedeutung nur eine *praesumtio* darstellt, die so lange gilt, bis das Gegenteil, also eine ›Absurdität‹, gegeben sei. Den Ausdruck *praesumtio* verwendet, so weit ich sehe, Luther nicht, aber er kennt die Formel des Beweises des Gegenteils: »[…] esse vocabula naturali significationis usu servanda, nisi contrarium demonstratum.«[964] Angesichts des strengen Notwendigkeitskriteriums stellt es dann auch keine Inkonsequenz hinsichtlich der Maxime der Wörtlichkeit dar, wenn Luther behauptet, dass es in keiner anderen Schrift als der Heiligen Schrift so viele *figurae* gebe.[965]

---

tiamus, neque sequelam neque tropum in ullo loco scripturae esse admittendum, nisi id cogat […] absurditas rei manifestae in aliquem fidei articulum peccans.«
959 Vgl. Origenes: De principiis libri IV [verm. vor 230]/Vier Bücher von den Prinzipien/. Zweisprachige Ausgabe. Hg., übersetzt, mit kritischen und erläuternden Anmerkungen vers. von Herwig Görgemanns und Heinrich Karpp. Darmstadt (1976) 1992, IV. 2, 9 (S. 727–29).
960 Vgl. auch Simonetti (1985), S. 36, wo allerdings wohl zu wenig die Unterschiede beachtet werden, wie sich der *defectus litterae* erzeugt.
961 Wohl zuerst von Pépin (1955); dem sind später Historiker der Hermeneutik mehr oder weniger gefolgt. – Zum Hintergrund auch Harl (1981) und (1982), Zincone (1995).
962 Hierzu auch Hinweise bei Hallyn (2000).
963 Zwar hält auch Teske (1995) das Absurditätskriterium für keine angemessene Wiedergabe der Auffassung Augustins, allerdings aus anderen Gründen als denen, die hier ausschlaggebend sind.
964 Vgl. Luther: De servo arbitrio [1525] (Anm. 887), S. 750.
965 Vgl. Luther: Rationis Latomianae [1521] (Anm. 625), S. 83: »Iam vero hoc libenter asserimus et gaudemus, scripturas frequentissime uti figuris grammaticis, synecdoche, metalipsi, meta-

Zentral für die Auszeichnung des *sensus literalis*, gerade bei der Deutung der Glaubensmysterien und nicht zuletzt bei der Deutung der Einsetzungsworte, ist die auch bei Luther sich findende Vorstellung der Auszeichnung einer *natürlichen Bedeutung* (*significatio naturalis*), die Ausdrücke besäßen und die durch die Sprachgewohnheiten – wie »der gemeyne Man redet« – festgelegt seien; es sei denn, es gebe Hinweise für einen davon abweichenden Sprachgebrauch der Heiligen Schrift als Ganzer oder eines Heiligen Schriftstellers.[966] Zwar werde die Heilige Schrift oftmals den Anforderungen der *grammatica* (*artificialis*) nicht gerecht, aber bei welchem konkreten Sprachgebrauch sei das nicht der Fall: »Wie viel newer artickel werden wyr mussen setzen, wenn wyr die Bibel an allen orten nach der grammatischen regeln wollen meystern? Wie offt redet sie contra conventiam numeri, generis, persone? [...] Ja wilche sprache thuts nicht?«[967] Man hört geradezu das Echo des Kirchenvaters, wenn Luther ausruft: »Soll denn meyn glaube auff dem Donat odder Fibel stehen, so steht er werlich ubel.«[968] Es bestehen verschiedene Möglichkeiten, um Bedeutungen als ›natürliche‹ aufzufassen – etwa als *sensus naturalis*, *significatio naturalis*. Zu unterscheiden ist das, auch wenn es Überschneidungen gibt, zudem von der Idee einer *natürlichen, adamitischen Sprache*, im Sinn eines Nichtarbiträren. Sie ließe sich durch die folgenden drei Aspekte charakterisieren: (1) sie weist keine Ambiguitäten auf, (2) alle Ausdrücke bezeichnen etwas Bestimmtes (es gibt keine referenzlosen Ausdrücke), (3) bestimmte Eigenschaften der sprachlichen Zeichen bezeichnen wesentliche Eigenschaften der bezeichneten Sache. Bei Luther findet sich der Ausdruck *naturalis significatio,* mitunter gebraucht er dafür auch nur *natura*. Bei ihm scheint es sich gelegentlich dabei auch um die Vorstellung zu handeln, dass dieser Sinn, den Grammatik und Sprachgebrauch bieten, deshalb *natürlich* sei, weil ihn Gott im Menschen geschaffen habe.[969]

Wie dem auch sei: Die Bedeutsamkeit dieses Gedankens zur Erzeugung theologischer Wissensansprüche ist offenkundig, wenn Luther die Deutung der Einsetzungsworte »*Das* ist mein Leib« (τοῦτό ἐστιν τὸ σῶμα) als auf den ›Leib‹ des Herrn (und nicht auf das ›Brot‹) referenzialisierend unter Rückgriff sowohl auf den *deutschen* als auch den *griechischen Sprachgebrauch*

---

phora, hyperbole, imo in nulla scriptura frequentiores figurae.«
966 So kann Luther gegen die Berufung des Erasmus auf einen allgemeinen Sprachgebrauch einwenden, nicht der Gebrauch eines fremden Lesers, sondern der des Paulus sei gefragt, vgl. Id., De servo arbitrio [1525] (Anm. 887), S. 702: »Non de alieno lectoris usu, sed de ipsius authoris Pauli usu quaeritur.«
967 Luther: Wider die himmlischen Propheten [1525] (Anm. 936), S. 158.
968 Ebd, S. 157.
969 Vgl. u.a. Luther: De servo arbitrio [1525] (Anm. 887), S. 700: »[...] sed ubique inhaerendum est simplici puraeque et naturali significationi verborum, quam grammatica et usus loquendi habet, (quem Deus creavit in Hominibus).« Auch Id., Wider die himmlischen Propheten [1525] (Anm. 936), S. 155: »Ich weys keyn ander ursache denn das die art der sprachen so gibt und haben will, wie sie Gott geschaffen hat.«

ausschließt.⁹⁷⁰ Er kommt dann zu dem Schluss *panem esse corpus Christi* – oder aber, wie an einer parallelen Stelle, aufgrund des *usus loquendi* und des *sensus communis*.⁹⁷¹ Das lässt sich dann auch im Rahmen der angesprochenen Tradition deuten, gegen ein bestimmtes Wissen, in diesem Fall gegen eine bestimmte *philosophische* Analyse des *est*, einen allgemeinen, auch im Besonderen der Heiligen Schrift geltenden Sprachgebrauch anzunehmen, der sich als *natürliche*, und zwar im Unterschied zur *künstlichen* Grammatik (der Philosophen) auszeichnen lässt⁹⁷²: »absurda est ergo et nova verborum impositio, panem pro specie vel accidentibus panis, vinum pro specie vel accidentibus vini accipi«. Demgegenüber soll alles in »simplicium significatione« genommen werden, »nisi manifesta circumstantia cogat, extra grammaticam propriam accipenda non sunt, ne detur adversariis occasio universam scripturam eluendi.«⁹⁷³ Ähnliches dürfte auch gemeint sein, wenn Luther gegen Andreas Bodenstein von Karlstadt (ca. 1477–1541) einwendet: »Es muß alles ettwas höheres seyn, denn regule grammatice.«⁹⁷⁴ Hinzu kommt, dass ein solcher *sensus naturalis* auch hinsichtlich der allgemeinen Zugänglichkeit der Heiligen Schrift zu sehen ist. Schon früh, später dann wohl nicht mehr so emphatisch von ihm vertreten, sind für Luther auch seine kommentierenden Bemühungen im Vergleich mit dem Text nur *second best* und so kann er imaginieren, dass Gott es geschehen lässt, dass seine und aller Lehrer Auslegungen untergingen, so dass sich jeder Christ allein mit

---

970 Vgl. Luther: Wider die himmlischen Propheten [1525] (Anm. 936), wo es gegen Karlstadt gerichtet heißt (S. 154): »Nu wyr wöllen ursach sagen, warumb Christus ›Tuto‹ odder ›das‹ und nicht ›Der‹ vom Brot saget. Ynn Deutscher zungen gibt's die art der sprache, das, wenn wyr auff eyn ding deutten, das fur uns ist, so nennen und deutten wyrs eyn Das, es sey sonst an yhm selbst eyn Der odder Die, als wenn ich spreche: Das ist der man, davon ich rede [...] Hier beruffe ich mich auff alle Deutschen, ob ich auch deutsch rede. Es ist ye die rechte mutter sprache, und so redet der gemeyne man ynn Deutschen landen.« Daraufhin zeigt Luther dann, dass man sich in der griechischen Sprache in derselben Weise auszudrücken pflegt. Weshalb man für den Ausdruck, *ho artos*, ein Maskulinum, das neutrale τοῦτο verwendet, lässt sich nach Luther nicht erklären (ebd., S. 155): »Ich weys keyn ander ursache, denn das die art der sprachen so gibt und haben will, wie sie Gott geschaffen hat.«
971 Vgl. Luther: De captivitate Babylonica ecclesiae praeludium [1520] (*Werke* 6. Bd., S. 497–573, hier S. 511): »Quod autem in graeco et latino pronomen ›hoc‹ ad corpus refertur, facit similitudo generis, sed in hebraeo, ubi neutrum genus non est, refertur ad panem, ut sic liceat dicere ›Hic est corpus meum‹, quod et ipse usus loquendi et sensus communis probat, subiectum scilicet esse monstrativum panis et non corporis, dum dicit ›Hoc est corpus meum, das ist meyn leib‹, id est, ›iste panis est corpus meum.‹« Was hinzu kommt, ist der grammatische Hinweis, dass das Hebräische kein *genus neutrum* kennt. Luthers Ausführungen sind allerdings (auch) gegen scholastische Theologen gerichtet, die prüfen, inwieweit sich das »Hoc« auf »corpus« beziehen kann, die das aber aus logischen Gründen und aus der Deutung der Konsekrationsworte als einen Vollzug, durchweg wohl ausgeschlossen haben, hierzu auch die ausgezeichnete Untersuchung von Hilgenfeld (1971), S. 41–60, der allerdings die parallele Stelle gegen Karlstadt nicht erwähnt.
972 Vgl. Luther: De captivitate Babylonica [1520] (Anm. 971), insb. S. 509–511.
973 Ebd., S. 509.
974 Luther: Wider die himmlischen Propheten [1525] (Anm. 936), S. 157.

der Heiligen Schrift konfrontiert sieht.⁹⁷⁵ Es gehe demgegenüber um die *natürliche* Grammatik, die die Heilige Schrift befolge und von der gelte: »leret also reden ynn allen sprachen: das wo zwey unterschiedliche wesen ynn ein wesen komen, da fasset sie auch solche zwey wesen ynn einerley red«.⁹⁷⁶

Hiermit ist ein weiteres zentrales Moment der Analyse der *verba institutionis* angesprochen. Auch das lässt sich bei Luther illustrieren, dessen Ansichten entscheidenden Einfluss auf die Lutheraner des 17. Jahrhunderts gehabt haben, wie sich denn auch bei Gerhard und Glassius zeigt. Die Anwendung der *praedicatio identica*, also die (logische) Forderung, dass sich bei einem (wohlgeformten) Satz, Subjekt und Prädikat auf dieselbe Sache zu beziehen haben, macht im Fall von ›Brot‹ und ›Leib Christi‹ den gebildeten Satz (logisch) falsch. Hieraus folgt dann entweder ein Bedeutungsübergang, der die Falschheit eliminiert, oder aber die *veritas locutionis* dieses Satzes erfordert eine Erklärung, weshalb die *praedicatio identica* durch den entsprechenden Satz *nicht* verletzt werde, der Satz daher auch nicht zwingend (logisch) falsch sein muss. Letzteres musste dabei nicht bedeuten, dass solche Erklärungen in dem Sinn ›rational‹ sein mussten, dass sie ohne die Annahme in der zeitgenössischen Vorstellung eines ›Wunders‹ auskommen mussten – wie das etwa bei der Deutung als Transsubstantiation gegeben ist.

Luther akzeptiert zwar das (logische) Verbot der *praedicatio identica de diversis naturis*, aber es geht ihm um den Aufweis, dass der biblische wie der (hier relevante) allgemeine Sprachgebrauch diesem Verbot nicht widerstreitet, da etwa im Fall der Einsetzungsworte die durch die Kopula vereinten Substanzen nicht im physischen Sinn als identisch behauptet werden, »sondern es trewmet dem Vigleph [scil. Wyclif] und den sophisten also, den ob gleich leib und brod zwo unterscheidliche naturn sind ein igliche fur sich selbs, und wo sie von einander gescheiden sind, freylich keine die ander ist.« Aber dort, wo »sie zu samen komen und ein new, gantz wesen werden, da verlieren sie yhren unterscheid, so fern solch new einig wesen betrifft, und wie sie ein ding werden und sind, also heißt und spricht man sie denn auch für ein ding«.⁹⁷⁷ Es handelt es sich um eine *praedicatio identica*, wie sie sich nach Luthers Ansicht in der Heiligen Schrift in Übereinstimmung mit dem natürlichen Sprachgebrauch darbiete. So kann Luther denn auch sagen: »Weil denn nu solch weise zu reden beyde inn der schrift und allen sprachen gemein ist, so hindert uns ym abendmal die praedicatio identica nichts.

---

975 Vgl. Luther: Evangelium am Tage der heiligen drei Könige, Matth. 2, 1–12 (*Werke* 10. Bd, I. Abt., S. 555–729, hier S. 728): »O das gott wollt, meyn und aller lerer außlegung untergiengen, unnd eyn ieglicher Christenn selbs die blosse Schrifft und lautter gottis wortt fur sich nehme!« Vgl., auch Id., Wider die Bulle des Endchrist [1620] (Werke 6. Bd., S. 616) »[D]as ich nit liebers haben mocht, den aller meiner bucher untergang, wilch ich auch nur habe must lassen auszgahen, die leut vor solchen yrthumen zuwarnen, und in die Biblien zufuren, das man der selbenn vorstandt erlangt, und dann meine buchle vorschwinden liesz.«
976 Luther: Vom abendmal Christi [1528] (Anm. 654), S. 443.
977 Ebd., S. 444.

Es ist auch keine da.«⁹⁷⁸ Es ist der zentrale Gedanke eines *Zugleich*: zugleich Brot und Leib, zugleich Wein und Blut. Wenn man so will, dann versucht Luther das Problem *erstens* durch eine veränderte Bedeutungszuweisung zu lösen und *zweitens* durch die Annahme, dass diese Bedeutungszuweisung unter Maßgabe des allgemeinen (›natürlichen‹) Sprachgebrauchs als ›wörtlich‹ aufzufassen ist. Darüber hinaus unterscheidet Luther gelegentlich zwei Arten von *signa*, die philosophischen, die Anzeichen von Abwesendem, und die theologischen, die Zeichen von Anwesendem sind, von etwas, das seine Gegenwart durch sich selbst zeigt.⁹⁷⁹ Dieser zweite Schritt ist der entscheidende, denn er führt von einem literalen *sensus primarius* nicht zu einem übertragenen *sensus*, sondern erneut zu einem literalen. Nach der *probatio theologica* bewahrt dies, wie gesehen, die beweisfähige Kraft der *verba institutionis*, die sie (möglicherweise) in ihrer Deutung in einem übertragenen Sinn verlieren würden.

Zusammengefasst: Die ›spitze logica‹, von der Luther spricht, erscheint als die *logica artificialis* der Philosophen, die gelegentlich, aber nicht immer mit der ›Logik‹ übereinstimmt, die sich in der *grammatica* (im Sprachgebrauch) niederschlägt: »Und also wider alle vernunfft und spitze Logica halte ich, das zwey unterschiedliche Wesen wol ein wesen sein und heissen mügen«.⁹⁸⁰ Luther kann sogar sagen: Wie wolle man »logica wissen, ehe man die grammatica kann; eher lehren denn hören, eher richten denn reden, da sol nichts rechts aus folgen.«⁹⁸¹ Das ist nicht nur ein Echo der *grammatica* als *fons et origo* im Verbund des Triviums. Darüber hinaus spricht er nicht nur davon, dass sich der theologische *usus loquendi* von dem philosophischen unterscheide, sondern zudem davon, dass der Heilige Geist seine eigene *grammatica* habe: »Spiritus sanctus habet suam grammaticam.«⁹⁸² Gemeint ist wohl zumindest, dass jemand, der in gewisser Hinsicht grammatisch falsch spricht, nach dem Sinn seiner Worte Wahres sagen kann. Luther kennt auch den negativen Gebrauch des Ausdrucks *nova grammatica*, und zwar im Unterschied zu der natürlichen, der man sich nur entziehen könne, wenn der Mensch eine neue Grammatik oder einen neuen Sprachgebrauch einführe.⁹⁸³

Der Frage, wie es sich mit dieser *grammatica* des Heiligen Geistes und den neuen Ausdrücken (*nova vocabula*) sowie der hermeneutischen Annah-

---

978 Ebd., S. 443.
979 Vgl. Luther: Tischreden, 4. Bd. (Anm. 525), Nr. 5106, S. 666: »Signum philosophicum est nota absentis rei, signum theologicum est nota praesentis rei.«
980 Luther: Vom abendmal Christi [1528] (Anm. 654), S. 439.
981 Ebd., S. 440/41.
982 Luther: Disputatio De divinitate et humanitate Christi [1540] (Anm. 524), S. 104.
983 Ebd.: »Tanta est simplicitas et bonitas Spiritus sancti, ut homines sui, dum falsa loquuntur grammatice, vera loquuntur sensu.«

me eines natürlichen (allgemeinen) Sprachgebrauchs bei Luther verhält,[984] kann ich hier ebenso wenig nachgehen wie den Fragen, was Luther mit dem Ausdruck *veteris linguae usu* meinen könnte,[985] ob es sich bei den Glaubensmysterien nach Luther um *nova significatio in eadem re significata* oder (auch) um *nova res* im Rahmen der *nova grammatica* handeln soll,[986] sowie schließlich der Frage, wie es sich mit der ›Grammatik‹ bei solchen ›Wörtern‹ verhält, mit denen Gott die Welt geschaffen habe: Es handelt sich nach Luther dabei nicht um ein grammatisches Vokabular, sondern um *verae et subsistentes res*. Das, was der Mensch als Wort höre, sei für Gott tatsächlich das Ding selbst. Die Worte der *grammatica divina* sind Dinge und nicht *nur* Worte.[987] Die Geschöpfe als ›locutiones dei‹ seien aber nicht nur ›Zeichen‹ – das zu vergessen, bedeute, Denken und Sein zu verwechseln:[988] Eine *grammatica divina*, die der Mensch (in gewisser Hinsicht) *ante lapsum* noch zu ›verstehen‹ vermochte.[989]

Wichtig ist schließlich, dass mit Luthers Ansicht, bei den strittigen Formulierungen handle es sich nicht um einen Tropus, sondern um eine Synekdoche, unterschiedliche disziplinäre Zuweisungen einhergehen. Traditionell unterschied man, wie erwähnt, zwischen *tropus* und *figura*: Das erste, weil es sich allein auf den Gebrauch eines Wortes beziehe, wurde der Gramma-

---

984 So in Luther: De servo arbitrio [1525] (Anm. 887), S. 774: »[...] nisi nova grammatica aut novus usus loquendi introducatur.« Zum ›Erfinden‹ einer *nova grammatica* auch S. 703.
985 Vgl. Luther: Die Disputation de Sententia [1539] (Anm. 506), hier S. 19.
986 Vgl. u.a. Luther: Die Promotionsdisputation von Georg Major und Johannes Faber [1544] (*Werke* 39/II. Bd, S. 284–336, hier S. 303/04): »Oportet hic etiam grammaticam totam induere novas voces, cum loqui vult de Deo. Cessat etiam numeri ordo: unus, duo, tres. In creaturis quidem valet, sed hic nullus numeri ordo, loci et temporis est. Drumb muss mans hie gar anderst machen et constituere aliam formam loquendi, quam est illa naturalis. Hic nullus ordo, sed coaeternitas, coaequalitas, imago, natura muss gar neue sein. Multi disputarunt de hominis vocabulo, an unitatem in Christo significet. Es mus nova res sein. [...] In Christo autem habent novam grammaticam et dialecticam, novam linguam et novam cogitationem et sapientiam, das heist: nova facit omnia. Drumb muss man hie originem, imaginem, similitudinem alles anderst verstehn.«
987 Vgl. Luther: [Vorlesungen über 1. Mose von 1535–45] (Anm. 305), S. 17: »Deus enim vocat ea, quae non sunt, ut sint, et loquitur non grammatica vocabula, sed veras et subsistentes res, Ut quod apud nos vox sonat, it apud Deum res est. Sic Sol, Luna, Coelum, terra, Petrus, Paulus, Ego, tu, etc. sumus vocabula Dei, Imo una syllaba vel litera comparatione totius creaturae. Nos etiam loquimur, sed tantum grammatice, hoc est, iam creatis rebus tribuimus apppellationes. Sed Grammatica divina est alia, nempe ut, cum dicit: Sol splende, statim adsit sol et spleendeat. Sic verba Dei res sunt, non nuda vocabula.« Zu weiteren Belegen Beutel (1991), S. 99–112.
988 Das entwickelt Luther im Anschluss an *Ps* 77, 2, vgl. Id., Dictata super Psalterium [1513–16] (Anm. 310), S. 560/61, wo es in einem *corollarium* heißt, dass in diesem Vers (*Aperiam in parabolis os meum, loquar propositiones ab initio*) mehr Phiolosophie enthalten sei, als wenn Aristoteles 1000 Metaphysiken verfasst hätte. Der Vers lehre, dass alle sichtbaren Geschöpfe Gleichnisse seien und voller mystischer Belehrung darüber, wie Gott alles weise disponiert und eingerichtet habe; daher sei jedes Geschöpf ein *verbum* Dei, und daraus folge, dass alle Geschöpfe als *locutiones dei* zu sehen seien.
989 Hierzu u.a. Steiger (2004).

tik zugerechnet, das zweite der Rhetorik, da es sich auf die Konstruktion und den Aufbau der Rede bezieht. Allerdings wurde mitunter *figura* auch dort verwendet, wo eigentlich *tropus* als Bezeichnung angebracht gewesen wäre.[990] Der Sprachgebrauch ist unsicher, und hat nicht wenig mit der Anerkennung der jeweiligen Disziplin zu tun. So heißt es in den *Loci Theologici* Gerhards zu *Hoc est corpus meum* unumwunden: »Neque hic ullus subest tropus rhetoricus, sed grammatica synecdoche [...].«[991] Aus der Sicht der Zeit verbleibt die Zuschreibung als Synekdoche, wie bei Luther, in der Grammatik, die eines Tropus, wie es bei den Reformierten geschieht, gehört in die Rhetorik: Der disziplinäre Unterschied, der sich hier andeutet, ist der, dass die *grammatica* mit dem *senus literalis* zu tun habe, damit also mit dem in jedem Fall beweisfähigen Sinn, die *rhetorica* hingegen mit dem *sensus figuratus*. Genau diese disziplinäre Zuordnung von Synekdoche und Tropus bietet auch Glassius in seiner *Philologia sacra*.

Seine Pointe erfährt das dann, wenn man sieht, dass gerade vom grammatischen Wissen, verstanden als das Buchstäbliche, *Gewissheit* erwartet und verlangt wurde, und just dies erscheint als Voraussetzung, um (theologische) *Einigkeit* zu stiften. So heißt es bei Luther erneut im Blick auf die Deutung des *est* als *significat*:

> Da hebt sichs denn, da mussen die wort nicht zuversteen sein, wie sie von art lauten: man mus sie denen und biegen, da ein Tuto, da ein Significat, da ein Figura, da die wort umbkehren, da den text versetzen, da den text mengen wie ein karten. Sihe, da komen die secten her; bliben sie aber auff den worten, wie sie da stehen, oder beweiseten aus dem text und folge oder sunst mit gutem grunde, das die wort anders, denn sie lauten, zu verstehen weren, so wurden sie keine rotten an richten.[992]

Noch prägnanter: »Denn es gar viel ein anders ist, wenn ich sage, ›das mag so heißen‹ und wen ich sage: ›das muß so heißen und kan nicht anders‹. Auff das erste kan sich das gewissen nicht verlassen, auff das ander aber kan sichs verlassen.«[993] Seine eigenen Deutungen nimmt Luther davon nicht aus: Er würde seine Sicht ändern, wenn seine Gegner ihr Verständnis des Abendmahls *exegetisch beweisen* könnten:[994] »[...] man mus die tropos zu erst beweisen, das sie da seyen, ehe man da mit streite.«[995] Das strittige Problem fasst Luther offensichtlich als ein solches, das sich auf der Grundlage des Sprachwissens *definitiv* entscheiden lässt, und zugleich ist er der Ansicht, ex-

---

990 Das ist z.B. der Fall bei Augustinus: De doctrina christiana [396/7 und 425/6] (Anm. 187), III, 29, 41.
991 Gerhard: Loci Theologici [1636], 21, 10, 131 (V, ed. Frank, S. 76).
992 Luther: Erste Vorrede zum schwäbischen Syngramm [1526] (Anm. 946), S. 461.
993 Ebd., S. 457. Auch Luther: Rationis Latomianae [1521] (Anm. 625), S. 64, wo es über zu einer Jesaja-Stelle heißt: »[Latomo] non sufficit dicere, ›potest hoc figurate intelligi [...]«.
994 Vgl. Luther: Vom abendmal Christi [1528] (Anm. 654), S. 489.
995 Ebd., S. 319.

egetisch im Recht zu sein.[996] Darüber hinaus ist das, was zumindest an dieser Stelle, wenn auch indirekt bei Luther anklingt und spätestens bei John Locke in aller Deutlichkeit formuliert wird, die Einsicht: Die Gewissheit des (dogmatischen) Beweises, der aus der Heiligen Schrift interpretatorisch zu führen ist, kann niemals größer sein als die Gewissheit der Interpretation. Die Pointe am Ende des 17. Jahrhunderts liegt just darin – und Locke hat es explizit ausgesprochen –, dass jede Interpretation nur *wahrscheinlichen* Charakter besitzt.[997]

In *gewisser* Hinsicht ist das Notwendigkeitskriterium für den Bedeutungsübergang unstrittig und unterstreicht die besondere Rolle des *sensus literalis*. Das bedeutet allerdings nicht, dass man einig darin war, *woran* sich diese Notwendigkeit bemisst. Allgemein formuliert handelt es sich um eine erste Bedeutungszuweisung *b*, die mit solchen Annahmen {A} konfligiert, die in der gegebenen epistemischen Situation *Anerkennungs-* respektive *Geltungsüberschuss* besitzen, so dass der Konflikt zwischen *b* und {A} mit der Zurückweisung der ersten Bedeutungszuweisung *b* zu schlichten ist. Damit ist freilich noch nicht festgelegt, worin eine zweite Bedeutungszuweisung *b**, die an die Stelle von *b* tritt, konkret besteht. Daran wird auch deutlich, dass die Priorität des *sensus literalis proprius* – technisch gesprochen – immer nur eine hermeneutische oder beweistheoretische *praesumtio* darstellt. Es wäre für die Geschichte der Hermeneutik wie für die der Textinterpretation erhellend, an ausgewählten Beispielen den jeweils maßgeblichen Annahmen {A} in der Auslegungsgeschichte bei der Zurückweisung von einer ersten Bedeutungszuweisung, aber auch in der Kritik von Interpretationen nachzugehen – und dies nicht allein im Blick auf die Heilige Schrift. Das kann hier ebenso wenig geschehen, wie den Blick auf andere Wissensbereiche zu werfen, bei denen ein ähnliches Kriterium eine Rolle spielt – nur ein Beispiel: Bei Michael Mästlin (1550–1631) heißt es im Zusammenhang mit der Erklärung der Kometenbahn, und zwar unter Anwendung der *heliozentrischen* Theorie des Kopernikus, zur Rechtfertigung dieses Vorgehens: »Has de admirando Cometae huius motu demonstrationes, produxi, non ex hypothesibus longo aevo usurpatis, & pro veris habitis, sed, ut ante dici, ex Copernici sententia, non, quod novitatis amore deceptus aut fascinatus, eam approbare velim, sed potius, quod extrema necessitate compulsus, eo descenderim [...].«[998] Also: Den Beweis über die Bewegung des bewunderungswürdigen Kometen habe er nicht aus Hypothesen abgeleitet, die seit alter Zeit gängig gewesen seien, sondern aus der Lehre des Kopernikus, und zwar nicht, weil er der Neigung zu Neuigkeiten nachgegeben habe – ge-

---

996 Hierzu die Äußerungen u.a. in ebd., S. 262–264 und S. 266, ferner Id., Kurzes Bekenntnis vom heiligen Sacrament [1544] (*Werke* 54. Bd., S 119–167, hier S.148–153 sowie S. 156/57).
997 Hierzu Danneberg (1994a), auch (2009d).
998 Vgl. Mästlin: Observatio & Demonstratio Cometae Aetherei qui Anno 1577 et 1578 constitutus, in Sphaera Veneris apparuit [...]. Tubingae 1578, S. 54.

täuscht und fasziniert sei –, sondern er sei aufgrund äußerster *Notwendigkeit* zu dieser Überzeugung gelangt. Allgemein gesagt: Umso stärker das Kriterium ist, das bezogenen auf einen fixen Bezugspunkt eine Abweichung gegenüber den Erwartungen indiziert, desto bewahrender und traditioneller sind die Wandlungen respektive die Veränderungen.

8. *Herodes est vulpes* und *Hoc est Corpus meum*: Komplexe Bedeutungsübergänge

Beim Bedeutungsübergang stellen sich angesichts der angenommenen Besonderheit der Heiligen Schrift jedoch spezielle Probleme. Zur Illustration soll ein offenbar theologisch harmloses und hinsichtlich der Voraussetzungen einfaches Beispiel dienen, dessen Vollzug einen basalen hermeneutischen Vorgang *par excellence* darstellt: den Bedeutungsübergang vom *sensus literalis proprius* zum *sensus literalis figuratus*. Angesichts der Einsetzungsworte wäre auf den ersten Blick naheliegender eine Stelle zu nehmen, die ähnlich ist – in der vom Brot des Lebens gesprochen wird (Joh 6) – und die nicht wörtlich zu verstehen sei, sondern im *sensus figurativus*, so denn auch bei Glassius.[999] Ich wähle ein anderes Beispiel, das auf den ersten Blick unproblematisch zu sein scheint. Es findet sich auch bei Glassius, ist jedoch bei näherer Betrachtung alles andere als voraussetzungslos: zum einen wegen des dabei angenommenen hermeneutischen Vorgangs, zum anderen aber auch wegen einer komplizierten Problemlage, die mit dem Ort zusammenhängt, dem es entnommen ist, nämlich der Heiligen Schrift. Aus *Lk* 13,32 wird geschlossen, dass *Herodes* als *Fuchs* bezeichnet wurde. Angesichts des Wissenskontextes, den die Heilige Schrift zu diesem Eigennamen bietet, handelt es sich (zumindest) auf den ersten Blick um eine *falsche*, in der Heiligen Schrift vorkommende Aussage. Nicht nur für Glassius ist das ein vollkommen ausgeschlossener Befund. *Quidquid scriptura docet, infallibiliter verum est* – gilt durchgängig als Interpretationsnorm.[1000] Für die *hermeneutica sacra* im Allgemeinen, für die *philologia sacra* im Besonderen gilt daher der *canon*: *a veritate valet consequentia ad veritatem hermeneuticam* – sowie: *in scriptura sacra a veritate hermeneutica ad veritatem dogmaticam valet consequentia*. Das bedeutet aber auch, dass eine Bedeutung, die einem Satz der Heiligen Schrift philologisch

---

999 Vgl. Glassius: Philologia sacra [1623, 1705] (Anm. 2), lib. II, pars I, tract. II, sectio I, art. II, Sp. 371.

1000 Vgl. z.B. Hieronymus: Commentariorum in Jeremiam libri sex [415], 31, 35 (*PL* 24, Sp. 679–900, hier Sp. 885A): »Scripturae mentiri non potest.« Auch Id., In Commentaria in Naum, 1, 9 (*PL* 25, Sp. 1231–1272, hier Sp. 1238C.

zugewiesen wird und aus ihm eine falsche Aussage macht, keine richtige Bedeutungszuweisung sein *kann*.

Der Konflikt angesichts des Notwendigkeitskriteriums löst sich, indem die Aussage unter eine Kategorie des metaphorischen Sprachgebrauchs subsumiert wird – wie dies denn auch bei Glassius geschieht. Der basale hermeneutische Vorgang ist der des Übergangs von einer bestimmten ersten Bedeutung zu einer anderen, zunächst allein durch die Unzulässigkeit der ersten beschränkten Bedeutung. Fragt man, weshalb ein solches Beispiel überhaupt relevant ist und von Glassius explizit angeführt wird,[1001] dann verweist dieses scheinbar triviale Beispiel auf ein Bündel immenser Probleme, die man freilich nicht allein bei der *hermeneutica sacra* mit dem Erkennen des Vorliegens eines metaphorischen Sprachgebrauchs gehabt hat – letztlich noch immer hat.[1002] Im Fall der Heiligen Schrift tritt als spezielles Problem hinzu: Der Bedeutungsübergang, mit dem die erste zugewiesene Bedeutung aufgegeben und durch eine übertragene ersetzt wird, ist Ausdruck einer bestimmten Ungewissheit respektive führt eine solche eine, und zwar aufgrund einer Vagheit des Textes, einer Ambiguität, einer *ambiguitas* – wie es bei Glassius heißt, aber auch bei Augustin, der gerde die Kenntnis der Tropen als erforderlich erachtet, die Ambiguitäten des Textes aufzulösen[1003] oder bei Luther, der den Ausdruck zudem nicht selten in einem Atemzug mit *obscuritas* verwendet.[1004]

Eine Gefährdung der Gewissheit der Heiligen Schrift sei deshalb gegeben, weil es der für die *probatio theologica* erforderlichen und grundsätzlichen (äußeren) *claritas scripturae* zu widerstreiten droht. Im Fall figurativer Rede wird die drohende *ambiguitas* von Luther in bestimmten Fällen zu umgehen

---

1001 Vgl. z.B. Glassius: Philologia Sacra [1623, 1705] (Anm. 2), lib. I, tract. III, Sp. 263: »Vox *Vulpes* solitarie considerata & *animal terrestre*, & *hominem astutum* significat, & ita est ὁμώνυμος atque ambigua. At in propositione, *Herodes est vulpes*, Luc. 13, 32, perspicuum est, remota altera significatione, qua animal terrestre & quadrupes notat, manere tantum alteram istam, metaphoricam, ubi ambiguitas omnis est sublata. Par vocum Haebraicarum in Vet. & Graecarum in Nov. Test. a Spiritu Sancto usurpatarum, est ratio.« Auch lib. II, pars I, tract. II, Sp. 367.
1002 Vgl. Danneberg (2002), sowie (1995).
1003 Vgl. z.B. Augustinus: De doctrina christiana [396/7 und 425/6] (Anm. 187), III, 5, 9 (S. 82): »Sed uerborum translatorum ambiguitates, […].« Sowie III, 29, 41: »[…] quorum cognitio […] scripturarum ambiguitatibus dissoluendis est necessaria, […] et sic pleraque inuenta sunt, quae latebant.« Nach ihm gibt es im wesentlichen zwei Gründe, die eine Interpretation erforderlich machen: entweder sind die Zeichen unbekannt (*ignota*) oder uneindeutig (*ambigua*).
1004 Vgl. z.B. Luther: De servo arbitrio [1525] (Anm. 887), S. 769: »Obscuritatem et ambiguitatem caussari non potes, res et verba sunt clarissima et simplicissima.« – Zu unterscheiden wäre davon, wenn Luther von *äquivok* und *univok* spricht. Die Ausdrücke, mit denen insbesondere die Glaubensmysterien beschrieben werden, seien äquivok und wichen daher von der (philosophischen) Forderung nach Verwendung univoker Ausdrücke ab, vgl. z.B. Id., Disputation de divinitate [1540] (Anm. 524), S. 105: »Haec pugnantia non fit inter aequivoca, sed inter univoca. Est enim duplex creaturae significatio«, oder S. 107: »Est aequivocatio in vocabulo simpliciter."

versucht, indem er die entsprechenden Ausdrücke als ›neue‹ oder ›andere‹ Worte auffasst: »[...] die kinder ynn der schule sagen, das same und Acker seyen tropi odder vernewte worter nach der Metaphora, Denn vocabulum simplex et metaphoricum sind nicht ein, sondern zwey wort. Also heist Same hie nicht korn noch weitzen, sondern Gottes wort und Acker heist die welt, denn Christus [...] redet ynn gleichnissen und nicht von naturlichem korn oder weitzen.«[1005] Der Tropus sei ein »newe wort: Man »nympt das alte wort, welches die gleichnis ist und gibt yhm ein newe deutunge, welche das rechte wesen ist.«[1006] Entscheidend ist: Nach »potestate ac significatione pura, nach der macht, brauch, deutunge« sind es »zwey wort, ein altes und ein newes«.[1007] Also: Nicht *ein* Wort und *zwei* Bedeutungen, sondern zwei *Worte* mit jeweils *einer einzigen* Bedeutung – wenn man so will, dann versucht Luther den metaphorischen Sprachgebrauch in bestimmten Fällen nach dem Muster von Homonyma aufzufassen.[1008]

Luthers technischer Gegenbegriff zu *ambiguitas* ist *simplicitas*, *simplicitas scripturae*, der ›einfältige Sinn‹; mitunter steht bei ihm die Wendung *simpliciter* auch für ein wörtliches Verständnis.[1009] *Simplicitas* meint den *einen* Sinn (*unitas sensus, una simplex significatio*[1010]), und die Maxime der *simplicitas* des Wortes Gottes gehört zu den Herzstücken sowohl der *probatio theologica* als auch der *probatio hermeneutica* Luthers sowie durchweg der protestantischen Hermeneutik in der Zeit des Glassius, der es für den sensus literalis auf die Formel birngt, dieser sei »unicus, simplex & constans«.[1011] Der *unicus sensus simplicissimus* bildet die Voraussetzung für die Gewissheit des Schriftbeweises: »neque enim scriptura plusquam unicum sensum simplicissimum habet.«[1012] Oder wie Luther lakonisch sagt: ein »ungewisser text ist eben als kein text«.[1013] Calvin zum Beispiel wendet sich explizit gegen die Ansicht, dass die Heilige Schrift, da sie »foecunda« sei, auch »multiplices sensus« besitze. Zwar ist er der Ansicht, dass die Heilige Schrift die reichste und unausschöpfbare

---

1005 Luther: Vom abendmal Christi [1528] (Anm. 654), S. 277.
1006 Ebd., S. 382.
1007 Ebd., S. 272.
1008 Vorgebildet in gewisser Hinsicht bei Aristoteles: *De cat*, I (1a1ff), der dort als Beispiel den griechischen Ausdruck ζῷον bringt, der sowohl Mensch als auch Zeichnung bedeuten könne. An anderer Stelle, *Eth Nic*, 3 (1096b27) unterscheidet er die ›zufällige Homonymie‹, bei der zwischen den beiden Bedeutungen des einen Ausdrucks keine Beziehung besteht, von solchen Homonymien, bei denen eine Beziehung besteht und die sich zum Teil deuten lassen als entstanden aus einem metaphorischen Gebrauch, der usuell geworden ist.
1009 So etwa bei Luther: De servo arbitrio [1525] (Anm. 887), S. 707. Dahinter steht die allgemeine Auffassung der göttlichen *simplicitas*; zur Auffassung dieser *simplicitas* und ihrer neueren Erörterung vgl. Rogers (1996).
1010 Luther: Rationis Latomianae confutatio [1521] (Anm. 625), S. 83 sowie S. 119.
1011 Vgl. Glassius: Philologia sacra [1623, 1705] (Anm. 2), lib. II, pars I, tract. II, sectio I, Sp. 395.
1012 Luther: Operationes in Psalmos [1519–21] (Anm. 303), S. 645. Auch ebd., S. 280: *unus simplex constans sensus* angesichts der *intentio autoris psalmi*.
1013 Luther: Vom abendmal Christi [1528] (Anm. 654), S. 263.

Quelle der Weisheit sei, mithin überaus fruchtbar. Aber er leugnet, dass sie daher auch verschiedene Bedeutung besitze, die ihr jedermann beliebig zuweisen könne. Statt dessen soll man ihren genuinen und einfachen Sinn erkennen und deshalb soll man jede Bedeutungszuweisung, die vom literalen, sprich von dem *einen* Sinn abführt, als zweifelhaft zurückweisen.[1014] Auch er verknüpft diese Forderungen mit der Gewissheit.[1015]

Der eine Sinn, die simplicitas, meint – wie bereits gesehen – zugleich den nichttäuschenden Sinn. Aufschlussreicher ist, dass bei Melanchthon die Begründung der Maxime des einen Sinns nicht unter Heranziehung theologischer Annahmen erfolgt, sondern unter Rückgriff auf das profane Wissen des Triviums. Grammatica, rhetorica und dialectica forderten nach ihm eine solche Maxime: »Caeterum nos meminerimus unam quandam ac certam et simplicem sententiam ubique quaerendam esse iuxta praecepta grammaticae, dialecticae et rhetoricae. Nam oratio, quae non habet unam ac simplicem sententiam, nihil certi docet.«[1016] Den Bezug für den Ausschluss der Sinnvielfalt und für die Forderung des einen und festen Sinns bildet die tota narratio sowie eine Vorstellung von Sprachgewohnheit:

> Si quae figurae occurrent, hae non debent multos sensus parare, sed iuxta consuetudinem sermonis unam aliquam sententiam, quae ad caetera quadret, quae dicuntur. Et ad hoc usum haec pueris doctrina de figuris et omni ratione dicendi reperta est, ut discamus iudicare de sermone, et unam ac certam sententiam ex qualibet oratione colligere.[1017]

Wenn Michel de Montaigne (1533–1592) sagt, dass die »Rechtshändel« allein aus der »strittigen Auslegung der Gesetze« entstehen, und die »meisten Kriege« aus der »Unfähigkeit, die Verträge und Abkommen der Fürsten eindeutig abzufassen«, führt er als Beispiel an: »Wie viele und folgenschwere Zwistigkeiten hat der strittige Sinn dieser einen Silbe: hoc über die Welt gebracht«.[1018] Anspielen könnte Montaigne auf den Streit um die Bezugnahme des Ausdrucks τοῦτο auf den Leib des Herrn und es könnte sein, dass er dabei auf die innerprotestantischen Auseinandersetzungen abhebt. Luther zum Beispiel, der dies als eine Auffassung Karlstadts identifiziert und zurückweist, würde freilich gerade nicht Montaignes Ansicht teilen, dass das an einer Ambiguität des Ausdrucks selbst liegt. Es könnte aber

---

1014 Calvin: Commentarius in Epistolam ad Galatos [1548] (CR 78, Sp. 227), zu Gal 4, 22: »Scriptura, inquiunt, foecunda est ideoque multiplices sensus parit. Ego scripturam uberrimum ex inexhaustum omnis sapientiae fontem esse fateor: sed eius foecunditatem in variis sensibus nego consistere, quos quisque sua libidine affingat. Sciamus ergo eum esse verum scripturae sensum, qui germanus est ac simplex: quemque amplectamur et modicus teneamus. Fictitias expositiones, quae a literali sensu abducunt, non modo negligamus tanquam dubias, sed fortiter repudiemus tanquam exitiales corruptelas.«

1015 Vgl. Calvin: *Commentarii in quinque libros Mosis* [1554] (Anm. 845), zu *Gen* 2, 8 (Sp. 37).

1016 Melanchthon: Elementorum Rhetorices [1531, 1542] (Anm. 563), Sp. 468.

1017 Ebd.

1018 Michel de Montaigne: Essais [...]. Zürich 1953, *Apologie des Raimund Sebundus* [1569], S. 450/51.

(auch) sein, dass sich Montaigne auf die älteren oder die innerkatholischen Auseinandersetzungen bezieht. Bereits die Scholastiker waren sich hier uneins. So ist Thomas von Aquin der Ansicht, Christus hätte, wenn er das Brot meinen würde »*Hic* est corpus meum« sagen müssen. »Hoc« beziehe sich nach dem Aquinaten als unbestimmter Hinweis, als allgemeines Pronomen, auf die allgemeine Substanz.[1019] Allerdings war das bereits damals nicht die Mehrheitsmeinung und die Auseinandersetzungen zu dieser Frage hielten an.

Zu denjenigen, die eine Bezugnahme des *hoc* auf die Substanz des Brotes zurückweisen, gehörte zum Beispiel Francisco de Suárez (1548–1617).[1020] Das geschieht in seiner ebenso voluminösen wie subtilen Abhandlung *De Eucharistia*, in der der *omnium metaphysicorum papa et princeps* ausführlich die Bedeutung der Einsetzungsworte erörtert. Bei den *verba institutionis* gibt es nicht nur die Frage der richtigen Bedeutung, von der im Verständnis der Christen gleichwohl ihre Wahrheit nicht abhängt. Sie sind wahr (nach den *canones* der *hermeneutica sacra*) unabhängig davon, welche Bedeutung ihnen richtiger Weise zugesprochen wird. Auf dieses Moment wird noch zurückzukommen sein. Doch handelt es sich nicht um eine mehr oder weniger gewöhnliche Wahrheit wie etwa in Aussagesätzen. Nach Luther sind die Einsetzungsworte (in Parallele zu *Gen* 1: *Es sei Sonne und Mond*) nicht ein »Nachwort«, sondern ein »Machtwort, das da schaffet«.[1021] Just auf diesen Aspekt konzentriert Suárez einen wesentlichen Teil seiner logischen Analyse der *verba institutionis*.

Nicht zuletzt geht es darum, dass es sich bei den *verba institutionis* um einen speziellen Sprechakt handelt, der erst mit seinem Vollzug etwas entstehen lässt und der so als eine Sprachäußerung aufgefasst wird, die einen zeitlichen Ablauf umfasst. Suárez orientiert sich dabei, wenn auch immer wieder kritisch, an der *Summa theologica* III, q. 78, des Aquinaten. Vereinfachend ist er der Ansicht, solche ›praktischen‹ oder ›operativen‹ Äußerungen wie die *verba consecrationis* würden nicht durch etwas wahr gemacht, das zuvor bereits existiert habe, sondern erst bei Abschluss des sprachlichen Vollzugs seien sie wahr oder falsch:[1022] Die *vis consecrativa instrumentalis* folge der (ausgesprochenen) *significatio* der einzelnen Wörter. Angesichts der Autorität der Heiligen Schrift handle es sich bei den Einsetzungsworten um ei-

---

1019 Vgl. Thomas: Summa Theologica [1266–73] (Anm. 246), III, q. 75, a. 2–4 (S. 474–476).
1020 Vgl. Suárez: De Eucharistia [1595], d. 58, s. 7, n. 7 (*Opera omnia* XXI, ed. Vivès, S. 335): »[…] respondetur, illud pronomen *hoc*, non designare substantiam panis, cum primum proferatur, cum tunc habeat quasi suspensam et indefinitam significationem suam; tantum ergo designat hoc sensibile seu contentum sub speciebus, quacumque ratione sub illis existat; in fine tamen prolationis determinatur ratione praedicati ad significandum, vel supponendum pro re contenta sub accidentibus, cui tale praedicatum possit convenire.«
1021 Luther: Vom abendmal Christi [1528] (Anm. 654), S. 282.
1022 Vgl. Suárez: De Eucharistia [1595] (Anm. 1020), s. 6, n. 6 (S. 328): »[…] statim vero, ac praedicatum omnino absolvitur, incipit propositio suam veritatem, vel falsitatem habere«.

nen wahren Satz, der (von einem Priester) gesprochen eine Handlung, eine *propositio* darstelle, die ihre eigene Wahrheit erzeuge (*ipsa facit suam veritatem*), freilich nur dann, wenn der Sprechakt vollständig vollzogen worden sei.[1023] Hiernach verursacht der Satz *Das ist mein Leib* die Gegenwart Christi nicht deshalb, weil er *wahr ist*, sondern weil er *wahr wird*.[1024] Allerdings sei in diesem Fall der Satz in gewisser Hinsicht auch bereits vor seinem Aussprechen wahr, insofern er mit der Intention des Sprechers übereinstimme (*conformis intentioni loquentis*).[1025] Die weiteren Erörterungen beschäftigen sich dann unter anderem mit der Frage, wie dieses Wahrmachen zu erklären sei.

Zwar erfordert das Notwendigkeitskriterium einen Bedeutungsübergang, aber es führt selbst nicht schon zu der neuen Bedeutung oder legt sie fest. Ein und demselben metaphorisch verwendeten Ausdruck konnten (an unterschiedlichen Stellen in der Heiligen Schrift) nicht nur verschiedene (*diversa*), sondern sogar unvereinbare (*adversa*) Bedeutungen zukommen. So war man allgemein der Ansicht, dass dem Ausdruck *Löwe*, wenn er metaphorisch von Jesus Christus prädiziert wird (*Apok* 5, 5), eine andere Bedeutung zukommt, als wenn er in der Heiligen Schrift vom Teufel ausgesagt wird (1 *Petr* 5, 8). Nicht erst seit dem Hiob-Kommentar Gregors des Großen ist klar, dass »Löwe« vieles metaphorisch bedeuten kann, darunter auch so entgegengesetztes, dass es auf Christus und den Teufel zutrifft.[1026] Gregors Beobachtung hat gewirkt. Sie findet sich immer wieder aufgenommen, so beispielsweise bei John Wyclif: »[...] leo significat secundum rudes grammaticos bestiam quadrupedem rugitivum, sed secundum theologos significat preterea nunc Christum, nunc diabolum, ut ostendit Gregorius [...].«[1027] An späterer Stelle hebt Wyclif hervor, dass Christus kein Löwe im wörtlichen Sinn, sondern nur im übertragenen Sinn sei; freilich betont er zugleich, dass Christus auch im wörtlichen Sinn ein Löwe sein könne, freilich könne nur Christus das Buch öffnen und die sieben Sigel zerbrechen – der Löwe vom

---

1023 Vgl. ebd., s. 6, n. 6 (S. 328/29): »[...], nam si eodem tempore, quo sacerdos dicit: *Hoc est corpus meum*, dicat laicus: *Hoc est corpus Christi*, quamvis sermo unius sit operativus, alterius vero solum speculativus, seu ostensivus, uterque tamen verus est, quia in instante in quo utraque propositio absolvitur, habet conformitatem cum re, quam significat; solum est differentia, quod quando locutio est operativa, ipsa facit suam veritatem, non vero quando est tantum ostensiva. Unde etiam fit, ut, quando locutio est operativa seu conversiva, necessario referat suam veritatem totam ad ultimum instans, quia in eo operator, et non antea; [...].«
1024 Vgl. ebd., s. 6, n.9 (S. 331): »Sequitur tertio illam Christi propositionem: *Hoc est corpus meum*, efficere praesentiam Christi, non quia vera est, sed ut vera sit;[...].«
1025 Vgl. ebd.
1026 Gregor sieht ein ähnliches Problem auch bei dem Ausdruck Kamel, vgl. Id., Moralium Libri, Sive Expositio in Librum B. Job [595], I, 15, 21 (*PL* 75, Sp. 509–1162): So könnten *Kamele* gelegentlich die Heiden, aber auch die Christen meinen: das erste, weil Kamele sich ›erniedrigen‹ und Lasten tragen könenn, das zweite nach dem Absteigen vom Kamel, nämlich nach *Gen* 24, 64, wo Rebekka, gedeutet als das Heidentum, vom Kamel absteigend Isaak sieht, den Herrn erkennt und in die Tiefe der Demut strebt.
1027 John Wyclif: De veritate sacrae scripturae [ca. 1377/78] (Anm. 460), lib. I, cap. I, (S. 15).

Stamme Juda (*Off* 5, 5).[1028] Bereits Augustinus hat sich mit entgegengesetzten Doppeldeutungen beschäftigt und bei den Beispielen auch *leo* angeführt.[1029] Das Problem ist intrikat: Weder bedeutet die wörtliche Verwendung eines Ausdrucks an einer bestimmten Stelle, dass auch an einer anderen Stelle dieselbe Wortgestalt (bei demselben Autor) wörtlich zu verstehen sei, noch, dass eine metaphorische Bedeutung einer bestimmten Stelle einer anderen wortgleichen Stelle ebenfalls zukommt. Noch bei dem Dichter und Geistlichen John Donne (1572–1631) zur Zeit des Glassius wird das Problem gelöst, indem zwischen zwei Bedeutungen unterschieden wird, einer ›guten‹ und einer ›schlechten‹. Die Entscheidung fällt über die Parallelstellen, die Jesus einen Ausdruck metaphorisch zuweisen, der niemals für »ill thing« zugewiesen werde: »[...] in all the Scriptures, in which the word *Light* is often metaphorically appleyed, it is never applyed in an ill sense. Christ is called *Lyon*; but there is an ill Lyon too, that *seeks whom he may devour*. Christ is the serpent that was exalted; but there is an ill serpent, that did devour us all at once. But Christ is the light of the world, and no ill thing is call'd light.«[1030] Im Fall der negative Konnnotation des Ausdrucks *Fuchs* ist beispielsweise eine Passage im *Hohelied* (*Cant* 2, 15) einschlägig. Danach wurde der Ausdruck auf Ketzer bezogen gedeutet.[1031] Eine Rolle mag auch gespielt haben, dass bereits nach der frühen Physiognomik ausgeprägt rote Behaarung auf Bösartigkeit verweist und hierfür der Fuchs als beispielhaft galt.

Keine Frage war, dass einige Partien der Heiligen Schrift nicht allein oder überhaupt nicht im *sensus literalis proprius* aufzufassen sind. Seit den frühen Christen sind die schlagenden, immer wieder angeführten Beispiele anthropomorphe oder anthropopathe Zuschreibungen an Gott, die immer – weil sie durchgängig als offenkundig *theologisch* falsch galten und sie anderen Schriftstellen zu widerstreiten scheinen – einen Bedeutungsübergang

---

[1028] Vgl. ebd., I, 3 (S. 40): »Christus igitur non proprie proprietate bestie quadrupedis rugitive est leo, ideo est leo improprie loquendo de improprietate fugure, verumptamen est leo proprie, loquendo de proprietate analoga figurati, cum nemo dignus est in cello vel terrae, apperire librum et solvere eius signacula preter leonem de tribu Juda et agnum, qui occisus est, ut dicitur Apoc. quinto.«

[1029] Vgl. Augustinus: De doctrina christiana [396/7 und 425/6] (Anm. 187), lib. III, 25, 36 (S. 98/99). Aufschlussreicher sind die Ausführungen Cassiodors in seinem Psalmenkommentar, Expositio psalmorvm I–LXX [548] (*CCSL* 97), zu Psalm XVI, 12, 147, und insb. zu Psalm XXI, 22, 202/03: »Vnamquamque rem diuersas certum est habere qualitates, ut leo, de quo nunc sermo est, habet fortitudinem, propter quam belluarum rex appellatur; habet et truculentam saeuitiam, propter quod ferox dicitur.« Auch findet sich bei ihm die Beobachtung (ebd., *Praefatio*, 15, 113–115): »Unam rem in malo et in bono plerumque ponit, ut quod nomine videtur esse commune, probetur qualitatibus discrepare.« Ein Echo auch bei der ausführlicheren Analyse von Hugo von St. Viktor: De scripturis et scriptoribus sacris [um 1130] (*PL* 175, Sp. 9–28, hier Sp. 13–15).

[1030] Donne: The Sermons [...]. Ed. by George R. Potter and Evelyn M. Simpson. 10 Vols. Berkeley 1953–62, Bd. IV, S. 103).

[1031] Vgl. Grundmann (1927/1976).

notwendig machten.[1032] Sie bildeten einen wesentlichen Teil der hermeneutischen Überlegungen[1033] – aber mehr noch: Diese Notwendigkeit ist dann immer wieder als Argument dafür angeführt worden, dass auch andere Teile der Heiligen Schrift, die mit bestimmten Wissensbestandteilen wie kosmologischen konfligieren, durch einen Bedeutungsübergang in Harmonie zu bringen seien.[1034]

Das führt zu einer ersten Pointe des Herodes-Beispiels. Dieses Beispiel findet sich nicht allein in der *hermeneutica sacra*, sondern auch in der *hermeneutica generalis*. Entscheidend dabei ist: Es wird bei seiner Verwendung in der allgemeinen Hermeneutik entkleidet von den spezifischen Problemen der *hermeneutica sacra* und transformiert in ein beispielhaft *unproblematisches* Erkennen des Vorliegens eines übertragenen (metaphorischen) Sprachgebrauchs: »2. quando proprium significatum respuit ipsa *rei, de qua agitur, natura,* ut in hac enunciatione: Herodes est vulpes.«[1035] Nach den geläufigen Vorstellungen der Zeit der Eingangspriorität des *sensus literalis* bedarf jede metaphorische, jede übertragene Bedeutungszuweisung eigentlich einer (expliziten hermeneutischen) Argumentation – selbst in einem anscheinend so trivialen Fall wie *Luk* 13, 32. Aristoteles erörtert *Achill ist ein Löwe* als Beispiel für den metaphorischen Gebrauch, dabei eine Passage aus Homer zitierend,[1036] so dass der Satz selbst kontextualisiert wird. Das heißt freilich noch nicht, dass klar sei, welche Bedeutung dem metaphorisch verwendeten Ausdruck zukommt.[1037] Ebenso ist das der Fall beim Herodes-Beispiel: Es ist ein allgemeines historisches Wissen über Herodes; zugleich aber ist es ein Beispiel aus der Heiligen Schrift, die seinen primären Kontext bildet. Kontextfrei erscheint das Beispiel im Rahmen der *hermeneutica generalis* als entproblematisiert. Bezogen auf seinen ursprünglichen Kontext gilt das indes nicht. Dass sich das ignorieren lässt, drückt auch etwas vom Geltungsanspruch der *hermeneutica generalis* aus, nämlich *allgemein* zu sein, auch wenn damit Spezialhermeneutiken nicht geleugnet wurden, die etwa als *hermeneutica sacra* oder *iuris* angesichts der speziellen Verfasserschaft der Texte erforderlich erschienen.

1032 Vgl. Glassius: Philologia Sacra [1623, 1705] (Anm. 2), lib. V, tract. I, cap. VII, Sp. 1530, wo es heißt: »'Ανθρωποπάθεια est metaphora, qua, quod creaturis, & praesertim homini, proprie competit, ad Deum & res divinas per quandam similitudinem transfertur. Vocatur & συγκατάβασις, *condescensio*, quia in sermone sacrosancto Jehova descendit ad nos, & verbis humanis mysteria sua coelestia exprimit.«
1033 Glassius: der zuvor auf sie beiläufig hinweist, behandelt sie recht ausführlich in der *rhetorica sacra*, vgl. Id., ebd., lib. V, tract. I, cap. VII–VIII, Sp. 1530–1628), und zwar unter dem allgemeinen Konzept der *condescensio* (συγκατάβασις).
1034 Vgl. Danneberg (2010c), (2010d) sowie (2000).
1035 Vgl. Clauberg: Logica vetus & nova [1654, 1658] (Anm. 787), pars tertia, cap. VII, § 31, S. 850.
1036 Vgl. Aristoteles: *Rhet*, III, 4 (1406b20ff).
1037 Vgl. u.a. Clarke (1995), oder Magrath (1981/82).

In der Heiligen Schrift finden sich Aussagen über den Träger des Eigennamens Herodes, aus denen sich – wenn man sie wörtlich versteht –, schließen lässt, dass es sich um einen falschen Satz handelt. Das nun führt zur eigentlichen Pointe, die dieses unscheinbare Beispiel exemplifiziert: Denn man muss nichts von dem Wissen *leugnen*, das die Heilige Schrift zu dem Eigennamen Herodes im wörtlichen Verständnis bietet und aus dem sich schließen lässt, dass Herodes ein Mensch ist und er damit kein Fuchs sein kann, um die Aussage grundsätzlich auch wörtlich verstehen zu können. Das gilt zumal dann, wenn es Worte des Herrn sind, und sich in der Schrift (scheinbar) ähnlich gebaute Formulierungen finden, die einem bestimmten Wissen widerstreiten, aber gleichwohl wörtlich zu verstehen seien. Das ist just nicht selten bei solchen Sätzen der Fall, die nach christlichem Verständnis als Glaubensmysterien anzusehen sind, und insonderheit für Lutheraner und Katholiken ist das der Fall bei den Einsetzungsworten *Hoc est corpus meum*.

Es gibt drei Aspekte bei der Erörterung solcher Sätze, wenn man mit der Präsumtion der wörtlichen Bedeutungszuweisung beginnt. Der *erste* ist die grammatische Oberfläche. Es gibt eine Reihe von Sätzen, die, obgleich ihnen als *praedicatio identica* eine ähnliche grammatische Form gemeinsam ist, grundsätzlich unterschiedlich gedeutet werden. So erscheint *Hoc corpus est meum* in der gleichen Weise als grammatisch gebildet (wenn man das Demonstrativpronomen durch den Ausdruck Brot ersetzt) wie *Herodes est vulpes*. In scharfsinnigen Analysen hat sich Luther des Problems in seiner *Schrift vom abendmal Christi*, gerichtet gegen frühe reformierte Auffassungen, angenommen – nicht zuletzt, wie erwähnt, um dabei zu zeigen, dass das *est* zwar sehr Unterschiedliches zu einer Aussage verbinden kann, aber *niemals* wie Zwingli (und andere Reformierte später annehmen) – weder in der Heiligen Schrift noch nach allgemeinem Sprachgebrauch – *significat* bedeute. Die späteren Lutheraner haben die verschiedenen Beziehungen der *praedicatio identica* dann zu systematisieren versucht, und das geschieht denn auch bei Glassius' Lehrer Johann Gerhard. Weniger polemisierte man dabei mittlerweile gegen die Logik als solche – wie es mitunter noch bei Luther in diesem Zusammenhang gegen die ›spitzige Logik‹ geschieht –, sondern man unterscheidet und klassifiziert die verschiedenen Verwendungsweisen wie etwa bei Gerhard. Die Arten zerfallen nach seiner Unterscheidung in (1) *verbalis* mit (1.1) *per tropum*, (1.2) κατ' ἀξίαν (*ob honorem*), (1.3) *per fictionem* sowie (2) *realis* mit (2.1.) φυσική, dabei (2.1.1) *inter substantiam et substantiam*, (2.1.2) *inter substantiam et accidens*, (2.1.3) *inter accidens et accidens* sowie (2.2) ὑπερφυσική mit (2.2.1) *essentialis*, (2.2.2) *spiritualis*, (2.2.3) *sacramentalis*, (2.2.4) συμβολική und (2.2.5) *personalis*.[1038]

1038 Zu dieser Aufstellung Gerhards zuammenfassend Schröder (1983), S. 184.

Das, was eine solche Klassifikation zu leisten verspricht, ist die Eingrenzung des eigentlich theologisch interessierenden Sprachgebrauchs, also die *communicatio* ὑπερφυσική[1039] und – vereinfacht gesagt – die Glaubensmysterien, also beispielsweise *Hoc est corpus meum*, das zwar sprachlich ähnlich wie andere Sprachverwendungen gebildet ist, aber nach der sprachlichen ›Tiefenstruktur‹ sich ganz anders darbiete. So treten denn auch sowohl das *Herodes*-Beispiel als auch das *Hoc-est-corpus-meum*- Beispiel in der Auflistung Gerhards auf und wie zu erwarten, nicht an denselben systematischen Orten: das erste unter (1.1), das zweite unter (2.2.3). Freilich ist damit nicht gesagt, dass die angeführten *Beispiele* selbst korrekt klassifiziert wurden: Erst unter einer bestimmten Interpretation (in Blick auf einen Verwendungskontext) erhalten die Beispiele ihren exemplarischen Charakter. Zwar sind nicht alle der elf illustrierenden Beispiel der Heiligen Schrift entnommen, sie stammen aber auch nicht allein aus dem allgemeinen Sprachgebrauch; sie haben einen zusätzlichen Kontext: Nahezu alle – eine Ausnahme bildet etwa das *Herodes*-Beispiel – finden sich bei Luther im Zusammenhang mit der Auseinandersetzung mit den Einsetzungsworten und viele davon in seiner Streitschrift *Schrift vom Abendmal Christi*, und zwar in seinen Überlegungen zur *praedicatio identica de diversis naturis*[1040] – *uxor a marito nominatur* zu (1.2), *Pontifex est caput ecclesiae* zu (1.3), *ferrum ignitum* zu (2.1.1), Trinität (2.2.1), Geist und Taube bei Jesus (2.2.4) sowie Christi Person (2.2.5). Das sind das allerdings nur Exemplifizierungen von unterschiedlichen Redeweisen, aber keine Klärung der jeweiligen Sachverhalte. Die lutherischen Theologen und Logiker haben im 17. Jahrhundert eigens hierfür, durchweg in

---

[1039] Bei den Kirchenvätern finden sich mitunter Formulierungen wie ὑπὲρ τὴν φύσιν. Entscheidend war aber die Verwendung ὑπερφυής beim Areopagiten und die Übersetzung durch Eriugena als *supernaturalis*, hierzu Deneffe (1922). Ähnliches gilt im übrigen auch für den Ausdruck ἱεραρχία, der, andern als der bereits vorchristliche Ausdruck ἱεράρχης, wohl nicht vor dem Areopagiten nachweisbar zu sein scheint, hierzu u.a. Roques (1949/1950), ferner Id. (1954), vor allem Kap. II–IV, vgl auch Tomasic (1988); zudem de Lubac (1946). – Bei Kant findet sich im Blick auf die Unvereinbarkeit einer transzendentalen Dialektik, dass sie nicht dazu dienen sollte, »als eine Kunst, dergleichen Schein dogmatisch zu erregen«, sondern »als eine Kritik des Verstandes und der Vernunft in Ansehung ihres hyperphysischen Gebrauchs«, *KrV*, A 63/ B 88.

[1040] Vgl. Luther: Vom abendmal Christi [1528] (Anm. 654). Das *ferrum ignitum* (S. 443) hat er »aus S. Augustino genommen«, auch Id., Wider die himmlischen Propheten [1525] (Anm. 936), S. 186, auch Id., De captivitate Babylonica [1520] (Anm. 971), S. 510: »Ecce ignis et ferrum duae substantiae sic miscentur in ferro ignito, ut quaelibet pars sit ferrum et ignis: cur non multo magis corpus gloriosum Christi sic in omni parte substantiae panis esse possit?« Die Vorstellung ist (vereinfacht) die, dass das ›Feuereisen‹ ›Eisen‹ ist und nach Luther (dann) auch ›Feuer‹. – In seinem Antwortschreiben an Veit Dietrich (1506–1549) vom 23. April 1538 scheint sich Melanchthon in einem Brief von diesem Beispiel zu distanzieren (*CR* 3, Sp. 514–515, hier Sp. 514): »Nec addidi inclusionem, aut coniunctionem, qua affigeretur τῷ ἄρτῳ τὸ σῶμα aut ferruminaretur, aut miscetur.« Sowie bereits in einer früheren Aufzeichnung, Id., De sacramentariorum doctrinae fundamento sententia [1530] (*CR* 2, S. 222–255, hier S. 224). Bei Luther finden sich aber auch Beispiele, die nicht berücksichtigt sind – wie etwa das Holz, das nicht aufhöre Holz zu sein, wenn es ein Weinfaß wird (S. 444).

kritischen Distanz zu den reformierten, ein spezielles logisches Lehrstück zu entwickeln versucht. Es ist das der *praedicationes inusitatae* oder der *praedicationes mysticae*. Es soll dazu dienen, das wörtliche Verständnis der christologischen wie sakramentlichen Aussagen bei logisch irregulären Aussagen abzusichern: Die in einer Aussage verknüpften Subjekte und Prädikate bleiben zwar disparat, aber in einem besonderen Sachverhalt gleichwohl verbunden (*cohaesio rerum inusitata*).[1041] Zu zeigen war mit Hilfe der logischen Analyse, dass die *praedicationes mysticae* weder eigentlich essentielle noch akzidentielle und vor allem keine figurative Aussagen (*praedicationes figuratae*) darstellen oder sich auf sie reduzieren lassen.

Der zweite Aspekt ist mithin das Interpretationsproblem, das sich in diesen Fällen, also dem Herodes-Beispiel und dem Hoc-est-corpus-meum-Beispiel, reduzieren lässt auf die Frage, wann der Bedeutungsübergang von einer ersten wörtlichen zu einer zweiten, damit unvereinbaren nichtwörtlichen Bedeutung zu erfolgen hat. Wie bereits hervorgehoben wurde: Nach einhelliger Auffassung gilt die Präsumtion der wörtlichen Bedeutungszuweisung, die eine besonders restriktive Bedingung ihrer Außerkraftsetzung im Notwendigkeitskriterium besitzt. Der fortwährende Dissens, den es gleichwohl beim Bedeutungsübergang gegeben hat, liegt nicht in dem Kriterium als solchem, sondern in seiner Bestimmung: Erstens in der Bestimmung der Bestandteile von $\{A\}$, womit das Wissen umschrieben sein soll, das mit der wörtlichen (ersten) Bedeutungszuweisung an einen Text T konfligiert, und zweitens in dem des Grades der Gewissheit, der $\{A\}$ samt seiner Bestandteile zugesprochen wird, und zwar im Hinblick auf eine wörtliche Bedeutungszuweisung bw an einen Text T und den Übergang zu einer nichtwörtlichen Bedeutungszuweisung bnw(T) – also etwa, dass $\{A\}$ eine solche (Glaubens-)Gewissheit zugesprochen erhält, dass für jede Bedeutungszuweisung bw(T) gilt:

Wenn $(b_w(T) \wedge \{A\})$ = falsch,

dann (I) $b_w(T)$ = falsch und

dann (II) $b_{nw}(T)$ = wahr, wobei $(b_{nw}(T) \wedge b_w(T))$ = falsch

Bei (II) wird allerdings deutlich, dass neben $\{A\}$ noch ein weiteres Wissen angenommen werden muss. Wenn man so will, handelt es sich um ein sprachliches Wissen $\{B\}$, durch das die möglichen wörtlichen Bedeutungszuweisungen $b_w(T)$ eingeschränkt werden. Das setzt dann voraus, dass es kein $b_w(T)$ gibt, das mit $\{B\}$ verträglich ist. Aber selbst das ist noch zu vereinfachend. Es gibt in den epistemischen Situationen des Entscheidens hinsichtlich eines Bedeutungsübergangs noch eine weitere, mehr oder weniger

---

1041 Hierzu Sparn (1976), insb. S. 61–92.

heterogene Gruppe von Annahmen {C}, die eine Rolle beim Übergang von der wörtlichen $b_w(T)$ zur nichtwörtlichen beim Bedeutungsübergang spielen, wobei $b_{nw}(T)$ noch vollkommen unbestimmt ist und allein gefordert wird, dass $b_{nw}(T)$ mit allen $b_w(T)$, die mit {B} verträglich sind, unverträglich ist. Das macht deutlich, dass das Notwendigkeitskriterium in seiner Anwendung eine Vielzahl von Schlussmöglichkeiten erlaubt und *nicht allein* einen solchen auf das Erfordernis eines Bedeutungsübergangs von $b_w(T)$ zu $b_{nw}(T)$ – ganz abgesehen davon, dass {A}, {B} und {C} in epistemischen Situationen des Entscheidens sowohl hinsichtlich ihres Umfanges, als auch hinsichtlich der (semantischen) Bedeutung ihrer Bestandteile nur mehr oder weniger *fixiert* und nicht definitiv bestimmt sind. Also: Auch wenn man einig war, dass allein eine Notwendigkeit einen Bedeutungsübergang rechtfertige, war weder im Allgemeinen noch im Besonderen klar, *wann* in einem bestimmten Fall eine solche Notwendigkeit gegeben war. Wörtliche Bedeutungszuschreibung bemisst sich mithin daran, welches Wissen man als relevant und zulässig für die Bedeutungszuweisung erachtet.

Das führt zum *dritten* hier zu erörternden Aspekt bei Sätzen wie dem Herodes-Beispiel oder den Einsetzungsworten. Bei Luther findet sich mehrfach, nicht zuletzt im Blick auf die Deutung der Einsetzungsworte, die Ansicht, dass die wörtliche Bedeutungszuweisung bei der Heiligen Schrift selbst bei Ungläubigen, Moslems und Juden zustimmungsfähig sei, was indes nicht bedeute, dass die ›Wahrheit‹ der Aussage auch geteilt würde, also der Sachverhalt, der durch die Bedeutung ausgesagt wird, für wahr angenommen würde. Aus der Annahme eines natürlichen, von Gott geschaffenen Sprachgebrauchs im Verbund mit der, dass sich Gott einer Sprache bediene, um den Menschen auch wirklich etwas mitzuteilen, und zwar *per verbum* in einer dem Menschen zugänglichen Sprache,[1042] schließt Luther auf die äußere Klarheit (*claritas externa*) der Schrift. Diese führe dazu, dass jedermann die *Worte* der Heiligen Schrift auch verstehen könne. Die *obscuritas externa* liege allein in der Unkenntnis des relevanten sprachlichen Wissens begründet (»ob ignorantiam vocabulorum et grammaticae«[1043] – *claritas scripturae ob scientiam vocabulorum et grammaticae*).[1044] Ein solches grammatisches Verständnis könnten nicht allein bereits Kinder vollziehen, sondern selbst solche, die als Feinde des Christentums auftreten.[1045] Hierin findet vermutlich die zentrale Ansicht ihren stärksten Ausdruck, dass der sprachliche

---

1042 Luther: De servo arbitrio [1525] (Anm. 887), S. 609: »omnia per verba sunt in lucem producta certissimam.«

1043 Ebd., S. 606, auch Id., Vom abendmal Christi [1528] (Anm. 654), S. 497.

1044 Die *duplex claritas* und *obscuritas scripturae* bei Luther ist ein wesentlich komplexeres Lehrstück, das zudem in seinen Konsequenzen nicht leicht zu deuten ist – wie die zahlreichen Deutungsversuche zeigen.

1045 Vgl. Luther: De servo arbitrio [1525] (Anm. 887), S. 610; auch Id., Daß diese Worte Christi [1527] (Anm. 653), S. 93: »Hie sey nu zwisschen uns richter nicht allein Christen, sondern auch Heiden, Türcken, Tattern, Juden, goetzer und alle wellt.«

Sinn der Heiligen Schrift, nicht zuletzt der *sensus literalis*, in der Weise nach Gottes Willen eingerichtet sei, dass er allen zugänglich ist. Hinzu kommt, dass zumindest die Schrift selber keinen Grund bietet, um das, was in ihr im *sensus literalis* fasslich dargelegt ist, nicht zu *glauben*.

Wenn auch abgelöst von der sprachtheologischen Begründung durch die Annahme einer ›natürlichen Sprache‹, wird später so die Trennung von *interpretatio* und *acceptio* formuliert. Im 18. Jahrhundert findet sich diese Trennung dann beispielsweise aufgenommen, um die *philologische* Beschäftigung mit der Heiligen Schrift zu stärken: Ob bei richtiger Interpretation *ohne*, bei falscher Interpretation *mit* Wirkungen für die »geistliche Wohltat«: *In jedem Fall* biete die *richtige* Interpretation den *heilsamen* und *übernatürlichen* Sinn, wenn auch lediglich als *sensus supernaturalis in actu primo*. Es ist der wahre Sinn, der als solcher immer auch der heilsame ist, auch wenn sich bestimmte Wirkungen beim Aufnehmenden nicht zeigen sollten – so kann ein Moslem oder ein Jude zum *richtigen Verständnis* der Heiligen Schriften kommen, obwohl er den christlichen Glauben (*nach* seiner Interpretation des Textes) *nicht* teilt. In dieser Weise vermag Siegmund Jacob Baumgarten die *professionelle* (und das heißt hier vor allem die *philologische*) Beschäftigung (des Theologen) mit der Heiligen Schrift unter Wahrung des christlichen Selbstverständnisses dieser Tätigkeit zu rechtfertigen.[1046] Wenn man so will, dann ist das die Aufnahme und zugleich Verwandlung der Unterscheidung Luthers zwischen äußerer und innerer Klarheit der Schrift; dabei betrifft dann die innere Klarheit (*claritas interna*) das Vertrauen des Menschen in die Wahrheit seiner Verkündigung als Gabe Gottes.

Auch wenn sich Luther im Lauf der Zeit unterschiedlich äußert, lässt sich dies im Blick auf die Glaubensmysterien bei ihm so rekonstruieren: Die Wahrheit der Sache, die ein Satz der Heiligen Schrift nach einer Bedeutungszuweisung aussagt und die als widersinnig erscheint, ist zu glauben; vor allem ist ihre Wahrheit nicht anders zu erkunden als durch das Vertrauen in die von Gott vermittelte (wörtlich verstandene) Schrift – mehr noch: Die Versuche, auf ›eigene‹ Weise Einsicht in die ›Wahrheit‹ der so dargestellten Sache zu erlangen, fördere die Neigung, aufgrund von Unverträglichkei-

---

[1046] Vgl. Baumgarten: Ausführlicher Vortrag der Biblischen Hermeneutic. Hg. von Joachim Christoph Bertram. Halle 1769, 1. Hauptst., § 19, S. 69–76. – Lakonisch heißt es dann bei August Boeckh: Encyklopädie und Methodologie der philologischen Wissenschaften. Hg von Ernst Bratuschek [postum 1877]. Zweite Auflage besorgt von Rudolf Klussmann. Leipzig 1886, S. 29: »So wenig als die Mathematik, die Chemie oder Astronomie etwas mit christlichem Bewusstsein zu thun haben, ebensowenig die Philologie. Sie hat ihr Wesen in sich, der Philologe kann ein Christ sein und umgekehrt ein Christ ein Philologe, aber beide sind jedes für sich.« Eine Unterscheidung zwischen *hermeneutica sacra* und *profana* sei denn auch ohne Sinn (S. 80): Wenn das »heilige« Buch ein menschliches ist, dann sei es nach der *hermeneutica profana* zu verstehen; wenn es aber ein »göttliches« Buch ist, dann sei »es über alle Hermeneutik erhaben und kann nicht durch die Kunst des Verstehen, sondern nur durch Begeisterung begriffen werden.«

ten, die man bei der wörtlichen Bedeutungszuweisung $b_w(T)$ entdeckt, zur nichtwörtlichen Bedeutungszuweisung $b_{nw}(T)$ überzugehen – also: Wenn bei der Bedeutungszuweisung nicht nur {B}, also ein gegebenes ›sprachliches Wissen‹ eine Rolle spielt, sondern auch {C} als ein weiteres Wissen, das *erst* im Zuge des Versuchs sich als relevant erweist, Einsicht in die *Wahrheit* der dargestellten Glaubenssache zu erlangen, dann droht die Gefahr, dass bei *jedem* $b_w(T)$, das zwar mit {B} verträglich, aber mit dem sukzessive sich bildenden {C} unverträglich ist, nach dem Notwendigkeitskriterium ein Bedeutungsübergang erforderlich wird. Luther ist, wie gesehen, denn auch mitnichten ein Gegner der Logik, sondern allein jemand, der ihre Anwendung in bestimmten Bereichen nicht zulässt. In diesem Fall: Aufgrund des Konflikts von $b_w(T)$ mit philosophischen oder logischen Annahmen in {C} *allein*. Also dürfe z.B. die ›Vernunftwidrigkeit‹ allein nicht den Ausschlag für einen Bedeutungsübergang geben, denn das verringere die Gewissheit der Heiligen Schrift; und es erscheint daher auch nicht als ratsam, zu versuchen, die sich hinter dem zugänglichen *sensus literalis* verbergenden Glaubensgeheimnisse weiter zu erkunden. Selbstverständlich ist Luther bei dem Notwendigkeitskriterium des Bedeutungsübergangs auch fraglos ein Anhänger des *principium contradictionis* – und das gleiche Vernunftprinzip gilt auch für die Heilige Schrift, die sich nicht selber widersprechen könne.[1047] So fordert Luther explizit, dass eine Bedeutungszuweisung $b_w(T)$ mit {A}, wobei {A} allein aus der Heiligen Schrift entnommene Glaubenswahrheiten aufweist, verträglich sein *muss*. Es handelt sich dabei seit den Kirchenvätern um eine fortwährend,[1048] mehr oder weniger explizit angenommene Maxime bei den nur dem Anschein nach in der Heiligen Schrift gegebenen Widersprüchen (*Enantiophanien, apparenter pugnantia*); sie folgt aus der Annahme der uneingeschränkten Wahrheit dessen, was in ihr behauptet wird.

1047 Vgl. Luther: De servo arbitrio [1525] (Anm. 887), S. 732: »Sed sic diximus, non esse pugnantiam in dictis scripturae […].« Auch Id., Vom Abendmal Christi [1528] (Anm. 654), S. 314: »Darumb sagen wir dagegen: Es sey nicht widdernander, weil alles beides die schrifft sagt.« Ebd., S. 454, heißt es über Paulus: »er kann niht widder sich selbs und wider die andern alle sein.« – Vgl. z.B. Hieronymus: Epistolae, Ep. 18 ad Damsum 7, 4 (*PL* 22, Sp. 325–1191, hier Sp. 366): »nihil dissonum, nihil diversum«. Zur Datierung dieses Schreibens erst 387 vgl. Nautin (1988).
1048 Hierzu u.a. O'Loughlin (1995) sowie (1993) und (1996); zur Rezeption auch Galmés (1961).

9. Das Verstehen und Glauben von Mysterien – Leibniz' Lösung

9.1 Die *Priorität* des *sensus literalis* und die Grenzen der *ratio*

Leibniz hat Glassius' *Philologia sacra* nicht nur gekannt. Hervor geht dies unter anderem aus seiner Frühschrift *Nova methodus discendae docendaeque jurisprudentiae*. 1748 edierte Christian Wolff diese Schrift erneut, versehen mit einem Vorwort. In seiner groß angelegten programmatischen Übersicht unterteilt Leibniz die Jurisprudenz nach dem Vorbild der Theologie in eine didaktische, historische, exegetische und polemische.[1049] Bei der exegetischen Jurisprudenz, der *Philologia Juris*, die die Auslegung der authentischen Rechtsbücher betrifft, und die in traditioneller Weise auf die *Grammatica*, *Historica*, aber auch auf *Ethico-Politica* und *Logico-Metaphysica* zurückgreift, um die mutmaßlichen Absichten des Gesetzgebers zu eruieren (»quis de facto sensus fuerit sensus legislatoris«, ›objektive Interpretation‹) , führt er als Vorbild für die Ausarbeitung einer solchen *juristischen* Philologie die *Philologia sacra* des Glassius an.[1050]

Ich möchte mich jedoch nicht mit diesem Projekt von Leibniz beschäftigen, sondern mich auf ein Problem konzentrieren, das bislang wohl nicht oder kaum untersucht worden ist, nämlich wie es Leibniz bei seinen Darlegungen zu den Glaubensmysterien mit der *sensus-literalis*-Präsumtion und dem *necessitas*-Kriterium hält. In Anknüpfung an das Herodes-Beispiel und die Ausführungen von Leibniz in diesem Zusammenhang zum Bedeutungsübergang zeigt sich, dass man wusste, dass es sich dabei nicht um ein harmloses Beispiel handelt. In seiner *Theodizee*-Schrift hält Leibniz dies unumwunden fest und bietet zugleich einen Fingerzeig: »So stimmen z.B. alle Interpreten darin überein, daß unser Herr es im metaphorischen Sinne meinte, als er sagte, Herodes sei ein Fuchs, und man muß dies annehmen, wenn man nicht mit einigen Fanatikern glauben will, daß Herodes für die zeitliche Dauer der Worte unseres Herrn wirklich in einen Fuchs verwandelt wurde. Bezüglich der fundamentalen Stellen der Mysterien besteht jedoch dieses Einverständnis nicht [...]«.[1051] In seinem undatierten Bericht von etwa

---

[1049] Vgl. Leibniz: Nova methodus discendae docendaeque jurisprudentiae. De artis Didacticae Principiis in parte Generali praemissis Experientiaeque Luce [...1667], Pars II, § 2 (*Sämtliche Schriften* VI/1, S. 259–364, hier S. 293).

[1050] Vgl. ebd., pars II, § 41 (S. 324). Daneben finden sich explizite Regelerörterungen, vornehmlich im Blick auf die Rechtsauslegung in Id., De legum interpretatione, rationibus, applicatione, systemate [zw. 1687–1690]. (*Sämtliche Schriften*, VI/4C, N. 4952, S. 2782–2791).

[1051] Leibniz: Essais de Théodicée su la bonté de Dieu, la liberté de l'homme et l'origine du mal/ Die Theodizee von der Güte Gottes, der Freiheit des Menschen und dem Ursprung des Übels [...1710]. Darmstadt 1985, *Discours de la conformité de la foi avec la raison*, 21 (S. 106/07).

1671 über seine Unternehmungen an Herzog Johann Friedrich verwendet er ebenfalls das Herodes-Beispiel. Es findet sich dort im Zusammenhang mit der *Theologia revelata* und im Rahmen seiner Absicht, die Glaubensmysterien zu »demonstriren«: »nicht zwar veritatem [...], sondern *possibilitatem mysteriorum, contra insultus infidelium et Atheorum*«. Gerichtet ist dies gegen alle diejenigen, die der Ansicht seien, »alle vernunfft choquirende sache« müsse »nothwendig *figurate* verstanden werde«.[1052]

Beide Verwendungen bei Leibniz machen deutlich, dass es um die Bewahrung der wörtlichen Bedeutung von Sätzen geht, in denen sich christliche Glaubensmysterien dargestellt finden, und zugleich dabei um das Problem der Berechtigung eines Übergangs von einer wörtlichen zu einer nichtwörtlichen Bedeutung, bei der die Glaubensmysterien, die *Mysteria stricte dicta*: Inkarnation, Trinität, Eucharistie, verloren zu gehen drohen: Das *erste* Moment betrifft die Abwehr der Vorstellung, dass alles das, was der Vernunft widerstreite, notwendig *figurate* zu deuten sei. Es geht also um die Abwehr einer bestimmten Annahme zur Bestimmung von {A} (im Verbund mit {B} und {C}). Das *zweite* ist der Appell an einen *consensus omnium*, dass also Einverständnis bestehe im Blick auf bestimmte Stellen (der Heiligen Schrift), einen Bedeutungsübergang *nicht* vorzunehmen – und zugleich macht es deutlich, dass selbst dieser Konsens nur unter Ausschluss besteht. Beides lässt die Stoßrichtung der Überlegung von Leibniz erkennen: Das *erste* richtet sich gegen diejenigen, die die *ratio* als den zentralen Teil in {A} (oder {C}) aufnehmen; das Problem besteht dabei genau darin, der *ratio* im Blick auf die Glaubensmysterien eine solche Rolle zuzuweisen, in der sie zwar nicht ignoriert wird, sie aber nicht zur Eliminierung der Glaubensmysterien durch Bedeutungsübergang führt. Das *zweite* Moment ist auf den ersten Blick nicht so klar. Es hängt mit den *Reunions-* und *Unions*bemühungen zusammen, die Leibniz – trotz der Misserfolge – bis an sein Lebensende verfolgte und die zumindest Teile seiner philosophischen Überlegungen ausgerichtet haben.[1053] Der *consensus omnium* ist relativiert auf die drei christlichen Konfessionen: Lutheraner, Reformierte und Katholiken. Während sich also diejenigen recht gut identifizieren lassen, die Leibniz meint, wenn es um den *consensus* geht, und auch diejenigen, die der Vernunft aus der Sicht von Leibniz beim Notwendigkeitskriterium eine die Glaubensmysterien letztlich eliminierende Rolle einräumen, bleibt letztlich unbestimmt, wer mit den ›Fanatikern‹ gemeint ist, die die Aussage über Herodes wörtlich nehmen wollen.

Beim Rückgriff auf den die ›Fanatiker‹ wie die ›Vernunftgläubigen‹ ausgrenzenden *consensus* gibt es ein gravierendes Problem: Zwar mag die An-

---

1052 Leibniz: (*Die philosophischen Schriften* I, ed. Gerhardt, S. 57–64, hier S. 61).
1053 Zu den verschiedenen Aspekten seiner Aktivitäten gibt es eine Reihe von Untersuchungen, unter den jüngeren u.a. Eisenkopf (1975), Selge (1990), Hübener (1990a), Otte/Schenk (1999), Rudolph (1999a), auch dabei zum Abendmahlsstreit; Edel (2000), Rösler (2008).

nahme eines *consensus* korrekt sein im Blick auf zahlreiche Passagen in der Heiligen Schrift, die als Wiedergabe von Glaubensmysterien gelten, aber nicht korrekt ist sie gerade im Blick auf just die Passagen zum Abendmahl, also *Hoc est corpus meum*. Selbstverständlich weiß Leibniz, dass zwischen Lutheranern und Reformierten hier einer ihrer beiden Hauptdissenspunkte besteht.[1054] Immer wieder drehen sich daher auch seine philosophischen Überlegungen darum, zu einer harmonischen Lösung beizutragen. Entscheidend nun ist: Es geschieht immer unter Maßgabe der von Lutheranern verfochtenen Ablehnung eines Bedeutungsübergangs bei den Einsetzungsworten. Wenn Leibniz ›Lutheraner‹ war[1055] – eine solche Bezeichnung scheint er offenbar nicht gemocht, sondern wohl *Evangelisch* bevorzugt zu haben[1056] –, dann zeigt sich das nicht zuletzt in seinem Insistieren auf der wörtlichen Bedeutung der Einsetzungsworte. Es sind mithin zwei verschiedene Probleme, die Leibniz in diesem Zusammenhang zu lösen versucht. Auf der einen Seite ist es das Schlichten der Differenzen zwischen Lutheranern und Katholiken, die beide in gewisser Hinsicht am wörtlichen Verständnis der Einsetzungsworte festhalten – wie er an einer Stelle sagt, habe er festgestellt, dass Realpräsenz und Transsubstantiation auf dasselbe hinausliefen, allerdings missverstünden sich beide Seiten.[1057] Das war freilich für keine der beiden Seiten offenkundig; mithin bedurfte es einer bestimmten Zurichtung der Analyse und Lösung der strittigen Problemstellung, und das hat Leibniz zu unternehmen versucht. Er sagt sogar, dass, wenn er in der katholischen Kirche geboren worden wäre, er in ihr geblieben wäre, selbst dann, wenn er alles das glauben würde, was er jetzt glaubt.[1058] Die Reunion ließe sich nach seiner Sicht bewerkstelligen, indem die katholische Kirche auf einige Aspekte ihrer Praxis verzichtet.[1059] In Fragen der Dogmatik sieht er sich weitgehend in Übereinstimmung zu Bellarmin.[1060] Gelegentlich ist

---

1054 Zum anderen Hauptdissens, der Prädestinationslehre, hat sich Leibniz u.a. im Blick auf Gilbert Burnets (1643–1715) diesbezüglichen Traktat geäußert, dabei auch mit ausführlichen Darlegungen zum *decretum Dei absolutum*, vgl. die bei Gaston Grua (Hg.): G.W. Leibniz. Textes inédits. Paris 1948, S. 454–477; die dort abgedruckten Texte sind nach 1701.

1055 Zu Leibniz als ›Lutheraner‹ u.a. Goldenbaum (1998).

1056 Vgl. Leibniz: Annotatiunculae [1701]. In: Leopold Zscharnack, John Toland's *Christianity Not Mysterious* […]. Eingleitet und unter Beifügung von Leibnizens *Annotatiunculae* 1701 […]. Gießen 1908, S. 141–148, hier S. 143.

1057 Vgl. Leibniz: De Demonstratione Possibilitatis Mysteriorum Eucharistiae [ca. 1671] (*Sämtliche Schriften* VI/1, S. 515–517, hier S. 515), vgl. auch den Brief an Arnauld vom Beginn November 1671 (*Sämtliche Schriften*, II/1, S. 169–181, hier S. 175): »Transsubstantiationem et multipraesentiuam in realem in vltima Analysis non differre; [...].«

1058 Vgl. Leibniz (*Sämtliche Schriften* VI/4, N. 403, S. 2286 [1680 bis 1684]).

1059 Vgl. ebd. (S. 2287).

1060 Vgl. ebd. (N. 437, S. 2556–2577 [1680–1684]). Ferner zu seinen theologischen Auffassungen im Blick auf katholische und protestantische Lehrstücke seine Darlegungen in Id., System der Theologie [1690]. Nach dem Manuskript von Hannover (den lateinischen Text zur Seite) ins Deutsche übersetzt von Andreas Räß und Nikolaus Weis […]. Zweite Auflage. Mainz 1820, dort auch Ausstellungen zu Luthers Ubiquitätslehre; am Ende in dem Abschnitt zur

einigen Betrachtern Leibniz denn auch als Kryptokatholik erschienen, nicht zuletzt, weil er bei einem der heikelsten Punkte der Auseinandersetzung zwischen Protestanten und Katholiken, dem Primat des Papstes, einem solchen Primat im Rahmen der Vorstellungen einer Hierarchie innerhalb der Kirche zugeneigt gewesen zu sein scheint.[1061]

Aus der Sicht nicht weniger Lutheraner ist allerdings die Theorie, die sie bei der Verwandlung vertreten, die der Konsubstantiation: also die Beibehaltung der Elemente Brot und Wein in Verbindung mit der leiblichen Realpräsenz des gott-menschlichen Christus – wobei es hinsichtlich der Leiblichkeit noch verschiedene Abstufungen gibt. Das reicht von dem Extrem des Zerreißens des Leibes mit den Zähnen bis zu dem des Verzichtes auf leibliche Wesensprädikate und der Betonung eher des Glaubens des Abendmahlempfängers, wobei aber immer eine reale Objektivation angenommen wird, die auch für den Ungläubigen gegeben sei.[1062] In dieser Hinsicht war die Übereinstimmung bei den Einsetzungsworten mit den katholischen Theologen größer, nach denen eine metaphorische Auffassung des *est* als dem katholischen Glauben widerstreitend galt.[1063] Nach den Lutheranern widerspricht der Lehre der Transsubstantiation nicht allein die Heilige Schrift, sondern (zumindest für einige Zeit) auch die Berufung auf die Autorität des Aristoteles,[1064] also, wenn man so will, die der Vernunft,[1065] denn es könne nach der Vernunft respektive nach Aristoteles – *sine ratione* – nicht gedacht werden, dass sich eine Substanz wandle.[1066] Zudem erschien ihnen die Prädestinationslehre der Reformierten als vernunftwidrig.

Auf der anderen Seite steht bei Leibniz das Ausgleichen der Differenzen zwischen Lutheranern und Reformierten,[1067] ohne dabei freilich Zugeständ-

---

    Lehre der Sakramente spricht er auch die Übereinstimmung zwischen seiner Naturphilosophie und der katholischen Auffassung der Transsubstantiation an (S. 215ff). Leibniz nimmt (S. 221) übrigens auch Luthers Vergleich mit dem Zeigen auf einen Geldbeutel und dem Sagen auf: *Das ist Geld*, auf und weist ihn zurück.
1061 Hierzu u.a. Utermöhlen (1995), Rudolph (1999b).
1062 Vgl. u.a. Luther: Vom abendmal Christi [1528] (Anm. 654), S. 288, S. 491/92.
1063 Vgl. z.B. Suárez: De Eucharistia [1595] (Anm. 1020), d. 58, s. 7, n. 2 (S. 332), wo es im Blick auf die Frage, ob das *hoc* auf die Substanz des Brotes hinweist, heißt: »[...], nullo ergo modo illud pronomen potest designare panis substantiam, cum illa non possit vere dici esse corpus Christi, nisi metaphorice explicando significationem verbi *est*, quod secundum rectam fidem fieri non potest.« Allerdings ist Suárez zudem der Ansicht, Id., De Eucharistia [1595] d. 46, s. 3. n. 10 (S. 17), dass *est* das einfachste und grundlegenste Verb ist, das von allen anderen Verben am wenigsten geeignet sei, Metaphern oder Sprachfiguren auszudrücken: »Deinde usus est verbo simplicissimo et substantiali, *est*, quod inter omnia minus est aptum ad metaphoras, et figuras.«
1064 Vgl. z.B. Luther: De captivitate Babylonica [1520] (Anm. 971), S. 508–511.
1065 Zum Konflikt zwischen naturphilosophischer Lehre und Eucharistie im Mittelalter auch Sylla (1975); die These einer Autonomisierung im Zuge der Eucharistieauffassung von Ockham ist in der anschließenden Diskussion (ebd., S. 391–396) auf Kritik gestoßen. Vgl zudem Buescher (1950).
1066 Hierzu abwägend Grane (1969).
1067 Vgl. u.a. Leibniz: Essais de théodicée [1710] (Anm. 1051), *Discours*, § 18/19 (S. 100–105).

nisse an die figurale Deutung zu machen. Leibniz' Auseinandersetzung mit den reformierten Auffassungen besteht in diesem Punkt vereinfacht gesagt darin, dass er ihre Bedenken der rationalen Widersprüchlichkeit, zu der eine wörtliche Deutung der Einsetzungsworte führe, zu zerstreuen versucht. Sein Versuch besteht darin, aufzuzeigen, dass eine solche literale Deutung angesichts einer angemessenen Philosophie nicht widersprüchlich sein muss. Dies steht selbst im Kontext der heftig geführten Auseinandersetzungen, inwiefern die Transsubstantiation mit der cartesianischen Naturphilosophie kompatibel erscheint.[1068] Offenbar kannte Leibniz zumindest Teile dieser Auseinandersetzungen.[1069] Im Rahmen seiner Überlegungen zur Metaphysik der Substanz versuchte er, die cartesianischen Überlegungen auch in dieser Hinsicht überbietend, eine Art ökumenische Theorie der Vereinbarkeit von lutherischer Realpräsenz und katholischer Transsubstantiation zu entwickeln, indem er die *Möglichkeit beider* direkt oder indirekt aufzuzeigen versuchte. Zu berücksichtigen ist dabei auch der Umstand, dass nicht wenige reformierte Theologen in der Zeit von cartesianischen Philosophemen beeinflusst waren, nicht zuletzt in Nachfolge der ersten Generation der Cartesianer in den Niederlanden.[1070] Ich gehe davon aus, dass Leibniz im großen und ganzen aufrichtig bei seinen Bekundungen ist, was einen zeitlichen Wandel hinsichtlich seiner Ansichten nicht ausschließt. Der Hintergrund für diese Bemerkung ist der seit einem Brief an den lutherischen Theologen Christoph Matthäus Pfaff (1686–1760) entstandene Verdacht, Leibniz sei bei bestimmten Ansichten nicht aufrichtig gewesen. In diesem Brief fragt Pfaff Leibniz, ob er nicht in Wirklichkeit mit Bayle übereinstimme, obwohl er gegen ihn geschrieben habe. In einem Brief vom 2. 5. 1716 bestätigt Leibniz diese Vermutung.[1071] Früh bereits waren die Ansichten zu

---

1068 Zu den differenzierten Argumentationen, die in diesem Zusammenhang entwickelt wurden, neben Grabmann (1937b): es handelt sich dabei vor allem um die Wiedergabe des Gutachtens eines Mitgliedes der Indexkommission; Rodis-Lewis (1950), Kap. III: *L'Eucharistie e le principe d'individuation*; Specht (1972), Kap. 2; Armogathe (1977) und (1998), Watson (1982), Laymon (1982), Nadler (1988), Ariew (1999), Bourg (2001), Alexandrescu (2007), auch Ariew (2003).
1069 So aufgrund seines Schreibens an Arnauld vom November 1671, vgl. (*Sämtliche Schriften* II/1, S. 169ff).
1070 Leibniz spielt auf sie an in Id., System der Theologie [1690] (Anm. 1060), S. 226.
1071 Vgl. Pfaff: Fragmentum Epistolae a Cel. D. Christoph. Matthaeo Pfaffio. In: Acta Eruditorum März 1728, S. 125–127, sinngemäß: Der hochberühmte Mann soll Pfaff gefragt haben, was er von der *Theodicee* halte sowie von der Methode, mit der er Bayle widerlegen würde. Pfaff hat darauf geantwortet, dass er denke, Leibniz habe sein System unernst gemeint (»animi saltem causa«) – ebenso wie Clericus, um den Bayle zu widerlegen, den Anhänger des Origenes gespielt habe. Dieser neue Weg des Philosophierens würde denjenigen, die auch sonst nicht hoch sehen würden, Staub in die Augen streuen. Doch auch dann, wenn man dieses Philosophieren durchschaue, sei es umso geistreicher, da in es in Gestalt der Widerlegung die Ansichten Bayles auf subtile Weise bestätigen würde, dabei aber so, dass sich dieses Geheimnis nicht so leicht aufdecken ließe. Pfaff unterstellt als Motiv, dass dieses Vorgehen dazu diene, die Systeme und Ansichten der sich widersprechenden Religionsparteien, die

dieser Episode geteilt. Mitunter war man der Ansicht, Leibniz hätte sich einen Scherz mit Pfaff gemacht. Pfaff selbst jedoch ist der Ansicht, dass Leibniz in der *Theodicee* einige Lehrsätze der protestantischen Religion verteidigt hätte, über die er sonst gelacht habe. Insonderheit ist er der Meinung, dies sei der Fall bei der Lehre von der realen Gegenwart gewesen.[1072]

Leibniz' ökumenische Bemühungen erfolgen zunächst im Briefwechsel mit Antoine Arnauld (1612–1694),[1073] dann mit dem Jesuiten Barthélemy Des Bossis (1668–1738) sowie mit Jacques Bénigne Bossuet (1627–1704).[1074] Eine zentrale Rolle spielt in einer bestimmten Phase seiner Bemühungen im Zusammenhang mit der Transsubstantiation die Erweiterung seines Monadenkonzepts um die Vorstellung eines ›substantiellen‹ Bandes (*lien substantiell, vinculum substantiale*).[1075] Darauf kann hier nicht weiter eingegangen werden, zumal dieses Hintergrundproblem der christlichen Glaubensmysterien für die Philosophie zwar seit längerem wahrgenommen wurde, aber erst in letzter Zeit in der Leibniz-Forschung stärkere Beachtung gefunden hat.[1076] Vernachlässigt wird dabei allerdings durchweg die zentrale Rolle, die Leibniz' hermeneutische Überlegungen spielen, insonderheit seine Auffassung der Wörtlichkeit für die *probatio theologica* und des Notwendigkeitskriteriums für den Bedeutungsübergang.

Das soll denn auch Thema der nachfolgenden Darlegungen sein. Denn im Blick auf die innerprotestantischen Auseinandersetzungen favorisiert Leibniz zwar die Realpräsenz und die nicht figurative Deutung der Einsetzungsworte, doch schließt er die Alternativen nicht von vornherein aus. Als ergiebig für seine Ansichten zur *probatio theologica* und *probatio hermeneutica* erweist sich seine erst postum veröffentlichte Schrift *Commentatiuncula de*

---

sich kaum verteidigen ließen, zu verkleiden und vor allem, um die Gunst der (protestantischen) Theologen zu erlangen. Statt dessen wünscht Pfaff, dass Bayles so gefährlichen Ansichten tatsächlich widerlegt würden. Zu Pfaffs eigener Überraschung, der Vorwürfe wegen seiner Freimütigkeit befürchtete, bestätigte Leibniz diese Deutung in einem Schreiben vom 2. Mai im Jahr seines Todes: Es sei genau so, und Leibniz wundert sich, weshalb noch niemand dieses Spiel bemerkt habe. Nicht immer sei es die Sache des Philosophen, Gegenstände ernsthaft zu traktieren; denn hierfür erfinden sie mitunter Hypothesen. Der Theologe demgegenüber verfährt mit der Widerlegung als Theologe: »Ita prorsus est, vir summe reverende, uti scribis, de Theodicaea mea. Rem acu tetigisti; et miror neminem hactenus fuisse, qui lusum hunc meum senserit. Neque enim philosophorum est, rem serio semper agere; qui in fingendis hypothesibus, uti bene mones, ingenii sui vires experiuntur. Tu, qui theologus es, in refutandis erroribus theologum ages.«

1072 Vgl. ebd.: »Ego e contrario persuasissimus, cum certissimusque etiam, varia religionis nostrae placita in Theodicaea Leibnitium defendisse, quae risit alias et naso adunco susendit: e.g. dogma de praesentia reali.«
1073 Hierzu u.a. Sleigh (1990).
1074 Hierzu u.a. Werling (1977).
1075 Hierzu Look (1999) sowie (1998) und (2000), ferner Boehm (1962).
1076 Neben Nason (1946), Herbrich (1959), vor allem Fouke (1992) und (1994), Antognazza (1994), (1999), (2001b), Beeley (1996), S. 75ff., Goldenbaum (1999a) und (1999b).

judice controversiarum.¹⁰⁷⁷ Bei diesen programmatischen Darlegungen hat man zu zeigen versucht, dass sie eine Auseinandersetzung mit Überlegungen des dort namentlich unerwähnten Spinoza darstellen.¹⁰⁷⁸ Das ist möglich, aber keiner der angeführten Vergleichspunkte ist schlüssig, weil sie, insofern sie bereits vor Spinoza vertreten wurden, nicht ausschließend sind. Wie dem auch sei: Im Blick auf die Realpräsenz und die Frage nach der Möglichkeit eines *sensus improprius* heißt es in den *Commentatiuncula*: »Eo casu id officium Christiani puto: audiendo verba textus: ea arripere tanqvam vera sub sensu proprio, cum pia tamen simplicitate, qvae cogitet posse se falli, et fortasse veram esse propositionem sub sensu tropico, se tamen sic tutius agere.«¹⁰⁷⁹ Wie noch zu sehen sein wird, rechtfertigt Leibniz' Fassung des Notwendigkeitskriteriums – der Tradition entsprechend – grundsätzlich und damit auch im Fall der Einsetzungsworte die Möglichkeit des Bedeutungsübergangs. Doch scheint er gerade nicht der Ansicht gewesen zu sein, dass ein solcher erforderlich ist, weil die hierzu erforderlichen Bedingungen bei den Einsetzungsworten nicht gegeben seien.

Es gibt noch eine dritte Passage, in der Leibniz auf das *Herodes*-Beispiel zurückgreift. Sie findet sich in einem speziellen Zusammenhang, nämlich in Leibniz' *Nouveaux Essais sur l'entendement Humain*. Um aber diesen Zusammenhang deutlich werden zu lassen, bedarf es einiger Darlegungen zum Problem der Beziehung von *ratio* und *mysterium* wie es bei Leibniz – durchaus mit der Tradition konform – zutage tritt. Im vierten Buch *Von der Erkenntnis* bietet das XVIII. Kapitel *De la Foy et de la Raison et de leur bornes distinctes* dem allgemeinen Aufbau des Werkes folgend, ergänzende, vor allem differenziert korrigierende Darlegungen zu den entsprechenden Kapiteln aus John Lockes *An Essay Concerning Human Understanding*.¹⁰⁸⁰ Das erste, das Leibniz an der hier interessierenden Stelle unternimmt, ist das Insistieren auf einem – wie man sagen könnte – *symmetrischen* Vernunftgebrauch. Es handelt sich dabei um ein komplexes Feld. *Ein* Aspekt lässt sich beispielsweise durch die katholische Transsubstantiationslehre im Rahmen der aristotelischen Akzidenzlehre und ihrer Umgestaltung durch den Aquinaten illustrieren. Im Laufe der Zeit hatte sich gegenüber der *Konsubstantiation* eine Lehre durchgesetzt, nach der die Substanzen von Brot und Wein unverändert bleiben, die Gegenwart des Leibes und Blutes Christi neu hinzutreten sowie die Lehre der *Annihilation* oder *Substitution*, nach der die Substanzen

---

1077 Eine erhellende Analyse bietet Dascal (1987); an solchen Stellen, wo ich von dieser Analyse abweiche, etwa hinsichtlich Leibniz' Orientierung an der Bewahrung des *sensus litteralis*, habe ich das im Folgenden nicht eigens angemerkt.
1078 Das geschieht bei Goldenbaum (1999c).
1079 Leibniz: Commentatiuncula de judice controversiarum [1669–71], § 24 (*Sämtliche Schriften* VI/1, S. 548–559, hier S. 551).
1080 Vgl. Leibniz: Neue Abhandlungen über den menschlichen Verstand/Nouveaux Essais sur l'entendement Humain [1704] (*Philosophische Schriften* III/2, ed. Holz), livre IV, chap. XVIII (S. 597–615).

von Brot und Wein vernichtet werden und an ihre Stelle Leib und Blut Christi unter der alten Gestalt treten. Im Unterschied dazu verwandelt sich nach der Transsubstantiation Brot und Wein in den *wahren* Leib und das *wahre* Blut Christi (*veritas corporis Domini – vere caro et sanguis*).[1081] Obwohl es sich um die Explikation eines Glaubensmysteriums handelt, sehen Protestanten in dieser (*menschlichen*) Lehre durchweg nichts Supra-, sondern nur Kontra-Rationales.[1082] Für die Calvinisten stellen demgegenüber Teile der Abendmahlslehre der Lutheraner eine Verletzung eines ›natürlichen‹ Grundsatzes der Physik dar, nach dem gilt: *corpus non posse esse simul in pluribus locis*. Gilt dieser Satz als vernünftig, so lässt sich eine Folgerung aus der lutherischen Abendmahlslehre, welche die *ubiquitas* (Allgegenwart) Jesu Christi betrifft: Sein Leib könne (substantiell) an vielen Orten auf der Erde gleichzeitig anwesend sein und diese Anweseheit vollziehe sich in übernatürlicher Weise, als *contra rationem* auffassen – *ubique esse* stehe allein dem Schöpfer zu, nicht der Kreatur, die Christus als Menschensohn sei – und hieraus schließen: *corpus Christi non esse praesens in sacra coena. Jeder* dieser Konflikte ließe sich auch schlichten, indem man ihn *supra captum rationis* ansiedelt – mit der Unterscheidung von Widersprüchen, die göttlicher Art seien und nur (dem Menschen) als solche erscheinen, da sie »captum nostrum transcendentis«, und die von solchen im Rahmen der menschlichen Logik zu unterscheiden sind, die »captum humanum non transcendentis« seien.[1083]

Die Darlegungen des Philalethes – er ist der Sprecher der Ansichten Lockes – enden im XVIII. Kapitel der *Nouveaux Essais* damit, dass zwischen zwei Wahrheiten kein Widerspruch bestehen könne. Doch für das, was über unsere ›natürlichen Fähigkeiten zu entdecken‹ (*facultés naturelles*) hinausgehe, also die eigentlichen Gegenstände des Glaubens, zähle einzig die evidente Offenbarung (*revelation evidente*), die sich auch gegen eine Wahrscheinlichkeit (*probabilité*) durchzusetzen vermag. Der Dialogpartner Theophilus – er der Sprecher der Ansichten von Leibniz – stimmt dem zu, freilich nur dann,

---

1081 Das ist eine sehr vereinfachende Darstellung, die beispielsweise nicht berücksichtigt, wie die göttliche Wandlungstätigkeit aufzufassen ist, etwa als eine *adductio, als eine introductio corporis Christi sub speciebus, als eine unio cum speciebus, als productio, reproductio, replicatio, effectio* des Leibes und Blutes Christi.

1082 Hierzu u.a. de Aldama (1979).

1083 Formulierungen bei Gerhard: Methodus Studii Theologici [1620, 1622, 1654] (Anm. 19), pars sec., sect. post., cap. II, S. 119. Dort (S. 115) heißt es auch: »Caeterum quod judicium de vera contra[di]ctione in articulis fidei non committendum sit humanae rationi, multis fundamentis demonstrari potest. 1. Mysteria divina sunt supra captum rationis posita. Ergò de illorum vel veritate vel falsitate ratio judicare ne potest, nec debet, & per consequens nec contradictione in illis judicium fere potest; [...].« Sowie (S. 118): »Ratio ac rationis Magistra Philosophia non potest judicare de potentia Dei, quid possit vel non possit praestare. Ergò etiam non potest judicare, quae in divinis mysteriis sint verè contradictoria.« Im 17. Jh. hat es eine Reihe mehr oder weniger subtiler Bestimmungs- und Differenzierungsversuche zu dem gegeben, was als *supra rationem* angesehen werden konnte, hierzu am Beispiel Robert Boyles (1627–1693) Holden (2007), auch Wojcik (1994) und (1997).

wenn man unter *Glauben* das verstehe, was in den ›Motiven der Glaubwürdigkeit‹ (*motifs de credibilité*) gegründet sei. Vermutlich dürfte der Ausdruck *motif* so zu verstehen sein, wie später etwa in Alexander Gottlieb Baumgartens (1714–1762) *Metaphysica* im Rahmen der Unterscheidung zwischen *stimuli* als *sinnliche Triebfedern* und *motiva* als *Bewegungsgründe*.[1084] Inhaltlich meint Leibniz mit den *motiva credibilitatis* die Voraussetzungen für den Glauben, im wesentlichen also alles das,[1085] was sich für die *Wahrhaftigkeit* und *Glaubwürdigkeit* der Heiligen Schrift anführen lässt. Freilich reichen diese *motiva credibilitatis* allein und ohne die Gnade nicht aus; denn daneben bedarf es noch einer inneren Wirkung des Heiligen Geistes, der erst den göttlichen Glauben hervorbringe (»requiritur interna quaedam Spiritus Sancti operatio quae, ut fides divina appelletur, efficit«).[1086]

Erst dadurch erweise sich ihr *epistemischer* Vorrang gegenüber anderen (nichtbiblischen) Wahrheiten und Wahrscheinlichkeiten. Dabei ist offenbar Leibniz nicht der Ansicht, dass es ausreiche, die Heilige Schrift als Richterin in *eigener Sache* zu sehen: sowohl was ihre Authentizität als auch was ihre Kanonizität betrifft – damit einem alten katholischen Argument gegen die protestantische Annahme der Selbstgenügsamkeit der Heiligen Schrift entsprechend. So heißt es bei ihm vermutlich auf die biblische Auskunft anspielend, dass es (immerhin) drei Zeugen zur Verhängung der Todesstrafe bedarf (*Num* 35, 30, *Dtn* 17,6), dass die Zeugen durch die *historia* und die *ratio* komplettiert würden:

> At dices S. Scriptura saltem genuinitatis suae judex esse non potest. Ita est, neqve enim potest judex an textus, v.g. tres sunt qvi testimonium perhibent, si authenticus. Id igitur ratione et historia probari debet, uti omnino ipsa Scripturae Sacrae divinitas, qvam ipsa sibi non potest conficere, qvia in talibus testimonium proprium non admittitur. Etsi enim se dicat verbum DEI, tamen hoc aliunde probari debet.[1087]

Zur *historia* gehören auch Sprachkenntnisse, nicht zuletzt auch solche der Etymologie, die freilich immer nur ein konjekturales Wissen darstellen.[1088] Leibniz erhofft sich, dass man etwa durch verbesserte Arabisch-Kenntnisse

---

1084 Baumgarten: Metaphysica [1739]. Ed. VII. Halle 1779 (ND 1982), § 677 und § 690.
1085 Vgl. u.a. Leibniz: System der Theologie [1690] (Anm. 1060), S. 20ff.
1086 Ebd., S. 22, auch S. 58ff. In Id., Essais de théodicée [1710] (Anm. 1051), *Discours*, 29 (S. 119), heißt es: »Doch ist der göttliche Glaube selbst, wenn er einmal in der Seele entzündet worden, etwas mehr als eine Meinung und hängt nicht weiter von den Umständen oder Beweggründen ab, die ihn erweckt haben; er übersteigt den Verstand und bemächtigt sich des Willens und des Herzens, um uns mit Eifer und Freuden tun zu lassen, was das Gesetz Gottes befiehlt, [...].«
1087 Vgl. Leibniz: Commentatiuncula [1669–71] (Anm. 1079), § 16 (S. 549/550).
1088 So schreibt er an Hiob Ludolf (1624–1704), den Verfasser einer Geschichte der äthiopischen Sprache: »Etymologica res conjecturis, non demonstrationibus agitur«, zitiert nach von Schulenburg (1973), S. 61; vgl. auch John T. Waterman (Hg.): Leibniz and Ludolf on Things Linguistic. Excerpts From Their Correspondence (1688 – 1703). Berkeley 1978, Aarsleff (1969), sowie von Schulenburg (1973), insb. S. 24–114.

viele Dinge entdecken könnte, welche die Schrift zum Teil anders erklären würden, als sie bislang verstanden worden sei.[1089]

Allerdings verfügte er selber über keine sonderlichen Kenntnisse des Hebräischen,[1090] und aufgrund der massiven Kritik an den textuellen Grundlagen der *veritas hebraica* erklärt sich wohl auch seine Bemerkung zum *griechischen* Text, dass der »textus originalis Graecus minime obscurus« sei.[1091] Die Verlässlichkeit des überlieferten hebräischen Textes wird von protestantischen Gelehrten wie Ludovicus Cappellus (1585–1658) oder Isaac Vossius (1618–1689), aber auch von dem zum Katholizismus konvertierten Jean Morin (1591–1659),[1092] angesichts des vergleichsweise geringen Alters der masoretischen Punktation und der Auffindung des samaritanischen Pentateuchs 1616 radikal umgewertet: Durch ihn ergibt sich eine alte, gleichwohl alternative Tradition, die sich gegen die *Biblia Rabbinica* zur Geltung bringen ließ.[1093] Die Radikalität liegt darin, dass man nun mitunter meinte, die griechische Übersetzung in der Septuaginta biete einen besseren und sichereren Text als die hebräische Fassung, so dass sie als Grundlage für die Rekonstruktion des hebräischen Textes dienen könnte;[1094] mithin, wenn man so will, sei die Septuaginta nicht nur als ein sekundärer Zeuge anzusehen.

Gleichwohl ist für Leibniz die Heilige Schrift der hermeneutisch-beweistheoretische *judex controversiarum theologicarum*. Zumal er der Ansicht ist, dass selbst in dem Fall, wo der Sinn der Stellen der *verba institutionis* unklar erscheint, die Evangelischen und die Reformierten in gleicher Weise über-

---

1089 So in einem Schreiben vom 22. November 1695 an Thomas Burnett (ca. 1635–1715) (*Die philosophischen Schriften* III, ed. Gerhardt, S. 164–171, hier S. 165).
1090 Zum Thema auch die Hinweise bei Cook (2008).
1091 Vgl. Leibniz: Commentatiuncula [1669–71] (Anm. 1079), § 22 (S. 549).
1092 Morin findet zwar besondere Anerkennung bei Richard Simon (1638–1712), doch ist dieser letztlich distanziert gegenüber dessen Ansicht, dass der samaritanische Text dem hebräischen überlegen sei, vgl. Simon: Histoire critique du Vieux Testament [...1678]. Nouvelle Edition, & qui est la première imprimée sur la Copie de Paris, augmentée d'une Apologie generale & de plusieurs Remarques Critiques [...]. Rotterdam 1685, liv. III, chap. XVIII, S. 464–470, hier S. 464: »Il n'y a personne qui ait plus écrit sur la Critique de la Bible, & même avec plus d'érudition, que le P. Morin Prêtre de l'Oratoire.« Zur Kritik ebd., S. 67ff. Zu Simon und dem samaritanischen Pentateuch auch McKane (1989), S. 120ff; zu Morin neben Auvray (1959), Miller (2001b), auch Hinweise bei Danneberg (2003c); zu Glassius und Simon Sascha Müller: Grammatik und Wahrheit. Salomon Glassius (1593–1656) und Richard Simon (1638–1712) im Gespräch, in diesem Band.
1093 Das ist der entscheidende Punkt in langatmigen Ausführungen Morins in Id., Exercitationes ecclesiasticae in vtrvmque Samaritanorvm Pentateuchvm, de illorum religione & moribus, de antiquis Hebraeorum litteris & siclis, caballisticis Scripturae Sanctae interpretationibus, eiusque obscuris locis samaritano codice illustratis, variis Masorae & judaicorum Bibliorum corruptelis [...]. Parisiis 1631, insb. S. 309–314, sowie Id., Exercitationes Biblicae de Hebraei Graecique textus sinceritate libri duo [...1633]. In: Id., Exercitationes Ecclesiasticae et biblicae [...]. Parisiis 1669, sep. pag.
1094 Hierzu Lebram (1975).

setzen, und zwar (wie sich hinzufügen lässt) wörtlich.[1095] In gewisser Hinsicht konsequent ist, dass Leibniz der alten Ansicht zuneigt, bereits die griechischen Philosophen, insonderheit Platon, hätten eine gewisse Vorstellung der Trinität gehabt.[1096] Marsilio Ficino (1433–1499) scheint da vorsichtiger gewesen zu sein: Er meint, dass in Platons Schriften das Mysterium der Trinität sich niemals finden lasse; gefunden wurde es erst von seinen Ausdeutern, die dabei ihr Deutungswissen den Evangelien entnommen hätten; das gelte letztlich auch für Augustinus.[1097] Erst das göttliche Licht der Christen erlaube eine solche Deutung Platos, und das gelte für alle theologischen Dinge solcher Art.[1098]

Leibniz akzeptiert gleichwohl die *sola-scriptura*-Maxime. In ihrer hermeneutischen Ausprägung als *scriptura sui ipsius interpres* räumt er zwar ein, dass es zusätzlicher Mittel zur Auslegung der Heiligen Schrift bedarf, aber bei ihrer beweistheoretischen Ausprägung als *probatio theologica* entscheide in allen Glaubensfragen allein der Text der Heiligen Schrift.[1099] Das, was bei Glaubensmysterien nach Leibniz in jedem Fall gegeben sein muss, ist ihre Widerspruchsfreiheit,[1100] und allein in dieser Hinsicht erscheint, wie bereits

---

1095 Vgl. Leibniz: Commentiuncula [1669–71] (Anm. 1079), § 15 (S. 549): »Et vero etiam ubi quaestio est de sensu loci, tamen solet eadem esse versio, v.g. Evangelici et Reformati eodem prorsus modo vertunt locos Scripturae de coena domini, et ita de caeteris.«

1096 Hierzu auch Riley (2008).

1097 So in einem Schreiben an Jacopo Rodoni vom 2. 2. 1491 in: [Opera omnia.] Tomvs Primus [...]. Basileae s.a. (1579) (Riproduzione in fototipia. Con una lettera introduttiva di Paul Oskar Kristeller e una premessa di Mario Sancipriano. Torino (1959) 1962 [Monumenta politica et philosophica rariora ex optimis editionibus phototypice expressa 9]), S. 956: »Ego igitur extra controversiam assero trinitatis Christianae secretum in ipsis Platonis libris nunquam esse, sed nonnulla verbis quidem quamvis non sensu quoquemodo similia; similiora vere in sectatoribus eius qui floruere post Christum, in Numenio, Ammonio, Plotino, Amelio, Iamblicho, Proclo qui, cum et omnes Ioannis Evangelium egissent et quidam insuper Dionysii Areopagitae libros, nonnulla trinitati similia libenter usurpaverunt ordineque angelorum et nomina susceperunt tanquam Platoni suo Mosis sectatori plurimum consentanea.«

1098 Vgl. Ficino: De Christiana religione [1474]. In: Id., [Opera omnia.] Tomvs Primus [...]. Basileae s.a. (1579) (Riproduzione in fototipia. Torino (1959) 1962, S. 1–77, hier S. 25: »Divino enim Christianorum lumine usi sunt Platonici ad divinum Platonem interpretandum. Hinc est quod magnus Vasilius et Augustinus probant Platonicos Ioannis Evangelistae mysteria sibi usurpavisse. Ego certe reperi praecipua Numenii, Philonis, Plotini, Iamblichi, Proculi mysteria ab Ioanne, Paulo, Dionysio Areopagita accepta fuisse. Quiquid enim de mente divina angelisque et caeteris ad Theologiam spectantibus magnificum dixere manifeste ab illis usurpaverunt.«

1099 Vgl. Leibniz: Commentatiuncula [1669–71] (Anm. 1079), §§ 5/6 (S. 548): »*Textuales* sunt, qvi ita statuunt, judicem controversiarum esse ipsum textum Scripturae Sacrae, qvod etsi alii mirè exagitent, mihi tamen iniqvè facere videntur. Urgent enim textum Scripturae sacrae non esse interpretem sui ipsius, nec magis judicem dici posse controversiarum religionis, qvàm sufficiat in republica leges scribi, nisi constituantur et interpretes seu iudices, qvi eas casibus applicent. [...] Ita illi disputant, sed captiosè. Fateor enim textum ipsum non sufficere decidendis exactè qvaestionibus de eius sensu, nisi alia subsidia adhibeantur. Et tamen ajo textum ipsum sufficere omnibus qvaestionibus de religione ad fidem pertinentibus.«

1100 Von den zahlreichen Stellen nur Leibniz: Animadversiones in partem generalem Principorum Cartesianorum (*Die philosophischen Schriften* IV, ed. Gerhardt, S. 350–392, hier S. 363):

früher, die Vernunft als Richterin: Leibniz spricht von »la jurisdiction de la raison«.[1101] Er teilt zudem die Annahme, dass sich Glaubens*mysterien* nicht rational begründen lassen: Sie seien als eine überrationale Offenbarung anzusehen, denn ohne sie sei der Glaube als »credere, verum putare« überflüssig.[1102] Dies ist ein alter Gedanke: Die Verdienstlichkeit sei nur im Glauben gegeben, also indem letztlich der Wille den Verstand bestimme.[1103] So ist der Aquinate beispielsweise der Ansicht, dass Glaubensmysterien niemals Gegenstand der rationalen Einsicht oder Demonstration sein könnten. Möglich sei nur, dass es zwar nicht *demonstrativa*, aber *argumenta extranea et probabilia* gebe, und zwar in diesem Fall mittels des Vergleichs (*per aliquas similitudines*): »persuasoria sumpta ex aliquibus similitudinibus ad ea quae sunt fidei inducta«.[1104] Bekannt sind Augustins Versuche, die Trinität *per exemplum* indirekt zu veranschaulichen, und ihm sind nicht wenige gefolgt.[1105] Das gilt auch für Luther, und auch Leibniz teilt diese Ansicht etwa im Rahmen seiner Vorstellungen zur *analogia trinitatis*. Dies gelte beispielsweise auch bei der Annahme der Leiblichkeit der Gegenwart Christi, denn das entbinde den Sakramentsempfänger nicht vom Glauben, da die gegenwärtige Leiblichkeit nicht geschaut, sondern geglaubt werden müsse.

Das, was den Glaubenswahrheiten nach Leibniz nur zuzukommen braucht, ist eine *Möglichkeit*, sie haben also nur *wahrscheinlich* oder *moralisch gewiss* zu sein.[1106] Zwar erscheinen die Glaubensmysterien auf den ersten Blick nicht nur als unwahrscheinlich, sondern als ›unmöglich‹.[1107] Das, womit sich dennoch ihre Möglichkeit zeigen lässt, ist bei Leibniz ebenfalls nicht neu: Es ist der Einsatz der Vernunft zur *Verteidigung* der Glaubenswahrheiten angesichts der Kritik, nicht aber zu ihrer positiven Auszeichnung. Könnte anhand unüberwindbarer Argumente die metaphysische Notwendigkeit (»metaphysicae necessitatis«) bewiesen werden, dass die »ganze Wesenheit

---

»Certe etiam in mysteriis fidei oportet contradictionem abesse, nedum in mysteriis naturae.«
1101 Leibniz in einem Schreiben an Arnauld von 1687 (*Die philosophischen Schriften* II, ed. Gerhardt, S. 111–129, hier S. 125).
1102 Leibniz: Commentatiuncula [1669–71] (Anm. 1079), § 20 (S. 550).
1103 Vgl. u.a. Thomas von Aquin: In Boetium [1258–59] (Anm. 347), q. 2, a 1, ad 5, oder Id., Summa Theologica [1266–73] (Anm. 246), I–I, q 1, a 8, ad 2.
1104 Vgl. u.a. Thomas von Aquin: Summa Theologica [1266–73] (Anm. 246), I–II, q. 4 und 5.
1105 Hierzu u.a. Simonis (1972). Zu weiteren *exempla* Evans (1976), Platinga (1986), Clopper (1978).
1106 Von den zahlreichen Belegen etwa das Schreiben an Thomas Burnet vom Februar 1697 (*Sämtliche Schriften* I/13, S. 547–559, hier S. 554): »Ainsi donc les verités et consequences Théologiques sont aussi de deux espèces; les unes sont d'une certitude Metaphysique, et les autres sont d'une certitude morale. Les premieres supposent des definitions, de axiomes, et des theoremes, pris de la veritable Philosophie, et de la Théologie naturelle; les secondes supposent en partie l'Histoire et les faits, et en partie l'interpretation des textes. […] la philosophie practique est fondée sur la veritable Topique ou Dialectique c'est à dire sur l'art d'estimer les degrés des probations […].«
1107 Vgl. Leibniz: Annotatiunculae [1701] (Anm. 1056), S. 144: »[…] apparentem contradictionem hic intelligo eam quae re non satis discussa offertur, […].«

eines Körpers in der Ausdehnung oder Ausfüllung eines bestimmten Raumes bestehe, so müsste man wirklich, da das Wahre nicht dem Wahren widerstreiten kann, eingestehen, daß ein Körper nicht an mehreren Orten, nicht einmal durch göttliche Macht, seyn könne.« Dann bliebe allein die Zuflucht zu einer ›allegorischen‹ Deutung, aber – wie Leibniz betont – einen solchen Beweis gebe es nicht.[1108]

Allerdings erscheint das wiederum in gewisser Hinsicht als zu wenig; denn es stellt die *Vielzahl* verbleibender *Möglichkeiten* gleich, insofern sie sich nicht definitiv als widersprüchlich zurückweisen lassen und so unwahrscheinlich sie auch immer sein mögen. Im *Discours de la conformité de la foi avec la raison* spricht er bei der nur Scheinbarkeit der Widersprüchlichkeiten auch Tertullians Diktum aus *De carne Christi* (V, 5) *mortuus est Dei Filius, credibile est, quia ineptum est; et sepultus revixit, certum est, quia impossibile* an, das zumeist in der Kurzform *credo, quia absurdum est* rezipiert wurde und verschiedene Ausdeutungen erfahren hat. Leibniz beschränkt sich darauf, anzumerken, dass es sich dabei nur um einen scheinbaren Widersinn (»apparence d'absurdité«) handle.[1109] Anders als bislang zumeist angenommen, etwa als betonte Entgegensetzung von christlicher Lehre und antiker Philosophie,[1110] ließe sich der Paralogismus Tertullians eher aus der Zeugenlehre erklären[1111] – so heißt es bei Aristoteles: »Ein weiterer (Topos ergibt sich) daraus, dass die Meinung besteht, etwas geschehe, obwohl es unglaubhaft ist, weil die Meinung nicht aufgekommen wäre, wenn es nicht der Fall oder nahe bevorstehend wäre.«[1112] Das könnte meinen, dass dann, wenn *glaubwürdige* Zeugen etwas bestätigen, das überaus unwahrscheinlich oder gar unmöglich ist, wie etwa die Auferstehung, es just dieser Umstand der Unmöglichkeit ist, der eine solche Bezeugung als überaus wahrscheinlich erscheinen lässt; denn die Zeugen bezeugen etwas, das aus ihrer Sicht vollkommen unglaubwürdig ist, daher erscheint ein solches Zeugnis um so gewichtiger, desto ungewöhnlicher das Bezeugte erscheint.

Leibniz versucht das Problem der Vielzahl von Möglichkeiten zu lösen, indem er die Auffassung, dass es zur Verteidigung der Möglichkeit einer Glaubenswahrheit ausreiche, alle (rationalen) Einwände zugunsten der Unmöglichkeit rational zu entkräften, noch durch ein entscheidendes Additivum ergänzt: Es ist der Gedanke, dass die (christliche) Glaubenswahrheit eine bestimmte Auszeichnung verdiene, denn »[q]vidlibet autem, possibile praesumitur, donec contrarium probetur«.[1113] Vermutlich hatte er dabei gelegentlich sogar die Vorstellung gehabt, es ließen sich auch hier Grade von

---

1108 Leibniz: System der Theologie [1690] (Anm. 1060), S. 218.
1109 Leibniz: Essais de Théodicée [1710], (Anm. 1051), § 50 (S. 146/47).
1110 Hierzu Ayers (1969), chap. II.
1111 Bereits von Moffat (1916) wurde darauf hingewiesen.
1112 Aristoteles: *Rhet*, II, 23 (1400a5ff); Übersetzung Christof Rapp.
1113 Leibniz: Defensio Trinitatis (*Sämtliche Schriften* VI/1, S. 518–530, hier 522).

Wahrscheinlichkeit unterscheiden – mit einem Wort: Das *disputemus* sei auch hier in ein *calculemus* zu verwandeln,[1114] und zwar im Rahmen einer *characteristica universalis* (eines *calculus rationator*), die alle Problem lösen könne, die einen wahrhaft infalliblen Richter in Kontroversen darstelle,[1115] die einen untrüglichen Weg zur Wahrheit (*Verum Organon Scientiae Generalis*[1116]) biete und die so zur Behebung aller Meinungsverschiedenheiten diene. Grundlage hierfür sollen unauflösliche Begriffe sein, die von Leibniz als *notiones primitivae* konzipiert sind und durch deren Zusammensetzung sich alle Gedanken konstruieren und rekonstruieren lassen sollen.[1117]

Dieser *calculus rationator* sollte selbst vor Descartes' *malin génie* gefeit sei[1118] – was einen Cartesianer vermutlich kaum überzeugt haben dürfte, selbst wenn er zugestehen würde, dass sich diese Behauptung nicht auf den Aufbau einer *characteristica universalis* bezieht, sondern allein auf ihre Anwendung im fertigen Zustand.[1119] Freilich variieren Leibniz' Aussagen im Laufe der Zeit sowohl zur Reichweite als auch zur Erfolgsgarantie eines entsprechenden Erzeugungsverfahrens.[1120] Der späte Leibniz nimmt für das (kontingente) Tatsachenwissen an, dass dem Menschen Grenzen

---

[1114] Vgl. Leibniz: De calculo philosophico (*Die philosophischen Schriften* VII, ed. Gerhardt, S. 200), Id., Nouveaux Essais [1704] (Anm. 1080), livre II, chap. 21 § 66 (S. 334), Louis Couturat: La Logique de Leibniz d'après des documents inédits. Paris 1901 (ND 1985), S. 277–279.

[1115] So in einem Schreiben an den Herzog von Hannover (*Die philosophischen Schriften* VII, ed. Gerhardt, S. 26): »Les hommes trouveroient par là un juge des controverses veritablement infallible.«

[1116] Leibniz: De calculo (Anm. 1114), S. 205.

[1117] Vgl. Leibniz: De organo sive arte magna cogitandi. In: Louis Couturat (Hg.): Opuscules et fragments inédits de Leibniz […]. Paris 1903 (ND Hildesheim 1961), S. 430: »*Alphabetum Cogitationum humanarum* est catalogues eorum quae per se concipiuntur, et quorum combinatione caeterae ideae nostrae exurgunt.«

[1118] Vgl. Couturat: La Logique (Anm. 1114), S. 95: »Conscientia est nostrarum actionum memoria. Cartesius vult, ideo nulli demonstrationi posse fidi, quia omnis demonstratio memoria praecedentium propositionum indiget: in qua nos potentia alicujus mali genii fortasse falli [?] posset. Sed si hucusque producimus dubitandi titulos, etiam conscientiae nostrae de praesentibus fidere non licet. Semper enim involvitur memoria, cum nihil sit absolute loquendo praesens praeter momentum. Memoriam in demonstrando sublevant scripturae seu notae, nullum autem dari malum genium, qui nos in illis quam [?] adulterandis falsae.«

[1119] Ein wenig vollmundig in seinem Rechenschaftsbericht an Herzog Johann Friedrich (*Die philosophischen Schriften* I, ed. Gerhardt, S. 57): »In Philosophie habe ich mittel funden, dasjenige was Cartesius und andere per Algebram et Analysin in Arithmetica et geometria gethan, in allen Scienzien zuwege zu bringen per Artem Combinatoriam, welche Lullus und P. Kircher zwar excoliret, bey weitem aber in solche deren intima nicht gesehen. Dadurch alle Notiones compositae der ganzen welt in wenig simplices als deren Alphabet reducirt, und aus solches alphabets combination wiederumb alle dinge samt ihren theorematibus, und was nur von ihnen zu inveniren möglich, ordinata methodo, mit der zeit finden, ein weg gebahnet wird. Welche Invention, dafern sie wils Gott ins werck gerichtet, als mater aller inventionen von mir vor das importanteste gehalten wird, ob gleich das ansehen noch zur zeit nicht haben mag.«

[1120] *Einige* seiner einschlägigen Äußerungen ließen sich tatsächlich mit dem Konzept der rekursiven Aufzählbarkeit deuten, wie es bei Hermes (1969), geschieht.

beim Finden erster Gründe, bei ihrem Zurückführen auf grundlegende und unbeweisbare Sätze (*analysis veritatum*) gezogen seien, er sich mit den *notiones secundum nos primae* begnügen müsse.[1121] Er könne gleichwohl noch Wahrscheinlichkeitsabwägungen vollziehen.[1122] Wie dem auch sei: In seinem Schreiben an Gabriel Wagner (um 1665 – nach 1718) sagt er über eine solche Verbesserung der Logik, dass sie »auch zur Auslegungskunst und folglich in der Theologie« diene, und darauf bezogen »stecket darin ein untrüglicher Schiedsrichter der Streitigkeiten«.[1123]

Bei einem solchen Ansinnen zur Schlichtung von Streitigkeiten in dem Rahmen, in dem es Leibniz vorträgt, sind grundsätzlich drei Einschränkungen zu beachten: *Erstens*, auch nach vollendeter *characteristica universalis* kann es immer noch sein, dass nicht alle erforderlichen Daten zur Lösung eines Problems im Rahmen der *ars iudicandi* vorliegen, um eine definitive Entscheidung fällen zu können. *Zweitens*, eine Bestimmung wie *probabilitas est gradus possibilitatis*[1124] bietet (in diesem Fall) allein genommen nur wenig Erhellendes für eine induktive Logik und sie besagt noch nichts darüber, wie sich ein solches Wahrscheinlichkeitskonzept in konkreten Fällen anwenden lässt. Das ist vor allem dann der Fall, wenn es beim *gradus probabilitatis* nicht allein darum gehen kann, Gründe zu *zählen*, sondern auch zu *gewichten* (*rationes non esse numerandas sed ponderandas*). Dieser Ansicht war auch Leibniz,[1125] allerdings vermochte er die *doctrina de gradibus probabilitatis*, die *nouvelle espece de Logique*, die *logica probabilium*, die *nouvelle logique* nicht auszuarbeiten.[1126] *Drittens* schließlich wird das universelle Richteramt der *characteristica universalis* dadurch eingeschränkt, dass sie sich nicht ohne weiteres auf das, was in natürlichen Sprachen formuliert ist, anwenden lässt.[1127] Alle drei Einschränkungen bedingen, dass der Gedanke auch dann, wenn er konkrete Gestalt angenommen hätte, nur sehr eingeschränkt für die Fragen der Entscheidung über die Glaubensmysterien hätte wirksam werden können, und Leibniz dürfte dies vermutlich auch so gesehen haben.

Die erste Einschränkung gilt generell und so denn auch für die Frage der Bestimmung der Glaubensmysterien. Die zweite ist speziell; denn

---

1121 Vgl. Leibniz: De Synthesi et Analyse (*Die philosophischen Schriften* VII, ed. Gerhardt, S. 296): »In rebus ergo facti sive contingentibus quae non a ratione sed observatione sive experimento pendent, primae veritates (quoad nos) sunt, [...].«
1122 Vgl. u.a. Couturat (Hg.): Opuscules (Anm. 1117), S. 176.
1123 Vgl. Leibniz: (*Die philosophische Schriften*, ed. Gerhardt, VII, S. 521).
1124 Leibniz: De incerti aestimatione. Hg. von K. R. Biermann und M. Faak. In: Forschungen und Fortschritte 31 (1957), S. 45–50.
1125 Vgl. u.a. Leibniz in einem Schreiben an Vincent P. Placcius (1644–1699) vom Januar 1687 (*Opera omnia* VI/1, ed . Dutens, S. 36): »[...] omnes in ore habent, argumenta non numero, sed pondere esse aestimanda; sed quis stateram dedit, qua argumenta atque judicia inter se mutuo pugnantia ponderentur, ut eligamus, quod ex datis maxime probabile est?«
1126 Hierzu auch I. Schneider (1981a) und (1981b).
1127 Zur Beziehung artifizieller zur natürlichen Sprachen bei Leibniz u.a. Heinekamp (1972), ohne allerdings auf die Sprache der Glaubensmysterien einzugehen.

Leibniz ist der Ansicht, dass sich das, was sich in der Heiligen Schrift als Unwahrscheinliches findet, gegen das Wahrscheinlichere durchzusetzen vermag, und er hebt hervor, dass es nicht allein darum gehe, welche Ansicht die *wahrscheinlichere*, sondern auch welche die *sichere* sei. Das gelte im Allgemeinen, vor allem aber im Besonderen bei den ›Worten Gottes‹, wenn diese eine Ansicht begünstigten, aber der Anschein der Dinge eine andere. Wenn dabei der Sache Gottes keine Gefahr erwachse, soll man sich an seine Worte halten; man soll sich nach Leibniz an den Wortlaut binden und sich nicht aufgrund von Überlegungen von ihm abwenden.[1128] Dies besagt das Festhalten an der wörtlichen Deutung der Heiligen Schrift, es sei denn, eine solche Deutung gezieme Gott nicht. Hier kommt die dritte Einschränkung ins Spiel: Das gilt insbesondere für die Sprachen, in denen die Glaubensmysterien gefasst sind;[1129] die Anwendung des *calculus ratiocinator* setzt voraus, dass die betreffenden Ausdrücke vollkommen verstanden seien, und dies erscheint bei Glaubensmysterium als eine zu starke Forderung.

Es bleibt bei den Glaubensmysterien der Rückgriff auf Logik (und Vernunft) im Rahmen der Kritik der Deutung der einschlägigen Textpassagen – und davon wurde, wie gesehen, schon von Luther reichlich Gebrauch gemacht. Allerdings hat man immer wieder auch auf der Seite der Lutheraner versucht, durch (philosophische) *divisiones* rational die *Möglichkeit* etwa der Allgegenwart in Folge der Realpräsenz darzutun – so geht Luther offenbar von der scholastischen Unterscheidung zwischen leiblicher Gegenwart als *esse localiter*, als *esse diffinitive*, als *esse repletive* aus.[1130] Letzteres erscheint dann als eine Art Lösung in der *ubiquitas*-Lehre: Die leibliche Gegenwart kann an einem ›Ort‹ sein, ohne in diesem ›Raum‹ aufzugehen und mit ihm identisch zu sein, dabei sind dann Christi Leib und Blut nicht localiter in

---

1128 Vgl. Leibniz: Annotatiunculae [1701] (Anm. 1056), S. 144: »Ita si verba Domini faveant uni sententiae et rerum species alteri, et verbo Domini potius stando rebus Domini nullum periculum creetur, a verbis autem recedendo periculum accersatur mihi, profecto rectius verbis inhaerebo [...].«

1129 Vgl. Couturat: La logique (Anm. 1114), S. 285.

1130 Vgl. Luther: Vom abendmal Christi [1528] (Anm. 654), S. 327: »[...] die sophisten reden hiervon recht, da sie sagen, es sind dreierlei weisen, an einem ort zu sein, localiter oder circumscriptive, diffinitive, repletive.« – Es handelt sich dabei um eine scholastische (occamistische) Unterscheidung, die allerdings nur *per analogiam* herangezogen wird, denn illustriert wird das *esse diffinitive* mit der Gegenwart der Seele im Körper oder der eines Engels an irgendeinem Ort, hierzu Oberman (1965), S. 257/58; das Seelenbeispiel bringt Luther selbst, vgl. Id., Sermon von dem Sacrament des Leibes und Blutes Christi wider die Schwarmgeistter [1526] (*Werke* 19. Bd., S. 482–523, vgl. hier S. 487): »Nimm für dich die seele, welche ist eine einige kreatur ist und ist doch im ganzen leibe zugleich, auch in der kleinsten zehe, dass, wenn ich das kleinste glied am leibe mit einer nadel steche, so treffe ich die ganze seele, dass der ganze mensch zappelt. Kann nun eine seele zugleich in allen gliedern sein, welches ich nicht weiß, wie zugeht, sollt dann Christus das nicht vermögen, dass er zugleich an allen orten im sakrament wäre?« Dazu, dass Luther der nominalistischen Tradition nur bedingt und fallweise folgt, auch Osborne (2002), zum Hintergrund auch Hilgenfeld (1971), insb. S. 190–232.

Brot und Wein wie das Bier in einem Fass.[1131] Der Wittenberger Konkordie von 1536 konnten die Calvinisten dann zustimmen, wenn die ›wahrhaft und wesentlich‹ verstandene Realpräsenz des Leibes Christi nicht in dem Sinn räumlich gemeint war, dass der Leib in die Elemente eingeschlossen, verstanden als ohne jegliche räumliche Distanz (*indistanter*, ἀδιαστάτως) präsent, zerkaut und verdaut würde. Freilich sagt diese Lösung nur, was nicht gemeint ist, die Sache selbst bleibt »unbegreiflich« wie Luther sagt,[1132] *res incomprehensibilis*.[1133] Das zieht freilich das Problem nach sich, dass man zwei Arten von *Unbegreiflichkeiten* annehmen muss: Eine Unbegreiflichkeit des Unmöglichen und eine des Möglichen. Wenn man so will, dann lassen sich Leibniz' Überlegungen gerade als Lösungsversuch für dieses Problem ansehen. Allerdings bleibt diese angesprochene Schwierigkeit der Auszeichnung des einen aus einer Vielzahl von (unwahrscheinlichen) Möglichkeiten.

9.2 *Praesumtio*: Die Umverteilung der Beweislast (*onus probandi*)

Das Additivum, das Leibniz methodisch zur Auszeichnung dessen wählt, was bislang nicht widerlegt ist, enthält zwei Momente: Zum einen handelt es sich um eine Beweislastverteilung (*onus probandi* im Rahmen der Disputationslehre), die darin besteht, Glaubenswahrheiten *so lange für wahr zu halten*, bis ihre (logische) Falschheit (unwidersprechlich) aufgezeigt sei.[1134] Diese im juristischen Argumentationsbereich sowie im Rahmen der Disputation, aber auch bereits vor Leibniz in der kontroverstheologischen Auseinandersetzung geläufige Beweislastverteilung muss freilich besonders begründet sein. So finden sich Ausführungen hierzu beispielsweise im kontroverstheologischen Werk der späteren Kölner Weihbischöfe, der Brüder Adrian (1609–1669) und Peter van Walenburch (1610–1675),[1135] die in zahlreiche

---

1131 Vgl. Luther: Vom abendmal [1528] (Anm. 654), ebd.: *esse diffinitive* ist der Raum als Ort des Inseins »leiblich und begreiflich und hat sein maß nach der länge, breite und dicke«, doch was »drinnen« ist, braucht nicht begrenzt, nicht »greiflich« zu sein, so dass es »sich nicht abmisst nach dem raum des orts«; Luthers Beispiel ist der Teufel, und bereits hiernach lasse sich Christus in Brot und Wein sehen. Aber erst die dritte Art, *esse repletive*, sei die angemessene »göttliche weise«, wie etwas, das »zugleich ganz und gar an allen orten ist und alle orte füllet und doch von keinem ort abgemessen und begriffen« werde.
1132 So etwa in Luther: Sermon von dem Sacrament [1526] (Anm. 1130), S. 489/90, oder Id., Daß diese Worte Christi [1527] (Anm. 653), S. 26), sodann häufiger in Id., Vom abendmal [1528] (Anm. 654), u.a. S. 318, S. 327–29, S. 335/36, S. 339, S. 457/48, S. 478.
1133 Zumindest was die Inkarnation betrifft, könne dies nicht einmal die Engel begreifen, vgl. Luther: Disputatio De divinitate [1540] (Anm. 524), S. 98: »est res incomprehensibilis, sicut etiam ipsi angeli non possint capere et comprehendere, quod duae naturae in una persona unitae sunt.«
1134 Zur *praesumtio* (auch im Unterschied zur *probabilitas*) äußert sich Leibniz gelegentlich, z.B. in Id., Essais de théodicée [1710] (Anm. 1051), *Discours*, § 33 (S. 124). Zu weiteren Stellen de Olaso (1975).
1135 Zu beiden Wamper (1968), ohne allerdings näher auf die Kontroversschriften einzugehen.

Kontroversen mit Lutheranern und Reformierten verwickelt waren und die Leibniz auch persönlich kannte.[1136] In ihrer Streitschrift gegen Dannhauer findet sich ein eigener Abschnitt, der »De onere probandi« betitelt ist.[1137] Besonders begründet werden muss diese Beweislastverteilung deshalb, da es sich bei der Frage nach der Glaubwürdigkeit der Glaubensmysterien weder um eine *im engeren Sinn* juristische Argumentation noch um eine Disputation handelt,[1138] bei der gerade die Wahl der zu verteidigenden Proposition beliebig ist – und (nur) für sie gilt, was Leibniz in der *Théodicée* sagt: »Ein Verteidiger (respondens) ist nicht verpflichtet, seine These zu begründen, er ist aber verpflichtet, den Einwänden eines Gegners Genüge zu tun.«

Diese besondere Begründung wird bei Leibniz durch eine Vorab-Annahme (*praesumtio*) gestiftet, die selber allerdings nicht bewiesen ist und daher immer noch grundsätzlich falsch sein könnte, auch wenn Leibniz das im Blick auf Glaubenswahrheiten für *unwahrscheinlich* hält. Nicht immer scheint bei ihm allerdings klar zu sein, worauf sich diese *praesumtio* gründet. Allgemein gesagt, charakterisiert die *praesumtio*[1139] den Umgang mit einer *Aussage* und verleiht ihr einen spezifischen Status: Während die *Behauptung* (*assertio*) die Beweispflicht nach sich zieht, die (hypothetische) *Annahme* (*assumptio*) frei von jeder vorgängigen Beweispflicht ist, sie aber auf Verlangen zu erfüllen ist, liegt bei der *praesumtio* weder vorab eine Beweispflicht vor noch ist sie auf Verlangen zu erfüllen, sondern die Beweispflicht wird auf den Kritiker verlagert, der das ›Gegenteil‹ nachzuweisen habe.[1140] Leibniz drückt dies auch so aus: »den Beweis von sich auff einen andern zu legen«.[1141] Wenn von zwei (unvereinbaren) Aussagen nach bestimmten Standards in einer gegebenen epistemischen Situation sich weder die eine noch die andere auszeichnen lässt, dann bietet die *praesumtio* die Auszeichnung einer dieser Aussagen. Es bestehen dafür zwei Auszeichnungsstrategien. *Zum einen* die, sie

---

1136 Vgl. Wiedeburg (1962), S. 79–92, sowie (Anmerkungsband), S. 116–133.
1137 Vgl. Adrian van Walenburch: Somnia polemosophiae sophisticae […]. Colonia 1649, S. 7ff.
1138 Leibniz sieht eine enge Beziehung zwischen juristischem und logischem Beweisen, hierzu u.a. Schiedermair (1970), S. 298ff.
1139 In der Rhetorik ist *praesumptio* der lateinische Ausrück für πρόληψις und bezeichnet die Redefigur (*figura sententiarum*) der Vorwegnahme, der Vorausbeantwortung möglicher Einwände, vgl. Quintilian: *Inst Orat*, IX, 2, 16–18.
1140 Dieses ›Modell‹ weist Ähnlichkeiten auf zu dem in jüngerer Zeit erörterten sogenannten Herausforderungsmodell der Rechtfertigung von Wissensansprüchen (*default and challenge model*). Ein erworbener Wissenanspruch hat *von vornherein* einen solchen Status, dass er als gerechtfertigt gilt, ohne dass gefordert wird, dass derjenige, der diesen Wissensanspruch teilt, ihn auch rechtfertigen kann. Erst dann, wenn er mit *Gründen* infrage gestellt wird, habe man ihn zu verteidigen. Der wesentliche Unterschied liegt darin, dass bei Glaubensmysterien nach dem ›Modell‹ von Leibniz nicht schon begründete Einwände ausreichen, sondern der Kritiker zeigen muss, dass die vertretene Auffassung widersprüchlich ist. Auf die Probleme, die das Herausforderungsmodell besitzt, kann ich hier nicht eingehen; vgl. zur Kritik an einigen Verwendungen Sander (2003).
1141 Vgl. Leibniz in seinem Schreiben an Gabriel Wagner (*Die philosophischen Schriften* VII, ed. Gerhardt, S. 521).

mittels eines *argumentum ad ignorantiam* auszuzeichnen:[1142] Eine Annahme sei so lange zu präferieren, wie nichts gegen sie spreche (faktisch müsste man überhaupt nichts kennen, was *für* die Annahme spricht). Diese Auszeichnung setzt voraus, dass die Alternative eine unbestimmte Negation ist und der Kritiker aus den verbleibenden Möglichkeiten eine aufzuzeigen hat, für die Gleiches gilt. *Zum anderen* eine Auszeichnung, die auf Gründen beruht, die bei gleicher Beurteilung nach den gegebenen Standards *hinzu kommen* und eine Auszeichnung größerer Vorab-Plausibilität ermöglichen, ohne dass die Annahme in diesem Fall als vollkommen begründet erscheint. Das, was für diese größere Vorab-Plausibilität spricht, ist von der epistemischen Situation abhängig und damit zumindest prinzipiell wandelbar.

Aber auch in der Auslegungslehre finden sich hermeneutische Maximen, die in diesem Sinn als *praesumtiones* zu deuten sind.[1143] Die Priorität des *sensus literalis* ist ein Beispiel. Oftmals gehören zu den Gründen für die Präsumtion, dass ihre Annahme als eine Voraussetzung dafür gilt, um etwas Bestimmtes überhaupt zu ermöglichen oder zu erreichen: Im Hintergrund steht etwa der Grundsatz *necessitas probandi incumbit ei qui dicit non ei qui negat*. Im Fall der Glaubensmysterien führt das dann zu der Formulierung: Es gebe keine Beweise dafür, dass sie wörtlich verstanden widersprüchlich sein müssen. Derjenige, der das Gegenteil behauptet, wäre dann beweispflichtig.[1144] Doch das allein reicht nicht aus; denn das gleiche ließe sich für die Aussage beanspruchen: Es gibt keine Beweise dafür, dass Glaubensmysterien nicht widersprüchlich seien. In diesem Fall liegt die Beweislast nun bei demjenigen, der die Widerspruchsfreiheit von Glaubensmysterien annimmt. Aber es muss weitere Annahmen geben, die zur Präferenz einer Präsumtion und nicht ihres Gegenteils führen. Das lässt sich an dem juristischen Beispiel der Unschuldsvermutung vor Gericht verdeutlichen.[1145] Nur schwer ließe sich zeigen, dass ein Rechtssystem, das auf der Unschuldsprä-

---

1142 Hierzu u.a. Wren (1989), Kauffeld (1998), Walton (1999) sowie (1995), dabei versucht Walton deutlich zu machen, dass das *argumentum ad ignorantiam* nicht immer ein Fehlschluss sein müsse. In Walton (1996), ist er der Ansicht, dass presumtives Argumentieren immer eine Art von *argumentum ad ignorantiam* darstelle; das dürfte nicht korrekt sein. Es finden sich bei Walton noch andere Schwächen bei der Analyse dieses Argumentetyps.

1143 So findet sich bei Johann Heinrich Lambert (1728–1777): Neues Organon oder Gedanken über die Erforschung und Bezeichnung des Wahren und dessen Unterscheidung vom Irrtum und Schein [1764] [...]. Hg., bearbeitet und mit einem Anhang versehen von Günter Schenk. Berlin 1990, sowohl die Präsumtion der Übereinstimmung der Bedeutung der verwendeten Worte: »Es wird jedesmal vorausgesetzt und tut dessen keine Erwähnung, als bis bis die eine von den Unterredenden anfängt, zu vermuten, es müsse Mißverstand in den Worten und Ausdrücken versteckt liegen, vor dessen Aufklärung, ob man in der Tat nicht einerlei Meinung sei« (II. Bd.,10. Hauptst., § 334 (S. 633), als auch die Präsumtion der hermeneutischen Billigkeit (ebd., § 307, S. 616); dazu auch Ungeheuer (1979).

1144 In dieser und anderer Hinsicht greifen die Darlegungen bei Cave (1995) zu kurz.

1145 Zur langen Tradition der juristischen Präsumtionen, allerdings ohne auf das hier erörterte Problem hinzuweisen, u.a. Kaser (1954).

sumtion beruht, in irgendeiner Hinsicht effektiver ist, als ein System, das auf einer Schuldpräsumtion beruht. Ein Unterschied dürfte darin liegen, dass vermutlich die Überführungen und Schuldsprüche zunehmen, wird die Schuldpräsumtion zugrunde gelegt. Mithin muss in diesem wie in den anderen Fällen noch etwas hinzukommen. Im Fall der Präferenz der Unschuldsvermtung könnte das die Annahme sein, dass es besser ist, einen tatsächlich Schuldigen nicht, als einen unschuldigen ungerechtfertigter Weise zu verurteilen. Es hängt mithin von differierenden Präferenzen und Zielsetzungen ab, welche Präsumtion man wählt. Damit ist die Auszeichnung einer bestimmten Präsumtion abhängig von den verfolgten Zielen und damit verschiebt sich die Frage nach der Wahl einer bestimmter Präsumtion auf die Präferenz bestimmter Ziele – und das in allen Wisssensbereichen, in denen Präsumtionen eine Rolle spielen.[1146] Auch Präsumtionen lassen sich tradieren, ohne dass die Annahmen, die für ihre Wahl sprechen, expliziert werden – die Präsumtion der Priorität des *sensus literalis* sowohl bei der *probatio hermeneutica* als auch bei der *probatio theologica* ist – wie gesehen – hierfür ein Beispiel.

Wie sieht es nun bei Leibniz aus? Die Präsumtion könnte auf einem *argumentum ad ignorantiam* beruhen. Eine solches Argument bringt Leibniz in der Tat vor; allerdings im Zusammenhang mit der Existenz Gottes: Da bislang nicht bewiesen wurde, dass Gott nicht existiert, sollten wir seine Existenz annehmen.[1147] Ohne dem hier im Einzelnen nachgehen zu können, gibt es zwei Vermutungen dafür, dass Leibniz eine stärkere Begründung im Auge haben könnte als nur die Stützung einer Präsumtion durch ein *argumentum ad ignorantiam*. *Zum einen* aufgrund einer Art epistemischen

---

1146 So bestimmt Thüring (1965) als neues Trägheitsgesetz (S. 121): »Physikalische Körper befinden sich stets im Zustand der Gravitationsbewegung (Inertialbeschleunigung), es sei denn, sie werden von Kräften, die auf sie wirken, gezwungen, diesen Zustand zu ändern.« Thürings unterbereitet seine Bestimmung im Zuge des Aufbaus einer neuen Physik, die an Maximen der Eindeutigkeit, Einfachheit, Realisierbarkeit und pragmatischer Ordnung ausgerichtet sein soll. Das angeführte Trägheitsgesetz in der Gestalt einer Präsumtion erfährt seine Plausibilisierung just im Rahmen des Aufbaus einer ›methodischen Physik‹; die Plausibilisierung hängt allerdings davon ab, inwieweit man den unternommenen methdischen Aufbau als gelungen ansieht.

1147 Vgl. Leibniz in einem Schreiben an Isaac Jaquelot vom 20. 11. 1702 (*Die philosophischen Schriften* III, ed. Gerhardt, S. 442–447, hier S. 444): »Car tout estre doit estre jugé possible, *donec probetur contrarium*, jusq'à ce qu'on fasse voir qu'il ne l'est point. C'est ce qu'on appele *presomtion*. Qui est bien plus incomparablement qu'une simple supposition, puisque la pluspart des suppositions ne doivent etre admises qu'on ne les prouve: mais tout ce qui a la presomtion pour soy doit passer pour vray jusqu'à ce qu'on le refute. Donc l'existence de Dieu a la presomtion pour elle en vertu a cet argument, puisqu'elle n'a besoin que de sa possibilité. Or la possibilité est toujours presume et doit ester tenue pour veritable jusq'à ce qu'on prouve l'impossibilité. Ainsi cet Argument a la force de transferer *onus probandi in adversarium*, ou de charger l'adversaire de la preuve. Et comme on ne prouvera jamais cette impossibilité, l'existence de Dieu doit estre tenue pour veritable.« – Vgl., wenn auch nicht immer überzeugend, Werther (1996), zu Leibniz' Gottesvorstellung auch Wiehart-Howaldt (1996), insb. S. 145–190.

Konservativismus;[1148] dieser kann sich freilich nicht darin erschöpfen, dass es *allein* um die Bewahrung einer einmal erlangten Überzeugung geht, sondern neben dem Umstand, dass man eine Überzeugung bereits hat, sollten zusätzliche Gründe geboten werden, dass es ›rational‹ ist, an ihr festzuhalten. In diese Richtung zielt Leibniz, wenn er die Tradition priorisiert. Auszeichnung als *praesumtio* verdient das, was bereits (über Jahrhunderte) angenommen wurde. Es ist Leibniz' Hochachtung vor der *purior antiquitas*,[1149] und die Kritik lässt sich dann verstehen als etwas, das gegen etwas schon Bestehendes gerichtet ist, was zunächst einmal als bewahrungswürdig gilt. So räumt Leibniz den am weitesten verbreitetsten und ältesten Ansichten ein Vorrecht ein.[1150]

Zum anderen besteht die Möglichkeit, etwa die Existenz Gottes anzunehmen, wenn auch nicht als wahrscheinlich, so doch als ›sicher‹ – das läuft dann unter Umständen auf eine Argumentation nach dem Muster von Pascals ›Wette‹ in dem *Infinirien*-Fragment hinaus: Es sei klüger, an Gott zu glauben und danach zu handeln, als dies nicht zu tun. Allein das erstere gibt uns eine Chance auf ewige Glückseligkeit, und ewige Glückseligkeit verspreche unendlich größeren Nutzen als jede endliche Form des Glücks. In dem Fragment heißt es am Ende eines Dialogs: »Überall, wo das Unendliche ist und keine unendlich große Wahrscheinlichkeit des Verlustes der des Gewinns gegenübersteht, gibt es nichts abzuwägen, muß alles bringen. Und so, wenn man notwendig setzen muß, hieße es, auf die Vernunft verzichten, wollte man das Leben lieber bewahren, statt es so dicht vor dem Erfahren des Verlustes, des Nichts, für den unendlichen Gewinn zu wagen.«[1151] Zwar

---

1148 Zu verschiedenen Arten epistemischen Konservativismus und ihrer Analyse vgl. Vahid (2004).

1149 So konnte er eine bestimmte Lehrmeinung vorziehen, weil sie die traditionelle und allein wahre sei, vgl. Leibniz: De ipsa natura sive de vi insita actionibusque Creaturarum, pro Dynamicis suis confirmandis illustrandisque (*Die philosophischen Schriften* IV, ed. Gerhardt, S. 504–516, hier S. 507): »[...] dogma videtur, posterious receptum est, et ergo arbitrior, verissimum.«

1150 Vgl. Leibniz: (*Die philosophischen Schriften* VII, ed. Gerhardt, S. 164): »[...] j'ay trouvé apres de longues recherches qu'ordinairement des opinions les plus anciennes et les plus receues sont les meilleurs, pourveu qu'on les interprete equitablement.« Ferner Id., Nouveaux Essais sur l'entendement Humain [1704] (Anm. 1080), IV, 17, § 20: »Et quant aux opinions receus elles ont pour elles quelque chose d'approchant à ce qui donne ce qu'on appelle presomption chez les Jurisconsultes: et quoy qu'on ne soit point obligé de les suivre toujours sans preuves, in n'est pas autorisée non plus a les destruire dans l'esprit d'autruy sans savoir les preuves contraires.« Weitere Beispiele müsste man sich zusammensuchen – so etwa Leibniz: System der Theologie [1690] (Anm. 1060), S. 230, dort übernimmt Leibniz bei der nicht widerlegten Transsubstantiation die Priorität der Tradition: Wie in anderen Fällen auch, so müsse man hier die Heilige Schrift entsprechend der Überlieferung erklären, die durch die Kirche als ihre Hüterin vermittelt wurde: »[...]; et quemadmodum igitur alias, ita hic quoque explicanda est Scriptura ex traditione quam custos Ecclesia ad nos usque transmisit.«

1151 Vgl. Pascal: Über die Religion und über einige Gegenstände (Pensées) [1661]. Übertragen und hg. von Ewald Wasmuth [1937]. Gerlingen (1954) 1994 (unveränderter ND der 5., vollständig neu bearbeiteten und textlich erweiterten Auflage), Fr. 233 (S. 123/24). Die Übersetzung ist an einer Stelle ein wenig missverständlich, die fragliche Passage lautet im

ist hier die übergeordnete Zielsetzung, die die Präsumtion begründet, relativ klar; gleichwohl gibt Pascals Aussage angesichts des Szenarios, in das die ›Wette‹ eingebettet ist,[1152] eine Reihe intrikater Deutungsprobleme auf, und sie hat auch immer wieder zur Kritik animiert.[1153] Darauf wie auf den zeitgenössischen (moralphilosophischen) Hintergrund von *Probabilismus, Minus-Probabilismus, Probabiliorismus, Aequiprobabilismus* oder *Tutiorismus*, auf den Leibniz mit der Ausdruckswahl von ›sicherer‹ als wahrscheinlich anspielen könnte, braucht hier nicht eingegangen zu werden.[1154]

Komplizierend kommt nämlich hinzu, dass Leibniz zudem festhält, dass man sich oftmals nicht einig sei hinsichtlich des Status einiger Prinzipien, ob sie ›logisch notwendig‹ oder ›physisch‹ seien (*necessaires logiquement, ou s'ils ne le sont que physiquement*). Zu den Beispielen, die Leibniz anführt, gehört auch der Streit der Lutheraner mit den Reformierten, ob ein ›Körper nur an einem Ort sein kann‹ – es ist im wesentlichen der Grund, weshalb Zwingli und andere mit dem Notwendigkeitskriterium den Bedeutungsübergang bei den Einsetzungsworten begründen. Leibniz räumt ein, dass immer dann, wenn sich die ›logische Notwendigkeit‹ nicht beweisen lasse, man eine ›physische Notwendigkeit‹ annehmen könne.[1155] Das Problem liegt in der Unterscheidung zwischen kontingenten und notwendigen Wahrheiten.[1156] Lassen sich letztere nach Leibniz durch Analyse immer so weit klären, dass sie nicht zu einem logischen Widerspruch führen, ist das bei den kontingenten Wahrheiten nicht möglich. Zwar sei auch hier das Prädikat im Subjekt enthalten, aber das lasse sich niemals effektiv zeigen; denn die Auflösung des begrifflichen Zusammenhangs sei ohne ein bestimmtes Ende. Allein Gott bleibe es vorbehalten, nicht das Ende der Auflösung zu sehen, die

---

Französchen, vgl. Pascal: Pensées […1661]. Nouvelle édition, collationnée sur le manuscrit autographe et publiée avec une introduction et des notes. Tom. II. Paris 1904 (Œuvres, Tom. XIII), S. 151: »Et ainsi, quand on est forcé à jouer, il faut renoncer à la raison pour garder la vie, plutôt que de la hasarder pour le gain infini aussi prêt à arriver que la perte du néant.«

1152 Zu ›Vorläufern‹ dieses Argumentationstyps Ryan (1945), sowie Orcibal (1956), Weidemann (1999). Bei Blanchet (1919), S. 633/34, wird zu zeigen versucht, dass das Argument auf die gegen Pietro Pomponazzi (1462–1525) gerichtete Abhandlung *De immortalitate animae Demonstratio physica et Aristotelica* des Jesuiten Antoine Sirmond (1591–1643) zurückgeht, die 1635 in lateinischer, 1637 in französischer Sprache erschien.

1153 Zu den vier verschiedenen Versionen die Beiträge sowie die Bibliographie in J. Jordan (1994), ferner Byl (1994), Mougin/Sober (1994), Anderson (1995), Löffler (1996), Sobel (1996), Gustason (1998), Knoepffler (2000), Sarka (2001), J. Jordan (2002), Hájek (2003).

1154 Mitunter äußert er sich ablehnend gegenüber dem Wahrscheinlichkeitskonzept, das die ›Kasuisten‹ zugrunde legen, vgl. (*Die philosophischen Werke* VII, ed. Gebhardt, S. 167), denen er das Konzept einer de-re-Wahrscheinlichkeit entgegen stellt: »Je ne parle pas icy de cette probabilité des Casuistes, que est fondée sur le nombre et sur la reputations des Docteurs, mais de celle qui se tire de la nature des choses à propotion de ce qu'on en connoist, et qu'on quet appeler la vraisemblance.«

1155 Vgl. Leibniz: Nouveaux Essais [1704] (Anm. 1080), livre III, chap. 20, (S. 606).

1156 Von den diesem Thema gewidmeten Untersuchungen vgl. Adams (1982), Werther (1995), ausführlich zur infiniten Analyse Blumenfeld (1985).

nicht existiere, so doch die Verbindungen zu sehen.[1157] Um die Möglichkeit verborgener Widersprüche auszuschließen, bedarf es nach Leibniz der Zurückführung der von ihm als *notiones primitivae* aufgefassten, nicht mehr weiter auflösbaren Ausdrücke (*notiones irresolubiles*); doch gerade das erscheint in solchen Fällen als nicht vollziehbar, und Ähnliches gilt für Sätze, die Glaubensmysterien wiedergeben. Hier ließen sich die Auflösungen zwar zu Widersprüchen führen, nicht aber beenden.

Supra rationem kann nach Leibniz nicht *contra rationem*, aber auch nicht *contra naturam* sein. Die Offenbarung sei erforderlich wegen der Grenzen des menschlichen Verstandes, der keinen direkten Zugang zu den Glaubensmysterien habe; sie erscheinen als »propositiones revelatae admirandae seu paradoxae«[1158] – *paradoxae* meint hier offenbar nicht logisch widersprüchlich, sondern – wie in einem anderen Zusammenhang bereits erwähnt – den allgemein anerkannten Wahrheiten widerstreitend. Entscheidend ist, dass sie (allein) nach der Vernunft als unwahrscheinlich erscheinen, nach der Schrift aber als wahrscheinlich.[1159] Es geht allein um den Status der Glaubenswahrheiten als überrational und just hier kommt die *praesumtio* des wörtlichen Sinns (für die *probatio theologica*) ins Spiel. Nach Leibniz ist dementsprechend selbst dann an der *wörtlichen* Bedeutung der Heiligen Schrift festzuhalten, wenn das, was so gesagt werde, der Vernunft nach als unwahrscheinlich erscheint.[1160]

Die *Glaubwürdigkeit* der Heiligen Schrift wird als zu den *motifs de credibilité* gehörend vorausgesetzt und die Schrift erscheint dann als der *irrefragibilis iudex*.[1161] Das allein jedoch reicht erneut nicht aus, denn ihre *Wahrhaftigkeit* kann sowohl bei wörtlichem als auch bei figurativem Sinn gegeben sein. Zudem scheint Leibniz mitunter sogar eine überaus strenge Fassung der Wörtlichkeit für die *probatio theologica* anzunehmen: Es ist die Forderung

---

1157 Vgl. Leibniz: De Libertate (in: Nouvelles lettres et opuscules, ed. Louis Alexandre Foucher de Careil. Paris 1857, ND Hildesheim 1971, S. 178–185, hier S. 182): »Sed in veritatibus contingentibus, etsi praedicatum insit subjecto, nunquàm tamen de eo potest demonstrari, neque unquám ad aequationem seu identitatem revocari potest propositio, sed resolutio procedit in infinitum, Deo solo vidente non quidem finem resolutionis qui nullus est, sed tamen connexionem [terminorum] sic involutionem praedicati in subjecto, quia ipse videt quidquid series inest; imò ipsa haec veritas ex ipsius partìm intellectu, partìm voluntate nata est. Et infinitam ejus perfectionem, atque totius rerum seriei harmoniam, suo quodam modo exprimit.«

1158 Leibniz: De Demonstratione Possibilitatis [ca. 1671] (Anm. 1057), S. 515: »*Mysteria Fidei* sunt propositiones revelatae seu paradoxae […]. Cum *admirandas* seu paradoxas appello, illud volo, prima fronte impossibiles videri.«

1159 Leibniz: Commentatiuncula [1669–71] (Anm. 1079), § 33 (S. 552): »probabilis secundum textum […] improbabilis […] secundum rationem". Vgl. auch Leibniz: Essais de Théodicee [1710] (Anm. 1051), *Discours*, § 28 (S. 116): »contre les apparences".

1160 Leibniz: Commentatiuncula [1669–71] (Anm. 1079), § 34 (S. 553): »Mea sententia est proprio potius textus significatui standum, etsi rationi sit improbabilis, dummodo possibilis, idqve ob conditionem dicentis DEI.«

1161 Vgl. Leibniz: Annotatiunculae [1701] (Anm. 1056), S. 145.

nach terminologischer Präsenz¹¹⁶² – traditionell: *in terminis terminantibus* oder *per verba* (und nicht allein *per sensum*). Um allein den Text als (wirkungsvollen) Richter in den (theologischen) Streitfragen zu sehen, stellt Leibniz die Forderung auf, dass sie die Glaubenssätze *explizit* enthalte (»in terminis contineri«). Er versteht das ausdrücklich so, dass sie nicht erst durch Schlüsse abgeleitet werden müssten (»non debent per conseqventiam ex textu derivari«).¹¹⁶³ Als Prinzip legt Leibniz denn auch fest, dass die Heilige Schrift das zum Heil Notwendige *explizit* enthalte: »Haec regula si teneatur, *nihil esse admittendum tanqvam scitu necessarium ad salutem, nisi qvod in Scriptura Sacra in terminis contineatur,* jam omnes de fide salutari qvaestiones erunt sublatae, et per conseqvens Scriptura erit judex omnium controversiarum necessariarum ad salutem.«¹¹⁶⁴ Wohl in Reaktion auf die immer wieder vorgebrachten Einwände, unterscheidet Leibniz betont zwischen solchen Fragen, die fundamental für den Glauben seien, und solchen, die unser moralisches Verhalten anleiten.¹¹⁶⁵

Ein solches Verständnis der Wörtlichkeit findet sich (gelegentlich) bereits bei den Kirchenvätern und wurde vom Aquinaten energisch kritisiert.¹¹⁶⁶ Auf eine ähnliche Anforderung an strenger Wörtlichkeit bei der *probatio theologica* hat beispielsweise Michel Servet (1509/11–1553) seine Behauptung des nicht schriftgemäßen Charakters der Lehre der Trinität gestützt.¹¹⁶⁷ Ein herausgegriffenes Beispiel für das Insistieren bei der *proba-*

1162 Vgl. auch Leibniz: Commentatiuncula [1669–71] (Anm. 1079), § 7 (S. 549): »Haec regula si teneatur, nihil esse admittendum tanqvam scitu necessarium ad salutem, nisi qvod in Scriptura Sacra in terminis contineatur, jam omnes de fide salutari qvaestiones erunt sublatae, et per consequens Scriptura erit judex omnium controversiarum necessarium ad salutem.« An anderer Stelle heißt es (§ 12, S. 549): Alle die Fragen, die jenseits der Praxis sind (wie Gottes Einheit und Dreieinigkeit, Christi Natur und Person, die Realpräsenz, die Prädestination), seien keine glaubensrelevanten Aussagen. Sie seien nicht zu akzeptieren (»nulla propositio admittanda est tanquam sit de fide«), wenn sie nicht explizit in der Heiligen Schrift enthalten oder wörtlich aus ihrer Quelle übersetzt seien (»qvae non in terminis Sccriptura Sacra ad verbum ex fontibus versa continetur«).
1163 Vgl. ebd., § 6 (S. 548/49).
1164 Ebd., § 7, S. 549.
1165 Vgl. ebd., (§ 11), S. 549: »Respondeo eae qvaestiones non sunt fidei sed morum, non theoreticae, sed practicae, qvas non credere, sed exeqvi jubemur.«
1166 Thomas: Summa Theologica [1266–73] (Anm. 246), I, q. 36, 2, ad 1 (S. 202).
1167 Vgl. Servet: De Trinitatis Erroribvs Libri Septem. S.l. 1531, fol. 64v, wo es heißt, man solle den Ausdruck »Trinität« vermeiden, da er *nicht* biblischer Herkunft sei (meine Hervorhebung): »Et sic concedo, aliam personam patris, aliam personam filij, aliam personam spiritus sancti: & concedo patrem, filium & spiritum sanctum, tres in una deitate personas, & haec est uera trinitas. *Se uoce scripturis extranea uti nollem,* ne forte in futurum sit philosophis occasio errandi, & cum antiquioribus, qui ea uoce sanè usu sunt, nihil mihi quaestionis est, modo haec trium rerum in uno Deo blasphema & philosophica distinctio à mentibus hominum eradicetur.« An anderer Stelle (fol. 32r) wird er hinsichtlich Beweisanforderungen expliziter: »[...] cum nec unum uerbum reperiatur in tota Biblia de trinitate, nec de suis personis, nec de essentia, nec de unitate suppositi, nec de plurimum rerum una natura, nec de alijs eorú[m] cenophonijs & logomachijs, quas Paulus falsae agnitionis esse ait.«

tio theologica auf ›Wörtlichkeit‹ bietet der in Padua medizinisch ausgebildete Antitrinitarier Ernst Soner (1572/73–1612), der während seines Medizinstudiums in Leiden für den Sozinianismus gewonnen wurde und der danach von 1605 bis 1612 in Altdorf lehrte.[1168] Bei ihm heißt es programmatisch: »Numquam Christus aliqua Trinitatis mysteria auditoribus suis patefecit [...]. De Trinitatis [...] mysterio nihil omnino sacrae prodiderunt Literae. [...] Omne mysterium, quod relevatum est, expressis literis necesse est legi.«[1169] Bei Leibniz scheint die Ablehnung der (nur) erschlossenen Aussagen aus der Heiligen Schrift damit zu korrespondieren, dass er zudem – wie zu sehen sein wird – ein im Vergleich zu anderen recht strenges Notwendigkeitskriterium wählt, wodurch der Bedeutungsübergang stark eingeschränkt wird. Doch betrachtet man die einschlägige Passage genauer, dann dürfte Leibniz weniger die strenge Forderung terminologischer Präsenz meinen: »[...] qvaestiones qvae sunt de fide, seu pertinent ad fundamentum salutis, non debent per conseqventiam ex textu derivari, sed in eo in terminis contineri,«[1170] Die Betonung scheint mehr darauf zu liegen, dass es sich nicht um *Schlussfolgerungen* handelt, und dies wiederum scheint nicht so sehr die logischen zu meinen als vielmehr Schlussfolgerungen, bei denen *nichtbiblische* Prämissen eine (wesentliche) Rolle spielen.

Unter dem Titel der *quaestiones purae et mixtae* wurde dieses Problem seit Beginn des 17. Jahrhunderts bei Lutheranern wie Calvinisten ebenso intensiv wie extensiv erörtert, um die *sufficientia* der Heiligen Schrift in allen (Glaubens-)Fragen nicht zuletzt gegen die katholischen Kritiker zu verteidigen. Als *conclusiones theologicae* ist das Problem allerdings längst vor der Reformation erörtert worden.[1171] Aufgefaltet wird es durch die Fragen, wann bei

---

1168 Zu ihm vor allem Gustav Georg Zeltner (1672–1738): Historia Crypto-Socinismi Altdorfinae qvondam academiae infesti arcana, ex docvmentis maximam partem msstis ita adornata [...]. Lipsiae 1729, u.a. S. 24ff, auch die bio-bibliographischen Angaben bei Friedrich Samuel Bock (1716–1786), Historia Antitrinitariorvm Maxime Socinianismi et Socinianorvm [...]. Tomi primi, pars II. Regiomonti et Lipsiae 1776 (ND 1978), S. 894–903.

1169 Vgl. Soner: An Doctrina Trinitatis sit mysterivm a secvlis absconditvm, qvo diuini uerbi patefactione hominibvs innotescere debuit [...1605]. In: Fausti & Laellii Socini, item Ernesti Sonneri Tractatvs aliqvot theologici, nvmquam antehac in lvcem editi. Eleutheropoli 1654, S. 71–99, hier S. 79 und 81.

1170 Leibniz: Commentatiuncula [1669–71] (Anm. 1079), § 6 (S. 348/49).

1171 Thomas von Aquin: vermutlich das Bild des Mischens mit Wasser in *Jes* 1, 22, aufgreifend, formuliert in Id., Contra impugnantes Dei cultum et religionem [1256], 12, 4 (Leonina 41A): »Ad quartum dicendum quod quando aliquid totaliter transit in alterum non dicitur esse mixtio, ut dicitur in I De generatione, sed quando est mixtio utrumque miscibilium convertitur in unum tertium. Et ideo quando aliquid adiungit sacrae Scripturae de sapientia saeculari quod cedit in fidei veritatem, vinum sacrae Scripturae non est mixtum sed purum remanet; tunc autem mixtum fit quando aliquid adiungitur quod corrumpit Scripturae veritatem.« Danach stellt die Verwendung paganen Wassers beim Wein der Heiligen Schrift keine Mischung dar, sondern der Wein bleibt rein; nur dann handle es sich um eine Mischung, wenn etwas hinzugefügt werde, das die Wahrheit der Schrift beschädige. – Dass die *philosophia saecularis* als *vinum* aufgefasst wird, scheint nicht selten zu sein, vgl. z.B. Honorius Augustodunensis, Espositio in cantica canticorum [12. Jh.], II, 4 (Pl 172, Sp. 422): »Vinum quod inebriat et

conclusiones aus einem gegebenen Sinn (aus den in der Schrift niedergelegten *principia theologica*) unter Verwendung zusätzlicher Annahmen (also der *argumenta extranea et probabilia*) der Glaubensstatus der Ausgangssätze bewahrt bleibt.[1172] Vor der Reformation erscheint das Problem vor allem dann als zentral, wenn die gemischten Prämissen auf unterschiedlichen Dimensionen Grade der Gewissheit zugesprochen erhalten: *certitudo evidentiae* (*probationis et apparentiae*) zum einen, *certitudo adhaesionis* (*firmitatis et adhaerentiae*) zum anderen. In *jenem* Fall vermag die auf Glauben beruhende Prämisse die wissenschaftliche (Vernunft-)Gewissheit der Konklusion zu schwächen, in *diesem* die evidente Prämisse die Glaubensgewissheit der Konklusion. Für diejenigen Konsequenzen, die aus seiner Sicht aus der Heiligen Schrift zu Unrecht gezogen werden, verwendet zum Beispiel Luther durchgängig einen eigenen Ausdruck, nämlich *sequela*.[1173]

Zu den *articuli purae aut mixtae fidei, revelationis aut cognitionis* hat im 17. Jahrhundert kaum ein Theologe oder Philosoph nichts zu sagen gewusst, insbesondere dann, wenn es um die diffizilen Fragen der Verbindung (*usus*) der Philosophie mit der Theologie wie um die Abgrenzung (*abusus*) von ihr ging. Es handelt sich um ein Problem, das die (protestantischen) Theologen gemeinsam mit den Philosophen immer wieder zwingt, die Verbindung von *ratio* und *revelatio* im Besonderen, die von *intra*biblischen und *extra*biblischen Wissensansprüchen im Allgemeinen zu klären. Das Problem, um das es dabei geht, wenden nicht selten Reformierte gegen Lutheraner, wenn sie diesen die Vernachlässigung der Vernunft vorwerfen, die sie dazu brächten, ihre Glaubenslehre darauf zu beschränken, *quod totidem literis et syllabis, aut verbis saltem synonymis in scriptura sacra continetur* – und Leibniz hat die Werke der Theologen und Philosophen, die sich um diese Frage gestritten haben,

---

dementat est saecularis philosophia, quae mentes hominum inflat et in jactantiam elevat. Ubera autem Ecclesiae sunt meliora vino [...].« Bei Bonaventura: Collationes in Hexaëmeron [1273] (Opera Omnia [...]. Tomus V: Opuscula varia theologica. Ad Claras Aquas (Quaracchi) 1891, S. 327–454) XIX, 8 (S. 421), heißt es, dass Gott das geistliche Verständnis nicht gibt, wenn der Mensch sein Fassungsvermögen nicht mit Wasser füllt, gemeint ist die Kenntnis des buchstäblichen Sinns; Gott verwandle dann das Wasser des buchstäblichen Sinns in den Wein des geistlichen Verständnisses.

1172 Zu dieser Problematik bei Thomas von Aquin vgl. Lang (1942/43). – Eine ausführliche Auseinandersetzung mit den katholischen Auffassungen bietet Johannes Musaeus (1613–1681): Disputatio Theologica Contra Pontificios de quaestione: *An conclusiones, ex una propositione revelata, & altera evidente; aut ex duabus revelatis per evidentem consequentiam deductae, sint de fide.* [...] Sub Praesidio [...] Johannis Musaei [...] publicè examinandam proponit Martinus Silvester Grabe [...]. Jenae 1705; es handelt sich um den Nachdruck einer *disputatio* von 1661.

1173 Vgl. u.a. Luther: De servo abitrio [1525] (Anm. 887), S. 700/01: »Sic potius sentiamus, neque sequelam neque tropum in ullo loco scripturae esse admittendum, nisi id cogat circumstantia verborum evidens et absurditas rei manifestae in aliquem fidei articulum peccans; sed ubique inhaerendum est simplici puraeque et naturali significationi verborum, quam grammatica et usus loquendi habet, quem Deus creavit in hominibus. Quod si cuivis liceat, pro sua libidine sequelas et tropos in scripturis fingere, quid erit scriptura tota nisi arundo ventis agitata aut vertumnus aliquis?«

offenbar gut gekannt. Gleichwohl dürften im Hintergrund der hermeneutischen Vorstellungen der Ablehnung der *consequentia* bei der *probatio theologica* bei Leibniz seine allgemeinen Vorstellungen zur Termini-Analyse (*analysis notionum*) stehen. Darauf braucht hier nicht näher eingegangen zu werden, auch nicht auf die Frage, welche von Leibniz möglicherweise erwünschten Folgen ein Verzicht auf die – wie es technisch hieß – *bona consequentiis* oder »e textibus sacris deducendis per legitimam consequentiam«[1174] bei der *probatio theologica* für die Schriftgemäßheit bestimmter gängiger Glaubenswahrheiten besitzt. Den Grund für Leibniz' Ablehnung der *consequentia* lässt sich im folgenden Zusammenhang sehen: Umso strenger sich das Wörtlichkeitskriterium darstellt, desto geringeren Umfang besitzt die Beweiskraft des *sensus literalis*, aber desto definitiver und gewisser erscheint sie. Soll die Heilige Schrift tatsächlich *irrefragibilis iudex* sein, so muss die *probatio* gewiss sein.

9.3 Ein striktes *necessitas*-Kriterium des Bedeutungsübergangs

Wie gesehen, ist auch für Leibniz der Bedeutungsübergang an eine Notwendigkeit gebunden: Allein deshalb, weil etwas, das im wörtlichen Sinn sich in der Heiligen Schrift findet, nicht der *ratio* nach als wahrscheinlich, sondern als unwahrscheinlich gilt, ist diese Voraussetzung für den Bedeutungsübergang zur figurativen Bedeutung für ihn allein noch nicht gegeben. So fragt sich Leibniz:

> Vorausgesetzt nämlich, daß man einerseits den wörtlichen Sinn [*sens literal*] eines Textes der Heiligen Schrift findet und daß man andererseits einen großen Anschein für eine logische Unmöglichkeit [*impossibilité Logique*] findet, oder wenigstens für eine anerkannte physische Unmöglichkeit [*impossibilité physique*] – ist es dann vernünftiger, den wörtlichen Sinn oder das philosophische Prinzip zu widerrufen?

Das, was Leibniz nun als Antwort bietet, ist der Hinweis auf die ›Regeln der Interpretation‹ [*les regles d'interpretation*]: »[...] wenn diese aber nichts dazu beitragen, den wörtlichen Sinn [*sens literal*] zu bestreiten, um die philosophische Maxime [*la maxime philosophique*] zu begünstigen, und wenn darüber hinaus in dem wörtlichen Sinne [*sens literal*] nichts liegt, was Gott irgendeine Unvollkommenheit zuschreibt oder irgendeine Gefahr für die Ausübung des Glaubens [*la practice de la pieté*] bedeutet, so ist es sicher und vernünftiger, ihm [scil. dem wörtlichen Sinn] zu folgen.«[1175] Das beinhaltet zwei Anforderungen, die sich hinsichtlich des Notwendigkeitskriteriums wie folgt deuten lassen. Die erste besagt: Das mit der wörtlichen Bedeutung konfligierende Wissen {A} enthält Annahmen, die Gottes Vollkommenheit betreffen sowie die Ausübung des Glaubens. Die zweite besagt: Das die mögliche

---

1174 Vgl. z.B. Francke: Manuductio Ad Lectionem Scripturae Sacrae [1693] (Anm. 690), S. 73.
1175 Vgl. Leibniz: Nouveaux Essais [1704] (Anm. 1080), livre III, chap. 20, § 1 (S. 608).

wörtliche Bedeutungszuweisung einschränkende Wissen {B} enthält das relevante sprachliche Wissen *sowie* die *Regeln der Interpretation*.

Aufgrund der *praesumtio* des wörtlichen Sinns für die Interpretation gilt es allein zu illustrieren, dass es einen *Bedeutungsübergang* geben *kann*, und zwar an Beispielen, bei denen das aus Leibniz' Sicht als unproblematisch erscheint – und das tut Leibniz denn auch. Es gibt Stellen, bei denen es nach seiner Ansicht keine Schwierigkeiten bereitet, den wörtlichen Sinn [*la lettre*] aufzugeben – die Beispiele sind die traditionellen anthropomorphen Formulierungen in der Heiligen Schrift. Täte man es bei ihnen nicht, so würde man sich auf die Seite der Anthropomorphyten oder gewisser englischer Fanatiker schlagen [*Anthropomorphytes, ou de certains fanatique d'Anglettere*]. Die anthropomorphen oder anthropopathischen Zuschreibungen (etwa Emotionen oder Empfindungen, alles, was Veränderlichkeit impliziert) in der Heiligen Schrift an Gott – sowohl die alttestamentlichen als auch die neutestamentlichen Schriftsteller sprechen ungeniert κατὰ ἄνθρωπον von Gott – widerstreiten nicht zuletzt der christlichen Vorstellung von seiner *impassibilitas* oder *apatheia*.[1176] Hier weichen die christlichen Auffassungen mitunter von den jüdischen ab, obwohl auch das bei den Kirchenvätern offenbar kein problemloses Abgehen war[1177] – ganz abgesehen von Vorstellungen von einem ›Körper‹, bei dem keine körperlichen Funktionen beinhaltet sein sollen.[1178] Gleichwohl sind es seit alters die gewichtigsten Beispiele, mit denen man die *Notwendigkeit* eines Abrückens von der wörtlichen Bedeutung begründet. Obwohl es heißt (*Gen* 1, 26, 27), der Mensch sei als Ebenbild Gottes geschaffen, ist aufgrund theologischer Annahmen, die mit Aussagen des Neuen Testament im *sensus literalis* begründet werden (etwa mit *Joh* 1, 18, *Joh* 4, 24, aber auch *Num* 23, 19), Gott ›unsichtbar‹, und schon bald ist in den sogenannten Anthropomorphiten der ›Gipfel der Gottlosigkeit‹ gesehen worden.

Fraglos haben allerdings zumindest Teile der frühen Christen an der Vorstellung gehangen, Gott sei körperlich – das lässt sich unter anderem daraus erschließen, dass sich die Kirchenväter auseinandergesetzt haben mit solchen Ansichten, die wohl nicht allein auf ›ungebildete‹ Christen beschränkt gewesen waren. Solche Ansichten der Körperlichkeit Gottes sind dann freilich immer stärker in den Hintergrund gedrängt worden. Die Vorstellung allerdings, dafür sei *allein* die Übernahme neuplatonischer Philosopheme verantwortlich, und dies würde nicht auch auf im engeren Sinn christliche Problemlagen zurückgehen, wird mittlerweile kritisch ge-

---

1176 Hierzu u.a. Mozley (1926), Rüther (1949), Dirking (1954), Grant (1966), insb. S. 14–33 sowie S. 111–14; Maas (1974), Strumsa (1983), Jantzen (1984), Frohnhofen (1987), Bayes (1989). Besondere Beachtung haben aufgrund vermuteter Widersprüchlichkeit die Äußerungen Origenes gefunden, hierzu u.a. Kobusch (1992), Doi (1998).
1177 Zum Hintergrund auch Marmorstein (1937).
1178 Hierzu Goshen Gottstein (1994).

sehen.¹¹⁷⁹ Gleichwohl konnten beispielsweise Origenes wie andere nicht zuletzt aufgrund der Anthropomorphismen meinen, dass die Gefahr der Häresie (*omnium falsae intelligentiae*) ausschließlich im *sensus literalis* liege.¹¹⁸⁰ Angesichts der Unerkennbarkeit, Unfasslichkeit und Unbegreiflichkeit Gottes konnte man die Anthropomorphismen in der Heiligen Schrift aber auch als in gewisser Hinsicht unentbehrlich ansehen¹¹⁸¹ – das aber heißt letztlich, für diese Art und Weise des Sprechens über Gott bestand eine *Notwendigkeit*. *Mithin* tue dann eine solche Art des Sprechens der Würde der Heiligen Schrift keinen Abbruch. Nur ein Beispiel dafür, wie komplex sich dies im Lauf der Zeit gestaltet. Wohl nicht zuletzt unter dem Eindruck der Kritik in David Humes (1711–1776) *Dialogues Concerning Natural Religion* an der anthropomorphen Rede über Gott weist Kant eine Bestimmung Gottes anhand von Prädikaten,¹¹⁸² die von der menschlichen Natur stammen als eine »Versinnlichung der Vernunftidee«, als »überschwengliche Erkenntnis übersinnlicher Gegenstände«, als »Anthropomorphismen« ab.¹¹⁸³ Zwar könne man nach Kant bei der Bestimmung des Verhältnisses von Gott zu seiner Schöpfung, zur Welt, nicht zum »dogmatischen«, aber doch zu einem »symbolischen Anthropomorphismus« greifen. Zu ihm gelange man,

> wenn wir unser Urteil blos auf das Verständniß einschränken, welches die Welt zu einem Wesen haben mag, dessen Begriff selbst außer aller Erkenntniß liegt, deren wir innerhalb der Welt fähig sind. Denn alsdann eigenen wir dem höchsten Wesen keine von den Eigenschaften *an sich selbst* zu, durch die wir uns Gegenstände der Erfahrung denken, und vermeiden dadurch den *dogmatischen* Anthropomorphismus; wir legen sie aber dennoch dem Verhältnisse desselben zur Welt bei und erlauben uns einen *symbolischen* Anthropomorphismus, der in der That nur die Sprache und nicht das Object selbst angeht.¹¹⁸⁴

Was dabei unter »symbolisch« zu verstehen ist, verweist auf die *Kritik der Urteilskraft*, wo es von den »Anschauungen, die man Begriffen a priori unterlegt«, heißt, es seien dies »entweder Schemate oder Symbole«. Die ersten bieten eine »direkte Darstellung der Begriffe« und das erfolge »demonstrativ«, die zweiten »indirekt« und das geschehe »vermittelst einer Analogie«.¹¹⁸⁵

1179 Neben bereits erwähnter Forschung Paulsen (1990), dazu Paffenroth (1993) sowie Paulsen (1993).
1180 Origenes: De principiis libri IV [verm. vor 230] (Anm. 959), IV, 2, 2 (S. 701): »Die Ursache der falschen Meinung und Gottlosigkeit oder der einfältigen Rede von Gott dürfte [...] keine andere sein als die, daß die Schrift nicht geistlich [κατὰ τὰ πνευματικά] verstanden, sondern nach dem bloßen Buchstaben [πρὸς τὸ ψιλὸν γράμμα] aufgefaßt wird.«
1181 Vgl. z.B. Luther: [Vorlesungen über 1. Mose von 1535–45] (Anm. 305), S. 12 sowie S. 293/94: »[...] Scriptura sancta loquitur secundum cogitationem eorum hominum qui sunt in ministerio«.
1182 Zu Kants Rezeption dieses Werks, ohne allerdings auf diesen Aspekt näher einzugehen, Löwisch (1964), gestrafft in Id. (1965).
1183 Kant: *KpV*, A 247.
1184 Kant: *Prolegomena*, § 57, A 175.
1185 Kant: *KdU*, § 59.

Auch beim ›symbolischen Anthropomorphismus‹ betont Kant, dass diese Erkenntnis zwar »nach der Analogie« verfahre. Doch geschehe das nicht in dem Sinn, dass es »eine unvollkommene Ähnlichkeit zweener Dinge, sondern eine vollkommene Ähnlichkeit zweener Verhältnisse zwischen ganz unähnlichen Dingen«[1186] sei – wenn man so will, dann bleibt auch Kant beim Wörtlichen: Es ist *Wörtliches* in der ›Sprache‹, aber *Uneigentliches* in der Anwendung auf das ›Object‹.

Das Kriterium zur Vermeidung von anthropomorphen Formulierungen ist bei Leibniz wie seit alters, was Gott geziemt oder würdig (*dignum deo*) sei, und damit ist dann auch die *Notwendigkeit* gegeben, vom wörtlichen *sensus* abzugehen. Ohne Zweifel steht Leibniz hier fest in der Tradition. Worauf er allerdings anspielt, wenn er die Fanatiker, die hiervon abwichen, als ›englische Fanatiker‹ bezeichnet, scheint nicht leicht zu ermitteln zu sein.[1187] Vielleicht lässt sich ein Hintergrund darin sehen, dass noch Francis Bacon (1561–1626) bei seiner Behandlung der Idole auf die Häresie der Anthropomorphiten verweist: Nicht besser sei diese Häresie, als wenn der Mensch meine, die Natur tue das, was er auch selber tue.[1188] Es könnten die gleichen gemeint sein, die sich weigern beim Herodes-Beispiel einen Bedeutungsübergang zu vollziehen. Das Beispiel, das neben den Anthropomorphismen zur Veranschaulichung für den *problemlosen* Bedeutungsübergang an dieser Stelle folgt, ist denn bei Leibniz erneut das Herodes-Beispiel, bei dem nur die Fanatiker glaubten, dass Herodes »tatsächlich in einen Fuchs verwandelt wurde, wenn Jesus ihn mit diesem Namen nennt.«[1189] Obwohl dieser Hinweis auf die ›Fanatiker‹ konkreter ist als bei den anderen Stellen, habe ich nichts Einschlägiges über diejenigen finden können, die die Herodes-Stelle wörtlich verstehen.[1190]

Doch gerade am Herodes-Beispiel wird der gravierende Unterschied zwischen den beiden Beispielen deutlich, die zeigen sollen, dass der Bedeutungsübergang erforderlich sein kann. Die anthropomorphen Formu-

---

1186 Kant: *Prolegomena*, § 58, A 176.
1187 Auch im Zusammenhang der Auseinandersetzung mit Antitrinitariern kommt es bei Leibniz zu einer nationalen Zuweisung: »Sociniens d'Angleterre«, vgl. Leibniz: *Extrait* und *Remarques sur le livre d'un Antitrinitaire Anglois*, abgedruckt in Antognazza: Inediti leibniziani sulle polemiche trinitarie. In: Rivista di Filosofia neo-scolastica 83 (1991), S. 525–550, hier S. 539–550.
1188 Vgl. Bacon: De dignitate et augmentis scientiarum, libros IX [1623], V, 4, 9 (*Works* I, ed. Spedding, S. 423–837, hier S. 644): »Homo fiat quasi Norma et Speculum Naturae [...] hoc ipsum, inquam, quod putetur talia naturam facere qualia homo facit. Neque multa meliora sunt ista quam haeresis Anthropomorphitarum, in cellis ac solitudine stupidorum monachorum orta, [...].«
1189 Leibniz: Nouveaux Essais [1704] (Anm. 1080), livre III, chap. 20, (S. 608).
1190 In seinem Schreiben an Arnauld (*Die philosophischen Schriften* I, ed. Gerhardt, S. 68–82, hier S. 63) führt Leibniz eine beeindruckende Anzahl von Autoren auf, die sich mehr oder weniger kritisch mit bestimmten christlichen Auffassungen auseinandergesetzt haben und die er gelesen habe.

lierungen widerstreiten Glaubenswahrheiten über Gott, die im *sensus literalis* der Heiligen Schrift begründet erscheinen, die also Teil von {A} sind. Das Herodes-Beispiel hingegen widerstreitet allein den Regeln der Interpretation samt einem sprachlichen Wissen, also {B}. Das, was sich aufgrund eines solchen *Vertrauens* nicht allein in das sprachliche Wissen, sondern vor allem in die *Regeln der Interpretation* vermuten lässt, ist, dass es Leibniz vornehmlich um die Abwehr derjenigen geht, die das Überrationale der Glaubensmysterien in das Rationale aufzulösen gedenken – seien es ›Deisten‹ oder ›Sozinianer‹ –, indem sie zwar die Heilige Schrift noch als Autorität akzeptieren, aber ihre der *Vernunft* nicht gemäßen Aussagen mit Hilfe des Bedeutungsübergangs anzupassen suchen. Das bedeutet aber auch, dass dann für den Bedeutungsübergang ein weniger strenges Kriterium der Notwendigkeit angenommen wird, bei dem {A} alles enthält, was nach der Vernunft und den Sinnen als wahrscheinlich gilt.

Ein Beispiel kann den besonders strikten Charakter des *necessitas*-Kriteriums in seiner Anwendung bei Leibniz illustrieren. Anhropomorphe Formulierungen in der Heiligen Schrift gelten seit dem 16. Jahrhundert durchweg als Akkommodationen. Doch als Akkommodationen, als *accommodatio ad errores vulgares*, beginnt man auch andere Aussagen in der Schrift aufzufassen. Besonders einflussreich war dieser Gedanke, um den Konflikt zwischen intra- und extrabiblischen Wissensansprüche zu schlichten, insbesondere angesichts der neuen kosmologischen Vorstellungen des kopernikanischen Systems. Im 17. Jahrhunderts war eine solche hermeneutische Harmonisierung verbreitet, wenn auch nicht unumstritten.[1191] Obwohl sich Leibniz ungleichmäßig äußert, ist er wohl überzeugter Anhänger der kopernikanischen Theorie und wohl letztlich auch der Auffassung, sie sei *moralisch gewiss*.[1192] Die kontrafaktische Imagination: »Aber nachdem man endlich ausgefunden hat, dass man das Auge in die Sonne stellen müsse, wenn man den Lauf des Himmels recht betrachten will, und dass alsdann alles wunderbar schön herauskomme, so siehet man, dass die vermeinte Unordnung und Verwirrung unsers Verstandes schuld gewesen, und nicht der Natur,«[1193] ließe sich so deuten, dass die Perspektive auf einer feststehenden Sonne eingenommen werden soll.[1194]

Im Sprachgebrauch der Zeit heißt *moralisch gewiss* aber, dass die *wörtlich* interpretierte Josua-Stelle, in der der Herr aufgefordert wird, die Sonne still stehen zu lassen, eine physikalische Unmöglichkeit bietet. Wie gesehen, reicht das nach Leibniz' eigenen Bekundungen aber gerade nicht aus, um

---

1191 Vgl. hierzu Danneberg (2010d).
1192 Hierzu auch die bei Bertoloni Meli (1988), angeführten Passagen.
1193 Leibniz: Von dem Verhängnisse. In: Id., Deutsche Schriften. Bd. II. Hg. von G. E. Guhrauer. Berlin 1840 (ND Hildesheim 1966), S. 48–55, hier S. 51/52.
1194 Zum Rahmen der Deutung dieser kontrafaktischen Imagination, die freilich mehr zum Ausdruck bringt, Danneberg (2009b).

vom wörtlichen Sinn abzugehen. Zudem lässt sich kaum annehmen, die wörtliche Deutung der mit dem Kopernikanismus widerstreitenden Passage würde an den anderen beiden Kriterien scheitern, nämlich Gott eine Unvollkommenheit zuzuschreiben oder dem Glauben abträglich zu sein. Für Leibniz gilt denn auch, dass die Heilige Schrift die Wahrheit und die eigentümliche Bedeutung der Sprache bewahre und dass sie sich gerade nicht der Meinung der Menschen anpasse. Sie beinhalte stattdessen die bedeutendsten verborgenen Schätze des Wissens – und er fügt hinzu, dies sei Gott als ihrem Autor auch würdiger.[1195] Eine *accommodatio ad errores vulgares* harmoniert mithin nach Leibniz nicht mit den *perfectiones* der Gottesvorstellung. Freilich konnten die Vollkommenheiten Gottes unterschiedlich gesehen und untereinander in eine Rangordnung gebracht werden – mit nicht unbeträchtlichen Folgen für das naturwissenschaftliche Verständnis. So ist für Leibniz ein Gott, der durch Wunder in die Natur eingreifen muss, um die Natur zu erhalten, nicht akzeptabel. Wunder befriedigen nach ihm allein die Bedürfnisse der Gnade und sind allein am Beginn der Schöpfung gegeben.[1196] Anders sieht es etwa der Newtonianer Samuel Clarke (1675–1729), der demgegenüber die *potentia absoluta* Gottes hervorhebt.[1197] Gottes Weisheit und seine Macht streiten so um ihren Rang. Wichtig ist, dass nach Leibniz die wunderbaren Ereignisse, die in der Heiligen Schrift beschrieben werden, auch tatsächlich geschehen seien, mithin keiner Re-Interpretation bedürfen. Allerdings ist er nicht der Ansicht, dass solche Wunder aus einem unterbrechenden Eingreifen Gottes resultieren.[1198] Nach Leibniz ist es denn auch nicht der Wunderbeweis, der für das Christentum spreche, sondern die Exzellenz und Heiligkeit der von Christus gelehrten Lehre.[1199] Insbesondere teilt er nicht die Auffassung Spinozas, alle die Berichte über die Auferstehung seien metaphorisch oder in irgendeiner nichtwörtlichen Weise zu verstehen[1200] – nach den von Spinoza selbst angenommenen Grundsätzen

---

1195 Leibniz: Phoranomus seu de potentia et legibus Naturae [1688]. In: Couturat (Hg.), Opuscules (Anm. 1117), S. 590–593, hier S. 591.
1196 Vgl. u.a. Leibniz: De summa rerum (*Sämtliche Schriften* VI/3, S. 477): »Nec miraculis opus ad Dei gratiam explicandam, tametsi multa concurrant ita rara, ut satis appareat Dei consilio fieri. Omnia enim ab initio sic ordinavi[t] Deus«.
1197 Vgl. Samuel Clarke: Der Briefwechsel mit G.W. Leibniz von 1715/1716 [...]. Hg. von Ed Dellian. Hamburg 1990; hierzu u.a.Vailati (1997).
1198 Zu einigen Aspekten vgl. G. Brown (1995), D. Cox (2002), Rutherford (1993); allerdings hat er hierbei offenbar nicht immer dieselben Ansichten vertreten. Zur Kritik von Leibniz an Spinoza, auch wenn vorläufig, noch immer Curley (1990).
1199 Vgl. Leibniz: Epistolae Tres D. B. de Spinoza (*Sämtliche Schriften* VI/3, S. 367): »Sensus est, credo, veritatem religionis Christianis probare debere non miraculis, sed ipsius a Christo promulgatae doctrinae praestantia et sanctitate.«
1200 Vgl. Leibniz ebd. (S. 366): »Cui bono? quando fatetur autor, Apostolos haec sensui alio, nempe literali intellexisse. Frustra ergo illis metaphoricum sensum affingimus. Nisi volumus Apostolos divino quodam afflatu scribentes; non intellexisse sensum verborum quae Spiritus quidam superior ipsis dictabat. Sed hoc alienum esse arbitror a sententia autoris *tractatus Theologico-politici*: ita enim admitteret miraculum, in modo quo scripti sunt libri Apostolici.«

erscheinen solche Deutungen auch nicht als konsequent (das deutet auch Leibniz an).

Doch wichtiger ist, dass der Akkommodationsgedanke, den Leibniz hier zurückzuweisen scheint, just der Gedanke ist, der wie kein zweiter im 17. Jahrhundert zur Schlichtung von Konflikten zwischen intra- und extrabiblische gestützten Wissensansprüchen vertreten wurde, und zwar unter Wahrung der – wie die Formel lautete – *dignitas* und *auctoritas* der Heiligen Schrift. Doch wie lässt sich damit vereinbaren, dass Leibniz die kopernikanische Theorie präferiert, die mit wörtlich gedeuteten Passagen der Heiligen Schrift offenbar konfligiert? Aber Leibniz wäre nicht Leibniz, wenn es da nicht noch eine Pointe gäbe (auch wenn diese nicht wirklich neu ist).[1201] Sie liegt in der Annahme einer *situativen* (physikalischen) *Notwendigkeit*. Bei Leibniz heißt es in einem Brief 1688 an den Landgrafen Ernst von Hessen-Rheinfels: Wenn Josua ein Schüler Aristarchs oder des Kopernikus gewesen wäre, hätte er nicht die Weise geändert, sich so auszudrücken, wie er es getan hat. Andernfalls hätte er die Leute ebenso wie »le bon sens« schockiert. Alle Kopernikaner – so fährt Leibniz fort – werden in ihrer gewöhnlichen Sprechweise und selbst untereinander, wenn sie nichtwissenschaftlich reden, immer sagen, dass die Sonne auf oder untergegangen sei, aber niemals dasselbe von der Erde. Nach Leibniz liegt der Erklärungsgrund darin, dass sich diese Ausdrücke auf die *Phänomene*, nicht aber auf ihre *Ursachen* beziehen.[1202]

In diesem Sinn kann er dann auch sagen, die Heiligen Schriftsteller hätten ihre Vorstellungen ohne Absurditäten nicht anders ausdrücken können, selbst wenn erneut ein neues und wahres System vorgetragen werde.[1203] Es ist die gemeine Sprache, respektive die der Phänomene, im Unterschied zur wissenschaftlichen oder der der Ursachen, die Leibniz hier aufnimmt: *Secundum apparentiam* konnten sich die biblischen Schriftsteller überhaupt nicht anders mitteilen. Auch wenn Leibniz die Ausdrücke nicht gebraucht:

1201 Unzureichend sind in dieser Hinsicht die Darlegungen bei Cook (1990), insb. S. 272.
1202 Vgl. Leibniz (*Sämtliche Schriften* I/5, S. 186): »Si Josue avoit esté un éleve [d']Aristarque ou de Copernic, il n'auroit pas laissé de parler comme il a fait, autrement il auroit choqué les assistans, et le bon sens. Tous les Coperni[c]ains quand ils parlent ordinairement et mesme entre eux, lors qu'il ne s'agist pas de science, diront toujours que le Soleil s'est levé ou couché, et jamais ils le diront de la terre. Ces termes sont affectés aux phenomenes et non aux causes.«
1203 Vgl. Leibniz: Tentamen de motuum coelestium causis. In: C. I. Gerhardt (Hg.): Leibnizens mathematische Schriften. Zweite Abtheilung. Bd. II. Halle 1860, S. 145: »Nam autores sacri aliter sine absurditate non poterant senas animi exprimere, etiamsi millies verum ponatur systema novum.« Dem geht vorauf: »Interim merito censurae subjecta est eorum audacia, qui minus reverenter de Scriptura Sacra sentire visi sunt, quasi scilicet non satis accurate sit locuta eo praetextu quod finis ejus non sit docere philosophiam sed viam salutis. Honorificentius enim et verius est agnoscere in sacris libris omnes scientiarum quoque thesauros reconditos latere, et de rebus non minus Astronomicis quam aliis omnibus rectissima dici, quod salvo etiam novo systemate asseri potest.«

Sprechen auch die Kopernikaner mitunter vollkommen selbstverständlich nach der *cognitio communis* oder *vulgaris* (*ad captum vulgi loqui*) und nicht nach der *cognitio philosophica* oder *accurata*. Das ist zudem einer der Gründe für Leibniz, weshalb die natürlichen Sprachen sich nicht restlos in die *characteristica universalis* auflösen lassen – ebenso wie es nicht möglich sei, die sinnliche Wahrnehmung durch die Vernunfterkenntnis zu ersetzen. Entscheidend ist, auch wenn es Leibniz nicht explizit ausspricht: Josuas Bitte und ihre Erfüllung bleibt ein Wunder (*contra naturam*) – gleichgültig, ob man die Sprache der Kopernikaner oder ihrer Gegner spricht.[1204] Doch wichtiger noch ist das, was Leibniz – anders als beispielsweise Spinoza – so vermeidet, nämlich die massiven theologischen Bedenken gegen bestimmte Formulierungen des Akkommodationsgedankens. Bei Leibniz' Überlegungen wird vor diesem Hintergrund nun ihre Pointe deutlich.

Im Unterschied etwa zu Spinoza löst Leibniz das theologische Problem beim Akkommodationsgedanken in gleicher Weise wie es bei den späteren Theologen im 18. Jahrhundert geschieht: Die Akkommodation in der Heiligen Schrift orientiert sich nicht am Vulgus (*ad captum vulgi*) und nimmt so den Philosophen (freilich nicht den Theologen) aus, sondern sie spricht *secundum apparentiam nostri visus* und das gilt nach der Notwendigkeitsannahme für *jeden* Menschen, seien sie Kopernikaner oder nicht; es ist dann wie bei den Kirchenvätern eher der Gedanke einer *allgemeinen* Kondeszendenz. Das entspricht der Auffassung des Glassius, wenn er die Vorstellung der göttlichen Herablassung anspricht, die Synkatastasis, die Kondeszendenz. Den Gedanken nutzt er als eine Erklärung dafür, weshalb in der Heiligen Schrift für alle ihre Leser ein *sensus mysticus* gegeben ist;[1205] und dieser *sensus mysticus* hat nichts mit der Vorstellung *ad captum vulgi* zu tun und betrifft mithin nicht die Leserschaft der Heiligen Schrift, sondern die Herablassung gilt für alle Menschen. Seine Verwendung des Ausdrucks *accommodatio ad usum* meint – und das ist schon lange gängig – den ›Nutzen‹, den man aus dem korrekt ermittelten *sensus literalis* im Rahmen der Homiletik zieht – etwa zur Aufrichtung der Hörer. Es ist nicht allein für Glassius vollkommen verfehlt, wenn man die *hermeneutica* im Allgemeinen, die *hermeneutica sacra* im besonderen auf die *applicatio* hinauslaufen lässt; Voraussetzung jeder *applicatio* bleibt die *richtige* Ermittlung des *sensus literalis*, so denn auch bei Glassius.[1206] Wohl erst im 16., dann vor allem im 17. Jahrhundert formt sich der Gedanke der *accommodatio ad captum vulgi* nicht zuletzt unter Einfluß der auf Descartes zurückgeführten Unterscheidung zwischen *cognitio vulgaris*

1204 In Leibniz: Demonstrationes Catholicae [1669] (*Sämtliche Werke* VI/1, S. 489–559), hier S. 515, führt er bei der Aufzählungen von ›Problemen‹, die allein Gott lösen könne, auch die Bewegung der Erde an.
1205 Vgl. Glassius: Philologia sacra [1623, 1705] (Anm. 2), lib. II, pars I, tract. II, sectio II, Sp. 406/07.
1206 Vgl. ebd. lib II, pars II, Sp. 493/494.

(oder *historia* oder *communis*) und *cognitio philosophica*. Es entsteht ein (neues oder verändertes) Problem der Zugänglichkeit der Heiligen Schrift: Nicht nur besitzen die Heiligen Schriftsteller keine Autorität, um über bestimmte Wissensbereiche kompetent zu sprechen, es gilt auch für ihre Interpreten: Es ist allein die *cognitio philosophica* die in bestimmten Bereichen zu sicherem Wissen führt und das auch dem Theologen, so er sich nicht auch zur *cognitio philosophica* aufschwingt, unzugänglich bleibt, aber auch mitunter den Heiligen Schriftstellern selbst.[1207]

Bei Leibniz wird deutlich: Er teilt nicht nur die *praesumtio* der strikten Wahrung des *sensus literalis* bei der *probatio theologica*, nicht nur ein striktes *necessitas*-Kriterium beim Bedeutungsübergang, nicht nur die Irrtumslosigkeit (*inerrantia*) der Heiligen Schrift, sondern er geht sogar so weit, dass er den Gedanken der Anpassung der Heiligen Schrift *ad captum vulgi* allein unter der Voraussetzung akzeptiert, dass sich hierfür eine (situative) Notwendigkeit aufzeigen lasse. Bei Leibniz schließt das selbstverständlich nicht aus, dass die Schrift einen nichtwörtlichen, einen übertragenen, aber auch einen prophetischen oder allegorischen Sinn besitzen kann. Hierauf kann ich ebenso wenig eingehen[1208] wie auf seine Vorstellungen, wie sich übertragene Bedeutungen aus einem ursprünglichen Gebrauch »per canales Troporum« bilden.[1209] Gleichwohl bietet er ein methodologisches Arrangement, das den Bedeutungsübergang vergleichsweise strikt beschränkt – und gegen ein solches *Ergebnis* dürfte Glassius vermutlich kaum etwas einzuwenden haben.

1207 Hierzu Danneberg (2010d).
1208 Leibniz hat offenbar nur zwei Texte hinterlassen, in denen er Bibelpassagen deutet: zum einen zur Apokalypse, zum anderen zur Bileam-Geschichte im 4. Buch Mose (Numeri), vgl. Leibniz: Explication Sommaire de L'Apocalypse. In: Louis A. Foucher de Careil (Hg.): Oeuvres. Bd. I. Hildesheim 1969, S. 107–120, sowie mit Edition des Textes Wilhelm Brambach, G.W. Leibniz. Verfasser der *Histoire de Bileam*. Leipzig 1887, jetzt: Summaria Apocalypseos Explicatio (*Sämtliche Schriften* VI/4, S. 2474–2483). – Man hat allerdings vermutet, dass die bislang François-Mercure van Helmont (1614–1698) zugeschriebenen *Cogitationes super quatuor priora capita* [...] *Genesis* von Leibniz stammen, hierzu Becco (1978), Orio de Miguel (2002).
1209 Vgl. Leibniz: Dissertatio Praelimininaris: de alienorum operum editione, de Scopo operis, de Philosophica dictione, de lapsibus Nizolii [1670] (*Die philosophischen Schriften* IV, ed. Gerhardt, S. 129–176, hier S. 140). Zu der figurativen Sprache als exegetisches Problem auch Id., Nova methodus discendae [1667] (Anm. 1049) II, § 46 (a 6, 1, S. 216), dort zu figurativen Sprache und Hermeneutik auch II, § 66 (S. 338–339). Erste, nicht immer überzeugenden Darlegungen hierzu bei Fenves (2001), insb. S. 25–28, sowie bei Feldman (2004), ferner Piro (1996). Die wohl nicht zahlreichen Untersuchungen zu seiner Erörterung hermeneutischer Regeln sowie zu seiner interpretatorischen Praxis scheinen weder auf die zentrale Stellung des *sensus literalis* noch auf die Akkommodation, wie sie bei ihm in Erscheinung tritt, einzugehen, vgl. u.a. Berlioz (1993).

9.4 Leibniz *hermeneutische* Lösungsidee: Ambiguität und das Verstehen als graduell

Ich werde im weiteren nicht eingehen auf die in der Forschung strittige Deutung des augustinischen Diktums *Intellige ut credas, crede ut intelligas*, weder auf die Entgegensetzung des *credo, ut intelligam* und des *intelligo, ut credam*, noch auf das aus einer Matthäus-Passage gewonnene augustinische *fides quaerit, intellectus invenit*, das im Mittelalter wirkungsvoll dann als Maxime *fides quaerens intellectum* in Erscheinung tritt. Zurückgeführt wird diese Formel auf Anselm von Canterbury (Cantuarensis, 1033/34–1109), die ihn zum ›Vater der Scholastik‹ habe werden lassen.[1210] Auch werde ich nicht auf Konzepte eines speziellen Lichtes (*lumen theologicum*) eingehen, durch das das Problem zumindest seit Heinrich von Gent (vor 1240–1293) zu lösen versucht wurde. Demgegenüber werde ich zum Abschluss das Problem der *ambiguitas* berühren, das nach Leibniz' Konzeption auch beim *sensus literalis* gegeben ist – und zwar nicht allein dann, wenn ein Bedeutungsübergang stattfindet, und in der Verbindung zu seiner Lösung der Problematik des Glaubens des Unverstandenen steht.

Das Anerkennen wie Verteidigen von Glaubenswahrheiten setzt (nach Leibniz und anderen) ihre Begreiflichkeit voraus, mithin eine für wahr gehaltene Interpretation, ein Verstehen des Sinns der für die Glaubenswahrheiten einschlägigen Aussagen der Heiligen Schrift. Das scheint aus dem zu folgen, was Leibniz betont: Die Objekte des Glaubens bilden nicht die *voces*, sondern der *sensus*. Zur Illustration wählt er die Einsetzungsworte: »Nam fides est sensûs, non vocum, non sufficit igitur nos credere verum locutum esse qvi hanc propositionem dixit, hoc est corpus meum; nisi sciamus etiam qvid dixerit. Non autem scimus qvid dixerit si verba tantùm teneamus, ignorata vi et potestate.«[1211] Leibniz sieht den Glauben als ein Fürwahrhalten, und dies könne (rational) nicht geschehen, wenn einem nicht der (wahre) Sinn der Wörter zugänglich sei.[1212] Zur Illustration führt er das Beispiel des Papageien an, der die Wörter nur nachspricht, ohne sie zu verstehen.[1213] Dieses Beispiel verwendet zwar auch Spinoza in seinem *Tractatus*, aber das bedeutet noch nicht zwingend, dass sich Leibniz mit diesem Beispiel auf oder sogar allein auf Spinoza bezieht:[1214] Denn der Sprache imitierende Pa-

---

1210 Orientierend hierzu Grabmann (1909), S. 238ff., vor allem jetzt Kienzler (1981), S. 25–157.
1211 Vgl. Leibniz: Commentatiuncula [1669–71] (Anm. 1079), § 20 (S. 550).
1212 Vgl. ebd.: »[...] Fides est credere. Credere est verum putare. Veritas est non verborum sed rerum; nam qvi verum putat, putat sic rem habere, ut verba significant, nemo autem hoc potest, nisi sciat, qvid verba significent, vel saltem eorum significationem cogitet.«
1213 Vgl. ebd. § 22 (S. 551): »Necesse est tamen ut intellectus non nudè cadat super voces, uti psittacus, sed ut observetur ei sensus aliqvis etsi generalis et confusus, et qvasi disjunctivus, qvalem ferè de omnibus rebus theoreticis habet rusticus aut alius homo plebejus.«
1214 Allerdings bietet auch Winfried Schröder: [Art.] Psittazismus. In: HWPH 7, Sp. 1569, kein früheres Beispiel.

pagei war seit dem 16. Jahrhundert im kulturellen Wissen fest verankert, und das galt auch für den Umstand, dass dieses Sprechen keinen ›Sinn‹ hat, ›intellektuell leer‹ sei.[1215] Der Papagei als Beispiel eines Sprechens, ohne zu verstehen, findet sich bereits in den Logiken vor Spinoza.[1216] Zwar wurde nicht ausgeschlossen, dass Tiere untereinander kommunizieren können, aber immer galten ihre Zeichen als nur ›natürlich‹, die also keine konventionelle (semantische) Bedeutung besitzen: So imitiere auch der Papagei nur, ohne zu verstehen. Über eine (artikulierte) Sprache zu verfügen, galt alter Ansicht zufolge als Besonderheit des Menschen. Später bestreitet John Locke an einem konkreten Beispiel eines mit einem Menschen kommunizierenden Papagei vehement, dass Tiere ›sprechen‹ könnten, allerdings erst in der vierten Auflage von *An Essay Concerning Human Understanding*.[1217] Wie dem auch sei: Der Glaube richtet sich auf den *sensus*; denn insofern er von der Zustimmung abhängig ist, richtet er sich auf etwas und dies gelte es, zu verstehen.[1218] Auch wenn die Zustimmung durch die Autorität der Offenbarung ausgelöst wird, ist ein (richtiges) Verstehen Vorausssetzung? Das ist das erste Problem.

Das zweite entsteht, wenn man daraus schlussfolgert, der Glaube beziehe sich überhaupt nicht auf *bestimmte voces*, sondern allein auf den *sensus*. Das bedeutet, dass sich ein und derselbe Gegenstand des Glaubens bei übereinstimmenden *sensus* in verschiedener Weise sprachlich fassen lässt. Im Blick auf theologische Formulierungen *extra scripturam* findet Luther zu der Formel, dass Häresien nicht in den verwendeten Worten, sondern durch ihren Sinn zustande kämen.[1219] Er meint damit, dass es um den Sinn gehe: Die *res* sei nicht an bestimmte *verba* gebunden, sondern lasse sich durch verschiedene *verba* ausdrücken. Daraus folgt, dass man bei der Wiedergabe dessen, worauf sich der Glaube richte, nicht an die in der Heiligen Schrift verwendeten sprachlichen Wendungen gebunden sei, also nicht an das strikte Wörtlichkeitskriterium *in terminis terminantibus* oder *per verba*. Im Blick auf den Glaubensartikel der Trinität scheint Luther zunächst freilich ein strengeres Wörtlichkeitsprinzip für die *probatio theologica* angenommen

---

1215 Vgl. die weithin aus der nichtwissenschaftlichen Literatur des 16. und 17. Jh. entnommenen Beispiele bei Boehrer (1998); zu sprechenden Papageien auch Cave (2001), S. 29–44.
1216 Ein Beispiel von 1637 wird *en passant* angeführt bei Doyle (1988), S. 8, Anm. 29, S. 10, ferner das philosophische Beispiel von 1639 bei Serjeantson (2001), S. 432, für den Hinweis auf das Sprechen des Papageies, das ohne semantischen Gehalt ist; ferner ferner Glidden (1994).
1217 Vgl. Locke: An Essay Concerning Human Understanding [1689]. Ed. Peter Nidditch. Oxford 1975, II, 11, 10, III, 1, 1, III, 2, 7 sowie IV, 8, 7, zum Hintergrund auch Walmsley (1995).
1218 Vg. z.B. auch Augustinus: Enchiridion de Fide, Spe et caritate ad laurentium [423] (PL 40, Sp. 231–290), hier VII, 20 (S. 242): »[...] si tollatur assensio, fides tollitur; quia sine assensione nihil creditur.« Oder in Id., De Trinitate [399–419] (Anm. 243) , X, 1, 1 (Sp. 972): niemand könne das lieben, was ihm vollständig unbekannt sei (»[...] rem prorsus ignotam amare omnino nullus potest [...]«).
1219 Vgl. Luther: Disputatio de divinitate [1540] (Anm. 524), Th. 57: »Igitur in sensu, non in verbis est haeresis, ut dixit S. Hieronymus a suis calumniatoribus exagitatus.«

zu haben, das ihn gerade dazu geführt hat, die altkirchlichen Ausdrücke zur Umschreibung dieses Wissensanspruchs zu meiden. Zeitweilig geriet er dadurch sogar in den Verdacht, nicht kirchenkonforme Ansichten zu vertreten. In der Auseinandersetzung mit Jacobus Latomus konnte Luther noch sagen, dass seine ›Seele‹ den Ausdruck *homoousios* (ὁμοούσιος) geradezu hasse und er ihn auf keinen Fall gebrauchen werde, ohne sich dabei als einen Häretiker zu sehen.[1220] Das Wort sei weniger wichtig – zu ihm könne man niemanden zwingen –, wenn nur die ›Sache‹ gegeben sei, die das Konzil auf der Grundlage der Heiligen Schrift festgelegt habe. Obwohl die Arianer theologisch irrten, haben sie doch nach Luthers Ansicht mit Recht gefordert, dass es nicht erlaubt sein sollte, ein profanes und neues Wort (»vocem prophanam et novam«) in Glaubensbekenntnissen (»regulis fidei«) zu etablieren. Es sei die Unverfälschtheit (»sinceritas«) zu bewahren, und keinem Menschen solle es einfallen, zu meinen, er könne klarer und sicherer sprechen als Gott.[1221] Zwar sei das Wort, gemeint ist ὁμοούσιος, von Menschen erdacht, aber die Sache, die mit ihm umschrieben werde, hält Luther gleichwohl für schriftgemäß.[1222]

Wohl nicht zuletzt unter dem Eindruck zeitgenössischer Trinitätszweifler scheint Luther spätestens in der Schrift *Von den Konziliis und Kirchen* von 1539 seine Ansichten in einigen Punkten korrigiert zu haben. Sein anfängliches Verständnis für die Reserviertheit gegenüber dem unbiblischen Ausdruck *homoousios* gibt er vollständig auf angesichts der Konfrontation mit »Ketzern« sowie angesichts des Vorwurfs, selbst ein Trinitätsgegner zu sein.[1223] So hat denn auch er seine Sicht des strengen Wörtlichkeitsprinzips, nach dem ein Lehrstück *in terminis* in der Heiligen Schrift präsent zu sein habe, wie andere in der Not der *probatio theologica* modifiziert und abgeschwächt. Es gebe synonyme Formulierungen der Glaubensmysterien – und angesichts der unterschiedlichen Überlieferung der Einsetzungsworte (bei Matthäus, Markus, Lukas und Paulus) müssten Variationen bei der Formulierung nicht verschiedene Mysterien meinen. Deuten ließ sich dieser Umstand der Variation als die Absicht des Heiligen Geistes, damit kund zu tun, dass es nicht auf die *verba*, sondern auf den *sensus* ankomme – so zum

---

1220 Luther: Rationis Latomianae [1521] (Anm. 625), S. 117: »Quis enim me coget uti, modo rem teneam, quae in concilio per scripturas definita est?«
1221 Vgl. ebd., S. 117/18: »Et si Ariani male senserunt in fide, hoc tamen optime, sive malo sive bono animo, exegerunt, ne vocem prophanam et novam in regulis fidei statui liceret. Scripturae enim sinceritas custodienda est, nec praesumat homo suo ore eloqui, aut clarius aut securius, quam deus elocutus est ore suo.«
1222 Vgl. ebd., S. 118: »Nec est, quod mihi ›homoousion‹ illud obiectes adversus Arianos receptum. Non fuit receptum a multis iisque praeclarissimis […]. Quod si odit anima mea vocem ›homoousion‹ et nolim ea uti, non ero haereticus. Quis enim me coget uti, modo rem teneam, quae in concilio per scripturas definita est.«
1223 Hierzu die Hinweise bei Jansen (1976), S. 87–91.

Beispiel bereits Pierre d'Ailly (Petrus Alliacus, 1350–1420).[1224] Freilich kann Luther das Kreieren, das Erfinden neuer Ausdrücke bei den ›Schwärmern‹ und den ›Scholastikern‹ auch kritisieren, wenn es um die ›Sache‹ geht.[1225]

Vor der Reformation scheint man bei der Exegese auf das Problem der unterschiedlichen Formulierungen bei den *verba institutionis* kaum näher eingegangen zu sein – so etwa wenn der Trinkbefehl zum Vorgang des Trinkens wird. Für Luther »schreyben« die drei Evangelisten und Paulus »vom ersten teyl des Sacraments eyntrechtiglich [...], auch fast mit eynerley worten.«[1226] Zwar ignoriert Luther die sprachlichen Variationen nicht, aber er sieht sie sich gegenseitig erhellen im Blick auf ein und dieselbe Sache – die Wiederholung ist nicht einfach Wiederholung; ganz abgesehen davon, dass – wie bereits erwähnt – sich die Heilige Schrift nicht selbst widersprechen kann: »Denn sie müssen nicht widdeernander, sondern miteinander einer meynung sein«.[1227] Wie bei der Frage nach dem freien Willen ist es für Luther auch keine Frage der Anzahl der Stellen: Eine einzige ›klare‹ und ›eindeutige‹ Stelle zerschlage das ›gewaltige Heer‹, die von Erasmus aufgebotenen ›Streitmacht‹ der ›unklaren‹.[1228] Es genüge die eine, die sich nicht anders auffassen lasse und an die sich dann die Deutung anderer Passagen zu orientieren habe, insbesondere hinsichtlich der Ablehnung einer übertragenen Bedeutung: Diese Stelle ist für die *nichtliterale* Deutung und für die Realpräsenz 1 *Kor* 10, 16: »Heller und stercker hette er nicht möchte davon reden«,[1229] wie Luther meint. Diese Stelle »erzwingt mit gewalt, das alle die, so dies brod brechen, essen und emphaen, den leyb Christi emphaen und des selben teylhafftig werden. Und das kann nicht seyn geystlich, [...] so

---

1224 Vgl. Hilgenfeld (1971), S. 14 mit Anm. 16. – Bereits Wilhelm von Thierry (1075/80–1148) ist der Ansicht, dass in der gesamten Heiligen Schrift sich keine Bezeichnungen für den trinitarischen Glaubensartikel fänden; man habe aber im Interesse des Glaubens und seiner Anfechtungen durch Häretiker begonnen, solche Wörter und Bezeichnungen zu erfinden, vgl. Id., Aenigma fidei (PL 180, Sp. 397–440, hier Sp. 409): »Instabat enim tempus cribrandae catholicae fidei ut purgaretur, exercendae ut probaretur. Et ideo ineffabilis illa natura summi boni paulo indulgentius in verba humana passa est seipsam demittere, in adjutorium humanae ad Deum pietatis, non tamen usque ad angustias humanae rationis. [...] Nusquam vero ibi praedicantur in divinitate tres personae [...]. Sed cum coeperunt in ecclesia haereses oriri contra novitatem et verborum et sensuum, coeperunt haec et huius modi verba seu nomina in causa fidei invenire."
1225 Vgl. Luther: Tischreden, 4. Bd. (Anm. 525), Nr. 4154: »Eloquentia non est fucus verborum accersitus, sed est oratio ornata, quam rem apte et dilucide proponit quaedam pictura concinnis. Quincunque autem nova verba effingunt, illi etiam novas res inferunt; qualis est Scotus cum sua realitate, hiccitate, et anabaptistae mit irer entgrobung, besprengung, leuterung. Cavendi sunt omnes, qui student novis et insolitis verbis et inusitatis, nam hoc genus dicendi plane repugnant eloquentiae."
1226 Luther: Wider die himmlischen Propheten [1525] (Anm. 936), S. 164, sowie Id., Vom abendmal Christi [1528] (Anm. 654), S. 459.
1227 Luther: Vom abendmal Christi [1528] (Anm. 654), S. 464, auch S. 459.
1228 Vgl. Luther: De servo arbitrio [1525] (Anm. 887), S. 699/700.
1229 Luther: Wider die himmlischen Propheten [1525] (Anm. 936), S. 171.

mus es leyblich sen.«[1230] Allerdings stand dagegen auch eine als unstrittig und klar für eine ›spiritualisierende‹ Abendmahlsauffassung angesehene Stelle: *Joh* 6, 63 (»Der Geist ist es, der lebendig macht, das Fleisch hilft nichts.«).

Das *Nachsprechen* reicht nicht, wenn der Sinn dessen, was zu glauben ist, nicht zugänglich ist, und wiedergeben lässt sich dieser Sinn nicht nur mit bestimmten, in der Heiligen Schrift gewählten Wörtern. Im ersten seiner Briefe an Heloise, der *Historia calamitatum mearum*, sagt Abaelard im Zusammenhang mit seiner Abhandlung über die Trinität, dass seine Studenten darauf bestanden hätten, dass man nichts glauben könne, das nicht zuvor verstanden worden sei.[1231] In seinem *Dialogus* legt er dem Philosophen die Worte in den Mund, dass er zahlreiche Menschen kenne, die zugestehen würden, dass sie etwas glaubten, ohne es zu verstehen, »als bestünde der Glaube eher in einer Äußerung von Worten [»in prolatione verborum«] als im Verständnis der Seele [»in comprehensione animi fides«] und als sei er mehr eine Sache des Mundes als des Herzens«[1232] – 5 *Mose* 30 zitierend. Offenbar sahen das nicht alle so: Wie Abaelard berichtet, habe man bei der Verurteilung seiner Trinitätslehre in Soissons von ihm gefordert, ein Glaubensbekenntnis abzugeben. Als er das mit eigenen Worten tun wollte, zwang man ihn, sein Glaubensbekenntnis durch das Ablesen des Athanasischen Glaubensbekenntnisses, des (Pseudo-)Athanasium zu geben.[1233]

Bei Abaelard lässt sich eine komplexe Auffassung der Verbindung von *Verstehen, Einsicht* und *Glauben* finden. In seiner *Introductio ad Theologiam* unterscheidet er bei der Einsicht in die Glaubensmysterien zwei Aspekte: Der erste ist das Verstehen der *Bedeutung* der Sätze, in denen das Glaubensmysterium gefasst sei, der zweite ist die Einsicht in die *Gründe*. Beides sei für denjenigen, der *lehren* wolle, eine unerlässliche Forderung; denn nach Abaelard mache sich jeder lächerlich, der jemanden belehren wolle und der auf Nachfrage einräumen müsse, selbst nicht zu verstehen, was er sage.[1234] Abaelard ist nun der Ansicht, jenes könne vorliegen, ohne dass dieses gegeben sei. Man könne also *Verstehen*, ohne Einsicht in die *Gründe* zu haben. In seiner Anleitung für die gläubige Frau heißt es in ähnlicher Weise,

---

1230 Ebd., S. 172.
1231 Vgl. Abaelard: Historia calamitatum mearum [1132–33]. Texte critique avec une introduction par Jacques Monfrin. Paris 1959, S. 83: »[…] nec credi posse aliquid nisi primitus intellectum, et ridiculosum esse aliquem aliis predicare quod nec ipse nec illi quos doceret intellectu capere possent, […].«
1232 Abaelard: Collationes sive Dialogus inter Philosophum, Iudaeum et Christianum/Gespräch eines Philosophen, eines Juden und eines Christen [1141]. Lateinisch und deutsch. Hg. und übertragen von Hans-Wolfgang Krautz. Darmstadt 1995, S. 19.
1233 Vgl. Abaelard: Historia calamitatum mearum [1132–33] (Anm. 1231), S. 88: »[...], ut quod sentiebam verbis propriis exprimerem, [...].« Allerdings lässt sich das nicht durch unabhängige Quellen prüfen.
1234 Vgl. Abaelard: Introductio ad Theologiam [1140, auch u.d.T.: *Theologia Scholarium*], II (PL 178, Sp. 979–1113, hier Sp. 1054).

dass die Befolgung der Vorschriften Gottes zunächst (nur) erfordere, sie zu verstehen.[1235] Abaelard verwendet den Ausdruck *credere* in einem weiten wie in einem engen Sinn. Im weiten Sinn bedeutet (traditionell) *credere* das Fürwahrhalten von grundsätzlich oder kontingent nicht sichtbaren Dingen oder Ereignissen; in diesem weiten Sinn ist es bei Abaelard im großen und ganzen gleichbedeutend mit *intelligere*. Davon unterschieden ist eine jenseitige Erkenntnisweise, die den Seligen vorbehalten bleibe. Sie bezeichnet er als *cognoscere*, das noch gesteigert werde durch das *comprehendere*, die Einsicht in das Wesen der Dinge und die Erkenntnis Gottes.[1236] Das (definitive) Wissen (*scientia*) bestimmt Abaelard als »comprehensio rerum quae sunt«,[1237] das letztlich Gott vorbehalten bleibe.[1238] *Credere* im engeren Sinne bedeutet bei Abaelard der Glaube aufgrund von Autorität. Das *credere* steht mit dem *intelligere* in einem Voraussetzungsverhältnis, das Abaelard auf Augustin und letztlich auf *Jes* 7, 9 zurückführt: »nisi credideritis, non intelligetis.«[1239] Allerdings kennt er auch *Sir* 19, 4: »Wer bald glaubt, der ist leichtfertig« – und er kann dann auch den Glauben, der der rationalen Einsicht vorausgeht, als Leichtgläubigkeit geißeln. Und auch Abaelard aktiviert das Heterostereotyp der Autoritätsgläubigkeit[1240] und greift hierfür auf die gängige Formel »more Pythagorico« zurück.[1241]

Die ›Autorität‹ kann die äußere Offenbarung durch Gottes Werke sein,[1242] und durch die *interna inspiratio* vermag der Mensch sogar die göttlichen Mysterien zu ›erkennen‹[1243] und zu ›erörtern‹.[1244] Der durch göttliche Inspiration zustande gekommenen Heiligen Schrift kommt nach Abaelard *credendi dignitas* zu, da sie auf der *interna inspiratio* beruht und er nicht der Auffassung ist, dass die Heiligen Schriftsteller, wie es bei Besessenen der

---

1235 Vgl. Abaelard: VII. Brief – Institutio seu Regula Sanctimonialium [zw. 1132 und 1137]. In: Terence P. McLaughlin: Abelard's Rule for Religious Women. In: Mediaeval Studies 18 (1956), S. 241–292, hier S. 292.

1236 Vgl. Abaelard: Introductio ad Theologiam [1140] (Anm. 1234), II, (insb. Sp. 1051), sowie Id., Theologia Christiana [zw. 1133–37], III (PL 178, Sp. 1113–1328, hier Sp. 1226).

1237 Abaelard: Theologia Christiana [zw. 1133–37] (Anm.1236), III (Sp. 1213), sowie Id, Introductio ad Theologiam [1140] (Anm. 1234), II (Sp. 1044).

1238 Vgl. Abaelard: Theologia Christiana [zw. 1133–37] (Anm. 1236), III (Sp. 1226).

1239 Vgl. ebd., II (Sp. 1051).

1240 Vgl. Abaelard: Introductio ad Theologiam [1140] (Anm. 1234), II (Sp. 1051): »Cito autem sive facile credit qui indiscrete atque improvide his quae dicunt prius acquiescit, quam hoc ei quod persuadetur ignota ratione quantum valet discutiat, an scilicet adhiberi ei fidem conveniat.«

1241 Vgl. ebd., mit Hinweis auf Hieronymus, der die Heilige Marcella gelobt habe, weil sie nicht alles auf seine Autorität »more Pythagorico« angenommen, sondern geprüft habe. Cicero: *De natura Deorum*, I, 5, erzählt, dass die Anhänger des Pythagoras ihn mit einem autoritativen *ipse dixit* angeführt haben.

1242 Vgl. Abaelard ebd., als Beispiel Thomas und Paulus.

1243 Vgl. u.a. Abaelard: Commentaria in epistolam Pavli ad Romanos [ca. zw. 1133–37] (PL 178, Sp. 783–979, hier Sp. 906).

1244 Vgl. Abaelard: Introductio ad Theologiam [1140] (Anm. 1234), II (Sp. 1054).

Fall sei, ›nicht verstünden, was sie gesprochen haben und so haben sie denn auch verstanden, was sie sagten‹ und seien ›weise‹ gewesen.[1245] So lange die vernünftige Einsicht nicht erreicht sei, gelte der (aristotelische) Grundsatz, was allen oder den meisten Gelehrten als wahr gelte, dem dürfe nicht widersprochen werden: »Interim autem, dum ratio latet, satisfaciat auctoritas, et ea notissima atque maxima propositio de vigore auctoritatis in ipso corporis artis a philosophis tradita conservetur: Quod omnibus, vel pluribus, vel doctis videtur hominibus, ei contradici non oportere.«[1246] Abaelard verbleibt, auch bei Eigenarten, letztlich in der Tradition: Zwar fordert er ein Verstehen des *sensus* und sogar die Einsicht in die Gründe, aber das allein ist nicht Voraussetzung des Glaubens, und zumindest in dem Fall, wo letzteres (situativ) nicht möglich erscheint, solle man der Autorität folgen. Das, was aber unbedingt erforderlich ist, ist ein Verstehen des Sinns, auch wenn man die Gründe nicht einzusehen vermag. Allerdings reduziert sich das rationale Verständnis der Glaubensmysterien (wie das der Trinität) bei Abaelard (wie in der Tradition) darauf, dass er *per analogiam* Verständlichkeit zu erzielen versucht. Wie ebenfalls gängig greift er dann zu einer grammatischen Analogie.[1247] Allerdings scheint das schon früh mitunter auf Kritik gestoßen zu sein.

Obwohl es um den *sensus* und nicht um die *verba* geht, scheint es wiederum so zu sein, dass man beim Nachsprechen der Formulierungen *intra scripturam* keine Häresien begehen kann, also beim *Vorlesen* der Heiligen Schrift oder wenn ein Papagei *panis est corpus Christi, vinum est sanguis Christi* sagt. Doch selbst dann, wenn die *evidentia in personis* – wie es Leibniz ausdrückt – bei der Heiligen Schrift, also ihre Autorität aufgrund ihres Urhebers zugestanden wird, scheint das erst dann der Fall zu sein, wenn man beim Nachsprechen der Worte sie mit *keinem sensus* versieht, also in der Tat wie ein Papagei spricht. Das bedeutet aber, dass die Autorisierung der nachgesprochenen Worte durch einen absolut glaubwürdigen Text respektive Verfasser allein nicht ausreicht, wenn es zugleich darum gehen soll, *etwas Bestimmtes* zu glauben. So ist denn auch Luther der Ansicht, dass ein Christ verstehen müsse, was in der Schrift gesagt werde, denn er könne nichts glauben, was er nicht verstehe – in seinen derben Worten als Kritik an Erasmus, der sich bereit erklärt hat, sich den Dekreten der Kirche zu unterwerfen, gleichgültig, ob er das Vorgeschriebene begreife oder nicht – der Christ sei verflucht, der nicht gewiß sei und verstehe, was ihm vorgeschrieben werde; denn wie könne er glauben, was er nicht verstehe: »Christianus vero anathema sit, si non certus sit et assequatur id quod ei praecribitur: quomodo enim credet,

---

1245 Vgl. ebd., (Sp. 1052).
1246 Vgl. Abaelard: Theologia Christiana [zw. 1133–37] (Anm. 1236), III (Sp. 1226).
1247 Vgl. Abaelard: Theologia Summi boni [1120]. Lateinisch-deutsch. Übersetzt, mit Einleitung und Anmerkungen hg. von Ursula Niggli. Hamburg 1991, S. 158.

id quod non assequitur.«[1248] In seiner Entgegenung auf Luthers *De servo arbitrio* hebt Erasmus erneut hervor, die *decreta* der katholischen Kirche, wie sie auf den Konzilien definiert und durch den Konsens des christlichen Volkes gebilligt seien, wolle er glauben, als ein von Gott ausgehendes Orakel, auch wenn sie sein »ingeniolum« nicht verstehen, aus menschlichen Gründen nicht zustimmen könne.[1249] Skeptiker wolle er nur angesichts der strittigen Lehrmeinungen (»dogmata contentiosa«) sein, aber dann, wenn die Kirche nach langer Überlegung eine Festlegung getroffen habe, wolle er kein Skeptiker mehr sein, so auch hinsichtlich der Wandlung des Brotes in den Leib Christ.[1250] So betont er, er unterwerfe sich in solchen Fragen der Lehrautorität der Kirche (»sensum meum submitto iudicio ecclesiae«).[1251] Aus der Sicht Luthers verkörpert Erasmus »nova religio et humilitas«, die den Menschen anderen Menschen, und zwar *sine iudicio*, unterwerfe.

Wenn Luther gegen die *distinctio formalis* disputieren lässt, dann heißt es unter anderem, dass Duns Scotus (bis 1308) und seine Schüler nicht wüssten, was sie eigentlich damit sagen wollten, unverständlich bleibe, wenn die Vernunft eine Formaldistinktion sei, die nicht zugleich eine Realdistinktion sei; für eine mathematisch denkende Vernunft sei ein indistinktes Gebilde mit drei distinkten Dingen unmöglich.[1252] Scotus habe sich daher selber nicht verstanden.[1253] Doch konnte Luther nicht zuletzt angesichts der Ein-

---

1248 Luther: De servo arbitrio [1525] (Anm. 887), S. 605.
1249 Vgl. Erasmus: Hyperaspistes diatribae adversus servum arbitrium Martini Lutheri. Liber primus [1526]. In: Id., Ausgewählte Schriften. 4. Bd. Übersetzt, eingeleitet und mit Anmerkungen versehen von Winfried Lesowsky. Darmstadt 1969, S. 197–675, hier S. 270: »[...] meum ingeniolum humanis rationibus non assequatur [...].«.
1250 Ebd., S. 252.
1251 So auch in Erasmus: Manifesta Mendacia [1525]. In: Erika Rummel: An Unpublished Erasmian Apologia in the Royal Library of Copenhagen. In: Nederlands Archief voor Kerkgeschiednis 70 (1990), S. 210–229, hier S. 215. Zu diesem postum edierten Werk auch Rummel (1990). – In einem Brief an Willibald Pirckheimer (1470–1530) sagt Erasmus angesichts einer Auffassung Johannes Oekolampads, dass sie ihm nicht missfalle, würde nicht die allgemeine Ansicht der Kirche ihr entgegenstehen, vgl. Erasmus: Opus Epistolarvm. Tom. VI. 1525–1527. Denvo recognitvm et avctvm per P.S. Allen et H. Allen. Oxonii 1926, Nr. 1717 (S. 351): »Mihi non displiceret Oecolampadii sententia, nisi obstaret consensus Ecclesiae.« Oder ebenfalls an Pirckheimer, Nr. 1729: »Imo quibusdam de Eucharistia ego velut parum eruditus subdubitarem, nisi me confirmaret autoritas Ecclesiae.« Zum *consensus*-Begriff bei Erasmus auch Hentze (1974).
1252 Vgl. Luther: Die Promotionsdisputation von Erasmus Alberus [1543], Th. 10 und 11 (*Werke* 39. Bd. II., S. 252–257, hier S. 254): »Nesciunt quid loquantur vel affirment, dum talibus sapientiae pharmacis rationem iuvare volunt. Nam utcunque ista subtiliter dici videantur, ratio tamen non capit distinctionem formalem esse aliam, quam realem seu essentialem.«
1253 In einer weiteren Disputation Luther: Die Promotionsdisputation von Petrus Hegemon [1545] (*Werke* 39. II, S. 337–401, hier S. 364) hält Luther die Differenz zwischen ›Wesen‹ und ›Zeugung‹ für unverständlich: »Quomodo autem essentia differat a generatione, est incomprehensibile. Scotus facit triplicem dictinctionem, aliam formalem, aliam realem etc. Ista quidem possunt dici, sed non ratione comprehendi, quia ratio vel animus non potest concipere aliam distinctionem, quam formalem. Quod autem Scotus dicit, realem aliam essse, violenter dictum est. [...] Verum Scotus non intelligit seipsum.«

setzungsworte auch sagen: »Denn wir werden gewislich feylen, wo wir nicht einfeltiglich yhm nach sprechen, wie er fur uns spricht, gleich wie ein jung kind seym Vater den glauben odder vater unser nach spricht. Denn hie gilts ym finstern und blintzling gehen und schlecht am wort hangen und folgen, Weil denn hie stehen Gottes wort ›Das ist mein leib‹ dürre und helle, gemeine, gewisse wort.«[1254]

Leibniz' Idee zu einer Antwort auf die Frage, wie eine Zugänglichkeit zum Sinn der Wörter bei Glaubensmysterien möglich sei, um daran zu glauben, lässt sich nun auf den Punkt bringen. Sie setzt am Problem des Verstehens des *sensus* an und besteht darin, bei ihm *Grade* der Zugänglichkeit zu unterscheiden. Diese Grade spannen sich auf zwischen dem Extrem einerseits der vollständigen Unzugänglichkeit *à la psittacus*, andererseits der ›klaren und distinkten‹ Erkenntnis. Es reiche aus, von der Bedeutung der Wörter nur eine ›verworrene Erkenntnis‹ (»cum intellectûs confusa significationis cognitione«) zu haben. Diese Erkenntnis reiche aus, um in etwa den Sinn von Worten zu verstehen: »Quod vero hoc loco dicitur neminem credere posse nisi, quod anima concipit, verum est, si non nimium extendatur. Verba sensum aliquem habere oportet; sed non semper nececcarios esse conceptus distinctos, nedum adaequatos, experimenta ostdendunt [...], quibus fidem adhibemus, tametsi de multis sensuum objectis immediatis, (veluti coloribus, odoribusque) distinctos conceptus non habeamus.«[1255] An anderer Stelle kennt Leibniz zudem das Problem, dass mitunter die Schlussverfahren nicht ausreichen, um die Beziehungen der Glieder eines Satzes zu erfassen.[1256] Die Zustimmung könne in diesem Fall dann gleichsam disjunktiv erfolgen (»disjunctivo qvodam assensu seu opinione«).[1257] Wichtig ist, dass das in Leibniz' Sicht deshalb nicht gegen die Glaubensmysterien spricht, da es sich nicht um ein singuläres, auf die Mysterien beschränktes Phänomen handelt; denn es gebe viele »Dinge in der Natur, von denen wir etwas verstehen [»entendons«], aber ohne sie deshalb zu begreifen [»comprenons«];«[1258] aufgrund unserer begrenzten Erkenntnismöglichkei-

---

1254 Luther: Vom abendmal Christi [1528] (Anm. 654), S. 439.
1255 In Leibniz: Annotatiunculae [1701] (Anm. 1056), S. 144.
1256 Vgl. ebd., S. 147: »[...] vel methodus ex ideis ratiocinandi, quem habemus, non sufficiunt ad connexionem subiecti et praedicati intelligendam, etsi aliquam subiecti et praedicati notitiam praestent.«
1257 Vgl. Leibniz: Commentatiuncula [1669–71] (Anm. 1079), §§ 21–32 (S. 550–552), wo es abschließend § 32 (S. 552) heißt: »Concludo igitur: qvicunqve putat distinctam cognitionem significationis mysteriorum fidei ad Salutem neccesarium esse, ei demonstraturum me vix millesimum qvemqve Christianorum, imò plerumqve ne eum qvidem qvi sic putabit, eam unqvam habuisse. Et per conseqvens apprehensionem expressae in Script. Sacra formulae, cum intellectûs confusa significationis cognitione, et disjunctivo qvodam assensu seu opinione, sufficere ad Salutem.«
1258 Leibniz: Essais de Thédicée [1710] (Anm. 1051), *Discours*, § 73 (S. 184/85).

ten seien uns (daher auch) viele Naturvorgänge unverständlich.[1259] Im Fall der Heiligen Schrift bilde das *fundamentum persuasionis* nicht die *claritas* (*claritatem conceptionis*) oder die *evidentia in rebus*, sondern die *evidentia in personis*.[1260] Prägnant fasst Leibniz seine Auffassung zusammen:

> Die Mysterien können *erklärt* werden soweit das zum Glauben an sie nötig ist; aber man kann sie weder *begreifen* noch kann man *verständlich* machen, wie sie sich ereignen [...]. Ebensowenig ist es uns möglich, die Mysterien durch die Vernunft zu *beweisen*, denn alles, was sich *a priori* oder aus der reinen Vernunft beweisen läßt, kann *begriffen* werden. Uns bleibt, nachdem wir den Mysterien aufgrund der Beweise für die Wahrheit der Religion (der sogenannten *Gründe für die Glaubwürdigkeit*) Glauben geschenkt haben, nur noch das eine, daß wir sie den *Einwänden* gegenüber *behaupten* können; [...].[1261]

Zu unterscheiden ist zwischen *expliquer, comprendre, prouver* und *soutenier*. Leibniz bestimmt zwar nicht alle Beziehungen zwischen diesen vier Konzepten, aber hinsichtlich der Glaubensmysterien macht er klar, dass es unmöglich ist, sie zu *begreifen* (*comprendre*) und daraus folge, dass es nicht möglich sei, sie zu *beweisen* (*prouver*). So sagt er:

> Hier ist auch die Bemerkung angebracht, daß derjenige, der eine Sache a priori beweist, sie durch die Wirkursachen [»cause efficiente«] begründet, und wer solche Gründe in exakter und ausreichender aufstellen kann, ist auch imstande, die Sache zu begreifen [»comprendre«]. Eben deshalb haben schon die scholastischen Theologen den Raimundus Lullus getadelt, daß er es unternommen habe, die Dreieinigkeit durch die Philosophie zu beweisen. Man findet diesen vermeintlichen Beweis [»prétendue démonstration«] in seinen Werken, und als Bartholomäus Keckermann, ein berühmter reformierter Autor, hinsichtlich desselben Mysteriums einen ganz ähnlichen Versuch machte, wurde er von verschiedenen neueren Theologen nicht weniger getadelt. Man wird also diejenigen tadeln, die dieses Mysterium begründen [»rendre raison«] und begreiflich [»rendre compréhensible«] machen wollen, hingegen die loben, die sich bemühen, es gegen Einwände der Gegner zu halten.[1262]

In der Tat haben Lullus und der reformierte Theologe und Philosoph Bartholomäus Keckermann (um 1572–1608) solche Versuche unternommen.[1263] Lullus meinte, im Rahmen seiner *ars generalis* Trinitätsbeweise beibringen zu können.[1264] Keckermann hatte die Absicht, den *articulus trinitatis*

1259 Leibniz: Annotatiunculae [1701] (Anm. 1056), S. 145: »[...]: sed scimus tamen etiam in oeconomia naturae multa nobis visa esse absurda ob nostram ignorantiam, [...].«
1260 Vgl. ebd., S. 145: »Itaque etiam in humanis non semper opus est evidentia in rebus [...], modo sit in personis, ut de earum fide constet.«
1261 Leibniz: Essais de Théodicée [1710] (Anm. 1051), *Discours*, § 5 (S. 77).
1262 Ebd., § 59 (S. 158/159). Zu Leibniz' Trinitätsvorstellungen auch Antognazza (2001a).
1263 Zu ihm auch Danneberg (2005a).
1264 So u.a. in Lullus: Quaestio de congruo. Hg. von E. Platzeck. In: Münchner Theologische Zeitschrift 8 (1957), S. 13–32, insb. S. 21–23; allerdings ist die Zuschreibung dieses Werks an Lullus nicht unstrittig.

ex immotis philosophiae fundamentis zu explizieren, respektive zu beweisen.[1265] Leibniz' Hinweis auf Keckermann erklärt sich wohl daraus, dass dessen Auffassungen immer wieder ihre kritische Erörterung gefunden haben,[1266] nicht zuletzt von lutherischen Theologen wie Jacobus Martini,[1267] besonders ausführlich von Johannes Musaeus (1613–1681)[1268] oder von Johann Andreas Quenstedt (1617–1688)[1269] und so denn auch von Johann Gerhard,[1270] aber auch von Cartesianern wie Balthasar Bekker (1631–1698)[1271] oder Lo-

---

[1265] Vgl. Keckermann: Systema SS. Theologiae [1602]. In: Id., Opervm Omnivm [...]. Tomus secvndvs. Geneva 1614, S. 65–264 (sep. pag.), lib. I, cap. 3: »De tribus in vnita Dei essentia personis«, S. 72–83.

[1266] Die erste kritische Auseinandersetzung erscheint kurz vor Keckermanns Tod und ist eine Schrift des Sozinianers Adam Goslaw von Bebeln (Goslawski ca. 1577–ca. 1642), die zwar als *Refutatio* auftritt, doch weiß Goslaw die Ausführungen des Danziger Philosophen als Ausgangspunkt zu schätzen, vgl. Goslavius: Refutatio eorvm, quae Bartholomaeus Keckermannus in libro primo Systematis sui Theologici disputat, adversus eos, qui solum Patrem [...] confitentur [...1607]. Racoviae 1613; die *Praefatio* ist von 1607.

[1267] Martini verteidigt zwar Keckermann gegenüber bestimmten Angriffen Goslaws, mit denen er sich in fünf Disputationen 1621 bis 1623 separat auseinandersetzt, dennoch weist er die Trinitätsauffassung des Reformierten zurück, und zwar im wesentlichen auf der Grundlage einer strikten Trennung einer philosophischen von einer theologischen Bedeutung der bei der Formulierung der Trinität verwendeten Ausdrücke, vgl. Martini: Liber secundus de tribus elohim Photinianorum novorum furoribus oppositus: in quo praeter alia disputatio inter B. Keckermannum & Adamum Goslavium a Bebelno de SS Trinitate agita, examinatur [...]. Witebergae 1615; Goslaw respondiert in Id., Dispvtatio De Persona., in qva Jacobo Martini [...], ea in libro secvndo de tribus Elohim referre enitenti, qvae ab avctore contra Bartholomaeum Keckermannum [...] disputata sunt, [...] respondetur. Racoviae 1620.

[1268] Vgl. Musaeus: Disputatio Philosophica, Pseudapodeixei Keckermannianae, Qua lib. 1. Syst. Theol. C. 3. mysterium SS. Trinitatis ex rationis firmiter demonstrari posse censet, oppositia [...] Sub Praesidio M. Johannis Musaei [...] publicae ventilationi à Tobia Hertzogio [...]. Ienae 1639; diese Disputation hat Musaeus für so wichtig erachtet, dass er sie seiner grundlegenden Auseinandersetzung mit dem Vernunftgebrauch in der Theologie, die auch Leibniz kennt, angehängt hat, vgl. Id., de usu principiorum rationis & philosophiae in controversiis theologicis libri ters, Nicolai Vedelii rationali Theologico oppositi [1644]. Quibus accessere disputationes duae: una contra Keckermannum; [...]. Jenae 1647, sep. pag.

[1269] Quenstedt: Theologia didactico-polemica, sive Systema Theologicum in duas sectiones [...1685]. Lipsiae 1715, lib. I, cap. IX, s. II ,Q. IX obj. dial. XVIII.

[1270] Vgl. z.B. Johann Gerhard: Methodus [1620, 1654] (Anm. 19), sectio posterior de cognitione Philosophiae, wo er unter dem Abschnitt »De philosophiae in Theologiae Abusus« (S. 104–131), mehrfach Keckermann erwähnt und die Erörterung wesentlich um das Lehrstück der Trinität kreist.

[1271] Vgl. Becker: De philosophia Cartesiana admonitio candida & sincera. Vesaliae 1668, cap. VI, § 3, S. 83–85; Keckermann wird auch noch erörtert in einer Disputation unter Leitung von Iesaia Friedrich Weissenborn (1673–1750), bei der wohl Jakob Carpov (1699–1768) der Verfasser gewesen sei, der nicht wenige Konflikte wegen dieser Disputation als zunächst Wolffianer auszustehen hatte: Dissertatio Theologica S.S. Trinitatis Mysterivm Methodo Demonstrativa Sistens [...] Praeside [...] Iesaia Friderico Weissenborn [...] Pvblice Defendet Avctor Iacobvs Carpov [...]. Ienae 1730; vgl. auch Carpov, Animadversiones Svccinctae in Tractatvm Philosophicvm de Pluralitate Personarum in Deitate ex solis rationis principiis demonstrata in lvcem missae [...]. s. l. 1735, sowie Id., Reuelatvm Sacrosanctae Trinitatis mysterivm methodo demonstratiua propositvm & ab objectionibvs dissentientivm uariis indice simul adjecto vindicatum [...1735]. Editio secundo emendatior. Francofvrti/Lipsiae 1737.

dewijk Meijer (1629–1681)[1272]. Leibniz schließt sich der Ansicht an, dass Glaubensmysterien sich ohne ihre Offenbarung nicht als möglich denken lassen und damit auch nicht unabhängig hiervon in das Blickfeld der (natürlichen) *ratio* gelangen können. Dann aber ließen sie sich *erklären* und gegenüber Einwänden *verteidigen*. An anderer Stelle präzisiert er, dass das, was über die Vernunft gehe (*au dessus de la raison*), sich von einem geschaffenen Geist nicht in seinem *Wie* (*comment*) erkennen lasse. Zu verstehen ist das im Rahmen der alten Unterscheidung zwischen *demonstratio propter quid* (*qualitas, quale sit*) und *demonstratio quia: Erkennbar* sei nur das zweite, nicht aber das erste.[1273] Das ist nicht sonderlich auffallend: Es lässt sich deuten als Frage nach der *Geltung* einer Offenbarungswahrheit (*ut sit credendum*?) – hier sind beispielsweise auch Vernunftschlüsse zulässig – und der Frage nach dem *Sinngehalt* der Offenbarung (*quomodo sit credendam*?) – hier helfen Vernunftschlüsse nicht mehr, denn der Sinngehalt sei auf diese Weise nicht zu erfassen. Es ist, wenn man so will, die Beweisbarkeit der *bestimmten* Existenz des Unerkennbaren. In diesem Sinn ließe sich dann auch Leibniz' Behauptung sehen in einem Schreiben an seinen Lehrer Jakob Thomasius (1622–1684) vom Oktober 1668, dass die Vernunft es vermag, einen evidenten und mathematischen Beweis für die Notwendigkeit eines nichtkörperlichen Bewegers zu geben.[1274] Deutet man es als Beweis der Existenz (eines) Gottes, so wurde das seit dem Mittelalter als in Reichweite der (natürlichen) Vernunft gesehen – dabei war der Maßstab für diese Vernunft das, was man meinte, dass die Philosophen vor der Offenbarung, also ohne sie, zu erkennen vermochten. In dem, was nicht möglich ist, entspricht es beispielweise auch der Sicht Luthers, der eine ›Theorie‹ über das *Wie* der Gegenwart Christi letztlich für unnötig hält;[1275] und auch bei ihm findet sich der Vergleich mit

---

1272 Vgl. (Meijer): Philosophia scriptvrae interpres. Exercitatio paradoxa [1666]. Tertivm edita et appendice Ioachimi Camerarii avcta, cvm notis variis et praefatione D. Io. Sal. Semleri. Halae/Magdebvrgicae 1776, cap. VI, § 3, S. 73, sagt, dass Keckermann die Trinität – »monstrum omnium absurditatum farragine refertum« – am besten erklärt habe: »Quanto sane satius fuisset illam pro mysterio non habuisse & philosophiae ope, antequam, quod esset, statuerent, secundum verae logices praecepta, quid esset, cum Cl. Kekkermanno investigasse; quam tanto feruore ac labore in profundissimas speloncca, & obscurissimos metaphyscarum speculationum atque fictionum recessus se recipere, vt ab adversariorum telis sententiam suam in tuto collocarent. Profecto magnus ille vir, in omnibus aristotelicae philosophiae partibus perdoctus, system. Theol. Lib. 1. cap. 3. dogma illud, quamuis apud theologo eo nomine non multum gratiae iniuerit, ita ex immotis philosophiae fundamentis explicat ac demonstrat, vt paucis tantum immutatis, atque additis, nihil amplius animus veritati sincere deditus desiderare possit: quod & nobis ostendere non difficile foret, si instituti nostri ratio id impraesentiarum pateretur.«
1273 Vgl. Leibniz: Essais de Théodicée [1710] (Anm.1051), § 56 (S. 154), wo er auch auf die einschlägige griechische Begrifflichkeit verweist.
1274 Vgl. Leibniz (*Sämtliche Schriften* II/1, S. 11): »[...] euidenter ac mathematice demonstrari potest, necessitas motoris incorporei.«
1275 Luther: Ein Sermon von dem hochwürdigen Sakrament des heiligen wahren Leichnams Christi und von den Bruderschaften [1519] (*Werke* 2. Bd., S. 742–758, hier S. 750). Wenn er

der Erkenntnis der Natur.[1276] An anderer Stelle präzisiert er: »Uns ist niht befohlen zu forschen, wie es zugehe, das unser brod Christi leyb wird und sey, Gottes Wort ist da, das sagts, da bleyben wyr bey und gleubens.«[1277] Wer solches nicht beherzigt, zieht, wie gesehen, den Vorwurf frivoler scholastischer Erörterungen bestimmter Fragen oder einer dem Glauben nur abträglichen Neugier (*curiositas*) auf sich.[1278] Man wird dem *curiositas*-Bedenken jedoch nicht gerecht, wenn man es allein als Unterbrechung oder Verhinderung des Nachfragens deutet. Das wäre mit zahllosen anderen Äußerungen unvereinbar. Es ist nicht so sehr als generelle Beschränkung der Wissbegierde zu verstehen (*fides quaerens intellectum*), sondern als ein Bedenken oder eine Mahnung, die situativ vor dem Verzögern, dem Hinauszögern oder gar dem Verlust der Kontemplation warnt (*curiositas vana*); *contemplatio* ist dann der Gegenbegriff zur *curiositas*. Zu unterscheiden ist zudem, ob die Auffassung zugrunde liegt, dass man grundsätzlich ein bestimmtes Wissen nicht wissen *kann*, die Behauptung des Besitzes eines solchen Wissens dann von vornherein als falsch gilt und das Insistieren auf dem Besitz als Usurpation erscheint, oder ob man ein bestimmtes Wissen nicht *kennen soll* oder ob man ein vorhandenes Wissen nicht für *wahr* halten *soll*. Nur hingewiesen sei darauf, dass mehr als hundert Jahre später Hegel in seinen *Vorlesungen über die Philosophie der Religion* das Gemeinsame von theologischem Rationalismus und fideistischer Gefühlsreligion just darin sieht, dass beide nur dazu gelangen, zu wissen, *dass* Gott sei, aber nicht *was*, und er dann seine eigene

---

sagt, dass die Heilige Schrift nicht in unserer Verfügungsgewalt sei, dann bezieht sich das auf das Verständnis der mitgeteilten Dinge; dabei beruft er sich auf eine *nichtwörtliche* Deutung des Ps 74, 9, vgl. Id., Dictata super Psalterium [1513–16] (Anm. 308), S. 516: »Omnes qui in Biblia et sacris litteris volent studere, hunc versum sibi quam diligentissime notunt: Calix in manu domini vini meri. Hoc est dicere, quod scriptura non est in potestate nostra, nec in facultate ingenii nostri: ideo in eius scrutinio nullo modo confidendum in intellectum nostrum, sed humiliari et orare oportet, ut inclinet ad nos illum.« Ferner Id., Daß diese Worte Christi »Das ist mein Leib" [1527] (Anm. 653), S. 87.

1276 Vgl. Luther: Vom abendmal Christi [1528] (Anm. 654), S. 416.

1277 Luther: Wider die himmlichen Propheten [1525] (Anm. 936), S. 206, auch ebd. S. 166; vgl. auch Id., De captivitate Babylonica [1520] (Anm. 971), S. 510: »An est necesse, modos operationis divinae omnino comprehendere?«. In Id., De servo arbitrio [1525] (Anm. 887), S. 685, unterscheidet er zwischen *praedicata et oblata misericordia und occulta et metuenda voluntas Dei*; letztere gelte es nicht zu erforschen, sondern mit Ehrfurcht anzubeten; er bringt das auf das *Dictum Socraticum quae supra nos, nihil ad nos*, zum Kontext der Verwendung bei Luther auch Jüngel (1972). In seinen *Loci communes* von 1521 klammert Melanchthon die *loci supremi de deo, de unitate, de trinitate dei, mysterio creationis, de modo incarnationis* noch als unbegreiflich aus mit der Maxime »Mysteria divinitatis rectius adoraverimus quam verstigaverimus«; 1535 nimmt er dann einen Abschnitt »De Deo, Quod unus sit Deus, De tribus personis divinitatis« auf, vgl. Melanchthon: Die Loci Communes Philipp Melanchthons [1521] in ihrer Urgestalt nach G.L. Plitt. Von neuem herausgegeben und erläutert von D. Th. Kolde. Vierte Auflage. Leipzig 1925, S. 56–249, hier S. 60ff.

1278 Im weiteren Zusammenhang u.a. Bös (1995), Labhardt (1960), Harl (1981), Jüssen (1987), insb. S. 143ff., Oberman (1974), E. Meijering (1980), Newhauser (1982) und (1988), Berg (1989).

Religionsphilosophie als *antidotum* sieht, die keiner äußeren Beglaubigung bedarf, statt dessen ist diese Beglaubigung als »Zeugnis« des eigenen »Geistes« konzipiert.[1279]

Nach Leibniz könne zwar mit der Vernunft ergriffen (*appris*), aber nicht begriffen (*compris*) werden. Zwar könnten die Glaubensmysterien vom Menschen eine Erklärung erhalten (*reçoivent une explication*), aber diese sei niemals angemessen, denn hierzu genüge, dass man »auf Analogien beruhende Einsicht in ein Mysterium« erlange. Das aber reiche, »damit wir, indem wir sie annehmen, nicht völlig sinnlose Worte aussprechen; aber es ist nicht notwendig, daß die Erklärung so weit gehe, wie es wohl zu wünschen wäre. D.h. daß sie bis zum Begreifen [*jusqu'à la compréhension*] und zum Wie gehe.«[1280] Was bei Leibniz deutlich wird, ist die Unabhängigkeit des ›Verstehens‹ einer Rede von der rationalen Einsicht in ihre Wahrheit. Um zu glauben, muss zwar ein *gewisses* Verständnis dessen gegeben sein, woran man glaubt, aber es muss keine Einsicht in die Wahrheit des Geglaubten vorliegen. Die Wahrheit garantiere der Verfasser der Rede. Es handelt sich in dieser Hinsicht um eine Auffassung, die von traditionellen Ansichten nicht weit entfernt ist, aber die in der speziellen epistemischen Situation eine neue Begründung zur Abwehr aller derjenigen bedarf, die das *Verstehen* nicht allein auf die *Bedeutung* beschränken, sondern zugleich die *Einsicht* in die Wahrheit des Gesagten meinen. Zwar wird fehlende Einsicht bei Leibniz ausgeglichen durch die *motiva credibilitatis*, durch die *evidentia in personis*, doch reicht das nicht aus, wenn der akzeptable Glaube (die Glaubwürdigkeit) einer Rede zudem an ihr *Verstehen* gebunden bleibt. Der Kerngedanke, um dem zu begegnen, liegt eben in der Idee der Grade der Zugänglichkeit (des ›Verstehens‹), so dass bereits ein geringerer Grad den Glauben zu rechtfertigen vermag. Um das Gesagte zu glauben, reicht danach aber auch nicht die *evidentia in personis* aus. Es ist die berüchtigte *fides implicita* oder in der pejorativen Terminologie der Protestanten der ›Köhlerglaube‹ (*carbonaria fide*).[1281] In einer Formel des englischen Kontroverstheologen und Märtyrers für den katholischen Glauben John Fisher (1469–1535) kommt dem Laien allein das *ius assentiendi* zu, hingegen weder das *ius dissentiendi* noch das *ius*

1279 Vgl. Hegel: Vorlesungen über die Philosophie der Religion. Hg. Von Georg Lasson. Bd. I, 1. Leipzig 1925, insb. S. 35–53; die Texte stammen aus Kolleghefte von Zuhörern der Vorlesungen von 1824 und 1827; S. 49: »[…] daß der Geist im Geiste sich manifestierte, in diesem meinem Geiste, dass der Glaube im Innersten, in meiner tiefsten Eigenheit seine Wurzel hat, mein Innerstes davon untrennbar ist. […] Damit ist schlechterdings alle äußere Autorität, alle fremdartige Beglaubigung entfernt. Was mir gelten soll, muß seine Beglaubigung in meinem Geiste haben; es kann wohl der Anstoß von außen kommen, aber der äußerliche Anfang ist gleichgültig. Daß ich glaube, dazu gehört das Zeugnis meines Geistes.«
1280 Leibniz: Essais de Théodicée [1710] (Anm. 1051), *Discours* § 54 (S. 152/53); auch § 56 (S. 154) und § 66 (S. 170).
1281 Zur *fides carbonaria* G. Hoffmann (1909), S. 44–63, A. Ritschl (1890), einen anderen Aspekt stellt Schultes (1915) in den Vordergrund.

iudicandi.[1282] Aber das ist nur eine von verschiedenen Deutungen. Gemeint sein konnte dabei sowohl der Glaubensinhalt als auch der Glaubensakt (*credere explicite* oder *implicite*); aber zumeist ging es um den Glaubensinhalt. Man könne zum Beispiel inhaltlich irren, aber dieser Irrtum sei nicht als Glaube anzusehen, wenn der Glaube mit Absicht sich auf das bezieht, was als richtig angenommen wird oder gilt. Dann bezieht sich der intendierte Glaube auf Richtiges, auch wenn Falsches ›geglaubt‹ werde. Der Wille wird so ausgerichtet, dass er angesichts unklarer Glaubensartikel glaubt, aber auf eigene Einsicht verzichtet (*sacrificium intellectus*). Wenn ich es richtig sehe, vermeidet Leibniz sowohl den Ausdruck ‚Köhlerglaube' als auch den der *fides implicita*, die in der Auseinandersetzung zwischen Protestanten und Katholiken im 17. Jahrhundert immer wieder fallen. Der Grund könnte darin liegen, dass er meint, eine Lösung für das Problem zu besitzen, die das eine wie das andere überflüssig macht.

Wie man auch immer Leibniz' Lösung einschätzen mag, sie bedeutet, dass das Nichtbegreifenkönnen durch die Vernunft hermeneutisch gewendet besagt, dass den im *sensus literalis* ›verstandenen‹ Wörtern, mit denen ein Glaubensmysterium umschrieben wird, eine nicht behebbare *Ambiguität* eigen ist. Es bedeutet zudem, dass die *praesumtio* der Wahrheit der Glaubensmysterien, die sich aufgrund des fehlenden positiven Beweises ihrer Widersprüchlichkeit aufrecht halten lässt,[1283] komplexer ist, als es bislang den Anschein hatte: Die Zuversicht, dass es einen solchen Beweis nicht gibt, ausgedrückt als *praesumtio*, bestünde dann darin, dass jeder dieser Beweise, die nur schlüssig sind, wenn sie sich auf Begriffe beziehen, die ›klar und deutlich‹ sind, eine (partielle) *Desambiguierung* der Wörter voraussetzt respektive vollzieht. Zurückweisen lässt sich dann der Beweis nicht nur als gescheitert, sondern auch als *inkorrekte Desambiguierung* – oder positiv gewendet: Jeder dieser versuchten Aufweise der Widersprüchlichkeit zeigt eine der möglichen Desambiguierungen, die als nicht korrekt anzusehen sind, und sie nützen dann sogar, indem sie die Ambiguität einschränken. Wäre, wie Leibniz sagt, eine distinkte Erkenntnis der Bedeutung der Glaubensmysterien Voraussetzung für das Seelenheil, dann würde das kaum ein Tausendstel der Christen erfüllen.[1284]

Damit korrespondiert auch der von Leibniz konzedierte Grenzfall: Um zu glauben, genüge es anzunehmen, dass jeder Sinn, der in den Mysterien enthalten ist, wahr sei[1285] – und wie sich hinzufügen lässt: Bei dem es (noch)

1282 Vgl. Bagchi (1991), S. 212/13.
1283 Vgl. Leibniz: Commentatiuncula [1669–71] (Anm. 1079), § 21 (S. 550): »[...] non semper esse opus ad fidem, ut sciamus qvis sensus verborum sit verus, dummodo eum intelligamus, nec rejiciamus positivè, sed circa eum nos habemus dubitativè, etsi aliò inclinemus.«
1284 Vgl. ebd., § 32 (S. 552).
1285 Vgl. ebd., § 21 (S. 550): »Imò sufficit interdum qvod credamus: qvicunqve in iis sensus contineatur eum esse verum, [...].«

keinen Aufweis gibt, dass das Mysterium eine widersprüchliche Formulierung gefunden hat. Das bedeutet aber auch, dass niemand berechtigt erscheint, eine der möglichen Interpretationen zurückzuweisen, selbst wenn sie als überaus zweifelhaft erscheint.[1286] Im Fall der Einsetzungsworte reiche es aus, dass in *irgendeiner* Bedeutung Brot und Wein der Leib und das Blut des Herrn sind, ob aus dem Brot der Leib des Herrn geworden ist oder der Leib des Herrn im Brot enthalten ist, bedarf keiner Entscheidung.[1287] Das erscheint wie ein Echo des Augustinus von *De Doctrina christiana*, in der er die *caritas, aedificatio caritatis*,[1288] zum Kriterium der Wahrheit von *unterschiedlichen* Interpretationen der Heiligen Schrift erhebt, oder des Augustinus der *Confessiones*, der im Zuge seiner immensen Probleme des Verstehens des Beginns der *Genesis* zugesteht, dass mehrere Deutungen als wahr gelten können. Das bildete dann eine der Grundlagen für die anhaltende Erörterung eines *sensus fecundus* der Heiligen Schrift, insonderheit der Frage, inwiefern es einen *duplex sensus litteralis* gibt.[1289] Allerdings ist bei Leibniz eine Voraussetzung, dass die Ausübung, die »praxis«, angesichts der verschiedenen Deutungen unverändert bleiben könne.

Es reiche vollkommen aus, dass man die Worte *Hoc est corpus meum* so verstehe wie die Scholastiker ihr Axiom, dass es vier Ursachen gebe: Solange wie sie korrekt darüber gesprochen, solange wie sie Aristoteles geglaubt und über keine genauere Bedeutung des Ausdrucks verfügt haben, sei dies ebenso legitim für diejenigen so zu verfahren, die an Gottes Wort glauben, ohne über eine genauere Bedeutung zu verfügen.[1290] Die misslungenen Widerlegungen grenzen zwar die Ambiguität ein, aber sie lässt sich nie eliminieren, und solange bestimmte Voraussetzungen gegeben sind, bedarf es einer solchen Eliminierung auch nicht, um zu glauben – letztlich folgt das schon aus Leibniz' Vorstellung, wie sich die Widerspruchsfreiheit eines Ausdruck nachweisen lasse, nämlich durch die *analysis notionum, analysis conceptuum* (*resolutio*), wobei das Werkzeug dieser Zergliederung die Definition ist:[1291] Ein gegebener Ausdruck enthält dann keinen Widerspruch – und es handelt sich um einen möglichen Gegenstand und um einen realen Be-

---

1286 Vgl. ebd.
1287 Vgl. ebd., (S. 551).
1288 Vgl. Augustinus: De doctrina christiana [396/97 und 425/26] (Anm. 187), II, 41, 62 (S. 75) mit *1Kor* 8, 1: »Scientia inflat, caritas aedificat«; auch I, 86–90 (S. 30–32), ferner I, 86 (S. 30), sowie III, 54 (S. 93).
1289 Hierzu Danneberg (2009b), insb. Abschnitt 2: Hermeneutische kontrafaktische Imaginationen bei Augustin.
1290 Vgl. Leibniz: Commentatiuncula [1669–71] (Anm. 1079), § 29 (S. 551/52): »Ergo suffecerit nobis tam intelligere verba Christi hoc est Corpus meum, qvàm Scholastici intelligunt suum axioma qvatuor esse causarum genera. Si illi à tanto tempore de causis rectè disseruêre et Aristoteli credêre nulla distinctiore significationis vocabuli notitia praediti, licebit etiam fidelibus DEI verbo credere nulla licet distinctiore notitia suppetente credendorum.«
1291 Vgl. Couturat: La Logique (Anm. 1114), S. 258: »Resolutio est substitutio definitionis in locum definiti.«

griff –, wenn er sich bis auf seine Grundbegriffe zerlegen lässt. Allerdings scheint es überhaupt nicht viele Beispiele bei Leibniz zu geben, an denen sich die Desambiguierung zeigen ließe.

Ein Exempel dafür, wie die Desambiguisierung vonstatten geht, könnte ein Beispiel sein, auf das Leibniz, wenn auch in einem anderen Zusammenhang zurückgreift: Es ist die Jungfräulichkeit der Mutter Gottes – sehr verkürzt: Aus einer Definition der Jungfräulichkeit (eine Frau, die niemals geboren hat) wird geschlossen, dass es sich um einen logischen Widerspruch handle. Bereits Cicero – das bleibt bei Leibniz unerwähnt – wählt just dieses Beispiel, wenn er über die rhetorische Beweisführung spricht: »Jede Beweisführung [»argumentatio«] aber, welche aus den Punkten, die ich erwähnt habe, genommen wird, muß glaubwürdig [»probabilis«] oder zwingend [»necessaria«] sein. Um es nämlich kurz zu beschreiben: Die Beweisführung scheint eine Auffindung des Stoffes zu sein, die in irgendeiner Weise eine Sache entweder glaubwürdig zeigt oder zwingend darlegt.«[1292] Cicero fährt fort: »Zwingend legt man das dar, was weder anders, als gesagt wird, geschehen noch bewiesen werden kann«. Als Beispielsatz bietet Cicero: »Wenn sie geboren hat, hat sie mit einem Manne geschlafen.« Es wird zudem eines der Beispiele sein, an denen man sich fortwährend in der Auseinandersetzung mit der Dialektik und ihrer Ansprüche reiben wird.[1293] Leibniz löst das Problem, indem er eine andere Definition wählt, also eine andere Bedeutung von Jungfräulichkeit, bei der dann kein Widerspruch entstehe. Zumindest zeigt das, wie sich durch *misslungene* Widerlegungen Ambiguität eines bestimmten Ausdrucks im Kontext seiner Verwendung einschränken lässt.[1294] In gewisser Hinsicht lässt das auch eine bestimmte Sicht auf die immer wieder unternommenen Versuche zu, dem übernatürlichen (unvorstellbaren) *modus praesentiae*, der *unio sacramentalis*, die aber keine *unio naturalis* oder *physica* sein soll, also dem *Wie* der Selbstdarbietung Christi im Abendmahl näher zu kommen – so etwa auch die Frage zu beantworten, wann die Präsenz im Abendmahl beginnt und aufhört[1295]: Solche Versuche der ›Grenzüberschreitung‹ ließen sich zwar unterbinden, indem man sich mit dem *Dass* begnügte, also etwa indem man der *simplex et nativa sententia* der Schrift vertraute und glaubte. Doch der Ausweis und Zurückweisung solcher Versuche als widersprüchlich besäße dann jeweils die Funktion einer partiellen Desambiguisierung des Ambiguinen.

1292 Cicero: *De Inv*, I, 29, 44; Übersetzung von Theodor Nüßlein.
1293 Vgl. z.B. die *Rhetorischen Briefe* eines Anonymus: Die Regensburger Rhetorischen Briefe. In: Briefsammlungen der Zeit Heinrichs IV. bearbeitet von Carl Erdmann und Norbert Fickermann. München 1950 (*Monumenta Germaniae Historica* 25; Die Briefe der deutschen Kaiserzeit 5), S. 284 und S. 297, oder bei Gilbert von Poitiers (Gilbertus Porretanus ca. 1080–1154), hierzu Nielsen (1982), Anm. 82, S. 136.
1294 Vgl. Leibniz: Demonstrationes Catholicae [1669] (Anm. 1204), S. 508).
1295 Vgl. hierzu Wiggers (1848), Schöne (1966).

Zusammengefasst besagt Leibniz' Lösung: Widerspruchsfreiheit bei der *praesumtio* der Tradition reicht aus, um einem Glaubensmysterium im *sensus literalis* zu glauben, und die Ambiguität der Formulierung, die verschiedene, nicht zurückweisbare Deutungen erlaubt, widerstreitet dem nicht, so lange wie die religiöse ›Ausübung‹ davon unberührt bleibt. Ohne dem hier weiter nachgehen zu können, steht bei Leibniz womöglich der Gedanke im Hintergrund: Ohne Ambiguität und Äquivokation (in Glaubensdingen) keine Toleranz, keine Vereinigung der Konfessionen – und das würde seine Lösung nicht nur von der Lösung von Hobbes unterscheiden, sondern auch von den Versuchen, sie durch eine Verbesserung des hermeneutischen Regelwerks zu finden, aber auch angesichts eines Schlichtungsmodells, das in seiner Zeit *en vogue* war, nämlich die Kontroverspunkte zu beschränken durch eine Unterscheidung in *relevant* und *weniger relevant* – etwa im Anschluss an Unterscheidungen wie zwischen *articuli principales et fundamentales* (oder *articuli minus principales et nonfundamentales*).[1296] Schon der Umstand der scharfen Kritik, die Leibniz gegen die postum edierte Schrift Samuel von Pufendorfs (1632–1694) *Jus feciale* richtet, in der die Idee der grundlegenden Glaubensartikel eine wesentliche Rolle spielt, in seiner *Epistola ad amicum de consensu et dissensu protestantium*, legt die Vermutung nahe, dass Leibniz einer solchen Art der Konsensbildung wenig wohlwollend gegenüber stand.[1297]

Wichtiger ist, dass sich die Vorstellung, wie man unter den Konfessionen zur Einigkeit gelangt, in radikaler Weise bei Leibniz wandelt: Während bei Luther und anderen als Voraussetzung zur Vermeidung oder zur Schlichtung des theologischen Dissenses angenommen wurde, dass die Deutungen der Heiligen Schrift Gewissheit besitzen, und dies galt, wie gesehen, als unvereinbar mit ihrer Ambiguität,[1298] gilt nach der Lösungsidee von Leibniz, dass aufgrund der Probleme von Verstehen und Glauben sich die Ambiguität im Zuge der Interpretation bestenfalls gradweise verringern lässt, nicht zuletzt im Zuge der Widerlegungen von Kritikern der Glaubensmysterien; die Kritik kann damit zugleich eine gewisse positive Akzentuierung erfahren. Die Ambiguität erscheint aber weder als eine Voraussetzung noch als ein Hindernis für die Einigkeit der Konfessionen, so man grundsätzlich den Glauben an die Mysterien teilt, und nach Leibniz ist das so lange rational wie kein Beweis der Widersprüchlichkeit des Gegenstandes des Glaubens erbracht worden ist.

1296 Zur Geschichte dieser Unterscheidung O. Ritschl (1927), S. 231–472; Leube (1928), S. 138–163 sowie S. 229ff., Keller-Hülschemeyer (1939), Muller (1987), chap. 9, S. 277–311, ferner Klauber (1992).
1297 Zu dieser Kritik auch Döring (1993).
1298 Vgl. auch Luther: Vom abendmal Christi [1528] (Anm. 654) (S. 262/63): »Weyl sie aber so mancherley verstand und text hie haben, da ein iglicher widder des andern verstand ist, Dazu keiner seines verstandes gewis ist, [...] So folget, das sie allesampt yrren, und keiner unter yhn bis auff diesen tag den text an diesem ort habe, und müssen also allesampt das abendmal halten on text.«

10. Literaturverzeichnis

Aarsleff, Hans: The Study and Use of Etymology in Leibniz. In: Akten des Internationalen Leibniz-Kongresses. Bd. 3. Wiesbaden 1969, S. 173–189

Abt, Stephan: Otloh de Saint-Emmeram. Les confessions d'un moine du XIe siècle. In: Collectanea Theologica Societatis Theologorum Polonorum 16 (1935), S. 216–244 und S. 340–372

Adams, Robert: Leibniz Theories of Contingency. In: Michael Hooker (Hg.): Leibniz. Critical and Interpretive Essays. Minneapolis 1982, S. 243–283

Adkin, Neil: Some Notes on the Dream of Jerome. In: Philologus 128 (1984), S. 119–126

Agus, Irving A.: Rashi and His School. In: Cecil Roth (Hg.): The Dark Ages. Tel Aviv 1966, S. 210–248

Ahrbeck, Hans: Einige Bemerkungen über ›Mosaische Philosophien‹ des 17. Jahrhunderts. In: Wissenschaftliche Zeitschrift der Martin-Luther-Universität Halle-Wittenberg 7 (1958), S. 1047–1050

Alexandrescu, Vlad: Descartes and Pascal on the Eucharist. In: Perspectives on Science 15 (2007), S. 434–449

Allgeier, Arthur: Les commentaires Cajétan sur les Psaumes. Contribution à l'histoire de l'exégèse avant le concile de Trente. In: Revue Thomiste 39 (1934/35), S. 410–443

Altaner, Berthold: Glaubenszwang und Glaubensfreiheit in der Missionstheorie des Raymundus Lullus. Ein Beitrag zur Geschichte des Toleranzgedankens. In: Historisches Jahrbuch 49 (1928), S. 586–610

– Die fremdsprachliche Ausbildung der Dominikanermissionare während des 13. und 14. Jahrhunderts. In: Zeitschrift für Missionswissenschaft 23 (1933), S. 233–241 (1933a)

– Raymundus Lullus und der Sprachenkanon (can. 11) des Konzils von Vienne (1312). In: Historisches Jahrbuch 53 (1933), S. 190–219 (1933b)

– Zur Kenntnis des Hebräischen im Mittelalter. In: Biblische Zeitschrift 21 (1933), S. 288–308 (1933c)

Anderson, Robert: Recent Criticisms and Defenses of Pascal's Wager. In: International Journal for the Philosophy of Religion 37 (1995), S. 45–56

Andreatta, Eugenio: Lutero e Aristotele. Padova 1996

Antin, Paul: Autour du songe de S. Jérôme. In: Id., Recueil sur saint Jérôme. Bruxelles 1968, S. 71–100

Antognazza, Maria Rosa: Die Rolle der Trinitäts- und Menschwerdungsdiskussion für die Entstehung von Leibniz's Denken. In: Studia Leibnitiana 26 (1994), S. 56–75

– Trinità e Incarnazione. Il rapporto tra filosofia et teologia rivelata nel pensiero di Leibniz. Milano 1999

– Leibniz *de Deo trino*: Philosophical Aspects of Leibniz's Conception of the Trinity. In: Religious Studies 37 (2001), S. 1–13 (2001a)

– The Defence of the Mysteries of the Trinity and the Incarnation: An Example of Leibniz's ›Other reason‹. In: British Journal for the History of Philosophy 9 (2001), S. 283–309 (2001b)

Ariew, Roger: Descartes and the Jesuits of la Flèche: The Eucharist. In: Id., Descartes and the Last Scholastics. Itahca/London 1999, S. 140–154

– Descartes and the Jesuits: Doubt. Novelty and the Eucharist. In: Mordechai Feingold (Hg.): Jesuit Science and the Republic of Letters. Cambridge/London 2003, S. 157–194

Aring, Paul Gerhard: »Wage du, zu irren und zu träumen ...«. Juden und Christen unterwegs. Theologische Biographien – Biographische Theologie im christlich-jüdischen Dialog der Barockzeit. Köln 1992

Armogathe, Jean Robert: *Theologia Cartesiana*. L'explication physique de l'Eucharistie chez Descartes et Dom Desgabets. Le Haye 1977

– L'Explication physique de l'Eucharistie à la croisée de la physique et de la théologie. In: Maria C. Fornari und Fabio Sulpizio (Hg.): La Filosofia e le sue storie. Lecce 1998, S. 27–46

Ashworth, E. J.: Equivocation and Analogy in Fourteenth Century Logic: Ockham, Burley, and Buridan. In: Burkhard Mojsisch und Olaf Pluta (Hg.): *Historia Philosophiae Medii Aevi*: Studien zur Geschichte der Philosophie des Mittelalters. Bd. I. Amsterdam 1991, S. 23–43 (1991a)

– Signification and Modes of Signifying in Thirteenth-Century Logic: A Preface to Aquinas on Analogy. In: Medieval Philosophy and Theology 1 (1991), S. 39–67 (1991b)

– Analogy and Equivocation in Thirteenth-Century Logic. Aquinas in Context. In: Medieval Studies 54 (1992), S. 94–135

Asso, Cecilia: La Teologia e la Grammatica: la Controversia tra Erasmo ed Edward Lee. Firence 1993

Auer, Johann: Die aristotelische Logik in der Trinitätslehre der Spätscholastik. Bemerkungen zu einer *Quaestio* des Johann Wuel de Pruck, Wien 1422. In: Id. und Hermann Volk (Hg.): Theologie in Geschichte und Gegenwart. München 1957, S. 457–486

Auvray, Paul: Jean Morin (1591–1659). In: Revue Biblique 66 (1959), S. 397–414

Ayers, Robert H.: Language, Logic and Reason in the Church Fathers. Hildesheim/New York 1969

Bacher, Wilhelm: Leben und Werk des Abuwalîd Merw â ibn Ganâh (R. Jona) und die Quellen seiner Schrifterklärung. Budapest 1885

– Elija Levita's wissenschaftliche Leistungen. In: Zeitschrift der Deutschen Morgenländischen Gesellschaft 43 (1889), S. 206–272

– Das Merkwort [Pardes] in der jüdischen Bibelexegese. In: Zeitschrift für alttestamentliche Wissenschaft 13 (1893), S. 294–305

– Die Bibelexegese. (Vom Anfange des 10. bis zum Ende des 15. Jahrhunderts.). In: Jakob Winter und August Wünsche (Hg.): Geschichte der rabbinischen Literatur während des Mittelalters und ihrer Nachblüte in der neueren Zeit. Trier 1894 (Die jüdische Literatur seit Abschluß des Kanons. II: Die rabbinische Literatur)

Bäck, Allan: The Ordinary Language Approach in Traditional Logic. In: Klaus Jacobi (Hg.): Argumentationstheorie. Scholastische Forschungen zu den logischen und semantischen Regeln korrekten Folgerns. Leiden/New York/Köln 1993, S. 507–530

– Scotus on the Consistency of the Incarnation and the Trinity. In: Vivarium 36 (1998), S. 83–107

Backus, Irena: Lectures humanistes de Basile de Césarée. Traductions Latines 1439–1618. Paris 1991

Bagchi, David V.N.: Luther's Earliest Opponents: Catholic Controversialists, 1518–1525. Minneapolis 1991

Bambeck, Manfred: Fischer und Bauern gegen Philosophen und sonstige Großkopfeten – ein christlicher ›Topos‹ in der Antike und Mittelalter. In: Mittellateinisches Jahrbuch 18 (1983), S. 29–50

Bardy, Gustave: S. Jérôme et ses maîtres hébreux. In: Revue Bénédictine 46 (1934), S. 145–164

– Tractare, Tractatus. In: Recherches de sciences religieuses 33 (1946), S. 211–235

Barnaud, Jean: Lefèvre d'Étaples et Bédier: Les premiers assaut donnés à la Réforme française. In: Bulletin de la Société de l'histoire du Protestantisme français 85 (1936), S. 251–279

Baron, Salo W.: Social and Religious History of the Jews. New York/London 1964

Barr, James: St. Jerome's Appreciation of Hebrew. In: Bulletin of the John Rylands Library 49 (1967), S. 281–302

Barrett, Charles Kingsley: The Allegory of Abraham, Sarah, and Hagar in the Argument of Galatians. In: Johannes Friedrich et al. (Hg.): Rechtfertigung. Tübingen/Göttingen 1976, S. 1–16

Bartelink, Gerhard J. M.: Etymologisierung bei Gregor dem Großen. In: Glotta 62 (1984), S. 91–105

Barwick, Karl: Die Gliederung der rhetorischen τεχνη und die horazische *Epistula ad Pisones*. In: Hermes 57 (1922), S. 1–62

Baswell, Christopher: The Medieval Allegorization of the ›Aneid‹: MS Cambridge, Peterhouse 158. In: Traditio 41 (1985), S. 181–237

Bauch, Gustav: Die Einführung des Hebräischen in Wittenberg. Mit besonderer Berücksichtigung der Vorgeschichte des Studiums der Sprache in Deutschland. In: Monatsschrift für Geschichte und Wissenschaft des Judentums 48 (1904), S. 22–32, 77–86, 145–60, 214–23, 283–99, 328–40, 461–90

Baudoux, Bernardus: Philosophia »Ancilla theologiae«. In: Antonianum 12 (1937), S. 293–326

Baumann, Uwe: Dorp, Erasmus, More: Humanistische Aspekte einer literarischen Kontroverse. In: Hermann Boventer (Hg.): Thomas-Morus-Gesellschaft Jahrbuch 1982. Düsseldorf 1982, S. 141–159

Bäumer, Remigius: Die Juden im Urteil von Johannes Eck und Martin Luther. In: Münchener Theologische Zeitschrift 34 (1983), S. 253–278

Bauzà, Manuel: La doctrina teológica en la Ars Dei de Ramón Lull. Diss. Theol. Freiburg 1967

Bayes, Jonathan: Divine ἀπάθεια in Ignatius of Antioch. In: Studia Patristica 21 (1989), S. 27–31

Beattie, Pamela Drost: »Pro exaltatione Sanctae Fidei Catholicae«: Mission and Crusade in the Writings of Ramon Lull. In: Larry J. Simon (Hg.): Iberia and the Mediterranean World of the Middle Ages [...]. Leiden/New York/Köln 1995, S. 113–129

Becco, Anne: Leibniz et François-Mercure van Helmont: Bagatelle pour des Monades. In: Albert Heinekamp (Hg.): *Magia naturalis* und die Entstehung der modernen Naturwissenschaften. Wiesbaden 1978, S. 119–141

Bedouelle, Guy: Lefèvre d'Étaples et l'Intelligence des Écritures. Geneva 1976

– La lecteur christologique du psautier dans le Quincuplex Pasalterium de Lefèvre d'Étaple. In: Olivier Fatio (Hg.): Histoire de l'exégèse au XVIe siècle. Genève 1978, S. 133–143

– Le *Quincuplex Psalterium* de Lefèvre d'Étaples: Un guide de lecteur. Genève 1979

– Lefèvre d'Étaples et Luther. Une recherche de frontières (1517–1527): le cas de l'épître. In: Revue d'Histoire et de Philosophie religieuses 63 (1983), S. 17–32

Beeley, Philip: Kontinuität und Mechanismus. Zur Philosophie des jungen Leibniz in ihrem ideengeschichtlichen Kontext. Stuttgart 1996

Beitia, A. Cortabbaria: L'Étude des languages au moyen âge chez les Dominicains Espagne, Orient, Raymond Martin. In: Mélange de l'Institut dominicain d'études orientales du Caire 10 (1970), S. 189–248

Bené, Charles: Érasme et sainte Augustine ou influence de saint Augustin sur l'humanisme d'Érasme. Geneve 1969

Berg, Klaus: *von kluogheit an künsten und an lernende*. Anmerkungen zum Thema ›Neugier‹ in der geistlichen Literatur des hohen und späten Mittelalters. In: Norbert Kruse und Harald Pfaff (Hg.): Festschrift für Siegfried Rother. Bergatreute 1989, S. 103–131

Berger, Samuel: Quam notitiam linguae Hebraicae habuerint Christiani Medii Aevi temporibus in Gallia. Nancy 1893

Berlioz, Dominique: Leibniz et le texte de l'écriture. In: Guido Canziani und Yves Charles Zarka (Hg.): L'interpretazione nei secoli XVI e XVII. Milano 1993, S. 805–822

Berthier, André: Les écoles de langues orientales fondées au XIIIe siècle par les Dominicains en Espagne et en Afrique. In: Revue Africaine 73 (1932), S. 267–311

– Un maître orientaliste du XIIIe siècle: Raymond Martin, O.P. In: Archivum Fratrum Praedicatorum 6 (1936), S. 267–311

Bertoloni Meli, Domenico: Leibniz on Censorship of the Copernican System. In: Studia Leibnitiana 20 (1988), S. 19–42

Betz, Hans Dieter: Galatians. A Commentary on Paul's Letter to the Churches of Galatia. Philadelphia 1970

Beumer, Johannes: Suffizienz und Insuffizienz der Heiligen Schrift nach Kardinal Thomas de Vio Cajetan. In: Gregorianum 45 (1964), S. 816–824

Beutel, Albrecht: In dem Anfang war das Wort. Studien zu Luthers Sprachverständnis. Tübingen 1991

Birt, Theodor: Kritik und Hermeneutik nebst Abriß des antiken Buchwesens. 3., völlig neubearbeitete Auflage. München 1913

Black, Deborah L.: Logic and Aristotle's *Rhetoric* and *Poetics* in Medieval Arabic Philsophy. Leiden 1990

Blair, Ann: Mosaic Physics and the Search for a Pious Natural Philosophy in the Late Renaissance. In: Isis 91 (2000), S. 32–58

Blanchet, Léon: L'attitude religieuse des Jésuites et les sources du pari de Pascal. In: Revue de Métaphysique et de Morale 26 (1919), S. 477–516, 617–47

Bläser, Peter: Schriftverwertung und Schrifterklärung im Rabbinentum und bei Paulus. In: Theologische Quartalschrift 132 (1952), S. 152–169

Blastenbrei, Peter: Johann Christoph Wagenseil und seine Stellung zum Judentum. Erlangen 2004

– Pionier zwischen Theologie und früher Aufklärung: Johann Christoph Wagenseil (1633–1705). In: Daniel J. Cook et al. (Hg.): Leibniz und das Judentum. Stuttgart 2008, S. 251–260

Bludau, August: Der Beginn der Kontroverse über die Echtheit des Comma Ioanneum im 16. Jahrhundert. In: Der Katholik 72 (1902), S. 25–51 und S. 151–175

– Das Comma Ioanneum im 16. Jahrhundert. In: Biblische Zeitschrift 1 (1903), S. 280–302 und S. 378–407

– Richard Simon und das Comma Johanneum (1 Joh. 5, 7). In: Der Katholik 3. F 29 (1904), S. 29–42 und S. 114–122

– Das Comma Ionanneum (I Joh 5, 7) in dem Glaubensbekenntnis von Karthago vom Jahre 484. In: Theologie und Glaube 11 (1919), S. 9–15 (1919a)

– Der hl. Augustinus und I. Joh 5, 7.8. In: Theologie und Glaube 11 (1919), S. 379–386 (1919b)

– Das ›Comma Ioanneum‹ bei Tertullian und Cyprian. In: Theologische Quartalschrift 101 (1920), S. 1–28

– Der Prolog des Pseudo-Hieronymus zu den katholischen Briefen. In: Biblische Zeitschrift 15 (1921), S. 15–24 und S. 125–138

Blumenfeld, David: Leibniz on Contingency and Infinite Analysis. In: Philosophy and Phenomenological Research 45 (1985), S. 483–514

Bobzin, Hartmut: Judenfeind oder Judenfreund? Der Altdorfer Gelehrte Johann Christoph Wagenseil. In: Gunnar Och und H. Bobzin (Hg.): Jüdisches Leben in Franken. Würzburg 2002, S. 33–51

Boeder, H.: Fruitio Dei. In: Walter Wimmel (Hg.): Forschungen zur römischen Literatur [...]. Wiesbaden 1970, S. 14–20

Boehm, Alfred: Le ›vinculum substantiale‹ chez Leibniz. Ses origines historiques. Paris 21962

Boehmer, Heinrich: Der junge Luther. Stuttgart (1925) ⁵1962

Boehner, Philotheus: The Medieval Crisis of Logic and the Author of the *Centoloqium* Attributed to Ockham [1944]. In: Id., Collected Articles on Ockham. Louvain/Paderborn 1958, S. 351–372

Boehrer, Bruce: ›Men, Monkeys, Lap-Dogs, Parrots, Perish All‹, Psittacine Articulary in Early Modern Writing. In: Modern Language Quarterly 59 (1998), S. 171–193

Bonner, Stanley: Education in Ancient Rome from the Elder Cato to the Younger Pliny. Berkeley 1977

Bonsirven, Joseph: Exégèse rabbinique et exégèse paulinienne. Paris 1939

Bori, Pier Cesare: S. Pier Damiani e la sapienza antica. Una rilettura del *De sancta simplicitate scientiae inflanti anteponenda*. In: Annali di storia dell'esegesi 11 (1994), S. 605–614

Bös, Gunther: *Curiositas*. Die Rezeption eines antiken Begriffes durch christliche Autoren bis Thomas von Aquin. Paderborn 1995

Bourg, Julian: The Rhetoric Modal Equivocacy in Cartesian Transubstantian. In: Journal of the History of Ideas 62 (2001), S. 121–140

Boyle, Marjorie O'Rourke: Fools and Schools: Scholastic Dialectic, Humanistic Rhetoric: From Anselm to Erasmus. In: Medievalia et Humanistica 13 (1985), S. 173–195

Bräutigam, Friederike: Basileios der Grosse und die heidnische Bildung. Eine Interpretation seiner Schrift *Ad adolescentes*. Diss. Jena 2003 (Internetpublikation: http://gso.gbv.de/DB=2.1/SET=2/TTL=1/SHW?FRST=1/PRS=HOL)

Brechtken, Josef: Augustinus *Doctor Caritatis*. Sein Liebesbegriff im Widerspruch von Eigennutz und selbstloser Güte im Rahmen der antiken Glückseligkeits-Ethik. Meisenheim 1975

Brown, Dennis: Vir Trilinguis: A Study in the Biblical Exegesis of Saint Jerome. Kampen 1992, S. 71–82

Brown, Gregory: Miracles in the Best of All Possible Worlds: Leibniz's Dilemma and Leibniz's Razor. In: History of Philosophy Quarterly 12 (1995), S. 19–39

Brown, Stephen F.: Key Terms in Medieval Theological Vocabulary. In: Olga Weijers (Hg.): Méthodes et instruments du travail intellectuel au moyen âge. Turnhout 1990, S. 82–96

Brunswig, Jacques: Aristotle's Rhetoric as ›Counterpart‹ to Dialectic. In: Amélie Oksenberg Rorty (Hg.): Essays on Aristotle's Rhetoric. Berkeley/Los Angeles/London 1996, S. 34–55

Bruyère[-Robinet], Nelly: Méthode et Dialectique dans l'oeuvre de la Ramée: Renaissance et age classique. Paris 1984

Bucher, Theodor G.: Zur formalen Logik bei Augustinus. In: Freiburger Zeitschrift für Philosophie und Theologie 29 (1982), S. 3–45

– Petrus Damiani – ein Freund der Logik? In: Freiburger Zeitschrift für Philosophie und Theologie 36 (1989), S. 267–310

– Vorauswissen Gottes und Freiheit. Zu Luthers Mißverständnis mittelalterlicher Logik. In: Magnus Löhrer und Elmar Salmann (Hg.): *Mysterium Christi*. Symbolgegenwart und theologische Bedeutung. Roma 1995, S. 301–328

Buescher, Gabriel N.: The Eucharistic Teaching of William Ockham. St. Bonaventure/New York 1950

Bullough, Donald A.: *Europae pater*. Charlemagne and His Achievement in the Light of Recent Scholarship. In: English Historical Review 85 (1970), S. 59–105

Bunte, Wolfgang: Rabbinische Traditionen bei Nikolaus von Lyra. Ein Beitrag zur Schriftauslegung des Spätmittelalters. Frankfurt/M. 1994

Burmeister, Karl H.: Sebastian Münster. Versuch eines biographischen Gesamtbildes. Basel/ Stuttgart 1963

Burnett, Stephen G.: Hebrew Censorship in Hanau: A Mirror of Jewish-Christian Coexistence in Seventeenth Century Germany. In: Raymond B. Waddington und Arthur H. Williamson (Hg.): The Expulsion of the Jews: 1492 and After. New York 1994, S. S. 199–222

– A Dialogue of the Deaf: Pedagogy and Anti-Jewish Polemic in Sebastian Münster's *Messiahs of the Christian and the Jews* (1529/39). In: Archiv für Reformationsgeschichte 91 (2000), S. 168–190

– Reassessing the ›Basel-Wittenberg Conflict‹: Dimensions of the Reformation-Era Discussion of Hebrew Scholarship. In: Allison P. Coudert und Jeffrey S. Shoulson (Hg.): Hebraica Veritas? Christian Hebraists and the Study of Judaism in Early Modern Europe. Philadelphia 2004, S. 181–201

– Christian Aramaism: the Birth and Growth of Aramaic Scholarship in the Sixteenth Century. In: Ronald L. Troxel et al. (Hg.): Seeking out the Wisdom of the Ancients: […]. Winona Lake 2005, S. 421–436

Burr, Viktor: Ermenrich von Ellwangen. In: Ellwanger Jahrbuch 16 (1954), S. 19–35

Burrows, Mark: Jean Gerson and *De Consolatione Theologiae* 1418: the Consolation of a Biblical and Reforming Theology for a Disordered Age. Tübingen 1991

Bursill-Hall, Geoffrey L.: Medieval Donatus Commentaries. In: Historiographia Linguistica 8 (1981), S. 69–97

Burzacchini, Gabriele: Note sulla presenza di Persio in Girolamo. In: Giornale italiano di filologia 27 (1975), S. 50–72

Buscher, Theodor G.: Augustinus und der Skeptizismus. Zur Widerlegung in *Contra Academicos*. In: Congresso Internationale su S. Agostino nel XVI Centenario della Coversione. Roma 1987, S. 381–392

Byl, John: On Pascal's Wager and Infinite Utilities. In: Faith and Philosophy 11 (1994), S. 467–473

Cameron, Richard M.: The Attack on the Biblical Work of Lefèvre d'Étaples, 1514–1521. In: Church History 38 (1969), 2–24

– The Charges of Lutheranism Brought Against Jacques Lefèvre D'Étaples. In: Harvard Theological Review 63 (1970), S. 119–149

Campanini, Saverio: Reuchlins jüdische Lehrer aus Italien. In: Gerald Dörner (Hg.): Reuchlin und Italien. Stuttgart 1999, S. 69–85

– Talmud, Philosophy, Kabbalah: A Passage from Pico della Mirandola's Apologia and its Source. In: Mauro Perani (Hg.): The Words of a Wise Man's Mouth are Gracious […] Berlin/New York 2005, S. 429–447

Camporeale, Salvatore I.: Lorenzo Valla tra Medioevo e Rinascimento: *Encomion s. Thomae* – 1457. In: Memorie Domenicane N.S. 7 (1976), S. 3–186

– Lorenzo Valla: Umanesimo et Teologia. Firenze 1972

Cantin, André: *Ratio et Auctoritas* de Pierre Damien à Anselme. In: Revue des Études Augustiniennes 18 (1972), S. 152–179

– Sur quelques aspects des disputes publiques au XIe siècle latin. In: Études de civilisation médiévale IXe–XIIe siècles. […]. Paris 1974, S. 89–104 (1974a)

– ›Ratio‹ et ›auctoritas‹ dans la première phase de la controverse eucharistique entre Bérenger et Lanfranc. In: Revue des Études Augustiennes 20 (1974), S. 155–186 (1974b)

– Saint Pierre Damien et la culture de son temps. In: Studi Gregoriani 10 (1975), S. 245–285 (1975a)

– Les sciences séculières et la foi. Les deux voies de la science au jugement de S. Pierre Damien (1007–1072). Spoleto 1975 (1975b)

– La ›raison‹ dans le ›De sacra coena‹ e Bérenger de Tours. In: Recherches augustiniennes 12 (1977), S. 174–211

Catto, Jeremy I.: Wyclif and the Cult of the Eucharist. In: Katherine Walsh und Diana Wood (Hg.): The Bible in the Medieval World [...]. Oxford 1985, S. 269–286

Cave, Eric: A Leibnizian Account of Why Belief in the Christian Mysteries Is Justified. In: Religious Studies 31 (1995), S. 463–473

Cave, Terence: Pré-histoires II: langues étrangères et troubles économiques. Geneva 2001

Chadwick, Henry: Ego Berengarius. In: The Journal of Theological Studies N.S. 40 (1989), S. 414–445

Chazan, Robert: Daggers of Faith: Thirteenth Century Christian Missionizing and Jewish Response. Berkeley 1989

Chenu, Marie-Dominique: Grammaire et théologie aux XIIe et XIIIe siècles. In: Archives d'Histoire doctrinale et littéraire du Moyen Age 209 (1935/36), S. 5–28

Chomarat, Jacques: Grammaire et rhétorique chez Erasme. Tom. II. Paris 1981

Christe, Wilhelm: *Sola ratione*. Zur Begründung der Methode des *intellectus fidei* bei Anselm von Canterbury. In: Theologie und Philosophie 60 (1985), S. 341–375

Ciens, Maurice: *Utriusque Linguae peritus*. En marge d'un prologue de Thierry de Saint-Trond. In: Analecta Bollandiana 76 (1958), S. 118–150

Clarke, Michael: Between Lions and Men: Images oft he Hero in the Iliad. In: Greek, Roman and Byzantine Studies 36 (1995), S. 137–159

Classen, Carl Joachim: Die Bedeutung der Rhetorik für Melanchthons Interpretation profaner und biblischer Texte. Göttingen 1998

Clausi, Benedetto: Elementi di ermeneutica monastica nel »De schematibus et tropis« di Beda. In: Oprheus N.S. 11 (1990), S. 277–307

– Tra esegesi ed ermeneutica. Letture antiche e medievale di *Gal* 4, 24. In: Annali di storia dell'esegesi 8 (1991), S. 385–404

Clemens, Franz Jakob: De scholasticorum sententia philosophiam esse theologiae ancillam commentatio. Münster 1856

Clopper, Lawrence M.: Langland's Trinitarian Analogies as Key to Meaning and Structure. In: Mediaevalia et Humanistica N. S. 9 (1978), S. 87–110

Code, Alan: Aristotle's Investigation of a Basic Logical Principle: With Science Investigates The Principle of Non-Contradiction? In: Canadian Journal of Philosophy 16 (1986), S. 341–357

Cohen, Jeremy: Living Letters of Law: Ideas of the Jew in Medieval Christianity. Berkeley/Los Angles 1999

Cohen, S. Marc: Aristotle on the Principle of Non-Contradiction. In: Canadian Journal of Philosophy 16 (1986), S. 359–370

Cohn-Sherbok, Dan: Paul and Rabbinic Exegesis. In: Scottish Journal of Theology 35 (1982), S. 117–132

Colafemmina, Cesare: Le regole ermeneutiche di Hillel. In: Annali di storia dell'Esegesi 8 (1991), S. 443–454

Colomer, Eusebio: Die Vorgeschichte des Motives vom Frieden im Glauben bei Ramund Llull. In: Mitteilungen und Forschungsbeiträge der Cusanus-Gesellschaft 16 (1984), S. 82–112

Comparot, Andrée: Amour et vérité. Sebon, Vivés et Michel de Montaigne. Paris 1983

Coogan, R.: Erasmus, Lee and the Correction of the Vulgata: the Shaking of the Foundations. Genève 1992

Cook, Daniel J.: Leibniz: Biblical Historian and Exeget. In: Ingrid Marchlewitz und Albert Heinekamp (Hg.): Leibniz' Auseinandersetzung mit Vorgängern und Zeitgenossen. Stuttgart 1990, S. 267–276

– Leibniz: The Hebrew Bible, Hebraism and Rationalism. In: Id. et al. (Hg.): Leibniz und das Judentum. Stuttgart 2008, S. 135–153

Corbin, Michel: Le chemin de la théologie chez Thomas d'Aquin. Paris 1974

– La nouveauté de l'incarnation. Introduction à l'Epistola et au Cur Deus Homo. In: L'oeuvre de S. Anselme de Canterbury [...]. Paris 1988

Corsani, Bruno: L'interpretazione tipologica della storia di Agar e Sara. In: Parola spirito e vita 24 (1991), S. 213–24

Corti, Maria: Dante a un nuovo crocevia. Firenze 1981

Coudert, Allison P.: Leibniz and the Kabbalah. Dordrecht 1995

– Leibniz, Knorr von Rosenroth and the *Kabbalah Denudata*. In: Klaus D. Dutz und Stefano Gensini (Hg.): Im Spiegel des Verstandes. Studien zu Leibniz. Münster 1996, S. 9–28

– Leibniz and the Kabbalah. In: Ead. et al. (Hg.): Leibniz, Mysticism and Religion. Dordrecht/ Boston/London 1998, S. 47–83

Courtenay, William J. und Katherine H. Tachau: Ockham, Ockhamists, and the English-German Nation of Paris, 1339–1341. In: History of Universities 2 (1982), S. 53–96

– Force of Words and Figures of Speech: The Crisis over *Virtutes sermonis* in the Fourteenth Century. In: Franciscan Studies 44 (1984), S. 107–128

Cox, Donovan: Leibniz on Divine Causation: Creation, Miracles, and the Continual Fulgurations. In: Studia Leibnitiana 34 (2002), S. 185–207

Cox, Patricia: Origen and the Witch of Endor: Toward an Iconoclastic Typology. In: Anglican Theological Review 66 (1984), S. 137–147

Cranefield, Paul F.: On the Origin of the Phrase *Nihil est in intellectu quod non prius fuerit in sensu*. In: Journal of the History of Medicine and Allied Sciences 25 (1970), S. 77–80

Cross, Richard: Alloiosis in the Christology of Zwingli. In: Journal of Theological Studies N.S. 46 (1996), S. 105–122

Curley, Edwin: Homo Audax. Leibniz, Oldenburg and the TTP. In: Ingrid Marchlewitz und Albert Heinekamp (Hg.): Leibniz' Auseinandersetzung mit Vorgängern und Zeitgenossen. Stuttgart 1990, S. 277–312

D'Onofrio, Giulio: La dialettica in Agostino e il methodo della teologia nell'alto medioevo. In: Congresso Internationale su S. Agostino nel XVI Centenario della Coversione. Roma 1987, I, S. 251–282

da Costa, Ricardo: Muçulmanos e Christãnos nos diálogos de Ramon Llull (1232–1316). In: Anales del Seminario de Historia de la Filosofia 19 (2002), S. 67–96

Dahan, Gilbert: Les interprétations juives dans les commentaires de Pentateuque de Pierre Le Chantre. In: Katherine Walsh und Diana Wood (Hg.): The Bible in the Mediaeval World [...]. Oxford 1985, S. 131–155

– Les intellectuels chrétiens et les juifs au moyen âge. Paris 1990

– La connaissance de l'hébreu dans les correctoires de la Bible. In: Revue théologique de Louvain 23 (1992), S. 178–190

– L'enseignement de l'hébreu en Occient médiéval (XII^c–XIII^c siècles). In: Histoire de l'education 57 (1993), S. 3–22

– / Iréne Rosier und Luisa Valente: L'arabe, le grec, l'hébreuz et les vernaculaires. In: Sten Ebbesen (Hg.): Sprachtheorien in Spätantike und Mittelalter. Tübingen 1995, S. 265–321

– L'utilisation de l'exégèse juive dans la lecture des livres prophétique au XIIIe siècle. In: Robert E. Lerner und Elisabeth Müller-Luckner (Hg.): Neue Richtungen in der hoch- und mittelalterlichen Bibelexegese. München 1996, S. 121–138

– La critique textuelle dans les correctoires de la Bible du XIIIe siècle. In: Alain de Libera et al. (Hg.): Langages et philosophie. Paris 1997, S. 365–392

– La connaissance du grec dans les corretoires de la Bible du XIIIe siècle. In: Jean-François Genest und Donatella Nebbiai-Dalla-Guarda (Hg.): Du Copiste au collectionneur. Turnhout 1998, S. 89–109

Dahl, Nils Alstrup: Widersprüche in der Bibel, ein altes hermeneutisches Problem [zuerst schwedisch 1969]. In: Studia Theologica 25 (1971), S. 1–19

Dahlmann, Hellfried: Varros Schrift ›de poematis‹ und die hellenistische-römische Poetik. Wiesbaden 1953

Dalferth, Ingolf U.: *Fides quaerens intellectum*. Theologie als Kunst der Argumentation in Anselms *Proslogion*. In: Zeitschrift für Theologie und Kirche 81 (1984), S. 54–105

Dán, Róbert: »Judaizer« – the Career of a Term. In: Róbert Dán und Antal Prinát (Hg.): Antitrinitarism in the Second Half of the 16th Century. Leiden 1982, S. 25–34

Danneberg, Lutz: *Probabilitas hermeneutica*. Zu einem Aspekt der Interpretations-Methodologie in der ersten Hälfte des 18. Jahrhunderts. In: Aufklärung 8 (1994), S. 27–48 (1994a)

– Siegmund Jacob Baumgartens biblische Hermeneutik. In: Axel Bühler und Luigi Cataldi Madonna (Hg.): Unzeitgemäße Hermeneutik: Verstehen und Interpretation im Denken der Aufklärung. Frankfurt a.M. 1994, S. 88–157 (1994b)

– Der *sensus metaphoricus* in der Geschichte der Hermeneutik und die neuere sprachanalytische Metaphern-Diskussion. In: Danneberg et al. (Hg): Metaphern und Innovation. Beiträge aus philosophischer und literaturwissenschaftlicher Sicht. Bern/Stuttgart/Wien 1995, S. 66–104

– Die Auslegungslehre des Christian Thomasius in der Tradition von Logik und Hermeneutik. In: Friedrich Vollhardt (Hg.): Christian Thomasius (1655–1728). Neue Forschungen im Kontext der Frühaufklärung. Tübingen 1997, S. 253–316

– Logik und Hermeneutik: die *analysis logica* in den ramistischen Dialektiken. In: Uwe Scheffler und Klaus Wuttich (Hg.): Terminigebrauch und Folgebeziehung. Berlin 1998, S. 129–157

– Schleiermacher und das Ende des Akkommodationsgedankens in der *hermeneutica sacra* des 17. und 18. Jahrhunderts. In: Ulrich Barth und Claus-Dieter Osthövener (Hg.): 200 Jahre »Reden über die Religion«. Berlin/New York 2000, S. 194–246

– Logik und Hermeneutik im 17. Jahrhundert. In: Jan Schröder (Hg.): Theorie der Interpretation vom Humanismus bis zur Romantik – Rechtswissenschaft, Philosophie, Theologie. Stuttgart 2001, S. 75–131

– Sinn und Unsinn einer Metapherngeschichte. In: Hans Erich Bödeker (Hg.): Begriffsgeschichte, Diskursgeschichte, Metapherngeschichte. Göttingen 2002, S. 259–421

– Die Anatomie des Text-Körpers und Natur-Körpers: das Lesen im *liber naturalis* und *supernaturalis*. Berlin/New York 2003 (2003a)

– Besserverstehen. Zur Analyse und Entstehung einer hermeneutischen Maxime. In: Fotis Jannidis et al. (Hg.): Regeln der Bedeutung. Zur Theorie der Bedeutung literarischer Texte. Berlin/New York 2003, S. 644–711 (2003b)

– Ezechiel Spanheim's Dispute with Richard Simon: On the Biblical Philology at the End of the 17th Century. In: Sandra Pott, Martin Mulsow und L. Danneberg (Hg.): The Berlin Refuge 1680–1780: Learning and Science in European Context. Leiden/Boston 2003, S. 49–88 (2003c)

- Ganzheitsvorstellungen und Zerstückelungsphantasien. Zum Hintergrund und zur Entwicklung der Wahrnehmung ästhetischer Eigenschaften in der zweiten Hälfte des 18. und zu Beginn des 19. Jahrhunderts. In: Jörg Schönert und Ulrike Zeuch (Hg.): Mimesis – Repräsentation – Imagination. Literaturtheoretische Positionen von Aristoteles bis zum Ende des 18. Jahrhunderts. Berlin/New York 2004, S. 241–282
- Kontroverstheologie, Schriftauslegung und Logik als *donum Dei*: Bartholomaeus Keckermann und die Hermeneutik auf dem Weg in die Logik. In: Sabine Beckmann und Klaus Garber (Hg.): Kulturgeschichte Preußens königlich polnischen Anteils in der Frühen Neuzeit. Tübingen 2005, S. 435–563 (2005a)
- Vom *grammaticus* und *logicus* über den *analyticus* zum *hermeneuticus*. In: Jörg Schönert und Friedrich Vollhardt (Hg.), Geschichte der Hermeneutik und die Methodik der textinterpretierenden Disziplinen. Berlin/New York 2005, S. 255–337 (2005b)
- *Idem per idem*. In: Geschichte der Germanistik: Mitteilungen 27/28 (2005), S. 28–30 (2005c)
- Von der Heiligen Schrift als Quelle des Wissens zur Ästhetik der Literatur (*Jes* 6, 3 und *Jos* 10, 12/13). In: Steffen Martus und Andrea Polaschegg (Hg.): Lesarten der Bibel in den Wissenschaften und Künsten. Frankfurt/M. 2006, S. 219–262
- Altphilologie, Theologie und die Genealogie der Literaturwissenschaft. In: Thomas Anz (Hg.): Handbuch Literaturwissenschaft. Bd. III. Stuttgart/Weimar 2007, S. 3–25
- Clauberg [...]. In: Wilhelm Kühlmann et al. (Hg.), Killy Literaturlexikon. [...]. 2., vollständig überarbeitete Auflage. Bd. 2. Berlin/New York 2008, S. 437–439
- Johann Clauberg. In: Stefan Jordan und Burkhard Mojsisch (Hg.): Philosophenlexikon. Stuttgart 2009, S. 134–136 (2009a)
- Kontrafaktische Imaginationen in der Hermeneutik und in der Lehre des Testimoniums. In: Id. et al. (Hg.): Begriffe, Metaphern und Imaginationen in der Wissenschaftsgeschichte. Wiesbaden 2009, S. 287–449 (2009b)
- Schleiermacher und die Hermeneutik. In: Annette B. Baertschi und Colin G. King (Hg.): Die modernen Väter der Antike. Die Entwicklung der Altertumswissenschaften an Akademie und Universität im Berlin des 19. Jahrhunderts. Berlin 2009, S. 209–276 (2009c)
- *Pyrrhonismus hermeneuticus, probabilitas hermeneutica* und hermeneutische Approximation. In: Carlos Spoerhase, Dirk Werle und Markus Wild (Hg.): Unsicheres Wissen. Skeptizismus und Wahrscheinlichkeit, 1550–1850. Berlin/New York 2009, S. 365–436 (2009d)
- Der *ordo inversus*, sein Zerbrechen im 18. Jahrhundert und die Versuche seiner Heilung oder Substitution (Kant, Hegel, Fichte, Schleiermacher, Schelling). In: Simone de Angelis, Florian Gelzer und Lucas Gisi (Hg.): ›Natur‹, Naturrecht und Geschichte. Aspekte eines fundamentalen Begründungsdiskurses der Frühen Neuzeit (1600–1900). Heidelberg 2010, S. 93–137 (2010a)
- Die *eine* Logik des Petrus Ramus. In: Joël Biard et Fosca Mariani Zini (Hg.): Le lieux de l'argumentation. Histoire du syllogisme topique d'Antiquité à Leibniz. Turnout 2010, S. 385–408 (2010b)
- Hermeneutik zwischen Theologie und Naturphilosophie: der *sensus accommodatus*. In: Denis Thouard, Friedrich Vollhardt und Fosca Mariani Zini (Hg.): Philologie als Wissensmodell. Philologie und Philosophie in der Frühen Neuzeit. La philologie comme modèle de savoir. Philologie et philosophie à la Renaissance et à l'Âge classique. Berlin/New York 2010, S. 231–283 (2010c)
- Von der *accommodatio ad captum vulgi* über die *accommodatio secundum apparentiam nostri visus* zur *aesthetica* als *scientia cognitionis sensitivae*. In: Torbjörn Johansson, Robert Kolb und Johann Anselm Steiger (Hg.): *Hermeneutica Sacra*. Studien zur Auslegung der Heiligen Schrift im 16. und 17. Jahrhundert [...]. Berlin/New York 2010, S. 313–379 (2010d)

– Judex controversiarum theologicarum. Modelle der Schlichtung von Interpretationskonflikten: *interpretatio vera, veritas hermeneutica, auctoritas/potestas*. In: Kai Bremer und Carlos Spoerhase (Hg.): Gelehrte Polemik: Intellektuelle Konfliktverschärfungen um 1700 (Zeitsprünge, Forschungen zur Frühen Neuzeit, Bd. 15, H. 2/3), Frankfurt am Main 2011, S. 101–131 (2011a)

– Keckermann und die Hermeneutik: Ein Kommentar zu den hermeneutischen Regeln in seinem Werk *Systema Logicae*. In: Ralf Bogner, Ralf Georg Czapla, Robert Seidel und Christian von Zimmermann (Hg.): Realität als Herausforderung. Literatur in ihren konkreten historischen Kontexten. [...]. Berlin/New York 2011, S. 161–179 (2011b)

Dascal, Marcelo: Reason and the Mysteries of Faith: Leibniz on the Meaning of Religious Discourse. In: Id., Leibniz. Language, Signs and Thought. [...]. Amsterdam/Philadelphia 1987, S. 93–124

Dassonville, Michel: La collaboration de la Pléiade à la ›Dialectique‹ de Pierre de La Ramée. In: Bibliothèque d'Humanisme et Renaissance 25 (1963), S. 337–348

Daube, David: Alexandrian Methods of Interpretation and the Rabbis. In: Festschrift Hans Lewald. Basel 1953, S. 27–44

– The New Testament and Rabbinic Judaism. London 1956

– Alexandrian Methods of Interpretation and the Rabbis. In: Henry A. Fischel (Hg.): Essays in Greco-Roman and Related Talmudic Literature. New York 1977, S. 165–182

Davies, William David: Paul and Rabbinic Judaism. Some Rabbinic Elements in Pauline Theology [1948]. Second edition, with additional notes. London (1955) 1958

de Aldama, José A.: La doctrina de Lutero sobre la transubstantiatión, según los teólogos del concilio de Trento. In: Archivo Teológico Granadino 42 (1979), S. 49–59

de Ghellinck, Joseph: Le mouvement théologique du XIIe siècle. Deuxième édition considérablement augmentée, Bruges (1914) 1948

de Jonge, Henk Jan: De bestudering van het Nieuwe Testament aan de Noordnederlandse universiteiten en het Remonstrants Seminarie van 1517 tot 1700. Amsterdam 1980 (1980a)

– Erasmus and the *Comma Johanneum*. In: Ephemerides Theologicae Lovanienses 56 (1980), S. 381–389 (1980b)

de Lubac, Henri: Supernaturel. Etudes historiques, Paris 1946

– Corpus Mysticum [frz. 1949]. Übersetzt von H.U. v. Balthasar. Einsiedeln 1969

– A propos de la formule: *diversi, sed non adversi* In: Recherches des science religieuse 40 (1951/52), S. 27–40

– Exégèse Médiévale. Tome I. 1/2, II.1/2. Paris 1959–1964

– Saint Grégoire et la grammaire. In: Recherches de science religieuse 48 (1960), S. 185–226

de Montclos, Jean: Lanfranc et Bérenger. La controverse eucharistique du XIe siècle. Louvain 1971

de Olaso, Ezequiel: Leibniz et l'art de disputer. In: Akten des II. Internationalen Leibniz-Kongreß. Wiesbaden 1975, Bd. IV, S. 207–228

de Rijk, Lambert Marie: Some New Evidence on Twelfth-Century Logic: Alberic and the School of Mont Ste Geneviève (Montani). In: Vivarium 4 (1966), S. 1–57

de Vocht, Henry: Texts and Studies About Louvain Humanists in the First Half of the XVIth Century. Louvain 1934

– History of the Foundation and the Rise of the *Collegium Trilingue Lovaniense* 1517–1550. 4 Vols. Louvain 1951–55

Deitz, Luc: Ioannes Wower of Hamburg, Philologist and Polymath. A Preliminary Sketch of His Life and Works. In: Journal of the Warburg and Courtauld Institutes 58 (1995), S. 132–151

- Gerardus Joannes Vossius' *De philologia liber* und sein Begriff der »Philologie«. In: Ralf Häfner (Hg.): Philologie und Erkenntnis. Beiträge zu Begriff und Problem frühneuzeitlicher ›Philologie‹. Tübingen 2001, S. 3–34

Delhaye, Philippe: L'organisation scolaire au XIIe siècle. In: Traditio 5 (1947), S. 211–268

- L'enseignement de la philosophie morale au XIIe siècle. In: Medieval Studies 2 (1949), S. 77–99
- ›Grammatica‹ et ›Ethica‹ au XIIe siècle. In: Recherches de théologie ancienne et médiévale 25 (1959), S. 59–110

Deneffe, August: Geschichte des Wortes »supernaturalis«. In: Zeitschrift für katholische Theologie 46 (1922), S. 337–360

Denifle, Heinrich: Die Handschriften der Bibel-Correctorien des 13. Jahrhunderts. In: Archiv für Literatur- und Kirchengeschichte des Mittelalters 4 (1888), S. 263–311, sowie S. 471–601

di Giovanni, Alberto: La dialettica dell'amore: »uti-frui« nelle preconfessioni di Sant'Agostino. Roma 1965

Dieter, Theodor: Der junge Luther und Aristoteles. Eine historisch-systematische Untersuchung zum Verhältnis von Theologie und Philosophie. Berlin/New York 2001

Dietzfelbinger, Christian: Paulus und das Alte Testament. Die Hermeneutik des Paulus, untersucht an seiner Deutung der Gestalt Abrahams. München 1961

Dihle, Albrecht: Philosophie – Fachwissenschaft – Allgemeinbildung. In: Hellmut Flashar und Olof Gigon [Hg.] : Aspects de la philosophie hellénistique. Genève 1985, S. 185–223

Dines, Jennifer M.: Jerome and the Hexapla: The Witness of the Commentary on Amos. In: Alsion Salvesen (Hg.): Origen's Hexapla and Fragments. Tübingen 1998, S. 421–436

Dirking, August: Die Bedeutung des Wortes Apathie beim heiligen Basilius dem Großen. In: Theologische Quartalschrift 134 (1954), S. 202–212

Doeve, Jan Willem: Jewish Hermeneutics in the Synoptic Gospels and Acts. Diss. theol. Leiden 1953

Doi, Kenji: Ist Gott leidenschaftslos? Pathos und Apatheia bei Origenes. In: Theologische Zeitschrift 54 (1998), S. 228–240

Domínguez Reboiras, Fernando: Gaspar de Grajal (1530–1575): frühneuzeitliche Bibelwissenschaft im Streit mit Universität und Inquisition. Münster 1998

- Der Religionsdialog bei Raimundus Lullus: Apologetische Prämissen und kontemplative Grundlage. In: Klaus Jacobi (Hg.): Gespräche lesen: Philosophische Dialoge im Mittelalter. Tübingen 1999, S. 263–290

Döpp, Siegmar: Weisheit und Beredsamkeit. Gedanken zu ihrer Relation bei Cicero, Quintilian und Augustinus. In: Peter Neukam (Hg.): Information aus der Vergangenheit. München 1982, S. 37–63

Döring, Detlef: Leibniz als Verfasser der »Epistola ad amicum super exercitationes posthumas Samuelis Puffendorfii de consensu et dissensu protesnatnium«. In: Zeitschrift für Kirchengeschichte 104, 4. F. 42 (1993), S. 176–197

Dorion, Louis-Andre: Aristote et l'invention de la dialectique. In: Monique Canto-Sperber und Pierre Pellegrin (Hg.): La style de la pensée. [...]. Paris 2002, S. 182–220

Doyle, John P., Thomas Compton Carelton, S.J.: On Words Signifying More Than Their Speaker or Makers Know or Intend. In: The Modern Schoolman 66 (1988), S. 1–28

Droixhe, Daniel: La Crise de l'Hebreu langue-mère au XVIIe siècle. In: Chantal Grell und François Laplanche (Hg.): La République des lettres et l'histoire du Judaïsme antique XVIe–XVIIe siècle. Paris 1992, S. 66–99

Dümmler, Ernst: Über Ermenrich von Ellwangen und seine Schriften. In: Forschungen zur deutschen Geschichte 13 (1873), S. 473–485

Ebbesen, Sten: The Semantics of the Trinity According to Stephen Langton and Andrew Sunesen. In: Jean Jolivet und Alain de Libera (Hg.) : Gilbert de Poitiers et ses contemporains: aux origines de la logica modernorum. [...]. Napoli 1987, S. 401–435

– Doing Theology with Sophismata. In: Constantino Marmo und Jean Jolivet (Hg.): *Vestigia, imagines, verba*. Semiotics and Logic in Medieval Theological Texts (XIIth – XIVth Century). Turnhout 1997, S. 151–169

Edel, Susanne: Leibniz als Philosoph der Kirchenunion. Das Mysterium des Abendmahls im Licht der natürlichen Theologie (Metaphysik). In: Heinz Durchardt und Gerhard May (Hg.): Union – Konversion – Toleranz. Dimensionen der Annäherung zwischen den christlichen Konfessionen im 17. und 18. Jahrhundert. Mainz 2000, S. 243–266

Ehrle, Franz: Die Ehrentitel der scholastischen Lehrer des Mittelalters. (Sitzungsberichte der Bayerischen Akademie der Wissenschaften Phil.-philol. und hist. Kl., Jg. 1919, 9. Abh.). München 1919

Eisenkopf, Paul: Leibniz und die Einigung der Christenheit: Überlegungen zur Reunion der evangelischen und katholischen Kirche. München 1975

Elder, John P.: Did Remigius of Auxerre Comment on Bede's *De Schematibus et Tropis*? In: Medieval Studies 9 (1947), S. 141–150

Ellis, E. Earle: A Note on Pauline Hermeneutics. In: New Testament Studies 2 (1955/56), S. 127–133

– Paul's Use of the Old Testament. Edinburgh (1957) ³1985

– Prophecy and Hermeneutic in Early Christianity. New Testaments Essays. Teil II, Tübingen 1978

– Biblical Interpretation in the New Testament Church. In: Martin Jan Mulder (Hg.): Mikra. Text, Translation, Reading and Interpretation of the Hebrew Bible in Ancient Judaism and Early Christianity. Assen/Maastricht/Philadelphia 1988, S. 691–725

Engelbert, Pius: Christusmystik in der Autobiographie des Rupert von Deutz. In: Magnus Löhrer und Elmar Salmann (Hg.): *Mysterium Christi*. Symbolgegenwart und theologische Bedeutung. Roma 1995, S. 259–286

Estin, Colette: Les Psautiers de Jérôme: à la lumiére des traductions juives antérieurs. Roma 1984

Evans, Gillian R.: St. Anselm's Images of Trinity. In: The Journal of Theological Studies N.S. 27 (1976), S. 46–57

– The *Cur Deus homo*: The Nature of St. Anselm's Appeal to Reason. In: Studia Theologica 31 (1977), S. 33–50 (1977a)

– ›Studium discendi‹: Otloh of St. Emmeram and the Seven Liberal Arts. In: Recherches de théologie ancienne et médievale 44 (1977), S. 29–54 (1977b)

– Alan of Lille. The Frontiers of Theology in the Later Twelfth Century. Cambridge 1983

Fantham, Elaine: The Concept of Nature and Human Nature in Quintilian's Psychology and Theory of Instruction. In: Rhetorica 13 (1995), S. 125–136

Farge, James K.: Orthodoxy and Reform in Early Reformation France. The Faculty of Theology of Paris, 1500–1543. Leiden 1985

Farthing, John L.: *De coniugio spirituali*: Jerome Zanchi on Ephesians 5:22–33. In: Sixteenth Century Journal 24 (1993), S. 621–652

Fatio, Olivier: Hyperius plagié par Flacius. La destinée d'une méthode exégétique. In: Id. und Pierre Fraenkel (Hg.), Histoire de l'exégèse au XVIe siècle. Genève 1978, S. 362–381

Fedwick, Paul J. (Hg.): Basil of Caesarea, Christian, Humanist, Ascetic. Toronto 1981

Feichtinger, Barbara: Der Traum des Hieronymus – ein Psychogramm. In: Vigiliae Christianae 45 (1991), S. 54–77

– *Nec vero ille fuerat aut vana somnia* ... (Hier., ep. 22, 30, 6). Überlegungen zum geträumten Selbst des Hieronymus. In: Revue des Études Augustiniennes 43 (1997), S. 41–61

Feldman, Keren S.: *Per canales Troporum*: On Tropes and Performativity in Leibniz's Preface to Nizolius. In: Journal of the History of Ideas 65 (2004), S. 39–51

Fenves, Peter: Arresting Language: From Leibniz to Benjamin. Stanford 2001

Fickermann, Norbert: St. Augustin gegen das ›Comma Ioanneum‹. In: Biblische Zeitschrift 22 (1934), S. 350–358

Fischer, Bonifatius: Bibeltext und Bibelreform unter Karl dem Großen. In: Wolfgang Braunfels et al. (Hg.): Karl der Große: Lebenswerk und Nachleben. Bd. II, Düsseldorf 1968, S. 156–216

Flügel, Ewald: Roger Bacon's Stellung in der Geschichte der Philologie. In: Festschrift. Wilhelm Wundt zu siebzigsten Geburtstag überreicht von seinen Schülern. I. Theil. Leipzig 1902, S. 164–191

Forke, Wilhelm: Studien zu Ermenrich von Ellwangen. In: Zeitschrift für Württembergische Landesgeschichte 28 (1969), S. 1–104

Fortin, Ernest L.: Christianity and Hellenism in Basil the Great's Address *Ad Adoslescentes*. In: Henry J. Blumenthal und Robert A. Markus (Hg.): Neoplatonism and Early Christian Thought. London 1981, S. 189–203

Fouke, Daniel C.: Metaphysics and the Eucharist in the Early Leibniz. In: Studia Leibnitiana 24 (1992), S. 145–159

– Dynamics and Transubstantiation in Leibniz's *Systema Theologicum*. In: Journal of the History of Philosophy 32 (1994), S. 45–61

Frank, Isnard Wilhelm: Die Spannnungen zwischen Ordensleben und wissenschaftlicher Arbeit im frühen Dominikanerorden. In: Archiv für Kulturgeschichte 49 (1967), S. 164–207

Freytag, Hartmut: *Quae sunt per allegoriam dicta*. Das theologische Verständnis der Allegorie in der frühchristlichen und mittelalterlichen Exegese von Gal 4, 21–31. In: Hans Fromm et al. (Hg.): Verbum et Signum. München 1975, S. 116–122

– Die Theorie der allegorischen Schriftdeutung und die Allegorie in deutschen Texten besonders des 11. und 12. Jahrhunderts. Bern/München 1982

Friedman, Jerome: Sebastian Münster, the Jewish Mission, and Protestant Antisemitism. In: Archiv für Reformationsgeschichte 70 (1979), S. 238–25

– The Most Ancient Testimony: Sixteenth-Century Christian Hebraica in the Age of Renaissance Nostalgia. Athens 1983

Frohnhofen, Herbert: Apatheia tou theou. Über die Affektlosigkeit Gottes in der griechischen Antike und bei den griechisch-sprachigen Kirchenvätern bis zu Gregorios Thaumaturgos. Frankfurt 1987

Furth, Montgomery: A Note on Aristotle's Principle of Non-Contradiction. In: Canadian Journal of Philosophy 16 (1986), S. 371–382

Gäde, Gerhard: Die Rolle der »ratio« bei der Glaubensverantwortung im Denken Anselms von Canterbury. In: Thomas Brose (Hg.): Religionsphilosophie. Europäische Denker zwischen philosophischer Theologie und Religionskritik. Würzburg 1998, S. 9–36

Galmés, L.: Tradición manuscrita y Fuentes de los Αντκειμένων *libri II* de San Julián de Toledo. In: Studia Patristica 3 (1961), S. 47–56

Garcías Palou, Sebastián: El Miramar de Ramón Lull. Palma de Mallorca 1977

– Ramón Lull y el Islam. Palma de Mallorca 1981

Geiger, Ludwig: Johann Reuchlin, sein Leben und seine Werke. Leipzig 1871

Gelber, Hester G.: Logic and Trinity: A Clash of Values in Scholastic Thought, 1300–1335. Ph. D. University of Wisconsin 1974

- Exploring the Boundaries of Reason: Three Questions on the Nature of God by Robert Holcot. O.P. Toronto 1983

Gelles, Benjamin: Peshat und Derash in the Exegesis of Rashi. Leiden 1974

Gerber, Uwe: Disputatio als Sprache des Glaubens. Zürich 1970

Gercke, Alfred: Die alte ΤΕΧΝΗ ΡΗΤΟΡΙΚΗ und ihre Gegner. In: Hermes 32 (1897), S. 341–359

Gersh, Stephen: (Pseudo-?) Bernard Silvestris and the Revival of Neoplatonic Vigilian Exegesis. In: Marie-Odile Goulet-Cazé et al. (Hg.), SOFIHS MAIHTOPES ›Chercheurs de sagesse‹. Paris 1992, S. 573–592

Gibson, Margaret: Lanfranc's ›Commentary on the Pauline Epistles‹. In: The Journal of Theological Studies N.S. 22 (1971), S. 86–112

- Lanfranc of Bec. Oxford 1979

Gilman, Sander L.: The Parodic Sermon in European Literature: Aspects of Liturgical Parody From the Middle Ages to the Twentieth Century. Wiesbaden 1974

Gilson, Étienne: La servante de la théologie. In: Id., Ètudes de philosophie médiévale, Straßburg 1921, S. 30–50

Gilson, Étienne: Dante und die Philosophie [Dante et la Philosophie, 1939]. Freiburg 1953

Ginzberg, Louis: Die Haggadah bei den Kirchenvätern VI. Der Kommentar des Hieronymus zu Jesaja. In: Salo W. Baron und Alexander Marx (Hg.): Jewish Studies. In Memory of George A. Kohut. New York 1935, S. 279–314

Glidden, David K.: Parrots, Pyrrhonists and Native Speakers. In: Stephen Everson (Hg.): Companions to Ancient Thought. Vol. III: Language. Cambridge 1994, S. 129–147

Godin, André: Érasme et le modèle origénien de la prédication. In: Jean-Claude Margolin (Hg.): Colloquia Erasmiana Turonensia. Toronto 1972, Tom. II, S. 807–820

Goegler, Rolf: Zur Theologie des biblischen Wortes bei Origenes. Düsseldorf 1963

Goertz, Hans-Jürgen: Träume, Offenbarungen und Visionen in der Reformation. In: Rainer Postel und Franklin Kopitzsch (Hg.): Reformation und Revolution. Beiträge zum politischen Wandel und den sozialen Kräften der Neuzeit. Stuttgart 1989, S. 171–192

Goetschel, Roland: Exégèse littéraliste, philosophie et mystique dans la pensée juive médiévale. In: Michel Tardieu (Hg.): Les règles de l'interprétation. Paris 1987, S. 163–172

Goldenbaum, Ursula: *Leibniz* as a *Lutheran*. In: Allison P. Coudert et al. (Hg.): *Leibniz,* Mysticism and Religion. Dordrecht 1998, S. 169–192

- Das Labyrinth der christlichen Mysterien. In: Dominique Berlioz und Frédéric Nef (Hg.): L'actualité de Leibniz: Les deux Labyrinthes. Stuttgart 1999, S. 153–176 (1999a)

- Transubstantiation, Physics and Philosophy at the Time of the *Catholic Demonstrations*. In: Stuart Brown (Hg.): The Young Leibniz and His Philosophy (1646–76). Dordrecht/Boston/London 1999, S. 79–102 (1999b)

- Die *Commentatiuncula de judice* als Leibnizens erste philosophische Auseinandersetzung mit Spinoza nebst der Mitteilung über ein neuaufgefundenes Leibnizstück. In: Fontius et al. (Hg.): *Labora Diligenter* […]. Stuttgart 1999, S. 61–107 (1999c)

Gonsette, Jean A.: Pierre Damien et la culture profane. Louvain/Paris 1956

Goshen Gottstein, Alon: The Body as Image of God in Rabbinic Literature. In: Harvard Theological Review 87 (1994), S. 171–195

Grabmann, Martin: Die Geschichte der scholastischen Methode. 1. Bd.: Die scholastische Methode von ihren ersten Anfängen in der Väterliteratur bis zum Beginn des 12. Jahrhunderts. Freiburg i. Br. 1909

- Die Geschichte der scholastischen Methode. 2. Bd.: Die scholastische Methode im 12. und beginnenden 13. Jahrhundert. Freiburg i. Br. 1911

– Bearbeitungen und Auslegungen der aristotelischen Logik aus der Zeit von Peter Abaelard bis Petrus Hispanus. Mitteilungen aus Handschriften deutscher Bibliotheken. In: Abhandlungen der Preußischen Akademie der Wissenschaften Jg. 1937, Phil.-hist. Kl. Nr. 5. Berlin 1937 (1937a)

– Die Philosophie des Cartesius und die Eucharistielehre des Emanuel Maignon O. Minim. In: Cartesio nel terzo centenario del ›Discorso del metodo‹. Milano 1937, S. 425–436 (1937b)

– Das Aristotelesstudium in Italien zur Zeit Dantes. In: Deutsches Dante-Jahrbuch 23 (1941), S. 60–78

Grane, Leif: Luthers Kritik an Thomas von Aquin in *De captivitate Babylonica*. In: Zeitschrift für Kirchengeschichte 4. Folge 18/80 (1969), S. 1–13

Grant, Robert M.: The Early Christian Doctrine of God. Charlottesville 1966

Gray, Hanna H.: Valla's Encomium of St. Thomas Aquinas and The Humanist Concept of Christian Antiquity. In: Heinz Bluhm (Hg.): Essays in History and Literature. Chicago 1965, S. 37–51

Green, Larry: Aristotelian Rhetoric, Dialectic, and the Tradition of *Antistrophos*. In: Rhetorica 8 (1990), S. 1–27

Greenstein, Edward L.: Medieval Bible Commentaries. In: Barry W. Holtz (Hg.): Back to the Sources: Reading the Classic Jewish Texts. New York 1984, S. 213–259

Greive, Hermann: Die hebräische Grammatik Johannes Reuchlins *De rudimentis hebraicis*. In: Zeitschrift für die alttestamentliche Wissenschaft 90 (1978), S. 395–409

Grundmann, Herbert: Der Typus des Ketzters in mittelalterlicher Anschauung [1927]. In: Id., Ausgewählte Aufsätze. Bd. I. Stuttgart 1976, S. 313–327

Gueudet, Guy: Guillaume Budé parrain d'*encyclopédie*. In: Le génie de la forme. Mélanges de languae et littérature offerts à Jean Mourot. Nancy 1982, S. 87–93

Guhrauer, Gottschalk Eduard: Joachim Jungius und sein Zeitalter. Stuttgart und Tübingen 1850

Gustason, William: Pascal's Wager and Competing Faiths. In: International Journal of Philosophy and Religion 44 (1998), S. 31–39

Gwynn, Aubrey: Roman Education. From Cicero to Quintilian. Oxford 1926

Haacker, Klaus: War Paulus Hillelit? In: Das Institutum Judaicum der Universität Tübingen in den Jahren 1971/72, S. 106–120

Hackett, Jeremiah: Roger Bacon on Rhetoric and Poetics. In: Id. (Hg.): Roger Bacon and the Sciences. Leiden/New York/Köln 1997, S. 133–149

– Roger Bacon and the Reception of Aristotle in the Thirteenth Century: A Introduction to His Criticism of Averroes. In: Ludger Honnefelder et al. (Hg.): Albertus Magnus und die Anfänge der Aristoteles-Rezeption im lateinischen Mittelalter. Münster 2005, S. 219–247

Hadot, Pierre: La division des parties de la philosophie L'Antiquité. In: Museum Helveticum 36 (1979), S. 201–223

– La logique, partie ou instrument de la philosophie. In: Id., Simplicius Commentaire sur les Catégories. [...]. Fasc. I [...]. Leiden/New York/Kobenhavn/Köln 1990

Hagemann, Wilfried: Wort als Begegnung mit Christus: Die christozentrische Schriftauslegung des Kirchenvaters Hieronymus. Trier 1970

Hagen, Kenneth: Hebrews Commenting From Erasmus to Bèze, 1516–1598. Tübingen 1981

Hagendahl, Harald: Piscatorie et non Aristotelice. Zu einem Schlagwort bei den Kirchenvätern. In: Septentrionalia et Orientalia. [...] Dedicata. Stockholm 1959, S. 184–193

Hahn, Fritz: Zur Verchristlichung der Psalmen durch Luthers Übersetzung. In: Theologische Studien und Kritiken 106 (1934/35), S. 173–203

– Faber Stapulensis und Luther. In: Zeitschrift für Kirchengeschichte 57 (1938), S. 356–432

Hailperin, Herman: Nicolas de Lyra and Rashi: the Minor Prophets. In: Rashi Anniversary Volume. New York 1941, S. 115–147

– Rashi and the Christian Scholars. Pittsburgh 1963 [in erweiterter Fassung bereits 1933 als Phil. Diss.]

– De l'utilisation par les chrétiens de l'oeuvre de Rachi (1125–1300). In: Manès Sperber (Hg.): Rashi. Paris 1974, S. 163–200

Hájek, Alan: Waging War on Pascal's Wager. In: The Philosophical Review 112 (2003), S. 27–56

Hallamaa, Olli: Defending Common Rationality: Roger Roseth on Trinitarian Paralogisms. In: Vivarium 41 (2003), S. 84–119

Hallyn, Fernand: L'»absurdum ἀκρόαμα« de Copernic. In: Bibliothèque d'Humanisme et Renaissance 62 (2000), S. 7–24

Hamberger, Peter: Die rednerische Disposition in der alten ΤΕΧΝΗ ΡΗΤΟΡΙΚΗ. Paderborn 1914

Hammer, Felix: Genugtuung und Heil: Absicht, Sinn und Grenzen der Erlösungslehre Anselms von Canterbury. Wien 1967

Hankey, Wayne J.: *Magis ... pro nostra sentencia*. Joh. Wyclif, His Medieval Predecessors and Reformed Successors, and a Pseudo-Augustinian Eucharistic Decretal. In: Augustiniana 45 (1995), S. 213–245

Harl, Marguerite: Pointes antignostiques d'Origène: Le quaestionnement impie des Écritures. In: Roelof van den Broek und Maarten Jozef Vermaseren (Hg.): Studies in Gnosticism and Hellenistic Religions. Leiden 1981, S. 205–217

– Origène et les interprétations patristiques grecques de l'›obscurité‹ biblique. In: Vigiliae Christianae 36 (1982), S. 334–371

Haußleiter, Johannes: Zur Herkunft der *fruitio dei*. In: Zeitschrift für Kichengeschichte 70 (1959), S. 292

– Fruitio Dei. In: RAC 8 (1972), S. 548–555

Hays, Richard B.: The Faith of Jesus Christ: An Investigation of the Narrative Substructure of Galatians 3:1–4:11. Ph.D. Emory University 1981 [Microf. 1984]

Hays, Richard B.: Echoes of Scripture in the Letters of Paul. New Haven/London 1989

Heiberg, Johan L.: Die griechische Grammatik Roger Bacons. In: Byzantinische Zeitschrift 9 (1900), S. 479–491

Hein, Christel: Definition und Einteilung der Philosophie. Von der spätantiken Einteilungsliteratur zur arabischen Enzyklopädie. Frankfurt/Bern/New York 1985

Heine, Ronald E.: Stoic Logic as Handmaid to Exegesis and Theology in Origen's Commentary on the Gospel of John. In: Journal of Theological Studies N.S. 44 (1993), S. 90–117

Heinekamp, Albert: *Ars Characteristica* und natürliche Sprache bei Leibniz. In: Tijdschrift voor Filosofie 34 (1972), S. 446–488

Heinemann, Isaak: Altjüdische Allegoristik. Breslau 1936

– Die wissenschaftliche Allegoristik des jüdischen Mittelalters. In: Hebrew Union College Annual 23 (1950/51), S. 611–643

– Die Allegoristik der hellenistischen Juden außer Philon. In: Mnemosyne, Quarta Series 5 (1952), S. 130–138

Heller, Henry: The Evangelicism of Lefèvre d'Étaples: 1525. In: Studies in the Renaissance 19 (1972), S. 42–77

Henrichs, Albert: Philosophy, the Handmaiden of Theology. In: Greek, Roman and Byzantine Studies 9 (1968), S. 437–450

Hentze, Willi: Kirche und kirchliche Einheit bei Desiderius Erasmus von Rotterdam. Paderborn 1974

Herbrich, Elisabeth: Die Leibnizische Unionspolitik im Lichte seiner Metaphysik. In: Salzburger Jahrbuch für Philosophie und Psychologie 3 (1959), S. 113–136

Hermes, Hans: Ideen von Leibniz zur Grundlagenforschung: die *ars inveniendi* und die *ars judicandi*. In: Studia Leibnitiana, Supplementa III. Wiesbaden 1969, S. 92–102

Hess, Günter: Deutsch-lateinische Narrenzunft. Studien zum Verhältnis von Volkssprache und Latinität in der satirischen Literatur des 16. Jahrhunderts. München 1971

Hilgenfeld, Hartmut: Mittelalterlich-traditionelle Elemente in Luthers Abendmahlsschriften. Zürich 1971

Hinks, D.A.G.: Tisias and Corax and the Invention of Rhetoric. In: Classical Quarterly 34 (1940), S. 61–69

Hirsch, Samuel Abraham: Early English Hebraists: Roger Bacon and His Predecessors [1900]. In: Id., A Book of Essays. London 1905, S. 1–72

– R. Bacon and Philology. In: Andrew George Little (Hg.): Roger Bacon. Essays Contributed by Various Writers. Oxford 1914, S. 101–151

Hobbs, Gerald: Monita Amica. Pellican a Capiton sur le danger des lectures rabbiniques. In: Marijn de Kroon und Marc Lienhard (Hg.): Horizons européens de la reforme en Alsace. Strasbourg 1980, S. 81–93

Hödl, Ludwig: Die *confessio Berengarii* von 1059. Eine Arbeit zum frühscholastischen Eucharistietraktat. In: Scholastik 37 (1962), S. 370–394

– Die theologische Auseinandersetzung mit Berengar von Tours im frühscholastischen Eucharistietraktat *De corpore Domini*. In: Peter Ganz et al. (Hg.): *Auctoritas* und *ratio*: Studien zu Berengar von Tours. Wiesbaden 1990, S. 69–88

Hoenen, Maarten J. F. M.: *Virtus Sermmonis* and the Trinity: Marsilius of Ingehen and the Semantics of Late Fourteenth-Century Theology. In: Medieval Philosophy and Theology 110 (2001), S. 157–171

– ›Modus loquendi platonicorum‹. Johannes Gerson und seine Kritik an den Platonisten. In: Stephen Gersh und Id. (Hg.), The Platonic Tradition in the Middle Ages. A Doxographic Approach. Berlin/New York 2002, 325–343

Hoffmann, Fritz: Robert Holcot. Die Logik in der Theologie. In: Paul Wilpert (Hg.): Die Metaphysik im Mittelalter […]. Berlin 1963, S. 624–639

– Die theologische Methode des Oxforder Dominikanerlehrers Robert Holcot. Münster 1972

Hoffmann, Georg: Die Lehre von der *fides implicita*. Bd. 3: Vom Ende des Reformationszeitalters bis zur Gegenwart. Leipzig 1909

Holden, Thomas: Robert Boyle on Things Above Reason. In: British Journal for the History of Philsoophy 15 (2007), S. 283–312

Holeczek, Heinz: Humanistische Bibelphilologie als Reformproblem bei Erasmus von Rotterdam, Thomas More und William Tyndale. Leiden 1975

Holopainen, Toivo J.: Dialectic and Theology in the Eleventh Century. Leiden/New York/Köln 1996

Holtz, Louis: Donat et la tradition de l'enseignement grammatical. Étude sur l'›Ars Donati‹ et sa diffusion (IVe–IXe siècle) et édition critique. Paris 1981

Honke, Gudrun: Die Rezeption der Utopia im frühen 16. Jahrhundert. In: Wilhelm Voßkamp (Hg.): Utopieforschung. Stuttgart 1982, Bd. 2, S. 168–182

Hoping, Helmut: Weisheit als Wissen des Ursprungs. Philosophie und Theologie in der »Summa contra gentiles« des Thomas von Aquin. Freiburg/Basel/Wien 1997

Hovdaugen, Even: Una et eadem: Some Observations on Roger Bacon's Greek Grammar. In: Geoffrey L. Bursill-Hall et al. (Hg.): De ortu grammaticae. Amsterdam/Philadelphia 1990, S. 117–131

Hübener, Wolfgang: »Occam's Razor not Mysterious«. In: Archiv für Begriffsgeschichte 27 (1983), S. 73–92

– *Negotium irenicum*: Leibniz' Bemühungen um die brandenburgische Union. In: Hans Poser und Albert Heinekamp (Hg.): Leibniz in Berlin. Stuttgart 1990, S. 120–169 (1990a)

– Wyclifs Kritik an den *Doctores signorum*. In: Wilhelm Vossenkuhl und Rolf Schönberger (Hg.): Die Gegenwart Ockhams. Weinheim 1990, S. 128–146 (1990b)

Hutchison, D. S.: L'Épistemologie du Principe de Contradiction chez Aristote. In: Revue de Philosophie Ancienne 6 (1988), S. 213–227

Huygens, Robert B. C.: A propos de Bérenger et son traité de l'eucharistie. In: Revue bénédictine 76 (1966), S. 133–139

Isola, Antonio: Il *De schematibus et tropis* di Beda in rapporto al *De doctrina christiana* di Agostino. In: Romanobarbarica 1 (1976), S. 71–82

Jacobi, Klaus: *Diale[c]tica est ars artium, scientia scientiarum*. In: Ingrid Craemer-Ruegenberg und Andreas Speer (Hg.): *Scientia* und *ars* im Hoch- und Spätmittelalter. Berlin/New York 1994, Bd. I, S. 307–328

Jansen, Reiner: Studien zu Luthers Trinitätslehre. Bern/Frankfurt 1976

Jantzen, Grace: Theological Tradition and Divine Incorporality. In: Id., God's World, God's Body. London 1984, S. 21–35

Janz, Denis R.: Syllogism or Paradox: Aquinas and Luther on Theological Method. In: Theological Studies 59 (1998), S. 3–21

Jaumann, Herbert: *Critica*. Untersuchungen zur Geschichte der Literaturkritik zwischen Quintilian und Thomasius. Leiden/New York/Köln 1995

Jeremias, Joachim: Paulus als Hillelit. In: E. Earle Ellis und Max Wilcox (Hg.): Neotestamentica et Semitica. Studies in Honor of Matthew Black, Edinburgh 1969, S. 88–94

Johnston, Mark D.: Ramon Llull and the Compulsory Evangelization of Jews and Muslims. In: Larry J. Simon (Hg.): Iberia and the Mediterranean World of the Middle Ages [...]. Leiden/New York/Köln 1995, 3–37

Jones, Arnold H.M. et al.: The Prosopography of the Later Roman Empire. Vol. I: A.D. 260–395. Cambridge 1971,

Jones, Julian Ward, Jr.: The So-Called Silvestris Commentary on the Aeneid and Two Other Interpetations. In: Speculum 64 (1989), S. 835–848

Jordan, Jeff (Hg.): Gambling on God: Essays on Pascal's Wager. Lanham/London 1994

Jordan, Jeff: Pascal's Wagers. In: Midwest Studies in Philosophy 26 (2002), S. 213–223

Jordan, Mark D.: The Protreptic Structure of the *Summa contra Gentiles*. In: The Thomist 50 (1986), S. 173–209

Jordan, Michael J.: Duns Scotus on the Formal Distinctions. Ann Arbor 1985

Jüngel, Eberhard: *Quae supra nos, nihil ad nos*. Eine Kurzformel der Lehre vom verborgenen Gott – im Anschluß an Luther interpretiert. In: Evangelische Theologie 32 (1972), S. 192–240

Junghans, Helmar: Beziehungen Luthers zu Humanisten während seiner Schul- und Studienzeit. In: Id., Der junge Luther und die Humanisten. Göttingen 1985, S. 63–239

Jüssen, Gabriel: Wilhelm von Auvergne und die Transformation der scholastischen Philosophie im 13. Jahrhundert. In: Jan P. Beckmann et al. (Hg.): Philosophie im Mittelalter. Entwicklungslinien und Paradigmen. Hamburg 1987, S. 141–164

Kaluza, Zenon: Le chancelier Gerson et Jérôme de Prague. In: Archives d'Histoire Doctrinale et Littéraire du Moyen Age 59 (1984), S. 81–126

– Les Querelles doctrinales á Paris: Nominalistes aux confins du XIVe et XVe siècles. Bergamo 1988

– Les sciences et leurs languages. Note sur le Statut du 29 December 1340 et le prétendu Statut perdu contre Ockham. In: Luca Bianchi (Hg.): Filosofia e teologia nel trecento. Louvain-La-Neuve 1994, S. 197–258

Kamesar, Adam: Jerome, Greek Scholarship, and the Hebrew Bible. Oxford 1993

Kaser, Max: Beweislast und Vermutung im römischen Formularprozeß. In. Zeitschrift der Savigny-Stiftung für Rechtsgeschichte, Rom.-Abt. 71 (1954), S. 221–241

Kastner, Robert: Servius and *Idonei auctores*. In: American Journal of Philology 99 (1978), S. 181–209

Kaster, Robert A.: Guardians of Language: The Grammarian and Society in Late Antiquity. Berkeley/Los Angeles/London 1988

Kauffeld, Fred J.: Presumptions and the Distribution of Argumentative Burdens of Proof in Acts of Propositing and Accusing. In: Argumentation 12 (1998), S. 245–266

Kaufman, David: Elia Menachem Chalfan on Jews Teaching Hebrew to Non-Jews. In: *Jewish Quarterly Review* 9 (1897), S. 505–508

Kawerau, Peter: Die Homiletik des Andreas Hyperius. In: Zeitschrift für Kirchengeschichte 71 (1960), S. 66–81

Keen, Maurice: Wyclif and the Bible, and Transubstantiation. In: Anthony Kenny (Hg.): Wyclif in His Times. Oxford 1985, S. 1–16

Keller, Rudolf: Der Schlüssel zur Schrift. Die Lehre vom Wort Gottes bei Matthias Flacius Illyricus. Hannover 1984

Keller-Hülschemeyer, Max: Das Problem der Fundamentalartikel bei Johannes Hülsemann in seinem theologiegeschichtlichen Zusammenhang. Gütersloh 1939

Kemal, Salim: The Poetics of Alfarabi and Avicenna. Leiden 1991

Kennedy, George: The Earliest Rhetorical Handbooks. In: American Journal of Philology 80 (1959), S. 169–178

– The Art of Persuasion in Greece. Princeton 1963

Kennedy, Leonard A.: The Philosophy of Robert Holcot, Fourteenth-century Skeptic. Lewiston/Queenston/Lampeter 1993

Kessler, Stephan Ch.: Gregor der Große als Exeget. Eine theologische Interpretation der Ezechielhomilien. Innsbruck/Wien 1995

Kienzler, Klaus: Glauben und Denken bei Anselm von Canterbury. Freiburg 1981

Kieszkowski, Bodhan: Les Rapports entre Elie del Medigo et Pico de la Mirandole. In: Rinascimento 4 (1964), S. 41–91

King, Margot H.: *Grammatica Mystica*. A Study of Bede's Grammatical Curriculum. In: Ead. und Wesley M. Stevens (Hg.): Saints, Scholars and Heroes. Collegeville 1979, Vol. I , S. 147–159

Kinney, Daniel: More's *Letter to Dorp*: Remapping the Trivium. In: Renaissance Quarterly 34 (1981), S. 179–207

Klauber, Martin I.: Calvin on Fundamental Articles and Ecclesiastical Union. In: Westminster Theological Journal 54 (1992), S. 341–348

Klein, E.: Die Bedeutung von Basilos' »Ad Adolsecentes« für die Erhaltung der heidnisch-griechischen Literatur. In: Römische Quartalsschrift 92 (1997), S. 162–176

Klein, Wolf Peter: Christliche Kabbala und Linguistik orientalischer Sprachen im 16. Jahrhundert. Das Beispiel von Guillaume Postel (1510–1581). In: Beiträge zur Geschichte der Sprachwissenschaft 11 (2001), S. 1–26

Kleineidam, Erich: Universitas Studii Erffordensis. Überblick über die Geschichte der Universität Erfurt. Teil II: Spätscholastik, Humanismus und Reformation 1461–1521. Zweite, erweiterte Auflage. Leipzig (1969) 1992

Kleinhans, Robert: *Ecclesiastes sive de Ratione Concionandi*. In: Richard L. DeMolen (Hg.): Essays on the Work of Erasmus. New Haven/London 1978, S. 253–66

Kleinschmidt, Erich: Scherzrede und Narrenthematik im Heidelberger Humanistenkreis um 1500. In: Euphorion 71 (1977), S. 47–81

Klostermann, Erich: Die Überlieferung der Jeremiahomilien des Origenes. Leipzig 1897

Kluge, Otto: Die hebräische Sprachwissenschaft in Deutschland im Zeitalter des Humanismus. In: Zeitschrift für die Geschichte der Juden in Deutschland 3 (1931), S. 81–96, S. 180–193, 4 (1932), S. 100–128

Knoepffler, Niklaus: Über die Unmöglichkeit, die Gottesfrage durch eine Wette im Sinne Pascals zu entscheiden. In: Philosophisches Jahrbuch 107 (2000), S. 398–409

Knuuttila, Simo: Trinitarian Sophisms in Robert Holcot's Theology. In: Stephen Read (Hg.): Sophisms in Medieval Logic and Grammar. Dordrecht/Boston/London 1993, S. 348–356

– *Positio impossibilis* in Medieval Discussions of the Trinity. In: Constantino Marmo und Jean Jolivet (Hg.): *Vestigia, imagines, verba*. Semiotics and Logic in Medieval Theological Texts (XIIth–XIVth Century). Turnhout 1997, S. 277–288

– Philosophy and Theology in Twelfth-Century Trinitarian Discussions. In: Sten Ebbesen und Russell L. Friedman (Hg.): Medieval Analyses in Language and Cognition. Copenhagen 1999, S. 237–249

Kobusch, Theo: Kann Gott leiden? Zu den philosophischen Grundlagen der Lehre von der Passibilität Gottes bei Origenes. In: Vigiliae Christianae 46 (1992), S. 328–333

Koch, Dietrich-Alex: Die Schrift als Zeuge des Evangeliums. Untersuchungen zur Verwendung und zum Verständnis der Schrift bei Paulus. Tübingen 1986

Kohlenberger, Helmut: *Similitudo* und *Ratio*. Überlegungen zur Methode bei Anselm von Canterbury. Bonn 1972

Köhler, Walther: Zwingli und Luther. Ihr Streit über das Abendmahl nach seinen politischen und religiösen Beziehungen. Bd. 1: Die religiöse und politische Entwicklung bis zum Marburger Religionsgespräch 1529. Leipzig 1924; Bd. 2: Vom Beginn der Marburger Verhandlungen 1529 bis zum Abschluß der Wittenberger Konkordie von 1536. Gütersloh 1953

Koperska, Apollonia: Die Stellung der religiösen Orden zu den Profanwissenschaften im 12. und 13. Jahrhundert. Freiburg/Schweiz 1914

Koskenniemi, Heiki: Studien zur Idee und Phraseologie des griechischen Briefes bis 400 n. Chr. Helsinki 1956

Kottje, Raymund: Klosterbibliotheken und monastische Kultur in der zweiten Hälfte des 11. Jahrhunderts. In: Zeitschrift für Kirchengeschichte 80/4 Folge 13 (1969), S. 145–162

Krause, Gerhard: Studien zu Luthers Auslegung der Kleinen Propheten. Tübingen 1962

Kuch, Heinrich· Φιλόλογος. Untersuchung eines Wortes von seinem ersten Auftreten in der Tradition bis zur ersten überlieferten lexikalischen Festlegung. Berlin 1965 (1965a)

– Φιλόλογος in der Εκκλησιαστική ιστορία des Sozomenos. In: Klio 43–45 (1965), S. 337–343 (1965b)

Künstle, Karl: Das *Comma Ioanneum* auf seine Herkunft untersucht. Freiburg 1905, dazu auch Adolf Jülicher in: Göttingische Gelehrten Anzeigen 167 (1905), S. 930–935

Labhardt, André: *Curiositas*: Notes sur l'histoire d'un mot et d'une notion. In: Museum Helevticum 17 (1960), S. 206–224

Laistner, Max Ludwig Wolfram: Pagan Schools and Christian Teachers . In: Bernhard Bischoff und Suso Brechter (Hg.): Liber Floridus. Mittellateinische Studien […]. St Ottilien 1950, S. 47–61

Lamberz, Erich: Zum Verständnis von Basileios Schrift *Ad Adolescentes*. In: Zeitschrift für Kirchengeschichte 90 (1979), S. 75–95

Lang, Albert: Die Gliederung und Reichweite des Glaubens nach Thomas von Aquin und den Thomisten. In: Divus Thomas 56/N.F. 20 (1942), S. 207–236, 335–346; 57/N.F. 21 (1943), S. 79–97

Lausberg, Heinrich: Handbuch der literarischen Rhetorik. München 1960

Law, Vivien: Wisdom, Authority and Grammar in the Seventh Century: Decoding Virgilius Maro Grammaticus. Cambridge 1995

Laymon, Ronald: Transubstantian: A Test Case of Descartes's Theory of Space. In: John M. Lennon et al. (Hg.): Problems of Cartesianism. Montreal 1982, S. 149–170

Lebel, Maurice: Le concept de l'encyclopaedia dans l'œuvre de Guillaume Budé. In: Alexandre Dalzell et al. (Hg.): Acta conventus neo-Latini Torontonensis. Binghamton 1991, S. 1–24

Lebram, C. H.: Ein Streit um die hebräische Bibel und die Septuaginta. In: Theodor H. Lundsingh et al. (Hg.): Leiden University in the Seventeenth Century. Leiden 1975, S. 21–63

Leclerq, Jean: L'amour de lettres et le désir de Dieu. Paris 1957

Leff, Gordon: Ockham and Wyclif on the Eucharist. In: Reading Medieval Studies 2 (1987), S. 1–13

Leff, Jacques: Paris and Oxford Universities in the Thirteenth and Fourteenth Centuries: An Institutional and Intellectual History. New York 1968

Lehmann, Paul: Mittelalterliche Beinamen und Ehrentitel. In: Historische Zeitschrift 49 (1929), S. 215–259

Lelli, Fabrizio, Pico tra filosofia ebraica e quabbala. In: Paolo Viti (Hg.), Pico, Polizano e l'Umanesimo di fine Quattrocento. Firenze 1994, S. 193–223

Lemay, Richard: Roger Bacon's Attitude Toward the Latin Translations and Translators of the Twelfth and Thirteenth Centuries. In: Jeremiah Hackett (Hg.): Roger Bacon and the Sciences. Leiden/New York/Köln 1997, S. 25–47

Leonhardt, Jürgen: Die grammatischen Werke des Gerhardus Iohannes Vossius. In: Wolfram Ax (Hg.): Von Eleganz und Barbarei: lateinische Grammatik und Stilistik in Renaissance und Barock. Wiesbaden 2001, S. 189–209

Leube, Hans: Kalvinismus und Luthertum im Zeitalter der Orthodoxie. I. Bd.: Der Kampf um die Herrschaft im protestantischen Deutschland. Leipzig 1928

Levine, Joseph M.: Erasmus and the Problem of the Johannine Comma. In: Journal of the History of Ideas 58 (1997), S. 573–596

Levy, Antoine: Die Exegese bei den französischen Israeliten vom 10. bis 14. Jahrhundert. Leipzig 1873

Levy, Ian Christopher: *Christus qui mentiri non potest*: John Wyclif's Rejection of Transubstantiation: In: Recherches de théologie et philosophie médiévales 66 (1999), S. 316–334

Liebeschütz, Hans: *Fulgentius Metaforalis*. Ein Beitrag zur Geschichte der antiken Mythologie im Mittelalter. Leipzig 1926

Light, Laura: Versions et révisions du texte biblique. In: Pierre Riché und Guy Lobrichon (Hg.): Le Moyen Age et la Bible. Paris 1984, S. 55–93

Locher, Gottfried W.: Die theologische und politische Bedeutung des Abendmahlstreits im Licht von Zwinglis Briefen. In: Zwingliana 13 (1971), S. 281–304

Loewe, Raphael: The Jewish Midrashim and Patristic und Scholastic Exegesis. In: Studia Patristica 1 (1957), S. 492–514

– The »Plain« Meaning of Scripture in Early Jewish Exegesis. In: Joseph G. Weiss (Hg.): Papers of the Institute of Jewish Studies [...]. Vol. 1. Jerusalem 1964, S. 140–185

– The Medieval History of the Latin Vulgate. In: Geoffrey W.H. Lampe (Hg.): The Cambridge History of the Bible. Vol. II. Cambridge 1969, S. 102–154

Löffler, Winfried: Einige Bermerkungen zur neueren Diskussion um ›Pascals Wette‹. In: Alfred Schramm (Hg.): Philosophie in Österreich. Wien 1996, S. 389–404

Lohr, Charles H.: Christianus arabicus, cuius nomen Raimundus Lullus. In: Freiburger Zeitschrift für Philosophie und Theologie 31 (1984), S. 58–88

Lohse, Bernhard: Luther als Disputator. In: Zeitschrift der Luther-Gesellschaft 34 (1963), S. 97–111

Look, Brandon: From the Metaphysical Union of Mind and Body to the Real Union of Monads: Leibniz on »supposita« and »vincula substantialia«. In: The Southern Journal of Philosophy 36 (1998), S. 505–529

– Leibniz and the ›vinculum substantiale‹. Stuttgart 1999

– Leibniz and the Substance of the Vinculum Substantiale. In: Journal of the History of Philosophy 38 (2000), S. 203–220

Lorenz, Rudolf: *Fruitio Dei* bei Augustin. In: Zeitschrift für Kirchengeschichte 63 (1950/51), S. 75–136

– Die Herkunft des augustinischen *frui deo*. In: Zeitschrift für Kirchengeschichte 64 (1952/53), S. 34–60

Lössl, Josef: Satire, Fiction and Reference to Reality in Jerome's *Epistula* 117. In: Vigiliae Christianae 52 (1998), S. 172–192

Löwenstein, Leopold: Der Prozess Eisenmenger. In: Magazin für die Wissenschaft des Judentums 1891, S. 209–240

Löwisch, Dieter-Jürgen: Immanuel Kant und David Hume's Dialogues Concerning Natural Religion. Ein Versuch zur Aufhellung der Bedeutung von Humes Spätschrift für die Philosophie Kant, insbesondere für die ›Kritik der reinen Vernunft‹. Bonn 1964

– Kants *Kritik der reinen Vernunft* und Humes *Dialogues Concerning Natural Religion*. In: Kant-Studien 56 (1965), S. 170–207

Luiselli, Bruno: Il *De arte metrica* di Beda di fronte alla tradizione metrico-logica tardo-latina. In: Grammatici latini d'età imperiale. [...]. Genf 1976, S. 169–180

Lutz, Eckart Conrad : *Rhetorica divina*. Mittelhochdeutsche Prologgebete und die rhetorische Kultur des Mittelalters. Berlin/New York 1984

Maas, Wilhelm: Unveränderlichkeit Gottes. Zum Verhältnis von griechisch-philosophischer und christlicher Gotteslehre. München/Paderborn/Wien 1974

Machen, Raymond: Henry of Ghent and Augustine. In: Mark D. Jordan und Kent Emery (Hg.): *Ad litteram*. Authoritative Texts and Their Mediaeval Readers. Notre Dame/London 1992, S. 251–274

Macy, Gary: The Theologies of the Eucharist in the Early Scholastic Period. Oxford 1984

Magrath, W.T.: The Progression oft the Lion-Simile in the Odyssey. In: The Classical Journal 77 (1981/82), S. 205–212

Maierù, Alfonso: Logica aristotelica e teologia trinitaria. Enrico Totting da Oyta. In: Id. und Agostino Paravicini Bagliani (Hg.): Studi sul XIV secolo in memoria di Anneliese Meier. Roma 1981, S. 481–512

– Logique et théologiue trinitaire: Pierre d'Ally. In: Zénon Kaluza und Paul Vignaux (Hg.): Preuve et raisons à l'université de Paris. Paris 1984, S. 253–268

– A propos de la doctrine de la supposition en théologie trinitaire au XIVe siècle. In: Egbert P. Bos (Hg.): Mediaeval Semantics and Metaphysics. Nijmegen 1985, S. 221–238

– Logique et théologie trinitaire dans le moyen âge tardif. Deux solutions en présence. In: Monica Asztalos et al. (Hg.): The Editing of Theological and Philosophical Texts From the Middle Ages. Stockholm 1986, S. 185–21

– Logic and Trinitarian Theology: *De Modo Predicandi ac Sylogizandi in Divinis*. In: Norman Kretzmann (Hg.): Meaning and Inference in Medieval Philosophy. Dordrecht/Boston/London 1988, S. 247–295

– Logica e teologica trinitaria nel commento alle Sentenze attribuito a Petrus Thomae. In: Jean Jolivet et al. (Hg.): *Lectionum varietates* [...]. Paris 1991, S. 177–198

Mandonnet, Pierre: Siger de Brabant et l'Averroisme latin au XIIIe siècle. Étude critique et documents inédits. Fribourg 1899

Marc'Hadour, Germain: Thomas More convertit Martin Dorp à l'humanisme érasmien. In: Thomas More, 1477–1977. Bruxelles 1980, S. 13–25

Marenbon, John: From the Circle of Alcuin to the School of Auxerre. Cambridge 1981

Margolin, Jean-Claude: Vives, lecteur et critique de Platon et d'Aristote. In: Robert R. Bolgar (Hg.): Classical Influences on European Culture A.D. 1500–1700. Cambridge 1976, S. 245–258

Marmorstein, Arthur: The Old Rabbinic Doctrine of God. Vol. II: Essays in Anthropomorphism. London 1937

Marrou, Henri-Irénée: Geschichte der Erziehung im klassischen Altertum [Histoire de l'éducation dans l'antiquité, ³1955]. Freiburg 1957

– Augustinus und das Ende der antiken Bildung [Saint Augustin et la fin de la culture antique, 1938]. Paderborn 1982

Martin, Christopher J.: Obligations and Liars. In: Stephen Read (Hg.): Sophism in Medieval Logic and Grammar. Dordrecht/Boston/London 1993, S. 357–381

Martin, R. H. und Mortimer, J. E.: The ›Epitome Margaritae Eloquentiae‹ of Laurentius Gulielmus de Saona. In: Proceedings of the Leeds Philosophical and Literary Society 14/4 (1971), S. 99–187

Maschkowski, Felix: Raschi's Einfluss auf Nikolaus von Lyra in der Auslegung des Exodus. In: Zeitschrift für die alttestamentliche Wissenschaft 11 (1891), S. 268–318

Maurer, Christian: Der Schluß »a minore ad majus« als Element paulinischer Theologie. In: Theologische Literaturzeitung 85 (1960), Sp. 149–152

McCartney, Dan G.: Literal and Allegorical Interpretation in Origen's *Contra Celsum*. In: Westminster Theological Journal 48 (1986), S. 281–301

McKane, William: Selected Christian Hebraists. Cambridge 1989

McKitterick, Rosamond: The Frankish Church and the Carolingian Reforms, 789–895. London 1977

McNally, Robert E.: The ›Tres linguae sacrae‹ in Early Irish Bible Exegesis. In: Theological Studies N.S. 19 (1958), S. 395–403

McNeill, David O.: Guillaume Budé and Humanism in the Reign of Francis. Genève 1975

McSorley, Harry J.: Luther: Right or Wrong? An Ecumenical-Theological Study of Luther's Major Works, The Bondage of the Will. New York 1969, S. 313–329

Mehl, James V.: Ortwin Gratius' »Orationes Quodlibeticae«: Humanist Apology in Scholastic Form. In: The Journal of Medieval and Renaissance Studies 11 (1981), S. 57–69

Meier, Christel: Das Problem der Qualitätsallegorese. In: Frühmittelalterliche Studien 8 (1974), S. 385–435

Meijboom, Hajo Uden: A History and Critique of the Origin of the Marcan Hypothesis 1835–1866 [Geschiedenis en critiek der Markushypothese, 1866]. Translated and edited by John J. Kiwiet. Macon 1993

Meijering, E. P.: Calvin wider die Neugierde. Ein Beitrag zum Vergleich zwischen reformatorischem und patristischem Denken. Nieuwkoop 1980

Meijering, Rosemarie: Literary and Rhetorical Theories in Greek Scholia. Groningen 1987

Merrill, Eugene H.: Rashi, Nicolaus de Lyra and Christian Exegesis. In: Westminster Theological Journal 38 (1975), S. 66–79

Mesnard, Pierre: Humanisme et théologie dans la controverse entre Erasmus et Dorpius. In : Filosofia 14 (1963), S. 885–900

Michalski, Abraham J.: Raschis Einfluß auf Nicolaus von Lyra in der Auslegung der Bücher Leviticus Numeri und Deuteronium. In: Revue des Études Juives 35 (1915), S. 218–245; 36 (1916), S. 29–63

– Raschis Einfluß auf Nikolaus von Lyra in der Auslegung des Buches Joshua. In: Revue des Études Juives 39 (1921), S. 300–307

Michaud-Quantin, Pierre: L'emploi des termes *logica* et *dialectica* au moyen-âge. In: Arts libéraux et philosophie au moyen-âge. Montréal/Paris 1969

Milazzo, Vincenza: L'utilizzazione della Scrittura nell'»Adversus Helvidium« di Girolamo: tra grammatica ed esegesi biblica. In: Orpheus N.S. 15 (1994), S. 21–45

– »Etsi imperitus sermone ...«: Girolamo e i solecismi di Paolo nei commentari alle epistole paoline. In: Annali di storia dell'esegesi 12 (1995), S. 261–277

Miletto, Gianfranco: Die ›Hebraica Veritas‹ in S. Hieronymus. In: Helmut Merklein et al. (Hg.): Bibel in jüdischer und christlicher Tradition. [...]. Frankfurt/M. 1993, S. 56–65

Milewski, Douglas: Augustine's 124 Tractates on the Gospel of John: The *Status Quaestionis* and the State of Neglect. In: Augustinian Studies 33 (2002), S. 61–77

Milhau, Marc: Le grec, une »clé pouer l'intelligence des psaumes«. Ètude sur les citations grecques du Psautier continues dans les *Tractatus super Psalmos* d'Hilaire de Poitiers. In: Recherches des Ètudes augustinnienes 36 (1990), S. 67–79

Miller, Peter N.: The ›Antiquarianization‹ of Biblical Scholarship and the London Polyglott Bible, 1653–57. In: Journal of the History of Ideas 63 (2001), S. 463–482 (2001a)

– Making the Paris Polyglott Bible: Humanism and Orientalism in the Early Seventeenth Century. In: Herbert Jaumann (Hg.): Die europäische Gelehrtenrepublik im Zeitalter des Konfessionalismus. Wiesbaden 2001, S. 59–85 (2001b)

Minio-Paluello, Laurenzio: The Text of the *Categoriae*: The Latin Tradition. In: The Classical Quarterly 39 (1945), S. 63–74

– Note sull'Aristotele latino medievale: XV – Dalle Categoriae Decem pseudo-Agostiniane (Temistiane) al testo vulgato aristotelico Boeziano. In: Rivista di filosofia neoscolastica 54 (1962), S. 137–147

– Nuovi impulsi allo studio della logica: la seconda fasee della riscoperta di Aristotele e di Boezio. In: Settimane di Studio del centor italiano di studi sull'alto medioevo 19 (1972), S. 743–766

– Dante's Reading of Aristotle. In: Cecil Grayson (Hg.): The World of Dante. Oxford 1980, S. 61–80

Moehn, Wilhelmus H. Th.: Calvin as Comnmentator on the Acts of the Apostles. In: Donald K. McKim (Hg.): Calvin and the Bible. Cambridge 2006, S. 199–223

Moffat, James: Aristotle and Tertullian. In: The Journal of Theological Studies 18 (1916), S. 170–171

Monfasani, John: Was Lorenzo Valla an Ordinary Language Philosopher? In: Journal of the History of Ideas 50 (1989), S. 309

Monsegú, Bernardo G.: La doctrina cristólogica de Juan Vives. In: Estudios franciscanos 55 (1954), S. 429–458 und 56 (1955), S. 43–70

Moody, Ernest A.: Ockham, Buridan, and Nicholaus of Autrecourt. In: Franciscan Studies 7 (1947), S. 113–146

Moore, Edward: Dante and Aristotle. In: Id., Studies in Dante. First Series. Oxford 1896, S. 92–156

Mougin, Gregory und Elliott Sober: Betting Against Pascal's Wager. In: Noûs 28 (1994), S. 282–395

Mozley, John K.: The Impassibility of God: A Survey of Christian Thought. Cambridge 1926

Müller, Hans Erich: Die Prinzipien der stoischen Grammatik. Phil. Diss. Rostock 1943

Müller, Heinrich: Der rabbinische Qual-Wachomer-Schluß in paulinischer Typologie. Zur Adam-Christus-Typologie in Rm 5. In: Zeitschrift für neutestamentliche Wissenschaft und Kunde der älteren Kirche 58 (1967), S. 73–92

Müller, Karl F.: Andreas Hyperius. Ein Beitrag zu seiner Charakteristik. Kiel 1895

Muller, Richard A.: Post-Reformation Dogmatics. Vol. 1: Prolegomenon to Theology. Grand Rapid 1987

Mundt, Lothar: Rudolf Agricolas *De inventione dialectica* – Konzeption, historische Bedeutung und Wirkung. In: Wilhelm Kühlmann (Hg.): Rudolf Agricola 1444–1485. Protagonist des nordeuropäischen Humanismus, zum 550. Geburtstag. Bern 1994, S. 83–146

Murphy, James J.: The Double Revolution in the First Rhetorical Textbook Published in England: The *Margarita eloquentiae* of Gulielmus Traversagnus (1479). In: Texte: Revue de critique et de théorie littéraire 8/9 (1989/90), S. 367–376

Nadler, Steven M.: Arnauld, Descartes, and Transubstantiation: Reconciling Cartesian Metaphysics and Real Presence. In: Journal of the History of Ideas 49 (1988), S. 229–246

Nardi, Bruno: Dante e la cultura medievale. Bari 1942

Nason, John W.: Leibniz's Attack on the Cartesian Doctrine of Extension. In: Journal of the Hisrtiory of Ideas 7 (1946), S. 447–483

Nautin, Pierre: »De Seraphim« de Jérome et son appendice ›Ad Damasum‹. In: Michael Wissemann (Hg.): Roma renascens. Beiträge zur Spätantike und Rezeptionsgeschichte [...]. Frankfurt/M. 1988, S. 257–292

Neumann, J.: Influence de Raschi et d'autres commentateurs juifs sur les »Postillae perpetuae« de Nicolas de Lyre. In: Revue des Études Juives 26 (1893), S. 172–82; 27 (1894), S. 250–62

Newhauser, Richard: Towards a History of Human Curiosity: A Prolegomenon to its Medieval Phase. In: Deutsche Vierteljahrsschrift für Literaturwissenschaft und Geistesgeschichte 56 (1982), S. 559–575

– Augustinian *vitium curiositas* and Its Reception. In: Edward B. King und Jacqueline T. Schaefer (Hg.): Saint Augustine and His Influence in the Middle Ages. Sewanee 1988, S. 99–124

Newman, Louis I.: Jewish Influence on Christian Reform Movements. New York 1925 (ND 1966)

Nielsen, Lauge Olaf: Theology and Philosophy in the Twelfth Century: a Study of Gilbert Porreta's Thinking and the Theological Expositions of the Doctrine of the Incarnation During the Period 1130–1180. Leiden 1982

Niewöhner, Friedrich: Entdecktes Judentum und jüdische Augen=Gläser: Johann Andreas Eisenmenger. In: Richard van Dülmen und Sina Rauschenbach (Hg.): Denkwelten um 1700. Zehn intellektuelle Profile. Köln 2002, S. 167–180

Nolan, Edmond, und Samuel A. Hirsch: The Greek Grammar of Roger Bacon and a Fragment of His Hebrew Grammar. Cambridge 1902

Noreña, Carlos G.: Juan Luis Vives. The Hague 1970

Nuchelmans, Gabriel R. F. M.: Philologia et son mariage avec Mercure jusqu'à la fin du XIIe siècle. In: Latomus 16 (1957), S. 84–107

Nuchelmans, Gabriel R. F. M.: Studien über φιλόλογος, φιλολογία und φιλολογεῖν. Zwolle 1950

O'Cleirig, Padraig: *Topoi* of Invention on Origen's Homilies. In: Gilles Dorival und Alain le Boulluec (Hg.): Origeniana Sexta. Leuven 1995, S. 277–286

O'Donnell, J. Reginald: The *Rhetorica divina* of William of Auvergne: A Study in Applied Rhetoric. In: Fernand Bossier et al. (Hg.): Images of Man on Ancient and Medieval Thought. Louvain 1976

O'Donovan, O. M. T.: *Usus* and *Fruitio* in Augustine *De doctrina christiana I*. In: Journal of Theological Studies 33 (1982), S. 361–397

O'Loughlin, Thomas: Julian of Toledo's *Antikeimenon* and the Development of Latin Exegesis. In: Proceedings of the Irish Biblical Association 16 (1993), S. 80–98

– The Controversy Over Methuselah's Death: Proto-Chronology and the Origins of the Western Concept of Inerrancy. In: Recherches de Théologie ancienne et médiévale 62 (1995), S. 182–225

– Biblical Contradictions in the Peripohyseon and the Development of Eriugena's Methode. In: Gerd van Riel et al. (Hg.): Iohannes Scottus Eriugena: The Bible and Hermeneutics [...]. Leuven 1996, S. 103–126

O'Malley, John W.: Erasmus and the History of Sacred Rhetoric: The *Ecclesiastes* of 1535. In: Erasmus of Rotterdam Society Yearbook 5 (1985), S. 1–29

Oberman, Heiko A.: *Facientibus quod in se est deus non denegat gratiam*. Robert Holcot and the Beginnings of Luther's Theology. In: Harvard Theological Review 55 (1962), S. 317–342

– Spätscholastik und Reformation. Bd. 1. Zürich 1965

– *Contra vanam curiositatem*. Ein Kapitel der Theologie zwischen Seelenwinkel und Weltall. Zürich 1974

– Discovery of Hebrew and Discrimination Against the Jews: The *Veritas Hebraica* as Double-Edged Sword in Renaissance and Reformation. In: Susan C. Karant-Nunn (Hg.): *Germania illustrata*. [...]. Kirksville 1992, S. 19–34

Opelt, Ilona: Christianisierung heidnischer Etymologien. In: Jahrbuch für Antike und Christentum 2 (1959), S. 70–85

– San Girolamo e i suoi maestri ebrei. In: Augustiniana 28 (1988), S. 327–338

Orcibal, Jean: Le fragment *Infini-rien* et ses sources. In: Marc-André Bera (Hg.): Blaise Pascal: l'homme et l'œuvre. Paris 1956, S. 159–186

Orio de Miguel, Bernardino: Leibniz y el pensamiento hermético a propósito de los »Cogitata in genesin«. 2 Bde. Valencia 2002

Osborn, Eric F.: Logique et exégèse chez Clément d'Alexandrie. In: Lectures anciennes de la Bible. Strasbourg 1987, S. 169–190

Osborne, Thomas: Faith, Philosophy, and the Nominalist Background of Luther's Defense of Real Presence. In: Journal of the History of Ideas 63 (2002), S. 63–82

Otte, Hans und Richard Schenk (Hg.): Die Reunionsgespräche im Niedersachsen des 17. Jahrhunderts: Rojas y Spinola – Molan – Leibniz. Göttingen 1999

Paffenroth, Kim: Notes and Observations: Paulsen on Augustine: An Incorporeal or Nonanthropomorphic God? In: Harvard Theological Review 86 (1993), S. 233–235

Pak, G. Sujin: Luther, Bucer, and Calvin on Psalms 8 and 16: Confessional Formation and the Question of Jewish Exegesis. In: Wim Janse und Barbara Pitkin (Hg.): The Formation of Clerical and Confessional Identities in Early Modern Europe. Leiden/Boston 2006, S. 169–186

Palmer, N. H.: Lachmann's Argument. In: New Testament Studies 13 (1966/67), S. 368–378

Pardo Pastor, Jordi: Mahoma y el Anticristo en la obra de Ramon Lull. In: Anales del Seminario de Historia de la Filosofia 22 (2005), S. 159–172

Paulsen, David L.: Early Christian Belief in a Corporeal Deity: Origen and Augustine as Reluctant Witnesses. In: Harvard Theological Review 83 (1990), S. 105–116

– Reply to Kim Paffenroth's Comment. In: Harvard Theological Review 86 (1993), S 235–239

Pépin, Jean: A propos de l'histoire de l'exégèse allegorique: L'absurdité signe d'allégorie. In: Studia patristica 1 (1955), S. 395–413

Pépin, Jean: Mythe et allégorie. Les origines grecques et les contestations judéo-chrétiennes. Paris 1958

– La vraie dialectique selon Clément d'Alexandrie. In: Jacques Fontaine (Hg.): Epektasis. Mélanges patristiques offerts au Cardinal Jean Daniélou. Paris 1972, S. 375–383

– Saint Augustin et la dialectique. Villanova 1976

Peri, Vittorio: *Correctores immo corruptores*. Un saggio di critica testuale nella Roma del XII sec. In: Italia medievale e umanistica 20 (1977), S. 19–125

Pfeiffer, Rudolf: Geschichte der Klassischen Philologie. Von den Anfängen bis zum Ende des Hellenismus [History of Classical Scholarship, 1968]. München 1978

Pfligersdorffer, Georg: Zur Frage nach dem Verfasser der pseudo-augustinischen *Categoriae decem*. In: Wiener Studien 65 (1950/51), S. 131–137

– Zu Boethius, *De Interpr. Ed. Sec. I, p. 4, 4 sqq. Meiser* nebst Beobachtungen zur Geschichte der Dialektik bei den Römern. In: Wiener Studien 66 (1953), S. 131–154

– Zu den Grundlagen des augustinischen Begriffspaares *uti-frui*. In: Wiener Studien 84 (1971), S. 195–224

Pilvousek, Josef: Jodocus Trutfetter (1460–1519) und der Erfurter Nominalismus. In: Dietmar von der Pfordten (Hg.): Große Denker Erfurts und der Erfurter Universität. Göttingen 2002, S. 96–117

Pinborg, Jan: Das Sprachdenken der Stoa und Augustins Dialektik. In: Classica et Mediaevalia 23 (1962), S. 148–177

Piro, Francesco: Are the ›Canals of Tropes‹ Navigable? Rhetoric Concepts in Leibniz' Philosophy of Language. In: Klaus D. Dutz und Stefano Gensini (Hg.): Im Spiegel des Verstandes. Studien zu Leibniz. Münster 1996, S. 137–160

Pitkin, Barbara: Imitation of David: David as a Paradigma for Faith in Calvin's Exegesis of the Psalms. In: Sixteenth Century Journal 24 (1993), S. 843–863

Plag, Christoph: Paulus und die *Gezera schawa*: Zur Übernahme rabbinischer Auslegungskunst. In: Judaica 50 (1994), S. 135–140

Platinga, Cornelius: Gregory of Nyssa and the Social Analogy of the Trinity. In: The Thomist 50 (1986), S. 325–352

Platt, John E.: Sixtinus Amama (1593–1629): Franeker Professor and Cititzen of the Republic of Letters. In: Goffe Th. Jensma (Hg.): Universeiteit te Franeker 1585–1811. Bijdraagen tot de geschiedenis van de Friese Hogeschool. Leeuwarden 1985, S. 236–248

Pohlenz, Max: Die Begründung der abendländischen Sprachlehre durch die Stoa [1939]. In: Id., Kleine Schriften. Bd. I. Hildesheim 1965, S. 39–86

Power, E.: Correction Form the Hebrew in the Theodulfian MSS of the Vulgate. In: Biblica 5 (1924), S. 233–258

Prantl, Carl: Geschichte der Logik im Abendlande. Erster Bd., Leipzig 1855 (ND 1997)

Press, Gerald A.: The Subject and Structure of Augustine's *De doctrina christiana*. In: Augustinian Studies 11 (1980), S. 99–124

Preus, James S.: From Shadow to Promise. Old Testament Interpretation from Augustine to the Young Luther. Cambridge 1969

Quere, Ralph Walter: Melanchthon's *Christum Cognoscere*. Christ's Efficacious Presence in the Eucharistic Theology of Melanchthon. Niewkoop 1977

Radding, Charles M.: Theology, Rhetoric, and Politics in the Eucharistic Controversy, 1078–1079: Alberic of Monte Casino Against [Berengar] of Tours. New York 2003

Rademaker, Cornelis S. M.: Life and work of Gerardus Joannes Vossius (1577–1649) [niederländisch 1967]. Assen 1981

– Gerardus Joannes Vossius (1577–1649) and the Study of Latin Grammar. In: Historiographia Linguistica 15 (1988), S. 109–128

Raeder, Siegfried: *Grammatica theologica*. Studien zu Luthers *Operationes in psalmos*. Tübingen 1977

– Raimundus Lullus als Scholastiker in der Auseinandersetzung mit dem Islam. In: Judaica 52 (1996), S. 271–288

Räisänen, Heikki: Paul and the Law. Tübingen 1983

Rapp, Christof: Aristoteles über die Rechtfertigung des Satzes vom Widerspruch. In: Zeitschrift für philosophische Forschung 47 (1993), S. 521–541

Rashkow, Ilona N.: Hebrew Bible Translation and the Fear of Judaization. In: The Sixteenth-Century Journal 21 (1990), S. 217–233

Rebenich, Stefan: Jerome: The »Vir Trilinguis« and the »Hebraica Veritas«. In: Vigiliae Christianae 47 (1993), S. 50–77

Reinhardt, Klaus: Vives' Auseinandersetzungen mit der jüdischen Auslegung des Alten Testamentes. In: Christoph Strosetzki (Hg.): Juan Luis Vives. Sein Werk und seine Bedeutung für Spanien und Deutschland. Frankfurt/M. 1995, S. 9–21 (1995a)

– Ramón Lull und die Bibel. In: Fernando Domínguez et al. (Hg.): Aristotelica et Lulliana […]. Steenburgis 1995, S. 311–331 (1995b)

Rembaum, Joel E.: The Talmud and the Popes: Reflections on the Talmud Trials of the 1240s. In: Viator 13 (1982), S. 203–223

Resnick, Irven M.: ›Scientia liberalis‹, Dialectics and Otloh of St. Emmeram. In: Revue Bénédictine 97 (1987), S. 241–252

– Talmud, *Talmudisti*, and Albert the Great. In: Viator 33 (2002), S. 69–86

Reynolds, Leighton D.: The Medieval Tradition of Seneca's Letters. Oxford 1965

Rice, Eugene F.: The Renaissance Idea of Wisdom. Cambridge/Mass. 1958

– The Humanist Idea of Christian Antiquity: Lèfevre d'Étaples and His Circle. In: Studies in the Renaissance 9 (1962), S. 126–160

Richè, Pierre: Education and Culture in the Barbarian West From the Sixth Through the Eighth Century [Éducation et culture dans l'Occident barbare, 1962]. Columbia 1976

Riley, Patrick: Leibniz, Platonism, and Judaism: The 1714 Vienna Lecture on ›The Greeks as Founders of a Sacred Philosophy‹. In: Cook et al. (Hg.): Leibniz und das Judentum. Stuttgart 2008, S. 95–113

Risse, Wilhelm: Die Logik der Neuzeit. 1. Bd.: 1500–1640, Stuttgart-Bad Cannstatt 1964

Ritschl, Albrecht: *Fides implicita*. Eine Untersuchung über Köhlerglauben, Wissen und Glauben, Glauben und Kirche. Bonn 1890

Ritschl, Otto: Das orthodoxe Luthertum im Gegensatz zu der reformierten Thologie und in der Auseinandersetzung mit dem Synkretismus. Göttingen 1927

Rivero, Maria-Luisa: Early Scholastic Views on Ambiguity: Composition and Division. In: Historiographia Linguistica 2 (1975), S. 25–47

Robles Carcedo, Laureano: En torno a una vieja polémica: el »Pugio Fidei« y Tomás de Aquino. In: Revista Española de Teologia 34 (1974), 321–350 und 35 (1975), S. 21–41

Röckelein, Hedwig: Otloh, Gottschalk, Tnugdal: Individuelle und kollektive Visionsmuster des Hochmittelalters. Frankfurt/Bern/New York 1987

Rodis-Lewis, Genèvieve: L'individualité selon Descartes. Paris 1950

Rogers, Kate: The Traditional Doctrine of Divine Simplicity. In: Religious Studies 32 (1996), S. 165–186

Rohrbacher, Stefan: »Gründlicher und wahrhaffter Bericht«. Des Orientalisten Johannes Andreas Eisenmengers *Entdecktes Judenthum* (1700) als Klassiker des »wissenschaftlichen« Antisemitismus In: Peter Schäfer und Irina Wandrey (Hg.): Reuchlin und seine Erben. Ostfilden 2005, S. 171–188

Roland J. Teske: Criteria for Figurative Interpretation in St. Augustine. In: Duane W.H. Arnold und Pamela Bright (Hg.): *De doctrina christiana*: A Classic of Western Culture. Notre Dame/London 1995, S. 109–122

Roques, René: La notion de Hiérarchie selon le Pseudo-Denys. In: Archives d'Histoire doctrinale et litéraire du Moyen-Age 17 (1949), S. 183–222; 18 (1950), S. 5–54

– L'Universe Dionysien. Structure hiérarchie du monde selon le Pseduo-Denys. Aubier 1954

Rosenthal, Erwin I. J.: Rashi and the English Bible. In: Bulletin of the John Rylands Library 24 (1940), S. 138–167

Rosenthal, Erwin I. J.: Medieval Jewish Exegesis: Its Character and Significance. In: Journal of Semitic Studies 9 (1964), S. 265–281

– Sebastian Muenster's Knowledge and Use of Jewish Exegesis [1942]. In: Id., Studia Semitica. Vol. I. [...]. Cambridge 1971, S. 127–145

Rosenthal, Judah M.: The Talmud on Trial. The Disputation at Paris in the Year 1240. In: Jewish Quarterly Reviw NS 47 (1956/57), S. 58–76 und S. 145–169

Rosier, Irene: Evolution des notions *d'equivocatio et univocatio* au XIIe siècle. In: Ead. (Hg.), L'ambiguité. Cinq études historiques. Lille 1988, S. 117–130

– Henri de Grand, le De Dialectica d'Augustin, et l'institution des noms divins. In: Documenti e studi sulla tradizione filosofica mediaevale 6 (1995), S. 145–253

Rösler, Claire: Den Frieden säen. Ein irenischer Briefwechsel zwischen Gottfried Wilhelm Leibniz und Daniel Ernst Jablonski über das Abendmahl. In: Joachim Bahlcke und Werner Korthaase (Hg.): Daniel Ernst Jablonski. Religion, Wissenschaft und Politik um 1700. Wiesbaden 2008, S. 285–317

Roth, Dorothea: Die mittelalterliche Predigttheorie und das Manuale Curatorum des Johann Ulrich Surgant. Basel 1956

Rudolph, Hartmut: Zum Nutzen von Politik und Philosophie für die Kirchenunion. Die Aufnahme der innerprotestantischen Ausgleichsverhandlungen am Ende des 17. Jahrhunderts. In: Martin Fontius et al. (Hg.): *Labora Diligenter* [...]. Stuttgart 1999, S. 108–166 (1999a)

– Kirchenbegriff und päpstlicher Primat bei Leibniz. In: Herbert Breger und Friedrich Niewöhner (Hg.): Leibniz und Niedersachen. [...]. Stuttgart 1999, S. 76–86 (1999b)

Rummel, Erika: *Manifesta mendacia*: Erasmus' Reply to »Taxander«. In: Renaissance Quarterly 43 (1990), S. 731–743

Rüther, Theodor: Die sittliche Forderung der Apatheia in den beiden ersten christlichen Jahrhunderten und bei Clemens von Alexandrien. Ein Beitrag zur Geschichte des christlichen Vollkommenheitsbegriffs. Freiburg/Br. 1949

Rutherford, Donald: Natures, Laws, and Miracles: The Roots of Leibniz's Critique of Occasionalism. In: Steven Nadler (Hg.): Causation in Early Modern Philosophy. University Park 1993, S. 135–158

Ryan, John K.: The Argument of the Wager in Pascal and Others. In: The New Scolasticism 19 (1945), S. 233–250

Sander, Thorsten: Beweislastverteilung und Intuitionen in philosophischen Diskursen. In: Journal für General Philosophy of Science 34 (2003), S. 69–97

Sarka, Paul: Pascal's Wager and the Many-God Objections. In: Religious Studies 37 (2001), S. 321–341

Sarna, Nahum M.: Hebrew and Bible Studies in Medieval Spain. In: Richard David Barnett (Hg.): The Sephardi Heritage: Essays on the History and Cultural Contribution of the Jews of Spain and Portugal. New York 1971, S. 323–366

Scaglione, Aldo: The Humanist as Scholar and Politian's Conception of the ›Grammaticus‹. In: Studies in the Renaissance 8 (1961), S. 49–70

Schauwecker, Helga: Otloh von Emmeram. Ein Beitrag zur Bildungs- und Frömmigkeitsgeschichte des 11. Jahrhunderts. München 1965

Schian, Martin: Die Homiletik des Andreas Hyperius, ihre wissenschaftliche Bedeutung und ihr praktischer Wert. In: Zeitschrift für praktische Theologie 18 (1896), S. 289–324; 19 (1897), S. 27–66, 120–149

Schiedermair, Hartmut: Das Phänomen der Macht und die Idee des Rechts bei G. W. Leibniz. Wiesbaden 1970

Schindel, Ulrich: Die Quellen von Bedas Figurenlehre. In: Classica et Medievalia 29 (1968), S. 169–186

Schlageter, Johannes: Hermeneutik der Heiligen Schrift bei Wilhelm von Ockham. In: Franziskanische Studien 57 (1975), S. 230–283

Schmid, Wilhelm: Zur antiken Stillehre aus Anlaß von Proklos' ›Chrestomatheia‹. In: Rheinisches Museum 49 (1994), S. 133–164

Schmidt, Kurt Dietrich: Theologische Auseinandersetzungen in Hamburg im beginnenden 17. Jahrhundert. In: Die Entfaltung der Wissenschaft. Zum Gedenken an Joachim Jungius (1587–1657). Hamburg 1957, S. 109–116

Schmitt, Franciscus S.: Die wissenschaftliche Methode in Anselms *Cur Deus Homo*. In: Spicilegium Beccense. Bd. 1. Congrès International du IXe Centenaire de l'Arrivée d'Anselme au Bec. Paris 1959, S. 349–370

Schmitt, Wolfgang O.: Die Ianua (Donatus) – ein Beitrag zur lateinischen Schulgrammatik des Mittelalters und der Renaissance. In: Beiträge zur Inkunabelkunde Ser. III, 4 (1969) S. 43–80

Schneider, Ivo: Leibniz on the Probable. In: Joseph Dauben (Hg.): Mathematical Perspectives. Essays on Mathematics and Its Historical Development. New York 1981, S. 201–219 (1981a)

– Why do we Find the Origin of a Calculus of Probability. In: Jaakko Hintikka et al. (Hg.): Probabilistic Thinking, Thermodynamics, and the Interpretation of the History and Philosophy. Boston 1981, S. 3–24 (1981b)

Schneider, John R.: Philip Melanchthon's Rhetorical Construal of Biblical Authority. Lewiston/Quennston/Lampeter 1990

Schoeps, Hans-Joachim: Paulus. Die Theologie des Apostels im Lichte der jüdischen Religionsgeschichte. Tübingen 1959

Schöne, Jobst: Um Christi sakramentale Gegenwart. Der Saligersche Abendmahlstreit 1568/69. Berlin 1966

Schöpskau, Klaus: Antike Vorstellungen von der Geschichte der griechischen Rhetorik. Diss. Phil. Saarbrücken 1969

– Das Nachleben der *technon synagoge* bei Cicero, Quintilian und in den griechischen Prolegomena zur Rhetorik. In: William W. Fortenbaugh und David C. Mirhady (Hg.): Peripatetic Rhetoric After Aristotle. New Brunswick/London 1994, S. 192–216

Schreckenberg, Heinz: Die christlichen Adversus-Judaeos-Texte und ihr literarisches und historisches Umfeld (13.–20 Jh.) [...]. Frankfurt/M. 1994

Schrimpf, Gangold: Bausteine für einen historischen Begriff der scholastischen Philosophie. In: Jan P. Beckmann et al. (Hg.): Philosophie im Mittelalter. Entwicklungslinien und Paradigmen. Hamburg 1982, S. 1–25

Schröder, Richard: Johann Gerhards lutherische Christologie und die aristotelische Metaphysik. Tübingen 1983

Schubert, Kurt: Das christlich-jüdische Religionsgespräch im im 12. und 13. Jahrhundert. In: Alfred Ebenbauer und Klaus Zatloukal (Hg.): Die Juden in ihrer mittelalterlichen Umwelt. Köln 1991, S. 223–250

Schucan, Luzi: Das Nachleben von Basilius Magnus »ad adolescentes«. Ein Beitrag zur Geschichte des christlichen Humanismus. Genève 1973

Schultes, Reginald M.: Die *Fides explicita* und *implicita*. Die scholastische Lehre über *fides explicita* und *implicita* als Grundlagen der Dogmengeschichte. In: Divus Thomas 11 (1915), S. 476–507

Schwarz, Adolf: Die hermeneutische Antinomie in der talmudischen Literatur. Wien/Leipzig 1913

Schwendinger, Fidelis: De vaticiniis messianicis Pentateuchi apud Nicolaum de Lyra. In: Antonianum 4 (1929), S. 3–44 und S. 129–166

Scivoletto, Nino: I limiti dell'ars grammatica in Gregorio Magno. In: Giornale italiano di filologia 17 (1964), S. 210–238

Seckler, Max: »Philosophia ancilla theologiae«. Über die Ursprünge und den Sinn einer anstößig gewordenen Formel. In: Theologische Quartalschrift 171 (1991), S. 161–187

Seddon, Frederick: The Principle of Contradiction in *Metaphysics Gamma*. In: New Scholasticism 55 (1981), S. 191–207

Selge, Kurt-Victor: Das Konfessionsproblem in Brandenburg im 17. Jahrhundert und Leibniz' Bedeutung für die Unionsverhandlungen in Berlin. In: Hans Poser und Albert Heinekamp (Hg.): Leibniz in Berlin. Stuttgart 1990, S. 170–185

Serjeantson, R. S.: The Passions and Animal Language, 1540–1700. In: Journal of the History of Ideas 62 (2001), S. 425–444

Sheresshevsky, Ezrâ: Rashi. The Man and His World. New York 1982

Siegert, Folker: Argumentation bei Paulus, gezeigt an Röm 9–11. Tübingen 1985

Signer, Michael A.: Polemic and Exegesis: The Varieties of Twelfth-Century Hebraism. In: Allison P. Coudert und Jeffrey S. Shoulson (Hg.): *Hebraica Veritas?* Christian Hebraists and the Study of Judaism in Early Modern Europe. Philadelphia 2004, S. 21–32

Simonetti, Manlio: Lettera e/o allgeoria. Un contributo alla storia dell'esegesi patristica. Roma 1985

Simonis, Walther: Trinität und Vernunft. Untersuchung zur Möglichkeit einer rationalen Trinitätslehre bei Anselm, Abaelard, den Viktorinern, A. Gunther und J. Frohschammer. Frankfurt/M. 1972

Siniscalco, Paolo: La teoria et la tecnica del commentario biblico secondo Girolamo. In: Annali di storia dell'esegesi 5 (1988), S. 225–238

Sleigh, Robert C.: Leibniz & Arnauld: A Commentary on Their Correspondence. New Haven 1990

Smalley, Beryl: The Study of the Bible in the Middle Ages. Notre Dame 1964 (gegenüber der 1. Aufl. von 1941 erweitert und verändert)

Smelik, K.A.D.: The Witch of Endor. I Samuel 28 in Rabbinic and Christian Exegesis till 800 A.D. In: Vigiliae Christianae 33 (1977), S. 160–179

Smits, Edmé R.: New Evidence for the Authorship of the Commentary on the First Six Books of Vergil's *Eneid* Commonly Attributed to Bernardus Sylvestris. In: Martin Gasman und Jaap van Os (Hg.): *Non nova, sed nove.* Groningen 1984, S. 239–246

Smolinsky, Heribert: Reform der Theologie? Beobachtungen zu Johannes Ecks exegetischen Vorlesungen an der Universität Ingolstadt. In: Manfred Weitlauff und Karl Hausberger (Hg.): Papstum und Kirchenreform. Historische Beiträge. […]. St. Ottilien 2000, S. 333–349

Sobel, Jordan Howard: Pascalian Wagers. In: Synthese 108 (1996), S. 11–61

Somerville, Robert: The Case against Berengar of Tours – A New Text. In: Studi Gregoriani 9 (1972), S. 53–72

Southern, Richard W.: Lanfranc of Bec and Berengar of Tours. In: R. W. Hunt el al. (Hg.): Studies in Medieval History Presented to F. M. Powicke. Oxford 1948, S. 27–48

– Beryl Smalley and the Bible. In: Katherine Walsh und Diana Wood (Hg.): The Bible in the Medieval World. […]. Oxford 1985, S. 1–16

Spade, Paul Vincent: The Origins of the Mediaeval Insolubilia-Literature. In: Franciscan Studies 33 (1973), S. 282–309

– The Medieval Liar: A Catalogue of the *Insolubilia*-Literature. Toronto 1975

– William Heytesbury's Position on »Insolubles«. One Possible Source. In: Vivarium 14 (1976), S. 114–120

– Five Early Theories in the Mediaeval Insolubilia Literature. In: Vivarium 25 (1987), S. 24–46

Sparks, H. D. F.: Jerome as Biblical Scholar. In: Peter R. Ackroyd and C. E. Evans (Hg.): Cambridge History of the Bible. Vol. I: Form the Beginnings to Jerome. Cambridge 1970, S. 517–62

Sparn, Walter: Die Wiederkehr der Metaphysik. Die ontologische Frage in der lutherischen Theologie des frühen 17. Jahrhunderts. Stuttgart 1976

Specht, Reiner: Innovation und Folgelast. Beispiele aus der neueren Philosophie- und Wissenschaftsgeschichte. Stuttgart 1972

Staehelin, Ernst: Das theologische Lebenswerk Johannes Oekolampads. Leipzig 1939

Steiger, Johann Anselm: *Rhetorica sacra seu biblica.* Johann Matthäus Meyfart (1590–1642) und die Defizite der heutigen rhetorischen Homiletik. In: Zeitschrift für Theologie und Kirche 92 (1995), S. 517–558

- Die Rezeption der rabbinischen Tradition im Luthertum (Johann Gerhard, Salomo Glassius u.a.) und im Theologiestudium des 17. Jahrhunderts. In: Christiane Caemmerer et al. (Hg.): Das Berliner Modell der Mittleren Deutschen Literatur. Amsterdam/Atlanta 2000, 191–252
- Luthers Exempel-Hermeneutik im Überblick. In: Id., Fünf Zentralthemen der Theologie Luthers und seiner Erben: Communicatio – Imago – Figura – Maria – Exempla. Leiden/Boston/Köln 2002, S. S. 256–267
- »Alles vol Bibel«. Die Predigt der Kreatur in der Theologie Martin Luthers. Oder: Die Sprachmacht des Gemachten. In: Barbara Mahlmann-Bauer (Hg.): Scientiae et artes […]. I. Wiesbaden 2004, S. 189–214

Steinmetz, David C.: The Judaizing Calvin. In: Id. (Hg.), Die Patristik in der Bibelexegese des 16. Jahrhunderts. Wiesbaden 1999, S. 135–145

Stephens, W. Peter: Zwingli: An Introduction to His Thought. Oxford 1992

Stillig, Jürgen: Konversion, Karriere und Elitenkultur: Profile kirchlicher Konvertitenfürsorge: Ludolf Klencke und Barthold Nihus. In: Friedrich Niewöhner und Fidel Rädle (Hg.): Konversionen im Mittelalter und in der Frühneuzeit. Hildesheim/Zürich/New York 1999, S. 85–132

Stock, Brian: Myth and Science in the Twelfth Century: A Study of Bernard Silvester. Princeton 1972

Stockhausen, Carol Kern: Moses' Veil and the Glory of the New Convenant: The Exegetical Substructure of II Cor. 3, 1–4, 6. Roma 1989

Stoldt, Hans-Herbert: Geschichte und Kritik der Markushypothese. Göttingen 1977

Stow, Kenneth: The Burning of the Talmud in 1553, in Light of Sixteenth-Century Catholic Attitude Toward the Talmud. In: Jeremy Cohen (Hg.): Essential Papers on Judaism and Christianity in Conflict […]. New York 1991, S. 401–428

Strohm, Christoph: Das Verhältnis von theologischen, politisch-philosophischen und juristischen Argumentationen in calvinistischen Abhandlungen zum Widerstandsrecht. In: Angela De Benedictis und Karl-Heinz Lingens (Hg.): Wissen, Gewissen und Wissenschaft im Widerstandsrecht (16.–18. Jh.) […]. Frankfurt/M. 2003, S. 141–174

Strumsa, Gedaliahu: The Incorporeality of God: Context and Implications of Origen's Position. In: Religion 13 (1983), S. 359–374

Sturlese, Loris: Die deutsche Philosophie im Mittelalter. Von Bonifatius bis zu Albert dem Grossen 748–1280. München 1993

Sylla, Edith Dudely: Autonomous and Handmaiden Science: St. Thomas of Aquinas and William of Ockham. In: John Emery Murdoch und E. D. Sylla (Hg.): The Cultural Context of Medieval Learning […]. Dordrecht/Boston 1975, S. 349–391

Sylvestre, Hubert: »Diversi sed non adversi«. In: Recherches de théologie ancienne et médiévale 31 (1964), S. 124–132

Synave, Paul: La révélation des vérités divines naturelles saint Thomas d'Aquin. In: Mélanges Mandonnet – études d'histoire littéraire et doctrinale du moyen age. Tom. I. Paris 1930

Tacchella, E.: Giovanni di Salisbury e i cornificiani. In: Sandalion 3 (1980), S. 273–313

Talmage, Frank: David Kimhi and the Rationalist Tradition. In: Hebrew Union College Annual 39 (1968), S. 177–218

Tavoni, Mirko: Latino, grammatica, volgare: Storia di una questione umanistica. Padua 1984

Te Velde, Rudi A.: Natural Reason in the *Summa contra Gentiles*. In: Medieval Philolsophy & Theology 4 (1994), S. 42–70

Teshima, Isaiah: Rashi and Ibn Ezra on the *Hitpael: Peshat* in the Medieval Disputes of Hebrew Grammar. In: Hindy Najman und Judith H. Newman (Hg.): The Idea of Biblical Interpretation […]. Leiden/Boston 2004, S. 473–484

Thiel, Matthias: Grundlagen und Gestalt der Hebräischkenntnisse des frühen Mittelalters. In: Studi medievali Ser. 3, 10/3 (1969), S. 1–212

Thiele, Walter: Beobachtungen zum Comma Ioanneum (I Joh 5, 7f.). In: Zeitschrift für die neutestamentliche Wissenschaft und die Kunde der älteren Kirche 50 (1959), S. 61–73

Thijssen, Johannes M. M. H.: Once Again the Okhamist Statutes of 1339 and 1340: Some New Perspectives. In: Vivarium 28 (1990), S. 136–167

– The Crisis Over Ockhamist Hermeneutic and Its Semantic Background: The Methodological Significance of the Censure of December 29, 1340. In: Constantino Marmo und Jean Jolivet (Hg.): *Vestigia, imagines, verba.* Semiotics and Logic in Medieval Theological Texts (XIIth–XIVth Century). Turnhout 1997, S. 371–392

Thom, Paul: The Principle of Non-Contradiction in Early Greek Philosophy. In: Apeiron 32 (1999), S. 153–170

Thraede, Klaus: Grundzüge griechisch-römischer Brieftopik. München 1970

Thüring, Bruno: Die Gravitation und die philosophischen Grundlagen der Physik. Berlin 1965

Tomasic, Thomas Michael: The Logical Function of Metaphor and Oppositional Coincidence in the Pseudo-Dionysius and Johannes Scottus Eriugena. In: Journal of Religion 68 (1988), S. 361–376

Touitou, Elazar: Courants et Contre Courants dans l'Exégèse Biblique Juive en France au Moyen-âge. In: Benjamin Uffenheimer und Henning Graf Reventlow (Hg.): Creative Biblical Exegesis: Christian and Jewish Hermeneutics Through the Centuries. Sheffield 1988, S. 131–147

Trillitzsch, Winfried: Erasmus und Seneca. In: Philologus 109 (1965), S. 270–293

Trinkaus, Charles: Renaissance Semantics and Metamorphoses. In: Medievalia et Humanistica N.S. 16 (1988), S. 177–187

Työrinoja, Reijo: *Proprietas Verbi.* Luther's Conception of Philosophical and Theological Language in the Disputation: Verbum caro factum est (Joh. 1:14), 1539. In: Heikki Kirjavainen (Hg.): Faith, Will, and Grammar: Some Thoughts of Intensional Logic and Semantics in Medieval Reformation Thought. Helsinki 1986, S. 141–175

Ungeheuer, Gerold: Über das ›Hypothetische in der Sprache‹ bei Lambert. In: Edeltraud Bülow und Peter Schmitter (Hg.): Integrale Linguistik [...]. Amsterdam 1979, S. 69–98

Utermöhlen, Gerda: Die irenische Politik der Welfenhöfe und Leibniz' Schlichtungsversuch der Kontroverse um den päpstlichen Primat. In: Dieter Breuer (Hg.): Religion und Religiosität im Zeitalter des Barock I. Wiesbaden 1995, S. 191–200

Vahid, Hamid: Varieties of Epistemic Conservativism. In: Synthese 141 (2004), S. 97–122

Vailati, Ezio: Leibniz and Clarke: A Study of Their Correspondence. New York 1997

van Asselt, Willem J.: The Federal Theology of Johannes Cocceius (1603–1669). Translated by Raymond A. Blacketer. Leiden 2001

van der Heide, Albert: Rashi's Biblical Exegesis. Recent Research and Developments. In: Bibliotheca Orientalis 41 (1984), S. 292–318

– Der verschwundene Derasch – Züge der Raschiforschung in zwei Jahrhunderten. In: Kairos N.F. 32/33 (1990/91), S. 238–246

van Itterzon, G. P.: De »Synopsis purioris Theologiae«. In: Nederlandsch Archief voor Kerkgeschiedenis N.S. 23 (1930), S. 161–213 sowie S. 225–259

Vandewalle, Charles B.: Roger Bacon dans l'histoire de la philologie. Paris 1929

– Roger Bacon dans l'histoire de la philologie. In: La France franciscaine 11 (1928), S. 315–409 sowie 12 (1929), S. 45–90 und S. 161–228

Vanek, Klara: *Ars corrigendi* in der frühen Neuzeit. Studien zur Geschichte der Textkritik. Berlin/New York 2007

Varwig, Freyr Roland: Der rhetorische Naturbegriff bei Quintilian. Studien zu einem Argumentationstopos in der rhetorischen Bildung der Antike. Heidelberg 1976

Vasoli, Cesare: La dialettica e la retorica dell'Umanesimo. ›Invenzione‹ e ›Metodo‹ nella cultura del 15 e 16 secolo. Milano 1968

Verburg, Pieter A.: *Ars* oder *Scientia*, eine Frage der Sprachbetrachtung im 17. und 18. Jahrhundert. In: Horst Geckeler et al. (Hg.) : *Logos Semantikos*. [...]. Berlin/New York 1981, S. 207–214

von Roon-Bassermann, Elisabeth: Dante und Aristoteles: das *Convivio* und der mehrfache Schriftsinn. Freiburg 1956

von Schulenburg, Sigrid: Leibniz als Sprachforscher. Frankfurt/M. 1973

Vos, Johan S.: Argumentation and Situation in 1 Kor. 15. In: Novum Testamentum 41 (1999), S. 313–333 (1999a)

Vos, Johan S.: Die Logik des Paulus in 1. Kor 16, 12–20. In: Zeitschrift für neustestamentliche Wissenschaft 90 (1999), S. 78–97 (1999b)

– Die Kunst der Argumentation bei Paulus. Studien zur antiken Rhetorik. Tübingen 2002, S. 158–171

Vosté, Iacques M.: Cardinalis Caietanus sacrae scripturae interpres. In: Angelicum 11 (1934), 446–513

Vosté, Iacques M.: Cardinalis Caietanus in Vetus Testamentum praecipue in Hexaemeron. In: Angelicum 12 (1935), S. 305–332

Wabel, Thomas: Sebstbestimmung und Selbstbezogenheit. Luther zum *sensus proprius*. In: Archiv für Begriffsgeschichte 45 (2003), S. 83–120

Walde, Bernhard: Christliche Hebraisten Deutschlands am Ausgang des Mittelalters. Münster 1916

Wallace, William A.: Thomas Aquinas on Dialectic and Rhetoric. In: Jeremiah Hackett et al. (Hg.): A Straighter Path: Studies in Medieval Philosophy and Culture. Washington 1988, S. 244–254

Walmsley, Peter: Prince Maurice's Rational Parrot: Civil Discourse in Locke's *Essays*. In: Eighteenth-Century Studies 28 (1995), S. 413–425

Walton, Douglas: Arguments From Ignorance. University Park 1995

– Argumentation Schemes for Presumptive Reasoning. Mahwah 1996

– Profiles of Dialogue for Evaluating Arguments From Ignorance. In: Argumentation 13 (1999), S. 53–71

Wamper, Hermann: Das Leben der Brüder Adrian und Peter van Walenburch aus Rotterdam und ihr Wirken in der Erzdiözese Köln bis zum Jahr 1649. Köln 1968

Ward, John O.: The Date of the Commentary on Cicero's *De inventione* by Thierry of Chartres (ca. 1095–1160?) and the Cornifician Attack on the Liberal Arts. In: Viator 3 (1972), S. 219–273

Warners, J. D. P.: Erasmus, Augustine en de Retorika. In: Nederlands Archief voor Kerkgeschiedenis N.S. 51 (1971), S. 125–148

Waswo, Richard: The ›Ordinary Language Philosophy‹ of Lorenzo Valla. In: Bibliothèque d'Humanisme et Renaissance 41 (1979), S. 255–271

– Language and Meaning in the Renaissance. Princeton 1987

Watson, Richard A.: Transubstantiation Among the Cartesians. In: John M. Lennon et al. (Hg.): Problems of Cartesianism. Montreal 1982, S. 127–148

Wedin, Michael V.: A Curious Turn in *Metaphysics* Gamma: Protagoras and Strong Denial of the Principle of Non-Contradiction. In: Archiv für Geschichte der Philosophie 85 (2003), S. 107–130

Wedin, Michael V.: Aristotle on the Firmness of the Principle of Non-Contradiction. In: Phronesis 49 (2004), S. 225–265

Weidemann, Hermann: Wetten, daß ... ? Ein antikes Gegenstück zum Wettargument Psacals. In: Archiv für die Geschichte der Philosophie 81 (1999), S. 290–315

Weil, Gérard E.: Élie Lévita. Humaniste et Massorète (1469–1549). Leiden 1963

Weiss Halivni, David: Peshat and Derash: Plain and Applied Meaning in Rabbinic Exegesis. New York/Oxford 1991

– Aspects of Classical Jewish Hermeneutics. In: Hendrik M. Vroom und Jerald D. Gort (Hg.): Holy Scriptures in Judaism, Christianity and Islam. Amsterdam/Atlanta 1997, S. 77–97

Weiss, James Michael: *Ecclesiastes* and Erasmus: The Mirror and the Image. In: Archiv für Reformationsgeschichte 65 (1974), S. 83–108

Weissengruber, Franz: Zu Cassiodors Wertung der Grammatik. In: Wiener Studien N.F. 3 (1969), S. 198–210

– Zu Gregors des Großen Verhalten gegenüber der antiken Profanbildung. In: Gregorio magno e il suo tempo. Tom. II. Roma 1991, S. 105–119

Werbeck, Wilfrid: Jacobus Perez von Valencia. Untersuchungen zu seinem Psalmenkommentar. Tübingen 1959

Werling, Hans Friedrich: Die weltanschaulichen Grundlagen der Reunionsbemühungen von Leibniz im Briefwechsel mit Bossuet und Pellisson. Frankfurt/M. 1977

Werther, David: Leibniz on Cartesian Omnipotence and Contingency. In: Religious Studies 31 (1995), S. 23–36

– Leibniz and the Possibility of God's Existence. In: Religious Studies 32 (1996), S. 37–48

Wetter, Friedrich: Die Trinitätslehre des Johannes Duns Scotus. Münster 1967

White, Graham: Luther as Nominalist. A Study of the Logical Methods Used by Martin Luther's Disputations in the Light of Their Medieval Background. Helsinki 1994

Wickenden, Nicholas: G. J. Vossius and the Humanist Concept of History. Assen 1993

Widmann, Hans: Zu Reuchlins *Rudimenta hebraica*. In: Elisabeth Geck und Guido Pressler (Hg.): Festschrift für Josef Benzing. Wiesbaden 1964, S. 492–498

Wiedeburg, Paul: Der junge Leibniz. Das Reich und Europa. I. Teil. Wiesbaden 1962

Wiehart-Howaldt, Alexander: Essenz, Perfektion, Existenz. Zur Rationalität und dem systematischen Ort der Leibnizschen *Theologia Naturalis*. Stuttgart 1996

Wiersma, Syds: The Dynamic of Religious Polemics. The Case of Raymond Martí (ca. 1220–ca. 1285). In: Marcel Poorthuis et al. (Hg.): Interaction Between Judaism and Christianity in History, Religion, Art and Literature. Leiden 2009, S. 201–217

Wiesen, David S.: Jerome as a Satirist: A Study in Christian Latin Thought and Letters. Ithaca (1964) 1966

Wiggers, Julius: Der Saligersche Abendmahlsstreit in der 2. Hälfte 16. Jahrhunderts. In: Zeitschrift für historische Theologie 18 (1848), S. 613–666

Wilcox, Stanley: Corax and the Prolegomena. In: American Journal of Philology 64 (1943), S. 1–23

Wilke, Carsten: Splendeurs et infortunes du talmudisme académique en Allemagne. In: Daniel Tollet (Hg.): Les Textes judéophobes et judéophiles dans l'Europe chrétienne à l'époque moderne. Paris 2000, S. 97–134

Willi, Thomas: Christliche Hebraisten der Renaissance und Reformation. In: Judaica 30 (1974), S. 78–85 und S. 100–125

– Der Beitrag des Hebräischen zum Werden der Reformation in Basel. In: Theologische Zeitschrift 35 (1979), S. 139–154

– Der ›Pugio Fidei‹ des Raymund Martini als ein exemplarischer Versuch kirchlicher Auseinandersetzung mit dem Judentum. In: Ina Willi-Plein und Th. Willi: Glaubensdolch und Messiasbeweis. Die Begegnung von Judentum, Christentum und Islam im 13. Jahrhundert in Spanien. Neukirchen-Vluyn 1980, S. 21–83

– Christliche Hebraistik aus jüdischen Quellen. Beobachtungen zu den Anfängen einer christlichen Hebraistik. In: Giuseppe Veltri und Gerold Necker (Hg.): Gottes Sprache in der philologischen Werkstatt. Hebraistik vom 15. bis zum 19. Jahrhundert. Leiden/Boston 2004, S. 25–48

Wippel, John F.: Quodlibetal Questions, Chiefly in Theology Faculty. In: Bernardo C. Bazàn (Hg.): Les questions disputées et les questions quodlibétiques dans les facultés de théologie, de droit, et de médicine. Turnhout 1985, S. 153–222

Wiriath, R. P.: Les Rapports de Josse Bade Ascensius avec Erasme et Lefevre d'Étaples. In: Bibliotheque d'Humanisme et Renaissance 11 (1949), S. 66–71

Wirszubski, Chaim: Pico della Mirandola's Encounter with Jewish Mysticism. Cambridge 1989

Wojcik, Jan W.: The Theological Context of Boyle's Things Above Reason. In: Michael Hunter (Hg.): Robert Bolye Reconsidered. Cambridge 1994, S. 139–155

– Robert Boyle and the Limits of Reason. Cambridge 1997

Wolf, Ernst: Zur wissenschaftsgeschichtlichen Bedeutung der Disputationen an der Wittenberger Universität im 16. Jahrhundert. In: 450 Jahre Martin-Luther-Universität Halle-Wittenberg. I: Wittenberg 1502–1817. Halle-Wittenberg 1952, S. 335–344

Wolf, Gerson: Der Process Eisenmenger. In: Monatsschrift für Geschichte und Wissenschaft des Judentums 18 (1869), S. 378–384, S. 425–432 und S. 465–473

Wolf, Peter: Vom Schulwesen der Spätantike – Libanius-Interpretationen. Offenburg/Baden 1951

Wölfel, Eberhard: Seinsstruktur und Trinitätsproblem. Untersuchungen zur Grundlegung der natürlichen Theologie bei Johannes Duns Scotus. Münster 1965

Wolfson, Harry Austryn: The Classification of Sciences in Mediaeval Jewish Philosophy [1925]. In: Id., Studies in the History of Philosophy and Religion. Vol. I. Cambridge 1973, S. 493–550

Wolter, Allan. B.: The Formal Distinction. In: John K. Ryan und Bernadino M. Bonansea (Hg.): John Duns Scotus, 1265–1865. Washington 1965, S. 45–60

Wooden, Warren W.: Anti-Scholastic Satire in Sir Tomas More's Utopia. In: Sixteenth Century Journal viii, Supplement (1977), S. 29–45

Worstbrock, Franz Josef: Die Brieflehre des Konrad Celtis. Textgeschichte und Autorschaft. In: Ludger Grenzmann et al. (Hg.): Philologie als Kulturwissenschaft. Studien zur Literatur und Geschichte des Mittelalters. […]. Göttingen 1987, 242–269

Wren, Michael: Light From Darkness, From Ignorance Knowledge. In: Dialectica 43 (1989), S. 299–314

Young, Frances M.: The Rhetorical Schools and Their Influence on Patristic Exegesis. In: Rowan Williams (Hg.): The Making of Orthodoxy. Cambridge 1989, S. 182–199

Zeitlin, Solomon: Hillel and the Hermeneutic Rules. In: The Jewish Quarterly Review 54 (1963/64), S. 161–173

Zimmer, Eric: Jewish and Christian Hebraist Collaboration in Sixteenth Century Germany. In: The Jewish Quaterly Review 71 (1980/81), S. 69–88

Zincone, Sergio: La funzione dell'oscurità delle profezie secondo Giovanni Crisostomo. In: Annali di storia dell'esegesi 12 (1995), S. 361–375

Zobel, Hans-Jürgen: Die Hebraisten an der Universität Halle-Wittenberg (1502–1817). In: Wissenschaftliche Zeitschrift der Martin-Luther-Universität Halle-Wittenberg, Gesellschaftliche und sprachwissenschaftliche Reihe 7 (1957/58), Sp. 1173–1185

Zumkeller, Adolar: Die Augustinertheologen Simon Fidati von Cascia und Hugolin von Orvieto und Martin Luthers Kritik an Aristoteles. In: Archiv für Reformationsgeschichte 54 (1963), S. 15–37

zur Mühlen, Karl-Heinz: Rhetorik in Predigten und Schriften Luthers. In: Luther-Jahrbuch 57 (1990), S. 257–259

Zürcher, Christoph: Konrad Pellikans Wirken in Zürich 1526–1556. Zürich 1975

Fernando Domínguez Reboiras

Kontroversen um die *hebraica veritas* im frühneuzeitlichen Spanien

Den Begriff *hebraica veritas* hat als erster Hieronymus in seiner *Epistula ad Pammachium* (Nr. 57 seines Epistularium, verfasst um 395–396)[1] verwendet, um damit den wahren Sinn des hebräischen Textes in einigen Zitaten aus dem Alten Testament zu bezeichnen, die im Neuen Testament bzw. in der griechischen Übersetzung der Septuaginta erschienen und wohl nicht falsch, aber auch nicht ganz wörtlich wiedergegeben waren. Während Augustinus und die gesamte Tradition den griechischen Text bevorzugten, weil sie ihn als inspiriert betrachteten, verteidigt Hieronymus die hebräische Originalfassung, ohne die übrigen traditionellen Fassungen abzulehnen, die zwar im Buchstaben abwichen, aber den gleichen Sinn hatten.[2] In den Jahrhunderten danach erhielt *veritas hebraica* einfach die Bedeutung »Wortsinn des hebräischen Originaltextes« im Gegensatz zu den Übersetzungen ins Griechische, Lateinische und in andere Sprachen, die im Laufe des christlichen Zeitalters noch entstehen sollten.

Im 16. Jahrhundert wandelt sich der Ausdruck *hebraica veritas* zu einer aggressiven Parole des Humanismus, die ein Bestandteil seiner Forderung nach einer Rückkehr zu den Quellen (*ad fontes!*) war. Für Humanisten und Reformatoren wurde die *veritas hebraica* zur letzten Instanz aller Texte des Alten Testaments. Deshalb auch spielte sie eine entscheidende Rolle in den Kontroversen zwischen Dogmatik und Exegese, zwischen der traditionellen spekulativen Theologie, die sich mit einem amtlichen Text zufrieden-

---

[1] Vgl. Hieronymus: Liber de optimo genere interpretandi (Epistula 57). Ein Kommentar von G. J. M. Bartelink. Leiden 1980, S. 16 und 84. Der Titel (»Über die beste Art des Übersetzens«) scheint anzudeuten, dass hier eine Abhandlung zum Übersetzen vorliegt (und daher zählt sie auch zu den grundlegenden Texten über seine Theorie); doch ist sie vor allem eine kurze Gelegenheitsschrift, in der Hieronymus sich gegen Vorwürfe verwahrt, die man ihm wegen der Übersetzung eines Briefes des Epiphanios von Salamis gemacht hatte.

[2] Der Standpunkt des Hieronymus ist komplex und bleibt zuweilen auch zweideutig. Diese Zweideutigkeit wird verständlich aus dem Dilemma seiner persönlichen Sprach- und Exegesefähigkeit angesichts der kirchlichen Autorität, die fast prophetisch die alexandrinische Übertragung der *Septuaginta* nutzte, was er wiederum nicht behindern wollte und konnte. Seine Absicht war es jedenfalls, nicht diese antike Übersetzung aufzuheben, sondern das zu bieten, was die »hebräische Wahrheit« enthält. In der Tat erkannte die katholische Kirche in den späteren Jahrhunderten, ohne sich von der LXX loszusagen, die Vulgata, Hieronymus' Übersetzung aus dem hebräischen Original, als amtlichen Text an. Vgl. Giuseppe Veltri: L'ispirazione della LXX tra leggenda e teologia. Dal racconto di Aristea alla ›veritas hebraica‹ di Girolamo. In: Laurentianum 27 (1986), S. 3–71.

gibt, und der sog. ›positiven Theologie‹, die das philologische Studium der Originaltexte als Basis und Grundlegung ihrer theologischen Lesung und Interpretation verlangte.

Viele katholische Theologen wollten in dem tridentinischen Erlass, mit dem die lateinische Fassung der Vulgata zu einer ›authentischen‹ Wiedergabe des hebräischen Originals erklärt wurde, einen Vorwand sehen, um sich vom Studium der biblischen Ausgangssprachen freizumachen, was aber das tridentinische Konzil nie beabsichtigt hatte. Die Frage nach theologischer Bedeutung und Bestimmung der offenkundigen Abweichungen jener amtlichen Lesung vom Originaltext, welche sorgfältige und der römischen Kirche nicht immer feindlich gesonnene Exegeten feststellten, sollte im Konzil noch keine Antwort erfahren; denn dort hatte man unter anderem das Fehlen eines einheitlichen Vulgata-Textes gar nicht in Betracht gezogen. Dieses Problem konnte die römische Kirche erst lösen, als sie a posteriori eine amtliche Ausgabe der Vulgata schuf. Die Notwendigkeit eines allumfassenden und regulierenden außertextlichen Prinzips trennte nicht nur die verschiedenen christlichen Konfessionen (und trennt sie noch), sondern war auch ein Anlass zu heftigen und dauerhaften Kontroversen innerhalb der katholischen Kirche selbst.

Der erste Teil dieses Beitrags möchte nun kurz vorführen, wie die *hebraica veritas* ein Schlüsselproblem beim Verständnis der göttlichen Offenbarung darstellt, das die Rolle der *philologia sacra* (der philologischen Untersuchung des von Gott geoffenbarten Textes) in einer Religion (der christlichen) bestimmt, die ihre heiligen Texte von Anfang an nicht in der Originalsprache liest, sondern in einer übersetzten Fassung. Danach wollen wir zeigen, wie die Lehrinstitutionen des 16. Jahrhunderts in Spanien bei diesem Streit nicht abseits standen. Die nachtridentinische katholische Theologie, die über vier Jahrhunderte lang an den spanischen Universitäten vorherrschte, hat schließlich die Bibelstudien als Bestandteil des theologischen Bildungsganges ausgegliedert.[3] Diesen Vorgang der Zurückdrängung werden wir am Beispiel einiger bedeutsamer Persönlichkeiten darstellen. Zunächst erwähnen wir hier die theoretische Begründung dazu von Domingo Báñez, der gemäß Postulaten der thomistischen spekulativen Theologie auf eine allgemeine humanistische Strömung in Europa reagiert, die trotz Ablehnung von seiten der amtlichen Theologie so herausragende Vertreter des spanischen Denkens vorweisen konnte wie Antonio de Nebrija, Fray Luis de León und vor allem Martín Martínez de Cantalapiedra, Professor für Hebräisch in Salamanca und Verfasser einer interessanten, wenngleich wenig gelesenen Abhandlung zur biblischen Hermeneutik.

---

3 Zur Bibelphilologie im spanischen 16. Jahrhundert vgl. Fernando Domínguez Reboiras: Gaspar de Grajal (1530–1575). Frühneuzeitliche Bibelwissenschaft im Streit mit Universität und Inquisition. Münster/W. 1998, sowie die dort angegebene Literatur.

I. Die dem Problem der *hebraica veritas* zugrundeliegende religiöse Phänomenologie

1. Das ›wahre‹ Gotteswort und seine Übersetzung

Die drei »Buchreligionen«, wie Mohammed Judentum, Christentum und Islam nannte, haben den unerhörten Anspruch ihres Ursprungs gemeinsam. Denn der Glaube dieser drei Religionen gründet sich auf die göttliche Offenbarung, d.h. auf ein Ausgangsgeschehen ihrer religiösen Ideenwelt: Gott hat sich dem Menschen mitgeteilt. Im religiösen Bewusstsein von Millionen Gläubigen hat Gott also ein für allemal gesprochen, mit unterschiedlichen Motiven und Verfahren. Das Ergebnis dieses Geschehens sind die heiligen Texte, die von der Gemeinschaft der Gläubigen eifersüchtig gehütet werden.[4] Die Gewissheit, ›die Wahrheit‹ (im Singular) zu besitzen, gründet sich aber nicht nur auf die in diesen Texten enthaltenen ›Wahrheiten‹, sondern vor allem auf die Autorität dessen, der da spricht. Denn Gott gab sein Wort (sagte ›die Wahrheit‹); und man glaubt daran, weil Er dies sagte (*fides qua creditur*, sagen die Scholastiker), und in dem, was Er ›göttlich‹ geschrieben hinterließ, sind ›die Wahrheiten‹ dieses Glaubens (*fides quae creditur*) zu lesen. Die praktischen Auswirkungen dieses Glaubens und das diesen Lehren bzw. Wahrheiten folgende Verhalten bildet das einzige und ›wahre‹ Gesetz (*lex vera*). Größe und zugleich Ursache der enormen Überzeugungskraft dieser Religionen liegen gerade in diesem ersten und ursprünglichen Glauben: Gott, und nicht der Mensch, ist Quelle aller Wahrheit. Die Wahrheit ist ein Geschenk Gottes, keine Verstandesleistung des Menschen. Die Wahrheit zu sagen, heißt das Gesagte zu wiederholen, im Einklang mit dem Inhalt der göttlichen Offenbarung zu sprechen, dem einzig sicheren Wahrheitskriterium.

Für einen Beobachter, der den religiösen Kontext nicht kennt, liegt der Schwachpunkt bei diesem sicheren Besitz der Wahrheit nicht im Tatbestand der Offenbarung selbst, sondern in der absoluten Sicherheit, den geoffenbarten Urtext zu besitzen. Welche Kriterien werden genannt, um die Annahme zu begründen, dass der Text, den wir heute lesen können, den göttlichen Wortlaut genau wiedergibt? Bei dieser Überzeugung kann die Textkritik sowohl ein verlässlicher Anwalt wie auch ein harter und unerbittlicher Richter sein. Denn die Glaubensgewissheit verlangt keine Beweise und birgt deshalb eine enorme Gefahr: Wir wissen aus Erfahrung, wie das Bewusstsein vom entfernten göttlichen Ursprung sich zu einem

---

4 Vgl. dazu Christoph Bultmann, Claus-Peter März, Vasilios N. Makrides (Hgg.): Heilige Schriften. Ursprung, Geltung und Gebrauch. Münster/W. 2005.

buchstäblich unmenschlichen Fremdkörper verfestigen kann. Die Offenbarung erscheint darum immer mehr als ein Felsbrocken, der vom Himmel auf das Dach der Menschheit gefallen ist. Und der Gläubige hat das alles so hinzunehmen, wie es geschrieben steht, weil Gott es einst so sagte. Das ›Wahre‹ wandelt sich zu unwandelbarer, für immer festgelegter Schrift, ohne Rücksicht auf Interessen und Bedürfnisse des Menschen in seiner konkreten Lebenslage, und ohne Empfinden für die Wechselfälle der Geschichte. Die göttliche Offenbarung, ob sie nun Bibel oder Koran heißt, wird damit, dank ihren getreuen Hütern, zu einem *depositum fidei* (wie die Bibel schließlich in scholastischer Terminologie definiert wurde). Die ursprüngliche göttliche Äußerung wandelt sich zu einem Stauwasserbecken, das eine Generation an die andere unberührt weitergibt. Unvermeidliche Folge dieses sinnfälligen Zustands ist der religiöse Fundamentalismus bzw. Positivismus; d.h. die Worte des heiligen Buches werden wie ein göttliches, buchstäbliches Diktat gelesen, das wörtlich genommen wird, auch wenn von Biologie oder Astronomie die Rede ist, und auch wenn Morde oder Kriege Gott zugeschrieben und in seinem Namen ausgeführt werden. Eng verbunden mit dieser fragwürdigen Auffassung ist ein Dogmatismus; d.h. die Wahrheiten des Buches verwandeln sich in Dogmen, in mit absoluter und ewiger Unwandelbarkeit des Buchstabens ausgezeichnete Wahrheiten, obgleich deren Sprache, Symbole und Begriffe sich längst von der Zeit und dem Raum ihrer Entstehung entfernt haben.

Diese Erstarrung zu durchbrechen, ist stets eine Aufgabe des aufgeklärten religiösen Bewusstseins gewesen, das den Text nach den Anforderungen jeder Generation ausdeutet. Grundfunktion der Theologie bleibt die Interpretation des Merkwürdigen und Widersprüchlichen in der ursprünglichen Botschaft, durch Übertragung der archaischen Begriffe, Mythen und Symbole auf die jeweils geltende Sprache in ihrer poetischen, sublimen und tiefen religiösen Dimension. Das Verhältnis zwischen Wahrheit bzw. Offenbarungswahrheit(en) und ihrem Wortlaut in den wechselnden Umständen von Zeit und Raum ist die Grundlage jedes ›vernünftigen‹ religiösen Diskurses, und es ist ohne Zweifel auch die Quelle aller Größe und allen Elends der Religion in der Geschichte des Denkens. Diese Aufgabe der Theologie ist immer heikel und komplex gewesen; denn sie reicht bis ins Tiefste und Innerste des Glaubens. Alles, was sich über Religion sagen lässt, läuft wohl oder übel auf ein unentwirrbares Dilemma hinaus: die mündliche Aktualisierung des dogmatischen und ethischen Inhalts eines Glaubens, der durch eine sehr alte heilige Schrift mit Anspruch auf überzeitliche Geltung überliefert ist. Die Offenbarungsreligion verliert dabei nicht ihren unveränderbaren Charakter und unterwirft sich auch nicht den Variablen von Raum und Zeit. Die Lektüre des heiligen Buches, die gemeinsam oder einzeln unter ganz konkreten Umständen geschieht, bezieht dabei unumgänglich die Wirklichkeit eines in den begrenzten Gegebenheiten einer ganz bestimmten Subjektivität, Gesellschaft, Epoche und Kultur geschriebenen Textes ein, wo jedes Buch und jeder Satz ihr festes Datum haben. Will man (religiös) Wahres sagen, dann erfordert dies, Gottes unantastbares Wort, das *in illo tempore* in einem Buch festgehalten wurde, den vernünftigen und wandelbaren Gesetzen der Sprache anzupassen. Die Religion bleibt damit, ob dies den härtesten Fundamentalisten gefällt oder nicht, allen Risiken der Auslegung und in fröhlicher ›Hausgemeinschaft‹ mit der Philologie unabänderlich ausgesetzt.

Dieses einfache Erfordernis religiöser Vernunft ist keine Frage, die wir erst in unserem hermeneutischen Zeitalter entdeckt hätten, und es darf auch nicht als Errungenschaft der aufgeklärten Vernunft gelten. Denn diese Perspektive begleitet und beherrscht die gesamte Geschichte der Religionen, vor allem der Buchreligionen. Aus der Sicht der Religionsphänomenologie ist es überaus bedeutsam, dass die drei im Vorderen Orient entstandenen Religionen die Schrift als ein Grundelement ihres Ursprungs, ihrer Konstituierung und ihrer Weitergabe über die Generationen hinweg gewählt haben. Der Umstand aber, die Wahrheit in einem Buch zu bewahren, bringt, wie Platon richtig erkannte, eine Vielfalt an Lesungen und möglichen Deutungen mit sich, die jeder schriftlichen Äußerung eigentümlich sind.[5] Darum ist es nur natürlich, wenn die Religionen angesichts dieses Dilemmas auch festzulegen bestrebt waren, wer die dazu befähigten und berechtigten Interpreten sein sollten, die unter den zahllosen Deutungen eines Textes die zutreffende und genaue Lesung finden. Diese, wie man sie nennen könnte, grammatische Dimension der jüdischen, christlichen und muslimischen Religionspraxis heißt daher mit vollem Recht *philologia sacra*.

2. Die christliche *lectio divina*

Die Verwendung philologischer Prinzipien zum Verständnis des heiligen Textes ist weder in ihren Anfängen noch in ihrer Entwicklung etwas spezifisch Christliches. Die Aufgabe der *philologia sacra* in den drei Buchreligionen hat nämlich gemeinsame Merkmale, aber auch erhebliche Unterschiede aufzuweisen. Wir können uns hier nicht darauf einlassen, die unterschiedliche Aufgabe der Philologie in jeder der drei Religionen ausführlich zu erläu-

---

5 »Es ist doch erstaunlich, Phaidros, was bei der Schrift vor sich geht und weshalb sie der Malerei so nahe kommt. Denn deren Werke stehen uns vor Augen, als wären sie lebendig; aber fragt man sie etwas, dann antworten sie mit dem hochmütigsten Schweigen. Dasselbe geschieht bei geschriebenen Worten. Man möchte glauben, sie sprechen … doch gehen sie vorüber, ob nun an den Lesekundigen oder an denen, die keinen Deut darum geben … und wenn sie misshandelt werden, so bedürfen sie stets der Hilfe eines Vaters, weil sie sich allein nicht verteidigen können.« (Platon: Phaidros, 275 d–e)

tern.⁶ Es sei nur vermerkt, dass der Islam die Religion war und ist, welche die philologische Arbeit an ihrem heiligen Text zu einer Feinheit entwickelt hat, wie sie in den beiden anderen Buchreligionen kaum vorstellbar wäre. Denn die muslimische Orthodoxie nimmt an, die göttliche Offenbarung in arabischer Sprache bestehe seit aller Ewigkeit; d.h. der Koran war keine zeitliche Schöpfung oder das Ergebnis eines bestimmten Aktes literarischer Inspiration. Im Islam hat der Prophet eine nachgeordnete Rolle, und das von Gott mitgeteilte Wort ist Mittelpunkt und Grundlegung für das gesamte Leben des Gläubigen. Daher darf von grenzenloser Verehrung des Koran und aller seiner Buchstaben die Rede sein; denn das Buch an sich ist die einzige göttliche Kundgabe und erhält deswegen eine erstrangige und grundlegende Funktion, die der Gestalt des Jesus von Nazareth im Christentum vergleichbar ist.⁷ Zudem ist der Koran materiell auch der früheste schriftliche Beleg des Arabischen, noch vor dem Aufkommen irgendeiner grammatischen Norm. Die Festlegung des heutigen Textes geschah im 10. Jh., vier Jahrhunderte nach seiner Niederschrift; deshalb besteht eine sunnitische orthodoxe Lesart, die gegenüber der schiitischen orthodoxen Lesung grundlegende Unterschiede bewahrt. Die arabische Grammatik entsteht parallel zur Koranauslegung. Denn der Koran in seiner ersten Niederschrift und ohne die späteren grammatischen Fixierungen wäre entweder unlesbar oder ließe eine Vielzahl an Interpretationen zu. Der bedeutsamste Unterschied zur christlichen Offenbarung liegt wohl darin, dass der Koran nur auf arabisch Gottes Wort ist. Denn in der muslimischen Religion gilt eine Übersetzung des Koran, obgleich seine Übertragung in andere Sprachen nicht verboten ist, nicht mehr als Koran, sondern allein als Interpretation seines Textes.

Im Judentum finden wir ähnliche Gegebenheiten bei der Behandlung des heiligen Textes vor. Denn in der jüdischen Tradition waren Lesung und Auslegung der Thora stets Grundlage und Ausgangspunkt der rabbinischen Wissenschaft. Gut bekannt ist jedoch, dass die Berührung mit dem Islam einen bedeutenden Aufschwung der jüdischen Wissenschaft auslöste und dass sich gerade im spanischen Córdoba eine grammatische und philologische Wissenschaft entwickelte, die das spätere Verständnis der Thora entscheidend bestimmte und noch bestimmt.⁸

---

6   Zu dieser hier nur kurz skizzierten Thematik vgl. Fernando Domínguez Reboiras: Die *philologia sacra* im spanischen Mittelalter. In: Harald Schwaetzer (Hg.): Explicatio mundi. Aspekte theologischer Hermeneutik. Regensburg 2000, S. 35–64.
7   Vgl. Francisco M. Pareja: Islamologia. Rom 1951, S. 374–391, und Roger Arnaldez: Grammaire et théologie chez Ibn Hazm de Cordoue. Paris 1956.
8   Vgl. Carlos del Valle Rodríguez: La escuela hebrea de Córdoba. Madrid 1981, sowie insbes. Emanuel Levinas: La révélation dans la tradition juive. In: Paul Ricoeur (éd.): La Révélation. Brüssel 1977, S. 55–77.

Das Verhältnis zwischen dem Inhalt des Gotteswortes, d.h. der religiös einzigen Wahrheit, und seiner schriftlichen Bekundung ist im Judentum und im Islam klar und eindeutig: ein Wort und eine Schrift in einer einzigen Sprache, die als die Sprache gilt, in der Gott gesprochen hat, und als Schrift, die Er bis zum letzten Buchstaben festgelegt hat. Im Koran wie in der Thora zeigen sich Arabisch und Hebräisch in einer harmonischen Ausgestaltung. Das Studium dieser Sprachen und Schriften wird zu einem Gottesdienst, und wer diesen Dienst leistet, ist wahrer und berechtigter Interpret und Übermittler der göttlichen Botschaft.

Im Christentum ist das Verhältnis von Gotteswort und Schrift viel komplexer. Denn die grundlegende und entscheidende Botschaft zum Wort Gottes ist seine Außertextlichkeit, d.h. die Überwindung des Buches durch die »Inkarnation« dieses Wortes. Das Christentum bekennt nämlich, dass »Gottes Wort« in der Person des Jesus von Nazareth »Fleisch wurde und unter uns weilte« (Joh 1,14). Dieses Wort ist nicht nur Wahrheit, sondern »Wahrheit und Leben« (Joh 14,6). Gottes Wort ist etwas Lebendiges, nicht nur geschriebenes Wort, das philologisch zugänglich oder verständlich wird, sondern persönliche Mitteilung. Es mag daher kaum verwundern, wenn die endgültige Herausbildung eines Kanons heiliger Schriften im Christentum eine lange Geschichte hatte, die von der schwierigen Übernahme der hebräischen Thora begleitet wurde. Denn in der Christenheit ist das hebräisch geschriebene Gotteswort ein »Altes Testament«, das ins Griechische übertragen wird. Der neue Kanon, das »Neue Testament« der Christen, erhielt, obgleich z.T. auch aramäisch abgefasst, ebenfalls einen griechischen Wortlaut. Sehr bald jedoch sah sich die westliche Christenheit genötigt, ihre heiligen Schriften in die Sprache des Römischen Reiches zu übersetzen. Fünfzehn und in der katholischen Konfession fast zwanzig Jahrhunderte hindurch wurde Gottes Wort lateinisch verkündet, in der heiligen Sprache der Liturgie, die das einfache Volk schon nicht mehr gebrauchte und verstand. Die reformierten Kirchen übersetzten die christliche Bibel dann in alle Sprachen, während die katholische Kirche ihren Gläubigen den unmittelbaren Zugang zur göttlichen Botschaft noch verwehrte. Doch alle diese Übertragungen geschehen ohne die Einschränkungen des Islam, der ja jede Übersetzung als einen immanenten ›Verrat‹ an Gottes Wort und an sich als unzureichend bewertet.

Im Christentum enthält der Vorgang der Übernahme seiner Schriften also ein einzigartiges und wichtiges Element: die Übersetzung. Während in Judentum und Islam das »Sagen der Wahrheit« buchstäblich genommen wird und in deren Liturgie genau dieselben Worte gebraucht werden, mit denen Gott der Menschheit seine Wahrheit geoffenbart hat, übersetzt der Christ sie zunächst in eine andere Sprache und gibt deren Bedeutung ein größeres Gewicht als deren mündlicher Wiederholung. Dieser Prozess der

Übersetzung (und Auslegung) war begleitet von entscheidenden Kontroversen um die Gestaltung der christlichen Religion insgesamt. Deren einzelne Phasen sind an bedeutsame Persönlichkeiten gebunden, welche sie in ihrer Schrift ganz maßgeblich gestaltet haben: Origenes, die alexandrinische Schule, Augustinus, Hieronymus, Luther, Calvin, Casiodoro de Reina, u.a.

Ganz eindeutig hat die Lesung der göttlichen Offenbarung in Übersetzungen erhebliche Konsequenzen für das Verständnis der geoffenbarten Botschaft. Zunächst setzt dies voraus, dass die Christen mehr auf den Inhalt der geoffenbarten Wahrheit achten als auf die Form, in der diese geoffenbart wurde. Das Christentum neigt dazu, die Wahrheiten in Glaubenssätzen oder Dogmen zu formulieren, d.h. man ist bestrebt, mit anderen Worten und Begriffen ›die Wahrheit zu sagen‹, wenngleich jene ihre Grundlage im originalen Wortlaut behalten. In den anderen beiden Buchreligionen ist eindeutig Gott der Autor des Buches und der Hagiograph ein bloßes Werkzeug. Theologisch gesprochen ist das Christentum geneigt, die Bibel als einen *locus theologicus* zu sehen, d.h. als einen Ort, an dem sich die Prinzipien der theologischen Argumentation, die Grundwahrheiten des Glaubens finden. Offensichtlich ist die wortwörtliche Inspiration bei einem jeden und allen Zeichen des heiligen Buches im Judentum wie im Islam ein unumstößliches und grundlegendes Dogma, das auch die christliche Theologie bis zum Aufkommen der neuzeitlichen historischen Textkritik übernommen hatte. Dies bedeutet, dass Gott dem Hagiographen jedes einzelne der in der Bibel erscheinenden Wörter diktiert hat und dass der menschliche Verfasser dabei ein reines Werkzeug war. Psalm 45,1 (»Meine Zunge ist die Feder eines gewandten Schreibers« – *Verba mea calamus scribae velociter scribentis*, in der Übersetzung der Vulgata) und weitere Texte der Propheten (z.B. Jer 36,17–18) dienten Juden wie Christen als Beweis für die Wortinspiration.

Die Annahme, dass jedes einzelne und alle Wörter in der Bibel göttlichen Ursprungs sind, bedeutet ganz logisch, dass allein die Originalfassung eine Gewähr für Wahrheit bieten würde und alle Übersetzungen einer kritischen Untersuchung im Vergleich mit dem Original zu unterziehen wären. Der christliche Theologe, der aus Gründen theologischer Argumentation die Wortinspiration annehmen musste, steht also vor dem Problem, einen übersetzten Text zu bedenken und zu rechtfertigen, der nicht dieselbe Kraft der Wahrheit haben dürfte wie der von Gott wörtlich inspirierte Text. Für das Alte Testament würde dies darum bedeuten, dass alle Übersetzungen nur dann das wahre Wort Gottes wiedergeben könnten, wenn sie mit der Wahrheit des hebräischen Textes übereinstimmten. Jeder Theologe hätte also, bevor er einen Bibeltext als unwiderrufliches Prinzip seiner dogmatischen Aussagen benutzte, den genauen Textinhalt abzusichern, was aber bedingt, dass jeder Theologe entweder ein guter Philologe sein oder sich dem Urteilsvermögen eines guten Grammatikers und Kenners der Ausgangssprachen anvertrauen müsste, zumal diese als einzige das Kriterium des Inspiriertseins aufweisen dürften. Angesichts dieses Dilemmas entstanden verschiedene mehr oder minder raffinierte Formen des Ausweichens. Denn der in seiner Weisheit herausgehobene Theologe konnte eine Abhängigkeit von den Anweisungen der Philologie bzw. der Philologen, von den Vertretern einer nachgeordneten Wissenschaft nicht einfach hinnehmen.

Der Konflikt zwischen Theologie und Philologie ist darum eine beständige Auseinandersetzung zwischen Gelehrten, denen es um die Dogmen, d.h. die aus der heiligen Schrift bezogenen Wahrheiten geht, und Gelehrten, die an der sprachlichen Seite dieser Schrift interessiert sind. Diese säkulare Polemik hatte im Spanien des 16.Jahrhunderts so viele Episoden zur Folge, dass man damit die gesamte Geistesgeschichte jener konfliktreichen Zeit illustrieren könnte. In den Beispielen, die wir im folgenden nennen wollen, wird man ohne größere Mühe erkennen können, wie diese Kontroverse von vielen Beteiligten als Verteidigung des überkommenen christlichen Glaubens gegen die beständige Gefahr von seiten der Juden bzw. Judenkonvertiten sowie auch gegen die neuen reformatorischen Ideen der Humanisten und der Protestanten im Kontext der besonderen Kultur- und Geistesgeschichte jener Epoche verstanden werden konnte.

II. Báñez und seine Lösung für das Problem des Verhältnisses von Ausgangssprache und Übersetzung

Domingo Báñez (1528–1604), Lichtgestalt und Schlüsselfigur in der Geschichte der spanischen Theologie,[9] stammte zwar aus Medina del Campo, zeichnete seine Bücher aber mit dem Namen *Mondragonensis* (aus Mondragón), nach der Heimat seines Vaters, um dadurch eine stolze Fortführung seiner vornehmen baskischen Abkunft (*cantabrica gens*) zu bekunden. Er unternahm den Versuch, mit interessanten historisch-theologischen Argumenten die völlige Unabhängigkeit des Theologen gegenüber der *hebraica veritas* zu erklären; und dies sollte dann die von der späteren katholischen Theologie zu befolgende Norm sein.[10]

---

9   Mangels einer Monographie über diesen Theologen sei zur Orientierung verwiesen auf die Angaben bei Fernando Domínguez: Art. Báñez, Domingo In: Lexikon für Theologie und Kirche, Bd. I. Freiburg/B. 1993, Sp. 1384–1386.
10 Dieses Thema hat der dominikanische Theologe zweimal behandelt: (1.) in seinen Scholastica Commentaria in Primam Partem Angelici Doctoris D. Thomae usque ad sexagesimam quartam quaestionem, die seit 1584 sieben Auflagen erlebten (Neuausgabe, hg. von L. Urbano. Valencia-Madrid 1934), und (2.) in einem Reportatum über die *Prima Pars*, vorgetragen im Cursus 1595/96 (neu hg. von Luis Martínez Fernández: Fuentes para la historia del método teológico en la Escuela de Salamanca. Granada 1973, S. 299–373).

Eine mögliche Weise, die Abhängigkeit des Theologen gegenüber dem Originaltext zu vermeiden, wäre die Zulassung einer göttlichen Inspiration oder Beihilfe in den von der Christenheit im Laufe der Geschichte anerkannten Übersetzungen, die wegen des von Gott seiner Kirche versprochenen Beistands einen Grad der Zuverlässigkeit und Wahrheit haben, der die Einsicht in das Original überflüssig werden ließe. In dem Fall wäre die Geschichte der Bibelübersetzungen die Geschichte eines ständigen Beistands des Heiligen Geistes für die Kirche, womit er sich um deren Erbe kümmerte und es den Wechselfällen der Geschichte anpasste. Diese offenkundig fromme und unkritische Argumentation hat in der frühen europäischen Neuzeit eine interessante Geschichte.[11] Doch ist nicht sie die vom Dominikaner Báñez vorgetragene Lösung.

Nachdem er die Wortinspiration der Heiligen Schrift verteidigt und eine ausführliche Geschichte des Bibeltextes in seiner Originalfassung wie in seinen Übersetzungen entworfen hat, kommt er zu einem ersten Schluss: Offensichtlich sind die hebräischen und die griechischen Texte der Bibel nicht die Originale, sondern mit mehr oder weniger Sorgfalt in den Jahrhunderten danach angefertigte Abschriften. Um sich darauf zu fragen: Welchen Sinn hat es, das göttliche Diktat des heiligen Textes anzunehmen, wenn wir die originalen Handschriften gar nicht besitzen und niemand mit Sicherheit das Vorhandensein echter Abschriften vom ersten Original jedes einzelnen der biblischen Bücher behaupten kann? Dasselbe ließe sich von den verschiedenen Übersetzungen ins Griechische oder Lateinische sagen. Denn diese Textfassungen sind nicht unfehlbar, zumal weder Kopisten noch Übersetzer ihre Arbeit mit Gottes Hilfe ausführten, wie dies die vielen Textabweichungen bewiesen. Selbst wenn man annähme, dass die Kirche eine bestimmte Textfassung für maßgeblich erklärte, so könnte doch niemand gewährleisten, dass gerade das Exemplar in seiner Hand fehlerfrei wäre. Auch das Konzil von Trient, das ja die lateinische Fassung der Vulgata für authentisch erklärte, habe dazu nicht angegeben, in welchem Exemplar nun die echte Vulgata-Version zu finden sei. Mit Recht aber verweist Báñez darauf, dass die Absicht des Konzilsbeschlusses nicht darin lag, das Problem des Textes zu lösen, sondern darin, dem Theologen die Sicherheit zu geben, dass der von der Kirche gebrauchte lateinische Text bei Grundfragen des christlichen Glaubens keine Irrtümer enthält. Mit kritischem Scharfsinn gelangt Báñez zu dem Eingeständnis, dass es um das Ansehen der Bibelübersetzungen nach dem Tridentinum weder besser noch schlechter bestellt sei als vorher. Er meint sogar, die Lage habe sich verschlechtert, weil viele Einzelpersonen sich dazu verpflichtet fühlten, den Text der Vulgata an den Stellen zu verbessern, die ihnen durch die Ungenauigkeit der Kopisten verderbt vorkämen. Báñez ist darum der Ansicht, das Konzil hätte die Vulgata

---

11 Vgl. Domínguez: Gaspar de Grajal (Anm. 3), S. 651–672.

nicht nur für authentisch erklären, sondern auch festlegen müssen, welche Vulgata-Ausgabe denn maßgebend sei. Die Konzilsentscheidung hat den Theologen im Ungewissen gelassen, zumal sie ihm keinen lateinischen Text an die Hand geben konnte, der jeglichen Streit um den Text vermeiden und eine einzige Lesung als gesichert und wahrhaftig bieten würde. Der Dominikaner Báñez träumt hier von der *Biblia Vulgata Sixto-Clementina*, die Jahre später in einer vom Papst ernannten Kommission ausgearbeitet werden und dem Theologen eine durch päpstliches Dekret verbürgte sichere Quelle zur Verfügung stellen sollte. Dieser Traum des Domingo Báñez von einem endgültigen, einzigen und gesicherten harmonischen Text, der alle textlichen Unsicherheiten sowie alle philologischen Kommentierungen für immer beenden würde, ist nun, wie wir noch sehen werden, gerade das, was die Vertreter der *veritas hebraica*, Grajal, Martínez de Cantalapiedra und Fray Luis de León, als unmöglich ablehnen.

Die Unmöglichkeit, jenes utopische Original zu besitzen, und die genaue Untersuchung der Textgeschichte erfordern eine systematische Lösung des Problems, die Báñez nach dem *modus scholasticus* meisterlich darlegt. Die wichtigste Prämisse seiner Argumentation fällt aus dem üblichen Rahmen: Da wir die Originaltexte nicht besitzen und sie auch nicht wiederherstellen können, dürfen wir vermuten, dass die göttliche Vorsehung deren Erhaltung nicht für notwendig erachtet hat. Wäre dies nötig gewesen, dann hätte Gott auch für deren Erhaltung gesorgt. Wir müssen es demütig hinnehmen, wenn wir nicht das Johannes-Evangelium besitzen, sondern nur eine Abschrift davon. Doch die Tatsache, dass man jene Bücher nicht im Original besitzt, belegt providentiell, dass ein solcher Besitz für die Bewahrung der geoffenbarten Wahrheiten keinerlei Vorteil brächte. Diese entschiedene Aussage stützt Báñez auf das klassische Argument Augustins, dem zufolge die Legitimität der Heiligen Schrift nicht auf der Beschaffenheit ihres Inhalts, sondern auf der Autorität der Kirche beruhe, die den Kanon der heiligen Schriften bestimmt und festgelegt hat.[12] Schlicht und einfach wird daher behauptet, dass Autorität und Zeugnis der Kirche die einzige Garantie für die Wahrheit dieser Schriften seien. Eine Existenz der Urtexte würde auch die Anzahl der Varianten nicht verringern. Eine Einschränkung der Deutungen und die Gewissheit des wahren Sinnes in einem Text bekommt der Theologe, wenn er dem verständigen Gefühl der Kirchenväter und den Lehren der römischen Kirche folgt, die Geltung und Sinn dieser Wahrheiten festlegt. Die Folgerung des feinsinnigen Theologen Báñez ist eindeutig: Es genügt, einige *exemplaria authentica* zu besitzen, um

---

12 »Ego vero evangelio non crederem, nisi me catholicae Ecclesiae conmoveret auctoritas« (»ich aber würde dem Evangelium nicht glauben, falls mich die Autorität der katholischen Kirche nicht dazu bewegte.«: Augustini Contra epistulam Manichaei quam vocant fundamenti 5,6, PL 42, S. 197).

versichern zu können, dass die Kirche eine Heilige Schrift hat; genau wie man sagen kann, dass wir die Texte der klassischen Autoren haben, ohne deren Originale zu besitzen.

Der theologische Folgesatz einer solchen Behauptung ist offenkundig: Die Heilige Schrift befindet sich hauptsächlich (*praecipue*) im Herzen der Kirche (*in corde Ecclesiae*) und erst *secundarie* in den Büchern und den Einzelausgaben. Dieses bedingt, um mit Hieronymus zu reden, dass die Wahrheit nicht im Wortlaut der Heiligen Schrift, sondern in deren innerem Sinn steht, nicht auf der Außenseite (*cortex*), sondern in ihrem Kern. Für den Theologen Báñez betreffen die meisten Fragen, die sich bei den Unterschieden zwischen Original, Übersetzungen oder Textausgaben ergeben können, daher die Außenseite der Schrift (*cortex litterae*). Bei den wenigen Fragen, die Sinn und Kern der Schrift berühren, ist das einzige Wahrheitskriterium die Lehrmeinung der Kirche und ihrer Tradition, nicht aber die menschliche Weisheit eines Grammatikers. Sollte es einem Grammatiker jedoch gelingen, die Unvereinbarkeit eines hebräischen Originals mit dem Text der Vulgata zu beweisen, dann würde dies nicht die Wahrheit der Schrift berühren, sondern nur deren Außenseite. In dem Fall wäre der wahre Sinn der des *textus latinus receptus*, nicht der des *textus hebraicus receptus*, dem er das Prädikat ›original‹ bestreitet. Denn was die historische Kritik als ›original‹ bezeichnen würde, braucht nicht unbedingt das Etikett ›authentisch‹ zu tragen. Das Kriterium der Wahrhaftigkeit gibt nämlich die Kirche vor, und nicht irgendein Grammatiker. Für Báñez ist die Kirche bei der Bestimmung der in der göttlichen Offenbarung enthaltenen Wahrheiten auch unfehlbar. In allen Kontroversen um den Glauben und die Praxis der Kirche wird darum nie der Philologe, sondern stets die Kirche das entscheidende Kriterium der Wahrheit angeben. Diese Berufung auf die Autorität der Kirche bedingt eine völlige Ablehnung jedes Versuchs, die Vulgata eigenmächtig zu verändern; und dieser Aspekt scheint auch Báñez' größtes Anliegen zu sein. Zwar mag Báñez die Behauptung, die Vulgata sei überall da verderbt, wo sie nicht mit dem hebräischen Text übereinstimmt, noch nicht als Häresie bezeichnen, wohl aber als gewagt und der Häresie nahekommend.

Übertrieben wäre es jedoch, in Báñez' Gedankengang ein zorniges scholastisches Plädoyer zugunsten der Vulgata zu sehen. Wie Ulrich Horst[13] bereits feststellen konnte, besteht bei dem Dominikaner Báñez eine konstruktive Reflexion, die ihren Ursprung in den Äußerungen der Hebraisten der Universität Salamanca haben mag, zumal sie alle, die keine Fremdsprachen lernen wollten, als unwissende Faulpelze tadelten. Báñez behauptet sogar von sich, obwohl das in Zweifel zu ziehen ist, er habe acht Jahre

---

13 Vgl. Ulrich Horst: Der Streit um die Autorität der Vulgata. Zur Rezeption des Trienter Schriftdekrets in Spanien. In: Revista da Universidade de Coimbra 29 (1983), S. 157–252, hierzu S. 183f.

lang das Hebräische studiert, damit die *rabbinorum sectatores* (Anhänger der Rabbiner) ihm nicht Faulheit oder Unwissen vorwerfen könnten. Andererseits scheint es, als hätten ihn manche Schriften von Bibelgelehrten seines Ordens, wie Sixtus von Siena, Paiva de Andrade u.a., wenn nicht dazu gebracht, seine Ansichten zu ändern, so doch wenigstens abzumildern. Denn jenen Lektüren konnte der ›alt-christliche‹ Baske zumindest entnehmen, dass der plumpe Vorwurf einer Verderbnis des hebräischen Textes auf seiten der Juden keinerlei kritische Grundlage hat; und darum sagt er auch etwas überraschend, er vertraue voll auf die Wahrhaftigkeit der hebräischen rabbinischen Tradition. Dies bedeutet allerdings nicht, dass er am Ende die *veritas hebraica* als Korrektiv anerkennt.

III. Die Universität Alcalá, Francisco de Cisneros und Antonio de Nebrija: *latina et hebraica veritas*

Was Báñez wollte, war im Grunde die Bestärkung einer alten Ansicht, die seit Lorenzo Valla in Zweifel gezogen wurde und die auch Humanisten und Reformatoren nicht mehr teilten. Die unvermittelte (nicht auf Florilegien und Sentenzensammlungen beschränkte) Lektüre der Kirchenväter hatte einen Neuansatz des theologischen Anliegens entstehen lassen, bei dem die Schrift grundlegend ewiges, unwandelbares Wort Gottes ist und als solches gelesen und gedeutet werden muss, ohne den Gesetzen eines vorgefassten Ideensystems unterworfen zu sein. Die scholastische Theologie hatte in der Schrift einen Vorrat an Wahrheiten gesehen, wo die Texte nur *dicta probantia* waren, weshalb man die Bibel rein selektiv las, um die Stellen herauszuziehen, die vorab formulierte theologische Inhalte belegen konnten. Die »neue« Theologie mit ihrem Fundament der »antiken« Kirchenväter aber wählte keine Bibeltexte mehr aus, sondern wollte die Bibel insgesamt darbieten, als in allen ihren Teilen wahr und letzte Instanz aller menschlichen Wahrheit. Jede Wissensform, die danach strebte, Wahrheit zu sein, auch die Philosophie, hatte darum ihren letzten Zweck und ihre entscheidende Instanz in der göttlichen Offenbarung zu erkennen. Kein wahrhafter Philosoph konnte zu Gottes wahrem Wort in Widerspruch stehen. Denn Christus als inkarniertes Wort ist der höchste Philosoph, die höchste Wahrheit. Die Bibelexegese ist dadurch keine leichtere Aufgabe als die scholastische Spekulation. Denn die *lectio divina* erfordert die gesamte menschliche Weisheit zu ihrem vollen Verständnis, und zugleich umfasst und erklärt sie die ganze Weisheit, die der Mensch überhaupt erreichen kann.

Am Anfang des 16. Jahrhunderts erfuhr diese neue theologische Wissenschaft auch in Spanien ihre amtliche Förderung mit dem Kardinal Francisco Ximénez de Cisneros, der in der Absicht, den Theologiestudien eine neue Ausrichtung zu geben, die Universität Alcalá gründete.[14] Gegenüber den Juristen und Scholasten in Salamanca fördert der Kardinal von Toledo eine neue Form der Theologie, die auf dem philologischen Bibelstudium beruht, das aus unterschiedlichen Gründen in ganz Europa aufkam und neue Institutionen entstehen ließ, die den Originalsprachen besondere Aufmerksamkeit widmen sollten. Francisco de Vergara, Ordinarius für Griechisch und einer der hervorragendsten Erasmisten in Alcalá, erfasst den diese Institution damals beherrschenden Geist zutreffend so:

> ... das erlauchte Kollegium, das Ihr [Cisneros] vor nicht langer Zeit dem Hl. Hieronymus gewidmet habt und in dem die drei Sprachen studiert werden, die unser Herr und Meister Jesus Christus mit seinem heiligen Blut weihte, während er am Kreuze litt. Hier sind die jungen Liebhaber der Sprachen, unter den symbolischen Auspizien jenes geheiligten Namens, beharrlich und unter dem Zeichen des rettenden Kreuzes darum bemüht, zum ursprünglichen Text der Schrift zu gelangen und ihn vor den Sprachignoranten wie vor dessen Verderbern zu bewahren. So folgen sie dem Beispiel des Hieronymus und versuchen die Bücher der Heiligen Schrift mit Hilfe der drei Sprachen gründlich und eingehend zu studieren.[15]

Die Universität in Alcalá setzte dann die philologischen Bibelstudien fort, die auf Cisneros' Veranlassung mit der *Biblia Polyglotta Complutensis*[16] in die-

---

14 Über die Ziele der Universitas Complutensis (Universität Alcalá de Henares) informieren: Marcel Bataillon: Erasmo y España. Estudios sobre la historia espiritual del siglo XVI. Mexico-Buenos Aires (FCE) 1966, S. 10ff. und 343f.; D. de Caylus: Ximénes créateur du mouvement théologique espagnol. In: Etudes Franciscaines 19 (1908), S. 440–459; S. 640–650; Alfredo Martínez Albiach: La Universidad Complutense según el Cardenal Cisneros (1508–1543). In: Burgense 16 (1975), S. 201–248 und S. 465–535; sowie Ángel Sáenz-Badillos: La filología bíblica en los primeros helenistas de Alcalá. Estella 1991, S.22ff.
15 Francisco de Vergara: De Graecae linguae grammatica. Alcalá de Henares 1537, Vorrede.
16 Hernando Alonso de Herreras Lobreden auf Cisneros' tatkräftige Förderung der Bibelstudien sind daher nicht ohne Berechtigung: »... ein anderer bedeutender Gedanke besteht in Eurem Herzen um das himmlische Buch, das ganz allgemein Bibel heißt, weil es das *totum continens* der tiefen Geheimnisse ist, die uns zu offenbaren Gott in seiner Gnade für gut gehalten hat. Die Liebe zur heiligen Theologie beherrscht Euch ganz, und der Eifer für das Haus Gottes verzehrt Euch. Denn da die katholische Kirche in den vergangenen Zeiten über verschiedene Übertragungen des Neuen und des Alten Testaments uneinig war ... da man mit Erlassen einmal die eine, einmal die andere anerkannte ... gab es auch andere, die allen Texten gerecht werden wollten und Bibeln gebrauchten, die sechs- oder gar siebenmal übertragen waren. – Ihr aber, erlauchtester Herr, seid, von Gottes Geist bewegt und über die vielen umlaufenden Gerüchte erhaben, gleich St. Hieronymus an die Quelle der Wahrheit gegangen, was viele sich wünschten, manche hohen Herren versprochen und nur wenige versucht haben, und auch sie vergebens, entweder weil dieses Werk recht schwierig oder die nötigen Ausgaben zu hoch wurden; doch Eure Hoheit hat ohne Versprechungen alles ins Werk gesetzt; und in drei Hauptsprachen, Latein, Griechisch und Hebräisch, die in der Aufschrift des heiligen Kreuzes autorisiert waren, habt Ihr den heiligen Kanon des göttlichen Gesetzes festgelegt, wo eine deutliche Ähnlichkeit mit der heiligen Dreieinigkeit erscheint ... Daher fügen wir uns mit frommer Verehrung in eine solche Lesung, die ein angedeutetes Bild vom mächtigen Herrgott scheint, so daß man darin lehre, und gütig glaube, dies sei die letzte Hand, die an dieses alles in allem vollkommene Werk gelegt werden kann, weil es nach

ser Stadt begonnen hatten. Parallel zu den philologischen Studien kann sich eine volkstümlichere und für die christliche Religion vitalere Facette entwickeln: Die gebildete Bevölkerung kämpft darum, einen unmittelbaren Zugang zu den heiligen Texten zu bekommen, wogegen Hierarchie und traditionelle Theologie die Gefahren einer direkten Bibellektüre ohne die Vermittlung des Klerus erkennen. Schon im sagenhaften Jahr 1492 hatte das katholische Königspaar eine lange Tradition der Übersetzung aus dem Hebräischen unterbunden, als es bei schwerster Strafandrohung verbot, die Heilige Schrift in die Volkssprache zu übertragen oder bereits vorhandene Übersetzungen aufzubewahren.[17] Der dazu angegebene, in unserem Zusammenhang bedeutsame Grund war, nach Alonso de Castro: »Damit man keinen Anlass zu Irrtümern erhielte«.[18] Denn in Spanien galt die allgemeine Lehre, der zufolge das ungebildete Volk bei einer Bibellektüre ohne Anleitung durch den berufenen Interpreten in zu viele Irrtümer geraten könne. Für die amtliche Theologie nämlich entstanden die Häresien aus einem falschen Bibelverständnis; und darum wird die Bibel in volkssprachlicher Fassung zu »Gift« und »schädlicher geistiger Nahrung« erklärt.

Diese Befürchtungen nimmt die Inquisition auf und leitet einen massiven Angriff gegen alle bibelphilologischen Bemühungen ein, die nicht unter ausdrücklicher Kontrolle einer kirchlichen Einrichtung geschahen. Im Jahre 1554 veröffentlicht sie eine lange Liste verbotener Bibeln, und nicht nur solcher, die volkssprachliche Übersetzungen enthielten, sondern auch solcher, die aus dem Original ins Latein übertragen waren und wo eine Korrektur der Vulgata gewagt wurde. Obgleich diese Zensur eine Textkritik und auch die nach dem Griechischen oder Hebräischen angefertigten Neuübertragungen nicht verurteilt, bietet sie doch eine Probe für die unnachgiebige und ablehnende Geisteshaltung gegenüber den Bibelstudien.[19] Der Index

---

Gottes Ähnlichkeit gemacht ist. O glücklich die gegenwärtigen und die kommenden Zeiten, die von heute an reines und lebendiges Wasser heiliger Theologie aus ihren ersten Quellen trinken können! O drei- und sogar viermal gesegnet sei ein so aufgeklärter Primas Spaniens, dem Gott soviel Gnade verlieh, dass er drei erhabene Sprachen, in denen der Schatz der göttlichen Sakramente abgelegt ist, in eins zusammengeführt hat!« (Hernando Alonso de Herrera: La disputa contra Aristóteles y sus seguidores, edd. M. Isabel Lafuente Guantes y M. Asunción Sánchez Manzano. León 2004, S. 165–167).

17 Joaquín Lorenzo Villanueva: De la lección de la Sagrada Escritura en lenguas vulgares. Valencia 1791, S. 14ff.

18 Alfonso de Castro: Adversus omnes haereses libri XIIII, Paris 1541, fol. 27v. Über dieses Thema verbreitet sich Carranza in der Vorrede zu seinem Katechismus: »In Spanien ... hat man dafür gesorgt, dass allgemein alle volkssprachlichen Übersetzungen der Heiligen Schrift verboten bleiben, um den Fremden die Gelegenheit zu nehmen, ihre Differenzen vor einfachen und leseunkundigen Menschen zu verhandeln« (vgl. Bartolomé de Carranza: Comentarios sobre el Catechismo Cristiano, 2 Bde., ed. José Ignacio Tellechea Idígoras. Madrid 1972, S. 111).

19 Vgl. José Ignacio Tellechea Idígoras: La censura inquisitorial de Biblias de 1554. In: Anthologica Annua 10 (1962), S. 89–142; Jesús Martínez de Bujanda (ed.): Index de l'Inquisition

von 1559, als Ergänzung der vorigen Liste, verbietet dann ausdrücklich jede »Bibel in unserer bzw. irgendeiner anderen Volkssprache, die ganz oder teilweise übersetzt und dabei nicht hebräisch, chaldäisch, griechisch oder lateinisch wäre«.[20] Diese ungerechtfertigte, vollkommene und absolute Zensur war ein Erfolg der Inquisition und der Engherzigkeit der spanischen Kirchenhierarchie gegenüber der *philologia sacra*. Trotz der philologischen und verlegerischen Großtat, welche die mehrsprachige Bibel von Alcalá und andere entsprechende Leistungen darstellten, sollten daher die Inquisition und die faktische Macht der scholastischen Theologie Spanien viele Jahrhunderte hindurch von den sich im übrigen Europa entwickelnden Studien zur Bibelphilologie fernhalten. Daraus erklärt sich, dass in Spanien bis zur Mitte des 20.Jahrhunderts keine aus den Originalsprachen ins Spanische übersetzte Bibelausgabe erschienen ist.

Das Bestreben der Inquisition, jeden einzuschüchtern und zu behindern, der sich dem Studium der Bibel widmete, setzte schon sehr früh ein. Der Inquisitor Diego de Deza wagt es sogar, die persönlichen Aufzeichnungen des Antonio de Nebrija (1442–1522) zu beschlagnahmen, um ihn einzuschüchtern und zugleich die Warnung auszusprechen, dass Nebrija als Laie nicht über die Heilige Schrift schreiben dürfe.[21] Wenngleich er Nebrijas Studien damit nicht unterbinden konnte, war die Auswirkung dieser Drohung doch von zerstörerischer Kraft, da sie allgemein und tatsächlich eine Bedrohung der intellektuellen Bemühungen um die Bibelphilologie bedeutete. Hatte Cisneros' reformerische Tat auch eine Dekade des Aufatmens und der Öffnung bewirkt, so sollte diese inquisitorische Einstellung das gesamte Jahrhundert fortdauern.

Wenn der Philologe Nebrija sich in seinen reifen Jahren der Bibelphilologie widmete, war das damals weder ein Zeitvertreib noch ein unschuldiges Vergnügen, sondern eine gewagte Sache, die ihm ernsthafte Scherereien hätte einbringen können. In seiner *Apologia*, »einem frühen und überaus wichtigen Dokument zur europäischen Bibelphilologie« (C. Gilly),[22] möchte

---

espagnole 1551, 1554, 1559. Sherbrooke 1984, S. 148–162, 276–302 und 619–624; sowie Domínguez: Gaspar de Grajal (Anm. 3), S. 253.

20 Cathalogus librorum, qui prohibentur mandato illustrissimi et reverendissimi D.D. Ferdinandi de Valdes. Valladolid 1559 (Sebastián Martínez), S. 37; de Bujanda: Index (Anm. 18), S. 667.

21 Vgl. Bataillon: Erasmo (Anm. 13), S. 32f. Nebrija selbst berichtet uns davon wie folgt: »Ich habe zwei Kommentare zur Heiligen Schrift verfasst. Den ersten nahm mir der Bischof von Palencia, später Erzbischof von Sevilla (ich beziehe mich auf den Dominikaner Diego Deza), aus der Hand, als er Inquisitor gegen die Häresie in Spanien war. Da er aber keine Vollmacht dazu hatte, fehlte auch eine königliche Anweisung: Man wollte den Autor nicht so sehr der Billigung oder Verurteilung unterwerfen, wie ihm vielmehr die Neigung verleiden, über diese Themen zu schreiben.« (Vorrede zu Antonio de Nebrija: In quinquaginta Sacrae Scipturae locos non uulgariter enarratos. Tertia qinquagena ... Granada 1535).

22 Apologia earum rerum quae illi obiiciuntur. (ohne Ort und Jahr, jedoch in) Logroño 1507 (Brocar; nachgedruckt in A. de Nebrija, In quinquaginta [Anm. 20]). Es gibt dazu eine neu-

er mit Leidenschaft verdeutlichen, dass niemand ein Recht dazu hat, ihn als Nicht-Theologen und Laien (*homini ad sacras litteras non initiato*) daran zu hindern, seine philologische Tätigkeit auf dem Gebiet der Heiligen Schrift auszuüben, einem den Theologen vorbehaltenen Bereich (*nam et laicis de fide disputare nominatim interdictum est*).[23] Seltsamerweise verweist Nebrija darauf, dass er nur die Orthographie (die richtige Schreibweise der Eigennamen), einige Akzente oder bestimmte dunkle und verborgene Bedeutungen erörtern möchte; und darum sehe er nicht, wieso dies eine Verwegenheit bzw. eine Profanierung eines heiligen Bezirks darstellen könnte. Mit falscher Bescheidenheit besteht er darauf, dass er nicht die Rolle eines Theologen oder Bibelexegeten übernehmen, sondern nur als Grammatiker an den Text herangehen will. Doch dieser demütige Ton schwindet, als er aufzählt, was ein *Grammaticus* auf dem Gebiet der heiligen Texte alles sagen kann, die zwar heilig, aber auch Texte sind und als solche mit der Aufgabe des Philologen verbunden. Obgleich die Theologen traditionell stets höhere Bedeutungen als nur die buchstäblichen (*alios sensus partim mysticos partim morales*) zugelassen haben, sagt Nebrija ihnen, dass sie dazu verpflichtet sind, mit der Hilfe der Grammatiker zu prüfen, ob der Wortlaut solche außerbuchstäblichen Weiterungen auch gestattet. Nebrija ist davon überzeugt und behauptet ohne Umschweife, zu seiner Zeit herrsche unter den Theologen ein tiefes Unwissen um die Bibel:

> ... beweint, bejammert und beklagt nicht das Unglück der Zeiten, in das wir geraten sind; und das wir ganz in der Heiligen Schrift haben: Denn wir gehen wie durch eine dunkle Höhle, die nur ab und zu Licht bekommt und wo alles andere in Finsternis gehüllt ist.[24]

Der offenbare Grund für diese Verwahrlosung liegt darin, dass weder Griechisch noch Hebräisch betrieben werden, »die beiden erloschenen Lichter der Religion«, wie er meint; denn seiner Ansicht nach verpflichtet die Geschichte des Textes dazu, die regulierende Stellung der hebräischen Wahrheit anzuerkennen:

> ... die christliche Religion ist vor allem in den drei Sprachen enthalten, die mit der Aufschrift des Kreuzes, d.h. des Triumphes unseres Heilands geheiligt wurden und welche die Römische Kirche vermischt gebraucht. Darum bezeugt sie, wie sie zunächst mit dem Hebräischen, in dem unser Heil zuerst prophezeit wurde, sodann mit dem Griechischen, in dem die menschliche Weisheit gesammelt ist, bis zum

---

ere und vorzügliche vollständige Transskription in Carlos Gilly: Otra vez Nebrija, Erasmo, Reuchlin y Cisneros. In: Boletín de la Sociedad Castellonense de Cultura 74 (1998), S. 257–340, hierzu S. 316–332, die auch den Prolog zur zweiten Ausgabe enthält.

23 Apologia, S. 325.
24 Epistola del maestro de Lebrixa al Cardenal quando se avisó que en la interpretación de las dicciones de la Biblia no mandase seguir al Remigio sin que primero viessen su obra, ed. Gilly 1998, S. 308–315; Zitattext auf S. 312.

Lateinischen, das die Herrschaft über den gesamten Erdkreis erlangen konnte, gleichsam über einzelne Stufen aufgestiegen ist.[25]

Antonio de Nebrija interessiert sich für das Hebräische, weil er es als ein unentbehrliches Hilfsmittel beim Bibelstudium betrachtet. Doch seltsamerweise war Nebrija kein Hebraist im vollen Wortsinn. Denn 1511 bekennt er (wohl in einem heiklen Zusammenhang), dass »er von der hebräischen, der chaldäischen und der arabischen Sprache nicht viel versteht«.[26] Sáenz-Badillos konnte nachweisen, wie Nebrijas Werke zur Bibel im Vergleich mit dem philologischen Niveau anderer Hebraisten seiner Zeit nur sehr begrenzten Wert haben. Sáenz zufolge ist Nebrija »nie zu einer tieferen Kenntnis des Hebräischen gelangt. Ebensowenig kannte er, nicht einmal in den Grundzügen, die philologische Tradition der spanischen Juden. Offenkundig wird dagegen, wie seine unstillbare Neugierde ihn sehr früh von der Notwendigkeit überzeugt hatte, sich mit dieser Sprache vertraut zu machen.«[27] Seine Vorliebe für das Hebräische gründete sich auf sein großes Interesse am lateinischen Text des Alten und des Neuen Testaments. Nebrija will aber keine Lektionen in hebräischer Philologie erteilen, sondern er möchte vor allem seinen Zeitgenossen als Lesern der lateinischen Bibel dabei behilflich sein, die vielen darin enthaltenen Namen hebräischer Herkunft richtig zu sprechen und zu schreiben. Nebrija hat sich nicht erst darauf eingelassen, die mittelalterliche Tradition der hebräischen Philologie zu studieren, die aber von den Hebraisten seines Jahrhunderts genutzt wurde, wie etwa von Alonso de Zamora oder Johannes Reuchlin; seine Inspirations- und Studienquellen sind vielmehr in der griechisch-lateinischen Tradition von Hieronymus, Eusebius und Marcianus Capella zu suchen, welcher er seine eigenen Studien und Bemerkungen anfügen konnte. All das passt sehr gut zu seiner Humanistenbildung. Denn er war vor allem bestrebt, seinen Zeitgenossen, als mangelhaften Kennern des griechisch-römischen Altertums, alles über die in der Heiligen Schrift erwähnten Tiere, Pflanzen und Gegenstände sowie Sitten, Mythen oder schwer bestimmbare Orte mitzuteilen. In einem Rückgriff auf antike, insbesondere griechische und lateinische Autoren, die Bedeutung der orientalischen Sprachen und sein eigenes Wis-

---

25 Antonio de Nebrija: De vi ac potestate literarum, edd. Antonio Quilis y Pilar Usábel. Madrid 1987, Kap.1.

26 Vicente Beltrán de Heredia: Nebrija y los teólogos de San Esteban de principios del siglo XVI. In: La Ciencia Tomista 61 (1941), S. 37–65, hierzu S. 51. Vgl. Antonio de Nebrija: De litteris hebraicis cum quibusdam annotationibus in Scriptura Sacra, (ohne Ort und Jahr [Madrid, Biblioteca Nacional: R 1754]), fol. A II: »... qui vix umbram quandam huius linguae attigimus« (»die wir kaum einen Schatten dieser Sprache erreicht haben«).

27 Ángel Sáenz-Badillos: Antonio de Nebrija ante la lengua hebrea y la Biblia. In: Carmen Codoñer y Juan Antonio González Iglesias (edd.): Antonio de Nebrija: Edad Media y Renacimiento. Salamanca 1994, S. 111-119, hierzu S.112. – Von diesem Autor vgl. man auch Kapitel 1 seines bereits zitierten umfänglichen und gut dokumentierten Werks: La filología bíblica (Anm. 13).

sen bietet er »eine seltsame Mischung aus Irrtümern und Richtigem, die in jedem Fall unsere Achtung verdient«.[28] Seine offenbare Unkenntnis des Hebräischen lässt ihn manchmal zu Lösungen gelangen, die den kundigen Leser verlegen machen, da sie keinerlei wissenschaftliche Grundlage haben. Sein Bestreben, sich der Originalsprache anzunähern und sich in den Bibelstudien für die Rückkehr zu den Quellen einzusetzen, bildet die positive Seite seiner Wirksamkeit, obwohl die dabei von ihm verwendeten Mittel nicht die geeignetsten waren.

Nebrija vertritt mit Lorenzo Valla die These, dass die Heilige Schrift nicht den Regeln der Grammatik entgeht, wofür er mit natürlichem Wohlgefallen einige Augustin-Texte nennen kann.[29] Trotz des Widerstands der Theologen vermochte niemand ihm die Idee auszutreiben, dass die lateinische Übersetzung der Bibel von den Grammatikern untersucht werden müsse und ein Bibelkommentar ohne philologische Kenntnisse eine unnütze Arbeit sei und eines ehrlichen Theologen unwürdig. Wie er in der *Apologia* versichert, wurde die Verärgerung der Gegner seiner Tätigkeit nicht zu einem Hemmnis, sondern zu einem Stimulans seines Wirkens. Zwar sagt Nebrija, die Grammatik sei die Magd aller Wissenschaften; doch bei Buchstaben, Silbenlängen und Aussprache komme ihr der Primat zu.

Das Bestreben des Latinisten – seine Aufgabe im Rahmen der Universität von Alcalá – liegt nicht darin, den gelehrten Hebraisten und Gräzisten den Boden zu bereiten, sondern dem lateinischen Text seine ursprüngliche Form zurückzugeben. Die »wahre Lesung« brauche dabei nicht, so Nebrija, mit der originalen Lesung des Hieronymus übereinzustimmen. Bezugsgröße für einen guten lateinischen Text sei darum nicht die ursprüngliche Vulgata, sondern das hebräische Original. In der *Apologia* sagt er dazu wörtlich:

> Wir haben bis jetzt daran gearbeitet, und wir werden es weiterhin so halten, dass wir die jüngsten Codices mit den ältesten lateinischen Handschriften vergleichen, wo man mit größerer Leichtigkeit finden kann, was Hieronymus schriftlich hinterlassen hat, so dass dieses mit der Lesart der hebräischen und griechischen Handschriften übereinstimmt oder zumindest nicht davon abweicht.[30]

In seinem berühmten Brief an Cisneros erklärt Nebrija, wie er die Aufgabe versteht, die ihm der Kardinal mit der Revision der lateinischen Bibelübersetzung anvertraut hatte. Er begreift diese Arbeit als einen Vergleich »mit dem Hebräischen, dem Chaldäischen und dem Griechischen«, möchte aber nicht zu einer Reproduktion des lateinischen Textes gelangen, wie dieser von Hieronymus abgefasst worden war, sondern Hieronymus nach der *hebraica veritas* korrigieren. Sein Ziel war es, dass die Vulgata den Originaltext der Bibel dort genau wiedergeben sollte, wo die lateinische Übersetzung

---

28 Sáenz-Badillos: A. de Nebrija ante la lengua (Anm. 26), S. 117.
29 Apologia, ed. Gilly (Anm. 21), S. 324.
30 Ebd., S. 329.

den Sinn des hebräischen Textes nicht getreu erfasste.[31] Cisneros jedoch hat ganz klare eigene Vorstellungen und fordert alle Mitarbeiter dazu auf, sich mit größtmöglicher Treue an die lateinischen Codices, insbesondere die ältesten darunter, zu halten, um so den Hieronymus-Text zu erreichen, ohne sich darum zu kümmern, ob er das hebräische Original auch genau wiedergab. Seltsamerweise ist Cisneros' Einstellung aus kritischer Sicht moderner und kohärenter. Die Standpunkte waren also gegensätzlich, und der alte Nebrija gab nicht nach:

> Ich hatte beschlossen, nicht weiter an der Textgestaltung der Bibel mitzuwirken, die Euer Gnaden drucken wollten; denn dabei hatten Sie mir und den anderen Hebräern und Griechen aufgegeben, dass ich für das Lateinische und die anderen jeweils für ihre Sprache zuständig sein sollten. Und Euer Gnaden hatten mich gefragt, weshalb ich dafür nicht zuständig sein wolle. Ich habe Ihnen geantwortet, dass ich [den Grund hatte], als ich aus Salamanca kam: Ich hatte dort mitteilen lassen, dass ich nach Alcalá käme, um mich an der Verbesserung des lateinischen Textes zu beteiligen, der allgemein in sämtlichen lateinischen Bibeln verderbt ist, und ihn mit dem hebräischen, chaldäischen und griechischen Text vergleichen würde; wenn dann aber etwas Falsches darin stünde, dass alle mir die Schuld daran aufladen und sagen würden, die Verfehlung sei meine, zumal ich dem mir erteilten Auftrag so schlecht entspräche.
>
> Dann sagten mir Euer Gnaden, ich solle eben dasselbe tun, was Sie den andern aufgetragen hatten, nämlich dass keine Veränderung an dem geschehe, was gemeinhin in den alten Büchern steht; doch wenn ich darüber anders dächte, dass ich dann etwas schreiben solle, als Begründung und Beweis meiner Ansicht.[32]

Antonio de Nebrija aber blieb beharrlich und hielt sich von der Arbeit an der Herausgabe des lateinischen Textes völlig fern, den Cisneros anderen Mitarbeitern anvertraute. Jedenfalls erschien der lateinische Text der *Biblia Polyglotta* in keinem Band unter Nebrijas Aufsicht, und Cisneros verzichtete damit auf den besten Sachkenner.

IV. Fray Luis de León: Das Dilemma des Übersetzens oder die Unmöglichkeit, die Schönheit der »heiligen Sprache« wiederzugeben

Die Auseinandersetzung um die *veritas hebraica* erlebte ihre heikelste und entscheidende Phase in den Prozessen gegen die Hebraisten von Salaman-

---

31 In seiner *Apologia* wiederholt er wie einen Kehrreim, dass es notwendig sei, zum hebräischen Text zurückzukehren: »Gewissheit sollten wir aus der Wahrheit der hebräischen Quelle schöpfen .., kehren wir also zur hebräischen Wahrheit zurück .., (und) die Texttreue der alten Bücher bleibt an den hebräischen Schriften zu prüfen« (»certitudinem petamus ex veritate fontis hebraici ... regrediamur ad hebraicam veritatem ... veterum librorum fides ex hebraeis voluminibus examinanda est«), ebd., S. 317–320.
32 Vgl. ebd., S. 308 (vgl. auch die photographische Abbildung auf S. 337).

ca: Gaspar de Grajal, Martín Martínez de Cantalapiedra und Fray Luis de León. Eine Frage eigentlich akademischer Natur wurde darin von den Dominikanern der Inquisition vorgetragen, darunter von dem schon erwähnten Domingo Báñez. Diese Prozesse sind eine unerschöpfliche Quelle zum Verständnis der Polemik um die *hebraica veritas* in der damaligen Epoche.

Bekanntlich hatte Fray Luis de León (1528–1591) einen spanischen Kommentar zum *Hohenlied* verfasst, der nicht zur Veröffentlichung, sondern für den persönlichen Gebrauch seiner Kusine Isabel de Osorio, einer Ordensfrau in Salamanca, bestimmt war.[33] Über allen durch die Übersetzung und den Kommentar verursachten Problemen steht als Kernidee, die der Dichter aus Salamanca wiedergeben möchte, der Nachweis, wie Gott sich mitgeteilt hat und wie das von ihm Gesagte den Begrenztheiten der menschlichen Sprache gemäß in der Heiligen Schrift bewahrt blieb. Fray Luis sieht nämlich in der Sprache der Bibel, in den auf hebräisch geschriebenen Worten, eine Weise des Sich-Inkarnierens, einen weiteren Aspekt der Inkarnation des göttlichen Wortes, das dann Mensch (menschliches Wort) wurde. Bereits in der Vorrede deutet er eine Sicht der Bibelsprache als Humanisierung (Inkarnation) des göttlichen Wortes an, wenn er sagt: »Eine wundersame Sache ist die Sorgfalt, mit welcher der Heilige Geist sich unserem Stil anzupassen sucht, wenn er unsere Sprache aufnimmt und die ganze Vielfalt unserer Begabungen und Lebensumstände an sich nachahmt.« (S. 70) Die Absicht des Fray Luis, sein Programm literarischer Kritik, besteht darin, die von Gott gewählten Wörter und Bilder wiederzugeben, wobei der genaue Sinn jedes Wortes und jeder Figur gewährleistet bleibt. Dies erfordert natürlich eine strenge Untersuchung und Erfassung der hebräischen Originalbotschaft.

Luis de León zufolge bieten die *Lieder des Salomon* (wie er sie fast immer nennt) die schönste und tiefste, wenn auch geheimnisvollste, göttliche Sprache, die zu menschlicher Sprache geworden ist. Gott bedient sich der Dichtersprache und trägt darin erhabene Ideen vor, die dem Text zugrundeliegen und die ein sorgsamer Interpret und Kenner der Sprache, in der sie abgefasst wurden, entziffern kann. Diese Ideen sind tiefere Wahrheiten als alle die, welche uns die griechische Philosophie überliefert hat. Diese Vorstellung war in der mittelalterlichen Tradition verwurzelt, die das Hohelied zur biblischen Autorität schlechthin erhoben hatte, um die mystische Erfahrung zu bestimmen, d.h. eine tiefgehende Reflexion des Glaubens am Rande der festen Begriffe von Philosophie und Wissenschaft. Das Hohelied, als höchste Form jeder Liebesdichtung zum Ausdruck der Liebe

---

[33] Exposición del Cantar de los Cantares. In: Fray Luis de León: Obras completas castellanas, 2 Bde., ed. Félix García. 4. Aufl., Madrid 1957, Bd. I, S. 70–210. Vgl. Klaus Reinhardt: Die mehrdimensionale Auslegung des Hohenliedes durch den spanischen Augustiner Luis de León (1528–1591). In: Adolar Zumkeller und Achim Krümmel (Hg.): Traditio augustiniana. Studien über Augustinus und seine Rezeption. Würzburg 1994, S. 243–258.

Gottes in Menschenworten, birgt eine enorme Schwierigkeit der Deutung, »weil in keiner anderen Schrift die Leidenschaft der Liebe kraftvoller und sinnreicher entfaltet wird als in dieser« (S. 72).

Die Textauslegung enthält für Luis de León zwei Hindernisse, eines rein philologischer und ein zweites grundlegend theologischer Natur. Ersteres ist die »Liebesleidenschaft«, die so stark wirkt, dass »die Sprache nicht das Herz erreicht«, d.h. das Übermaß an Gefühl vermag keine wohlgefügten Worte zu finden, und darum »verläuft die Rede unverbunden und zerfahren«. Hierin kommt jenes ›Sagen des Unsagbaren‹ zum Ausdruck, als Gemeinplatz der gesamten mystagogischen Tradition. Dichtung und Mystik suchen das Unsagbare zu sagen, indem sie allgemeine Wendungen gebrauchen, um damit ein einzelnes Erleben zu schildern. Denn die Mitteilung einer persönlichen religiösen Erfahrung ist, mehr als jeder poetische Ausdruck, ein Stammeln, das außer dem persönlichen und nicht übertragbaren Erleben auch die vitale Gegenwart der göttlichen Wirklichkeit einbeziehen muss, die der Definition nach unendlich und unbegreiflich ist. Wenn man einmal Luis de Leóns schöne Erklärung dieses Vorgangs als »Rhetorik der Verliebten« übergeht, die der »kalte und gleichgültige« Leser gar nicht verstehen kann, so verweist er auf eine zweite Schwierigkeit beim Verstehen des Gedichts, nämlich die Eigenart seiner Ursprungssprache. Und hier setzt Fray Luis zu einem Lobeshymnus auf das Hebräische an: Das Hebräische ist, so sagt er, eine »Sprache mit wenigen Wörtern und kurzen Sätzen, und diese sind von Sinnvielfalt erfüllt« (S. 73). Was als ein »neuartiger und seltsamer und außer jeder Verträglichkeit stehender« Vergleich erscheinen mag, ist für den Kenner des Hebräischen »der gesamte richtige Ausdruck und die gesamte Feinheit jener Zeit unter jenen Menschen« (S. 74). Fray Luis beschließt seinen Prolog, indem er sein Verfahren der wortwörtlichen Übersetzung des hebräischen Originals ins Spanische begründet, auf die an den dunkelsten Stellen eine Erklärung folgt, um vor allem die ›Erregung‹ des originalen Hebräisch in der Sprache der Übersetzung anzudeuten. Wie alle seine Zeitgenossen, sah auch Fray Luis das Hebräische als die Sprache an, in der Gott gesprochen, in der er sein Gespräch mit Adam und Eva geführt und mit der Adam alle Dinge benannt hatte. Doch Fray Luis bekennt außerdem, dass die spanische (kastilische) Sprache das Lateinische und das Griechische nicht zu beneiden brauche und wie diese zum erhabenen Vehikel des hebräischen literarischen Ausdrucks geeignet ist, so dass er es auch wagt, das Kastilische mit der Originalsprache der Bibel zu vergleichen, wenn er versichert, die von ihm gesprochene Sprache könne die hebräische Ausdrucksweise vollkommener wiedergeben, als die anderen Idiome es tun.

Wenn Fray Luis die Bedeutung der hebräischen Wörter erörtert, dann geschieht dies nicht als pedantische Übung oder aus philologischer Neugierde, sondern weil dieses die Worte sind, die Gott wählte, um sich dem

Menschen mitzuteilen; und daher liegt es am Empfänger, alles Mögliche zu tun, um deren genauen Sinn zu ermitteln. Hebräische Wörter und Sätze zu ergründen, heißt, die Wahrheiten zu betrachten, die Gott so rein und tief wie möglich ausgesprochen hatte, ohne irgendeinen Vergleich mit der Untersuchung derselben Botschaft in anderssprachiger Fassung. Dem ist so nicht allein aus einem philologischen, sondern aus einem weiteren, zutiefst theologischen Grund, der mit der Heilsgeschichte zu tun hat: Das Hebräische ist die einzige Sprache, die vor dem Sündenfall gesprochen wurde, und deshalb das einzige Bindeglied zu einer ursprünglichen Welt im Reinzustand; alle übrigen Idiome sind erst nach der Sünde entstanden und von dieser ›beeinträchtigt‹.

Obgleich Fray Luis es vermeidet, das Verhältnis zwischen *veritas hebraica* sowie griechischer und lateinischer Bibel zu erörtern – ein an seiner Universität in Salamanca heiß diskutiertes Thema –, sollte dies doch der Grund dafür sein, dass er ins Gefängnis gehen musste. Ohne dass er es gewollt hätte, wurde seine kommentierte Übersetzung des Hohenliedes für Kusine Isabel mehr oder minder heimlich vervielfältigt und war einer der Punkte, die der Staatsanwalt für seine Anklage nutzte.[34] In diesem Prozess wird aus den Zeugenaussagen der Skandal sichtbar, den eine volkssprachliche Übersetzung ausgelöst hatte, wo dem Buchstaben nach von profaner Liebe die Rede war. Fray Luis erklärt dazu, im Hohelied würde »[der Heilige Geist] mit fleischlicher Liebe vorbehaltenen Worten und Andeutungen seine göttliche Liebe bezeichnen«, und es sei darum notwendig, »zur Erklärung jener Worte, welche der göttlichen Liebe bestimmt nicht unwürdig sind, das zu sagen und zu klären, was die dort verwendeten Ausdrücke fleischlich bedeuten, um zu verstehen, worauf sie geistlich zu verwenden sind«. Und im Hinblick auf einen seiner kleinmütigen Feinde hat Fray Luis keine Bedenken, dessen Unverstand zu benennen; denn

> ...von Küssen und Umarmungen und Brüsten und hellen Augen wie noch anderen Wörtern der Art zu hören, von denen Text und Kommentar jenes Buches voll sind, hat ihm [dem Zeugen] die Sinne empört; und was er übersah, als er es lateinisch las, wenn er es überhaupt einmal gelesen hat, das schlug ihm auf das Gehör, weil er es romanisch vernahm ... und jenes Büchlein [sein Kommentar] hat erheblich mehr Geist als dieser Zeuge Sinne, und von ihm weiß ich nicht, ob er mich recht versteht; und nicht vielmehr gilt, dass er Salomos Lieder nie auf lateinisch gelesen und verstanden hat, da sie ihn in romanischer Volkssprache so sehr beleidigen.[35]

---

34 Mit den Worten des Staatsanwalts: »... und in Profanierung der besagten Lieder [des Salomo] übertrug er diese in die Volkssprache; und sie sind im und gelangen in den Besitz vieler Personen, für die und noch andere er sie in der besagten romanischen Sprache wiedergab« (Fray Luis de León: Proceso inquisitorial. In: Don Miguel Salvá y Don Pedro Sáinz de Baranda (edd.): Colección de documentos inéditos para la historia de España, Bd. X–XI. Madrid 1847, hier Bd. X, S. 208).

35 Ebd., S. 363f.

Doch nicht allein die spanische Fassung gab Anlass zur Empörung; der Dominikaner Bartolomé de Medina beklagt, dass er in seinem Kommentar dem Vulgata-Text »keine Autorität einräume«. Fray Luis antwortet darauf mit Recht, dass er in jenem Büchlein

> die Vulgata nicht erwähnt, um sie mit keiner anderen Textfassung zu vergleichen; vielmehr befolgt und erklärt er sie; außer an einer oder zwei Stellen, wie ihm erinnerlich, wo das hebräische Wort mehrdeutig ist, nennt er den Unterschied in den Bedeutungen, der da besteht, und was den Hl. Hieronymus dazu bewegte, eine davon zu übernehmen, und wie auch die andern einen richtigen Satz und Sinn ergeben.[36]

Aus dem Gefängnis heraus unternahm er auch die sorgsame Verteidigung einer bestimmten Stelle, an der seine Gegner eine Missachtung der Vulgata erkennen wollten. Hier geht es um die Erklärung zu Kap. 4, Vers 1. Nachdem er übersetzt: »deine Taubenaugen unter deinen Haaren«, merkt Fray Luis an, dass Hieronymus das Hebräische nicht richtig verstanden habe. Denn wo er selbst mit span. *cabellos* (»Haare«) übersetzt, steht in der Vulgata: *absque eo quod intrinsecum latet* (was Fray Luis mit »bei dem, was verborgen ist« überträgt), um darauf zur Empörung seiner unwissenden Kollegen zu kommentieren:

> St. Hieronymus versteht, ich weiß nicht warum, darunter die verborgene Schönheit ..., worin er nicht nur von der allgemeinen Ansicht der gelehrtesten Kenner dieser Sprache abweicht, sondern irgendwie auch sich selbst widerspricht; denn in Jesaja 47, wo dieses Wort vorkommt, versteht er darunter ›Steifheit‹ und ›Gemeinheit‹ und übersetzt dementsprechend.[37]

Späterhin ließ Fray Luis dem Staatsanwalt eine ausführliche, energische und unbestreitbar logische Rechtfertigung dieses Passus zugehen.[38] Wie schon C. P. Thompson[39] andeutete, ist es reizvoll zu beobachten, wie er seine Ankläger in Verlegenheit bringt; denn um die Vulgata zu retten, hätten die-

---

36 Ebd., S. 289f.
37 León: Obras completas (Anm. 32), Bd. I, S. 125.
38 Dieses am 18. Dezember 1573 unterzeichnete wertvolle Dokument ist in den Prozessakten (BN Madrid, ms. 12747 und ms. 12749) nicht enthalten und daher auch in deren Ausgaben nicht abgedruckt. Das handgeschriebene Original ist zwar nicht auf uns gekommen, doch blieb eine Abschrift des 17. Jahrhunderts in der Madrider Nationalbibliothek (ms. 18575/35) erhalten. Dieses Dokument, dessen Anfang fehlt, gehört dem Abfassungsdatum nach unzweifelhaft zu dem Prozess, und dies umso mehr, als Fray Luis selbst zugesagt hatte, eine Verteidigungsschrift vorzulegen (vgl. León: Proceso [Anm. 33], Bd. X, S. 365: »ich werde darauf kommen und alles im einzelnen zeigen, wenn ich auf die Verteidigung dieses Buches zu sprechen komme«), die in den Akten aber nicht erscheint. Eine Umschrift in León: Obras completas (Anm. 32), Bd. I, S. 211–212, und noch genauer in Fray Luis de León: Escritos desde la cárcel. Autógrafos del primer proceso inquisitorial, ed. y estudio por José Barrientos García. El Escorial 1991, S. 238–244.
39 Colin P. Thompson: The strife of tongues. Fray Luis de León and the golden age of Spain. Cambridge 1988. Hier zitiert nach der mir zugänglichen span. Ausgabe: La lucha de las lenguas. Fray Luis de León y el Siglo de Oro en España. Valladolid 1995, S. 44.

se eine Lesart vertreten müssen, die man als pornographisch bezeichnen könnte und die das Original gar nicht verlangte. Seine Darstellung beginnt mit einem reichlich ironischen Bezug auf das Thema:

> Das habe ich dort [im zitierten Kommentar] gesagt, und ich wollte die Wunde nicht weiter bloßlegen, weil das weder für jene Stelle noch für die Person, an die sich jenes Buch richtet, gedacht war; und was ich dort verschwiegen habe, will ich hier sagen, wo ich mit guten und gelehrten Männern rede.

Des weiteren behauptet er, seine Absicht sei es nicht gewesen, den Vulgata-Text anzutasten, sondern nur eine unbedeutende Einzelheit zu verbessern. Was er als ›Haare‹ versteht, sind die Haarsträhnen auf der Stirn der Geliebten, unter denen ihre Taubenaugen erkennbar werden. Hieronymus hatte diese Strähnen als ›obszöne‹ Körperteile der Frau begriffen und mit einem Euphemismus übersetzt:»durch das, was verdeckt ist«. Fray Luis fragt sich daher: Wie konnte eine solche Bedeutung in einem von Gott für das Seelenheil diktierten Werk vorkommen? Und wenn St. Hieronymus sie im Original als obszön empfand, warum hat er sie dann nicht so übersetzt, wie Gott sie im Hebräischen verwendete? Wenn die Frau, auf deren Scheide angespielt wird, eine Schlüsselfigur der Kirche ist, was ist dann die spirituelle Bedeutung des Terminus? Und weshalb kommt dieser Terminus nicht vor, als der Dichter Unterleib und Muskulatur der Braut beschreibt, einen Ort, dem er näher liegt, als den Augen, die sich bekanntlich weiter oben befinden? Ein solches Wort wäre in einem Lied der Liebe unangebracht, und kein hebräischer oder griechischer Dichter hat je diese Körperteile so ausdrücklich benannt; denn sogar Ovid gebrauchte hier eine Umschreibung. Alles in allem, so schließt Fray Luis, ist es zwar möglich, dass dieses hebräische Wort die ihm von Hieronymus beigelegte Bedeutung haben kann; doch wenn man die Vulgata in einer so kleinen Einzelheit verbessert, erhalten wir eine mit dem hebräischen Text stärker übereinstimmende Übertragung, die dann gewiss auch schöner ist.

Diese sorgsame Rechtfertigung seiner Übersetzung lässt die Einstellung des Theologen und Dichters aus Salamanca zum hebräischen Original klar erkennen. Gott teilt sich dem Menschen in einer konkreten Sprache mit, und deshalb ist das Studium dieser Sprache für das Verstehen der Botschaft grundlegend. Das Studium hat sowohl den grammatischen Bau wie die rhetorischen Figuren im Text zu umfassen. Die Theologie muss vom Wortlaut des Textes ausgehen. Die Formen des grammatischen und rhetorischen Ausdrucks können dabei den Aufstieg zur göttlichen Wahrheit erleichtern, welche mit der Bibel in der Form des Menschenworts zu uns gelangt ist, einem sicheren Zeugnis dafür, dass Gottes fleischgewordenes Wort in seiner trinitarischen Einheit unteilbar ist. Diese Verteidigung der Grammatikkenntnisse schließt aber nicht aus, dass er sich bei dieser Tätigkeit als Theologe betrachtet:

... zu einem ganzen Verständnis der Heiligen Schrift ist es nötig, dies alles zu wissen, und vor allem dreierlei: die scholastische Theologie, die Schriften der heiligen Kirchenväter sowie Griechisch und Hebräisch; und obwohl mir vieles von alledem fehlte ..., so würde ich es doch für mich zu dem oben besagten Zweck auswählen; und die sich mit weniger zufrieden gaben, waren Männer mit größerer Zufriedenheit als ich. Und nie habe ich öffentlich oder insgeheim von dem Abgrund an Wissen gehandelt, den Gott in die Bücher der Heiligen Schrift eingeschlossen hat, so dass es nicht heiße, ich würde von dem, der sie verstehen möchte, verlangen, dass er alle Wissenschaften kennen sollte ... Doch mögen sie meine Lesarten ansehen und ... beurteilen, die gelehrten und leidenschaftslosen Männer, ob ich sie als Grammatiker oder als Theologe erkläre. Das Buch der Lieder Salomos [das Hohelied] habe ich erklärt und an dessen Anfang bekannt, dass ich nur die Außenseite des Buchstabens und dessen Laut erklären würde; denn ohne zuerst jene Oberfläche zu verstehen, erfasst man den Sinn nicht richtig, den der Heilige Geist dort mitteilen möchte.[40]

Aber Fray Luis de León hatte sich, wie schon Báñez, das Thema auch mit aller Strenge und scholastischen Methode in seinem Traktat *De fide*[41] gestellt. Dort erörtert er die Frage der biblischen Inspiration allerdings anders als der Dominikaner. Doch Fray Luis musste behutsam vorgehen, zumal er in Salamanca auf so extreme und unqualifizierbare Ansichten stieß wie die des Zeugen Francisco de Arboleda, der sich nicht scheute, mit dem Einverständnis der Inquisitoren, folgende Theorie zu formulieren, die ein tiefes Unwissen in Fragen der Theologie offenbart:

Die Vulgata ist insgesamt ein geheiligter Text ... und alle ihre Teile und Einzelheiten, wie gering sie auch sein mögen; ... und wie weit sie zu alledem noch echt sei und unfehlbar wie unantastbare Wahrheit enthalte, ... das gedenkt in dem Sinne das heilige Konzil mit jenem Wort ›authentisch‹ erklärt zu haben, und ... wenn einmal der griechische oder der hebräische Text anders lauten sollte als in der Fassung der Vulgata, dann entweder weil der besagte griechische oder hebräische Text verderbt bzw. verfälscht ist, oder weil die Drucker nachlässig waren, oder wegen einer Bosheit der Juden selbst ... und darum ist der griechische oder hebräische Text auch nur wie ein Kommentar zum Verständnis der Vulgata zu verwenden.[42]

Ein derartiger Ausfall mag die thematische Entwicklung dieser Frage in der Abhandlung *De fide* des Fray Luis erklären, wo er nämlich, bevor er auf die Vulgata kommt, einige Binsenweisheiten vortragen muss, die in dem unwissenden Milieu Salamancas jedoch nicht geläufig sind. In der Quaestio IV etwa vertritt er die Reinheit der hebräischen Handschriften, die, wie ge-

---

40 León: Proceso (Anm. 33), Bd. X, S. 361f. Dass Luis das Philologiestudium für seine theologische Lehrtätigkeit als unabdingbar betrachtete, hat er in einer Ansprache (»Plática pronunciada en el general de Teología en la lección de oposición a la cátedra de Escritura del 28 de noviembre de 1579«) verdeutlicht, die erst vor wenigen Jahren in einem Lissaboner Archiv entdeckt wurde und wo er seine intellektuellen Interessen sehr schön und leidenschaftlich verteidigt (vgl. Fray Luis de León: Epistolario. Cartas, licencias, poderes, dictámenes, ed. José Barrientos García. Madrid 2001, S. 148ff.).
41 León: Escritos desde la cárcel (Anm. 37), S. 223–323.
42 León: Proceso (Anm. 33), Bd. X, S. 40.

sehen, schließlich auch Báñez angenommen hatte.[43] Darin erklärt Fray Luis knapp und recht zutreffend die Geschichte des Textes: Das Alte Testament war ursprünglich im Hebräischen, der ersten aller Sprachen, entstanden; nach dem Fall Jerusalems (586 v. Chr.), als auch die Handschriften verloren waren, schrieb Esra, der dessen Inhalt auswendig kannte, es neu auf, und es wurde danach ins Aramäische (bzw. Chaldäische, wie es damals hieß) übersetzt, eine heute unter dem Namen Targum bekannte Fassung; späterhin erschienen verschiedene griechische Übersetzungen und die *Hexapla* des Origenes, eine wertvolle mehrsprachige Textfassung des 3. Jahrhunderts; bevor Hieronymus das hebräische Original ins Latein übersetzte, war eine lateinische, später als *Vetus Latina* bekannte Übertragung der gängigen griechischen *Septuaginta* im Umlauf, die in unterschiedlichen Fassungen ungewisser Herkunft vorkam und schließlich in der Übersetzung des Hieronymus aufging, was im Ergebnis zur Vulgata führte, d.h. zur amtlichen Bibel der lateinischen Kirche. Hieronymus gebrauchte den Ausdruck ›hebräische Wahrheit‹, um damit anzudeuten, dass hinter seiner lateinischen Übersetzung ein Original stand, das gut gelesen werden musste, bevor eine Übertragung entstehen konnte. Viele christliche Gelehrte jedoch meinten, der hebräische Text sei zu sehr verderbt, um noch als Richtlinie für die Übersetzung gelten zu können, und nicht wenige behaupteten überdies, die Juden selbst hätten den Text absichtlich verändert, indem sie die Texte modifizierten, welche die Christen als Zeugnis für den Messianismus des Jesus von Nazareth verwendeten. Aus diesem Grund, so sagt uns Fray Luis, bevorzugten einige Theologen, wie Melchior Cano, die griechische Übersetzung der Siebzig Weisen.

Bei diesen Überlegungen deutet er ganz zutreffend schon auf ein außerakademisches Problem, das mehr als alle philologischen Fragen um die ›hebräische Wahrheit‹ Besorgnis erregen konnte. Denn für die Juristen der Inquisition und bei der in Spanien herrschenden antijüdischen Stimmung wandelt sich jene ›hebräische Wahrheit‹ zu einer ›jüdischen Wahrheit‹, die aus demselben Grund überwunden werden müsse, wie die Synagoge von der Kirche ersetzt worden sei. Dem hebräischen Original einen vorrangigen Wert einzuräumen und den Vulgata-Text vom hebräischen Text her verbessern zu wollen, das hieß für viele, das Judentum für dem Christentum überlegen zu erklären oder zumindest anzunehmen, die hebräische Bibelphilologie müsse von den Gelehrten des Bibeltextes berücksichtigt werden. Ein merkwürdiger extremer und origineller Vertreter dieses ›biblischen Antijudaismus‹ war einer der Belastungszeugen im Prozess gegen Fray Luis,

---

43 »Utrum isti codices, quos nunc habemus, contineant hanc sanctam Scripturam puram et sinceram, ut scripta est ab ipsis auctoribus sacrae Scripturae« (León: Escritos desde la cárcel, S. 259).

der Hellenist León de Castro[44] aus Salamanca. In seiner Abhandlung *De fide* lässt Fray Luis bei der Darstellung der Textgeschichte die *veritas hebraica* als letztlichen Maßstab erscheinen und versichert zugleich, dass die Juden bei der vollen Erhaltung ihrer heiligen Texte äußerste Sorgfalt hatten walten lassen. Die Abweichungen seien daher keine Folge böswilliger Veränderungen, sondern erklärten sich aus den inneren Problemen des Hebräischen selbst. Fray Luis wertet die griechische Übersetzung der Siebzig dagegen ab und stellt die Wahrhaftigkeit der Legende vom wundersamen Werk der zweiundsiebzig Übersetzer in Abrede, die in ihren voneinander abgeschlossenen Zellen einen jeweils gleichen Text abgefasst hätten. Für Fray Luis enthält die Septuaginta nämlich nicht nur Zusätze, Auslassungen, Widersprüche und Fehler, sondern übergeht sogar noch vier wichtige messianische Texte. Keineswegs sei sie in prophetischer Inspiration geschrieben; denn wäre dem so, dann hätte niemand die Vulgata aus dem Hebräischen übersetzt.[45] Deshalb könne der Umstand, dass die Vulgata eine Übertragung aus dem Hebräischen sei und sich von der Septuaginta unterscheide, den Wert dieser amtlichen lateinischen Übersetzung nur heben und nicht mindern.

Die Erörterungen des Dichters und Theologen zur Vulgata, die während des Prozesses auch ein Gegenstand der Diskussion waren, beginnen bei der Urheberschaft, wozu es heißt, dass diese nicht in ihrer Gesamtheit dem hl. Hieronymus zuerkannt werden dürfe und dass jedenfalls deren prophetische Inspiration abzulehnen sei. Zum Beschluss des Tridentinum sagt Luis de León ohne Umschweife: »die ganze Schwierigkeit liegt in der Bedeutung des Wortes ›authentisch‹«.[46] Nach einer Erörterung aller Möglichkeiten vertritt Fray Luis einen eklektischen und für die Theologen günstigen Standpunkt: Die Vulgata bringt alle Belange des Glaubens und der Moral hinreichend zum Ausdruck; und trotz dunkler Stellen und Fehlern der Übersetzung bietet sie absolut den vom heiligen Geist gewollten Sinn; sie ist daher anderen lateinischen Fassungen vorzuziehen. Wo sie vom griechischen und hebräischen Text abweichen mag, sollte das nicht gegen sie verwendet werden. Der Theologe kann mit ihrer Textfassung zwar ohne Furcht vor Irrtümern arbeiten, doch heißt dies nicht, dass die Vulgata keine

---

44 León de Castro (1510–1585) lehnt die »hebräische Wahrheit« entschieden und unbedingt ab, wenn er behauptet, mit der Ankunft Christi habe sich die historische Aufgabe des auserwählten Volks erfüllt. Mit dem Beistand des Heiligen Geistes sei die *veritas hebraica* in der wunderbaren Übersetzung der 72 durch die *veritas graeca* ersetzt worden. Das Ende der Synagoge bedeute auch das Ende der *veritas hebraica* wie der hebräischen Kultur, die durch die vom Christentum übernommene griechische Kultur ersetzt wird (vgl. Domínguez: Gaspar de Grajal [Anm. 3], S. 634–672).

45 »In editione septuaginta, comparata ad hebraicam veritatem, multa desunt, multa sunt addita, et multa contrario modo sunt posita, et multa obscurissima et perperam versa sunt« (León: Escritos desde la cárcel [Anm. 37], S. 280).

46 »Sed difficultas est in significatione vocis *authentica* illius conclusionis [d.h. des Konzils]« (ebd., S. 295).

Übersetzungsfehler enthalte. Eine vollkommene Unfehlbarkeit wird darum unzulässig. Aber eine Ausbesserung der Originale von der Vulgata her, wie sie manche endlich durchsetzen wollten, wäre für Fray Luis ein absurdes Vorhaben.

Merkwürdig bleibt, dass Fray Luis Jahre nach seinem Prozess und damals schon Ordinarius für Bibelstudien dazu eingeladen wurde, an der amtlichen Revision der Vulgata mitzuwirken, die vom Tridentinum erst angeregt, unter Papst Sixtus V. begonnen und 1592 unter Papst Clemens VIII. vollendet wurde und darum den Titel *Editio vulgata sixto-clementina* erhielt. Fray Luis lehnt eine Mitarbeit ab und teilt dies dem Kommissionsmitglied Dr. Bartolomé Valverde in recht klaren Worten mit:

> Was die Ausbesserung der Vulgata bzw. deren Wiederherstellung angeht, so war ich stets der Meinung des Dr. [Arias] Montano: dass die darauf verwendete Mühe vergebens, ja sogar schädlich ist.[47]

Er ist der Ansicht, dass es Hunderte von Stellen gibt, an denen man nie würde erfahren können, was Hieronymus nun wirklich geschrieben hatte; und »so mag es möglich sein, dass man uns in der Absicht, eine unverderbte Vulgata zu geben, einen noch verderbteren Text liefert«. Doch am Schluss seines Briefes mochte er nicht davon lassen, einen letzten, eindrucksvollen Kommentar über die abzugeben, die ihn ins Gefängnis gebracht hatten; und er endigt mit einem Lob auf die *veritas hebraica*:

> ... diese Bemühung um das Substantielle führt nicht weiter, und sie könnte sogar erheblichen Schaden anrichten; denn es gibt sehr viele, die möchten, dass die Vulgata, wie sie jetzt gelesen wird, vom Himmel gefallen sei; und diese Leute sagen daher, wo sie sehen, dass sie mit Titel und Ermächtigung seiner Heiligkeit aus Rom kommt und die reine wie unverdorbene Vulgata ist, sie sagen, jedes Wort in ihr habe der Heilige Geist inspiriert; und das mag möglich sein, und es wird so sein, dass die sechs Männer im Kollegium bei vielen Worten als Menschen irrten, und das wird ein Grund zu erneuten Klagen und Einreden sein. Nach meinem bescheidenen Urteil wäre es in Sachen Vulgata wohl am angemessensten, wenn seine Heiligkeit ihr die Genehmigung erteilte, was schon das Konzil tat; dies war recht eigentlich, dass es uns bestätigte, wie sie in den wichtigen Dingen zuverlässig ist und nichts enthält, was dem Glauben oder den Sitten schaden könnte; sowie im übrigen auch dem Fleiß und dem Eifer, dem guten, bescheidenen Wortlaut der Gläubigen eine Tür offen zu lassen; denn der Gedanke, dass man mit der Vulgata oder weiteren hundert möglichen Übersetzungen, auch wenn diese wörtlicher sein sollten, die Kraft erreichen, die das Hebräische an vielen Stellen hat, oder die Fülle in dessen Bedeutungen ans Licht heben könnte, ist eine große Täuschung, wie diejenigen wohl wissen, welche vom Hebräischen einige Kenntnis besitzen und die Heiligen Bücher in dieser Sprache gelesen haben.[48]

---

47   León: Epistolario (Anm. 39), S. 269.
48   Ebd., S. 270f.

V. Martín Martínez de Cantalapiedra: der »Hebräer«

Martín Martínez de Cantalapiedra (1518–1579) ist im spanischen 16. Jahrhundert die interessanteste Persönlichkeit bei den Kontroversen um die Geltung der *veritas hebraica* innerhalb der theologischen Studien im allgemeinen sowie der biblischen Hermeneutik im besonderen.[49] Seine Universitätslaufbahn ist erstaunlich, da er seine akademischen Titel in der Theologie erhielt, nachdem er einige Jahre Dozent der hebräischen Grammatik gewesen war. 1542 hatte die Universität Salamanca ihm, mit seinen kaum 24 Jahren, den Hebräisch-Lehrstuhl anvertraut, dessen Besetzung für die Universität ein Dauerproblem war, weil er mehrmals unbesetzt blieb, nicht allein aus Mangel an fähigem Personal, sondern vor allem wegen der schlechten Bezahlung. Der Senat, der hier nur eine rasche Lösung anstrebte, übergibt ihm den Lehrstuhl ohne jeden Einspruch. Wenige Jahre danach, 1548, lässt der noch junge Professor eine hebräische Grammatik in Paris erscheinen,[50] die er seiner Universität widmet. In der Vorrede sagt er, dass er mit seinem kurzen und einfachen Werk die Mängel der gebräuchlichen Grammatiken beheben möchte, die, so Martínez, nur wenig pädagogisch seien, weil sie auf Kosten der Klarheit zu viele unnütze Regeln mit zweifelhafter Anwendung enthielten. Seine Grammatik aber bringe auf wenigen Seiten alles, was zur schulischen Erlernung des biblischen Idioms nützlich und unbedingt notwendig sei. Zusammen mit der in Salamanca gedruckten zweiten Auflage gab er auch eine dem Rektor der Universität, Don Juan de Bracamonte, gewidmete aramäische Grammatik heraus.[51] Darin erteilt uns Martínez wertvolle Auskünfte über seine »Cathedra Bibliorum in tribus linguis«, die in Salamanca zwar schon seit dem Beschluss des Konzils von Vienne (1308) vorhanden war, aber mangels eines dafür geeigneten Gelehrten (*proprio lectore destituta*) über 200 Jahre unbesetzt blieb. Mit Leidenschaft und unverhohlener Freude bekennt Martínez hier, wie er es erreichte, ein hebräisches

---

49   Selbst seine Gegner bezeichneten ihn als »einen Menschen mit solider und umfänglicher Bibelkenntnis« (Miguel de la Pinta Llorente [ed.]: Proceso criminal contra el hebraista salmantino Martín Martínez de Cantalapiedra. Madrid 1946, S. 347). Zu diesem klugen, aber vergessenen Theologen vgl. Fernando Domínguez Reboiras: Martín Martínez de Cantalapiedra (1518–1579). In: Heribert Smolinsky und Peter Walter (Hg.): Katholische Theologen der Reformationszeit, Bd. 6. Münster/W. 2004, S. 87–109.

50   Martín Martínez de Cantalapiedra: Institutiones in linguam sanctam (Institutiones hebraicae). Paris (Jacobus Bogardus) 1548, Salamanca (Matthias Gastius) 1569, 1570, 1571.

51   Martín Martínez de Cantalapiedra: Chaldaicarum institutionum libri tres. Salamanca (Matthias Gastius) 1570. Auch wenn wir die Ansicht von Marcelino Menéndez Pelayo (Bibliografía hispano-latina clásica, Bd. X: Miscelánea y notas para una bibliografía greco-hispana [Edición nacional de las obras completas, vol. 53], Santander 1953, S. 157) nicht teilen, der behauptet, »Martínez sei der Autor der besten hebräischen sowie der besten chaldäischen Grammatik, die im 16. Jahrhundert erschienen«, so sind diese doch einer der wenigen spanischen Beiträge zur Geschichte dieses Faches in jenem Jahrhundert.

Lektorat an der Artisten-Fakultät zu einem Lehrstuhl für hebräische Bibel in der Theologie umzuwandeln, die das philologische Bibelstudium nie in ihr Lehrangebot aufgenommen hatte. Bei der Neubelebung jenes »Drei-Sprachen-Lehrstuhls«, die dem persönlichen und entschiedenen Eingreifen des Rektors Bracamonte zu verdanken war, gelang es Martínez, das Studium des hebräischen Originals in den Rang eines Lehrstuhls zu erheben und der Theologie eine Neuausrichtung zu geben. Es verwundert daher kaum, wenn er auf dem Titelblatt seines Meisterwerks[52] klarstellt, dass er »Magister der Philologie sowie auf ausdrückliche Anordnung der Universität seit 300 Jahren der erste Ordinarius für Exegese der Heiligen Bücher« ist. Mag diese entschiedene Behauptung auch überraschen, so bleibt doch die unbestreitbare Tatsache, dass Martínez der erste Professor für Bibelexegese in Salamanca gewesen ist.

Zwar bestand an dieser Fakultät von alters her ein Lehrstuhl für Bibelstudien, doch bis 1560, als Gaspar de Grajal diesen besetzte, wurde dort scholastische Theologie auf der Grundlage biblischer Texte gelesen, und der Bibeltext war dabei nur ein Vorwand für scholastische Spekulationen.[53] Schon Nebrija hatte diese Theologen mit ihrer Unkenntnis der Bibelsprachen lächerlich gemacht.[54] Martínez und dann Grajal waren darum die ersten, die in Salamanca biblische Philologie gemäß den Anforderungen lehrten, wie sie dem Begriff in der Neuzeit zukamen, d.h. als kursorische Erklärung des Bibeltextes in seinem Wortlaut. Martínez und Grajal waren stolz darauf[55] und verstanden ihre Aufgabe als Deutung des Buchstabens, von dem aus die Scholasten ihre Spekulationen betreiben konnten.

Martínez las von zwei bis vier Uhr nachmittags. In der ersten Stunde lehrte er Hebräisch: kursorische Lektüre des Bibeltextes mit Übersetzung und wörtlichem Kommentar von Büchern des Alten Testaments, vorzugsweise Propheten, Psalmen und Dichtung. In der zweiten Stunde behandelte er, während der ersten halben Stunde, Themen der hebräischen Grammatik, sowie während der zweiten halben Stunde, abwechselnd ein Jahr das Aramäische und ein anderes Jahr das Arabische. Beide Lehrstühle – Bibel (Grajal) und hebräische Bibel (Martínez) – bereicherten einander, so dass

---

52 Martín Martínez de Cantalapiedra: Libri decem hypotyposeon theologicarum sive regularum ad intelligendum scripturas sacras [...]. Salamanca (Johannes a Terranova) 1565, (Ildefonsus a Terranova) 1582; Madrid (Joachim Ibarra) 1771. In der ersten Gerichtssitzung (am 17.4.1572) gibt er an, »Inhaber des Lehrstuhls für die drei Sprachen Hebräisch, Chaldäisch und Arabisch« zu sein (vgl. Pinta Llorente: Proceso [Anm. 48], S. 120).
53 Vgl. Domínguez: Gaspar de Grajal (Anm. 3), S. 395–398.
54 Vgl. Beltrán de Heredia: Nebrija y los teólogos (Anm. 25).
55 So sah es Grajal: »Nie kannte man in Salamanca die Schrift so wie jetzt, wo sie so viele Leute lasen, und alle Teile hatten, die dafür erforderlich waren, von welchen es nie so viele in der Universität gab«; und ein Hörer stellte es so dar: »... nachdem diese Art der Lektüre und des Studiums der Heiligen Schrift aufgekommen war ..., studierte und kannte man diese mehr als vordem« (zitiert bei Domínguez: Gaspar de Grajal [Anm. 3], S. 397).

der jüngere Professor (Grajal) zu dem älteren (Martínez) in die Vorlesung gehen konnte. Grajals Lehrstuhl – für lateinische Bibel, wie er genau hieß –, betreute über 300 Hörer, zumal er eines der wichtigen und im Studienplan obligatorischen Ordinariate war. Martínez dagegen hatte nur eine kleine und ausgesuchte Hörerschar. Denn seine Vorlesungen zum Hebräischen besuchten etwa zehn und die zum Arabischen »meistens wohl nur neun Hörer«. Über sie sagt Martínez, dass

> es weit fortgeschrittene Leute sind, die von mir die herausragendsten und zuverlässigsten Autoritäten erfahren möchten, die es für jedes Wissensgebiet gibt; also wie dies die Theatiner [Jesuiten] tun, die nach Deutschland und Rom gehen wollen, um dort mit Juden und Häretikern zu diskutieren.[56]

In der Tat waren berühmte Jesuiten wie Gregorio de Valencia und Francisco Suárez unter seinen Schülern.[57]

Das Jahrzehnt zwischen 1560 und 1570, so darf man sagen, war für das Bibelstudium in Salamanca eine goldene Zeit. Die beiden Lehrstühle nannte man »cátedras de positivo«, um sie von den übrigen Lehrstühlen der spekulativen Theologie zu unterscheiden, die »cátedras de escolástico« hießen. Doch diese neue Art der Theologie sahen einige Dominikaner als ein trojanisches Pferd im Heiligtum der Theologie an. Die Gefahren, die sie in dieser Weise des Unterrichtens erkennen wollten, wurden dann der Hauptgrund für die Prozesse gegen die »Hebraisten« in Salamanca. Im Prozessverlauf wird deutlich, wie das Grundanliegen der Angeklagten darin besteht, den Inquisitoren zu beweisen, dass die Frage, die diese als für die katholische Orthodoxie bedeutsam verhandeln wollten, lediglich eine Methodenfrage war, welche die Lehrstrukturen der Universität anging, und keine Glaubensfrage, wie das die Kollegen behaupteten, die die Anklage vorgebracht hatten. Daher sagt Martínez auch immer wieder, dass »diese Angelegenheit eine der Wissenschaft ist« (S. 229), und wo diese fehlt, sei eine Erörterung und ein Verstehen dessen, was er mit seinem Lehrstuhl treibe, unangebracht. Deshalb meine er, dass »diese Sache außerhalb des Gefängnisses verhandelbar ist« (S. 361), und »in Freiheit« (S. 392); denn »die Scotisten denken stets noch anders als die Thomisten und ziehen diese darum nicht vor Gericht« (S. 216).

Weder Grajal noch Martínez lehnen die scholastische Theologie ab, nur bestreiten sie deren anmaßenden Anspruch auf Ausschließlichkeit. Denn beide Formen der Theologie, positive wie scholastische, würden einander nicht ausschließen, sondern ergänzen. Der Mann aus Cantalapiedra wollte nur eine neue Form des Bibelstudiums einführen und stieß dabei auf

---

56 Pinta Llorente: Proceso (Anm. 48), S. 203.
57 Vgl. ebd., S. 23, 29 und 304f. Vgl. auch Feliciano Cereceda: Un profesor desconocido de Suárez: el biblista Martín Martínez de Cantalapiedra. In: Estudios Eclesiásticos 22 (1948), S. 439–447.

eine lange Tradition, die vom Textstudium in der Originalsprache absah. Obgleich er auf die Unterstützung des Senats und der meisten Studenten zählen konnte, blieb er das Ziel der Kritik seitens der Dominikaner. Ihnen und all jenen gegenüber, welche diese neue Bibelphilologie ablehnen, nimmt Martínez kein Blatt vor den Mund:

> was sie mir entgegenhalten, geschieht eher aus Bosheit und dem Willen, sich über meine Worte zu empören, als deshalb, weil ich nicht darauf eingehen wollte, ... und auch, weil sie meinen, dass die hebräische Bibel schlimmer sei als Mohammeds Koran. Dies hat mit ihrem Zutun der böse Dämon besorgt, damit ich, falls ich einen Stein in den Bau der Kirche einfügen könnte, diesen nicht einfüge, sondern mein Talent verberge.[58]

Mit gesundem Humor und Witz, der den anderen Angeklagten wohl fehlte, wiederholt Martínez vor den Inquisitoren seine Argumente, die jeder vorurteilsfreie und verständig urteilende Mensch eigentlich billigen sollte. Denn Meister Martínez weiß sehr gut, welches seine Aufgabe ist, was aber seine Gegner nicht hinnehmen wollen: »die vorigen Päpste haben den Sprachen-Lehrstuhl eingerichtet, damit die Originale bekannt würden« (S. 210), und »wenn sie wüssten, dass alle Katholiken, welche mit den Originalen umgehen, so argumentieren, hätten sie keinen Anlass zur Klage; und eher ist es wohl so, wie man sagt: Ein Esel unter vielen Äffinnen, und sie schlagen ihn alle« (S. 213). Er »tue nur, was man ihm aufträgt« (S. 177) und »was sein Lehrstuhl erfordert« (S. 265):

> Sie sagen, ich würde mit meinem Lehrstuhl keine Allegorien lehren, und sagen die Wahrheit; denn dazu besteht kein Grund, und wenn das nötig wäre, dann hätte die Universität dafür Sorge getragen; und jene Gesetzeskundigen könnten schweigen, weil sie wissen, dass der Lehrstuhl für drei Sprachen ist; und allgemein werden hier in einer Stunde die Propheten gelesen, einer hebräisch und ein anderer chaldäisch; mir steht, wie ich meine, die Behandlung des buchstäblichen Sinnes zu, und die Erkenntnis sowie die Eigenart beider Sprachen, die es richtig zu verstehen gilt ... auch auf hebräisch ... anders kann es in Spanien nicht sein, und soviel diese Hohlköpfe immer gegen mich kläffen mögen, *vincit veritas*; und so schufen die erhabenen Päpste zwei Lehrstühle für die Bibel, einen für den Buchstaben und einen für den Geist. (S. 234f.)

Würden seine Feinde diesen schlichten Sachverhalt begreifen, so »unterstellten sie ihm keine Schuld«. Das Problem bestünde nur darin, dass die Scholasten meinten, die gesamte göttliche Wahrheit befinde sich in ihren Mappen, und nicht in der Heiligen Schrift (S. 120), und dass sie die Notwendigkeit eines Studiums des Bibeltextes nicht verstünden. Die »reinen Scholasten, die von den [heiligen] Kirchenvätern nie eine Seite lasen« (S. 69), kritisierten wiederum Martínez, weil er keine scholastischen Autoren (»doctores disputativos«) zitiere:

---

58 Pinta Llorente: Proceso (Anm. 48), S. 200.

> ... wenn ich das Hebräische darstelle, dann bin ich gehalten, die anerkannten Autoren zu nutzen, die von meinem Anliegen handeln; und wenn die anderen *vasa honoris* sind, so verachtet die Kirche darum die Gefäße des Spottes nicht, sondern aus den einen wie den anderen besteht die Schönheit der Kirche ... ich brauche einen, der mich Silbe um Silbe anleitet, falls die Vulgata sich versagt, und sei es, um Verleumdungen zu entgehen, und auch weil bei der Vulgata noch andere Lesungen und viele Interpreten da sind. Für das Hebräische gibt es allein meinen Lehrstuhl, sowie noch wenige kundige Erklärer. (S. 257)

Doch eigentlich wandten seine Kollegen sich gegen diese neue Form der Theologie, weil sie fürchteten, die Kontrolle über die Fakultät zu verlieren, zumal sie das Wissen nicht besaßen, auf dem Martínez' Lehrtätigkeit beruhte, und sie ihn daher weder beurteilen noch mit ihm diskutieren konnten. Denn die Dominikaner in Salamanca ließen keine andere Form der Theologie zu als diejenige, die mit der Sprache und dem streng logischen Aufbau der traditionellen Scholastik betrieben wurde. Martínez wiederholt deshalb unermüdlich, dass er die Scholastik nicht verachtet oder gar ablehnt – ganz im Gegenteil. Wer die Ansicht vertritt, wie er das stets tat, dass zum Verstehen der Heiligen Schrift alle Künste und Wissenschaften notwendig seien, dem darf man glauben, dass er

> ... das Scholastische nicht verachtet, ... worin er viele Jahre verbracht und seine Titel erworben hat, wo er jeden Tag um Dinge verbringt, die ihm geboten werden, und nicht zum täglichen Studium, weil dies von keiner gleich großen Erbauung ist wie die Heilige Schrift, über die St. Hieronymus sagt, dass, wenn der Mensch um etwas den Wunsch zu leben haben soll, dies darum sei, sie zu lesen und zu loben; und um den Scholasten zu loben, gibt er alle zu Zeugen an, die ihn hören, dass er ihnen immer sagt, sie sollten es nicht unterlassen, ihn sehr wohl anzuhören, sondern ein Zehntel der Zeit auf die Heilige Schrift verwenden. (S. 195)

Im Hinblick auf die scholastische Theologie sagt er lediglich, er sei dafür nicht zuständig; denn er erkläre das Hebräische, »wie das seine Aufgabe ist« (S. 395), was aber nicht hinnehmen konnte, wer Theologie mit Scholastik gleichsetzte und keinen Pluralismus bei Wegen oder Methoden erkennen mochte. »Gute Dinge gibt es in der Scholastik, aber ich befasse mich eher mit den Kirchenvätern: Zu ihr gehe ich nur, wenn es nötig wird« (S. 267). Mit diesem Satz lehnt Martínez die Scholastik zwar nicht ab, sehr wohl aber deren Anspruch, ausschließliche Sprecherin der christlichen Theologie zu sein; und deswegen denkt er, dass »sie recht daran tut, ihre Aufgabe zu erfüllen und das ihr Fremde zu lassen« (S. 265).

Für Martínez liegt der Grund für den gesamten gegen ihn angestrengten Prozess darin, dass die Scholastik ihr Unwissen in der Bibelphilologie nicht zugeben will: »so sehr regen diese Kleingeister sich auf ... und wo sie sehen, dass ich bei Bibel und Kirchenvätern einen Namen habe, versuchen sie ihn mir zu nehmen, nicht etwa weil sie mehr studieren, sondern um den zu verleumden, der so viel studiert, wie sie spazieren gehen« (S. 228f.). Martínez ist davon überzeugt, dass er seine Kontrahenten an Wissen überragt,[59] ganz zu schweigen von seinen Gutachtern oder den Inquisitionsbeamten, die nicht im entferntesten begreifen konnten, worum gestritten wurde, und beschämend hilflos ins Taumeln gerieten. Diese, wie Martínez das mehrfach tut, als »Idioten«, »Simpel« und »Leute mit kurzem Verstand« und sogar als »Irre« zu tadeln (S. 123, 185, 263, 393 ...), ist völlig gerechtfertigt, wenn man sich die Prozessakten ansieht. Denn statt ihr Unwissen auf dem Gebiet einzugestehen, beschuldigen sie Martínez, von Theologie keine Ahnung und einen übermäßigen Hang zu Neuerungen zu haben. Bei der Anklage wegen theologischer Unwissenheit spielt er den Ball zurück und spottet über diejenigen, die sich für klug halten, aber »nie ein gedrucktes Buch gesehen haben« (S. 195): »Ich halte mich mehr mit der Bibel auf, da ich nicht mit ihnen prozessiere; denn sie schauen da nicht hinein oder auch nur in ein gedrucktes Buch; und wenn ich etwas schlecht auswählen sollte, so wird das meine Schuld sein« (S. 220). Mit Bezug auf Bartolomé de Medina, Dominikaner und Inhaber des ersten theologischen Lehrstuhls, sagt er:

> die Kirchenväter sind verständiger, sie mischen sich in das nicht ein, was sie nicht studiert haben. Denn nicht für alles sind Sprachkenntnisse nötig, sondern nur für Redensarten und Vokabeln; und im Umgang mit Vokabeln kam man auf Richtiges oder nicht; darum rät Augustinus, dass der gewissenhafte Theologe, dem das Hebräische ungeläufig ist, alles das, worauf er in dem Zusammenhang stieße, bereithalte, um darüber einen Gelehrten zu befragen, sobald er ihn finden könne ... Verstehst du das, Idiot? Ich glaube kaum, weil dieses Argument nicht in deinem Ranzen steckt. (S. 225f.)

Aus diesen Bemerkungen und weiteren, die sich noch zitieren ließen, erkennen wir die Schwierigkeiten, die »ein Mann mit viel Wissen und Erfahrung« hatte und der »sich in der Universität« sowie den scholastischen Strukturen Salamancas »auskannte« (S. 361). Dies nicht so sehr wegen der Institution an sich, sondern wegen einer an der Vergangenheit hängenden unwissenden Masse, welche die Zeichen der Zeit nicht verstehen mochte. Ein Mann wie Martínez, dem Scholastik wie Bibel vertraut waren, sah aber zwischen beiden Formen der Theologie keinen Widerspruch, im Gegenteil; was er tue,

> bereitet den Weg zu einem Verständnis der Kirchenväter, weil er den Buchstaben sagt, den sie anstehen ließen, da sie dem Heiligen Geist gegenüber, den sie behandelten, demütig waren; und darum besteht zwischen den einen wie den anderen kein Widerspruch, sondern Einvernehmen, weil die Kirchenväter die Vollkommenheit anbahnten, sowie Vatablo und andere die Grundlage zu ihrer Ausführung. (S. 178f.)

---

59 »... in Sachen Heilige Schrift wissen sie nicht so viel wie diejenigen, die das ganze Leben darauf verwendet haben« (ebd., S. 185).

Der Umstand, dass einer die Bibel auf hebräisch las, war für viele in Salamanca eine Form des Judaisierens.[60] Ständig verwahrt sich Martínez gegen diesen Irrweg, auf den die scholastische Theologie geraten war, welche die einfache Tatsache nicht wahrnehmen wollte, dass es zwei verschiedene Fassungen des geoffenbarten Textes gab, eine lateinische und eine andere im hebräischen Original (»wie es eine lateinische Bibel in der Kirche gibt, so ist sie auch auf hebräisch da«, ibidem, S. 200). Auf den ersten der Anklagepunkte, die der Anwalt der Inquisition formulierte, d.h. dass Martínez »Vatablo, Pagnino und seine Juden der Übersetzung der Vulgata und der Lesung der Kirchenväter« vorziehe, entgegnet er, dass bereits Hieronymus »diese Verleumdung« erdulden musste, als er »zwei Übertragungen und zwei Expositionen« geliefert hatte und dazu sagte: »*non est meae voluntatis, sed gravissimae necessitatis*« (»es ist nicht mein Wille, sondern dringend notwendig«, S. 256). Und denen, die sich darüber erregten, dass in beiden Versionen die Lesung jeweils verschieden sein konnte, antwortet er schlicht, diese Tatsache sei unleugbar, und sie sollten sich angesichts dessen »an Gott wenden, der ja zwei Texte gegeben habe und der einmal auf diese und ein andermal auf andere Weise redete« (S. 254). Nicht allein die Synagoge hat die hebräische Bibel für sich, sondern auch die Kirche, und deshalb sagt Martínez: »ich glaube nicht, dass ich übel daran tue, wenn ich sie ausdeute« (S. 359). Er tadelt diejenigen heftig, die sich für Theologen halten und meinen, sie könnten auf die hebräische Bibel verzichten: »Sie denken wie die Manichäer, der böse Gott sei Autor des Alten Testaments« (S. 226). Er verbirgt seinen Ärger nicht, wenn er zu den Inquisitoren sagt, dass »bestraft werden müsste, wer den hebräischen [Text] bemängelt« (S. 256) und die lateinische Textfassung ohne weitere Kenntnisse als einzige Quelle der Wahrheit verteidigt. Über diese unwissenden Theologen, die da meinen, »das Hebräische sei keine heilige Schrift« (S. 181), die die Bibel nicht in ihren Originalsprachen lesen und den der Häresie bezichtigen, der sie studiert, über sie spottet Martínez »mit großem Freimut und geringer Achtung« (S. 363), und er wiederholt darum einen Satz, der für einen Theologen besonders hart sein müsste: »... und da sie nichts von der Heiligen Schrift verstehen, meinen sie, alles sei Häresie« (ibid., S. 151).

Martínez bekämpft eine Auffassung, die er für unvertretbar hält, die aber von der Mehrheit der Theologen in Salamanca geteilt wurde, nämlich dass man nach dem tridentinischen Erlass die Originale nicht mehr anzusehen brauchte. Über die Vulgata hat er eine klare Meinung:

---

60 So hatte es ein Gutachter im Hinblick auf Martínez gesagt: »ein äußerst dringender Verdacht, dem Hebraismus, den Irrtümern und falschen Meinungen judaisierender Rabbiner stark anzuhängen ... und ein ausgeprägtes Streben nach Veränderung und Neuerung im Text der Heiligen Schrift« (ebd., S. 376).

man sehe sich die Fehler der Drucker an, ob sie jemand stören oder nicht; und diese abweichenden Lesungen werden täglich durch die von gelehrten Männern bearbeiteten Bibeln verbreitet, weil das Konzil keine bestimmte Bibelausgabe angegeben hat, sondern nur die für zugelassen erklärt, von der man sagen könnte, sie sei wahrheitsgetreu, nach den Originalen oder der Lesung der Kirchenväter. (S. 198)

Eine weitere Reibungsfläche zwischen Martínez und seinen Gegnern war sein Urteil über die patristische Tradition. Denn die Scholasten waren überzeugt davon, dass ihre Wissenschaft das allgemein Gültige an dieser Überlieferung vollkommen wiedergebe. Das ganze Mittelalter hindurch hatten sie die Sentenzen der Kirchenväter gesammelt, nach Themen geordnet und deren Gedanken systematisiert; und deswegen waren sie davon überzeugt, dass ihre theologische Wissenschaft den Inhalt der Schrift sowie das Allgemeingut der gesamten christlichen Tradition voll erfasse. Martínez jedoch las die Kirchenväter nicht in Florilegien und Sentenzensammlungen, sondern als ein ausgewiesener Bücherfreund (in Salamancas Intellektuellenkreisen eine *rara avis*) erwarb und las er die neuen Buchausgaben, die im 16. Jahrhundert Europas Druckereien schon in reichlicher Zahl verließen. Er wiederholt stets, dass diese durch ständige Lektüre moderner Buchausgaben erlangte Kenntnis nicht aus der Neuerungssucht, sondern aus dem Bestreben begründbar ist, die Wahrheit in den Originalwerken der Kirchenväter zu erfahren. Das einzige, was Martínez sucht, ist »die Wahrheit, selbst wenn der Teufel sie sagen sollte« (S. 218), zumal »jegliche ausgesprochene Wahrheit vom Heiligen Geist stammt« (S. 178). Dieser Drang nach Überprüfung der Quellen und das Misstrauen gegenüber verbrauchten Autoritäten sind für den Hebraisten aus Salamanca eine tiefe Überzeugung. Mit Recht kann er behaupten, dass er mehr gelesen hat als seine Kontrahenten und dass er diese Texte gründlich kennt,[61] und deshalb kann er auch einwenden, dass vieles, von dem die Scholasten sagen, es stamme von den Kirchenvätern, von diesen entweder nicht oder nicht so gesagt wurde, wie es die Scholasten angeben (S. 176). Ganz eindeutig also übernimmt der Mann aus Cantalapiedra die Ansicht der Scholastiker nicht, die Thomas als Vollendung und Gipfel der gesamten Patristik betrachteten (»Mögen sie nur immer St.Thomas nennen, sie wissen ja keinen anderen Namen«, S. 266).

Für seine Gegner war das, was Martínez sagte, etwas völlig Neues. Denn die Originaltexte einzusehen und die antiken Autoren zu zitieren, war – obwohl für die Scholasten eine neue und daher unzulässige Weise, Theologie zu betreiben – für Martínez dagegen ein Zugang zum Alten, zu den frühen Quellen der Kirche:

---

61 »... niemand im Königreich hat daran wohl mehr gearbeitet«; »in Spanien hat man keine zehn Leute gesehen, die soviel die Kirchenväter zitieren«; »und der, der sie in Spanien am meisten liest und ehrt, ist dieser Angeklagte; und wenn er weniger gelesen hätte, so hätte der da mehr Gesundheit und Vermögen als jetzt« (ebd., S. 176–178).

> Sie sagen, es gebe [bei mir] eine große Vorliebe für das Neue und kaum eine für das Alter unserer Religion und unseres Glaubens. Aber in dem, was ich schreibe und was gedruckt und druckfertig ist, erkennt man sehr gut, dass es in Spanien keinen größeren Altertumsfreund gibt als mich; denn der heilige Gott braucht nicht griechisch oder lateinisch geschrieben zu haben, damit ich ihn zitiere, und ob ich es gleich hundertmal gesehen hätte, wie das im spanischen Königreich, in Westindien und in Italien öffentlich geschieht. Was ich in der Bibel lese, so weiß man genau, dass dies das Älteste ist, was es darin gibt, und dass ich christliche Autoren von großer Heiligkeit und Gelehrtheit befolge. (S. 210)
>
> Obwohl gilt: *nihil sub sole novum* (»nichts Neues unter der Sonne«), so darf einer, wenn er einen bestimmten Autor nicht kennt, schon sagen, er sei neu ... Das aber ist eine Kinderei. (S. 261)

Schließlich sei noch als interessanteste Facette in Martínez' Denken herausgestellt, dass für ihn die Wahrheit, übereinstimmend mit der ursprünglichen Bedeutung des griechischen *alétheia*, eine »Entdeckung« dessen ist, was sich im Text verbirgt, und die Aufgabe, »das Wahre zu sagen«, die Mitteilung der Echtheit dessen ist, was in der originalen göttlichen Botschaft zum Ausdruck kommt. Die Entdeckung des Verborgenen im Geoffenbarten wäre somit der Grund jeder Exegese. Und Entdeckung ist nicht bloß der Vorgang des Entdeckens, sondern auch die Reflexion über das in der alten Offenbarung entdeckte Neue.

In seinem Prozess macht er eine kluge Bemerkung zur Geschichte der Theologie und zur Meinungsvielfalt der Theologen:

> In allen Wissenschaften hat es Jugend und Alter gegeben (und selbst im Glauben gab es Eifer und Lauheit), und darum konnten zur Zeit des Demosthenes alle fünfzehn athenischen Redner hervortreten. In Platons Zeit konnten die Philosophen, zu Ciceros Zeiten die römischen Redner, in Vergils Zeitalter die römischen Dichter auftreten, und endlich die Kirchenväter mit ihren Kommentaren zur Heiligen Schrift, von den Aposteln bis zu Gregor, dem Lehrer der Kirche; doch danach, als die Goten einfielen und das römische Reich zerstörten wie auch das Latein, da waren die Nachfolger nicht mehr so herausragend wie deren Vorgänger. Dieses sei gesagt, damit die Studenten wählen können; denn es ist eindeutig, dass Hieronymus, Chrysostomus, Augustinus und Basilius besser sein werden als Rabanus, Anselmus, Remigius und Aymus.[62]

Ohne noch mehr Texte anzuführen, die den Leser ermüden könnten, und in Zusammenfassung der eindrucksvollen Abhandlung, die er schriftlich hinterließ und die leider in Vergessenheit geriet,[63] nimmt Martínez übereinstimmend mit den Postulaten der Moderne an, dass Gott nicht alles ein für allemal gesagt sein ließ. Denn es bleibe noch vieles zu erfahren, zu sagen, zu schreiben und zu tun. Die Heilige Schrift in ihrer Originalsprache zu lesen, bedeute aber, ihren Reichtum an Sinntiefe zu entdecken. Und jeden Tag

---

62 Ebd., S. 223; vgl. S. 266.
63 Martín Martínez de Cantalapiedra: Libri decem hypotyposeon (Anm. 51).

werde die Erkenntnis der Wahrheit vollkommener. Dieser Optimismus in Hinsicht auf die Zukunft der Wissenschaft widerspricht gründlich der Meinung derjenigen, welche die älteren Lehrer als die wahrhaft Weisen sehen möchten, zu denen es zurückzukehren gelte, ohne etwas Neues zu finden oder zu denken. Die Bibelwissenschaft, die er entwirft, setzt eine stetige Entwicklung und eine unbelastete Forschung voraus. Denn das Menschenleben ist ein ständiges Streben nach dem Wahren, Schönen und Guten. Wäre dem nicht so, hätte sein Bemühen keinen Sinn. Die Wissenschaft aber fordert vom Menschen Tätigsein und Fleiß, Dynamik, Umsicht und Klugheit. Allein der Mensch kann die Leere seiner anfänglichen Ignoranz durch Anstrengung, Arbeit und Übung ausfüllen. Die »Beherrschung in Wort und Tat«, wie Baltasar Gracián sagen würde,[64] ist kein Geschenk, sondern eine Frucht der Arbeit. Erkenntnis und Wissen lassen sich nur mit einigem Bemühen erwerben. Daher rät Martínez zum Studium aller Wissenschaften, um die Wahrheit der Schrift gründlicher zu erkennen. In den Wissenschaften und der Lektüre der weisen Alten findet der Mensch die Grundlagen für die Wahrheiten und Informationen, die ihm zum Verständnis der göttlichen Botschaft dienen können. Deshalb ist die Wissenschaft von der Heiligen Schrift keine bloße Wiederholung von daraus für immer bezogenen Formeln, sondern grundsätzlich eine mit der Wirklichkeit verbundene Wissenschaft, die als Ergebnis von Hingabe und Studium zu gelten hat. Die erste Suche nach Wahrheit geht dabei von den Humanwissenschaften aus. Denn sie seien eine Quelle der Wahrheit.

Vieles in der Bibel werde nicht verständlich, weil dort alles ungeordnet und chiffriert erscheint. Doch was hier für die Bibel eigentümlich zu sein scheint, das sieht Martínez als Bestimmung aller Wissenschaft, zumal nicht nur Gottes Wort, sondern vieles in der Natur dem Menschen verborgen bleibt. Biblische und Humanwissenschaft haben darum die Aufgabe, alles Verborgene zu entziffern und zu erkennen. Dieses Bemühen um die Erreichung der Wahrheit kommt in allen Wissenszweigen nur langsam und schwer voran, weil Klarheit, Präzision und Genauigkeit Eigenschaften sind, die einen komplexen Vorgang der Induktion und einen hohen Grad persönlicher Reflexion erfordern. Es geht nur langsam voran, da erst die Zeit die Wahrheit läutert und reifen lässt. Auch Martínez hätte sich Graciáns unvergleichlichen Ausspruch zu eigen machen können: »Alle Wahrheiten werden umso schöner, je älter sie sind; denn die Zeit, die allem den Glanz nimmt, verschönert die Wahrheit.«[65] In diesem Gedankengang zeigt sich Martínez als tiefsinniger Theologe, welcher der Vernunft vernünftigerweise

---

64 »Del señorío en el decir y en el hacer« (so lautet die Überschrift zu Kapitel II in Graciáns El Discreto).
65 In der Übersetzung von Hartmut Köhler: »Nun, all das waren Wahrheiten, je älter desto schöner, denn wenn die Zeit alles andere verblassen lässt, die Wahrheiten macht sie schöner«, Baltasar Gracián: Das Kritikon. Zürich 2001, Teil III, Crisis IV, S. 682.

misstraut, da er die rationale Erfassung des gesamten Universums und noch mehr die völlige, erschöpfende und vollkommene Erklärung der göttlichen Botschaft für utopisch hält. Diese Botschaft eröffnet jeder Epoche neue Perspektiven, die sich der Mensch in seinem konkreten Dasein gar nicht vorstellen kann. Jede Wahrheit, auch die göttliche, erweist sich stets als neu und einzigartig, wenngleich immer als Teil eines Ganzen. Die wichtigste Seite an Martínez' wissenschaftlicher Haltung, und zwar im Gegensatz zur Scholastik, besteht in der Einsicht, dass für ihn, wie für jeden Humanisten, so könnte man sagen, die Rückkehr zu den Quellen keine Begrenzung des Horizonts der Wahrheit, sondern eine Eröffnung von Möglichkeiten zu ihrem Verstehen bedeutet:

... und darum sage ich, dass, wie die Zeit die vordem verborgenen Wahrheiten beschreibt, die Glaubensartikel von Tag zu Tag anwachsen, was die Erklärung angeht. (S. 197)

... oftmals können Gottes Worte zwei und drei und vier Deutungen zulassen, und dies sagt St. Augustinus, der dafür war, dass die Heilige Schrift reichhaltig sei, und dafür, dass man mit der Hilfe des Heiligen Geistes alles vielfach auslegen könne, wenn der Mensch daran arbeitet und er Gott um Hilfe bittet ..., und so sagt St. Augustinus, dass es sehr nützlich sei, eine Menge Übertragungen zu haben, um den wahren Sinn zu begreifen; und im Verständnis dessen hat der König, unser Gebieter, die Bibel in drei Sprachen mit ebenso vielen lateinischen Übersetzungen drucken lassen, auf Anraten des Papstes, und in der Einsicht, dass er Gott und der Kirche einen großen Dienst tue. (S. 179)

Martínez empfiehlt Studium und Lektüre der Kirchenväter zu einer Erweiterung des Wissens, aber vor allem als ein geeigneteres und direkteres Mittel zur Kommunikation der in der Bibel enthaltenen Wahrheiten, die trotz ihres Alters stets eine erneuerte und den konkreten Lebensumständen des Lesers angemessene Sprache erfordern. Der Exeget mit seiner Lektüre und seinen Reflexionen über den heiligen Text wandelt sich dadurch zu einem Schöpfer neuer Formen des Sprechens und des Ausdrucks für die alten ewigen Wahrheiten. Die Vielfalt an Übertragungen der hebräischen Wahrheit eröffnet hier neue Möglichkeiten, das gleiche mit neuen Begriffen zu erklären. Der abstrakte, beweisende und rationale Diskurs der Scholastik ist also nur eine unter vielen Arten, die göttliche Botschaft zu vermitteln. Beständiges Studium der Bibel ist darum das unmittelbarste und erfreulichste Mittel zur Gewinnung und Übermittlung der geoffenbarten Wahrheit.

Martínez wird sich dann noch dagegen verwahren müssen, dass er Neues vorbringt. Seine recht moderne Argumentation geht davon aus, dass Erkenntnis nur dann möglich ist, wenn der Geist von der Neugier beherrscht wird. Doch gäbe es keine Neugier, wenn der Mensch unfähig wäre, sich über etwas zu wundern; und diese Verwunderung ist ohne das Neue kaum möglich. Aber was seine theologischen Kontrahenten Neuheit nennen, ist nicht das, was er darunter versteht: »In Spanien gibt es keinen größeren Altertumsfreund als mich.« (S. 210) Denn seine Neugier brachte ihn dazu, die alten Lehrsätze der Kirchenväter und all das aufzuspüren, was von jeher in der hebräischen Originalfassung der göttlichen Offenbarung enthalten ist, um es neu zu entdecken und vorzutragen.

Thomas Dietrich

Schriftverständnis und Schriftauslegung bei Robert Bellarmin (1542–1621)

Schriftauslegung zwischen systematischer Theologie und Kontroverse

Robert Bellarmin ist von seinem theologischen Arbeiten her schwerlich als Exeget zu verstehen; vielmehr hat er seine Lebensaufgabe in der systematischen Durchdringung der katholischen Glaubenslehre gefunden und diese in der kontroverstheologischen Diskussion zugespitzt. Andererseits wäre der Jesuit völlig falsch verstanden, wollte man ihn auf die Rolle eines blinden Verteidigers des Katholischen gegen die »Neuerer« seiner Epoche reduzieren. Systematische Theologie ist für Robert Bellarmin von der Mühe geprägt, die aktuellen theologischen Fragen seiner Zeit auf ihre gemeinsame Wurzel hin zu befragen, um sie so in ihrem inneren Zusammenhang zu bearbeiten und zu beantworten:

> Aggredior de controversiis fidei adversus omnes hujus temporis haereticos disputare, et quaestiones plurimas, ac diversissimas, in unum quasi locum cogere et tanquam unius corporis membra, pro viribus, quas Deus e coelo suppeditare dignabitur, singula quaeque complecti. Arduum sane opus ...[1]

Damit hebt Bellarmin sich nicht nur angenehm von vielen seiner polemisierenden Zeitgenossen mit ihren verbalen Ausfällen und Grobheiten ab, er unterstellt sich zugleich dem Anspruch, die Fragen seiner Zeit prinzipiell, d. h. vom Ursprung her zu beantworten. Der Titel seines Hauptwerkes »Disputationes de controversiis christianae fidei adversus huius temporis haereticos« bildet diesen Anspruch in eigener Weise ab.

---

1 Robert Bellarmin: Disputationes de controversiis christianae fidei adversus huius temporis haereticos. 3 Bde., Ingolstadt 1586-93. Die Standardausgabe Venedig 1596 umfasst nach Teilung des ersten Bandes insgesamt vier Bände. – Bellarmins Hauptwerk wird in der Regel verkürzt *Kontroversen* genannt. Der Artikel zitiert nach Kontroverse, Buch und Kapitel und gibt den Beleg nach der Standardausgabe in Band, Seite und Spalte an. Das Zitat oben im Text: Bellarmin: Kontroversen, Praefatio/ 1.17a. – Als grundlegende Literatur sind die folgenden Titel zu nennen: Thomas Dietrich: Die Theologie der Kirche bei Robert Bellarmin. Systematische Voraussetzungen des Kontroverstheologen. Paderborn 1999; Italo Marcantelli: I sensi della scrittura secondo R. Bellarmino. Peschia 1972; Reimund Sdzuj: Historische Studien zur Interpretationsmethodologie der frühen Neuzeit. Würzburg 1997.

Bellarmin trägt in diesem Werk die kontroversen Fragen seiner Zeit zusammen, ordnet sie unter systematischen Gesichtspunkten und gibt in steter Rückbindung an die protestantische Schriftauslegung, wie er sie versteht, eine Antwort aus katholischer Perspektive. Seine virtuellen Gesprächspartner sind in allen Gruppierungen der protestantischen Bewegung zuhause, werden in ihren Argumenten sorgfältig aufgereiht, exakt zitiert, aber auch detailliert widerlegt. Der Jesuit geht keinem Argument aus dem Weg, sondern arbeitet sich mit großer Mühe an der Schriftauslegung seiner protestantischen (und zuweilen auch katholischen) Gegner ab. Nicht umsonst trägt sein Hauptwerk, an dem er sein ganzes Leben hindurch durch Ergänzungen, Einfügungen und zuletzt eine abschließende Durchsicht weitergearbeitet hat, den Titel und Anspruch einer *disputatio*, d.h. eines durch Regeln gemäßigten und kultivierten Streitgesprächs auf der gemeinsamen Suche nach der Wahrheit.

Ein solcher erster Blick auf Robert Bellarmins theologische Arbeit zeigt einen systematischen Denker, der die Schrift vorab als ein Lehrbuch verstanden hat, dessen kontroverse Auslegung die abendländische Kirchengemeinschaft zerrissen hatte und darum zu einer ekklesiologischen Herausforderung bei allen beteiligten Gruppen geworden war. Wer sich also mit seiner Schriftauslegung befassen möchte, muss vorab einen Blick in seine systematische Arbeit tun, um darin auf indirektem Weg den Umgang Bellarmins mit der Schrift zu erheben.

Dieser Zugang wird durch die Tatsache erleichtert, dass selbst die protestantischen Gesprächspartner und Gegner des Jesuiten diesem eine große Genauigkeit im Umgang mit den Quellen und insbesondere mit den Schriften seiner Gegner bescheinigt haben. Leider haben die katholischen Gegner Bellarmins diese Tatsache nicht immer zu würdigen gewusst; zuweilen hatte Bellarmin große Probleme mit eigenen Ordensbrüdern, die ihn innerhalb ihrer Kirche als »Kryptolutheraner« zu verhetzen gesucht haben. Das hat seiner Wirkungsgeschichte letztlich keinen Abbruch getan. Vielmehr ist aus Bellarmins Hauptwerk über Jahrhunderte hinweg ein apologetisches Kompendium der katholischen Lehre geworden, das etwa im Bereich der Ekklesiologie bis zum Vorabend des Zweiten Vatikanums quasi-lehramtlichen Charakter getragen hat. Bellarmin hat dieser Entwicklung insofern Vorschub geleistet, als er die Positionen und Argumente seiner protestantischen Gesprächspartner nicht nur sorgfältig gesammelt und geordnet hat, sondern sein eigenes systematisches Interesse immer wieder der kontroverstheologischen Zuspitzung untergeordnet hat.

Dieser Beitrag versucht auf dem Hintergrund der systematischen Arbeit des Jesuiten dessen Schriftverständnis zu erläutern. Daran sollte zugleich deutlich werden, wie Bellarmin mit der Schrift theologisch gearbeitet hat. Ein letzter Blick kann dann seinem Leben aus der Schrift im spirituellen Sinn gelten.

Zwischenspiel: Die Lebensdaten

Robert Bellarmin wird 1542 in Montepulciano geboren und tritt bereits mit 17 Jahren in die *Gesellschaft Jesu* ein. Seit 1560 studiert er Philosophie in Rom, wird aber bereits 1563 mit ersten Lehraufgaben betraut. Zunächst unterrichtet er Rhetorik in Florenz, später in Mondovi. Schließlich beginnt er seine theologischen Studien 1567 in Padua und setzt diese seit 1569 in Löwen fort. Hier wird seine theologische Arbeit nicht nur maßgeblich geprägt, sondern hier wird auch der Grund für die spätere akademische Karriere gelegt. Bis 1576 kommentiert er im Norden Europas die Summe von Thomas und erarbeitet sich ein eindrucksvolles *instrumentum laboris* für seine theologische Arbeit und Lehrverantwortung.

Den Höhepunkt seines akademischen Wirkens bildet die Lehrtätigkeit »de controversiis« in Rom, die er dort von 1576 bis 1588 ausübt und aus der die *Kontroversen* als sein Hauptwerk hervorgehen. Die überragende Stellung seiner Arbeit zeigt sich daran, dass fast siebzig Jahre lang kein anderer seinen Lehrauftrag fortsetzt; stattdessen werden Passagen seiner *Kontroversen* den Studenten vorgelesen.

Nach dem Ende seiner Lehrtätigkeit übernimmt Bellarmin verschiedene Aufgaben. Der Briefwechsel dieser Zeit lässt erahnen, dass heftige Auseinandersetzungen um sein Hauptwerk und seinen Umgang mit den reformatorischen Theologen darin toben. Diese Phase endet mit seiner Berufung zum päpstlichen Theologen 1597 und schließlich 1599 mit der Erhebung zum Kardinal. In diesen Aufgaben verbleibt er mit einer kurzen Unterbrechung, ausgelöst durch den Gnadenstreit, bis zu seinem Tod im Jahre 1621.

In dieser dritten Lebensphase Bellarmins entstehen neben verschiedenen systematischen Schriften, die mehrheitlich in die *Kontroversen* integriert werden, einige Schriften mit pastoralem Anliegen, darunter seine beiden Katechismen und eine Auslegung des apostolischen Glaubensbekenntnisses. Kaum zu überblicken sind seine unzähligen theologischen Thesenpapiere und Stellungnahmen; in den Auseinandersetzungen zwischen dem Heiligen Stuhl und Venedig dieser Zeit war er der anerkannte Wortführer Roms. Er erhält in dieser Phase nicht nur von seinen Gegnern den Spitznamen eines »Faktotums der römischen Kurie«. Gegen Ende seines Lebens veröffentlicht er seine frühen Studienschriften aus der Löwener Zeit und konzentriert sich zuletzt auf spirituell orientierte kleinere Schriften, die aus seinen jährlichen Exerzitien hervorgehen. Besondere Beachtung findet sein Psalmenkommentar von 1611.

Die Löwener Lehrjahre

Als Bellarmin 1576 aus Löwen nach Rom zurückkehrt, bringt er eine Fülle von Erfahrungen mit. Hier hatte er nicht nur die kriegerischen Folgen der Kontroverse kennengelernt, sondern sich auch gründlich mit den Schriften der reformatorischen Theologen vertraut gemacht. Bellarmin stellt aus dieser Lektüre einen Handapparat als *Index haereticorum* zusammen, in dem er in klassischer Manier Theologen und ihre hauptsächlichen Fehler aufreiht. Dieses Vorgehen spiegelt sein systematisches Interesse wieder, das sich wie ein roter Faden durch sein Gesamtwerk zieht. Die Grundlage dieses Arbeitsfeldes war eine Sondergenehmigung des Jesuitengenerals, die offiziell verbotenen Schriften der sogenannten Ketzer zu lesen. Offensichtlich war man schon früh im Orden auf die intellektuelle Begabung des jungen Mannes aufmerksam geworden und hatte sich dementsprechend bemüht, seine Gaben zu entwickeln und ihn auf eine künftige Lehrverantwortung vorzubereiten.

Weitaus wichtiger als dieser Handapparat dürften seine exegetischen und historischen Forschungen aus dieser Zeit einzuschätzen sein. Bereits die Tatsache, dass Bellarmin in Löwen nicht die Sentenzen des Lombarden, sondern die Summe des Aquinaten kommentiert, zeigt, dass er sich neuen theologischen Wegen öffnet. Löwen gilt zu seiner Zeit als ein Zentrum für das Studium der Heiligen Schrift, ihrer Quellen und ihrer Interpretation. Die Leistungen der Universität im Bereich historischer und patristischer Studien sind bekannt. Bellarmin nutzt die Möglichkeiten, die Löwen ihm bietet, um seine eigenen Schriftkenntnisse gründlich zu erweitern, und legt seine Einsichten in weiteren Studienschriften nieder.

Ein *Index scriptorum ecclesiasticorum cum censuris* versucht die kirchlichen Schriftsteller historisch einzuordnen sowie deren echte und falsche Schriften zu unterscheiden. Bemerkenswert ist hierbei, dass Bellarmin nach der Behandlung der neutestamentlichen Autoren ohne jegliche Akzentsetzung zu den Kirchenvätern übergeht. Bereits diese Tatsache lässt erahnen, wie nah für Bellarmin Schriftauslegung und kirchliche Lehrtätigkeit beieinander liegen. Neben diesem Index kirchlicher Schriftsteller entsteht eine Sammlung *Chronologia et quaestiones de Sacra Scriptura*, in der Bellarmin neben einer Chronologie des Alten Testamentes die sprachlichen Eigenheiten der menschlichen Autoren untersucht. Der fehlende Akzent zwischen der neutestamentlichen Zeit und der Epoche der Kirchenväter im *Index* wird durch die von diesem getrennte Schrift zum Alten Testament eigentümlich kontrastiert. Als Bellarmin 1613 seine Löwener Kleinschriften in überarbeiteter Form veröffentlicht, fasst er die beiden Schriften unter dem Titel *De scriptoribus ecclesiasticis* zusammen, behält aber den Akzent zwischen Altem und Neuem Testament bei, ohne eine Unterscheidung zwischen Schriftentstehung und Väterzeit einzuführen.

Als letzte Studienschrift ist auf die *Chronologia ab orbe condito usque ad annum praesentem* hinzuweisen. Sie beginnt bei den Patriarchen des Alten Testaments und reicht über die Könige Israels und Judas, die römischen und deutschen Kaiser sowie die Päpste bis ins Jahr 1574. Offensichtlich ist Bellarmin zu der Einsicht gelangt, dass die katholisch-protestantische Kontroverse nicht zuletzt in einem unterschiedlichen Welt- und Geschichtsbild gründet. Als er auch diese Schrift 1613 veröffentlicht, integriert er Teile der alttestamentlichen Chronologie und stellt damit ein historisches Raster neben seine exegetischen Grundeinsichten.

Diese Beobachtungen zu seinen biblischen Grundlagenstudien zeigen auf, welchen Rang Bellarmin dem Alten Testament zuweist. Es wird deutlich vom Neuen Testament unterschieden, das vorrangig den Charakter eines Lehrbuchs des Glaubens erhält. Dagegen versteht Bellarmin das Alte Testament weitgehend als Geschichtsbuch, auf das er im Sinne des figürlichen oder symbolischen Schriftsinns zurückgreift. Diesem figürlichen Schriftsinn gesteht Bellarmin in Übereinstimmung mit seinen protestantischen Disputationspartnern keine Beweiskraft für die kontroverstheologische Debatte und damit für die Fragen der Glaubenslehre zu. Das legt trotz aller historischen Studien den Verdacht einer gewissen Geschichtsfremdheit nahe.

Diese wenigen Hinweise mögen genügen, um Bellarmins intensives Grundlagenstudium zu beleuchten. Er nutzt die Zeit in Löwen, um sich die positiven Grundlagen der Theologie anzueignen. Sein exegetisches, theologie- und kirchengeschichtliches Interesse wird von einem aktuellen Interesse geleitet: Bellarmin schafft sich einen Handapparat für die tägliche Auseinandersetzung mit der Infragestellung des katholischen Lehrgebäudes. Auch hier wird seine exegetische Arbeit vom Anspruch des Systematikers geleitet, der zwar an der Schrift lernt, zugleich aber die Schrift vorab als Lehrbuch versteht und ihre Autoren systematisierend ordnet. Sein Beitrag zur Kontroverse zwischen Katholiken und Protestanten ist auf diesem Hintergrund eine konsequent aus der Schrift begründete Argumentation, wenngleich er diese unter spekulativen Gesichtspunkten ordnet. Mit Bellarmin beginnt eine neue Form der Scholastik, die das seit Thomas vertraute Ordnungsmuster übernimmt, aber in allen ihren Teilen streng aus der Heiligen Schrift argumentiert.

Wort Gottes als Zugang zur Kontroverstheologie

Am 25. November 1576 hält Bellarmin seine Antrittsvorlesung in Rom und entwirft darin ein differenziertes Programm, wie er die Fragen »de controversiis fidei« behandeln will. Er betont, dass alle Auseinandersetzungen seiner Zeit in einem falschen Verständnis des neunten und zehnten Artikels des Apostolikums begründet seien; er interpretiert diese Artikel auf drei zentrale theologische Stichworte hin: *ecclesia – communio sanctorum – remissio peccatorum*. Bellarmin widmet jedem der drei Stichworte einen Band seiner *Kontroversen*, entfaltet diese aber in verschiedenen Abhandlungen über die streitende, leidende und triumphierende Kirche, die Theologie der Sakramente und die Gnadenlehre.

Dazu formuliert er 1576 eine ganze Reihe von Leitfragen, die noch die Verschriftung seiner Vorlesungen in den *Kontroversen* bestimmen werden. Allerdings folgen die Vorlesungen den Leitfragen nur zum Teil: Im Studienjahr 1576/77 liest Bellarmin »De verbo Dei«, »De traditione«, »De ecclesia militante« und zuletzt »De conciliis«. Offensichtlich will er sich zunächst mit der Frage nach dem Wort Gottes und der Tradition einerseits sowie nach Kirche und Konzil andererseits den erkenntnistheoretischen Grundlagen seines theologischen Schaffens widmen. Hier zeigt er ein beachtenswertes Problembewusstsein, das weder die Frage nach den Quellen ausschließt, noch den Blick auf die spätmittelalterliche Autoritätskrise in der Kirche vermeidet. Beide Gesichtspunkte haben in je eigener Weise die reformatorische Krise der Glaubensgemeinschaft befördert. Als er später die Vorlesungen in der Schriftgestalt seines Hauptwerkes vorlegt, ordnet er die Themen neu. An den Anfang rücken seine Überlegungen zu Schrift und Tradition. Dann fügt er eine Kontroverse »De Christo capite« neu in seine Überlegungen ein, in der er Gotteslehre und Christologie zusammenfasst. Erst danach kehrt er zur theologischen Erkenntnislehre zurück, wenn er in den Themenkreisen »De summo pontifice capite militantis ecclesiae« sowie »De Ecclesia tum in conciliis congregata tum sparsa toto orbe terrarum« die Instanzen lehramtlicher Entscheidungen behandelt. Diese Gedankenfolge lässt bestenfalls erahnen, wie nahe bei Bellarmin Schrift und Kirche bibelhermeneutisch beieinander zu sehen sind. Es ergibt sich also folgender Aufbau des Werkes (Bd. 1):

TOMUS I: DE ECCLESIA
DE VERBO DEI SCRIPTO ET NON SCRIPTO
DE CHRISTO CAPITE
DE SUMMO PONTIFICE
DE ECCLESIA MILITANTE

DE MEMBRIS ECCLESIAE
DE ECCLESIA QUAE EST IN PURGATORIO
DE ECCLESIA QUAE TRIUMPHAT IN COELIS

Die *Kontroversen* geben also die in den Vorlesungen praktizierte Trennung der Themenkreise um Schrift und Tradition auf und fassen die Texte unter der Überschrift »De verbo Dei scripto et non scripto« zusammen. Bellarmin knüpft damit an das Schriftdekret von Trient an, das in seiner »*et*«-Formel Schrift und Tradition als zwei Offenbarungsquellen nebeneinander zu stellen scheint. Allerdings geht er hier einen entscheidenden Schritt über Trient hinaus: Während das Konzil Schrift und Tradition *pari pietatis affectu* nebeneinander stellt, umfängt er beide im größeren Begriff des Wortes Gottes und nimmt damit ein wichtiges Anliegen der Reformatoren auf. Die gleichzeitig neu entstehenden Fragen zur Schriftauslegung formuliert er bereits 1576:

> Porro his omnibus quaestionibus praemittenda erit, quasi magnum quoddam prooemium controversia de verbo Dei. Neque enim disputari potest, nisi prius in aliquo communi principio cum adversariis conveniamus: convenit autem inter nos et omnes omnino haereticos, verbum Dei esse regulam fidei, ex qua de dogmatibus iudicandum sit: esse commune principium ab omnibus concessum, unde argumenta ducantur: denique esse gladium spiritualem, qui in hoc certamine recusari non possit. Tamen de isto communi principio multae quaestiones sunt. Alii enim verbum Dei solum internum recipient, alii externum, sed scriptum, alii partim scriptum, partim voce traditum. Rursum alii hos libros, alii illos pro verbo Dei habent: alii hac editione, alii illa utendum censent: alii scripturam clarissimam esse per se, alii obscuram, et interprete indigere contendunt: denique alii sensum Scripturarum a Spiritu interno revelante, alii ab Ecclesia eiusque pastore petendum docent; quae omnes Quaestiones initio exponi debent, ut habeamus aliquid, unde de ceteris statuamus.[2]

Mit diesem detaillierten Aufriss schließt das Vorwort der *Kontroversen* und der erste Fragekreis um das Wort Gottes wird eröffnet. Zugleich wird deutlich, dass hier nicht einfach eine kontroverse Frage diskutiert wird. Vielmehr geht es darum, ob eine Verständigung zwischen den sich verfestigenden Konfessionen überhaupt noch möglich ist und welche Grundlage dafür gefunden werden kann. Der gesamten kontroverstheologischen Disputation geht in den *Kontroversen* eine gründliche Schrift- bzw. Methodenreflexion voraus, die aber ihrerseits – und das ist die Tragik der theologischen Situation – wiederum kontrovers beantwortet werden wird.

---

2 Kontroversen, Praefatio/ 1.22b.

Notwendigkeit, Entstehung und Inspiration der Schrift

Bellarmin eröffnet seine Methodenreflexion mit der Frage, ob die Schrift überhaupt notwendig sei. Damit setzt er grundsätzlicher an, als er das vielleicht müsste, nutzt diesen Part allerdings auch, um auf die Bewegung der Schwärmer hinzuweisen und damit die innere Spaltung der reformatorischen Gegner vor Augen zu führen. Seine Antwort in der Sache ist eindeutig und orientiert sich an den Notwendigkeiten der Menschen:

> Quare cum Sacra Scriptura regula credendi certissima tutissimaque sit, sanus profecto non erit, qui ea neglecta, spiritus interni saepe fallicis et semper incerti, judicio se commiserit. [...] Huc accedit, quod providentia Dei ita quoque regit et moderatur ut cujusque natura postulat: natura autem hominum id postulat, ut quoniam animo et corpora praediti sumus, et corporalia facilius quam spiritualia capimus; per ea, quae sensibus corporis percipiuntur, quasi per quosdam gradus ad spiritualia et coelestia deducamur. Non igitur omnes vulgo per internum afflatum Deus docet, quid de se credi, quidve a suis agi velit: sed per corporales literas, quas et cerneremus, et legeremus, erudire nos voluit.[3]

Fast selbstverständlich interpretiert Bellarmin die gottmenschliche Wirklichkeit der Schrift durch den Verweis auf die leibseelische Doppelnatur des Menschen. Dabei ist ihm der göttliche Ursprung der Schrift so selbstverständlich, dass dieser keiner weiteren Begründung bedarf. Die Schrift ist aus dem Zusammenspiel von göttlichem *auctor* und menschlichem *instrumentum* entstanden. Sie erwächst aus der Sorge Gottes um das Heil der Menschen; mit diesem Gedanken interpretiert Bellarmin die für seinen Gottesbegriff zentrale Idee der *providentia*.[4]

Der Verweis von der gottmenschlichen Doppelnatur der Schrift auf die leibseelische Verfasstheit des Menschen wird fortgeführt auf eine göttliche Pädagogik hin, die eine Führung *ad spiritualia et coelestia* kennt. Hier scheint bereits Bellarmins Kirchenbild durch, das der Institution eine zentrale Rolle in der Feststellung des Schriftumfangs im Sinne der Kanonbildung ebenso wie in der Schriftauslegung und der Führung der Menschen zuweist.

Es wäre allerdings falsch diese Größen unreflektiert nebeneinander zu stellen. Bellarmin unterscheidet bereits in der Tätigkeit der Apostel zwischen deren Predigtdienst und ihrem Interesse, die Glaubenslehre schriftlich niederzulegen. Aus dieser Unterscheidung geht letztlich sein Verständnis der Schrift als Lehrbuch hervor:

> Ex quo manifeste colligitur, Apostolos non de scribendo, sed de praedicando Evangelio primaria intentione cogitasse. Praeterea, si doctrinam suam literis consignare

---

3   Kontroversen, I.1.2/ 1.25ab.
4   Vgl. Kontroversen, II.1.16/ 1.196a: *Respondeo: nomen Dei, si respiciamus etymologiam, non significare imperium, sed providentiam. Dicitur enim ›theos‹ a ›theasthai‹, idest videre, vel ›theein‹, idest currere, quia omnibus sucurrit, ut dicit Damascenus.*

ex professo voluissent, certe catechismum, aut similem librum confecissent. At ipsi vel historiam scripserunt, ut Evangelistae, vel epistolas ex occasione aliqua, ut Petrus, Paulus, Jacobus, Judas, Johannes, et in iis nonnisi obiter disputationes de dogmatibus tractaverunt. Denique, vel singuli Apostoli edidissent scriptam doctrinam Evangelicam, cum singuli haberent curam alicujus provinciae, vel certe omnes simul congregati, antequam discederent, in suas provincias communem aliquem librum edidissent, sicut constat eos communiter Symbolum Fidei composuisse, quod tamen non scripserunt, sed viva tantum voce tradiderunt ...[5]

Hinter dieser Deutung der historischen Situation steht Bellarmins Schriftverständnis, das Gott als der *causa efficiens* bzw. dem *principale agens* den Menschen als *causa instrumentalis* gegenüberstellt. Damit deutet er Inspiration als Verbalinspiration im Sinne der scholastischen Akt-Potenz-Differenz.[6] Zugleich wird so zwischen apostolischer und nachapostolischer Zeit, zwischen Kanonbildung und Schriftauslegung unterschieden.[7]

Bellarmins grundsätzliche Anmerkungen zur Schrift werden von zwei prinzipiellen Überlegungen durchzogen: Zum einen ermöglicht ihm sein Inspirationsbegriff keinen Zugang zu einem wie auch immer gearteten inneren Geistzeugnis. Dieses Moment lehnt er wegen seines privaten Charakters und seiner nicht vorhandenen Tragfähigkeit für gemeinsame Lehraussagen ab. Die *providentia Dei* lässt in seinem Verständnis für eine solche Größe keinerlei öffentlichen Raum. Zum anderen bindet er die Entstehung der Schrift eng mit der Kanonentscheidung der jungen Kirche zusammen. Die Institution gewinnt so den Charakter einer Bezeugungsinstanz für die Schrift. Der Schritt zu einem wie auch immer verstandenen *ministerium ecclesiasticum* in der Auslegung der Schrift legt sich nahe. Beide Gedanken sind vom scholastischen Akt-Potenz-Gedanken getragen und werden im Zusammenspiel von Leib und Seele veranschaulicht.

Bellarmin verwendet in den ersten beiden Büchern seiner Schriftkontroverse große Mühe auf die Details des Schriftkanons und seiner Entstehung sowie auf textkritische Fragen. In der Diskussion der verschiedenen Ausgaben und bei den Fragen nach dem konkreten Textbestand legt er – ganz in seiner Zeit zuhause – großen Wert auf die Verteidigung der lateinischen Vulgata. Erst nach Klärung dieser Fragen kommt er auf die in seiner Zeit brandaktuelle Frage der Schriftauslegung zu sprechen. Der Text hat den folgenden Aufbau:

---

5 Kontroversen, I.4.4/ 1.120b.
6 Vgl. Kontroversen, IV.2.12/ 2.61b: *Dicuntur igitur scriptores sacri habuisse immediatam revelationem, et scripsisse ipsius Dei verba, quia vel nova quaedam et antea incognita eis revelabantur a Deo.*
7 Vgl. Kontroversen, III.4.25/ 1.522b: *Apostoli poterant in toto terrarum orbe praedicare et fundare Ecclesias [...] hoc non possunt episcopi. Item apostoli poterant scribere libros canonicos, ut omnes fatentur, hoc non possunt episcopi.*

CONTROVERSIA I
DE VERBO DEI SCRIPTO ET NON SCRIPTO
I. 1 DE LIBRIS SACRIS ET APOCRYPHIS
I. 2 DE EDITIONIBUS
I. 3 DE INTERPRETATIONE ET VERO SENSU SCRIPTURAE
I. 4 DE VERBO DEI NON-SCRIPTO SEU TRADITIONE

Exkurs:
Die scholastischen Differenzen Akt/Potenz und Form/Materie

Um Bewegung bzw. Veränderung in der Welt erklärlich zu machen, formuliert bereits Aristoteles die Unterscheidung von Akt und Potenz. Alles Wirkliche trägt nach seiner Betrachtung zwei Momente an sich: Das Wirkliche ist aktuell das, was es ist, aber es trägt zugleich die Möglichkeit in sich, etwas anderes zu werden als das, was es gerade ist. Das Moment des Aktuellen nennt Aristoteles »energeia« (lat. actus), das Moment des Möglichen nennt er »dynamis« (lat. potentia). Bewegung oder Veränderung sind Übergang von Potenz zum Akt – aus einem Marmorblock wird etwa eine herrliche Statue. Ursächlichkeit bedeutet demnach, dass ein aktuell Seiendes die Potentialität eines anderen Seienden aktuell werden lässt.

Diese Unterscheidung erlaubt bei der Betrachtung konkreter seiender Wirklichkeiten zwischen dessen aktuellem Sein und dessen potentiellem Sein zu unterscheiden. Die tiefgründigste Wirklichkeit von allem Seienden ist für Aristoteles die Materie, eine passive Größe, die durch eine hinzukommende aktive Größe, die Form, zu ihrer aktuellen Erscheinung gestaltet wird. Veränderung bedeutet dann den Austausch der aktuellen gestaltgebenden Form. Form und Materie eines existierenden Seienden verhalten sich zueinander wie Akt und Potenz.

Bellarmin überträgt diese ihm über die mittelalterliche Scholastik zugekommenen Differenzen in sein Erkenntnisproblem. Das Wort Gottes liegt nach seiner Auffassung in der aktuellen Gestalt der kirchlichen Lehrtradition und in der potentiellem Gestalt der Schrift vor. Durch die Tradition kommt die Schrift zur Sprache. Die Vermittlungsinstanz dieser ›Bewegung‹ ist für Bellarmin die Kirche. Sie ist die formgebende Größe im Prozess der Wahrheitsfindung, so wie die Schrift dessen materiale Voraussetzung darstellt. Weder ist die Schrift ohne die Kirche zu denken, noch die Kirche ohne die Schrift.

Um diese Lösung zu verstehen, muss abschließend betont werden, dass es in der scholastischen Differenzenlehre keine Trennung von Akt und Potenz bzw. von Form und Materie gibt, lediglich die begriffliche Unterscheidung beider Größen. An diesem Punkt verweist die Theologie der Schrift bei Bellarmin letztlich auf Gott als den Ursprung der Welt. Bereits Thomas von Aquin hatte die Differenzen in seinen »quinque viae« als Hilfe für seine Gottesbeweise genutzt und sich dabei indirekt auf die Schöpfung als den Ursprung der Welt berufen. Nichts kann Ursache seiner selbst sein; jede Veränderung fordert eine hinreichende Ursache. Auch in diesem Sinn benötigt also innerhalb der Schöpfung die Schrift die Kirche und die Kirche die Schrift. Zugleich deutet sich damit an, dass Bellarmin die Kirche als Werkzeug Gottes, letztlich als Sakrament der Wahrheit versteht.

Die Lehre von den vier Schriftsinnen

Nachdem er die Fragen um die Entstehung, den Umfang und die Ausgaben der Schrift geklärt hat, kommt Bellarmin im dritten Buch der ersten *Kontroverse* auf die Schriftauslegung zu sprechen. Seine gesamte Argumentation ist von der engen Zusammengehörigkeit von Schrift und Kirche bestimmt. Bellarmin ist sich dieses Problems durchaus bewusst und weiß, dass er sich der Frage stellen muss, ob die Kirche womöglich über der Schrift stehe.[8] Mit dem Buch »De interpretatione et vero sensu Scripturae« tritt er in den für den vorliegenden Beitrag entscheidenden Dialog ein.

Hier ist die Textgestalt der *Kontroversen* außerordentlich bemerkenswert. Obwohl er von Anfang an zwischen der von Luther vertretenen Selbstauslegung der Schrift – Bellarmin interpretiert diese als von ihm bestrittene *claritas Scripturae* – und der Notwendigkeit eines sichtbaren Richters in Glaubensfragen – das Stichwort dazu ist die *obscuritas Scripturae* – unterscheidet, fügt er ein abgeschlossenes Kapitel zur Lehre von den vier Schriftsinnen ein und betont, dass hier wesentliche Gemeinsamkeiten zwischen katholischer und protestantischer Position bestehen:

> His ita constitutis, convenit inter nos et adversarios, ex solo literali sensu peti debere argumenta efficacia: nam eum sensum, qui ex verbis immediate colligitur, certum est sensum esse Spiritus sancti. At sensus mystici et spirituales varii sunt, et licet aedificent cum non sunt contra fidem aut bonos mores, tamen non semper constat, an sint a Spiritu Sanco intenti.[9]

Obwohl Bellarmin sich in der Darstellung der vier Schriftsinne bis in die Begrifflichkeit eng an Thomas von Aquin anschließt, nennt er dessen Na-

---

8   Vgl. Kontroversen, I.1.10.
9   Kontroversen, I.3.3/ 1.102a.

men in diesem Zusammenhang nicht; er verwendet sogar die gleichen Väterzitate wie Thomas und wählt lediglich andere Beispiele. Dieses Schweigen im Blick auf den Aquinaten ist für den sehr auf seine Belege achtenden Theologen dadurch erklärbar, dass Thomas seinerseits die Lehre von den Schriftsinnen von Augustinus übernommen hat; für die Betonung einer so zentralen Gemeinsamkeit ist der Bezug auf den »gemeinsamen« Kirchenvater Augustinus einfacher als ein Hinweis auf den »katholischen« Thomas von Aquin.[10]

Bellarmin nimmt später keinen Bezug mehr auf dieses wichtige Kapitel seiner Methodenreflexion, sondern setzt es voraus. Seine gesamte Schriftauslegung beschränkt sich in den *Kontroversen* auf den Literalsinn der Schrift. Andere Wege geht er lediglich in seinen geistlichen Schriften. Und hier dominiert dann der allegorische Sinn, insofern er Schriftworte immer wieder auf Christus und mehr noch auf die Kirche hin deutet. Demgegenüber spielen der tropologische und der anagogische Sinn keine größere Rolle. Dieses Vorgehen ist konsequent, insofern es auf einer ausgebreiteten Lehre gründet, die die geistlichen Schriften nicht mehr reflektieren, sondern voraussetzen. In den geistlichen Schriften findet jene Führung *ad coelestia* statt, die die Apostel in ihrer (bischöflichen) Predigttätigkeit ausgeübt haben; von dieser war ihre (kirchliche) Lehrtätigkeit allerdings streng unterschieden worden. Es scheint daher konsequent, dass Bellarmin mit seinem Psalmenkommentar lediglich ein einziges und dazu alttestamentliches Buch kommentiert hat. Der Kommentar dürfte als geistlicher Dienst eines berühmten Lehrers an der Brevierverpflichtung seiner geistlichen Mitbrüder zu verstehen sein.

Alle weitere Aufmerksamkeit widmet Bellarmin in der ersten *Kontroverse* der Notwendigkeit eines sichtbaren Richters in Glaubensfragen. Und hier findet er keine Gemeinsamkeit mehr mit seinen reformatorischen Gesprächspartnern.

Selbstauslegung der Schrift oder ministerium ecclesiasticum?

Das durchgängige Anliegen seiner gesamten Bibelhermeneutik ist bei Bellarmin die Sicherung eines fundierten Urteils. Dazu grenzt er zunächst alle Punkte aus, in denen er sich mit seinen reformatorischen Gegnern einig weiß, und verweist immer wieder auf die für ihn feststehende Tatsache, dass der Glaube, verstanden als Glaubenslehre der Kirche, keinesfalls auf der Geistbegabung eines Einzelnen ruhen kann. Das logische Problem besteht für ihn darin, dass der urteilende Geist nicht über sich selbst ur-

---

10 Vgl. Thomas, Summa theologica, p. I q. 1. a. 10.

teilen kann. Darum stellt Bellarmin gegen die Unsicherheit einer privaten Geistbegabung die Forderung nach einem unumstößlichen Fundament des Glaubens. Letztlich führt ihn sein denkerischer Weg von der Ablehnung eines *testimonium internum* zum *ministerium ecclesiasticum*:

> Restat igitur, ut judicem agnoscamus solam Ecclesiam, de qua dubium esse non potest, quin habeat Spiritum Dei, et filios suos sine errore doceat, cum sit columna et fimamentum veritatis. Id quod etiam Lutherus [...] his verbis confitetur (quidquid alibi scripserit, ut miro modo varius et instabilius fuit). ›De nullo privato homine certi sumus, habet necne revelationem Patris: Ecclesia autem ipsa est, de qua dubitare non licet etc.‹ Porro Ecclesia non aliter loquitur, quam per os pastorum et doctorum [...][11]

Dieser kirchliche Dienst an der Wahrheit der Schrift steht nicht einfach nur gegen eine privatistisch verstandene Schriftauslegung durch einzelne, sie ergibt sich zudem aus der Tatsache, dass die Schrift selbst nicht in sich verstehbar ist. Bellarmin widmet Luthers Vorstellung von der *claritas Scripturae* nur knappen Raum. Fast nebenbei schiebt er dieses Modell zur Seite, indem er die Schriftauslegung und Predigt des Reformators als Widerspruch gegen die eigene Theorie interpretiert; darüber hinaus verweist er auf die Uneinigkeit der reformatorischen Theologen selbst in den für diese grundlegenden Fragen der Rechtfertigungslehre.[12]

Gegen die Selbstauslegung der Schrift stellt der Jesuit seine Überzeugung von der *obscuritas Scripturae*, die gleichsam von sich her auf die Notwendigkeit eines authentischen Schriftinterpreten verweist. Um diesen Zusammenhang zu erläutern, greift Bellarmin auf sein Grundverständnis der Schrift als gottmenschliche Größe zurück und parallelisiert diese mit der Doppelnatur Jesu Christi:

> Philo [...] et Nazianzenus [...], literalem (sensum Scripturae) comparant corpori, spiritualem animae, et sicut Verbum Dei genitum habet naturam divinam invisibilem, et humanam visibilem: ita Verbum Dei scriptum habet sensum externum et internum. Esse autem hoc proprium solius divinae Scripturae, docet b. Gregorius [...][13]

Der Vergleich von geborenem und geschriebenem Gotteswort lässt Parallelen zwischen Inspiration und Inkarnation vermuten. Während die Inspiration der Schrift bei Bellarmin als ein Zusammenwirken von Gott und Mensch im Modell von *causa efficiens* (*auctor principalis*) und *causa instrumentalis* gedacht ist, spiegelt die Leib-Seele-Analogie des Christusgeheimnisses das Ineinander von äußerem und innerem Sinn als Materie-Form-Differenz. Die Wahrheit der Schrift ist im Sinne der Inspirationslehre Bellarmins zwar im Gedanken der *providentia Dei* bewahrt, wird aber im Blick auf die Menschen an eine Auslegungsinstanz gebunden.

---

11 Kontroversen, I.3.5/ 1.105b-106a.
12 Vgl. Kontroversen, 1.3.1.
13 Kontroversen, I.3.3/ 1.101b.

> Non ignorabat Deus multas in Ecclesia exorituras difficultates circa fidem; debuit igitur judicem aliquem Ecclesiae providere: at iste judex non potest esse Scriptura, neque spritus revelans privatus, neque princeps saecularis; igitur princeps Ecclesiasticus, vel solus, vel certe cum concilio et consensu Coepiscoporum: nec enim fingitur, nec potest fingi aliquid aliud, ad quod hoc judicium pertinere posse videatur. Ac primum non esse judicem Scripturam, planum est; quia varios sensus recipit, nec potest ipsa dicere, quis sit verus. Praeterea in omni Republica bene instituta et ordinata, lex et judex distinctae res sunt. Lex enim docet quid agendum et judex legem interpretatur, et secundum eam homines dirigit. Denique de Scripturae interpretatione quaestio est: non autem se ipsa interpretari potest.[14]

Wie die Gerechtigkeit durch die Gesetzesinterpretation des Richters gefördert wird, so ist die Wahrheit dort ausgesprochen, wo die Kirche als Richterin die Schriftauslegung beurteilt. Der Text führt die Akt-Potenz-Differenz in die Schriftauslegung ein und denkt das Verhältnis von Kirche und Schrift im Sinne der scholastischen Form-Materie-Differenz. Über die Schriftauslegung hinaus lassen diese Überlegungen sogar die wesentlichen Eigenschaften der Instanz Kirche erkennen; denn der Richter in Glaubensfragen muss eindeutig und sichtbar sein, er darf nicht willkürlich beanspruchbar sein und muss zur Auslegung befähigt sein. Zuletzt muss dieser Richter wesenhaft über jene Gewalt verfügen, die er zur Durchsetzung seines Urteils benötigt.[15]

Eine reine Methodenreflexion über die Möglichkeiten der Schrift ist für Bellarmin nicht möglich, ohne die Kirche in ihrem Dienst an der Wahrheit einzubeziehen. Den historischen Hintergrund dieser Entscheidung findet er in der Kanonentscheidung der alten Kirche, die er paradigmatisch auf die Schriftauslegung der Gegenwart überträgt. Weil die Kirche die letztliche Garantin des Schriftbestandes ist, kommt ihr auch ein Urteil über die Schriftauslegung zu:

> At eundem modum Scriptura pro se non eget hominum testimonio, sive enim intelligatur, sive non, in se verissima est, tamen propter nos eget testimonio Ecclesiae, quia alioqui non sumus certi, qui sint libri vere sacri ac divini, nec quae sit eorum vera ac germana intelligentia.[16]

Die Bezeugung des Kanon kommt ebenso wie die Auslegung der Schrift als kirchliches Moment zum Wort Gottes hinzu, doch hält die Rückbindung der beiden Größen in den umfassenden Vorgang der Inspiration eine gewisse Gleichrangigkeit fest. Es gibt keine sichere Schriftauslegung ohne kirchliche Erklärung. Gegen die Vorwürfe aller seiner theologischen Geg-

---

14 Kontroversen, 1.3.9/ 1.110b.
15 Vgl. Kontroversen, I.3.9/ 1.110b-111a: *Siquidem ille, qui est in te, a me neque videtur, neque auditur: judex debet esse videri et audiri ab utraque parte litigante; nam tales sunt qui contendunt, nimirum homines corporales, si enim spiritus essemus, forte sufficeret judicium spiritus. [...] Praeterea judex debet habere auctoritatem coactivam, alioqui nihil prodesset ejus judicium: at privati homines nullam habent talem auctoritatem.*
16 Kontroversen, I.3.10/ 1.112.a.

ner hält Bellarmin an der Einheit von Schrift und Kirche, aber auch an der Eigenwertigkeit beider Größen fest. Die Einheit von Schrift und Kirche gründet für ihn im offenbarenden Geist selbst, der in der Schrift einerseits eine Glaubensregel gesetzt hat, die andererseits aber durch die Kirche gedeutet und in ihr gelebt wird. Die Schrift gründet in Gott als der *causa efficiens principalis*, während das Ineinander von Schrift und Kirche als *causa efficiens instrumentalis* verstanden ist. Die Suffizienz der Schrift ist *materialiter* in der Schrift, *formaliter* in der Kirche verankert.[17]

Schlussbemerkung

Ein kurzer Beitrag zum Schriftverständnis Bellarmins wird kaum die ganze Breite von dessen Methodenreflexion in den *Kontroversen* eröffnen können. Die Grundannahmen zeigen sich hingegen in aller Deutlichkeit: Im Schlussteil der Schriftreflexion seiner *Kontroversen* wird sich Bellarmin mit der Frage der Tradition befassen und diese analog zu den bisher vorgelegten Vorstellungen beantworten. Schrift und Tradition werden einander im Sinne der Form-Materie-Differenz zugeordnet. Es gibt keine Tradition ohne die Schrift, weil die Schrift selbst ein Traditionselement darstellt. Zugleich erhalten die Traditionen des Glaubens ihre prägende Form von den Aussagen der Schrift her.

Die Schwäche dieser in mehreren Gedankengängen vorgetragenen Argumentation ist in den massiven Vorgriffen auf die Ekklesiologie Bellarmins zu sehen. Auch wenn der Kirchenbegriff weithin offen verwendet wird, klingen doch immer wieder Konkretionen durch. In einzelnen Passagen werden die Begriffe Kirche, Papst, Bischöfe oder Konzil nahezu synonym gebraucht. Die späteren Überlegungen zur Kirche und ihrer konkreten Gestalt greifen immer wieder auf die in der ersten Kontroverse entwickelten Grundlagen zurück.[18]

Zugleich deutet sich in dieser ersten *Kontroverse* bereits ein entscheidendes Grundmotiv der Theologie Bellarmins an: Sein wiederholter Rückgriff auf die Akt-Potenz-Differenz bzw. ihre Konkretion in der Form-Materie-

---

17 Vgl. Kontroversen, I.3.10/ 1.114a: *Respondeo ad hoc argumentum quod saepe repetit, et inculcat Calvinus: nos non negare, imo defendere contra negantes, verbum Dei ministratum per Apostolos et Prophetas esse primum fundamentum nostrae fidei; ideo enim credimus quidquid credimus, quia Deus id per Apostolos et Prophetas revelavit: sed addimus, praeter hoc fundamentum primum, requiri aliud fundamentum secundarium, idest, Ecclesiae testificationem. Neque enim scimus certi quid Deus revelaverit, nisi ex testimonio Ecclesiae. [...] Itaque Fides nostra adhaeret Christo primae veritati revelanti mysteria, ut fundamento primario: adhaeret etiam Petro, idest Pontifici proponenti et explicanti haec mysteria, ut fundamento secundario.* – Man beachte die Wortwahl: *testificatio – propositio – explicatio*.
18 Vgl. Kontroversen, IV.2.12 Konzilslehre – IV.3.10 Gliedschaftslehre – IV.4.2 nota-Lehre.

Differenz zeigt zunächst die scholastische Orientierung des Jesuiten. Ihre eigentliche theologische Grundlegung ist aber in seinem Verständnis der Inkarnation zu sehen, in der das göttliche Wort der menschlichen Natur nach dem Leib-Seele-Prinzip (*anima forma corporis*) geeint ist, konkret in der die Gottheit die Menschheit als Werkzeug gebraucht und zur Vollendung führt. Das kirchliche Abbild dieser gottmenschlichen Wirklichkeit findet Bellarmin im Sakrament bzw. in der Spendung des Sakramentes durch den Priester, der hier *in persona Christi* handelt. Hinter seinem Schrift- und Kirchenverständnis steht damit letztlich sein Verständnis der Menschwerdung Gottes, freilich gefasst in scholastischer Sprache. Größe und Grenze der Schrifttheologie Bellarmins liegen hier nahe beieinander.

Christoph Bultmann

Einfacher und doppelter Literalismus.
Biblische Geschichte und biblische Prophetie in Salomon Glassius' Traktat »De Scripturae sensu dignoscendo«

»Wenn es wahr ist, daß die Bibel mehr enthält, als zur Religion gehöret: wer kann mir wehren, daß ich sie, in so fern sie beides enthält, in so fern sie ein bloßes Buch ist, den *Buchstaben* nenne; und dem bessern Teile derselben, der Religion ist, oder sich auf Religion beziehet, den Namen des *Geistes* beilege?«[1] – Gotthold Ephraim Lessing (1729–1781) versteht zu provozieren; dass die Bibel in irgendeiner Hinsicht ein ›bloßes Buch‹ sei, hätten ihm wohl nicht nur Abraham Calov (1612–1686) und andere Vertreter der sog. Wittenbergischen Orthodoxie wie Johann Andreas Quenstedt (1617–1688) nicht zugestanden, sondern auch der Calov und Quenstedt um eine Generation vorausgehende Salomon Glassius (1593–1656) nicht.[2] So erklärt Glassius in seiner *Philologia Sacra* (Bd. 1–2, 1623): »Scripturae [...] sacrae sensus nihil aliud est, quam id, quod DEUS ipse *Scripturarum autor in Scripturis (et) per Scripturas* (intelligo autem Scripturas tam quoad verba, quam quoad res contentas) *tanquam per expressissimum divinae mentis* ἀπεικόνισμα *hominibus*

---

1   Gotthold Ephraim Lessing: Axiomata (1778). In: Werke 1778–1780, hg. von Klaus Boh-nen und Arno Schilson (Werke und Briefe, Bd. 9). Frankfurt 1993, S. 63. Zu Lessings religionsphilosophischen Schriften vgl. jetzt Christoph Bultmann und Friedrich Vollhardt (Hg.), Lessings Religionsphilosophie im Kontext. Hamburger Fragmente und Wolfenbütteler Axiomata, Berlin 2011, dort Christoph Bultmann, Lessings ›Axiomata‹ als eine hermeneutische Programmschrift, S. 242–260.
2   Vgl. zu Calov Volker Jung: Das Ganze der Heiligen Schrift. Hermeneutik und Schriftauslegung bei Abraham Calov. Stuttgart 1999, zu Quenstedt Michael Coors: Scriptura efficax. Die biblisch-dogmatische Grundlegung des theologischen Systems bei Johann Andreas Quenstedt. Ein dogmatischer Beitrag zu Theorie und Auslegung des biblischen Kanons als Heiliger Schrift. Göttingen 2009. Für Lessings Ablehnung der durch Calov bzw. insgesamt die »Compendien der Wittenbergischen Orthodoxie« geprägten protestantischen Traditionslinie vgl. Axiomata (wie Anm. 1) S. 60 bzw. 63. Zu der hier angesprochenen Epoche der Bibelrezeption vgl. unter dem speziellen Gesichtspunkt der Auslegung des Alten Testaments Hebrew Bible / Old Testament. The history of its interpretation, Bd. 2: From the Renaissance to the Enlightenment, hg. von Magne Sæbø (HBOT 2). Göttingen 2008, dort bes. Kap. 25: Jared Wicks, Catholic Old Testament Interpretation in the Reformation and Early Confessional Eras (S. 617-648), Kap. 28: Johann Anselm Steiger, The Development of the Reformation Legacy: Hermeneutics and Interpretation of the Sacred Scripture in the Age of Orthodoxy (S. 691–757), Kap. 36: Christoph Bultmann, Early Rationalism and Biblical Criticism on the Continent (S. 875–901).

cognoscendum atque intelligendum exhibet.«³ In der Bibel spricht, der Tradition zufolge, Gott, oder der Heilige Geist, oder Christus, und deshalb bezieht sich für die lutherischen (und nicht anders die römisch-katholischen) Theologen nicht nur ›der bessere Teil derselben‹ auf die Religion, sondern alles.⁴ Die Frage der biblischen Hermeneutik ist, *wie* diese Beziehung aussieht. Diese Frage wiederum kann auch Glassius differenziert ansprechen, wenn er in seiner Abhandlung »De styli (et) literaturae sacrae certitudine (et) claritate« (Lib. I, Tract. III, Sect. I) notiert:

> *Distinguendum* inter literaturam Scripturae sacrosanctae, respectu DEI, (et) respectu hominum, consideratam. Voces (et) orationes, si quae videntur ambiguae atque obscurae, tales sunt, non ratione DEI, qui illas dictavit, nec respectu ipsius Scripturae, quae est vox DEI; sed *respectu hominum*, qui sensum Scripturae (et) loquelam DEI non semper assequuntur, quod tamen non culpa ipsius Scripturae fit, sed culpa hominis natura coeci, studio pigri, hoc est, qui nec illuminationem Spiritus Sancti debito modo petit, nec Scripturas debito studio legit ac meditatur.⁵

Nimmt man die Frage, wie die Beziehung der Bibel auf Religion aussieht, als die Frage der biblischen Hermeneutik ernst, sind die Gegensätze zwischen Lessing und der protestantischen hermeneutischen Tradition wohl weniger stark, als es zunächst den Anschein hat. So, wenn Lessing in Antwort auf Johan Melchior Goeze die Wendung vom »festen prophetischen Wort« in der frühchristlichen Erörterung theologischer Erkenntnisquellen in 2Petr 1,16–21 (vgl. auch 3,14–16) aufgreift und den Begriff aus 2Petr 1,19 kommentiert: »Woher der Beweis, daß unter dem prophetischen Worte auch alle historischen Worte verstanden werden? Woher? Die historischen

---

3   Salomon Glassius, Philologia Sacra; hier zitiert nach der Ausgabe Leipzig 1743, Sp. 347 (Lib. II, Pars I). In der Diskussion (probatio) dieser Erklärung kann Glassius entsprechend mit Bezug auf den Heiligen Geist formulieren: »*Brevius*: quod ipse Spiritus Sanctus intendit (et) intelligit in Scripturae textibus, id sine omni dubitatione est illorum textuum sensus, uti constat.« (Sp. 350). Im Hinblick auf den Literalsinn heißt es: »Sensus literalis est, qui proxime a Spiritu Sancto, vel Christo in Scripturis loquente, intenditur.« (Sp. 370) An anderer Stelle wird Gott als die »causa efficiens« der Schrift vorgestellt (Sp. 265; Lib. I, Tract. III, Sect. I).

4   Das Problem der Grenzen des biblischen Kanons bleibt hier unberücksichtigt; vgl. etwa das Decretum de libris sacris [...] (1546) des Tridentinischen Konzils: Enchiridion Symbolorum, Definitionum et Declarationum [...], hg. von H. Denzinger, A. Schönmetzer, 36. Aufl. Freiburg 1976, S. 364f. (bes. Nr. 1502). – Zu der modernen exegetischen Diskussion um einen sog. ›canonical approach‹ zum biblischen Text trägt James Barr zurecht nicht zuletzt eine Beobachtung zum Status des Buches Sapientia [Salomonis] bei: »[...] scholarship is likely to be much affected by the canonical or non-canonical status of the books used as evidence. Wisdom [of Solomon] provides a uniquely important link in terms of natural theology between the Hebrew books and Paul. Where Wisdom counts as a fully canonical book, this linkage is fully displayed ›within the Bible‹. Its obviousness is much greater, and the awareness of it within the religious community to which the scholars belong is much more natural and more profound. Where Wisdom [of Solomon] is taken to belong ›only‹ to the Apocrypha, consciousness of it and its ideas within the religious community is very low. [...] Theologians who have a strong canonical emphasis will tend to ignore it.«: James Barr: Biblical Faith and Natural Theology. Oxford 1993, S. 78.

5   Philologia Sacra (wie Anm. 3), Sp. 264.

Worte sind das *Vehiculum* des prophetischen Wortes. Ein *Vehiculum* aber soll und darf die Kraft und Natur der Arzenei nicht haben.«[6] Auch wo die Bibel als eine Ganzheit gesehen wird, lässt sich eine Unterscheidung zwischen ›Arzenei‹ und ihrem ›Vehiculum‹, zwischen Textabschnitten, die Glaubensgewissheit vermitteln und auf denen dogmatische Lehren beruhen können, und anderen, die nur nach der *analogia fidei* mehr oder weniger geschickt zu homiletischen oder sonst erbaulichen Zwecken gebraucht werden können, nicht umgehen. »[D]er Mantel, den Paulus zu Troas vergaß« und auf den Lessing wohl nicht zuletzt deshalb anspielt, weil in 2Tim 4,13 im selben Zusammenhang auch von zurückgelassenen Büchern und Pergamenten die Rede ist, ist nun einmal kein zentraler Bezugspunkt des christlichen Glaubens (auch wenn Elija nach alttestamentlicher Legende mit seinem Mantel den Jordan teilen konnte: 2Kön 2,8!).[7] Eine solche Unterscheidung ist bei Glassius schon dort vorbereitet, wo er im Hinblick auf die Frage der ›Klarheit‹ der Schrift eine weitere Differenzierung zulässt: »*Distinguendum* inter necessaria fidei dogmata, quos *articulos fidei* vocare solemus, (et) inter historicas aliasve Scripturae sacrae pericopas.«[8]

I.

Glassius' *Philologia Sacra*, ein Werk, das im Horizont konfessioneller Polemik das Studium der biblischen Texte in ihren originalen Sprachen verteidigen und erläutern sollte, muss als ein beeindruckendes rezeptionsgeschichtliches Dokument für die Frage gelten, nach was für hermeneutischen Modellen in der Geschichte des Christentums versucht worden ist, einen theologisch relevanten – und dann durchaus auch als autoritativ betrachteten – Sinn aus dem Text der kanonischen Tradition zu gewinnen, also die wesentliche religiöse ›Arzenei‹ zu entdecken, die von einem höchst komplexen ›Vehiculum‹ transportiert wird. Dabei ist von vornherein festzuhalten, dass Glassius sich auf Selbstbeschreibungen der biblischen Tradition in dieser Tradition selbst verlässt und von einer Art hermeneutischer Evidenz des Wesentlichen ausgeht.[9] Es wäre müßig, erstens, mit ihm über die Inspiration der Schrift zu diskutieren; das Diktum in 2Tim 3,16, »denn alle Schrift von

---

6 Axiomata, ebd., S. 62f. Goeze hatte erklärt: »Petrus weiset uns auf das festere prophetische Wort, 2 Pet. 1,19. und verstehet dadurch den ganzen Kanon, so wie er damals von Juden und Christen für göttlich angenommen wurde.« Vgl. Etwas Vorläufiges [...], 1, in: Werke 1778–1780 (wie Anm. 1), S. 11–20 (16).
7 Axiomata, ebd., S. 59; vgl. bei Glassius eine Erörterung von 1Tim 5,23: Philologia Sacra, Sp. 302f.
8 Salomon Glassius, Philologia Sacra, Sp. 263 (Lib. I, Tract. III, Sect. I).
9 Vgl. z.B. ebd., S. 396.

Gott eingegeben ist nutz zur Lehre ...« gibt ihm keinerlei Anlass etwa zu der Frage, ob die ganze Schrift inspiriert sei oder ob nur die Schrift, soweit sie inspiriert sei, nützlich sei (hier liegt im griechischen Text ein textkritisches Problem).[10] Auch kann man, zweitens, im Hinblick auf das Verständnis des Alten Testaments sagen, dass Glassius durch jene Tradition der Hermeneutik gebunden bleibt, die innerbiblisch in den Briefen des Paulus, aber auch sonst im Neuen Testament vielfach dokumentiert ist, was immer die Quellen dieser Hermeneutik für die christlichen Autoren des 1. Jahrhunderts selbst gewesen sein mögen. Gemäß dieser hermeneutischen Programmatik haben die Texte des Alten Testaments eine erst durch die christliche Glaubensgewissheit zu erschließende Sinnebene, die den jüdischen Lesern derselben Texte verborgen bleibt – was innerbiblisch mit Metaphern wie »Verfettung« des Herzens (Mt 13,15 nach Jes 6,10) oder »Verhärtung« des Herzens (Joh 12,40 nach Jes 6,10; vgl. 2Kor 3,14; Röm 11,25) oder »Verhüllung« des Herzens (2Kor 3,15) oder »Unbeschnittenheit« von Herz und Ohren (Apg 7,51 nach Jer 9,25 bzw. Jer 6,10; vgl. Röm 2,28f.) ausgedrückt wird. Ein Mustertext für diese Hermeneutik ist z.B. Gal 4,21–31, eine explizite Anleitung zur Allegorese, die Glassius für die Definition des Begriffs der Allegorie heranzieht.[11] Paulus leitet sie rhetorisch effektvoll mit der Frage ein: »Saget mir, die ihr unter dem Gesetz sein wollt, habt ihr das Gesetz nicht gehört?« (oder, in einer Textvariante des *Codex Claromontanus*, »nicht gelesen?«). Es folgt eine allegorische Deutung von Erzählungen in der Genesis über Ismael, Sohn der Hagar, und Isaak, Sohn der Sarah, die das Verhältnis von Unfreiheit und Freiheit gegenüber dem Gesetz des Mose erläutern soll. Argumentativ gestützt wird diese Interpretation dann durch ein Prophetenzitat (Jes 54,1 in Gal 4,27). Ein methodisch wichtiger Text wie dieser, mit seiner Parallele in Röm 9,6–9, ist für Glassius' Verständnis des Alten Testaments wegweisend, zu vergleichen wäre weiter z.B. auch die hermeneutische Prinzipienlehre bei Lukas in Lk 24,44f. oder Apg 26,22f.[12] Drittens ist als gegeben vorauszusetzen, dass Glassius die Historizität der ›res gestae‹ nach der biblischen Erzählung nicht infrage stellt; wie weit er sie für apologetische Zwecke brauchen würde, ist damit noch nicht entschieden.[13]

---

10 Vgl. Lessing in den Axiomata (wie Anm. 1), S. 62. Glassius bietet eine philologische Erörterung zu dem Text in der Rhetorica Sacra (1636), dem dritten Teil des Gesamtwerks Philologia Sacra (wie Anm. 3), Sp. 1920, für Einzelaspekte vgl. schon in der Philologia Sacra Sp. 352, 362, 376, 378.

11 Philologia Sacra, Sp. 408 (Lib. II, Pars I, Tract. II, Sect. III)..

12 Philologia Sacra, Sp. 408f., 410. Für eine neuere Analyse der Deutung des Genesistextes in Gal 4,21–31 vgl. Dietrich-Alex Koch: Die Schrift als Zeuge des Evangeliums. Untersuchungen zur Verwendung und zum Verständnis der Schrift bei Paulus. Tübingen 1986, S. 204–211, oder François Vouga: An die Galater (HNT, Bd. 10). Tübingen 1998, S. 113–120.

13 Vgl. z.B. Philologia Sacra, Sp. 267 zum ›historiarum stylus‹, Sp. 287–293 zu biblischen ›historiarum descriptiones‹ (›evidentia‹ bzw. ›plenitudo‹), auch Sp. 294 bzw. 299 zu biblischer

Die genannten drei Aspekte der Ausgangslage, die bei jeder Beschäftigung mit der *Philologia Sacra* in Rechnung zu stellen sind, erübrigen nicht eine Untersuchung weiterer hermeneutischer Fragen, denn was ein Leser als Botschaft für den Glauben im Text findet, ist noch nicht dadurch entschieden, dass er ihn für einen göttlich inspirierten, (fallweise) allegorisch deutbaren und historisch irrtumsfreien Text hält. Um auf 2Tim 3,16 zurückzukommen: schon dieser programmatische Lehrsatz zu Händen eines frühchristlichen Gemeindeleiters stellt vor mindestens zwei Probleme: Zum einen bleibt da die Frage, was auf Seiten des Lesers oder einer Gemeinschaft von Rezipienten jenem Geist entspricht, der in die Schrift eingegangen sein soll; zum anderen die Frage, wie das definierte vierfache Ziel der Kommunikation durch die Schrift erreichbar wird: »zur Lehre, zur Zurechtweisung, zur Besserung, zur Erziehung in der Gerechtigkeit [...]«. Im Rückgriff auf Röm 15,4 erweitert Glassius diese Liste aus 2Tim 3,16 noch um den Gedanken des »Trostes«.[14]

Von den zahlreichen Abhandlungen, die in der *Philologia Sacra* zusammengefasst sind, soll hier in erster Linie das zweite Buch des zuerst 1623 publizierten ersten Bandes in den Blick genommen werden, das der Frage nach der Bedeutung (*sensus*) der Texte des biblischen Kanons gewidmet ist. Im ersten Buch waren zuvor die – wissenschaftsgeschichtlich bald überholten – Thesen der Gleichursprünglichkeit der hebräischen Konsonanten- und Vokalzeichen und der wesentlichen Reinheit (*integritas et puritas*) der Texte des Alten und Neuen Testaments dargelegt[15] und sodann eine Liste von generellen Eigenschaften (*virtutes seu qualitates*) der biblischen Texte sowie von stilistischen Aspekten einzelner Schriftengruppen diskutiert worden.[16] Im zweiten Buch geht es nun um den ›doppelten Literalismus‹, d.h. die

---

Erzähltechnik (›brevitas‹ bzw. ›cohaerentia‹), Sp. 349f. zur ›historia‹ des Jona.

14 Philologia Sacra, Sp. 352 (Lib. II, Pars I, Tract. I). Die Verbindung von 2Tim 3,16 mit Röm 15,4 findet sich auch bei Johann Gerhard, vgl. Jung: Das Ganze der Heiligen Schrift (wie Anm. 2), S. 59 Anm. 79. Die Verbindung hat ein entscheidendes Gewicht, weil theologisch der Begriff des »Trostes« mit dem Begriff des »Evangeliums« zusammengehört; vgl. z.B. Confessio Augustana von 1530, Art. 20 (lat.): »Olim conscientiae vexabantur doctrina operum, non audiebant ex evangelio consolationem.« (BSLK S. 75). In der Konkordienformel von 1577/80, Art. 11, wird Röm 15,4 direkt in der Diskussion über die Prädestinationslehre zitiert (BSLK S. 820f. bzw. 1090).

15 Vgl. Philolgia Sacra, Sp. 1-63 u.ö., z.B. 269. Zur Frage der hebräischen Philologie vgl. HBOT Bd. 2 (wie Anm. 2), Kap. 31: Stephen G. Burnett, Later Christian Hebraists (S. 785–801), bes. S. 789–792 zu Louis Cappel (1585–1658), dessen Buch Arcanum punctationis revelatum 1624 anonym erschien.

16 Die angeführten charakteristischen Eigenschaften des biblischen Textes sind ›certudo/claritas‹, ›simplicitas‹, ›efficacia/ἐνέργεια/δεινότης‹, ›evidentia (virtus ea, qua res quasi ante oculos spectandae proponuntur)‹, ›plenitudo‹, ›brevitas‹, ›cohaerentia‹, ›verecundia/castitas‹, ›proprietas‹ (262–310); es folgen spezielle Abhandlungen »de stylo Prophetico« (311–324), und »de stylo Novi Testamenti« (324–346, mit besonderer Rücksicht auf Johannes und Paulus).

Doppelheit von *sensus literalis* und *sensus mysticus*, die für Glassius aufgrund der biblischen Vorgaben – etwa nach Gal 4 – zu verteidigen ist, die aber nicht in einer Weise ausufern darf, dass Gewissheit und Klarheit (*certitudo et claritas*) im Prozess der Interpretation gefährdet werden. Ausgeklammert bleibt hier die Frage, wie Glassius die biblischen Ritualanweisungen deutet, doch sei auf den leitenden Interpretationsgrundsatz hingewiesen, der die typologische Bedeutung des mosaischen Zeremonialgesetzes herausstellt:

> Typus *historiae* est sensus Scripturae mysticus, quo res gestae vel factae V[eteris] Test[amenti] (et) praesertim Sacerdotii (et) cultus Judaici constitutio, praefigurant (et) adumbrant res in N[ovo] T[estamento] gestas, (et) praesertim Christum, omnium legalium ceremoniarum antitypum, (et) Scripturae universae nucleum. [...] Sacerdotii Levitici in Vet[ere] Test[amento] constitutionem, (et) sacrificiorum oblationem, fuisse typicam, (et) Christum Sacerdotem praefigurasse, docet διαρρήδην Epistola ad Heb[raeos] [...].[17]

In einem weiteren Sinne geht es überhaupt um die Frage der biblischen Geschichte und der biblischen Prophetie, d.h. im wesentlichen um die Frage der biblischen Geschichte in der Zeit vor Christus, die als eine durch Christus entschlüsselte Geschichte gelesen wird. An dieser Stelle, nicht bei der Frage nach der Historizität der biblischen Geschichte, scheint Glassius hermeneutische Operationen anzubieten, die eine rezeptionsgeschichtliche Untersuchung wert sind. Eine kurze Skizze des Aufbaus des entsprechenden Teils der *Philologia Sacra* soll zunächst der Übersicht dienen, bevor dann im besonderen das Problem der Überhöhung des buchstäblichen Sinns (*sensus literalis*) durch den übertragenen oder symbolischen Sinn (*sensus spiritualis seu mysticus*) angesprochen wird. Dabei wird sich die Frage stellen, auf wessen Autorität hin ein entsprechender Umgang mit dem biblischen Text gerechtfertigt ist und was an ihm allenfalls positiv gesehen werden könnte.

Die *Philologia Sacra* ist das Werk einer relativ weit gespannten Gelehrsamkeit. In der konfessionellen Rivalität soll das Bildungsmilieu, das sich in den Dekreten des Tridentinums von 1546 zur Bibel und zur Bibelauslegung spiegelt, nicht nur erreicht, sondern auch übertroffen werden.[18] Glassius bezieht sich auf die Kirchenväter, besonders Augustin und Hieronymus, auf Nikolaus von Lyra (1270–1349) und auf katholische Theologen des 16. und frühen 17. Jahrhunderts, so den Bibliographen der Bibelwissenschaft Sixtus von Siena (1520–1569), den Konzilstheologen Alphons Salmeron (1515–1585) und die nachkonziliaren Kontroverstheologen Robert Bellar-

---

17 Glassius verweist auf Hebr 5ff., daneben kommt Röm 3,25 mit dem Begriff ἱλαστήριον eine zentrale Bedeutung zu; vgl. Philologia Sacra, Sp. 458.
18 Die Texte aus der Sessio IV (1546) in Denzinger-Schönmetzer (wie Anm. 4), S. 364–366, vgl. auch die »Regulae de libris prohibitis« (1562/64), ebd., S. 423f. Das Anliegen ist im Prinzip auch auf der römischen Seite die Verteidigung der »puritas ipsa Evangelii« (364). Vgl. als Antwort auf die Dokumente der Sessio IV Johann Gerhard: Tractatus de legitima Scripturae Sacrae interpretatione (1610), lat./dt., kritisch hg. [...] von Johann Anselm Steiger. Stuttgart-Bad Cannstatt 2007, S. 42/43–84/85 (= § 16–45).

min (1542–1621; *Disputationes de controversiis christianae fidei*, 1587), Martin Becanus (1563–1624; *Summa theologiae scholasticae*, 1612) und James Gordon Huntley (Daten unbek.; *Controversiarum Epitome*, 1620). Er polemisiert gegen Calvin und die Calvinisten sowie gegen »*Mataeologi Theophrastei*«, vertreten durch Valentin Weigel (1533–1588). Er kennt und nennt Luthers Ausführungen zur Hermeneutik z.B. in *De captivitate Babylonica ecclesiae* (1520) und *De servo arbitrio* (1525)[19], betont wiederholt die Bedeutung von Matthias Flacius (1520–1575; *Clavis Scripturae sacrae*, Bd. 2, 1567)[20] und verweist auf Johann Gerhard (1582–1637; *Tractatus de legitima Scripturae sacrae interpretatione*, 1610 [*Loci theologici*, I]) und Wolfgang Franz (1564–1628; *Tractatus theologicus novus [...] de interpretatione Scripturae sacrae [...] legitima*, 1619) als Hermeneutiker. Johann Gerhard war in Jena um 1620 sein Fakultätskollege, Wolfgang Franz war seit 1605 Professor in Wittenberg;[21] im Verhältnis zu Flacius beschreibt Glassius sich etwa mit Bezug auf den Traktat über die stilistischen »virtutes et qualitates« der Schrift (*Philologia Sacra*, Buch 1, Traktat 3) ausdrücklich als einen Nachfolger:

> Cumque hanc orbitam in plerisque diligenter jam ante triverit, (et) glaciem quasi fregerit Matth. Flacius Illyricus, Scripturae explanator dexterrimus, in Clavis suae parte altera, tract. 5. igitur vestigia ejusdem curiose premam, quaeque ex usu maxime fore videbuntur, excerpta in justum redigam ordinem, additis subinde, quae diligenti observatione φιλογλώττων digna sunt.[22]

Als philologisches Arbeitsinstrument fällt unter der angeführten Literatur u.a. die annotierte Übersetzung des Alten Testaments durch Immanuel

---

19 Die Texte jetzt in der lateinisch-deutschen Studienausgabe, hg. von W. Härle u.a., Bd. 1. Leipzig 2006 (De servo arbitrio, S. 219–661), Bd. 3. Leipzig 2009 (De captivitate Babylonica ecclesiae, S. 173–375). Vgl. in De captivitate [...] ecclesiae bes. die Erklärung der Einsetzungsworte des Abendmahls unter dem Begriff der Verheißung, S. 212–224, 242; in De servo arbitrio bes. die Ausführungen zur Klarheit der Schrift, S. 234–238, 322–340, sowie die Erläuterungen zum ›brevissimum compendium‹ Sach 1,2 bzw. zum ›potissimus locus‹ Joh 6,44, ebd., S. 392–398 bzw. 644–646. Zum Thema umfassend Jörg Baur: Sola Scriptura – historisches Erbe und bleibende Bedeutung (1990). In: ders.: Luther und seine klassischen Erben. Theologische Aufsätze und Forschungen. Tübingen 1993, S. 46–113.
20 Vgl. die Teilausgabe des Traktats »De ratione cognoscendi sacras literas« (Bd. 2, Tract. 1; daraus »Causae difficultatis S. Lit.« und »Remedia«, »Regulae cognoscendi S. Lit., ex ipsis desumptae«, »Praecepta de ratione legendi S. Lit., nostro arbitrio collecta aut excogitata«), zusammen mit einer Einleitung und französischen Übersetzung, durch Philippe Büttgen und Denis Thouard. Villeneuve d'Ascq 2009.
21 Vgl. Jung: Das Ganze der Heiligen Schrift (wie Anm. 2), S. 47–59 (zu Gerhard), 60–66 (zu Franz). Zu einer zeitgenössischen juristischen Hermeneutik des Wittenbergers Wilhelm Valentin Forster (1613) vgl. Klaus Weimar: ›Interpretatio‹ nach Valentin Wilhelm Forsters Interpres (1613). In: Geschichte der Hermeneutik und die Methodik der textinterpretierenden Disziplinen, hg. von Jörg Schönert und Friedrich Vollhardt. Berlin 2005, S. 83–96.
22 Philologia Sacra, Sp. 261–310, Zitat 261, vgl. auch 287; in der Clavis Scripturae ist der Traktat V »De stylo Sacrarum Literarum« gemeint; vgl. z.B. die Ausgabe Leipzig 1695, Bd. 2, Sp. 459–532 (2. Aufl. der Ausgabe mit einem Vorwort von Johannes Musäus [1613–1681], zuerst 1674).

Tremellius (1510–1580) und Franciscus Junius (1545–1602) auf, die in den Jahren 1575–1579 erschienen war.[23] Glassius erweckt indessen nicht den Eindruck, ein überragendes Interesse an einer kritischen Bibelkommentierung zu haben; er ist in apologetischer Ausrichtung gegenüber der Selbstlegitimation römischer Lehrautorität durch die Behauptung einer ›ambiguitas‹ der Schrift mit systematisch-hermeneutischen Fragen beschäftigt. Dabei hat er einen guten Blick einerseits für die Begründung dogmatischer Lehren in den geeigneten Texten der Bibel, andererseits für die Erfordernisse einer erbaulichen homiletischen Bibelauslegung.[24] Nicht zuletzt ist zu erwähnen, dass von ihm die Rabbinen als Philologen geschätzt, als Interpreten abgelehnt werden.[25]

II.

Die Abhandlung »De sensu Scripturae dignoscendo« in der *Philologia Sacra* stellt als erstes die »Thesis generalis« vor, dass die Heilige Schrift zwei Bedeutungsebenen habe, den »sensus literalis« und den »sensus spiritualis seu mysticus« (347–364). Dem entsprechend ist die Abhandlung selbst

---

[23] Eine andere Bibelübersetzung, die Glassius zur Hand hat, ist die (exil-)englische katholische Übersetzung aus Rheims bzw. Douai von 1582/1609, vgl. HBOT Bd. 2 (wie Anm. 2), Kap. 21: Henry Wansbrough, History and Impact of English Bible Translations (S. 536-552), S. 549, und bei Glassius z.B. Sp. 396 (»Anglo-Rhemens.«). – Ein großer Apparat an gelehrten Ausgaben, Übersetzungen und Kommentarwerken wird in den Abhandlungen »De integritate et puritate Hebraei V. T. codicis« bzw. »De integritate et puritate Graeci N. T. codicis« (Sp. 1–174, 175–260) angeführt, ebenso dann in der Grammatica Sacra (1634). Vgl. auch Hinweise zu Grotius' philologischer Arbeit bei Christoph Bultmann: Beyond the Vulgate: Hugo Grotius's erudite response to the biblical representation of Solomon. In: Zeitschrift für die alttestamentliche Wissenschaft 120 (2008), S. 92–106.

[24] Entsprechend hat Glassius sich als Herausgeber der in großem Stil annotierten Lutherbibel, der sog. Kurfürstenbibel, (zuerst 1641–1643) engagiert, vgl. Veronika Albrecht-Birkner: Reformation des Lebens. Die Reformen Herzog Ernsts des Frommen von Sachsen-Gotha und ihre Auswirkungen auf Frömmigkeit, Schule und Alltag im ländlichen Raum (1640–1675). Leipzig 2002, S. 462–465. Als weitere Schriften von Glassius zur Bibel sind z.B. zu nennen Arbor Vitae (1629), Meditationes Sacrae (1636, über die Epistellesungen), Predigten über Psalm 80 (1640), Prophetische Spruch-Postill (1642–1654), Evangelicorum et Epistolicorum Textuum Exegesis (1647–1649). Vgl. auch Johann Anselm Steiger: Philologia Sacra. Zur Exegese der Heiligen Schrift im Protestantismus des 16.–18. Jahrhunderts. Neukirchen-Vluyn 2011.

[25] Vgl. die Hinweise zur »interpretum (et) expositorum sacrarum literarum lectio« in der Philologia Sacra (wie Anm. 3), Sp. 505f. (Lib. II, Pars II), ausführlich zu rabbinischen Auslegungen auch ebd. Sp. 425–439 (Lib. II, Pars I, Tract. II, Sect. III, Art. VII). Zu der Frage vgl. Johann Anselm Steiger: Die Rezeption der rabbinischen Tradition im Luthertum (Johann Gerhard, Salomo Glassius u.a.) und im Theologiestudium des 17. Jahrhunderts. In: Das Berliner Modell der Mittleren Deutschen Literatur, hg. von Christiane Caemmerer u.a.. Amsterdam 2000, S. 191–243(252).

zweigeteilt in die Erläuterung des Konzeptes eines buchstäblichen Sinnes (364–406) und die Erläuterung des Konzeptes eines übertragenen Sinnes in der Form von Allegorie, Typos oder Parabolé (406–492, vgl. schon 298). Die Abhandlung hat ein kurzes Seitenstück in einem den gesamten Band abschließenden Traktat »De sensu Scripturae eruendo« (493–506), in dem einige praktische Interpretationsregeln nach Johann Gerhard und Wolfgang Franz geboten werden, orientiert an einem Distichon:[26]

>Quis: Scopus: Impellens: Sedes: Tempusque: Locusque:
>
>Et modus: Haec septem Scripturae attendito lector.

Priorität hat bei Glassius in den ersten beiden Büchern der *Philologia Sacra* nicht die hermeneutische Praxis (»sensum eruere«), sondern deren theoretische Grundlegung (»sensum dignoscere«). Das Ziel ist es, auf einem analytischen Weg festzustellen, was für ein Sinnpotential im biblischen Text enthalten ist und inwiefern dieses Sinnpotential begrenzt und damit eindeutig ist. Dabei geht es um mehr als eine Untersuchung stilistischer Charakteristika biblischer Texte, die in Band 1 der *Philologia Sacra* Gegenstand der beiden Traktate »De literaturae sanctae ... virtutibus seu qualitatibus« bzw. »De stylo ... Scripturae« waren (261–346) und dann erst wieder Gegenstand von Band 3, der *Rhetorica sacra*, sein werden.[27] Etwas vereinfachend lässt sich feststellen, dass das Hauptthema der Abhandlung »De sensu Scripturae dignoscendo« die Definition der alttestamentlichen narrativen Texte als Interpretationsgegenstand ist. Deren Bedeutung liegt auf zwei Ebenen, der buchstäblichen, historischen und der übertragenen, geistlichen oder präziser christologischen. Was sich für Glassius bei den prophetischen Texten, die von einer transformierten Zukunft sprechen, in traditioneller Weise direkt auf Christus beziehen lässt, weil die »promissio de Messia« als »Sonne« oder »Kern« des Alten Testaments (*sol et nucleus*: z.B. 324) gilt, kann bei den narrativen, historischen Texten nur mithilfe einer besonderen hermeneutischen Theorie auf Christus bezogen werden. Eine solche Theorie will Glassius begründen und gegen Missbrauch absichern; so könnte man sagen, dass es ihm um eine Theorie über das ›Vehiculum‹ des christologischen Lehrgehalts der Bibel im Alten Testament gehe.

Glassius betrachtet den biblischen Text aus einer kommunikationstheoretischen Perspektive. Die biblischen Autoren, d.h. die »Propheten« und die »Apostel« (vgl. Eph 2,20), haben ihrer jeweiligen zeitgenössischen Hörerschaft dasselbe im mündlichen Vortrag gesagt, was sie anschließend – Gottes Willen gemäß – in schriftliche Form gebracht haben (395). *Wie*

---

26 Philologia Sacra, Sp. 500, vgl. auch schon Notizen über die ›legitima Scripturarum interpretationis media‹, Sp. 263, über die ›legitima interpretatio‹, Sp. 280, und über die ›Scripturae interpretationis ratio‹, Sp. 352.

27 Philologia Sacra. Liber quintus: Rhetorica sacra, Sp. 1425–2076. Vgl. dazu die Untersuchung von Lutz Danneberg im vorliegenden Band.

also die Hörer der Propheten und Apostel aus deren direkten Worten erfahren konnten, was von Gott her zu verkündigen war, *so* kann der Leser der Gegenwart dasselbe aus dem verschrifteten Wort Gottes erfahren (395f.). Dem zeitlosen Wort Gottes gegenüber sind die Kommunikationsformen, ob mündlich oder schriftlich, »externa accidentia« (396). Es lässt sich also – so Glassius – nicht bestreiten, dass die Worte der Schrift ein ebenso direktes Medium sind wie das aktuelle Reden der Propheten und Apostel vor ihrer jeweiligen Hörerschaft. Die Kommunikationssituation des Ursprungs eines Textes ist in der Vorstellung des Interpreten da und kann von ihm unter der Hinsicht der »circumstantiae« des Textentstehung untersucht werden (vgl. 500–504), es fehlt allerdings der auf konkrete Anschauung zielende Appell dazu, sich durch eine Leistung der historischen Imagination in die Ursprungszeit zurückzuversetzen. Stattdessen wird auf eine andere Erfahrung des Lesers abgezielt, auf die Wirkung des Offenbarungstextes auf das Herz eines Lesers. So kann Glassius seine Analyse des Sinnpotentials des biblischen Textes in folgender Schlusskette zusammenfassen:

> *Wenn* 1. Gott selbst durch die Schriften zu uns spricht, und 2. fraglos dasselbe sagt, was er vormals durch die direkte Stimme der Propheten und Apostel gesagt hat, wenn 3. also die Schrift selbst spricht, und 4. ihre Rede in höchstem Maße in den Herzen der Lesenden zur Bekehrung wirksam ist (!), *dann* folgt, dass *in ihr selbst* ihr Sinn enthalten ist und *aus ihr selbst* gewonnen werden muss [...].
>
> Si 1. DEUS ipse per Scripturas ad nos loquitur, 2. (et) quidem eadem omnino loquitur, quae olim per Prophetarum ac Apostolorum vivam vocem fuit locutus; 3. imo si ipsa Scriptura loquitur, 4. (et) illa sua loquela summe in cordibus legentium ad conversionem est efficax, sequitur, quod in ipsa ejus sensus contineatur, (et) ex ipsa erui debeat [...].[28]

Dieser Positionsbezug wird durch eine zweifache polemische Abgrenzung unterstützt, zum einen gegen die Theorie, dass es der Geist des frommen Individuums sei, durch den der Text seinen Sinn gewinne (»ad Spiritum privatum homines/[lectores] remittere«), zum anderen gegen die These, dass es die Kirche sei, durch die der Text seinen Sinn gewinne (»ad Ecclesiam homines/[lectores] remittere«); das eine als eine Abgrenzung gegen Kaspar von Schwenckfeld (1489–1561) und seine Nachfolger,[29] das andere als eine

---

28 Ebd., Sp. 396. – Im Kontext wird der Gesichtspunkt der ›efficacia‹ oder ›ἐνέργεια‹ der Schrift mit einem Zitat von Hebr 4,12 erläutert (396); der Beleg spielt auch in dem Abschnitt zur ›efficacia‹ in Lib. I Tract. III Sect. III eine Rolle (282–287). Vgl. zum Aspekt der Erfahrung des Lesers in der lutherischen Tradition Luthers Ausführungen in De servo arbitrio über die »claritas scripturae« »in cordis cognitione sita« (in Anrede an Erasmus): »[...] Si de interna claritate dixeris, nullus homo unum iota in scripturis videt, nisi qui spiritum Dei habet, omnes habent obscuratum cor. ita, ut si etiam dicant et norint proferre omnia scripturae, nihil tamen horum sentiant aut vere cognoscant [...]«; De servo arbitrio (wie Anm. 19), S. 238.

29 Die Ablehnung der Schwenckfeldianer ist schon in der Konkordienformel festgeschrieben, vgl. bes. die dort angeführte Lehrmeinung »Quod ministerium verbi, praedicatum et auditu perceptum verbum[,] non sit instrumentum illud, per quod Deus spiritus sanctus homines

Abgrenzung gegen eine durch Zitate von Bellarmin, Becanus und Gordon Huntley beschriebene römische Position (392f.). Um das Problem in Anlehnung an das Diktum in 2Tim 3,16 über den ›inspirierten‹ Text (*theopneustos*) zu formulieren – das Glassius im Kontext dieses canon quartus zum ›sensus literalis‹ allerdings nicht zitiert – : auf welche Weise kann dieser in der Schrift selbst liegende Geist Gottes erschlossen werden? In plakativer Deutlichkeit hatte Gordon Huntley geurteilt: »Das geschriebene Wort Gottes besteht aus zwei Teilen (verbum Dei scriptum duabus constat partibus): dem Buchstaben (litera), der in den Büchern geschrieben ist, und dem wahren Sinn des Buchstabens (verus literae sensus), der wie die Seele und das Leben des Buchstabens ist (anima et vita literae)«, um dann festzustellen, jener Sinn, die Seele des Buchstabens, sei in der »Auslegung der Kirche (ex Ecclesiae interpretatione), als eines Richters, der sich nicht täuschen könne, zu suchen, nicht aber in dem klaren Buchstaben der Schrift selbst (non ex ipsa Scripturae clara litera)« (392).[30] Für Glassius ist dies das eigentliche hermeneutisch *in*akzeptable Modell. Er ist ein Verteidiger des Textes als eines primären Kommunikationsmediums, nicht eines sekundären und defizienten, durch kirchliche Kompetenz und Autorität allererst zu belebenden.

Doch damit ist das hermeneutische Problem der Auffindung der ›Seele‹ oder eben des ›Sinnes‹ des Textes nicht gelöst. Glassius entwickelt in der *Philologia Sacra* nicht ein Konzept eines ›testimonium Spiritus Sancti internum‹ als einer Kraft, die aus dem Text heraus oder direkt im Leser wirkt,[31] sondern eine Theorie über den buchstäblichen und übertragenen Sinn und ihr Verhältnis zueinander. Er vertraut auf die Kraft des Literalsinnes, die er bei der Frage nach den *virtutes* oder *qualitates* der Schrift unter dem Begriff der ›efficacia‹ erörtert hatte (griechisch ἐνέργεια nach Hebr 4,12, oder δεινότης nach Isocrates, oder δύναμις nach Röm 1,16).[32] Dabei ergeben sich die folgenden Hauptgesichtspunkte zum Literalsinn: der buchstäbliche Sinn ist hochzuschätzen und es ist entschieden an ihm festzuhalten, alle Texte haben einen solchen buchstäblichen Sinn, und Glaubensartikel können nur durch den argumentativen Bezug auf Texte in ihrem buchstäblichen Sinn ausgewiesen werden. Aus offenkundigen philologischen Gründen wehrt Glassius sich gegen eine Engführung des buchstäblichen Sinns auf den grammatischen Sinn und entwirft eine kontextabhängige Unter-

---

doceat [...] et [...] fidem et novam oboedientiam in ipsis efficiat.« (wie Anm. 14, S. 825 bzw. 1097).

30 Im Hintergrund steht hier 2Kor 3,6.
31 Vgl. zu diesem Lehrtopos Reinhard Kirste, Das Zeugnis des Geistes und das Zeugnis der Schrift. Das testimonium spiritus sancti internum als hermeneutisch-polemischer Zentralbegriff bei Johann Gerhard in der Auseinandersetzung mit Robert Bellarmins Schriftverständnis, Göttingen 1976, bes. S. 44–97. Wichtige Hinweise auch bei Johann Anselm Steiger in HBOT Bd. 2 (wie Anm. 2), S. 709f. (zu Johann Gerhard), 717 (zu Salomon Glassius).
32 Philologia Sacra, Sp. 282–287, vgl. 396. Von Isocrates, Oratio 1.4 (ad Demonicum), greift Glassius ohne Rücksicht auf den Kontext nur den Ausdruck selbst auf.

scheidung von »sensus literalis proprius« und »sensus literalis figurativus«; der buchstäbliche Sinn einer Äußerung kann fallweise auch dort eindeutig aufgefunden werden, wo ein Wortsinn übertragen gebraucht wird.[33] Diese Bestimmungen zum *sensus literalis* gelten für alle drei Kategorien biblischer Texte, historische, prophetische und lehrhafte, dogmatische (366). Das Verhältnis zwischen Text und Ausleger ist nicht eigentlich problematisch, solange sicher ist, dass die Aussage eines Textes in seinem Literalsinn zu finden ist. Glassius zitiert wiederholt die Kriterien von *scopus, cohaerentia* und *analogia fidei* und beansprucht auch in seinem auf die hermeneutische Praxis blickenden Traktat *De sensu Scripturae eruendo* keine eigene Originalität. Zur grundsätzlichen Bedeutung des Literalsinns bietet er nicht zuletzt eine Anzahl einschlägiger Zitate auch von Salmeron oder Bellarmin auf römischer Seite. Eine mittelalterliche Deutung der Himmelsleiter in Jakobs Traum, wie man sie etwa bei Hugo von St. Cher findet (1190–1263), nach der die zwei Seitenstangen die beiden Testamente, die vier Sprossen die vier Auslegungsarten der historischen, allegorischen, tropologischen und anagogischen Textdeutung, und die auf- und absteigenden Engel die gelehrten Lehrer seien, war im 16. Jahrhundert offenbar auf keiner Seite mehr populär![34]

Es bleibt indessen die Herausforderung bestehen, die darin liegt, dass der Intention des Autors, des Heiligen Geistes, zufolge bestimmte Texte der Bibel außer ihrem buchstäblichen einen mystischen, christologisch orientierten Sinn haben (vgl. 350). Eine Reihe von Regeln soll das Problem dieses hermeneutischen Erbes aus der Zeit der neutestamentlichen Autoren beherrschbar machen.[35] So betont Glassius, dass es weder um eine Vervielfachung des *sensus literalis* selbst gehe (vgl. 355, 373–80), noch um eine Ausschließung des *sensus literalis,* da die Basis für die gesuchte zweite Sinnebene die jeweils durch den buchstäblichen Sinn bezeichnete Sache sei. Der *sensus mysticus* ist zwar nicht derjenige Sinn eines biblischen Textes, der »durch die Worte der Schrift am direktesten bezeichnet wird« (verbis Scripturae proxime significatur), er ist aber der Sinn, der »durch die durch die Worte ihrem Literalsinn nach bezeichneten Dinge selbst [vom Autor] intendiert ist« (in ipsis rebus – per verba sensu literali denotatis – [ab autore] intenditur: 406).[36] *Dass* der Autor eines Textes seinem Text fallweise einen zusätzlichen *sensus mysticus* mitgegeben hat, wird im Text bzw. in dessen näherem oder weiterem Kontext direkt signalisiert. Nun ist für Glassius der kanonische Text *ein* Gesamttext, so dass der Autor, der Heilige Geist, im Neuen Testament anzeigen kann, wo genau im Alten Testament Texte mit der Sinndimension des *sensus mysticus* liegen. Der übertragene Sinn, der in

---

33 Vgl. dazu die Abhandlung »De Parabolis«, Philologia Sacra, Sp. 473–492.
34 Vgl. Biblia cum postilla domini Hugonis Cardinalis. Basel 1498–1502, Bd. 1 z. St.; für die Deutung von Gen 28 (nach Joh 1,51) bei Glassius vgl. Philologia Sacra, Sp. 453f., 465.
35 Vgl. Jung (wie Anm. 2), S. 67–74.
36 Für den Autor steht bei Glassius »Spiritus Sanctus, Scripturae autor«.

solchen Fällen aufgefunden werden kann, ist der *sensus mysticus* ἔγγραφος (355, 407f.). Glassius trifft eine scharfe Unterscheidung zwischen einer innerbiblischen Autorisierung der Auffindung eines zusätzlichen Sinnes und anderen, ἄγραφοι *mysticae accommodationes*, denen er bestenfalls eine erbauliche Funktion zubilligt und die er nur für legitim hält, solange sie nicht Lehrmeinungen begründen sollen, die der *analogia fidei* nicht gemäß sind (408, und hier mit Zustimmung zu Bellarmin).[37]

Abgesehen von einigen breiten Ausführungen zu prophetischen Zeichenhandlungen und prophetischer Bilderrede (als *sensus typicus*) sowie bildhafter Rede überhaupt (als *sensus parabolicus*) ist der eigentliche Kernpunkt der christliche Umgang mit narrativen Texten des Alten Testaments.[38] Die grundlegende Definition für allegorische Texte des Alten Testaments heißt: »[...] rei alicujus mysticae seu spiritualis per aliam [rem] in Scripturis narratam, repraesentatio« (409), für typologisch zu entschlüsselnde Texte »rerum sive praesentium sive futurarum imagines (et) figurae«, allerdings kommen hier auch »facta (et) historiae V.T.« in Betracht, die das Bild Christi gemäß den neutestamentlichen Texten »vorabbilden« (praefigurare) (443, 458). Die *res gestae*, die *facta et historiae* des Alten Testaments (406, 443, 450) stehen also nicht für sich oder nur als Ereignisse in einer heilsgeschichtlich zu lesenden Verlaufsgeschichte, sondern verweisen auf einer zweiten Sinnebene auf das Leben und das Werk Christi (*praefigurare, praesignificare, adumbrare, respicere ad ...*). Auf die erwähnte kommunikationstheoretische Perspektive bezogen gilt nach Glassius, dass »Christus mit seinen Wohltaten und Werken, die er in der Zeit seines fleischlichen Auftretens vollführen sollte, durch eine gewisse dunklere Darstellung und eine gleichsam schattenhafte Beschreibung erster Umrisse den Frommen im Alten Testament vorgestellt wurde« (*obscuriore quadam ratione, (et) umbratili quasi lineamentorum primorum descriptione piis [...] propositus fuit:* 445). Diese hermeneutische Theorie ist mit ihrer starken Betonung der tatsächlich eingeschriebenen zweiten Sinndimension und ihrer klaren Ausrichtung auf deren exklusiv christologische Entschlüsselung nichts anderes als der Versuch, einem neutestamentlichen Befund gerecht zu werden. Was Paulus in Gal 4,21–31 vorführt – und zahlreiche weitere Schreiber gehen ganz ähnlich vor – steht danach weder im Widerspruch zur Aussageintention der alttestamentlichen Texte, noch ist es dieser gegenüber etwas ergänzendes Neues, vielmehr ist es die Aufdeckung der »obscuriore quadam ratione« im Text enthaltenen ursprünglichen christologischen Sinndimension. Die so markierten Texte können insofern zugleich

---

37 Eine alternative Begrifflichkeit spricht von ›typus innatus‹ und ›typus illatus‹, Philologia Sacra, Sp. 458-462 (De typo historiae [et] ejus prima divisione).
38 Sectio III des entsprechenden Traktats ist den ›Allegorien‹ gewidmet (Sp. 408–442), Sectio IV den ›Typoi‹ (Sp. 442–473).

eine Begründungsfunktion für die direkten christologischen Aussagen des Neuen Testaments haben.

Mit Lessing gefragt: gehören die Texte mit der Sinndimension des *sensus mysticus* ἔγγραφος zum ›besseren Teil‹ der Bibel, der theologisch bedeutsam ist? Für Glassius ist die Antwort, die er im canon quintus zum Literalsinn gibt, ein »Ja, aber«. Mit Verweis auf Röm 9 und Gal 4 urteilt er, dass der »übertragene Sinn, der allegorische und der typische, so weit für Beweiszwecke gültig ist, wie er in der Schrift selbst erläutert wird« (Sensus mysticus, allegoricus et typicus, eo usque ad probandum valet, quousque in ipsa Scriptura explicatur: 398). Zwar ist die Einschränkung vorangestellt, dass es »keinen Lehrsatz des Glaubens gebe, den der Heilige Geist nicht an einer oder mehreren Stellen offen, klar und verständlich vorstelle« (Nullum ... fidei dogma est, quod non vel uno, vel pluribus etiam locis, Spiritus Sanctus aperte, clare et perspicue proposuerit: 398, vgl. 402 in Anlehnung an Augustin). Doch sind die historischen Texte ein ›Vehiculum‹ nicht nur für andere Texte (›das feste prophetische Wort‹), sondern zugleich für ihre eigene zweite Sinndimension.

Um zusammenzufassen: Die *Philologia Sacra* soll offenkundig auf dem Feld der biblischen Hermeneutik eine gewisse Ordnung wiederherstellen. Die Kreativität und Genialität assoziativer allegorischer Textlektüren droht zu einer Situation zu führen, in der der biblische Text selbst keine verlässliche Aussage (certam sententiam) mehr hat und dem Glauben keine Gewissheit mehr vermitteln kann. In einer solchen Situation scheinen diejenigen Stimmen Recht zu bekommen, die die Klarheit der Schrift selbst als die unhintergehbare Grundlage des Glaubens bestreiten und auf einer institutionell-ekklesialen Ergänzung zum ›Buchstaben‹ bestehen. Glassius reduziert im Einklang mit verschiedenen Strömungen der Tradition den Deutungsaspekt einer übertragenen Bedeutung auf den *sensus mysticus* ἔγγραφος und entwickelt so eine Position, die man einen ›doppelten Literalismus‹ nennen könnte: Einerseits gilt der buchstäbliche Sinn (mit seiner rhetorischen Variationsbreite von *sensus literalis proprius vel figuratus*), andererseits gilt mit gleichem Recht der mystische Sinn, soweit er durch die Schrift selbst, d.h. durch spezifische Texte im Neuen Testament, kenntlich gemacht wird. Jenseits dieser Grenzziehungen liegen interpretatorische Willkür oder bestenfalls Erbaulichkeit.

Zwei Aspekte dieses doppelten Literalismus verlangen eine weiterführende Reflexion: Zum einen das hermeneutische Erbe aus der christlichen Rezeptionspraxis im 1. Jahrhundert, wonach die alttestamentlichen narrativen Texte nicht einfach dem Genre der Historiographie, auch nicht einer heilsgeschichtlichen Historiographie, zugerechnet werden können, sondern ihre literarische Darstellungsform als ein Kommunikationsmedium für weiterführende theologische Aussagen betrachtet werden muss. Der von Glassius akzeptierte hermeneutische Schlüssel der paulinischen Allegorese mag ein fragwürdiger Schlüssel sein, aber er verweist auf ein wesentliches Problem bei einer theologischen Lektüre narrativer Texte der Bibel, besonders auf der Seite der christlichen Leser. Zum anderen wird die *Philologia Sacra* von der Auffassung getragen, dass das Wort Gottes vom Ursprung her, also auch die Zeit der Propheten und ihrer Hörer hindurch, unwandelbar sei. Dieses Wort Gottes ist in einem spezifischen neutestamentlichen Sinn christologisch bestimmt, und Glassius steht hier fraglos in der Tradition Luthers, der erklärt hatte, dass »in allen Verheißungen Gottes seit dem Anfang der Welt« Christus zu erkennen sei (praefigurare).[39] Gegenüber dieser neutestamentlich-christologischen Rezeptionslinie dürfte es sich heute jedoch lohnen, mit Bezug auf das, was bei Lessing ›Religion‹ heißt und auch schon in der Zeit von Glassius als Konzeption einer ›natürlichen Religion‹ bekannt war, nach einer biblischen Hermeneutik zu fragen, die im Gefälle der Frage nach dem Wesentlichen der Religion dem ›besseren Teil‹ der Bibel gerecht wird, ohne mit einer Differenzierung zwischen *sensus literalis* und *sensus mysticus* ἔγγραφος einen doppelten Literalismus beanspruchen zu müssen. Der christologisch orientierte hermeneutische Satz von Glassius:

> In welchem prophetischen Text des Alten Testament auch immer von der Gnade Gottes, von der Versöhnung, von der Erlösung, von Segen, von der Zerstörung der Feinde gehandelt wird, so dass teils das Licht und die Erklärung des Neuen Testaments, teils die Umstände des Textes selbst und der Gewichtung der Wörter aufweist, *dass er sich auf Christus und sein Verdienst und sein Leiden bezieht*, dort (bei einem solchen Text) würde fälschlich eine *andere* Interpretation erdacht und (in den Text) hineingetragen (465) –

dieser Satz ließe sich auch umdrehen, so dass umgekehrt das spezifische christliche Zeugnis von der Gnade Gottes auf eine vorausliegende oder in Analogie zum Konzept der natürlichen Religion selbständige Erkenntnis der Gnade Gottes bezogen wird. Das ist bei Glassius nicht gemeint, aber es ist ein wichtiges Problem bei dem Versuch, die Pluralität religiöser Traditionen innerhalb oder außerhalb des Bereichs der Rezeption der biblischen Schriften zu verstehen.

---

39 »[...] Hoc testamentum Christi [scil. Mt 26,26–28; Lk 22,19–20], praefiguratum est in omnibus promissionibus dei, ab initio mundi. immo, omnes promissiones antiquae, in ista nova futura in Christo promissione valuerunt, quicquid valuerunt, in eaque pependerunt.«: Martin Luther, De captivitate [...] ecclesiae (wie Anm. 19), 218/219. Im Hintergrund steht hier die Deutung von Gen 3,15 (vgl. zum Problem der Textüberlieferung Glassius, Philologia Sacra, Sp. 3 und Sp. 34 sowie die Disputatio Sp. 1395–1424).

Ernst Koch

Arbor vitae. Salomon Glass als Erbauungsschriftsteller

Eine kritische Beschäftigung mit Theologen der Frühen Neuzeit ist gut beraten, wenn sie bei den zeitgenössischen Autoren nicht nur, aber in jedem Falle bei ihren Vertretern innerhalb der Wittenberger Reformation gleichzeitig nach Titeln fragt, die in der Volkssprache verfasst und damit für Lesende außerhalb des gelehrten Publikums bestimmt waren. Auch bei Salomon Glass wird die Nachfrage belohnt. Allerdings ist dieser Bereich des Jenaer Philologen und Theologen und schwarzburg-sondershäusischen und gothaischen leitenden Geistlichen bisher nie in Augenschein genommen worden. Eine Ausnahme bildet Veronika Albrecht-Birkner mit ihrer Untersuchung zu den Reformen Herzog Ernsts des Frommen von Sachsen-Gotha. Sie hat das diesbezügliche Schrifttum von Glass in die Reformtätigkeit des Herzogs eingeordnet und auf seine Verzahnung mit dem parallel erscheinenden ordnungspolitischen Schrifttum aufmerksam gemacht.[1]

Es ist nützlich, zusätzlich auf einen Text aufmerksam zu machen, der einem anderen Kontext der Wirksamkeit von Glass entstammt. Es handelt sich um ein Buch, das sich dem biblischen Motiv des Baums des Lebens widmet, erschienen 1629.[2]

1.

Das Buch entstammt der Zeit der Tätigkeit von Salomon Glass als Superintendent in Sondershausen. Es enthält eine Widmungsvorrede des Autors, datiert vom 1. Januar 1629, an die Grafenbrüder Anton Heinrich (1571.1593–1638) und Johann Günther II. (1577–1631) von Schwarzburg. In ihr teilt Glass mit, dass seine Veröffentlichung aus Predigten in der Hof-

---

1 Veronika Albrecht-Birkner: Reformation des Lebens. Die Reformen Herzog Ernsts des Frommen von Sachsen-Gotha und ihre Auswirkungen auf Frömmigkeit, Schule und Alltag im ländlichen Raum (1640–1675). Leipzig 2002, S. 466–473.
2 Salomon Glass: Arbor vitae, Der Baum des Lebens / JEsus CHristus / Aus göttlicher Schrifft durch die Gnade des heiligen Geistes vorgestellet / Vnd Zu tröstlicher Betrachtung / vnnd nöthiger Lebenserbawung In fünff Büchlein verfasset [...]. Jena: Tobias Steinman 1629. Das Titelmotto des Buches ist Apk 2,7 entnommen. Tobias Steinman war der Schwiegervater von Salomon Glass. – Zum Ganzen vgl. inzwischen auch Maria Marten: Buchstabe, Geist und Natur. Die evangelisch-lutherischen Pflanzenpredigten in der nachreformatorischen Zeit. Bern 2010 (Vestigia Bibliae; 29/30).

kirche aus der Zeit vermutlich nach dem Pfingstfest 1628 erwuchs.³ Ihr Inhalt biete den Skopus aller seiner Arbeit als Geistlicher: Trost aus Gottes Wort und Stärkung und Gründung in der wahren Gottseligkeit.⁴ Als ersten deutenden und ermunternden Hinweis für den Titel erinnert Glass die Grafen daran, dass es im gräflichen Garten einen Baum gebe, den die Botaniker *Arbor vitae* nennen, »dessen Bletter mit dem Cypressenbaum fast vbereinkommen«. Unter Berufung auf Jakob Theodor und sein Kräuterbuch⁵ fügt er hinzu, es sei noch unbekannt, wozu der Baum nütze. Umso motivierender für die Grafen wird damit die Mahnung des Autors: »An diesem Bäumlein wollen E.Gn.Gn. mit jhren Gedancken sich erheben zu Betrachtung des rechten himmlischen Lebensbaums Christi Jesu«. Denn dessen Kraft, Nutz und Wirkung sei *nicht* unbekannt. So würden die gräflichen Brüder auf ihren Wegen durch den Garten neben leiblicher Ergötzung auch »zu geistlicher Delectation vnd Seelenerquickung in jhren Hertzen« angeleitet.⁶

Eine weitere Vorrede des Buches richtet sich an die Leser. Sie stellt das Wort Gottes als köstlichen himmlischen Schatz und als »Brunnquell des Lebens« vor, dazu bestimmt, »damit wir das wahre Erkentniß vnsers HErrn JEsu Christi darinnen finden / vnnd durch dasselbe des ewigen Lebens theilhafftig werden mögen«.⁷

Das Buch sollte nach dem Willen seines Autors einem christologisch konzentrierten Skopus folgen und primär Christus als Geschenk verstehen lehren »vnnd denn auch als Exempel«⁸ – wohlgemerkt in dieser akzentuierenden Reihenfolge. Auch sollten nicht alle im Buch vorkommenden Bilder diesem Skopus dienen, sondern lediglich die »Vergleichung von jrrdischen Bäumen«, und diese »aus hertzlicher Delectation an diesem vnserm lieben himlischen Lebensbaum« und mit wohl überlegter Methode.⁹

Die Vorrede an die Leser teilte mit, wem Salomon Glass die theologische Anregung zu seinem Buch verdankte: Johann Gerhard und Johann Arndt.¹⁰

---

3   Vgl. Glass: Arbor vitae (Anm. 2), S. 6–7. Hier die Bezugnahme auf die beiden Evangelienlesungen des 1. und 2. Pfingsttages.
4   Ebd. Bl. a 2v–3r.
5   Jakob Theodor: Neuw vollkommentlich Kreuterbuch [...], Frankfurt am Main 1625.
6   Glass: Arbor vitae (Anm. 2), Bl. a 3r–v.
7   Ebd., Bl. b 1r–v.
8   Ebd., Bl. b 2v–3v.
9   Ebd., Bl. b 4r–v.
10 Ebd., Bl. c 2r. Das Exemplar der Universitäts- und Forschungsbibliothek Erfurt/Gotha – Forschungsbibliothek – enthält auf der Seite vor dem Titelblatt eine autographe Widmung von Glass: »Domino, praeceptori, & in Christo parenti suo aeternum honorando, & Dilectissimo« [seinem in Ewigkeit zu verehrenden, hoch geliebten Herrn, Lehrer und Vater in Christus], mit der Johann Gerhard gemeint ist, vgl. Johann Anselm Steiger (Hg.): Bibliotheca Gerhardina. Rekonstruktion der Gelehrten- und Leihbibliothek Johann Gerhards (1582–1637) und seines Sohnes Johann Ernst Gerhard (1621–1668). Teilband 2. Stuttgart-Bad Cannstatt 2002, S. 754 (Nr. G184/109–9).

Dem Text war auch ein lateinisches Widmungsgedicht Johann Gerhards beigegeben.[11]

2.

Das Buch umfasst fünf Bücher. Buch 1 stellt in einer Einleitung und einem Aufriss des Buches Christus selbst als Baum des Lebens vor und setzt mit der Eschatologie ein, nämlich mit einer Auslegung von Apk 22,1 in Verbindung mit Gen 2,8 und weiteren biblischen Texten, die vom Holz bzw. Baum des Lebens sprechen. Apk 22,1 meint für Glass »zwey Principal vnd hohe Häuptwolthaten GOttes der hohen Majestet«: Die Sendung des Heiligen Geistes und die »Sendung vnd Schenckung des Sohnes Gottes«, der in Apk 22,1 gleichzeitig als das Lamm und »als das rechte Versühnopfer vnser Sünden« vorgestellt wird.[12] Als »grünes safftiges Holtz« stellt Jesus sich selbst nach Lk 23,31 vor. Der Lebensbaum des Paradieses »ist wegen der leidigen Sünde verdorret / vnd mit dem Garten selbst vergangen« (3). Wenn Apk 1,13 Christus als einen Menschensohn darstellt, der mitten unter den sieben Leuchtern ist, so bedeutet das, »daß Christus der HErr in vnd bey seiner Kirchen sey / vnd allen seinen Gläubigen / als in der mitte stehend / seine himlische Schätze dispensire vnd austheile« (4). Damit kommen für Glass auch die Texte der sieben Sendschreiben von Apk 2 und 3 ins Spiel.

Die drei Kapitel des 1. Buches sprechen von der Wurzel des Baums und vom Baum selbst, während seinen Früchten ein ganzes weiteres Buch gewidmet ist. Christus als Baum des Lebens hat einen doppelten Ursprung, einen verborgenen in der Vorzeitlichkeit der göttlichen Zeugung (vgl. 27) und einen offenbaren in der Menschwerdung, angedeutet mit dem »Holtz des Lebens«, das zu beiden Seiten des Paradiesstromes steht (1–2, 5, 36). Dem entspricht die Doppelnatur des Menschgewordenen (54), die ihre Einheit in der *communicatio idoimatum* hat, wie die breiten Ausführungen von Glass zu diesem Thema zeigen wollen (61–68). Dem entspricht ebenfalls die zugehörige Lehre von den Ständen Christi (69–74).

Das den Früchten des Baums und ihrer Beschaffenheit gewidmete 2. Buch setzt mit Ausführungen über die Beweggründe für die Anwendung der Früchte des Baumes des Lebens ein. Sie liegen in der Verlorenheit menschlichen Lebens seit dem Sündenfall und der Verurteilung zu Verdammnis und Hölle (77–99, bes. 94–99). Die Frucht selbst, das Werk des

---

11 Ebd., Bl. c 3r, datiert Jena, 20. November 1628. Fehlt in: Johann Anselm Steiger (Bearb. und Hg.): Bibliographia Gerhardina 1601–2002. Verzeichnis der Druckschriften Johann Gerhards (1582–1637) sowie ihrer Neuausgaben, Übersetzungen und Bearbeitungen. Stuttgart-Bad Cannstatt 2003.

12 Glass: Arbor vitae (Anm. 2), S. 1-2. Hiernach im Folgenden die Seitenzahlen im Text.

Lebensbaums Christus, wird als Heilmittel beschrieben (94–109). Glass weiß von ihrer Süßigkeit (110–121) und ihrer Unvergänglichkeit und Mannigfaltigkeit zu erzählen (121–127). Wiederum dem eschatologischen Ausblick als Telos ist der Schluss von Buch 2 gewidmet (123–197), nämlich der endzeitlichen *visio Dei* (127–143) und der *laus Dei perennis* (143–147). Wie auch bei anderen Autoren des 17. Jahrhunderts spielt Ps 36,9 als Beleg für die Schmeckbarkeit des Heils bei Glass eine eigene Rolle (148).

Die Annahme der Frucht und ihre heilenden Anwendungen (*cura*) ist Thema von Buch 3. Lehre, Trost und Vermahnung durch das göttliche Wort (197–224) sind von Ewigkeit her angelegt und begleiten den Glauben in der Zeit (224–232). Ihnen entspricht das Gebet (232–233). Berufung (234–240), Rechtfertigung (240–250) und Erneuerung im Heiligen Geist führen zur *unio mystica* (256) als dem Gipfel der Erlösung.

Buch 4 widmet sich der Entfaltung von drei biblischen Bildern und ihrer Rolle für den Weg zum Heil. Zunächst geht Glass der Erzählung von der Jakobsleiter in Gen 28,10–19 nach (261–283). Skopus dieser Erzählung ist die Menschwerdung Gottes ebenso wie sie der Skopus der Erzählungen vom brennenden Dornbusch in Ex 3,1–19 und vom grünenden Stab Aarons in Num 17,18–26 ist (284–303 bzw. 303–315). Glass setzt erneut einen Akzent auf die Bedeutung der Inkarnation Gottes in Christus und führt seinen Lesern eine Erklärung der beiden Naturen, der Einheit der Person und der Kraft (*majestas*) der gegenseitigen Mitteilung der Natureneigenschaften vor (289–292). Die Dornbuscherzählung meint Christus als den Offenbarer Gottes, als den, der unsre Gebete erhört, als Erlöser von unsern Feinden und Wiederbringer der verlornen Seligkeit, als Tröster im Leiden, als »Aussender der Kirchendiener«, als himmlischer Segen, göttlicher Gnadenthron und »Auffwecker von den Todten« (292–298). Das bedeutet, dass die Christologie die Voraussetzung und der Realgrund für die Auferstehung Jesu (315), die Gründung der Kirche (322–324), die Erneuerung der Menschheit und die Auferstehung der Toten ist (325–330). Mose selbst wird zum Vorbild für »sieben vberschwengliche Nutzbarkeiten« in vier Verhaltensweisen: 1. Vorsichtige und nachdenkliche Verwunderung; 2. bußfertige Annäherung an das göttliche Geheimnis, »wenn wir zum HErrn Christo treten / vnd sein hochwürdiges Nachtmal empfahen / in welchem er vns mit seinem Blut abwäschet vnnd reiniget von allen vnsern Sünden«. Sagt doch die Braut des Hohenliedes ebenfalls zu ihrem Bräutigam Christus nach Hld 5,3: »Ich habe meinen Rock ausgezogen / wie soll ich jhn wieder anziehen? Ich habe meine Füsse gewaschen / wie soll ich sie wieder besudelen?« (300); 3. demütige Hinwendung zur Selbsterniedrigung Gottes; 4. beständiges Verharren in »inbrünstiger Liebe / Glauben / Hoffnung / Lust vnd Eyfer im göttlichen Wort / Begierde nach himlischen Gütern / etc.« (298–303).

Zwölf biblischen Vorbildern zu den Themen Garten – Frucht – Baum in der Reihenfolge des Kanons geht das abschließende Buch 5 nach. Das erste von ihnen betrifft die Garten und seine Bearbeitung gemäß Gen 2 (332–335). Ex 4 entnimmt Glass das Bild vom wundertätigen Stab des Mose, den er offensichtlich ähnlich wie den grünenden Stab Aaron von Num 17 versteht (338–343). Die Trauben der Kundschafter von Num 13,17–24 sind ein weiterer Hinweis auf die Fruchtbarkeit des Lebensbaums (343–349). Die Versorgung des Hofes Salomos durch die 12 israelitischen Stammesgebiete und ihre Verwalter nach 1Kön 4,7–19 verweisen, bestätigt durch die Klage über die Lasten der Arbeit in Koh 4,4 und 8 und die lustvolle Schilderung des Apfelbaums in Hld 2,2, auf die Bemühung des Königs um die Gartenarbeit (349–367). Die eschatologische Vollendung ist mit Jes 65,22 prophezeit, wenn die schier unendliche Lebensdauer eines Baums als Vergleich für das Leben des Gottesvolkes dient (367–371). Der gute und der schlechte Baum in der Bildrede Jesu in Mt 7,16–20 erinnern in eigener Weise an die Früchte, die der Lebensbaum hervorbringt (371–375). Denn zur Eigenschaft eines guten Baums gehören nach Lk 18,9–14 Erniedrigung und Demut, die Wesensmerkmale der Zeder (376–399). Schließlich nimmt Glass unter Rückgriff auf die Vorrede nochmals das paulinische Bild vom Ölbaum (Röm 11,16–24) auf (399–414), um schließlich wiederum auf den Baum des Lebens nach den Sendschreiben von Apk 2 und 3 zu sprechen zu kommen (415–426). Zusammenfassende Betrachtungen beschließen das Buch.

3.

Der knappe Einblick in den Inhalt des Buches von Salomon Glass lässt sich durch eine exemplarische Ansicht seines hermeneutischen Umgangs mit einem biblischen Text erweitern. Zu erinnern ist, dass das Ziel seines Buches Trost aus Gottes Wort und Stärkung und Gründung in der wahren Gottseligkeit und dies in heilstheologischer Konzentration sein sollte. »Es ist Christus der Welt Heiland / wie der gantzen heiligen Schrifft / also auch der Bücher Mosis Kern vn(d) Stern / Sonn vn(d) Kron / Centrum vnd Zweck«. Mose hat von Christus sowohl in klaren Verheissungen geschrieben – so in Gen 3,15 und Dtn 18,15 –, als auch in typologischer Sprache, nämlich »Vorbildern / welche gleichsam die Windelein sind / in welchen das Kind Jesus im alten Testament / vnd in Schrifften Mosis eingewickelt wird gefunden« (303). Unter ihnen sind klar und gut verständliche Typoi, zu denen Glass die Erzählungen von der Jakobsleiter und vom brennenden Dornbusch rechnet, dann aber auch solche, die dunkler sind, »darinn nicht alsbald vernommen werden kan / ob / vnd wie sie auff Christum sich bequemen vnnd schicken«. Dies aber ist kein Grund dafür, sie zu übergehen. Ein solcher Text »muß fleissig geforschet / erwogen / vnd mit andern klärern Texten conferirt werden / so befindet sich alsdenn / daß durch die Gnade des Geistes Gottes in vielen Texten der heiligen Schrifft altes Testaments Christus (als darinnen beschrieben vnd vorgebildet) gefunden werde / welches man wol zuvor nicht gedacht hette« (304). Dies führt Glass an der Erzählung vom grünenden Stab Aarons nach Num 17,18–26 vor. Sie scheint sich lediglich auf das levitische Priestertum zu beziehen. Das allein genügte schon, sie als typologische Erzählung zu verstehen, denn damit wäre sie schon ein Typos auf Christus als den ewigen Hohenpriester. Nun aber heißt es im Text selbst, Gott spreche: Welchen ich erwählen werde, dessen Stecken wird grünen – so in Num 17,5. »In der Häuptsprache stehet / Hajsch, ille vir, derselbe Mann / den ich erwehlen werde«. Gemeint ist wohl Aaron, aber auch Christus als Antitypos. Zur weiteren Erläuterung verweist Glass auf den »Zemach / das ist / ein Gewechs oder Ruten« von Sach 3,8 und 6,13. Davon, dass er Gottes Wohlgefallen hat und erwählt worden ist, spricht auch Jes 42,1. Daraus ist zu schließen: »Welchen nun der HErr erwehlet hat / des Stecke grünet in der Historia Aaronis« (305).

Der Einzelauslegung der Perikope aus Num 17 geht Glass über mehrere Kapitel seines Buches nach.[13] Die ursprüngliche Dürre des Stabes Aarons erklärt er zunächst durch Rückgriff auf das Verb *anatéllein* in Hebr 7,14, das er als Anspielung auf das davidische Geschlecht auffasst und mit »aufgehen und geboren werden« übersetzt. So war der Stamm Davids in Verachtung und Niedrigkeit gekommen, dass Maria »ein armes elendes Mägdlein vnnd Aschenbrödlin« war, die noch dazu einem Zimmermann anvertraut war. So erklärt sich auch die Geburt Jesu »in grosser Armut vnd Elende« und die Weissagung von Jes 11,1. Isai ist vom hebräischen »Gezah« abzuleiten, »das ist ein solcher Stam / da der Baum vber der Erden abgehawen ist / vnd nur noch ein Truncus oder stück Holtzes ein wenig aus der Erden herfür ragt« (306–308).

Aarons Stab erzählt aber auch von der Mutter Jesu. Die Jungfrau Maria ist »eine grünende reine Jungfraw / vnnd gleichsam blühende Rose / vnd zugleich ein fruchtbare Kindmutter [...] Gleich wie die schöne Mandelfrucht am Stecken Aarons denselben nicht verderbet noch verletzet, auch die Blüete nicht abgeworffen / sondern denselben herrlich gezieret vnd geschmücket hat«, so verhält es sich auch mit der Jungfräulichkeit der Mutter Jesu. »Grünung / Blühung und Fruchttragung des dürren Stecken Aaron« ist durch ein Wunder zustande gekommen, so auch die Empfängnis und Geburt Jesu. Ein dritter Vergleichspunkt ist das wunderbare Erblühen

---

13 Zum homiletischen Umgang mit diesem Text im 17. Jahrhundert vgl. Marten (Anm. 2), S. 266–268.

der Rute Aarons zur Nachtzeit und die Geburt Jesu bei Nacht. Schließlich verweist das Rutenwunder, das im Tempel geschehen ist, darauf, dass Gottes Sohn im Leib der Maria wahrer Menschen geworden ist und in ihm »als in einem schönen reinen Tempel getragen worden« (309–310).

Für Glass stellt die Aaronsrute auch einen Typos für die Vereinigung der beiden Naturen Christi dar, sofern es sich um die Vereinigung zweier ganz unterschiedlicher Dinge – einen dürren Stecken und die schöne Mandelbaumart –, die Eingießung wunderbarer Kraft und wunderbaren Saftes und die Absonderung von anderen Ruten durch ihre »innerliche vbernatürliche Krafft« handelt (311–312). Aarons Rute ist schließlich auch Typos für die Beschneidung und die Auferstehung Christi (313–316).

4.

Mit dem Thema des »Lebensbaums« nahm Glass ein biblisches Motiv auf, das nicht nur in der reflektierenden Theologie seit der Spätantike, sondern auch in der bildenden Kunst immer wieder aufgegriffen worden ist und Anlass zu immer neuer Gestaltung gegeben hat.[14] Das Motiv taucht bei den Zeitgenossen von Glass immer wieder in Titeln von Leichenpredigten auf.[15] Der Sondershäuser Superintendent bestimmte sein Buch als für den betrachtenden Umgang gestaltet. Lateinische Fachausdrücke werden übersetzt, die indikative Sprachform geht immer wieder in die Gebetssprache über, gelegentlich wird ein Gebetsruf in den Text eingeschaltet.[16] Immer wieder fügt der Verfasser Liedverse in die Prosabetrachtungen ein.

Dies alles sind Kennzeichen für Texte, die nicht nur für Mitteilungen von Informationen gedacht sind, sondern Lesende in die mitgeteilten Inhalte einbeziehen wollen.

Vergleicht man Glass' *Arbor vitae* mit anderen unter seinen für den frommen Umgang bestimmten Texten, so muss auch der spezielle Sachin-

---

14 Romuald Bauerreiß: Arbor vitae. Der »Lebensbaum« und seine Verwendung in Liturgie, Kunst und Brauchtum des Abendlandes. München 1938. Gottfried Engelhardt: Das Lebensbaum-Motiv in der Kunst. Steyr 1975.
15 Vgl. Jakob Andreas Foman: Arbor vitae et mortis Christianorum […]. Gotha 1649 (Leichenpredigt über Röm 14, 8–9 für Martha Maria Fidler). Johann Krug: Arbor vitae, Das ist / Der Edle hochtröstliche Lebens-Baum / dienlich wider des Todes Bitterkeit […]. Coburg 1665 (Leichenpredigt über Joh 11, 21–26). Johann Caspar Zopf: Arbor vitae. Der Baum des Lebens JEsus Christus […]. Gera 1671 (Leichenpredigt über Joh 5,24 für Graf Heinrich II. Reuß jüngerer Linie). Einer Leichenpredigt von Sebastian Franck für Regina Susanne Metzger war eine »Baumpredigt« von Laurentius Krauße im Druckbild eines Baumes mit dem Titel »Verdorbener und wieder-erworbener Lebens-Baum« beigegeben: Davidischer Ehren-Preiß der Göttlichen Gerichten […]. Coburg 1665, Bl. F 1v–2r.
16 Vgl. Glass: Arbor vitae (Anm. 2), S. 301f.

halt in Betracht gezogen und gewürdigt werden. Er betrifft den typologisch-dingallegorischen Umgang[17] mit einem biblischen Motiv, das den Leser zur Begegnung mit dem Kern der ganzen Heiligen Schrift führen kann. Diese Zielstellung entfaltet Glass am Umgang mit der Geschichte vom gründenden Stab Aarons (Num 17,18–26) unter der Voraussetzung, dass »Christus der Welt Heiland / wie der gantzen heiligen Schrifft / also auch der Bücher Mosis Kern vn(d) Stern / Sonn vn(d) Kron / Centrum vnd Zweck« ist. Davon hat Mose »*nudis oraculis*, in klaren Sprüchen vnnd göttlichen Verheissungen« – wie Gen 3,15 – gesprochen und »*involutis typis*, in Vorbildern / welche gleichsam die Windelein sind / in welchen das Kind Jesus im alten Testament / vnd in Schrifften Mosis eingewickelt wird gefunden«. Unter den Typoi unterscheidet Glass zwei Arten: »Etliche sind *illustriores*, fein klar vnnd wol zu verstehen / daß sie auff den Heiland der Welt gemeynet gewesen«. Zu ihnen gehören die Geschichte von der Jakobsleiter, die Jesus nach Joh 1,51 auf sich selbst gedeutet hat, die Geschichte vom brennenden Dornbusch, wie Glass sie bereits ausgelegt hatte, und die Erzählung von der ehernen Schlange in Num 21,4–9, die Jesus nach Joh 3,14 ebenfalls auf sich bezogen hat. Andere Typoi jedoch sind »*obscuriores*, etwas dunckel / darinn nicht alsbald vernommen werden kan / ob / vnd wie sie auff Christum sich bequemen vnnd schicken«. Zu ihnen gehört die erwähnte Geschichte vom Stab Aarons. Sie ist vom Wortsinn her »nur auff daß Levitische Priesterthumb gemeynet [...] als zu welches Bekräfftigung Gott der HErr solch Wunderwerck des gründenden Stecken Aarons vollbringet«. Da aber Aaron selbst als Typos auf Christus hin verstanden werden kann, so besteht kein Zweifel daran, dass die Geschichte als Vorbild auf Christus als Antitypos und sein Werk zu verstehen ist. Wird doch von Aaron in der Geschichte als »Hajisch, ille vir« gesprochen, und bei Sacharja (6,13) heißt es: »Sihe / es ist ein Mann / der heisset Zemach / das ist / ein Gewechs oder Ruten« (und Glass fügt in einer Klammerbemerkung hinzu: »sehet ihr die Rute Aaronis?«) Für den Umgang mit biblischen Texten heißt das: »Darumb denn dieselbe Schrifft muß fleissig geforschet / erwogen / vnd mit andern klärern Texten conferirt werden / so befindet sich alsdenn / daß durch die Gnade des Geistes Gottes in vielen Texten der heiligen Schrifft altes Testaments Christus (als darinnen beschrieben vnd vorgebildet) gefunden werde / welches man wol zuvor nicht gedacht hette«.[18] Mit diesem methodischen Werkzeug kann Glass dann die gesamte Christologie an der Perikope vom Stab Aarons entfalten.

Bemerkenswert bleibt, dass in der Bibelhermeneutik von Salomon Glass die Grundlage immer die Personchristologie bleibt, also die durch die Glaubenslehre vorgegebene Lehre von der Inkarnation in der Jungfrau

---

17 Marten (Anm. 2), S. 12..
18 Glass: Arbor vitae (Anm. 2), S. 303–305.

Maria über die Zweinaturenlehre und ihrer Konkretion in der Idiomenkommunikation.

5.

Für Glass' *Arbor vitae* bedeutet das, dass das Buch nichts weniger als eine Bibelhermeneutik im Vollzug der betrachtenden Lesung der Heiligen Schrift ist, und dies in deutscher Sprache, die das Buch Lesenden über den Kreis der Gelehrten hinaus zugänglich macht. Das Buch führt aus, was der damalige Jenaer Hebraist 1624 in seiner *Onomatologia Messiae Prophetica* bereits formuliert hatte: »Christus est totius Scipturae nucleus, & corona, & Sol, & centrum.«[19] Er folgt mit diesem Ansatz seinem Lehrer Johann Gerhard. Anders als in der *Philologia sacra* von 1623 führt er jedoch die Auslegungsmethodik eines dreifachen *sensus mysticus* der Heiligen Schrift, die er gegenüber Johann Gerhard ausgebaut und systematisiert hatte,[20] nicht vollständig durch, sondern belässt es in der Durchführung bei der Entfaltung einer doppelten Typologie, die er hinsichtlich der Herkunft Christi, der Eigenschaft seiner Mutter, des Wesens der *unio personalis* von Gottheit und Menschheit in Christus, seiner Beschneidung, seiner Auferstehung, der Ekklesiologie, der Erneuerung des Menschen und der Eschatologie auslegt.[21]

Insofern können die Ausführungen des *Arbor vitae* als für theologisch nicht speziell gebildete Leser bestimmte konzentrierte Fassung der in der *Philologia sacra* dargelegten hermeneutischen Methodologie gelten. Dass Glass sich hierin unausgesprochen auf Martin Luther bezieht, kommt beispielsweise in seiner Redeweise von den Texten der Heiligen Schrift als den Windeln zum Ausdruck, in die das Christuskind gewickelt war.[22] Man versteht Glass nicht, wenn man seine hierbei entwickelte Methode anachronistisch als rein auf den gelehrten Diskurs beschränkt ansieht. Dem widerspricht er selbst mit dem Vorwort zum *Arbor vitae*. Worum es ihm ging, war eine der Seelsorge verpflichtete Hinleitung zur christologisch-soteriologischen Lektüre der Bibel, die ganz dem – auch gelehrten – Theologiever-

---

19 Salomon Glass: Onomatologia Messiae prophetica [...]. Jena 1624, Bl.(+) 4v (im Advent 1623 verfasste, vom 1. Januar 1624 datierte Vorrede an Matthias Hoë von Hoënegg). Glass berührt in diesem Buch nicht den Terminus des Arbor vitae, jedoch die biblischen Termini germen, planta (S. 79) und Lilium (S. 342).
20 Vgl. Johann Anselm Steiger: Die geistlich-figürliche Auslegung der Heiligen Schrift bei Luther und im Luthertum des 16. und 17. Jahrhunderts. In: Johann Anselm Steiger: Fünf Zentralthemen der Theologie Luthers und seiner Erben. Communicatio – Imago – Figura – Maria – Exempla. Leiden u.a. 2002, S. 209 und 214.
21 Glass: Arbor vitae (Anm. 2), S. 306–330.
22 Vgl. Martin Luther: WA 10 I–1, S. 15, 1–5 (Kirchenpostille 1522).

ständnis der Wittenberger Reformation entsprach[23] und damit auch denen, die am gelehrten Diskurs nicht teilnehmen konnten, Anteil an seinen Inhalten vermittelte.

Eine Generation später nahm Christian Chemnitz in Jena das Thema des Lebensbaums in einer Disputationsreihe von 1657 nochmals auf.[24] Die programmatische und zentrale These dieser Disputationen lautete, der wahre Lebensbaum sei Jesus Christus selbst.[25] Als ihre Tradenten bezeichnete die vierte Disputation Luther, Marius Victorinus, Augustinus, Beatus Runge und Cyrill von Alexandrien.[26] Der Name von Salomon Glass fehlte in dieser Reihe wie auch im Text der Disputationen überhaupt. Dies mag dem eigentümlichen Genus des Buches des Sondershäuser Superintendenten geschuldet gewesen sein, das in keiner Weise akademischen Charakter beansprucht hatte. Immerhin war die Disputationsreihe ein Zeichen dafür, dass das Thema für wert erschien, Theologen auf dem Weg ihrer Ausbildung vorgestellt zu werden.

---

23 Vgl. Johann Anselm Steiger: Seelsorge, Frömmigkeit, Mystik, Lehre und Trost bei Johann Gerhard. In: Johann Anselm Steiger: Johann Gerhard (1582–1637). Studien zu Theologie und Frömmigkeit des Kirchenvaters der lutherischen Orthodoxie. Stuttgart-Bad Cannstatt 1997, S. 17–157, bes. 123–134.
24 Christian Chemnitz: Quadriga disputationum theologicarum de arbore vitae [...]. 4. Ausgabe, Jena 1669.
25 »[...] vera ARBOR VITAE, JESUS CHRISTUS [...]«: ebd., S. 4 und 16.
26 Ebd., S. 77f.

Johann Anselm Steiger

Salomon Glassius' Hermeneutik des *sensus mysticus*. Dargestellt anhand seiner Predigten über die Jona-Erzählung

1. Glassius' Hermeneutik des *sensus mysticus* in Grundzügen

Salomon Glassius (1593–1656)[1] wird man mit Fug und Recht als Lieblingsschüler des Jenaer lutherischen Theologen Johann Gerhard bezeichnen dürfen. Wie eng mit den fundamental-theologischen Vorgaben seines Lehrers Gerhard verzahnt das Glassius lange Jahre beschäftigende Projekt der ›Philologia Sacra‹ (1623–1636) war, geht u.a. daraus hervor, dass Gerhard zu Teil 3 und 4 dieses Werkes ein Gedicht beisteuerte.[2] Glassius bedankte sich hierfür mit einer an Gerhard adressierten Epistel ›De eloquentia Sacrosanctae Scripturae in genere‹ in Teil 5 der *Philologia Sacra*, d.h. der ›Rhetorica Sacra‹, in der er seinen Lehrer als eine Persönlichkeit würdigt, die sich in

---

1 Zu Glassius vgl. Georg Loesche (August Tholuck): Art. Glassius, Salomon. In: Realencyklopädie für protestantische Theologie und Kirche, 3. Aufl., Bd. 6 (1899), S. 671–674. Reinhold Jauernig: Art. Glassius, Salomo. In: Die Religion in Geschichte und Gegenwart, 3. Aufl., Bd. 2 (1958), Sp. 1586. Veronika Albrecht-Birkner: Art. Glassius, Salomo. In: Religion in Geschichte und Gegenwart, 4. Aufl., Bd. 3 (2000), Sp. 936f. (der Artikel ist zwischen den Lemmata »Glasgow« und »Glasmalerei« falsch eingeordnet). Vgl. weiter J. A. Steiger: Die Rezeption der rabbinischen Tradition im Luthertum (Johann Gerhard, Salomo Glassius u.a.) und im Theologiestudium des 17. Jahrhunderts. Mit einer Edition des universitären Studienplanes von Glassius und einer Bibliographie der von ihm konzipierten Studentenbibliothek. In: Christiane Caemmerer u.a. (Hg.): Das Berliner Modell der Mittleren Deutschen Literatur. Amsterdam 2000, S. 191–252. Roswitha Jacobsen u.a. (Hg.): Ernst der Fromme (1601–1675). Staatsmann und Reformer. Wissenschaftliche Beiträge und Katalog zur Ausstellung. Bucha 2002. Veronika Albrecht-Birkner: Reformation des Lebens. Die Reformen Herzog Ernsts des Frommen von Sachsen-Gotha und ihre Auswirkungen auf Frömmigkeit, Schule und Alltag im ländlichen Raum (1640–1675). Leipzig 2002. Jetzt auch J. A. Steiger: Philologia Sacra. Zur Exegese der Heiligen Schrift im Protestantismus des 16.–18. Jahrhunderts. Neukirchen-Vluyn 2011.
2 Vgl. Bibliographia Gerhardina (1601–2002). Verzeichnis der Druckschriften Johann Gerhards (1582–1637) sowie ihrer Neuausgaben, Übersetzungen und Bearbeitungen. Bearb. von J. A. Steiger unter Mitwirkung von Peter Fiers. Stuttgart-Bad Cannstatt 2003, Nr. 602. Vgl. Salomon Glassius: Philologia Sacra [= Philologiae Sacrae, qua totius SS. Veteris et Novi Testamenti Scripturae, tum Stylus et Literatura, tum Sensus et Genuinae Interpretationis Ratio et Doctrina libris quinque expenditur ac traditur (...)]. Leipzig 1713 (Bibliothek des Fachbereichs Ev. Theologie der Universität Hamburg G VI v 330), S. 15f. [Vorspann].

unvergleichlicher Weise in der akademischen Lehre wie in ihren Publikationen, unter denen die *Harmonia Evangelistarum* besonders hervorsteche, um die Schrifthermeneutik verdient gemacht habe.³ Glassius lässt Gerhard in dieser Epistola ausführlich und als erste Autorität zu Wort kommen, indem er einen Passus aus dessen *Loci Theologici* (aus dem *locus* »de scriptura sacra«⁴) zitiert, wohlgemerkt noch bevor Augustin, Gregor von Nazianz und Matthias Flacius zu Wort kommen. Seine Abhängigkeit von Gerhard (und Wolfgang Franz) legt Glassius aber auch bereits im zweiten Buch seiner ›Philologia‹ offen, wenn er sagt:

> Extant virorum de Ecclesia praeclare meritorum erudita de hoc argumento scripta, ex quibus nominasse sufficiat Tractatum de interpretatione Scripturae D. GERHARDI, Theologi in Academia nostra eminentissimi, quem tomo primo locorum Theologicorum insertum hodie videmus: Tractatum insuper de eodem argumento Theologicum D. WOLFGANGI FRANTZII, Theologi in Academia Wittebergensi celeberrimi & emeriti, quem librum, qui non intelligit, odit & vilipendit. Ego sane nullum tempus felicius & fructuosius (praesens negotium quod spectat) collocasse me palam profiteor, quam quod in diligenti integri libri illius lectione & relectione, cum timore Domini insumsi.⁵

Auch die Tatsache, daß Glassius nach Gerhards Tod die Projektleitung in Sachen Kurfürstenbibel,⁶ auf die noch zurückzukommen sein wird, und dessen Jenaer Lehrstuhl übernahm, zeugt von der engen Verbindung dieser beiden Theologen.

Glassius' *Philologia Sacra* ist neben der *Clavis scripturae sacrae* des Matthias Flacius Illyricus⁷ (1567) und Johann Gerhards ›Tractatus de legitima Scripturae sacrae interpretatione‹⁸ (1610) als das bedeutendste hermeneuti-

---

3   Vgl. ebd., S. 17 [Vorspann].
4   Nämlich aus § 306 und 307.
5   Glassius: Philologia Sacra (Anm. 2), Sp. 493f.
6   Zur Kurfürstenbibel vgl. Heimo Reinitzer: Biblia deutsch. Luthers Bibelübersetzung und ihre Tradition. Wolfenbüttel und Hamburg 1983, S. 271–274. Rolf-Dieter Jahn: Die Weimarer ernestinische Kurfürstenbibel und Dilherr-Bibel des Endter-Verlags in Nürnberg (1641–1788). Versuch einer vollständigen Chronologie und Bibliographie. Odenthal 1986. Hermann Oertel: Die Frankfurter Feyerabend-Bibeln und die Nürnberger Endter-Bibeln. In: Mitteilungen des Vereins für Geschichte der Stadt Nürnberg 70 (1983), S. 75–116. Ernst Koch: Das ernestinische Bibelwerk. In: Ernst der Fromme (Anm. 1), S. 53–58.
7   Vgl. Jörg Baur: Flacius – Radikale Theologie. In: Matthias Flacius Illyricus 1575–1975. Regensburg 1975, S. 37–49. Oliver K. Olson: Art. Flacius Illyricus, Matthias. In: Theologische Realenzyklopädie 11 (1983), 206–214. Rudolf Keller: Der Schlüssel zur Schrift. Die Lehre vom Wort Gottes bei Matthias Flacius Illyricus. Hannover 1984. Bernd Jörg Diebner: Matthias Flacius Illyricus. Zur Hermeneutik der Melanchthon-Schule. In: Heinz Scheible (Hg.): Melanchthon in seinen Schülern. Wiesbaden 1997, S. 157–181. Oliver K. Olson: Matthias Flacius and the Survival of Luther's Reform. Wiesbaden 2002.
8   Vgl. Johann Gerhard: Tractatus de legitima scripturae sacrae interpretatione, lateinisch-deutsch. Kritisch hg., kommentiert und mit einem Nachwort versehen von J. A. Steiger unter Mitwirkung von Vanessa von der Lieth. Mit einem Geleitwort von Hans Christian Knuth. Stuttgart-Bad Cannstatt 2007. Vgl. hierzu Bengt Hägglund: Die Heilige Schrift und

sche Grundlagenwerk des Luthertums anzusehen. In diesem Werk äußert sich Glassius u.a. sehr ausführlich über Typologie und Allegorie. An einigen Stellen werden direkte Bezugnahmen auf das von Gerhard Entwickelte deutlich. Glassius ist offenbar daran gelegen, den Ansatz seines Lehrers auszubauen und stärker zu systematisieren. Wie Gerhard spricht auch Glassius von einem ›sensus mysticus‹, dem er den allegorischen, typologischen und parabolischen subsumiert. »Estque in universum triplex: ALLEGORICUS, TYPICUS, PARABOLICUS.«[9] Um die drei voneinander definitorisch zu unterscheiden, bietet Glassius folgende klassisch gewordenen Definitionen:

> *Allegoricus* est, quando historia Scripturae vere gesta ad mysterium quoddam, sive spiritualem doctrinam, ex intentione Spiritus sancti refertur. *Typicus* est, quando sub *externis factis* seu *propheticis visionibus* res occultae, sive praesentes sive futurae, figurantur, & praesertim, quando res gestae V. T. praesignificant seu adumbrant res gestas N. T. *Parabolicus* est, quando res aliqua ut gesta narratur, & ad aliud spirituale designandum refertur.

Seinen tiefsten hermeneutischen Grund hat der ›sensus mysticus‹ – so Glassius – darin, dass sich der barmherzige Gott der Schwachheit und Fassenskraft des Menschen annimmt und sich daher in menschlich begreifbaren Bildern und Erzählungen offenbart. Gott entäußert sich in Christus seiner Gottheit, wird sich selbst zum Bild (Kol 1,15), um sich in diesem Akt der Kenosis gottmenschlich zu offenbaren. Ähnliches gilt von der ersten Person der Trinität, die kondeszendiert, eine »συγκατάβασις« vornimmt und sich innerhalb dieses Akkommodationsprozesses – schon im alten Bund – in Bildern und Vorabbildungen der noch bevorstehenden göttlichen Kondeszendenz in Christus zu erkennen gibt. Darum sagt Glassius:

> Fundamentum ejus est DEI συγκατάβασις, quam ἀνθρωποπάθειαν etiam vocant; quia enim DEUS in Scriptura sacra cum misellis agit hominibus, igitur saepius ipsis συγκαταβαίνει seu condescendit, & ad captum ipsorum se accommodans, sub involucris rerum humanarum mysteria sua coelestia proponit.

So betrachtet sind Anthropopathie und Anthropomorphie Gottes im Alten Testament keine naiven ›Vorstellungen‹, die aus ›moderner‹ Sicht als überwunden, weil antiquiert anzusehen wären. Vielmehr hat die Anthropomorphie Gottes als integraler Bestandteil seiner Personalität eine bleibende, weil christologische und hermeneutische Relevanz.

Dass Gott sich in menschlicher Sprache, in Gleichnissen und gleichnisfähigen Geschichten typisch, allegorisch und parabolisch zu erkennen gibt, ist bei Glassius als keinesfalls kontingente, sondern als essentielle, bleibende Bestimmung seiner ›revelatio‹ gedacht. Insofern unterscheidet sich diese von der christologischen Kondeszendenz her gedachte Hermeneutik der

---

ihre Deutung in der Theologie Johann Gerhards. Eine Untersuchung über das altlutherische Schriftverständnis. Lund 1951, S. 207–241.
9 Glassius: Philologia Sacra (Anm. 2), Sp. 406; dort auch die beiden folgenden Zitate.

Akkommodation grundsätzlich von derjenigen, die im Kontext aufgeklärter Theologie entstand. Denn hier wird die Akkommodation als ein lediglich transitorischer und pädagogisch motivierter Akt der biblischen Skribenten definiert, die auf die v.a. jüdischen und mit der Vernunft unverträglichen ›Vorstellungen‹ (wie z.B. Opferkult und Stellvertretbarkeit) Rücksicht nahmen. Weit verbreitete Prämisse hierbei war, dass die historische Wahrheit und das bleibend Gültige nur erhoben werden könne, wenn man die Akkommodationen als zeitbedingte Erscheinungen subtrahiere, um dann des Überzeitlich-Vernünftigen ansichtig werden zu können, das meist ethischen Inhalts war. Auch und gerade die alttestamentliche Menschlichkeit Gottes wurde häufig als mit einem vernünftigen Gottesbegriff unverträgliche Anthropomorphie und als Ausdruck jüdisch-antiker Naivität einer grundsätzlichen Kritik unterzogen.

Johann Georg Hamann war es, der auf solch aufgeklärte Akkommodationstheorie reagierte, an ihr Metakritik übte und seine Idee von der trinitarischen Kondeszendenz entwickelte, die die Niedrigkeit Gottes, des Schöpfers, aber auch des Heiligen Geistes, der sich nicht scheut, das menschliche Stammeln als seinen ureigenen Artikulationsmodus zu erwählen, als bleibende Bestimmung des göttlichen Handelns in den Vordergrund hob.[10] Darf dieser Gedanke in seiner Stringenz als typisch Hamannsch gelten, so ist er dennoch – und das zeigt der Vergleich mit Glassius – innerhalb der lutherischen Orthodoxie längst gedanklich vorbereitet, worauf in der bisherigen Hamann-Deutung – so weit ich sehe – nicht geachtet worden ist.

Im Alten Testament nach Typen und Vorabschattungen zu suchen, hat also nicht nur darin seine Berechtigung, dass die Schriften des Alten Bundes als Konkretion des präexistenten Logos zu gelten haben, sondern nicht zuletzt auch darin, dass schon das Alte Testament Manifestation und Ergebnis göttlicher Kondeszendenz in das menschlich fassbare Wort ist, die sich in der ›exinanitio Christi‹ in anderer Form fortsetzt und vollendet. Zudem will diese Art der intertestamentarischen Exegese dem Umstand Rechnung tragen, dass Gott nach Hebr 1,1 »vor zeiten manchmal/ vnd mancherley weise«[11] zu den Vätern geredet hat und die eschatologische Rede durch seinen Sohn in engem sachlichen Zusammenhang hiermit insofern steht, als die alttestamentlichen Texte teils deutliche christologische Verheißungen, teils schattenhafte Vorabzeichnungen enthalten.

Zu zeigen, dass es sich letztendlich um ein und denselben göttlichen rhetorischen ›actus‹ handelt, ist die Zielsetzung der mystischen Exegese, die

---

10 Vgl. hierzu z.B. Helgo Lindner: Johann Georg Hamann über Bibel und Offenbarung. In: Theologische Beiträge 6 (1975), S. 198–206, hier: S. 205.
11 Die Lutherbibel wird hier wie im folgenden nach folgender Ausgabe zitiert: Die gantze Heilige Schrifft Deudsch, Wittenberg 1545. Letzte zu Luthers Lebzeiten erschienene Ausgabe. Hrsg. von Hans Volz unter Mitarbeit von Heinz Blanke, Textredaktion Friedrich Kur, 2 Bde. München 1972.

die Offenbarung Christi vor der Zeit nach Prov 8,31 als ein Spiel begreift, dessen man nur ansichtig werden kann, wenn man dieses Spiel der Texte miteinander mitspielt und dabei auf bestimmte methodische Spielregeln Rücksicht nimmt, die Glassius in Form von ›canones‹ festhält.

> RAtio canonis dependet ex illo, quod Filius Dei, antequam *plenitudo illa temporis*, Gal. IV, 4. advenisset, πολυμερῶς καὶ πολυτρόπως se, cum suo merito ac passione, Patribus & Prophetis V. Test. *partim* manifestis promissionibus, *partim* etiam typicis visionibus, patefecit & adumbravit, atque ita *lusit in orbe terrarum*, Prov. VIII, 31. [...][12]

Diese Art des Umgangs mit biblischen Texten ist nach Glassius vor allem auch dazu nützlich, einen meditativen Schriftgebrauch einzuüben, weswegen er die »Vet[eris] Test[amenti] meditatio« eine »cum Christo nucleo collatio« nennt.[13] Ganz deutlich knüpft Glassius hier an Luther an, der gefordert hatte, dass bei der allegorischen Exegese (und nicht nur bei ihr) Christus als Kern und Zentrum des Alten Testaments im Auge zu behalten sei. Zugleich aber nennt Glassius auch Beispiele aus der jüngeren Vergangenheit, die eine derartige Exegese des Alten Testaments vorführen, nämlich Friedrich Balduins *Passio typica* (1614/1616),[14] Johann Arndts *Postilla* (1616)[15] und Valerius Herbergers *Magnalia Dei* (1602–1622).[16]

---

12 Glassius: Philologia Sacra (Anm. 2), Sp. 465.
13 Ebd., Sp. 461.
14 Friedrich Balduin: Passio Typica, seu Liber unus Typorum Veteris Testamenti, qui Passionem ac Mortem Domini ac Salvatoris nostri Iesu Christi in nobilioribus aliquot personis adumbrant: Ita conscriptus, ut integram Historiam Passionis Dominicae in Typis illis praefiguratam, & in genuino suo usu consideratam, fideliter exhibeat [...]. Wittenberg 1614. Ders.: Passio Typica. Liber alter complectens Res et Historias Veteris Testamenti, in quibus Passio ac Mors Domini ac Salvatoris nostri Jesu Christi Typice praefiguratur. Ita conscriptus, ut praeter verum Historiae usum, Errores insuper hostium Meriti Christi, Pontificiorum, Calvinianorum, Photinianorum, detegat, ac refutet [...]. Wittenberg 1616 (FB Gotha 8° 727/7 [1-2]).
15 Johann Arndt: Postilla: Das ist: Außlegung vnd Erklärung der Evangelischen Text/ so durchs gantze Jahr an den Sontagen vnd vornehmen Festen/ auch der Apostel Tage gepredigt werden/ mit sondern Fleiß zu Fortpflantzung des wahren Glaubens/ Vbung der reinen Liebe/ Bekrefftigung der lebendigen Hoffnung/ Ernewerung des inwendigen Menschens/ Erweckung wahrer Gottseligkeit/ vnd eines heiligen Christlichen Lebens/ vnd Erbawung des wahren Christenthumbs. Auff jedes Evangelium 2. 3. auch zu Zeiten 4. Predigten gerichtet/ Derer Vrsachen/ Summa vnd Jnhalt in der Vorrede zu befinden. Neben Erklärung der gantzen Historia des heiligen Leidens vnd Sterbens Christi Jesu vnsers HErrn. Auch einem nützlichen Appendice tröstlicher Predigten vom Leiden Christi/ vnd etlichen Sprüchen altes vnd newes Testaments/ deren Jnhalt auff dem ersten Blat des Appendicis verzeichnet. Jtem der Catechismus erstlich in 60. darnach kürtzer in 8. Predigten/ zwey vnterschiedliche mal verfasset/ neben der Haustafel oder Beschreibung der göttlichen Stende vnd Ordnungen in zehen Predigten richtig erkleret vnd begrieffen. Beneben einem Vorzeichnis/ was in jedem Theil dieser Postill/ für Predigten zu befinden. [...] Sampt einer Vorrede Herrn Johan Gerhardts [...], 4 Teile. Jena 1616 (HAB Wolfenbüttel 414–416 Theol. 2°).
16 Von mir benutzte Ausgabe: Valerius Herberger: De Jesu, Scripturae nucleo & medulla, Magnalia Dei. Das ist: Die grossen Thaten Gottes, von Jesu, Der gantzen Schrifft Kern und Stern, Nebst beygefügtem Psalter=Paradise, Gefasset Durch fleißiges Gebet, Lesen und

Wie sich Glassius solcherlei meditative Methodik vorstellt, wird nicht nur anhand der *Philologia Sacra* ersichtlich, sondern z.B. auch aus seiner postum publizierten Schrift mit dem Titel *Selecta Scripturae divinae Davidicae* (1658).[17] Zu Ps 1,2 führt Glassius zunächst aus, mit ›Tora‹ sei an dieser Stelle das ganze, Gesetz und Evangelium umfassende, Wort Gottes gemeint. »Es kömmt Torah her vom verbo הורה in Hiphil, welches so viel heisset/ als lehren/ unterweisen/ zeigen/ vermahnen/ etc.« (13). Dies belegt Glassius durch eine Bezugnahme auf eine prominente rabbinische Autorität, nämlich Abraham Ibn Ezra, woran sich exemplarisch zeigt, welch hohe Wertschätzung die jüdische Auslegungsgeschichte bei Glassius, auch und vor allem bezüglich bibelhermeneutischer Sachfragen, genießt.[18] »Summa/ wie R. Abenezra, ein Jüdischer Meister/ recht saget/ Torah dicitur, quia תורנו docet nos viam rectam; es wird Torah eine Lehre genennet/ dieweil es uns lehret den rechten Weg/ den wir wandeln sollen.« (13) Indem Glassius sodann 2Tim 3,15f. und mithin einen für die Lehre von der Heiligen Schrift zentralen Text anführt, weitet er den Terminus ›Tora‹ in dem Sinne aus, als er zur Bezeichnung auch des zweiten Kanonteils dienlich sein könne. »Torah« ist demnach »ein rechter Ehrentitul [...]/ welcher allein dem geschriebenen/ Prophetischen und Apostolischen Wort GOttes/ zustehet und gebühret/ weil dasselbe auch uns Menschen den rechten Weg zur Seligkeit [...] zeiget und weiset.« (14) Wenig später veranlasst Glassius seinen Leser, das Augenmerk darauf zu richten, dass ›Tora‹ obendrein bereits einen Hinweis darauf gibt, wie die mit diesem Terminus bezeichneten Schriften gelesen sein wollen. Da »תור scrutatus est« (16 marg.) bedeute, ergibt sich hieraus: »Endlich hat auch Torah, ein gar genaue Verwandniß mit einem Wort/ welches suchen und nachforschen bedeutet/ als würde gesagt/ eine Lehre oder Schrifft/ darinnen man suchen und forschen sol.« (16)

Auf diese Art und Weise, so Glassius, fordert die Heilige Schrift als Tora implizit genau zu demjenigen Umgang mit ihr auf, den Jesus in Joh 5,39 einfordert. Ps 1,2 verlangt vom Leser zweierlei, nämlich die Lust an der göttlichen Lehre und die Meditation (»1. Delectari, 2. meditari« [17]). Was die Lust betrifft, von der auch in Ps 119,16.31 u.ö. die Rede ist (18), die sich aber auch in der Liebe zum Tempel konkretisiert (Ps 26,8) (17), führt Glassius weiter aus:

> Das erste lautet in der Grundsprach: Sed in doctrina Jehovae delectatio ejus, sondern in der Lehre deß HErrn ist seine Lust/ Welches nachdenckliche Wort in sich

---

Nachdencken, Hertz, Mund und Feder [...]. Leipzig 1728 (Bibliothek des Fachbe-reichs Evangelische Theologie der Universität Hamburg L IV d 945).

17 Salomon Glassius: Selecta Scripturae Divinae Davidicae. Davidischer Schrifft-Kern oder Geistreiche und Heilsame Betrachtungen Etlicher Trost- und Lehrreicher Psalmen und Sprüchen deß Königlichen Propheten Davids. Nürnberg 1658 (HAB Wolfenbüttel 180.6 Theol. [1]). – Danach im Folgenden die Seitenzahlen im Text.
18 Vgl. Steiger: Rezeption (Anm. 1).

begreifft die Affecten der Liebe/ deß Wünschens und Verlangens/ der innerlichen Belustigung/ deß ernsten Fleisses/ etc. (17)

Das ›meditari‹ hingegen bezieht sich nicht nur auf die innerliche ›ruminatio‹ des Textes der Heiligen Schrift, sondern bezeichnet genauso das Reden über sie, das Lehren und Predigen. Als drittes ist auch die lebenspraktische Umsetzung und Befolgung des in der Schrift zu Lesenden integraler Bestandteil der ›meditatio‹:

> Das Hebreische Wort/ הגה, begreifft in sich dreyerley. (1.) Die innerliche Erwegung oder Betrachtung dessen/ was uns im Wort deß HErrn vorgetragen wird [...] Denn jemehr man GOttes Wort betrachtet/ jemehr Safft und Krafft deß erquikkenden Trosts gibt es den müden Seelen/ und zerschlagenen Hertzen [...] (2.) Das äusserliche Reden/ Lehren und Verkündigen/ gegen andere/ damit dieselbe auch unterrichtet/ bekehret/ gestärcket/ und zu gleicher Liebe gegen GOTTES Wort angefrischet werden [...] (3.) Den innerlichen und äusserlichen Gehorsam/ und Anstellung deß Lebens/ nach dieser unfehlbaren Richtschnur. (19f.)

Wenn es der mystischen Hermeneutik darum zu tun ist, Christus als dem ›nucleus‹ auf die Spur zu kommen, dann geht es folglich in der typologisch-allegorischen Exegese des Alten Testaments sehr wohl darum, die Schale abzutragen und zum auf das Neue Testament vorausverweisenden Kern vorzudringen. Das heißt aber nicht, um im Bild zu bleiben, die Schale nach der Herausschälung des ›nucleus‹ in den Kompostmüll zu werfen, vielmehr den Kern im Kontext seiner Einwicklung zu betrachten. Glassius verweist zwar einerseits darauf, dass im neutestamentlichen Antitypos mehr zu finden ist als im Typos, weil es sich ja oft um eine geistlich-eschatologische Erfüllung von etwas mit Hilfe fleischlich-externer Geschehnisse Vorabgebildeten handelt. »Plus est saepe in antitypo, quam in typo figuratum est.«[19] Andererseits aber gilt auch umgekehrt, dass der Typos mehr enthält als nur dasjenige, was im Neuen Testament seine Erfüllung findet. »Plus est saepe in typo, quam in antitypo.«[20] Der Typos hat also eine prototypische Relevanz, denn der neutestamentliche Antitypos ist nur wirklich zu verstehen, wenn er 1. stets und immer neu mit dem Typos kollationiert und so im eigentlichen Sinne meditiert wird. Und 2. kann eine wirkliche Kollation nur dann stattfinden, wenn auch die Antitypik und Fremdheit des sonst typischen Textes wahrgenommen und aufbewahrt wird. Alles andere wäre ein spiritualistischer Umgang mit dem Alten Testament, während sich die lutherische Verhältnisbestimmung von ›verbum externum‹ einerseits und dem sich an eben dieses äußerliche Wort bindenden Geist andererseits innerhalb der mystischen Exegese darin konkretisiert, dass neben dem ›nucleus‹ Christus immer auch die substantiell wichtige und nicht einfach komplett typisch verwertbare Erzähl-, Bild- und Sprachwelt des Alten Testaments

---

19 Glassius: Philologia Sacra (Anm. 2), Sp. 467.
20 Ebd., Sp. 466.

als integraler Bestandteil der Heiligen Schrift und nicht als Abfallprodukte nach christologischer Auswertung eingeschätzt werden.

Grund hierfür ist gewiss die konsequente Eschatologie der lutherischen Orthodoxie, der auch innerhalb der Schriftlehre und -auslegung Rechnung getragen wird dergestalt, dass keine Erfüllung als eine die ›promissio‹ ein für allemal historisch zum Abschluss bringende gelten kann, vielmehr ›sub specie diei novissimi‹ jede Erfüllung eine neue prophetisch-promissorische Dynamik aus sich heraussetzt, die gerade die alttestamentlichen Schatten mit Kern *und* Schale erneut interessant werden lässt – in dem Bewusstsein, dass die endgültige Offenbarung noch aussteht, die ein ungeahntes Licht auf alles werfen wird, auch auf die Offenbarung Gottes innerhalb seiner Geschichte mit dem Volk Israel.

Dies unterscheidet den lutherisch-orthodoxen Ansatz Glassius' ganz wesentlich von der akkommodationstheoretischen, ja bisweilen nur auf der Suche nach dem vorgeblich wahren (und vermeintlich historisch-ursprünglichen) moralischen Kern des Alten Testaments befindlichen Exegese vieler Aufklärungstheologen. Hier wird in der Tat häufig auf Kosten der Schale das ›Allgemeingültig-Ethische‹ aus der ›unvernünftigen‹ Verpackung herauspräpariert – in der festen Überzeugung, das vermeintlich bloß Zeitbedingte als akzidentiell und damit für ein angemessenes heutiges Textverständnis irrelevant ausscheiden zu dürfen.

Die Hermeneutik Glassius' ist v.a. innerhalb der sich auf die rationalistische Argumentationspraxis des aufgeklärten Geistes einlassenden Weissagungsbeweise z.B. des vernünftig-orthodoxen Theologen Siegmund Jakob Baumgarten, aber auch innerhalb der Ansicht Schleiermachers, es könne nichts geben, was in Christus nicht erfüllt sei[21] (– weswegen er das Alte Testament in den Anhang zum Neuen verwiesen wissen wollte –), sowie in dem starren Verheißungs-Erfüllungsschema Erlanger Provenienz (Joh. Christian Konrad von Hofmann) verlorengegangen.

Die mystische Exegese der Heiligen Schrift trägt – so Glassius – dem Befehl Jesu Rechnung, der nicht nur die Juden, sondern auch alle anderen auffordert, sich in den alttestamentlichen Schriften auf die Suche nach dem dort geweissagten Gottessohn zu machen (Joh 5,39). »[...] cum Christus jubeat ἐρευνᾶν τὰς γραφάς, *scrutari Scripturas*, [...] & eas testimonium de se

---

21 Vgl. Friedrich Daniel Ernst Schleiermacher: Der christliche Glaube nach den Grundsätzen der evangelischen Kirche im Zusammenhange dargestellt, 2 Bde., 7. Auflage. Hg. von Martin Redeker. Berlin 1960, Bd. 2, S. 114. Christus ist »der Gipfel der Weissagung. Aber ebenso wie der Gipfel auch das Ende. Denn die wesentliche Weissagung ist nun gänzlich erfüllt, seitdem auch der Geist ausgegossen ist; und es ist nichts zu denken, was dem Reiche Gottes noch Wesentliches fehlen könne, sondern wer auf etwas neu Bevorstehendes hinweisen wollte, der müßte ein anderes Evangelium verkündigen.«

ferre pronunciet, quae testimonia Vet. Test. non in perspicuis modo oraculis, & clarissimis prophetiis, sed in *typorum* etiam *involucris* consistunt«.[22]

Wie für Gerhard steht auch nach Glassius fest, dass dem ›sensus literalis‹ die höchste, eben fundamentaltheologische, Valenz zukommt. »Sensus literalis prior est natum & ordine.« (407) Auffällig bei Glassius jedoch ist, dass er auch vom Vorzug des mystischen Sinnes dem wörtlichen gegenüber spricht und in ersterem das dem Heiligen Geist sozusagen ureigene rhetorische Genus erkennt: »Mysticus autem literali prior est dignitate. Hic enim, ut nobilior atque sacratior, magis intenditur a Spiritu sancto, quam ille.« (407)

Wie Luther und Gerhard so ist auch Glassius überzeugt davon, dass nur derjenige die mystische Auslegung der Schrift erlernen kann, der sich von der Heiligen Schrift selbst in diese Methodik einführen lässt. Neu indes ist, dass Glassius das ihm Vorgegebene auch begrifflich-distinktiv trennschärfer fasst und damit zur methodologischen Klärung dieses Sachverhalts wesentlich beiträgt. Glassius unterscheidet daher explizit und in einer entsprechenden Nomenklatur zwischen solchen Allegorien und Typen, die die Schrift selbst bietet, und solchen, die vom Ausleger in dieselbe hineingetragen werden.

> Allegoria duplex est: *Innata* & *illata*. *Innata* est, quae in Scripturis ipsis expresse traditur, & haec proprie *Scripturae sensus mysticus* est [...]. *Illata* allegoria est, quam ipsa Scriptura non ostendit, sed quae ab interpretibus infertur. (410)

Eine analoge Distinktion nimmt Glassius auch die Typen betreffend vor, wobei er bei den der Schrift ›eingeborenen‹ Typen (›typi innati‹) noch einmal solche, die »expresse & explicite« gebraucht werden, von solchen unterscheidet, die »tacite & implicite« vorkommen (458). Zur ersteren Gruppe gehört z.B. der Vergleich des Propheten Jona, der drei Tage lang im Bauch des Walfisches war, mit Christus, der am dritten Tage auferstand (Mt 12,39f.), worauf später zurückzukommen sein wird. Zur letzteren Gruppe zählen der Rückbezug von Röm 3,25 auf Ex 25,17 u.a. alttestamentliche Texte, wo ebenfalls vom ἱλαστήριον die Rede ist, ohne dass Paulus auf die Bezugstexte ausdrücklich hinwiese.

Der heute nicht selten zu hörende Vorwurf, die geistlich-figürliche Interpretation biblischer Texte sei darum abzulehnen, weil durch sie etwas in die Texte hineingetragen werde, was in ihnen selbst nicht stecke, entpuppt sich hierbei als recht unreflektiert. Die ›Eisegese‹ ist nach Glassius nicht rundweg abzulehnen. Vielmehr ist zu fragen, ob dieselbe schriftgemäß ist, d.h. ob sie in ähnlicher Weise vorgeht, wie das Neue Testament mit dem Alten verfährt, also die ›analogia fidei‹ beachtet und daher biblisch-hermeneutisch vertreten werden kann.

---

22 Glassius: Philologia Sacra (Anm. 2), Sp. 461. – Danach im Folgenden die Spaltenzahlen im Text.

Auffällig ist zudem, dass Glassius mitnichten nur eine solche alttestamentliche Typik kennt, die in das Neue Testament hinüberweist, sondern auch – abgesehen vom Bezug der beiden Kanonteile aufeinander – die Zeichenhaftigkeit als wesentliches Charakteristikum des alttestamentlichen Stils insgesamt in Augenschein nimmt. So nennt Glassius bei der Aufzählung der verschiedenen ›genera typorum‹ zuerst die heute sog. prophetischen Zeichenhandlungen. »Actiones prophetiarum typicae sunt, quando iis, quae exterius divino mandato Prophetae peragebant, [...] mysticum aliquod & occultum adumbratur.« (451) Unter den Beispielen führt Glassius u.a. Jesajas Nacktheit (Jes 20,2ff.) und das durch sie vorabgebildete Gerichtshandeln Gottes an. Erst danach handelt Glassius »De visionibus Propheticis ac typicis« (453ff.) und »De typo historiae & ejus prima divisione« (458ff.).

Wer allegorische Auslegung betreibt – und ähnliches gilt mutatis mutandis auch für die typologische – hat nach Glassius darauf zu achten, dass dieselbe nicht zu häufig geübt wird und sie konzinn im Sinne der Glaubensanalogie ist. So wie Luther und Gerhard ist Glassius der Ansicht, dass Allegorien v.a. »in concionibus« nützlich seien, »in quibus decenter ac moderate adhibitae delectant, excitant, taedium auferunt, unde etiam exordiis maxime conveniunt« (413). Darum mahnt Glassius »raritas, concinnitas, utilitas« der Allegorien an (411).

In diesem Sinne unterwirft Glassius auch die geistliche Deutung biblischer Texte innerhalb der Tradition einer Kritik. Die diesbezügliche Tätigkeit der Kirchenväter sei »ex parte intolerabile, ex parte tolerabile« (420). Als intolerabel bezeichnet Glassius den geradezu zwanghaften Versuch, alles und jedes in der Bibel allegorisch zu deuten. Dies sei v.a. bei Origenes der Fall, »qui omnia omnino, quantumlibet simpliciter dicta, in allegorias mutavit«, woran schon Hieronymus Kritik geübt habe, während die Auslegungspraxis bei Augustin, Chrysostomos, Gregor von Nazianz »tolerabilior« sei (420). Grundsätzliche Ablehnung erfahren bei Glassius diejenigen Allegoresen, die nicht schriftgemäße (z.B. papistische oder weigelianische) Lehren voraussetzen, also auf eine der Glaubensanalogie unangemessene Weise etwas in die Schrift hineintragen. Um eine »extorta & contorta allegoria« handelt es sich z.B. bei der mariologisch-allegorischen Exegese des Hohenliedes (418).

2. Glassius' Interpretation der Jona-Erzählung in der ›Prophetischen Spruch-Postill‹

Im Jahre 1642 wurde der erste Teil von Glassius' *Prophetischer Spruch-Postill* publiziert.[23] Bis zum Jahre 1654 folgten drei weitere Teile. Wie eng verquickt Glassius' praktische Homiletik mit seiner in der *Philologia Sacra* betriebenen hermeneutischen Reflexion ist, zeigt sich u.a. daran, dass der Kupfertitel zum ersten Teil seiner ›Spruchpostille‹ (neben anderen Schriftzitaten) Joh 5,39 darbietet (»Johan. 5. v. 39. Suchet in der Schrifft, denn ihr habt das Ewige Leben darinnen, vnd sie ists, die von mir zeuget«).[24] Wie in seiner ›Philologia‹ macht Glassius somit programmatisch deutlich, dass der entscheidende Impuls für die christologisch-figürliche Interpretation des Alten Testaments in eben diesem Befehl des Sohnes Gottes zu sehen ist.

Im ersten Teil der ›Spruchpostille‹, die Predigten über ausschließlich alttestamentliche Texte zu sämtlichen Festtagen enthält, hat Glassius auch eine Reihe von drei Predigten auf das Osterfest über den Propheten Jona vorgelegt. Im letzten Teil dieser Trias, in einer Predigt zum Osterdienstag, kommt Glassius eingangs u.a. auf das ›euangelium proprium‹, nämlich die Unterredung des Auferstandenen mit den Jüngern auf dem Wege nach Emmaus zu sprechen. Im Zuge dessen qualifiziert Glassius die Osterpredigt des Auferstandenen, die den Jüngern die Schrift öffnet (Lk 24,32) und zugleich deren Herzen entzündet, als exemplarische Musterexegese bezüglich der von Christus selbst gestellten Aufgabe, die Schriften des Alten Bundes auf ihn betreffende Zeugnisse hin zu befragen.

> Das ist auch die Vrsach/ warumb der HErr alles/ was von jhm geschrieben/ im Gesetz Mose/ in den Propheten/ vnd in Psalmen/ so klar vnd deutlich seinen Aposteln ausgeleget/ vnd jhnen das Verständnis hierdurch eröffnet hat/ wie im Evangelio v. 44./ 45. berichtet wird/ damit nemlich sie vnd jhre Nachfolger im Predigampt/ ein schönes Exempel von jhm nehmen möchten/ daß sie auch fleissig in den Prophetischen Schrifften forscheten/ jhn darinnen suchen/ vnd das seligmachende Erkendnis des Heils in Christo Jesu/ auch andern kund machten.[25]

---

23 Salomon Glassius: Prophetischer Spruch-Postill Erster Theil/ Darinnen auff alle vnd iede Fest- vnd Feyr-Tage durchs gantze Jahr/ zweene Prophetische Sprüche/ Einer aus dem Esaia/ der ander aus der folgenden Propheten einem/ erkläret/ mit dem gewöhnlichen Evangelio verglichen/ vnd zu Christlichem Nutzen/ im Glauben vnd Leben/ angeführet werden. Am Ende ist die Erklärung des LIII. Capitels Esaiae/ von dem Leiden/ Sterben/ vnd Aufferstehung Christi; wie auch das XXXIII. Cap. Ezechielis/ von dem H. Predig-Ampt/ vnd andern Lehr-Puncten/ angefüget [...]. Jena 1642 (Erscheinungsjahr 1643 [laut Kupfertitel]) (Bibliothek des Fachbereichs Evang. Theologie der Universität Hamburg G VI v 331).
24 Vgl. Abbildung 1, unten S. 408.
25 Glassius: Spruch-Postill (Anm. 23), S. 392.

Glassius' Jona-Predigten sind einerseits tief in der bis in die Alte Kirche zurückreichenden typologischen Auslegungstradition verwurzelt, andererseits zeigt sich eine starke sachliche Abhängigkeit von Luthers weitverbreiteter deutschsprachiger Jona-Exegese aus dem Jahre 1526.[26] Zugleich zeigen Glassius' Jona-Predigten exemplarisch, wie und mit welcher hermeneutischen Zielsetzung er die in der *Philologia Sacra* methodisch grundgelegte Methodik der mystischen Exegese der Heiligen Schrift Alten Testaments praktisch umgesetzt hat. Auffällig ist hierbei, dass Glassius sogleich zu Beginn der ersten Predigt programmatisch nicht nur auf die durch die Typologese gewährleistete enge interkanonische Vernetzung von Altem und Neuem Testament hinweist, sondern dies tut in einer spezifischen Perspektive, der es um die Visualisierung, also das Vor-Augen-Malen der neutestamentlichen Texte unter Zuhilfenahme der Schriften des Alten Bundes zu tun ist. Jona ist – so Glassius – »ein Zeichen/ Fürbild/ vnd gleichsam Gemälde/ der Dinge/ so im newen Testament nach der Offenbarung des Messiae/ geschehen solten«.[27] Bemerkenswert ist, wie Glassius seine Ausführungen in der *Philologia Sacra* bezüglich der Tatsache, dass im Verhältnis von Typos und Antitypos stets auf deren Konsonanz *und* Dissonanz zu achten sei, im Rahmen seiner Jona-Exegese konsequent anwendet und zugleich auf die bildhermeneutischen Dimensionen bezieht. So wie ein jedes Bild Abbild eines Urbildes und mithin nicht das Urbild selbst ist, so gilt dies für einen jeden Typos, der dadurch definiert ist, dass er den Antitypos gerade aufgrund dieser Differenz zum Leuchten bringt. Gewiss ist auch Glassius überzeugt davon, dass der Antitypos Christus den Typos Jona im Sinne einer Überbietung übertrifft. Entscheidend aber an Glassius' bildhermeneutischer Ausrichtung der Typologese ist doch ein anderer Aspekt, nämlich die Suche nach einer intertestamentarischen Heuristik, die getragen ist von der Überzeugung, dass sich die Spezifika und Propria beider Texte, des jeweils alttestamentlichen und neutestamentlichen, erst dann offenbaren, wenn man sie einer ›collatio‹ unterzieht, sie also vergleichend interpretiert. Die typologische Exegese gereicht daher gerade nicht zu einer christologisch motivierten Destruktion der in ihr herangezogenen alttestamentlichen Texte, sondern trägt umgekehrt zur Entzifferung ihrer bleibenden Andersartigkeit bei.

---

26 Zu Luthers Jona-Exegese vgl. Gerhard Krause: Studien zu Luthers Auslegung der Kleinen Propheten. Tübingen 1962. Uwe Steffen: Die Jona-Geschichte. Ihre Auslegung und Darstellung im Judentum, Christentum und Islam. Neukirchen-Vluyn 1994, S. 107–111. J. A. Steiger: Jonas Hölle. Ein auslegungsgeschichtlicher Beitrag zu Luthers Interpretation des Alten Testaments. In: Sandra Richter, Marc Flöcking (Hg.): Innovation durch Wissenstransfer in der Frühen Neuzeit. Kultur- und geistesgeschichtliche Studien zu Austauschprozessen in Mitteleuropa. Amsterdam u.a. 2010, S. 55–77.
27 Glassius: Spruch-Postill (Anm. 23), S. 367.

Gleich wie aber ein Contrafect oder Bilde/ das nach einem Menschen effigiret vnd gemahlet/ vnd demselben fein ehnlich sihet/ etwa einen Mackel oder Flecken bekommen kan/ iedoch daß an demselben das Ebenbild/ vnd die Gleichheit des Menschen sich drumb nicht verleuret: Also ist an Jona/ welcher ein Bild oder eine Vorbildung des Messiae ist/ zwar eins vnd das andere zubefinden/ welches nicht gut oder köstlich/ sondern sündhafft/ böse vnd sträfflich ist/ iedoch also/ daß darumb Jonas nicht auffhöret/ in andern schönen Puncten ein Gemäld vnd Fürbild Christi zu seyn.[28]

Schon Luthers Exegese der Jona-Erzählung ist bei all ihrer vielfältigen Verwurzelung in der Tradition wesentlich geprägt von einer entscheidenden Differenz zur Jona-Auslegung der Väter der Alten Kirche.[29] Sie besteht darin, dass Luther keinerlei Versuch unternimmt, Jonas Flucht, seinen Ungehorsam gegen Gott und seine anfängliche Weigerung, in Ninive als Prediger des göttlichen Gerichts aufzutreten, auch nur ansatzweise zu entschuldigen.[30] Anders als etwa Gregor von Nazianz strebt Luther keine Exkulpierung Jonas an – etwa unter dem Hinweis darauf, dass Jona befürchten musste, dass er als ein falscher Prophet bzw. Lügner[31] würde dastehen müssen, sollte Gott sich, was absehbar gewesen sei,[32] von seinem Gerichtsplan abkehren.[33] Auch mit dem Argument des Hieronymus, Jonas Flucht sei darum zu entschuldigen, weil er um das Wohl seines Volkes Israel bangte angesichts der Aussicht, den Heiden in Ninive könnte das Heil zuteil werden,[34]

---

28 Ebd., S. 368.
29 Vgl. Ernst Dassmann, Josef Engemann, Karl Hoheisel: Art. Jonas B. In: Reallexikon für Antike und Christentum 18 (1998), Sp. 678–699. Yves-Marie Duval: Le livre de Jonas dans la littérature chrétienne grecque et latine. Sources et influence du Commentaire sur Jonas de saint Jérôme. 2 Bde. Paris 1973. Ders.: Saint Cyprien et le roi de Ninive dans l'in Ionam de Jérôme. La conversion des lettrés à la fin du IVe siècle. In: Jacques Fontaine, Charles Kannengiesser (Hg.): Epektasis. Mélanges patristiques offerts au Cardinal Jean Daniélou. Paris 1972, S. 551–570. Ders.: Introduction. In: Hieronymus: Commentaire sur Jonas. Introduction, texte critique, traduction et commentaire par Yves-Marie Duval. Paris 1985 (Sources chrétiennes 323), S. 9–151. P. Antin: Saint Cyprien et Jonas. In: Revue Benedictine 68 (1961), S. 412–414.
30 Die Weimarer Ausgabe der Werke Luthers wird im Folgenden unter Verwendung des Siglums WA zitiert (WA = Schriften, WA.DB = Deutsche Bibel). Vgl. WA 13,226,6f.: »Hoc vitium est in sanctis patribus, quod sanctos volunt eximere a peccatis.«
31 Vgl. Gregor von Nazianz: Oratio II. apologetica, cap. 106. In: Ders.: Opera omnia, tom. 1. Paris 1857 (Migne, Patrologia Graeca 35), Sp. 505.
32 Vgl. Hieronymus: Commentarius in Ionam prophetam. Kommentar zu dem Propheten Jona. Übers. und eingel. von Siegfried Risse. Turnhout 2003 (Fontes Christiani 60), S. 198, 6–10, der Jona mit den Worten auftreten lässt: »*Numquid*, ait, *non hoc est verbum meum, cum adhuc essem in terra mea?* Scivi te hoc esse facturum. Non ignorabam misericordem, propterea severum et truculentum nuntiare nolebam.«
33 Vgl. WA 19,202,16–20: »Darumb hatte vnd sorge, man möchte yhn fur eynen lügener vnd fur einen falschen propheten halten, des wort nicht wahr noch von Gott were. Aber diese ursache ist nichts. Denn Jona wuste nicht, was geschehen würde, weyl das vierde capitel sagt, das er fur der stad sas vnd wartet, was der selbigen widderfaren würde.«
34 Vgl. Hieronymus (wie Anm. 32), S. 198, 25–28. Vgl. auch ebd., S. 200, 8f. Hierzu Krause (wie Anm. 26), S. 288. Der Sicht des Hieronymus folgt Gregor d. Gr. in seinen ›Moralia in

kann Luther demnach nichts anfangen. Vielmehr ist Luther daran gelegen, den Propheten als Heiligen vor Augen zu stellen, der wie alle anderen Glaubenden Sünder war und geblieben ist. »Quamdiu vivit propheta in carne, peccat et labitur ut nos etc. certe magnum fuit peccatum [...] Verbum habet: vade, et non vadit etc.«[35] Den »alten heyligen veter[n]« wirft Luther vor, dass sie mit ihrem Bestreben, die »grosse[n] heyligen zu endschüldigen«,[36] es de facto vorgezogen hätten, die Heilige Schrift zu vergewaltigen, anstatt sich in die Notwendigkeit versetzt zu sehen, die Heiligen als das zu bezeichnen, was sie in der Tat stets waren: nämlich Sünder. Für Luther dagegen ist klar, dass Jona »so schwerlich sundigt, als Adam ym paradis gesundigt hat«.[37] Hohe Bedeutung kommt hierbei dem ›usus consolatorius‹ zu, den Luther aus dieser Aussage über die Solidarität aller Heiligen als ›simul iusti et peccatores‹ zieht. Der Trost nämlich ist darin zu finden, »das wyr sehen, wie auch die aller grössisten, trefflichsten heyligen so gröblich sundigen widder Gott, und nicht wyr alleyne arme, elende sunder sind, sondern sie auch menschen gewest, fleisch und blut gehabt wie wyr, Auff das auch wyr nicht verzagen, ob wyr sundigen und fallen«.[38]

Hieran und an die von Luther grundgelegte Auslegungstradition nun knüpft Glassius an und stellt Jona ebenfalls als einen Sünder vor Augen, gewiss der Tatsache, dass dies wegen der notwendigen Differenz zwischen Urbild und Abbild keineswegs zu einer Schwächung der typologischen Valenz der Figur des Jona führt, sondern umgekehrt dessen figürliche Relevanz stärkt. Indem Glassius den Ungehorsam Jonas mit der ›oboedientia Christi‹ in eine schärfer nicht denkbare ›oppositio‹ setzt, sagt er:

> Böse/ sündhafft vnd sträfflich war in Jona sein Vngehorsam vnd Widerspenstigkeit/ wider Gottes klaren Befehl [...]. Jn diesem ist er vnserm lieben Heyland Christo gantz vngleich/ welcher GOtt dem Vater nicht vngehorsam war/ noch zu rück gieng/ als er zu predigen gesendet wurde/ Esa. 50. v. 4. 5. sondern er ward jhm gehorsam bis zu Tode/ ja zum Tode am Creutz/ Phil. 2. v. 8.[39]

Der herkömmlichen, in der patristischen Exegese grundgelegten Sicht der Dinge indes, die bestrebt ist, Jona in seinem Ungehorsam Gott gegenüber zu exkulpieren, müsste von hier aus der Vorwurf gemacht werden, die bleibende Andersartigkeit des Typos nicht auszuhalten, sondern diese aufzulö-

---

Job‹: Vgl. Gregor d. Gr.: Moralia in Iob, libri I–X. Hg. von Marcus Adriaen. Turnhout 1979 (Corpus Christianorum, Series Latina 143), S. 306,64–67: »Prudenter quippe Ionas sapere uoluit cum ad praedicandam Niniuitarum paenitentiam missus quia electis gentibus Iudaeam deseri timuit, praedicationis officium implere recusauit.«

35   WA 13,226,17–19..
36   WA 19,197,34f.
37   WA 19,198,21f.
38   WA 19,199,22-26.
39   Glassius: Spruch-Postill (Anm. 23), S. 368.

sen – infolge des Missverständnisses, Heilige seien dadurch definiert, dass sie als moralisch korrekte Vorbilder fungierten.

Die Sündhaftigkeit Jonas erfährt in Glassius' Predigt dadurch eine besondere Akzentuierung, dass er den Propheten in einer Kette von vier ›oppositiones‹ mit Christus vergleicht. Nicht nur steht dem Ungehorsam Jonas der Gehorsam Christi nach Phil 2,8 gegenüber, sondern auch der Missgunst des Propheten, die darin zu erkennen ist, dass er den Niniviten »mißgönnete/ daß jhnen GOtt/ auff gethane Busse [...] Gnade erwiesen hatte«, die Gunst des Sohnes Gottes, der »sein Blut mildiglich« für das sündige Menschengeschlecht vergießt. Der »närrische Zorn« Jonas darüber, dass Gott die Niniviten in Anbetracht der von ihnen an den Tag gelegten ›poenitentia‹ von der angekündigten Strafe verschont, wird von einem völlig gegensätzlichen Affekt Christi kontrastiert, nämlich der Trauer über das unbußfertige Jerusalem, die sich darin artikuliert, dass er in Tränen ausbricht (Lk 19,41). Dem Murren Jonas schließlich steht entgegen, dass der Gottessohn den »gantzen heiligen Willen/ zu Erlösung des menschlichen Geschlechts/ in Göttlicher Weißheit/ Freywilligkeit vnd Freudigkeit vollbracht hat«.[40]

Wohlgemerkt erst nachdem Glassius herausgestellt hat, dass Jona aufgrund seiner sich im Ungehorsam gegen Gott und seiner Missgunst den Niniviten gegenüber konkretisierenden Sündhaftigkeit mit dem Antitypos nicht vergleichbar ist, beginnt er seine ausführliche Betrachtung der »Convenientz« zwischen Jona und Christus, nicht ohne auch hier auf Schritt und Tritt auf die Unterschiede einzugehen.

> Nach dem wir nun in vnserm vorgestellten Jonas=Bild/ die Sünden=Flecken vnd Mängel angezeigt haben/ so wollen wir ferner auch die Convenientz vnd liebliche ähnligkeit vnd Vergleichung/ die er mit vnserm hertzliebenden Heylande hat/ in wahrer inbrünstiger Andacht beschawen [...].[41]

Zunächst entwickelt Glassius im Sinne einer ›inventio a nomine‹ ausführlich, inwiefern Name und Herkunft Jonas bereits auf Christus deuten. Hierbei knüpft Glassius u.a. an die bereits in der Alten Kirche gerne verwendete Interpretation des Namens Jona an, der ›Taube‹ bedeutet[42] und somit auf »die himlische geistliche Taube«, nämlich Christus, hinweist – »wegen seiner höchsten simplicitet vnd Einfalt/ da er von aller Arglistigkeit [...] weit abgesondert ist«.[43] Von typologischer Relevanz ist auch die Deutung der 2Kön 14,25 entnommenen Information, der zufolge Jona aus Gath-Hepher stammt. »Welcher Name heisset eine Kelter der Schmach. Jesus vnser Heyland ist geistlicher Weise von Gath=Hepher/ das ist/ er ist aus seinem

---

40 Ebd., S. 368f.
41 Ebd., S. 369.
42 Vgl. etwa Hieronymus: Liber interpretationis hebraicorum nominum. In: Ders.: Opera I, 1: Opera exegetica 1. Turnhout 1959 (Corpus Christianorum, Series Latina 72), S. 124,10: »Iona columba uel dolens.«
43 Glassius: Spruch-Postill (Anm. 23), S. 369.

Leiden/ darinnen er wie eine Weintraube vnter der Kelter gepresset vnd geängstet worden/ vnd also aus der allergrösten Schmach in die höchste Ehr vnd Herrligkeit kommen.«[44]

Nicht erst Jonas Vita, sein Verschlucktwerden durch den Fisch und seine wunderbare Rettung nach drei Tagen deuten auf das Geschick des Sohnes Gottes, sondern schon Jonas Herkunft ist diesbezüglich von Interesse. Jona, der ein ›Gemälde‹ Christi ist, deutet auf eine andere, ebenfalls alttestamentliche ›pictura‹, die als Abbildung der in Christi Leiden sich offenbarenden Niedrigkeit und Hoheit nicht nur im 17. Jahrhundert, sondern schon im Mittelalter weite Verbreitung hatte. Im Keltertreter aus Jes 63,3 wird nach lutherisch-barockem Verständnis die Passion des Sohnes Gottes sichtbar, der, die sündige Menschheit stellvertretend, die gesamte Last der Sündenstrafen und den Zorn Gottes trägt, mithin in Gottes ›iudicium extremum‹ gekeltert wird, worin zugleich, d.h. unter dem radikalen Gegenteil, der Sieg über Tod, Sünde und Teufel sichtbar wird. Auf dem Titelkupfer der sog. Kurfürstenbibel,[45] 1641 bei Endter in Nürnberg erstmals gedruckt, deren Redaktion Glassius nach dem Tode Johann Gerhards hauptverantwortlich betrieben hat, ist Christus als Keltertreter am oberen Bildrand, sozusagen als Bildtitel und Summa der gesamten Heiligen Schrift abgebildet. Die soeben benannte Dialektik der durch die ›pictura‹ des Keltertreters bezeichneten Koinzidenz von höchster Hoheit und tiefster Niedrigkeit wird im Titelkupfer darin sichtbar, dass Christus einerseits mit einem Kreuzstab samt österlicher Siegesfahne auftritt, mit der er den Teufel (in Gestalt des ›alten Drachens‹) zum Erliegen bringt, dies aber andererseits in gebückter Weise tut, gedrückt von der Zorneskelter des Jüngsten Gerichtes, vor dessen Schranken er steht, weil er die Sünden aller Menschen auf sich genommen hat. Wie die Kelter dafür sorgt, dass die Trauben ihren Saft abgeben, so ist der Druck des göttlichen Zornesgerichtes die Voraussetzung dafür, dass den umstehenden Glaubenden, die die Gesamtheit der Kirche repräsentieren – unter ihnen auch durch Beischriften identifizierte Vertreter des Alten und Neuen Bundes – das rettende, weil von Sünden befreiende Blut Christi zuteil werden kann.

Da das hebräische Verbum חפר indes ›erforschen, nachforschen‹ bedeutet, findet Glassius Anlass, seine Hörer zur meditativen Versenkung in das Bild des Keltertreters aufzufordern, in dem die ›vita aeterna‹ zu finden ist: »Wer nun durch die Gnade vnd Erleuchtung desselben Geistes Gottes/ der Kelter des bittern Leidens Christi fleissig vnd andächtig nachforschet/ der findet darinnen den allerköstlichsten Schatz des ewigen Lebens etc.« Voraussetzung für solcherlei Meditation, der es gelingt, das Bild des Keltertreters zu entziffern, ist jedoch, dass der Betrachter vom Heiligen Geist be-

---

44 Ebd., S. 371.
45 Vgl. Abbildung 2, unten S. 409.

gabt ist, der ›erforschet alle ding/ auch die tieffe der Gottheit‹ (1Kor 2,10) und darum die Fähigkeit zu verleihen im Stande ist, solche Kompetenz auch dem Glaubenden zu vermitteln.[46]

Ähnlich wie Luther beschreibt Glassius Jonas Befindlichkeit im Bauch des Fisches als eine von der höllischen Erfahrung der absoluten Gottferne bestimmte. Auf diese Weise schreibt Glassius die diesbezüglich deutliche Distanzierung der Jona-Auslegung Luthers von derjenigen der Alten Kirche fort. Die meisten Väter begreifen den Umstand, dass Jona vom Fisch verschluckt wird, als eine zuvörderst rettende Intervention Gottes.[47] Zwar ist in diesem Kontext auch von ›Versuchung‹ die Rede, etwa, wenn Hieronymus Jona »in mediis temptationibus«[48] sieht. Doch fehlt hier die Radikalität der absoluten, eben höllischen Gottferne, was sich auch dahingehend artikuliert, dass Hieronymus Jona als zugleich von süßesten Wassern umschlossen bezeichnet,[49] weswegen die Anfechtung von vornherein als eine in den Trost eingebettete erscheint.

Hatte sich Luther schon in seiner Jona-Vorlesung von dieser traditionell vorgegebenen Lesart distanziert,[50] so setzt sich dies in seiner Jona-Exegese des Jahres 1526 fort. Luther hebt nun noch deutlicher die Dialektik von Jonas maritimer Behausung und »seltzame[r] schiffart«[51] in den Vordergrund, indem er diese ausführlich und mit deutlicher Zuspitzung als eine Höllenerfahrung dechiffriert.

> Denn es kan freylich des Walfissches rachen nicht anders denn eyn schrecklich bilde gewesen seyn dem armen verlornen und sterbenden Jona, da sich das maul des fischs so weyt hat auffgethan und die scharffen zene umbher gestanden wie spitzige seulen odder balcken und so eyn weytter kellerhals ynn den bauch hynein. Heyst das trösten ym tod? Jst das der freundliche blick ym sterben, das sterben und tod nicht gnug seyn sol? Das heyst, meyn ich, eyn glaube, ja eyn kampff und streyt des glaubens.[52]

Glassius greift diesen Aspekt in seinen Predigten auf, indem er sagt:

---

46 Ebd., S. 371.
47 Vgl. Hieronymus (wie Anm. 32), S. 140, 15–20: »Porro, quod ait ›praeparavit‹, vel ab initio cum conderet, de quo et in psalmo scribitur: ›Draco iste quem formasti ad illudendum ei‹, vel certe iuxta navem fecit venire ut praecipitem Ionam in suos reciperet sinus et pro morte praeberet habitaculum, ut qui in navi iratum senserat Deum, propitium in morte sentiret.«
48 Ebd., S. 150, 13f.
49 Vgl. ebd., S. 150, 18f., wo Jona folgende Worte in den Mund gelegt werden: »Aliis bibentibus salsos fluctus, ego in mediis temptationibus dulcissima fluenta sorbebam.«
50 Vgl. WA 13,248,30–34, wo Luther sich mit der Hervorhebung des Aspektes der Rettung noch an die Tradition anzulehnen scheint. Allerdings heißt es schon in der Jona-Vorlesung bezüglich Jonas Befindlichkeit im Fisch: »Sensit se non mori et tamen luctabatur cum morte« (WA 13,231,23). Ebd., 323f. kommt Luther sodann breit auf die Höllenerfahrung Jonas zu sprechen.
51 WA 19,219,25f.«
52 WA 19,218,31–219,2.

> Bedencket aber auch ferner/ was für ein grewlicher vnd elender Zustand mit Jona müsse gewesen seyn/ als er im Bauch des Walfisches/ drey Tage vnd drey Nacht/ gefangen vnd eingeschlossen gewesen. Was für vnaussprechliche Angst vnd Qual wird er an Seel vnd Leib empfunden haben? Was für Schrecken/ Furcht/ Hertzens=Bangigkeit/ wird jhn vberfallen haben/ weil er bey guter Vernunfft verblieben/ wie aus seinem Gebet erscheinet? Was für Jammer vnd Schmertzen wird jhm die grawsame Finsternis/ Vnreinigkeit vnd Hitze dieser schlammigen Herberge verursachet haben?[53]

Diese Höllenerfahrung Jonas indes ist nicht nur die gleichsam vorläufige Folie, durch die das Leiden des Gottessohnes hindurchscheint. Vielmehr ist Glassius der Auffassung, dass im Klagepsalm Jonas, insbesondere in Jon 2,3 (›Jch schrey aus dem Bauche der Hellen‹) ›prophetice‹ der die ›ira Dei‹ tragende, leidende Christus selbst spricht:

> Er [scil. Jona] spricht Cap. 2. v. 3. Jch schrey aus dem Bauch der Höllen. Christus ist recht im Bauch der Höllen gewesen/ vnd hat aus demselben geschryen/ da er vnten am Oelberge als ein armer zerquetzschter Wurm lag/ vnd mit der grawsamen Last des Gerichts vnd Zorns Gottes/ wegen der Sünden der gantzen Welt hefftig gedrückt/ vnd an seiner heiligen Seele geängstiget wurde [...]. (376)

In seinem Psalm, den Glassius zu Recht in einem engen intertextuellen Wechselverhältnis mit dem Psalm stehen sieht,[54] der in Luthers Sicht der Dinge ›ipsissima vox Christi‹ ist, nämlich Ps 69, spricht Jona, eben diesen Ps 69 gleichsam zitierend, in einer solchen Weise, die den leidenden Gottessohn zur Sprache kommen lässt.

> Vnser Heiland ist geistlicher Weise ins tieffe Meer des Göttlichen Zorns/ vnd der daraus entstandenen grawsamen Schmertzen/ Plagen vnd Straffen/ an Seel vnd Leib/ geworffen worden/ welches er selbst im Gleichnis/ vom tieffen Meeres=Wasser genommen/ beschreibt Psal. 69. v. 2. GOTT hilff mir/ denn das Wasser gehet mir bis an die Seele/ v. 3. Jch versincke im Schlam/ da kein Grund ist/ ich bin im tieffen Wasser/ vnd die Flut wil mich ersäuffen. v. 6. Errette mich aus dem Kot/ daß ich nicht versincke/ daß ich errettet werde von meinen Hassern/ vnd aus dem tieffen Wasser. v. 17. Daß mich die Wasserflut nicht ersauffe/ vnd die Tieffe nicht verschlinge etc. (373f.)

Darüber hinaus, so Glassius, weist Jonas Psalm eine weitere intertextuelle Vernetzung mit einem im Hinblick auf die Passion Christi zentralen Text des Psalters auf, nämlich mit Ps 22,2 – und zwar dort, wo Jona seine Gottverlassenheit beklagt.

> Es fähret Jona fort/ vnd spricht/ v. 5. Daß ich gedachte/ ich were von deinen Augen verstossen/ v. 8. da meine Seele bey mir verzagte etc. Sihe/ wie vnser Heyland

---

53 Glassius: Spruch-Postill (Anm. 23), S. 375. – Danach im Folgenden die Seitenzahlen im Text.
54 Vgl. ebd., S. 376: »Fast dergleichen Beschreibung des bittern Leidens Christi haben wir vorher aus dem 69. Psalm vernommen/ Jnmassen es denn fast das Ansehen hat/ als wenn Jonas seine Wort mit Fleis aus dem gedachten Psalm entlehnet/ vnd hiermit als ein Fürbild dessen/ der im selbigen redet/ sich fürgestellet hat.«

am Creutz klaget: Mein GOtt/ mein GOtt/ warumb hastu mich verlassen? Matth. 27. v. 46. (376f.)

Die Herausarbeitung der typologisch-figürlichen Transparenz der Jona-Erzählung im Hinblick auf die Passionsgeschichte ist jedoch auch dort, wo es Glassius um die Aufschlüsselung der engen Intertextualität beider Textkomplexe geht, Voraussetzung dafür, stets die Unterschiede derselben im Blick zu behalten. Während Jona »wegen seiner eigenen Sünde vnd Mißhandlung« über Bord geht und dies zur Folge hat, dass (nur) die Passagiere des Schiffes »bey Leben erhalten wurden«, wird Jesus »dahin gegeben [...] wegen der gantzen Welt Sünde«, was die »Erlösung des gantzen menschlichen Geschlechts« zur Folge hat (372).

Innerhalb der ›collatio‹ von Typos und Antitypos in seinen Jona-Predigten ist es Glassius insbesondere auch darum zu tun, die ›efficacia verbi divini‹ in den Vordergrund zu heben. Mit Bezug auf Jon 2,11 (›Vnd der HERR sprach zum Fische/ Vnd der selb speiet Jona aus ans Land‹) erläutert Glassius, dass nicht nur das Ausgespienwerden Jonas auf das Wort Gottes zurückzuführen ist, das bewirkt, was es sagt, insofern also »thätliche[s] vnd kräfftige[s] Sprechen Gottes« ist (384), sondern auch die ›resurrectio Christi‹ durch eben dieses Tatwort Gottes bewirkt wird, wie dies traditionellerweise u.a. anhand von Ps 110,1 (›Der HERR sprach zu meinem HErrn/ Setze dich zu meiner Rechten‹) verdeutlicht werde. Indem Glassius jedoch Joh 10,17f. in seine Überlegungen einbezieht, somit die Souveränität des Sohnes Gottes bezüglich der Hingabe seines Lebens thematisiert und zugleich Bezug nimmt darauf, dass Christus der präexistente Logos ist, spitzt er seine Exegese dahingehend zu, dass Christus sich selbst auferweckt hat.

> Vnd dieweil durch das Sprechen Gottes/ bisweilen der Sohn Gottes/ das selbständige Wort des Vaters/ angedeutet wird/ wie aus dem 1. B. Mos. 1. v. 3. Psal. 33. v. 6. vnd Joh. 1. v. 1. erscheinet/ so erinnern wir vns/ bey dem Sprechen Gottes zum Walfische/ nicht vnbillich dessen/ daß vnser Heyland sich selbst/ als wahrer GOtt/ von den Todten aufferwecket hat/ oder durch eigene Göttliche Gewalt von den Todten aufferstanden ist. (384)

Das in Christus aufgerichtete Versöhnungswerk Gottes bildet Glassius seinen Hörern bzw. Lesern u.a. auch dadurch vor Augen, dass er den Erzählzusammenhang der Jona-Geschichte zunächst intertextuell in Beziehung setzt mit einer im Rahmen der lutherischen Auslegungstradition (und über sie hinaus) prominenten ›promissio‹, nämlich Hos 13,14, um sodann in einem zweiten Schritt den Bezug zu 1Kor 15 als einem bezüglich der Lehre von der ›resurrectio mortuorum‹ zentralen neutestamentlichen Text herzustellen. Zunächst also zitiert Glassius die göttliche ›promissio‹ aus Hos 13,14 »Todt/ ich wil dir ein Gifft seyn/ Hölle/ ich wil dir eine Pestilentz seyn« (386) und bezieht sie sodann auf den im Typos Jona erscheinenden Antitypos Christus, der gerade dadurch, dass er von den höllischen Verderbensmächten verschlungen wird, eben diesen zum Gift gereicht.

> Es hatte denselben [scil. Christus] die Hölle vnd der Todt gleichsam verschlungen/ wie der Fisch den Jonam: Aber der HErr ward jhnen gleichsam im Leibe ein Gifft vnd eine starcke Pestilentz [...] daß sie gleichsam gezwungen worden/ den verschlungenen Messiam wieder herfür zugeben/ vnd ins vnsterbliche herrliche Frewden=Leben kommen zu lassen/ gleich wie der Fisch Jonam wieder auszuspeyen genotdrenget worden. (386)

Die hier sichtbar werdende Strategie der typologischen Visualisierung der Botschaft von der Versöhnung Gottes mit den Menschen anhand der alttestamentlichen ›narratio‹ der Jona-Geschichte setzt Glassius sodann unmittelbar dadurch fort, dass er sie im Zuge eines Rekurses auf das prominente antik-christliche Naturkundebuch mit dem Titel *Physiologus* amplifiziert und den Sohn Gottes im Ichneumon[55] spiegelt.

> Die lieben Alten haben hierauff gezogen ein feines Bilde aus der Natur genommen/ da nemlich das kleine Thierlein/ Ichneumon genandt/ dem grossen schrecklichen Thier/ dem Crocodil/ mit List in den Rachen springet/ vnd hernach durch desselben durchgebissenen vnd durchlöcherten Bauch wieder ans Liecht kömpt/ vnd also den Crocodil tödet: Mit welchem Bilde sie den HErrn Jesum in etwas abmahlen wollen/ welcher in des Todes Bauch gleichsam sich verschlucken lassen/ aber zugleich den Todt vnd Hölle/ den Gläubigen zu gute/ getödtet/ vnd lebendig wieder herfür kommen. (387)

Indem Glassius dieses geistlich-allegorisch interpretierte naturkundliche Datum in einem weiteren Schritt in Beziehung zu Jes 25,8 (›Denn er wird den Tod verschlingen ewiglich‹) und 1Kor 15,55 (›Der Tod ist verschlungen in dem Sieg. Tod/ wo ist deine Stachel? Helle/ wo ist dein Sieg?‹) setzt, wird die der Rettungstat Christi ureigene Paradoxie überhaupt erst wahrhaft sichtbar: Der getötete Sohn Gottes tötet den Tod, weil er unsterblich ist und gleichwohl stirbt – der Verschlungene verschlingt den Verschlinger. Dies fasst Glassius sodann summarisch zusammen, indem er Luthers Randglosse zu 1Kor 15,55 anfügt: »der Todt ligt darnieder/ vnd hat nun keine Macht mehr/ sondern das Leben ligt oben/ vnd spricht/ hie gewonnen/ wo bistu nun Todt?« (387)[56] Die Elementarisierung der zuvor dargelegten komplexen Sachzusammenhänge setzt Glassius aber auch dergestalt fort, dass er die vierte Strophe des Chorals ›Christ lag in Todesbanden‹ zitiert und auf diese Weise seine Hörer dazu anleitet, das Gehörte in den ihnen bekannten Kirchenliedschatz einzuordnen. Darum erinnert Glassius seine Hörer an einen ihnen vertrauten Text, in dem genau von dieser Überwindung, ja Tötung des Todes im Sinne des Verschlingens durch den Verschlungenen in ebenso knapper wie präziser Weise die Rede ist: »Es war ein wunderlicher Krieg/ da Todt vnd Leben rungen/ das Leben behielt den Sieg/ es hat den Todt

---

55 Vgl. Physiologus. Griechisch/Deutsch. Übers. und hg. von Otto Schönberger. Stuttgart 2001, S. 42–44.
56 Luther, WA.DB 7 (wie Anm. 30), S. 135.

verschlungen/ die Schrifft hat verkündigt das/ wie ein Todt den andern fraß/ ein Spott aus dem Todt ist worden/ Halleluja.« (387)

Hiermit ist zugleich die eschatologische Perspektive eröffnet, die deutlich werden lässt, dass es mit der gegenseitigen Beleuchtung des Typos Jona und des Antitypos Christus noch keineswegs sein Bewenden haben kann. Was auf die ›collatio‹ von Jona und Christus zu folgen hat, ist vielmehr die ›collatio‹ eben dieses Christus mit den Glaubenden. Das aber heißt: In Anbetracht der Tatsache, dass der Sohn Gottes der Erstling der von den Toten Auferstandenen ist (1Kor 15,20), also aus dem Blickwinkel der Lehre von den vier letzten Dingen, wird der Antitypos Christus selbst wiederum zum Typos, indem die ›resurrectio Christi‹ als Vorzeichen der sich endzeitlich in der ›resurrectio carnis‹ vollendenden Neuwerdung des Menschen durch den Glauben begriffen wird. Darum stellt Glassius eine »Vergleichung des himlischen Häupts vnd seines geistlichen Leibs-Gliedmassen/ der wahren Gläubigen« an (382), innerhalb deren erkennbar wird, dass die Gewissheit, am Jüngsten Tag aufzuerstehen und ins ewige Leben einzugehen, ihren Grund hat in Leiden, Sterben und Auferstehung Jesu Christi. Außer Frage steht, dass die allgemeine Auferstehung, die in der Taufe geistlich bereits anhebt, aber, was den Leib betrifft, noch der Vollendung harrt, die ›resurrectio Christi‹ in gewisser Weise ebenfalls ›überbietet‹, wenngleich erstere ihren unverrückbaren Grund in letzterer hat. So wie also das Glaubensbekenntnis mit seinem Ausblick auf die ›resurrectio carnis‹ keineswegs die Auferstehung Christi abwertet, diese vielmehr unter eschatologischer Perspektive in den Blick nimmt und in Kraft setzt, so trifft ähnliches auf das Verhältnis des Antitypos Christus und des Typos Jona zu. Begreift man aber die österliche Auferstehung Christi als Typos und die dereinst Auferstehenden als Antitypoi, so wird man Jona als Prototypos des Alten Bundes mit im Blick behalten müssen und dürfen.

Dass dies in der Tat geschieht, wird nicht zuletzt ikonographisch[57] greifbar – nämlich in der nicht seltenen Darstellung des Fisches, der Jona ausspeit, an Taufsteinen. Ein Beispiel hierfür ist der romanische Taufstein in der Kirche (St. Sixtus und Sinnicius) in Hohenkirchen (Ostfriesland) aus dem 12. Jahrhundert.[58] Bei jeder Taufe, in der der alte Mensch stirbt und der neue aufersteht (Röm 6,4f.), wird mithin Jona als Prototyp aktualisiert. All diejenigen, die geistlich in den Tod Christi getauft werden, indem sie in das Wasser ›eingetieft‹ werden, und geistlich auferstehen, indem sie den Wassern wieder entrissen werden, sind mithin Antitypoi des Propheten Jona, werden aber wiederum zu Typoi angesichts des Umstandes, dass die Taufe sich ebenfalls erst vollenden wird am Jüngsten Tag. Wenn man bedenkt,

---

57 Vgl. Gertrud Schiller: Ikonographie der christlichen Kunst, Bd. 3: Die Auferstehung und Erhöhung Christi. Gütersloh 1971, S. 135f. u.ö.
58 Vgl. Abbildungen 3a und 3b, unten S. 410 und S. 411.

dass das Motiv des den Propheten Jona ausspeienden Walfisches auch in Epitaphien belegt ist, so z.B. auf dem Epitaph für Anna Junge, geb. Broders (gest. 27. Januar 1605) im St. Petri-Dom zu Schleswig,[59] dann schließt sich der Kreis: In Jonas ›Auferstehung‹ darf ein jeder sowohl die Prolepse als auch die ›promissio‹ seiner eigenen gespiegelt sehen. Das in Rede stehende Epitaph ist nämlich gleichsam spiegelbildlich von oben nach unten aufgebaut. Der geflügelte Totenkopf oberhalb des Giebels korrespondiert mit dem Totenkopf, aus dem Ähren hervorwachsen, am unteren Ende des Epitaphs. Die Zitation von Hiob 19,25 (›Aber ich weis das mein Erlöser lebet/ vnd er wird mich hernach aus der Erden auffwecken‹) im unteren Schriftfeld des Epitaphs korrespondiert mit dem Relief im Giebelfeld, das die Szene visualisiert, in der Jona vom Fisch an Land gelassen wird.[60] Dieses Motiv findet sich sehr häufig auf christlichen Sarkophagen bereits antiker Zeit,[61] zum Beispiel auf dem zweizonig dekorierten Fries-Sarkophag (dem sog. Jonas-Sarkophag) im Museo Pio Cristiano in Rom. Der Sarkophag stammt aus dem späten 3. Jahrhundert.[62]

Wer zurückblickt und -läuft in die Schriften des Alten Bundes, blickt somit zugleich ins Eschaton, hat Bilder vor Augen der zukünftigen Herrlichkeit. Darum gilt: Je eschatologischer ein theologischer Entwurf ist – und von Eschatologie müsste die Theologie eigentlich randvoll zu sein bestrebt sein – desto stärker wird sie alttestamentlich geprägt sein. Dies entspricht im übrigen genau der hermeneutischen Programmatik, die Glassius in der Vorrede zum ersten Teil seiner ›Spruchpostille‹ entwirft. Der die einschlägige hermeneutische Anweisung Jesu in Joh 5,39 befolgende Rückblick ins Alte Testament im Sinne des ›scrutari scripturas‹, also der intensiven, meditativen Nachforschung, hat – und hierauf kommt es an – eine ungeahnte Sozialisierung des Lesers zur Folge: Jeder Leser des Alten Testaments erfährt nämlich eine eschatologische Vergesellschaftung mit den Patriarchen, Propheten etc. und wird dergestalt proleptisch Bürger im himmlischen Jerusalem. Grund und Ursache für dieses gemeinsame Bürgerrecht und vor allem dafür, von diesem jetzt bereits Gebrauch machen zu können, ist der Glaube, der die Zeiten und die beiden Bünde Gottes transzendiert.

> Vors dritte/ kömpt der Mensch durch sothanen Christlichen Fleis in Erweg= vnd Vergleichung der Prophetischen Schrifften im alten/ vnd der Apostolischen im newen Testament/ zu der Stadt des lebendigen Gottes/ zu dem himlischen Jerusalem/ vnd zu der Gemeine der Erstgebornen/ die im Himmel angeschrieben

---

59 Vgl. Dietrich Ellger: Die Kunstdenkmäler der Stadt Schleswig, Bd. 2: Der Dom und der ehemalige Dombezirk. München 1966, S. 425–428.
60 Vgl. Abbildung 4, unten S. 412.
61 Vgl. Otto Mitius: Jonas auf den Denkmälern des christlichen Altertums. Freiburg 1897.
62 Vgl. Friedrich Wilhelm Deichmann (Hg.): Repertorium der christlichen-antiken Sarkophage, Bd. 1: Rom und Ostia. Wiesbaden 1967, Tafelband: Tafel 11, Abb. 35. Diesen Hinweis verdanke ich Franziska May.

sind [...] er gesellet sich im Geist durch das gläubige Verlangen nach dem ewigen Leben [...] zu der Schaar der H. Patriarchen/ Propheten/ Könige/ Priester/ vnd anderer Gott ergebenen zur Zeit des alten Bundes; wie auch der lieben Apostel/ Evangelisten/ Hirten vnd Lehrer/ vnd aller anderer Christ=liebenden im newen Testament/ welche alle eben durch diß Wort/ das wir haben/ vnd eben durch den Glauben/ den wir daraus geschöpffet/ ins ewige Leben vor vns hingangen vnd versetzt worden.[63]

3. Schluss

Betrachtet man Glassius' mystische Hermeneutik genau, dann wird deutlich: Es ist keineswegs zutreffend, dass bestimmte alttestamentliche Typen bzw. Verheißungen in Christus einfach ihre Erfüllung finden – jedenfalls gilt dies nicht in der häufig, gerade auf seiten der Kritiker solcher Exegese unterstellten eindimensionalen Art und Weise. Vielmehr dürfte umgekehrt zunächst festzuhalten sein, dass die Botschaft vom die Sündenvergebung erwerbenden Leiden des Sohnes Gottes erst dann recht begriffen wird, wenn man derselben unter Hinzuziehung der Fülle der alttestamentlichen Typen als einer unvergleichlichen Galerie an ›picturae‹ ansichtig wird, die durch die Erfüllung in Christus keineswegs abrogiert, sondern im Gegenteil in Kraft gesetzt werden, mithin eine bleibende Bedeutung haben. Ähnliches gilt etwa von den im Kontext der Kreuzigungsberichte einschlägigen, weil vom Gekreuzigten bzw. den Evangelisten herangezogenen Psalmen, allen voran Ps 22 und 69. In der Kreuzigung Christi erfüllen sich nicht nur bestimmte im Psalter aufbewahrte Weissagungen. Vielmehr gilt auch hier umgekehrt: Wer die Kreuzigungsberichte wahrhaft zu entziffern und der Fülle bzw. Schwere der ›afflictiones Christi‹ ansichtig zu werden bestrebt ist, muß die partiell in den Evangelien zitierten Psalmen in ihrem Gesamtzusammenhang lesen – und zwar in dem Bewusstsein, dass hier Christus selbst spricht, um von hier aus einen Kontext zu gewinnen, aus dem heraus die betreffenden neutestamentlichen Texte erst wirklich lesbar werden. Wer heute die typologische Exegese als vorkritische, mithin unwissenschaftliche Lektüreweise ablehnt, wird sich daran erinnern lassen müssen, dass nicht nur die frühneuzeitliche mystische Bibelhermeneutik sehr wohl wissenschaftlichen Prinzipien verpflichtet ist, die – wie sich u.a. an Glassius zeigt – einerseits theoretisch darstellbar sind und die sich andererseits in ihrer praktischen Anwendung als im Hinblick auf die Entschlüsselung der betr. Bibeltexte im höchsten Maße operabel erweisen. Wer indes diese Strategie der mystischen Entzifferung der alttestamentlichen Texte unter dem

---

63 Glassius: Spruch-Postill (Anm. 23), fol. a 4v/b 1r.

Hinweis ablehnt, hier würden die Texte des Alten Bundes einseitig und unsachgemäß im Sinne eines Steinbruches auf mit dem Neuen Testament Verrechenbares hin befragt, hat zu lernen, dass diese Kritik vielleicht die in der Tat letztlich rationalistisch geprägte Methode Johann Christian Konrad von Hofmanns (1810–1877) zu treffen geeignet ist, nicht aber den frühneuzeitlich-barocken hermeneutischen Ansatz. Ihm nämlich geht es um keinerlei Weissagungs- oder Schriftbeweis im neuzeitlichen Sinne, sondern um die Wechselseitigkeit der Kommentierung und Inkraftsetzung der beiden Testamente, innerhalb deren dem Alten Testament ein unverrückbares hermeneutisches Plus zukommt, nämlich dessen unüberbietbarer Reichtum an ›picturae‹ und ›figurae‹, auf den niemand je verzichten kann, der in plerophorer Weise vor Augen zu malen bestrebt ist, was es mit der Geschichte Gottes und der Menschen auf sich hat.

Noch einmal: Ein wesentliches Charakteristikum der typologischen Exegese, auch der von Glassius betriebenen, liegt in dem Aspekt der Überbietung. Gleichwohl bleibt zu beachten, dass man der Tiefendimension der geistlichen Schriftauslegung mit Hilfe typologischer und allegorischer Methodiken nicht auf den Grund wird gehen können, wenn man in anachronistischer Weise (nach-)aufgeklärte Modelle von Verheißung und Erfüllung als Maßstäbe anlegt. Denn anders als letztere, die meist von dem letztendlich rationalistischen Gedanken beseelt sind, dass durch die Erfüllung einer Verheißung die ›promissio‹ gewissermaßen mathematisch abgegolten und somit erledigt wird, ist Glassius der Ansicht, dass sich Typos und Antitypos gegenseitig ins rechte Licht rücken und sich wechselseitig auslegen. Dem Typos nämlich wächst, vom Antitypos aus betrachtet, ein Bedeutungsüberschuss zu, der eine bleibende Relevanz gerade darum hat, weil die endgültige Einlösung der ›promissio‹ eschatologisch noch aussteht. Nicht zuletzt damit hat es zu tun, dass das letzte Buch im Neuen Testament, die Offenbarung des Johannes, so stark alttestamentlich geprägt ist wie kaum eine andere Schrift im zweiten Kanonteil.

In diesem Sinne wäre neben der Herausarbeitung der historischen Kontingenz der Hermeneutik Glassius', die unschwer und rasch zu konstatieren ist, verstärkt danach zu fragen, welche letztlich unveräußerlichen biblisch-theologischen Grundeinsichten in eben dieser aufbewahrt sind, deren Wiederentdeckung lohnenswert ist – in dem Bewusstsein, dass der vielbeschriene Fortschritt der wissenschaftlichen Hermeneutik seit Schleiermacher und Dilthey durch herbe Verluste erkauft worden ist,[64] was bis zum heutigen Tage nachwirkt. Einer dieser Verluste ist gewiss darin zu sehen, dass Theologie und Predigt seit der Aufklärung eines nie wieder erreicht haben: nämlich das hohe Maß an Bildsprachlichkeit und Bildhaftigkeit, in der erfahrbar

---

64 Vgl. hierzu Bengt Hägglund: Vorkantianische Hermeneutik. In: Kerygma und Dogma 52 (2006), S. 165–181, bes. S. 178–180.

wird, dass Gottes Redegestus stets bildlich ist, weil sein Wort, mithin Christus, der Logos, selbst ein Bild ist – ›imago Dei essentialis‹.

Abb. 1: Salomon Glassius: Prophetische Spruch-Postill, Teil 1. Jena 1642, Kupfertitel (Bibliothek des Fachbereichs Evang. Theologie der Universität Hamburg G VI v 331).

Abb. 2: Kupfertitel der sog. Kurfürstenbibel. Nürnberg 1641 (Württembergische Landesbibliothek Stuttgart Bb deutsch 1641 02).

Abb. 3a: Taufstein in der Kirche St. Sixtus und Sinnicius in Hohenkirchen (Ostfriesland).

Abb. 3b: Taufstein in der Kirche St. Sixtus und Sinnicius in Hohenkirchen (Ostfriesland), Detail.

Abb. 4: Epitaph für Anna Junge, geb. Broders (gest. 27. Januar 1605), St. Petri-Dom zu Schleswig.

Torbjörn Johansson

Die Vernunft vor den Mysterien der Heiligen Schrift. Anthropologische Erwägungen zur Bibelhermeneutik der evangelisch-lutherischen Theologie des 17. Jahrhunderts und der Bibelhermeneutik Spinozas

1. Einleitung

Und nicht du wirst mich in dich verwandeln [...] sondern du wirst in mich gewandelt werden. (Augustin)[1]

Nicht erst in moderner Zeit ist die Vorstellung von einem »instabilen Text« diskutiert worden, sondern die Frage war *mutatis mutandis* schon im 16. Jahrhundert aktuell, in den Diskussionen darüber, ob die Schrift wie eine Wachsnase sei, die man hin und her biegen könne. Die lutherisch-orthodoxen Theologen kritisierten immer wieder die Auffassung, dass die Heilige Schrift unklar sei. So bestritt z.B. Johann Gerhard die Auffassung, dass die legitime Interpretation der Schrift in verschiedenen Zeiten der Kirchengeschichte verändert werden könnte.[2] Die lutherisch-orthodoxen Theologen meinten, dass unbedingt eine *Veränderung* stattfinden sollte, und zwar des Lesers, nicht der Bedeutung des Textes. In ihrer Beschreibung der Schrifthermeneutik richten die lutherisch-orthodoxen Theologen den Blick nicht nur auf den Text, sondern auch auf den Leser, und kommen damit auf die Anthropologie. Ein Terminus, der mit diesem Veränderungsprozess des Lesers zusammengehört, ist ›illuminatio‹ (Erleuchtung) oder ›irradiatio‹ (Einstrahlung). So sagt Salomon Glassius in seiner *Philologia sacra*, dass

---

1   Augustinus: Confessiones. Bekenntnisse. Lateinisch und deutsch. Eingeleitet, übersetzt und erläutert von Joseph Bernhart. 3. Aufl. München 1966, S. 337 (VII, x, 16). Das Zitat ist auch bei Luther zu finden: WA 3, S. 397:15f. (Dictata super Psalterium 1513–16). Vgl. Gerhard Ebeling: Die Anfänge von Luthers Hermeneutik [1951]. In: Gerhard Ebeling: Lutherstudien, Bd. 1. Tübingen 1971, S. 3.
2   Johann Gerhard: Tractatus de legitima scripturae sacrae interpretatione (1610). Lateinisch-deutsch. Kritisch herausgegeben, kommentiert und mit einem Nachwort versehen von Johann Anselm Steiger unter Mitwirkung von Vanessa von der Lieth. Stuttgart-Bad Cannstatt 2007, S. 32f., 38f.

die himmlische Einstrahlung des Heiligen Geistes nötig sei, um die Schrift richtig zu verstehen.³

Wenn diese Aussage von Glassius ernst genommen wird, zeigt sich, dass der Ausdruck ›illuminatio‹ ein ganzes Paradigma von Glaubensauffassungen voraussetzt, die später in der Geschichte der Hermeneutik allgemein aufgegeben worden sind. In Glassius' Ausdruck ›irradiatio Spiritus Sancti‹ ist *in nuce* eine Auffassung von Gott und Mensch und ihrer Begegnung in dem Akt der Textlesung enthalten.

Eine solche Begegnung schildert Wolfgang Franz malerisch in einem der klassischen hermeneutischen Werke der lutherischen Tradition. Franz sagt, dass der Interpret nicht wie ein Pilgrim im fremden Land sein solle: Er dürfe nicht oberflächlich die Heilige Schrift lesen. Stattdessen müsse er wie ein Wohnender sein, der wohne, ruhe und sogar sterbe in der Heiligen Schrift. Durch wiederholte, fleißige Lesung werde das wahre Verständnis erreicht.⁴ Der Leser wird sozusagen in die stabile Welt der Schrift versetzt.

Die Auffassung der lutherischen Orthodoxie, die Heilige Schrift sei das inspirierte Wort Gottes, führt dazu, dass man die Bibellesung wie eine reale Begegnung zwischen Gott und Mensch betrachtet. Bei der Interpretationsarbeit geht es also um Begegnung und damit um Veränderung. In ihrem Verständnis von Bibelhermeneutik tritt ein theologisches Grundmuster hervor, das eine von den lutherischen orthodoxen Theologen hoch geachtete Autorität so formuliert:

> Und Du schlugest, blendhell in mich strahlend, zurück meines Auges Unkraft, und ich erschauerte in Liebe und Erschrecken. Und ich fand mich weit von Dir in der Fremde des entstellten Ebenbildes, und mir war, als hörte ich aus ferner Höhe Deine Stimme: ›Ich bin das Brot der Starken: wachse, und du wirst mich essen. Und nicht du wirst mich in dich verwandeln wie die Speise für deinen Leib, sondern du wirst in mich gewandelt werden.‹⁵

2. Aufgabe und Methode

Gotteslehre und theologische Anthropologie beeinflussen und bestimmen die Auffassung der Bibelhermeneutik und spielen mit ihr zusammen. Die Frage ist, wie man diese Gesamtperspektive behalten und gleichzeitig eine

---

3   Salomon Glassius: Philologia sacra [...]. Leipzig 1743, S. 494: »[...] praesupposita coelesti Spiritus Sancti irradiatione [...]«.
4   Wolfgang Franz: Tractatus theologicus novus & perspicuus, de interpretatione sacrarum scripturarum maxime legitima [...]. Wittenberg 1634, S. 10. Vgl. Volker Jung: Das Ganze der Heiligen Schrift. Hermeneutik und Schriftauslegung bei Abraham Calov. Stuttgart 1999, S. 62.
5   Augustinus: Confessiones (Anm. 1), S. 337.

handliche Problemformulierung finden kann. Unter »Gott« und »Mensch« kann ja die ganze Glaubenslehre zusammengefasst sein.[6] Eine Gesamtkonzeption ist schwer zu handhaben, doch auch in der gegenwärtigen Diskussion werden Versuche unternommen, Gotteslehre und Bibelhermeneutik als *eine* Frage zu behandeln.[7] Die vorliegende Untersuchung hebt zwei Aspekte hervor, die für das Verständnis der Bibelhermeneutik der lutherischen Orthodoxie bedeutsam sind, und zwar in der Gotteslehre Gott als *mysterium* und in der theologischen Anthropologie die Vernunft des Menschen als durch die Sünde verdunkelt.[8] Die Bibelhermeneutik der Orthodoxie lässt sich nicht verstehen, und man kann ihr nicht gerecht werden, ohne an der Gesamtkonzeption festzuhalten, ganz so, wie man einen Ausschnitt eines Rembrandt-Gemäldes nicht ohne den Blick auf das gesamte Kunstwerk verstehen oder ihm gerecht werden kann. Das ist meine *apologia* für diesen Versuch, so ein großes Thema in einem Artikel abzuhandeln. Zuerst seien einige wichtige Eingangsdaten über Vernunft und *mysterium* aus dem 16. Jahrhundert gegeben.

3. Einige Fakten aus dem 16. Jahrhundert

Philipp Melanchthon
In Philipp Melanchthons *Liber de anima* (1553) mündet der Abschnitt über den *intellectus* nach vielen Definitionen und Distinktionen in die Frage um die »Gewissheitsnormen« (*norma certitudinis*). Der Philosophie gemäß, fährt Melanchthon fort, gebe es drei Gewissheitsnormen, welche die Griechen

---

6   So kann Chemnitz in einem sogenannten ›schema‹ schreiben, »Subjectum & summa universae Scripturae, est COGNITIO vel DEI, qualis sit, aut HOMINIS, qualis sit.«: Martin Chemnitz: Loci theologici. Wittenberg 1615, S. 13.

7   So beschreibt z. B. Kevin Vanhoozer den Zweck seines Buches *First Theology. God, Scripture and Hermeneutics*. Leicester 2002, S. 9: »[...] it is an argument for the importance of treating the questions of God, Scripture and hermeneutics as one problem«.

8   Ein Grund dafür, gerade das Mysterium und die Vernunft in bezug auf das 17. Jahrhundert näher zu untersuchen, liegt in Martin Greschats Beurteilung des Barock vor: »Gleichzeitig wird aus diesem Zusammenhang heraus noch einmal deutlich, eine wie wesentliche Rolle die Mystik im Gesamtgefüge des barocken Welt- und Seinsverständnisses einnimmt. Die von der Theologie unterstrichene Trennung von ratio und fides ist ja nur *denkbar*, weil die Rolle der Vernunft angesichts des Seins des Seienden ohnehin als beschränkt angesehen wurde. So hoch der Dienst der Vernunft also geschätzt wird [...], so ist sie doch aufs engste verschwistert mit ihrem polaren Gegensatz, dem Uneinsichtigen, dem grundsätzlich Verborgenen.« Martin Greschat: Zwischen Tradition und neuem Anfang. Valentin Ernst Löscher und der Ausgang der lutherischen Orthodoxie. Witten 1971, S. 126.

κριτήρια nennen, und das sind die allgemeine Erfahrung, die Kenntnis der Axiome und das Verstehen durch Schlussfolgerung.⁹

Als erstes Kriterium nennt Melanchthon die sinnliche Wahrnehmung und führt als Beispiel an, dass Feuer heiß ist und Frauen gebären. Wer diese allgemeine Erfahrung nicht anerkennt, erklärt Gott selbst den Krieg (*ipsi Deo bellum inferre*). Zum zweiten Kriterium, dem axiomatischen, gehören nach Melanchthon nicht nur allgemeine Axiome, wie z.B. dass das Ganze größer als jedes seiner Teile ist, sondern auch die Kenntnis von Gottes Existenz und vielen göttlichen Eigenschaften. Das dritte Kriterium handelt von richtigen Schlussfolgerungen und davon, wie man verschiedene Teile richtig zusammenfügen soll. Melanchthon weist in diesem Zusammenhang auf die Dialektik hin. So viel zu den philosophischen Kriterien. In der Kirche, geht Melanchthon weiter, gebe es eine vierte Gewissheitsnorm, nämlich die göttliche Offenbarung, die in den prophetischen und apostolischen Schriften überliefert ist.[10]

Bei seinem Vergleich der vier verschiedenen Gewissheitsnormen sagt Melanchthon, dass die Vernunft einfach dem zustimme, was sie durch ein »natürliches Licht« wahrnehme, d.h. durch die drei ersten Kriterien. Alle vernünftigen Geschöpfe sollen nun mit derselben Festigkeit Gottes Offenbarung zustimmen, selbst wenn sie durch das natürliche Licht weder wahr noch sicher erscheint. So wie man behaupte, zwei mal vier ergebe acht, so solle man behaupten, Gott wird die Toten auferwecken. Der Heilige Geist entzünde dieses Licht durch die Stimme des Evangeliums und bewege die Vernunft zu ihrer Zustimmung.[11]

In seiner Darstellung führt Melanchthon also die Vorstellung von einem anderen Licht als dem der natürlichen Vernunft ein und sagt, dass im Fall einer Spannung zwischen diesen beiden Lichtern das Licht der Offenbarung Gottes übergeordnet werden soll. Dieses Licht soll das wichtigste im Leben sein und alle Handlungen und Überlegungen bestimmen. Wie Melanchthon seine Einstellung auf Fragen der Naturwissenschaften bezieht, werden wir später sehen. Zunächst wird der andere Hauptbegriff des Titels, *mysterium*, eingeführt.

Chemnitz und Flacius
In der *Konkordienformel* wird gesagt, dass die Vereinigung der Naturen in der Person Christi nach dem Artikel von der heiligen Dreieinigkeit das größte Geheimnis (*mysterium*) im Himmel und auf Erden sei. Als Belegstelle wird

---

9   Philipp Melanchthon: Humanistische Schriften, hg. von Richard Nürnberger. In: Melanchthons Werke in Auswahl, Bd. 3, hg. von Robert Stupperich. Gütersloh 1961, S. 340f. Der Gedankengang begegnet uns auch in Melanchthons *Loci Communes*, 1543, *Praefatio*. Siehe CR XXI, Sp. 603–605.
10 Ebd., S. 341f.
11 Ebd.

1Tim 3,16 angeführt: »Kündlich groß ist das gottselige Geheimnus, daß Gott offenbaret ist im Fleisch.«[12] Die Wortwahl ist also biblisch motiviert, doch was meinten die Verfasser der *Konkordienformel* eigentlich mit *mysterium*? Martin Chemnitz, der Hauptverfasser der *Konkordienformel*, drückt es so aus, dass die Dreieinigkeitslehre ein großes *mysterium* sei, das alles weit übersteige, was ein Geschöpf verstehen könne. Sichere und klare göttliche Zeugnisse, bei denen das Gewissen ruhen könne, seien notwendig. Das *mysterium* der Dreieinigkeit wird auch so beschrieben, dass es eine Wahrheit sei, die weit über das, was die menschliche Vernunft begreifen könne, hinausreiche und sogar gegen das Urteil der Vernunft sei.[13] Chemnitz' Auffassung von der Vernunft, dem Mysterium und der Offenbarung ist konzentriert formuliert in *De duabus naturis in Christo* (endgültige Fassung 1578). Im Anschluss an 1Tim 3,16 kommentiert Chemnitz den Ausdruck *magnum mysterium*. Durch diese ›appellatio‹ sollen zwei Sachen klargemacht und eingeschärft werden: Erstens, dass die Lehre, die der Heilige Geist durch die Heilige Schrift offenbart, nicht unter die Prinzipien, Regeln und Beurteilung der Vernunft untergeordnet werden dürfe, und zweitens, dass wir innerhalb der Grenzen der göttlichen Offenbarung bleiben sollen (*nos intra terminos Divinae patefactionis contineamus*) und nicht etwa eine Lehre aufstellen, die von uns selber, durch eigene Gedanken oder bloße Konsequenzen (*nudis consequentiis*) entwickelt wird. Da wir, fährt Chemnitz fort, nur stückweise erkennen und stückweise prophetisch reden (1Kor 13), dürfen wir nicht davon ausgehen, dass wir in diesem Leben die unermessliche Tiefe der Lehre von den beiden Naturen Christi genau erfassen oder erforschen können.[14] Weiter sagt Chemnitz, dass es der Heilige Geist sei, der die Vernunft erleuchte und leite.[15] Für den weiteren Verlauf der Abhandlung ist es wichtig zu wissen, dass Chemnitz die Auffassung hat, dass ein *mysterium* nicht nur etwas der Vernunft Verborgenes darstellt, also nicht nur im Sinne von »Geheimnis« gemeint ist, sondern außerdem auf etwas hinweist, das nicht den normalen Kriterien der Vernunft und ihren Prinzipien untersteht.

Folgende Auffassung von *mysterium* in Beziehung zur Vernunft kommt zum Ausdruck in Flacius' *Clavis Scripturae Sacrae* (1567), wo er *mysterium* so definiert: »Significat autem rem per se arcanam & tamen religiosam; quae ab humanâ ratione, sine divinâ patefactione, & Spiritûs sancti lumine, percipi nequeat.«[16] (»Es bezeichnet etwas in sich Verborgenes und Religiöses, das

---

12 BSLK, S. 1027.
13 Chemnitz: Loci theologici (Anm. 6), S. 33.
14 Martin Chemnitz: De duabus naturis in Christo: De hypostatica earum unione: De communicatione idiomatum, et aliis quaestionibus inde dependentibus libellus […]. Wittenberg 1615, Epistola dedicatoria, unpaginiert.
15 Ebd.: »[…] Deo Spiritu suo mentes nostras illustrante & gubernante […]«.
16 Matthias Flacius Illyricus: Clavis Scripturae Sacrae seu, de sermone sacrarum literarum, pars prima. Basel 1628, Sp. 720..

die menschliche Vernunft ohne die göttliche Offenbarung und das Licht des Heiligen Geistes nicht begreifen kann.«) Der zweite Teil der *Clavis Scripturae* wird mit dem Abschnitt »De ratione cognoscendi sacras literas« eingeleitet. Flacius beginnt mit der Aufschlüsselung der Heiligen Schrift durch das Aufzeigen von 51 Schwierigkeiten,[17] von denen die allererste eine anthropologische ist: Wenn es um die heilige Lehre geht, sind alle Menschen ihrer Natur nach nicht nur blind und dumm (*tardi ac stupidi*), sondern auch zu dem entgegengesetzten Standpunkt geneigt.[18]

Nach diesem kurzen Blick in das 16. Jahrhundert wenden wir uns dem 17. Jahrhundert zu. Die Frage lautet also, wie die Anthropologie und die Lehre von Gott die Bibelhermeneutik beeinflussen und bestimmen und mit ihr zusammenspielen. Drei einflussreiche lutherisch-orthodoxe Theologen sollen an dieser Stelle zunächst vorgestellt werden: Johann Gerhard, Balthasar Meisner und Salomon Glassius.

4. Johann Gerhard

Irradiatio divini luminis

In Johann Gerhards *Tractatus de legitima interpretatione Scripturae* begegnen wir gründlichen Untersuchungen nicht nur über Hermeneutik, sondern auch über Anthropologie. Gerhard zeigt großes Interesse an der erkenntnistheoretischen Seite der Schriftlesung. In seiner klassischen Darstellung des Verstehensprozesses hebt er zwei Voraussetzungen hervor, die das Verständnis der Schrift von dem Verständnis anderer, geschaffener Dinge unterscheiden: 1. In der Schrift sind göttliche *mysteria fidei* durch die Offenbarung Gottes dargestellt. 2. Der menschliche Verstand befindet sich durch die Sünde in einem verdorbenen Zustand und kann keine geistlichen Wahrheiten erfassen, sondern er betrachtet sie als Torheit (mit Hinweis auf 1Kor 2,14). Darum ist es notwendig, dass ein besonderer Prozess der Ermöglichung von Verstehen stattfindet:

> [...] proinde praeter nativas intellectus nostri vires, & primaevas, ut ita loquar, opes, requiritur divini luminis irradiatio, aliàs mysteria in Scripturis proposita erunt liber clausus & signatus.[19]

> [...] deswegen ist außer den angeborenen Kräften unserer Vernunft und unseren Grundvermögen, wie ich sie nenne, eine göttliche Einstrahlung erforderlich, an-

---

17 Flacius beruft sich hier auf den Rat des Aristoteles
18 Matthias Flacius Illyricus: Clavis Scripurae [...], altera pars. Basel 1628, Sp. 1.
19 Johann Gerhard, Tractatus de legitima scripturae sacrae interpretatione (Anm. 2), S. 86. – Danach im Folgenden die Seitenzahlen im Text.

dernfalls bleiben die Mysterien, die in den Schriften beschrieben werden, ein verschlossenes und versiegeltes Buch.

Das Licht, das in die Vernunft einstrahlt, wird »göttlich und übernatürlich« genannt (88). Nur durch diese Erleuchtung kann die Heilige Schrift »innerlich und heilsamlich« verstanden werden (89). Gerhards Darstellung und Begründung für seine Auffassung besagt, dass sich der Leser der Schrift gegenüber seiner eigenen Vernunft ganz bewusst verhalten kann und soll. Wie das geschehen kann, wird später im *Tractatus de legitima Scripturae sacrae interpretatione* beschrieben. Nach Gerhard kann die menschliche Vernunft auf zweierlei Weise betrachtet werden: Entweder wie sie an sich selbst ist, mit ihrem Vermögen, nach ihren Prinzipien zu arbeiten, oder wie sie ist, wenn sie ein neues Vermögen durch göttliche Offenbarung dazugewinnt und korrigiert ist (294f.). Eine wiedergeborene Vernunft (*ratio renata*) disputiert nach den *principiis verbi*, nicht nach den *principiis rationis*. Gerhard schreibt: »Qui ex rationis principiis contra mysteria fidei disputat, facit id non quá Christianus, sed quá homo abutens Philosophiâ.« (»Wer aus den Prinzipen der Vernunft heraus gegen die Mysterien des Glaubens disputiert, tut dies nicht als Christ, sondern als einer, der die Philosophie missbraucht.«: 296)

Gerhard wendet sich vehement gegen jede Tendenz, die menschliche Vernunft als das Maß des Glaubensinhaltes anzusehen. Er zitiert mit Zustimmung Julius Caesar Scaliger: »Quae supra leges Naturae, ex Naturae legibus non sunt judicanda.« (»Was über den Naturgesetzen steht, soll nicht aus den Naturgesetzen heraus beurteilt werden.«: 286)

In Gerhards Traktat wird deutlich, dass die anthropologische Argumentation eine direkte Relevanz für die Schriftinterpretation hat. Bei seiner Beschreibung der Vernunft geht Gerhard auf die Abendmahlsworte und die Dreieinigkeitslehre ein. Seiner Ansicht nach rührt das Argument gegen das einfache Verständnis der Abendmahlsworte aus den Prinzipien der Vernunft her (298f.). Zusammen mit der antitrinitarischen Kritik führt er dies als Exempel dafür an, wie die Vernunft missbraucht wird. Die Anthropologie – in diesem Kontext die Frage, welche Funktion man den Prinzipien der Vernunft zugesteht – hat auf diese Weise eine direkte Bedeutung für die Interpretation des konkreten Bibeltextes.

Fragt man nach der Auffassung Gerhards über die Begegnung zwischen Gott und Mensch in der Bibellesung, ist der ›Rahtmannsche Streit‹ besonders erhellend.

Der ›Rahtmannsche Streit‹ und die hermeneutisch-anthropologische Frage
Der ›Rahtmannsche Streit‹ handelt primär von der Beschaffenheit des Wortes Gottes, wie man aus Gerhards Titel: *Von der Natur, Krafft und Wirckung des geoffenbarten und geschriebenen Worts Gottes* (1628) ersehen kann. Was hier

hervorgehoben werden soll, ist vor allem die Anthropologie und ihre Bedeutung für die Bibelhermeneutik.[20]

Zuerst zu der Auffassung Hermann Rahtmanns (1585–1628). Er macht einen Unterschied zwischen dem äußeren Wort und dem inneren Wort. Das äußere Wort ist das Wort Gottes in der Heiligen Schrift, und das innere ist das Wort Gottes im Herzen des Menschen. Rahtmann drückt sich so aus, dass die Apostel und Propheten das innere Wort Gottes in ihren Herzen tragen und das äußere Wort Gottes ein hinterlassenes Zeugnis sei. Wenn dieses äußere Wort gepredigt wird, kann es die Seele des Menschen nicht erreichen. Damit der Mensch zu Umkehr geführt und heilig werden soll, muss der Heilige Geist kommen und ihn erleuchten und das äußere Wort auch zu einem inneren Wort machen.[21] Rahtmann vergleicht das Geschehen damit, wie ein Mensch ein Bild wahrnimmt. Ein Bild kann nicht wahrgenommen werden, wenn nicht ein Licht dazukommt und das Bild beleuchtet:

> Ebenermassen deutlich durch Gleichniß zu reden/ soll in der Schrift der rechte wahre Weg zum Leben erkant werden/ so muß der heilige Geist im Hertzen und in der Schrifft ein Liecht herfür leuchten lassen. Denn ohne diese Erleuchtung wird die Schrift nicht erkant zum Leben/ daß nemlich was sie eusserlich zeiget/ in der Seele des Menschen innerlich möge empfunden werden. (202a)

Die Schrift ist nun wie ein Bild, das zwar eine richtige Beschreibung des Weges zum Leben enthält, aber der Mensch kann diesen Weg noch nicht kennenlernen. Erst der Geist kann das Herz und die Schrift erleuchten, so dass das Wort der Schrift im Herzen aufgenommen und zu einem inneren Wort werden kann (202a).

Gegenüber der Auffassung Rahtmanns macht Gerhard geltend, dass die Schrift in sich die Kraft zum Erleuchten und Lebendigmachen trage. In diesem Zusammenhang äußert er über die Anthropologie:

> Sondern da schon in dem geoffenbahrten Wort uns wird fürgetragen/ was wir von Gott und Göttlichen Sachen sollen wissen und gläuben/ wie wir uns in Leben und Wandel/ im thun und lassen erzeigen sollen/ daß wir doch aus eigenen natürlichen Kräfften nichts vernehmen vom Geist Gottes/ sondern es ist uns eine Thorheit/

---

20 Die Anthropologie und die Erkenntislehre Rahtmanns sind ausführlich behandelt worden bei Heinrich Halverscheid: Lumen Spiritus prius quam Scriptura intellecta. Hermann Rahtmanns Kritik am lutherischen Schriftprinzip. Marburg 1971, S. 131–154. Für die theologische Analyse des Rahtmannschen Streites siehe weiter Bengt Hägglund: Die Theologie des Wortes bei Johann Gerhard [1983]. In: Bengt Hägglund: Chemnitz – Gerhard – Arndt – Rudbeckius. Aufsätze zum Studium der altlutherischen Theologie, hg. von Alexander Bitzel und Johann Anselm Steiger. Waltrop 2003, S. 77–92, und Johann Anselm Steiger: »Das Wort sie sollen lassen stahn...« Die Auseinandersetzung Johann Gerhards und der lutherischen Orthodoxie mit Hermann Rahtmann und deren abendmahlstheologische und christologische Implikate. In: Zeitschrift für Theologie und Kirche 95 (1998), S. 338-365..

21 Johann Gerhard: Von der Natur, Krafft und Wirckung des geoffenbarten und geschriebenen Worts Gottes. In: Georg Dedekenn (Hg.): Thesauri consiliorum et decisionum appendix nova [...]. Jena 1671, S. 202. Gerhard gibt hier mehrere Zitate von Rahtmann wieder. – Danach im Folgenden die Seitenzahlen im Text.

und können es nicht erkennen/ denn es muß geistlich gerichtet seyn 1.Cor. 2. vers. 14 & 15. daß wir von Natur sind Finsternüß Joh. 1. v. 5. Act. 26. v. 18. Eph. 5. v. 8. sitzen im Finsternüß und Schatten des Todes Esai. 9. v. 1. Luk.1. v. 79. unser Verstand ist verfinstert/ und wir seyn entfremdet von dem Leben/ das aus Gott ist/ durch die Blindheit unsers Hertzens Eph. 4. v. 18. daß wir auch in Sünden geistlicher Weise todt seyn Joh. 5. v. 15. Eph. 2. v. 1. Col. 2. v. 13. daß unser Hertz von Natur steinern Ezech. 36. v. 20. [...] und demnach aus eigenen natürlichen Kräfften/ die in dem geoffenbahrten Wort uns fürgetragene himmlische Schätze und Güter nicht können erkennen/ achten/ annehmen noch fassen. (221)

Wenn der Zustand des Menschen so ernst ist, war es, so Gerhard, nicht genug, dass Gott sich selbst im Wort lediglich rein informativ offenbarte. Fast mehr noch enthält das Wort, offenbart und niedergeschrieben, nämlich auch eine »Göttliche Lebens- und Erleuchtungs-krafft«, die den Menschen zu Gott bekehrt und selig macht (221b).

Aus dieser Haltung heraus kritisiert Gerhard ein anderes Gleichnis Rahtmanns, in dem er dazu anleitet, die Schrift als einen Wegweiser zu verstehen (202a). Ein Wegweiser kann zwar objektiv den Weg zeigen, aber er öffnet nicht die Augen der Wanderer und verleiht nicht die Kraft, den Weg auch zu wandern. Wenn der Wanderer in der Finsternis wandelt, spendet der Wegweiser kein Licht und öffnet nicht die Augen. Gerhard versteht die Schrift in ganz anderer Weise: Sie ist »ein helles Liecht/ welches die von Natur verfinsterte Augen unsers Hertzens erleuchtet« (221b). Sie verleiht eine innere Kraft, den Weg zu gehen (221b).

Darum ist die Lesung der Schrift etwas anderes als das Lesen irgendwelcher Bücher. Gerhard sagt, dass es sich mit der Unterweisung, die aus der Heiligen Schrift kommt, »viel anders« verhalte als mit der Unterweisung in menschlicher Weisheit durch menschliche Schriften. Die Begründung Gerhards lautet:

Den wenn durch menschliche Schrifften von menschlicher Weißheit wir unterrichtet werden/ so findet sich bey uns das noch übrige Liecht der Natur im Verstande/ dadurch wir verstehen/ fassen und begreiffen können/ was von menschlicher Weißheit in denselben Schrifften uns wird vorgetragen/ wir bedürffen darzu nicht nothwendig eines übernatürlichen/ geistlichen Gnadesliechtes zur Eröffnung des Verständnüß/ aber wenn die heilige Schrifft uns unterweiset zur Seligkeit/ so giebt sie zugleich von sich einen Straal Göttliches übernatürlichen Liechtes/ welches wir von Natur nicht bey uns haben/ und doch ohne dasselbe die Göttlichen Geheimnüß in der H. Schrifft geoffenbahret seliglich nicht verstehen könten. (222a)

In diesem Zusammenhang ist zu beachten, wie Gerhard im Rahmen seiner anthropologischen Beschreibungen auch über die göttlichen Geheimnisse der Schrift spricht. Statt einer statischen Situation in der Text-Leser-Beziehung (vgl. Bild, Wegweiser), zeichnet Gerhard eine *dynamische* Situation, ein Geschehen, bei dem das lebendige Wort in die Finsternis des Herzens eindringt und Leben und Kraft schenkt. Weiter ist von Bedeutung, dass dieser Vorgang laut Gerhard *in actu* der Textlesung geschieht. Das Muster der Abendmahlslehre wird hier offenbar (228f.).²² So wie die evangelisch-lutherische Auffassung des Abendmahls ›manducatio oralis‹ und ›manducatio infidelium‹ bedeutet, ist auch die Begegnung mit der Heiligen Schrift, egal was der Mensch glaubt, eine reale, wirkliche Begegnung mit Gottes kraftvollem Mittel, nicht mit einem »lehren äusserlichen Zeichen« (239). Wie in der Sakramentslehre kann Gerhards Meinung nach auch das Wesen der göttlichen Mittel nicht aus dem empirischen Resultat heraus (dass die Hörer erleuchtet worden sind oder nicht) beurteilt werden. Der Grund dafür sei, dass der Mensch die Möglichkeit habe, »nein« zu sagen zu Gottes Wort (228f.).

Wir haben bei Gerhard gesehen, wie er von einem natürlichen Licht und einem übernatürlichen Licht ausgeht. Die Frage, welche Funktion und Autorität die natürliche Vernunft in der Bibelhermeneutik haben soll, ist mit anderen Worten die Frage nach dem Verhältnis zwischen Philosophie und Theologie. Ein Theologe im lutherischen Bereich, der sich mit dieser Frage intensiv beschäftigt hat, ist Balthasar Meisner.

5. Balthasar Meisner

Balthasar Meisner (1587–1626) war Professor in Wittenberg und gehört zu den wichtigeren lutherischen Theologen am Anfang des 17. Jahrhunderts.²³ Sein bekanntes Werk trägt den für seine Auffassung bezeichnenden Titel *Philosophia sobria* (3 Bde., 1611–1623). In seinem Werk *Brevis consideratio theologiae photinianae* tritt er Faustus Socinus' Kritik an den traditionellen christlichen Dogmen entgegen. In diesem Werk gegen die Sozinianer wird deutlich, dass Meisner einen grundlegenden Unterschied in der Anthropologie sieht. Was die sog. »Photinianer« von Gott lehren, gehört damit eng zusammen und liegt in gewisser Weise in der Lehre von der Vernunft begründet.

In einer Untersuchung der Begriffe *persona* und *essentia* verwirft Meisner die sozinianische Kritik und entwickelt seine Auffassung von der Vernunft und dem Mysterium. Der sozinianische Einwand gegenüber der Dreieinigkeitslehre, so Meisner, rühre von einem Missbrauch der Vernunft her, die kein Recht dazu hat, zu diesem *mysterium* vorzudringen. Die Vernunft versuche, ihre Prinzipien zu benutzen, solle aber lieber schweigen, weil das

---

[22] Johann Anselm Steiger beschreibt die lutherisch-orthodoxe Antwort auf Rahtmann als eine »Operationalisierung abendmahlstheologischer Reflexion im Bereich der Schriftlehre«. Johann Anselm Steiger: »Das Wort sie sollen lassen stahn…« (Anm. 20), S. 357.

[23] Zur Person vgl. Walter Sparn: Art. Meisner, Balthasar. In: BBKL Bd. 5, 1993, Sp. 1172-1174. Kenneth Appold: Art. Meisner, Balthasar. In: RGG, 4. Aufl., Bd. 5, 2002, Sp. 996.

mysterium hoch über ihren Prinzipien stehe.[24] Wer würde nicht einsehen, dass es sich um ein unbegründetes Urteil handelt, wenn ein blinder Mann den Anspruch erhebt, Farben beurteilen und einschätzen zu können? Wenn ein Schuster aufgrund seiner Kenntnisse von Schuhen ein schönes Gemälde verwirft, muss man sagen: Schuster, bleib' bei deinen Leisten! Ähnlich ist die Vernunft mit geistlicher Blindheit geschlagen und nicht dazu in der Lage, die göttlichen Mysterien zu verstehen (349).

Meisner drückt es so aus, dass die gewöhnlichen Regeln der Vernunft nur Gültigkeit für ihr adäquates *subjectum* haben, nämlich für die geschaffenen Dinge (349: »Jam vero humana ratio in divinis mysteriis capiendis coeca est, ejus regulae valent tantum circa subjectum adaequatum, quod sunt creata entia.«). Die Vernunft darf also nicht diese Grenze überschreiten, nicht ohne Grund in die verborgene Theologie eindringen. Meisner schreibt weiter, dass uns die spitzfindigen Schlussfolgerungen der Sozinianer nicht berühren sollen, da die Vernunft in theologischen Angelegenheiten weder urteilen könne noch solle, sondern lediglich hören und schweigen, d.h. sich ruhig verhalten solle (348f.).

Viele Bibelstellen, die Meisner für seine anthropologische Beurteilung heranzieht, stammen aus den Korintherbriefen. Mit Hinweis auf 1Kor 1,18–20 sagt er, dass sich die Urteile der Vernunft über das, was geglaubt werden soll, bei genauer Untersuchung als inadäquat und töricht entpuppen. Der natürliche Mensch könne nicht begreifen, was vom Geist Gottes herrührt (1Kor 2,14). Gott, der uns unterrichtet hat, setzt Meisner fort, habe den Glaubensinhalt nicht der Vernunft zur Beurteilung überlassen, sondern wünsche vielmehr, dass die Vernunft in Gefangenschaft genommen werde, so dass wir auf rechte Weise glauben können (Spr 3,5; 2Kor 10,4f.). Aber warum, fragt Meisner, sollte die Vernunft gefangen genommen werden, wenn es sich ohnehin um Dinge handelt, die die Vernunft akzeptiert? Ausdrücklich geht Meisner auf die Tatsache ein, daß es sich nicht nur um ein »Geheimnis« handelt, nicht nur um etwas, was der Vernunft verborgen ist. Auch *nach* der Offenbarung des Geheimnisses kann die Vernunft es nicht verstehen, weil der Inhalt der Offenbarung weit über das Vermögen der Vernunft hinaus reicht (311).

Diese Einstellung zur Vernunft und ihren Prinzipien wird von Meisner bei seiner näheren Beschreibung des Mysteriums weiter unterstrichen. Er zitiert den Satz: Die Mysterien der Dreieinigkeit sollen fest geglaubt, nicht erforscht werden. Er fügt hinzu, dass dies wahr und richtig gesagt sei, und dass es nicht die Untersuchungen der Schriften ausschließe. Es geht um

---

24 Balthasar Meisner: Brevis consideratio theologiae photinianae [...]. Wittenberg 1623, S. 348f.: »Discursus hic oritur ex abusu rationis, quae in hoc mysterium suis principiis involat, quum silere deberet, quoniam supra illa omnia elevatum est altissimê.« – Danach im Folgenden die Seitenzahlen im Text.

das höchst sublime Mysterium (*sublimissimum mysterium*) und um etwas der Vernunft Unfassbares (*incomprehensibilis*). Meisner meint, das Geheimnis der Dreieinigkeit sei nicht nur höher als alle Vernunft, sondern auch gegen die Vernunft, nämlich dann, wenn der Versuch unternommen werde, es nach den normalen Prinzipien der Vernunft zu erforschen. Diese Tatsache bedeutet nun nicht, dass der Glaube falsch sei, sondern vielmehr, dass die vernunftgemäße Beurteilung dieser Wahrheit fehlschlage. Meisner entwickelt seine Einstellung in folgender Weise: Die Mysterien sprechen nicht an und für sich gegen die Vernunft, da sie nicht die Prinzipien, die von der Natur herstammen und nur auf die Natur angewandt werden sollen, zerstören. Der Grund dafür, dass die Mysterien gegen die Vernunft zu stehen scheinen, liegt darin, dass die Vernunft das Mysterium aus »fremden Regeln« heraus zu beurteilen versucht (354f.).

Meisners Behandlung der Frage nach den Prinzipien der Vernunft berührt direkt und indirekt die Frage nach dem Schriftprinzip. Dass die Heilige Schrift der einzige Grund der Theologie sein soll und als *norma normans* fungiert, darf von der Vernunft nicht in Frage gestellt werden. Nichts, was nicht wahr ist, soll der Mensch glauben. Aber die Frage, was Wahrheit ist, ob etwas möglich ist, kann nicht von der Vernunft entschieden werden. Die Vernunft darf nicht die letzte Instanz sein, da sie in geistlichen Angelegenheiten blind und irreführend (*caeca [et] erronea*) ist. Nur der Schrift kann diese höchste Funktion zukommen. Sie ist die *norma veritatis certissima* (355).

Damit sind von Meisner drei Voraussetzungen für die konkrete Schriftinterpretation in ausdrucksstarke Begriffe gefaßt: Der dreieinige Gott ist das *mysterium sublimissimum*, die Schrift ist die *norma certissima*, und die Vernunft ist in geistlichen Dingen blind und irreführend (*caeca et erronea*). Die theologischen Fragen, in denen Meisners Argumentation für die konkrete Schriftinterpretation besonders wichtig ist, sind u.a. die Dreieinigkeitslehre, die Abendmahlslehre und die damit zusammenhängenden christologischen Fragen. Wichtig hervorzuheben ist, dass Meisners Meinung zufolge die starke Betonung des Mysteriums und der geistlichen Blindheit der Vernunft gerade zu einem intensiven Schriftstudium leiten soll. Das gesamte Vermögen der Vernunft soll in Anspruch genommen worden, um diese Texte zu verstehen, und zwar in Untersuchungen über Wortbedeutung, Syntax, Gattung u.s.w.. Ein eminentes Exempel dieser Haltung finden wir in Salomon Glassius' *Philologia sacra*.

6. Salomon Glassius

Salomon Glassius' Position in der lutherischen Orthodoxie wird in anderen Teilen dieses Bandes vorgestellt, weshalb an dieser Stelle nur einige Worte über seine Beziehung zu Johann Gerhard gesagt werden sollen. Glassius war ein Schüler von Gerhard, dem er auch noch später mit Hochachtung begegnete. Im dritten Band der *Philologia sacra*, der *Rhetorica sacra* (1636), widmet Glassius seine einleitende *Epistola* »De eloquentia sacrosanctae Scripturae« Johann Gerhard, der »Theologus incomparabilis« genannt wird. Wir haben allen Grund zu der Annahme, bei Glassius eine ähnliche Stellungnahme zur Bibelhermeneutik vorzufinden wie bei Gerhard.

Die *Philologia sacra* konzentriert sich, wie schon der Titel verrät, auf den Text, und wir finden in diesem Werk auch keine ausführliche Behandlung der anthropologischen Voraussetzungen der Bibelhermeneutik. Aber doch kommt die Auffassung, die wir oben bei Gerhard und Meisner kennengelernt haben, zum Ausdruck. So schreibt Glassius in der erwähnten *Epistola*, dass es um die himmlischen Mysterien gehe.[25] Bald werden diese Mysterien mit dem Gedanken an die menschliche Unfähigkeit unter Hinweis auf 1Kor 2,14 zusammengeführt. Glassius schreibt, der sterbliche Mensch sei *sua natura* von Hass gegenüber den *mysteria Dei* geprägt. Die Lösung sei bei Gott selbst zu finden. Glassius fährt fort: Es muss darum zu Gott gebetet werden, dass die Augen geöffnet und das Herz beschnitten und erleuchtet werden.[26]

In der *Philologia sacra* findet sich ein Abschnitt »De Scripturae sensu eruendo« über die Frage, wie die richtige Auffassung von der Schrift zu gewinnen sei. In der Einleitung sagt Glassius, dass eine himmlische Einstrahlung des Heiligen Geistes, die durch fromme, aufmerksame, kontinuierliche Gebete empfangen wird, notwendig sei (»*praesupposita coelesti Spiritus Sancti irradiatione [quae piis, attentis, continuis obtinetur precibus]*«), und stellt im Anschluss an Franz eine Methode vor.[27]

Bei einer Aufzählung der Schwierigkeiten bei der Schriftinterpretation nennt Glassius unter anderem, dass die Schläfrigkeit, geistliche Trägheit und Schwere der menschlichen Natur, wenn es darum geht, die göttlichen Dinge zu verstehen, sehr groß ist (*profundissima*).[28]

---

25 Salomon Glassius: Philologia sacra (Anm. 3), S. 17.
26 Ebd., S. 19.
27 Ebd., Sp. 494: »Igitur, ut negotium ipsum recte aggrediar, praesupposita coelesti Spiritus Sancti irradiatione (quae piis, attentis, continuis obtinetur precibus) duo cum DN. D. FRANZIO legitimae genuini Scripturarum sensus investigationis propono momenta, media & adminicula.«
28 Ebd., Sp. 493.

Diese kurzen wie prägnanten Sätze fungieren wie ein Violinschlüssel und bestimmen den folgenden Abschnitt. Glassius drückt eine bestimmte Haltung zum Text und zur Aufgabe aus und weist den Menschen nicht auf seine Vernunft, sondern auf das Gebet hin. Dass diese grundlegende Haltung nicht die schärfsten Beobachtungen der Vernunft bezüglich des Bibeltextes ausschließt, davon zeugt das gesamte Werk.

In einer Dissertation über die Augsburgische Konfession und ihre Apologie (1641) behandelt Glassius die Frage um die Heilige Schrift. Auch hier wird die Vorstellung von einem *mysterium* klar ausgesprochen. Er sagt, das »subjectum« der Schrift – in seiner höchst spezifischen Bedeutung (*specialissime*) – seien die »mysteria seu fidei dogmata, historiae, (et) prophetiae« (These XXII).[29] In seiner Beschreibung der »mysteria regni coelestis« zitiert Glassius den Theologen Aegidius Hunnius. Im Zitat heißt es, die Mysterien der Schrift seien so sublim, dass sie nicht vom Menschen verstanden würden. Dazu gehören besonders die verborgene Dreieinigkeit, das Mysterium der Inkarnation und das »consilium redemptionis ab ultima aeternitate« sowie die Frage, wie dieser Ratschluss in der Zeit verwirklicht worden sei, und die Wiederherstellung und Rechtfertigung des Menschen. Wenn diese Wahrheiten in keiner Weise »nach Erde röchen«, stritten sie gegen die menschliche Vernunft, drängten sie zurück und zwängten die weltliche, übermütige Weisheit ein. Nur durch den Geist Gottes können die Mysterien dem Menschen offenbart werden (These XXIII). Die notwendige Offenbarung geschieht, wenn die Herrlichkeit Christi auf den Menschen strahlt (2Kor 4,4). Dieses Licht leuchtet nur in der Schrift (2Petr 1,19) (These XXXII).

In Glassius' Behandlung der *efficacia* der Schrift wird das innere Geschehen während der Lesung näher beschrieben. Die Schrift dient als »medium« oder »organum« zur Bekehrung und zum Heil. Vermittels der Augen und Ohren wird bei der Lesung bzw. Anhörung »per Verbum« das Herz des Menschen von Gott erreicht: Das Herz wird berührt, bewegt, erleuchtet, zum Guten angezündet. Glassius beruft sich auf einen Ausdruck Christi (Joh 6,44), und sagt, dass der Mensch gezogen werde (*trahitur*), und er meint weiter, dass dies durch das Wort Gottes (*mediante verbo*) geschehe (These LXVI). Danach führt Glassius 2Kor 10,4 an, macht den Unterschied zwischen geistlichen und fleischlichen Waffen klar und sagt, dass Vernunftargumente, sofern sie sich gegen die Kenntnis Gottes richten, zum Gehorsam gegenüber Christus geführt werden sollen (These LXVII).

Die konkrete Weise, in welcher Glassius die Begegnung zwischen Gott und Mensch in der Bibellesung (*per Verbum* – durch die Augen – Begegnung Gott und Herz) darstellt, lenkt unsere Gedanken auf Gerhards Vergleich

---

29 Salomon Glassius: Dissertationum super Augustanam Confessionem, ejusq[ue] Apologiam, Prima. Prooemialis: De Scripturâ Sacrâ. Gotha 1641.

zwischen Schrift und Abendmahl. Es geht bei der Lesung nicht nur um abstrakte Glaubensprinzipien und historische Tatsachen, sondern auch um eine wirkliche Begegnung – *realiter* – mit dem lebendigen Gott.[30]

Glassius nimmt einen *sensus mysticus* neben dem *sensus litteralis* an. Wenn hier die Mysterien des Glaubens behandelt werden, ist zu bemerken, dass nach Glassius auch die wörtliche Bedeutung, nicht nur die mystische, ein Mysterium darstellt.[31] Aber außerdem legt Gott seine himmlischen Mysterien »sub involucris rerum humanarum« (unter der Hülle der menschlichen Angelegenheiten) vor. Der theologische Grund (*fundamentum*) dieser Vorstellung, sagt Glassius, sei eine Akkommodation Gottes. Die hohen, himmlischen Mysterien seien durch diese Kondeszendenz Gottes an die menschliche Fassungskraft angepasst.[32]

Um das Profil klarer zu erkennen und daran zu erinnern, dass diese orthodoxe Auffassung auch im 17. Jahrhundert radikal kritisiert worden ist, wenden wir uns dem Bereich außerhalb der evangelisch-lutherischen Theologie zu. Die Kontrastwirkung wird unser Thema noch deutlicher zum Vorschein bringen und noch dazu Licht auf viele moderne Fragestellungen werfen.

7. Spinoza

In seinem anonym herausgegebenen *Tractatus theologico-politicus* (1670) kommt Benedikt Spinoza mit einem scharf umrissenen Vorschlag für eine neue Bibelhermeneutik, zu dem u.a. der Versuch gehört, eine eigene *Methode* der Bibelinterpretation herauszuarbeiten.[33] Es stellt sich die Frage, wie

---

30 Diese Auffassung von einer realen, persönlichen Begegnung wird von Armin Wenz mit Hilfe des Ausdrucks ›sakramentale Hermeneutik‹ beschrieben: Armin Wenz: Die Wahrheitsfrage im Spannungsfeld von Schriftautorität und neuzeitlicher Hermeneutik. In: Lutherische Beiträge 11 (2006), S. 48. Zum Sachverhalt siehe auch ders.: Das Wort Gottes – Gericht und Rettung. Untersuchungen zur Autorität der Heiligen Schrift in Bekenntnis und Lehre der Kirche. Göttingen 1996, S. 222–240.
31 Salomon Glassius: Philologia sacra (Anm. 3), Sp. 406.
32 Ebd., Sp. 406: »Fundamentum ejus est DEI συγκατάβασις [...]«.
33 Spinozas Bibelhermeneutik ist kürzlich von Steven Nadler beschrieben worden: The Bible Hermeneutics of Baruch de Spinoza. In: Magne Sæbø (Hg.): Hebrew Bible / Old Testament. The History of Its Interpretation, Bd. 2: From the Renaissance to the Enlightenment. Göttingen 2008, S. 827–836. Bengt Hägglund vergleicht Spinozas Auffassung von Autorität mit der lutherisch-orthodoxen Auffassung und sagt: »Die beiden Beispiele Spinoza und [Johann Wilhelm] Baier sind nicht willkürlich gewählt. Sie repräsentieren in klarer und logisch durchdachter Form zwei grundverschiedene Standpunkte. Der Vergleich [...] zeigt uns, dass die historische oder historisch-kritische Bibelauffassung und das Verhältnis des Glaubens zur Heiligen Schrift geistesgeschichtlich gesehen auf verschiedene Wurzeln zurückgehen. Die emanzipierte historische Deutung, wie sie zum erstenmal bei Spinoza klar zum Aus-

diese Bibelinterpretation mit seiner theologischen Anthropologie und Gotteslehre zusammenhängt. Generell lässt sich sagen, dass die Einheit dieser drei Aspekte – Gotteslehre, menschliche Vernunft und Hermeneutik – in Spinozas Schrift deutlich hervortritt.

Im Vorwort kritisiert Spinoza eine Auffassung, die gerade die Mysterien der Schrift und die Verdorbenheit der Vernunft hervorhebt:

> Die Frömmigkeit, o ewiger Gott, und die Religion bestehen in widersinnigen Geheimnissen [*in absurdis arcanis*], und wer die Vernunft von Grund aus verachtet und den Verstand, als seiner Natur nach verderbt, verwirft und verabscheut, der gilt höchst ungerechterweise als gotterleuchtet.[34]

Weiter kritisiert er, dass einige die Schrift als ganz wahr und göttlich betrachten, eine Auffassung, die seiner Ansicht nach mehr eine Prämisse für die Interpretation als ein Resultat sei (15).

Spinoza schreibt, dass das natürliche Licht von vielen Menschen verdammt worden sei und dass Zwistigkeiten und Hass in den philosophischen Diskussionen seiner Zeit herrschten (15). Er wünscht also, eine neue Methode herauszuarbeiten, und in einigen Hauptpunkten führt er seine Resultate an: Die Autorität der Propheten sei nur gültig in Fragen des Lebenswandels und der Tugend. Ihre übrigen Anschauungen, so Spinoza, gehen den Leser wenig an. Weiter: In den Punkten, die die Schrift ausdrücklich lehrt, gebe es »nichts das nicht mit der Vernunft im Einklang wäre oder das ihr widerstritte«. Die Propheten lehrten ganz einfache Dinge, die »jedermann leicht begreifen konnte« (17), doch hätten sie ihre Darstellung ausgeschmückt, um die Menge zur Ehrung Gottes zu bewegen (17ff.). Nachdem Spinoza diese Dinge klargemacht hat, kann er sich auf eine Weise ausdrücken, die sehr ähnlich wie das reformatorische Schriftprinzip klingt: Die Kenntnis der Schrift und der geistlichen Dinge solle allein der Schrift (*ab ipsa sola*) und nicht dem, was wir durch das natürliche Licht wissen, entnommen werden (18). Wir werden noch darauf zurückkommen, wie man diese Aspekte seines Programms verstehen soll.

Spinozas Auffassung, die Propheten hätten ihre Botschaft den Zuhörern angepasst, bedeutet also, dass er mit einer Art von Akkommodation, Anpassung, rechnet. Er entwickelt diese Vorstellung auf folgende Weise: Die eigentliche Botschaft der Propheten, das eigentliche Wort Gottes, ist »der einfache Begriff des göttlichen Geistes«, was bedeutet, dass der

---

    druck kommt, bedeutet nicht eine sachlich neutrale, unter völliger Freiheit von Autorität konzipierte Auffassung, sondern gründet in einer bestimmten Voraussetzung, nämlich im Gedanken einer Autonomie der Vernunft. Die Autorität hat sich verschoben – von der rein geistlich verstandenen Offenbarung zur erkennenden und urteilenden menschlichen Vernunft.« Ders.: Autorität und Tradition. In: Studia Theologica 27 (1973), S. 1–24, Zitat S. 6.

34 Benedikt Spinoza: Tractatus theologico-politicus. Theologisch-politischer Traktat, hg. von Günter Gawlick und Friedrich Niewöhner. In: Opera. Lateinisch und deutsch, Bd. 1. Darmstadt 1979, S. 13ff. – Danach im Folgenden die Seitenzahlen im Text.

Mensch von ganzem Herzen Gott gehorsam sein solle, indem er Gerechtigkeit und Liebe übe (19). Spinoza wünscht zu zeigen,

> [...] daß die Lehre der Schrift sich nach der Fassungskraft und den Anschauungen derer richtet, denen die Propheten und Apostel das Wort Gottes zu predigen pflegten, und zwar aus dem Grunde, damit die Menschen es ohne Widerstreben und mit ganzem Herzen annehmen möchten. (19)

Spinoza meint, dass die Wundererzählungen eine Art von Akkommodation seien, die geschahen, damit das Volk einfacher an die Ehrung Gottes herangeführt werden könnte (z.B. 190f.). Einen anderen Bereich, in dem er mit einer Akkommodation rechnet, bilden die »spekulativen« Abschnitte der Propheten, die er gegenüber den Abschnitten, die die Lebensführung behandeln, abgrenzt (z.B. 244f.).

Wenn Spinoza seine Kritik an den Wundererzählungen entwickelt, wird klar, dass seine Anthropologie und Gotteslehre eine entscheidende Rolle für seine Textinterpretation spielen. Ein Wunder sei etwas, so Spinoza, was der Mensch nicht ursächlich erklären könne, etwas, was die Fassungskraft übersteige (198f.). Aber aus etwas, was die Fassungskraft übersteigt, kann keine Erkenntnis gewonnen werden: »Darum können wir aus einem Wunder oder aus einem Werk, das unsere Fassungskraft übersteigt, weder Gottes Wesen noch sein Dasein noch überhaupt etwas von Gott und der Natur erkennen.« (199ff.) Nach Spinozas Auffassung ist das Gegenteil der Fall: Nur durch die natürlichen Dinge und die Naturgesetze könne der Mensch Gott und seinen Willen kennenlernen. Die Wirkungen der Natur folgen Gottes Wesen, und die Naturgesetze seien Gottes ewige Ratschlüsse und Willensakte, und je besser der Mensch die natürlichen Dinge kennenlerne, umso besser könnten Gott und sein Wille kennengelernt werden (200f.).

In diesem Zusammenhang soll besonders betont werden, wie eng das Verhältnis von Vernunft, Gotteslehre und Schriftinterpretation ist. Gegenstand der Erkenntnis, die der Mensch durch die Naturgesetze und die Vernunft gewinnen kann, ist ein Gottesbegriff, den die Vernunft auf diesem Weg, also *via* die natürlichen Dinge, erfassen kann. Wie bedeutsam diese Voraussetzung für Spinoza ist, zeigt sich in der Tatsache, dass er bereit dazu ist, von dieser Voraussetzung aus direkte Bibelkritik zu betreiben. Er sagt, man müsse, wenn man etwas in der Schrift finden könne, was unzweifelhaft gegen ein Naturgesetz spreche, ohne weiteres vermuten, dass es von »Frevlerhänden« in die Heilige Schrift eingefügt worden sei. »Denn was gegen die Natur ist, ist auch gegen die Vernunft, und was gegen die Vernunft ist, ist widersinnig und darum auch zu verwerfen.« (215)

Noch schärfer tritt der Unterschied zwischen der Hermeneutik der lutherischen Orthodoxie und der Spinozas hervor, wenn er seine Methode der Schriftauslegung darstellt. Mit dem Titel *De interpretatione Scripturae* legt er eine Methode vor, die er nach dem Vorbild der Naturwissenschaft ausgearbeitet hat. Er sagt, es gehöre zu der naturwissenschaftlichen Methode, aus den sicheren Daten die Definition der Naturdinge abzuleiten. So will Spinoza eine Geschichte der Schrift ausarbeiten, »um daraus als aus den sicheren Daten und Prinzipien den Sinn der Verfasser der Schrift in richtiger Folgerung abzuleiten« (231ff.). Auf diese Weise könne man fortschreiten und das, was die Fassungskraft übersteige, erreichen (233). Danach stellt Spinoza eine Regel auf, die isoliert betrachtet auch von einem der Reformatoren hätte formuliert werden können: »Die Hauptregel der Schriftinterpretation besteht also darin, daß man der Schrift keine Lehre zuschreiben soll, die nicht mit völliger Deutlichkeit aus ihrer Geschichte sich ergibt.« (235)

Um die Schrift zu verstehen, müssen nach Spinoza vor allem zwei Bereiche untersucht werden: Zum einen müsse man die Sprachen kennen, insbesondere die hebräische Sprache. Zum anderen müsse man die historischen Hauptpunkte jedes Buches ordnen und feststellen, welche Sätze dunkel und welche klar sind. In diesem Zusammenhang macht Spinoza einen Unterschied zwischen dem »Sinn der Rede« und der Wahrheit (236f.). Der »Sinn der Rede« handelt von der Bedeutung der Wörter in ihrem Zusammenhang. Als Bespiel nennt Spinoza den Satz: »Gott ist ein Feuer.« Wenn es um die Wortbedeutung gehe, schreibt Spinoza, sei der Satz klar, aber wenn es um seine Wahrheit gehe, sei er dunkel, weil sein Sinn gegen die natürliche Vernunft spreche. Aber auch wenn ein Satz gegen die Vernunft spreche, müsse an seinem Sinn festgehalten werden, sofern er nicht gegen die Prinzipien, die aus der Schrift stammen, spreche (236f.). Dies ist Spinozas prinzipielle Einstellung. Allerdings bringt diese Methode einige Schwierigkeiten mit sich, wodurch ihre Anwendbarkeit stark eingeschränkt wird. Spinoza meint etwa, dass eine vollständige Kenntnis des Hebräischen erforderlich sei (251f.). Weiter meint er, dass die Methode die Kenntnis der Geschichte der Schicksale aller biblischen Bücher erfordere und dass diese Geschichte zum größten Teil allerdings unbekannt sei (250. 256ff.). Spinozas Schlusssatz lautet:

> Ich halte diese Schwierigkeiten für so groß, dass ich kein Bedenken trage zu behaupten: bei den meisten Stellen kennen wir den Sinn der Schrift entweder gar nicht oder vermuten nur aufs Geratewohl, ohne Gewissheit. Dagegen muss nochmals betont werden, dass alle diese Schwierigkeiten nur insoweit dem Verständnis der Propheten im Wege sind, als es sich um unbegreifliche und bloß vorstellbare Dinge handelt, aber nicht um solche, die wir mit dem Verstand erfassen und von denen wir uns leicht einen klaren Begriff bilden können. (261)

In einer Anmerkung beschreibt Spinoza, was er unter »begreiflichen Dingen« versteht. Es sind Dinge, die regelrecht zu beweisen sind und solche, die »wir gewöhnlich mit moralischer Gewißheit annehmen und ohne Verwunderung hören, auch wenn sie überhaupt nicht zu beweisen sind« (261f. Anm. 1). So können z.B. die Lehrsätze des Euklid von jedem begriffen werden. Weiter nennt Spinoza als »begreifliche Dinge« Geschichten, die nicht über den Glauben des Menschen hinausgehen. Sogenannte »Rätselbilder« und Geschichten, die »über jede Möglichkeit des Glaubens hinauszugehen scheinen«, bezeichnet er dagegen als »unbegreiflich«. Spinoza geht in der Tat davon aus, daß vieles mit seiner Methode klargestellt werden könne, wenn es sich um die unbegreiflichen Dinge handle, um »den Sinn des Verfassers« (261f. Anm. 1).

Die oben genannte starke Einschränkung der Anwendbarkeit der Methode wird noch weiter entwickelt: Wenn es um Sachen geht, von denen man sich leicht einen Begriff machen kann, ist es egal, ob man die Sprache und die Geschichte der Schrift genau kennt. Die Wahrheit in einfachen und in sich selbst verständlichen und begreiflichen Sätzen, z.B. in denen des Euklid, kann der Mensch mit seiner Vernunft begreifen. Übertragen auf die Schriftinterpretation bedeutet dies, dass die Sittenlehre (*documenta moralia*) unmittelbar erfasst und ihre wahre Bedeutung erkannt werden kann. Nach Spinozas Religionsauffassung ist damit das Wichtigste erreicht:

> Denn die Lehren der wahren Frömmigkeit werden mit den gebräuchlichsten Worten ausgedrückt, weil sie ganz allgemeingültig und ebenso einfach und verständlich sind, und weil das wahre Heil und die wahre Glückseligkeit in der wahren Seelenruhe bestehen und uns nur das die wahre Seelenruhe verleiht, was wir vollkommen klar erkennen. Daraus folgt ganz offenbar, daß wir über den Sinn der Schrift in Bezug auf die Dinge, die zum Heile führen und zur Glückseligkeit notwendig sind, Gewißheit erlangen können. (263)

Aus diesem Verhältnis folgert Spinoza, dass sich der Mensch um das übrige in der Schrift, das die Vernunft nicht erfassen kann, nicht so viel zu kümmern braucht (263). Spinoza behauptet, für seine Methode sei kein anderes Licht erforderlich als das, welches der Mensch von Natur aus hat, und er polemisiert gegen die Auffassung, dass ein übernatürliches Licht notwendig sei, um die Schrift auslegen zu können (264). Zur Auslegung der Schrift wird nichts anderes als das allen gemeinsame Licht gefordert:

> Denn da die höchste Autorität der Schriftauslegung jedem einzelnen zusteht, so kann es auch für die Auslegung keine andere Norm geben als das allen gemeinsame natürliche Licht, also weder eine übernatürliche Erleuchtung noch eine äußere Autorität. (277)

Wir haben oben gesehen, wie Spinoza ein Bekenntnis über die Schrift formuliert, das fast lutherisch-orthodox klingt, nämlich dass die Kenntnis der Schrift und der geistlichen Dinge allein aus der Schrift kommen soll. Der Satz wird bei den Lutherisch-Orthodoxen und Spinoza in diametral verschiedener Weise entwickelt. Ein Grund für die verschiedenen Standpunkte ist die Auffassung von der natürlichen Vernunft. Statt die Auffassung zu übernehmen, die Vernunft müsse in Gefangenschaft genommen werden, erklärt Spinoza die Vernunft zu einer *norma normans*, und zwar in diesem Sinn, dass durch sie große Abschnitte der Heiligen Schrift als »unbegreiflich« aussortiert werden. Seine Sichtweise der Anthropologie ist von Spannungslosigkeit in der Beziehung von Vernunft und Glaube gekennzeichnet, und um diese zu erreichen, sind viele Teile und Bereiche der Schrift ausgelassen worden. Ein Schlüssel zur Analyse von Spinozas Auffassung ist seine Vorstellung, dass ein Mensch nicht etwas im Geiste annehmen könne, was der Vernunft widerspreche (448f.). Die orthodoxen Theologen entwickeln im Gegensatz dazu eine Anthropologie, die von Spannung geprägt ist, einer Spannung zwischen Offenbarung bzw. Glaube und natürlicher Vernunft. Im Unterschied zu den lutherisch-orthodoxen Theologen unternimmt Spinoza in seinem Traktat nicht den Versuch, seine Auffassung von der Vernunft aus der Schrift selbst zu begründen.

Die unterschiedliche Auffassung von Akkommodation beleuchtet die großen Verschiedenheiten in den Lehren von Gott, Mensch und Schrift, die uns bei der lutherischen Orthodoxie bzw. Spinoza begegnen: Für Glassius ist die Akkommodation eine Anpassung der hohen Wahrheit von Gott, also von etwas, was über der Vernunft steht, an etwas, was der Verstand durch die *illuminatio* begreifen kann, an die menschliche Sprache und die menschlichen Verhältnisse. In Spinozas Darstellung wird die Akkommodation in gegensätzlicher Weise verstanden: Die einfachen, natürlichen Dinge sind an etwas Übernatürliches und Unbegreifliches akkommodiert worden, um die Menschen zu überzeugen.

Spinoza nimmt hier in vielerlei Hinsicht die historisch-kritische Methode vorweg. Seine Argumentation über begreifliche und unbegreifliche Dinge (siehe oben) hat große Ähnlichkeit mit dem Analogiekriterium bei Ernst Troeltsch.[35] Besonders hervorgehoben werden muss, dass Spinozas Bibelinterpretation und Bibelkritik eng mit seiner Gotteslehre und Anthropologie zusammenhängen. Vielleicht liegt die größte Ähnlichkeit zwischen Spinozas Anschauung und der späteren historisch-kritischen Methode in der Anthropologie sowie in der Auffassung von der Vernunft in ihrem Verhältnis zu Glaube und Schriftinterpretation.

Die großen Perspektiven in Beziehung auf die Bibelhermeneutik und die methodischen Fragen wurden auch von Ernst Troeltsch hervorgehoben. Er sagt z.B., dass die historisch-kritische Methode »aus der metaphysischen Annahme eines Gesamtzusammenhangs des Universums« hervorging.[36] Die zwei konkurrierenden Methoden und ihre verschiedenen Auffassungen von Geschichte müssen »auf einen notwendigen Grund im Wesen Gottes und des Menschen zurückgeführt werden«.[37] Der Konflikt zwischen Spinoza und der evangelisch-lutherischen Theologie bestätigt,

---

35 Ernst Troeltsch: Ueber historische und dogmatische Methode in der Theologie [1898]. In: Ernst Troeltsch: Gesammelte Schriften, Bd. 2: Zur religiösen Lage, Religionsphilosophie und Ethik. Tübingen 1913, S. 732f.
36 Ebd., S. 742.
37 Ebd., S. 743.

dass die Methodenfrage der Interpretation die großen Fragen um Gott und Mensch einbezieht.

Bisher haben wir in diesem Artikel vor allem die Vernunft und die ihr übergeordneten Dinge, die Mysterien der Schrift, behandelt. Nun soll noch daran erinnert werden, dass die Theologen an der Spannung zwischen Glaube und Vernunft festgehalten haben, auch wenn es um Fragen ging, die normalerweise der Sphäre der Vernunft angehören, d.h. der geschaffenen Welt.

8. Die Vernunft, die Schrifthermeneutik und die Naturwissenschaften

Den Ursprung der historisch-kritischen Methode sieht Klaus Scholder u.a. in dem neuen naturwissenschaftlichen Weltbild.[38] Seine Auffassung ist von Henning Graf Reventlow scharf kritisiert worden.[39] Ohne in diese Diskussion einzugreifen, ist hier, wo es um die Anthropologie und die Schriftinterpretation geht, ein Blick auf die Gebiete der Wissenschaften angemessen, um zu zeigen, wie an der orthodoxen Auffassung von Vernunft und Glaube festgehalten wurde und dass die Wurzeln der großen Debatten um Theologie und Wissenschaft hauptsächlich in der theologischen Anthropologie liegen. Damit ist gleichzeitig gesagt, dass ein Schlüssel zur Beantwortung der großen Frage nach dem Ursprung der historisch-kritischen Methode in der Menschenauffassung liegt.

Einige Beispiele mögen verdeutlichen, wie man im lutherischen Bereich die Spannung zwischen Vernunft und Wissenschaft auf der einen Seite und Glaube und Offenbarung auf der anderen Seite zu lösen versuchte.

Melanchthon behandelt in seiner Schrift *Initia doctrinae physicae* (1549) die Frage, ob die Sonne oder die Erde sich bewege. Es gibt einige, sagt er, die es lächerlich finden, wenn man sich im Bereich der Physik auf die göttlichen Zeugnisse beruft. Doch Melanchthon meint, dass der menschliche Sinn in so großer Finsternis (*tanta caligine humanae mentis*) die göttliche Autorität befragen müsse.[40] Auch im Bereich der Wissenschaft sind also die

---

38 Klaus Scholder: Ursprünge und Probleme der Bibelkritik im 17. Jahrhundert. Ein Beitrag zur Entstehung der historisch-kritischen Theologie. München 1966, S. 56ff.
39 Henning Graf Reventlow: Wurzeln der modernen Bibelkritik. In: Henning Graf Reventlow, Walter Sparn und John Woodbridge (Hg.): Historische Kritik und biblischer Kanon in der deutschen Aufklärung. Wiesbaden 1988, S. 58: »Auffälligerweise spielt aber die moderne Naturwissenschaft für die Anfänge der Bibelkritik überhaupt keine Rolle...«.
40 CR 13, Sp. 216f. Vgl. Scholder: Ursprünge und Probleme der Bibelkritik (Anm. 38), S. 58f.

göttlichen Zeugnisse entscheidend, und Melanchthons Motiv ist mit einem anthropologischen Argument verbunden.[41]

Wie die lutherisch-orthodoxen Theologen die Spannung zwischen Glaube und Vernunft im Bereich der geschaffenen Dinge aufrechterhalten haben, lässt sich anhand von Gerhards Auslegung der »aquae supracoelestes«, der Wasser oberhalb des Himmels (Gen 1,6f.), illustrieren. Gerhard schreibt, dass einige Menschen die Sache unglaublich finden. Einige Kirchenväter ziehen eine allegorische Auslegung heran. Aber wir, sagt Gerhard, antworten mit einem Wort Augustins: »Major est hujus Scripturae autoritas, quam humani ingenii capacitas.« (Die Autorität dieser Schrift ist größer als die Kapazität des menschlichen Verstandes.) Gerhard bittet seine Leser, die Macht Gottes zu bedenken, die sich zeigte, als er das Rote Meer teilte und als er das Wasser des Jordans anhielt, so dass es sich aufrichtete, und die auch darin zu sehen sei, wie er die großen Wolken am Himmel entlangführe. Zieht man diese Ereignisse in Betracht, so ist es einfacher, die Vernunft zum Gehorsam gegenüber dem Glauben zu bewegen.[42] Gerhard richtet also die Aufmerksamkeit auf Gottes Eigenschaften, auf Ereignisse in der Geschichte und auf das Zeugnis der Schöpfung, um vor Augen zu führen, wie begrenzt menschliche Vernunft und Wissen sind.

Eine weitere Interpretation von Gen 1,6f. in der Diskussion des 17. Jahrhunderts besagt, dass dort von Wolken die Rede sei.[43] Es geht hier nicht unbedingt um einen prinzipiellen Unterschied in der Einschätzung des Verhältnisses von Vernunft und Glaube, sondern um ein exegetisches Einzelproblem.

Die Diskussion um das prinzipielle Verhältnis zwischen Glaube und Vernunft und damit die Voraussetzungen für die Schriftinterpretation gewann natürlich besonders an Aktualität vor dem Hintergrund der kopernikanischen Theorie. Auch hier sind die verschiedenen Stellungnahmen zu der kopernikanischen Theorie nicht notwendig ein Ausdruck für prinzipiell unterschiedliche Einstellungen zu der Frage nach Glaube und Vernunft. Im lutherischen Bereich versucht z.B. Johannes Kepler, die beiden Quellen der Kenntnis – Vernunft und Wissenschaft einerseits und Glaube und Offenbarung andererseits – miteinander in Einklang zu bringen, wenn er meint, dass die biblischen Texte, in denen die Erde als stillstehend beschrie-

---

41 Melanchthons Einstellung zu den Naturwissenschaften ist in großer Breite abgehandelt worden in Günther Frank und Stefan Rhein (Hg.): Melanchthon und die Naturwissenschaften seiner Zeit. Sigmaringen 1998.
42 Johann Gerhard: Loci theologici [...], tomus secundus. Frankfurt und Hamburg 1657, S. 4 (De creatione et angelis, caput IV: De ordine creationis, in quo forma ejus consistit, § 25).
43 Die Interpretation wird diskutiert und verworfen bei Sebastian Schmidt: Super Mosis librum primum, Genesis dictum, annotationes. Straßburg 1697, S. 7.

ben wird, so redeten, wie Menschen es mit ihren Sinnen auffassten.[44] Diese Ansicht von der Art der biblischen Beschreibung – sie redet, wie die Sinne die Sache auffassen – wurde später in der Orthodoxie von keinem geringeren als Abraham Calovius artikuliert.[45] Calovius bezieht diese Theorie aber nicht auf die kopernikanische Frage, sondern bleibt bei der ptolemäischen Theorie. Ein früher Versuch eines lutherisch-orthodoxen Theologen, die kopernikanische Theorie mit der Schrift zu vereinigen, begegnet uns mit der *Physica et ethica Mosaica* (1613) des norwegischen Theologen Cort Aslaksson.[46]

In Siegmund Jakob Baumgartens *Untersuchung Theologischer Streitigkeiten* (1762–64) wird diese Fragestellung unter der Überschrift »Accommodation der Schrift ad captum vulgi« beschrieben.[47] Seiner Einschätzung nach gehört der Streit mehr zu »hermeneutischen oder exegetischen als dogmatischen Streitigkeiten«. »Optische Redensarten« sind nicht mit irrigen und unrichtigen Reden zu verwechseln.[48]

Eine andere Art von Akkommodation begegnet uns in der Theologie des Baumgarten-Schülers Johann Salomo Semler. Semler rechnet mit einer Akkommodation auch hinsichtlich der religiösen Vorstellungen der Menschen in biblischer Zeit. Eine Aufgabe der historisch-kritischen Methode ist es, die Art und den Umfang dieser Akkommodation zu analysieren. Gottfried Hornig meint, dass nach Semlers Auffassung eine innerbiblische Sachkritik berechtigt sei, und dass die Verwirklichung dieser Forderung bei Semler zu einer »Entmythologisierung« führe.[49] Entscheidend ist hier natürlich die Auffassung von der menschlichen Vernunft, ihren Möglichkeiten und ihren Grenzen.[50]

---

44 Johannes Kepler: Astronomia nova, hg. von Max Caspar. In: Gesammelte Werke, Bd. 3. München 1937, S. 29: »Jam vero et sacrae literae, de rebus vulgaribus (in quibus illarum institutum non est homines instruere) loquuntur cum hominibus, humano more, ut ab hominibus percipiantur; utuntur iis quae sunt apud homines in confesso, ad insinuanda alia sublimiora et divina.« Vgl. Scholder, Ursprünge und Probleme der Bibelkritik im 17. Jahrhundert (Anm. 38), S. 68f.
45 Abraham Calovius: Systema locorum theologicorum […] Tomus primus generalis […]. Wittenberg 1655, S. 464. Vgl. Robert Preus: The Theology of Post-Reformation Lutheranism. A Study of Theological Prolegomena. Saint Louis 1970, S. 358.
46 Siehe Preus ebd., S. 54 und 359.
47 Siegmund Jakob Baumgarten: Untersuchung Theologischer Streitigkeiten, Bd. 3. Halle 1764, S. 181f.
48 Ebd., S. 182.
49 Gottfried Hornig: Die Anfänge der historisch-kritischen Theologie. Johann Salomo Semlers Schriftverständnis und seine Stellung zu Luther. Göttingen 1961, S. 222–225.
50 Ebd., S. 221. Vgl. Gottfrid Hornig: Über Semlers theologische Hermeneutik. In: Axel Bühler (Hg.): Unzeitgemäße Hermeneutik. Verstehen und Interpretation im Denken der Aufklärung. Frankfurt am Main 1994, S. 205: »Semlers Anthropologie, Vernunftbegriff und Erkenntnistheorie bedürfen genauer Analyse, wenn man seine Hermeneutik einigermaßen zutreffend erfassen will.«

Noch eine Seite der hermeneutisch-anthropologischen Frage, die entscheidende Bedeutung für die akademische Theologie und ihre Stellung an den Universitäten gehabt hat, wird durch Philipp Jakob Spener wieder aktuell. Die Frage ist, ob die menschliche Vernunft ohne den Geist überhaupt dazu in der Lage sei, die biblischen Texte zu verstehen, mit anderen Worten: Hier wird die Frage nach der »theologia regenitorum« aufgeworfen.

9. Spener

Mit der Frage, ob die Texte der Heiligen Schrift ohne den Heiligen Geist verstanden werden können, stehen wir vor einer Scheidelinie in der Geschichte der Bibelhermeneutik. Johannes Wallmann zieht in *Der Theologiebegriff bei Johann Gerhard und Georg Calixt* (1961) zwei Linien, die das Verständnis des Theologiebegriffes in der Periode von der Reformation bis zu Schleiermacher nachzeichnen. Die erste Linie fängt mit Luther an und setzt sich mit Johann Gerhard und Philipp Jakob Spener fort. Kennzeichnend für diese Linie ist u.a., dass Theologie und Glaubenserkenntnis gleichgestellt werden, sowie die Auffassung, dass Theologie nicht durch menschlichen Fleiß erworben werde, sondern durch *oratio, meditatio* und *tentatio*. Die andere Linie beginnt – ansatzweise – mit dem späten Melanchthon und läuft weiter zu Calixtus und Semler. Diese Linie ist u.a. gekennzeichnet durch eine Unterscheidung von Theologie und Glaube und durch eine Säkularisierung des theologischen Erkenntnisbegriffs zum rationalen Wissenschaftsbegriff.[51]

Wenn hier die Auffassung von Hermeneutik und Anthropologie untersucht wird, sollen die Fragestellungen in einer anderen Weise formuliert werden. Die entscheidende Frage ist, ob der Mensch »durch Fleiß«, doch ohne den Heiligen Geist, den Text überhaupt verstehen könne. Ohne damit die Frage in bezug auf Luther und Gerhard zu beantworten, stellt sich heraus, daß *Spener* in diesem Punkt auf der anderen Linie anzusiedeln ist, also zusammen mit Calixtus und Semler, wie wir gleich sehen werden. Die Frage, ob der Mensch, wie man es ausdrückte, »im ersten Artikel« den Text der Heiligen Schrift verstehen könne, ist aus der Sicht der Theologieausbildung und Methodenlehre von großer Bedeutung für die Erforschung der Schrift. Rune Söderlund hat die Frage in einem Artikel – der leider nur in Schwedisch vorliegt – behandelt und zeigt, wie irreführend der Begriff »theologia regenitorum« in diesem Zusammenhang sein kann.[52] Der mit

---

51 Johannes Wallmann: Der Theologiebegriff bei Johann Gerhard und Georg Calixt. Tübingen 1961, S. 2.
52 Rune Söderlund: Theologia regenitorum. En omfördelning av dogmhistoriska roller. In: Svensk teologisk kvartalskrift 52 (1976), S. 104–116.

der »theologia regenitorum« verknüpfte Pietismus kann bei oberflächlicher Betrachtung den Eindruck vermitteln, er habe eine negativere Meinung von der Möglichkeit des natürlichen Menschen, die Schrift zu verstehen, als die Orthodoxie. In Wirklichkeit ist das Gegenteil der Fall. Ein Theologe wie Spener meint, dass das Verständnis des Bibeltextes etwas sei, was der Mensch mit seiner Vernunft erreichen könne. Söderlund ist darum gemeinsam mit Emanuel Hirsch der Ansicht, dass es kein Zufall sei, dass Semler aus der Hallenser Theologie hervorgegangen ist.[53] Der Pietismus hat nach Ansicht Söderlunds den Weg bereitet für die Auffassung, dass die Heilige Schrift mit rein natürlichen Mitteln erforscht werden könne.[54] Ungeachtet der größeren Linien und der genetischen Zusammenhänge ist es klar, dass wir bei Spener eine profilierte Auffassung von der Vernunft antreffen, die damals nicht unumstritten war. Seine Auffassung ist von denen kritisiert worden, die eine pessimistischere Einstellung gegenüber der Fähigkeit des natürlichen Vernunft hatten.[55] Die hier behandelte Fragestellung, die in der Zeit Speners eine Kontroverse hervorgerufen hatte, war – wie mir scheint – nicht aktuell in den oben behandelten hoch-orthodoxen Werken.

Spener behandelt die Fragen nach dem Schriftverständnis und der natürlichen Vernunft in *Die allgemeine Gottesgelehrtheit aller glaubigen Christen und rechtschaffenen Theologen* (1680). Die erste Frage, die Spener stellt, lautet, ob der Mensch »aus natürlichen kräfften durch menschlichen fleiß« Kenntnis über die göttlichen Sachen in der Heiligen Schrift erreichen könne.[56] Speners Antwort besagt, dass alles, was der Mensch von der Schöpfung erhalten hat, wie eine Gnade zu betrachten sei, etwa die Tatsache, dass er lesen, hören und studieren kann. Aber, fährt Spener fort, nun gibt es den Unterschied zwischen der Gnade des ersten und dritten Artikels. An der Gnade des ersten Artikels haben auch die Unwiedergeborenen teil, doch diese Gnade bringt nicht die Seligkeit. Die Gnade, die den Menschen zur Seligkeit führt, kommt aus Christi Verdienst und schließt die Wiedergeburt mit ein. Die Frage ist nun, ob ein Mensch, der nur an der Gnade des ersten Artikels teilhat, Erkenntnis der göttlichen Dinge erlangen könne (6f.). Spener macht weiter klar, dass es nicht um die natürliche Gotteskenntnis geht, sondern um die, die aus der heiligen Schrift kommt: »[...] sondern die frage ist von der jenigen erkantnüß/ die auß dem buchstaben der Schrift gefasset

---

53   Ebd., S. 115, Anm. 49 für Hirsch und den Hinweis auf Emanuel Hirsch: Geschichte der neuern evangelischen Theologie, Bd. 2. Gütersloh 1951, S. 177.
54   Rune Söderlund: Theologia regenitorum (Anm. 52), S. 115.
55   Siehe Johann Georg Walch: Historische und Theologische Einleitung in die Religionsstreitigkeiten, welche sonderlich ausser der Evangelisch-Lutherischen Kirche entstanden. Anderer Theil. Jena 1734, S. 85.
56   Philipp Jakob Spener: Die allgemeine Gottesgelehrtheit aller glaubigen Christen und rechtschaffenen Theologen. Frankfurt 1680, S. 5. – Danach im Folgenden die Seitenzahlen im Text.

werden soll/ und gefasset wird«. Eine weitere Klarstellung ist, dass es nicht nur um Kenntnis von den christlichen Hauptlehren geht, sondern um sämtliche Glaubensartikel (8f.).

Nach der sorgfältig umrissenen Frage gibt Spener seine Auffassung kund, dass Gott in seiner allgemeinen Gnade dem Menschen Vernunft geschenkt und ihm diese noch nach dem Fall gelassen hat. Mit seinem Verstand kann der Mensch Sprachen verstehen und sich weiter ein ›concept‹ von dem Gesagten machen. Hinsichtlich der Lesung der Schrift bedeutet dies, dass der Mensch auch ohne die besondere Hilfe des Heiligen Geistes, »[...] etlicher massen verstehen kan/ was die Schrift von diesen und jenen puncten da oder dorten sage und lehre [...]«. Der Mensch kann auch einen ›habitus‹ erlangen. Er kann über die Sachen der Schrift mit anderen reden und damit umgehen, wie er mit anderen weltlichen Dingen auch umgeht, die er z.B. in philosophischen oder historischen Büchern liest (9f.). Das Studium sei dadurch charakterisiert, dass es »ohne das gnaden=liecht deß Heiligen Geistes« betrieben wird (11). In Speners Schrift *Auffrichtige Ubereinstimmung mit der Augsp. Confession* (1695) wird das Studium der Heiligen Schrift durch die Unwiedergeborenen mit dem Studium von Aristoteles oder Platon verglichen. In beiden Fällen reichen demnach menschliche Vernunft und Fleiß aus, um die Botschaft verstehen zu können.[57]

Ein Studium ohne das Licht des Heiligen Geistes kann also Speners Ansicht nach zur Erkenntnis der Schrift führen. Nach Spener ist nun aber ein solches Studium kein theologisches, sondern vielmehr ein Studium der *philosophia de rebus sacris*. »Theologie« dagegen fällt zusammen mit der Erleuchtung durch den Heiligen Geist. Von der *philosophia de rebus sacris* heißt es, dass sie eine »natürliche wissenschafft eines fleischlichen menschen« sei (13). Spener weist darauf hin, dass seine Auffassung nicht neu sei, sondern schon in *Pia Desideria* vorliege (13).[58]

Hier ist nicht der Ort, sich in diese Fragen zu vertiefen. Johann Georg Walch sagt, dass der folgende Streit »sehr verwirrt und unordentlich vorgetragen und damit dunckel gemacht worden« sei.[59] Allerdings muss klargestellt werden: Die Alternative zu Spener heißt nicht, dass ein Mensch ohne Glauben überhaupt nicht die Schrift verstehen kann, sondern dass diese Erkenntnis auf die Gnade und Hilfe des Heiligen Geistes zurückzuführen ist.[60] Die Frage steht damit in Verbindung mit der Frage nach der Umkehr des Menschen und den Diskussionen über Synergismus und Pelagianismus. In bezug auf unsere Frage nach Hermeneutik und Anthropologie können

---

57 Philipp Jakob Spener: Auffrichtige Ubereinstimmung mit der Augsp. Confession [...]. Frankfurt 1696, S. 24.
58 Vgl. Philipp Jakob Spener: Pia desideria [...] In: Die Werke Philipp Jakob Speners. Studienausgabe, hg. von Kurt Aland und Beate Köster. Bd. I:1, Gießen 1996, S. 230.
59 Johann Georg Walch: Historische und Theologische Einleitung (Anm. 55), S. 296.
60 Ebd., S. 89ff.

wir auf diese Verbindung mit der Rechtfertigungslehre lediglich hinweisen, sie jedoch nicht abhandeln.

10. Schluss

Um die evangelisch-lutherische Bibelhermenutik des 17. Jahrhunderts zu verstehen und ihr gerecht zu werden, ist hier ihrer Verbindung mit der theologischen Anthropologie nachgegangen worden. Die kritische Einstellung der Orthodoxie zur menschlichen Vernunft darf nicht als eine *allgemeine* Vernunftkritik karikiert werden. Die Auffassung Gerhards, Meisners und Glassius' von der Vernunft und ihren Grenzen handelt von der Vernunft *vor den Mysterien der Schrift*. Wie Sokrates in seiner Apologie sagt, ein wirklich weiser Mensch wisse, dass er nichts weiß,[61] so bedeutet auch ihre Stellungnahme, dass der Mensch sich darauf besinnen muss, in welchen Bereichen er nicht kompetent ist. Aber nach der Offenbarung, nach der Begegnung mit Gott in der Heiligen Schrift, hat der Glaube Erkenntnis und Gewissheit, und daran hält er fest, selbst wenn die Vernunft – gemäß ihren normalen *principia* – Einwände vorzubringen hat. Die orthodoxen Theologen gestatteten damit eine Spannung zwischen Glaube und Vernunft. In dem Begriff *illuminatio* liegt eine bestimmte theologische Auffassung von Gott und Mensch und ihrer Begegnung während der Bibellesung. Nach dieser Auffassung ist das eigentlich handelnde Subjekt bei der Bibellesung nicht der Mensch, sondern Gott, der mit seinem Geist und seiner Kraft immer durch sein Wort wirksam ist. Den Begriff *illuminatio* durch die Geschichte zu verfolgen, heißt, die Wende der Epochen zu sehen.[62] Im 18. Jahrhundert findet eine zunehmende Entfremdung gegenüber dieser Vorstellung statt, bis Immanuel Kant am Ende desselben Jahrhunderts den »Illuminatism« als »lauter Verirrungen« kritisierte.[63] Seine Stellungnahme steht natürlich im Kontext seiner Anthropologie: »Habe Muth dich deines eigenen Verstandes zu bedienen! ist also der Wahlspruch der Aufklärung.«[64] Wenn solche Wahlsprüche in bezug auf die Bibelinterpretation und Dogmatik benutzt wurden, fielen sie mit einer ganz anderen Auffassung von Gott, Mensch und

---

61   Platon: Apologie des Sokrates. Übersetzung und Kommentar von Ernst Heitsch. In: Platon Werke. Übersetzung und Kommentar, Bd. I:2. Göttingen 2002, S. 14 (21b).
62   Bengt Hägglund: ›Illuminatio‹ – ›Aufklärung‹. Ein Beitrag zur Begriffsgeschichte [1992]. In: ders.: Chemnitz – Gerhard – Arndt – Rudbeckius (Anm. 20), S. 229–240.
63   Immanuel Kant: Die Religion innerhalb der Grenzen der bloßen Vernunft. Mit einer Einleitung und Anmerkungen herausgegeben von Bettina Stangneth. Hamburg 2003, S. 69 (Zusatz in der zweiten Auflage 1794). Vgl. Hägglund ebd., S. 237.
64   Immanuel Kant: Beantwortung der Frage: Was ist Aufklärung? [1783]. In: Was ist Aufklärung? Beiträge aus der Berlinischen Monatsschrift. In Zusammenarbeit mit Michael Albrecht ausgewählt von Norbert Hinske. 2. Aufl. Darmstadt 1977, S. 452.

Bibelhermeneutik zusammen – und förderten diese Auffassung gleichzeitig. Die orthodoxen Theologen haben erkannt, welche Gefahr darin liegt, wenn die Theologie der Vernunft zugesteht, ohne Bezug zum Glauben an die Offenbarung zu operieren, und wohin das Bestreben nach Auflösung der Spannung zwischen natürlicher Vernunft und Glaube führen kann. Sie haben gegen die Vorherrschaft der Vernunft argumentiert, doch sie konnten die Lawine nicht mehr aufhalten.

Die Auffassungen von Gott, Bibelhermeneutik und theologischer Anthropologie gehören so eng zusammen, dass es schwer ist, Ursache und Folgen in diesen Bereichen zu unterscheiden: Es ist nicht einfach so, dass eine Stellungnahme in den *Prolegomena*, in bibelhermeneutischen Fragen, zu bestimmten Resultaten in den übrigen *Loci* führt. Auch umgekehrt beeinflussen Stellungnahmen in verschiedenen *Loci*, z. B. Gotteslehre, Christologie und Anthropologie, die Stellungnahmen in den *Prolegomena*. Die Bedeutung dieser Gesamtkonzeption geht deutlich aus den Diskussionen des 17. Jahrhunderts hervor und sollte auch in den gegenwärtigen Diskussionen über die Bibelhermeneutik nicht vergessen werden.[65]

---

65 Für die Sprachkorrektur dieses Artikels danke ich herzlich Frau Dr. phil. Annekatrin Puhle.

Stephen G. Burnett

Lutheran Christian Hebraism in the time of Solomon Glassius (1593–1656)

Lutheran Hebrew scholarship in the era of Orthodoxy has suffered the same kind of scholarly neglect as theology from this period.[1] A few Hebraists such as Wilhelm Schickard or Wolfgang Ratke have been the subjects of monographs or collections of articles,[2] while others receive mention in university histories or books related to Jewish-Christian relations in early modern Germany.[3] Only within the past decade have scholars addressed this facet of Reformation-era Christian Hebraism. Johann Anselm Steiger examined the use that Johann Gerhard and Solomon Glassius made of post-biblical Jewish literature, while Kenneth G. Appold has stressed the pivotal role that Hebrew and other Semitic languages would play in the development of theological discourse in Wittenberg beginning in the early 1630s.[4] In my study of Lutheran Hebraism I will present a broader view of the phenomenon, based above all upon the Hebrew book trade within Lutheran Germany.

Peter N. Miller identified centers of Hebrew scholarship as possessing a »critical mass of erudition« that consisted of four factors: scholars who were well-versed in oriental languages, library resources, specialized printing

---

1 Johann Anselm Steiger: The Development of the Reformation Legacy: Hermeneutics and Interpretation of the Sacred Scripture in the Age of Orthodoxy. In: Magne Saebø with Michael Fishbane and Jean Louis Ska S.J. (eds.): Hebrew Bible / Old Testament: The History of its Interpretation. Vol. 2: From the Renaissance to the Enlightenment. Göttingen 2008, pp. 691–757, here 697–699.
2 Friedrich Seck (ed.): Wilhelm Schickard 1592–1635: Astronom, Geograph, Orientalist, Erfinder der Rechenmaschine. Tübingen 1978, and Uwe Kordes: Wolfgang Ratke (Ratichius, 1571–1635): Gesellschaft, Religiosität und Gelehrsamkeit im frühen 17. Jahrhundert. Heidelberg 1999.
3 Most importantly, see Martin Friedrich: Zwischen Abwehr und Bekehrung. Die Stellung der deutschen evangelischen Theologie zum Judentum im 17. Jahrhundert. Tübingen 1988, and Jutta Braden: Hamburger Judenpolitik im Zeialter lutherischer Orthodoxie, 1590–1710. Hamburg 2001.
4 Steiger: Development of the Reformation Legacy (fn. 1), pp. 725–732, summarizing part of his earlier article Die Rezeption der Rabbinischen Tradition im Luthertum (Johann Gerhard, Salomo Glassius u. a.) und im Theologiestudium des 17. Jahrhunderts. Mit einer Edition des universitären Studienplanes von Glassius und einer Bibliographie der von ihm konzipierten Studentenbibliothek. Chloe 33 (2000), pp. 191–252. Kenneth G. Appold: Orthodoxie als Konsensbildung. Das theologische Disputationswesen an der Universität Wittenberg zwischen 1570 und 1710. Tübingen 2004, pp. 99–101, passim.

facilities, and well-disposed patrons to support such scholarship.[5] Lutheran Germany possessed all of these resources to some degree, and Lutheran Hebraists were active in publishing their work even during the darkest days of the Thirty Years War. To assess the extent of Lutheran Hebrew erudition I will consider first Lutheran universities and their role in Hebrew education, then the Hebrew book trade as measured both by the Leipzig book fair catalogues from 1601–1660 and by the Hebraica libraries of Lutheran scholars and institutions, and finally the Lutheran interest in Hebrew scholarship as attested by the Christian Hebrew books published by Lutheran authors in Glassius' time.[6]

Hebrew had become an established part of the curriculum in Lutheran universities by the early seventeenth century. When it hired Johannes Boeschenstein in 1518, the University of Wittenberg established a precedent that would be copied by nearly all other Lutheran universities. Sooner or later all of them offered instruction in biblical Hebrew to their students.

UNIVERSITY[7]	YEAR HEBREW INSTRUCTION BEGAN
Wittenberg	1518
Leipzig	1519
Tübingen	1521
Strasbourg	1525
Marburg	1527 (founded 1527)
Königsberg	1546 (founded 1544)
Rostock	1553
Jena	1557 (founded 1557)
Erfurt	1566
Helmstedt	1578 (founded 1575)
Altdorf	1578

---

5   Peter N. Miller: Making the Paris Polyglot Bible: Humanism and Orientalism in the Early Seventeenth Century. In: Herbert Jaumann (ed.), Die europäische Gelehrtenrepublik im Zeitalter des Konfessionalismus/ The European Republic of Letters in the Age of Confessionalism. Wiesbaden 2001, pp. 59–85, here 85.
6   By »Christian Hebrew books«, I mean books that contain a substantial amount of Hebrew type and were intended by their authors to provide intellectual access to other Hebrew texts. I have placed these strictures upon the phrase in order to identify the intellectual mediators of Jewish knowledge and texts, and to avoid inclusion of books containing typographical ornaments such as the inclusion of a few Hebrew letters, a Hebrew alphabet or few words and phrases.
7   Altdorf and Strasbourg were founded as city academies and would only become universities later, Strasbourg in 1621, Altdorf in 1622, though each offered Hebrew instruction in their pre-university days.

University	Year Hebrew Instruction Began
Greifswald	1605
Giessen	1607 (founded 1607)
Rinteln	1622 (founded 1620)

Creating teaching posts for Hebraists at Lutheran universities was of course only the first step towards educating students in Hebrew. Suitable candidates had to be found at regular intervals to fill these positions. During Glassius' lifetime seventy-one different men taught Hebrew at Lutheran universities. Twenty of these men, including Glassius, taught Hebrew for five years or less. Nineteen others taught from six to ten years, while thirty-two professors taught more than ten years. Six professors, Paul Slevoight, at the University of Jena, (30), Stephan Gorlov at Königsberg (31), Valentin Schindler at Wittenberg and Helmstedt (32), Modestinus Weidmann at Erfurt (35), Laurentius Fabricius at Wittenberg (36), and Andreas Sennert at Wittenberg (51) taught for over thirty years. The long service of capable Lutheran Hebraists, for Fabricius, Schindler, Sennert, and Slevoight at least were gifted scholars, set a high standard of Hebrew learning within centers of Lutheran scholarship throughout this period, above all at Wittenberg.[8]

The availability of Hebrew instructors for Lutheran universities is only one measure of the vitality of a commitment to Hebrew learning. Authorship of Hebrew related books is an even more tangible index. Between 1600 and 1660, eighty-seven different Lutheran Hebraica authors were active at various stages of their careers. Forty-four of these authors (50.6%) were associated with universities, a third of them (29) taught Hebrew at a Lutheran university, while 13 others were university professors in other disciplines, and two were university students. Of the remaining authors, twenty-one were pastors (24.1%), seventeen were Latin school teachers (19.5%), and the other five authors included two Jewish converts, a lawyer, a physician and a scholarly secretary (5.7%).

These Lutheran Hebraica authors, and indeed Hebrew professors, were themselves largely products of Lutheran university education. A comparison of the pattern of university attendance of Lutheran Hebrew authors and of Hebrew professors (29 of whom also authored Hebraica books) reveals a hierarchy of reputation and perhaps expertise in matters Hebrew:

---

[8] Appold stressed Wittenberg's central role in introducing a strong Hebrew philological element to Lutheran Orthodox theology through the work of Martin Trost, Jacob Weller, and above all Andreas Sennert between 1630 and 1660. Appold: Orthodoxie als Konsensbildung (fn. 5), pp. 99–105.

Hebrew Authors[9]		Hebrew Professors[10]	
Wittenberg	30	Wittenberg	22
Leipzig	22	Jena	13
Jena	15	Leipzig	13
Rostock	11	Königsberg	11
Altdorf	7	Helmstedt	8
Königsberg	6	Rostock	8
Giessen	5	Altdorf	7
Tübingen	5	Strasbourg	7
Greifswald	4	Erfurt	5
Strasbourg	4	Giessen	5
Helmstedt	3	Greifswald	4
Basel	2	Marburg	4
Leiden	2	Frankfurt/O	3
Marburg	2	Tübingen	3
Frankfurt/O	1	Basel	2
Rinteln	1	Heidelberg	2
		Copenhagen	1
		Leiden	1

These figures of where Lutheran Hebraists were educated are striking in that they not only emphasize the primacy of Wittenberg as a center for Hebrew study, but also the Lutheran universities in the old Lutheran heartland. In both lists Jena and Leipzig are among the most frequently attended universities, following in varying orders by Rostock, Altdorf and Königsberg.

The universities in southern Germany, Giessen, Strasbourg, and Tübingen, all played a lesser role in the development of Lutheran Hebraism. South German Hebraists, however, had more intensive contacts with Reformed Hebrew scholars, above all the elder and younger Buxtorf in Basel. Christoph Helwig, Wilhelm Schickard, and Friedrich Blanckenburg were

---

[9] These figures represent the university attendance of 78 authors. I have not been able to find where six of these authors were educated, and a further three were Jewish converts. Twenty-six of those who studied at universities did so at more than one. Andreas Sennert attended five of them.

[10] These figures represent the university attendance of 63 future Hebrew professors. I have been unable to find where seven of these professors were educated, and one was a Jewish convert. Thirty-four of these Hebrew professors attended more than one university.

correspondents or acquaintances of one or both Buxtorfs.[11] After 1650, a number of Lutherans studied Hebrew with the younger Buxtorf in Basel, including both Esdras Edzardi of Hamburg and Johann Philipp Spener.[12] The relative absence of personal, direct contact between Lutheran Hebraists with Reformed (or indeed Catholic) Hebraists did not indicate a lack of interest in their work. Lutheran scholars remained in touch with Hebrew scholarship outside of their tradition through reading their books, made available to them through the vibrant German Hebrew book trade.

While universities were the most important centers of Hebrew scholarship, several prominent German aristocrats supported Hebrew-related projects during the early to mid-seventeenth century. Count Ludwig of Anhalt-Köthen was confessionally Reformed, not Lutheran, but he briefly made Köthen a center of oriental scholarship with the help of Lutheran Hebraists Wolfgang Ratke, Christoph Helwig, and Martin Trost. Ratke was most interested in language instruction, and asserted that he had invented a revolutionary new method of teaching Hebrew. He required his students, including Johannes Buxtorf the elder, to sign a pledge not to reveal any of his methods before he taught them.[13] He had the opportunity to put his theories into practice by teaching in the Köthen school. Helwig's posthumously published *Sprachkünster* (1619) shows the influence of Ratke's methods.[14] More important for the development of Lutheran Hebrew scholarship, however, were the Köthen Syriac imprints. Martin Trost was the chief editor of the Syriac New Testament and two smaller Syriac printing imprints produced at Köthen, working at the printing firm funded by Count Ludwig.[15] The count also supported the work of two Jewish converts, Christian Gerson and Christian Paul, who were to translate Jewish books from Hebrew into German.[16]

Duke Ernst the Pious of Saxe-Gotha also had an interest in pedagogical reform. He was a patron of Andreas Reyher, whom he hired to direct

---

11   Stephen G. Burnett: From Christian Hebraism to Jewish Studies: Johannes Buxtorf (1564–1629) and Hebrew Learning in the Seventeenth Century. Leiden 1996, pp. 259–267.
12   Johannes Wallmann: Philipp Jakob Spener und die Anfänge des Pietismus. Tübingen 1970, pp. 92–96, 124 n. 3, and Braden: Hamburger Judenpolitik (fn. 3), p. 310.
13   Kordes: Wolfgang Ratke (fn. 2), pp. 71–72.
14   Ibid., pp. 369–370. VD17 14:023031D.
15   Klaus Conermann: Die fürstliche Offizin zu Köthen. Druckerei, Verlagswesen und Buchhandel im Dienste des Ratichianismus und der Fruchtbringenden Gesellschaft (1618–1644/50). In: Wolfenbütteler Barock-Nachrichten 24/1 (1997), pp. 121–178. Syriac New Testament: VD17 39:127647H NT (1621); 1:053144Y (1622); Divi Johannis Apostoli et Evangelistae Epistola Catholica prima Syriacae, adjuncto e regione charactere Hebraeo & versione Latina (1621, reprinted 1632); VD17 7:666176N; S[ancti] Marci Evangelistae Evangelium Syriace: Literaris & punctis hebraicis, apposita e regione versione Latina (1622), VD17 23:240122H.
16   Conermann: Die fürstliche Offizin, pp. 156–157, note 97. Verzeichnüss der hebräischen sachen so durch Christian Paulen verdolmetschet und nit verdolmetschet, Landeshauptarchiv Sachsen-Anhalt – Abteilung Dessau, Abt. Köthen C18 Nr 55, fols. 273r–274r.

the Gotha Gymnasium in 1641.[17] Reyher's teaching interests also included Hebrew pedagogy, and he not only wrote several Hebrew grammars of his own, intended for school use, but also arranged for their printing in the newly opened Gotha press.[18] Duke Ernst would also hire Solomon Glassius to serve as church superintendent of Gotha from 1640 until his death.[19]

Duke August the Younger of Braunschweig-Wolfenbüttel was known throughout Europe for the size and diversity of his library, but his interest in Hebrew-related subjects was limited and only became publicly known during the last decade of his life. The duke had long wished to revise the Luther Bible translation, and twice used his authority as one of the regents of the University of Helmstedt to hire Hebrew scholars with the understanding that they would work on this translation. Both Johannes Baldovius (1639–42) and Johannes Saubert the Younger (1660) worked on Duke August's translation.[20] This project ended with the death of its patron in 1666.

Lutheran Germany possessed then a critical mass of Hebrew scholars who were able to read biblical and post-biblical Hebrew, an infrastructure of university positions, and several important patrons who were willing to support Hebrew scholarship, even to the extent of paying the costs of its publication. The other two preconditions for Hebrew scholarship, active Hebrew presses and well-stocked libraries, we will consider in connection with the Hebrew book trade in Lutheran Germany.

2. The German Hebrew Book Trade, 1601–1660[21]

Lutheran Hebrew scholars relied upon the book trade both to supply their own needs and to market the books that they were able to produce. Like the Hebrew printers of Basel, Leiden and other centers of Reformed Hebrew printing, Lutheran Hebrew printers had to rely upon customer demand rather than aristocratic patronage to produce their wares. Over 90% of the

---

17 Annette Gerlach, et al.: Magister Andreas Reyher (1601–1673): Handschriften und Drucke. Gotha 1992, pp. 24–25.
18 Ibid., 28–29. Some of his Hebrew grammar books include VD17 39:144339U, 12:129120Y, 39:146769U, 39:146765P.
19 Steiger: Rezeption der Rabbinischen Tradition (fn. 4), p. 218.
20 Wolf-Dieter Otte: Duke August and his Revision of the Holy Bible. In: Oswald Schönberg (ed.): A Treasure House of Books: The Library of Duke August of Brunswick-Wolfenbüttel. Wolfenbüttel 1998, pp. 147–164, here 154–155. On the careers of Baldovius and Saubert, see Sabine Ahrens: Die Lehrkräfte der Universität Helmstedt (1576–1810). Helmstedt 2004, pp. 14–15, 201.
21 The printing statistics here reflect all Christian Hebraica books printed in Lutheran German cities, whether or not they were written or edited by Lutheran scholars.

Christian Hebraica (267 of 292 imprints) produced in German Lutheran territories appeared in affordable quarto, octavo or duodecimo sizes, rather than the more costly folio format. By 1660 Hebrew presses were active in 33 different cities within Lutheran Germany, but over 70% of the production of Hebrew books took place in the top seven, nearly all of them university towns.[22]

MORE THAN 10 HEBREW IMPRINTS:

Wittenberg	80
Leipzig	35
Jena	22
Nürnberg	21
Hamburg	15
Frankfurt/Main	14
Rostock	14

FIVE TO TEN HEBREW IMPRINTS:

Giessen	10
Tübingen	10
Köthen	7
Strasbourg	7
Altdorf	5
Gotha	5

LESS THAN FIVE HEBREW IMPRINTS:

Erfurt	4
Frankfurt/Oder	3
Goslar	3
Greifswald	3
Königsberg	3
Scheuslingen	3
Ansbach	2
Arnstadt	2

---

22 In my overall statistics I am including books written by Lutheran authors that were printed in non Lutheran cities including Prague (2) and Hanau (2) as well as one book which listed no place of publication on its title page.

Berlin	2
Breslau	2
Gera	2
Halle	2
Lübeck	2
Marburg	2
Stettin	2
Altenburg	1
Coburg	1
Dresden	1
Freiberg/Saxony	1
Helmstedt	1

Since both Frankfurt/Main and Leipzig were cities whose official confession was Lutheranism, Lutheran printers were well placed to use the book fair catalogues to promote their wares. Together, these catalogues comprised the most complete listing of books in print or forthcoming anywhere in Europe, making them useful both to printers of Hebrew and to customers seeking Hebrew books. The Leipzig book fair catalogues, which have been fully preserved from 1594 through 1660 and beyond, attest to the strong demand for Christian Hebraica books within Lutheran Germany.[23] Between 1601 and 1660, 945 Christian Hebrew and Syriac books were printed throughout Europe, and 440 of these appeared in the Leipzig Book Fair catalogues, 46.5% of total production. Some regions of Europe were far better represented than others. Of the Hebraica books produced in German-speaking Europe, 88% were listed (361 of 410). Imprints produced in German Lutheran cities were well represented in the Leipzig catalogues at 61.9% of the total (171 of 276). The proportion of Dutch Hebraica was 57.2% (95 of 166) and for Geneva Hebraica 56.5% (26 of 46). Only one in four Hebraica books produced in France (24.5% or 26 of 106 books) and less still for the Spanish Netherlands (9% or 1 of 11 books) were listed in the catalogues. Other regions or countries such as Italy (4 of 59 imprints or 6.8%) and England (4 of 118 imprints or 3.3%) fared still worse.

---

23 Friedrich Kapp: Geschichte des Deutschen Buchhandels bis in das siebzehnten Jahrhundert. Leipzig 1886; reprint: Leipzig 1970, pp. 489–491. I was able to consult the catalogues on microfiche in the series Kataloge der Buchmessen, Michaelismesse 1594 – Michaelismesse 1699. Hildesheim: Olms, 1986, at the Staatsbibliothek Berlin, the Library of the Freie Universität Berlin, and at the Herzog August Bibliothek, Wolfenbüttel.

The Leipzig book fair catalogues performed well in advertising monumental Hebrew books such as Hebrew or Polyglot Bibles and books written in other Semitic languages such as Syriac. Of the 72 such books that were produced between 1601 and 1660, almost two thirds of them (46 or 63.8%) were advertised in the Leipzig book fair catalogues. Of the twenty-six books that did not appear, twelve of them were printed in Rome. Roman printers sent almost none of their books to the Frankfurt/Main or Leipzig book fairs after 1600. Between 1601 and 1660, a mere 40 Latin and 5 Italian books printed in Rome were advertised in the Frankfurt and Leipzig catalogues, a small fraction of what was produced there.[24] A further three books were printed by the Bishop of Lodève, Jean Plantavit de la Pause in Lodève itself, a town in southern France where no other Hebraica books were produced either before or afterward.[25] While the absence of the Rome imprints would have been a serious gap in coverage because almost all of them (11 of 12) were Syriac imprints, the Leipzig book fair and its catalogues offered a significant, if not exhaustive reporting of new Hebrew-related scholarship. Between the years 1601 and 1660, when significant breakthrough works of scholarship such as the Paris Polyglot Bible appeared, the Leipzig book fair Catalogues routinely reported their appearance and availability.

The books advertised in the Leipzig book fair catalogues found ready customers among Lutheran Hebraists and book buyers for university libraries. Surviving library inventories, both published and unpublished, attest to the interest of both in building Hebraica collections.

LIBRARY OWNER	CHRISTIAN HEBRAICA	JEWISH	TOTAL
Siegel, Georg (1598)	19	31	50[26]
Pappus, Johannes (1610)	199	27	226[27]

---

24 Gustav Schwetschke: Codex Nundinarius Germaniae Literatae Bisecularis. Mess-Jahrbücher des Deutschen Buchhandels. Niewkoop 1963, pp. 41, 44, 52, 68, 60 (sic, pagination incorrect), 62, 68, 72, 79, 83–85, 98, 100, 102, 104, 107, 113, representing 1603, 1605, 1609, 1612–14, 1617, 1619, 1625, 1628–30, 1643, 1645, 1647, 1649, 1651, 1655. No Rome imprints at all were listed between 1631 and 1642 or after 1655.
25 Printer Arnauld Colomiez spent nearly his entire career printing in Toulouse, but between 1640–45 he set up shop in Lodève to print five books, three of them by Jean Plantavit de la Pause. Then he returned to Toulouse where he remained in business until his death in 1666. Louis Desgraves: Répertoire bibliographique des livres imprimés en France au XVIIe siècle, Tom 9: Agde, Aramon, Béziers, Carcassonne, Castelnaudary, Lodève, Mende, Montpellier, Narbonne, Nîmes, Perpignan, Pézenas, Bibliotheca Bibliographica Aureliana, no. 97. Baden-Baden 1983, pp. 65–66. Lodève imprints nos. 7–8 are repeated listings for nos. 4–5, and number 6 is printed (with consecutive pagination) as a part of no. 4.
26 Erlangen UB Sig. Ms 2436, 81r–90r. Siegel's library contained 917 volumes, some of them containing more than one title.
27 Catalogus Bibliothecae Joannis Pappi Theologi P. M. Wolfenbüttel: Herzog August Bibliothek Ms 42 Aug. 2o.

Library owner	Christian Hebraica	Jewish	Total
Ratke, Wolfgang (1620)	98	22	120[28]
Blankenburg, Friedrich (1624)	55	6	61[29]
Müller, Johannes (1644)	15	34	49[30]
Schnell, Sebald (1651)	38	4	43[31]
Dorsche, Johann Georg (1659)	148	10	159[32]
Gerhard, Johann Ernst (1668)	98	1	99[33]
Sennert, Andreas (1678)	109	7	116[34]
University Libraries			
Giessen (1631)	10	1	13[35]
Jena (1635)	111	14	126[36]
Altdorf (1651)	91	39	130[37]
Wittenberg (1678)	148	11	159[38]

While none of these libraries except Altdorf had a significant Judaica collection, even a cursory examination shows that many of them contained Jewish books. The most common kind of Jewish book owned both by indi-

---

28 Gotha FLB Ms Chart B 1026a, pp. 95–101 contains the books in Hebrew, Syriac, and 7 Arabic books. At the time of the inventory, Ratke's library contained 1092 titles in 910 volumes. See Uwe Kordes and John Walmsley: Eine verschollene Gelehrtenbibliothek. Zum Buchbesitz Wolfgang Ratkes um 1620. In: Wolfenbütteler Notizen zur Buchgeschichte 20 (1995), pp. 133–171.
29 Friedrich Blankenburg: Grammatica Linguae Sanctae per Quaestiones et Responsiones plana & facili Methodo. Strasbourg 1625, A7r–A8v. Blankenburg used these authors/books to compose his grammar: »Nomina Auctorum quibus usi sumus«.
30 Johannes Müller: Judaismus oder Judenthumb. Hamburg 1644, fols.)()(3v–)()()(, 1r, Cccccccc 3r- Dddddddd1v (VD17 3:609885T). Müller claimed to have consulted these books, not that he owned all of them. He also used at least three Jewish polemical manuscripts.
31 Erlangen UB Sig. Ms 2436, fols. 190r–193v.
32 Landeshauptarchiv Schwerin Acta Acad VIIIc [Dorsche]. This total includes one Jewish manuscript work.
33 Johann Anselm Steiger and Alexander Bitzel (eds.): Bibliotheca Gerhardina: Rekonstruktion der Gelehrten- und Leihbibliothek Johann Gerhards (1582–1637) und seines Sohnes Johann Ernst Gerhard (1621–1668). Stuttgart-Bad Cannstatt 2002.
34 Andreas Sennert (ed.): Bibliothecae Academiae Wittebergensis Publicae. Wittenberg 1678, 38–46. These books are only what he gave to the library. He probably owned other books as well.
35 Giessen UB, Sig. Ms. 30, pp. 69–171. This total includes two Jewish manuscripts.
36 Jena UB Sig. Ms Prov Q 15, 5. This total includes one Hebrew Bible manuscript.
37 I have reconstructed Altdorf UB's holdings by citing the 1625 catalogue of books in Hebrew and other Semitic languages (Erlangen UB Ms 2437, pp. 323–325) together with the bequest of Schnell.
38 Sennert: Bibliothecae Academiae (fn. 32).

viduals and university libraries were linguistic helps. These included David Kimhi's Hebrew grammar and dictionary, owned by Blankenburg, Müller, Pappus, Ratke, and Siegel, and by the university libraries of Altdorf, Jena and Wittenberg. *Sefer Aruk*, the standard Talmudic lexicon, was owned by Müller and Siegel, as well as by Altdorf and Jena. Elias Levita's books in translation were widely available in these libraries, but so was his untranslated *Sefer Meturgeman*, owned by Siegel and Pappus, and by Altdorf and Jena. Siegel, Pappus and Müller had complete Talmuds, as did the Altdorf and Jena university libraries. Müller, Pappus, Schickard,[39] Schnell, Sennert and Siegel owned rabbinical Bibles, as did all four of the university libraries. Jewish prayer books were also a common element in these libraries: Dorsche, Pappus, Ratke, and Siegel all owned copies, as did Altdorf's library.

Many of these libraries also contained anti-Christian polemical books as well. Isaac Abravanel's commentary on Daniel (*Sefer Maayane ha-Yeshuah*) was frequently used by Jews in Hamburg to refute Christian claims, according to Johannes Müller, and both he and Sennert owned copies of the work. Lutheran scholars beginning with Luther himself were also aware of the contents of *Sefer Nizzahon Vetus*, since Sebastian Münster had substantial portions of it in his *Hebraica Biblia* (1534–35 and 1546), his Hebrew version of the Gospel of Matthew (1537, 1557, 1582), and his polemical dialogue between a Jew and a Christian (1529, 1539).[40] Dorsche and the University libraries of Wittenberg and Jena owned copies of the Münster Bible, and both Sennert and Ratke owned copies of the Gospel of Matthew translation. The Jena university library held a copy of the polemical dialogue.

Curiously, Duke August of Braunschwieg Wolfenbüttel had only a modest Hebrew collection, although in most other respects his library was larger than any other in Europe at the time of his death. Only after Johannes Saubert the younger began to work on the German Bible translation did Duke August begin to acquire significant numbers of Jewish books. Of the 400 or so Hebrew books recorded by Philipp Ehrenberg in his bibliography of Hebrew books held by the Herzog August Bibliothek in 1850, only 27 titles bear call numbers indicating that they were acquired by Duke August

---

39 Walter W. Müller: Hebräische und chaldäische Studien. In: Wilhelm Schickard 1592–1635 (fn. 2), pp. 49–108, here 106.
40 VD16 B2881, B2882 (Bible), B4898, B4899, B4900 (Matthew), M6720 (1539 only). The first printing of Münster's disputation Vikkuah Christiani Hominis cum Iudaeo pertinaciter prodigiosis suis opinionibus & scripturae violentis interpretationibus addicto, Colloquium (Basel, 1529) [Tübingen UB Sig. Ci VII 15a]. On Münster's use of *Sefer Nizzahon*, see Stephen G. Burnett: Dialogue of the Deaf: Hebrew Pedagogy and Anti-Jewish Polemic in Sebastian Münster's Messiahs of the Christians and the Jews (1529/39). In: Archiv für Reformationsgeschichte 91 (2000), pp. 168–190.

himself.[41] In 1665, Duke August ordered the purchase of a Lublin printing of the Talmud from Jacob Pedanke of Hamburg, a work that is apparently no longer a part of the collection.[42] Most of the library's Hebraica collection was acquired by Duke August's immediate successors and by the University of Helmstedt library, which too would later be incorporated into the Herzog August Bibliothek.

The size of the Hebrew collections owned by individual scholars is especially striking. Until well into the eighteenth century scholars were forced to purchase the books that they needed and could not rely on university libraries to support their studies. The libraries of university professors were often the most valuable part of their estates.[43] Yet to purchase high priced Hebrew books could involve considerable sacrifice. When Johannes Buxtorf the elder purchased a Talmud set, it cost him more than twice his annual salary as a professor of Hebrew at Basel to do so.[44]

3. Lutheran Uses of Hebrew[45]

Lutheran Hebraists were not content to adorn their shelves with Hebrew books, whether written by Christians or Jews. They made extensive use of these works in both university teaching and in publishing. The three most important uses that Lutheran Hebraists made of their skill involved the study of Hebrew and other Semitic languages, the Hebrew Bible and

---

41 Wolfenbüttel: Herzog August Bibliothek, Ms Cod. Guelf. BA I 497, available online: diglib.hab.de/wdb.php?dir=mss/ba-i-497&image=00007. Ehrenberg Nos. 18, 21 (2 copies), 22, 50, 52, 95–110 (Lublin Talmud), 113, 114 (2 copies), 123, 128, 141–142, 153, 158, 161, 166, 167, 170, 177, 181, 183, 189, and a further three books without numbers. The Hebraica collection of the Herzog August Bibliothek deserves a more detailed study. Provisionally see Naomi Feuchtwanger: Sie werden lernen von deinen Worten: Kostbare hebräische Bücher in der Herzog August Bibliothek. Wolfenbüttel 1988, and Silke Schaeper's discussion of the collection at www.hab.de/forschung/projekte/hebraica.htm.
42 Kurt Wilhelm: The Duke and the Talmud. In: Kiryat Sefer 12 (1936), pp. 494–497 (Hebrew). Ehrenberg Nos. 95–110.
43 See Paul Raabe: Bibliotheken und gelehrtes Buchwesen: Bemerkungen über die Büchersammlungen der Gelehrten im 17. Jahrhundert. In: Sebastian Neumeister and Conrad Wiedemann (eds.): Res Publica Litteraria: Die Institutionen der Gelehrsamkeit in der frühen Neuzeit. Wiesbaden 1987, pp. 643–661, here 650–651, and Gerhard Streich: Die Büchersammlungen Göttinger Professoren im 18. Jahrhundert. In: Paul Raabe (ed.): Öffentliche und Private Bibliotheken im 17. und 18. Jahrhundert: Raritätenkammern, Forschungsinstrumente oder Bildungsstätten? Bremen and Wolfenbüttel 1977, pp. 241–299, here 258.
44 Burnett: From Christian Hebraism to Jewish Studies (fn. 11), pp. 47–48.
45 The statistics for books written or edited by Lutheran scholars who were active during Glassius' lifetime reflects what they wrote throughout their careers, not only what they wrote between 1601 and 1660. I have not included reprints of earlier Lutheran authors including the many editions of Luther's Small Catechism with Hebrew translation.

biblical interpretation, and books related to Judaism, especially anti-Jewish polemics. Lutheran books related to biblical Hebrew and cognate Semitic languages represented over 63.8% of all Hebraica books produced in Lutheran lands (183/287). The vast majority of these books were Hebrew grammars (128) and dictionaries (35). Lutheran scholars also produced a number of handbooks on more specialized topics such as Hebrew poetry and prose, Hebrew accents and of course Solomon Glassius' monumental *Philologia Sacra*. Lutheran authors also wrote essays on more technical subjects such as Hebrew etymology, poetic meter, and Semitic languages in general.

The overwhelming number of Hebrew grammars and dictionaries produced in Lutheran lands is not surprising since the scholars most likely to purchase Hebrew books were beginning students of Hebrew, as was true elsewhere in Europe. Lutheran Hebrew educators aspired to offer their students not only basic Hebrew instruction, but also instruction in other Semitic languages. Biblical Aramaic instruction probably began among Lutherans when Hebrew instruction did since Matthaeus Goldhahn's early Hebrew grammar *Compendium Hebreae Grammatices* (1523) contained a brief sketch of the language.[46] More formally, Jena began advertising Aramaic instruction in its twice-annual published course listings as early as 1601, followed by Wittenberg only in 1632.[47] Jena also offered the first formal course in Syriac in 1614. Altdorf was the first Lutheran university to offer an Arabic class in 1624, followed in 1632 by Wittenberg.[48] To support instruction in this new subject, Lutheran authors composed six Syriac grammars, beginning with Christoph Crinesisus' *Gymnasium Syriacum* (Wittenberg, 1611), and five Semitic language grammars containing information on Arabic, including Andreas Sennert's *Introductio Brevis ad linguam Arabicam* (Wittenberg, 1650), printed with Hebrew type instead of Arabic characters.[49] While Lutheran Hebraists were not pioneers in the field of comparative Semitics, they were enthusiastic consumers of such works.

The number of Lutheran Hebrew grammars and dictionaries intended for the use of younger students is also striking. At least four German-

---

46 VD16 G 2550.
47 »Malachiae Prophetae explicatione progredietur: Nec non Grammatica praecepta …«. Rector Academiæ Ienensis, M. Petrvs Piscator, Hebraearvm Literarvm Professor Publicus. L. S.: Antisthenem, Philosophvm, Tanta Discendi Cvpiditate flagrasse ... P. P. Ienae 11. Calendas Apriles, anni ... 1601 (Jena 1601), Jena UB Sig. 2 Hist. lit. VI,9(28). Prorector et Consilium Academiae Wittebergensis Publ. Civibus Academicis (1632), downloaded from VD17: 547: 637630N. The University of Altdorf hired Julius Conrad Otto to serve as a professor for Hebrew, Syriac, and Aramaic in 1603. Wolfgang Mährle: Academia Norica. Wissenschaft und Bildung an der Nürnberger Hohen Schule in Altdorf (1575–1623). Stuttgart, 2000, p. 267.
48 Mährle: Academia Norica, p. 271. Wittenberg: Prorector et Consilium Academiae Wittebergensis Publ. Civibus Academicis (1632), downloaded from VD17: 547: 637630N.
49 Crinesius: VD17 1:071333T, Sennert: VD17 3:022090F.

language Hebrew grammars were printed between 1601 and 1660, written by Elias Hutter (1603), Paul Josephus (1613), Christoph Helwig (1619), and Wilhelm Schickard (1629, 1630, 1633).[50] These grammars could only have been intended for school use since university instruction was invariably in Latin. Moreover, both Hutter and Wolfgang Ratke were committed to teaching students Hebrew using the German language as a part of their pedagogical systems. Apart from these German language Hebrew books, some grammars and dictionaries were intended for the use of gymnasium students, including Sebastian Meier's *Compendium lexici hebraei* (1644) and Meno Hanneken's *Tabulae Synopticae Grammaticae* (1660), which were both printed for use in the Lübeck gymnasium.[51] Andreas Reyher's *Prima legendi Hebraice Rudimenta* (1641) was intended for use in the Gotha gymnasium.[52]

Although the primary reason for Hebrew instruction was to make it possible for students to study the Old Testament in its original language, Hebrew instruction also made possible more public and ornamental uses of the language within Lutheran universities. Many Lutheran scholars believed that Hebrew was in fact the »mother of all languages«, following in a tradition that went back at least to Saint Augustine.[53] Since it was the oldest of all languages and a biblical language, mastery of Hebrew made it possible for some scholars to make their mark among their peers through composing Hebrew poetry and orations to demonstrate their skills and to ornament public occasions and ceremonies. Duke August of Braunschweig-Wolfenbüttel received several Hebrew poems honoring him over the course of his long life.[54] Hartmut Bobzin has described a large collection of Hebrew broadsides held by the Erlangen University Library dating from this period that includes occasional poems written in honor of students receiving their degrees, marriages, and deaths.[55] One remarkable broadsheet honored

---

50 Elias Hutter: S. Linguae Cubus Hebraico Germanicus. Hamburg 1603; Paul Josephus: Teutsche Dikduk oder Grammatica das ist richtige unnd kurtze Erklerung der hebreischen spraach (1613) VD17 39:147791G; Christoph Helwig: Hebraeische Sprachkunst: deutsch beschrieben (1619) VD17 14:023035K; Wilhelm Schickard: Der Hebraische Trichter / Die Sprache leicht Einzugiessen (1629, 1630, 1633): VD17 23:293103G, 12:199656P, 23:280796E.
51 Sebastian Meier: Compendium lexici hebraei a Wilhelmo Schickhardo olim editum, nunc vero in usum Scholae Lubecensis seorsim excusum. Rostock 1644; Meno Hanneken: Grammatica Hebraea Cum Tabulis Synopticis. 1660. VD17 12: 128956C.
52 VD17 39:144339U.
53 Augustine: City of God, Bk. XVI, Chap. 11. Steiger: Development of the Reformation Legacy (fn. 1), p. 726.
54 Monika Hueck: Gelegenheitsgedichte auf Herzog August von Braunschweig-Lüneburg und seine Familie (1579–1666). Repertorien zur Erforschung der fruuhen Neuzeit. Vol. 4. Wolfenbüttel 1982, pp. 90 (#170), 100 (#202), 180 (#428), 198 (#477).
55 Hartmut Bobzin: Philologendichtung: Seltene Einblattdrucke aus der ehemaligen Universitätsbibliothek Altdorf. Bibliotheksforum Bayern 24 (1996), pp. 134–147, partially describing Erlangen UB Sig. 2o Ltg II, 100b.

the memory of Sophia, the widow of Saxon Elector Christian I, with poems composed by Bartholomaeus Beck in Hebrew, Syriac, and Aramaic.[56] In 1617, on the occasion of the Reformation anniversary in Wittenberg, Joachim Reichard even composed and published an Arabic poem in praise of Luther.[57] Several Lutheran Hebraists expressed their condolences to the younger Buxtorf at his father's death in the form of Hebrew poetry.[58] Hebrew epigrams, composed to grace the introductions of colleagues and friends, were also not unknown in the Lutheran world. Hieronymus Avianus' *Clavis Poeseos Sacrae* (1628) contains no fewer than seven Hebrew poems written in his honor by Wilhelm Schickard, Daniel Schwenter, Christoph Crinesius, Johann Zechendorff, Bartholomaeus Mayer, and his brother Wilhelm.[59]

Lutheran Hebraists also at times wrote Hebrew prose compositions. Daniel Schwenter went so far as to assert, rather optimistically, that writing letters in Hebrew was an attainment expected not only of Hebrew students but also from Hebrew professors. He himself corresponded in Hebrew with Johann Meelführer, a Hebraist who was the last titular abbot of Heilbronn.[60] Johann Heinrich Dauber once delivered a Hebrew oration in Marburg on the value of Hebrew learning, a speech that no doubt pained those less learned than himself to hear.[61] Dauber's display of Hebrew learning, while perhaps extreme even in its own time, represents a characteristic feature of early modern university life. Public occasions were ornamented by displays of learning in the form of oratory or poetry, and Hebrew expert could demonstrate his expertise by supplying such works in Hebrew or other Semitic languages.

Lutheran Hebraists also printed eighty six books related to the Hebrew Bible (77 titles; 30%). During these years three complete Hebrew Bibles were printed in Lutheran Germany, as well as two polyglot Bibles, one edited by Elias Hutter (Hamburg, 1603) and the other by Martin Geier in Leipzig (1657).[62] Elias Hutter's enormous Polyglot Bible project, containing

---

56 Ibid., pp. 144–145.
57 Ibid., pp. 146–147. Bobzin wryly commented, »Obwohl der arabische Text eine Reihe von Barbarismen aufweist, stellt er doch eine für seine Zeit bemerkenswerte Leistung dar«.
58 Burnett: From Christian Hebraism to Jewish Studies (fn. 11), pp. 32–33, 151 n. 81.
59 VD17 12:127503W. Bobzin: Philologendichtung, p. 136. Schwenter, Zechendorf, and Wilhelm Avianus also included poems in Aramaic, Syriac, and Arabic.
60 Ibid., p. 136. On Christian Hebraist correspondence in Hebrew, see Burnett: From Christian Hebraism to Jewish Studies (fn. 11), pp. 136–145.
61 Johann Heinrich Dauber: Oratio Hebraico Rabbinica De Utilitate et Necessitate Linguae Hebraicae et ejus Studio recte Instituendo. Marburg 1630. [Hannover: Niedersächsische Landesbibliothek].
62 Opus quadripartitum Sacrae Scripturae: Continens s. biblia, sive libros Veteris et Novi Testamenti, omnes quadruplici lingua, Ebraica, Graeca, Latina et Germanica. Hamburg 1603, VD17 3:008361E; Biblia Universa. Et Hebraica quidem: cum Latina interpretatione Xantis

only Genesis through Judges, deserves special mention since it included not only the Old Testament texts in Hebrew and Greek, but also Slovenian, Polish and other languages.[63] In addition, three New Testaments were printed, one a polyglot, also edited by Elias Hutter (1603), and two printings of the Syriac New Testament, edited by Martin Trost in Köthen (1621, 1622).[64] There were eighteen printings of single biblical books (including five in Syriac), eighteen anthologies of biblical texts, and a further twelve with philological commentary. Three different biblical concordances appeared in four volumes, and a further ten essays on subjects related to the biblical text, including four on the contentious issue of the age and authenticity of the vowel points.[65] These imprints of course include only a few of the Hebrew Bibles used by Lutheran Hebraists since such works were readily available in Leipzig and elsewhere in Lutheran Germany.

Lutheran Hebraists in Glassius' day were enthusiastic users of Jewish rabbinical Bibles, taking full advantage of Buxtorf's expurgated and somewhat expanded version, printed in 1618–1619.[66] They followed in the footsteps of Luther and his »Sanhedrin« of biblical experts who consulted both the first and second editions of the Bomberg Rabbinical Bible when they revised Luther's German translation.[67] There was nothing especially controversial about using the Hebrew Bible text, the Targums or even the Masorah from Rabbinical Bibles for biblical study, but the Jewish biblical commentaries of Rashi, David Kimhi, and Abraham Ibn Ezra were another matter. Even Johannes Buxtorf, a vigorous proponent of their use,

---

Pagnini Lucensis: Benedicti Ariae Montani Hispal. Et Quorundam aliorum collato studio ad Hebraicam dictionem diligentissime expensa. Leipzig 1657, VD17 3:006804G.

63 Lore Sporhan-Krempel and Theodor Wohnhaas: Elias Hutter in Nürnberg und seine Biblia in etlichen Sprachen. In: Archiv für Geschichte des Buchwesens 27 (1986), pp. 157–162.

64 Novum Testamentum Harmonicum, Ebraice, Graece, Latine & Germanice. Nürnberg 1603, VD17 39:129757D; Novum Domini nostri Jesu Christi Testamentum Syriace. Köthen 1621, VD17 39:127647H; VD17 1:053144Y (1622).

65 Nicolaus Oelschlegel: Tractatus brevis et perspicuus de punctis vocalibus Hebraeor an videlicet ejusdem sint antiquitatis cum 22 literis sive consonantibus (1614), VD17 3:013889N; idem: Discursus de Punctis Hebraeorum An Vide Licet Sint Eiusdem antiquitatis cum consonantibus sive literaris & ad scripturae hebraicae in codice Veteris Testamenti essentiam ac integratem pertineant in quo Potissimum Argumenta Matthiae Flacij Illyrici affirmativam statuentis, nec non Roberti Bellarmini Iesuitae [phluariai] examinantur & refutatur (1616) VD17 1:057957P; Matthaeus Hafenreffer: Revelator Punctorum vigilantissimus. Hoc Est, Praeceptiones, Nova Methodo Ac Via Punctandi Rationem & artificium, in Hebraea Lingua explicantes (1613), VD17 23:282672Q; Idem: Revelator punctorum hebr. vigilantissimus h. e. praeceptiones nova methodo ac via punctandi rationem et artificium in hebr. ling explicans (1618), VD17 12:128461U.

66 Burnett: From Christian Hebraism to Jewish Studies (fn. 11), pp. 171–195.

67 Stephen G. Burnett: Reassessing the Basel-Wittenberg Conflict: Dimensions of the Reformation-Era Discussion of Hebrew Scholarship. In: Allison P. Coudert and Jeffrey S. Shoulson (eds.): Hebraica Veritas? Christian Hebraists and the Study of Judaism in Early Modern Europe. Philadelphia 2004, pp. 181–204, here 194.

asserted that they contained interpretations that were »perverse and false«.⁶⁸ Towards the end of Glassius' career Lutheran universities began to advertise the availability of instruction in »rabbinic« Hebrew. Samuel Bohl was the first to do so at the University of Rostock in his series of disputations on the Book of Malachi produced in his »Collegium Rabbinicum« during 1637.⁶⁹ By 1648, Hackspan offered private instruction in rabbinic Hebrew at Altdorf, and the next year Frischmuth did so at Jena.⁷⁰

Lutheran Hebraists during the early seventeenth century, like their Reformed counterparts, became much more sophisticated users of both the Hebrew language, of comparative Semitics, and of Jewish commentaries. This sophistication is reflected at a theoretical level in the advice given to theology students by both Johann Gerhard and his student Solomon Glassius regarding Hebrew books and learning.⁷¹ Gerhard asserted that knowledge of Aramaic and Syriac was necessary in order to read the Targums, to understand the Aramaic expressions of the New Testament, and to become acquainted with the Bible commentaries of the Rabbis.⁷² Gerhard's own mature Old Testament scholarship reflects his commitment to Hebrew education, above all in his *Commentarius super Genesin* (1637) that was in press at the time of his death. When approaching the interpretive crux of the meaning of »Shiloh« in Genesis 49: 11, Gerhard argued on the basis of Rabbi Kahana's comment, the Targum translation, and the »confessio veterum Rabbinorum« that it was evident that the term could only refer to the messiah.⁷³ Not all Lutheran theologians felt that such expertise in Jewish exegetical literature was really necessary. Steiger noted that Lucas Osiander the Elder believed that it was »a waste of time and lamp oil to read rabbinical writings and that knowledge of biblical Hebrew was sufficient«.⁷⁴

Lutheran Hebraists also were concerned about the controversy over the age and canonicity of the Hebrew vowel points. While the polemical battle over the vowel points took place primarily between the elder and younger Buxtorf and Louis Cappel, together with a host of lesser-known supporters

---

68 Burnett: From Christian Hebraism to Jewish Studies (fn. 11), p. 187.
69 VD17 1:058782P.
70 Series Lectionum et Aliorum Academicorum Exercitiorum Tam Publicorum, Quam Privatorum. Altdorf, [1648], Erlangen UB Sig. 4 Ltg II, 100d, and Rector Academiae Jenensis Gothofredus Cundisius ... Magnam temporis. Jena, 1649, VD 17: 23:275478K.
71 Johann Anselm Steiger has conveniently made this information available in his important article Die Rezeption der Rabbinischen Tradition im Luthertum (fn. 4), pp. 197–203, 218–232, 243–252.
72 Steiger: Development of the Reformation Legacy (fn. 1), p. 728.
73 Ibid., p. 730.
74 Ibid., p. 729. Similarly, A. Waleus, professor of Theology at Leiden, asserted in 1620 that a moderate knowledge of Hebrew was enough for a theologian. Peter T. Van Rooden: Theology, Biblical Scholarship and Rabbinical Studies in the Seventeenth Century: Constantijn L'Empereur (1591–1648) Professor of Hebrew and Theology at Leiden. Trans. J. C. Grayson. Leiden 1989, p. 55.

in France, the Netherlands, and England, the issued concerned Lutheran Hebraists as well. The age of the vowel points mattered to them because it had become a standard Catholic argument against the authority of the Bible since without the points the Hebrew Bible was far less clear (perspicuous) than Protestants had asserted.[75] Consequently most Lutheran Hebraists sided with the Buxtorfs. In 1625, Laurentius Fabricius wrote to the elder Buxtorf, urging him to write a refutation of Cappel's position.[76] Lutheran concern over the vowel points controversy is best traced, however, in Lutheran university course listings and disputations. In Jena, Solomon Glassius lectured on textual difficulties in 1623, asserting that the purity of the Hebrew Bible text was vindicated.[77] A number of disputations held in Wittenberg between 1629–33, including Wilhelm Leyser, *Disputatio publica, imprimis Becani rationes, an Lutheri Dei verbum habeant* (1629), Jacob Weller's *De maxime necessaria quaestione an puncta Hebraea literis coaeva* (1631–32), and Martin Trost's *De mutatione punctorum Ebraeorum generali fundamenta quatuor explicata* (1633) reflect Lutheran concern over the issue.[78] The titles of these disputations also reflect the broader concern of Lutherans that Hebrew philology should serve as a weapon in their polemical arsenal against Catholic polemicists such as James Huntley and Martin Becanus.

A final small but significant area of published study within Lutheran Christian Hebraism concerned Judaism (18 imprints, 6.3%). The most important of these books were Lutheran polemical works against Jews and Judaism. While Lutheran encounters with Jewish scholars and texts have been overshadowed by those that took place in the early modern Netherlands and Italy, Lutheran Hebraists lived in close proximity to Jewish scholars in the Nuremberg area and above all in Hamburg. Theodor Hackspan of Altdorf actually stole a manuscript copy of Lipman Muhlhausen's *Sefer Nizzahon* from a rabbi he knew in Schnaittach, and had several of his students

---

75 Appold: Orthodoxie als Konsensbildung (fn. 5), pp. 100–101.
76 Laurentius Fabricius to Johannes Buxtorf, Wittenberg, 24 August 1625. See Burnett: From Christian Hebraism to Jewish Studies (fn. 11), p. 237 and n. 167.
77 »Salomon Glassius explicationem difficiliorum; & vindicationem Controversorum Codiciis Hebraea oraculorum aggredietur …«. Rector Academiæ Jenensis Johannes Gerhardus S.S. Theologiæ Doctor, & cæteri Professores L. S. P.: Si Operæ precium facere velimus in literarum studiis, ut velle debemus omnes, & ... esse nos, & ... oportet ... ; P. P. die 5. Octobr. A. O. R. 1623. [Jena], 1623. Jena UB, Sig. 2 Hist. lit. VI,11(83).
78 Appold: Orthodoxie als Konsensbildung (fn. 5), p. 100 and n. 59. Wilhelm Leyser: Disputatio Publica, in qua imprimis Becani rationes, an Lutheri Dei verbum habeant (1629), VD17 12:173674D; Jacob Weller: Disputatio Kataskeuasikē De maxime necessaria quaestione An puncta Hebraea literis coaeva (1631), VD17 12:179870L, and idem: Disputatio Secunda De maxime necessaria quaestione An Puncta Hebraea literis coaeva, Quae est anaoeeyasieon Prima (1631), VD17 14:062267P; Martin Trost: De mutatione punctorum Ebraeorum generali fundamenta quatuor explicata (1633) VD17 547:657013W.

hurriedly copy it so that he could study it.⁷⁹ Johannes Müller, a Lutheran minister in Hamburg, on many occasions discussed Judaism with Jews. He confided to Johannes Buxtorf the younger,

> The rabbis of the Spanish synagogues here, R. Abraham de Fonseca and R. David Cohen de Lara, have very often spoken with me about the Christian religion and urged against me, when I spoke of the abolition of sacrifices, the authority of a Jew who is called Isaac Abarbanel. They boast of him excessively, and say that in his commentary on Daniel he has an answer to all the Christian arguments separately.

Müller went on to ask Buxtorf whether he would send a copy of Buxtorf's unpublished Latin translation of the work so that he could refute his opponents there.⁸⁰

Müller was also deeply disturbed by several polemical books in manuscript that were circulating among Hamburg Jews, most notably Isaac Troki's *Hizuq Emunah*.⁸¹ While the theological example of later Luther explains a part of the polemical tone that Lutheran Hebraists such as Müller took toward Jews and Judaism, encounters with living Jewish scholars and their arguments also played a role.

The most important of these Lutheran polemics were publications of Jewish books that had been written against Christianity. Wilhelm Schickard owned a polemical manuscript, *Sefer Ahitub we Zalman*, which he published under the title *Triumphator Vapulans* in 1623. He was given the manuscript by Lucas Osiander, who inherited it from his grandfather Andreas.⁸² In 1644, Theodor Hackspan published Lipman Muehlhausen's *Nizzahon*, together with a Latin refutation. His student Sebald Schnell held four disputations on excerpts from the book.⁸³ Schickard and Hackspan surprisingly had no trouble from the authorities printing »Jewish blasphemies« and apparently

---

79 Hartmut Bobzin: Der Altdorfer Gelehrte Johann Christoph Wagenseil und seine Bibliothek. In: Peter Schaefer and I. Wandrey (eds.): Reuchlin und seine Erben. Stuttgart 2005, pp. 77–95, here 81.
80 Johannes Müller to Johannes Buxtorf the younger, Hamburg, 12 October 1641. See Van Rooden: Theology, Biblical Scholarship and Rabbinical Studies (fn. 71), p. 170 (van Rooden's translation).
81 Braden: Hamburger Judenpolitik (fn. 3), p. 189.
82 Nissahon bli nasah sive Triumphator Vapulans. Hoc est Refutatio Blasphemi et Maledictissimi cuiusdam libri Hebraica, ultra trecentos annos inter Judaeos elam habiti, nunc in apricum producti. Tübingen 1623, A2r [Göttingen SUB 8 Rabb 342/5]. While Schickard used other Jewish polemical books to prepare his printing of this book, notably Buxtorf's manuscript copy of Sefer Nizzahon, the text he printed was Ahitub we-Zalman. I compared parts of Nissahon, 10 (where the transcription begins) with Jewish Theological Seminary Ms. Cod Adler 1663, 1r to confirm this. On Schickard's use of Nizzahon, see William Horbury: The Basle Nizzahon. In: Journal of Theological Studies 34 (1983), pp. 497–514.
83 VD17 23:275648A, VD17 23:275650W (both 1643), VD17 23:275652M, VD17 23:275654B (both 1645).

had no qualms of conscience either.[84] Both the younger Buxtorf in Basel and Constantin L'Empereur in Leiden translated Jewish polemical manuscripts into Latin and considered printing them, but never did so, in part out of fear of what other uses besides anti-Jewish polemics they might be put to by skeptical Christians.[85] A generation later Wagenseil would publish his famous two volume anthology of Jewish polemical books, *Tela Ignea Satanae* (1681) in Nuremberg, similarly untroubled by the authorities.[86]

Lutheran authors also published six polemical works against Jews and Judaism. Two of these works were written by Jewish converts, Julius Conrad Otto's *De Gali Razia* (1605, 1613), and Johann Salomon's *Triginta septem Demonstrationes* (1660).[87] The other three were apologetically oriented works, whose aim was not to convert Jews so much as to put Christians on their guard concerning the potential dangers of Jews and their beliefs. They were Michael Havemann's *Theognosia antiquissima, mosaica, prophetica, rabbinica, concisè ac nervose ostendens* (1651), Theodor Hackspan's *Miscellaneorum Sacrorum* (1660), and, most importantly, Johannes Müller's *Judaismus oder Jüdenthumb* (Hamburg, 1644). *Judaismus* was a massive 1490 page book in quarto, which contained nearly the entire arsenal of anti-Jewish argumentation used by Christian Hebraists in his day.[88] Following an 86 page introduction, Müller devoted pages 87–1384 to what he termed »differences in questions of faith«, especially differences in the way that Christians and Jews interpreted some passages in the Hebrew Bible. Müller spent two hundred pages discussing four messianic passages: Genesis 49, Haggai 2, Daniel 9, and Micah 5 (182–420). Müller devoted the final section of the book to issues related to Jewish residence in a Christian society. For example, Müller strongly opposed magisterial toleration of private Jewish worship, since it was not only a theological error but also blasphemous. Any Christian in a position of authority who tolerated Jewish worship would have to answer for it on the Day of Judgment, asserted Müller.[89] He also strongly opposed Christian patients consulting with Jewish physicians.[90] Apart from Müller's promi-

---

84 On the potential political sensitivity of allowing »Jewish blasphemy« to appear in print, see Stephen G. Burnett: Hebrew Censorship in Hanau: A Mirror of Jewish-Christian Coexistence in Seventeenth Century Germany. In: Raymond B. Waddington and Arthur H. Williamson (eds.): The Expulsion of the Jews: 1492 and After. New York 1994, pp. 199–222; available online: digitalcommons.unl.edu/classicsfacpub/46.
85 Van Rooden: Theology, Biblical Scholarship and Rabbinical Studies (fn. 71), pp. 171–173.
86 VD17 12:113135P.
87 Friedrich: Zwischen Abwehr und Bekehrung (fn. 3), pp. 42, 93, n. 46.
88 VD17 3:609885T.
89 Braden: Hamburger Judenpolitik (fn. 3), p. 192.
90 Gerhard Müller: Der Judenarzt im Urteil lutherisch-orthodoxer Theologen 1642–1644. In: H. J. Greschat and H. Jungraithmayr (eds.): Wort und Religion: Kalima na dini: Studien zu Missionswissenschaft, Religionswissenschaft, Afrikanistik. Ernst Dammann zum 65. Geburtstag. Stuttgart 1969, pp. 370–376.

nence as a leading pastor in Hamburg (from 1648–1672 he was the Senior Pastor of the Hamburg church), his familiarity with and use of the works of other Christian Hebraists and Jewish converts, and his ability to read Jewish books for himself and to use their contents in his arguments made *Judaismus* one of the important anti-Jewish polemical books written during the seventeenth century.[91] The new knowledge of Judaism that emerged through the works of Christian Hebraists did not necessarily make Christians more tolerant of Judaism, only better informed about it.

The final ten Lutheran works related to Judaism are a mixed lot. Four of them were collections and translations of Jewish texts composed by Jacob Ebert, and reprinted by his son Theodor, including two printings of Hai Gaon, *Institutio intellectus cum elegantia. Carmina moralia Ebraea* (1593, 1628).[92] Johann Stephan Rittangel, one-time professor of Hebrew at Königsberg, translated both the Passover Haggadah (1644) and *Sefer Yetsirah* (Amsterdam, 1642), a fundamental text for study of the Kabbalah. Georg Gentius translated both Solomon ibn Verga's History of the Jews (Amsterdam, 1651) and Moses Maimonides' *Canones ethici* (Amsterdam, 1640) into Latin.[93] The final two works were Martin Geier's *De Ebraeorum luctu lugentiumque ritibus* (1656)[94] and the anonymous *Theologiae Talmudicae Specimen* (Altdorf, 1660).[95] Both of these final works reflect an interest in Jewish antiquarianism, a wish to learn more about the culture both of ancient Israel and second Temple Judaism, that motivated non-Lutheran Christian Hebraists to study the literature of Judaism as well.

In the days of Solomon Glassius Christian Hebrew scholarship flourished in Lutheran Germany. Despite the Thirty Years War, Hebraist writers continued to publish and for most of the war the Leipzig book fair continued to function, supplying both German and foreign Hebraist books to customers. German Hebrew scholarship was founded upon a strong institutional base of university professorships of Hebrew, who in turn taught successive generations of pastors the rudiments of Hebrew and thereby created a market for Hebraist books. Lutheran Germany was not an innovative center of Hebrew scholarship in Glassius' day; the most important advances in Hebrew Semitic scholarship took place in Basel, Paris, the Dutch

---

91 Friedrich: Zwischen Abwehr und Bekehrung (fn. 3), p. 80.
92 Hai Gaon: Musar haskel Bimlitzah. Institutio Intellectus cum Elegantia. Carmina moralia Ebraea R. Chaij, in Latinum conversa, & in politioris iuventutis usum edita, trans. Jacob Ebert. Frankfurt/Oder: Eichhorn, 1593. (Basel UB Sig.FA VIII 13 /3). See also VD17 75:705001B (1627), 14:626878C (1628), and 23:244189T (1630).
93 Aaron L. Katchen, Christian Hebraists and Dutch Rabbis. Seventeenth Century Apologetics and the Study of Maimonides Mishneh Torah. Cambridge, Mass., 1984, pp. 247–254.
94 VD17 1:051409T.
95 VD17 3:609688E.

Republic, and increasingly in England.⁹⁶ Only a few Lutheran Hebraists such as Glassius, Hackspan, Müller, and Schickard became well known outside of Lutheran Germany through their books. Lutheran Hebraists were, however, avid consumers and popularizers of Hebrew scholarship produced elsewhere in Europe. The number of Lutheran Hebraist authors, nearly half of the total, who were unaffiliated with universities is quite striking. Hebrew learning was too important to Lutherans to be restricted to a small circle of experts. Unlike the Hebrew presses of Basel, Amsterdam and Leiden, which were dependent upon exports to make a profit, the Hebrew presses of Germany could depend upon a strong regional customer base throughout this period. Together with the Reformed Christian Hebraists they diligently helped to create what van Rooden termed the »technical apparatus« of philological knowledge by which »the Bible was investigated with more and more highly developed tools and questions in which the scriptures gradually came ... to be treated as an ordinary text«.⁹⁷ This commitment to philological learning, especially studying Semitic languages related to Hebrew, grew out of the Lutheran Orthodox ideals of biblical study. Only later, over the course of the next century, would the two ideals part company.⁹⁸

Appendix: Lutheran Christian Hebraists, 1601–1660

1. Hebraica Authors

Avianus, Hieronymus	Student
Baldovius, Johann	Professor of Hebrew
Balduin, Friedrich	University Professor
Bangert, Heinrich	Latin School Teacher
Beck, Bartholomaeus	Latin School Teacher

---

96 Stephen G. Burnett: Later Christian Hebraists. In: Hebrew Bible/Old Testament: The History of its Interpretation, Vol. 2: From the Renaissance to the Enlightenment (fn. 1), pp. 785–801.
97 Van Rooden: Theology, Biblical Scholarship and Rabbinical Studies (fn. 71), p. 10.
98 Anna-Ruth Loewenbrueck: Johann David Michaelis' Verdienst um die philologisch-historische Bibelkritik. In: Henning Graf Reventlow, Walter Sparn and John Woodbridge (eds.): Historische Kritik und biblischer Kanon in der Deutschen Aufklärung. Wiesbaden 1988, pp. 157–170.

Beringer, Michael	Professor of Hebrew
Blankenburg, Friedrich	Professor of Hebrew
Bockwitz, Balthasar	Latin School Teacher
Bohemus [Boehme], Johann	Latin School Teacher
Bohl, Samuel	Professor of Theology
Botsack, Johann	Pastor
Crinesius, Christoph	University Professor
Dilherr, Johannes Michael	University Professor/Pastor
Doeling, Johannes	Pastor
Ebert, Jacob	Professor of Hebrew
Faber, Georg	Latin School Teacher
Fabricius, Laurentius	Professor of Hebrew
Fessel, Daniel	Pastor
Gallus, Philipp [Hahn]	Pastor
Geier, Martin	Professor of Hebrew
Gentius, Georg [Gentze]	Scholarly Secretary
Gerhard, Johann Ernst	Professor of Hebrew
Gerschow, Jakob	Professor of Hebrew
Gesius, Gottfried	Pastor
Gibelius, Abraham	Pastor
Glass, Salomon	Professor of Hebrew
Grabow, Peter	Professor of Hebrew
Graser, Konrad	Latin School Teacher
Hackspan, Theodor	Professor of Hebrew
Hafenreffer, Matthaeus	Professor of Theology
Hanneken, Meno	Professor of Hebrew
Hartmann, Philipp	Pastor
Hasen, Joachim	Pastor
Havemann, Michael	Pastor
Helvigius, Andreas	University Professor
Helwig, Christoph	Professor of Hebrew

Helwig, Martin	Professor of Hebrew
Hutter, M. Elias	Professor of Hebrew
Josephus, Paul	Jewish Convert
Kilius, Georg [Keil]	Pastor
Kircher, Conrad	Pastor
Kirsten, Peter	Physician
Ledebuhrius, Caspar	Student
Marci, Matthaeus	Pastor
Martini, Lucas	Pastor
Mayer, Bartholomaeus	Latin School Teacher
Meelfuehrer, Johannes	Latin School Teacher
Megiser, Heinrich	Latin School Teacher
Mueller, Johannes	Pastor
Mylius, Andreas	Professor of Hebrew
Natus, Fabricius	Pastor
Oelschlegel, Nicolaus	Latin School Teacher
Oheim, Johann Philipp	Pastor
Osiander, Lucas the elder	Professor of Theology
Otto, Julius Conrad	Professor of Hebrew
Petri, Friedrich	Pastor
Pistorius, Theophil	University Professor
Rachelius, Joachim	Pastor
Radicius, Georg [Radike]	University Professor
Reuden, Ambrosius	Professor of Hebrew
Reyher[us], Andreas	Latin School Teacher
Rittangel, Johann Stephan	Professor of Hebrew
Roessel, Paul	University Professor
Rosberg, Benedict	Pastor
Rump, Heinrich	Professor of Hebrew/Latin School Teacher
Salomon, Johann	Jewish Convert
Saubert, Johann the Younger	Professor of Hebrew

Scheibler, Christoph	Latin School Teacher
Scheraeus, Bartholomaeus	Pastor
Schickard, Wilhelm	Professor of Hebrew
Schindler, Valentin	Professor of Hebrew
Schneegass, Elias	Lawyer
Schroeter, Sebastian	Professor of Hebrew
Schwenter, Daniel	Professor of Hebrew
Seidel, Caspar	Pastor
Seifart, Tobias	Latin School Teacher
Sennert, Andreas	Professor of Hebrew
Sorgerus, Jacobus	Latin School Teacher
Spindler, Johann	Latin School Teacher
Trost, Martin	Professor of Hebrew
Vulpius, Henricus	Latin School Teacher
Walper [Gualtperius], Otto	Professor of Hebrew
Walther, Michael	University Professor
Zechendorff, Johannes	Latin School Teacher

2. Professors of Hebrew, 1601–1660

Baldovius, Johann	Wittenberg, 1634; Leipzig, 1638–39; Helmstedt, 1639–42
Bauer, Andreas	Leipzig, 1633–37
Beringer, Michael	Tübingen, 1599–1618
Blankenburg, Friedrich	Strasbourg, 1615–25
Boccius [Bock], Samuel	Erfurt, 1650–1655
Bohl, Samuel	Rostock, 1638–1639
Botsack, Johannes	Wittenberg, 1625–1631
Christiani, David	Giessen, 1646
Elsner, Bartholomaeus	Erfurt, 1633–?
Ernesti, Hieronymus	Königsberg, 1641–44

Fabricius, Laurentius	Wittenberg, 1593–+1629
Frischmuth, Johann	Jena, 1649–1652; 1655–after 1660
Geier, Martin	Leipzig, 1639–1658
Gerdes, Johann	Greifswald, 1655–?
Gerschow, Jacob	Greifswald, 1628–1650
Gisenius, Johannes	Giessen, 1617–1619
Glass, Salomo	Jena, 1621–1625
Gorlov[ius], Stephan	Königsberg, 1647–78?
Grabow, Peter	Greifswald, 1605–1612
Graul, Jacobus	Leipzig, 1618–1633
Gros, Benedictus	Strasbourg, 1625–1647
Hackspan, Theodor	Altdorf, 1636–1654
Hanneken, Meno	Marburg, 1627–1646, Giessen, 1627–1643
Hasse [Hassaeus], Markus	Rostock, 1593–1620
Hein, Stephen	Rostock, 1621–1643
Helwig, Christoph	Giessen, 1605–1617
Helwig, Martin	Giessen 1620–1623
Heinecke, Heinrich	Rinteln, 1622–1626
Hilpert, Johannes	Helmstedt, 1652–1666?
Maskow, Nicolaus	Greifswald, 1659–1668
Mentzer, Balthasar,	Rinteln, 1646–1651, Giessen, 1651–52
Misler, Johann Nicolaus	Giessen, 1652–1671
Molitor, Christoph	Altdorf, 1660–1674
Mylius, Andreas	Königsberg, 1641
Mylius, Georg	Königsberg, 1598–1614
Myslenta, Cölestin	Königsberg, 1619–1626
Neubauer, Christian	Erfurt, 1657
Otto, Julius Conrad	Altdorf, 1603–1607, Edinburgh, 1642
Piscator, Peter	Jena, 1597–1611
Pouchenius, Levin	Königsberg, 1626–1635
Radike, Georg	Königsberg, 1614–1620

Raith, Balthasar	Tübingen, 1657–1680
Rittangel, Johann Stephan	Königsberg, c. 1650
Salicetus, Tobias	Helmstedt, 1605–1625
Saubert, Johann	Helmstedt, 1660–1673, Altdorf, 1673–?
Scheid, Balthasar	Strasbourg, 1649–1670
Scherzer, Johann Adam	Leipzig, 1658–1667
Schickhard, Wilhelm	Tübingen, 1619–1631
Schindler, Valentin	Wittenberg, 1571–1592, Helmstedt, 1593–1604
Schrader, Christoph	Helmstedt, 1636–39?
Schroeter, Sebastian	Erfurt, 1643–1650+
Schwallenberg, Henricus	Leipzig, 1593–1618
Schwenter, Daniel	Altdorf, 1607–1636
Sennert, Andreas	Wittenberg, 1638–1689
Slevoight, Paul	Jena, 1625–1654/5
Speccer [Specker], Tobias	Strasbourg, 1594–1615
Stampelius, Georg	Frankfurt/O, 1600–1613
Starkloff, Heinrich	Erfurt, 1625–1637
Staudius, Johannes Hier.	Greifswald, 1650–1656
Stenger, Nicholas	Erfurt c.1655–1661
Steuber, Johannes	Marburg, 1625–1643, Giessen, 1620–1627
Stisser, Ernst	Helmstedt, 1628–1636
Titius, Gerhard	Helmstedt, 1646–1650
Trost, Martin	Rostock, 1625, Helmstedt 1625–26, Wittenberg 1628–36
Varenius, Augustus	Rostock, 1643–1663
Vogt, Albert	Greifswald, 1660–1667?
Walther, Balthasar	Jena, 1612–1621
Weidmann, Modestinus	Erfurt, 1590–1625
Weller, Jacob von Molsdorff	Wittenberg, 1636–1639
Wudrian, Valentin	Greifswald, 1611
Zapfens [Zapf], Nicolaus	Erfurt, 1637–1643

Scott Mandelbrote

›Bondage in Babylon‹.
The Bible, freedom of conscience, and ideas of civil liberty in England, c. 1640 – c. 1750

When the Quaker prophet, Edward Burrough (1633–1663) died in Newgate on 14 February 1663, his friends and co-religionists knew that they should commemorate him in print. Burrough had been an active apostle for the Quakers, visiting Dunkirk and Ireland, as well as campaigning in the north of England. His greatest achievements as a preacher and evangelist, however, had come in the cities of Bristol and, especially, London. There this Lancashire farmer's son displayed wit and courage in spreading the Quaker message in a hostile environment, demanding the attention of his audience through his physical presence and bravado as well as through verbal rhetoric and argument. Burrough thought nothing of climbing into the wrestling ring after the conclusion of a bout to harangue the successful contender and those who had been watching and gambling, condemning the immorality of sport that pitted man against man in a contest that denied human reason and mocked the true fight for spiritual life in which all people found themselves. He exposed himself, Bible in hand, in the uproar of the butchers and carters in the Bull and Mouth Inn, near Aldersgate, to defend his fellow Quakers, citing John 7:12: »And there was much murmuring among the people concerning him: for some said, He [Jesus] is a good man: others said, Nay; but he deceiveth the people.« Burrough was later seized by soldiers in that same public house; tried at the Old Bailey, and condemned to gaol in Newgate until he could pay his fine, where he died from disease. Running through the collected edition of his works, published after many delays almost ten years after his death, is the theme of the testimony that Burrough's life brought to true spiritual liberty and the contrast between his life and death and the works of those who were confined, enslaved by the flesh, to spiritual bondage in contemporary Babylon.[1]

This essay was written during the author's tenure of a fellowship from the Leverhulme Trust, whose support is gratefully acknowledged. An earlier version was delivered at a conference on »Civil and Religious Liberty. Ideas of Rights and Tolerance in England, c. 1640–1800«, convened at Yale by Steven Pincus and Blair Worden: the helpful comments of the organisers and participants in that meeting have contributed to what appears here.

1 William Crouch: Posthuma Christiana. London 1712, pp. 25–7, 136–7; Edward Burrough: The Memorable Works of a Son of Thunder and Consolation, ed. Ellis Hookes. London,

The poem that Burrough had written for George Fox's *The Great Mystery of the Great Whore Unfolded* (1659) acquired greater prophetic force after the events of 1666, four years after Burrough's death:

> The City also I have seen,
>
> which once was great and fair,
>
> Destroy'd, and soon laid waste hath been;
>
> her Merchants did dispair,
>
> Who by her got great gain and trade,
>
> to make them rich withall;
>
> And trafficks from far she had;
>
> but now lament they shall.
>
> For Fire in her is kindled bright,
>
> which must her all consume;
>
> And up to Heaven day and night,
>
> ascendeth up her fume.[2]

Burrough's works resonated with the chords of the divine judgement that was about to descend on those who put trade ahead of Christ. They recalled the disagreements that divided dissenters from dissenters: the Babel of disputing voices that nevertheless revealed who had remained imprisoned by the witchcraft of the whore of Babylon, and who had broken the bonds. For Burrough, despite his apocalyptic imagery, as for many other early Quakers, the same biblical texts that gave life could take it away:

> now let all take notice of the confusion you live in, and let your own hearts condemn you, and the light in your own consciences convince you, that you are in *Babylon,* and in confusion, and are no true Church of Christ, where all are of one heart, and one mind: and this again I affirm, as before I did in thy hearing that the Scripture is not the Saints rule, but the Spirit which gave forth the Scripture, as the Scripture it self witnesses, *Rom.* 8. Faith was before the Scripture was, and therefore the Scripture is not the ground of it, but a Declaration of it, and no other faith we own but the faith which *Abel* had, and which *Moses* had, which was when no Scripture was written, and that we own to be the Rule of our Conversation, which

---

1672; see also Kate Peters: Print Culture and the Early Quakers. Cambridge 2005, especially pp. 22–8, 105–8.

2   Burrough: Works, sig. d4v.

they walked by, the immediate Spirit of God which was before the Scripture was written...³

Burrough's writing drew on a tradition of biblical criticism, most of it openly polemical against the Roman Catholic Church, but only some of it consciously millenarian, which stretched back to the early days of the Reformation. The identification of the whore of Babylon, from Revelation 17, with the papacy entered English writing in John Foxe's *Eicasmi* (1587).⁴ Babylon was moreover the site of the kingdom of Nebuchadnezzar, conqueror of the Jewish people and destroyer of the Temple of Solomon. Nebuchadnezzar's court had been the location (according to a literal reading of the text) for Daniel's prophecies. Babylon was therefore not only the situation of the physical captivity of the children of Israel, and thus the metaphorical place of spiritual captivity for future Christians, it was also the seat of one of the world-empires whose future was foretold through the sequence of prophetic history that had been revealed in the book of Daniel and the Revelation of St. John.⁵ Babylon accordingly had a place in at least three kinds of orthodox exegesis in the mid-seventeenth century. It could be found in the contemporary literal exposition of scripture, as practised by orthodox divines of all confessional types. Beyond this, it played a role in typological exegesis, which sought to relate texts to readers through emotion and shared experience.⁶ Then, it stood for one of the four principal actors in the sequence of providential history, revealed to the prophets, that controversially encompassed the past and the future of the peoples of God. The image of Babylon was undergoing transformation as part of the general drift of learned exegesis in the seventeenth century to take greater account of historical and archaeological evidence that might confer greater veracity on the literal interpretation of scripture. The antiquarian research for such exegesis took writers through the textual evidence for ancient kingdoms. This encompassed the works of ancient Greek and Roman historians, as well as those of the Babylonian priest, Berossos, whose writings had been forged by Annius of Viterbo but whose genuine remains, preserved in Eusebius or by the chronicler, George Synkellos, had since been defended by Scaliger and other critics.⁷ It also took travellers in search of evidence in

---

3   Burrough: Works, p. 56.
4   Katharine R. Firth: The Apocalyptic Tradition in Reformation Britain. Oxford 1979, pp. 88–110.
5   See H.H. Rowley: Darius the Mede and the Four World Empires in the Book of Daniel. Cardiff 1935, pp. 67–173; Katharina Bracht and David S. du Toit (eds.): Die Geschichte der Daniel-Auslegung in Judentum, Christentum und Islam. Berlin 2007; I.L. Finkel and M.J. Seymour (eds.): Babylon. Myth and Reality. London 2008; C.A. Patrides and Joseph Wittreich (eds.): The Apocalypse in English Renaissance Thought and Literature. Manchester 1984.
6   See Paul Korshin: Typologies in England, 1650–1820. Princeton 1982.
7   Peter N. Miller: The ›Antiquarianization‹ of Biblical Scholarship and the London Polyglot Bible (1653–57). In: Journal of the History of Ideas 62 (2001), pp. 463–82; Anthony Graf-

the Middle East that would confirm the accounts of Nimrod and the Tower of Babel (from Genesis 11), which were associated with the situation of latter-day Babylon, or might give substance to the later historical city of Nebuchadnezzar. For Thomas Herbert (1606–1682), who travelled extensively in the Persian Empire, but did not visit Iraq, contemporary Baghdad »scarce equals *Bristol* either for bulk or beauty; albeit the circuit may be three miles, including about fifteen thousand Families. Watered it is by the *Tigris*, which there is somewhat broader than the *Thames* at *London*, but not so navigable nor gentle.«[8] Although the relevant stretch of Herbert's voyage was sailed in his study, his work, like that of English historians such as Sir Walter Ralegh, made available both the testimony of antiquity and the evidence of exploration for those who required that the Bible tell a historically reliable story. The consequences of such reliability were not, however, always predictable.

Historical truth, for Edward Burrough and other Quakers, was part of the argument that scripture was a dead letter, fatal to faith. Faith had existed without scripture, in the times before Moses wrote the Pentateuch, and it transcended history through the working of the spirit. For the Quaker exegete, Samuel Fisher (1605–1665), whose travels took him to Rome in an attempt to convert the Pope and to Constantinople to try to bring over the Sultan, awareness of the history of the composition of the Bible enabled him to pour scorn on the Independent divine, John Owen (1616–1683). In keeping with orthodox reformed teaching, Owen was both a proponent of the necessity of scriptural foundations for doctrinal claims and a critic of new trends in biblical scholarship that seemed to place greater freedom in the hands of the interpreter, not least by questioning the antiquity and historicity of the traditional view of the composition of the Bible.[9] Fisher, who certainly knew a little Greek and some Hebrew, and whose contacts in the Amsterdam Jewish community may have stretched to acquaintance with the young Spinoza, ridiculed Owen's trust in Moses's authorship of the Pentateuch and rehearsed the arguments of contemporary scholars (particularly the French Protestant Louis Cappel, much of whose work had been incorporated into the London Polyglot Bible), about the historical development of the biblical canon. He pointed out that the Hebrew originals of many biblical texts did not survive, including those of Jeremiah's lamenta-

---

ton: Defenders of the Text. Harvard 1991, pp. 76–103.

8   Thomas Herbert: Some Yeares Travels into Divers Parts of Africa, and Asia the Great. London 1677, p. 230; cf. Arno Borst: Der Turmbau von Babel (4 vols.). Stuttgart 1957–63, vol. 3, pp. 1048–1394. For discussion of ancient, medieval, and early modern reconstruc-tions of Babylon, see also Ellen van Wolde (ed.): De Toren van Babel. Zoetermeer 2004, and Th.A. Busink: De Toren van Babel. Batavia 1938.

9   John Owen: Of the Divine Originall, Authority, Self-evidencing Light and Power of the Scriptures. Oxford 1659; D. K. McKim, John Owen's Doctrine of Scripture in Historical Perspective. In Evangelical Quarterly 45 (1973), pp. 195–207.

tions on the Babylonian captivity. Rather than behaving like Owen, »*King of Babylon*-like among men«, and asserting what might or might not be taken as divinely sanctioned written law, Fisher urged the freedom provided by the divine spirit. He exposed the confusion of contemporary learned criticism, in order to argue that slavery to the literal sense of scripture underpinned what he called the atheo-theology of orthodox churchmen.[10]

Fisher had stood alongside Edward Burrough in debate at Reading in 1659. For Fisher, as for Burrough, the image of Babylon worked to associate Protestant critics of the Quakers with the stance of the Roman Catholic Church on clerical authority, to suggest unjust persecution of the people of God, and to hint at overmighty ambition on the part of their opponents. Kings of Babylon, whether supposed to be Nimrod, the first founder of cities, or Nebuchadnezzar and his line, were bywords for tyranny. The best defence against that tyranny was freedom of interpretation and liberty of conscience. Such freedom limited the power of the clergy or of those who would aspire to clerical status. Yet it went further than that, for, as Burrough argued, freedom from spiritual bondage provided the basis for the correct functioning of civil society. Only liberty of conscience, for which he petitioned in March 1661, could guarantee honesty and charity, provide for husbandry and trade, generate industry and commerce and avoid warfare and civil disobedience. Alongside such practical arguments for the value of liberty of conscience, Burrough placed biblical examples of divine displeasure concerning rulers who had tried to force belief. He used the experience of the early Christians as a mirror for his age, and argued that those who would now persecute believers were little better than heathen rulers. Perhaps most cunningly, he used the witness of the *Eikon Basilike*, the works of the martyred King Charles I, to argue that only God was properly lord over men's consciences, and that royal dominion could not justly stretch that far.[11]

Burrough's arguments were scarcely original, nor were they free of special pleading. The author of the *Eikon Basilike* had concluded that, whatever the limits of royal dominion, freedom to break the law did not begin where they ended. That book itself, a patchwork of classical and scriptural quotations and examples, evoked for Royalist readers precisely the sort of references that others had used to condemn the King. The former royal chaplain and Dean of Winchester, John Young (1585–1654), for example, mused on the biblical example of the second book of Kings, which chronicled the descent into chaos of the kingdom of Judah, leading ultimately to the fall of Jerusalem and captivity in Babylon. A serial tale of the misbehaviour

---

10 Samuel Fisher: Rusticus ad academicos. London 1660, especially p. 168. See also Richard H. Popkin: The Third Force in Seventeenth-Century Thought. Leiden 1992, pp. 120–34.
11 Burrough: Works (n. 1), pp. 813–20; cf. [John Gauden]: Eikon Basilike. [London] 1648, p. 133. See also Craig W. Hoyle: The Quakers and the English Legal System 1660–1688. Philadelphia 1988.

of kings and rulers, this provided evidence of conspiracy, execution, and vengeance within the royal house of Israel that suggested the folly and utter hopelessness of interfering with God's choice of ruler.¹² To demonstrate that Charles I was a murderer (that is »a Man of Blood«) was all very well: the biblical fate of nations that executed members of their ruling families for murder did nothing to inspire confidence.¹³ Nevertheless, there was something specific to the claim of Quakers like Burrough or Fisher.

Although, at times, Quaker authors appeared to be arguing to be freed not just from the bondage of the letter but also from any biblical constraint whatsoever, they succeeded in constructing a more powerful and original case than that of the perennial Christian heresy of freedom of the spirit. Their position was not simply a reiteration of the early Reformation belief, quickly rebutted by Luther, that freedom in Christ implied freedom from human laws, nor was it merely an assertion that, in a priesthood of all believers, one reader's Bible might be as good as another's. Fisher, in particular, thus differed from contemporaries such as Thomas Totney (or Tany) or Laurence Clarkson, with whom he has sometimes been compared.¹⁴ Like some of those who followed the Quakers, Tany ceremonially burned the Bible, asserting that

> the soul of man enlightened by Gods spirit is the Gospel, the Word, and the Truth, and the *living life* of God in man; for then God is said to dwell with men, that is, when God rules by his Spirit in the soul, *that is the Gospel, and the holy word of God in the soul*, and not the dead letters and names that we by reading do so idolize.

However, as Quaker leaders were eager to point out, they argued that the spirit liberated people in order to do the work of the Gospel, not in order to supplant or deny it.¹⁵ Clarkson, who experimented with most of the religious positions available in the late 1640s and early 1650s, shared Fisher's awareness of the possible corruption of the Bible, but drew extreme conclusions from this, which led ultimately to placing his faith in the divine commission and prophetic authority of John Reeve and Lodowick Muggle-

---

12 Young's copy of Eikon Basilike, which is extensively annotated, was formerly in the library of Perth Cathedral..
13 For the role in preparing the ground for the trial of the King of the accusation that Charles I was that ›man of blood‹, and thus liable for the penalty for murder referred to at Genesis 9:6 or Numbers 35:33, see Patricia Crawford: Charles Stuart, That Man of Blood. In: Journal of British Studies 16 (1976–7), pp. 41–61. Cf. 2 Kings 12:20 and elsewhere
14 Cf. Christopher Hill: The English Bible and the Seventeenth-Century Revolution. London 1993, pp. 230–6.
15 [Thomas Totney]: Theauraujohn Tani His Second Part of his Theous-Ori Apokolipikal. London 1653, p. 69; cf. Ariel Hessayon: ›Gold Tried in the Fire‹: The Prophet Theaurau John Tany and the English Revolution. Aldershot 2007, pp. 191–208. For evidence of Quaker sympathisers burning Bibles, see Richard Hubberthorne to George Fox, ? 20 March 1657: London, Friends House, Library of the Religious Society of Friends, Ms. Vol. 355 (Swarthmore Mss. vol. IV), number 14.

ton as the two last witnesses. He summed up his journey from scepticism to this peculiar brand of fideism:

> when I have perused the Scriptures I have found so much contradiction as then I conceived, that I had no faith in it at all, no more then a history, thought I would talk of it, and speak from it for my own advantage, but if I had really then related my thoughts, I neither believed that *Adam* was the first Creature, but that there was a Creation before him, which world I thought was eternal, judging that land of *Nod* where *Cain* took his wife, was inhabited a long time before *Cain*, not considering that *Moses* was the first Writer of Scripture, and that we were to look no further than what there was written...[16]

It is possible that Clarkson's comments reflected the retrospective projection onto his own thoughts of a reading of Isaac La Peyrère's *Men before Adam* (1655–6), whose publication was attacked on 24 October 1655 by rival stationers on the grounds that the book was »putting a blasphemous slur on the Bible testimony concerning the creation of man«.[17] However, the libertine critique of the inconsistency of scripture long pre-dated La Peyrère, as did orthodox responses to it. Scholars have perhaps tended to exaggerate the originality and the learning of writers such as La Peyrère, and indeed Fisher.[18] Concern with questions of canonicity, the apparent inconsistency of historical passages in the Old Testament, or the possibility that parts of the text of the Bible had been subject to ›corruption‹, had featured in debate about the content and authority of scripture since the time of the Reformation, if not before. Polemical exchanges between Protestants and Catholics, and also between orthodox Protestants and more radical reformers, helped to keep such discussion current.[19] What had changed by the mid-1650s was not so much the nature of the argument or the content under discussion as the conclusions that were being drawn from them. There were developments in the presentation of the evidence, principally as a result of the discovery of new manuscripts of both biblical and apocryphal texts, and as a consequence of the increasing application of the philological methods of antiquarian and humanist scholarship to

---

16 Laurence Clarkson: The Lost Sheep Found. London 1660, pp. 32–3; cf. Barry Reay: Laurence Clarkson. An Artisan and the English Revolution. In: Christopher Hill, Barry Reay, and William Lamont: The World of the Muggletonians. London 1983, pp. 162–86.
17 Calendar of State Papers Domestic, 1655, p. 393
18 See Richard H. Popkin: Isaac La Peyrère (1596–1676). Leiden 1987; Nigel Smith: Perfection Proclaimed. Oxford 1989, pp. 296–9; Justin A.I. Champion: Apocrypha Canon and Criticism from Samuel Fisher to John Toland, 1650–1718. In: Allison P. Coudert et al. (eds.): Judaeo-Christian Intellectual Culture in the Seventeenth Century. Dordrecht 1999, pp. 91–117; William Poole: Seventeenth-Century Preadamism, and an Anonymous English Preadamist. In: The Seventeenth Century 19 (2004), pp. 1–35..
19 See George H. Tavard: Holy Writ or Holy Church. London 1959; George H. Tavard: The Seventeenth Century Tradition. Leiden 1978; Irena Backus: Historical Method and Confessional Identity in the Era of the Reformation (1378–1615). Leiden 2003, especially pp. 253–325.

the comparison of different versions of the Bible, particularly when coupled with a new sophistication in the handling of the languages of the Near East.[20] These triumphed in the publication of the London Polyglot Bible, edited by Brian Walton (1600–1661). Walton was a deprived priest, who had appeared sympathetic to Laudianism in his brief clerical career prior to 1641, but he and his collaborators steered an irenic course during the 1650s, with the support of Archbishop Ussher and John Selden, and the endorsement from 1652 of the Council of State. The London Polyglot, which was supplied in parts to subscribers between 1653 and 1657, included learned prolegomena, which summarised the work of many of the most important, avant-garde biblical critics of the early seventeenth century. A central place was occupied by excerpts from the publications of Louis Cappel, which presented, amongst other things, his endorsement of the argument against the antiquity of the Hebrew vowel points.[21] Cappel's account of the historical formation of the biblical canon, deriving from his demonstration of the comparative novelty of the introduction of vowels into the Hebrew text, was the basis for the quarrel that developed between Walton and John Owen in the mid-1650s. It was also at the heart of Fisher's attack on Owen, which made frequent (if not always accurate) reference to Cappel's work.[22] Much of Fisher's apparent learning, indeed, appears to have consisted of quoting his opponent's authorities back at them. Despite this, and regardless of the very considerable theological distance between Fisher and Walton, there were points in common to their approach. Walton argued that Owen was attempting to establish attitudes to the vocalised text of the Hebrew Bible as a touchstone of orthodoxy in order to associate Protestants who did not agree with him on doctrinal matters with Papists or atheists because of their critical scholarship. For him, Owen was confusing questions of faith and belief with questions of fact and interpretation. Walton largely kept silent about his differences over doctrine with Owen, but was lacerating about the shortcomings of an argument that claimed

---

20 See Peter N. Miller: Making the Paris Polyglot Bible: Humanism and Orientalism in the Early Seventeenth Century. In: Herbert Jaumann (ed.): Die europäische Gelehrtenrepublik im Zeitalter des Konfessionalismus. Wiesbaden 2001, pp. 59–85; Ariel Hessayon: Og King of Bashan, Enoch and the Books of Enoch: Extra-Canonical Texts and Interpretations of Genesis 6:1–4. In: Ariel Hessayon and Nicholas Keene (eds.): Scripture and Scholarship in Early Modern England. Aldershot 2006, pp. 5–40.

21 Henry John Todd: Memoirs of the Life and Writings of the Right Rev. Brian Walton, DD (2 vols.). London 1821, vol. 1; Adam Clarke: A Succinct Account of Polyglot Bibles. Liverpool 1802. For a succinct account of the Polyglot, see G.J. Toomer: Eastern Wisdome and Learning: The Study of Arabic in Seventeenth-Century England. Oxford 1996, pp. 202–10, or Nicolas Barker: The Polyglot Bible. In: John Barnard, D.F. McKenzie, and Maureen Bell (eds.): The Cambridge History of the Book in Britain, Volume IV: 1557–1695. Cambridge 2002, pp. 648–51.

22 François Laplanche: L'Écriture, le sacré et l'histoire. Amsterdam 1986, pp. 322–7; cf. Fisher: Rusticus ad academicos (n. 10), especially p. 121.

that absolute certainty about the text of scripture was essential for making correct judgments about faith or the Church. Since, he argued, it was simply not possible to enjoy such certainty, to claim that Protestants must have it in order to support their doctrinal positions was equivalent to agreeing with Catholics or atheists that Protestant doctrine was false.[23] In a similar manner, Fisher argued that Owen had mistaken the outward letter of the Bible for its inner content and that his case amounted to no more than an assertion of the value of tradition.[24]

Although both Walton and Fisher reached the conclusion that the text of the Bible might be inherently uncertain, their subsequent careers suggest that they drew different lessons from this. For Fisher, the important consequence was that the absence of a written rule of faith implied the necessity of liberty of conscience. It removed the authority of ministers, priests, or Popes and placed the right to interpret in the hands of those whom the spirit moved rather than those who could claim to be more learned or powerful. Other Quakers echoed this argument. Richard Hubberthorne suggested that freedom was essential to interpretation, since the languages (Hebrew, Greek, and Latin) that learned interpreters used to justify authority were themselves signs of bondage, having only come into the world to destroy the work of Nimrod, the builder of the Tower of Babel, ›whom God confounded‹. Similarly, Hebrew, Greek, and Latin had been set over Christ's head, when he was hanging on the cross, not by God but by Pilate.[25] George Fox, who was careful to carry and refer to a copy of the Bible in his preaching and debating, was nevertheless at pains to point out that »ye scriptures was not given foorth for men to make trades of them & to gett y^m Into 3 or 4 languages… ye worde is ye originall… which was before Babell was in ye beginninge: & lives & abides & endures for ever when Babell & Babilon with all there tongues & languages is gonne.«[26] The position that Walton took, by contrast, seems to have been that textual uncertainty demanded greater rather than lesser respect for learned interpreters, conveying authority to the priesthood instead of removing it. Learning was necessary to separate out the essential message revealed in the Bible and to demonstrate that the texts that carried such a message were to all intents and purposes

---

23 Brian Walton: The Considerator Considered. London 1659, pp. 260–8. Like Cappel, however, and unlike contemporary Catholic critics, Walton at times appears to have believed that it would be possible for scholarship eventually to reclaim an accurate text of the Bible.

24 Samuel Fisher: An Additionall Appendix to the Book Entituled Rusticus ad academicos. London 1660, especially pp. 17–27.

25 Richard Hubberthorne: A True Testimony of the Zeal of Oxford-Professors and University-Men. London 1654, pp. 9–10.

26 Norman Penney (ed.): The Journal of George Fox (2 vols.). Cambridge 1911, vol. 2, pp. 29–30; cf. Norman Penney (ed.): The Short Journal and the Itinerary Journals of George Fox. Cambridge 1925, pp. 63–4. The best account of Quaker attitudes to the Bible is T.L. Underwood: Primitivism, Radicalism, and the Lamb's War. Oxford 1997, pp. 20–33.

preserved entirely in each of the differing traditions of scripture. Certainly, after the Restoration, Walton's activities at the Savoy conference to settle the liturgy and in the diocese of Chester, to which he was briefly appointed, showed little sympathy with the demands of more tender consciences.[27] The most extreme view, however, among those who were well-acquainted with contemporary biblical scholarship, and with the debates that have been rehearsed here, was that »a mans Conscience, and his Judgement is the same thing; and as the Judgement, so also the Conscience may be erroneous.«[28]

The author of this remark, Thomas Hobbes (1588–1679), was well aware of learned arguments that demonstrated the historical inconsistencies to be found in the Bible and of debate about the nature and extent of the canon.[29] The radical conclusion that he derived from this was that both historically and in the contemporary world the form of the Bible might be determined by members of a church, but that only the civil sovereign could establish what was the rule of faith. Hobbes cleared away claims to miraculous origins or authority in order to establish that civil power provided the grounds for faith and the limits of worship. In the process, he extended the critique of priestcraft that was implicit in Protestant criticism of the Roman Catholic Church to the efforts of anyone other than the civil sovereign to claim authority in matters of outward belief or behaviour. For Walton, the proper activity of a learned priesthood was to help establish what the Bible taught; for Fisher, priests were an irrelevance because the essential meaning of the Bible was plain; for Hobbes, priests might in the past have helped to determine what was in the Bible, but they lacked any authority to interpret or to establish the canon of scripture before the time when the sovereign had become a Christian. In terms of learning, Hobbes was closer to Walton than to Fisher; similarly, in terms of his respect for civil settlements in religion, Walton approached Hobbes rather than Fisher. Both Fisher and Hobbes, however, shared the view that priests were in an important way responsible for the degeneration of civil society and for the gap between it and the form of social order that God had, in some sense, ordained.[30]

---

27 See Robert S. Bosher: The Making of the Restoration Settlement (revised edition). Westminster 1957; I.M. Green: The Re-Establishment of the Church of England 1660–1663. Oxford 1978. For evidence of Walton's earlier involvement in the liturgical changes introduced by avant-garde conformists, see John Walter: Understanding Popular Violence in the English Revolution: The Colchester Plunderers. Cambridge 1999, p. 186. For his assertion of his right to tithes, see Harold Smith: The Ecclesiastical History of Essex under the Long Parliament and Commonwealth. Colchester [1933], p. 163.
28 Thomas Hobbes: Leviathan, ed. Richard Tuck. Cambridge 1991, p. 223.
29 See Noel Malcolm: Aspects of Hobbes. Oxford 2002, pp. 383–431.
30 See, further, Jeffrey R. Collins: The Allegiance of Thomas Hobbes. Oxford 2005; Jon Parkin: Taming the Leviathan: The Reception of the Political and Religious Ideas of Thomas Hobbes in England 1640–1700. Cambridge 2007, especially pp. 312–77.

By the mid-1650s, therefore, it was possible for very different conclusions about the relationship of the Bible, liberty of conscience, and civil liberty to be drawn from essentially the same body of argument. This is not to reiterate Christopher Hill's claim that »the Bible lost its universal power once it had been demonstrated that you could prove anything from it.«[31] That point had, in any case, already been made at the time, by Catholic controversialists.[32] Instead, it suggests the real difficulty of settling matters of faith, even on grounds of authority. Authority alone was not sufficient without arguments to support it, and, magisterial though they were, Hobbes's arguments did not command consent even among those for whom they might have seemed most convenient. At the opposite extreme, the problem with arguments for complete freedom of worship or of interpretation collapsed all too readily once it was apparent that individuals differed among themselves.[33] For all that proponents of greater freedom of conscience could point elsewhere in Protestant Europe to places where differing sects were tolerated, or where even Catholics and Jews were allowed to engage freely in commerce, the simple truth was that no early modern society succeeded in granting equal religious liberties to all of its inhabitants.[34] It is at least arguable whether any society has in fact managed this: the problem of course being that the behaviour that is required to satisfy one set of religious sensibilities inevitably infringes on another and that, as Hobbes recognised, only that set of religious injunctions to which the sovereign has granted legal authority can be exercised without additional self-imposed limits on personal freedom. Protagonists might agree that a proper under-

---

31 Hill: The English Bible (n. 14), p. 428. Marchmont Nedham put it a different way:
    The *Bible* and great *Babels Whore*,
    May both together burn;
    For the *Religious Fit* is o're
    Now they have serv'd their turn.
    (A Short History of the English Rebellion. London 1661, p. 13).
32 See Patrick Collinson: The Coherence of the Text: How it Hangeth Together: The Bible in Reformation England. In: W.P. Stephens (ed.): The Bible, the Reformation and the Church. Sheffield 1995, pp. 84–108.
33 For discussion of English debates on toleration and freedom of conscience based on political compromise, good neighbourliness, or ecclesiastical history, see John Coffey: Persecution and Toleration in Protestant England 1558–1689. Harlow 2000, especially pp. 21–77; Alexandra Walsham: Charitable Hatred. Tolerance and Intolerance in England, 1500–1700. Manchester 2006, pp. 39–105, 228–328.
34 For examples of such discussions, see John Locke: Epistola de tolerantia, ed. Raymond Klibansky, trans. J.W. Gough. Oxford 1968; The Correspondence of John Locke, ed. E.S. de Beer (8 vols.). Oxford 1976–89, vol. 1, pp. 227–9; [William Penn]: A Persuasive to Moderation to Church Dissenters. [London 1685], pp. 5–6; Anchitell Grey (ed.): Debates of the House of Commons from the Year 1667 to the Year 1694 (10 vols.). London 1763, vol. 9, pp. 252–61; Jonathan I. Israel: Toleration in Seventeenth-Century English and Dutch Thought. In: Britain and the Netherlands 11 (1994), pp. 13–30.

standing of biblical authority would enable them to find the way out of this conundrum; they might further agree on the scope of the scholarship and the critical methods necessary to understand the text of the Bible, and yet they could still reach diametrically opposed conclusions.

From a modern perspective, it is tempting to say, simply, »Hobbes was right«. To endorse this position, however, is to overlook the contradictions imposed by early modern convictions that the Bible ought to have a role in determining questions of freedom and allegiance. Thus, when called upon to judge the case of Godden *vs.* Hales in 1686, Lord Chief Justice Herbert turned to his Bible when struggling to deal with the contradiction between the verdict that the Crown required and the verdict to which more normal English legal precedent might have inclined the bench.[35] At the root of the case was the question of royal power to dispense in individual cases with laws enacted by Parliament, in particular the Test Act of 1673. Sir Edward Hales, a Catholic convert, was legally required to take the Test (through participation in communion in the Church of England), as a result of the commission that he held in the army. His servant, Arthur Godden, informed on his failure to meet the demands of the Act, with the apparent connivance of the Crown which wished to set a precedent for the extent of the King's power to prefer Catholics to public office. The consequences of the case for James II's attempt to build up the power of the Catholic minority were broadly apparent to contemporaries, who had, in other contexts, become relatively used to the notion of royal power being deployed to secure individual freedom of conscience. The Lord Chief Justice argued in favour of an absolute right on the part of the monarch to dispense with laws in particular instances, since »the Kings of *England* are Sovereign Princes« and »the Laws of *England* are the King's Laws.« He introduced this claim with following analogy: »there is no Law whatsoever but may be Dispensed with by the Supream Law-Giver; as the Laws of God may be Dispensed with by God himself.« The biblical example that gave force to this comparison was »God's Command to *Abraham,* to offer up his Son *Isaac*« (Genesis 22:2).[36] The sacrifice of Isaac was usually interpreted by seventeenth-century divines as a prefiguration or type of Christ's crucifixion; the ram that Abraham was told to substitute for his son called to mind Christ's sacrifice, as the lamb of God, and the covenant that God established with Abraham's line as a result of his obedience foreshadowed the new covenant offered to all in Christ. Lord Chief Justice Herbert's interest, however, was not in offerings for sin but in the flexibility conveyed by true sovereignty: God

---

35 The claim that the judges in Godden *vs.* Hales did not reason correctly according to English law at the time is substantiated by Dennis Dixon: *Godden v Hales* Revisited – James II and the Dispensing Power. In: Journal of Legal History 27 (2006), pp. 129–52.
36 The Case of Sir Edward Hales, Baronet. London 1689, pp. 10–11.

could and did break his own laws, not only through miracles that violated the laws of nature but also by dispensing with the prohibition on killing that formed an essential part of the covenant with Noah, and thus both of positive divine law and its pale reflection, natural law or the law of nations.[37]

This was an extreme position in a number of ways. First, the normal use of Abraham in royalist political theory was as an example of the continuity of patriarchal kingship, a continuity that would have been destroyed had Isaac in fact been sacrificed.[38] Both biblical and classical examples might be adduced, however, to demonstrate that, at least in theory, fathers had a right to dispose of the lives of their children.[39] Yet even the most persuasive advocate of patriarchal power as the foundation of royal authority, Sir Robert Filmer (1588?–1653), when confronted with Hobbes's account of the state of nature, appeared to limit this power: »A right for the father to destroy his children or eat them, and for the children to do the like by their parents, is worse than cannibals.«[40] Secondly, very few people would have agreed with Lord Chief Justice Herbert that it was permissible for the sovereign to break God's positive laws. Although the voluntarist tradition, of which Filmer was a part, argued that divine will had primacy over divine intellect and that God's goodness did not limit his arbitrary power, in practice this interpretation of divine power had much greater force in arguments relating to the natural world, where it seemed to create space for divine miracles within a lawful universe, than it did in the moral world.[41] In any case, Abraham's actions, which were more relevant to those of the sovereign, did not infringe on any positive law made by God, since Isaac in fact survived. They demonstrated faithfulness to divine commandments, however repugnant or puzzling, and respect therefore for divine will.[42] This

---

37 See Klaus Müller: Tora für die Völker. Die noachidischen Gebote und Ansätze zu ihrer Rezeption im Christentum. Berlin 1998, pp. 214–31. The references to Abraham in Herbert's judgment are analysed in a somewhat haphazard manner by Yvonne Sherwood: Abraham in London, Marburg-Istanbul and Israel: Between Theocracy and Democracy, Ancient Text and Modern State. In: Biblical Interpretation 16 (2008), pp. 105–53. I am grateful to Christoph Bultmann for alerting me to that essay.

38 For example, in *Patriarcha* (published in 1680), Robert Filmer referred to »this patriarchal power continued in Abraham, Isaac and Jacob, even until the Egyptian bondage«: see Patriarcha and Other Writings, ed. Johann P. Sommerville. Cambridge 1991, p. 8..

39 Filmer: Patriarcha, ed. Sommerville, pp. 18–19: citing the judicial law of Moses and the example of Cassius, both examples drawn from the work of Jean Bodin..

40 Filmer: Patriarcha, ed. Sommerville, p. 188. (Observations concerning the Originall of Government [1652].) This point was later made against Filmer himself, see James Daly: Sir Robert Filmer and English Political Thought. Toronto 1979, pp. 65–6..

41 See Francis Oakley: Omnipotence, Covenant, and Order: An Excursion in the History of Ideas from Abelard to Leibniz. Ithaca 1984; Amos Funkenstein: Theology and the Scientific Imagination from the Middle Ages to the Seventeenth Century. Princeton 1986; Peter Harrison: Voluntarism and Early Modern Science. In: History of Science 40 (2002), pp. 63–89.

42 The deist writer, Thomas Chubb, later laboured many of these points in order to try to demonstrate that Abraham could not have heard a commandment from God: A Collection of

was quickly recognised by those who attacked Herbert's reasoning in the new atmosphere following the Revolution of 1688, when legal safeguards for limited liberty of conscience were again under discussion. William Atwood, for example, argued that the power conveyed by Herbert's judgment »would go farther, even as far as God's Power, who never dispenses with more than his own Positive Laws, not such as are founded upon Eternal Reasons: And thus the Positive Laws of God and Man would be subject to the Pleasure of the Prince.« Atwood cited Hugo Grotius's interpretation of the law of nature to suggest, moreover, that natural morality might depend more directly on the relationship of humanity to God, rather than being derived from divine pronouncement.[43] A rather different interpretation of the same question was offered by John Locke, who suggested that precisely because the only real theocracy had been the commonwealth of the Jews, and that in no other polity was »God himself… the Legislator«, so ecclesiastical laws should not be part of the civil power. Even the Jewish commonwealth, Locke argued, had not sought to extend the reach of its laws on religion beyond those who were born as Jews or willingly converted to Judaism.[44] Indeed, one of the criticisms that might be made more generally of Puritan aspirations for civil society was that ideas of godly rule in Church and state depended too heavily on the application of what had been appropriate to the theocracy of the Jews in a quite different, modern polity.[45]

Another commentator on the case of Godden *vs.* Hales, Sir Robert Atkyns, argued that:

> these Laws are made by Publick Agreement, not impos'd upon Men against their Wills, but chosen by the Prince and People: They are (that I may express it in our familiar and ordinary Terms) the Articles of Agreement, chosen and consented to by Prince and People, to be the Rule by which all are to square their Actions. Hence the Law is term'd, *The Act and Deed of the whole Body Politick.* The Rule by which the Prince Governs and the Subject Obeys.[46]

Together with the belief that the sovereign recognised ›no Superior under God‹, such a formulation might be capable of interpretation in Hobbesian

---

Tracts. London 1730, pp. 240–6.
43 William Atwood: The Lord Chief Justice Herbert's Account Examin'd. London 1689, pp. 51–2.
44 John Locke: A Letter concerning Toleration, ed. James H. Tully. Indianapolis 1983, pp. 44–5; cf. John Marshall: John Locke, Toleration and Early Enlightenment Culture. Cambridge 2006, pp. 593–617.
45 Criticism of this position is explicit in many works of conformist polemic in both the seventeenth and eighteenth centuries. See, for example, [Lancelot Andrewes]: A Summarie View of the Government both of the Old and of the New Testament: Wbereby the Episcopall Government of Christs Church is Vindicated. Oxford 1641, which set out to demonstrate the historical evolution of the Jewish polity in a manner that underpinned the role of the priesthood and to deny that the High Priest Eleazar was merely a type of Christ.
46 Sir Robert Atkyns: An Enquiry into the Power of Dispensing with Penal Statutes. London 1689, p. 7.

terms. Unfortunately, Atkyns was quite convinced by Hobbes's critics, in particular Edward Hyde, Earl of Clarendon. Clarendon accepted the problem of interpretation that had engaged Hobbes, but was dissatisfied with his solution:

> I wish with all my heart that it were within my comprehension, how Mr. *Hobbes* can be absolv'd from this naughty and impious discourse, since he could not hope thereby to render himself gracious to any other Sovereign upon Earth; since they all detest the power he would invest them with, as a means to extirpate Christian Religion out of their Dominions, which depends solely upon the universal veneration to the Scripture; upon which, if secular, and politic interests did not fan a small Fire (that would easily be extinguish'd) into a flame, there are not in sixteen hundred years, many such differences grown in the interpretation thereof, as must exclude any pious believer from Heaven, if in his life he carefully observes those Precepts, in the understanding whereof every man of all parties agrees.[47]

He argued that not even the Pope wished to have the power to determine the canon of scripture, as Hobbes suggested that the sovereign might. The problem that Clarendon acknowledged was that biblical interpretation, far from generating consent for arguments about secular power, made it harder to achieve. Herbert's venture into biblical criticism did little to buttress a case for royal power (and for toleration grounded upon it) that eventually failed both legally and politically. The attempt to treat the Old Testament as a source of historical example, practised in different ways by both Filmer and Locke, proved fertile ground for debate but produced little in the way of resolution.

The difficulty with each of these examples of an attempt to use biblical evidence to determine either the logic or the content of an argument about freedom of conscience or freedom of worship was the extent to which they relied on an argument from historical, literary, or figurative analogy. Contemporary biblical criticism, of course, continued to be interested in drawing out analogies between biblical and modern events, however writers were not always sure about the significance of such comparisons. Locke himself recognised the problem in a different context when he wrote:

> Nor does it signifie any thing for them to say that their Confessions and Symboles are agreeable to Scripture, and to the Analogy of Faith. For if they be conceived in the express words of Scripture, there can be no question about them; because those things are acknowledged by all Christians to be of Divine Inspiration, and therefore fundamental. But if they say that the Articles which they require to be profess'd, are Consequences deduced from the Scripture; it is undoubtedly well done of them who believe and profess such things as seem unto them so agreeable to the Rule of Faith. But it would be very ill done to obtrude those things upon

---

47 Edward Hyde: A Brief View and Survey of the Dangerous and Pernicious Errors to Church and State in Mr. Hobbes's Book, Entitled Leviathan. Oxford 1676, p. 207. On Clarendon's break with Hobbes, see Martin Dzelzainis: Edward Hyde and Thomas Hobbes's *Elements of Law, Natural and Politic*. In: Historical Journal 32 (1989), pp. 303–17.

others, unto whom they do not seem to be the indubitable Doctrines of the Scripture.[48]

The »Analogy of Faith« to which Locke referred was the claim that the message of the Bible was coherent within itself, so that scripture might be used to interpret scripture. For a writer like John Owen this could be expressed in the following manner:

> every Testimony of the Scripture hath *one determinate sence*. When this is contended about, it is equal that those at difference do express their Apprehensions of the mind of the Holy Spirit in the Word which they will abide by. When this is done, let it be examined and tried, whether of the *two sences* pretended unto, doth best comply with the *signification* and use of the Words, the context or scope of the place, other *Scripture Testimonies,* and the *Analogy* of Faith.[49]

Owen, as we have seen, was a particularly strident proponent of the value of the literal sense of the Bible, but other critics who were more contextually or historically minded, such as Locke, clearly shared his reluctance to draw formal and binding conclusions, as distinct from moral lessons, from analogies between the biblical and the contemporary world. Such hesitation had a long pedigree. The four-fold method of biblical exegesis that had been taught in the late medieval schools, and to which early modern biblical criticism owed far more than is sometimes thought, explained, after all, that understanding of scripture could be divided into one literal meaning and three senses whose meaning came from analogy or comparison (the allegorical sense; the tropological (or moral) sense; and the anagogical (or mystical) sense). Although notionally forming a hierarchy, each sense had a different kind of certainty attached to it, and was appropriate to different forms of theological argument.[50]

Taken literally, the Bible offered little in the way of an argument for freedom of conscience. It did not even provide the clear-cut evidence of the presumably undesirable persecution of the early Christian Church, replete with martyrdom, that could be gleaned from pagan and patristic historians of late antiquity. To be sure, generations of early modern interpreters of prophetic texts, in particular those of Daniel and Revelation, argued that the figurative language of the prophets had its literal fulfilment in just such historical persecutions. A succession of authors from the late sixteenth-century until at least the end of the eighteenth century argued in favour of a

---

48 Locke: Letter concerning Toleration (n. 44), p. 57.
49 John Owen: The True Nature of a Gospel Church and its Government. London 1689, p. 144.
50 See David C. Steinmetz: The Superiority of Pre-Critical Exegesis. In: Stephen E. Fowl (ed.): The Theological Interpretation of Scripture. Oxford 1997, pp. 26–38; Henri de Lubac: Medieval Exegesis. Volume 1. The Four Senses of Scripture, trans. Mark Sebanc. Grand Rapids 1998, especially pp. 15–116, and: Medieval Exegesis. Volume 2. The Four Senses of Scripture, trans. Mark Sebanc. Grand Rapids 2000.

scheme that divided history according to four great world empires, and that interpreted the rule of the fourth, that of Rome, as continuing down until the present day.[51] Although, in some of its earlier forms, this tradition had sometimes cast a glance at contemporary events and the extent to which they were the fulfilment of apocalyptic expectation, it was by no means confined to such controversial predictions.[52] The method and pattern of exegesis established by Joseph Mede, in particular, through his *Clavis apocalyptica* (1627) was modified and continued by authors such as Henry More, Isaac Newton, William Whiston, and Joseph Priestley.[53] For these writers, the literal fulfilment of prophecy certainly told stories about how pagan emperors had abused Christian minorities; for some, notably More or Newton, it also provided evidence, by analogy, for the present. In the case of More, this defended the exclusions practised by the Church of England; for Newton, to the horror of eighteenth-century divines, prophecy appeared to provide evidence for the denial of the doctrine of the Trinity and to condone the persecution of Trinitarian Christians by the Arian emperors.[54] Yet the historical turn in biblical studies which is apparent from the mid-seventeenth century was not always kind to this form of exegesis, even though its methods were espoused by several of its practitioners. Under the influence of Grotius, and in the hands of interpreters whose ecclesiology was as different as that of Henry Hammond (1605–1660) or Richard Baxter (1615–1691), biblical prophecy seemed to speak less and less about the present and more and more about the past.[55] Regard for the literal sense distanced this kind of scholarship from contemporary relevance, while increasing its importance for an understanding of the earliest period of the Christian past.

At the heart of Newton's programme of theological investigation lay the question of what might constitute idolatry. In order to carry out his research on this topic, which lay in some senses at the heart of post-Reformation theology, he was able to make use of the extensive tools that late seventeenth-century scholarship had developed to try to make sense of biblical references to worship, both among the Jews and early Christians and among

---

51 For a general survey, see Klaus Koch: Europa, Rom und der Kaiser vor dem Hintergrund von zwei Jahrtausenden Rezeption des Buches Daniel. Hamburg 1997.
52 Cf. Firth: Apocalyptic Tradition (n. 4).
53 See Jeffrey K. Jue: Heaven upon Earth. Dordrecht 2006, especially pp. 141–74.
54 Rob Iliffe: »Making a Shew«: Apocalyptic Hermeneutics and the Sociology of Christian Idolatry in the Work of Isaac Newton and Henry More. In: James E. Force and Richard H. Popkin (eds.): The Books of Nature and Scripture. Dordrecht 1994, pp. 55–88; David Womersley: Gibbon and the »Watchmen of the Holy City«. Oxford 2002, pp. 100–46.
55 Johannes van den Berg: Religious Currents and Cross-Currents, ed. Jan de Bruijn, Pieter Holtrop, and Ernestine van der Wall. Leiden 1999, pp. 83–115; William M. Lamont: Richard Baxter and the Millennium. London 1979, pp. 27–75; Arno Seifert: Der Rückzug der Biblischen Prophetie von der Neueren Geschichte. Cologne 1990, pp. 115–64.

their pagan contemporaries. Foremost among these was the London Polyglot Bible, in whose prolegomena Louis Cappel took the reader through many of the Jewish sources for Temple worship, in particular the histories and antiquities of Josephus, the tractates Yoma and Middoth of the Talmud, and the relevant commentaries of Maimonides. Cappel also presented cogent criticism of the Jesuit Villalpando's reconstruction of the Temple according to the prophecy of Ezekiel.[56] Reference to Ezekiel was required for any student of the Temple, since only his account of the dimensions of Solomon's original construction provided a complete enough description. The problem with interpreting this prophecy, however, which greatly exercised the critical skills of early modern writers, was one of determining the correct meaning of the units of measurement involved. In particular, what was the relationship between the »reeds«, mentioned by Ezekiel, and the cubits known to have been used by the ancient Jews?[57] For some early readers of Cappel, the dimensions of the Temple, which properly understood produced a building quite unlike that seen by Ezekiel but remarkably similar to an English parish church, and the precise details of the vestments and vessels used there, provided the inspiration for a mystical understanding of the relationship of Christ (as High Priest) and his Church.[58] For others, the pursuit of a literal and historical understanding of biblical worship might lead to the development of an argument about religious distinctiveness, the nature of priesthood, and the function of the High Priest in the Jewish Temple that would justify an almost Laudian view of the office and its prerogatives.[59] The evidence involved, however, pulled both writers and readers back into the world of ancient pagan religion as an effort was made to make sense of obscure terms and practices and to explain, in a linear and chronological manner, how they could have developed within the comparatively constrained confines of human history, known to be limited in both extent and geography by the biblical account of creation and the dispersion of peoples. Penetrating beyond the period of the Babylonian captivity, to the time of the first Temple, and further back to the practices of Moses that were thought to underlie its ritual, it was tempting to discern the influence of ancient Egyptian or other Near Eastern beliefs and cults in the worship

---

56 See Robert Jan van Pelt: Tempel van de wereld. De kosmische symboliek van de tempel van Salomo. Utrecht 1984, pp. 253–341; Helen Rosenau: Vision of the Temple. The Image of the Temple of Jerusalem in Judaism and Christianity. London 1979, pp. 91–127.
57 Isaac Newton: Dissertation upon the Sacred Cubit of the Jews. Printed in Thomas Birch (ed.): Miscellaneous Works of John Greaves (2 vols.). London 1737, vol. 2, pp. 405–33.
58 Samuel Lee: Orbis Miraculum, or the Temple of Solomon, pourtrayed by Scripture-light. London 1659, pp. 341–54; see also Jonathan Sheehan: Temple and Tabernacle: The Place of Religion in Early Modern England. In: Pamela H. Smith and Benjamin Schmidt (eds.): Making Knowledge in Early Modern Europe. Chicago 2007, pp. 248–72.
59 John Spencer: De Legibus Hebraeorum ritualibus et earum rationibus. Cambridge 1685, especially pp. 851–988.

of the Jews. Evidence for Jewish idolatry helped to demonstrate the importance of Christ's reformulation of Jewish worship. Christian practices were purged of the errors that had crept into Jewish religion from neighbouring tribes, in part through the intermingling of civil and religious functions in the priesthood, and thus restored worship to primitive purity.[60]

Lying behind such scholarly activity was awareness of Jewish sources, especially as transmitted through the work of Dutch editors (notably the edition of part of Maimonides's *Mishneh Torah*, published as *De Idololatria* by Dionysius Vossius in 1642), and, indeed, by Dutch Jewish scholars themselves, for example Jacob Jehudah Leon Templo.[61] But consciousness of other religious traditions, and research into both ancient and contemporary accounts of pagan or heathen worship, also played a part. Building on the work of chroniclers of religious customs, notably Edward Brerewood, on the one hand, and interpreters of natural religion, especially John Selden and Hugo Grotius, on the other, it was possible to create a picture of continuities and similarities in religious worship and practice that cast doubt on easy distinctions into true and false religion.[62] At the same time as providing more nuanced historical information for the use of biblical critics, the resulting arguments helped to construct a case for the human origin of worship that encouraged proponents of toleration and diversity. Although anti-Trinitarian, particularly Socinian, scholarship played a part in developing these arguments, they were also put to the use of the orthodox Christianity, both in demonstrations of how religion emancipated itself from idolatry through the Gospel and to show the role played by law and authority within proper religious worship.[63] The drive to understand the interconnectedness

---

60 See John Gascoigne: »The Wisdom of the Egyptians« and the Secularisation of History in the Age of Newton. In: Stephen Gaukroger (ed.): The Uses of Antiquity. Dordrecht 1991, pp. 171–212; Jan Assmann: Moses the Egyptian. Cambridge, MA 1997, pp. 55–90; and, particularly, Guy Stroumsa: John Spencer and the Roots of Idolatry. In: History of Religions 41 (2001), pp. 1–23.
61 Aaron L. Katchen: Christian Hebraists and Dutch Rabbis. Cambridge, MA 1984; J. van den Berg and Ernestine E.G. van der Wall (eds.): Jewish-Christian Relations in the Seventeenth Century. Dordrecht 1988; W. Horbury: John Spencer (1630–93) and Hebrew study. In: Letter of the Corpus Association 78 (1999), pp. 12–23; Fausto Parente: Spencer, Maimonides, and the History of Religion. In: Christopher Ligota and Jean-Louis Quantin (eds.): History of Scholarship. Oxford 2006, pp. 277–304.
62 Martin Mulsow: John Seldens De Diis Syris: Idolatriekritik und vergleichende Religionsgeschichte im 17. Jahrhundert. In: Archiv für Religionsgeschichte 3 (2001), pp. 1–24; Peter N. Miller: Taking Paganism Seriously: Anthropology and Antiquarianism in Early Seventeenth-Century Histories of Religion. In: Archiv für Religionsgeschichte 3 (2001), pp. 183–209; Jonathan Sheehan: Sacred and Profane: Idolatry, Antiquarianism and the Polemics of Distinction in the Seventeenth Century. In: Past and Present 192 (2006), pp. 35–66.
63 See Martin Mulsow: Idolatry and Science: Against Nature Worship from Boyle to Rüdiger, 1680–1720. In: Journal of the History of Ideas 67 (2006), pp. 697–711. Martin Mulsow: Orientalistik im Kontext der sozinianistischen und deistischen Debatten um 1700: Spencer, Crell, Locke und Newton. In: Scientia poetica 2 (1998), pp. 27–57, is perhaps too ready to

of ancient religions had its origins in the scholarship of the Renaissance and the discovery of ancient Egyptian and hellenistic Greek religion. Only with the new philological tools of the seventeenth century, however, did it become possible to construct a convincing anthropology of religion that could embrace modern as well as ancient pagan beliefs. At the same time, the fresh emphasis that was placed on natural religion gave rise to a greater willingness to find common elements of religious truth across a broad variety of practice.[64] Across Europe, liberal Protestant scholarship in particular developed a narrative in which the history of religion was reinterpreted as an encounter between revealed truth, in various dispensations, and an innate human tendency to idolatry, manifested in particular through the worship of natural phenomena or of heroic individuals.

The success of this scholarly narrative is relevant for our purposes for three reasons. First, the critique of idolatry provided a language through which English churchmen could criticise both the perceived excesses of Catholicism and those of other Protestants. Thomas Tenison was thus able to move from the history of gentile idolatry, through the corruption of Jewish religion by idolatry, to a consideration of the idolatry of the early Christian sects, which cleverly convicted modern Arian and Socinian writers of the sin, before turning to the traditional, Protestant target of Catholicism.[65] Edward Stillingfleet (1635–1699), the author of one of the most important English works of comparative biblical criticism, *Origines Sacrae* (1662), repeatedly attacked both Catholic and Socinian idolatry.[66] Against the sects of the Interregnum, he argued that »we find plainly in Scripture that God imputes the increase and impunity of Idolatry as well as other vices to the want of a lawful Magistracy.«[67] His defence of the Church of England, and other national Protestant churches, from the charges levelled against them by dissenters deployed the history of idolatry as a means of identifying legitimate and illegitimate forms of separation from the

---

associate Spencer himself with Socinian readings of his work. This tendency spoils Parente: Spencer, Maimonides, and the History of Religion (n. 61), which goes as far as to state that Spencer was a crypto-Socinian, and advances the bizarre notion that Newton was responsible in some way for the second edition of Spencer's work, published at Cambridge in 1727. There is no evidence, other than the most tenuous form of guilt by association, for either claim.

64 Joan-Pau Rubiés: Hugo Grotius's Dissertation on the Origin of the American Peoples and the Use of Comparative Methods. In: Journal of the History of Ideas 52 (1991), pp. 221–44.
65 Thomas Tenison: Of Idolatry. London 1678, especially pp. 157–75.
66 For example: Edward Stillingfleet: The Doctrines and Practices of the Church of Rome Truly Represented. London 1686; Edward Stillingfleet: A Discourse concerning the Doctrine of Christ's Satisfaction. London 1697, especially pp. 358–64. See also Sarah Hutton: Science, Philosophy, and Atheism: Edward Stillingfleet's Defence of Religion. In: Richard H. Popkin and Arjo Vanderjagt (eds.): Scepticism and Irreligion in the Seventeenth and Eighteenth Centuries. Leiden 1993, pp. 102–20.
67 Edward Stillingfleet: Irenicum, 2nd edition. London 1662, p. 40.

Church.[68] Secondly, those who advanced claims about the role of idolatry in the historical development of biblical religion often did so as part of a broader range of arguments whose purpose was to enhance the plausibility of Arminian readings of the Christian religion. The history of idolatry blurred the boundaries of the language of covenants and the concept of federal theology on which Presbyterian notions of the exclusive salvation of an elect, in particular, were built, and from which, paradoxically, antinomian notions of salvation also drew comfort.[69] Rather than putting forward an interpretation of progressive revelation, in which salvation was offered to a gradually widening circle of the chosen, however, this account of the history of idolatry presented a vision of the bounty of God's salvation, snatched from generations of people, who might otherwise have been redeemed, by their own ambition, pride, and sin. The historical importance granted to idolatry therefore raised questions about the extent to which any aspect of Christianity could be insisted on by those in positions of political power.

There is another reason why the argument about idolatry assumes importance, although it is more complex. Claims about idolatry and its history were by no means confined to orthodox churchmen. Critical lay people, notably Edward, Lord Herbert of Cherbury (1582?–1648), or Sir John Marsham (1602–1685), made essential contributions to the development of historical arguments about the religion of the gentiles or that of the ancient Egyptians.[70] Moreover, the ease with which it proved possible to elide Hobbist arguments about priestly corruption with the history of the growth of idolatry opened up new possibilities for sectarian critics of the Church, as well as for their opponents.[71] Here, the broad appeal of Arminian theology was also a factor, just as its rejection played a role in the critique of historical treatments of idolatry advanced by anti-Arminian churchmen such as

---

68 Edward Stillingfleet: The Unreasonableness of Separation. London 1681, e.g. p. 317.
69 For the development of the idea, in contemporary conformist and Arminian thought, that the law of faith might replace one of works or of nature, without necessarily limiting human freedom and responsibility, or confining the opportunity for salvation, see Neil Lettinga: Covenant Theology Turned Upside Down: Henry Hammond and Caroline Anglican Moralism: 1643–1660. In: Sixteenth Century Journal 24 (1993), pp. 653–69; Michael McGiffert: Henry Hammond and Covenant Theology: From Puritan to Anglican. In: Church History 74 (2005), pp. 255–85; Michael McGiffert: Henry Thorndike and the Covenant of Grace. In: Journal of Ecclesiastical History 58 (2007), pp. 440–60; Joanne Tetlow: John Locke's Covenant Theology. In: Locke Studies 9 (2009), pp. 167–99.
70 On Herbert, see R.W. Serjeantson: Herbert of Cherbury before Deism: The Early Reception of *De Veritate*. In: The Seventeenth Century 16 (2001), pp. 217–38.
71 See J.A.I. Champion: The Pillars of Priestcraft Shaken. The Church of England and its Enemies, 1660–1730. Cambridge 1992, pp. 133–69. Champion, however, tends to elide legitimate differences of opinion among churchmen and, as a consequence, to attribute subversive intent to clerical argument where none existed.

John Edwards.[72] In the hands of a succession of lay critics of priestcraft, notably Charles Blount (1654–1693), John Toland (1670–1722), and Matthew Tindal (1657–1733), elements of the learned argument about the history of idolatry were transformed into criticisms of clerical authority more generally (of a kind that posed a threat to any of the established Christian denominations).[73] Toland, in particular, was adept at turning the tools of Anglican scholarship against its practitioners and using them to help fashion an argument for civil liberty and freedom of understanding. In the process, he deployed the familiar weapon of the inconsistency of scripture, alongside a remarkably creative use of the evidence provided by apocryphal texts, to undermine traditional claims about the Bible.[74] Despite attracting the favour of a number of whig politicians, however, it is not clear that Toland's work, or that of any of the proponents of natural religion, did not suffer for throwing the baby out with the bath-water. Most of those to whom freedom of conscience, as distinct from freedom from the secular power of the clergy, really mattered were also individuals for whom biblical Christianity also mattered, and whose concerns lay with the right to exercise their religion for themselves rather than with that of imposing it on other people. They were, moreover, unconvinced by the notion that God did not play a role in their daily lives.

For such people, the principal benefit of research on the history of religions in the context of biblical interpretation perhaps lay in the support that it gave to the development of moderate ecclesiology within the Church of England itself. Patristic and early Christian examples were often more important than biblical evidence for clerical opponents of the persecution of religious minorities, such as Gilbert Burnet (1643–1715).[75] Yet moderation had its limits, especially when tested by concrete efforts to extend the scope of toleration, such as those of dissenters in the 1730s. Although the early eighteenth-century alliance between Church and state claimed not to be inimical to freedom of conscience and religious liberty, its principal proponent, William Warburton (1698–1779), nevertheless deployed the historical argument about the relationship between religion and the magistrate in the Bible in defence of religious tests and other limitations, which, he

---

72 See Stephen Hampton: Anti-Arminians. Oxford 2008; John Edwards: A Compleat History or Survey of all the Dispensations and Methods of Religion (2 vols.). London 1699, esp. vol. 1.
73 Peter Harrison: ›Religion‹ and the Religions in the English Enlightenment. Cambridge 1990, pp. 130–72.
74 The best study of Toland is Justin Champion: Republican Learning. John Toland and the Crisis of Christian Culture, 1696–1722. Manchester 2003; see also his edition of John Toland: Nazarenus. Oxford 1999.
75 See, for example, Gilbert Burnet: Tracts (2 vols.). London 1689; cf. Martin Greig: The Reasonableness of Christianity? Gilbert Burnet and the Trinitarian Controversy of the 1690s. In: Journal of Ecclesiastical History 44 (1993), pp. 631–51.

argued, were essential to civil unity.[76] The claim that restraint on liberty was not the same as punishment for diversity seemed to require special pleading, despite the belief that benefit for the state might be worth the loss of outward benefit for religion. However, it remained true that the alliance placed restraints on the established Church as well as on dissenters. In *The Divine Legation of to Moses* (1738–41), Warburton turned to the history of Israel and the development of religion and statehood. One of his targets was Anthony Collins's *Discourse on the Grounds and Reasons of the Christian Religion* (1724), which had exposed the problem of the argument from analogy which undermined so many attempts to reason about religious and civil liberty from biblical evidence. Collins had suggested that the claim to unity between the Old Testament and the New, between the hopes of the Jewish religion and Christianity, and between prophecy and its fulfilment rested on allegorical readings, rather than on literal or historical demonstrations. He had used contemporary understanding of ancient Jewish interpretation, notably the work of Willem Surenhuis, to argue that modern Christian ways of reading the Bible were simply anachronistic.[77] That Surenhuis's highly sympathetic edition of the Mishnah had not intended to provoke such a conclusion was irrelevant for Collins, but not for Warburton, who argued strongly that the Old Testament did indeed require typological reading. While criticising the way in which pagan authors had used allegory to defend their religious systems, he took care to point out that critical passages in the Old Testament were simply nonsensical unless one was allowed to read them in an allegorical fashion. One such passage was the account of Abraham's sacrifice of Isaac, which Warburton argued should be interpreted in the light of a secret revelation of God's promise to redeem humanity through Christ, rather than as a history of the origin of the practice of human sacrifice.[78] The promise of Christ, Warburton argued, was revealed to Abraham in actions rather than in words, and could be understood more broadly only after the commencement of the new covenant. This ingenious solution to the problem of allegory did not satisfy all of Warburton's orthodox readers. For some, Warburton seemed himself to have gone beyond the literal sense of scripture in order to demonstrate the usefulness of allegory.[79] Such critics would, however, have agreed with the

---

76 William Warburton: The Alliance between Church and State, 2nd edition. London 1741; see also David Sorkin: The Religious Enlightenment. Princeton 2008, pp. 25–65.
77 Anthony Collins: Discourse on the Grounds and Reasons of the Christian Religion. London 1724, especially pp. 39–78. On Surenhuis, see Peter van Rooden: The Amsterdam Translation of the Mishnah. In: William Horbury (ed.): Hebrew Study from Ezra to Ben-Yehuda. Edinburgh 1999, pp. 257–67.
78 William Warburton: The Divine Legation of Moses Demonstrated (2 vols.). London 1742, vol. 1 (3rd edition), p. 371; cf. vol. 2 (2nd edition), p. xxvi.
79 E.g. Henry Stebbing: The History of Abraham. London 1746.

principal point that Warburton was defending: that the Bible gave evidence of the historical relationship between Church and state.

Much of Warburton's argument depended on the biblical claim that Christ's kingdom was not of this world. This allowed him to distinguish between the Jewish polity and the political arrangements of the Christian religion, while claiming that both were suited to divine purposes. Nevertheless, Warburton asserted, that insofar as the Christian religion was intended to shape society, it required outward order, and could not be left to individual conscience.[80] Convoluted though his argument was, Warburton identified the principal problems for those who wanted to use biblical evidence to support a more inclusive Church. The first of these, as we have seen, was a problem of method in biblical criticism, whether to rely on allegory or on the literal sense. Neither course generated whole-hearted evidence one way or the other for greater civil liberty. Related to this was the success which new directions in scholarship had in maintaining a historical link between the Old and the New Testaments, independent of the fulfilment of prophecy. While opening up greater space for debate about the role of natural religion, this development in practice shored up the idea that the state had an active role to play in religious behaviour, rather than encouraging the modern notion that religion might be an area of little interest to it. Beyond these problems or developments in interpretation, which frustrated the pursuit of freedom of conscience, lay the more profound difficulty that Christ had not prescribed any particular form of polity for his followers.

Few people were willing to gamble on the sort of millenarian argument that might overturn the claim that the rewards of Christians were properly to be found in another life. John Locke, for example, recognised the distinction between the historical form of millenarian expectation that had characterised Jewish religion, in which the Messiah would be »a Mighty Temporal Prince, that should raise their Nation into an higher degree of Power, Dominion, and Prosperity than ever it had enjoyed«, and the future, heavenly kingdom of Christ.[81] For Locke, indeed, the discrepancy between what was expected of Christ as Messiah and what he provided was one of the signs that the New Testament was truthful. The purpose of the Christian religion was the internal transformation of individual behaviour, not a public reformation. Time and again, this saying of Christ (John 18:36: »My kingdom is not of this world...«), uttered to Pilate in the context of his complete surrender to the civil power, was used, even by dissenters, to

---

80 Warburton: Alliance (n. 76), pp. 100–104. See also Robert G. Ingram: William Warburton, Divine Action, and Enlightened Christianity. In: William T. Gibson and Robert G. Ingram (eds.): Religious Identities in Britain, 1660–1832. Aldershot 2005, pp. 97–118.
81 John Locke: The Reasonableness of Christianity, ed. John C. Higgins-Biddle. Oxford 1999, p. 89.

justify public restrictions on religious liberty, of one kind or another. John Owen, for example, attacked

> those designing Men, whose business it is to prie into the Cabinets of Princes, and to influence the Affairs of Kingdoms for the advantage of the Catholick Cause; who though Priests, affect to be Ministers of State, not of Jesus Christ, whose Kingdom is not of this World; they whose Gospel is Fire and Sword, and their glad tidings of Salvation some Bloody Massacre; whose Faith is in the Pope, and whose Heaven it is, to be Courted and Canoniz'd by a Scarlet Whore: I look upon these to be a Generation of the vilest Wretches that ever the Earth bore, and in a far worse condition than Turks or Pagans.[82]

In a typically irenic sermon, John Hales (1584–1656) argued »let every man therefore retire into himself and see if he can finde this kingdom in his heart; For if he finde it not there, in vain shall he finde it in all the world besides.« For Hales, the outward ordering of all kingdoms was »nothing« else but Secular Idolatry«.[83] The conformist quietism of Hales was echoed by nonconformists too. Richard Baxter insisted that:

> Nor is the *perfect* Kingdom to be expected before the day of judgement or our removal unto Heaven: For our Kingdom is not of this World. And they that sell all and follow Christ, do make the exchange for a *Reward in Heaven:* And they that suffer persecution for his sake, must *rejoice because their reward in Heaven is great:* And they that relieve a prophet or righteous man for the sake of Christ, and that lose any thing for him, shall have indeed an hundred fold (in value) in this life but in the *world to come eternal life.*[84]

Quaker writers might distinguish between the kingdom of sin, which surrounded them, and the kingdom of heaven within, but their efforts to challenge this sought out martyrdom rather than success in altering the norms of a broader society. They were, in this sense, trapped by the logic of living in Babylon, rather than being provided with any scriptural key with which to bring about an escape from Babel.

For almost all writers, regardless of religious or ecclesiastical outlook, the problem of living in a sinful world, let alone the burden created by original sin for those who believed that it cast a shadow over all future human actions, was that human freedom was in a real sense impossible. To those, including many Quaker and some Puritan writers, for whom conversion brought a measure of liberation from the sense of being personally sinful, the experience of persecution merely underlined the difficulty of spreading Christ's message in a corrupted world. For others, less conscious of their own righteousness, political bondage (and even slavery) appeared to be symptoms of the broader problems of humanity. Sin shaped the contours of the physical as well as the moral world; its effects were visible in both

---

82 John Owen: A Short and Plain Answer to Two Questions. London 1682, p. 10.
83 John Hales: Golden Remains. London 1659, p. 170.
84 Richard Baxter: A Christian Directory. London 1673, p. 909.

history and nature. Knowledge and understanding might help one to live on the wages of sin, but few contemporary biblical critics were prepared to deny its consequences.[85] One of the things that appeared most threatening about Socinian divinity was its apparent rejection of the critical role of sin in human affairs, yet even those who read and thought about theologies that gave more scope to human rationality or freedom of the will remained likely to retreat behind the power of authority either in Church or state.[86] For those who argued that divine grace might be freely available to those who reached out to respond to it, the circumstances most likely to encourage salvation were often coercive in terms of political or religious liberty.[87] Divine morality could forgive errors that human or natural morality felt it necessary to punish. For some, providence appeared to act directly in human affairs (at times like the Revolution of 1688) in a manner that gave hope for liberty. To most, however, redemption remained an event that could only take place in a distant future, underpinned by prophecies that were only in part fulfilled.[88]

The commitment of John Milton (1608–1674) to the defence of human freedom and liberty of conscience cannot be doubted. Milton sugge-

---

85 Cf. D.P. Walker: The Decline of Hell. Seventeenth-Century Discussions of Eternal Torment. London 1964; Peter Harrison: The Fall of Man and the Foundations of Science. Cambridge 2007. The relatively optimistic tone of these books, which echoes aspirations voiced at the time, should be set against the fact that, for most of the authors discussed in them, it was not an obvious benefit to trade an eternity of pain for annihilation, or technological or even cognitive progress for redemption. Such developments did not obliterate consciousness of sin, even if they might occasionally ameliorate its burden. Indeed, awareness of the corruption of nature and the limitations of natural human capacity to overcome the providential outcomes of sin can be found in most of the Platonist sources cited by Walker, as well as the Augustinian ones favoured by Harrison.
86 See Sarah Mortimer: Human Liberty and Human Nature in the Works of Faustus Socinus and his Readers. In: Journal of the History of Ideas 70 (2009), pp. 191–211. This remained true even in the context of the relative freedom endorsed by Locke, for whom entry into the constraints of civil society was necessitated by the Fall: see W.M. Spellman: John Locke and the Problem of Depravity. Oxford 1988.
87 Mark Goldie: The Theory of Religious Intolerance in Restoration England. In: Ole Peter Grell, Jonathan I. Israel, and Nicholas Tyacke (eds.): From Persecution to Toleration. The Glorious Revolution and Religion in England. Oxford 1991, pp. 331–68.
88 Cf. Kenneth Padley: Rendering unto Caesar in the Age of Revolution: William Sherlock and William of Orange. In: Journal of Ecclesiastical History 59 (2008), pp. 680–96. Gilbert Burnet's son, William, wrote in 1724 that »I have gone through the *Three Periods* [found in Daniel], and given my Reasons Why the *First* may be reckoned to have expired in the Year 1715. The *Second* to be expected to expire in 1745, and the *Last* in 1790.« As one early reader (William Wogan [1678–1758]) wrote, however: »But nothing happen'd extraordinary in the year 1745 that I can remember, but [th]e Rebellion in England, w[hi]ch can not be supposed to have any reference to [th]e Prophecy.« See [William Burnet]: An Essay on Scripture-Prophecy, Wherein it is Endeavoured to Explain the Three Periods Contain'd in the XII Chapter of the Prophet Daniel. [New York?] 1724, p. 166; Wogan's comments (dated 1750) may be found at p. 146 of the copy of Burnet formerly in the library of the Earls of Macclesfield at Shirburn Castle, Oxfordshire.

sted that failure in the 1650s to sustain a free commonwealth in England might have its biblical equivalent in the choice of »the *Jews* to returne back to *Egypt* and to the worship of thir idol«, which came about »because they falsly imagind that they then livd in more plentie and prosperitie.« Sin distorted perceptions and faculties, enticed human beings to make irrational choices, and prevented nations from embracing the liberty that providence offered to them.[89] The paradox, however, as Milton also realised, was that without sin, human beings would not be human and the chance for liberty would not arise:

> many there be that complain of divin Providence for suffering *Adam* to transgresse, foolish tongues! when God gave him reason, he gave him freedom to choose, for reason is but choosing; he had bin else a meer artificall *Adam*, such an *Adam* as he is in the motions.[90]

Individuals might make the difficult choice for freedom, but in doing so they ran the risk of embracing death, itself a product of sin. This was the dilemma that Milton explored through the biblical figure of Samson, but the resolution that he embraced was individual rather than collective, and what hope it offered had to be found in the ruins of society:

> All is best, though we oft doubt,
>
> What th' unsearchable dispose
>
> Of highest wisdom brings about,
>
> And ever best found in the close,
>
> Oft he seems to hide his face,
>
> But unexpectedly returns
>
> And to his faithful Champion hath in place
>
> Bore witness gloriously; whence *Gaza* mourns
>
> And all that band them to resist
>
> His uncontroulable intent,
>
> His servants he with new acquist
>
> Of true experience from this great event
>
> With peace and consolation hath dismist,
>
> And calm of mind all passion spent.[91]

---

89 J[ohn] M[ilton]: The Readie and Easie Way to Establish a Free Commonwealth. London 1660, p. 104; cf. Blair Worden: Milton's Republicanism and the Tyranny of Heaven. In: Gisela Bock, Quentin Skinner, and Maurizio Viroli (eds.): Machiavelli and Republicanism. Cambridge 1990, pp. 225–45.
90 John Milton: Areopagitica. London 1644, p. 17.
91 John Milton: Paradise Regaind. A Poem in IV Books. To Which is Added Samson Agonistes. London 1671, pp. 100–101. See also Blair Worden: Milton, *Samson Agonistes*, and the Resto-

Others were even less sanguine about models like this. As a later critic, the Bishop of Ely, Simon Patrick (1626–1707) put it: Samson »is not to be thought properly a self Murderer: for he was moved by an Heroical Spirit from God himself, to make himself a Sacrifice (as I may call it) for the good of his Country.« The biblical individual who embraced freedom in a world of sin could not be a model for collective liberty, which »he could not effect«.[92] To Milton and his nonconformist contemporaries, Samson might embody the righteous punishment by God of a society that had abandoned the pursuit of freedom. For Simon Patrick, however, liberty from external oppression could only be assured by collective action under the direction of a sovereign priest or king.

Changes in biblical criticism in the later seventeenth and early eighteenth centuries, therefore, had an impact on the nature of discussions of freedom of conscience and civil liberty. Biblical metaphors framed the discussion for almost all participants and provided a means to understand authority and the way in which it was exercised. New critical approaches provided for different historical understandings of the problem of religious plurality and of the role of the state in controlling it. Moreover, they encouraged attitudes to the text and translation of the Bible that had the potential to bring about the relief of some of the causes of division among Protestants.[93] Throughout the period, however, commitment to the literal interpretation of scripture and to reading the Bible as a historical document forced people to conceive of a relationship between the state and the believer that was essentially inimical to civil liberty. Biblical exemplars of government provided justification for the belief that the state should seek to control religion and suggested that suffering for one's faith had merit. Religious change and plurality, in the Old Testament at least, was bound up with the loss of primitive purity and the danger of the introduction and spread of idolatrous practices. The possibility that it had been Christ's intention to work a secular transformation was rejected and the hope of present change for individuals through the imminent ushering in of Christ's

---

ration. In: Gerald MacLean (ed.): Culture and Society in the Stuart Restoration. Cambridge 1995, pp. 111–36; Janel Mueller: The Figure and the Ground: Samson as a Hero of London Nonconformity, 1662–1667. In: Graham Parry and Joad Raymond (eds.): Milton and the Terms of Liberty. Woodbridge 2002, pp. 137–62.

92 Simon Patrick: A Commentary upon the Books of Joshua, Judges and Ruth. London 1702, quotations at pp. 566 and 568.

93 See, for example, Robert Gell: An Essay towards the Amendment of the Last English Translation of the Bible. London 1659. The possibility of reform of the English Bible, like that of amendments to the liturgy, was entertained with enthusiasm at various points by those who wanted to achieve compromise between the Church of England and Protestant sects. Although many recognised the desirability of change, nothing in fact happened. See Neil Hitchin: The Politics of English Bible Translation in Georgian Britain. In: Transactions of the Royal Historical Society, 6th series, 9 (1999), pp. 67–92.

millennial kingdom was broadly derided. In particular, the idea that biblical religion should be understood in ecclesiastical terms made defences of plurality problematic. Contemporary biblical criticism had a great deal to say about the nature and rights of states and about the behaviour of individuals: it said little, however, about the behaviour of states or the nature and rights of individuals. This was not because biblical Christianity inherently had no relevance to this sort of question, nor because what the Bible had to say was neglected because of its associations with the revolutionary era of the 1640s and 1650s. Instead, it was the consequence of the logic of a particular form of criticism. Even those who tried to break out of that logic, such as the early Quakers, or, to a lesser extent, some deist and Socinian writers, found it very hard to escape entirely. Those Christian writers who did advocate civil liberty may, in the end, have been able to find biblical excuses for it, but, on the whole, they were dependent on other kinds of argument, both religious and secular, to justify plurality.

Reimar Lindauer-Huber

Genuinae interpretationis ratio.
Bedingungen der wahren Interpretation in der profanen Hermeneutiktheorie des 17. Jahrhunderts an den Universitäten Helmstedt und Leipzig[1]

Gelehrsamkeit und gelehrte Bildung, wie sie auf den Universitäten betrieben und in den Schulen vermittelt und erworben werden, sind im 17. Jahrhundert, dem Zeitalter der Polyhistoren und einer fortdauernden Aneignung des antiken Erbes, wesentlich auf Aufgaben der Auslegung von Texten bezogen.

Für die Wissenschaften der beiden obersten Fakultäten, Theologie und Jurisprudenz, ist im Bereich der Rezeption des römischen Rechts (d.h. auf dem Kontinent) schon Jahrzehnte zuvor die Interpretation und Kommentierung autoritativer Texte zumindest theoretisch die Basis ihrer Praxis, die sich zwischen den Erfordernissen von Exegese, Systembildung und Anwendung (Rechtsprechung bzw. Verkündigung, Spruchtätigkeit, aber auch Rechtsberatung und Seelsorge) bewegt. Unter dem Einfluss des Humanismus im Bildungswesen des 16. Jahrhunderts hatte die programmatische Rückwendung auf die »Quellen« selbst (*ad fontes*), die antiken Texte des *Corpus iuris civilis* und der Bibel, zusammen mit der philologischen Methode, die alle verfügbaren Interpretationskontexte zu rekonstruieren gebot, neue Maßstäbe gesetzt und die mittelalterlichen Kommentierungen der Kritik ausgesetzt.

Beide, *doctrina Christiana* wie *scientia civilis*, verfügen in ihrem Traditionsbestand und in ihren kanonischen Texten selbst über dabei zu beachtende Prinzipien, Regeln und Verfahren und sind bemüht, sie zu explizieren, zu prüfen und zu systematisieren. So entstehen – für Zwecke des Unterrichts, aber auch im Zusammenhang mit methodologischen Diskussionen und Versuchen der Durchsetzung von Geltungsansprüchen und Kompetenzen – im 16. Jahrhundert spezielle Interpretationslehren in Jurisprudenz und Theologie. Sie machen sich, wie die betreffende Praxis selbst, seit dem Be-

---

[1] Der Aufsatz wahrt weitgehend die Form des mündlichen Vortrags und versucht lediglich, eine Sondierung des Terrains vorzunehmen. Ich möchte Lutz Danneberg, dem Anreger, und Christoph Bultmann, dem Editor, herzlich danken für das Angebot, meine vorläufigen Erkenntnisse zu diesem Thema hier vorzustellen. Vgl. zu einem Teilaspekt auch Reimar Lindauer-Huber: Rezeption und Interpretation des Horaz an der Universität Leipzig 1670–1730 zwischen Philologie, Philosophie und Poetik. In: Hans-Peter Marti und Detlef Döring (Hg.): Die Universität Leipzig und ihr gelehrtes Umfeld 1680–1780. Basel 2004, S. 397–407.

ginn der Neuzeit die Errungenschaften der humanistischen Philologie, die Artes dicendi und die Philosophie bei der Analyse und Erhellung von Texten zunutze und entwickeln materiale Topiken, um ihren Stoff zu ordnen und daraus dogmatische Systeme zu gewinnen.

Die Philologie erhält im protestantischen wie im katholischen Bildungswesen eine vorwiegend propädeutische und instrumentelle Funktion. Auf der Ebene der schulischen Bildung setzt sich im 16. Jahrhundert neben den Artes als Unterrichtsinhalt die humanistische Lektüre der klassischen, d.h. der kanonischen antiken heidnischen oder profanen Autoren durch. Sie dient primär im Rahmen der *imitatio auctorum* dem Erwerb mehr oder weniger klassischer Latinität und Eloquenz sowie im Bemühen um das Erfassen der Texte und ihrer Gehalte, begleitet von der Erklärung durch den Lehrer, der Aneignung von historischen, sachlichen und philosophischen Kenntnissen. Der durch den Humanismus geformte Schulunterricht bereitet so zwar auf die Aufgaben des Verstehens und Auslegens von Texten vor und soll auch in den Artistenfakultäten fortgeführt werden; deren Unterricht ist aber meist von der Philosophie als dem zweiten Teil der Propädeutik und zwar demjenigen, der an den Schulen nur ansatzweise gelehrt wird, dominiert. Die Praxis der Interpretation wird also von den meisten, soweit man nicht den Umgang mit Texten und Systemen der Philosophie dazu zählen will, alsbald in den Fakultätswissenschaften eingeübt. Philologische Interpretation bleibt eine Spezialität weniger Universitätsprofessoren, Liebhaber oder auch Schulmänner oder wird von Theologen und Juristen betrieben und somit auf die disziplinspezifischen Anwendungsaufgaben orientiert. In dieser durch das Bildungssystem und seine Umwelt mit ihren Voraussetzungen und praktischen Zwecken gegebenen Situation ist offenbar der Grund dafür zu suchen, dass eine (profan-)philologische Interpretationslehre im 16. und noch im frühen 17. Jahrhundert, soweit sich das angesichts des Forschungsstandes und meiner bescheidenen Kenntnis sagen lässt, kaum in Texten elaboriert worden ist.[2] Zugleich aber ist der Einfluss der

---

2 Zur Frühgeschichte der Hermeneutik vgl. Henry-Evrard Hasso Jaeger: Studien zur Frühgeschichte der Hermeneutik. In: Archiv für Begriffsgeschichte 18 (1974), S. 35–84; Claus von Bormann: Art. Hermeneutik I, in: TRE, Bd. 15. Berlin 1986, S. 108–137; Reimund Sdzuj: Historische Studien zur Interpretationsmethodologie der frühen Neuzeit. Würzburg 1997. Zur wenig bearbeiteten juristischen (Spezial-)Hermeneutik vgl. Peter Raisch: Juristische Methoden. Vom antiken Rom bis zur Gegenwart. Heidelberg 1995; Jan Schröder (Hg.): Entwicklung der Methodenlehre in Rechtswissenschaft und Philosophie vom 16. bis zum 18. Jahrhundert. Stuttgart 1998; Benoît Frydman: Le sens des lois: histoire de l'interprétation et de la raison juridique. Brüssel 2005; die Beiträge von Klaus Weimar: »Interpretatio« nach Wilhelm Valentin Forsters Interpres. In: Jörg Schönert u. Friedrich Vollhardt (Hg.): Geschichte der Hermeneutik und die Methodik der textinterpretierenden Disziplinen. Berlin 2005, S. 83–96, und Jan Schröder: Entwicklungstendenzen der juristischen Interpretationstheorie von 1500 bis 1850. In: ebd., S. 203–219; sowie jetzt Stephan Meder: Grundprobleme und Geschichte der juristischen Hermeneutik. In: Marcel Senn (Hg.): Rechtswissenschaft und Hermeneutik. Stuttgart 2009, S. 19–38 (nach Abschluss des Manuskripts erschienen).

philologischen Arbeit, die sich den Antiquitäten, der Geschichte und der Kritik zuwendet, auf die Gelehrsamkeit des 17. Jahrhunderts immens, ja geradezu stilprägend.

Ich möchte im Folgenden eine Skizze gewisser profaner Interpretationslehren des 17. Jahrhunderts geben, die mir im Hinblick auf die Formierung und Formulierung einer speziellen Form eines philologisch-historischen Paradigmas der Interpretation am Ende des 17. Jahrhunderts relevant zu sein scheinen. Ich werde mich dabei auf Prinzipien und Überlegungen einerseits innerhalb der sich bereits um 1600 in Deutschland etablierenden juristischen und andererseits in der entstehenden philologischen Interpretationslehre beziehen. Als Quellen ziehe ich akademisches Schrifttum – Dissertationen und Traktate oder Lehrbücher – heran, hauptsächlich von Professoren der Universitäten Helmstedt und Leipzig. Hier lässt sich wenigstens in den Fällen Helmstedt und Leipzig verfolgen, wie von unterschiedlichen Ausgangspositionen her Konzepte einer allgemeinen Profanhermeneutik entwickelt werden. In beiden Fällen gibt es offenbar, so weit ich es bis jetzt zu beurteilen vermag, im Unterschied zu Jena oder Wittenberg, eine bemerkenswerte, lokal und personell gebundene Kontinuität der Tradierung und Entwicklung hermeneutischer Reflexion. Die Gründe dafür sind meines Erachtens in der Verbindung mit einer spezifischen Praxis zu suchen.

Es hat im späten 17. Jahrhundert im mitteldeutschen Raum (zu dem ich für diesen Zweck auch die Universität Helmstedt rechne) mehrere große Projekte der Erarbeitung einer allgemeinen Hermeneutik gegeben, die nicht in der Tradition der logischen Hermeneutik standen. Sie sind vor allem an die Namen von Johann Heinrich Ernesti (1652–1729) und Johann von Felde (1614–1690) sowie von Friedrich Weise (1649–1735) und Vincentius Placcius (1642–1699)[3] geknüpft und heute weitgehend vergessen. Zwei dieser Projekte will ich mit Skizzen zu ihren Vorgeschichten im Folgenden

---

3 Die Arbeiten des Hamburger Gymnasialprofessors Vincentius Placcius – eines Schülers und Verwandten von Feldes, der mit ihm und seiner Familie in Kontakt stand und eine Reihe von Manuskripten von Feldes besaß – zur juristischen Interpretationslehre aus den 1690 Jahren, die zum Teil an von Felde anknüpfen, sowie Friedrich Weises Jenaer Zyklus von sieben *Dissertationes hermeneuticae* aus den frühen 1680er Jahren (und ihr möglicher Zusammenhang mit Traditionen der juristischen Hermeneutik in Jena), von denen ich bisher nur drei auffinden konnte, müssen hier aufgrund der Fülle und Komplexität des Materials außer Betracht bleiben. – Vincentius Placcius: De J[uris]C[onsul]to perfecto, sive de interpretatione legum liber singularis. Stockholm und Hamburg 1693; Friedrich Weise (mit wechselnden Respondenten): De hermeneuticae constitutione. Jena 1681; De officio hermeneutae. Jena 1681; De sensu. Jena 1682; Friedrich Weise wurde später *Professor Theologiae* in Helmstedt und verfasste u.a. einen großen Kommentar zum Galaterbrief (1705). – Nachträglich bin ich auf eine in diesem Zusammenhang relativ frühe Schrift von Placcius aufmerksam geworden, die bereits den Titel des Traktats von Feldes vorwegnimmt: [Vincentius Placcius]: Nicetae Spilii JCti et Philosophi Christiani Epistola curiosa super Quaestionibus eruditis variis de tempore: videlicet, De corpore Juris reconcinnando, vel renovando, inque vernaculam convertendo: De

vorstellen: die Arbeiten Johann von Feldes und die juristische Hermeneutik in Helmstedt seit der Mitte des 17. Jahrhunderts sowie Johann Heinrich Ernesti und die philologische Hermeneutik in Leipzig in der zweiten Hälfte des 17. Jahrhunderts.[4] Schließlich will ich einige Eigentümlichkeiten und mögliche Querverbindungen dieser verschiedenen Ansätze benennen und die Frage stellen, ob man, wie mir scheint, im Blick auf die vorgestellten Entwicklungen von der Formierung und Formulierung eines spezielleren philologisch-philosophischen Paradigmas der Profanhermeneutik im späten 17. Jahrhundert sprechen kann.

1. Philologische Hermeneutik in Leipzig und Johann Heinrich Ernesti

Am Anfang des 18. Jahrhunderts, 1702, erschien in Leipzig als starkes Duodezbändchen von über 500 Seiten Umfang die *Ars cogitandi* des Professors der Juristischen Fakultät der Universität Leipzig Gottlieb Gerhard Titius (1661–1714). Diese originelle und sozusagen anti-thomasianische Logik enthält bemerkenswerterweise zwei umfangreiche Kapitel über Materien, die – so Titius – nicht in die Logik gehörten, aber entweder fälschlicherweise zu ihr gerechnet worden seien oder sie notwendig ergänzen müssten. Es handelt sich dabei unter anderem (und soweit es für mein Thema von Belang ist) erstens um die Hermeneutik und zweitens um die *eruditio* oder *disciplina generalis*.[5] Reimund Sdzuj hat in seiner 1997 gedruckten Dissertation die Aussagen von Titius im letzten Kapitel seiner Logik »De disciplina generali«, welche die Hermeneutik betreffen, als Programm einer neuen »allgemeinen« Disziplin gedeutet.

Mir scheint hingegen, dass Titius hier etwas in den Blick nimmt, was bereits, allerdings in durchaus prekärer Weise und als stets wieder zu Erzielendes und zu Sicherndes, existiert, in der logischen oder philosophischen Tradition der Hermeneutik aber nicht zureichend thematisiert und dargestellt worden ist und werden kann. Die Logik ist für Titius eine abstrakte

---

juris naturalis scientia constituenda. De republica irregulari. De scientia interpretandi jura, & sacras litteras, harumque criticis emendationibus, &c. Verona [Hamburg] 1681.

4   Nachrecherchen ergaben, dass die Vorgeschichten weit komplexer sind, als ich ahnte. Insbesondere die Auseinandersetzung von Feldes mit der juristischen Interpretationslehre von Hugo Grotius sowie die Streitigkeiten mit seinen Helmstedter Kollegen bedürften einer eingehenden Untersuchung. [Vgl. für den universitären Kontext in Helmstedt jetzt auch Jens Bruning und Ulrike Gleixner (Hg.): Das Athen der Welfen. Die Reformuniversität Helmstedt 1576–1810. Wolfenbüttel 2010.]

5   Gottlieb Gerhard Titius: Ars cogitandi. Leipzig 1702. Vgl. S. 511 [Index rerum]: »Interpretatio: ad Logicam a recentioribus non recte refertur XVIII. 48. seqq. generalia ejus principia Disciplinae Generali inseri possunt XIX. 126.«

Disziplin, die von Allgemeinem handelt. Daneben bedürfe es aber für die Aufgaben der Interpretation und die Vorbereitung auf die höheren Wissenschaften einer umfassenden Kenntnis von Einzelheiten, von denen Verständnis und Beurteilung von Texten ebenso abhingen wie von der Beherrschung der logischen Regeln. Die Argumentation von Titius kann hier nicht im einzelnen nachgezeichnet werden. Entscheidend ist jedoch sein Ansatz bei der *voluntas* bzw., im Sprachgebrauch der römischrechtlich orientierten Juristen, *mens* des Autors als dem Objekt der Hermeneutik; sie gelte es zu erhellen. Deswegen lasse sich die Hermeneutik auch nicht als Teil der Logik entwickeln, in der nämlich von realen Objekten nicht die Rede sein könne.

Die allgemeine propädeutische Bildung, deren einer Teil die Logik ist, umfasst – nicht nur in der Konzeption von Titius, sondern ähnlich auch bei seinen Zeitgenossen – als zweite Hälfte[6] die philologischen Disziplinen, die *litterae humaniores* oder, mit einem bereits veraltenden, aber noch gebräuchlichen Ausdruck, die *polymathia.*. Das ist es, was Titius hier mit dem, wie er sagt, volkstümlichen, gängigen Ausdruck der »*disciplina generalis*« bezeichnet; zugleich gebraucht er in diesem Abschnitt in der Auseinandersetzung mit Pierre Poiret fast synonym das Wort »*eruditio*«. Die Frage der passenden Bezeichnung überlässt er im übrigen explizit anderen.[7]

Ähnlich, nur pragmatischer und weniger konsequent, hat bereits der Zittauer Gymnasialdirektor Christian Weise (1642–1708) in seiner mehrfach wieder aufgelegten *Doctrina logica* von 1680, auf die Titius sich bezieht, die Interpretation als Geschäft ausgewiesen, das vor allem auch auf Grammatik und Rhetorik zurückgreifen und in den jeweils sachlich zuständigen Disziplinen betrieben werden müsse.[8]

Von dem Leipziger Lehrer und Förderer Weises, Friedrich Rappolt (1615–1676), erschien 1675 in Leipzig ein großer Horaz-Kommentar, hervorgegangen aus Vorlesungen, die der vormalige *Professor poeseos* in der Philosophischen Fakultät der Universität Leipzig gehalten hatte, über die Satiren und Briefe, die *Ars poetica* und ausgewählte Oden. Rappolts Kommentar

---

6   Ebd., S. 439–502: Cap. XIX. De habitu disciplinae generalis, praeter logicam, ad excolendas disciplinas speciales, necessariae; hier S. 500f.: §. CXXIX. »Quodsi autem illa [scil. disciplina generalis] cum Arte cogitandi seu Logica comparetur, tum ambae manuum instar sunt, quibus Disciplinae Speciales recte prensari queant, mens enim suas operationes intelligens, ac generali rerum disciplinarumque cognitione imbuta, specialibus excolendis est aptissima.«

7   Ebd., S. 501f.: §. CXXXI. »De caetero usi sumus appellatione populari *Disciplinae Generalis*, nam curam accuratioris denominationis illis relinquimus, quibus ipsam rem excolere lubebit. Forte, sicut Logica, *Ars cogitandi* dicitur, ita haec non incommode, *Ars recte proficiendi*, dici poterit, sed de hoc alii dispiciant accuratius!«

8   Christian Weise: Doctrina logica, duabus partibus [sic] comprehensa, ut prior terminorum simplicium, propositionum & syllogismorum notitiam; posterior ipsam praxin, in definitione, divisione, demonstratione, methodo, interpretatione & disputatione necessariam exhibeat: exemplis ut plurimum politicis illustrata, rebusque oratoriis sedulo accommodata. Juxta exemplar (Zittaviensisic) recusa. Leipzig und Frankfurt 1684.

versteht sich und ist verstanden worden als ein zugleich philologischer und philosophischer Kommentar, der durchaus neuartig sei.[9] Man hat ihn auch in die Niederlande geschickt, um ihn von den dortigen Philologen beurteilen zu lassen, durchaus mit Zweifeln, ob er dort gefallen möge. Von seinem Nachfolger und Schwiegersohn Joachim Feller (1628–1691) und später von dessen Nachfolger Johann Heinrich Ernesti sowie anderen Leipziger Hochschullehrern wird der Kommentar wiederholt gewürdigt,[10] und in gewisser Weise hat er in Leipzig Schule gemacht, wenn auch weder Feller noch Ernesti etwas Ähnliches publiziert haben.

In Rappolts Kommentar sind die – auch Sachliches und Sprachliches oder Vergleichsstellen bietenden – Ausführungen zu einzelnen Texten und Passagen immer wieder durch allgemeinere Reflexionen etwa über den Dichter, die Satire, die philosophischen Sekten und die Eklektik unterbrochen. Ebenso finden sich hier verstreut Aussagen zur Konzeption des Kommentars. Das Geschäft des Interpreten sei es, »*auctorum genium nosse*«.[11] Rappolts erklärtes Ziel ist es, den Geist des Dichters aus Venosa aus einer Betrachtung des Ganzen zu erkennen, worüber bisher bei den Interpreten weitgehend Schweigen geherrscht habe.[12] Insbesondere geht es ihm darum, die philosophischen Gehalte der Dichtungen des Horaz herauszuschälen.

---

9 Friedrich Rappolt: Commentarius in Q. Horatii Flaccii Satyras & Epistolas omnes, Artem item Poeticam, quinque Carmina peculiaria, & libros duos priores Carminum, ad Philosophiam potissimum exactos. Leipzig 1675. In der Vorrede dazu heißt es: »De instituti ratione non est, quod pluribus hic Te edoceam: cum labore illo jam perfunctus fuerim, & causas cur Musas Gratiis miscere voluerim h. e. non ex antiquitate tantum & humanioribus illis literis, sed Philosophorum quoque pergulis quamplurima accersere, in ipsis commentariis adduxerim. [...] Adultioribus enim haec proponenda erant, & fontes ipsi, ex quibus pleraque sua hauserat Poeta, recludendi: fines item ostendendi, quibus consequendis inservire πολιτικώτερα illa, Architectonicam, ut Philosophus vocat, scientiam spectantia voluit. Quae vel plane omittere alii, vel parcius attingere, quibus cum teneriore aetate negotium, poterant.« – Joachim Feller schreibt in der Vorrede zu einer Horaz-Ausgabe »cum notis Minellii«, Leipzig 1675, über seinen Lehrer und Schwiegervater: »Antecessor in Professione Poetica meus, quem Socerum pariter ac Praeceptorem veneror, *Fridericus Rappoltus* nunc SS. Theol. P. P. celeberrimus ac Facultatis suae Decanus h.t. spectatissimus in Horatii Sermones & Epistolas, Artem item Poeticam, & nonnulla ejusdem Carmina publica ex Cathedra dictitabat. Illa [scil. quae Rappoltus in Horatii sermones & epistolas, artem item poeticam, & nonnulla ejusdem carmina publica ex Cathedra dictitarat] enim tam elimata, atque exasciata, tam varius etiam tum Philologematis, tum Philosophematis perspersa esse ajebam, ut nisi Musis & Gratiis applaudentibus, maximoque literariae juventutis cum fructu publicari non possint.« (Bl. 3r-v).

10 Vgl. etwa noch Carl Gottlob Hofmann: Methodus, sive ratio interpretandi Q. Horatii Flacci poemata. Quam cum viris doctrina praestantibus communicat, sibique novam Horatii editionem paraturo consilia insuper expetit (M. Carl Gottlob Hofmann, Schneebergensis). Leipzig 1729 (dort S. 14: »Postea mentem istam mutavit, nunc Epicureorum & Stoicorum, nunc Peripateticorum vestigia legens, qua de re fac legas FRID. RAPPOLTI *commentarium in Q. Horat.* p. 27. sq. quem MORHOFIUS plane eximium, & a JOACH. FELLERO auctum, laudat. *polyhist. Literar.* Lib. IV. cap. XI. §. 15. p. m. 869.«)

11 Ebd., S. 21.

12 Ebd., S. 21: »De genio Horatii in Satyris altum apud interpretes silentium.«

Dafür beruft er sich auf Angelo Poliziano (1454–1494), der auf das Erfordernis des Interpreten der Dichter hingewiesen habe, philosophisch geschult zu sein.

Diese Absicht wird sodann von Feller und Ernesti fortgeführt. Von Feller stammt ein eigentümliches Werk, das philosophische »Flores« aus Vergil pflückt (1681).[13] Ernesti hat wie Rappolt und Feller wiederholt Vorlesungen über die römischen Dichter gehalten, in denen die philosophische Interpretation im Vordergrund stand, und in verschiedenen Schriften diesen Ansatz verfolgt, ohne darin allerdings annähernd die Gründlichkeit und Ausführlichkeit Rappolts zu erreichen. Seit den späten 1680er Jahren hat Ernesti außerdem die Ausarbeitung einer Profanhermeneutik angekündigt und erste Beiträge dazu verfasst.[14] 1699 publizierte er sein originelles, aber theoretisch wenig anspruchsvolles und unvollständiges *Compendium hermeneuticae profanae*,[15] das neben einigen allgemeinen und speziellen Regeln oder Anweisungen vor allem Beispiele für den Gebrauch und das Fruchtbarmachen der gelesenen und verstandenen Autoren bringt. Die sachliche und philosophische Interpretation dient hier offenbar nicht so sehr der Erhellung der Texte als der Vermittlung von Kenntnissen; eine didaktische Zielsetzung ist unverkennbar. Ernesti hat aber noch mehrere Fortsetzungen zu seiner Profanhermeneutik geliefert und sich dabei unter anderem der Frage der Interpretation der heidnischen Mythologie zugewandt. Auch wenn er sich mit solchen Schriften keinen Gelehrtenruhm erwerben konnte (nur eine frühe Schrift *De pharisaismis in libris profanorum scriptorum occurentibus* 1698 ist in den *Acta eruditorum* rezensiert worden, seine Arbeiten werden kaum zitiert), hat er, wie mit seiner ausgedehnten Lehrtätigkeit, offenbar einen gewissen Bedarf gedeckt. Profanhermeneutik tritt hier in der publizierten

---

13 Joachim Feller: Flores philosophici ex P. Virgilii Maronis Bucolicis et Georgicis, dogmata physica in se continentibus, nec non ex libris xii. Aeneidos boni principis ideam, imo ethicam politicamque exhibentibus (collecti a L. Joachimo Fellero, Poes. P. P. in Acad. Lipsiensi). Leipzig 1681. – Vgl. Gottfried Ludovici: Σκιαγραφία sapientiae ex veteribus poetis latinis hauriendae [...]. Leipzig 1695, Bl. A3v: »Aliud ab eo probare sategit B. *Fellerus*, Poeta, dum viveret, noster, qui toties *Poetas* tanquam *Sapientiae* Doctores & civilis prudentiae Magistros cum B. *Rappolto*, Antecessore suo, introduxit, eos ad Philosophiam exegit, & Philosophica dogmata ex eorum scriptis collecta erudito Orbi sistere non dedignatus est. Testantur id vel *Flores Philosophici, ex Virgilio* (eodem labore *in Horatio* antea absoluto, nec non elegantissimis floribus ad *Petronii, Statii, Claudiani, Lotichii, Sabini, Barlaei, Rappolti,* & quibus immoriebatur Beatissimus, *Rapini* carmina sparsis) publico Soli A. 1682. expositi«.

14 [Johann Heinrich Ernesti]: J. N. R. J. Ex Hermeneutica profana de Doctrina morali ex scriptis Suetonii discenda, consensu inclytae Facultatis Philosophicae in Academia Lipsiensi disputabit praeside M. Joh. Henrico Ernesti, Facult. Philos. Assess. & Scholae Thoman. Rectore, Augustinus Ernesti, Cribitio-Altenb. Phil. & Bon. Art. Baccal. Ad d. 13. Julii. A. M. DC. LXXXIX. H. L. Q. S. [Leipzig 1689].

15 Johann Heinrich Ernesti: Compendium hermeneuticae profanae, seu de legendis scriptoribus profanis praecepta nonnulla, in justae disciplinae rationem elegantiorum literarum & πολυμαθείας studiosorum gratia redacta. Leipzig 1699.

Form nicht als systematische Theorie auf, sondern als praktisches Unterrichtsmittel, das die Unterrichtspraxis reflektiert und möglicherweise auch dem angehenden Lehrer Winke gibt, wie sie zu gestalten sei. Der Begriff der Hermeneutik wird von Ernesti explizit so weit definiert, dass Nutzen und Anwendung der Lektüre darunter fallen.[16]

> Thes. 3. Hermeneutica profana est virtus intellectualis, scriptorum profanorum sensum investigans & ad varios usus applicans, ut, ad quod homo anima rationali praeditus, & [quo] a brutis animantibus distinctus est, excolatur maxime.

> Thes. 6. Forma duobus actibus absolvitur. Unus est, veri libri explicandi sensus indagatio. Alter expositi & intellecti scriptoris ad varios usus applicatio.

Auf weiten Strecken entwickelt Ernesti eine Art von didaktischer Inhaltshermeneutik, die Fragen der Eruierung des Sinns werden nur angedeutet und meist sogleich in Fragen des Gewinns aus der Beschäftigung damit überführt. Der Text enthält wie auch die anderen einschlägigen Texte Ernestis keine gelehrten Anmerkungen und fast keine Nennungen von Gewährsmännern, Kontrahenten oder Buchtiteln, bietet mithin keine Hinweise zu anderweitigen Erörterungen oder etwa exemplarischen Kommentaren. Einer der wenigen interessanteren Hinweise betrifft die Frage des für einen Autor spezifischen Sprachgebrauchs. Ernesti fordert und schlägt vor, es solle für jeden Autor ein eigenes Lexikon erstellt werden. Das ist ein Gedanke, der eine gewisse Wirkung zeitigte, etwa bei seinem Namensvetter und Nachfolger als Thomasschulrektor Johann August Ernesti (1707–1781). Seine eigene Arbeit an einem Curtius-Lexikon hat er allerdings nicht fertigstellen können.[17]

Auch wenn der textuelle Befund im Hinblick auf die Erwartungen, die der Titel eines *Compendium hermeneuticae profanae* und das angekündigte Programm, die Hermeneutik in »justae disciplinae rationem« zu bringen, wecken könnten, durchaus enttäuschend ist, scheint doch – wohl eher über seine Lehrtätigkeit – Ernesti neben anderen in Leipzig dazu beigetragen zu haben, philologisch-hermeneutische Praxis mit philosophischer Bildung zu verbinden, und ein spezifisches Interesse an der philosophischen Interpretation der Dichter wachgehalten zu haben, das sich in anderen, wiederum

---

16 Cap. I. De natura & constitutione hermeneuticae profanae. (S. 3–8) – Cap. II. Ex parte generali, de praeceptis ad consequendum verum scriptorum interpretandorum sensum necessariis. (S. 9–22) – Cap. III. Ex parte generali, de convertendis in usus varios scriptoribus expositis. (S. 22–148) – Cap. IV. Ex parte speciali, de investigando vero Scriptorum exponendorum sensu. (S. 148–160) – Cap. V. Ex parte speciali, de convertendis in usus varios scriptoribus expositis. (S. 160–187).

17 Die Berücksichtigung und das Studium des individuellen Sprachgebrauchs ist allerdings eine Forderung, die sich bereits in den ersten Anfängen der speziellen Hermeneutiken des 16. Jahrhunderts findet und vor dem Hintergrund des ausgeprägten Stilbewusstseins der Humanisten mit ihrer imitatio-Praxis seit Petrarca nicht sonderlich überrascht. ›Imitatio‹ und ›interpretatio‹ sind, wie hier bei Ernesti, für den frühneuzeitlichen Philologen eng verbunden, wie sich nicht zuletzt in der Bedeutung der Stilkritik für die Text- und Echtheitskritik zeigt.

anspruchsvolleren Texten zum Beispiel über Horaz ausdrückt, die in Leipzig im späten 17. und frühen 18. Jahrhundert verfasst wurden.[18]

2. Juristische Hermeneutik in Helmstedt und Johann von Felde

Weitaus anspruchsvoller als Ernestis Profanhermeneutik tritt das mit den ersten Lieferungen Ernestis zeitgleich publizierte Werk Johann von Feldes über die Wissenschaft des Interpretierens auf. Der gigantische *Tractatus de scientia interpretandi* – über 1000 Seiten im Quartformat – wurde 1689, nur drei Jahre vor dem Tod des Verfassers, offenbar unter Mitwirkung von Vincentius Placcius, in Helmstedt gedruckt.[19] Johann von Felde, geboren 1614 in Halle an der Saale, war nach dem Besuch der Lateinschule in seiner Vaterstadt und Studium in Wittenberg 1638 Professor matheseos in Helmstedt geworden, hat 1650 in Rinteln bei einer juristischen Disputation über die Geschichte der Jurisdiktion im alten Rom respondiert und sich 1655 aus Helmstedt nach Neukirchen, einem Rittergut im Merseburgischen unweit von Halle, zurückgezogen, wo er eine private Akademie betrieb. Kurz zuvor (1653) hat er *Annotata* zu Hugo Grotius verfasst, die Anlass für eine gelehrte Kontroverse wurden, außer vielen anderen Schriften zu verschiedensten Gebieten gibt es von ihm aus den 1660er Jahren noch ein großes Lehrbuch *Elementa iuris universi* (Frankfurt/Leipzig 1664). In seinem umfangreichen Nachlass befanden sich nach seinem Tode 1690 eine Reihe weiterer Lehrbücher oder Vorlesungsmanuskripte zu verschiedenen Disziplinen wie Mathematik, Logik und Naturphilosophie und Jurisprudenz. Im Jahr 1690 erschienen posthum noch zwei juristische Werke, ein großer *Commentarius de actionibus realibus* (über die Sachklagen) und eine Art Supplement zu seiner Hermeneutik, die *Dissertatio de interpretatione pactorum*,[20] beide herausgege-

---

18   Lindauer-Huber: Rezeption und Interpretation des Horaz (wie Anm. 1).
19   Johann von Felde, Tractatus de scientia interpretandi. Helmstedt 1689. – Eine Abschrift des nur teilweise publizierten Manuskripts befand sich in der Bibliothek von Vincentius Placcius und ist von dort in die Hamburger Stadtbibliothek (heute Staats- und Universitätsbibliothek) gelangt. Es gehört zu den 1945 verschollenen Handschriften, die noch nicht wieder nach Hamburg zurückgekehrt sind. S. Elke Matthes: Die juristischen Handschriften der Staats- und Universitätsbibliothek Hamburg, 2 Bde. Stuttgart 1996 und 2002; hier Bd. 2, Register, unter »Placcius, Vincentius« und »Felde (Felden), Johannes von«.
20   Johann von Felde: De interpretatione pactorum dissertatio, in qua, praeter ea quae ad interpretationem legum in genere pertinent, potissimum ostenditur, divisionem contractuum in bonae fidei & stricti juris, optima ratione niti, usumque stipulationum ex crassa quadam Pragmaticorum ignorantia, nec sine ingenti Reip. damno a foro Germanico recessisse. Ex manuscriptis Autoris collecta, & boni publici ergo edita a L. Jo. Wolf. Rosenfeld. Frankfurt und Leipzig 1690.

ben von seinem Schüler, dem Zeitzer Juristen und Stifts-Präfekten Johann Wolfgang Rosenfeld.

Zu Beginn der ›Praefatio‹ schreibt von Felde in seinem *Tractatus de scientia interpretandi*:

> Saepe miratus sum, quare non majorem diligentiam adhibuerint Studiosi Theologiae & Juris in investiganda aliqua solidiori scientia Interpretandi; sed magis Interpretationem Scripturae & Legum Romanarum temerario casu susceperint, adhibentes Disputatiunculas facientes magis πρὸς τὴν διαφυλάττειν quam ad veritatem ipsam per demonstrationes investigandam.

Im Folgenden kritisiert er die Vernachlässigung der Logik und die Verwirrung hinsichtlich ihres Gebrauchs in der Interpretation und wendet sich gegen mögliche Einwände hinsichtlich des Nutzens und der Berechtigung einer neuen Interpretationslehre, wo es doch in Jurisprudenz und Theologie so viele gebe. Er selbst habe 55 Jahre an seiner gearbeitet und »nec tamen penitus absolverim omnia, quae dicenda fuerunt«.

von Felde definiert – wie Dannhauer – als Objekt (»subiectum«) der Hermeneutik »orationes« im Sinne von Texten oder Textabschnitten. In Erweiterung der gängigen juristischen Methodenlehre, die im 17. Jahrhundert im Anschluss an einen Digestentitel von der *mens legislatoris* ausgeht, die neben und vor den *verba* zu beachten und zu eruieren sei, gelangt er zum Begriff einer *interpretatio mentalis* oder *interpretatio intellectiva*. Diese ist nun über die grammatische, rhetorische und logische Analyse des Textes hinaus durch die Berücksichtigung der Umstände gekennzeichnet, unter denen ein Gesetz erlassen oder ein Text verfasst worden ist. Große Bedeutung kommt daher der Anwendung historischer Kenntnis zu. Ein ganzes Buch des Traktats handelt folglich von der *interpretatio* »*adhibita historia*«.[21] Darüber hinaus sei es aber auch erforderlich, die gewissermaßen inneren Bedingungen des Autors zu erfassen, um sein Denken nachzuvollziehen. Das ist kein Einfühlen, sondern erfordert eine gewissermaßen kongeniale Sachkenntnis und Klugheit des Interpreten. Ziel des Interpreten ist die Erkenntnis der *oratio interna* oder der *mens*; diese Aufgabe stelle sich übrigens auch dem Interpreten im Sinne des Übersetzers. An diesem Spezialfall, den er am Ende seines Traktates behandelt, entwickelt von Felde noch einmal bündig seine Grundgedanken:

> 4. Quia vero interpretatio, quam facimus solis vocibus harumque connexioni inhaerentes, admodum incerta est. *cit. p. 2. lib. 1. cap. 1. membr. 2. art. 2.* optime se habebit illa interpretatio, quando in eruenda oratione interna etiam mentalem inter-

---

21 Tractatus de scientia interpretandi (Anm. 19), Pars II., Liber IV. De interpretatione quae adhibita historia fit. – S. 1062: »Historiam de Republ[ica], in qua leges, quarum interpretatio facienda est, latae sunt, nosse multum prodest ad caussalem seu mentalem reliquasque interpretationes instituendas. Nam ex eadem ad minimum discimus, quid moverit legislatorem, ad ejusmodi legem ferendam. Indeque consequimur, ut interpretationem restrictivam cujusque legis facere possimus in eum modum, quo ipse legislator faceret, si praesens esset.«

pretationem adhibemus, qua errores in explicativa interpretatione comissi corrigi possunt & verus sensus erui.

5. Nullius ergo interpretis translationi tuto fidere possumus nisi cognitioni linguae interpretandae conjunctam habeat scientiam eorum, quae in oratione sunt comprehensa.

Offenbar stehen die späten Schriften von Feldes in der Kontinuität von Diskussionen, die spätestens seit der Mitte des Jahrhunderts in Helmstedt geführt wurden. von Felde selbst gibt (bereits im Titel) an, dass er sich über 50 Jahre lang mit den Fragen einer *Scientia interpretandi* befasst habe.

Er selbst hat 1652 den Vorsitz bei der ersten von mehreren geplanten Disputationen zu den Institutionen Justinians gehabt, sein Respondent war Johannes Lohmann. Das Thema der Abhandlung lautet *De fine et officio ICti variisque iuris speciebus*,[22] und das Amt des ›Jurisconsultus‹ ist die Interpretation:

ICti munus est leges interpretari: ad hoc enim omnia, quae ad eundem pertinere dicuntur referri possunt.

Weiterhin ist u.a. die wichtige und umfangreiche Helmstedter Dissertation von Johann Eichel (Praeses der Disputation war Heinrich Hahn) *De interpretatione legum, pars prima*, 1650 zu nennen, die sich ausführlich mit den grammatischen und rhetorischen Fragen der Sinnkonstitution befasst und die Meinungen der Juristen dazu zusammenfasst, sowie die höchst bemerkenswerte Arbeit von Johann Eisenhart und seinem Respondenten Grote mit dem Titel *Exercitatio Juris novissimi Justinianei de natura, fine et principiis Jurisprudentiae nec non interpretatione legum civilium*, Helmstedt 1676.[23] Hier werden in thesenhafter Form Grundfragen abgehandelt, indem in reicher Weise aus den Novellen Justinians, den *Graeca* der humanistischen Juristen, geschöpft wird. Das bekommt zum Teil einen scharf polemischen Ton. Nach einer längeren Digression zum Thema »*interpretatio iuris*« heißt es mit dem übersetzten Novellentext über die Juristen, die sich nicht an die *mens legislatoris* hielten:[24]

T. XL. Hanc apprehendentes licentiam in tantam digressi sunt obscuritatem ut divinantibus magis quam interpretantibus haec egerent. *Nov. 107. pr.*

Legum interpretatio alia est legislatoris menti & intentioni conformis; haec est *Vera* tantamque desiderat peritiam quanta ad legem sapienter condendam requiritur: Alia abludit a mente atque intentione legislatoris; idque aut ex imperitia, unde *coeca* & divinatoria interpretatio; aut ex improbitate interpretantis, unde callida & *maligna*.

---

22   Johann von Felde/Johannes Lohman: Disputationum ad institutiones imperiales prima De fine et officio ICti variisque iuris speciebus. Helmstedt 1652.
23   Johann Eisenhart/Geberhard Grote, Exercitatio Juris novissimi Justinianei de natura, fine et principiis Jurisprudentiae nec non interpretatione legum civilium. Helmstedt 1676.
24   Ebd., Bl. C2r.

So originell von Feldes *Tractatus* ist und so sehr er Relevanz über die Jurisprudenz hinaus beansprucht: In vielem folgt von Felde den Begriffen und Prinzipien der juristischen Hermeneutik seiner Zeit, die allerdings keineswegs ein einheitliches Bild bietet. Die Rekonstruktion der unterschiedlichen Positionen und Diskussionen, wie sie sich in den juristischen akademischen Dissertationen etwa in Helmstedt, Leipzig, Jena oder Wittenberg finden, wäre die Voraussetzung einer genaueren Verortung von Feldes und der Entwicklung seines Denkens. Als gemeinsame Tendenz der genannten Texte sehe ich den Willen zu einer exakten philologischen Bemühung um die Texte und gegenüber einer pragmatisch auf die Gesetzesanwendung und die Vereinheitlichung des Rechts orientierten Interpretationspraxis das Insistieren auf der Eruierung der *mens legislatoris*. Das macht über die philologische Arbeit hinaus eine historische und sozusagen historisch-philosophische Rekonstruktion erforderlich. Die Bemühungen um Begründung einer solchen wahren Interpretation und die Klarstellung ihrer Bedingungen lassen sich als Versuch der Etablierung eines philologisch-historischen und näherhin philologisch-(historisch-)philosophischen Paradigmas lesen – oder wohl vielmehr als Spiegelung und Fundierung einer bereits vorhandenen und sich etablierenden entsprechenden Praxis.

3. Einige Grundbegriffe und mögliche Verbindungen von juristischer und philologischer Hermeneutik in Leipzig

Auch in Leipzig ist Mitte des 17. Jahrhunderts eine hochinteressante juristische Dissertation über Fragen der juristischen Hermeneutik verfasst worden, die eine kritische Tendenz gegen eine anwendungsbezogene, sich systembildend der *analogia* bedienenden und daher die Gesetze zu extensiv auslegende praktische Gesetzesinterpretation aufweist, die *Disputatio juridica de interpretatione legis restrictiva* von Franz Romanus und Adam Samuel Freystein von 1651[25].

An dieser Stelle bricht mein Versuch, die Entwicklung eines Teils der juristischen Hermeneutik in Richtung auf eine philologisch-historische allgemeine Profanhermeneutik zu verfolgen, ab. Es stellt sich insbesondere die Frage nach eventuell stattgefunden habenden Interaktionen zwischen juristischer und philologischer Hermeneutik, sodann auch zwischen juristischer und theologischer Hermeneutik.

---

25   Franz Romanus/Adam Samuel Freystein: Disputatio juridica de interpretatione legis restrictiva. Leipzig 1651. Hier wird u.a. im Gegensatz zur referierten Lehre von der Erkenntnis der *ratio legis* eine Circumstantiae-Lehre entwickelt.

Von der juristischen Interpretationsmethodologie her boten sich dafür insbesondere die Erörterungen über die *interpretatio doctrinalis*, darunter die Formen der bloß vom Wortsinn ausgehenden *interpretatio declarativa* bzw. *explicativa* einerseits und der *interpretatio extensiva* und *restrictiva* andererseits an.[26] Sodann die fundamentale Unterscheidung *verba* – *mens* (bzw. *intentio, voluntas, ratio*) und die daraus abgeleiteten Begriffe der *interpretatio mentalis* (*intellectiva*), *interpretatio historica* und *interpretatio philosophica*.

Auf der anderen Seite wäre es möglicherweise erhellend, den Gebrauch der *analogia* und die theoretischen Begründungen und Regulierungen dieses Gebrauches in der juristischen Hermeneutik und der Bibelhermeneutik des 16. und frühen 17. Jahrhunderts zu betrachten. Hat der kurzzeitige Jura-Student Glassius eventuell auch von der Kenntnis der brandneuen Interpretationslehren eines Hugo Donellus(1527–1591), eines Joachim Hopper (1523–1576) und eines Valentin Wilhelm Forster (1574–1620) profitiert, finden sich in seinem Werk oder seinem Denken Spuren einer Auseinandersetzung mit der *analogia* der Juristen?

Was die möglichen Verbindungen von Jurisprudenz und philologischer Hermeneutik betrifft: Rappolts Kommentar etwa nennt durchaus auch wichtige juristische Autoren, und in den folgenden Jahrzehnten entwickelt sich einerseits eine ausgesprochen philologisch-historische, antiquarische und literargeschichtliche Literatur zum römischen Recht, andererseits eine elegante Paränetik, die die Verbindung von Jurisprudenz und *eruditio* bzw. *litterae elegantiores*, Geschichte, Philosophie und Eloquenz zum Inhalt hat. Dieses Thema wäre auch in der hodegetischen Literatur über die *praecognita iuris*, die notwendige Vorbildung der Juristen, weiter zu verfolgen.[27]

---

26   Tatsächlich bietet Johann Gottlieb Heineccius 1738 in seinen Elementa iuris naturae et gentium wenn zwar nicht direkt bibelhermeneutische, so doch biblische hermeneutische Beispiele für die beiden Formen der Interpretation, die eine Eruierung des Sinns des Gesetzgebers (*mens legislatoris*) bzw. des Gesetzes *(ratio legis)* voraussetzen: Christus habe in der Frage der Sabbatheiligung (Mark. 2, 27) eine einschränkende, in den Fragen des Ehebruchs und des Homizids (Matth. 5) eine ausweitende Interpretation der göttlichen Gesetze vorgenommen, aus der Erkenntnis der *ratio legis*, die aus dem Wortlaut allein nicht ablesbar sei: vgl. jetzt Johann Gottlieb Heineccius: A Methodical System of Universal Law, with Supplements and a Discourse by George Turnbull. Edited and with an introduction by Thomas Ahnert and Peter Schröder. Indianapolis 2008, S. 79f.
27   Ein späteres Beispiel, in dem sehr klar die (hier forschungs-)praktische Bedeutung der *subsidia* oder *praesidia interpretationis* und zugleich die Ideale der eleganten Jurisprudenz zum Ausdruck kommen: Johann Gottlieb Heineccius: Praefatio. In: Jurisprudentia romana et attica, Tomus II.: Barthol. Chesii Interpretationum juris libri II atque Guidi Panciroli Variarum lectionum libri III. Leiden 1739.

Schluss

In den beiden vorgestellten und den beiden hier nicht behandelten Fällen handelt es sich jeweils um ganze Serien von Texten, die mindestens in den ersten drei Fällen (Ernesti, von Felde, Placcius) über Zeiträume von mehreren Jahrzehnten entstanden. Zumindest in den hier näher betrachteten Fällen (Helmstedt und Leipzig) ist eine enge Verbindung zur akademischen Lehrtätigkeit unübersehbar. Die Schriften, um die es sich handelt, sind teils als akademische Dissertationen, teils als Vorlesungen oder begleitend zu Vorlesungen aus dem universitären Unterricht hervorgegangen. von Felde wie auch Johann Heinrich Ernesti sowie dessen Leipziger Vorgänger, deren Arbeiten er fortsetzt, haben aber auch Schüler oder junge Leute, die sich erst auf ein Universitätsstudium vorbereiteten, unterrichtet (dasselbe gilt offenbar auch für Placcius). Ihre Schriften richten sich daher auch – und das ist durchaus ungewöhnlich – sowohl an fortgeschrittene Schüler wie an Studenten, die sich noch auf ein Studium an einer der höheren Fakultäten oder auf eine Lehrtätigkeit vorbereiten. Eine wichtige Rolle dürfte in diesem Zusammenhang übrigens der private Einzel- und Kleingruppenunterricht spielen, den beide ausgiebig erteilt haben und der in ihrer Zeit weit verbreitet war, den wir aber quellenmäßig kaum fassen können.

Hermeneutiktheorie ist hier pragmatisch auf Demonstration und Illustration einer interpretatorischen Praxis gerichtet: Anleitung zu einer *ratio interpretandi*, die es sich anzueignen gilt, sei es als propädeutische Fertigkeit und methodische Versiertheit für den Gelehrten, den Juristen oder Theologen, sei es als notwendige Kompetenz des künftigen Lehrers, der Autoren zu erklären hat.[28]

Das hindert nicht, dass zumal im Falle von Feldes ein beachtliches theoretisches Niveau erreicht wird. von Felde verfolgt durchaus auch das Ziel, eine systematische Theorie zu etablieren; er geht dabei aber von den hergebrachten Interpretationsarten der juristischen Hermeneutik aus und versucht sie in allgemeiner Weise zu behandeln, während Ernesti es in seinem *Compendium hermeneuticae profanae* von 1699 zunächst bei knappen Hinweisen und der Nennung allgemeiner Prinzipien und Gesichtspunkte bewenden lässt und das Schwergewicht auf die Exemplifikation des Nutzens und Gebrauchs der so verstandenen Autoren legt.

---

28 Das wird beispielhaft in einem späteren Text deutlich, einem Brief des Leipziger ›Professor historiarum‹ Johann Burckhard Mencke aus dem Jahr 1725. Menckes eigene Studienjahre fallen indes in die Zeit der 1680er und frühen 1690er Jahre, und wir können annehmen, dass seine Ausführungen gewissermaßen seine eigenen Bildungserlebnisse und die daraus erwachsenen Überzeugungen ausdrücken. Vgl. Lindauer-Huber: Rezeption und Interpretation des Horaz (wie Anm. 1).

Diese Texte lassen sich folglich als Niederschlag einer reflektierten Praxis lesen, und sie sind in dieser Hinsicht instruktiv wie wenige andere; indem sie die Bedingungen wahrer Interpretation thematisieren, formulieren sie zwangsläufig auch ein Bildungskonzept. Zugleich sind sie aber auch Stellungnahmen in einer gewissermaßen bildungspolitischen Diskussion, die aus ihnen selbst nicht ersichtlich wird: in der Diskussion über die Bedeutung und Legitimität und die rechte Art und Weise des gelehrten Unterrichts.

Vielleicht noch nicht von Feldes, wohl aber Ernestis Schriften passen sich in Stil und Wertungen, Definitionen und Argumenten nahtlos in die nicht kleine Zahl der zeitgenössischen akademischen und scholastischen Texte ein, deren Ziel die Apologie der humanistischen Bildung ist.

Ich fasse zusammen:

Das alte artistische Hermeneutik-Konzept des Schulhumanismus des 16. Jahrhunderts, das auf der Anwendung der *artes dicendi* Grammatik, Rhetorik und Dialektik (oder Logik) in der Analyse von Texten beruhte, wird im Laufe des 17. Jahrhunderts von einem Interpretationsmodell abgelöst, das die propädeutischen Kenntnisse und interpretativen Verfahren, die für ein angemessenes Verstehen und Auslegen von Texten nötig seien, nicht mehr als Bestand einzelner kunstförmiger, systematischer Disziplinen begreift, sondern den Rückgriff auf Kenntnisse und Fertigkeiten verschiedenster Art verlangt, die sich als ›polymathia‹, ›eruditio‹, ›disciplina generalis‹, ›litterae humaniores‹ oder Philologie und Philosophie zusammenfassen lassen und im 17. Jahrhundert auch so benannt werden. Dazu sind vor allem auch die Historie und die Antiquitäten als erstrangige *adminicula interpretationis*[29] zu rechnen.

Die Texte über die *ratio interpretandi*, die im Verlauf des 17. Jhs. erscheinen, und die in ihnen enthaltenen hodegetischen Anleitungen, hermeneutischen Prinzipien und exegetischen Verfahrensanweisungen bestätigen, reinduzieren und sichern diese Praxis.

Gegenüber der modernen Vorstellung einer »mit Bienenfleiß« rein sammelnden »polyhistorischen« Gelehrsamkeit machen diese Texte geltend, dass es für das rechte Verständnis des Gemeinten gerade auf die Erkenntnis der Zusammenhänge, insbesondere auch der gedanklichen Zusammenhänge, der Absichten, des Willens, der Begrifflichkeit, Denkweise und Philosophie der Autoren ankomme.

Die Entwicklung dieses besonderen hermeneutischen Paradigmas, das ich provisorisch »philologisch-philosophisch« nennen möchte und das nach meinem Eindruck in der historisch-philologischen Arbeit der hervorragenden humanistischen und eleganten Juristen des 16. und 17. Jahrhunderts vorgezeichnet ist, lässt sich in der zweiten Hälfte des 17. Jahrhunderts auf

---

29 Andere, synonyme, Ausdrücke sind *media, subsidida, praesidia* oder *principia interpretandi* oder *interpretationis*.

breiterer Front sowohl innerhalb der juristischen Interpretationslehre und der Rechtsgeschichte als auch innerhalb der Profanphilologie verfolgen. Es setzt sich zwar nicht allgemein durch, prägt aber wichtige und weite Teile und Strömungen der Gelehrsamkeit des 17. und 18. Jahrhunderts.

Der sozusagen transdisziplinäre Charakter dieses Typs von Gelehrsamkeit und einer ihr entsprechenden propädeutischen Bildung, die außer auf den Erwerb von Latein und Eloquenz sowie von Literatur- und Sachkenntnissen wesentlich eben auf den Erwerb hermeneutischer Kompetenz hin konzipiert ist, produziert zusammen mit der Wertschätzung der Antiquitäten, der Geschichte, der Philologie und der Literargeschichte als unverzichtbarer Mittel der Interpretation das, was uns, nicht immer recht verstanden, als »Polyhistorismus« der Epoche erscheint.

Sascha Müller

Grammatik und Wahrheit.
Salomon Glassius (1593–1656) und Richard Simon (1638–1712) im Gespräch

*Professor Jörg Splett
zum 75. Geburtstag*

1. Problemstellung – Methodische Vorüberlegung

Wir schreiben den 11. Februar 2006, 19 Uhr, Beginn der Nachrichten, die Schlagzeilen: Schneechaos in Bayern, Kindersoldaten im Kongo, Turnschuhe am Nordseestrand angespült, Olympische Winterspiele in Turin ...

... zurück in die Gegenwart:

Mögen seit diesem Datum auch fünf Jahre oder mehr vergangen sein – Ereignisse, die nicht unmittelbar in den persönlichen Alltag eingreifen, schwinden rasch aus dem Gedächtnis –, so bleibt doch die hermeneutische Problemlage selbst erhalten, die den Geschichtsverlauf (als Ergebnis menschlich-sprachlicher Interpretation) insgesamt betrifft. Im obigen Fall: Jede Nachrichten-Sendung ist der Versuch, die *eine* Welt als Sinnkontext zu simulieren; es sind eben die Nachrichten von ›Heute‹; das Mittel dazu ist neben dem zeitlich abgegrenzten Senderahmen von den Schlagzeilen bis zum Wetter hauptsächlich die Sprache. Die Nachrichten-Sprecher bedienen sich der Semantik, Grammatik und Rhetorik, kurz: der ›Liebe zum Wort‹ (φιλολογία), um die Diversität der (geschichtlichen) Ereignisse in einen sinnvollen Kontext zu fügen, der den Anspruch erhebt, von der einen Welt von heute zu handeln.

Die Geschichte (der Welt) als Korrelat geisteswissenschaftlicher Untersuchungen erweist sich je schon als anamnetisch-ideologisch konstruierte *Legitimations*geschichte, mit Sprache und Sprachspielen (z.B. Demokratie, herrschende Klasse, Freiheit), mit Strophen (z.B. Antike, Mittelalter, Neuzeit etc.), mit Reimen (z.B. Feudalismus, Renaissance, Aufklärung, Idealismus etc.). Das Phänomen *Geschichte* gleicht einer existentiellen *Dichtung* mit konkreten Sitzen im Leben, – beide sind nicht einfachhin objektiv gegeben und wahr, sondern die existentielle Referenz auf konkrete (je schon als solche interpretierte) Lebenserfahrungen und Ereignisse bestimmt die

Wahrnehmung der Zusammenhänge; zugänglich freilich nur im Medium der Sprache.

So ergeht es den Exegeten der *sacra pagina*: Ihnen bleibt zunächst die Sprache, um die Textvarianten und Lesarten in einen sinnvollen Kontext zu bringen. Ohne Sprache bleibt auch das Denken und damit die Theologie auf der Strecke. Die Sprache ist Medium der Wahrheit, so dass ein enger Zusammenhang zwischen den Phonemen und dem Inhalt besteht.[1] Weder Geschwätzigkeit noch asiatisches Verstummen (– das Lächeln des Buddha etwa) entbinden das Denken, wohl aber die *wirklichkeitsgemäße* »Liebe zum Wort« (Jörg Splett), denn »das Schwungrad der Gedanken muß in Gang gesetzt werden. Im Sprechen ist es so, daß ein Wort das andere gibt, und dadurch breitet sich unser Denken aus. Das erst ist wirkliches Wort, was sich aus noch so sehr vorschematisiertem Sprachschatz und Sprachgebrauch im Sprechen von sich aus anbietet.«[2]

Die Philologie also ist es auch, die Salomon Glassius (1593–1656) und Richard Simon (1638–1712) verbindet und so ins Gespräch bringt, – freilich im Licht der Wahrheit. Damit ist bereits eine Grundoption getroffen, die man zwei christlichen Denkern durchaus zuschreiben muss; diese Grundentscheidung lautet: Der Mensch als Wesen des Wortes bleibt der Wahrheit verpflichtet.[3] Anders formuliert: Das Denken des Menschen geht nicht restlos in der Sprache auf, so dass eine Revision der Grammatik notwendig zur Konsenstheorie der Wahrheit führen müsse: *Wahr sei das, was die aktiven Mitglieder einer Sprachgemeinschaft als wahr bestimmen.* Nochmals anders, und nun mit Salomon Glassius gesagt: Christliches und damit wahrheitsgemäßes Denken hat es mit »Philologia Sacra«, mit der Auslegung des Wortes Gottes und damit der *einen* Welt zu tun.

---

[1] Vgl. Fridolin Wiplinger: Ursprüngliche Spracherfahrung und metaphysische Sprachdeutung. In: Oswald Loretz und Walter Strolz (Hg.): Die hermeneutische Frage in der Theologie. Freiburg i.Br. 1968, S. 21–85, hier: S. 65: »Die *ursprüngliche Einheit des Wortes* wird nicht getroffen, wenn man sie als Synthesis a priori von physisch-sinnlichem Lautbestand, dessen Artikulation, und seiner sinnhaft-geistigen, auch etymologisch-(sprach-)geschichtlichen Bedeutung fassen möchte. Das haben schon *Hamann* und *Herder* in ihrer Kritik an *Kants* transzendentaler Synthesis a priori der beiden Erkenntniskräfte Verstand und Sinnlichkeit gesehen, die sie eben vom Sprachverständnis her übten.«

[2] Hans-Georg Gadamer: Hermeneutik II. Gesammelte Werke, Bd. 2. Tübingen 1999, S. 205f.

[3] Wobei diese Wahrheit prinzipiell erkennbar sein muss und nicht – wie in Lessings *Duplik* der Fall – (interessanterweise nach Selbstaussage des Menschen, nicht Gottes, der die Wahrheit von sich aus tatsächlich anbietet!) – allein für den Vater reserviert: »Der Besitz [sc. *der* Wahrheit, S.M.] macht ruhig, träge, stolz. – Wenn Gott in seiner Rechten alle Wahrheit und in seiner Linken den einzigen immer regen Trieb nach Wahrheit, obschon mit dem Zusatze, mich immer und ewig zu irren, verschlossen hielte und spräche zu mir: ›Wähle!‹, ich fiele ihm mit Demut in seine Linke und sagte: ›Vater, gib! die reine Wahrheit ist ja doch nur für dich allein!‹« Gotthold Ephraim Lessing. Eine Duplik. In: ders.: Sämtliche Schriften, hg. v. Karl Lachmann, Bd. 13. Leipzig 1897, S. 24.

Glassius legt hier einen nicht unerstaunlichen Titel vor, da er Assoziationen an die Heilige Schrift – die *Sacra Scriptura* – mit sich führt. Durch die »Philologia Sacra« soll die Heilige Schrift als »norma veritatis invariabilis«[4] ausgelegt, und gleichzeitig damit die hermeneutische Tradition der diese Schrift überliefernden vorreformatorischen Kirche (»Romanæ Veteris Ecclesiæ«[5]) dergestalt problematisiert werden, dass die biblische Textgrundlage bereits aus sich und nicht erst durch kirchlichen Entscheid zuverlässig sei.[6]

Kann aber die *Philologie* als solche den hinreichenden Grund für eine Kritik (hermeneutische Auslegung) der durch die Bibel bezeugten göttlichen Wahrheit abgeben? Gelingt Salomon Glassius die von Richard Simon angestrebte Unterscheidung von Kritik und Theologie als notwendige Voraussetzung für eine offenbarungsgemäße Exegese? Welchen Theologiebegriff legen die beiden Autoren zugrunde? Den Versuch möglicher Antworten möchte ich nun gerne in diesem Beitrag unternehmen.

2. Glassius im Spiegel von Simon: nur zwei Kontroverstheologen?

Gleich vorausgeschickt: Sowohl Glassius als auch Simon bleiben sich in kontroverstheologischer Polemik nichts schuldig: Während ersterer von der übelriechenden Ausdünstung papistischer Allegorien spricht,[7] nennt letzterer das Patriarchat des fünften Evangelisten Luther und dessen Parteiung.[8] Freilich soll darob der Sachanspruch selbst nicht aus dem Blick geraten.

Simon widmet Salomon Glassius einen Abschnitt im 48. Kapitel seiner *Histoire critique des principaux commentateurs du Nouveau Testament* aus dem Jahre 1693. Diese *Histoire*, mit mehr als 900 Seiten sein umfangreichstes Buch, stellt im Grunde eine Sammlung an Kommentaren und systematischen Überlegungen zum Neuen Testament dar, die von Clemens von Alexandrien (150–215) bis in Simons Zeit reicht und nicht weniger eine Dogmengeschichte als eine Geschichte der Schrift- und Glaubenshermeneutik darstellt. In ihrer Erfassung der Offenbarung erinnert sie an John

---

4   Salomon Glassius: Philologia Sacra; hier zitiert nach der Ausgabe Leipzig 1705. Das Zitat (nach Basilius) in der »Epistola dedicatoria« zu den Büchern I und II (1623).
5   Philologia Sacra (Anm. 4), Liber I: De Scripturæ Sacrosanctæ stylo ac literatura. Tractatus I: De integritate et puritate hebræi V. Test. Codicis, Procemion, Sp. 2.
6   Vgl. Richard Simon: Histoire critique des principaux commentateurs du Nouveau Testament, depuis le commencement du Christianisme jusques à nôtre tems. Rotterdam 1693, S. 719f. [Nachdr. Frankfurt/Main 1969]. Im Folgenden zitiert als HCCNT.
7   »allegoriarum Papisticarum mephitim«: Philologia Sacra (Anm. 4), Lib. II, Pars I, Tract. II, Sectio I: De sensu literali, Sp. 397.
8   »le party des Lutheriens«, »Predicans Lutheriens, qui ont en quelque manière fait un cinquiéme Evangeliste de leur Patriarche«: HCCNT (Anm. 6), S. 719 bzw. 721.

Henry Newmans (1801–1890) »illative sense«.⁹ Sie umfasst sechzig sehr dicht verfasste Kapitel, von denen sich vier mit Augustinus (354–430) beschäftigen. Es kommen in dieser Zusammenschau christlicher Theologie und Exegese unter anderem Fragen zur Schriftauslegung sowie zur Gnaden- und Sakramentenlehre zur Sprache. Das 48. Kapitel beginnt mit einem Freund Albrecht Dürers (1471–1528), Andreas Osiander (1498–1552), der die Reformation in Nürnberg vorantrieb und von Herzog Albrecht von Brandenburg-Preußen (1490–1568) im Jahre 1549 als Theologieprofessor an die neugegründete Universität Königsberg berufen wurde. Osiander und Simon verbindet die Liebe zur jüdischen Kultur; beide bekämpfen die damals grassierende Lüge, Juden seien Ritualmörder.¹⁰ Simon lobt Osianders Projekt einer 1537 in Griechisch und Latein veröffentlichten Evangelien-

---

9   Vgl. HCCNT (Anm. 6), S. 447f., 456, 815–926. Auch R. Troude und H. Fréville sehen in Simons dogmatischer Denkweise Parallelen zu J. H. Newman (1801–1890): vgl. Robert Troude: Richard Simon. In: Revue des sociétés savantes de Haute Normandie 23 (1961) S. 19-31, hier S. 27; Henri Fréville: Richard Simon et les Protestants d'après sa correspondance. In: Revue d'histoire moderne 6 (1931), S. 30–55, hier S. 31.

10 Osiander meldet sich im Jahre 1540 in seiner Schrift »Ob es war und glaublich sey, daß die Juden der christen kinder heymlich erwürgen und ir blut gebrauchen« zu Wort; die Anschuldigungen, so Osiander, sind »ungleublich gedichtet«; vgl. ders.: Gesamtausgabe, Bd. 7: Schriften und Briefe 1539 bis März 1543, hg. von Gerhard Müller und Gottfried Seebaß. Gütersloh 1988, S. 244. – Simon erfährt durch einen jüdischen Freund von der Verurteilung des Juden Lévi, der wegen angeblichen Kindermordes 1670 in Metz verbrannt worden ist, und verfasst 1670 das »Factum servant de réponse au livre intitulé: Abregé du Procès fait aux Juifs de Metz«; er zeigt darin, dass der Ankläger Lévis die Rechtsgrundlage verachtet: »Die von ihm vorgebrachten Beweise, um das Urteil gegen Raphael Lévi zu rechtfertigen und die königliche Justiz mit Wehrufen zu warnen, sind so schwach, dass man es nicht einmal nötig hätte, sie zu widerlegen, wenn man es sich nicht zur Aufgabe gemacht hätte, die Unhaltbarkeit der schon lange Zeit gegen die Juden erhobenen Anschuldigungen wegen angeblicher Verbrechen zu erweisen.«; vgl. ders.: Bibliothèque critique ou Recüeil de diverses pièces critiques dont la plûpart ne sont point imprimées ou ne se trouvent que très difficilement. Amsterdam 1708 (Bde. 1–3)/1710 (Bd. 4), hier Bd. 1, S. 109. – Simon rollt detailreich das Dossier der Judenverfolgungen der Vergangenheit auf und beruft sich auf viele kirchliche Fürsprecher der Juden, darunter Päpste und Heilige. Bernhard von Clairvaux (gest. 1153) prangert bereits die Missstände an. 1235 bezeugt Gregor IX. (Papst 1227–1241) die Unschuld der Juden und schreibt einen Brief zugunsten der französischen Juden. 1247 tut Innozenz IV. (Papst 1243–1254) desgleichen. 1338 entlarvt Benedikt XII. (Papst 1334–1342) ein Komplott von Klerikern. Clemens IV. (Papst 1265–1268) lässt alle Bischöfe, die den Juden nicht Schutz gewähren, exkommunizieren. – Simons eindrucksvolle Darstellung endet mit der Bemerkung, dass allein der Hass die Grundlage der Beschuldigungen sei, und er erinnert an das antike Rom, wo zahlreiche Christen ebenfalls Opfer solcher Verleumdungen wurden. Er ruft auch die großen wissenschaftlichen Verdienste der Juden für Kirche und Geistesgeschichte in Erinnerung. Das Factum hat Erfolg: Auf königlichen Befehl werden die laufenden Prozesse gegen angeklagte Juden eingestellt und die Unschuld des allerdings bereits hingerichteten Juden Lévi erkannt. Simons Wissen um jüdische und kirchliche Geschichte bewährt sich. Immer wieder wird er sich bemühen, die gemeinsamen Wurzeln von Christen und Juden aufzuzeigen. Ein Anfang im ökumenischen Dialog ist gesetzt. Vgl. zum Thema Sascha Müller: Kritik und Theologie. Christliche Glaubens- und Schrifthermeneutik nach Richard Simon (1638–1712). St. Ottilien 2004, S. 43f.

harmonie.[11] Nach Osiander geht Simon zu Martin Chemnitz (1522–1586) über, einem Vater der lutherischen Orthodoxie, der noch umfangreicher als Osiander an der »Concorde des Evangelistes« arbeitete (716). Simon sieht Chemnitz als »Critique, Theologien, & quelquefois Controversiste« (718), – eine Unterscheidung, die bei Simon gleichermaßen typisch wie fundamental ist: Bibelkritik, Theologie und konfessionelle Binnenkämpfe um die Wahrheit des Christlichen fallen für Simon nicht ineins, sondern liegen auf verschiedenen hermeneutischen Ebenen.

Als dritter Denker nun, nach Martin Chemnitz, wird Salomon Glassius (1593–1656), der »Superintendant des Ecoles du Duché de Saxe-Gotha« (719) behandelt. Glassius habe sich Verdienste bei den Lutheranern erworben; doch fährt Simon fort:

> Es scheint mir aber, dass man ihn eher zu den kritischen Kontroversisten und Predigern denn zu den Bibelauslegern zählen muss. Er hat einige Bände unter dem Titel *Philologia Sacra* veröffentlicht, wo er hauptsächlich zu zeigen versucht, dass der Text der Heiligen Schrift unverderbt und vollständig ist. In seinem ersten Kapitel tritt er als eifriger Verfechter der jüdischen Masora auf, und in seinem zweiten, wo er nichts auslässt, um zu beweisen, dass der griechische Text des Neuen Testaments nicht verderbt ist, beklagt er, dass die Christen keine Masoreten hatten, um ihre Bücher zu bewahren. Dieses Fehlen einer Masora macht er für die Vielzahl an Lesarten verantwortlich, die sich in den griechischen Exemplaren finden. (719f.)

Simon zitiert nun hierzu eine Passage aus der *Philologia Sacra*, 1. Buch , 2. Abhandlung.[12] Simon bemerkt weiter:

> Andere Leute hingegen meinen, es sei ein Glück für die Kirche gewesen, solche masoretischen Kritiker nicht gehabt zu haben, die uns wahrscheinlich der Kenntnis über die Beschaffenheit der alten griechischen Exemplare des Neuen Testaments beraubt hätten, wie dies durch die masoretischen Juden teilweise im Blick auf die alten hebräischen Exemplare geschehen ist. (720)

Simon moniert einen durch theologische Vor-Urteile geleiteten, aber aus historisch-kritischer Sicht unzulässigen Eingriff in die Quellenlage, der als mehr oder weniger gewaltsame Vereinheitlichung bewertet werden muss. Er beschließt seine Überlegungen zur *Philologia Sacra* mit dem Hinweis, ihm liege davon die zweite, in Jena publizierte Auflage vor.

Damit wendet er sich noch kurz Glassius' Predigten zu, die 1664 zweibändig in Nürnberg erschienen und an Sonn- und Feiertagen bei den got-

---

11 »André Osiander s'est acquis beaucoup de reputation, non seulement dans le party de ceux de sa secte; mais même parmi les Catholiques, par une Harmonie des quatre Evangiles qui a été imprimée en Grec & en Latin en 1537.«: HCCNT (Anm. 6), S. 714; danach im Folgenden die Seitenzahlen im Text.
12 »Tali verò, dit-il, exactissima censura (Masora) & contextus Græci revisione in Novo Testamento caremus. Quare mirum haud quaquam est, per tot tam variorum descriptiones multum varietatis Græcum textum contrahere.«: HCCNT (Anm. 6), S. 720.

tesdienstlichen Versammlungen der Protestanten vorgetragen wurden.[13] Dieses Werk verdiene es mehr als die *Philologia Sacra*, eine Bibel-Auslegung genannt zu werden. Glassius wende sich darin explizit gegen jene, die den Gläubigen einen ungeordneten Gedankensalat predigen; wieder belegt Simon seine Aussage mit einer entsprechenden Stelle, diesmal aus dem Vorwort zur Exegese (»Præfat. in Exeges.«).[14] Glassius könne hier große Anhäufungen von Zitaten sowie fundamentlosen Geschichten und Traditionen (»*fabellas, historiolas, traditiunculas*«) nicht ertragen (721). Damit sind Simons kursorische Ausführungen zu Glassius an ihr Ende gelangt. Mit diesen Notizen kann Simon selbstverständlich keineswegs beanspruchen, dem Lebenswerk von Salomon Glassius eine gerechte Würdigung bereitet zu haben. Deshalb gilt es in jedem Fall, bei Glassius selbst nachzulesen. Doch zuvor sei, um einen Vergleichspunkt aufzubauen, Simons Exegese- und Theologieverständnis in den Blick genommen.

3. Simons Exegese- und Theologieverständnis

Für das Denken Simons ist die Unterscheidung von Kritik und Theologie prägend.[15] Die »reine Kritik«, die sich entgegen dem Zeugnis der Tradition auf bloße Vermutungen stützt, ist nicht der letzte Maßstab theologischer Erkenntnislehre: »Denn man darf niemals Gründe reiner Kritik [*des raisons de pure critique*] gegen alte Zeugnisse [*actes*] vorbringen, die allgemein von jedem angenommen wurden.«[16] Seriöse Kritik kann dem Glauben der Kirche

---

13 »Euangelicor. & Epistolicor. textuum, qui Dominicis & Festis diebus solent in Ecclesia tractari«: HCCNT (Anm. 6), S. 720.
14 »Magni sanè refert in tanta eorum quæ dici possunt copia ea prudenter seligere, quæ scopo accommodata dicentis, populoque ad salutem erudiendo conducibilia.«: ebd., S. 720.
15 Vgl. Richard Simon: Histoire critique du Vieux Testament. Rotterdam 1685, S. 364, 407f., 426f., 488; 526 [Nachdr. Frankfurt/Main 1967; Nachdr. Genf 1971; neue Ausg. Montrouge 2008]. Im Folgenden zitiert als HCVT. In diesem Werk S. 623–667 »Réponse à la Lettre de Mr. Spanheim, ou Lettre d'un Theologien de la Faculté de Paris, qui rend compte à un de ses Amis de l'Histoire critique du Vieux Testament, Attribuée au Pere Simon de l'Oratoire«, hier S. 648; weitere Belege in Bibliothèque critique (Anm. 10), Bd. 2, S. 7; Critique de la Bibliothèque des auteurs ecclésiastiques et des Prolégomènes de la Bible publiéz par M. Ellies Du-Pin; avec des éclaircissemens et des supplémens aux endroits où on les a jugés nécessaires, par feu M. Richard Simon. Avec des remarques. Paris 1730, Bd. 1, S. 605; Bd. 2, S. 91, 93, 111; im Anhang zu HCCNT (Anm. 6), S. 1–102 »Dissertation critique sur les principaux actes manuscrits, qui ont été citez dans les trois Parties de cet Ouvrage«, hier S. 27f. In HCCNT in verschiedenen Kontexten in: Preface; S. 91, 150, 227, 232, 244, 248, 250, 366, 388, 399, 448, 466f., 453, 546, 549, 564, 566f., 569, 576, 579, 583, 590-592, 596, 600, 606, 610, 617, 619, 633-635, 637, 641, 644, 646, 650, 652f., 655, 657, 660, 665, 691, 703, 706, 708, 714, 718, 720f., 738f., 751, 760, 778-781, 785, 812, 835, 839, 845f., 862, 889.
16 Richard Simon: Le Nouveau Testament de Nôtre Seigneur Jesus-Christ. Traduit sur l'ancienne Edition latine. Avec des Remarques literales & critiques sur les principales diffi-

nicht widersprechen. Simon begrüßt die Bemerkung in Augustins Johanneskommentar, dass »die Zensuren der Grammatiker« nicht zu fürchten sind, wenn es um den eigentlichen und wahren Sinn der Schrift, die »feste und sichere Wahrheit« geht: »Non timeamus ferulas Grammaticorum, dum tamen ad veritatem solidam & certiorem perveniamus.«[17] Umgekehrt jedoch bedeutet dies keine Abwertung der Philologie, denn: Die »*minuties de Grammaire*«,[18] wie Simon sich ausdrückt, die »Kleinigkeiten der Grammatik«, können gerade in der Auseinandersetzung mit Häretikern große Bedeutung erlangen. Chrysostomus, Basilius und Cyrill seien gegen die Arianer oft mit der Grammatik zu Felde gezogen und hätten sich so nicht minder als wahre Theologen erwiesen.[19] Auch im Blick auf die verschiedenen Handschriften des Neuen Testaments erweist sich die Textkritik als unentbehrlich.[20] Simon bemerkt: »Ich komme zu dem Schluss, dass man die Kritik an sich [*la Critique en elle même*] und die Kenntnis der Sprachen nicht genug schätzen kann.«[21]

Simons Unterscheidung von Kritik und Theologie gewährt ihm einen großen Freiheitsraum zur Beurteilung von kritischen und theologischen Ansätzen. So sieht er z.B. Fausto Sozzini durchaus differenziert: »So muss man gerechterweise sagen, dass er [sc. Sozzini], wenn es sich nur um die pure Kritik [*pure Critique*] handelt, für gewöhnlich klug und geschickt ist und manchmal andere Kritiker übertrifft. Aber wenn er seine Dogmen [*ses dogmes*] formuliert, greift er daneben [...].«[22]

Kritik und Theologie sowie kirchlicher Glaube ergänzen sich gegenseitig,[23] denn »die Religion besteht nicht in den Subtilitäten der Grammatik und Kritik [*dans les subtilitez de la Grammaire & de la Critique*]«, sondern ist hauptsächlich auf »gewissen Sinnen, die man theologische nennen könnte [*certains sens qu'on peut nommer Theologiques*]« gegründet.[24] Simon versteht Theologie als Reflexion über Offenbarung und Inspiration, über »die Vor-

---

cultez: Bde. 1–4. Trévoux 1702, Bd. 4, S. 204f..

17 HCCNT (Anm. 6), S. 251 mit einem Zitat aus Augustinus: Tract. in Joh. II,14 (CCL 36, S. 18, vgl. Vorträge über das Evangelium des hl. Johannes 2.14, in: BKV, Bd. 8, S. 29).

18 HCCNT (Anm. 6), S. 45. Vgl. HCVT (Anm. 15), S. 280. Allerdings besteht auch die Gefahr, ohne Ertrag für die Sache in diesen »minuties« zu versinken (HCCNT, S. 777 bzw. HCVT, S. 440f., 445).

19 Vgl. Bibliotheque critique (Anm. 10), Bd. 3, S. 133.

20 Vgl. Dissertation critique (Anm. 15), S. 10, 12.

21 Bibliotheque critique (Anm. 10), Bd. 3, S. 132.

22 HCCNT (Anm. 6), S. 835. Mit dieser unparteiischen Würdigung der ›pure Critique‹ trägt Simon dem Umstand Rechnung, dass die »connaissance historique« einen »caractère rationnel et objectif« trägt, vgl. Albert Descamps: Jésus et l'Église. Études d'exégèse et de théologie. Leuven 1987, S. 2.

23 Vgl. Le Nouveau Testament (Anm. 16), Bd. 1, Preface..

24 HCCNT (Anm. 6), Preface. – Bei Johann Georg Hamann (1730–1788) heißt es über das Verhältnis von Bibelkritik und Glaube: So »wären wir die elendeste[n] unter allen Menschen, wenn die Grundveste unsers Glaubens in einem Triebsande kritischer ModeGelehrsamkeit

sehung Gottes«,²⁵ Jesus Christus und den Heiligen Geist.²⁶ Die Theologie gibt eine Verhältnisbestimmung von Natur und Gnade, von göttlichem Wirken und menschlicher Eigentätigkeit, da sie den Anspruch Gottes im vielfältigen Zeugnis der Zeugen Jesu Christi bedenkt. Insofern kommt auch die Textkritik zu ihrem Recht, da sie die sprachlichen Implikationen des Offenbarungszeugnisses freilegt. Sie bildet keinen Widerspruch zur Inspiration, die in ihrem Wesen nicht in Sprache oder deren Kritik aufgeht. In Simons Konzeption eröffnet Christus in der Inspiration einen Raum der Freiheit (»*à la liberté*«) für eine individuelle Antwort, die sich nicht in bestimmten Worten erschöpft, sondern den Glaubensgegenstand selbst (»*la même chose*«; »*quant au fond de la chose*«), Jesus Christus, zum Ausdruck bringt.²⁷ Diese Antwort aber ist in die kirchliche *traditio* eingebunden, so dass der eigentliche Zugang zum Glauben durch das einstimmige Zeugnis der Kirchen erfolgt²⁸ und nicht durch die Kritik;²⁹ allerdings schließt der Glaube eine kritische Untersuchung nicht aus: »Obwohl im allgemeinen die Fragestellungen der reinen Kritik nicht den Glauben betreffen, haben sie doch einen Bezug zu ihm, weil die Bücher, die man der Kritik unterzieht, die Zeugnisse enthalten, auf die dieser Glaube gestützt ist.«³⁰ Die richtig verstandene historische Kritik kann dem Christentum nicht schaden.³¹ Den Anspruch, Säule und Fundament der Wahrheit zu sein (vgl. 1 Tim 3,15), können nicht die Kritiker und Grammatiker erheben, sondern die Kirche, die allein die

---

bestünde«, vgl. Johann Georg Hamann: Briefwechsel, hg. von Walther Ziesemer und Arthur Henkel, Bd. 3. Wiesbaden 1957, S. 89 (Brief an Kant im April 1774).

25 Richard Simon: Nouvelles observations sur le texte et les versions du Nouveau Testament. Paris 1695, S. 99.
26 Vgl. HCCNT (Anm. 6), S. 103.
27 Vgl. Nouvelles observations (Anm. 25), S. 99. – Interessant ist in diesem Zusammenhang auch die von Simon zustimmend erwähnte Beobachtung von Juan de Maldonados (1533–1583), »dass eine Prophetie nicht nur dann in Erfüllung geht, wenn sie sich wirklich dem Buchstaben nach erfüllt, sondern auch dann, wenn sich die durch die Worte des Propheten bezeichnete Sache erfüllt. Als Beispiel nennt er Paulus, der im ersten Kapitel seines Hebräerbriefes [Vers 5] dasjenige auf den Messias angewendet hat, was in 2 Sam 7,14 von Salomon gesagt wird: Ich will für ihn Vater sein und er wird für mich Sohn sein.«: Richard Simon: Histoire critique du texte du Nouveau Testament, où l'on établit la vérité des actes sur lesquels la Religion chrétienne est fondée. Rotterdam 1689, S. 260 [Nachdr. Frankfurt 1968]. Im Folgenden zitiert als HCTNT. Es wird hier einmal mehr klar, dass für Simon die »Sache selbst« einen personalen Ursprung hat. Personalität geht nicht in sprachlicher Kompetenz und Wortfindung auf.
28 Dies fordert wiederum zu einer biblischen Argumentation heraus, was am Beispiel des Athanasius im Kampf gegen Arius verfolgt werden kann, vgl. HCCNT (Anm. 6), S. 91–101.
29 Vgl. Richard Simon: Réponse au Livre intitulé Sentimens de quelques Theologiens de Hollande sur l'Histoire critique du Vieux Testament. Rotterdam 1685, S. 27f.
30 Ebd., S. 27.
31 Vgl. Bibliotheque critique (Anm. 10), Bd. 3, S. 166f.

wahre Auslegung der Schrift gewähren kann.³² Ähnlich der Scholastik³³ unterscheidet Simon zwischen der gläubig angenommenen Wahrheitstradition und den selbständig erarbeiteten Kriterien zur Wahrheitserkenntnis, die eine Spannung durchzieht, denn beide sind nicht gleich zuverlässig: Simon bemerkt, dass das Wort Gottes der Heiligen Schrift von allen Häretikern als Grundlage ihres Programms behauptet wird, aber ihre jeweils selbst gewählten Kriterien zur Interpretation der Bibel zu Ergebnissen führen, die untereinander so divergieren, »wie die Erde vom Himmel entfernt ist« (448). Demzufolge können die überkommene Wahrheitstradition und die eigenständig gewählte Methodik zu deren Auslegung nicht dieselbe Autorität beanspruchen, denn keineswegs partizipieren die durch eine bestimmte Interpretationsweise gewonnenen Folgerungen an der Unfehlbarkeit der Heiligen Schrift (454). Im Kontext der historischen Bibelkritik bestimmt Simon dieses Verhältnis von ›auctoritas‹ und ›ratio‹ so, dass einerseits die Bibel der Auslegung bedarf und Kritik erfordert (450),³⁴ aber der bloße Rekurs auf dialektische und grammatische Regeln zu wenig ist (451). Eine nicht an der kirchlichen *traditio* orientierte Kritik »ist nur Menschenwerk« (453); ihre Konklusionen neigen zu Unbeständigkeit, die »alle Tage [*tous les jours*]« die »Grundlagen des Glaubens [*les points fondamentaux de la Religion*]« in Frage stellt (448). Eine Kritik, die alles auf die eigene »Vernunft [*raison*] und nichts auf die Autorität der Alten« setzt (450), wird kaum in die Rationalität der *traditio* eindringen können (453). Gerade weil das Christentum nicht auf den vom Menschen erarbeiteten Erkenntnis- und Interpretationskriterien beruht, sondern auf der Kirche als angenommener Wahrheitstradition, gibt Simon im Blick auf die Verächter der kirchlichen Tradition zu bedenken:

> Ich gebe zu, dass es nötig ist, diese Art der [historischen und grammatischen] Kritik zu beherrschen, um die Bibel gut zu verstehen. Aber es scheint mir, dass es in einer Religion, die sich allein auf solche Feinheiten [*subtilités*] stützt, keine große Sicherheit [*certitude*] [bzw. Beständigkeit] geben kann. (454)

Simon betont die Einheit von Kritik (Philologie) und Theologie (Tradition); er macht darauf aufmerksam, dass auch Jesus bei seiner Glaubensverkündigung über Paradies und Hölle den Sinngehalt des Wortes »Gehenna« nur durch Verweis auf die Tradition klären konnte.³⁵ Und dieser Rückbezug

---

32 Vgl. HCVT (Anm. 15), S. 489; danach im Folgenden die Seitenzahlen im Text.
33 Vgl. Albert Lang: Die Entfaltung des apologetischen Problems in der Scholastik des Mittelalters. Freiburg 1962, S. 17.
34 So können selbst manche von den Sozinianern aufgestellte Regeln der Kritik »meist gleichermaßen für Katholiken und Protestanten nützlich sein« (450).
35 »[...] parce que la creance du Paradis & et de l'Enfer est fondeé sur les traditions des Juifs. Quand Jesus-Christ a expliqué dans le nouveau Testament le mot Gehenna d'une autre maniere qu'il ne se trouve dans les Livres du vieux Testament, il a suivi en cela l'usage de son tems, comme il a fait en plusieurs autres rencontres. Ce qui prouve manifestement la nécessité qu'il y a d'établir la tradition, méme dans les Dogmes principaux dela Religion« : Richard Simon: Apologie pour l'auteur de l'Histoire critique du Vieux Testament. Contre les

auf Erfahrungen der Tradition geschah bei Jesus öfter, um gewissermaßen selbst eine Relecture des Alten Testamentes vorzunehmen. Für Simon steht fest,

> dass Christus und seine Apostel die Zeugnisse, die sie aus dem Alten Testament zitieren, den überkommenen und autorisierten Erklärungen der Tradition angepasst haben,[36] wobei Unser Herr an einigen Stellen diese Traditionen kritisiert. [...] Deshalb ist es offensichtlich, dass Jesus Christus und seine Apostel den von den Pharisäern überkommenen Traditionen folgten und nur diejenigen [Traditionen] zurückwiesen, die falsch und frei erfunden waren. [...] Es gibt im Neuen Testament nur sehr wenige alttestamentliche Zeugnisse, die, buchstäblich genommen, auf das angewendet werden könnten, was die Apostel beweisen möchten, wenn man nicht auf eine von Praxis [*l'usage*] und Tradition überkommene Interpretation zurückgreift.[37]

Wenn Jesus die Heiligen Schriften zitiert und so seine ›Philologia Sacra‹ zur Anwendung bringt, dann geht es um das hier und jetzt, das Denken des Glaubens im präsenten Licht der Wahrheit: »Dass aber die Toten auferstehen, habt ihr das nicht im Buch des Mose gelesen, in der Geschichte vom Dornbusch, in der Gott zu Mose spricht: ›Ich bin der Gott Abrahams, der Gott Isaaks und der Gott Jakobs‹? Er ist doch nicht ein Gott von Toten, sondern von Lebenden.« (Mt 12,26f.). Jesus führt hier die Heilige Schrift gegen bestimmte, verengte Traditionen der Schriftgelehrten – in dem Fall der Sadduzäer – an, wobei er an die eine große *traditio* der alttestamentlichen Gottesbegegnungen anknüpft. Demgegenüber werden auch von Simon Traditionalismen ohne Bezug zur biblischen Mitte zurückgewiesen.[38] Im Blick auf Simon formuliert deshalb Richard Schaeffler zurecht:

> Die Heilige Schrift kann gegenüber der Tradition nur dann als kritische Instanz geltend gemacht werden, wenn sie zugleich in ihrer traditionsbegründenden, den lebendigen Prozeß einer Überlieferungsgeschichte vorantreibenden Funktion erfaßt wird. Wurde sie, wie dies bei manchen Exegeten geschah, aus ihrem Zusammenhang zur Tradition gelöst, so verkümmerte ihr ›Sensus historicus‹ zur bloßen Bezeugung von ›Damaligkeiten‹.[39]

Es geht also in der Auslegung der Bibel darum, den Menschen mit Hilfe der *traditio* in das göttliche Präsens zu bringen. Weiter heißt es bei Schaeffler:

---

faussetés d'un Libelle publié par Michel le Vassor, Prêtre de l'Oratoire. Rotterdam 1689, S. 81.

36 Der Anglikaner Monsieur de Veil z.B. hält diesen Gedanken für unerträglich, vgl. Lettre de Mr. de Veil [...] à Mr. Boyle [...] Pour prouver contre l'Auteur d'un Livre intitulé Critique du Vieux Testament, que la seule Ecriture est la regle de la Foi, in: HCVT (Anm. 15), S. 547–557, hier S. 550.

37 Richard Simon: Réponse à la Lettre de Mr. de Veil, in: HCVT (Anm. 15), S. 557–562, hier S. 560f.

38 So eine Kritik Simons an Jacques Bénigne Bossuet (1627–1704), vgl. z.B. Bibliotheque critique (Anm. 10), Bd. 2, S. 186f.

39 Richard Schaeffler: Philosophische Einübung in die Theologie. Bd. 2: Philosophische Einübung in die Gotteslehre. Freiburg/München 2004, S. 135f.

Die historisch-kritische Auslegung von *Texten*, wie sie Richard Simon in seinen ›historisch-kritischen Einleitungen‹ zu den Büchern des Alten und Neuen Testaments mitsamt ihrer Übersetzungs- und Auslegungsgeschichte erstmalig unternommen hat, dient dem historisch-kritischen Verstehen eines Zusammenhangs von *Erfahrungen*, der von den ersten Zeugen bis zu den je gegenwärtigen Lesern dieses Zeugnisses reicht. Denn nur so kann das überlieferte Zeugnis sich zugleich als traditionsbegründend und traditionskritisch bewähren.[40]

Es ist der Konnex von *Gotteserfahrungen und -begegnungen*, der für Simon zum Maßstab für die Einordnung der Philologie in die Theologie wird; nicht zuletzt die von Simon verteidigte Lehre vom geistigen Schriftsinn als Artikulation solcher Erfahrungen in ihrer Mehrdimensionalität von Buchstabe, Allegorie, Tropologie und Anagogie plädiert für eine solche Integration.[41]

Simon formuliert einen differenzierten Überlieferungsbegriff. Zum einen sieht er die Legitimität bestimmter Traditionen, die die Bibel als Offenbarungszeugnis durchaus inhaltlich ergänzen (z.B. Kindertaufe).[42] Zum anderen gehören Heilige Schrift und Tradition(en) selbst zur umfassenden *traditio* der *Gotteserfahrungen* der Kirche, die mit der Ekklesia Israel beginnt und durch die Christgläubigen fortgesetzt wird.[43] Was aber ist eigentlich diese *traditio*? Obwohl Simon, soweit ich sehe, nirgends direkt auf diese Frage näher eingeht, lassen seine Ausführungen – besonders über die Entstehung der Sprachen sowie das Phänomen der Inspiration – nur einen Schluss zu: Kirchliche *traditio*, an welcher sich alle Kritik und Theologie zu messen haben, kann nur bedeuten: Es geht letztlich um Denken im Licht der Wahrheit, um Antworten aus der Personmitte des Menschen, die die Geschichte Gottes mit seinem Volk bezeugen. Die eine große *traditio* gott-

---

40   Ebd., S. 135.
41   »Es scheint nicht, dass die meisten der ersten Väter sich bei der Auslegung der Schrift so streng an den Literalsinn gehalten haben. Da sie gegen Philosophen oder Juden zu argumentieren hatten, haben sie, um erstere zu bekämpfen, mehr die Verstandesprinzipien als die Schrift benutzt; letztere konfrontierten sie mit der Idee des Christentums, die sie empfangen hatten. Diese Idee untermauerten sie mit Beweisen, die sie gegen die Juden aus der Schrift entnahmen; sie bezogen dabei mehr die mystischen Auslegungen, die sie in der Synagoge kennenlernten, als den Grammatikal- oder Literalsinn ein. Somit ist es auch leichter, die Wahrheit der christlichen Religion in den mystischen Auslegungen der Väter als in den literalen Auslegungen der Grammatiker zu finden, die zwar [historisch] wahrheitsgetreu die Geschichte des Alten Testaments erklären, aber dennoch nicht die Religion genügend erfassen. Die Väter hatten für ihre Allegorien die Apostel zum Vorbild; aber man sollte die Allegorien der einen [sc. der Apostel] nicht mit denen der anderen [sc. der Väter] auf dieselbe Stufe stellen. Trotzdem müssen wir eher die Wahrheit der christlichen Religion in den Schriftkommentaren der ersten Väter suchen als eine buchstäbliche Erklärung des Bibeltextes.«: HCVT (Anm. 15), S. 386; vgl. S. 404, sowie HCCNT (Anm. 6), S. 876.
42   Darin stimmt er in der Sache z.B. mit Thomas von Aquin überein, der sich »ausdrücklich auf mündliche apostolische Überlieferungen« beruft, so Yves M.-J. Congar: ›Traditio‹ und ›sacra doctrina‹ bei Thomas von Aquin, in: Johannes Betz und Heinrich Fries (Hg.): Kirche und Überlieferung. Freiburg 1960, S. 170–210, hier S. 171.
43   Vgl. HCVT (Anm. 15), S. 489; HCTNT (Anm. 27), S. 37.

menschlicher Freiheit ist es, die Jesus in das Zentrum seiner Botschaft vom Reich Gottes stellt, und die sich gegen alle Traditionalismen sperrt: »Da werdet ihr heulen und mit den Zähnen knirschen, wenn ihr seht, daß Abraham, Isaak und Jakob und alle Propheten im Reich Gottes sind, ihr selbst aber ausgeschlossen seid. Und man wird von Osten und Westen und von Norden und Süden kommen und im Reich Gottes zu Tisch sitzen.« (Lk 13,28f.) – so die Mahnung Jesu vor Partikularismen, die eine offenbarungsgemäße Exegese behindern.

Fazit: Unsere eingangs gestellte Frage, ob die Philologie als solche auf dieses Reich der Wahrheit hingeordnet ist, muss verneint werden. Nur eine Unterscheidung von historisch-kritischer Methode und Theologie führt hier weiter, wobei Simon die Theologie selbst als kritische Eigentätigkeit des Denkens im Licht der biblischen Botschaft versteht. Mit dieser Skizze wenden wir uns nun Salomon Glassius zu.

4. Glassius' Exegese- und Theologieverständnis

Obwohl Glassius weniger explizit als Simon eine Unterscheidung von Kritik und Theologie formuliert, ist sie doch der Sache nach vorhanden. Hatte bereits Simon, wie wir oben sahen, auf Glassius' Protest gegen fundamentlose Geschichten und Traditionen verwiesen, so zeigt sich in Glassius' *Philologia Sacra* selbst das Bestreben, den Literalsinn zu eruieren, um nicht unkontrollierbaren theologischen Spekulationen anheim zu fallen.[44] Dieses Anliegen teilt Glassius z.B. mit Martin Luther (1483–1546), den er zitiert: »Nollem Theologum allegoriis operam dare, donec consummatus legitimo Scripturæ simplicique sensu fuerit, alioqui sicut Origeni contigit, non citra periculum theologisabit.« Wie Luther kritisiert auch Glassius selbst den frühchristlichen Theologen Origenes (185–254) wegen ausschweifender Allegorisierung: »Intolerabilis est Origenis Adamantii, vetusti illius Scripturam Interpretis, audacia, qui omnia omnino, quantumlibet simpliciter dicta, in allegorias mutavit«; ein Vorwurf, den Simon nicht erhebt, der vielmehr Origenes verteidigt.[45]

---

44 »Sensus literalis prior est mystico *natura* & *ordine*; Mysticus autem literali prior est *dignitate*. Hic enim, ut nobilior atque sacratior, magis intenditur a Spiritu sancto, quam ille.«: Philologia Sacra (Anm. 4), Lib. II, pars I, tract. II, sectio II, Sp. 407.

45 »Origenes ist der erste der Väter, der sehr intensive Schriftstudien betrieben hat. Auch ist seine Methode sehr verschieden von der seiner Vorgänger; er hat sie nicht übernommen, obwohl er ihre Schriftkommentare gelesen hat. Jedoch haben seine Nachfolger fast nur seine Bücher kopiert. Deshalb hat ihm der heilige Hieronymus den Rang eines Kirchenlehrers gleich nach den Aposteln eingeräumt. [...] Nicht dass er [sc. Origenes] den Literalsinn der Bibel gänzlich verachtet hätte, aber er hielt die Allegorie für geeigneter, um die Gelehrten seiner Zeit zum Christentum zu führen. Man kann bis zu 6000 Bände oder Rollen zählen, die

Insgesamt ist Glassius stärker als Simon bestrebt, eine einheitliche Textgrundlage zu schaffen und damit weniger mit Textvarianten oder gar Verderbtheiten zu rechnen. Im ersten Teil des zweiten Buches der *Philologia Sacra* handelt er über den Literalsinn (»*De sensu literali*«) und stellt zwei Definitionen vor, die er in einer dritten zusammenfasst.

Erstens: »Literalsinn nennen einige dasjenige, was aus den Worten der Heiligen Schrift selbst und ohne Abwandlung der Bedeutung erschlossen wird, bzw. was die Bedeutung der Wörter selbst verlangt.« (»Literalem sensum quidam vocant eum, *qui ex verbis Scripturæ proprie & sine ullo tropo intellectis elicitur*, seu quem ipsa verborum proprietas præ se fert.«)[46]

Zweitens: »Andere nennen Literalsinn dasjenige, was der Heilige Geist eigentlich intendiert, und was also gemäß der Aussageabsicht, dem Kontext sowie Vergleichen mit anderen Schriftstellen aus den Worten in rechter Weise gefolgert werden kann, ob diese Worte nun buchstäblich oder im übertragenen Sinn zu verstehen sind.« (»Sunt igitur alii, qui literalem sensum Scripturæ vocant eum, *quem intendit* PROXIME *Spiritus sanctus*, & qui ex verbis recte, juxta dicentis scopum, antecedentium & consequentium cohærentiam, Scripturæque analogiam eruitur, sive verba ista sint propria & a tropis libera; sive sint tropis affecta.«)[47]

Somit folgt für Glassius drittens:

> Es liegt dann ein Literalsinn vor, wenn er vom Heiligen Geist oder dem in den Schriften sprechenden Christus unmittelbar intendiert ist, wobei es einen eigentlichen und einen übertragenen Literalsinn gibt. [...] Der Literalsinn ist eigentlich, wenn er aus Worten in ihrer eigentlichen und ursprünglichen Bedeutung hervorgeht. So bei den Herrenmahlsworten: Nehmet und esset: Das ist mein Leib; hier liegt ein eigentlicher Literalsinn vor, weil die Ausdrücke keine Abwandlung nahelegen. [...] Der Literalsinn ist hingegen zu übertragen, wenn er aus metaphorischen Worten besteht, also der Schrifttext im übertragenen Sinne zu verstehen ist. Dies lässt sich im 6. Kapitel des Johannesevangeliums beobachten, wo Christus vom zu essenden Brot des Lebens spricht; es liegt hier ein übertragener Literalsinn vor, da nicht von einem wirklichen Brot die Rede ist, sondern vom lebensspendenden Leib Christi, der metaphorisch Brot genannt wird.[48]

---

er über die Schrift verfasst hat. Auf jeden Fall steht fest, dass niemand so intensiv sich mit der Bibel beschäftigt hat wie er, sei es wegen Textkorrekturen oder Auslegungen.«: HCVT (Anm. 21), S. 391 f.

46 Philologia Sacra (Anm. 4), Lib. II, pars I, tract. II, sectio I, art. I, Sp. 366.
47 Ebd., Sp. 368.
48 »Sensus literalis est, qui proxime a Spiritu sancto, vel Christo in Scripturis loquente, intenditur. Estque vel *proprius* vel *figuratus*. [...] *Sensus literalis proprius est*, qui oritur ex verbis in propria & nativa significatione acceptis. Sic in verbis Cœnæ: *Accipite & comedite: Hoc est corpus meum*: sensus literalis proprius est, quia nulla hic occurrit vox modificata seu tropo affecta. [...] *Sensus literalis figuratus* est, qui nascitur ex verbis tropice & modificate acceptis, cum nempe in litera seu textu Scripturæ, qui explicandus est, tropus aliquis occurrit. [...] Sic quando Joh. 6. Christus de *pane vita comedendo* concionatur, sensus literalis est tropicus, neque enim *panis* proprie dictus, sed caro Christi vivifica, quæ metaphorice panis dicitur.«: Ebd., art. II, Sp. 370 f.

Soweit die Definitionen. Was Glassius hier nicht expliziert, aber doch zur Anwendung bringt, ist eine philosophische Position, denn die Entscheidung, welches Wort in welchem Kontext wie zu verstehen sei, kann nur durch Reflexion über den Sprachgebrauch zustande kommen. Exegese bleibt also notwendigerweise auf philosophische sowie theologische Vor-Urteile angewiesen. Auch Glassius', bereits von Augustinus[49] und später ebenfalls von Simon vertretene Position, einen doppelten Literalsinn in der strikten Bedeutung des Wortes abzulehnen, basiert auf solchen Weichenstellungen: »Die Heilige Schrift,« so Glassius, »hat Gott zum Urheber. Also hat sie nicht viele Literalsinne. Denn Gott spricht als Schöpfer von Vernunft und Sprache deutlich.« (»*Scriptura autorem Deum habet. Ergo non habet multos literales sensus.* Ratio est, Deus enim mentis & linguæ artifex perspicue loquitur.«)[50] Was aber »deutlich« – »perspicue« – sei, so dürfen wir Glassius ergänzen, muss auf denkerischem Wege entschieden werden. Dies aber bedeutet alles andere als Willkür, denn, so zitiert Glassius den Jesuiten José de Acosta (1540–1600): »*Die Kirche kann der Heiligen Schrift keinen Literalsinn entnehmen, den sie bis dahin nicht gehabt hat.*« (»Non enim Ecclesia sensum literalem Scripturæ tribuere potuit, quam illa hactenus non habuerit.«)[51] Der Kirche also hat es um wirklichkeitsgemäßes *Denken* der göttlichen Offenbarung zu gehen. So lässt sich Glassius' Einsicht: »*Der Literalsinn ist nie von den Worten der Heiligen Schrift zu trennen*« (»Sensus Scripturæ literalis a verbis Scripturæ nequaquam est separandus«, 391), paraphrasieren mit: Der Literalsinn kann nie ohne Reflexion auf die Sprache, kann nie ohne philosophische und theologische Vorentscheidungen eruiert werden. Insofern könnte auch folgende päpstliche Aussage (»Pontificia assertio«) gerechtfertigt werden, mit der Glassius ringt: »dass nämlich die Heilige Schrift toter Buchstabe sei, wenn sie nicht durch den Geist der Kirche belebt wird« (»quod Scriptura sit *litera mortua* [...] *a Spiritu Ecclesiæ demum animanda*«, 393). Glassius steht in der Gefahr, Kirche und Papsttum ineins zu setzen,[52] und sich so gegen eine *generelle* ekklesiale Vermittlung der Exegese zu wenden. Völlig zurecht kritisiert Glassius hingegen die Fixierung auf bestimmte ekklesiale

---

49 »Wann aber in denselben Worten der Bibel nun nicht irgendein einziger, sondern ein zwei- oder mehrfacher Sinn wahrgenommen wird, so besteht doch darin, auch wenn die Meinung des Autors verborgen bleibt, keine Gefahr, wenn gezeigt werden kann, daß jeder dieser Sinne mit der Wahrheit aus anderen Stellen der Hl. Schrift übereinstimmt. Dennoch soll derjenige, der die göttlichen Aussagen erforscht, versuchen, zur Aussageabsicht des Autors vorzudringen [ad voluntatem perveniatur auctoris], durch den der Hl. Geist jene Schrift abfaßte.«: Augustinus: De doctrina Christiana, 3. Buch, XXVII.38.84 (CCL 32, Pars IV.1, S. 100; dt. Ausg. üb. v. Karla Pollmann, Stuttgart 2002, S. 129).
50 Philologia Sacra (Anm. 4), ebd., art. III, Sp. 378; danach im Folgenden die Seitenzahlen im Text.
51 Ebd., art. III, Sp. 380, mit Verweis auf: Acosta, De Christi revelatione, lib. 3, c. 11.
52 Vgl. ebd., Sp. 394: »[...] *literam mortuam*, quæ demum animam quasi & vitam ab Ecclesia & Pontifice accipiat«.

Formen, die z.B. dann vorliegen, wenn die Animation der Bibel allein vom Pontifex ausgeht und dieser so »tatsächlich seinen eigenen Geist, aber nicht den der Heiligen Schrift auslegt«.[53] Glassius hat grundsätzlich eine richtige Intuition: Ekklesiologie und Offenbarung – die er mit der Bibel identifiziert – sind nicht gleichberechtigt, sondern die Kirche soll Dienerin des Wortes Gottes sein. Deshalb ist er bestrebt, möglichst die Invarianz und Eindeutigkeit der biblischen Texte aufzuweisen. Hierin wird ihm Simon nicht folgen: Die Heilige Schrift an sich, so Simon, bleibt aufgrund ihrer historischen Genese ambivalentes Stückwerk, das philologisch bearbeitet werden muss.[54] Glassius hingegen neigt zur Hermeneutik reformatorischer Orthodoxie; so hält er folgende, von den Päpstlichen vertretene Aussage (»Pontificiorum assertionem«) für problematisch: »dass nämlich der Schriftsinn je nach den Zeitumständen variieren kann« (»quod *sensus Scripturarum pro temporum ratione & diversitate variari possit*«, 394).

Glassius zitiert hierzu Nicolaus Cusanus (1401–1464), der bezüglich der Feier der Eucharistie geschichtliche Schwankungen konstatiert und schließlich bemerkt: »Und die Heiligen Schriften sind ebenfalls gemäß den Zeitumständen verschieden zu lesen und zu verstehen [Scripturasque esse ad tempus adaptatas et varie intellectas].«[55] Dazu kommentiert Cusanus: »Es verwundert nicht, wenn die Praxis der Kirche zu einer Zeit die Schrift so, zu einer anderen anders interpretiert, denn das Erkennen läuft mit der Praxis; eine Vernunft aber, die mit der Praxis in Dialog tritt, ist lebendigmachender Geist.« (»Non mirum, si praxis Ecclesiæ uno tempore Scripturam interpretatur uno modo, & alio tempore, alio modo: nam intellectus currit cum praxi, intellectus enim, qui cum praxi concurrit, est Spiritus vivificans.« 395)

Diesen Ansatz ablehnend, wiederholt Glassius, dass der Literalsinn »unicus, simplex & constans« und nicht von den Worten der Schrift zu trennen ist, sondern vielmehr »juxta Autoris scopum & fidei analogiam« gesucht werden muss (395). Obwohl Glassius sich bewusst von Cusanus und ähnlichen katholischen Äußerungen abgrenzen möchte, bekennt er sich doch in der Sache ebenfalls zum Dialog der Philologie mit der Philosophie und Theologie, denn die Frage nach der *intentio autoris* kann nur mit der immer durch Zeitumstände geprägten *Vernunft* beantwortet werden. Cusanus darf also nicht konfessionsspezifisch gelesen werden, als ob die Praxis der Kirche notwendigerweise in einer bestimmten Ekklesiologie verortet werden müsste. In einem Punkt hat Cusanus sicher Recht: Die göttliche Offenbarung wird uns nur im Modus geschichtlicher Entwicklung zuteil, weshalb jeder, der über sie nachdenkt, lebendige Praxis ist; auch Glassius

---

53   Ebd., Sp. 394 : »SUÆ (vere suæ & propriæ, non vero Scripturæ) *mentis esset interpres*«.
54   Vgl. HCVT (Anm. 15), S. 6.
55   Philologia Sacra (Anm. 4), Sp. 394, mit Verweis auf: Cusanus, Ep. ad Bohem.

selbst legt mit seiner *Philologia Sacra* eine solche Praxis vor, die ganz auf den Bibeltext vertraut.

Glassius' biblische Einstellung wirkt auch auf sein Verständnis des geistigen Schriftsinns. Mit Thomas von Aquin (1224–1274) stellt er zwar fest, dass für die dogmatische Diskussion nur der Literalsinn argumentative Kraft entfalten könne,[56] geht aber einen Schritt weiter (398):

> Es kann nicht geleugnet werden, dass aus dem geistigen Sinn (den die Schrift intendiert und erklärt) nicht weniger dogmatische Aussagen getroffen werden können. Es steht nämlich fest, dass aus jedem Wort Gottes [*Verbo Dei*] zuverlässig Argumente gewonnen werden können. Denn tatsächlich kann niemand daran zweifeln, dass der geistige Sinn sowie dessen in der Bibel enthaltene Erläuterung Wort Gottes [*Verbum Dei*] ist. (»Negari tamen non potest, ex mystico sensu (quem Scriptura *intendit* & explicat) non minus dogmatum peti posse confirmationes. Ex omni enim *Verbo Dei* argumenta firmiter desumi posse, constat. Jam vero sensus mysticus, ejusque in Scripturis explicatio, *Verbum Dei* quin sit, nemo dubitare ausit.«)

Glassius' Betonung der Invarianz und Unbeliebigkeit des Wortes Gottes muss nicht als Bekenntnis zur Verbalinspiration verstanden werden. Das Paradigma Bibeltext bzw. Wort Gottes vom Literalsinn bis zur Allegorie bleibt für ihn zwar einerseits eine strikt theologische Größe (406):

> Der Schriftsinn ist allegorisch, wenn die in der Bibel bezeugten, wahrhaft geschehenen Ereignisse sich gemäß der Intention des Heiligen Geistes [*ex intentione Spiritus sancti*] auf ein Mysterium oder eine geistige Lehre beziehen. (»*Allegoricus* est, quando historia Scripturæ vere gesta ad mysterium quoddam, sive spiritualem doctrinam, ex intentione Spiritus sancti refertur.«)

Andererseits nennt er die anthropologische Seite (406):

> Das Fundament des geistigen Schriftsinns ist das göttliche Hinabneigen [Dei συγκατάβασις], das auch menschliches Mitgehen [ἀνθρωποπάθεια] genannt wird. Denn in der Bibel mischt sich Gott in das Leben der Menschen ein, neigt sich zu ihnen herab und passt sich ihrem Fassungsvermögen an. Und indem er sich so anpasst, legt er seine himmlischen Geheimnisse in menschlichen Gestalten vor. (»Fundamentum ejus est Dei συγκατάβασις, quam ἀνθρωποπάθειαν etiam vocant; quia enim Deus in Scriptura sacra cum misellis agit hominibus, igitur sæpius ipsis συγκαταβαίνει seu condescendit, & ad captum ipsorum se accommodans, sub involucris rerum humanarum mysteria sua cœlestia proponit.«)

5. Ein kurzer Vergleich

Interessant ist, dass Glassius und Simon hierin übereinkommen. Für Simon ist es sehr wohl möglich, in der Schrift das stilistische Mittel der »Anthro-

---

56 »*Ex solo sensu literali peti possunt firma & efficacia argumenta*«, ebd., Sp. 396f., mit Verweis auf: Thomas von Aquin: Sth I, q. 1, art. 10.

pologie« oder »Anthropopathie« zu entdecken: »Wenn man diese Anthropologien im Stil der Heiligen Bücher nicht zugibt, dann müsste man Gott Arme, Beine und Ohren zuschreiben und würde die Häresie der Anthropomorphiten wiederaufnehmen.«[57]

Simon beruft sich auf Martín Martínez de Cantalapiedra (1519–1579), der im 4. Kapitel des zweiten Buches seiner Hypotyposen unter Berufung auf Bibel und Väter zeigt,

> [...] dass die Schrift Gott auf menschenhafte Weise [*à la maniere*] sprechen lässt, um sich unserer Schwachheit anzupassen. Gemäß dieser Anthropopathie sagt sie zum Beispiel, dass Gott die Sterne am Firmament befestigt hat, dass er einen Garten gepflanzt hat, dass er es sich reuen ließ sowie andere, ähnliche Dinge, die man auf dieselbe Weise verstehen muss. [...] Daraus folgert dieser gelehrte spanische Theologe, dass man, will man genau sein, Gott nicht die Vorsehung [*prescience*] zuschreiben könne, weil es für ihn [*à son égard*] nichts Zukünftiges [*rien de futur*] gebe, sondern das Wissen [*science*], da ihm alle Dinge gegenwärtig seien [*toutes choses lui étant presentes*]. (517f.)

Simon hält mit Martín Martínez de Cantalapiedra an einem transzendenten und personalen Gott fest, der die Freiheit der Geschöpfe will. Der Ausschluss der Kreatur (»*l'exclusion des creatures*«, 518) vom Mitwirken im Heilsplan würde ihren freien Willen (»le libre-arbitre«, 519) zerstören. Simon zitiert auch Gregor von Nyssa (gest. nach 394), der bemerkt,

> [...] dass einige Wendungen der Bibel, die allein Gott Dinge zuschreiben, an denen auch die Menschen beteiligt sind, dem Stil der Hagiographen zuzurechnen sind. Als Mose den Israeliten das Gesetz gab, war es eines seiner Hauptanliegen, sich vom Irrglauben der Ägypter und anderer Götzendiener, die den Himmel und die Sterne als Gott verehrten, zu distanzieren. Deshalb greift er überall auf Gott, den Schöpfer von Himmel und Erde, zurück, dem er alle Dinge zuschreibt; schließlich sagt er am Anfang der Genesis [vgl. Gen 3,21], dass Gott für Adam und Eva Röcke machte. (519)

Exegese und Theologie gehören also zusammen, müssen jedoch unterschieden werden. Die historisch-kritische Philologie bleibt eingebettet in eine philosophisch-theologische Vorentscheidung: Gott ist der Schöpfer der *einen* Welt, die in der Diversität ihrer Ansprüche *denkerisch* erschlossen werden soll. Mit der Gutheißung der Schöpfung in Gen 1,31 – nach rabbinischer Tradition *nach* dem Sündenfall ausgesprochen – verbindet sich auch die Gutheißung von Grammatik und historischer Auslegung. Gott ermächtigt den Menschen zur Auslegung der Welt.[58] Diesem Zusammenwirken von Gott und Mensch – das sich z.B. im hebräischen Tempus des ›Hifil‹ ausdrückt (»Gott macht, dass wir machen«) – versuchen sowohl Glassius

---

57 Bibliotheque critique (Anm. 10), Bd. 3, S. 517; danach im Folgenden die Seitenzahlen im Text.
58 In diesem Sinn schreibt Simon: »Jeder Apostel wurde inspiriert, um die Aufgaben seines Apostolats zu erfüllen.«: Réponse au Livre intitulé Defense des Sentimens de quelques Theologiens de Hollande (Anm. 29), S. 164.

als auch Simon je auf ihre Weise gerecht zu werden. Denn für beide gilt es grundsätzlich, die Welt als einen auf Gott hin lesbaren Sinnkontext zu erfassen; Simon thematisiert dies, wie mir scheint, stärker, bei Glassius geschieht es mehr implizit. *Philologia Sacra* und *Histoire critique* bezeugen jedoch beide die prinzipielle Fähigkeit zu Selbst- und Weltkritik, zu vernünftigem Glauben. Theologie beginnt nicht voraussetzungslos, sondern bedient sich der vielgestaltigen Grammatik der Kommunikationsgemeinschaft ›Mensch‹. Das Fundament der Theologie ist – wie Glassius uns gesagt hat – das göttliche Mitgehen in der Geschichte; Simon betont an dieser Stelle noch stärker die menschliche Freiheit, was ihm gegenüber dem Bibeltext und dessen Genese einen größeren hermeneutischen Spielraum gewährt. Das alte, nicht nur kontroverstheologische Problem von Freiheit und Gnade taucht wieder auf: »sub involucris rerum humanarum mysteria sua cœlestia proponit«,[59] so Glassius' in der Sache katholische wie evangelische Ohren überzeugende Notiz.

6. Schluss: Mit der Grammatik der Welt zur Wahrheit

Glassius und Simon im Gespräch! Was bleibt also für unsere gegenwärtige, sowohl zwischen den Konfessionen als auch den Religionen stattfindende Suche nach der *einen* Geschichte, der *einen* Welt, dem *einen* Weltenhaus: *Oikumene*?

Mir scheint, nicht wenig: Das christliche Proprium, wie es von unseren beiden Exegeten und Theologen vorgetragen wird, versteht Sprache und Grammatik als Selbstausdruck von Freiheit und verlangt so das eindeutige Bekenntnis zur Erfahrungskonstitution in Geschichtlichkeit. Die Vielfalt der Grammatiken ist der Weg zur einen, je größeren Wirklichkeit. Der Philosoph Richard Schaeffler schreibt:

> Die nie abgeschlossene Metamórphosis der Individuen, aber auch der Kommunikationsgemeinschaft, ist Voraussetzung wie Folge der Weise ihres ›Gebrauchs‹ einer gemeinsamen Sprache und wird an der Geschichte dieser Sprache ablesbar. [...] Diese Geschichte aber wird daraus verständlich, dass der Anspruch des Wirklichen, den die Glieder einer Kommunikationsgemeinschaft einander bezeugen, ihr Anschauen, Denken und Sprechen über die jeweils erreichte Form hinaustreibt. [...] Darum wird an der Grammatik des Dialogs zwischen Sprechern und Hörern die Eigenart einer Dialoggemeinschaft ablesbar, die im Hören und Antworten diesem je größeren Anspruch des Wirklichen auf der Spur bleibt.[60]

---

59 Philologia Sacra (Anm. 4), Sp. 406.
60 Richard Schaeffler: Philosophische Einübung in die Theologie. Bd. 1: Zur Methode und zur theologischen Erkenntnislehre. Freiburg/München 2004, S. 166.

Theologisch formuliert: Die Gotteserfahrungen der biblischen Tradition erklären die Frage nach der *einen* Welt zur Aufgabe einer Vernunft, die dazu anleitet, »alle Kreaturen zu Schülern zu machen‹, gemäß dem Psalmwort ›Erzählet unter den Völkern die Herrlichkeit des Herrn und vor allen Nationen seine Großtaten‹ [Ps 96,3].«[61] Überzeugendes, historisch-kritisch zu Eigenverantwortlichkeit aufrufendes Erzählen wird zur heiligen Philologie, welche das geschichtliche Wort Gottes auslegt. Und hier – um einen ganz aktuellen Gegenstand der öffentlichen Diskussion aufzugreifen – die Anfrage an die Gottestradition des Islam: Kennt sie aus ihren eigenen hermeneutischen Prinzipien neben der heiligen Sprache (Arabisch) auch eine solche *Philologia Sacra*, welche den Buchstaben der Grammatik in seinem Modus historischer Kontingenz begreift und so die allen Menschen gemeinsame Sprachlichkeit und Welt thematisiert?

Das Gespräch zwischen Glassius und Simon, so meine ich, eröffnet über die christliche Ökumene hinaus in seiner sprachphilosophischen und theologischen Brisanz – Stichwort »Anthropopathie« – so manche Horizonte. Das als menschlich sinnvoll Erkannte ist authentischer Selbstausdruck des Heiligen.

---

61 Ebd., S. 406.

Wilhelm Kühlmann

Aporien der biblischen Urgeschichte – Bemerkungen zu Johannes Lassenius' (1636–1692) populärem Handbuch von 1700 über die »scheindunklen Örter« in Genesis 1–11 im Horizont der älteren Kommentartradition (D. Pareus, R. Bellarmin)

Wer sich über die Auslegungsgeschichte der biblischen Bücher vor Beginn der modernen historischen Bibelkritik zwischen der Zeit der Kirchenväter und dem 18. Jahrhundert im Detail informieren möchte, findet, wie mir befreundete Theologen bestätigen, in den neueren theologischen Lexika wie auch in den einschlägigen Handbüchern und aktuellen Kommentaren zumeist nur Spärliches. Titellisten zur älteren Exegetik wie die von W. Werbeck mit seinem Genesis-Artikel in der dritten Auflage des RGG,[1] die sich die scheinbar verjährten Kompendien des 17. und 18. Jahrhunderts wie die von Johann Georg Walch (1693–1775) zunutze machen,[2] wird man deshalb besonders begrüßen. Mein provisorischer Werkstattvortrag versteht sich als ein kleiner Beitrag zu dem damit angedeuteten Forschungsdesiderat. Die Tradition, Filiation und Ausdifferenzierung der alten Bibelkommentare und des damit verwandten Schrifttums mit seinen verschiedenen Adressaten und vor allem mit seinen kontextuellen Implikationen zu verfolgen öffnet den Blick für Konstellationen konflikthaft organisierter Wissensformationen der Frühen Neuzeit im Rahmen der akademischen und außerakademischen Hermeneutik, Homiletik und Frömmigkeitsgeschichte im weitesten Interessenradius. Theologie sowie Kultur- und Literaturwissenschaft, soweit diese sich der medialen Aneignung biblischer Motive und Erzählungen

---

1   Die Religion in Geschichte und Gegenwart. Hg. von Kurt Galling. Ungekürzte Studienausgabe. Tübingen 1986. Bd. 2, Sp. 1377–1378; zu den lutherischen Genesiskommentaren vgl. aber Robert Kolb: Sixteenth-Century Lutheran Commentary on Genesis and the Genesis Commentary of Martin Luther. In: Irena Backus und Francis Higman (Hg.): Théorie et prâtique de l`exegèse. Genf 1990, S. 243–258. Auch bei Lassenius macht sich die Tatsache bemerkbar, dass direkte Referenzen auf Luther seit dem Ende des 16. Jahrhunderts immer spärlicher werden. Dazu (mit einer Liste lutherischer Genesiskommentare) Robert Kolb: Umgestaltung und theologische Bedeutung des Lutherbildes im späten 16. Jahrhundert. In: Hans Christoph Rublack (Hg.): Die lutherische Konfessionalisierung in Deutschland. Gütersloh 1991, S. 202–231, spez. 222f.
2   Vgl. das umfangreiche, wenngleich immer noch unvollständige, nach Konfessionen geordnete Verzeichnis der »Commentarii in Pentateuchum« (ohne Erwähnung des von mir hier vorgestellten Werkes von Lassenius) in: Johann Georg Walch: Bibliotheca Theologica Selecta Litterariis Adnotationibus Instructa. Tomus Quartus Isque Ultimus. Jena 1765, S. 444–460.

annehmen, sollten sich deshalb mehr als bisher auf Fragen und Profile der historischen Exegese einlassen, finden von da aus jedenfalls ein gemeinsames, bislang nur in wenigen exemplarischen Studien begangenes interdisziplinäres Arbeitsfeld.[3]

In diesem Fragenkreis möchte ich ein kleines, aber mich fesselndes Buch von etwa 340 Seiten vorstellen, das helles Licht auf die bibeltreuen Abwehrkämpfe der lutherischen Orthodoxie im Horizont sowohl älterer exegetisch-theologischer Nöte als auch der aufkommenden rationalistischen Bibelkritik wirft. Wir haben vor uns einen späten kleinen Spross am mächtigen Baum der Genesiskommentare, der in den Quaestionen von Augustinus' *De Genesi ad Litteram* seine Wurzel besitzt und sich in den mächtigen Kommentarfolianten und Vorlesungen des 16. und 17. Jahrhunderts auf bisher kaum absehbare Weise verzweigt. Johannes Lassenius, der Verfasser, weiß, dass es nicht mehr nur um die Verteidigung der eigenen Konfession, sondern im Kampf gegen die modernen »Atheisten« um den Bestand des Bibelglaubens überhaupt geht. Das aus dem Nachlass herausgegebene Buch, das dem Gegenstand nach zu vergleichen wäre mit Salomo Glassius' *Christologia Mosaica ex prioribus Geneseos capitibus* (1649), lässt in seiner Anlage die epochalen geistigen Herausforderungen des späten 17. Jahrhunderts im Horizont einer in der Bibellektüre geborgenen Seelsorge erkennen. Das Werk trägt den Titel (typographisch vereinfacht):[4]

> Johannis Lassenii Weiland Der Heil. Schrifft Doct. Prof. Publ. Consistor. Assess. und Pastoris an der St. Petri Kirche zu Kopenhagen Himmlisches Gnaden=Licht Darinn die Göttliche Kirchen=Historie der ersten 1700 Jahre der Welt in Beantwortung hundert und etlicher Curieuser Fragen über Die Schein-duncklen Oerther der XI. Capitel des Ersten Buchs Mosis Im Zwölffachen Schein Schrifftmäßig und vernünftiglich erläutert/ und Allen Liebhabern der Heil. Schrifft die Geheimnisse GOttes desto unanstößiger zu begreiffen/ mitgetheilt wird. Mit Königl. Majest. auch Churfürstl. Durchl. zu Sachsen Allergnädigsten Privilegiis. Kopenhagen/ Druckts Johan Jacob Bornheinrich/ Anno 1700.

Was das Buch sein will, lässt sich folgendermaßen beschreiben: Es handelt sich nicht um ein gelehrt-akademisches Fachbuch oder gar systematisches, auf Vollständigkeit der Quellenexegese und der dogmatischen Absicherung angelegtes Kompendium, das sich an die Theologen wendet und das zu besichtigen ist etwa in – um große Beispiele vorzüglich der Heidelberger

---

[3] In der synoptischen Konzentration auf die Verarbeitung einer Bibelstelle wegweisend Johann Anselm Steiger und Ulrich Heinen (Hg.): Isaaks Opferung (Gen 22) in den Konfessionen und Medien der frühen Neuzeit. Berlin u.a. 2006; hier in der Einleitung der Hg. Grundsätzliches zum Stand der theologischen Forschung. – Diverse biblische Referenzen sind behandelt in den Sammelbänden: Ralf Georg Czapla und Ulrike Rembold (Hg.): Gotteswort und Menschenrede. Die Bibel im Dialog mit Wissenschaften, Künsten und Medien. Bern u.a. 2006; Steffen Martus und Andrea Polaschegg (Hg.): Das Buch der Bücher gelesen. Lesarten der Bibel in den Wissenschaften und Künsten. Bern u.a. 2006.

[4] Nach dieser Ausgabe wird im folgenden nur mit Angabe der Seitenzahl zitiert.

Tradition zu nennen – dem Genesiskommentar des Heidelberger Theologen David Pareus (1548–1622), den ich im folgenden zum Vergleich heranziehe[5] und der sich zusammen mit einer eigenen Erwiderungsschrift[6] unter anderem mit bekannten exegetisch-dogmatischen Kompendien des fast gleichaltrigen – 1930 heiliggesprochenen – römischen Jesuiten und Kardinals Robertus Bellarminus (1542–1621) auseinandersetzte.[7]

Lassenius schreibt auch nicht einen homiletischen Leitfaden für Seelsorger, sondern präsentiert ein dialogisch motiviertes Ergebnis aktueller literarischer Seelsorge, das als Dokument des theologischen ›Wissenstransfers‹ zu verstehen ist und das sich in seinem Grundkonzept an die Quaestionenstruktur der auf Augustinus zurückweisenden Kommentartradition anlehnt. Augustinus' Wendung gegen die Bibelkritik der Heiden und Sektierer spiegelt sich um 1700 in der Abwehr des modernen bibelkritischen Rationalismus. Das Werk ist in deutscher Sprache für aufgeweckte Laien verfasst, die sich um das Verständnis der Bibel bemühen und dabei angesichts ›dunkler‹ Stellen mit mancherlei Anfechtungen, »Zweifeln« und »Knoten« der Exegese zu tun haben. Die »dunklen Örter« sollen hier als »scheindunkel« erhellt, die Autorität der Bibel im gut lutherischen Sinne befestigt werden. Gelehrte Belege, auch die Andeutung philologischer Probleme, interkonfessioneller Differenzen und rationalistischer ›Ketzereyen‹ sind zumeist in die Fußnoten abgedrängt. Angesprochen wird ein anonymes »Heiliges Gottes Kind« (S. 1 und öfter), das im Anschluss an gemeinsame »Geistliche Unterredungen« (ebd.) und die dabei empfohlene Bibellektüre um weitere exegetische Aufklärung bittet. Diese genaue Bibellektüre erscheint nicht mehr selbstverständlich (S. 2f.):

> Ich beklagte dabey des heutigen kalten Christenthums Nachläßigkeit; da man blossem Gehör der Predigten sich genügte; und der wenigste theil selbst in der Schrifft suchte. GOtt sey gelobet! der in Euch einen Hunger und Durst erwecket / nach dem Himlischen Manna / dieses Worts; Fahret fort mein theurestes Kind! wie Ihr angefangen / Christum in seinem eigenen Hause / der Bibel zu suchen; Ihr werdet hie die wahre Perlen / zu eurem Trost finden; Und wie ich versprochen / für euch

---

5 In Genesin Mosis Commentarius: Quo praeter accuratam Textus sacri Analysin atque interpretationem Theoricam & practicam, controversiae & Dubia Fidei plurima perspicue explicantur: argutiae Judaeorum & haereticorum contra Fidem, cum primis F. SOCINI & G. ENIEIDINI Samosarenianorum, nec non R. BELLARMINI & Ben. PERERII Jesuitarum solidè refutantur, & ad JOSEPHI SCALIGERI Chronologica respondetur. Authore Davide Pareo […]. Genevae Apud Petrum Aubertum MDCXIV (hiernach zitiert), die erste Auflage erschien Heidelberg 1609.

6 Roberti Bellarmini Politiani Societatis Iesu Theologi Cardinalis Liber unus De Gratia prima Hominis Explicatus & Castigatus studio Davidis Parei […]. Heidelbergae Impensis Jonae Rosae Librarij, Francof. Typis Johan. Lancelloti, Acad. Typog. MDCXII.

7 »De Gratia Generi Humano in primo Parente collata« als Teil der Disputationes De controversiis christianae fidei (1586–1593), hier zitiert nach: Roberti Bellarmini Politiani S.J. Opera Omnia Ex editione Veneta, pluribus tum additis cum correctis, iterum edidit Justinus Fèvre, Protonotarius Apostolicus. Tomus Quintus. Paris 1873. Nachdr. Frankfurt/M. 1965.

> GOtt zu bitten / daß Er Euch je mehr und mehr entzünde / in Liebe zu ihm / und seinem Wort / euch den heiligen Geist zu ertheilen / das gelesene wohl zu behalten; recht zu verstehen / und dieses Liecht / euren Leuchter seyn lassen / im Glauben und Liebe; also komme ich hiemit auch abermahl zu versichern / daß wo ich mercken werde Ihr einen Anstoß hättet? Oder einen Zweifel? ich nach aller meiner Möglichkeit euch denselben auß dem Wege zu räumen / und das mir erschienene Liecht / euch von gantzem Hertzen mitzutheilen / niemahls unterlassen wolle.

Zwar unterscheidet sich also Lassenius von den in systematischer Absicht konzipierten Werken, doch wird auch bei ihm wie bei den großen Vorgängern der auszulegende Text topologisch gemäß linearer Lektüre erläutert. So entsteht eine konzentrierte Erklärung der ersten elf Kapitel der Genesis in zwölf Abschnitten (»Sendschreiben«, so im Vorwort des mit »S.D.V.D.M.« abgekürzten Herausgebers), die jeweils – meist nach einer kleinen Vorrede – die betreffenden Bibelverse zitieren, dann daraus einen Katalog von insgesamt mehr als hundert Fragen ableiten und diese jeweils so durchnumerieren, dass zu den jeweiligen Nummern im Anschluss die jeweilige Explikation zu finden ist.

Behandelt wird die biblische Schöpfungs- und Urgeschichte bis zum Turmbau von Babel, demnach, wie es schon im Titel heißt, die ersten »1700 Jahre der Welt« im Rückgriff auf einen literarisch-exegetischen Fundus, der von den Kirchenvätern bis zu aktuellen theologischen Autoritäten reicht: Die Leservorrede des Herausgebers steckt den Gegenstandsbereich, Traditionsbezug und intentionalen Erörterungsrahmen zuletzt mit jenem Axiom der sog. Verbalinspiration ab, das wider die »profanen« Autoren zwar die heilsgeschichtliche Dignität der Bibel sichert, dadurch aber auch die exegetischen Probleme eines biblischen *sensus litteralis* andeutet, an denen sich Lassenius im postulierten Miteinander von »Glaube und Vernunft« abarbeiten muss. Hermeneutische Probleme werden der mangelnden Fassungskraft des menschlichen Verstandes zugerechnet (aus der unpag. Vorrede):

> Es haben zwar unzehlige Federn die Heil. Schrift *illustriert*; Man vertheidigt ihren Göttlichen Ursprung / ihre Ehre und Lehre der ewigen Warheit; Man verfaßt und erwegt ihre seelige Regeln und Exempel der wahren Weißheit und Heiligkeit; Man eröffnet ihren Reichthum des himmlischen Trostes; Man erwegt auf tausenderley Arthen dieses hellen Lichtes Krafft/ Schön= und Lieblichkeit: Aber dies alles erschöpfft nicht ihre unergründte Vollkommenheit. Hier erläutert der *Autor* dieses himmlischen Gestirnes Licht und Klarheit. Die Sonne bedarf zwar keines irrdischen Lichtes / und das Wort des HErrn keiner Menschlichen Weißheit / umb desto heller zu scheinen; aber unsere blöde Augen bedürffen richtige Werckzeuge / desto leichter zu entscheiden / wo sie uns zu helle oder zu dunckel scheinen. [...] Es bedüncket uns an dieser Sonne da und dort dunckle Mackeln zu seyn / so doch vielmehr in den Augen unsers Verstandes stecken / daß wir dies helle Licht nicht allerdings erkennen. Seelige Arbeit dann / so diesen Irrthum entdeckt! Darzu hat hier Glaube und Vernunfft / Mund und Hand / Zung und Feder dienen müssen / daß nur Christus gepredigt würde. [...] Der Begriff der Materien ist von Siebenzehn *Seculis* nach Erschaffung der Welt / so viel wir von ihrer Erlösung her zehlen. Eine

Zeit / davon die *Profan*-Scribenten nichts als Fabeln / der Heil. Geist aber unbetrügliche Nachricht nachgelassen.

Johannes Lassenius,[8] der Verfasser des *Himmlischen Gnadenlichts*, das 1708 und 1755 in Kopenhagen nachgedruckt wurde, war kein Unbekannter, vielmehr einer der produktivsten Autoren konversationeller Kompilationsliteratur (in der Nachfolge Harsdörffers)[9] sowie zahlreicher erbaulicher, bis ins 19. Jahrhundert wirksamer, oft auch polemischer und apologetischer Schriften, unter denen seine – vor allem gegen die Jesuiten gerichteten – *Arcana Politico-Atheistica* (o.O. 1666) weit verbreitet waren. Aus kleinen Anfängen, nach wechselvollem Lebenslauf und weiten Reisen hatte sich der Pommersche Pastorensohn zum lutherischen Hauptpastor der deutschen Gemeinde in Kopenhagen (1676) emporgearbeitet, wo er – übrigens Besitzer »einer der größten Privatbibliotheken des norddeutschen Raums« (W. Harms) – auch zum Universitätsprofessor (1678) ernannt wurde.

Indem sich Lassenius' Genesis-Traktat nicht als vollständig durchlaufender Kommentar konstituiert, sondern sich aus einem Fragenkatalog zu problematischen Versen entwickelt, bietet er auf verschiedenen Ebenen der philologischen, kulturhistorischen und theologischen Exegese ein Panorama teils althergebrachter, teils offenbar aktueller Verständnisschwierigkeiten und Lösungsangebote. In einer imaginären Geschichte der Genesisexegese[10] als Teilsektor der praktischen Bibelhermeneutik kann die Schrift – im Rückblick und im Vorausblick, auch mithilfe von Lassenius' Fußnoten – als ein Raster für die Aporien, Anstöße, Impulse, Motive, Interessen, kontexuellen Bindungen, die Praktiken und theologiegeschichtlichen Implikationen der Exegese dienen. Es wäre im einzelnen zu fragen, wann, wie und dank welcher Herausforderungen (Dialog mit welchen Kritikern) diese und jene

---

8 Bestes Werkverzeichnis in Gerhard Dünnhaupt: Personalbibliographien zu den Drucken des Barock. Vierter Teil/Bd. Stuttgart 1991, S. 2479–2511; zu Lassenius unabdingbar auch Johann Moller: Cimbria Litterata, 3 Bde, Kopenhagen 1744, hier Bd. 2, S. 449–454; ADB, Bd. 17 (1883), S. 788–790 (Carstens); NDB, Bd. 13 (1982), S. 674f. (Wolfgang Harms); Literaturlexikon, hg. von Walter Killy, Bd. 7 (1990), S. 161f. (Dieter Lohmeyer); 2., vollständig überarbeitete Auflage, hg. von Wilhelm Kühlmann, Bd. 7 (2010), S. 249f. (Dieter Lohmeyer/ Wilhelm Kühlmann). – Constantin Grosse: Die alten Tröster. Ein Wegweiser in die Erbauungsliteratur der evangelisch-lutherischen Kirche des 16. bis 18. Jahrhunderts. Hermannsburg 1900, S. 277–284; Louis Bobé: Die deutsche St. Petri Gemeinde zu Kopenhagen. Kopenhagen 1925, S. 97–108; Wilhelm Rahe: Johannes Lassenius (1636–92). Ein Beitrag zur Geschichte des lebendigen Luthertums im 17. Jahrhundert. Gütersloh 1933.

9 Lassenius lebte um 1661 in Nürnberg. Soweit ich sehe, fehlt eine Untersuchung von Lassenius' Konversationsschrifttum; bescheidenen Zugang bietet P. M. Mitchell: Johannes Lassenius und seine Tischreden. In: Virtus et Fortuna. Festschrift für Hans-Gert Roloff [...], hg. von Joseph P. Strelka und Jörg Jungmayr. Bern u.a. 1983, S. 544–556.

10 Eine solche Geschichte als bibliographisch hinreichend gesicherte Gesamtübersicht (etwa unter Einschluß der Werke zur ›Physica sacra‹), existiert meines Wissens nicht. Für die deutschen Verhältnisse erweist sich als wenig ergiebig und mit einer ergänzungsbedürftigen »Check List of Commentaries« (S. 269–277) versehen Arnold Williams: The Common Exposition. An Account of the Commentaries on Genesis 1527–1633. Chapel Hill 1948.

Quaestio mit welchen Interpretationen in den exegetischen Kanon aufgenommen und weiter differenziert wurde. Ich wage die These: Wer orthodoxe Bibelkommentare studiert, wird bis in feinste Verästelungen und weit vor dem 18. Jahrhundert den nicht nur schriftlich, sondern offenbar auch mündlich, also im Alltag, artikulierten Vorstoß und Radius der rationalistischen Anfragen und deren Dynamik ermessen können. Da Lassenius' Werk nicht überall leicht verfügbar ist und auch eine Inhaltsangabe fehlt, habe ich unten zunächst die (von mir hier mit kleinen Buchstaben in eckigen Klammern gekennzeichneten) Reihen der vom Verfasser aufgeworfenen Fragen samt den Bezugstexten zusammengestellt. Im folgenden werde ich mich speziell den Ausführungen zu Gen 3 zuwenden und habe deshalb den diesbezüglichen Quaestionenkatalog aus dem besagten voluminösen Genesiskommenar (Ausgabe Genf 1614) des David Pareus eingeschoben, dazu auch bei den Lassenius-Abschnitten Querverweise zu den Quaestionennummern des Pareus angefügt:[11]

Lassenius: Himmlisches Gnaden=Licht (Gliederung)

[a] *Erster Schein (S. 27–41): zu Gen. I v. 26*

I. Wie GOtt den Menschen zu seinem Ebenbilde habe machen können? weil Er selbst ein Geist; und also wehder Hände/ Füße/ noch ichts was der gleichen habe/ darin der Mensch ihm ähnlichen könne.

II. Worin eigentlich das Ebenbild GOttes/ an unsern Ersten Eltern bestanden?

III. Ob sie das gehabt haben/ dem Leibe oder allein der Seelen nach?

IV. Ob es das Wesen des Menschen selbst gewesen? oder nur eine ihm zuglegte [sic] Fürtreflichkeit?

V. Ob Eva auch zu GOttes Ebenbilde gemacht? weil *Gen. I. v. 26.* nur des Adams allein gedacht wird.

VI. Ob dieses Ebenbild so gänzlich bey uns verlohren/ daß nichts mehr davon übrig?

VII. Wan wir zu diesem Ebenbild wieder werden verneuert werden? und ob dazu auch ein Anfang/ noch in diesem Leben geschehe?

VIII. Ob dan auch GOttes heiliger Wille gewesen/ das Krafft der ersten Erschaffung/ und Mittheilung dieses Ebenbildes/ alle Menschen das haben sollen? oder ob Er nur einige dazu machen wollen/ und andere nicht? und

IX. Letzlich/ Ob nicht dieses Ebenbild ein gnugsahmer Zeuge sey/ daß GOTT alle Menschen zum ewigen seligen Leben verordnet?

---

11 Offenkundige Druckfehler (wie »ober« statt »oder«) wurden stillschweigend korrigiert.

[b] *Zweiter Schein (S. 42–54): zu Gen. II v. 7, 21, 22*

I. Ob die Seel des Menschen unsterblich? Weil Euch darüber ein Zweifel ankommen; aus gegenhaltung *Eccl. 3. v. 19.* alwo geschrieben stehet: Es gehet dem Menschen/ wie dem Vieh/ wie das stirbet/ so stirbet der auch; und haben alle einerley Odem/ und der Mensch hat nichts mehr als das Vieh.

II. So die Seele unsterblich? ob sie das sey ihrem Wesen und Natur nach? oder das nur auß Gnaden ihres Urhebers habe?

III. Auff was Art/ die Seelen heute fortgebracht werden? ob GOTT sie noch Unmittelbahrer Weise eingiesse/ wie dem Adam? oder ob von den Eltern beydes Leib und Seel auf ihre Kinder gebracht werde? weil des letztern wegen einen Anstoß machen könte/ was *Eccles. 12. v. 7.* gelesen wird/ daß der Staub müsse wieder zu Erden werden/ wie er gewesen ist; Der Geist aber wieder zu Gott/ der ihn gegeben hat; Und *Ebr. 12. v. 9.* ein Unterscheid gemachet werde/ zwischen einem Leiblichen und Geistlichen Vater.

IV. Woher Eva ihre Seele bekommen/ weil Moses von ihr nicht das/ was von Adam schreibet?

V. Weil Eva aus der Ribbe des Adams gebildet? ob dan Adam eine Ribbe damahls zu viel gehabt? und hernach eine zu wenig?

[c] *Dritter Schein (S. 55–75): zu Gen. III v. 1, 6, 7*

I. Ob es eine natürliche Schlange gewesen/ dadurch der Teufel zur Even geredet? oder er nur in derer angenommenen gestalt sich sehen lassen; so das Erste? wie dan die Wort zu verstehen/ daß GOtt alles gut gemacht; weil die Listigkeit ein Laster/ welche in keinen Creaturen vor dem Fall Platz haben können. [Vgl. im Folgenden Pareus Nr. 105–108]

II. Ob der Baum des Lebens/ und der des Erkäntnuß Gutes und Böses/ *Gen. 2. v. 9.* nur ein Baum gewesen/ oder mehrer?

III. Ob der Baum des Erkäntnuß Gutes und Böses/ ein einiger Baum gewesen/ oder mehr Bäume?

IV. Ob der Baum des Erkäntnuß Gutes und Böses / diese Krafft in sich selbst / von seiner Natur wegen gehabt? und warumb er also gennennet werde?

V. Von was für Art Bäum er gewesen?

VI. Ob Adam zur Zeit/ da Eva verführet/ mit dabey gewesen/ oder nicht? [Vgl. Pareus Nr. 113, 116 und 139]

VII. Ob Adam und sein Weib vor dem Fal[l] blind gewesen? weil ihr leset/ daß nach demselben ihre Augen geöffnet worden. [Vgl. Pareus Nr. 114]

IIX. Wie lang beyde im Paradiß gewesen / da ihr kläglicher Fall sich zugetragen? [Vgl. Pareus Nr. 146]

IX. Wie die Wort/ welches Tages du davon essen wirst/ soltu des Todes sterben/ *Gen. 2. v. 17.* zu verstehen; weil Adam nach dem Fall annoch 930 Jahr gelebet? [Vgl. Pareus Nr. 131]

X. Warumb GOtt diesen Fall nicht verwehret? da Er das seiner Allmacht nach hätte thun können? auch Er zuvor gewußt / daß Adam fallen würde? und ob man darauß nicht schliessen könne/ GOTT habe diesen Fall/ also wolbedächtig verordnet? und sei folglich dieser und aller andern Sünden Erster Urheber und Ursach. [Vgl. Pareus Nr. 112, 142f.]

Pareus: In Genesin Mosis Commentarius (Auszug aus dem Index)

Im folgenden zum Vergleich ein Katalog von Fragen aus einem »Index Quaestionum & Dubiorum« in David Pareus: In Genesin Mosis Commentarius [...]. Genevae Apud Petrum Aubertum M.DCXIV, fol. ****iij (r/v)-****iiij(r), der die Ausführungen ebd. S. 467–634 betrifft.

In Capite III.

105 An serpens, qui hominem seduxit, fuerit verus serpens, & quomodo loqui potuerit?

106 Quomodo mulier serpentis aspectum non exhorruerit, cum jam nemo sit, qui anguem vel sub herba latentem non metuat?

107 Cur Moses serpentem nominet: Diabolum non item qui per serpentem loquebatur?

108 Cur non sua, sed serpentis specie Diabolus apparuerit?

109 An non vulpes sint astutiores serpentibus & de duplici astutia animalium

110 De diaboli origine & defectione, quando & quid peccaverit

111 Quid Satanam ad tentandum hominem impulerit

112 Quaestio gravior excutitur. Cur Deus hominem permiserit à serpente tentari, quem praesciebat si tentaretur, esse lapsurum, & de eadem Augustini Catechesis Atque sententia

113 Quatuor Diaboli machinae in tentatione mulieris

114 Quomodo oculi parentum post peccatum fuerint aperti, cum prius non essent caeci

115 Quod Moses serpentem Deo nec meliorem nec fortiorem faciat, contra Manichaeorum calumniam

116 De primi peccati propriis causis, & gradibus: item quod & quale illud & cujus fuerit. Ubi variae opiniones de specie primi peccati excutiuntur, & quod origo ejus

fuerit infidelitas contra Bellarminum asseritur: & unde infidelitas fuerit in homine integro docetur

117 Antecedentia comitantia & consequentia primi peccati explicantur

118 Quod peccatum Adami non fuerit veniale aut leve contra Scotum disputatur

119 De voce Dei, quam parentes audiverunt in horto post peccatum, fuerit ne externa an interna?

120 Cur Deus vocaverit hominem: & quod Moses non faciat Deum improvidum, ut calumniabatur Manichaeus

121 Novem modi explicantur ex Gregorii Moralibus, quibus Deus per angelos locutus est in Scripturis

122 Confessione, an deleantur peccata

123 Cur Deus poenam serpenti prius irroget quam homini

124 Cur Deus serpentem damnaverit inauditum

125 An soli serpenti irrogetur maledictio, an soli Satanae: & quomodo utrique? quodque Satan longè gravius feriatur quam serpens

126 An serpens ante maledictionem erectus incesserit, ut quidam volunt

127 De inimicitiis positis inter mulierem & serpentem: & de tribus quasi aciebus hostiliter oppositis

128 Disputatio de semine mulieris, collective an individuè sit accipiendum

129 De interpretatione Calvini, quam Hunnius quasi Judaizantem est insectatus, quid sentiendum?

130 Primae concionis Evangelicæ praecipua capita atque [griech.] *exegesis*: nec non Catechesis prima & antiquissima Ecclesiae

131 An quia homo post peccatum non illico est mortuus, Deus mutaverit interminationem suam

132 Cur terra propter hominem maledictione feriatur cum non peccaverit?

133 Quomodo labor pro poena peccati irrogetur homini, cum etiam ante peccatum collocatus fuerit in paradisum ad laborandum

134 Quomodo vera sit comminatio: In labore & sudore vultus tui vesceris pane tuo: cum plurimi nec laborent nec sudent: & pane tamen abundent: ubi de vario labore, adversus fanaticos

135 An verum sit quod contendunt haeretici, mortem homini esse naturalem sicut brutis, & moriturum fuisse hominem licet nunquam pecasset

136 Cur Deus mortis aeternae nullam faciat mentionem in sententia

137 Cum Deus parentibus remiserit peccatum propter Christum, cur adhuc eis minetur dolores & mortem?

138 An homini denuncietur mors corporalis & putrefactio, qualis est pecudum absque spe resurrectionis, cum nullam huius mentionem faciat Deus

139 De nomine Hevae cur & quo sensu fuerit mulieri impositum

140 De succinctoriis seu tunicis pelliceis primorum hominum: unde Deus eas fecerit ? & de usu vestium adversus Adamitas

141 Mysterium Trin. ex verbis Dei: Ecce homo factus ut unus ex nobis: adversus Judaeos, hæreticos, & praecipuè Eniedinum vindicatur

142 An non Deus videatur invidus, quod noluit hominem ex arbore vitae vitam recuperare

143 An homo peccasset edendo ex arbore non prohibita, cum ubi non est lex, ibi non sit peccatum

144 An homo quandiu fuit in paradiso ex arbore vitae aliquando comederit

145 Quare Deus hominem paradiso ejecerit, quem paulo ante ibi locaverat

146 Quandiu homo fuerit in paradiso

147 An eodem die homo creatus & lapsus sit

148 Quid fuerint Cherubim: cur ad arborem vitae custodes positi, & quamdiu ea custodia manserit?

Lassenius: Himmlisches Gnaden=Licht (Gliederung, Fortsetzung)

[d] *Vierter Schein (S. 75–95): zu Gen. III v. 15, 18, 21, 22*

I. Ob wan *Gen. 3. v. 15.* des Kopff Zertretens gedacht wird/ daß der Saamen des Weibes/ der Schlangen thun sollen; das von Christo oder Maria zu verstehen? weil ihr an eine Päbstische Bibel gerathen/ darin anstat Derselbe/ Die stehet. [Vgl. Pareus Nr. 127–130]

II. Weil der Satan ein Geist? wie dan er einen Saamen haben könne/ dessen doch hier gedacht wird.

III. Ob Adam auch auff seinen schweren Sünden-Fal[l] Busse gethan/ und also selig geworden? da an beyden ihr einen Zweifel habet/ weil *Hebr. 11. v. 4.* in dem Register der Gläubigen des Adams nicht mit gedacht wird.

IV. Ob man nicht wissen könne/ wo Adam eigentlich begraben?

V. Woher die Felle gekomen/ davon GOtt der HErr/ Adam und seinem Weibe Röcke gemacht?

VI. Ob nicht GOtt des Adams gespottet/ *v. 22* und also Gefallen an seinem Fal[l] gehabt habe? [Vgl. Pareus Nr. 142]

VII. Ob es nicht eine Ungerechtigkeit oder Unbarmhertzigkeit/ das GOTT die Sünde Adams und Even/ allen andern Menschen zurechnet/ die sie doch nicht begangen? [Vgl. Pareus Nr. 132–134]

[e] *Fünfter Schein (S. 96–119): zu Gen. IV v. 1, 15, 24, 26*

I. Ob irgendswo in dem Alten Testament / den Vätern eine Verheissung des ewigen Lebens geschehen? oder ob auch so klahr und deutlich als im Neuen Testament? weil ihr bißhero davon nichts angetroffen. [Vgl. Pareus Nr. 136 und 138]

II. Ob Eva/ da sie den Cain zur Welt geboren/ gewiß gegläubet/ daß Er der verheissene Messias gewesen?

III. Warum GOtt den Cain/ umb des Mords an seinem Bruder begangen/ nicht getödtet? da Er doch selbst das Gesetz gegeben; Wer Menschen Blut vergiesse? des Blut solte wieder vergossen werden.

IV. Was es für ein Zeichen gewesen/ das dem Cain von GOtt gegeben? das ihn niemand erschlüge/ der ihn finde.

V. Für wem sich Cain habe fürchten dürfen? weil zu der Zeit noch keine Menschen als Er allein gewesen/ auch der Abel von ihm erschlagen.

VI. Was es für Leute gewesen/ die Lamech sagt erschlagen zu haben? und warum Lamech mehr solte gerochen werden/ als Cain?

VII. Ob der GOttes Dienst/ allererst zu Sehts Zeiten angefangen? und GOtt von den Menschen bißhero noch nicht verehret worden.

[f] *Sechster Schein (S. 119–126): zu Gen. V v. 24, VI v. 2*

I. Ob Henoch mit Leib und Seel/ ohn den Todt zu schmecken/ von GOtt in den Himmel aufgenommen worden? So ja? wie dan die Wort des Apostels *I. Cor. 15. v. 50.* bey Macht bleiben? das Fleisch und Blut / das Himmelreich nicht ererben können.

II. Ob nicht auß Henochs Göttlich Geführten Leben/ könne geschlossen werden/ daß er damit den Himmel verdienet?

III. Ob er wahrhafftig in den Himmel auffgehoben worden? oder nur in den Irdischen Paradiß versetzet?

IV. Was es für Kinder GOttes gewesen/ die mit den Töchtern der Menschen sich vermischet?

[g] *Siebter Schein (S. 126–159): zu Gen. VII v. 19, 21, VIII v. 10*

I. Ob die von Moses beschriebene Sündfluht zu Noahs Zeiten geschehen eine algemeine gewesen/ die über den gantzen Erd-boden sich erstrecket? auch Americam selbst mit getroffen? oder ob sie nur über das gelobte Land allein gekomen?

II. So sie auch Americam überschwemmet? wie dan nach der Sündfluht/ die zahme und wilde Thiere/ samt den Menschen selbst dahin können gebracht werden?

III. Wie es möglich gewesen/ daß auß allen Enden und Ecken der Erden/ die Thiere sich bey dem Noah versamlen können?

IV. Ob sie auch alle in dem Kasten Raum haben können?

V. Wan Er gleich Nahrung und Futter für alle andere Thiere gehabt? wie ers mit denen müsse gemacht haben/ die sich allein vom Fleisch nähren?

VI. Warumb er mehr reine als unreine Thiere im Kasten gehabt?

VII. Woher die von Noah außgelassene Taube/ das Oehlblat[t] geholet?

VIII. Ob Alle die in der Sündfluht unbkommen/ ewig verlohren/ und verdammet worden?

IX. Von was Holtz die Arca Noah gemachet? wohin sie nach der Sündfluht gekommen? und ob davon noch heut etwas übrig?

X. Ob diese Arca/ die Form und Gestalt/ eines rechten Schiffs gehabt?

XI. Ob der Wein albereit vor der Sündfluht im brauch gewesen?

XII. Ob auch vor der Sündfluht der Rege[n]bogen am Himmel sey gesehen worden?

XIII. Wie Cham/ als ein Gottloser in dieser Arca/ habe können erhalten werden? dan außdrücklich geschrieben stehe/ daß allein die Gerechten/ dieser Gutthat genossen? *Ebr. II. v. 7.*

XIV. Wie Noah könne gerecht genennet werden für GOtt? für welchem sonst keiner gerecht ist.

[h] *Achter Schein (S. 159–168): zu Gen. VIII v. 20, 21*

I. Wie lang Noah in dem Kasten gewesen?

II. Ob Er nach der Sündfluht mehr Söhne gezeüget?

III. Warumb die Väter vor der Sündfluht länger gelebet/ als hernach?

IV. Warumb des Noah Opffer/ eben ein Brand=Opffer genennet werde/ weil alle andere Opffer verbrennet werden müssen?

V. Wie der Geruch GOttes zu verstehen/ weil Er ein Geist ist?

VI. Ob das Feür vom Himmel gefallen/ damit die Opffer des Alten Testaments angezündet worden?

VII. Wer Moses geoffenbahret/ was GOtt in seinem Hertzen gesprochen?

VIII. Ob GOtt der Herr ein Mensch ist/ dem etwas gereüen könne?

IX. Ob auß diesem Ort gnugsam könne erwiesen werden/ die Erb=Sünde/ und daß alle Wercke der Menschen böse?

[i] *Neunter Schein (S. 168–202): zu Gen. IX v. 4, 5, 6*

I. Was es für Gebot seyn/ damit die Juden sich schleppen/ unter dem Namen der Gebote der Kinder oder Söhne Noah?

II. Ob die Christen im Neuen Testament/ annoch an die Mosaische Gesetze gebunden?

III. Ob die Leute vor der Sündfluht auch Fleisch gegessen/ oder mit bloßen Kräutern sich beholffen?

IV. Was durch das Fleisch/ so noch in seinem Blut lebet/ verstanden werde?

V. Warumb GOtt der Herr das den Juden zu essen verbothen?

VI. Ob wir nicht noch im Neuen Testament verbunden des Bluts uns zu enthalten; insonderheit weil aus *Act. 15. v. 20.* erhellet/ daß auff dem Concilio der Apostel zu Jerusalem/ das den Neü=bekehrten Christen verbothen/ auch Kayser *Leo novell. 58.* es untersaget; wie nicht minder/ die so genandte *Canones* der Apostel.

VII. Wie GOtt das Blut eines Menschen rächen könne an den Thieren/ die doch keine Vernunfft haben/ und also eigentlich nicht sündigen?

VIII. Ob einer hohen Obrigkeit nicht frey stehe/ in Blut=Sachen/ eine Dispensation zu verhengen/ und einem Muhtwilligen Todtsch[l]äger/ das Leben zu schenken?

IX. Ob nicht einem jeden Menschen frey stehe/ eine Mordthat an seinem Nechsten begangen/ zu rächen/ weil alhie des Menschen Blut durch Menschen gebothen wird zu vergiessen?

X. Ob ein Weib/ die ihre Frucht/ ehe sie beseelet? oder nach dem das geschehen/ und sie schon lebendig gewesen? abgetrieben; auch dieser Straff würdig/ und der Todtschlag an ihr mit Blut könne gerochen werden?

XI. Ob die so einen andern mit Gifft vergeben/ als Mörder am Leben durchs Blut zu straffen?

XII. Ob Kinder und Unsinnige/ wan sie einen Todtschlag begehen/ auch dieser Straff unterworffen?

XIII. Ob die/ so in Truncknheit jemands entleibet/ auch am Leben zu straffen/ als andere Todtschläger und Mörder?

XIV. Ob der so von einem andern/ mit Mördlichem Gewehr angegriffen/ und sich nirgends hin zu retten weiß/ gegen seinen Feind eine Noht=Wehr in dem Augenblick der Angreiffung verrichtet/ und ihn entleibet? am Leben als ein Mörder zu straffen?

XV. Ob jemand/ der seine Ehre zu retten/ da er von seinem Verläumbder und Affterreder außgefordert/ und ihn entleibet/ auch am Leben zu straffen?

XVI. Ob der/ so wieder seinen willen/ durch einen unvermutheten/ und nicht gewolten noch versehenen Zufal[l]/ jemands umbs Leben bringet/ als ein Mörder zu straffen?

XVII. Ob jemand eines Todtschlages gewiß zu überzeügen/ genug sey/ daß aus des entleibten Cörper/ in Gegenwart des Beschuldigten/ Blut rinnet?

XVIII. Ob jemands erlaubet sey/ mit gutem Gewissen/ sich selbst umbs Leben zu bringen?

[j] *Zehnter Schein (S. 202–212): zu Gen. IX v. 27*

I. Was eigentlich durch das Wort/ GOtt breite auß/ alhie verstanden werde?

II. Was die Hüt[t]en Sems/ bedeüten/ so dem Japhet versprochen?

III. Welche die rechte Nachkommen Japhets seyn/ und wie die sich verbreitet?

IV. Ob Gog und Magog/ *Ezech. 38. v. 2. Apoc. 20. v. 8.* auch unter die von ihm entsprossene gehören? und so das? wie dieser Segen/ an ihnen könne erfüllet seyn?

V. Ob die heütige Christen in den Hütten Sems wohnen/ und also die wahre Kirche seyn?

VI. Was von des *Johannis Goropii Becani* Meynung zu halten/ der diesen Segen Noahs/ allein den Francken/ oder Frantzosen zueignet?

[k] *Elfter Schein (S. 212–255): zu Gen. X v. 9, 12*

I. Ob Nimrod der *Jupiter Belus* oder *Ninus* sey / dessen in Weltlichen Geschichten gedacht wird?

II. Wie die Wort eigentlich zu verstehen/ daß er ein gewaltiger Jäger für GOtt gewesen?

III. Ob/ weil er der erste Tyran nach der Sündfluht gewesen/ welcher der Ober=Herschafft über andere sich angemasset/ daß der Weltlichen Obrigkeit in ihren wol hergebrachten Rechten nachtheilig oder schimpfflich?

IV. Ob alle rechtmäßige hohe Obrigkeiten ihre Macht und Gewalt unmittelbahr von GOtt haben?

V. Ob die Unterthanen einer hohen Obrigkeit/ da sie ihrer Gebühr vergessen würde/ nicht Macht haben sich zu wiedersetzen/ oder dieselbe gar ihrer Hoheit und Lebens zu berauben?

VI. Ob die hohe Obrigkeit das Jagt=Recht ihr billig alleine eigne; und das mit einigem schein Rechtens/ ihren Unterthanen verbiete?

VII. Ob ein Untherthan/ der in diesem fal[l] sich vergreiffen würde/ auch am Leben könne gestraffet werden?

VIII. Wie von des Noahs Kinder und Geschlecht/ der gantze Erdkreys/ und alle dessen Theil/ besetzet und besaamet worden? und welchem eines jeden Theil geworden sey?

[l] *Zwölfter Schein (S. 256–338): zu Gen. XI v. 1–9*

I. Ob es einige Natürliche Sprache giebt/ so die Menschen geredet/ ehe der Unterscheid der Sprachen entstanden: Und ob ein Mensch ohne unterweisen zum Reden gelangen kan?

II. Ob die Ebreische Sprache die allerälteste/ und schon im Paradieß geredet worden?

III. Was von den anderen *Prætensionen* zu halten/ da einige für andere Sprachen den Vorzug verfechten? und ob die Hebreische auch von andern Völckern geredt worden?

IV. Ob dann diese Sprache keiner Veränderung/ besonders bey den Gottlosen Völckern vor der Sündfluth/ unterworffen gewesen?

V. Was die Menschen eigentlich bewogen/ die Stadt und den Thurn Babel zu erbauen?

VI. Ob sie insgesamt darein gewilliget?

VII. Wie es mit solchem Bau zugegangen/ und ob man noch dessen einige Merckmahle findet.

VIII. Ob ihre Sprache gleich bey dem vermessenen Bau würcklich verwirret worden/ oder ob sie etwa nur im Rath und Vornehmen uneins worden/ der Unterscheid der Sprachen aber erst nach ihrer Zerstreuung entstanden?

IX. Wie dann diese Verwirrung der Zungen und Sprache geschehen.

X. Wodurch die Sprachen weiter verändert werden?

XI. Was für Sprachen nach der Verwirrung entstanden?

XII. Aus was Absehen GOtt eigentlich so viel Sprachen entstehen/ und die Menschen sich zerstreuen lassen?

Lassenius' Fragenkatalog im Kontext

Fast jede der von Lassenius notierten Fragen hat ihre eigene, oft bis zu den Kirchenvätern zurückreichende Problemgeschichte. Dies gilt bereits vorab für die im einleitenden Kapitel »Vor-Bereitung« (S. 1–26) engagiert angegangene Frage nach dem »Uhr=heber / und [der] Glaubwürdigkeit der Mosaischen Bücher«. Mit großem gelehrten Aufwand wird das alte Argumentationssystem rekapituliert, demnach Moses lange vor Homer, vor dem Trojanischen Krieg, ja vor Hermes Trismegistos und den mythischen Größen der alten Völker gelebt habe, so daß er »allein der älteste und gewisseste Scribent bleibt«, ja sogar »zuerst die Buchstaben erfunden« habe (S. 10). Für solche grundlegenden apologetischen Diskurse bietet Lassenius mit Vorliebe jeweils einen Autoritätenapparat quer durch die die Konfessionen unter Einschluss selbst der Jesuiten (Possevino, Nierenberg) auf, also den ›*consensus omnium*‹ (Fußnote zu S. 10). Moses' Ursprungsnähe garantiert Zuverlässigkeit und Glaubwürdigkeit, zumal wenn sich Datierungsfragen rechnerisch lösen lassen. Denn Lassenius weiß genau (S. 5) – auch unter Zuhilfename der Josephus-Interpretation des Sigismund Gelenius,[12] daß »Moses ein Sohn Jochabed gebohren/ im Jahr der Welt/ 2464/ da scin Vater eben 79 Jahr alt gewesen/ 808 Jahr nach der Sündfluht/ und 428 Jahr nach Abraham«. Zweifel an der Überlieferung und Verfasserschaft der mosaischen Bücher werden, abgesehen vom Bericht über Moses' Tod (Dtn 34,5) zurückgewiesen; das Wissen um Gottes Schöpfung kann nur der Göttlichen Offenbarung selbst entstammen (S. 12). Nachrichten über die chinesische Zeitrechnung werden beiläufig als ungewiss abgetan (S. 9: »können aber davon wenig oder nichts auffweisen«). Die Authenziät und Kanonizität des apokryphen Henoch-Buches (S. 15), das »von Postell ans Tageslicht gebracht worden« sei,[13] werden diskutiert und bestritten. Wir haben einen Extrakt dessen vor uns, was in Pareus' besagtem Moses-Kommentar in Form von *Prolegomena* auf etwa 40 Folioseiten[14] abgehandelt ist und mit hermeneutischen Überlegungen zum Verhältnis von Literalsinn und allegorischer Auslegung – ein Problem schon für Augustinus (etwa beim sog. Protevangelium) – abgeschlossen wird. Pareus liegt noch ganz auf seiner Linie, kennt das Auslegungsschema des vierfachen Schriftsinns, wendet sich aber mit Berufung auf Augustinus und Luther gegen die allegorische Exegese, ja er macht die Bewahrung des Literarsinnes – hier zeigt sich eine basale Interessendirektive – zur Voraussetzung für die Formulierung von Glaubensaussagen (Pareus, S. 36):

---

12 Wahrscheinlich zumindest mittelbar benutzt die Josephus-Edition durch Sigismund Gelenius (1497–1554), die 1534 bei Froben in Basel erschien.

13 Lassenius gibt keine speziellen Belege, dürfte sich jedoch beziehen auf Guillaume Postel: De Originibus, Seu, De Varia et Potissimum orbi Latino ad hanc diem incognita, aut inconsyderata historia de Originibus, tum maxime Tartarorum, Persarum, Turcarum, & omnium Abrahami & Noachi alumnorum origines [...] Ex libris Noachi & Hanochi, totiusque auitae traditionis à Mosis alumnis ad nostra tempora seruvatae, & Chaldaicis literis conscriptae. Basel 1553.

14 Vorher die Leservorrede mit den topologischen Kategorien: authoritas, antiquitas, dignitas und utilitas librorum Mosis. In den *Prolegomena* wird gehandelt über: I. De Authore libri, à quo & quando sit scriptus; II. De titulo Hebraico & Graeco, & de argumento libri, quidque Genesis à Timaeo & Critia Platonis differat; III. De Chronologia Geneseos; IV. De Partitione libri Geneseos; V. De Utilitate libri Geneseos; VI. De interpretandi ratione quam sequemur.

> Qui ex veteribus in Genesin aliquid sunt commentati, id feré studio habuerunt, ut lectorum animos à literali, quem vocant, sensu verborum, ad altiores spirituales inellectus traducerent. In his enim majestatem scripturarum maxime consistere existimarunt: cùm sensus historicus, tanquam humilior, etiam infidelibus patet. [...] Etsi autem typos & allegorias, quas Sanctus Spiritus in historia Mosis ostendit, necesse est observare: tamen omnia in allegorias transformare, sine dubio est à vera mente scripturae aberrare, & humani ingenii *noêmata* [griechisch!] pro Dei verbo venditare: quo nihil est in Theologia temerarium magis & periculosum. Certum est Mosen in Genesi non scribere drama aliquod, sed texere literalem historiam. Narratio in his libris non est fictio rerum figuratarum, sicut in Cantico Canticorum, sed omnino gestarum, ut in Regum libris & hujusmodi caeteris: inquit Augustinus. Simplex igitur & nativus historiae sensus ante omnia ubique quaerendus & retinendus est: quia is solus gignit certas sententias, & ad fidei dogmata confirmanda est idoneus. Allegoriae vero plerunque sunt inanas speculationes, *spuma scripturae*, ut vocat Lutherus in Genes. Cap. 3.

Es war, wie sich auch bei Lassenius auf Schritt und Tritt erkennen lässt, dieses Festhalten am ›inspirierten‹ Wortlaut, welches den hermeneutischen Scharfsinn der gläubigen Theologen auf äußerste anspannte, sie aber eben dadurch den »curieusen« Fragen der Skeptiker manchmal fast wehrlos aussetzte. Schon Pareus kämpfte nicht nur gegen Juden und Katholiken, sondern auch gegen die Sozinianer. Teils vorsichtig und beiläufig, teils mit aggressiver Polemik werden auch von Lassenius als Repräsentanten des bibelkritischen Rationalismus ebenso die Sozinianer wie die modernen ›Freidenker‹ genannt, deren Werke in seinen Augen den Glaubenskonsens aller Zeiten aufheben. Jene libertären Rationalisten bilden offensichtlich den Hintergrund und Anstoß des eigenen exegetischen Bemühens, erscheinen zugleich als Vorboten des letzten Gerichts. Was Moses angeht, seien (S. 17):

> [...] auch niemahls in so viel Tausend Jahren welche gefunden / die seyn Ansehen / und die Warheit seiner Geschichten in Zweifel gezogen/ ausser was zu diesen letzten Zeiten der Teuffel in seinen Lieben Getreuen / den Epicurern und Atheisten verrichtet / ob es möglich / dadurch allen Glauben in der Welt auffzuheben? welchen desto weniger Gehör zu geben? als mehr die Schrift uns längst vorhin gesaget / daß solche Schwermer kommen würden / als ohnfeilbare [sic!] vorbothen / des letzten Gerichts.

Die durch Isaac de La Peyrères (1596–1676) Prae-Adamiten-These (1655)[15] aufgeworfenen Fragen der biblischen Chronologie und Geographie waren Lassenius samt zumindest Teilen des dadurch hervorgerufenen weitläufigen Kontroversschrifttums bekannt. Zitiert wird von »Peirerius, dem be-

---

15 S. den zusammenfassenden Artikel zu Leben, Werk und Wirkung mit der Literatur (sub verbo) in und von Herbert Jaumann: Handbuch der Gelehrtenkultur der Frühen Neuzeit. Bd. 1. Bio-bibliographisches Repertorium. Berlin, New York 2004, S.384f.; Antony Grafton: Defenders of the Text. The Tradition of Scholarship in an Age of Science, 1450–1800. Cambridge, MA 1991, S. 204–213 sowie Klaus Scholder: Ursprünge und Probleme der Bibelkritik im 17. Jahrhundert. Ein Beitrag zur Entstehung der historisch-kritischen Theologie. München 1966, S. 98–104.

rufenen Praeadamiten« (S. 185) das *Systema Theologicum ex praeadamitarum hypothesi pars Prima* (s.l., d.i. Amsterdam, 1655) im Zusammenhang von Erwägungen zur Höhe und weltweiten Verbreitung der »Sündfluht« (S. 135). Nach Peirerius, dessen zweiteiliges Buch 1656 in Paris öffentlich vom Henker verbrannt wurde, von dem Hugo Grotius meinte: »Si haec crederentur, magnum video periculum pietati«,[16] und das Grimmelshausen in seinem spätem Vogelnest-Roman gesprächsweise referieren ließ,[17] war Adam nicht der erste Mensch, sondern nur der Stammvater Israels. Hier konnte man auch erhebliche Zweifel an Moses' Verfasserschaft des Pentateuch lesen. Solche Provokationen bewegen auch Lassenius, so wenn er sich zum Beispiel fragen lassen muss:

> Für wem sich Cain habe fürchten müssen, weil doch zu seiner Zeit außer Abel keine Menschen gelebt hätten (S. 115; [e] Nr. V); Antwort: Es gab die Nachkommen Seths, den Adam im 130. Jahr zeugte (nach Gen 4,23); außerdem sei nicht zu leugnen, dass »Adam keine Töchter gehabt / weil ihrer in der Schrift nicht gedacht wird; dan Moses allein die Namhafft machen wollen / bey denen etwas Merkwürdiges vorgefallen«.

> Was es denn für Kinder Gottes gewesen seien, die sich mit den Töchtern der Menschen vermischt hätten (S. 125f.; [f] Nr. IV); Antwort: Weder die bösen noch die guten Engel, sondern wiederum die Nachkommen Seths, »die mit den Gottlosen Cainiten als Abgöttern sich verheuratheten / und dieselbe auch wol mit Gewalt raubten«.

> Ob auch Amerika von der Sündfluth betroffen worden sei (S. 130–139; [g] Nr. I); dies gegen La Peyrère,[18] der die Flut nur auf das von Juden bewohnte Land beschränke (S. 135f.): »und habet ihr Euch desto minder / an solchen Schrifft-Schändern zu stossen? [das Fragezeichen hier wie auch sonst oft als Ausrufezeichen] je

---

16 Zit. nach Scholder ebd., S. 103.
17 Vgl. Italo Michele Battafarano: Leben vor der Schöpfung Adams. Präadamiten und Nicht-Adamische bei Lapeyrère, Paracelsus, Grimmelshausen. In: Italo Michele Battafarano: Glanz des Barock. Forschungen zur deutschen als europäischer Literatur. Bern u.a. 1994, S. 161–185.
18 Neben la Peyrère der Verweis auf Isaac Vossius: Dissertatio De vera aetate Mundi: qua ostenditur Natale Mundi Tempus Annis minimum 1440 vulgarem Aeram anticipare. Hagae Comitum 1659, cap. 12. Von den Apologeten wird in Abkürzungen verwiesen auf Johannes Hilpertus [Professor in Helmstedt]: Disquisitio De Praeadamitis. Anonymo Exercitationis & Systematis Theologici Auctori Opposita. Ultraiecti 1656, und Abdias Trew [Professor der Mathematik und Physik in Altdorf]: Examen Theologico-Philosophicum Hypersophiae Antibiblicae Eorum: qui I. Negant Aquas Supercoelestes Mosaicas, ut, ante hodiernos quosdam Philosophos, fecit & propugnare studuit Matthias Flacius, II. Diluvium universale particulare faciunt, ut fecit Isaacus Vossius, III. Motum Solis & reliquorum siderum terrae tribuunt, ut post Copernicum plerique faciunt hodernorum Astronomorum. Nürnberg 1667. – Für die Annahme, dass die ganze Erde, also auch Amerika von der Sündflut bedeckt gewesen sei, sind (S. 138) auch die Genesis-Disputationen des Jesuiten Benedictus Pererius herangezogen: Commentarius et disputationes in Genesin. 4 Bde. Rom 1589ff.; deutsche Ausgaben unter anderem Köln 1601 u.ö., Mainz 1612.

mehr offenbahr / das sie dem heiligen Geist ins Gesicht muthwillig widersprechen; Dessen gerechte Ahndung sie nicht entgehen werden«.

Was es ([g] Nr. III ff.) mit den Fragen auf sich habe, die um die Eigentümlichkeiten und Rätsel der Arche Noah kreisen.

Lassenius kennt den von ihm immer wieder mit den Sozinianern assoziierten Rationalismus. Wer zu den aktuellen Widersachern zählt, die Moses' Urheberschaft abstreiten, wird nicht verschwiegen. Es ist zunächst »der verfluchte« Spinoza (Fußnote zu S. 11, wohl in Bezug auf den 1670 erschienenen *Tractatus Theologico-Politicus*): »Natione Judaeus, sed opinionum qvas fovet, monstra, [griechisch:] *aposynagoogos*, homo perfrictae frontis, fanaticus, & à Religione omni alienus perhibetur.« Neben ihm wird auch »der klüglende« Hobbes genannt (ebd.), zu dem in der Fußnote allerdings nur ein Verweis auf Herbert von Cherbury (1583–1648), den Urheber des Deismus, beigegeben wird (S. 11f).

Überblickt man den oben zitierten Fragekatalog, lassen sich hermeneutische Probleme verschiedener Aussageebenen, Gegenstandsbereiche, Relevanzsektoren und epistemischer Qualitäten hierarchisieren, die im Text gemäß dem linearen Lektüreprinzip oft unvermittelt nebeneinander stehen. Bibelphilologie und -exegese dieser Art deckt, selbst wenn nur wenige, allerdings zentrale Kapitel zu erläutern sind, verschiedene Bereiche der theologischen Bibelarbeit ab. So sind zu unterscheiden und topologisch wie auch traditionsgeschichtlich abzugleichen:

1. Fragen die sich auf den philologisch abzuklärenden Wortlaut des Urtextes oder der Übersetzungen beziehen: so zum Protoevangelium der fragliche Bezug auf Christus oder auf Maria, Kap. [d] Nr. I; auch [f] Nr. IV (»Kinder Gottes«); [j] Nr. I und II oder [k] Nr. II (zum Nimrod-Komplex).

2. Fragen, die Widersprüche verschiedener Schriftaussagen thematisieren, also das Prinzip der ›sacra scriptura sui interpres‹ berühren: Vgl. Kap. [b] Nr. I und III (Unsterblichkeit der Seele); [c] Nr. IX (Lebensalter Adams); [f] Nr. I (Fleisch und Blut im Himmelreich).

3. Fragen, die Behauptungen der Schrift aufgreifen, die nach vernünftigem Menschenverstand unwahrscheinlich oder unlogisch klingen, ggf. auch deshalb weil sie mit anderen Aussagen des Kontextes schwer zu harmonisieren sind: Komplex anthropomorpher Vorstellungen schon Kap. [a] Nr. I ff. (»Ebenbild Gottes«); dann zum Bild der Schlange als Satan; auch [h] Nr. VIII (Kann man mit Gott reden?); [b] Nr. V: Adams Rippe; [g] und [h] Nr. I ff. zur Arche Noah.

4. Fragen, die den kulturhistorischen Aussagewert etablierter Schriftkapitel und deren Deutungen zur Diskussion stellen: zu Gen XI, Kap. [l] (Babylonischer Turm/ Sprachenverwirrung).

5. Fragen, die das Verhältnis des Alten und Neuen Testaments oder auch die apokryphe Überlieferungen betreffen: etwa zu Henoch (Kap. [f] Nr. I ff.) und zum Judentum, d. h. der Verbindlichkeit der jüdischen Gesetze (Kap. [i] Nr. I ff.).

6. Fragen, die sich aus der etablierten Exegese gewisser Stellen für die soziale, ethische und politische Lebensordnung im Rahmen einer ›biblischen Policeywissenschaft‹ ergeben: bes. Kap. [i] Nr. VIII ff. (Todesstrafe, Abtreibung, Notwehr ‚Selbstmord) und [k] Nr. III ff.(Rechte der Obrigkeit).

7. Fragen, die seit Augustinus den dogmatischen Kernbestand der christlichen Anthropologie und Heilsbotschaft betreffen: zum Paradies und zu Adams Sündenfall, dessen Art und Folgen (dazu etwa Kap. [h] Nr. IX) und dem dabei vorauszusetzenden Gottesbild, zur Sündflut, der Gottebenbildlichkeit des Menschen und dessen Unsterblichkeit.

Wie schon gesagt: Fast jede dieser Fragen hat ihre eigene Geschichte und verweist in vielen Fällen auf eine Fülle bildkünstlerischer und literarischer Bearbeitungen in dramatischer, epischer und lyrischer Form, bestimmt ferner in zentralen Fragekomplexen auch ein dichtes Geflecht sozialrechtlicher, politischer und moralischer Diskurse. Die älteren teils akademischen, teils populären Bibelkommentare sollten demgemäß nicht als obsolete Zeugen einer vorkritischen Exegese abgetan, sondern als höchst wichtige, ja fesselnde Dokumente kultureller Verständnis- und Verständigungsprozesse gewertet und aufgearbeitet werden.

In einer Detailstudie, die hier im Vortrag allenfalls angedeutet werden kann, wären Lassenius' explizite und implizite Argumentationsstrategie und sein Umgang mit Quellen und Autoritäten zu analysieren. Dazu hier nur noch ein vergleichender Blick auf Lassenius Kap. [c], S. 59 ff. zu Gen. III, v. 1 und 6–7 in Bezug auf Pareus und Bellarmin. Es zeigt sich, dass die Fraglichkeiten des mythischen Bildes der Schlange in einem ähnlichen Problemkatalog als »vetus & varia quaestio« auch bei Pareus exponiert sind (1614, Sp. 493–500). Einschlägig Blasphemisches wird sogar bis auf Julian Apostata zurückgeführt und vor allem in der Rekapitulation von Augustinus', hier ausführlich zitierter Genesisexegese weitläufig erörtert und zurückgewiesen. Die Erinnerung an Julian Apostata schließt den antik-heidnischen und den modernen bibelkritischen Rationalismus punktuell, aber aufschlußreich für einen Augenblick zusammen (Pareus, Sp. 493):

> Si verus serpens, quomodo loqui potuit, qui natura est mutus? & quonam idiomate vsum dicemus? inquiebat blasphemus ille Iulianus apostata, historiam divinam hanc quasi fabulam irridens. Si spectrum serpentis, quomodo inter animalia connumeratur? Et sive verus sive simulatus, quomodo mulier serpentem videns non exhorruit? loquentem audiens non obstupuit? Si autem Diabolus, cur vocat serpentem, & non potius Diabolum? & cur diabolus non sua aut alia, sed serpentis specie apparuit? & quomodo serpenti inflicta est maledictio, quam Diabolus commeruit?

Bei Pareus, aber auch noch bei Lassenius steht immer wieder das mächtige Werkmassiv Bellarmins im Hintergrund, manchmal mit recht schiefen Anwürfen und Entlastungsangriffen. So behandelt Lassenius den Ort des Paradieses (irgendwo im Orient, S. 62), referiert dabei gegen Bellarmin ein angeblich als Glaubensartikel eingefordertes »Päpstler Mährlein«: »[...] welche den Paradiß an einen erhabenen Ort setzen / daß seine Höhe / biß an den *Globum lunarem* reiche«. Tatsächlich hatte Bellarmin diese frühmittelalterliche Spekulation unter anderem nach Beda Venerabilis als eine unter mehreren Meinungen aufgezählt, jedoch dezidiert als unglaubwürdig (»incredibile«) zurückgewiesen.[19]

Hier möchte ich abbrechen im Bewusstsein, nur ein schwaches Schlaglicht auf ein verfilztes literarisches Gelände werfen zu können, auf dem die Kontinuität der exegetischen Bemühungen auf Schritt und Tritt von Konflikten, auch von Verlegenheit, Aporien und Abbrüchen durchzogen war. Lassenius versuchte in seinem schmalen Buch zum Schutz der Gläubigen abzuwehren, was selbst Pareus und Bellarmin in ihren dickleibigen Folianten schon nicht mehr recht gelang.

---

19 Cap. XII von »De Gratia« (Anm. 7), S. 198.

Denis Thouard

His temporibus accommodata.
Über die Grenzen der Anbequemung der *Philologia sacra* des Glassius in der Aufklärung

Als 1795 die letzte und dreizehnte Ausgabe der *Philologia sacra* vorlag, war sie ein anderes Buch geworden, ein *opus novum*. Dessen Herausgeber, der Theologe Georg Lorenz Bauer, konnte sie als ein eigenes Werk betrachten. Das Buch wurde zum Januskopf, der zugleich auf Glassius und die Tradition blickte und auf Bauer und die neue historische Schule. In seinem Vorwort wies Bauer auf den Vorteil hin, dass man zwei Bücher in einem kaufen könne: Glassius' *Philologia sacra* II und Bauers *Critica sacra V. T.* und *Hermeneutica sacra V. T.*[1]

Dieser Fall wirft mehrere Fragen auf, die zu schwierigen Problemen der literarischen Zuschreibung führen. Welchen Status hat ein Werk, das wie die *Philologia sacra* als Handbuch konzipiert und zudem von einem starken polemischen Grundton belebt wurde? Die Brauchbarkeit des Handbuchs führt zu neuen Auflagen, die polemischen Anstöße mögen mit der Zeit eine Richtigstellung erfordern, also erweist sich eine neue Ausgabe als notwendig. Dieses Bedürfnis wird umso größer, je mehr sich der Zeithorizont erweitert. Im Fall der *Philologia sacra* könnte man fast sagen, die neue Ausgabe sprenge das originale Werk. Die Grenze zwischen Erneuerung und Widerlegung sind in diesem Fall nicht ganz klar zu ziehen.

Inwieweit kann diese letzte Ausgabe noch Glassius zugeschrieben werden? Kann man von der Kontroverstheologie ohne Bruch in die mythologische und historische Forschung übergehen? Kann ein und dasselbe Buch zwei »Autoren« haben? Oder ist Bauer dem modernen Prinzip der Progressivität gefolgt, das dem Kritiker den Status des Koautors zuspricht?

Diese letzte Ausgabe der *Philologia sacra* bedeutet also sicherlich eine Zäsur und war nicht ohne Grund die letzte. Als Begegnungsort entgegengesetzter Bestrebungen und Epochen ist sie aber besonders geeignet, Glassius' ›Wirkungsgeschichte‹ zu untersuchen und darüber hinaus die im Titel angekündigte grundsätzliche Spannung zwischen *Philologia* und *sacra* im Rahmen der Geschichte der historischen Kritik zu skizzieren.

---

1 Salomo Glassius, Philologia sacra II, 1–2. Leipzig 1795–97, praefatio (Bd. 1, S. VII). Band II, 1 (›Critica sacra‹) entspricht dem »Liber I.: De Scripturae Sacrae stylo et literatura«, Band II, 2 (›Hermeneutica sacra‹) dem »Liber II.: De Scripturae Sacrosanctae sensu« des ursprünglichen Werkes.

Um diese Probleme aufzugreifen, möchte ich zunächst daran erinnern, wie das Projekt einer Ausgabe ›his temporibus accommodata‹ zustande kam, und dann einige Aspekte der Hermeneutik Bauers mit derjenigen Glassius' vergleichen.

1. Eine aufgeklärte *Philologia sacra*

Glassius hatte die zwei ersten Bücher seiner *Philologia sacra* 1623 in Jena ediert. 1634 folgten die zwei grammatischen Bücher und 1636 schließlich die ›Rhetorik‹. Es erschienen regelmäßig weitere Ausgaben, die dem enzyklopädischen Charakter des Textes entsprachen: eine dritte 1653 in Frankfurt und Hamburg bei Zacharia Hertel, eine sechste 1691 in Frankfurt und Leipzig bei Christoph und David Fleischer; ich nenne noch die von Leipzig 1705 bei Gleditsch (auch Jena), *editio novissima*, die von Johann Gottfried Olearius mit einer ›Logica sacra‹ aus Glassius' Nachlass ergänzt wurde, die achte von Johann Franz Buddeus 1713 (mit Vorwort), welche 1743 neu ediert und korrigiert wurde, immer bei Gleditsch; schließlich erschien die letzte Ausgabe bei Weygand in Leipzig, mit der offensichtlich ein Bruch einher ging. Diese Ausgabe gab sich nicht nur als *novissima, a plurimis erroribus qui in omnes editiones priores irrepserant sedulo repurgata emendatissimisque indicibus instructa*, wie die vorletzte von Leipzig 1743, sondern ausdrücklich als *his temporibus accommodata*.

Die Geschichte dieser letzten Ausgabe lässt sich folgendermaßen rekonstruieren: Die Initiative zu einer neuen, bearbeiteten Ausgabe der *Philologia sacra* stammte von dem jungen Orientalisten Johann Ernst Faber (1745–1774), der in Göttingen bei Walch, Leß, Heyne und Michaelis studiert hatte und mit 25 Jahren Professor in Kiel und 2 Jahre später in Jena wurde. Sein Hauptgebiet war Hebräisch und Arabisch. Seine Dissertation galt den Kommentaren zur Septuaginta (*Descriptio commentarii in LXX interpretes* I–II). Unter seinen Werken findet sich eine *Archäologie der Hebräer* (Halle, 1773 = Th. I), eine *Arabische Grammatik* (1773) sowie eine *Chrestomathia arabica* (1773). Aus dem Englischen übersetzte er zudem Thomas Harmers *Beobachtungen über den Orient aus Reisebeschreibungen zur Aufklärung der Heiligen Schrift* (Hamburg, 1772 = Th. I) und edierte gemeinsam mit Reiske eine Sammlung von *Opuscula medica ex monumentis Arabum et Ebraeorum* (1776). Wegen seines frühen Todes konnte er sein Glassius-Projekt nicht selbst durchführen. Es ist jedoch offensichtlich, dass er sich keinen leicht verbesserten Nachdruck, sondern ein völlig neues Werk wünschte, das den zeitgenössischen historischen, archäologischen, sprachwissenschaftlichen und überhaupt aufklärerischen Kriterien entsprechen sollte.[2]

Dementsprechend erschienen die zwei ersten Bände, die ›Grammatik‹ und die ›Rhetorik‹ dieser neuen Ausgabe zwei Jahre nach Fabers Tod als eine Leistung von Johann August Dathe (1731–1791), ebenfalls Professor der orientalischen Sprachen und der Theologie. Dathe studierte zunächst in Wittenberg, dann in Leipzig (bei Ernesti und Reiske) und in Göttingen (bei Michaelis, Walch und Gessner); ab 1762 war er als Professor extraordinarius in Leipzig tätig. Seine Dissertation galt der Hermeneutik des Origenes (*De Origene interpretationis librorum S. grammaticae autore*, 1756). Abgesehen davon hatte er als Hebraist eine lateinische kommentierte Übersetzung des Alten Testaments in mehreren Bänden geliefert. Zu erwähnen ist außerdem die Schrift *De difficultate rei criticae in V. T. caute dijudicanda* (Leipzig: Breitkopf, 1762) sowie die posthum von Johann Georg Rosenmüller herausgegebenen *Opuscula ad crisin et interpretationem V. T. spectantia* (1796).

Dathe gab einen ersten Teil mit der ›Grammatica‹ heraus, in der er die *superflua* ausließ. Für sein Vorgehen führt er drei Gründe an: 1. Glassius hat zu viele Beispiele und Zitate angeführt; 2. Seine Stellenerklärungen sind eher *piae meditationes*, die wenig zum Verständnis betragen; 3. Seine polemischen Bemerkungen gegen die Papisten, Calvinisten, Sozinianer und andere sind dem neuen Zweck des Buchs fremd geworden. Hinzu kommt der Wissensgewinn der letzten 150 Jahre, vor allem im Bereich der hebräischen Syntax. Gemäß Dathe hing Glassius außerdem in Hinblick auf den Stil allzusehr der Vorstellung an, allein eine streng wortgetreue Übersetzung könne der Heiligen Schrift gerecht werden: denn er hätte es für irreligiös gehalten, hätten Moses und die Propheten ein gutes Latein gesprochen: *cum irreligiosum habebatur Mosen et prophetas bene latine loquentes facere.*[3]

In der ›Rhetorik‹ hat Dathe die Zitate verkürzt oder durch andere ersetzt, die »der heutigen Zeit besser angepasst« seien. Indem er bekennt, dass das Buch durch so viele Änderungen ein anderes (*alienum*) geworden sei,[4] verteidigt er das Recht zur *Audacia*. Der Mut ist insofern notwendig, als der Autor selbst nicht mehr da ist, um uns seine Ziele zu erklären. Der Kritiker und Herausgeber muss also beim Korrigieren und Ergänzen dasselbe tun, was der Autor getan hätte, wäre er noch am Leben gewesen.[5] Was die

---

2 »Nimirum consilium ceperat Io. Ernestus Faber linguarum orientalum Professor in Academia Ienensi nec tamen antiqua illa forma eam in lucem publicam emittere constituerat, qua saepe esset repetita, sed novo quasi habitu indutam, aut ut verbis ejus utar, his temporibus accommodatam«: Dathe, Praefatio, in: S. Glassii Philologia sacra his temporibus accommodata a D. Io. Aug. Dathio. Leipzig: Weygand, 1776, S. III.
3 Ebd., S. VII.
4 Ebd., S. XI: »Non vereor ne reprehendor, quod librum alienum tantopere immutarim (...)«.
5 Ebd.: »(...) si vel ad summum justitiae rigorem quaestio exigatur, non putem nimiae temeritatis notam mereri eum, qui librum alienum emendet et augeat, faciatque id quod auctor ipse facturus fuisset, si adhuc esset in vivis«.

›Kritik‹ und die ›Hermeneutik‹ des Glassius betrifft, so bemerkt Dathe, dass sie wohl damals nützlich waren, aber sie »passen überhaupt nicht in unsere Zeit und können ihr nicht anbequemt werden«, *nostris temporibus nullo modo satisfaciunt et ne possunt quidem eis accommodari.* Er verweist dabei auf Ernestis *Institutio interpretis Novi Testamenti* (1761), um die hermeneutischen Ansprüche der Zeit zu exemplifizieren. Wenn die Anpassung der Verteidigung der *Integritas scripturae* sowie der normativen Bestimmung ihres Sinns ihm nicht weiter in der von Glassius vertretenen Form möglich schien, so hieß dies auch, dass man über diese Gegenstände ein neues Buch schreiben müsse. Der Aufwand war aber so groß, dass noch 15 Jahre nach dem Erscheinen der ›Grammatik‹ und der ›Rhetorik‹ die letzten Bände nicht vorlagen. Schließlich starb Johann August Dathe mit 60 Jahren.

Für den Verlag war Dathes Tod sicherlich eine unangenehme Sache, denn Dathe hatte nur die Hälfte der neuen Glassius-Ausgabe geliefert. So versuchte der Verleger Weygand bald danach, jemanden für die letzten Bände zu finden. Er wandte sich daher gegen Ende 1793 brieflich an Georg Lorenz Bauer (1755–1806), der damals in Altdorf tätig war, ein Theologe und Professor der orientalischen Sprachen, später auch der Vernunftlehre.[6] Bauer versuchte, das Christentum aus einer historischen Perspektive zu betrachten, ohne vorzeitig dessen Absolutheit anzuerkennen. So hatte er 1782 eine Darstellung des Christentums aus der Sichtweise des Islams unternommen, nämlich in der kleinen Schrift *Was hielt Mohammed von der christlichen Religion und ihrem Stifter?*[7] Bauer folgte der historisch-kritischen Methode Johann Gottfried Eichhorns,[8] z. B. im *Entwurf einer historisch-kritischen Einleitung in die Schriften des A. T.* (1794), im *Entwurf einer Hermeneutik des Alten und Neuen Testaments* (1799) sowie in der *Hermeneutica sacra V. T.* (1797). Die Bibel verstand Bauer als eine Schrift, die zunächst philologisch, grammatikalisch und historisch zu erklären sei. Sie selbst hat als Text eine Geschichte und muss innerhalb der Geschichte der Menschheit verstanden werden. Bauer benutzt u. a. den Mythenbegriff von Heyne, um der Sprache und Ausdrucksweise der Bibel gerecht zu werden, wie in seiner *Hebräischen Mythologie des A. und N. Testaments mit Parallelen aus der Mythologie anderer Völker*

---

6 Über G. L. Bauer siehe Otto Merk: Biblische Theologie des Neuen Testaments in ihrer Anfangszeit. Ihre methodischen Probleme bei Johann Philipp Gabler und Georg Lorenz Bauer und deren Nachwirkung. Marburg, 1972, bes. Kap. III: »Georg Lorenz Bauer und die biblische Theologie«, S. 141–197.
7 Erschienen Nürnberg 1782.
8 Über J. G. Eichhorn siehe Giuseppe D'Alessandro: L'Illuminismo dimenticato. J. G. Eichhorn e il suo tempo, Neapel 2000, sowie Axel Bühler u. Luigi Cataldi Madonna (Hg.): Hermeneutik der Aufklärung. Aufklärung 8, 1993, und Luigi Marino: I Maestri della Germania. Göttingen 1770–1820. Turin 1975. Vgl. auch Merk: Biblische Theologie (Anm. 6), S. 155–167.

vornemlich der Griechen und Römer.⁹ Der normative Inhalt kann erst durch die Entzifferung der historischen Erscheinung dargelegt werden.

Die Umstände, wie er zu dieser Arbeit gelangte, sowie die Bemerkungen von Dathe, der manches bei Glassius als veraltet und nicht mehr anbequembar abtat, verliehen Bauer absolute Freiheit bei seinem Vorgehen. Indem er in seinem Vorwort gestand, dass er nicht verstehe, warum Dathe nach 19 Jahren seinen Auftrag noch immer nicht erfüllt habe, betonte er die viel größere hermeneutische Freiheit der Moderne.¹⁰ So werde erst jetzt eine eigentliche Kritik und Hermeneutik möglich, die sich nicht nur als orthodoxe Verteidigung der Reinheit der Schrift oder der Glaubensanalogie verstehe.

2. Die *Hermeneutica sacra* G. L. Bauers als Endstation der *Philologia sacra*?

Wenn sich die ›Critica sacra‹ durch ihre Darstellung des Begriffs und der Geschichte der *Ars critica*, vor allem aber durch ihre Bilanz der Fragen zum Text und dessen Geschichte¹¹ bereits am Anfang von Glassius distanziert, so ist der Bruch in der ›Hermeneutik‹ nicht weniger spürbar.

Bei Glassius bestand die ›Hermeneutik‹, *De Scripturae Sacrosanctae Sensu*, aus zwei Teilen: *De Scripturae sensu dignoscendo* und *de Scripturae sensu eruendo*.¹² Die erste Abteilung enthält eine Übersicht der falschen Auffassungen der Papisten, der Kirchenväter und Rabbiner, die auf die eine oder andere Weise die *vis normandi* der heiligen Schrift angreifen, und eine formgerechte Darstellung des *sensus litteralis* als der einzigen Basis einer korrekten Interpretation. Glassius will dessen Einheitlichkeit beweisen und gibt eine Reihe von *Argumenta pro unitate sensus litteralis*, die diese These bestätigen sollen, wobei Gegenargumente ihrerseits widerlegt werden.¹³ Die Normativität dieses Begriffs wird durch die Darstellung von fünf *Canones generales de sensu litterali* betont.¹⁴ Als Gegenstück folgt eine ausführliche Behandlung der Al-

---

9   Erschienen Leipzig 1802 (2 Bde.).
10 Glassius, Philologia sacra II, 1. Leipzig: Weygand, 1795, S. IV–VI.
11 Ebd.: De integritate et corruptione textus V. T., § 6–23; Historia textus codicis V. T., § 24–34.
12 Philologia sacra, 1743, S. 347–506 (I: 347–492; II: 493–506).
13 Philologia sacra. Ausgaben 1653 und 1691, S. 260ff.; 1705 und 1743, S. 366ff.
14 Die allgemeinen lauten: Canon 1: Sensus litteralis scripturae textuum non parvi pendendus, sed maximo in pretio habendus, et solicite eruendus est; canon 2: Unus tantum est cujusque tum vocis, tum contextus Biblici, literalis sensus; canon 3: Quilibet Scripturae locus sensum litteralem admittit; canon 4: Sensus Scripturae litteralis a verbis Scripturae nequaquam est separandus; canon 5: Sensus litteralis praecipue est argumentativus, non tamen excluso mystico. Es folgen dann besondere, die im Falle von Streit mit den Glaubensartikeln oder mit den Liebesordnungen angewandt werden.

legorien und Typen, in der zwischen *allegoria innata* und *allegoria illata* einerseits und zwischen *allegoria illata oblata* und *allegoria illata extorta* andererseits genau unterschieden wird.

Auf dieser Basis entfaltet die zweite Abteilung die eigentliche Hermeneutik, die knapp 13 Seiten einnimmt.[15] Sie orientiert sich mehr an Flacius als an der späteren Hermeneutik. Glassius begründet zuerst die Notwendigkeit der Interpretation mit den Dunkelheiten mancher Stellen der Schrift, mit ihren Maximen und Logia, die viel zum Nachdenken bieten, mit dem wichtigen Ziel des Ganzen – die Erlösung –, mit der Trägheit des menschlichen Geistes, die nicht selten eine Wirkung des Satans ist. Man wird daher nach Kräften versuchen, Untersuchungen *de recto, sano & fundamentali totius Scripturae sacrae sensu & intellectu* anzustellen und genau diesen Sinn wiederzugeben. Dabei sind die hermeneutischen Mittel von größter Hilfe – Glassius vergleicht sie nicht wie Flacius mit dem *Ariadnaeum quoddam filum*,[16] sondern wie Johann Gerhard mit der *cynosura*, dem kleinen Bären mit dem Nordstern.[17] Die Interpretation ist einerseits eine Untersuchung des wahren und eigentlichen Sinns der Hl. Schrift, andererseits ihre klare Wiedergabe *ad usum salutatem accommodatione*, sei es im akademischen oder im kirchlichen Zusammenhang.

Glassius hat seine Darstellung der hermeneutischen Regeln in *sprachliche* und *sachliche* eingeteilt. Er betont die Notwendigkeit, die alten Sprachen zu kennen und empfiehlt dabei einige Autoren, darunter den ersten Teil von Flacius' *Clavis*.[18] Wörterbücher, Konkordanzen, Sammlungen von Loci paralleli, Lexika, Paraphrasen, Übersetzungen, die Masora und die Kommentatoren sind in dieser Hinsicht nützlich. Das andere Mittel zum Verständnis der Schrift ist die Betrachtung der Sache selbst in ihrem Zusammenhang. Außer der allgemeinen Regel, den ganzen Text *continuo ordine et quotidie* zu lesen,[19] wird eine zweifache Art der *collatio* erklärt, die die besonderen Schwierigkeiten einer Stelle überwinden sollen. Wenn die *collatio propinqua* den unmittelbaren Zusammenhang betrachtet, der eine Stelle verständlich machen kann, so kann die *collatio remota* in jeder dunklen oder zweifelhaften Stelle einen Ausweg anbieten, nämlich indem sie einen Vergleich mit der *Analogia fidei* als Regel der Regel (Röm XII, 6) empfiehlt. Hier hat man die goldene Regel der theologischen Hermeneutik, die durch eine »Art Summe

---

15 Philologia sacra. 1743, S. 493–506.
16 Matthias Flacius Illyricus: Clavis Scripturae Sacrae II. Frankfurt am Main und Leipzig 1719, S. 10. Vgl. jetzt als Teilübersetzung (II/1) auch M. Flacius Illyricus: La clé des Écritures, üb. und hg. von Philippe Büttgen und Denis Thouard. Lille 2009.
17 Johann Gerhard: Tractatus de legitima Scripturae Sacrae interpretatione. Jena 1610, S. 47. Vgl. jetzt auch die Neuausgabe mit einer Übersetzung von Johann Anselm Steiger. Stuttgart-Bad Cannstatt 2007.
18 Philologia sacra. 1743, S. 496.
19 Ebd., S. 498.

der himmlischen Lehre, gesammelt aus den klarsten Stellen der Schrift«, *summa quaedam coelestis doctrinae ex apertissimis Scripturae locis collecta*[20] über den normativen Sinn der Schrift verfügt und damit treffsicher alle lokalen Schwierigkeiten beheben kann. So kann z. B. Kap. 2 des Jakobusbriefes anhand von Römer 2–4 und Galater 2–3 richtig erklärt werden.[21] Aus den theologisch relevanten und klaren Stellen über die verschiedenen Glaubensdogmen wird eine Glaubensregel in der Gestalt eines Systems – wie eine goldene Kette – konstruiert.[22] Das Verhältnis zwischen den theologischen Voraussetzungen und den Besonderheiten des biblischen Textes ist also bei Glassius eindeutig. Einige als besonders wichtig betrachtete Textstellen dienen einer doktrinalen Konstruktion, die wiederum den ganzen Text zu erklären vermag. Dieses Verhältnis wird von Bauer umgedreht.

Bauer unterscheidet sich von seinem Vorgänger durch seine logische Auffassung der Hermeneutik sowie durch seinen stark historischen Ansatz. Für Bauer ist es klar, dass die *Hermeneutica sacra* einen Teil der *Hermeneutica generalis* darstellt und dass sie folglich der allgemeinen Hermeneutik untergeordnet ist. Diese Auslegungswissenschaft folgt den allgemeinen Gesetzen der Vernunft, so wie sie in der Logik dargelegt werden. Ziel der Auslegung ist *auctoris sententias recte intellige[re] et distincte aliis explica[re]*, wobei man sich nach dem *usus loquendi* richtet. Damit hat man zunächst keinen Zugang zur Wahrheit der Schrift, sondern lediglich zum *verus auctoris sensus*. Die Sprache wird interpretiert, insofern der Autor seinen intendierten Sinn in ihr zum Ausdruck gebracht hat. Das ist die Aufgabe der *interpretatio grammatica*. Diese sprachliche Betrachtungsweise muss aber durch eine *interpretatio historica* ergänzt werden, die den historischen Zusammenhang wiedergibt, denn »es entgeht keinem, dass der Schriftsteller durch den Charakter der Zeit, in der er lebte, zu erklären ist«, *nemo non videt, scriptorem ad indolem seculi, quo vixit, explicandum esse*. So wird man nicht nur den geläufigen Sinn der Wörter (*qui fuerit sensus et ratio*) und die damaligen Bräuche (*qui fuerint istius aetatis mores et consuetudines*), sondern auch die Adressaten berücksichtigen, da der Autor sich an sein Publikum angepasst haben könnte.[23] Diese zwei Ansichten können eigentlich nicht auf die Gliederung in *verba* und *res* der *Philologia sacra* zurückgeführt werden. Sie führen vielmehr eine doppelte Relativierung ein,

---

20 Ebd.
21 Ebd., S. 499.
22 Glassius fügt zwei *Canones* für den Gebrauch dieses Prinzips hinzu: 1. Nullum est fidei dogma, quod non alicubi propriis & perspicuis verbis in scriptura sacra proponatur; 2. Regula fidei acceptanda [est] integra neque ejus partes sibi invicem opponendae [sunt].
23 Hermeneutica sacra (Philologia sacra II, 2). 1797, S. 3–4. Nach Merk, Biblische Theologie (Anm. 6), strebte Bauer »die historische Rekonstruktion des biblischen Zeugnisses in seiner Mannigfaltigkeit an, wobei die Interpretation im Rahmen seiner historisch-kritischen Arbeit zurücktritt«, S. 202.

die die individualisierte Perspektive eines jeweiligen Autors mit der objektivierenden Perspektive der jeweiligen Epoche kombiniert.

Bauer gliedert schließlich seine *Hermeneutica sacra* in die allgemeine und besondere, die die allgemeinen Gesetze der Hermeneutik auf die Bibel anwenden.

Die erste entspricht Glassius' *De Scripturae Sacrosanctae Sensu*, indem sie dessen Prinzip vom *sensus litteralis* weiterführt, aber auch umdeutet und die Methode erklärt. Dabei handelt es sich nicht mehr schlicht um *De Scripturae sensu eruendo*, wie bei Glassius, sondern um *De sensu textus sacri V. T. eruendo seu de reperiendo usu loquendi V. T.* Der ›heilige Text‹ hat also seinen sakralen Charakter verloren und wird mit anderen Texten auf eine Ebene gestellt. Das heißt, dass jeder Text, was immer er auch beinhalten mag, zuerst von einem bestimmten sprachlichen Gebrauch zeugt, den es zu rekonstruieren gilt. Die konsequente Orientierung am Prinzip des *usus loquendi* verleiht auch der Wiederaufnahme des *sensus litteralis* eine völlig andere Bedeutung. Dort wo Glassius eine normative Bestimmung gibt, richtet sich Bauer streng nach dem *usus loquendi* und der *intentio auctoris*. Der Vorrang des *sensus litteralis* wird kommunikativ begründet, insofern jede Rede von einem Sprechenden an einen Zuhörenden gerichtet ist, wobei der Sprechende verstanden werden möchte.[24] Der Text wird zum intersubjektiven Gegenstand. Dort wo Glassius die Einheit der Bedeutung ontologisch in der Einheit der Sache begründete,[25] betont Bauer die Rolle des Subjekts, das die in der Sprache zur Verfügung stehenden Bedeutungen (*significationes*) zu einem bestimmten Sinn (*sensus*) verknüpft.

> Si quis verba profert, quibuscum ego eandem ideam conjugo, quam loquens cum illis conjuxit, me sententiam ejus *intelligere*, s. sensum verborum percipere ajunt.[...]
>
> *Sensus litteralis*, qui etiam verbalis, proximus, immediatus, logicus dicitur, est complexus notionum ab auctore intentarum et per verba ejus sive proprie sive figurate accepta in mente legentis vel audientis excitatarum.[26]
>
> Wenn ich dieselbe Idee mit den Wörtern verbinde, die der, der spricht, mit ihnen verbindet, so *verstehe* ich den Sinn, oder man sagt, dass ich den Sinn der Wörter begreife. […]
>
> Der *buchstäbliche* oder auch wörtliche, nahliegende, unmittelbare oder logische Sinn ist eine Verknüpfung von Begriffen, die von dem Autor intendiert sind und durch seine Wörter entweder im eigentlichen oder im figürlichen Sinn in dem Verstand des Lesers bzw. Hörers hervorgerufen sind.

---

24 Ebd., S. 15. In dieser Hinsicht ist Bauer nicht sehr weit von Schleiermachers Hermeneutik entfernt, wie manchmal bemerkt wurde, so von Albrecht Beutel: Aufklärer höherer Ordnung? Die Bestimmung der Religion bei Schleiermacher (1799) und Spalding (1797). In: Ulrich Barth u. Claus-Dieter Osthövener (Hg.): 200 Jahre Reden. Berlin 2000, S. 277–310, dort S. 309f. Anm. 226.
25 Philologia sacra. Ausgabe 1653, S. 266; 1705 und 1743, S. 375.
26 Hermeneutica sacra (Anm. 23), S. 13–14.

Die Wahrheit des buchstäblichen Sinns hängt also von seiner Einführung in einen Mitteilungsprozess ab. Das hat Folgen für die Bestimmung der Parallelstellen, einem besonders beliebten Hilfmittel der Hermeneutik. Anstelle der normativen *collatio* mit dem System der Glaubensartikel des Glassius vertritt Bauer folglich eine rein sprachliche Auffassung. Der Parallelismus ist nach ihm die Übereinstimmung mehrerer Stellen dem Ausdruck oder dem Sinne nach. Die Parallelstellen erklären eine dunkle Stelle durch eine andere, die leichter verständlich ist, ohne das Gebiet der Sprache zu verlassen.[27]

Aufgrund dieser erneuerten Perspektive kann Bauer wohl lange Absätze aus der *Philologia sacra* zitieren und übernehmen, zum Beispiel über den mystischen Sinn und die verschiedenen Allegorietypen. Wenn Bauer aber die Ablehnung der Allegorie übernimmt und dabei Glassius wörtlich zitiert, versucht er immer, ihn in die aktuelle Diskussion einzubringen. So bestreitet Bauer zum Beispiel Johann David Michaelis' Versuch in seinem *Entwurf der typischen Gottesgelartheit* (Göttingen 1753, 2. Aufl. Göttingen 1763), die Typologie zu retten und das Alte Testament systematisch durch das Neue zu deuten. Dagegen will Bauer dieses Verfahren aus der *bona et vera interpretatio* des Alten Testaments bannen. Dabei erwähnt er die christlichen Deutungen des Hohen Liedes, die viel Einbildungskraft fordern und allzuoft höchst beliebig bleiben. Solche Auslegungen entziehen sich eigentlich jeder Diskussion. Strittig ist besonders das Recht des Auslegers, eine Stelle als typisch oder allegorisch zu deuten, wenn überhaupt keine Sicherheit darüber besteht, was der Autor intendiert hat.

> Quo iure itaque sensum illorum scriptis inferimus quem a scriptoribus intentum fuisse non liquet ?[28]

> Mit welchem Recht schließen wir auf den Sinn der Schriften, der von den Schriftstellern nicht intendiert zu sein scheint?

Wo würden wir im Streitfall Kriterien finden, um die richtige Auslegung von der erdichteten zu unterscheiden? Die Einwände beruhen hier nicht mehr auf der orthodoxen Basis, sondern auf der Anerkennung der Perspektive von verschiedenen Autorenintentionen im Text :

> Quamcunque rationem sequamur, semper hoc modo scripturae Sacrae sensum alienum inferemus; non vero illum a scriptore sacro intentum, quod boni est interpretis, efferemus, atque e contexta ejus oratione eruemus.[29]

> Wie auch immer wir einer Regel folgen, wir schließen immer auf diese Weise auf einen Sinn, der der Heiligen Schrift fremd ist; denn wir ziehen ihn nicht aus dem von dem heiligen Autor gemeinten, wie der gute Interpret es macht, noch erklären wir ihn aus dem Zusammenhang seiner Rede.

---

27 Ebd., S. 163.
28 Ebd., S. 23.
29 Ebd., S. 27.

In der Ablehnung der allegorischen Auslegung zitiert Bauer nicht nur Glassius, sondern beispielweise auch Rambach. Zudem gibt er weitere Auskünfte zur Geschichte der allegorischen Auslegung seit dem Altertum.[30] Das ist auch der Grund, warum Bauer die Möglichkeit, einen Autor besser verstehen zu wollen als er sich selbst versteht, für das historische Verstehen ablehnt.[31] Die Thesen werden in der Geschichte ihrer Auseinandersetzung dargestellt und verlieren dabei ihren dogmatischen Charakter. Diese Aktualisierung betrifft sogar die letzten Gespräche um Kants Religionsschrift, der ein besonderer Absatz *De sensu morali ex Kantii auctoritate in litteris sacris praecipue Vet. Test. quaerendo* gewidmet ist.[32] Dabei versucht Bauer, Kant in die Tradition der allegorischen Auslegung einzureihen. Seine Argumentation, dass Kant den Text wohl benutzt, dafür aber nicht interpretiert (*interpretari non recte dicitur*), beruht auf seinem historisch-kritischen Verständnis. In diesem Fall ist die Distanz zu Kant ebenso eine Distanz zu Glassius – aber die Kritik der kantischen Auslegungsweise entwickelt immer den von Glassius betonten Vorrang des *sensus litteralis*, wenn auch dieser von Bauer anders als von Glassius gedeutet wurde.

Im besonderen Teil seiner ›Hermeneutik‹ *quae specialem hermeneuticam V. T. complectitur* behandelt Bauer die verschiedenen Schriftgattungen und unterscheidet darin die geschichtlichen, poetischen und prophetischen Bücher, und dies nicht nur im Sinne der traditionellen Einteilung, sondern auch aufgrund der neuen Formanalysen eines Robert Lowth.[33] Diese Analysen werden aber durch eine Abteilung *De MYΘOIΣ V. T.* eingeleitet, die die Distanz zur Tradition der biblischen Rhetorik betont. Die Bedingung einer angemessenen Beschäftigung mit der Bibel ist nach dieser Abteilung, dass man ihre Sprache als eine mythische darlegt und demgemäß auch interpretiert. Denn ebenso wie alle Völker der Geschichte haben sich die Hebräer am Anfang mythisch ausgedrückt und sind insofern keine Ausnahme.[34] Bauer bekennt sich in dieser Hinsicht zu Heynes Begriffsbestimmung des Mythos:

> Per mythos intelligimus priscas narrationes a maioribus fando acceptas, sive de rerum origine (theogoniis et cosmogoniis) aliisque rebus inprimis humanis, sive

---

30 Johann Joachim Rambach: Institutiones Hermeneuticae sacrae. Jena 1725, cap. III, zitiert bei Bauer ebd., S. 27–28; es folgt die ›Historia interpretationis mysticae Vet. Test.‹, ebd., S. 29–44.
31 Merk, Biblische Theologie (Anm. 6), S. 198.
32 Hermeneutica sacra (Anm. 23), S. 45–76. Für diese Debatte, siehe Denis Thouard: Kant et l'herméneutique. In: Archives de philosophie 61 (1998), S. 629–259; Giuseppe D'Alessandro: Kant e l'ermeneutica. La Religione kantiana e gli inizi della sua recezione. Catanzaro, 2000; Andres Lema-Hincapié: Kant y la Biblia. Principios kantianos de exégesis bíblica. Barcelona, 2006.
33 Ebd., S. 205–208. Neben Lowth werden auch Herder, Michaelis, Eichhorn und L. B. Schmidt benannt, S. 365 ff.
34 Ebd., S. 357: Jam vero cum constet, omnium populorum historiam antiquissimam esse mythicam; quis expectet, solos Hebraeos hac regula eximi?

de fatis rebusque gestis autorum generis humani aut stirpis cuiusdam, sermone antiquo primum expositas, hominumque prisca omnia in miracula vertentium ore traditas, tandem a poetis varie ornatas. Qua in definitione potissimum illustrem Heynium in *Commentat. De Apollodori Bibliotheca* P. III, p. 906 sequimur. In his mythis antiquissimi aevi historia et hominum priscorum philosophia (si notiones, quas homines rudes et litterarum expertes de caussis rerum efformaverunt, ita dicere fas est) continetur.[35]

Wir verstehen Mythen als alte, von unseren Ahnen aufgenommene Erzählungen, vom Ursprung der (theogonischen und kosmogonischen) Dinge und der anderen Dinge und zuerst der menschlichen [Dinge], oder der Schicksale und Handlungen der Autoren des menschlichen Geschlechts oder deren Stämme, zuerst in einer alten Sprache dargestellt und von den Menschen mündlich überliefert, die, alles was alt ist, in Wunder verwandeln, manchmal von den Dichtern auf verschiedene Weise geschmückt. Wobei wir in dieser Definition meistens dem großen Heyne in seinen *Commentat. De Apollodori Bibliotheca P. III, S. 906* folgen. In diesen Mythen der alten Zeiten ist die Geschichte und die Philosophie (wenn man die Vorstellungen, die diese rohen Menschen ohne Gelehrsamkeit sich von den Ursprüngen der Dinge machten, so nennen darf) der alten Menschen enthalten.

Die Annahme einer mythischen Betrachtungsweise gehört zur breiten Historisierung der Schrift in der Göttinger Schule, die Bauer als seinen erklärten Horizont aufnimmt. Die Bibel wird innerhalb der menschlichen Geschichte erklärt, bevor sie überhaupt etwas über das Schicksal der Menschen aussagen kann.

Fünf Jahre nach der *Hermeneutica sacra* schaut Bauer zurück und stellt seine *Hebräische Mythologie* als Selbstverständlichkeit dar:

So sehr auch noch vor wenigen Jahren eine Mythologie des Alten und Neuen Testaments möchte Anstoß erregt haben; so wenig glaube ich, daß es jetzt mehr Bedenklichkeit verursachen kann, wenn man eine Mythologie der Hebräer schreibt, wie man von jeher eine von den Griechen und Römern, oder neuerdings von andern ältern und neuern Völkern geschrieben hat. Man ist durch die Heynischen, Eichhornischen und Gablerschen vortrefflichen Abhandlungen zu sehr darauf vorbereitet, das Mythische in einigen biblischen Erzählungen ist schon zu sehr hervorgezogen, als daß das Unternehmen bey denen, welche mit dem Geist der Zeiten und der biblisch-philologischen Literatur fortgeschritten sind, noch etwas auffallendes haben sollte.[36]

Bauer bezieht sich jedoch immer auf bestimmte Lehren des Glassius. Er hält z. B. am *sensus litteralis* fest. Er versucht aber, diesen eher wissenschaftlich umzudeuten, und nur unter dieser Voraussetzung gelingt es ihm, sich

---

35 Ebd., S. 351.
36 Georg Lorenz Bauer: Hebräische Mythologie. Altdorf, 1802, S. III. Außer Heyne, Eichhorn und Gabler beruft sich Bauer bei der Erklärung der Mythologie mehrmals auf Schellings ›Abhandlung über Mythen‹, d.i. ›Über Mythen, historische Sagen und Philosopheme der ältesten Welt‹, erschienen in Paulus: Memorabilien 5, 1793. In: F. W. J. Schelling: Sämmtliche Werke I/1, S. 43–83. Dazu Xavier Tillette: La mythologie comprise. Neapel 1984.

in Glassius' Tradition einzureihen. Es bleibt übrigens ungeklärt, inwieweit ihm die Rolle als Erbe des Glassius behagt hat. Sogar mit der Zensur hatte er Schwierigkeiten, wie er im Postscriptum seines Vorworts erklärt. Die theologische Fakultät in Halle wollte ihr *imprimatur* nicht geben, und das Buch musste anderswo gedruckt werden.[37] Die Anpassung an den aufklärerischen Geschmack hatte doch Grenzen.

Abgesehen aber von den Zufälligkeiten, die die Geschichte dieser letzten Ausgabe geprägt haben, lässt sich dieses doppelte Werk auch als Indiz einer tieferen Kontinuität lesen. Indem Bauer eine prekäre Synthese des zeitgenössischen Wissens um die Bibel lieferte, blieb er noch in den Bahnen der von ihm übernommenen Gattung, der *Philologia sacra*. Die konsequente Abhängigkeit der *Hermeneutica sacra* von der *Hermeneutica generalis* wird bei ihm relativiert, insofern der historische Standpunkt nicht von dieser ableitbar ist. Bauer hat doch immer mit einem historischen Text zu tun, dem die Vernunft nicht vorgreifen kann. Die *Philologia sacra* kann sich nicht mehr auf einen Text beschränken, da die *Critica* die Schwankungen seiner Geschichte offenkundig gemacht hat. Der Text hat seine prinzipielle *integritas* verloren und wird zum kulturgeschichtlichen Dokument. Dort aber wo Glassius seine normative Grundlage ansetzte, nämlich im *sensus litteralis*, wird bei Bauer die Grundlage der historischen Forschung festgelegt.

---

37 Hermeneutica sacra (Anm. 23), S. IV.

Namenregister

(Das Register enthält die Namen von Autoren bis ca. 1900 im Text und in den Anmerkungen; vgl. ergänzend den Appendix zum Beitrag von Stephen Burnett, S. 462–467. Die Namensformen folgen in der Regel dem Lexikon *Religion in Geschichte und Gegenwart*, 4. Aufl.)

Abaelard, Petrus 26, 109, 245–247
Abrabanel, Isaac ben Judah 451, 459
Abraham de Fonseca 459
Acosta, José de 528
Adrianus, Matthäus 83
Agricola, Rudolf 48, 136
Alanus ab Insulis 55
Alberti, Valentin 158
Albertus Magnus 22, 57, 138, 163
Alexander Aphrodisias 27
Alsted, Johann Heinrich 36, 42, 44, 102, 131–133
Amama, Sixtinus 85
Ambrosius 105
Ammonius Hermeiou 27, 28
Annius von Viterbo 471
Anselm von Canterbury 73, 92, 107, 241, 336
Anselm von Laon 107
Arboleda, Francisco de 324
Arias Montano, Benito 327
Aristoteles 12, 13, 19, 27, 28, 29–42, 42–50, 71, 74, 92–105, 105–129, 134, 137, 139, 140, 141, 155, 161, 162, 163, 169, 194, 199, 218, 256, 350, 418, 438
Arminius, Jacobus 489
Arnauld, Antoine 211, 217, 235
Arndt, Johann 374, 384
Aslakssøn, Cort 435
Athanasius 79
Atkyns, Robert 482
Atwood, William 482
Augustin 12, 14, 24, 25, 28, 39, 40, 47, 51–63, 79, 81, 86, 91, 96, 105, 127, 130–146, 150, 154, 155, 159, 162, 165, 168, 179, 183, 184, 190, 193, 198, 216, 217, 241, 242, 246, 256, 299, 306, 309, 317, 333, 336, 338, 352, 362, 370, 382, 384, 392, 413, 414, 433, 454, 518, 521, 528, 536, 537, 550, 551, 554
Averroes (Ibn Rušd) 13, 72
Avianus, Hieronymus 88
Avicenna (Ibn Sina) 120
Aymus 336
Bacon, Francis 235
Bahrdt, Carl Friedrich 174
Baier, Johann Wilhelm 427
Balduin, Friedrich 172, 387
Báñez, Domingo 300, 307–311, 319, 324, 325
Bartholomäus Arnoldi von Usingen 126
Bartolomé de Medina 321, 333
Basilius von Caesarea (der Große) 52, 216, 336, 517, 521
Bauer, Christian Friedrich 173
Bauer, Georg Lorenz 557, 558, 560, 561–568
Bauer, Karl Ludwig 143
Baumgarten, Alexander Gottlieb 45, 214
Baumgarten, Siegmund Jakob 174, 204, 390, 435
Baxter, Richard 485, 493
Bayle, Pierre 210
Becanus, Martin 363, 367, 458
Beda Venerabilis 60, 61, 168, 555
Beda, Noël (Natalis) 65
Bekker, Balthasar 251
Bellarmin, Robert 158, 179, 341–356, 362, 366, 368, 369, 537, 554, 555
Benedikt XII. (Papst) 518
Berengar von Tours 89, 90, 91, 92
Bernhard von Chartres 20
Bernhard von Clairvaux 138, 518
Bernhard von Tours 22
Berossos 471
Blount, Charles 490

Bock, Friedrich Samuel 230
Boeckh, August 204
Boethius 27, 32, 95, 169
Bohem, Johann 131
Bonaventura 56, 138, 230
Böschenstein, Johann 83, 442
Bossis, Barthélemy des 211
Bossuet, Jacques Bénigne 211, 524
Boyle, Robert 524
Bracamonte, Juan de 328, 329
Brerewood, Edward 487
Bruno de Segni 93
Bücher, Christian Bernhard 79
Buddeus, Johann Franz 558
Budé, Guillaume 30, 31
Bugenhagen, Johannes 62
Bullinger, Heinrich 130
Burnet, Gilbert 208, 490
Burnet, Thomas 217
Burrough, Edward 469–474
Buxtorf, Johann (d. Ä.) 88,
Buxtorf, Johannes d. Ä. 444, 452, 455, 456, 457
Buxtorf, Johannes d. J. 444, 455, 457, 459, 460
Caesarius von Arles 52
Cajetan, Thomas de Vio 169
Calixt, Georg 17, 77, 436
Calov, Abraham 357, 435
Calvin, Jean (Calvinisten) 83, 86, 95, 132, 145, 153, 164, 165, 171, 194, 195, 306, 363, 559
Camerarius, Joachim 62, 252
Cano, Melchior 325
Cappellus, Ludwig (Cappel, Louis) 215, 361, 457, 458, 472, 476, 486
Carpov, Jakob 251
Carranza, Bartolomé de 313
Cassiodor 28, 53, 79, 198
Castro, Alonso de 313
Chemnitz, Christian 382
Chemnitz, Martin 415, 416, 417, 519
Chladenius, Johann Martin 104
Chrysippos 141

Chrysostomus 336, 392, 521
Chubb, Thomas 481
Cicero 21, 27, 33, 34, 43, 46, 49, 50, 52, 54, 56, 110, 114, 118, 137, 145, 183, 246, 257, 336
Cisneros, Francisco Ximénez de 312, 317, 318
Clarendon 483
Clarke, Samuel 237
Clarkson, Laurence 474, 475
Clauberg, Johann 152–155, 159, 160, 179, 199
Clemens IV. (Papst) 518
Clemens VIII. (Papst) 327
Clemens von Alexandria 105, 517
Clericus, Johannes (le Clerc, Jean) 26, 172, 174, 210
Coccejus, Johannes 85
Cohen de Lara, David 459
Colberg, Ehrenfried Christian 79
Collins, Anthony 491
Contarini, Gasparo 65
Crouch, William 469
Crusius, Christian August 174
Cusanus (s. Nikolaus von Kues)
Cyrill von Alexandrien 382, 521
Dannhauer, Johann Conrad 40, 171, 179, 180, 223, 508
Dante Alighieri 162
Danz, Johann Andreas 78
Dathe, Johann August 559, 560, 561
Demosthenes 336
Denifle, Heinrich 53
Descartes, René 104, 219, 239
Deza, Diego de 314
Dietrich, Veit 201
Dilthey, Wilhelm 406
Dionysius Areopagita (Pseudo-Dionys) 159, 216
Dominicus Gundissalinus 27, 28
Donatus (Grammatiker) 52, 53, 60, 185
Donellus, Hugo 511
Donne, John 198
Döpke, Johann Christian Carl 176
Dorp, Marten van 30, 64, 136–139

Drusius, Johannes 170
Dullaert, Johann 68
Duns Scotus, Johannes 248
Dürer, Albrecht 518
Eck, Johannes 65, 66, 87
Edwards, John 490
Edzardi, Esdras 445
Egidio de Viterbo 87
Eichel, Johann 509
Eichhorn, Johann Gottfried 176, 560, 566, 567
Eisenhart, Johann 509
Eisenmenger, Johann Andreas 76
Elias (Aristoteleskommentator) 21, 27, 41
Eliezer ben Jose ha-Gelili 143, 161
Elijah del Medigo 87
Erasmus 12, 30, 61, 62, 64, 65, 77, 81, 94, 95, 96, 120, 121, 125, 136, 137, 139, 165, 168, 169, 170, 185, 244, 248, 312, 366
Erastothenes 35
Ermenrich von Ellwangen 51
Ernesti, Johann August 17, 143, 506, 559, 560
Ernesti, Johann Heinrich 501, 502–507, 512, 513
Esra 325
Euklid 430, 431
Eusebius von Caesarea 316, 471
Eustathius von Antiochien 165
Faber, Jacobus Stapulensis (Jacques Lefèvre d'Étaples) 65, 137, 166, 167
Faber, Johann Ernst 558, 559
Fagius, Paul 87
Felde, Johann von 501, 502, 507–510, 512, 513
Feller, Joachim 504, 505
Ficino, Marsilio 216
Filmer, Robert 481, 483
Finckhuis, Caspar 123, 159
Fisher, John 254
Fisher, Samuel 472–478
Flacius, Matthias (Illyricus) 13, 120–129, 130, 143, 144, 164, 171, 363, 384, 416, 417, 418, 552, 562
Flacius, Matthias Jr. 156
Foman, Jakob Andreas 379

Forster, Valentin Wilhelm 363, 511
Fox, George 470, 477
Foxe, John 471
Franck, Sebastian 379
Francke, August Hermann 132, 182, 232
Franz, Wolfgang 363, 365, 384, 414, 425
Freystein, Adam Samuel 510
Frisius, Martin 173
Frommann, Erhard Andreas 143
Fulbert von Chartres 73
Gabler, Johann Philipp 567
Galen 122
Geier, Martin 455, 461
Gelenius, Sigismund 550
Gell, Robert 496
Georgios Synkellos 471
Gerhard, Johann 16, 82, 130, 151, 158, 161, 179, 187, 190, 200, 213, 251, 361, 362, 363, 365, 367, 374, 375, 381, 383, 384, 385, 391, 392, 398, 413, 418–422, 425, 426, 433, 436, 439, 441, 457, 562
Gerhard, Johann Ernst 16, 450
Gerson, Christian 445
Gerson, Jean 96, 97, 98, 99, 100
Gessner, Johann Matthias 559
Gilbert von Poitiers 257
Glassius, Salomon 12–18, 24, 36, 42, 43, 44, 60, 62, 63, 69, 76–88, 105, 106, 132, 144, 145, 146, 147–157, 158, 164-192, 193, 194, 199, 200, 206, 239, 357–371, 373–382, 383–407, 413, 414, 418, 424, 425–427, 432, 439, 441–462, 511, 515–520, 526–533, 536, 557–568
Goclenius, Rudolf 101, 148
Godden, Arthur 480, 482
Godefrey von St. Viktor 23
Göden, Christoph Wilhelm 175
Goeze, Johan Melchior 358
Goldhahn, Matthäus 453
Gordon Huntley, James 17, 363, 366, 458
Goslaw von Bebeln, Adam 251
Gracián, Baltasar 337
Grajal, Gaspar de 300, 308, 309, 318, 329, 330
Gregor I. (der Große) 52, 53, 93, 197, 336, 395

Gregor IX. (Papst) 518
Gregor von Nazianz 353, 384, 392, 395
Gregor von Nyssa 531
Griesbach, Johann Jakob 176
Grimmelshausen, Hans Jakob Christoffel von 552
Grote, Geberhard 509
Grotius, Hugo 174, 482, 485, 487, 502, 507, 552
Gualon (»sophista«) 137
Hahn, Heinrich 509
Hales, Edward 480, 482
Hales, John 493
Hamann, Johann Georg 47, 386, 521
Hammond, Henry 485
Harmer, Thomas 558
Harsdörffer, Georg Philipp 539
Haupt, Erich 177
Hegel, Georg Wilhelm Friedrich 253, 254
Heineccius, Johann Gottlieb 511
Heinrich von Gent 241
Helmont, Franciscus Mercurius von 240
Herberger, Valerius 384
Herbert, Edward (Chief Justice) 480, 481, 483
Herbert of Cherbury, Edward 489, 553
Herbert, Thomas 472
Herder, Johann Gottfried 47, 566
Hermes Trismegistos 550
Herrera, Hernando Alonso de 312
Heydenreich, Johann David 43
Heyne, Christian Gottlob 558, 560, 566, 567
Hieronymus 14, 40, 51, 52, 53, 64, 68, 79, 82, 137, 141, 170, 192, 205, 242, 299, 306, 310, 312, 316, 317, 318–327, 332, 334, 336, 362, 392, 395, 397, 399, 526
Hilarius von Poitiers 65, 79, 130
Hilpertus, Johannes 552
Hobbes, Thomas 147, 258, 478, 479, 481, 482, 483, 489, 553
Hoë von Hoënegg, Matthias 381
Hofmann, Carl Gottlob 504
Hofmann, Johann Christian Konrad von 390, 406

Hollmann, Samuel Christian 152
Homer 41, 47, 549
Honorius Augustodunensis 132, 142, 230
Hopper, Joachim 511
Horaz 67, 108, 503, 504, 507
Hornejus, Georg 17
Hrabanus Maurus 168, 336
Hubberthorne, Richard 477
Hugo von St. Cher 368
Hugo von St. Viktor 12, 20, 23, 25, 29, 43, 44, 46, 138, 198
Hume, David 234
Hunnius, Aegidius 83, 426
Hus, Jan 97, 99
Hyde, Edward 483
Hyperius, Andreas (Gheeraerdts) 121, 122, 176, 180
Ibn Esra, Abraham ben Meir 388, 456
Innozenz IV. (Papst) 518
Isenbiehl, Johann Lorenz 175
Isidor von Sevilla 28
Isocrates 367
Jacobus Perez de Valencia 52
Jakob ben Lehiel Loans 87
Jakob von Vitry 138
Jamblich 27, 216
Jaquelot, Isaac 225
Jishmael ben Elisha 119, 143
Johanan Alemanno 87
Johannes Buridan 137
Johannes Scotus Eriugena 138
Johannes von Salisbury 19, 20, 24–29, 135, 137
Josephus 486, 550
Julian Apostata, Flavius Claudius 554
Jung, Johann 175
Jungius, Joachim 15
Junius, Franciscus 170, 364
Justinian 509
Kahana (Rabbi) 457
Kant, Immanuel 201, 234, 235, 439, 566
Karlstadt, Andreas Bodenstein von 126, 186, 195

Keckermann, Bartholomäus 250
Kepler, Johannes 434
Kesler, Andreas 173
Kimchi, David 87, 451, 456
Knorr von Rosenroth, Christian 76
Kopernikus, Nikolaus 184, 191, 238, 435
Krauße, Laurentius 379
Krug, Johann 379
l'Empereur, Constantijn 460
La Peyrère, Isaac de 475, 551, 552
Lachmann, Carl 63
Lambert, Johann Heinrich 224
Lanfranc von Bec 90, 91, 92
Lang, Johannes 66, 83
Lassenius, Johannes 535–555
Latomus, Jacobus (Jacques Masson) 125, 126, 127, 243
Laud, William 476, 486
Lee, Edward 81
Lee, Samuel 486
Leibniz, Gottfried Wilhelm 76, 86, 104, 206–258
León de Castro 326
Léon, Jakob Jehuda (Templo) 487
León, Luis de (Fray) 300, 309, 318–327
Leß, Gottfried 558
Lessing, Gotthold Ephraim 357, 358, 359, 360, 370, 371, 516
Lévi, Raphael 518
Levita, Elias 66, 87, 451
Lipman Mühlhausen (Jom Tov ben Salomon) 458, 459
Locke, John 172, 191, 212, 213, 242, 479, 482, 483, 484, 492, 494
Lohmann, Johannes 509
Lonicerus, Johann 116
Lowth, Robert 17, 566
Ludolf, Hiob 214
Luther, Martin 14, 47, 60, 64–88, 92–105, 105–129, 131, 132, 139, 142, 145, 147–157, 157–164, 166, 167, 168, 171, 177–192, 192–205, 209, 221, 231, 234, 241–258, 306, 351, 353, 363, 366, 371, 381, 382, 387, 391, 392, 393–405, 436, 451, 455, 456, 474, 517, 526, 535, 550, 551
MacIlmaine, Roland 48
Maimonides, Moses 461, 486, 487
Major, John 139, 173
Maldonado, Juan de 522
Manegold von Lautenbach 137
Marius Victorinus 382
Marsham, John 489
Martianus Capella 316
Martínez de Cantalapiedra, Martín 300, 309, 318, 328–339, 531
Martini, Cornelius 17
Martini, Jakob 85, 251
Mästlin, Michael 191
Matthiae, Christian 131
Mayer, Johann Friedrich 131
Mede, Joseph 485
Meijer, Lodewijk (Meyer, Ludwig) 252
Meisner, Balthasar 418, 422–424, 425, 439
Melanchthon, Philipp 16, 61, 65, 95, 105–129, 135, 139, 140, 142, 145, 195, 201, 253, 415, 416, 433, 436
Melchior, Johannes 173
Mencke, Johann Burkhard 512
Meyer, Johann 78, 79
Michaelis, Johann David 79, 558, 559, 565, 566
Milton, John 494, 495, 496
Mithridates, Flavius 87
Mohammed 73, 301, 331
Molanus, Gerard Wolter 76
Montaigne, Michel de 195
More, Henry 485
Morin, Jean 215
Morus, Thomas 30, 138, 139
Muggleton, Lodowick 474
Müller, Johannes 451, 460, 461, 462
Münster, Sebastian 83, 87, 451
Müntzer, Thomas 126
Musaeus, Johannes 231, 251
Mutianus, Konrad 65
Mylius, Martin 136

Nebrija, Antonio de 300, 311–318, 329
Nedham, Marchamont 479
Newman, John Henry 518
Newton, Isaac 86, 485, 486
Nieremberg, Juan Eusebio 550
Nihusius, Barthold 17, 18
Nikolaus von Kues (Cusanus) 529
Nikolaus von Lyra 64, 84, 166, 167, 362
Obadiah Sforno 87
Oekolampad, Johannes 126, 149, 153, 168
Oldenburg, Henry 104
Olearius, Johann Gottfried 29, 558
Olympiodoros 41
Opitz, Heinrich 131
Origenes 65, 82, 105, 164, 165, 184, 210, 233, 234, 306, 325, 392, 526, 559
Osiander, Andreas 459, 518, 519
Osiander, Lukas d. Ä. 457
Osiander, Lukas d. J. 459
Osorio, Isabel de 319, 321
Otloh von St. Emmeram 51
Ovid 323
Owen, John 472, 476, 477, 484, 493
Pagninus, Santes 334
Paiva de Andrade 311
Pareus, David 537, 540, 542–544, 549–555
Pascal, Blaise 226, 227
Patrick, Simon 496
Paul, Christian 445
Pellikan, Konrad 83
Pererius, Benedictus 552
Perkins, William 146
Petrarca 25, 30
Petrus de Alliaco (Pierre d'Ailly) 99, 244
Petrus Damiani 96, 108
Petrus Hispanus 26, 49, 97, 140
Petrus Lombardus 115, 138, 344
Petrus Negri 72
Petrus Tartaretus 139
Pfaff, Christoph Matthäus 210
Pfeiffer, August 133
Philo 65, 216, 353

Philoponus (Aristoteleskommentator) 27
Phrissemus, Johann Mattheus 48
Pico della Mirandola, Giovanni 87
Pisanski, Georg Christoph 172
Piscator, Johannes 48, 145
Placcius, Vincent 220
Placcius, Vincentius 501, 507, 512
Plantavit de la Pause, Jean 449
Platon 21, 23, 29, 49, 75, 93, 110, 118, 120, 216, 303, 336, 438
Poiret, Pierre 503
Poliziano, Angelo 30, 505
Polyander van Kerckhoven, Johannes 77
Pomponazzi, Pietro 227
Porphyrius 106
Possevino, Antonio 550
Postel, Guillaume 72, 550
Praetorius, Theodor 172
Priestley, Joseph 485
Pufendorf, Samuel von 258
Quenstedt, Johann Andreas 251, 357
Quintilian 12, 34, 38, 39, 46, 50, 52, 54, 112, 114, 127, 145, 183, 223
Quintus Curtius 506
Rahtmann, Hermann 419, 420, 421
Raimundus Lullus 72, 250
Ralegh, Walter 472
Rambach, Johann Jakob 157, 173, 566
Raimundus Martini 82
Ramus, Petrus 42, 48, 49, 50, 145, 146
Rappolt, Friedrich 503, 504, 505, 511
Raschi (s. Salomo ben Isaak)
Ratke, Wolfgang 441, 445
Reeve, John 474
Reimarus, Hermann Samuel 174
Reina, Cassiodoro de 306
Reiske, Johann Jakob 558, 559
Remigius von Auxerre 336
Reuchlin, Johannes 66, 87, 96, 316
Rhenanus, Beatus 136
Richard von St. Viktor 20
Rivet, André 77

Robert Grosseteste 19
Robert Holcot 93
Robert Kilwardby 58
Rodoni, Jacopo 216
Rodulf Glaber 52
Roger Bacon 71
Romanus, Franz 510
Rosenfeld, Johann Wolfgang 508
Rosenmüller, Johann Georg 53
Rosenmüller, Johann Georg 559
Runge, Beatus 382
Rupert von Deutz 51, 106, 107, 108
Salmerón, Alfonso 362, 368
Salomo ben Isaak (Raschi) 84, 456
Salomon ibn Verga 461
Scaliger, Joseph Justus 33, 471
Scaliger, Julius Caesar 419
Scharfius, Johannes 44, 77
Schelling, Friedrich Wilhelm Joseph 567
Schickard, Wilhelm 441, 444
Schleiermacher, Friedrich Daniel Ernst 390, 406, 436, 564
Schmidt, Johann Lorenz 174
Schmidt, L. B. 566
Schmidt, Sebastian 434
Schramm, Jonas Konrad 175
Schwenckfeld, Kaspar von 126, 366
Scriverius, Petrus 38
Sedulius 61
Selden, John 476, 487
Semler, Johann Salomo 81, 174, 252, 435, 436, 437
Seneca 13, 21, 39, 137, 179
Sennert, Andreas 443, 444, 450, 451, 453
Servet, Michel 229
Sextus Empiricus 34
Shakespeare 47
Siegebert von Gembloux 90
Simon, Richard 215, 515–533
Sirmond, Antoine 227
Sixtus V. (Papst) 327
Sixtus von Siena 311, 362

Sokrates 439
Soner, Ernst 230
Sophokles 47
Sozzini, Fausto (Sozinianer) 236, 422, 487, 488, 494, 521, 551, 553, 559
Spalatin, Georg 66
Spencer, John 486
Spencer, Thomas 44
Spener, Philipp Jakob 436–439, 445
Spinoza, Baruch de 45, 103, 212, 237, 239, 242, 427–433, 472, 553
Stebbing, Henry 491
Stillingfleet, Edward 488
Sturm, Leonhard Christoph 18
Suárez, Francisco 196, 197, 209, 330
Surenhusius, Willem (Surenhuys) 172, 491
Tauler, Johannes 66
Tenison, Thomas 488
Tertullian 105, 218
Thegan (Historiker) 54
Themistius 134
Theodor, Jakob 374
Tholuck, August 176
Thomas von Aquin 43, 56–59, 68, 73, 74, 103, 138, 158, 163, 165, 167, 178, 183, 196, 217, 229, 230, 231, 307, 335, 343, 344, 345, 351, 352, 525, 530
Thomasius, Christian 150
Thomasius, Jakob 252
Thumm, Theodor 14
Thysius, Antonius 77
Timpler, Clemens 26
Tindal, Matthew 490
Titius, Gottlieb Gerhard 502, 503
Toland, John 490
Toltz, Johann 62
Totney (Tany), Thomas 474
Traversagni, Lorenzo Gugliemo 61
Tremellius, Immanuel 364
Trew, Abdias 552
Troeltsch, Ernst 432
Troki, Isaac 459
Trost, Martin 443, 445, 456, 458

Trutvetter, Jodocus 125
Turretini, Jean-Alphonse 172, 174
Ussher, James 476
Valdes, Ferdinando de 314
Valencia, Gregorio de 330
Valla, Lorenzo 50, 59, 64, 65, 110, 311, 317
Valverde, Bartolomé 327
Vassor, Michel le 524
Vatablus, Franciscus 333, 334
Veil, Charles Marie de 524
Vergara, Francisco 312
Vergil 22, 52, 336, 505
Verjus, Antoine 86
Vilgard von Ravenna 52
Villalpando, Juan Bautista 486
Villanueva, Joaquín Lorenzo 313
Virgilius Maro (Grammaticus) 12
Vives, Juan Luis 29–35, 64–88, 139
Vossius, Dionysius 487
Vossius, Gerardus Joannis 36–42
Vossius, Isaac 215, 552
Wagenseil, Johann Christoph 76, 459
Wagner, Gabriel 220, 223
Walaeus, Antonius 77, 457
Walch, Johann Georg 438, 535, 558, 559
Walenburch, Adrian / Peter van 222
Walther, Christian 78
Walton, Brian 476, 477, 478
Warburton, William 490, 491
Weigel, Valentin 363, 392
Weise, Christian 503
Weise, Friedrich 501
Weiße, Christian Hermann 63
Weissenborn, Friedrich 251
Weller, Jakob 443, 458
Westhemerus, Bartholomäus 62
Whiston, William 485
Wibald von Stablo 137
Wilhelm von Auvergne 22, 23
Wilhelm von Champeaux 107
Wilhelm von Conches 110

Wilhelm von Ockham 100, 113, 160, 161, 209
Wilhelm von Thierry 244
Wilke, Christian Gottlob 63
Wilson, Thomas 22
Woken, Franz 174
Wolff, Christian 44, 206
Wower, Johannes 33–42
Wyclif, John 93, 94, 99, 127, 187, 197
Young, John 473
Zabarella, Jacopo 43, 97, 98
Zamora, Alonso de 316
Zanchi, Hieronymus 149, 169, 170
Zeltner, Gustav Georg 230
Zopf, Johann Caspar 379
Zuniga / Stuniga, Jacobus Lopis 81
Zwingli, Ulrich 66, 124, 149, 153, 154